BSD

This Sefer belongs to Rabbi Baruch and Sorah.

May you find learning and teaching Rambam with these volumes inspiring and motivating.

Love,

Shmuly (SIL-ly) & your daughter Devorah Leah Davidoff

Sefer Nashim

Original Hand-written Script of Rambam

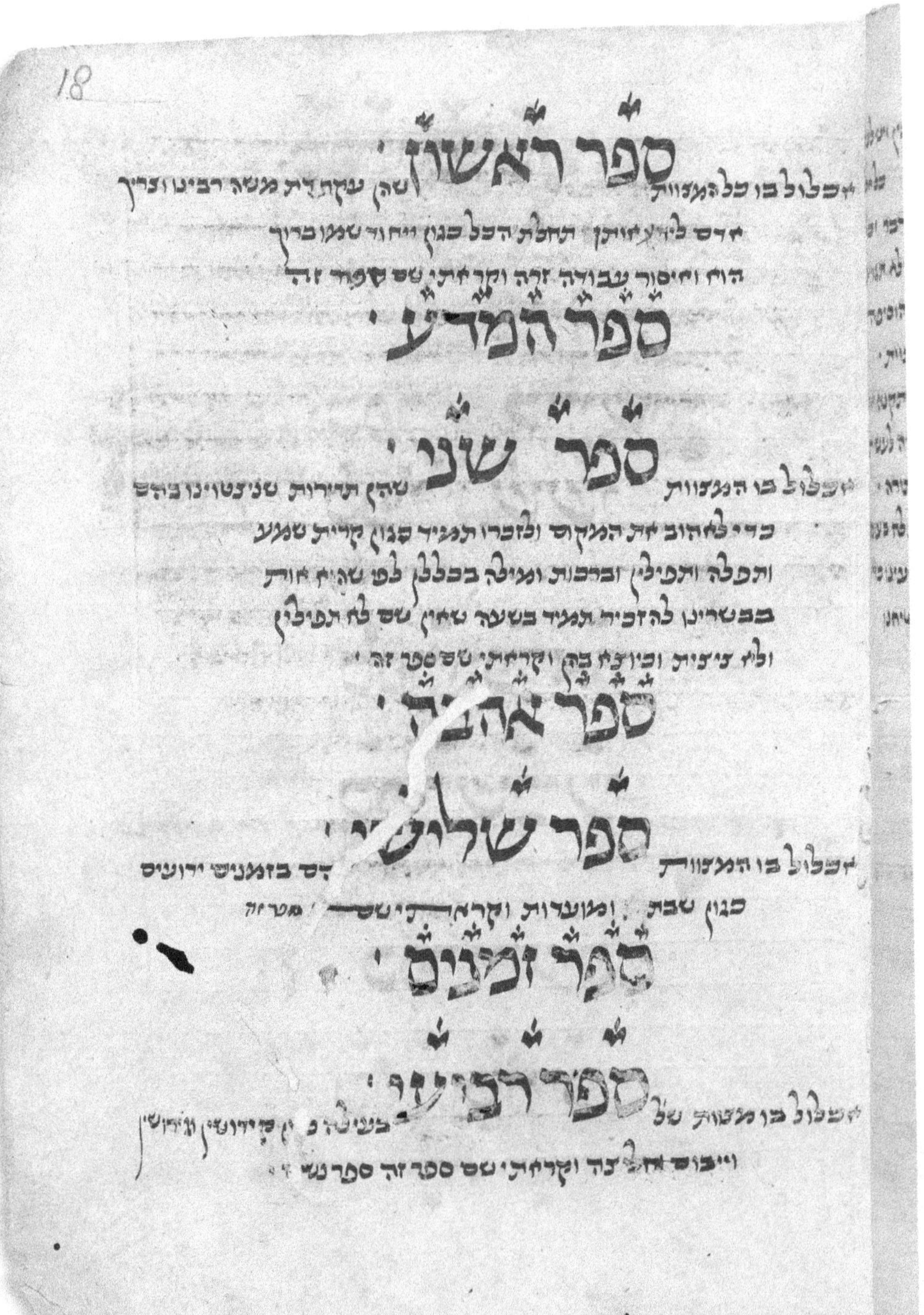

18

ספר ראשון

שהן עקרי דת משה רבינו וצריך
אדם לידעותן תחלת הכל כגון ייחוד שמו ברוך
הוא ואיסור עבודה זרה וקראתי שם ספר זה

ספר המדע

ספר שני

אכלול בו המצוות שהן תדירות שנצטוינו בהם
כדי לאהוב את המקום ולזכרו תמיד כגון קריאת שמע
ותפלה ותפילין וברכות ומילה ובכללן לפי שהיא אות
בבשרינו להזכיר תמיד בשעה שאין שם לא תפילין
ולא ציצית וכיוצא בהן וקראתי שם ספר זה

ספר אהבה

ספר שלישי

אכלול בו המצוות ההן בזמנים ידועים
כגון שבת ומועדות וקראתי שם ספר זה

ספר זמנים

ספר רביעי

אכלול בו מצוות של בעילות כגון קידושין וגירושין
ויבום וחליצה וקראתי שם ספר זה ספר נשים

Rambam's
Sefer Nashim

WITH AN ENGLISH SUMMARY BY
Baruch Davidoff

Studying Rambam: A Companion Volume to the Mishneh Torah.
Comprehensive Summary. Book 4 Sefer Nashim plus Book 5 Sefer Kedushah

© 2019 Dr Baruch Davidoff BDS (Rand) DGDP RCS (Eng.)
baruch@davidoff.org.uk

Rambam Press.
https//rambampress.com

Typesetting by Renana Typesetting
www.renanatype.com
raphael@renanatype.com

Cover design by Mrs Rivkah Wolfson
Graphic Design / Web Design
rivkahwolfson@gmail.com
www.rivkahwolfson.com

Thanks to the Bodleian Library for permission to use images from Rambam's hand-written Mishneh Torah, in cover design. – Shelfmark: MS. Hunt. 80, ff. 34r, 165r.

All rights reserved. No part of this publication may be reproduced, stored in a retrieval system or transmitted in any form or by any means, electronic, mechanical, photocopying or otherwise, without prior permission of the publisher, except in the case of a brief quotation embedded in critical articles or reviews.

ISBN 978-1-912744-11-4

ספר רביעי – אכלל בו מצות של בעילה, כגון קדושין וגרושין ויבום וחליצה. וקראתי שם ספר זה '**ספר נשים**'.

THE FOURTH BOOK – I will include within it all mitzvot that involve sexual relations – e.g., **marriage**, divorce, *yibum*, and *chalitzah.* I have called this book *The Book of* ***Women.***

'תּוֹרַת חָכָם מְקוֹר חַיִּים
לָסוּר מִמֹּקְשֵׁי מָוֶת...'

(משלי יג:יד)

'The instruction of the wise is a source of life, diverting one from deathly pitfalls'

(Proverbs 13:14)

Additional, Useful Features of Interest
for Studying Rambam's Mishneh Torah

Scan QR code onto your mobile device to link to our website.
https://rambampress.com/

Book Four
Sefer Nashim

THE BOOK OF WOMEN

It contains five halachot.   הלכותיו ה', וזהו סידורן:
They are in order:

Hilchot Ishut   1   הלכות אישות

THE LAWS OF MARRIAGE

₰

Hilchot Gerushin   69   הלכות גירושין

THE LAWS OF DIVORCE

₰

Hilchot Yibum Vachalitzah   107   הלכות יבום וחליצה

THE LAWS OF *YIBUM* AND *CHALITZAH*

₰

Hilchot Naarah Betulah   129   הלכות נערה בתולה

THE LAWS PERTAINING TO A VIRGIN MAIDEN

₰

Hilchot Sotah   137   הלכות סוטה

THE LAWS PERTAINING TO A SOTAH

₰

הלכות אישות
Hilchot Ishut
THE LAWS OF MARRIAGE

They consist of four *mitzvot*:	יש בכללן ארבע מצות
Two positive commandments and two negative commandments	שתי מצות עשה ושתי מצות לא תעשה.
They are:	וזהו פרטן:
1. To marry a woman with a marriage contract and a marriage ceremony	א. לישא אשה בכתובה וקידושין
2. Not to engage in sexual relations with a woman without a marriage contract and a marriage ceremony	ב. שלא תבעל אשה בלא כתובה וקידושין
3. Not to withhold living expenses, clothing, and conjugal rights from one's wife	ג. שלא ימנע שאר כסות ועונה
4. To be fruitful and multiply with her	ה. לפרות ולרבות ממנה

Perek 1
Introduction

To marry a woman with a marriage contract and a marriage ceremony[1]

There are three ways of acquiring a wife formally:

- Transfer of money
- Transfer of a formal document
- Sexual relations

There are 2 stages
- *Erusin / Kidushin* (betrothal/ consecration)
- *Nisuin / Chuppah* (marriage/ the canopy) – This now has full legal status of marriage even although consummation has not yet taken place.

It is forbidden to take a wife without Torah procedure[2].

Arayot are forbidden relations which make one liable for *karet*.

> **Reminder:**
> Pack on Punishment for *Sefer Nashim*

These are the relations specifically forbidden by Torah in *Parshat Acharei Mot*.

Shniyot are forbidden relations of a secondary nature – *Mipi Hakabalah*. There are **20** *shniyot*.
4 of these continue for all generations forward and backward e.g. not to have relations with

the wife of one's paternal grandfather, goes back all the way to Jacob our Forefather.

There are other relationships which are not punishable by *karet i.e.*

- *Issurei lavin* (prohibitions forbidden by negative commandments) – 9
- *Issurei aseh* (prohibitions derived from a positive commandment) – 3

E.g. the *Kohen Gadol* must marry a virgin. If he marries a woman who is not a virgin, then he has transgressed a positive commandment.

Reminder:
Arayot (Forbidden Sexual Relations)
Ref: *Sefer Kedushah, Hilchot Issurei Biah*, Chapters 1, 2, 3 & 4

פרק א׳

א. קֹדֶם מַתַּן תּוֹרָה הָיָה אָדָם פּוֹגֵעַ אִשָּׁה בַּשּׁוּק אִם רָצָה הוּא וְהִיא לִשָּׂא אוֹתָהּ מַכְנִיסָהּ לְתוֹךְ בֵּיתוֹ וּבוֹעֲלָהּ בֵּינוֹ לְבֵין עַצְמוֹ וְתִהְיֶה לוֹ לְאִשָּׁה. כֵּיוָן שֶׁנִּתְּנָה תּוֹרָה נִצְטַוּוּ יִשְׂרָאֵל שֶׁאִם יִרְצֶה הָאִישׁ לִשָּׂא אִשָּׁה יִקְנֶה אוֹתָהּ תְּחִלָּה בִּפְנֵי עֵדִים וְאַחַר כָּךְ תִּהְיֶה לוֹ לְאִשָּׁה שֶׁנֶּאֱמַר (דברים כב יג) "כִּי יִקַּח אִישׁ אִשָּׁה וּבָא אֵלֶיהָ":

ב. וְלִקּוּחִין אֵלּוּ מִצְוַת עֲשֵׂה שֶׁל תּוֹרָה הֵם. וּבְאֶחָד מִשְּׁלֹשָׁה דְּבָרִים אֵלּוּ הָאִשָּׁה נִקְנֵית. בְּכֶסֶף. אוֹ בִּשְׁטָר. אוֹ בְּבִיאָה. בְּבִיאָה וּבִשְׁטָר מֵהַתּוֹרָה. וּבְכֶסֶף מִדִּבְרֵי סוֹפְרִים. וְלִקּוּחִין אֵלּוּ הֵן הַנִּקְרָאִין קִדּוּשִׁין אוֹ אֵרוּסִין בְּכָל מָקוֹם. וְאִשָּׁה שֶׁנִּקְנֵית בְּאֶחָד מִשְּׁלֹשָׁה דְּבָרִים אֵלּוּ הִיא הַנִּקְרֵאת מְקֻדֶּשֶׁת אוֹ מְאֹרֶסֶת:

ג. וְכֵיוָן שֶׁנִּקְנֵית הָאִשָּׁה וְנַעֲשֵׂית מְקֻדֶּשֶׁת אַף עַל פִּי שֶׁלֹּא נִבְעֲלָה וְלֹא נִכְנְסָה לְבֵית בַּעְלָהּ הֲרֵי הִיא אֵשֶׁת אִישׁ וְהַבָּא עָלֶיהָ חוּץ מִבַּעְלָהּ חַיָּב מִיתַת בֵּית דִּין. וְאִם רָצָה לְגָרֵשׁ צְרִיכָה גֵּט:

ד. קֹדֶם מַתַּן תּוֹרָה הָיָה אָדָם פּוֹגֵעַ אִשָּׁה בַּשּׁוּק אִם רָצָה הוּא וְהִיא נוֹתֵן לָהּ שְׂכָרָהּ וּבוֹעֵל אוֹתָהּ עַל אֵם הַדֶּרֶךְ וְהוֹלֵךְ. וְזוֹ הִיא הַנִּקְרֵאת קְדֵשָׁה. מִשֶּׁנִּתְּנָה הַתּוֹרָה נֶאֶסְרָה הַקְּדֵשָׁה שֶׁנֶּאֱמַר (דברים כג יח) "לֹא תִהְיֶה קְדֵשָׁה מִבְּנוֹת יִשְׂרָאֵל". לְפִיכָךְ כָּל הַבּוֹעֵל אִשָּׁה לְשֵׁם זְנוּת בְּלֹא קִדּוּשִׁין לוֹקֶה מִן הַתּוֹרָה לְפִי שֶׁבָּעַל קְדֵשָׁה:

ה. כָּל שֶׁאָסַר בִּיאָתוֹ בַּתּוֹרָה וְחַיָּב עַל בִּיאָתוֹ כָּרֵת וְהֵם הָאֲמוּרוֹת בְּפָרָשַׁת (ויקרא טז א) "אַחֲרֵי מוֹת" הֵן הַנִּקְרָאוֹת עֲרָיוֹת וְכָל אַחַת מֵהֶן נִקְרֵאת עֶרְוָה כְּגוֹן אֵם וְאָחוֹת וּבַת וְכַיּוֹצֵא בָּהֶן:

ו. וְיֵשׁ נָשִׁים אֲחֵרוֹת שֶׁהֵן אֲסוּרוֹת מִפִּי הַקַּבָּלָה וְאִסּוּרָן מִדִּבְרֵי סוֹפְרִים וְהֵן הַנִּקְרָאוֹת שְׁנִיּוֹת מִפְּנֵי שֶׁהֵן שְׁנִיּוֹת לָעֲרָיוֹת וְכָל אַחַת מֵהֶן נִקְרֵאת שְׁנִיָּה. וְעֶשְׂרִים נָשִׁים הֵן וְאֵלּוּ הֵן. א) אֵם אִמּוֹ וְזוֹ אֵין לָהּ הֶפְסֵק אֶלָּא אֲפִלּוּ אֵם אֵם אֵם אִמּוֹ עַד מַעְלָה מַעְלָה אֲסוּרָה: ב) אֵם אֲבִי אִמּוֹ בִּלְבַד: ג) אֵם אָבִיו וְזוֹ אֵין לָהּ הֶפְסֵק אֶלָּא אֲפִלּוּ אֵם אֵם אֵם אָבִיו עַד לְמַעְלָה אֲסוּרָה: ד) אֵם אֲבִי אָבִיו בִּלְבַד: ה) אֵשֶׁת אֲבִי אָבִיו וְזוֹ אֵין לָהּ הֶפְסֵק אֲפִלּוּ אֵשֶׁת יַעֲקֹב אָבִינוּ אֲסוּרָה עַל אֶחָד מִמֶּנּוּ: ו) אֵשֶׁת אֲבִי אִמּוֹ בִּלְבַד: ז) אֵשֶׁת אֲחִי הָאָב מִן הָאֵם: ח) אֵשֶׁת אֲחִי הָאֵם בֵּין מִן הָאֵם בֵּין מִן הָאָב: ט) כַּלַּת בְּנוֹ וְזוֹ אֵין לָהּ הֶפְסֵק אֲפִלּוּ כַּלַּת בֶּן בֶּן בְּנוֹ עַד סוֹף כָּל הָעוֹלָם אֲסוּרָה עַד שֶׁתִּהְיֶה אֵשֶׁת אֶחָד מִמֶּנּוּ שְׁנִיָּה עַל יַעֲקֹב אָבִינוּ: י) כַּלַּת בִּתּוֹ בִּלְבַד: יא) בַּת בַּת בְּנוֹ בִּלְבַד: יב) בַּת בֶּן בְּנוֹ בִּלְבַד: יג) בַּת בַּת בִּתּוֹ בִּלְבַד: יד) בַּת בֶּן בִּתּוֹ בִּלְבַד: טו) בַּת בֶּן בֶּן אִשְׁתּוֹ בִּלְבַד: טז) בַּת בַּת בַּת אִשְׁתּוֹ בִּלְבַד: יז) אֵם אֵם אֲבִי אִשְׁתּוֹ בִּלְבַד: יח) אֵם אַב אֵם אִשְׁתּוֹ בִּלְבַד: יט) אֵם אֵם אֵם אִשְׁתּוֹ בִּלְבַד: כ) אֵם אַב אֲבִי אִשְׁתּוֹ בִּלְבַד. נִמְצְאוּ הַשְּׁנִיּוֹת שֶׁאֵין לָהֶן הֶפְסֵק אַרְבַּע. אֵם הָאֵם עַד לְמַעְלָה. וְאֵם הָאָב עַד לְמַעְלָה. וְאֵשֶׁת אֲבִי הָאָב עַד לְמַעְלָה. וְאֵשֶׁת בֶּן בְּנוֹ עַד לְמַטָּה:

ז. כָּל שֶׁאָסַר בִּיאָתוֹ בַּתּוֹרָה וְלֹא חִיֵּב עָלָיו כָּרֵת הֵן הַנִּקְרָאִים אִסּוּרֵי לָאוִין. וְעוֹד נִקְרָאִין אִסּוּרֵי קְדֻשָּׁה. וְתִשְׁעָה הֵן וְאֵלּוּ הֵן. אַלְמָנָה לְכֹהֵן גָּדוֹל. גְּרוּשָׁה אוֹ זוֹנָה אוֹ חֲלָלָה בֵּין לְכֹהֵן

גָּדוֹל בֵּין לְכֹהֵן הֶדְיוֹט. וּמַמְזֶרֶת לְבֶן יִשְׂרָאֵל. וּבַת יִשְׂרָאֵל לְמַמְזֵר. וּבַת יִשְׂרָאֵל לְעַמּוֹנִי וּמוֹאָבִי. וּבַת יִשְׂרָאֵל לִפְצוּעַ דַּכָּא. וּכְרוּת שָׁפְכָה. וּגְרוּשָׁתוֹ אַחַר שֶׁנִּשֵּׂאת לְאַחֵר. וִיבָמָה שֶׁנִּשֵּׂאת לְזָר וַעֲדַיִן רְשׁוּת הַיָּבָם עָלֶיהָ. הַחֲלוּצָה הֲרֵי הִיא כִּגְרוּשָׁה וְהִיא אֲסוּרָה לְכֹהֵן מִדִּבְרֵי סוֹפְרִים. וְהַנְּתִינִים הֲרֵי הֵם כְּמַמְזֵרִים אֶחָד זְכָרִים וְאֶחָד נְקֵבוֹת וַאֲסוּרִים מִדִּבְרֵי סוֹפְרִים. וּבְהִלְכוֹת אִסּוּרֵי בִּיאָה יִתְבָּאֵר לְךָ מַה הֵם הַנְּתִינִים:

ח. וְיֵשׁ שֶׁאִסּוּר בִּיאָתָן בַּעֲשֵׂה וְאֵינוֹ מֵחַיָּבֵי לָאוִין וּשְׁלֹשָׁה הֵם. מִצְרִי וֶאֱדוֹמִי דּוֹר רִאשׁוֹן וְדוֹר שֵׁנִי אֶחָד זְכָרִים וְאֶחָד נְקֵבוֹת. וּבְעוּלָה לְכֹהֵן גָּדוֹל. לְפִי שֶׁלֹּא נֶאֱמַר בְּאֵלּוּ לֹא יָבוֹא אוֹ לֹא יִקַּח אֶלָּא מִכְּלַל שֶׁנֶּאֱמַר (דברים כג ט) "דּוֹר שְׁלִישִׁי יָבֹא לָהֶם בִּקְהַל ה'" אַתָּה לָמֵד שֶׁדּוֹר רִאשׁוֹן וְשֵׁנִי לֹא יָבוֹא. וּמִכְּלַל שֶׁנֶּאֱמַר (ויקרא כא יג) "וְהוּא אִשָּׁה בִבְתוּלֶיהָ יִקָּח" אַתָּה לָמֵד שֶׁאֵינָהּ בְּתוּלָה לֹא יִקַּח. וְלָאו הַבָּא מִכְּלַל עֲשֵׂה הֲרֵי הוּא כַּעֲשֵׂה:

Perek 2

Definitions

Age Definitions

Ref: *Sefer Nashim, Hilchot Ishut*, Chapter 2

GIRL		
Tinoket / Ketanah (minor)		child under 12
Gedolah	*Naarah* (maiden)	2 pubic hairs after 12, for 6 months*
	Bogeret (mature woman)	After 12½ *
Aylonit (barren) (12–20)		12–20 and no pubic hair – status is *ketanah* (even if all other signs of barrenness are manifest) If she does get 2 hairs, she will then have status of *naarah* for 6 months and thereafter *bogeret.*
Aylonit (up to 35)		If not all signs of barreness, still called *ketanah*
Aylonit (after 35)		If pubic hair still missing, even if all signs of barrenness absent.
BOY		
Tinok/Katan		0–13
Gadol		At least 13 years old and has at least 2 pubic hairs
13–20 less 30 days, and no pubic hairs have grown		Even if signs of impotency present he is still considered a *katan*
Saris (20 years less 30 days up to 35)		No hairs but some signs of impotency, then considered a *gadol.* If no signs of impotency then still considered a *katan.*

Saris (after 35) – and still no pubic hairs have grown		Even if no signs of impotency, considered a *saris* – impotent.
Sris chamah		Impotent from birth
Sris adam		Testicles damaged after birth. After 13 he is termed a *gadol* (adult)
Yoledet		A girl over 12 who gives birth is called *gedolah* even if 2 hairs not present
BOTH		
Androgynous		Both male and female sex organs. When reaches age of 12, considered an adult
Tumtum		"Closed". Neither male nor female sex organs visible. When reaches age of 12, considered an adult
OTHER DEFINITIONS		
Cheresh		Male deaf-mute
Chereshet		Female deaf-mute
Pikeach		Intellectually competent, neither deaf or mute, emotionally stable, male
Pikachat		Intellectually competent, neither deaf or mute, emotionally stable, female
Shoteh		Intellectually handicapped i.e. opposite of *pikeach*

* *Naarah* and *bogeret* stage only reached when pubic hairs present. If not, then remains *ketanah* up to age 20 or 35.

WOMAN

4 signs of barrenness

8 signs of physical maturity in a woman

MAN

9 signs of impotency

Signs of impotency

- Lacks beard
- Hair on head sparse
- No hair on flesh
- Urine has no smell

- Urine does not flow in arc
- Semen off colour
- Urine does not ferment
- When washing in winter flesh does not produce steam
- Voice high pitched

פרק ב׳

א. הַבַּת מִיּוֹם לֵדָתָהּ עַד שֶׁתִּהְיֶה בַּת י״ב שָׁנָה גְּמוּרוֹת הִיא הַנִּקְרֵאת קְטַנָּה וְנִקְרֵאת תִּינֹקֶת. וַאֲפִלּוּ הֵבִיאָה כַּמָּה שְׂעָרוֹת בְּתוֹךְ הַזְּמַן הַזֶּה אֵינָם אֶלָּא כְּשׁוּמָא. אֲבָל אִם הֵבִיאָה שְׁתֵּי שְׂעָרוֹת לְמַטָּה בַּגּוּף בִּמְקוֹמוֹת הַיְדוּעוֹת לַהֲבָאַת שֵׂעָר וְהִיא מִבַּת י״ב שָׁנָה וְיוֹם אֶחָד וָמַעְלָה נִקְרֵאת נַעֲרָה:

ב. וַהֲבָאַת שְׁתֵּי שְׂעָרוֹת בַּזְּמַן הַזֶּה נִקְרָא סִימָן הַתַּחְתּוֹן. וּמֵאַחַר שֶׁתָּבִיא סִימָן הַתַּחְתּוֹן תִּקָּרֵא נַעֲרָה עַד שִׁשָּׁה חֳדָשִׁים גְּמוּרִים. וּמִתְּחִלַּת יוֹם תַּשְׁלוּם הַשִּׁשָּׁה חֳדָשִׁים וָמַעְלָה תִּקָּרֵא בּוֹגֶרֶת. וְאֵין בֵּין נַעֲרוּת לְבַגְרוּת אֶלָּא שִׁשָּׁה חֳדָשִׁים בִּלְבַד:

ג. הִגִּיעָה לְי״ב שָׁנָה וְיוֹם אֶחָד וְלֹא הֵבִיאָה שְׁתֵּי שְׂעָרוֹת אַף עַל פִּי שֶׁנִּרְאוּ בָהּ סִימָנֵי אַיְלוֹנִית עֲדַיִן קְטַנָּה הִיא עַד עֶשְׂרִים שָׁנָה. וּכְשֶׁתָּבִיא שְׁתֵּי שְׂעָרוֹת אֲפִלּוּ בִּשְׁנַת עֶשְׂרִים תִּהְיֶה נַעֲרָה שִׁשָּׁה חֳדָשִׁים וְאַחַר כָּךְ תִּקָּרֵא בּוֹגֶרֶת:

ד. הָיְתָה בַּת עֶשְׂרִים שָׁנָה פָּחוֹת שְׁלֹשִׁים יוֹם וְלֹא הֵבִיאָה שְׁתֵּי שְׂעָרוֹת וְנִרְאוּ בָהּ (כָּל) סִימָנֵי אַיְלוֹנִית הֲרֵי הִיא אַיְלוֹנִית. וְאִם לֹא נִרְאוּ בָהּ (כָּל) סִימָנֵי אַיְלוֹנִית עֲדַיִן קְטַנָּה הִיא עַד שֶׁתָּבִיא שְׁתֵּי שְׂעָרוֹת אוֹ עַד שֶׁתִּהְיֶה בַּת ל״ה שָׁנָה וְיוֹם אֶחָד:

ה. הִגִּיעָה לַזְּמַן הַזֶּה וְלֹא הֵבִיאָה שְׁתֵּי שְׂעָרוֹת הֲרֵי זוֹ נִקְרֵאת אַיְלוֹנִית אַף עַל פִּי שֶׁלֹּא נִרְאֶה בָהּ סִימָן מִסִּימָנֵי אַיְלוֹנִית. נִמְצֵאתָ אַתָּה לָמֵד שֶׁהָאַיְלוֹנִית אֵין לָהּ יְמֵי נַעֲרוּת אֶלָּא מִקַּטְנוּתָהּ תֵּצֵא לְבַגְרוּת:

ו. וְאֵלּוּ הֵן סִימָנֵי אַיְלוֹנִית. כָּל שֶׁאֵין לָהּ דַּדִּין. וּמִתְקַשָּׁה בִּשְׁעַת תַּשְׁמִישׁ. וְאֵין לָהּ שִׁפּוּלֵי מֵעַיִם כְּנָשִׁים. וְקוֹלָהּ עָבֶה וְאֵינָהּ נִכֶּרֶת בֵּין אִישׁ לְאִשָּׁה. וְהַנַּעֲרָה וְהַבּוֹגֶרֶת וְהָאַיְלוֹנִית כָּל אַחַת מִשְּׁלָשְׁתָּן נִקְרֵאת גְּדוֹלָה:

ז. וְיֵשׁ בְּבַת סִימָנִין מִלְמַעְלָה וְהֵן הַנִּקְרָאִין סִימָן הָעֶלְיוֹן. וְאֵלּוּ הֵן. מִשֶּׁתַּחֲזִיר יָדֶיהָ לַאֲחוֹרָהּ וְיֵעָשֶׂה קֶמֶט (בִּמְקוֹם הַדַּדִּין). וּמִשֶּׁיַּשְׁחִיר רֹאשׁ הַדַּד. וּמִשֶּׁיִּתֵּן אָדָם יָדוֹ עַל עֹקֶץ הַדַּד וְהוּא שׁוֹקֵעַ וְשׁוֹהֶה לַחֲזֹר. וּמִשֶּׁיְּפַצֵּל רֹאשׁ חֹטֶם הַדַּד וְיֵעָשֶׂה בְּרֹאשׁוֹ כַּדּוּר קָטָן. וְרַבּוֹתַי פֵּרְשׁוּ מִשֶּׁיְּפַצֵּל הַחֹטֶם עַצְמוֹ. וְכֵן מִשֶּׁיִּטּוּ הַדַּדִּין. וּמִשֶּׁיִּתְקַשְׁקְשׁוּ הַדַּדִּין. וּמִשֶּׁתַּקִּיף הָעֲטָרָה שֶׁהוּא מְקוֹם הַבָּשָׂר הַתָּפוּחַ שֶׁלְּמַעְלָה מִן הָעֶרְוָה לְעֻמַּת הַבֶּטֶן. וּמִשֶּׁיִּתְמַעֵךְ הַבָּשָׂר הַזֶּה וְלֹא יִהְיֶה קָשֶׁה:

ח. כָּל אֵלּוּ הַסִּימָנִין שְׁמוֹנָה. נִרְאֶה בְּבַת סִימָן אֶחָד מִכָּל אֵלּוּ אוֹ כֻּלָּן וְהִיא בַּת י״ב שָׁנָה אוֹ פָּחוֹת אֵין מַשְׁגִּיחִין בּוֹ וַהֲרֵי הִיא קְטַנָּה. נַעֲשֵׂית בַּת י״ב שָׁנָה וְיוֹם אֶחָד וְנִרְאֶה בָּהּ סִימָן הַתַּחְתּוֹן אֵין מַשְׁגִּיחִין בְּאֶחָד מִכָּל אֵלּוּ. וְאִם לֹא נִרְאֶה הַתַּחְתּוֹן וְנִרְאֶה בָּהּ אֶחָד מִכָּל אֵלּוּ הֲרֵי הִיא סָפֵק בֵּין נַעֲרָה לִקְטַנָּה וְדָנִים בָּהּ לְהַחֲמִיר. וְאִם נִרְאוּ כֻּלָּן [וְלֹא נִרְאָה סִימָן הַתַּחְתּוֹן] הֲרֵי זוֹ גְּדוֹלָה וַדָּאִית. שֶׁאִי אֶפְשָׁר שֶׁיָּבוֹאוּ כֻּלָּן אֶלָּא כְּבָר בָּא סִימָן הַתַּחְתּוֹן וְנָשַׁר:

ט. הַבַּת שֶׁיָּלְדָה אַחַר שְׁתֵּים עֶשְׂרֵה שָׁנָה אַף עַל פִּי שֶׁלֹּא הֵבִיאָה סִימָנִים לֹא תַּחְתּוֹן וְלֹא עֶלְיוֹן הֲרֵי זוֹ גְּדוֹלָה. בָּנִים הֲרֵי הֵם כְּסִימָנִין:

י. הַבֵּן מִשֶּׁיִּוָּלֵד עַד שֶׁיִּהְיֶה בֶּן שְׁלֹשׁ עֶשְׂרֵה שָׁנָה נִקְרָא קָטָן וְנִקְרָא תִּינוֹק וַאֲפִלּוּ הֵבִיא כַּמָּה שְׂעָרוֹת בְּתוֹךְ הַזְּמַן הַזֶּה אֵינוֹ סִימָן אֶלָּא שׁוּמָא. הֵבִיא שְׁתֵּי שְׂעָרוֹת לְמַטָּה בַּמְּקוֹמוֹת הַיְדוּעוֹת לְשֵׂעָר. וְהוּא מִבֶּן שְׁלֹשׁ עֶשְׂרֵה שָׁנָה וְיוֹם אֶחָד וָמַעְלָה נִקְרָא גָּדוֹל וְנִקְרָא אִישׁ:

יא. הִגִּיעַ לַזְּמַן הַזֶּה וְלֹא הֵבִיא שְׁתֵּי שְׂעָרוֹת אַף עַל פִּי שֶׁנִּרְאוּ בּוֹ סִימָנֵי סָרִיס הֲרֵי הוּא קָטָן עַד שֶׁיִּהְיֶה בֶּן עֶשְׂרִים שָׁנָה פָּחוֹת שְׁלֹשִׁים יוֹם. הִגִּיעַ לַזְּמַן הַזֶּה וְלֹא הֵבִיא שְׁתֵּי שְׂעָרוֹת לְמַטָּה וְלֹא הֵבִיא שְׁתֵּי שְׂעָרוֹת בַּזָּקָן. אִם נִרְאֶה בּוֹ אֶחָד מִסִּימָנֵי סָרִיס הֲרֵי הוּא סָרִיס וְדִינוֹ דִּין הַגָּדוֹל לְכָל דָּבָר. וְאִם לֹא נִרְאֶה בּוֹ סִימָן מִסִּימָנֵי סָרִיס עֲדַיִן קָטָן הוּא עַד שֶׁיָּבִיא שְׁתֵּי שְׂעָרוֹת לְמַטָּה בַּמָּקוֹם הָרָאוּי לָהֶן אוֹ עַד שֶׁיִּהְיֶה בֶּן ל״ה שָׁנָה וְיוֹם אֶחָד:

יב. הִגִּיעַ לַזְּמַן הַזֶּה וְלֹא הֵבִיא הֲרֵי זֶה סָרִיס אַף עַל פִּי שֶׁלֹּא נִרְאָה בּוֹ אֶחָד מִסִּימָנֵי סָרִיס. הִגִּיעַ לִשְׁנַת עֶשְׂרִים פָּחוֹת שְׁלֹשִׁים יוֹם וְלֹא הֵבִיא שְׁתֵּי שְׂעָרוֹת לְמַטָּה וְהֵבִיא שְׁתֵּי

שְׂעָרוֹת בַּזָּקָן אַף עַל פִּי שֶׁנּוֹלַד לוֹ אֶחָד מִסִּימָנֵי סָרִיס אֵינוֹ סָרִיס. אֶלָּא הֲרֵי הוּא בְּקַטְנוּתוֹ עַד שֶׁיִּוָּלְדוּ לוֹ כָּל סִימָנֵי סָרִיס אוֹ עַד שֶׁיִּהְיֶה בֶּן ל״ה שָׁנָה וְיוֹם אֶחָד:

יג. וְאֵלּוּ הֵן סִימָנֵי סָרִיס. כָּל שֶׁאֵין לוֹ זָקָן. וּשְׂעָרוֹ לָקוּי. וּבְשָׂרוֹ מַחֲלִיק. וְאֵין מֵימֵי רַגְלָיו מַעֲלִים רְתִיחָה. וּכְשֶׁמֵּטִיל מַיִם אֵינוֹ עוֹשֶׂה כִּפָּה. וְשִׁכְבַת זַרְעוֹ דִּיהָה. וְאֵין מֵימֵי רַגְלָיו מַחְמִיצִין. וְרוֹחֵץ בִּימוֹת הַגְּשָׁמִים וְאֵינוֹ מַעֲלֶה בְּשָׂרוֹ הֶבֶל. וְקוֹלוֹ לָקוּי וְאֵינוֹ נִכָּר בֵּין אִישׁ לְאִשָּׁה:

יד. וְסָרִיס זֶה הוּא הַנִּקְרָא סְרִיס חַמָּה בְּכָל מָקוֹם. אֲבָל הַבֵּן שֶׁחָתְכוּ אוֹ נִתְּקוּ אוֹ מִעֲכוּ גִּידָיו אוֹ בֵּיצָיו כְּמוֹ שֶׁהָעַכּו״ם עוֹשִׂין הוּא הַנִּקְרָא סְרִיס אָדָם. וּכְשֶׁיִּהְיֶה בֶּן י״ג שָׁנָה וְיוֹם אֶחָד נִקְרָא גָּדוֹל שֶׁאֵין זֶה מֵבִיא סִימָן לְעוֹלָם:

טו. בֶּן י״ג שָׁנָה וְיוֹם אֶחָד שֶׁלֹּא הֵבִיא סִימָן שֶׁלְּמַטָּה וְנִרְאוּ בּוֹ כָּל הַסִּימָנִין שֶׁל מַעְלָה הֲרֵי זֶה סָפֵק בֵּין גָּדוֹל לְקָטָן. וְאִם לֹא נִבְדַּק מִלְּמַטָּה כֵּיוָן שֶׁנִּרְאָה בּוֹ סִימָנֵי בַּגְרוּת מִלְּמַעְלָה הֲרֵי זֶה בְּחֶזְקַת גָּדוֹל:

טז. שְׁתֵּי שְׂעָרוֹת הָאֲמוּרוֹת בְּבֵן וּבְבַת בְּכָל מָקוֹם שִׁעוּרָן כְּדֵי לָכֹף רֹאשָׁן לְעִקָּרָן. וּמִשֶּׁיִּצְמְחוּ וְיִהְיוּ יְכוֹלוֹת לְהִנָּטֵל בְּפִי הַזּוּג עַד שֶׁיַּגִּיעוּ לָכֹף רֹאשָׁן לְעִקָּרָן דָּנִין בָּהֶן לְהַחֲמִיר בְּכָל מָקוֹם. לְפִיכָךְ בְּבֵן וּבְבַת נַחְשֹׁב אוֹתָם גְּדוֹלִים לְהַחֲמִיר הוֹאִיל וְצָמְחוּ כְּדֵי לְהִנָּטֵל בְּפִי הַזּוּג. וְנַחְשֹׁב אוֹתָם קְטַנִּים לְהַחֲמִיר הוֹאִיל וְלֹא הִגִּיעוּ לָכֹף רֹאשָׁן לְעִקָּרָן:

יז. שְׁתֵּי שְׂעָרוֹת אֵלּוּ צְרִיכוֹת שֶׁיִּהְיוּ בִּמְקוֹם הָעֶרְוָה. וּבֵית הָעֶרְוָה כֻּלּוֹ מְקוֹם סִימָנִין בֵּין לְמַעְלָה בֵּין לְמַטָּה בֵּין עַל אֵיבְרֵי הַזֶּרַע עַצְמָן. וּצְרִיכוֹת לִהְיוֹת בְּמָקוֹם אֶחָד. וְשֶׁיִּהְיֶה בְּעִקָּרָן גֻּמּוֹת. וַאֲפִלּוּ שְׁתֵּיהֶן בְּגֻמָּה אַחַת הֲרֵי אֵלּוּ סִימָן. נִמְצְאוּ שְׁתֵּי גֻּמּוֹת זוֹ בְּצַד זוֹ וְאֵין בָּהֶן שֵׂעָר הֲרֵי אֵלּוּ סִימָן. חֲזָקָה אֵין גֻּמָּא בְּלֹא שֵׂעָר וּשְׂעָרוֹת הָיוּ בָּהֶן וְנָשְׁרוּ:

יח. הַבַּת שֶׁהֵבִיאָה שְׁתֵּי שְׂעָרוֹת בְּתוֹךְ י״ב שָׁנָה וְהַבֵּן שֶׁהֵבִיא בְּתוֹךְ י״ג שְׁנֵיהֶם שׁוּמָא כְּמוֹ שֶׁבֵּאַרְנוּ. אַף עַל פִּי שֶׁאוֹתָן שְׂעָרוֹת בִּמְקוֹמָן הֵם עוֹמְדוֹת אַחַר י״ג לְזָכָר וְאַחַר י״ב לִנְקֵבָה אֵינָן סִימָן:

יט. בַּמֶּה דְּבָרִים אֲמוּרִים כְּשֶׁנִּבְדְּקוּ בְּתוֹךְ הַזְּמַן וְנוֹדַע שֶׁהֵן שׁוּמָא. אֲבָל אִם לֹא נִבְדְּקוּ אֶלָּא אַחַר זְמַן וְנִמְצְאוּ שָׁם שְׁתֵּי שְׂעָרוֹת הֲרֵי הֵן בְּחֶזְקַת סִימָנִין. וְאֵין אוֹמְרִין שֶׁמָּא קֹדֶם זְמַן צָמְחוּ כְּדֵי שֶׁיִּהְיוּ שׁוּמָא:

כ. כְּשֶׁבּוֹדְקִין הַבַּת בֵּין בְּתוֹךְ הַזְּמַן שֶׁהוּא כָּל שְׁנַת י״ב בֵּין קֹדֶם זְמַן זֶה בֵּין לְאַחַר הַזְּמַן בּוֹדְקִין עַל פִּי נָשִׁים כְּשֵׁרוֹת וְנֶאֱמָנוֹת. וַאֲפִלּוּ אִשָּׁה אַחַת בּוֹדֶקֶת וְשׁוֹמְעִין לָהּ אִם הֵבִיאָה וְאִם לֹא הֵבִיאָה:

כא. כָּל הַשָּׁנִים הָאֲמוּרוֹת בְּבֵן וּבְבַת וּבְעֶרְכִּין וּבְכָל מָקוֹם אֵינָן לֹא שְׁנֵי הַלְּבָנָה וְלֹא שְׁנֵי הַחַמָּה אֶלָּא שָׁנִים שֶׁל סֵדֶר הָעִבּוּר שֶׁהֵן פְּשׁוּטוֹת וּמְעֻבָּרוֹת עַל פִּי בֵּית דִּין כְּמוֹ שֶׁהֵם קוֹבְעִין אוֹתָן כְּמוֹ שֶׁבֵּאַרְנוּ בְּהִלְכוֹת קִדּוּשׁ הַחֹדֶשׁ. וּבְאוֹתָן הַשָּׁנִים מוֹנִין לְכָל דִּבְרֵי הַדָּת:

כב. אֵין סוֹמְכִין עַל הַנָּשִׁים בְּמִנְיַן הַשָּׁנִים וְלֹא עַל הַקְּרוֹבִים אֶלָּא עַל פִּי שְׁנַיִם אֲנָשִׁים כְּשֵׁרִים לְהָעִיד:

כג. הָאָב שֶׁאָמַר בְּנִי זֶה בֶּן תֵּשַׁע שָׁנִים וְיוֹם אֶחָד. בִּתִּי זוֹ בַּת שָׁלֹשׁ שָׁנִים וְיוֹם אֶחָד נֶאֱמָן לְקָרְבָּן אֲבָל לֹא לְמַכּוֹת וְלֹא לָעֳנָשִׁים. בְּנִי זֶה בֶּן י״ג שָׁנָה וְיוֹם אֶחָד בִּתִּי זוֹ בַּת י״ב שָׁנָה וְיוֹם אֶחָד נֶאֱמָן לִנְדָרִים וּלְעֶרְכִּין וְלַחֲרָמוֹת וּלְהֶקְדֵּשׁוֹת אֲבָל לֹא לְמַכּוֹת וְלֹא לָעֳנָשִׁים:

כד. מִי שֶׁיֵּשׁ לוֹ אֵבֶר זַכְרוּת וְאֵבֶר נַקְבוּת הוּא הַנִּקְרָא אַנְדְּרוֹגִינוּס וְהוּא סָפֵק אִם זָכָר סָפֵק אִם נְקֵבָה. וְאֵין לוֹ סִימָן שֶׁיִּוָּדַע בּוֹ אִם הוּא זָכָר וַדַּאי אִם הִיא נְקֵבָה וַדָּאִית לְעוֹלָם:

כה. וְכָל מִי שֶׁאֵין לוֹ לֹא זַכְרוּת וְלֹא נַקְבוּת אֶלָּא אָטוּם הוּא הַנִּקְרָא טֻמְטוּם וְגַם הוּא סָפֵק. וְאִם נִקְרַע הַטֻּמְטוּם וְנִמְצָא זָכָר הֲרֵי הוּא כְּזָכָר וַדַּאי. וְאִם נִמְצָא נְקֵבָה הֲרֵי הוּא נְקֵבָה. וְטֻמְטוּם וְאַנְדְּרוֹגִינוּס שֶׁהָיוּ בֶּן שְׁתֵּים עֶשְׂרֵה שָׁנָה וְיוֹם אֶחָד הֲרֵי הֵן בְּחֶזְקַת גְּדוֹלִים וְהֵם שֶׁנִּדְבַּר בָּהֶן בְּכָל מָקוֹם:

כו. חֵרֵשׁ וְחֵרֶשֶׁת הָאֲמוּרִים בְּכָל מָקוֹם הֵן הָאִלְּמִים שֶׁאֵין שׁוֹמְעִין וְלֹא מְדַבְּרִים. אֲבָל מִי שֶׁמְּדַבֵּר וְאֵינוֹ שׁוֹמֵעַ אוֹ שׁוֹמֵעַ וְאֵינוֹ מְדַבֵּר הֲרֵי הוּא כְּכָל אָדָם. וְאִישׁ וְאִשָּׁה שֶׁהֵן שְׁלֵמִים בְּדַעְתָּן וְאֵינָן לֹא חֵרְשִׁים וְלֹא שׁוֹטִים נִקְרָאִין פִּקֵּחַ וּפִקַּחַת:

כז. נִמְצְאוּ כָּל הַשֵּׁמוֹת שֶׁבֵּאַרְנוּ עִנְיָנָם בִּשְׁנֵי פְּרָקִים אֵלּוּ עֶשְׂרִים שֵׁמוֹת. וְאֵלּוּ הֵן. קִדּוּשִׁין. עֶרְוָה. שְׁנִיָּה. אִסּוּרֵי לָאוִין. אִסּוּרֵי עֲשֵׂה. קְטַנָּה. נַעֲרָה. בּוֹגֶרֶת. אַיְלוֹנִית. גְּדוֹלָה. סִימָן הַתַּחְתּוֹן. סִימָן הָעֶלְיוֹן. קָטָן. סְרִיס חַמָּה. סְרִיס אָדָם. גָּדוֹל. אַנְדְּרוֹגִינוּס. טֻמְטוּם. חֵרְשִׁים. פִּקְחִים. שִׂים כָּל הַשֵּׁמוֹת הָאֵלּוּ לְעֻמָּתְךָ תָּמִיד וְאַל יָלוּזוּ מֵעֵינֶיךָ כָּל עִנְיְנֵיהֶם כְּדֵי שֶׁלֹּא נִהְיֶה צְרִיכִין לְבָאֵר כָּל שֵׁם מֵהֶן בְּכָל מָקוֹם שֶׁנַּזְכִּיר אוֹתוֹ:

Perek 3

Kidushin (Consecration)

Up to the age of *bogeret*, a father can arrange *kidushin* for his daughter without her consent. At stage of *bogeret* the husband must get the consent of the girl.

Marriage can be direct between husband and wife by one of the three methods, or through a *shaliach* (agent).

Transfer of money	*Mekudeshet* (consecrated)	Comparison to *get* (Bill of Divorce)	Explanation
Man gives at least **1** *prutah* or its equivalent	✓		
Man makes statement (*harei at mekudeshet li*)	✓		Statement must imply that man acquires woman and not that woman acquires man
Give money in presence of witnesses	✓		
Woman must consent	✓		If she is a minor, father consents for her (only up to *bogeret* 12½)
Girl below 12½ receives *kidushin* without father's permission	✗		
Recites blessing before consecration	✓		If blessing not recited consecration still takes place
Transfer of a shtar (contract)			
Man writes '*Harei at ...*' and hands it to woman	✓		
Witnesses must be present	✓		
Document written specifically for that woman	✓	✓ same	
Document must be written with consent of woman	✓	✗	
SEXUAL RELATIONS			
In addition, needs to make statement '*Harei at mekudeshet...*'	✓		
Witnesses needed	✓		But relations must be in privacy

Shaliach (agent)			
Agent appointed (to consecrate) without witnesses	✓	✓	Agent is regarded as principal himself and therefore witnesses not needed
Agent appointed to *receive kidushin* without witnesses	×		2 witnesses needed
2 agents can act as 2 witnesses for consecration	✓		Don't need to get an extra 2 witnesses
Agents need to make statement ('*Harei…*')	✓		
Agents receiving *kidushin* must reply in similar manner	✓		

Reminder:
Witnesses in Married Life Comparison Ref: *Sefer Nashim* Pack on Witnesses

Even although agents can be used for marriage, it is a *mitzvah* for a man and woman to relate directly with each other.

Similarly, although father of minor can consecrate his daughter, he should wait until she is an adult and let her consent to the marriage.

It has become a universal custom to consecrate marriage through transfer of money. One may still consecrate marriage through a document, but the rabbis forbade doing so through sexual relations.

פרק ג׳

א. כֵּיצַד הָאִשָּׁה מִתְקַדֶּשֶׁת. אִם בְּכֶסֶף הוּא מְקַדֵּשׁ אֵין פָּחוֹת מִפְּרוּטָה כֶּסֶף אוֹ שָׁוֶה פְּרוּטָה. אוֹמֵר לָהּ הֲרֵי אַתְּ מְקֻדֶּשֶׁת לִי. אוֹ הֲרֵי אַתְּ מְאֹרֶסֶת לִי. אוֹ הֲרֵי אַתְּ לִי לְאִשָּׁה בָּזֶה. וְנוֹתֵן לָהּ בִּפְנֵי עֵדִים. וְהָאִישׁ הוּא שֶׁאוֹמֵר דְּבָרִים שֶׁמַּשְׁמָעָן שֶׁקּוֹנֶה אוֹתָהּ לוֹ לְאִשָּׁה וְהוּא שֶׁיִּתֵּן לָהּ הַכֶּסֶף:

ב. נָתְנָה הִיא וְאָמְרָה לוֹ הֲרֵי אֲנִי מְקֻדֶּשֶׁת לְךָ. הֲרֵינִי מְאֹרֶסֶת לְךָ. הֲרֵינִי לְךָ לְאִנְתּוּ אוֹ בְּכָל לְשׁוֹן הַקְנָאָה אֵינָהּ מְקֻדֶּשֶׁת. וְכֵן אִם נָתְנָה הִיא לוֹ וְאָמַר הוּא אֵינָהּ מְקֻדֶּשֶׁת. וְאִם נָתַן הוּא וְאָמְרָה הִיא הֲרֵי זוֹ מְקֻדֶּשֶׁת מִסָּפֵק:

ג. וְאִם קִדֵּשׁ בִּשְׁטָר כּוֹתֵב עַל הַנְּיָר אוֹ עַל הַחֶרֶס אוֹ עַל הֶעָלֶה אוֹ עַל כָּל דָּבָר שֶׁיִּרְצֶה. הֲרֵי אַתְּ מְקֻדֶּשֶׁת לִי אוֹ הֲרֵי אַתְּ מְאֹרֶסֶת לִי וְכָל כַּיּוֹצֵא בִּדְבָרִים אֵלּוּ וְנוֹתְנוֹ לָהּ בִּפְנֵי עֵדִים:

ד. וְצָרִיךְ שֶׁיִּכְתֹּב אוֹתוֹ לְשֵׁם הָאִשָּׁה הַמִּתְקַדֶּשֶׁת כְּגֵט. וְאֵינוֹ כּוֹתְבוֹ אֶלָּא מִדַּעְתָּהּ. כְּתָבוֹ שֶׁלֹּא לִשְׁמָהּ אוֹ לִשְׁמָהּ שֶׁלֹּא מִדַּעְתָּהּ אַף עַל פִּי שֶׁנְּתָנוֹ לָהּ לְדַעְתָּהּ בִּפְנֵי עֵדִים אֵינָהּ מְקֻדֶּשֶׁת

ה. וְאִם קִדֵּשׁ בְּבִיאָה אוֹמֵר לָהּ הֲרֵי אַתְּ מְקֻדֶּשֶׁת לִי אוֹ הֲרֵי אַתְּ מְאֹרֶסֶת לִי אוֹ הֲרֵי אַתְּ לִי לְאִשָּׁה בִּבְעִילָה זוֹ וְכָל כַּיּוֹצֵא בָּזֶה. וּמִתְיַחֵד עִמָּהּ בִּפְנֵי שְׁנֵי עֵדִים וּבוֹעֲלָהּ. וְהַמְקַדֵּשׁ בְּבִיאָה (מִסְתָּמָא) דַּעְתּוֹ עַל גְּמַר בִּיאָה. וּכְשֶׁיִּגְמֹר בִּיאָתוֹ תִּהְיֶה מְקֻדֶּשֶׁת. (וּבֵין שֶׁבָּא עָלֶיהָ כְּדַרְכָּהּ וּבֵין שֶׁבָּא עָלֶיהָ שֶׁלֹּא כְּדַרְכָּהּ הֲרֵי זוֹ מְקֻדֶּשֶׁת):

ו. הַדְּבָרִים שֶׁיֹּאמַר הָאִישׁ כְּשֶׁיְּקַדֵּשׁ צָרִיךְ שֶׁיִּהְיֶה מַשְׁמָעָם שֶׁהוּא קוֹנֶה הָאִשָּׁה וְלֹא שֶׁיְּהֵא מַשְׁמָע שֶׁהִקְנָה עַצְמוֹ לָהּ. כֵּיצַד. הֲרֵי שֶׁאָמַר לָהּ אוֹ שֶׁכָּתַב בִּשְׁטָר שֶׁנְּתָנוֹ לָהּ. הֲרֵינִי בַּעְלֵךְ. הֲרֵינִי אֲרוּסֵךְ. הֲרֵינִי אִישֵׁךְ וְכָל כַּיּוֹצֵא בָּזֶה. אֵין כָּאן קִדּוּשִׁין כְּלָל. אָמַר לָהּ אוֹ כָּתַב לָהּ. הֲרֵי אַתְּ אִשְׁתִּי. הֲרֵי אַתְּ אֲרוּסָתִי. אוֹ הֲרֵי אַתְּ קְנוּיָה לִי. הֲרֵי אַתְּ שֶׁלִּי. הֲרֵי אַתְּ לְקוּחָתִי. הֲרֵי אַתְּ חֲרוּפָתִי. הֲרֵי אַתְּ בִּרְשׁוּתִי. הֲרֵי אַתְּ זְקוּקָה לִי וְכָל כַּיּוֹצֵא בָּהֶן. הֲרֵי זוֹ מְקֻדֶּשֶׁת:

ז. אָמַר לָהּ אוֹ כָּתַב לָהּ הֲרֵי אַתְּ מְיֻחֶדֶת לִי. הֲרֵי אַתְּ מְיֹעֶדֶת לִי. הֲרֵי אַתְּ עֶזְרָתִי. הֲרֵי אַתְּ נֶגְדָּתִי. הֲרֵי אַתְּ צַלְעָתִי. הֲרֵי אַתְּ סְגוּרָתִי. הֲרֵי אַתְּ תַּחְתַּי. הֲרֵי אַתְּ עֲצוּרָתִי. הֲרֵי אַתְּ תְּפוּסָתִי. הֲרֵי זוֹ מְקֻדֶּשֶׁת בְּסָפֵק. וְהוּא שֶׁיִּהְיֶה מְדַבֵּר עִמָּהּ תְּחִלָּה עַל עִסְקֵי קִדּוּשִׁין. אֲבָל אִם אֵינוֹ מְדַבֵּר עִמָּהּ תְּחִלָּה עַל עִסְקֵי קִדּוּשִׁין אֵין חוֹשְׁשִׁין לְמִלּוֹת אֵלּוּ:

ח. וְיֵשׁ לָאִישׁ לְקַדֵּשׁ הָאִשָּׁה בְּכָל לָשׁוֹן שֶׁהִיא מַכֶּרֶת בּוֹ. וְיִהְיֶה מַשְׁמַע הַדְּבָרִים בְּאוֹתָהּ הַלָּשׁוֹן שֶׁקְּנָאָהּ כְּמוֹ שֶׁבֵּאַרְנוּ. הָיָה מְדַבֵּר עִם הָאִשָּׁה עַל עִסְקֵי הַקִּדּוּשִׁין וְרָצְתָה וְעָמַד וְקִדֵּשׁ וְלֹא פֵּרֵשׁ וְלֹא אָמַר לָהּ כְּלוּם אֶלָּא נָתַן בְּיָדָהּ אוֹ בָּעַל הוֹאִיל וְהֵן עֲסוּקִין בְּעִנְיָן דַּיּוֹ וְאֵינוֹ צָרִיךְ לְפָרֵשׁ. וְכֵן עֵדֵי הַקִּדּוּשִׁין וְהַגֵּרוּשִׁין אֵינוֹ צָרִיךְ לוֹמַר לָהֶם אַתֶּם עֵדַי. אֶלָּא כֵּיוָן שֶׁגֵּרֵשׁ אוֹ קִדֵּשׁ בִּפְנֵיהֶם הֲרֵי זוֹ מְקֻדֶּשֶׁת אוֹ מְגֹרֶשֶׁת:

ט. הָאוֹמֵר לְאִשָּׁה הִתְקַדְּשִׁי לְחֶצְיִי הֲרֵי זוֹ מְקֻדֶּשֶׁת. הָא לְמַה זֶּה דּוֹמֶה לְאוֹמֵר לָהּ תְּהִי אִשְׁתִּי אַתְּ וְאַחֶרֶת שֶׁנִּמְצָא שֶׁאֵין לָהּ אֶלָּא חֲצִי אִישׁ. אֲבָל אִם אָמַר חֶצְיֵךְ מְקֻדֶּשֶׁת לִי אֵינָהּ מְקֻדֶּשֶׁת שֶׁאֵין אִשָּׁה אַחַת רְאוּיָה לִשְׁנַיִם. וְכֵן אִם אוֹמֵר הֲרֵי אַתְּ מְקֻדֶּשֶׁת לִי וְלָזֶה אֵינָהּ מְקֻדֶּשֶׁת:

י. אָמַר לָהּ הֲרֵי חֶצְיֵךְ מְקֻדֶּשֶׁת לִי בִּפְרוּטָה וְחֶצְיֵךְ בִּפְרוּטָה. אוֹ שֶׁאָמַר לָהּ חֶצְיֵךְ מְקֻדֶּשֶׁת לִי בַּחֲצִי פְּרוּטָה וְחֶצְיֵךְ הָאַחֶרֶת מְקֻדֶּשֶׁת בַּחֲצִי פְּרוּטָה הֲרֵי זוֹ מְקֻדֶּשֶׁת. אָמַר לָהּ חֶצְיֵךְ מְקֻדֶּשֶׁת לִי בִּפְרוּטָה הַיּוֹם וְחֶצְיֵךְ בִּפְרוּטָה לְמָחָר. שְׁתֵּי חֲצָיַיִךְ בִּפְרוּטָה. שְׁתֵּי בְּנוֹתֶיךָ לִשְׁנֵי בָּנַי בִּפְרוּטָה. בִּתְּךָ מְקֻדֶּשֶׁת לִי וּפָרָתְךָ מְכוּרָה לִי בִּפְרוּטָה. אוֹ בִּתְּךָ וְקַרְקָעֲתְךָ לִי בִּפְרוּטָה. בְּכָל אֵלּוּ מְקֻדֶּשֶׁת בְּסָפֵק:

יא. הָאָב מְקַדֵּשׁ אֶת בִּתּוֹ שֶׁלֹּא לְדַעְתָּהּ כָּל זְמַן שֶׁהִיא קְטַנָּה. וְכֵן כְּשֶׁהִיא נַעֲרָה רְשׁוּתָהּ בְּיָדוֹ שֶׁנֶּאֱמַר (דברים כב טז) "אֶת בִּתִּי נָתַתִּי לָאִישׁ הַזֶּה לְאִשָּׁה". וְקִדּוּשֶׁיהָ לְאָבִיהָ. וְכֵן הוּא זַכַּאי בִּמְצִיאָתָהּ וּבְמַעֲשֵׂה יָדֶיהָ וּבִכְתֻבָּתָהּ אִם נִתְגָּרְשָׁה אוֹ נִתְאַלְמְנָה מִן הָאֵרוּסִין הוּא זַכַּאי בַּכֹּל עַד שֶׁתִּבָּגֵר. לְפִיכָךְ מְקַבֵּל הָאָב קִדּוּשֵׁי בִּתּוֹ מִיּוֹם שֶׁתִּוָּלֵד עַד שֶׁתִּבָּגֵר. וַאֲפִלּוּ הָיְתָה חֵרֶשֶׁת אוֹ שׁוֹטָה וְקִדְּשָׁהּ הָאָב הֲרֵי הִיא אֵשֶׁת אִישׁ גְּמוּרָה. וְאִם הָיְתָה בַּת שָׁלֹשׁ שָׁנִים וְיוֹם אֶחָד מִתְקַדֶּשֶׁת בְּבִיאָה מִדַּעַת אָבִיהָ. פָּחוֹת מִכֵּן אִם קִדְּשָׁהּ אָבִיהָ בְּבִיאָה אֵינָהּ מְקֻדֶּשֶׁת:

יב. בָּגְרָה הַבַּת אֵין לְאָבִיהָ בָּהּ רְשׁוּת וַהֲרֵי הִיא כִּשְׁאָר כָּל הַנָּשִׁים שֶׁאֵינָם מִתְקַדְּשׁוֹת אֶלָּא לְדַעְתָּן. וְכֵן אִם הִשִּׂיאָהּ אָבִיהָ וְנִתְאַלְמְנָה אוֹ נִתְגָּרְשָׁה בְּחַיֵּי אָבִיהָ הֲרֵי הִיא בִּרְשׁוּת עַצְמָהּ וְאַף עַל פִּי שֶׁעֲדַיִן הִיא קְטַנָּה. כֵּיוָן שֶׁנִּשֵּׂאת אֵין לְאָבִיהָ בָּהּ רְשׁוּת לְעוֹלָם:

יג. נִתְקַדְּשָׁה קֹדֶם שֶׁתִּבְגֹּר שֶׁלֹּא לְדַעַת אָבִיהָ אֵינָהּ מְקֻדֶּשֶׁת וַאֲפִלּוּ אִם נִתְרַצָּה הָאָב אַחַר שֶׁנִּתְקַדְּשָׁה. וַאֲפִלּוּ אִם נִתְאַלְמְנָה אוֹ נִתְגָּרְשָׁה מִן אוֹתָן הַקִּדּוּשִׁין אֵינָהּ אֲסוּרָה לְכֹהֵן. וּבֵין הִיא וּבֵין אָבִיהָ יְכוֹלִין לְעַכֵּב. בֵּין אִם נִתְקַדְּשָׁה בְּפָנָיו בֵּין שֶׁנִּתְקַדְּשָׁה שֶׁלֹּא בְּפָנָיו אֵינָהּ מְקֻדֶּשֶׁת:

יד. הָיְתָה הַבַּת סָפֵק בּוֹגֶרֶת. בֵּין שֶׁקִּדְּשָׁהּ אָבִיהָ שֶׁלֹּא לְדַעְתָּהּ בֵּין שֶׁקִּדְּשָׁה הִיא עַצְמָהּ שֶׁלֹּא לְדַעַת אָבִיהָ. הֲרֵי זוֹ מְקֻדֶּשֶׁת בְּסָפֵק לְפִיכָךְ צְרִיכָה גֵּט מִסָּפֵק. יֵשׁ לָאִישׁ לַעֲשׂוֹת שָׁלִיחַ לְקַדֵּשׁ לוֹ אִשָּׁה בֵּין אִשָּׁה פְּלוֹנִית בֵּין אִשָּׁה מִשְּׁאָר הַנָּשִׁים. וְכֵן הָאִשָּׁה הַגְּדוֹלָה עוֹשָׂה שָׁלִיחַ לְקַבֵּל קִדּוּשֶׁיהָ בֵּין מֵאִישׁ פְּלוֹנִי בֵּין מֵאִישׁ מִשְּׁאָר אֲנָשִׁים. וְכֵן הָאָב עוֹשֶׂה שָׁלִיחַ לְקַבֵּל קִדּוּשֵׁי בִּתּוֹ כְּשֶׁהִיא בִּרְשׁוּתוֹ. וְאוֹמֵר הָאָב לְבִתּוֹ הַקְּטַנָּה צְאִי וְקַבְּלִי קִדּוּשַׁיִךְ:

טו. כָּל הָעוֹשֶׂה שָׁלִיחַ לְקַבֵּל הַקִּדּוּשִׁין צָרִיךְ לַעֲשׂוֹתוֹ בִּפְנֵי עֵדִים. אֲבָל הָאִישׁ שֶׁעָשָׂה שָׁלִיחַ לְקַדֵּשׁ לוֹ אִשָּׁה אֵינוֹ צָרִיךְ לַעֲשׂוֹתוֹ בְּעֵדִים שֶׁאֵין מָקוֹם לְעֵדִים בִּשְׁלִיחוּת הָאִישׁ אֶלָּא לְהוֹדִיעַ אֲמִתַּת הַדָּבָר. לְפִיכָךְ אִם הוֹדוּ הַשָּׁלִיחַ וְהַמְשַׁלֵּחַ אֵינָן צְרִיכִין עֵדִים כְּמוֹ שְׁלִיחַ הַגֵּט וּכְמוֹ שָׁלִיחַ שֶׁהִרְשָׁהוּ לְהַפְרִישׁ לוֹ תְּרוּמָה וְכַיּוֹצֵא בָּהֶן בְּכָל מָקוֹם שֶׁשְּׁלוּחוֹ שֶׁל אָדָם כְּמוֹתוֹ וְאֵינוֹ צָרִיךְ עֵדִים:

טז. הַשָּׁלִיחַ נַעֲשֶׂה עֵד לְפִיכָךְ אִם עָשָׂה שְׁנֵי שְׁלוּחִין לְקַדֵּשׁ לוֹ אִשָּׁה וְהָלְכוּ וְקִדְּשׁוּ אוֹתָהּ הֵן הֵן שְׁלוּחָיו וְהֵן הֵן עֵדֵי הַקִּדּוּשִׁין וְאֵינָן צְרִיכִין לְקַדְּשָׁהּ לוֹ בִּפְנֵי שְׁנַיִם אֲחֵרִים:

יז. הַכֹּל כְּשֵׁרִין לִשְׁלִיחוּת חוּץ מֵחֵרֵשׁ שׁוֹטֶה וְקָטָן לְפִי שֶׁאֵינָן בְּנֵי דַּעַת וְהָעַכּוּ"ם לְפִי שֶׁאֵינוֹ בְּנֵי בְּרִית וְנֶאֱמַר (במדבר יח כח) "כֵּן תָּרִימוּ גַּם אַתֶּם" לְרַבּוֹת הַשָּׁלִיחַ וּמָה אַתֶּם בְּנֵי בְּרִית אַף שְׁלוּחֲכֶם בְּנֵי בְּרִית לְהוֹצִיא אֶת

הָעַכּוּ"ם. אֲבָל הָעֶבֶד אַף עַל פִּי שֶׁהוּא נַעֲשֶׂה שָׁלִיחַ לְדָבָר שֶׁבְּמָמוֹן הֲרֵי הוּא פָּסוּל לִשְׁלִיחוּת הַקִּדּוּשִׁין וְהַגִּטִּין לְפִי שֶׁאֵינוֹ בְּתוֹרַת גִּטִּין וְקִדּוּשִׁין:

יח. שְׁלִיחַ הָאִישׁ שֶׁמְּקַדֵּשׁ אוֹמֵר לָהּ הֲרֵי אַתְּ מְקֻדֶּשֶׁת לִפְלוֹנִי בְּכֶסֶף זֶה אוֹ בִּשְׁטָר זֶה. אִם שְׁלִיחַ הָאִשָּׁה הוּא שֶׁמְּקַבֵּל הַקִּדּוּשִׁין אוֹמֵר לוֹ הֲרֵי פְּלוֹנִית שֶׁשְּׁלָחָה אוֹתְךָ מְקֻדֶּשֶׁת לִי וְהוּא אוֹמֵר לוֹ קִדַּשְׁתִּיהָ לְךָ אוֹ אֵרַסְתִּיהָ לְךָ אוֹ נְתַתִּיהָ לְךָ לְאִשָּׁה וְכָל כַּיּוֹצֵא בָּזֶה. וְכֵן הַמְקַדֵּשׁ עַל יְדֵי הָאָב אוֹמֵר לוֹ הֲרֵי בִּתְּךָ פְּלוֹנִית מְקֻדֶּשֶׁת לִי וְהוּא אוֹמֵר לוֹ קִדַּשְׁתִּיהָ לְךָ. אִם אָמַר הָאָב אוֹ הַשָּׁלִיחַ הֵן דַּיּוֹ וַאֲפִלּוּ שָׁתַק. וְאִם הָיוּ עֲסוּקִין בְּאוֹתוֹ עִנְיָן וְנָתַן לָאָב אוֹ לַשָּׁלִיחַ וְלֹא פֵּרֵשׁ וְלֹא אָמַר דָּבָר דַּיּוֹ וְהִיא מְקֻדֶּשֶׁת. וְאִם קִדֵּשׁ בִּשְׁטָר אֵינוֹ כּוֹתְבוֹ אֶלָּא מִדַּעַת הָאָב אוֹ מִדַּעַת הַשָּׁלִיחַ. וְכֵן בְּכָל הַדְּבָרִים כֻּלָּן שֶׁל קִדּוּשִׁין דִּין הָאִישׁ עִם הָאִשָּׁה כְּדִין שָׁלִיחַ עִם שָׁלִיחַ אוֹ עִם הָאָב:

יט. מִצְוָה שֶׁיְּקַדֵּשׁ אָדָם אֶת אִשְׁתּוֹ בְּעַצְמוֹ יוֹתֵר מֵעַל יְדֵי שְׁלוּחוֹ. וְכֵן מִצְוָה לָאִשָּׁה שֶׁתִּתְקַדֵּשׁ עַצְמָהּ בְּיָדָהּ יוֹתֵר מֵעַל יְדֵי שְׁלוּחָהּ. וְאַף עַל פִּי שֶׁיֵּשׁ רְשׁוּת לָאָב לְקַדֵּשׁ בִּתּוֹ כְּשֶׁהִיא קְטַנָּה וּכְשֶׁהִיא נַעֲרָה לְכָל מִי שֶׁיִּרְצֶה אֵין רָאוּי לַעֲשׂוֹת כֵּן אֶלָּא מִצְוַת חֲכָמִים שֶׁלֹּא יְקַדֵּשׁ אָדָם בִּתּוֹ כְּשֶׁהִיא קְטַנָּה עַד שֶׁתַּגְדִּיל וְתֹאמַר לִפְלוֹנִי אֲנִי רוֹצָה. וְכֵן הָאִישׁ אֵין רָאוּי לְקַדֵּשׁ קְטַנָּה. וְלֹא יְקַדֵּשׁ אִשָּׁה עַד שֶׁיִּרְאֶנָּה וְתִהְיֶה כְּשֵׁרָה בְּעֵינָיו שֶׁמָּא לֹא תִּמְצָא חֵן בְּעֵינָיו וְנִמְצָא מְגָרְשָׁהּ אוֹ שׁוֹכֵב עִמָּהּ וְהוּא שׂוֹנְאָהּ:

כ. הַמְקַדֵּשׁ בְּבִיאָה הֲרֵי אֵלּוּ קִדּוּשֵׁי תּוֹרָה. וְכֵן מִתְקַדֶּשֶׁת בִּשְׁטָר מִן הַתּוֹרָה. כְּשֵׁם שֶׁגּוֹמֵר וּמְגָרֵשׁ שֶׁנֶּאֱמַר (דברים כד א) "וְכָתַב לָהּ סֵפֶר כְּרִיתֻת" כָּךְ גּוֹמֵר וּמַכְנִיס. אֲבָל הַכֶּסֶף מִדִּבְרֵי סוֹפְרִים (וְכֵן דִּין הַכֶּסֶף דִּין תּוֹרָה וּפֵרוּשׁוֹ מִדִּבְרֵי סוֹפְרִים) שֶׁנֶּאֱמַר (דברים כב יג) "כִּי יִקַּח אִישׁ אִשָּׁה" וְאָמְרוּ חֲכָמִים לְקוּחִים אֵלּוּ יִהְיוּ בְּכֶסֶף שֶׁנֶּאֱמַר (בראשית כג יג) "נָתַתִּי כֶּסֶף הַשָּׂדֶה קַח מִמֶּנִּי":

כא. אַף עַל פִּי שֶׁעִקַּר הַדָּבָר כָּךְ הוּא כְּבָר נָהֲגוּ כָּל יִשְׂרָאֵל לְקַדֵּשׁ בְּכֶסֶף אוֹ בְּשָׁוֶה כֶּסֶף. וְכֵן אִם רָצָה לְקַדֵּשׁ בִּשְׁטָר מְקַדֵּשׁ. אֲבָל אֵין מְקַדְּשִׁין בְּבִיאָה לְכַתְּחִלָּה וְאִם קִדֵּשׁ בְּבִיאָה מַכִּין אוֹתוֹ מַכַּת מַרְדּוּת כְּדֵי שֶׁלֹּא יִהְיוּ יִשְׂרָאֵל פְּרוּצִים בְּדָבָר זֶה אַף עַל פִּי שֶׁקִּדּוּשָׁיו קִדּוּשִׁין גְּמוּרִין:

כב. וְכֵן הַמְקַדֵּשׁ בְּלֹא שִׁדּוּכִין אוֹ הַמְקַדֵּשׁ בַּשּׁוּק אַף עַל פִּי שֶׁקִּדּוּשָׁיו קִדּוּשִׁין גְּמוּרִין מַכִּין אוֹתוֹ מַכַּת מַרְדּוּת כְּדֵי שֶׁלֹּא יְהֵא דָּבָר זֶה הֶרְגֵּל לִזְנוּת וְיִדָּמֶה לִקְדֵשָׁה שֶׁהָיְתָה קֹדֶם מַתַּן תּוֹרָה:

כג. כָּל הַמְקַדֵּשׁ אִשָּׁה בֵּין עַל יְדֵי עַצְמוֹ בֵּין עַל יְדֵי שָׁלִיחַ צָרִיךְ לְבָרֵךְ קֹדֶם הַקִּדּוּשִׁין אוֹ הוּא אוֹ שְׁלוּחוֹ כְּדֶרֶךְ שֶׁמְּבָרְכִין עַל כָּל הַמִּצְוֹת וְאַחַר כָּךְ מְקַדֵּשׁ וְאִם קִדֵּשׁ וְלֹא בֵּרֵךְ לֹא יְבָרֵךְ אַחַר הַקִּדּוּשִׁין שֶׁזּוֹ בְּרָכָה לְבַטָּלָה מַה שֶּׁנַּעֲשָׂה כְּבָר נַעֲשָׂה:

כד. כֵּיצַד מְבָרֵךְ. בָּרוּךְ אַתָּה ה' אֱלֹהֵינוּ מֶלֶךְ הָעוֹלָם אֲשֶׁר קִדְּשָׁנוּ בְּמִצְוֹתָיו וְהִבְדִּילָנוּ מִן הָעֲרָיוֹת וְאָסַר לָנוּ אֶת הָאֲרוּסוֹת וְהִתִּיר לָנוּ אֶת הַנְּשׂוּאוֹת עַל יְדֵי חֻפָּה וְקִדּוּשִׁין בָּרוּךְ אַתָּה ה' מְקַדֵּשׁ יִשְׂרָאֵל. זוֹ הִיא בִּרְכַּת אֵרוּסִין. וְנָהֲגוּ הָעָם לְהַסְדִּיר בְּרָכָה זוֹ עַל כּוֹס שֶׁל יַיִן אוֹ שֶׁל שֵׁכָר. וְאִם יֵשׁ שָׁם יַיִן מְבָרֵךְ עַל הַיַּיִן תְּחִלָּה וְאַחַר כָּךְ מְבָרֵךְ בִּרְכַּת אֵרוּסִין וְאַחַר כָּךְ מְקַדֵּשׁ. וְאִם אֵין לוֹ יַיִן אוֹ שֵׁכָר מְבָרֵךְ אוֹתָהּ בִּפְנֵי עַצְמָהּ:

Perek 4

Kidushin

People in the Consecration and Consent

	Consecrated	Explanation
Woman must consent	✓	
Man may consecrate more than 1 woman	✓	
Consecrates in presence of only 1 witness	×	

Consecrates in presence of disqualified witnesses	×	
A minor consecrates a woman	×	
An *orphaned girl* below **6**	×	Even if she is mature, an orphan has no father, and therefore no authority
An orphaned girl more than **10**	✓	*Derabanan.* i.e. if she consented. A minor girl can simply walk away from the marriage through a process called *miun* (like divorce)
Normal person marries a deaf mute	✓	
Normal person marries an imbecile	×	Marriage will not endure
Normal person marries an impotent	✓	
Man marries a woman forbidden as *arayot*	×	Except with a *nidah* as this is a temporary state **Reminder:** *Arayot* (Forbidden Sexual Relations) ***Ref:*** *Sefer Kedushah, Hilchot Issurei Biah*, Chapters 1–4
Man marries a *shniyah*	✓	
Man marries a gentile woman or vice versa	×	
An apostate Jew marries a woman	✓	**Reminder:** Pack on Misbehaviour
Consecrates while drunk	✓	Unless degree of drunkenness is too great

פרק ד׳

א. אֵין הָאִשָּׁה מִתְקַדֶּשֶׁת אֶלָּא לִרְצוֹנָהּ וְהַמְקַדֵּשׁ אִשָּׁה בְּעַל כָּרְחָהּ אֵינָהּ מְקֻדֶּשֶׁת. אֲבָל הָאִישׁ שֶׁאֲנָסוּהוּ עַד שֶׁקִּדֵּשׁ בְּעַל כָּרְחוֹ הֲרֵי זוֹ מְקֻדֶּשֶׁת. וְיֵשׁ לָאִישׁ לְקַדֵּשׁ נָשִׁים רַבּוֹת כְּאַחַת וְהוּא שֶׁיִּהְיֶה בְּכֶסֶף אִם קִדֵּשׁ בְּכֶסֶף פְּרוּטָה לְכָל אַחַת וְאַחַת. וְיֵשׁ לְאַחַת מֵהֶן אוֹ לְאַחֵר לְקַבֵּל הַקִּדּוּשִׁין עַל יְדֵי כֻּלָּן מִדַּעְתָּן:

ב. הַמְקַדֵּשׁ אֶת הָאִשָּׁה וְנָתַן הַקִּדּוּשִׁין מִדַּעְתָּהּ בְּיַד חֲבֶרְתָּהּ וְאָמַר לַחֲבֶרְתָּהּ כְּשֶׁנָּתַן הַקִּדּוּשִׁין בְּיָדָהּ וְאַתְּ נַמִּי. אוֹ וְכֵן גַּם אַתְּ וְכַיּוֹצֵא בָּזֶה. הֲרֵי שְׁתֵּיהֶן מְקֻדָּשׁוֹת. אֲבָל אִם נָתַן בְּיָדָהּ וְאָמַר לָהּ וְאַתְּ. הֲרֵי זוֹ שֶׁקִּבְּלָה הַקִּדּוּשִׁין מְקֻדֶּשֶׁת בְּסָפֵק. שֶׁמָּא לֹא נִתְכַּוֵּן אֶלָּא לִרְאוֹת מַה בְּלִבָּהּ וּכְאִלּוּ אָמַר לָהּ וְאַתְּ מַה תֹּאמְרִי בְּדָבָר זֶה. וּלְפִיכָךְ קִבְּלָה הַקִּדּוּשִׁין הִיא שֶׁהֲרֵי זֶה עֲדַיִן שׁוֹאֲלָהּ לִרְאוֹת מַה בְּלִבָּהּ וּמִפְּנֵי זֶה הִיא סָפֵק מְקֻדֶּשֶׁת:

ג. אָמַר לָהּ הִתְקַדְּשִׁי לִי בְּדִינָר זֶה נְטָלַתּוּ וּזְרָקַתּוּ לְפָנָיו אוֹ לַיָּם אוֹ לָאוּר אוֹ לְדָבָר הָאָבֵד אֵינָהּ מְקֻדֶּשֶׁת. אָמְרָה לוֹ תְּנֵהוּ לְאַבָּא אוֹ לְאָבִיךָ אוֹ לְאִישׁ פְּלוֹנִי וְנָתַן אֵינָהּ מְקֻדֶּשֶׁת. וְאִם אָמְרָה לוֹ תְּנֵהוּ לוֹ שֶׁיְּקַבְּלֵהוּ לִי וְנָתַן הֲרֵי זוֹ מְקֻדֶּשֶׁת:

ד. אָמְרָה הַנִּיחֵהוּ עַל הַסֶּלַע אֵינָהּ מְקֻדֶּשֶׁת וְאִם הָיָה סֶלַע שֶׁלָּהּ מְקֻדֶּשֶׁת. הָיָה סֶלַע שֶׁל שְׁנֵיהֶם הֲרֵי זוֹ מְקֻדֶּשֶׁת בְּסָפֵק. אָמַר לָהּ הִתְקַדְּשִׁי לִי בְּכִכָּר זֶה אָמְרָה לוֹ תְּנֵהוּ לֶעָנִי אֲפִלּוּ הָיָה עָנִי הַסָּמוּךְ עָלֶיהָ אֵינָהּ מְקֻדֶּשֶׁת. תְּנֵהוּ לַכֶּלֶב הֲרֵי זוֹ אֵינָהּ מְקֻדֶּשֶׁת וְאִם הָיָה הַכֶּלֶב שֶׁלָּהּ מְקֻדֶּשֶׁת. וְאִם הָיָה רָץ אַחֲרֶיהָ לְנָשְׁכָהּ וְאָמְרָה לוֹ תְּנֵהוּ לְכֶלֶב זֶה הֲרֵי זוֹ סָפֵק מְקֻדֶּשֶׁת:

ה. הָיָה מוֹכֵר פֵּרוֹת אוֹ כֵּלִים וְכַיּוֹצֵא בָּהֶן בָּאָה אִשָּׁה וְאָמְרָה לוֹ תֵּן לִי מְעַט מֵאֵלּוּ וְאָמַר לָהּ אִם אֶתֵּן לָךְ תְּהִי מְקֻדֶּשֶׁת לִי. אִם אָמְרָה הֵן וְנָתַן לָהּ הֲרֵי זוֹ מְקֻדֶּשֶׁת אֲבָל אִם אָמְרָה לוֹ תֵּן לִי מֵהֶן אוֹ הַשְׁלֵךְ לִי אוֹ דְּבָרִים שֶׁעִנְיָנָם לֹא תִּשְׂחַק עִמִּי בִּדְבָרִים אֵלּוּ אֶלָּא תֵּן לִי בִּלְבַד וְנָתַן אֵינָהּ מְקֻדֶּשֶׁת. וְכֵן אִם הָיָה שׁוֹתֶה יַיִן וְאָמְרָה לוֹ תֵּן לִי כּוֹס אֶחָד וְאָמַר לָהּ אִם אֶתֵּן לָךְ הֲרֵי אַתְּ מְקֻדֶּשֶׁת לִי בּוֹ וְאָמְרָה הַשְׁקֵנִי הַשְׁקוֹת אוֹ תֵּן הַשְׁקֵה הַשְׁלֵךְ אֵינָהּ מְ [קֻ] דֶּשֶׁת שֶׁאֵין הַדְּבָרִים נִרְאִין אֶלָּא הַשְׁקֵנִי בִּלְבַד וְלֹא תִּשְׂחַק עִמִּי בְּדָבָר אַחֵר:

ו. הַמְקַדֵּשׁ בְּעֵד אֶחָד אֵין חוֹשְׁשִׁין לְקִדּוּשָׁיו וְאַף עַל פִּי שֶׁשְּׁנֵיהֶם מוֹדִין. קַל וָחֹמֶר לִמְקַדֵּשׁ בְּלֹא עֵדִים. הַמְקַדֵּשׁ בִּפְסוּלֵי עֵדוּת שֶׁל תּוֹרָה אֵינָהּ מְקֻדֶּשֶׁת. בִּפְסוּלֵי עֵדוּת שֶׁל דִּבְרֵי סוֹפְרִים אוֹ בְּעֵדִים שֶׁהֵן סָפֵק פְּסוּלֵי תּוֹרָה אִם רָצָה לִכְנֹס חוֹזֵר וּמְקַדֵּשׁ בִּכְשֵׁרִים וְאִם לֹא רָצָה לִכְנֹס צְרִיכָה גֵּט מִמֶּנּוּ מִסָּפֵק. וַאֲפִלּוּ כָּפְרָה הָאִשָּׁה וְהִכְחִישָׁה אֶת הָעֵדִים וְאָמְרָה לֹא קִדַּשְׁתַּנִי כּוֹפִין אוֹתָהּ לִקַּח גֵּט. וְכֵן דִּין כָּל קִדּוּשֵׁי סָפֵק אִם רָצָה לִכְנֹס חוֹזֵר וּמְקַדֵּשׁ וַדַּאי וְאִם לֹא רָצָה לִכְנֹס צְרִיכָה גֵּט מִמֶּנּוּ מִסָּפֵק:

ז. קָטָן שֶׁקִּדֵּשׁ אֵין קִדּוּשָׁיו קִדּוּשִׁין. אֲבָל גָּדוֹל שֶׁקִּדֵּשׁ אֶת הַקְּטַנָּה הַיְתוֹמָה. אוֹ קְטַנָּה שֶׁיָּצְאָה מֵרְשׁוּת אָבִיהָ. אִם הָיְתָה פְּחוּתָה מִבַּת שֵׁשׁ אַף עַל פִּי שֶׁהִיא נְבוֹנַת לַחַשׁ בְּיוֹתֵר וּמַכֶּרֶת וּמַבְחֶנֶת אֵין כָּאן שֵׁם קִדּוּשִׁין וְאֵינָהּ צְרִיכָה לְמָאֵן. וְאִם הָיְתָה מִבַּת עֶשֶׂר שָׁנִים וּלְמַעְלָה אַף עַל פִּי שֶׁהִיא סְכָלָה בְּיוֹתֵר הוֹאִיל וְנִתְקַדְּשָׁה לְדַעְתָּהּ הֲרֵי זוֹ מְקֻדֶּשֶׁת לְמֵאוּן. הָיְתָה מִבַּת שֵׁשׁ וְעַד סוֹף עֶשֶׂר בּוֹדְקִין אֶת יְפִי דַּעְתָּהּ אִם מַכֶּרֶת וּמַבְחֶנֶת עִסְקֵי הַנִּשּׂוּאִין וְהַקִּדּוּשִׁין צְרִיכָה לְמָאֵן. וְאִם לָאו אֵינָהּ מְקֻדֶּשֶׁת לְמֵאוּן וְאֵינָהּ צְרִיכָה לְמָאֵן:

ח. כֵּיצַד מְקֻדֶּשֶׁת לְמֵאוּן. שֶׁאִם נִתְקַדְּשָׁה וְלֹא רָצְתָה לֵישֵׁב עִם בַּעְלָהּ צְרִיכָה לְמָאֵן בִּפְנֵי שְׁנַיִם וְלוֹמַר אֵינִי רוֹצָה בּוֹ וְיוֹצְאָה בְּלֹא גֵּט כְּמוֹ שֶׁיִּתְבָּאֵר בְּהִלְכוֹת גֵּרוּשִׁין. וְזוֹ הִיא הַנִּקְרֵאת מְמָאֶנֶת. וְלָמָּה יוֹצְאָה בְּלֹא גֵּט מִפְּנֵי שֶׁאֵין קִדּוּשֶׁיהָ קִדּוּשִׁין גְּמוּרִין מִן הַתּוֹרָה אֶלָּא מִדִּבְרֵי סוֹפְרִים וְהֵן תְּלוּיִין שֶׁאִם יָשְׁבָה עִם בַּעְלָהּ עַד שֶׁגָּדְלָה גָּמְרוּ קִדּוּשֶׁיהָ וְנַעֲשֵׂית אֵשֶׁת אִישׁ גְּמוּרָה וְאֵינוֹ צָרִיךְ לַחֲזֹר וּלְקַדְּשָׁהּ אַחַר שֶׁגָּדְלָה. וְאִם לֹא רָצְתָה לֵישֵׁב צְרִיכָה לְמָאֵן וְתֵצֵא בְּלֹא גֵּט:

ט. חֵרֵשׁ שֶׁנָּשָׂא פִּקַּחַת וְכֵן חֵרֶשֶׁת שֶׁנִּשֵּׂאת לְפִקֵּחַ אֵין קִדּוּשֵׁיהֶן גְּמוּרִין מִן הַתּוֹרָה אֶלָּא מִדִּבְרֵי סוֹפְרִים לְפִיכָךְ אִם בָּא פִּקֵּחַ וְקִדֵּשׁ אֵשֶׁת חֵרֵשׁ הַפִּקַּחַת הֲרֵי זוֹ מְקֻדֶּשֶׁת לַשֵּׁנִי קִדּוּשִׁין גְּמוּרִין וְנוֹתֵן גֵּט וְהִיא מֻתֶּרֶת לְבַעְלָהּ הַחֵרֵשׁ. אֲבָל הַשּׁוֹטֶה שֶׁקִּדֵּשׁ פִּקַּחַת אוֹ פִּקֵּחַ שֶׁקִּדֵּשׁ שׁוֹטָה אֵין כָּאן קִדּוּשִׁין כְּלָל לֹא מִדִּבְרֵי תּוֹרָה וְלֹא מִדִּבְרֵי סוֹפְרִים:

י. סָרִיס שֶׁקִּדֵּשׁ בֵּין סְרִיס חַמָּה בֵּין סְרִיס אָדָם וְכֵן אַיְלוֹנִית שֶׁנִּתְקַדְּשָׁה הֲרֵי אֵלּוּ קִדּוּשִׁין גְּמוּרִין:

יא. טֻמְטוּם וְאַנְדְּרוֹגִינוּס שֶׁקִּדְּשׁוּ אִשָּׁה אוֹ שֶׁקִּדְּשָׁן אִישׁ הֲרֵי אֵלּוּ קִדּוּשֵׁי סָפֵק וּצְרִיכִין גֵּט מִסָּפֵק:

יב. הַמְקַדֵּשׁ אַחַת מִן הָעֲרָיוֹת לֹא עָשָׂה כְּלוּם שֶׁאֵין קִדּוּשִׁין תּוֹפְסִין לָעֶרְוָה חוּץ מִן הַנִּדָּה שֶׁהַמְקַדֵּשׁ אֶת הַנִּדָּה הֲרֵי זוֹ מְקֻדֶּשֶׁת קִדּוּשִׁין גְּמוּרִין וְאֵין רָאוּי לַעֲשׂוֹת כֵּן:

יג. אֵשֶׁת אִישׁ שֶׁפָּשְׁטָה יָדָהּ וְקִבְּלָה קִדּוּשִׁין מֵאַחֵר בִּפְנֵי בַּעְלָהּ הֲרֵי זוֹ מְקֻדֶּשֶׁת לַשֵּׁנִי. שֶׁהָאִשָּׁה שֶׁאָמְרָה לְבַעְלָהּ בְּפָנָיו גֵּרַשְׁתַּנִי נֶאֱמֶנֶת חֲזָקָה אֵין אִשָּׁה מְעִזָּה פָּנֶיהָ בִּפְנֵי בַּעְלָהּ. אֲבָל אִם קִדְּשָׁהּ אַחֵר שֶׁלֹּא בִּפְנֵי בַּעְלָהּ אֵין קִדּוּשִׁין תּוֹפְסִין בָּהּ עַד שֶׁתָּבִיא רְאָיָה שֶׁנִּתְגָּרְשָׁה קֹדֶם שֶׁתְּקַבֵּל הַקִּדּוּשִׁין, כָּל שֶׁלֹּא בְּפָנָיו מְעִזָּה:

יד. הַמְקַדֵּשׁ אַחַת מִן הַשְּׁנִיּוֹת אוֹ מֵאִסּוּרֵי לָאוִין אוֹ מֵאִסּוּרֵי עֲשֵׂה. וְכֵן יָבָם שֶׁקִּדֵּשׁ צָרַת יְבָמְתּוֹ. הֲרֵי זוֹ מְקֻדֶּשֶׁת קִדּוּשִׁין גְּמוּרִין חוּץ מִיְּבָמָה שֶׁנִּתְקַדְּשָׁה לְזָר שֶׁהִיא מְקֻדֶּשֶׁת בְּסָפֵק. נִסְתַּפֵּק לַחֲכָמִים אִם הַקִּדּוּשִׁין תּוֹפְסִין בִּיבָמָה כִּשְׁאָר חַיָּבֵי לָאוִין אוֹ אֵין קִדּוּשִׁין תּוֹפְסִין בָּהּ כְּעֶרְוָה. וְאַף עַל פִּי שֶׁאָסוּר לוֹ לִכְנֹס אַחַת מִכָּל אֵלּוּ הֲרֵי זֶה מְגָרֵשׁ בְּגֵט:

טו. הַמְקַדֵּשׁ כּוּתִית אוֹ שִׁפְחָה אֵינָן קִדּוּשִׁין אֶלָּא הֲרֵי הִיא אַחַר הַקִּדּוּשִׁין כְּמוֹ שֶׁהָיְתָה קֹדֶם הַקִּדּוּשִׁין. וְכֵן עַכּוּ"ם וְעֶבֶד שֶׁקִּדְּשׁוּ בַּת יִשְׂרָאֵל אֵין קִדּוּשֵׁיהֶן קִדּוּשִׁין. יִשְׂרָאֵל מוּמָר שֶׁקִּדֵּשׁ אַף עַל פִּי שֶׁהוּא עוֹבֵד עַכּוּ"ם בִּרְצוֹנוֹ הֲרֵי אֵלּוּ קִדּוּשִׁין גְּמוּרִין וּצְרִיכָה גֵּט מִמֶּנּוּ:

טז. הַמְקַדֵּשׁ אִשָּׁה שֶׁחֶצְיָהּ שִׁפְחָה וְחֶצְיָהּ בַּת חוֹרִין אֵינָהּ

HILCHOT ISHUT · PEREK 5 13

מְקֻדֶּשֶׁת קִדּוּשִׁין גְּמוּרִין עַד שֶׁתִּשְׁתַּחְרֵר וְכֵיוָן שֶׁנִּשְׁתַּחְרְרָה גָּמְרוּ קִדּוּשֶׁיהָ כְּקִדּוּשֵׁי קְטַנָּה שֶׁגָּדְלָה וְאֵינוֹ צָרִיךְ לְקַדְּשָׁהּ קִדּוּשִׁין אֲחֵרִים. בָּא אַחֵר וְקִדְּשָׁהּ אַחַר שֶׁנִּשְׁתַּחְרְרָה הֲרֵי זֶה סָפֵק קִדּוּשִׁין לִשְׁנֵיהֶם:

יז. וְאֵי זוֹ הִיא שִׁפְחָה חֲרוּפָה הָאֲמוּרָה בַּתּוֹרָה זוֹ מִי שֶׁחֶצְיָהּ שִׁפְחָה וְחֶצְיָהּ בַּת חוֹרִין שֶׁקִּדְּשָׁהּ עֶבֶד עִבְרִי. וּמִי שֶׁחֶצְיוֹ עֶבֶד וְחֶצְיוֹ בֶּן חוֹרִין שֶׁקִּדֵּשׁ בַּת חוֹרִין הֲרֵי זוֹ סָפֵק קִדּוּשִׁין:

יח. שִׁכּוֹר שֶׁקִּדֵּשׁ קִדּוּשָׁיו קִדּוּשִׁין וְאַף עַל פִּי שֶׁנִּשְׁתַּכֵּר הַרְבֵּה. וְאִם הִגִּיעַ לְשִׁכְרוּתוֹ שֶׁל לוֹט אֵין קִדּוּשָׁיו קִדּוּשִׁין. וּמִתְיַשְּׁבִין בְּדָבָר זֶה:

יט. הַמְקַדֵּשׁ בְּפָחוֹת מִפְּרוּטָה אֵינָהּ מְקֻדֶּשֶׁת. קִדְּשָׁהּ בְּאֹכֶל אוֹ בִּכְלִי וְכַיּוֹצֵא בּוֹ שֶׁשָּׁוֶה פָּחוֹת מִפְּרוּטָה הֲרֵי זוֹ מְקֻדֶּשֶׁת בְּסָפֵק וּצְרִיכָה גֵּט מִסָּפֵק שֶׁמָּא דָּבָר זֶה שָׁוֶה פְּרוּטָה בְּמָקוֹם אַחֵר. הָא לָמַדְתָּ שֶׁכָּל הַמְקַדֵּשׁ בְּשָׁוֵה כֶּסֶף אִם הָיָה בְּאוֹתָהּ הַמְּדִינָה שְׁוֵה פְּרוּטָה הֲרֵי אֵלּוּ קִדּוּשֵׁי וַדַּאי וְאִם אֵינוֹ שְׁוֵה פְּרוּטָה הֲרֵי אֵלּוּ קִדּוּשֵׁי סָפֵק. יֵרָאֶה לִי שֶׁאִם קִדֵּשׁ בְּתַבְשִׁיל אוֹ בְּיָרָק שֶׁאֵינוֹ מִתְקַיֵּם וְכַיּוֹצֵא בָּהֶם אִם לֹא הָיוּ שְׁוֵה פְּרוּטָה בְּאוֹתוֹ הַמָּקוֹם אֵינָהּ מְקֻדֶּשֶׁת כְּלָל שֶׁהֲרֵי דָּבָר זֶה אֵינוֹ מַגִּיעַ לְמָקוֹם אַחֵר עַד שֶׁיִּפָּסֵד וְיֹאבַד וְלֹא יִהְיוּ שְׁוֵה פְּרוּטָה. וְדָבָר שֶׁל טַעַם הוּא זֶה וְרָאוּי לִסְמֹךְ עָלָיו:

כ. הַמְקַדֵּשׁ (אִשָּׁה) בְּפָחוֹת מִפְּרוּטָה אוֹ שֶׁקִּדֵּשׁ שְׁתֵּי נָשִׁים בִּפְרוּטָה אַף עַל פִּי שֶׁשָּׁלַח סִבְלוֹנוֹת לְאַחַר מִכֵּן אֵינָהּ מְקֻדֶּשֶׁת. וְכֵן קָטָן שֶׁקִּדֵּשׁ אַף עַל פִּי שֶׁשָּׁלַח סִבְלוֹנוֹת לְאַחַר שֶׁהִגְדִּיל אֵינָהּ מְקֻדֶּשֶׁת שֶׁמֵּחֲמַת קִדּוּשִׁין הָרִאשׁוֹנִים שְׁלָחָן שֶׁהָיוּ קִדּוּשִׁין פְּסוּלִין:

כא. הַמְקַדֵּשׁ אֶת הָאִשָּׁה בְּכֶסֶף אוֹ בִּשְׁטָר אֵינוֹ צָרִיךְ שֶׁיִּתֵּן הַקִּדּוּשִׁין לְתוֹךְ יָדָהּ אֶלָּא כֵּיוָן שֶׁרָצְתָה לִזְרֹק לָהּ קִדּוּשֶׁיהָ וּזְרָקָן בֵּין לְתוֹךְ יָדָהּ בֵּין לְתוֹךְ חֵיקָהּ אוֹ לְתוֹךְ חֲצֵרָהּ אוֹ לְתוֹךְ שָׂדֶה שֶׁלָּהּ הֲרֵי זוֹ מְקֻדֶּשֶׁת. הָיְתָה עוֹמֶדֶת בִּרְשׁוּת הַבַּעַל צָרִיךְ שֶׁיִּתֵּן לְתוֹךְ יָדָהּ אוֹ לְתוֹךְ חֵיקָהּ. הָיְתָה עוֹמֶדֶת בִּרְשׁוּת שֶׁהִיא שֶׁל שְׁנֵיהֶן וְזָרַק לָהּ קִדּוּשֶׁיהָ מִדַּעְתָּהּ וְלֹא הִגִּיעוּ לְיָדָהּ אוֹ לְחֵיקָהּ הֲרֵי זוֹ מְקֻדֶּשֶׁת קִדּוּשֵׁי סָפֵק. וַאֲפִלּוּ אָמְרָה לוֹ הַנַּח קִדּוּשִׁין עַל מָקוֹם זֶה וְאוֹתוֹ הַמָּקוֹם שֶׁל שְׁנֵיהֶם הֲרֵי אֵלּוּ קִדּוּשֵׁי סָפֵק:

כב. הָיוּ עוֹמְדִים בִּרְשׁוּת הָרַבִּים אוֹ בִּרְשׁוּת שֶׁאֵינוֹ שֶׁל שְׁנֵיהֶם וְזָרַק לָהּ קִדּוּשֶׁיהָ. קָרוֹב לוֹ אֵינָהּ מְקֻדֶּשֶׁת. קָרוֹב לָהּ הֲרֵי זוֹ מְקֻדֶּשֶׁת. מֶחֱצָה עַל מֶחֱצָה אוֹ שֶׁהָיוּ סָפֵק קָרוֹב לוֹ סָפֵק קָרוֹב לָהּ וְאָבְדוּ קֹדֶם שֶׁיַּגִּיעוּ לְיָדָהּ הֲרֵי זוֹ סָפֵק מְקֻדֶּשֶׁת. כֵּיצַד הוּא קָרוֹב לוֹ וְקָרוֹב לָהּ. כָּל שֶׁהוּא יָכוֹל לִשְׁמֹר אוֹתָן וְהִיא אֵינָהּ יְכוֹלָה זֶה הוּא קָרוֹב לוֹ. הִיא יְכוֹלָה לִשְׁמֹר אוֹתָן וְהוּא אֵינוֹ יָכוֹל זֶהוּ קָרוֹב לָהּ. שְׁנֵיהֶן יְכוֹלִין לִשְׁמֹר אוֹתָן אוֹ שְׁנֵיהֶן אֵין יְכוֹלִים לִשְׁמֹר אוֹתָן זֶה הוּא מֶחֱצָה עַל מֶחֱצָה:

Perek 5

Kidushin

Articles or Money used

The bride must derive immediate benefit or satisfaction from the money or article.

The article must be worth minimum **1** ***prutah***.

Examples of articles discussed

- Forbidden items
- *Trumah, maaser, bikurim*

Reminder:

Order of *Tzedakah* Allocations of Crops through 7-Year Cycle
Ref: *Sefer Zeraim, Hilchot Matanot Aniim*, Chapter 6
Summary of Separations 1: Ref: *Sefer Zeraim*
Summary of Separations 2: Ref: *Sefer Zeraim, Hilchot Bikurim*, Chapters 1, 2, 3, 4, 5, 6, 7, 8, 9, 10, 11, 12
Pack on *Tzedakah*

- Use of debts, *pikadon* (guarded article), *mashkon* (security), loans, presents, etc

Reminder:
Pack on Finances

In all cases, article needs to be analysed to see if bride could get immediate use out of article and whether it is worth 1 *prutah*. This will determine whether marriage is effective.

פרק ה׳

א. הַמְקַדֵּשׁ בְּדָבָר שֶׁהוּא אָסוּר בַּהֲנָאָה כְּגוֹן חָמֵץ בְּפֶסַח אוֹ בָּשָׂר בְּחָלָב וְכַיּוֹצֵא בָּהֶן מִשְּׁאָר אִסּוּרֵי הֲנָאָה אֵינָהּ מְקֻדֶּשֶׁת. וַאֲפִלּוּ הָיָה אָסוּר בַּהֲנָאָה מִדִּבְרֵיהֶם כְּגוֹן חָמֵץ בְּשָׁעָה שִׁשִּׁית מִיּוֹם אַרְבָּעָה עָשָׂר אֵינָהּ מְקֻדֶּשֶׁת:

ב. עָבַר וּמָכַר דָּבָר הָאָסוּר בַּהֲנָאָה וְקִדֵּשׁ בְּדָמָיו הֲרֵי זוֹ מְקֻדֶּשֶׁת חוּץ מֵעַכּוּ״ם שֶׁאִם קִדֵּשׁ בְּדָמֶיהָ אֵינָהּ מְקֻדֶּשֶׁת מִפְּנֵי שֶׁדְּמֵי עַכּוּ״ם אֲסוּרִין בַּהֲנָאָה כָּמוֹהָ. הַמְקַדֵּשׁ בְּפֶרֶשׁ עֶגְלֵי עַכּוּ״ם אֵינָהּ מְקֻדֶּשֶׁת שֶׁהַכֹּל מֵעַכּוּ״ם אָסוּר בַּהֲנָאָה שֶׁנֶּאֱמַר (דברים יג יח) ״וְלֹא יִדְבַּק בְּיָדְךָ מְאוּמָה מִן הַחֵרֶם״. אֲבָל הַמְקַדֵּשׁ בְּפֶרֶשׁ שׁוֹר הַנִּסְקָל הֲרֵי זוֹ מְקֻדֶּשֶׁת אַף עַל פִּי שֶׁשּׁוֹר הַנִּסְקָל אָסוּר בַּהֲנָאָה פִּרְשׁוֹ אֵינוֹ אָסוּר בַּהֲנָאָה שֶׁאֵינוֹ דָּבָר חָשׁוּב לְגַבֵּי הַשּׁוֹר:

ג. הַמְקַדֵּשׁ בְּפֵרוֹת שְׁבִיעִית אוֹ בְּאֵפֶר פָּרָה אֲדֻמָּה אוֹ בְּמַיִם שֶׁמִּלְאָן לַעֲשׂוֹתָן מֵי נִדָּה הֲרֵי זוֹ מְקֻדֶּשֶׁת. הַמְקַדֵּשׁ בְּהֶקְדֵּשׁ שֶׁל בֶּדֶק הַבַּיִת בְּשׁוֹגֵג הֲרֵי זוֹ מְקֻדֶּשֶׁת. וְהוּא יְשַׁלֵּם קֶרֶן וְחֹמֶשׁ לְהֶקְדֵּשׁ וְיָבִיא אֲשָׁמוֹ כְּדִין כָּל מוֹעֵל בִּשְׁגָגָה. וְאִם קִדֵּשׁ בּוֹ אִשָּׁה בְּמֵזִיד אֵינָהּ מְקֻדֶּשֶׁת:

ד. קִדְּשָׁהּ בְּמַעֲשֵׂר שֵׁנִי בֵּין בְּשׁוֹגֵג בֵּין בְּמֵזִיד אֵינָהּ מְקֻדֶּשֶׁת. לְפִי שֶׁאֵין לוֹ לַעֲשׂוֹת בּוֹ שְׁאָר חֲפָצָיו עַד שֶׁיִּתְחַלֵּל שֶׁנֶּאֱמַר בְּמַעֲשֵׂר (ויקרא כז ל) ״לַה׳ הוּא״:

ה. כֹּהֵן שֶׁקִּדֵּשׁ בְּחֶלְקוֹ מִקָּדְשֵׁי קָדָשִׁים אוֹ מִקָּדָשִׁים קַלִּים אֵינָהּ מְקֻדֶּשֶׁת מִפְּנֵי שֶׁלֹּא הֻתְּרוּ אֶלָּא לַאֲכִילָה בִּלְבַד. אֲבָל כֹּהֵן שֶׁקִּדֵּשׁ בִּתְרוּמָה גְּדוֹלָה וּבִתְרוּמַת מַעֲשֵׂר וּבְבִכּוּרִים וְכֵן לֵוִי שֶׁקִּדֵּשׁ בְּמַעֲשֵׂר רִאשׁוֹן וְיִשְׂרָאֵל שֶׁקִּדֵּשׁ בְּמַעֲשַׂר עָנִי הֲרֵי זוֹ מְקֻדֶּשֶׁת:

ו. מַתָּנוֹת שֶׁלֹּא הוּרְמוּ הֲרֵי הֵם כְּמוֹ שֶׁהוּרְמוּ. לְפִיכָךְ יִשְׂרָאֵל שֶׁנָּפְלוּ לוֹ טְבָלִים מִבֵּית אֲבִי אִמּוֹ כֹּהֵן וְהִפְרִישׁ מֵהֶן תְּרוּמָה וּמַעַשְׂרוֹת הֲרֵי הֵן כִּתְרוּמוֹת וּמַעַשְׂרוֹת שֶׁנָּפְלוּ לוֹ בִּירֻשָּׁה מֵאֲבִי אִמּוֹ. וְאִם קִדֵּשׁ בָּהֶן אִשָּׁה הֲרֵי זוֹ מְקֻדֶּשֶׁת. שֶׁאַף עַל פִּי שֶׁאֵינָן רְאוּיִין לוֹ לַאֲכִילָה יֵשׁ לוֹ לְמָכְרָן לְמִי שֶׁהֵן רְאוּיִין לוֹ. אֲבָל יִשְׂרָאֵל שֶׁקִּדֵּשׁ בִּתְרוּמָה שֶׁהִפְרִישׁ מִגָּרְנוֹ אֵינָהּ מְקֻדֶּשֶׁת שֶׁהֲרֵי אֵין לוֹ לְמָכְרָהּ וְאֵין לוֹ בָּהּ אֶלָּא טוֹבַת הֲנָאָה. לְפִי שֶׁנּוֹתְנָהּ לְכָל כֹּהֵן שֶׁיִּרְצֶה וְטוֹבַת הֲנָאָה אֵינָהּ מָמוֹן:

ז. הַמְקַדֵּשׁ אֶת הָאִשָּׁה בְּגֵזֶל אוֹ בִּגְנֵבָה אוֹ בְּחָמָס. אִם נִתְיָאֲשׁוּ הַבְּעָלִים וְנוֹדַע שֶׁקָּנָה אוֹתוֹ דָּבָר בְּיֵאוּשׁ הֲרֵי זוֹ מְקֻדֶּשֶׁת וְאִם לָאו אֵינָהּ מְקֻדֶּשֶׁת:

ח. הַנִּכְנָס לְבֵית חֲבֵרוֹ וְלָקַח לוֹ כְּלִי אוֹ אֹכֶל וְכַיּוֹצֵא בָּהֶן וְקִדֵּשׁ בּוֹ אִשָּׁה וּבָא בַּעַל הַבַּיִת אַף עַל פִּי שֶׁאָמַר לוֹ לָמָּה לֹא נָתַתָּ לָהּ דָּבָר זֶה שֶׁהוּא טוֹב מִמַּה שֶּׁנָּתַתָּ לָהּ אֵינָהּ מְקֻדֶּשֶׁת. שֶׁלֹּא אָמַר לוֹ דָּבָר זֶה אֶלָּא כְּדֵי שֶׁלֹּא לְהִתְבַּיֵּשׁ עִמּוֹ. וְהוֹאִיל וְקִדֵּשׁ בְּמָמוֹן חֲבֵרוֹ שֶׁלֹּא מִדַּעַת חֲבֵרוֹ הֲרֵי זֶה גֵּזֶל וְאֵינָהּ מְקֻדֶּשֶׁת. וְאִם קִדְּשָׁהּ בְּדָבָר שֶׁאֵין בַּעַל הַבַּיִת מַקְפִּיד עָלָיו כְּגוֹן תְּמָרָה אוֹ אֱגוֹז הֲרֵי זוֹ מְקֻדֶּשֶׁת מִסָּפֵק:

ט. הָיְתָה סְחוֹרָה בֵּינוֹ וּבֵין חֲבֵרוֹ וְחִלְּקָהּ שֶׁלֹּא מִדַּעַת חֲבֵרוֹ וְקִדֵּשׁ בְּחֶלְקוֹ הוֹאִיל וּצְרִיכָה שׁוּמַת בֵּית דִּין אֵינָהּ מְקֻדֶּשֶׁת שֶׁאֵין זֶה נוֹטֵל לְעַצְמוֹ מַה שֶּׁיִּרְצֶה וְיַנִּיחַ מַה שֶּׁיִּרְצֶה:

י. גָּזַל אֶת הָאִשָּׁה אוֹ גָּנַב מִמֶּנָּה אוֹ חֲמָסָהּ וְחָזַר וְקִדְּשָׁהּ בַּגֵּזֶל וּבַגְּנֵבָה וּבֶחָמָס שֶׁלָּהּ וְאָמַר לָהּ הֲרֵי אַתְּ מְקֻדֶּשֶׁת בּוֹ. אִם קָדַם בֵּינֵיהֶן שִׁדּוּכִין וְנָטְלָה וְשָׁתְקָה הֲרֵי זוֹ מְקֻדֶּשֶׁת. וְאִם לֹא שִׁדֵּךְ אוֹתָהּ מֵעוֹלָם אַף עַל פִּי שֶׁשָּׁתְקָה כְּשֶׁנָּתַן לָהּ דְּבָרִים אֵלּוּ בְּתוֹרַת קִדּוּשִׁין אֵינָהּ מְקֻדֶּשֶׁת. וְאִם אָמְרָה הֵן הֲרֵי זוֹ מְקֻדֶּשֶׁת:

יא. וְכֵן אִם נָתַן לָהּ פִּקָּדוֹן וְאָמַר לָהּ כִּנְסִי פִּקָּדוֹן זֶה וְחָזַר וְאָמַר לָהּ הֲרֵי אַתְּ מְקֻדֶּשֶׁת לִי בּוֹ. אִם אָמַר לָהּ קֹדֶם שֶׁנְּטָלַתּוּ וּנְטָלַתּוּ וְשָׁתְקָה הֲרֵי זוֹ מְקֻדֶּשֶׁת. וְאִם אַחַר שֶׁנְּטָלַתּוּ בְּתוֹרַת פִּקָּדוֹן אָמַר לָהּ הֲרֵי אַתְּ מְקֻדֶּשֶׁת בּוֹ וְשָׁתְקָה אֵין זֶה כְּלוּם שֶׁכָּל שְׁתִיקָה שֶׁלְּאַחַר מַתַּן מָעוֹת אֵינָהּ מוֹעֶלֶת. אֲבָל אִם אָמְרָה הֵן אַחַר שֶׁנְּטָלָהּ הֲרֵי זוֹ מְקֻדֶּשֶׁת:

יב. הֶחֱזִיר לָהּ חוֹב שֶׁהָיָה לָהּ אֶצְלוֹ וְאָמַר לָהּ הֲרֵי אַתְּ מְקֻדֶּשֶׁת בּוֹ קֹדֶם שֶׁתִּטְּלֶנּוּ וּנְטָלַתּוּ וְשָׁתְקָה. אִם הָיָה בֵּינֵיהֶן שִׁדּוּכִין הֲרֵי זוֹ מְקֻדֶּשֶׁת. וְאִם לֹא שִׁדֵּךְ אֵינָהּ מְקֻדֶּשֶׁת עַד

שֶׁתֹּאמַר הֵן. וְאִם אָמַר לָהּ אַחַר שֶׁנָּטְלָה הַחוֹב שֶׁלָּהּ הֲרֵי אַתְּ מְקֻדֶּשֶׁת בּוֹ אֲפִלּוּ אָמְרָה הֵן אֵינָהּ מְ[קֻ]דֶּשֶׁת. שֶׁהֲרֵי לֹא הִגִּיעַ לְיָדָהּ מִמֶּנּוּ כְּלוּם אֶלָּא שֶׁלָּהּ נָטְלָה וּכְבָר נִפְרַע חוֹבוֹ מִשָּׁעָה שֶׁנָּטְלָה וְאֵינָהּ יְכוֹלָה לַחֲזֹר וְלִתְבְּעוֹ בַּחוֹב פַּעַם אַחֶרֶת:

יג. הַמְקַדֵּשׁ בְּמִלְוֶה אֲפִלּוּ הָיְתָה בִּשְׁטָר אֵינָהּ מְקֻדֶּשֶׁת. כֵּיצַד. כְּגוֹן שֶׁהָיָה לוֹ אֶצְלָהּ חוֹב דִּינָר וְאָמַר לָהּ הֲרֵי אַתְּ מְקֻדֶּשֶׁת לִי בַּדִּינָר שֶׁיֵּשׁ לִי בְּיָדֵךְ אֵינָהּ מְקֻדֶּשֶׁת. מִפְּנֵי שֶׁהַמִּלְוֶה לְהוֹצָאָה נִתְּנָה וְאֵין כָּאן שׁוּם דָּבָר קַיָּם לֵהָנוֹת בּוֹ מֵעַתָּה שֶׁכְּבָר הוֹצִיאָה אוֹתוֹ דִּינָר וְעָבְרָה הֲנָאָתוֹ:

יד. הָיָה לוֹ אֶצְלָהּ מִלְוֶה עַל הַמַּשְׁכּוֹן וְקִדְּשָׁהּ בְּאוֹתָהּ הַמִּלְוֶה וְהֶחֱזִיר לָהּ הַמַּשְׁכּוֹן הֲרֵי זוֹ מְקֻדֶּשֶׁת שֶׁהֲרֵי הִיא נֶהֱנֵית בַּמַּשְׁכּוֹן מֵעַתָּה וַהֲרֵי הִגִּיעַ הֲנָאָה לְיָדָהּ:

טו. הַמְקַדֵּשׁ בַּהֲנָאַת מִלְוֶה הֲרֵי זוֹ מְקֻדֶּשֶׁת. כֵּיצַד. כְּגוֹן שֶׁהִלְוָה אוֹתָהּ עַתָּה מָאתַיִם זוּז וְאָמַר לָהּ הֲרֵי אַתְּ מְקֻדֶּשֶׁת לִי בַּהֲנָאַת זְמַן שֶׁאַרְוִיחַ לָךְ בְּמִלְוֶה זוֹ שֶׁתִּהְיֶה בְּיָדֵךְ כָּךְ וְכָךְ יוֹם וְאֵינִי תּוֹבְעָהּ מִמֵּךְ עַד זְמַן פְּלוֹנִי הֲרֵי זוֹ מְקֻדֶּשֶׁת. שֶׁהֲרֵי יֵשׁ לָהּ הֲנָאָה מֵעַתָּה לְהִשְׁתַּמֵּשׁ בְּמִלְוֶה זוֹ עַד סוֹף זְמַן שֶׁקָּבַע. וְאָסוּר לַעֲשׂוֹת כֵּן מִפְּנֵי שֶׁהִיא כְּרִבִּית. וּפֵרְשׁוּ רַבּוֹתַי בַּהֲנָאַת מִלְוֶה דְּבָרִים שֶׁאֵין רָאוּי לְשָׁמְעָן:

טז. אָמַר לָהּ הֲרֵי אֶת מְקֻדֶּשֶׁת לִי בִּפְרוּטָה זוֹ וּבַחוֹב שֶׁיֵּשׁ לִי אֶצְלֵךְ הֲרֵי זוֹ מְקֻדֶּשֶׁת. וְכֵן אִם אָמַר לָהּ בַּמִּלְוֶה שֶׁיֵּשׁ לִי אֶצְלֵךְ וּבִפְרוּטָה זוֹ הֲרֵי זוֹ מְקֻדֶּשֶׁת:

יז. הָיָה לוֹ חוֹב בְּיַד אֲחֵרִים וְאָמַר לָהּ הֲרֵי אַתְּ מְקֻדֶּשֶׁת לִי בַּחוֹב שֶׁיֵּשׁ לִי בְּיַד זֶה בְּמַעֲמַד שְׁלָשְׁתָּן הֲרֵי זוֹ מְקֻדֶּשֶׁת:

יח. קִדְּשָׁהּ בְּפִקָּדוֹן שֶׁיֵּשׁ לוֹ בְּיָדָהּ אוֹ בִּשְׁאֵלָה שֶׁהִשְׁאִילָהּ. אִם הָיָה הַפִּקָּדוֹן וְהַשְּׁאֵלָה פְּרוּטָה אוֹ שְׁוֵה פְּרוּטָה בְּאֶחָד מֵהֶן קַיָּם בִּרְשׁוּתָהּ הֲרֵי זוֹ מְקֻדֶּשֶׁת:

יט. אָמַר לָהּ הֲרֵי אֶת מְקֻדֶּשֶׁת לִי בִּשְׂכַר שֶׁאֲדַבֵּר עָלַיִךְ לַשִּׁלְטוֹן וְדִבֵּר עָלֶיהָ לַשִּׁלְטוֹן וְהִנִּיחַ הַשִּׁלְטוֹן וְלֹא תְּבָעָהּ אֵינָהּ מְקֻדֶּשֶׁת אֶלָּא אִם נָתַן לָהּ פְּרוּטָה מִשֶּׁלּוֹ. שֶׁהַהֲנָאָה שֶׁבָּאָה לָהּ מִדְּבָרָיו הֲרֵי הִיא כְּמִלְוֶה וְהַמְקַדֵּשׁ בְּמִלְוֶה אֵינָהּ מְקֻדֶּשֶׁת:

כ. הֲרֵי אַתְּ מְקֻדֶּשֶׁת לִי בִּמְלָאכָה זוֹ שֶׁאֶעֱשֶׂה עִמָּךְ וְעָשָׂה אֵינָהּ מְקֻדֶּשֶׁת אֶלָּא אִם כֵּן נָתַן לָהּ פְּרוּטָה מִשֶּׁלּוֹ. לְפִי שֶׁהַשְּׂכִירוּת יִזְכֶּה בָּהּ הַפּוֹעֵל מִתְּחִלָּה וְעַד סוֹף כָּל זְמַן שֶׁיַּעֲשֶׂה מִקְצָת מִן הַמְּלָאכָה זוֹכֶה בְּמִקְצָת מִן הַשָּׂכָר וְנִמְצָא הַשָּׂכָר כֻּלּוֹ מִלְוֶה אֶצְלָהּ וְהַמְקַדֵּשׁ בְּמִלְוֶה אֵינָהּ מְקֻדֶּשֶׁת:

כא. הָאִשָּׁה שֶׁאָמְרָה תֵּן דִּינָר לִפְלוֹנִי מַתָּנָה וְאֶתְקַדֵּשׁ אֲנִי לָךְ וְנָתַן וְאָמַר לָהּ הֲרֵי אַתְּ מְקֻדֶּשֶׁת לִי בַּהֲנָאַת מַתָּנָה זוֹ שֶׁנָּתַתִּי עַל פִּיךְ הֲרֵי זוֹ מְקֻדֶּשֶׁת. אַף עַל פִּי שֶׁלֹּא הִגִּיעַ לָהּ כְּלוּם הֲרֵי נֶהֱנֵית בִּרְצוֹנָהּ שֶׁנַּעֲשָׂה וְנֶהֱנָה פְּלוֹנִי בִּגְלָלָהּ. וְכֵן אִם אָמְרָה לוֹ תֵּן דִּינָר לִפְלוֹנִי מַתָּנָה וְאֶתְקַדֵּשׁ לוֹ וְנָתַן לוֹ וְקִדְּשָׁהּ אוֹתוֹ פְּלוֹנִי וְאָמַר לָהּ הֲרֵי אַתְּ מְקֻדֶּשֶׁת לִי בַּהֲנָאַת מַתָּנָה זוֹ שֶׁקִּבַּלְתִּי בִּרְצוֹנֵךְ הֲרֵי זוֹ מְקֻדֶּשֶׁת:

כב. אָמַר לָהּ הֵילָךְ דִּינָר זֶה בְּמַתָּנָה וְהִתְקַדְּשִׁי לִפְלוֹנִי וְקִדְּשָׁהּ אוֹתוֹ פְּלוֹנִי וְאָמַר לָהּ הֲרֵי אַתְּ מְקֻדֶּשֶׁת לִי בַּהֲנָאָה זוֹ הַבָּאָה לִיךְ בִּגְלָלִי הֲרֵי זוֹ מְקֻדֶּשֶׁת אַף עַל פִּי שֶׁלֹּא נָתַן לָהּ הַמְקַדֵּשׁ כְּלוּם. אָמְרָה לוֹ הֵילָךְ דִּינָר זֶה מַתָּנָה וְאֶתְקַדֵּשׁ לְךָ וּלְקָחוֹ וְאָמַר לָהּ הֲרֵי אַתְּ מְקֻדֶּשֶׁת לִי בַּהֲנָאָה זוֹ שֶׁקִּבַּלְתִּי מִמֵּךְ מַתָּנָה אִם אָדָם חָשׁוּב הוּא הֲרֵי זוֹ מְקֻדֶּשֶׁת שֶׁהֲנָאָה יֵשׁ לָהּ בִּהְיוֹתוֹ נֶהֱנֶה מִמֶּנָּה וּבַהֲנָאָה זוֹ הִקְנַת עַצְמָהּ לוֹ:

כג. הָאוֹמֵר לְאִשָּׁה הִתְקַדְּשִׁי לִי בְּדִינָר וַהֲרֵי זֶה הַמַּשְׁכּוֹן בְּיָדֵךְ עַד שֶׁאֶתֵּן הַדִּינָר אֵינָהּ מְקֻדֶּשֶׁת לוֹ. לְפִי שֶׁלֹּא הִגִּיעַ הַדִּינָר לְיָדָהּ וְלֹא הַמַּשְׁכּוֹן נָתַן לֶהֱיוֹתוֹ שֶׁלָּהּ. הָיָה בְּיָדוֹ מַשְׁכּוֹן עַל חוֹב שֶׁיֵּשׁ לוֹ אֵצֶל אֲחֵרִים וְקִדֵּשׁ בּוֹ אִשָּׁה אַף עַל פִּי שֶׁאֵינוֹ שֶׁלּוֹ הֲרֵי זוֹ מְקֻדֶּשֶׁת. לְפִי שֶׁבַּעַל חוֹב יֵשׁ לוֹ מִקְצָת קִנְיָן בְּגוּפוֹ שֶׁל מַשְׁכּוֹן:

כד. הָאוֹמֵר לְאִשָּׁה הֲרֵי אַתְּ מְקֻדֶּשֶׁת לִי בְּדִינָר זֶה עַל מְנָת שֶׁתַּחֲזִירִיהוּ לִי אֵינָהּ מְקֻדֶּשֶׁת בֵּין הֶחֱזִירָה בֵּין לֹא הֶחֱזִירָה. שֶׁאִם לֹא הֶחֱזִירַתּוּ לֹא נִתְקַיֵּם הַתְּנַאי. וְאִם הֶחֱזִירַתּוּ הֲרֵי לֹא נֶהֱנֵית וְלֹא הִגִּיעַ לְיָדָהּ כְּלוּם:

כה. נָתַן לָהּ אֲגֻדָּה שֶׁל הֲדַס וְכַיּוֹצֵא בָּהּ וְאָמַר לָהּ הֲרֵי אַתְּ מְקֻדֶּשֶׁת לִי בְּזוֹ וְקִבְּלָה אוֹתוֹ. וְאָמְרוּ לוֹ וַהֲלֹא אֵין בָּהּ שְׁוֵה פְּרוּטָה וְאָמַר תִּתְקַדֵּשׁ בְּאַרְבָּעָה זוּזִים הַמְּחֻבָּאִים בְּתוֹךְ הָאֲגֻדָּה. אִם אָמְרָה הֵן הֲרֵי זוֹ מְקֻדֶּשֶׁת. וְאִם שָׁתְקָה אֵינָהּ מְקֻדֶּשֶׁת בְּמָעוֹת אֵלּוּ שֶׁהַשְּׁתִיקָה שֶׁלְּאַחַר מַתַּן מָעוֹת אֵינָהּ מוֹעֶלֶת כְּלוּם וְתִהְיֶה מְקֻדֶּשֶׁת בְּסָפֵק מִפְּנֵי הָאֲגֻדָּה שֶׁמָּא שְׁוֵה פְּרוּטָה בְּמָקוֹם אַחֵר:

כו. הָאוֹמֵר לְאִשָּׁה הִתְקַדְּשִׁי לִי בִּתְמָרָה זוֹ הִתְקַדְּשִׁי לִי בְּזוֹ הִתְקַדְּשִׁי לִי בְּזוֹ אִם יֵשׁ בְּאַחַת מֵהֶן שְׁוֵה פְּרוּטָה הֲרֵי זוֹ מְקֻדֶּשֶׁת וְאִם לָאו אֵינָהּ מְקֻדֶּשֶׁת אֶלָּא מִסָּפֵק שֶׁמָּא תִּשְׁוֶה תְּמָרָה אַחַת פְּרוּטָה בְּמָקוֹם אַחֵר:

כז. אָמַר לָהּ הִתְקַדְּשִׁי לִי בְּזוֹ וּבְזוֹ וּבְזוֹ אִם יֵשׁ בְּכֻלָּם שְׁוֵה פְּרוּטָה מְקֻדֶּשֶׁת וְאִם לָאו אֵינָהּ מְקֻדֶּשֶׁת אֶלָּא מִסָּפֵק. הָיְתָה אוֹכֶלֶת רִאשׁוֹנָה רִאשׁוֹנָה אִם יֵשׁ בָּאַחֲרוֹנָה שְׁוֵה פְּרוּטָה מְקֻדֶּשֶׁת וְאִם לָאו אֵינָהּ מְקֻדֶּשֶׁת אֶלָּא מִסָּפֵק. שֶׁאוֹתָן

תְּמָרִים שֶׁאָכְלָה הֲרֵי הֵן כְּמִלְוֶה וְהַמְקַדֵּשׁ בְּמִלְוֶה אֵינָהּ מְקֻדֶּשֶׁת וְנִמְצָא שֶׁאֵין הַקִּדּוּשִׁין אֶלָּא בִּתְמָרָה אַחֲרוֹנָה:

כח. אָמַר לָהּ הֲרֵי אַתְּ מְקֻדֶּשֶׁת לִי בְּאֵלּוּ אִם יֵשׁ בְּכֻלָּן שָׁוֶה פְּרוּטָה מְ[קֻ]דֶּשֶׁת אַף עַל פִּי שֶׁהִיא אוֹכֶלֶת רִאשׁוֹנָה רִאשׁוֹנָה שֶׁלָּהּ הִיא אוֹכֶלֶת וּמְ[קֻ]דֶּשֶׁת:

כט. הָאוֹמֵר לְאִשָּׁה הֲרֵי אַתְּ מְקֻדֶּשֶׁת לִי בְּכוֹס זֶה אִם הָיָה מָלֵא מַיִם הֲרֵי זוֹ מְקֻדֶּשֶׁת בּוֹ וּבְמַה שֶּׁבְּתוֹכוֹ. וְאִם הָיָה מָלֵא יַיִן הֲרֵי זוֹ מְקֻדֶּשֶׁת בּוֹ וְלֹא בְּמַה שֶּׁבְּתוֹכוֹ. וְאִם הָיָה מָלֵא שֶׁמֶן הֲרֵי זוֹ מְקֻדֶּשֶׁת בְּמַה שֶּׁבְּתוֹכוֹ וְלֹא בּוֹ. לְפִיכָךְ אִם לֹא הָיָה בַּשֶּׁמֶן שָׁוֶה פְּרוּטָה הֲרֵי זוֹ מְקֻדֶּשֶׁת בְּסָפֵק. וְאִם הָיָה בַּשֶּׁמֶן שָׁוֶה פְּרוּטָה הֲרֵי זוֹ מְקֻדֶּשֶׁת וַדַּאי וְאֵין מַשְׁגִּיחִין עַל הַכּוֹס:

Perek 6

Kidushin

Conditions

When a man consecrates a woman based on a condition, then if the condition is met the *kidushin* are binding. If not, it is meaningless.

Every valid *tenai* (conditional agreement), whether relating to *kidushin,* divorce, commercial transactions or other business, must follow the following **4 rules**.

1) The condition must be two-fold i.e. include a positive and negative statement

2) The positive aspect must be stated before the negative aspect

3) The condition needs to be mentioned before the deed is carried out

4) The condition must have the capability to be carried out

If any one of these rules is missing then the condition is nullified and the consecration is invalid.

These conditions are recognised by being preceded with the word '*im*' (if) i.e. 'If' you do so and so 'then' you will be consecrated to me.

However, if the statement of condition implies that effect takes place straight away (i.e. terminology *meachshav*), after condition fulfilled in future (i.e. retroactively), then the above **4** rules are not necessary.

Similarly, when a stipulation is appended with the words '*al menat*' (on condition that), then the above **4** rules do not apply.

In summary

- Conditions starting with the words '*im*', need to comply with the **4 rules**
- Conditions stating retroactive effect (using word '*meachshav*') do *not* need the first 3 rules (condition more lenient)
- Conditions using the phrase '*al menat*' also do not need the first 3 rules (condition more lenient)

Reminder:
Pack on *Shtar*

A reason for these terminology differences is that the derivation of conditions is from the agreement between *Mosheh* and the tribes of *Gad* and *Reuven*. These tribes did not want to cross over the Jordan to dwell, but to settle on the East Side where it would be good for their cattle.

Mosheh then made a condition with them using the expression '*im*' – If you come with us to conquer the land first 'then' you can return afterwards to dwell there. The 4 conditions appeared in this prototype.

Therefore, when the term '*im*' is used, it needs to be very precise and expression needs the **4 rules.**

The other expressions have more leniency because they merely append to the main act.

פרק ו׳

א. הַמְקַדֵּשׁ עַל תְּנַאי אִם נִתְקַיֵּם הַתְּנַאי מְקֻדֶּשֶׁת וְאִם לָאו אֵינָהּ מְקֻדֶּשֶׁת בֵּין שֶׁיִּהְיֶה הַתְּנַאי מִן הָאִישׁ בֵּין שֶׁיִּהְיֶה מִן הָאִשָּׁה. וְכָל תְּנַאי שֶׁבָּעוֹלָם בֵּין בְּקִדּוּשִׁין בֵּין בְּגֵרוּשִׁין בֵּין בְּמִקָּח בֵּין בְּמִמְכָּר בֵּין בִּשְׁאָר דִּינֵי מָמוֹן צָרִיךְ לִהְיוֹת בִּתְנָאֵי אַרְבָּעָה דְּבָרִים:

ב. וְאֵלּוּ הֵן הַד׳ דְּבָרִים שֶׁל כָּל תְּנַאי. שֶׁיִּהְיֶה כָּפוּל. וְשֶׁיִּהְיֶה הֵן שֶׁלּוֹ קוֹדֵם לַלָּאו. וְשֶׁיִּהְיֶה הַתְּנַאי קוֹדֵם לַמַּעֲשֶׂה. וְשֶׁיִּהְיֶה הַתְּנַאי דָּבָר שֶׁאֶפְשָׁר לְקַיְּמוֹ. וְאִם חָסֵר הַתְּנַאי אֶחָד מֵהֶן הֲרֵי הַתְּנַאי בָּטֵל וּכְאִלּוּ אֵין שָׁם תְּנַאי כְּלָל אֶלָּא תִּהְיֶה זוֹ מְקֻדֶּשֶׁת אוֹ מְגֹרֶשֶׁת מִיָּד וְיִתְקַיֵּם הַמִּקָּח אוֹ הַמַּתָּנָה מִיָּד וּכְאִלּוּ לֹא הִתְנָה כְּלָל הוֹאִיל וְחָסֵר הַתְּנַאי אֶחָד מִן הָאַרְבָּעָה:

ג. כֵּיצַד. הָאוֹמֵר לְאִשָּׁה אִם תִּתְּנִי לִי מָאתַיִם זוּז הֲרֵי אַתְּ מְקֻדֶּשֶׁת לִי בְּדִינָר זֶה וְאִם לֹא תִּתְּנִי לִי לֹא תִּהְיִי מְקֻדֶּשֶׁת וְאַחַר שֶׁהִתְנָה תְּנַאי זֶה נָתַן לָהּ הַדִּינָר. הֲרֵי הַתְּנַאי קַיָּם וַהֲרֵי זוֹ מְקֻדֶּשֶׁת עַל תְּנַאי. וְאִם נָתְנָה לוֹ מָאתַיִם זוּז תִּהְיֶה מְקֻדֶּשֶׁת וְאִם לֹא נָתְנָה לוֹ אֵינָהּ מְקֻדֶּשֶׁת:

ד. אֲבָל אִם אָמַר לָהּ הֲרֵי אַתְּ מְקֻדֶּשֶׁת לִי בְּדִינָר זֶה וְנָתַן הַדִּינָר בְּיָדָהּ וְהִשְׁלִים הַתְּנַאי וְאָמַר אִם תִּתְּנִי לִי מָאתַיִם זוּז תִּהְיִי מְקֻדֶּשֶׁת וְאִם לֹא תִּתְּנִי לִי לֹא תִּהְיִי מְקֻדֶּשֶׁת הֲרֵי הַתְּנַאי בָּטֵל מִפְּנֵי שֶׁהִקְדִּים הַמַּעֲשֶׂה וְנָתַן בְּיָדָהּ וְאַחַר כָּךְ הִתְנָה. וְאַף עַל פִּי שֶׁהַכֹּל בְּתוֹךְ כְּדֵי דִּבּוּר הֲרֵי זוֹ מְקֻדֶּשֶׁת מִיָּד וְאֵינָהּ צְרִיכָה לִתֵּן לוֹ כְּלוּם:

ה. וְכֵן אִם אָמַר לָהּ אִם תִּתְּנִי לִי מָאתַיִם זוּז הֲרֵי אַתְּ מְקֻדֶּשֶׁת לִי בְּדִינָר זֶה וְאַחַר כָּךְ נָתַן הַדִּינָר בְּיָדָהּ הֲרֵי הַתְּנַאי בָּטֵל מִפְּנֵי שֶׁלֹּא כָּפַל תְּנָאוֹ. שֶׁהֲרֵי לֹא אָמַר לָהּ וְאִם לֹא תִּתְּנִי לֹא תִּהְיִי מְקֻדֶּשֶׁת וַהֲרֵי זוֹ מְקֻדֶּשֶׁת מִיָּד וְאֵינָהּ צְרִיכָה לִתֵּן לוֹ כְּלוּם:

ו. וְכֵן אִם אָמַר לָהּ אִם לֹא תִּתְּנִי לִי מָאתַיִם זוּז לֹא תִּהְיִי מְקֻדֶּשֶׁת לִי וְאִם תִּתְּנִי לִי מָאתַיִם זוּז הֲרֵי אַתְּ מְקֻדֶּשֶׁת לִי בְּדִינָר זֶה וְאַחַר כָּךְ נָתַן הַדִּינָר בְּיָדָהּ הֲרֵי הַתְּנַאי בָּטֵל לְפִי שֶׁהִקְדִּים לָאו לְהֵן וַהֲרֵי זוֹ מְקֻדֶּשֶׁת מִיָּד וְאֵינָהּ צְרִיכָה לִתֵּן לוֹ כְּלוּם:

ז. וְכֵן אִם אָמַר לָהּ אִם תַּעֲלִי לָרָקִיעַ אוֹ תֵּרְדִי לַתְּהוֹם הֲרֵי אַתְּ מְקֻדֶּשֶׁת לִי בְּדִינָר זֶה וְאִם לֹא תַּעֲלִי לָרָקִיעַ וְלֹא תֵּרְדִי לַתְּהוֹם לֹא תִּהְיִי מְקֻדֶּשֶׁת וְאַחַר כָּךְ נָתַן הַדִּינָר בְּיָדָהּ הֲרֵי הַתְּנַאי בָּטֵל וַהֲרֵי הִיא מְקֻדֶּשֶׁת מִיָּד שֶׁהַדָּבָר יָדוּעַ שֶׁאִי אֶפְשָׁר לָהּ לְקַיֵּם תְּנַאי זֶה וְאֵין זֶה אֶלָּא כְּמַפְלִיגָה בִּדְבָרִים דֶּרֶךְ שְׂחוֹק וְהִתּוּל:

ח. הֲרֵי שֶׁהִתְנָה בְּדָבָר שֶׁאֶפְשָׁר לַעֲשׂוֹתוֹ אֶלָּא שֶׁהַתּוֹרָה אָסְרָה אוֹתוֹ כְּגוֹן שֶׁאָמַר לְאִשָּׁה אִם תֹּאכְלִי חֵלֶב וְדָם הֲרֵי אַתְּ מְקֻדֶּשֶׁת לִי בְּדִינָר זֶה וְאִם לֹא תֹּאכְלִי לֹא תִּהְיִי מְקֻדֶּשֶׁת. אִם תֹּאכְלִי בְּשַׂר חֲזִיר הֲרֵי זֶה גִּטֵּךְ וְאִם לֹא תֹּאכְלִי לֹא יְהֵא גֵּט. וְאַחַר שֶׁהִתְנָה נָתַן הַדִּינָר אוֹ הַגֵּט בְּיָדָהּ הֲרֵי הַתְּנַאי קַיָּם. וְאִם עָבְרָה וְאָכְלָה תִּהְיֶה מְקֻדֶּשֶׁת אוֹ מְגֹרֶשֶׁת. וְאִם לֹא אָכְלָה אֵינָהּ מְקֻדֶּשֶׁת וְאֵינָהּ מְגֹרֶשֶׁת. וְאֵין אוֹמְרִים בָּזֶה הֲרֵי הִתְנָה עַל מַה שֶּׁכָּתוּב בַּתּוֹרָה שֶׁהֲרֵי בְּיָדָהּ שֶׁלֹּא תֹּאכַל וְשֶׁלֹּא תִּתְקַדֵּשׁ וְלֹא תִּתְגָּרֵשׁ:

ט. וּבַמֶּה אָמְרוּ חֲכָמִים כָּל הַמַּתְנֶה עַל מַה שֶּׁכָּתוּב בַּתּוֹרָה תְּנָאוֹ בָּטֵל חוּץ מִדָּבָר שֶׁבְּמָמוֹן שֶׁתְּנָאוֹ קַיָּם. כְּגוֹן שֶׁקִּדֵּשׁ אוֹ גֵּרֵשׁ אוֹ נָתַן אוֹ מָכַר עַל תְּנַאי שֶׁהוּא רוֹצֶה בִּתְנָאוֹ שֶׁיִּזְכֶּה עַצְמוֹ בְּדָבָר שֶׁלֹּא זִכְּתָה לוֹ תּוֹרָה וּמָנְעָה מִמֶּנּוּ אוֹ יִפְטֹר עַצְמוֹ בִּתְנָאוֹ מִדָּבָר שֶׁחִיְּבָה אוֹתוֹ בּוֹ הַתּוֹרָה שֶׁאוֹמְרִין לוֹ תְּנָאֲךָ בָּטֵל וּכְבָר נִתְקַיְּמוּ מַעֲשֶׂיךָ וְאֵין אַתָּה נִפְטָר מִדָּבָר שֶׁחִיְּבָה אוֹתְךָ בּוֹ הַתּוֹרָה וְלֹא תִּזְכֶּה בְּדָבָר שֶׁמְּנָעָה אוֹתְךָ מִמֶּנּוּ:

י. כֵּיצַד. כְּגוֹן שֶׁקִּדֵּשׁ אִשָּׁה עַל תְּנַאי שֶׁאֵין לָהּ עָלָיו שְׁאֵר כְּסוּת וְעוֹנָה. שֶׁאוֹמְרִין לוֹ בִּכְסוּת וּשְׁאֵר שֶׁהוּא תְּנַאי שֶׁבְּמָמוֹן תְּנָאֲךָ קַיָּם אֲבָל בְּעוֹנָה תְּנָאֲךָ בָּטֵל שֶׁהַתּוֹרָה חִיְּבָה אוֹתְךָ בְּעוֹנָה וַהֲרֵי זוֹ מְקֻדֶּשֶׁת וְאַתָּה חַיָּב בְּעוֹנָתָהּ

וְאֵין בְּיָדְךָ לִפְטֹר עַצְמְךָ בִּתְנָאֲךָ. וְכֵן כָּל כַּיּוֹצֵא בָּזֶה. וְכֵן הַמְקַדֵּשׁ יְפַת תֹּאַר עַל תְּנַאי שֶׁיִּתְעַמֵּר בָּהּ הֲרֵי זוֹ מְקֻדֶּשֶׁת וְאֵין לוֹ לְהִתְעַמֵּר בָּהּ שֶׁהֲרֵי הַתּוֹרָה מְנָעָה אוֹתוֹ מִלְּהִשְׁתַּעְבֵּד בָּהּ אַחַר שֶׁנִּבְעֲלָה. וְלֹא מִפְּנֵי תְּנָאוֹ יִזְכֶּה בְּדָבָר שֶׁמְּנָעָה אוֹתוֹ תּוֹרָה אֶלָּא תְּנָאוֹ בָּטֵל וְכֵן כָּל כַּיּוֹצֵא בָּזֶה:

יא. הִתְנָה עַל הָאִשָּׁה בִּשְׁעַת קִדּוּשִׁין אוֹ בִּשְׁעַת גֵּרוּשִׁין שֶׁתִּבָּעֵל לְאָבִיהָ וּלְאָחִיהָ אוֹ לִבְנָהּ וְכַיּוֹצֵא בָּזֶה הֲרֵי זֶה כְּמִי שֶׁהִתְנָה עָלֶיהָ שֶׁתַּעֲלֶה לָרָקִיעַ אוֹ שֶׁתֵּרֵד לַתְּהוֹם וּתְנָאוֹ בָּטֵל שֶׁאֵין בְּיָדָהּ שֶׁיַּעַבְרוּ אֲחֵרִים וְיָבֹאוּ עַל הָעֶרְוָה וְנִמְצָא שֶׁהִתְנָה עִמָּהּ בְּדָבָר שֶׁאֵינוֹ בְּיָדָהּ לְקַיְּמוֹ. וְכֵן כָּל כַּיּוֹצֵא בָּזֶה:

יב. אֲבָל אִם הִתְנָה עָלֶיהָ שֶׁיִּתֵּן לִי פְּלוֹנִי חֲצֵרוֹ אוֹ שֶׁיַּשִּׂיא בִּתּוֹ לִבְנִי וְכַיּוֹצֵא בָּזֶה תְּנָאוֹ קַיָּם שֶׁהֲרֵי אֶפְשָׁר בְּיָדָהּ לְקַיְּמוֹ וְתִתֵּן לִפְלוֹנִי מָמוֹן רַב עַד שֶׁיִּתֵּן לוֹ חֲצֵרוֹ וְעַד שֶׁיַּשִּׂיא בִּתּוֹ לִבְנוֹ שֶׁהֲרֵי אֵין כָּאן עֲבֵרָה. וְכֵן כָּל כַּיּוֹצֵא בָּזֶה:

יג. שִׂים כָּל אֵלּוּ הַדְּבָרִים שֶׁל תְּנָאִים לְנֶגֶד עֵינֶיךָ תָּמִיד. וְכָל מָקוֹם שֶׁאַתָּה שׁוֹמֵעַ הַמְקַדֵּשׁ עַל תְּנַאי כָּךְ וְכָךְ אוֹ הַנּוֹתֵן גֵּט עַל תְּנַאי כָּךְ וְכָךְ אוֹ הַמּוֹכֵר אוֹ הַנּוֹתֵן עַל תְּנַאי תֵּדַע שֶׁהַתְּנַאי יֵשׁ בּוֹ אַרְבָּעָה דְּבָרִים אֵלּוּ שֶׁבֵּאַרְנוּ כְּדֵי שֶׁלֹּא נִהְיֶה צְרִיכִין לְפָרֵשׁ אוֹתָן בְּכָל מָקוֹם. וְאִם חָסֵר אֶחָד מֵהֶן אֵין כָּאן תְּנַאי:

יד. יֵשׁ מִקְצָת גְּאוֹנִים אַחֲרוֹנִים שֶׁאָמְרוּ שֶׁאֵין צָרִיךְ אָדָם לִכְפֹּל תְּנָאוֹ אֶלָּא בְּגִטִּין וְקִדּוּשִׁין בִּלְבַד אֲבָל בְּדִינֵי מָמוֹן אֵינוֹ צָרִיךְ לִכְפֹּל. וְאֵין רָאוּי לִסְמֹךְ עַל דָּבָר זֶה שֶׁכְּפִילַת הַתְּנַאי עִם שְׁאָר הָאַרְבָּעָה דְּבָרִים מִתְּנַאי בְּנֵי גָד וּבְנֵי רְאוּבֵן לָמְדוּ אוֹתָן חֲכָמִים (במדבר לב כט) "אִם יַעַבְרוּ בְנֵי גָד" וְגוֹ' (במדבר לב ל) "וְאִם לֹא יַעַבְרוּ" וּתְנַאי זֶה לֹא הָיָה לֹא בְּגִטִּין וְלֹא בְּקִדּוּשִׁין. וְכָזֶה הוֹרוּ גְּדוֹלֵי הַגְּאוֹנִים הָרִאשׁוֹנִים וְכֵן רָאוּי לַעֲשׂוֹת:

טו. הַמְקַדֵּשׁ עַל תְּנַאי כְּשֶׁיִּתְקַיֵּם הַתְּנַאי תִּהְיֶה מְקֻדֶּשֶׁת מִשָּׁעָה שֶׁנִּתְקַיֵּם הַתְּנַאי לֹא מִשָּׁעָה שֶׁנִּתְקַדְּשָׁה. כֵּיצַד. הָאוֹמֵר לְאִשָּׁה אִם אֶתֵּן לִיךְ מָאתַיִם זוּז בְּשָׁנָה זוֹ הֲרֵי אַתְּ מְקֻדֶּשֶׁת לִי בְּדִינָר זֶה וְאִם לֹא אֶתֵּן לִיךְ לֹא תִּהְיִי מְקֻדֶּשֶׁת וְנָתַן הַדִּינָר לְיָדָהּ בְּנִיסָן וְנָתַן לָהּ הַמָּאתַיִם זוּז שֶׁהִתְנָה עִמָּהּ בֶּאֱלוּל הֲרֵי זוֹ מְקֻדֶּשֶׁת מֵאֱלוּל. לְפִיכָךְ אִם קִדְּשָׁהּ אַחֵר קֹדֶם שֶׁיִּתְקַיֵּם הַתְּנַאי שֶׁל רִאשׁוֹן הֲרֵי זוֹ מְקֻדֶּשֶׁת לַשֵּׁנִי. וְכֵן הַדִּין בְּגִטִּין וּבְמָמוֹנוֹת בְּשָׁעָה שֶׁיִּתְקַיֵּם הַתְּנַאי הוּא שֶׁיִּהְיֶה גֵּט אוֹ יִתְקַיֵּם הַמִּקָּח אוֹ הַמַּתָּנָה:

טז. בַּמֶּה דְּבָרִים אֲמוּרִים בְּשֶׁהָיָה שָׁם תְּנַאי וְלֹא אָמַר מֵעַכְשָׁו. אֲבָל אִם אָמַר לָהּ הֲרֵי אַתְּ מְקֻדֶּשֶׁת לִי מֵעַכְשָׁו בְּדִינָר זֶה אִם אֶתֵּן לִיךְ מָאתַיִם זוּז וּלְאַחַר זְמַן נָתַן לָהּ מָאתַיִם זוּז הֲרֵי זוֹ מְקֻדֶּשֶׁת לְמַפְרֵעַ מִשְּׁעַת הַקִּדּוּשִׁין אַף עַל פִּי שֶׁלֹּא נַעֲשָׂה תְּנָאוֹ אֶלָּא לְאַחַר זְמַן מְרֻבֶּה. לְפִיכָךְ אִם קִדְּשָׁהּ הַשֵּׁנִי קֹדֶם שֶׁיֵּעָשֶׂה הַתְּנַאי אֵינָהּ מְקֻדֶּשֶׁת. וְכֵן הַדִּין בְּגִטִּין וּבְמָמוֹן:

יז. כָּל הָאוֹמֵר מֵעַכְשָׁו לֹא יִצְטָרֵךְ לִכְפֹּל תְּנָאוֹ וְלֹא לְהַקְדִּים הַתְּנַאי עַל הַמַּעֲשֶׂה אֶלָּא אַף עַל פִּי שֶׁהִקְדִּים הַמַּעֲשֶׂה תְּנָאוֹ קַיָּם. אֲבָל צָרִיךְ לְהַתְנוֹת בְּדָבָר שֶׁאֶפְשָׁר לְקַיְּמוֹ. וְאִם הִתְנָה בְּדָבָר שֶׁאִי אֶפְשָׁר לְקַיְּמוֹ הֲרֵי זֶה כְּמַפְלִיג בִּדְבָרִים וְאֵין שָׁם תְּנַאי. וְכָל הָאוֹמֵר עַל מְנָת כְּאוֹמֵר מֵעַכְשָׁו וְאֵינוֹ צָרִיךְ לִכְפֹּל הַתְּנַאי וְלֹא לְהַקְדִּימוֹ לַמַּעֲשֶׂה:

יח. כֵּיצַד. הָאוֹמֵר לְאִשָּׁה הֲרֵי אַתְּ מְקֻדֶּשֶׁת לִי עַל מְנָת שֶׁתִּתְּנִי לִי מָאתַיִם זוּז. הֲרֵי זֶה גִּטֵּךְ עַל מְנָת שֶׁתִּתְּנִי לִי מָאתַיִם זוּז. הֲרֵי חָצֵר זוֹ נְתוּנָה לִיךְ בְּמַתָּנָה עַל מְנָת שֶׁתִּתְּנִי לִי מָאתַיִם זוּז. הֲרֵי תְּנָאוֹ קַיָּם וְנִתְקַדְּשָׁה אוֹ נִתְגָּרְשָׁה וְזָכְתָה זוֹ בֶּחָצֵר וְהֵם יִתְּנוּ הַמָּאתַיִם זוּז. וְאִם לֹא נָתְנוּ לֹא תִּהְיֶה זוֹ מְקֻדֶּשֶׁת וְלֹא מְגֹרֶשֶׁת וְלֹא תִּזְכֶּה זוֹ בֶּחָצֵר. וְאַף עַל פִּי שֶׁלֹּא כָּפַל תְּנָאוֹ וְאַף עַל פִּי שֶׁהִקְדִּים הַמַּעֲשֶׂה לַתְּנַאי וְנָתַן הַקִּדּוּשִׁין אוֹ הַגֵּט בְּיָדָהּ וְהֶחֱזִיקָה זוֹ בֶּחָצֵר וְאַחַר כָּךְ הִשְׁלִים תְּנָאוֹ. שֶׁהֲרֵי כְּשֶׁיִּתְקַיֵּם הַתְּנַאי תִּזְכֶּה זוֹ בֶּחָצֵר וְתִתְקַדֵּשׁ זוֹ וְתִתְגָּרֵשׁ מִשָּׁעָה רִאשׁוֹנָה שֶׁבָּהּ נַעֲשָׂה הַמַּעֲשֶׂה כְּאִלּוּ לֹא הָיָה שָׁם תְּנַאי כְּלָל:

Perek 7

Kidushin

Conditions with additional phrase *'Al Menat'*

Here the first 3 rules do not apply.

Examples

פרק ז׳

א. הָאוֹמֵר לְאִשָּׁה הֲרֵי אַתְּ מְקֻדֶּשֶׁת לִי עַל מְנָת שֶׁיִּרְצֶה אָבִי. רָצָה הָאָב מְקֻדֶּשֶׁת. לֹא רָצָה אוֹ שֶׁשָּׁתַק אוֹ שֶׁמֵּת קֹדֶם שֶׁיִּשְׁמַע הַדָּבָר אֵינָהּ מְקֻדֶּשֶׁת. עַל מְנָת שֶׁלֹּא יִמְחֶה אָבִי. שָׁמַע וּמִחָה אֵינָהּ מְקֻדֶּשֶׁת. לֹא מִחָה אוֹ שֶׁמֵּת הֲרֵי זוֹ מְקֻדֶּשֶׁת. מֵת הַבֵּן וְאַחַר כָּךְ שָׁמַע הָאָב מְלַמְּדִין הָאָב שֶׁיֹּאמַר אֵינִי רוֹצֶה כְּדֵי שֶׁלֹּא יִהְיוּ קִדּוּשִׁין וְלֹא תִּפֹּל לִפְנֵי יָבָם:

ב. הָאוֹמֵר לְאִשָּׁה הֲרֵי אַתְּ מְקֻדֶּשֶׁת לִי בָּזֶה עַל מְנָת שֶׁיֵּשׁ לִי מָאתַיִם זוּז אוֹ בֵּית כּוֹר עָפָר אִם יֵשׁ שָׁם עֵדִים שֶׁיֵּשׁ לוֹ הֲרֵי זוֹ מְקֻדֶּשֶׁת. וְאִם אֵין לוֹ הֲרֵי זוֹ מְקֻדֶּשֶׁת מִסָּפֵק שֶׁמָּא יֵשׁ לוֹ וְהוּא אוֹמֵר אֵין לִי כְּדֵי לְקַלְקְלָהּ:

ג. הֲרֵי אַתְּ מְקֻדֶּשֶׁת לִי בָּזֶה עַל מְנָת שֶׁיֵּשׁ לִי מָאתַיִם זוּז אוֹ בֵּית כּוֹר עָפָר בְּמָקוֹם פְּלוֹנִי. אִם יֵשׁ לוֹ בְּאוֹתוֹ מָקוֹם הֲרֵי זוֹ מְקֻדֶּשֶׁת. וְאִם אֵין לוֹ בְּאוֹתוֹ מָקוֹם שֶׁאָמַר הֲרֵי זוֹ מְקֻדֶּשֶׁת מִסָּפֵק שֶׁמָּא יֵשׁ לוֹ שָׁם וְהוּא מִתְכַּוֵּן לְקַלְקְלָהּ:

ד. הֲרֵי אַתְּ מְקֻדֶּשֶׁת לִי בָּזֶה עַל מְנָת שֶׁאַרְאֵךְ מָאתַיִם זוּז אוֹ בֵּית כּוֹר עָפָר הֲרֵי זוֹ מְקֻדֶּשֶׁת וְיַרְאֶנָּה. הֶרְאָה הַזּוּזִים בְּיַד אֲחֵרִים אוֹ שֶׁהֶרְאָה בֵּית כּוֹר עָפָר בִּשְׂדֵה אֲחֵרִים אֵינָהּ מְקֻדֶּשֶׁת עַד שֶׁיַּרְאֶנָּה מִשֶּׁלּוֹ. לָקַח הַמָּעוֹת בְּהַלְוָאָה אוֹ בְּשֻׁתָּפוּת אוֹ שֶׁשָּׂכַר הַשָּׂדֶה אוֹ לְקָחָהּ בַּאֲרִיסוּת וְהֶרְאָהּ אֵינָהּ מְקֻדֶּשֶׁת עַד שֶׁיַּרְאֶנָּה מִשֶּׁלּוֹ. שֶׁמַּשְׁמַע שֶׁאַרְאֵךְ שֶׁאַרְאֵךְ מִשֶּׁל עַצְמִי דָּבָר זֶה שֶׁאָמַרְתִּי לָךְ:

ה. הָיָה לוֹ בֵּית כּוֹר עָפָר וְהָיָה בּוֹ נְקָעִים עֲמֻקִּים עֲשָׂרָה טְפָחִים אוֹ סְלָעִים גְּבוֹהִים עֲשָׂרָה טְפָחִים. אִם הָיוּ הַנְּקָעִים מְלֵאִים מַיִם הֲרֵי הֵן כִּסְלָעִים וְאֵין נִמְדָּדִין עִמּוֹ מִפְּנֵי שֶׁאֵינָן רְאוּיִין לִזְרִיעָה. וְאִם אֵינָן מְלֵאִין מַיִם נִמְדָּדִין עִמּוֹ מִפְּנֵי שֶׁהֵן רְאוּיִין לִזְרִיעָה:

ו. הָאוֹמֵר לְאִשָּׁה הֲרֵי אַתְּ מְקֻדֶּשֶׁת לִי בָּזֶה עַל מְנָת שֶׁאֵין עָלַיִךְ נְדָרִים וְנִמְצָא עָלֶיהָ אֶחָד מִשְּׁלֹשָׁה נְדָרִים אֵלּוּ שֶׁלֹּא תֹּאכַל בָּשָׂר אוֹ שֶׁלֹּא תִּשְׁתֶּה יַיִן אוֹ שֶׁלֹּא תִּתְקַשֵּׁט בְּמִינֵי צִבְעוֹנִין אֵינָהּ מְקֻדֶּשֶׁת. נִמְצָא עָלֶיהָ נֶדֶר חוּץ מֵאֵלּוּ אַף עַל פִּי שֶׁהוּא אוֹמֵר מַקְפִּיד אֲנִי אֲפִלּוּ עַל זֶה הֲרֵי זוֹ מְקֻדֶּשֶׁת. וְאִם אָמַר לָהּ עַל מְנָת שֶׁאֵין עָלַיִךְ כָּל נֶדֶר אֲפִלּוּ נִמְצֵאת שֶׁנָּדְרָה שֶׁלֹּא תֹּאכַל חֲרוּבִין אֵינָהּ מְקֻדֶּשֶׁת:

ז. הֲרֵי אַתְּ מְקֻדֶּשֶׁת לִי בָּזֶה עַל מְנָת שֶׁאֵין בָּךְ מוּמִין וְנִמְצָא בָּהּ אֶחָד מִן הַמּוּמִין הַפּוֹסְלִין בְּנָשִׁים אֵינָהּ מְקֻדֶּשֶׁת. נִמְצָא בָּהּ מוּם אַחֵר חוּץ מֵאוֹתָן הַמּוּמִין אַף עַל פִּי שֶׁאָמַר מַקְפִּיד אֲנִי אֲפִלּוּ עַל זֶה הֲרֵי זוֹ מְקֻדֶּשֶׁת. וּמָה הֵן הַמּוּמִין הַפּוֹסְלִין בְּנָשִׁים. כָּל הַמּוּמִין הַפּוֹסְלִין בְּכֹהֲנִים פּוֹסְלִין בְּנָשִׁים. וּבְהִלְכוֹת בִּיאַת מִקְדָּשׁ יִתְבָּאֲרוּ כָּל מוּמִין שֶׁל כֹּהֲנִים. וְיוֹתֵר עֲלֵיהֶן בְּנָשִׁים. רֵיחַ רַע. וְזֵעָה. וְרֵיחַ הַפֶּה. וְקוֹל עָבֶה. וְדַדִּין גַּסִּין מֵחֲבֵרוֹתֶיהָ טֶפַח. וְטֶפַח בֵּין דַּד לְדַד. וּנְשִׁיכַת כֶּלֶב וְנַעֲשָׂה הַמָּקוֹם צַלֶּקֶת. וְשׁוּמָא שֶׁעַל הַפַּדַּחַת. אֲפִלּוּ הָיְתָה קְטַנָּה בְּיוֹתֵר וַאֲפִלּוּ קְרוֹבָה לִשְׂעַר רֹאשָׁהּ וְאַף עַל פִּי שֶׁאֵין בָּהּ שֵׂעָר. וְזוֹ הִיא הַשּׁוּמָא שֶׁיְּתֵרָה אִשָּׁה עַל הַכֹּהֲנִים. אֲבָל אִם הָיְתָה שׁוּמָא שֶׁיֵּשׁ בָּהּ שֵׂעָר בִּשְׁאָר הַפָּנִים אוֹ שׁוּמָא גְּדוֹלָה כָּאִיסָּר אַף עַל פִּי שֶׁאֵין בָּהּ שֵׂעָר הֲרֵי זֶה מוּם בֵּין בְּכֹהֲנִים בֵּין בְּנָשִׁים:

ח. הַמְקַדֵּשׁ אִשָּׁה סְתָם וְנִמְצָא עָלֶיהָ אֶחָד מִן הַמּוּמִין הַפּוֹסְלִין בְּנָשִׁים אוֹ נִמְצָא עָלֶיהָ אֶחָד מִשְּׁלֹשָׁה נְדָרִים הֲרֵי זוֹ מְקֻדֶּשֶׁת מִסָּפֵק. קִדְּשָׁהּ עַל מְנָת שֶׁאֵין עָלֶיהָ נְדָרִים וְהָיוּ עָלֶיהָ נְדָרִים וְהָלְכָה אֵצֶל חָכָם וְהִתִּיר לָהּ הֲרֵי זוֹ מְקֻדֶּשֶׁת:

ט. קִדְּשָׁהּ עַל מְנָת שֶׁאֵין בָּהּ מוּמִין וְהָיוּ בָּהּ מוּמִין וְהָלְכָה אֵצֶל רוֹפֵא וְרִפֵּא אוֹתָהּ אֵינָהּ מְקֻדֶּשֶׁת. אֲבָל אִם הִתְנָה הָאִישׁ שֶׁאֵין עָלָיו נְדָרִים וְשֶׁאֵין בּוֹ מוּמִין וְהָיוּ עָלָיו נְדָרִים וְהָיוּ בּוֹ מוּמִין וְהָלַךְ אֵצֶל חָכָם וְהִתִּירוֹ, אֵצֶל רוֹפֵא וְרִפְּאוֹ, הֲרֵי זוֹ מְקֻדֶּשֶׁת. שֶׁאֵין גְּנַאי לָאִישׁ בְּמוּמִין שֶׁכְּבָר נִרְפְּאוּ וְהָאִשָּׁה אֵינָהּ מַקְפֶּדֶת עַל זֹאת:

י. הָאוֹמֵר לְאִשָּׁה הֲרֵי אַתְּ מְקֻדֶּשֶׁת לִי בָּזֶה עַל מְנָת שֶׁאֶתֵּן לָיִךְ מָאתַיִם זוּז מִיכָּן וְעַד שְׁלֹשִׁים יוֹם. אִם נָתַן לָהּ בְּתוֹךְ שְׁלֹשִׁים יוֹם מְקֻדֶּשֶׁת וְאִם עָבְרוּ שְׁלֹשִׁים יוֹם וְלֹא נָתַן לָהּ אֵינָהּ מְקֻדֶּשֶׁת. הֲרֵי אַתְּ מְקֻדֶּשֶׁת לִי בְּזוּזִים אֵלּוּ לְאַחַר שְׁלֹשִׁים יוֹם. אַף עַל פִּי שֶׁנִּתְאַכְּלוּ הַמָּעוֹת בְּתוֹךְ שְׁלֹשִׁים יוֹם הֲרֵי זוֹ מְקֻדֶּשֶׁת לְאַחַר שְׁלֹשִׁים יוֹם. וְאִם חָזַר בּוֹ בְּתוֹךְ הַשְּׁלֹשִׁים אוֹ חָזְרָה הִיא אֵינָהּ מְקֻדֶּשֶׁת:

יא. בָּא שֵׁנִי וְקִדְּשָׁהּ בְּתוֹךְ שְׁלֹשִׁים יוֹם הֲרֵי זוֹ מְקֻדֶּשֶׁת לַשֵּׁנִי לְעוֹלָם. לְפִי שֶׁבְּשָׁעָה שֶׁקִּדְּשָׁהּ הַשֵּׁנִי לֹא הָיְתָה מְקֻדֶּשֶׁת וְתָפְסוּ בָּהּ קִדּוּשֵׁי שֵׁנִי וְנַעֲשֵׂית אֵשֶׁת אִישׁ וּלְאַחַר הַשְּׁלֹשִׁים יוֹם כְּשֶׁיָּבוֹאוּ קִדּוּשֵׁי רִאשׁוֹן יִמְצְאוּ אוֹתָהּ אֵשֶׁת אִישׁ וְנִמְצָא הָרִאשׁוֹן כְּמִי שֶׁקִּדֵּשׁ אֵשֶׁת אִישׁ שֶׁאֵין הַקִּדּוּשִׁין תּוֹפְסִין בָּהּ:

יב. הָאוֹמֵר לְאִשָּׁה הֲרֵי אַתְּ מְקֻדֶּשֶׁת לִי מֵעַכְשָׁו וּלְאַחַר שְׁלֹשִׁים יוֹם בְּדִינָר זֶה וּבָא אַחֵר וְקִדְּשָׁהּ בְּתוֹךְ הַשְּׁלֹשִׁים יוֹם הֲרֵי זוֹ מְקֻדֶּשֶׁת מִסָּפֵק לִשְׁנֵיהֶם. לְפִיכָךְ שְׁנֵיהֶם נוֹתְנִין גֵּט בֵּין בְּתוֹךְ הַשְּׁלֹשִׁים יוֹם בֵּין לְאַחַר הַשְּׁלֹשִׁים יוֹם. הֲרֵי אַתְּ מְקֻדֶּשֶׁת לִי מֵעַכְשָׁו וּלְאַחַר שְׁלֹשִׁים יוֹם. וּבָא אַחֵר וְאָמַר הֲרֵי אַתְּ מְקֻדֶּשֶׁת לִי מֵעַכְשָׁו וּלְאַחַר עֶשְׂרִים יוֹם.

וּבָא אַחֵר וְאָמַר הֲרֵי אַתְּ מְקֻדֶּשֶׁת לִי מֵעַכְשָׁו וּלְאַחַר עֲשָׂרָה יָמִים. אֲפִלּוּ הֵן מֵאָה עַל הַסֵּדֶר הַזֶּה קִדּוּשֵׁי כֻּלָּן תּוֹפְסִין בָּהּ וּצְרִיכָה גֵּט מִכָּל אֶחָד וְאֶחָד מִפְּנֵי שֶׁהִיא סָפֵק מְקֻדֶּשֶׁת לְכֻלָּן:

יג. הָאוֹמֵר לְאִשָּׁה הֲרֵי אַתְּ מְקֻדֶּשֶׁת לִי חוּץ מִפְּלוֹנִי כְּלוֹמַר שֶׁלֹּא תֵּאָסֵר עָלָיו אֶלָּא תִּהְיֶה אֵשֶׁת אִישׁ עַל כָּל הָעוֹלָם וְלִפְלוֹנִי כִּפְנוּיָה הֲרֵי זוֹ מְקֻדֶּשֶׁת מִסָּפֵק. אֲבָל אִם אָמַר לָהּ הֲרֵי אַתְּ מְקֻדֶּשֶׁת לִי עַל מְנָת שֶׁתִּהְיִי מֻתֶּרֶת לִפְלוֹנִי הֲרֵי זוֹ מְקֻדֶּשֶׁת וְתִהְיֶה אֲסוּרָה עָלָיו כִּשְׁאָר הָעָם מִפְּנֵי שֶׁהִתְנָה בְּדָבָר שֶׁאִי אֶפְשָׁר לְקַיְּמוֹ:

יד. הַנּוֹתֵן שְׁתֵּי פְּרוּטוֹת לְאִשָּׁה וְאָמַר לָהּ הֲרֵי אַתְּ מְקֻדֶּשֶׁת לִי הַיּוֹם בְּאַחַת וּבְאַחַת לְאַחַר שֶׁאֲגָרְשֵׁךְ הֲרֵי זוֹ מְקֻדֶּשֶׁת. וּכְשֶׁיְּגָרֵשׁ אוֹתָהּ תִּהְיֶה מְקֻדֶּשֶׁת עַד שֶׁיְּגָרֵשׁ אוֹתָהּ פַּעַם שְׁנִיָּה מִן קִדּוּשֵׁי פְּרוּטָה שְׁנִיָּה. אֲבָל אִם אָמַר לְאִשָּׁה הֲרֵי אַתְּ מְקֻדֶּשֶׁת לִי בָּזֶה לְאַחַר שֶׁאֶתְגַּיֵּר. לְאַחַר שֶׁתִּתְגַּיְּרִי. לְאַחַר שֶׁאֶשְׁתַּחְרֵר. לְאַחַר שֶׁתִּשְׁתַּחְרְרִי. לְאַחַר שֶׁיָּמוּת בַּעְלֵךְ. לְאַחַר שֶׁתָּמוּת אֲחוֹתֵךְ. אֵינָהּ מְקֻדֶּשֶׁת לְפִי שֶׁאֵינוֹ יָכוֹל עַתָּה לְקַדְּשָׁהּ:

טו. הָאוֹמֵר לִיבָמָה הֲרֵי אַתְּ מְקֻדֶּשֶׁת לִי בָּזֶה לְאַחַר שֶׁיַּחֲלֹץ לִיךְ יְבָמִיךְ הֲרֵי זוֹ מְקֻדֶּשֶׁת הוֹאִיל וְאִלּוּ קִדְּשָׁהּ עַתָּה הָיוּ קִדּוּשִׁין תּוֹפְסִין בָּהּ מִסָּפֵק:

טז. הָאוֹמֵר לַחֲבֵרוֹ אִם יָלְדָה אִשְׁתְּךָ נְקֵבָה הֲרֵי הִיא מְקֻדֶּשֶׁת לִי בָּזֶה לֹא אָמַר כְּלוּם. וְאִם הָיְתָה אֵשֶׁת חֲבֵרוֹ מְעֻבֶּרֶת וְהֻכַּר הָעֻבָּר הֲרֵי זוֹ מְקֻדֶּשֶׁת. וְיֵרָאֶה לִי שֶׁצָּרִיךְ לַחֲזֹר וּלְקַדֵּשׁ אוֹתָהּ אַחַר שֶׁתֵּלֵד עַל יְדֵי אָבִיהָ כְּדֵי שֶׁיַּכְנִיס אוֹתָהּ בְּקִדּוּשִׁין שֶׁאֵין בָּהֶן דֹּפִי:

יז. הָאוֹמֵר לְאִשָּׁה הֲרֵי אַתְּ מְקֻדֶּשֶׁת לִי בְּמֵאָה דִּינָרִין וְנָתַן לָהּ אֲפִלּוּ דִּינָר אֶחָד הֲרֵי זוֹ מְקֻדֶּשֶׁת מִשֶּׁלָּקְחָה הַדִּינָר וְהוּא שֶׁיַּשְׁלִים לָהּ הַשְּׁאָר. שֶׁזֶּה כְּמִי שֶׁאָמַר הֲרֵי אַתְּ מְקֻדֶּשֶׁת לִי בְּדִינָר זֶה עַל מְנָת שֶׁאַשְׁלִים לִיךְ מֵאָה דִּינָרִים שֶׁהִיא מְקֻדֶּשֶׁת לוֹ מֵעַכְשָׁו. בַּמֶּה דְּבָרִים אֲמוּרִים כְּשֶׁאָמַר לָהּ בְּמֵאָה דִּינָרִים סְתָם אֲבָל אִם פֵּרֵשׁ וְאָמַר לָהּ הֲרֵי אַתְּ מְקֻדֶּשֶׁת לִי בְּמֵאָה דִּינָרִין אֵלּוּ וְהִתְחִיל לִמְנוֹת לְתוֹךְ יָדָהּ אֵינָהּ מְקֻדֶּשֶׁת עַד שֶׁיַּשְׁלִים [לָהּ מֵאָה] וַאֲפִלּוּ בַּדִּינָר הָאַחֲרוֹן שְׁנֵיהֶם יְכוֹלִים לַחֲזֹר זֶה בָּזֶה. וְכֵן אִם נִמְצָא מָנֶה חָסֵר דִּינָר אוֹ נִמְצָא מֵהֶן דִּינָר נְחֹשֶׁת אֵינָהּ מְקֻדֶּשֶׁת. נִמְצָא בָּהֶם דִּינָר רַע אִם יְכוֹלָה לְהוֹצִיאוֹ עַל יְדֵי הַדְּחָק יַחֲלִיפֶנּוּ וְאִם לָאו אֵינָהּ מְקֻדֶּשֶׁת:

יח. אָמַר לָהּ הֲרֵי אַתְּ מְקֻדֶּשֶׁת לִי בִּבְגָדִים אֵלּוּ שֶׁהֵן שָׁוִין חֲמִשִּׁים דִּינָרִים וְהָיוּ שֶׁל מֶשִׁי וְכַיּוֹצֵא בָּהֶן שֶׁהָאִשָּׁה מִתְאַוָּה לָהֶן אִם הָיוּ שָׁוִין חֲמִשִּׁים הֲרֵי זוֹ מְקֻדֶּשֶׁת מִשְּׁעַת לְקִיחָה. וְאֵינָן צְרִיכִין שׁוּמָא בַּשּׁוּק וְאַחַר כָּךְ תִּהְיֶה מְקֻדֶּשֶׁת כְּדֵי שֶׁתִּסְמֹךְ דַּעְתָּהּ אֶלָּא הוֹאִיל וְהֵן שָׁוִין כְּמוֹ שֶׁאָמַר לָהּ הֲרֵי זוֹ מְקֻדֶּשֶׁת מִשָּׁעָה רִאשׁוֹנָה. וְאִם אֵינָן שָׁוִין אֵינָהּ מְקֻדֶּשֶׁת:

יט. אִישׁ וְאִשָּׁה שֶׁהָיוּ עֲסוּקִין בְּדִבְרֵי אֵרוּסִין הוּא אוֹמֵר בְּמֵאָה דִּינָרִים אֲקַדֵּשׁ אוֹתָךְ וְהִיא אוֹמֶרֶת אֵינִי מִתְקַדֶּשֶׁת לְךָ אֶלָּא בְּמָאתַיִם וְהָלַךְ זֶה לְבֵיתוֹ וְזוֹ לְבֵיתָהּ וְאַחַר כָּךְ תָּבְעוּ זֶה אֶת זֶה וְקִדְּשׁוּ סְתָם. אִם הָאִישׁ תָּבַע אֶת הָאִשָּׁה יַעֲשׂוּ דִּבְרֵי הָאִשָּׁה וְאִם הָאִשָּׁה תָּבְעָה אֶת הָאִישׁ יַעֲשׂוּ דִּבְרֵי הָאִישׁ:

כ. הָעוֹשֶׂה שָׁלִיחַ לְקַדֵּשׁ לוֹ אִשָּׁה וְהָלַךְ הַשָּׁלִיחַ וְקִדְּשָׁהּ עַל תְּנַאי אֵינָהּ מְקֻדֶּשֶׁת. וְכֵן אִם אָמַר לוֹ לְקַדְּשָׁהּ עַל תְּנַאי וְהָלַךְ וְקִדְּשָׁהּ סְתָם אוֹ עַל תְּנַאי אַחֵר אוֹ שֶׁשִּׁנָּה אֶת הַתְּנַאי אֵינָהּ מְקֻדֶּשֶׁת:

כא. אָמַר לוֹ קַדְּשָׁהּ לִי בְּמָקוֹם פְּלוֹנִי וְהָלַךְ וְקִדְּשָׁהּ בְּמָקוֹם אַחֵר אֵינָהּ מְקֻדֶּשֶׁת. קַדְּשָׁהּ לִי וַהֲרֵי הִיא בְּמָקוֹם פְּלוֹנִי וְהָלַךְ וְקִדְּשָׁהּ בְּמָקוֹם אַחֵר הֲרֵי זוֹ מְקֻדֶּשֶׁת מִפְּנֵי שֶׁמַּרְאֶה מָקוֹם הוּא לוֹ. וְכֵן הִיא שֶׁאָמְרָה לִשְׁלוּחָהּ קַבֵּל לִי קִדּוּשַׁי בְּמָקוֹם פְּלוֹנִי וְקִבְּלָם לָהּ בְּמָקוֹם אַחֵר אֵינָהּ מְקֻדֶּשֶׁת. הֲרֵי הַבַּעַל בְּמָקוֹם פְּלוֹנִי וְקִבֵּל לָהּ בְּמָקוֹם אַחֵר הֲרֵי זוֹ מְקֻדֶּשֶׁת מִפְּנֵי שֶׁמַּרְאֶה מָקוֹם הִיא לוֹ:

כב. הַמְקַדֵּשׁ אֶת הָאִשָּׁה וְחָזְרוּ בּוֹ מִיָּד הוּא אוֹ הִיא אַף עַל פִּי שֶׁחָזְרוּ בְּתוֹךְ כְּדֵי דִּבּוּר אֵין חֲזָרָתָם כְּלוּם וַהֲרֵי הִיא מְקֻדֶּשֶׁת:

כג. הַמְקַדֵּשׁ עַל תְּנַאי וְחָזַר אַחַר כַּמָּה יָמִים וּבִטֵּל הַתְּנַאי אַף עַל פִּי שֶׁבִּטְּלוֹ בֵּינוֹ לְבֵינָהּ שֶׁלֹּא בִּפְנֵי עֵדִים בָּטֵל הַתְּנַאי וַהֲרֵי הִיא מְקֻדֶּשֶׁת סְתָם. וְכֵן אִם הָיָה הַתְּנַאי מִן הָאִשָּׁה וּבִטְּלָה אוֹתוֹ (אַחַר כָּךְ) בֵּינָהּ וּבֵינוֹ בָּטֵל הַתְּנַאי. לְפִיכָךְ הַמְקַדֵּשׁ עַל תְּנַאי וְכָנַס סְתָם אוֹ בָּעַל סְתָם הֲרֵי זוֹ צְרִיכָה גֵּט אַף עַל פִּי שֶׁלֹּא נִתְקַיֵּם הַתְּנַאי שֶׁמָּא בִּטֵּל הַתְּנַאי כְּשֶׁבָּעַל אוֹ כְּשֶׁכָּנַס. וְכֵן הַמְקַדֵּשׁ בְּפָחוֹת מִשְּׁוֵה פְּרוּטָה אוֹ בְּמִלְוֶה וְחָזַר וּבָעַל סְתָם בִּפְנֵי עֵדִים צְרִיכָה גֵּט שֶׁעַל בְּעִילָה זוֹ סָמַךְ וְלֹא עַל אוֹתָן הַקִּדּוּשִׁין הַפְּסוּלִין. חֲזָקָה הִיא שֶׁאֵין אָדָם מִיִּשְׂרָאֵל הַכְּשֵׁרִים עוֹשֶׂה בְּעִילָתוֹ בְּעִילַת זְנוּת וַהֲרֵי בְּיָדוֹ עַתָּה לַעֲשׂוֹתָהּ בְּעִילַת מִצְוָה:

Perek 8

Kidushin

False information

Basically, if there is false information, the marriage is not consecrated, even if the other party is not bothered by this.

Definition of statements needs to take place to assess if false information has been given.

If one party misunderstood a situation, then consecration does take place because no false information was given.

פרק ח׳

א. הָאוֹמֵר לְאִשָּׁה הֲרֵי אַתְּ מְקֻדֶּשֶׁת לִי בְּכוֹס זֶה שֶׁל יַיִן וְנִמְצָא שֶׁל דְּבַשׁ. שֶׁל דְּבַשׁ וְנִמְצָא שֶׁל יַיִן. בְּדִינָר זֶה שֶׁל כֶּסֶף וְנִמְצָא שֶׁל זָהָב. שֶׁל זָהָב וְנִמְצָא שֶׁל כֶּסֶף. עַל מְנָת שֶׁאֲנִי כֹּהֵן וְנִמְצָא לֵוִי. לֵוִי וְנִמְצָא כֹּהֵן. נָתִין וְנִמְצָא מַמְזֵר. מַמְזֵר וְנִמְצָא נָתִין. בֶּן עִיר וְנִמְצָא בֶּן כְּרַךְ. בֶּן כְּרַךְ וְנִמְצָא בֶּן עִיר. עַל מְנָת שֶׁאֲנִי עָנִי וְנִמְצָא עָשִׁיר. עָשִׁיר וְנִמְצָא עָנִי. עַל מְנָת שֶׁבֵּיתִי קָרוֹב לַמֶּרְחָץ וְנִמְצָא רָחוֹק. רָחוֹק וְנִמְצָא קָרוֹב. עַל מְנָת שֶׁיֵּשׁ לִי שִׁפְחָה אוֹ בַּת גּוֹדֶלֶת אוֹ אוֹפָה וְאֵין לוֹ. עַל מְנָת שֶׁאֵין לוֹ וְיֵשׁ לוֹ. עַל מְנָת שֶׁיֵּשׁ לִי אִשָּׁה וּבָנִים וְאֵין לוֹ. עַל מְנָת שֶׁאֵין לִי וְיֵשׁ לוֹ. בְּכָל אֵלּוּ וְכָל הַדּוֹמֶה לָהֶן אֵינָהּ מְקֻדֶּשֶׁת. וְכֵן הִיא שֶׁהִטְעַתּוּ:

ב. וּבְכֻלָּם אַף עַל פִּי שֶׁאָמְרָה בְּלִבִּי הָיָה לְהִתְקַדֵּשׁ לוֹ אַף עַל פִּי שֶׁהִטְעַנִי וְאֵין הַדָּבָר כְּמוֹ שֶׁאָמַר. וְכֵן אִם אָמַר הוּא בְּלִבִּי הָיָה לְקַדְּשָׁהּ אַף עַל פִּי שֶׁהִטְעַתְנִי אֵינָהּ מְקֻדֶּשֶׁת לְפִי שֶׁהַדְּבָרִים שֶׁבַּלֵּב אֵינָם דְּבָרִים:

ג. הֲרֵי אַתְּ מְקֻדֶּשֶׁת לִי עַל מְנָת שֶׁאֲנִי בַּסָּם וְנִמְצָא בַּסָּם וּבוּרְסִי. עַל מְנָת שֶׁאֲנִי בֶּן עִיר וְנִמְצָא בֶּן עִיר וּבֶן כְּרַךְ. עַל מְנָת שֶׁשְּׁמִי יוֹסֵף וְנִמְצָא שְׁמוֹ יוֹסֵף וְשִׁמְעוֹן הֲרֵי זוֹ מְקֻדֶּשֶׁת. אֲבָל אִם אָמַר לָהּ עַל מְנָת שֶׁאֵין שְׁמִי אֶלָּא יוֹסֵף וְנִמְצָא שְׁמוֹ יוֹסֵף וְשִׁמְעוֹן. שֶׁאֵינִי אֶלָּא בַּסָּם וְנִמְצָא בַּסָּם וּבוּרְסִי. שֶׁאֵינִי אֶלָּא בֶּן עִיר וְנִמְצָא בֶּן כְּרַךְ וּבֶן עִיר אֵינָהּ מְקֻדֶּשֶׁת:

ד. הָאוֹמֵר לְאִשָּׁה הֲרֵי אַתְּ מְקֻדֶּשֶׁת לִי עַל מְנָת שֶׁאֲנִי יוֹדֵעַ לִקְרוֹת. צָרִיךְ שֶׁיִּקְרָא הַתּוֹרָה וִיתַרְגֵּם אוֹתָהּ תַּרְגּוּם אֻנְקְלוּס הַגֵּר. וְאִם אָמַר לָהּ עַל מְנָת שֶׁאֲנִי קוֹרֵא צָרִיךְ לִהְיוֹת יוֹדֵעַ לִקְרוֹת תּוֹרָה נְבִיאִים וּכְתוּבִים בְּדִקְדּוּק יָפֶה. עַל מְנָת שֶׁאֲנִי יוֹדֵעַ לִשְׁנוֹת צָרִיךְ לִהְיוֹת יוֹדֵעַ לִקְרוֹת הַמִּשְׁנָה. וְאִם אָמַר עַל מְנָת שֶׁאֲנִי תַּנָּאָה צָרִיךְ לִהְיוֹת יוֹדֵעַ לִקְרוֹת הַמִּשְׁנָה וְסִפְרָא וְסִפְרִי וְתוֹסֶפְתָּא שֶׁל רַבִּי חִיָּא:

ה. עַל מְנָת שֶׁאֲנִי תַּלְמִיד אֵין אוֹמְרִין כְּבֶן עַזַּאי וּבֶן זוֹמָא אֶלָּא כָּל שֶׁשּׁוֹאֲלִין אוֹתוֹ דָּבָר אֶחָד בְּתַלְמוּדוֹ וְאוֹמְרוֹ וַאֲפִלּוּ בְּהִלְכוֹת הֶחָג שֶׁמְּלַמְּדִין אוֹתָן בָּרַבִּים מִדְּבָרִים הַקַּלִּים סָמוּךְ לֶחָג כְּדֵי שֶׁיִּהְיוּ כָּל הָעָם בְּקִיאִין בָּהֶן. עַל מְנָת שֶׁאֲנִי חָכָם אֵין אוֹמְרִין כְּרַבִּי עֲקִיבָא וַחֲבֵרָיו אֶלָּא כָּל שֶׁשּׁוֹאֲלִין אוֹתוֹ בְּכָל מָקוֹם דְּבַר חָכְמָה וְאוֹמֵר. עַל מְנָת שֶׁאֲנִי גִּבּוֹר אֵין אוֹמְרִין כְּאַבְנֵר בֶּן נֵר וּכְיוֹאָב אֶלָּא כָּל שֶׁחֲבֵרָיו מִתְיָרְאִים מִמֶּנּוּ מִפְּנֵי גְּבוּרָתוֹ. עַל מְנָת שֶׁאֲנִי עָשִׁיר אֵין אוֹמְרִין [כְּרַבִּי אֶלְעָזָר בֶּן חַרְסוֹם] וּכְרַבִּי אֶלְעָזָר בֶּן עֲזַרְיָה אֶלָּא כָּל שֶׁבְּנֵי עִירוֹ מְכַבְּדִין אוֹתוֹ מִפְּנֵי עָשְׁרוֹ. עַל מְנָת שֶׁאֲנִי צַדִּיק אֲפִלּוּ רָשָׁע גָּמוּר הֲרֵי זוֹ מְקֻדֶּשֶׁת מִסָּפֵק שֶׁמָּא הִרְהֵר תְּשׁוּבָה בְּלִבּוֹ. עַל מְנָת שֶׁאֲנִי רָשָׁע אֲפִלּוּ צַדִּיק גָּמוּר הֲרֵי זוֹ מְקֻדֶּשֶׁת מִסָּפֵק שֶׁמָּא הִרְהֵר בְּעַכּוּ"ם בְּלִבּוֹ שֶׁעֲוֹן עַכּוּ"ם גָּדוֹל הוּא וּמִשֶּׁיְּהַרְהֵר לַעֲבֹד בְּלִבּוֹ נַעֲשֶׂה רָשָׁע שֶׁנֶּאֱמַר (דברים יא טז) "פֶּן יִפְתֶּה לְבַבְכֶם". וְכָתוּב (יחזקאל יד ה) "לְמַעַן תְּפֹשׂ אֶת בֵּית יִשְׂרָאֵל בְּלִבָּם":

ו. הַמְקַדֵּשׁ אֶת הָאִשָּׁה וְאָמַר הָיִיתִי סָבוּר שֶׁהִיא כֹּהֶנֶת וַהֲרֵי הִיא לְוִיָּה. לְוִיָּה וַהֲרֵי הִיא כֹּהֶנֶת. עֲנִיָּה וַהֲרֵי הִיא עֲשִׁירָה. עֲשִׁירָה וַהֲרֵי הִיא עֲנִיָּה. הֲרֵי זוֹ מְקֻדֶּשֶׁת מִפְּנֵי שֶׁלֹּא הִטְעַתּוּ. וְכֵן הִיא שֶׁאָמְרָה סְבוּרָה הָיִיתִי שֶׁהוּא כֹּהֵן וַהֲרֵי הוּא לֵוִי. לֵוִי וַהֲרֵי הוּא כֹּהֵן. עָשִׁיר וַהֲרֵי הוּא עָנִי. עָנִי וַהֲרֵי הוּא עָשִׁיר. הֲרֵי זוֹ מְקֻדֶּשֶׁת מִפְּנֵי שֶׁלֹּא הִטְעָה אוֹתָהּ:

Perek 9

Kidushin

Confusions

Examples

- Multiple *kidushin* where forbidden relations arise (e.g. marrying 2 sisters etc)
- Multiple *kidushin* which result in *ervah*
- Forgetting identity of the partner who was *mekadesh*
- Confusions when sending an agent to be *mekadesh*
- Circulation of reports that marriage may have taken place
- Disputes between witnesses

Reminder:
Pack on Oaths

פרק ט׳

א. הַמְ[קַ]דֵּשׁ שְׁתֵּי נָשִׁים שֶׁאָסוּר לִשָּׂא שְׁתֵּיהֶן מִשּׁוּם עֶרְוָה כְּאַחַת אֵינָן מְקֻדָּשׁוֹת. כֵּיצַד. כְּגוֹן שֶׁקִּדֵּשׁ אִשָּׁה וּבִתָּהּ אוֹ שְׁתֵּי אֲחָיוֹת כְּאַחַת אֵין אַחַת מֵהֶן מְקֻדֶּשֶׁת:

ב. קִדֵּשׁ נָשִׁים רַבּוֹת כְּאַחַת וְאָמַר הֲרֵי כֻּלְּכֶם מְקֻדָּשׁוֹת לִי וְהָיוּ בָּהֶן שְׁתֵּי אֲחָיוֹת אוֹ אִשָּׁה וּבִתָּהּ וְכַיּוֹצֵא בָּהֶן אֵין אַחַת מִכֻּלָּן מְקֻדֶּשֶׁת. וְאִם אָמַר לָהֶן הָרְאוּיָה מִכֶּם לִי לְבִיאָה מְקֻדֶּשֶׁת לִי הֲרֵי כֻּלָּן מְקֻדָּשׁוֹת לוֹ חוּץ מֵאֲחָיוֹת אוֹ אִשָּׁה וּבִתָּהּ וְכַיּוֹצֵא בָּהֶן. וְכֵן אִם אָמַר לָהֶן הֲרֵי כֻּלְּכֶם מְקֻדָּשׁוֹת לִי וְהָיְתָה בָּהֶן שִׁפְחָה אוֹ עַכּוּ״ם אוֹ אִשָּׁה אַחַת עֶרְוָה כְּגוֹן אֵשֶׁת אִישׁ אוֹ בִּתּוֹ אוֹ אֲחוֹתוֹ וְכַיּוֹצֵא בָּהֶן אֵין אַחַת מִכֻּלָּם מְקֻדֶּשֶׁת. וְאִם אָמַר הָרְאוּיָה מִכֶּם לִי לְבִיאָה תִּהְיֶה מְקֻדֶּשֶׁת לִי הֲרֵי כֻּלָּן מְקֻדָּשׁוֹת לוֹ חוּץ מֵאוֹתָהּ אִשָּׁה שֶׁאֵין קִדּוּשִׁין תּוֹפְסִין בָּהּ:

ג. אָמַר לִשְׁתֵּי אֲחָיוֹת הֲרֵי אַחַת מִכֶּם מְקֻדֶּשֶׁת לִי בָּזֶה וְנָתַן לָהֶן פְּרוּטָה אוֹ שֶׁקִּבְּלָתָהּ אַחַת עַל יַד חֲבֶרְתָּהּ. וְכֵן הָאוֹמֵר לָאָב אַחַת מִבְּנוֹתֶיךָ מְקֻדֶּשֶׁת לִי וְקִבֵּל הָאָב קִדּוּשֶׁיהָ כֻּלָּן צְרִיכוֹת גֵּט מִמֶּנּוּ. וְאָסוּר לוֹ לָבוֹא עַל אַחַת מֵהֶן מִפְּנֵי שֶׁהַקִּדּוּשִׁין תּוֹפְסִין בָּהֶן אַף עַל פִּי שֶׁאִי אֶפְשָׁר לָבוֹא עַל אַחַת מֵהֶן:

ד. הָעוֹשֶׂה שָׁלִיחַ לְקַדֵּשׁ לוֹ אִשָּׁה פְּלוֹנִית וְהָלַךְ וְקִדְּשָׁהּ לוֹ וְקִדֵּשׁ הַמְשַׁלֵּחַ בְּעַצְמוֹ לְאִמָּהּ אוֹ לְבִתָּהּ אוֹ לַאֲחוֹתָהּ וְאֵין יָדוּעַ אֵי זוֹ מֵהֶן נִתְקַדְּשָׁה רִאשׁוֹנָה שְׁתֵּיהֶן צְרִיכוֹת גֵּט וַאֲסוּרוֹת עָלָיו. וְכֵן אִשָּׁה שֶׁעָשְׂתָה שָׁלִיחַ לְקַדְּשָׁהּ וְהָלַךְ וְקִדְּשָׁהּ וְהָלְכָה וְקִדְּשָׁה הִיא עַצְמָהּ לְאַחֵר וְאֵין יָדוּעַ אֵי זוֹ מֵהֶן קֹדֶם שְׁנֵיהֶן נוֹתְנִין לָהּ גֵּט. וְאִם רָצוּ אֶחָד נוֹתֵן גֵּט וְאֶחָד כּוֹנֵס:

ה. בַּמֶּה דְּבָרִים אֲמוּרִים בִּרְחוֹקִין אֲבָל (בִּקְרוֹבִים) אִם קִדְּשָׁהּ הַשָּׁלִיחַ לָאָב וְקִדְּשָׁה הִיא עַצְמָהּ לַבֵּן אוֹ לָאָח וְכַיּוֹצֵא בָּהֶן שְׁנֵיהֶם נוֹתְנִין גֵּט וְהִיא אֲסוּרָה לִשְׁנֵיהֶם:

ו. הָאוֹמֵר לִשְׁלוּחוֹ צֵא וְקַדֵּשׁ לִי אִשָּׁה וּמֵת הַשָּׁלִיחַ וְאֵינוֹ יוֹדֵעַ אִם קִדֵּשׁ אִם לֹא קִדֵּשׁ לוֹ אִשָּׁה הֲרֵי זֶה בְּחֶזְקַת שֶׁקִּדֵּשׁ שֶׁחֶזְקַת שָׁלִיחַ לַעֲשׂוֹת שְׁלִיחוּתוֹ. וְהוֹאִיל וְאֵין יָדוּעַ אֵי זוֹ אִשָּׁה קִדֵּשׁ לוֹ הֲרֵי זֶה אָסוּר בְּכָל אִשָּׁה שֶׁיֵּשׁ לָהּ קְרוֹבוֹת שֶׁהֵן עֶרְוָה עִמָּהּ. כְּגוֹן אִשָּׁה שֶׁיֵּשׁ לָהּ בַּת אוֹ אֵם אוֹ אָחוֹת וְכַיּוֹצֵא בָּהֶן. שֶׁאִם תֹּאמַר יִשָּׂא זוֹ שֶׁמָּא אִמָּהּ קִדֵּשׁ לוֹ שְׁלוּחוֹ אוֹ אֲחוֹתָהּ אוֹ בִּתָּהּ. וּמֻתָּר בְּאִשָּׁה שֶׁאֵין לָהּ קְרוֹבוֹת כְּגוֹן אֵלּוּ. הָיְתָה לָהּ קְרוֹבָה כְּגוֹן אֵם אוֹ אָחוֹת וְכַיּוֹצֵא בָּהֶן וְהָיְתָה הַקְּרוֹבָה אֵשֶׁת אִישׁ בְּשָׁעָה שֶׁעָשָׂה הוּא שָׁלִיחַ אַף עַל פִּי שֶׁנִּתְגָּרְשָׁה קֹדֶם שֶׁיָּמוּת הַשָּׁלִיחַ הֲרֵי זֶה מֻתָּר בָּהּ. וְאֵין אוֹמְרִים שֶׁמָּא קִדֵּשׁ הַשָּׁלִיחַ אֶת קְרוֹבָתָהּ אַחַר שֶׁנִּתְגָּרְשָׁה. מִפְּנֵי שֶׁלֹּא הָיְתָה רְאוּיָה בְּשָׁעָה שֶׁעָשָׂה הַשָּׁלִיחַ וְאֵין אָדָם עוֹשֶׂה שָׁלִיחַ לְקַדֵּשׁ לוֹ אֶלָּא אִשָּׁה שֶׁיָּכוֹל הוּא לְקַדְּשָׁהּ בִּשְׁעַת הַשְּׁלִיחוּת:

ז. מִי שֶׁהָיוּ לוֹ חֲמִשָּׁה בָּנִים וְעָשׂוּ כֻּלָּן שָׁלִיחַ אֶת אֲבִיהֶם לְקַדֵּשׁ לָהֶם אִשָּׁה. וְאָמַר אֲבִי הַבָּנִים לְאִישׁ שֶׁיֵּשׁ לוֹ חָמֵשׁ בָּנוֹת אַחַת מִבְּנוֹתֶיךָ מְקֻדֶּשֶׁת לְאֶחָד מִבָּנַי וְקִבֵּל הָאָב

הַקִּדּוּשִׁין. כָּל אַחַת מֵהֶן צְרִיכָה חֲמִשָּׁה גִּטִּין מִכָּל הָאַחִין. הוֹאִיל וְכֻלָּן נָתְנוּ רְשׁוּת לָאָב לְקַדֵּשׁ לָהֶן אִשָּׁה. מֵת אֶחָד מֵהֶם כָּל אַחַת מֵהֶן צְרִיכָה אַרְבָּעָה גִּטִּין וַחֲלִיצָה מֵאֶחָד מֵהֶם:

ח. הָאָב שֶׁהָיְתָה לוֹ בַּת קְטַנָּה אוֹ נַעֲרָה שֶׁהִיא בִּרְשׁוּתוֹ וּבַת בּוֹגֶרֶת וְנָתְנָה לוֹ הַבּוֹגֶרֶת רְשׁוּת לְקַדְּשָׁהּ וְקִדֵּשׁ בִּתּוֹ סְתָם לְאֶחָד. אֵין הַבּוֹגֶרֶת בִּכְלָל עַד שֶׁיְּפָרֵשׁ וְיֹאמַר בִּתִּי הַבּוֹגֶרֶת שֶׁעָשָׂת אוֹתִי שָׁלִיחַ. לְפִיכָךְ אֵין הַבּוֹגֶרֶת מְקֻדֶּשֶׁת (וַאֲחוֹתָהּ מְקֻדֶּשֶׁת):

ט. מִי שֶׁיֵּשׁ לוֹ שְׁתֵּי כִּתֵּי בָּנוֹת מִשְּׁתֵּי נָשִׁים וְכֻלָּן בִּרְשׁוּתוֹ וְקִדֵּשׁ אַחַת מֵהֶן וּבִשְׁעַת הַקִּדּוּשִׁין אָמַר לַבַּעַל קִדַּשְׁתִּי לְךָ אֶת בִּתִּי הַגְּדוֹלָה. אַף עַל פִּי שֶׁיֵּשׁ לוֹמַר שֶׁמָּא גְּדוֹלָה שֶׁבַּגְּדוֹלוֹת קִדֵּשׁ לוֹ אוֹ גְּדוֹלָה שֶׁבַּקְּטַנּוֹת אוֹ קְטַנָּה שֶׁבַּגְּדוֹלוֹת שֶׁהִיא גְּדוֹלָה מִן הַגְּדוֹלָה שֶׁבַּקְּטַנּוֹת. הֲרֵי כֻּלָּן מֻתָּרוֹת חוּץ מִן הַגְּדוֹלָה שֶׁבַּגְּדוֹלוֹת שֶׁהִיא לְבַדָּהּ הַמְקֻדֶּשֶׁת. וְכֵן אִם קִדֵּשׁ בִּתּוֹ הַקְּטַנָּה אַף עַל פִּי שֶׁיֵּשׁ לוֹמַר שֶׁמָּא קְטַנָּה שֶׁבַּקְּטַנּוֹת אוֹ קְטַנָּה שֶׁבַּגְּדוֹלוֹת אוֹ גְּדוֹלָה שֶׁבַּקְּטַנּוֹת שֶׁהִיא קְטַנָּה מִן הַקְּטַנָּה שֶׁבַּגְּדוֹלוֹת הֲרֵי כֻּלָּן מֻתָּרוֹת חוּץ מִן הַקְּטַנָּה שֶׁבַּקְּטַנּוֹת וְהִיא לְבַדָּהּ הַמְקֻדֶּשֶׁת. שֶׁמַּשְׁמָע בִּתּוֹ הַגְּדוֹלָה שֶׁאֵין בִּבְנוֹתָיו גְּדוֹלָה מִמֶּנָּה וּמַשְׁמָע בִּתּוֹ הַקְּטַנָּה שֶׁאֵין בָּהֶן קְטַנָּה מִמֶּנָּה:

י. נֶאֱמָן הָאָב לוֹמַר עַל בִּתּוֹ קֹדֶם שֶׁתִּבְגֹּר שֶׁהִיא מְקֻדֶּשֶׁת וְאוֹסְרָהּ עַל הַכֹּל:

יא. הָאָב שֶׁאָמַר קִדַּשְׁתִּי אֶת בִּתִּי וְאֵינִי יוֹדֵעַ לְמִי קִדַּשְׁתִּיהָ הֲרֵי זוֹ אֲסוּרָה לְעוֹלָם עַל כָּל אָדָם עַד שֶׁיֹּאמַר הָאָב נוֹדַע לִי שֶׁלִּפְלוֹנִי קִדַּשְׁתִּיהָ וְתִהְיֶה צְרִיכָה מִמֶּנּוּ גֵּט בִּלְבַד. וְאַף עַל פִּי שֶׁנּוֹדַע לוֹ אַחַר שֶׁבָּגְרָה:

יב. אָמַר הָאָב אֵינִי יוֹדֵעַ לְמִי קִדַּשְׁתִּיהָ וּבָא אֶחָד וְאָמַר אֲנִי הוּא שֶׁקִּדַּשְׁתִּיהָ נֶאֱמָן אַף לִכְנֹס וְאֵינוֹ צָרִיךְ קִדּוּשִׁין אֲחֵרִים:

יג. בָּאוּ שְׁנַיִם זֶה אוֹמֵר אֲנִי קִדַּשְׁתִּיהָ וְזֶה אוֹמֵר אֲנִי קִדַּשְׁתִּיהָ. שְׁנֵיהֶן נוֹתְנִין גֵּט וְאִם רָצוּ אֶחָד נוֹתֵן גֵּט וְאֶחָד כּוֹנֵס. כְּנָסָהּ וְאַחַר כָּךְ בָּא אַחֵר וְאָמַר אֲנִי הוּא שֶׁקִּדַּשְׁתִּיהָ אֵינוֹ נֶאֱמָן וְאֵינוֹ אוֹסְרָהּ עַל בַּעְלָהּ:

יד. הָאִשָּׁה שֶׁאָמְרָה נִתְקַדַּשְׁתִּי וְאֵינִי יוֹדַעַת לְמִי נִתְקַדַּשְׁתִּי וּבָא אֶחָד וְאָמַר אֲנִי הוּא שֶׁקִּדַּשְׁתִּיךְ נֶאֱמָן לִתֵּן גֵּט וְתִהְיֶה מֻתֶּרֶת לְכָל אָדָם חוּץ מִמֶּנּוּ. אֲבָל אֵינוֹ נֶאֱמָן לִכְנֹס שֶׁמָּא יִצְרוֹ תּוֹקְפוֹ וְהִיא תַּרְגִּיל לוֹ כְּדֵי לְהַתִּירָהּ:

טו. הָאוֹמֵר לְאִשָּׁה קִדַּשְׁתִּיךְ וְהִיא אוֹמֶרֶת לֹא קִדַּשְׁתַּנִי הוּא אָסוּר בִּקְרוֹבוֹתֶיהָ וְהִיא מֻתֶּרֶת בִּקְרוֹבָיו. קִדַּשְׁתַּנִי וְהוּא אוֹמֵר לֹא קִדַּשְׁתִּיךְ הוּא מֻתָּר בִּקְרוֹבוֹתֶיהָ וְהִיא אֲסוּרָה בִּקְרוֹבָיו. קִדַּשְׁתִּיךְ וְהִיא אוֹמֶרֶת לֹא קִדַּשְׁתָּ אֶלָּא בִּתִּי הוּא אָסוּר בִּקְרוֹבוֹת גְּדוֹלָה וּגְדוֹלָה מֻתֶּרֶת בִּקְרוֹבָיו. וּמֻתָּר בִּקְרוֹבוֹת הַבַּת וְהַבַּת מֻתֶּרֶת בִּקְרוֹבָיו. קִדַּשְׁתִּי אֶת בִּתֵּךְ וְהִיא אוֹמֶרֶת לֹא קִדַּשְׁתָּ אֶלָּא אוֹתִי הוּא אָסוּר בִּקְרוֹבוֹת הַבַּת וְהַבַּת מֻתֶּרֶת בִּקְרוֹבָיו. וּמֻתָּר בִּקְרוֹבוֹת הָאֵם וְהָאֵם אֲסוּרָה עַל קְרוֹבָיו:

טז. וְכָל אֵלּוּ שֶׁטּוֹעֲנִין הַקִּדּוּשִׁין בְּשֶׁטָּעַן הַטּוֹעֵן שֶׁהָיוּ שָׁם קִדּוּשִׁין בִּפְנֵי עֵדִים וְהָלְכוּ לִמְדִינָה אַחֶרֶת אוֹ מֵתוּ. אֲבָל אִם הוֹדוּ שֶׁהָיוּ הַקִּדּוּשִׁין בְּלֹא עֵדִים אֵין כָּאן קִדּוּשִׁין כְּמוֹ שֶׁבֵּאַרְנוּ. וְכָל מָקוֹם שֶׁתֹּאמַר אִשָּׁה לְאִישׁ קִדַּשְׁתַּנִי וְהוּא אוֹמֵר לֹא קִדַּשְׁתִּיךְ מְבַקְּשִׁים מִמֶּנּוּ שֶׁיִּכְתֹּב לָהּ גֵּט לְהַתִּירָהּ לִשְׁאָר הָעָם שֶׁאֵין לוֹ בָּזֶה הֶפְסֵד. וְאִם נָתַן לָהּ גֵּט מֵעַצְמוֹ כּוֹפִין אוֹתוֹ לִתֵּן כְּתֻבָּה:

יז. הָעוֹשֶׂה שָׁלִיחַ לְקַדֵּשׁ לוֹ אִשָּׁה וְהָלַךְ וְקִדְּשָׁהּ לְעַצְמוֹ הֲרֵי זוֹ מְקֻדֶּשֶׁת לַשָּׁלִיחַ. וְאָסוּר לַעֲשׂוֹת כֵּן. וְכָל הָעוֹשֶׂה דָּבָר זֶה וְכַיּוֹצֵא בּוֹ בִּשְׁאָר דִּבְרֵי מִקָּח וּמִמְכָּר נִקְרָא רָשָׁע:

יח. הָעוֹשֶׂה שָׁלִיחַ לְקַדֵּשׁ לוֹ אִשָּׁה וְהָלַךְ וְקִדְּשָׁהּ הַשָּׁלִיחַ אוֹמֵר לְעַצְמִי קִדַּשְׁתִּיהָ וְהָאִשָּׁה אוֹמֶרֶת לָרִאשׁוֹן שֶׁשְּׁלָחוֹ נִתְקַדַּשְׁתִּי. אִם לֹא עָשָׂה הַשָּׁלִיחַ בְּעֵדִים הֲרֵי הַשָּׁלִיחַ אָסוּר בִּקְרוֹבוֹתֶיהָ וְהִיא מֻתֶּרֶת בִּקְרוֹבָיו. וְהָאִשָּׁה אֲסוּרָה בִּקְרוֹבֵי הַמְשַׁלֵּחַ וְהַמְשַׁלֵּחַ מֻתָּר בִּקְרוֹבוֹתֶיהָ. וְאִם הֻחְזַק הַשָּׁלִיחַ בְּעֵדִים הֲרֵי זוֹ מְקֻדֶּשֶׁת לָרִאשׁוֹן:

יט. אָמְרָה אֵינִי יוֹדַעַת לְמִי נִתְקַדַּשְׁתִּי אִם לַשּׁוֹלֵחַ אוֹ לִשְׁלוּחוֹ. אִם לֹא הֻחְזַק הַשָּׁלִיחַ בְּעֵדִים הֲרֵי זוֹ מְקֻדֶּשֶׁת לַשֵּׁנִי. וְאִם הֻחְזַק שֶׁהוּא שְׁלוּחוֹ שְׁנֵיהֶן נוֹתְנִין גֵּט. וְאִם רָצוּ אֶחָד נוֹתֵן גֵּט וְאֶחָד כּוֹנֵס:

כ. הָאִשָּׁה שֶׁעָשְׂתָה שָׁלִיחַ לְקַדְּשָׁהּ וְהָלַךְ וְקִדְּשָׁהּ וּבְעֵת הֲלִיכָתוֹ בִּטְּלָה הַשְּׁלִיחוּת וְחָזְרָה בָּהּ וְאֵין יָדוּעַ אִם קֹדֶם שֶׁקִּבֵּל לָהּ הַקִּדּוּשִׁין חָזְרָה אוֹ אַחַר הַקִּדּוּשִׁין הֲרֵי זוֹ מְקֻדֶּשֶׁת מִסָּפֵק. וְכֵן הָאִישׁ שֶׁעָשָׂה שָׁלִיחַ וְחָזַר בּוֹ:

כא. הַמְקַדֵּשׁ אַחַת מֵחָמֵשׁ נָשִׁים וְאֵינוֹ יוֹדֵעַ אֵי זוֹ מֵהֶן קִדֵּשׁ וְכָל אַחַת וְאַחַת אוֹמֶרֶת אוֹתִי קִדֵּשׁ אָסוּר בִּקְרוֹבוֹת כֻּלָּן. וְנוֹתֵן גֵּט לְכָל אַחַת וְאַחַת וּמַנִּיחַ כְּתֻבָּה אַחַת בֵּינֵיהֶן וּמִסְתַּלֵּק. וְאִם קִדֵּשׁ בְּבִיאָה קְנָסוּ אוֹתוֹ חֲכָמִים שֶׁיִּתֵּן כְּתֻבָּה לְכָל אַחַת וְאַחַת. וְהַדָּבָר יָדוּעַ שֶׁהַכְּתֻבָּה שֶׁכָּתַב לְאַחַת מֵהֶן אָבְדָה וְכָל אַחַת וְאַחַת אוֹמֶרֶת אֲנִי הִיא שֶׁקִּדַּשְׁתַּנִי וְכָתַבְתָּ לִי כְּתֻבָּה וְאָבְדָה כְּתֻבָּתִי:

כב. הָאִשָּׁה שֶׁיָּצָא עָלֶיהָ קוֹל שֶׁהִיא מְקֻדֶּשֶׁת לִפְלוֹנִי הֲרֵי

זוֹ בְּחֶזְקַת מְקֻדֶּשֶׁת אַף עַל פִּי שֶׁאֵין שָׁם רְאָיָה בְּרוּרָה. וְכָל קוֹל שֶׁלֹּא הֻחְזַק בְּבֵית דִּין אֵין חוֹשְׁשִׁין לוֹ. וְכֵיצַד הוּא הַקּוֹל שֶׁתֻּחְזַק זוֹ בּוֹ שֶׁהִיא מְקֻדֶּשֶׁת. כְּגוֹן שֶׁבָּאוּ שְׁנַיִם וְהֵעִידוּ שֶׁרָאוּ הַנֵּרוֹת דּוֹלְקוֹת וּמִטּוֹת מוּצָּעוֹת וּבְנֵי אָדָם נִכְנָסִין וְיוֹצְאִין וְנָשִׁים שְׂמֵחוֹת לָהּ וְאוֹמְרוֹת נִתְקַדְּשָׁה פְּלוֹנִית הַיּוֹם. שָׁמְעוּ אוֹתָן אוֹמְרוֹת פְּלוֹנִית תִּתְקַדֵּשׁ הַיּוֹם אֵין חוֹשְׁשִׁין לָהּ שֶׁמָּא נִזְדַּמְּנוּ לְקַדֵּשׁ וְלֹא נִתְקַדְּשָׁה עַד שֶׁיִּשְׁמְעוּ שֶׁנִּתְקַדְּשָׁה. וְכֵן אִם בָּאוּ שְׁנַיִם וְאָמְרוּ רָאִינוּ כְּמוֹ שִׂמְחַת אֵרוּסִין וְשָׁמַעְנוּ קוֹל הַבָּרָה וְשָׁמַעְנוּ מִפְּלוֹנִי שֶׁשָּׁמַע מִפְּלוֹנִי שֶׁנִּתְקַדְּשָׁה פְּלוֹנִית בִּפְנֵי פְּלוֹנִי וּפְלוֹנִי וְהָלְכוּ לָהֶם הָעֵדִים לִמְדִינָה אַחֶרֶת אוֹ מֵתוּ הֲרֵי זֶה קוֹל שֶׁמַּחֲזִיק אוֹתָהּ מְקֻדֶּשֶׁת:

כג. בַּמֶּה דְּבָרִים אֲמוּרִים שֶׁלֹּא הָיְתָה שָׁם אֲמַתְלָא אֲבָל אִם הָיְתָה שָׁם אֲמַתְלָא וְשָׁמְעוּ הָאֲמַתְלָא כְּשֶׁשָּׁמְעוּ שֶׁנִּתְקַדְּשָׁה לֹא הֻחְזְקָה מְקֻדֶּשֶׁת. כֵּיצַד הִיא הָאֲמַתְלָא. פְּלוֹנִית נִתְקַדְּשָׁה עַל תְּנַאי אוֹ קִדּוּשֵׁי סָפֵק לֹא הֻחְזְקָה. אֶלָּא שׁוֹאֲלִין אוֹתָהּ וְסוֹמְכִין עַל דְּבָרֶיהָ הוֹאִיל וְאֵין שָׁם רְאָיָה בְּרוּרָה וְלֹא קוֹל חָזָק:

כד. יָצָא עָלֶיהָ קוֹל שֶׁנִּתְקַדְּשָׁה לִפְלוֹנִי וּלְאַחַר יָמִים אָמְרוּ אֲמַתְלָא. אִם נִרְאִין הַדְּבָרִים לְבֵית דִּין שֶׁהוּא כֵּן סוֹמְכִין עַל הָאֲמַתְלָא וְלֹא תֻּחְזַק מְקֻדֶּשֶׁת. וְאִם לָאו הוֹאִיל וְלֹא נִשְׁמְעָה הָאֲמַתְלָא בְּעֵת שֶׁנִּשְׁמְעוּ הַקִּדּוּשִׁין אֵין חוֹשְׁשִׁין לָאֲמַתְלָא:

כה. מַעֲשֶׂה בְּאַחַת שֶׁיָּצָא עָלֶיהָ קוֹל שֶׁנִּתְקַדְּשָׁה לִבְנוֹ שֶׁל פְּלוֹנִי וּלְאַחַר זְמַן שָׁאֲלוּ לְאָבִיו וְאָמַר עַל תְּנַאי כָּךְ נִתְקַדְּשָׁה לוֹ וְלֹא נִתְקַיֵּם הַתְּנַאי וְלֹא סָמְכוּ חֲכָמִים עַל דְּבָרָיו אֶלָּא אָמְרוּ הֲרֵי זוֹ סָפֵק מְקֻדֶּשֶׁת וּכְאִלּוּ אֵין שָׁם אֲמַתְלָא:

כו. יָצָא עָלֶיהָ קוֹל שֶׁהִיא מְקֻדֶּשֶׁת לִפְלוֹנִי וּבָא שֵׁנִי וְקִדְּשָׁהּ בְּפָנֵינוּ בּוֹדְקִין עַל קִדּוּשֵׁי רִאשׁוֹן שֶׁהֵן בְּקוֹל. אִם בָּאוּ עֵדִים בִּרְאָיָה בְּרוּרָה שֶׁהִיא מְקֻדֶּשֶׁת לָרִאשׁוֹן אֵין קִדּוּשֵׁי שֵׁנִי כְּלוּם. וְאִם לָאו מְגָרֵשׁ רִאשׁוֹן שֶׁקִּדּוּשָׁיו בְּקוֹל וְנוֹשֵׂא הַשֵּׁנִי שֶׁקִּדּוּשָׁיו וַדַּאי. וְאִם גֵּרֵשׁ הַשֵּׁנִי לֹא יִכְנֹס הָרִאשׁוֹן שֶׁמָּא יֹאמְרוּ הֶחֱזִיר גְּרוּשָׁתוֹ מִן הָאֵרוּסִין אַחַר שֶׁנִּתְאָרְסָה לְאַחֵר:

כז. יָצָא עָלֶיהָ קוֹל שֶׁהִיא מְקֻדֶּשֶׁת לִפְלוֹנִי וְיָצָא קוֹל אַחֵר כְּמוֹתוֹ שֶׁהִיא מְקֻדֶּשֶׁת לְאַחֵר. אֶחָד כּוֹתֵב גֵּט וְאֶחָד כּוֹנֵס בֵּין רִאשׁוֹן בֵּין אַחֲרוֹן:

כח. מָקוֹם שֶׁנָּהֲגוּ לִשְׁלֹחַ סִבְלוֹנוֹת לַאֲרוּסָה אַחַר שֶׁתִּתְאָרֵס וּבָאוּ עֵדִים שֶׁרָאוּ סִבְלוֹנוֹת שֶׁהוּבְלוּ לָהּ חוֹשְׁשִׁין לָהּ שֶׁמָּא נִתְקַדְּשָׁה וּצְרִיכָה גֵּט מִסָּפֵק אַף עַל פִּי שֶׁרֹב אַנְשֵׁי הָעִיר אֵין מְשַׁלְּחִין סִבְלוֹנוֹת אֶלָּא קֹדֶם הָאֵרוּסִין. וּמָקוֹם שֶׁנָּהֲגוּ כֻּלָּן לִשְׁלֹחַ סִבְלוֹנוֹת בַּתְּחִלָּה וְאַחַר כָּךְ מְקַדְּשִׁין וְרָאוּ סִבְלוֹנוֹת אֵין חוֹשְׁשִׁין לָהּ:

כט. הֻחְזַק שְׁטַר כְּתֻבָּתָהּ. אִם דֶּרֶךְ מִקְצָת אַנְשֵׁי הַמָּקוֹם שֶׁמְּקַדְּשִׁין וְאַחַר כָּךְ כּוֹתְבִין חוֹשְׁשִׁין לָהּ. וְאַף עַל פִּי שֶׁאֵין שָׁם סוֹפֵר אֵין אוֹמְרִין שֶׁמָּא מִפְּנֵי הַסּוֹפֵר שֶׁמָּצָא הִקְדִּים וְכָתַב. וְאִם דֶּרֶךְ כָּל אַנְשֵׁי הַמָּקוֹם שֶׁכּוֹתְבִין הַכְּתֻבָּה קֹדֶם הַקִּדּוּשִׁין אֵין חוֹשְׁשִׁין לָהּ:

ל. שְׁנַיִם אוֹמְרִין רְאִינוּהָ שֶׁנִּתְקַדְּשָׁה בְּיוֹם פְּלוֹנִי וּשְׁנַיִם אוֹמְרִין לֹא רְאִינוּהָ אַף עַל פִּי שֶׁכֻּלָּם שְׁכֵנִים בְּחָצֵר אַחַת הֲרֵי זוֹ מְקֻדֶּשֶׁת שֶׁאֵין [טַעֲנַת] לֹא רְאִינוּהָ רְאָיָה שֶׁדֶּרֶךְ הָעָם לְקַדֵּשׁ בִּצְנְעָה:

לא. אָמַר עֵד אֶחָד מְקֻדֶּשֶׁת הִיא זוֹ וְהִיא אוֹמֶרֶת לֹא נִתְקַדַּשְׁתִּי הֲרֵי זוֹ מֻתֶּרֶת. אֶחָד אוֹמֵר מְקֻדֶּשֶׁת וְאֶחָד אוֹמֵר אֵינָהּ מְקֻדֶּשֶׁת לֹא תִּנָּשֵׂא וְאִם נִשֵּׂאת לֹא תֵּצֵא שֶׁהֲרֵי הִיא אוֹמֶרֶת לֹא נִתְקַדַּשְׁתִּי. אָמְרָה מְקֻדֶּשֶׁת אֲנִי וּלְאַחַר זְמַן עָמְדָה וְקִדְּשָׁה עַצְמָהּ אִם נָתְנָה אֲמַתְלָא לִדְבָרֶיהָ וְאָמְרָה מִפְּנֵי כָּךְ וְכָךְ אָמַרְתִּי בַּתְּחִלָּה שֶׁאֲנִי מְקֻדֶּשֶׁת וְרָאִינוּ בִּדְבָרֶיהָ מַמָּשׁ הֲרֵי זוֹ מֻתֶּרֶת לַשֵּׁנִי. וְאִם לֹא נָתְנָה אֲמַתְלָא אוֹ שֶׁנָּתְנָה וְאֵין בָּהֶן מַמָּשׁ הֲרֵי זוֹ אֲסוּרָה וְקִדּוּשֵׁי שֵׁנִי קִדּוּשֵׁי סָפֵק. לְפִיכָךְ נוֹתֵן לָהּ גֵּט וְתִהְיֶה אֲסוּרָה עָלָיו וְעַל הַכֹּל עַד שֶׁיָּבוֹא אֲרוּסָהּ. וְכֵן הָאִשָּׁה שֶׁבָּאת וְאָמְרָה אֵשֶׁת אִישׁ אֲנִי וְחָזְרָה וְאָמְרָה פְּנוּיָה אֲנִי אִם נָתְנָה אֲמַתְלָא לִדְבָרֶיהָ וְיֵשׁ בִּדְבָרֶיהָ מַמָּשׁ הֲרֵי זוֹ נֶאֱמֶנֶת:

Perek 10

Kidushin

Definitions

Arusah, Chuppah, Nesuah, Ketubah (marriage contract), Sheva Brachot (7 days of wedding celebration)

ERUSIN

This is also referred to as *kidushin*

It is the first stage of marriage whereby the woman becomes forbidden to other men.

NISUIN

Even although the bride is forbidden to other men, the marriage is not consummated until the bride enters her husband's home and is in privacy with him. This is represented by the *chuppah* and the *yichud* room in the marriage ceremony.

Once *chuppah* has taken place, this is the process of *nisuin* and couple can thereafter live together as man and wife.

CHUPPAH

The canopy under which the wedding ceremony takes place, which represents the privacy stage of marriage after *erusin*.

The *yichud* room also represents this stage of privacy.

At present, both the stages of *erusin* and *nisuin* takes place under the *chuppah*.

After the *chuppah*, sexual relations can take place.

MARRIAGE BLESSINGS

There are **6**

Including the blessing on wine, makes **7**

These blessings are said before the marriage, and these days they are said under the *chuppah*.

However, it is not the blessings which establish the marriage, but rather the entry into the *chuppah*.

KETUBAH (MARRIAGE CONTRACT)

This contract must be made by the man before entry into the *chuppah*.

 The *Rabanim* ordained the writing of a *ketubah* before the *chuppah*. This protects the wife from being divorced in a casual manner.

The *ketubah* obliges husband to pay wife (if a virgin) **minimum 200 *dinar*** on divorce or death. If she was not a virgin, the **minimum would be 100 *dinar*** on divorce or death.

> **Reminder:**
> Pack on Weights and Measure

It is forbidden for a man to continue living with his wife, even for a single moment, if she does not have a *ketubah*.

However, a *ketubah* does not bring about *nisuin*. It is the *chuppah*.

> **Reminder:**
> Pack on *Shtar*

 It is also *Derabanan* to celebrate the marriage **7** days with a virgin wife and **3** days with a non-virgin wife.

Weddings are not conducted on Friday, *Shabbat* or Sunday (in case *Shabbat* may be desecrated).

Even on *Chol Hamoed,* weddings are not held.

פרק י׳

א. הָאֲרוּסָה אֲסוּרָה לְבַעְלָהּ מִדִּבְרֵי סוֹפְרִים כָּל זְמַן שֶׁהִיא בְּבֵית אָבִיהָ. וְהַבָּא עַל אֲרוּסָתוֹ בְּבֵית חָמִיו מַכִּין אוֹתוֹ מַכַּת מַרְדּוּת. וַאֲפִלּוּ אִם קִדְּשָׁהּ בְּבִיאָה אָסוּר לוֹ לָבוֹא עָלֶיהָ בִּיאָה שְׁנִיָּה בְּבֵית אָבִיהָ עַד שֶׁיָּבִיא אוֹתָהּ לְתוֹךְ בֵּיתוֹ וְיִתְיַחֵד עִמָּהּ וְיַפְרִישֶׁנָּה לוֹ. וְיִחוּד זֶה הוּא הַנִּקְרָא כְּנִיסָה לַחֻפָּה וְהוּא הַנִּקְרָא נִשּׂוּאִין בְּכָל מָקוֹם. וְהַבָּא עַל אֲרוּסָתוֹ לְשֵׁם נִשּׂוּאִין אַחַר שֶׁקִּדְּשָׁהּ מִשֶּׁיְּעָרֶה בָּהּ קְנָאָהּ וְנַעֲשֵׂית נְשׂוּאָה וַהֲרֵי הִיא אִשְׁתּוֹ לְכָל דָּבָר:

ב. כֵּיוָן שֶׁנִּכְנְסָה הָאֲרוּסָה לַחֻפָּה הֲרֵי זוֹ מֻתֶּרֶת לָבֹא עָלֶיהָ בְּכָל עֵת שֶׁיִּרְצֶה וַהֲרֵי הִיא אִשְׁתּוֹ גְּמוּרָה לְכָל דָּבָר. וּמִשֶּׁתִּכָּנֵס לַחֻפָּה נִקְרֵאת נְשׂוּאָה אַף עַל פִּי שֶׁלֹּא נִבְעֲלָה וְהוּא שֶׁתִּהְיֶה רְאוּיָה לִבְעִילָה. אֲבָל אִם הָיְתָה נִדָּה אַף עַל פִּי שֶׁנִּכְנְסָה לַחֻפָּה וְנִתְיַחֵד עִמָּהּ לֹא גָּמְרוּ הַנִּשּׂוּאִין וַהֲרֵי הִיא כַּאֲרוּסָה עֲדַיִן:

ג. וְצָרִיךְ לְבָרֵךְ בִּרְכַּת חֲתָנִים בְּבֵית הֶחָתָן קֹדֶם הַנִּשּׂוּאִין וְהֵן שֵׁשׁ בְּרָכוֹת וְאֵלּוּ הֵן. בָּרוּךְ אַתָּה ה׳ אֱלֹהֵינוּ מֶלֶךְ הָעוֹלָם שֶׁהַכֹּל בָּרָא לִכְבוֹדוֹ. בָּרוּךְ אַתָּה ה׳ אֱלֹהֵינוּ מֶלֶךְ הָעוֹלָם יוֹצֵר הָאָדָם. בָּרוּךְ אַתָּה ה׳ אֱלֹהֵינוּ מֶלֶךְ הָעוֹלָם אֲשֶׁר יָצַר אֶת הָאָדָם בְּצַלְמוֹ בְּצֶלֶם דְּמוּת תַּבְנִיתוֹ וְהִתְקִין לוֹ מִמֶּנּוּ בִּנְיַן עֲדֵי עַד בָּרוּךְ אַתָּה ה׳ יוֹצֵר הָאָדָם. שׂוֹשׂ תָּשִׂישׂ וְתָגֵל עֲקָרָה בְּקִבּוּץ בָּנֶיהָ לְתוֹכָהּ בְּשִׂמְחָה בָּרוּךְ אַתָּה ה׳ מְשַׂמֵּחַ צִיּוֹן בְּבָנֶיהָ. שַׂמֵּחַ תְּשַׂמַּח רֵעִים הָאֲהוּבִים כְּשַׂמֵּחֲךָ יְצִירְךָ בְּגַן עֵדֶן מִקֶּדֶם בָּרוּךְ אַתָּה ה׳ מְשַׂמֵּחַ חָתָן וְכַלָּה. בָּרוּךְ אַתָּה ה׳ אֱלֹהֵינוּ מֶלֶךְ הָעוֹלָם אֲשֶׁר בָּרָא שָׂשׂוֹן וְשִׂמְחָה חָתָן וְכַלָּה גִּילָה רִנָּה דִּיצָה וְחֶדְוָה אַהֲבָה אַחֲוָה שָׁלוֹם וְרֵעוּת מְהֵרָה ה׳ אֱלֹהֵינוּ יִשָּׁמַע בְּעָרֵי יְהוּדָה וּבְחוּצוֹת יְרוּשָׁלַיִם קוֹל שָׂשׂוֹן קוֹל שִׂמְחָה קוֹל חָתָן קוֹל כַּלָּה קוֹל מִצְהֲלוֹת חֲתָנִים מֵחֻפָּתָם וּנְעָרִים מִמִּשְׁתֵּה מַנְגִּינָתָם בָּרוּךְ אַתָּה ה׳ מְשַׂמֵּחַ הֶחָתָן עִם הַכַּלָּה:

ד. וְאִם הָיָה שָׁם יַיִן מֵבִיא כּוֹס שֶׁל יַיִן וּמְבָרֵךְ עַל הַיַּיִן תְּחִלָּה וּמְסַדֵּר אֶת כֻּלָּן עַל הַכּוֹס וְנִמְצָא מְבָרֵךְ שֶׁבַע בְּרָכוֹת. וְיֵשׁ מְקוֹמוֹת שֶׁנָּהֲגוּ לְהָבִיא הֲדַס עִם הַיַּיִן וּמְבָרֵךְ עַל הַהֲדַס אַחַר הַיַּיִן וְאַחַר כָּךְ מְבָרֵךְ הַשֵּׁשׁ:

ה. וְאֵין מְבָרְכִין בִּרְכַּת חֲתָנִים אֶלָּא בַּעֲשָׂרָה גְּדוֹלִים וּבְנֵי חוֹרִין וְחָתָן מִן הַמִּנְיָן:

ו. הַמְאָרֵס אֶת הָאִשָּׁה וּבֵרֵךְ בִּרְכַּת חֲתָנִים וְלֹא נִתְיַחֵד עִמָּהּ בְּבֵיתוֹ עֲדַיִן אֲרוּסָה הִיא שֶׁאֵין בִּרְכַּת חֲתָנִים עוֹשָׂה הַנִּשּׂוּאִין אֶלָּא כְּנִיסָה לַחֻפָּה. אֵרֵס וְכָנַס לַחֻפָּה וְלֹא בֵּרֵךְ בִּרְכַּת חֲתָנִים הֲרֵי זוֹ נְשׂוּאָה גְּמוּרָה וְחוֹזֵר וּמְבָרֵךְ אֲפִלּוּ אַחַר כַּמָּה יָמִים. וְלֹא תִּנָּשֵׂא נִדָּה עַד שֶׁתִּטְהַר. וְאֵין מְבָרְכִין לָהּ בִּרְכַּת חֲתָנִים עַד שֶׁתִּטְהַר. וְאִם עָבַר וְנָשָׂא וּבֵרֵךְ אֵינוֹ חוֹזֵר וּמְבָרֵךְ:

ז. וְצָרִיךְ לִכְתֹּב כְּתֻבָּה קֹדֶם כְּנִיסָה לַחֻפָּה וְאַחַר כָּךְ יִהְיֶה מֻתָּר בְּאִשְׁתּוֹ וְהֶחָתָן נוֹתֵן שְׂכַר הַסּוֹפֵר. וְכַמָּה הוּא כּוֹתֵב לָהּ. אִם הָיְתָה בְּתוּלָה אֵין כּוֹתְבִין לָהּ פָּחוֹת מִמָּאתַיִם דִּינָרִים וְאִם בְּעוּלָה אֵין כּוֹתְבִין לָהּ פָּחוֹת מִמֵּאָה דִּינָרִים [ד.] וְזֶה הוּא הַנִּקְרָא עִקַּר כְּתֻבָּה. וְאִם רָצָה לְהוֹסִיף לָהּ אֲפִלּוּ כִּכַּר זָהָב מוֹסִיף. וְדִין הַתּוֹסֶפֶת וְדִין הָעִקָּר אֶחָד הוּא לְרֹב הַדְּבָרִים. לְפִיכָךְ כָּל מָקוֹם שֶׁנֶּאֱמַר בּוֹ כְּתֻבָּה סְתָם הוּא הָעִקָּר וְהַתּוֹסֶפֶת כְּאֶחָד. וַחֲכָמִים הֵם שֶׁתִּקְּנוּ כְּתֻבָּה לָאִשָּׁה כְּדֵי שֶׁלֹּא תִּהְיֶה קַלָּה בְּעֵינָיו לְהוֹצִיאָהּ:

ח. דִּינָרִים אֵלּוּ לֹא תִּקְּנוּ אוֹתָם מִן הַכֶּסֶף הַטָּהוֹר אֶלָּא מִמַּטְבֵּעַ שֶׁהָיָה בְּאוֹתָן הַיָּמִים שֶׁהָיָה שִׁבְעָה חֲלָקִים נְחֹשֶׁת וְאֶחָד כֶּסֶף עַד שֶׁיִּהְיֶה בַּסֶּלַע חֲצִי זוּז כֶּסֶף. וְנִמְצָא מָאתַיִם דִּינָרִים שֶׁל בְּתוּלָה חֲמִשָּׁה וְעֶשְׂרִים זוּזִין שֶׁל כֶּסֶף טָהוֹר וּמֵאָה דִּינָרִים שֶׁל בְּעוּלָה שְׁנֵים עָשָׂר זוּזִים וּמֶחֱצָה. וּמִשְׁקַל כָּל זוּז שֵׁשׁ וְתִשְׁעִים שְׂעוֹרוֹת כְּמוֹ שֶׁבֵּאַרְנוּ בִּתְחִלַּת עֵרוּבִין. וְהַדִּינָר הוּא הַנִּקְרָא זוּז בְּכָל מָקוֹם בֵּין שֶׁיִּהְיֶה מִן הַכֶּסֶף הַטָּהוֹר בֵּין שֶׁיִּהְיֶה מִמַּטְבֵּעַ אוֹתָן הַיָּמִים:

ט. אֵין פּוֹחֲתִין לִבְתוּלָה מִמָּאתַיִם וְלִבְעוּלָה מִמֵּאָה. וְכָל הַפּוֹחֵת בְּעִילָתוֹ בְּעִילַת זְנוּת. אֶחָד הַכּוֹתֵב אֶת הַכְּתֻבָּה בִּשְׁטָר וְאֶחָד שֶׁהֵעִידוּ עָלָיו עֵדִים וְקָנוּ מִיָּדוֹ שֶׁהוּא חַיָּב לָהּ מֵאָה אוֹ מָאתַיִם הֲרֵי זֶה מֻתָּר. וְכֵן אִם נָתַן לָהּ מִטַּלְטְלִין כְּנֶגֶד כְּתֻבָּתָהּ הֲרֵי זֶה מֻתָּר לִבְעֹל עַד שֶׁיִּהְיֶה לוֹ פְּנַאי לִכְתֹּב:

י. הַכּוֹנֵס אֶת הָאִשָּׁה וְלֹא כָּתַב לָהּ כְּתֻבָּה. אוֹ שֶׁכָּתַב וְאָבַד שְׁטַר הַכְּתֻבָּה. אוֹ שֶׁמָּחֲלָה כְּתֻבָּתָהּ לְבַעְלָהּ. אוֹ שֶׁמָּכְרָה

לוֹ כְּתֻבָּתָהּ. חוֹזֵר וְכוֹתֵב לָהּ עִקַּר כְּתֻבָּה אִם רָצָה לְקַיְּמָהּ. לְפִי שֶׁאָסוּר לוֹ לְאָדָם לִשְׁהוֹת עִם אִשְׁתּוֹ אֲפִלּוּ שָׁעָה אַחַת בְּלֹא כְּתֻבָּה. אֲבָל הַמּוֹכֶרֶת כְּתֻבָּתָהּ לַאֲחֵרִים בְּטוֹבַת הֲנָאָה אֵינוֹ צָרִיךְ לִכְתֹּב לָהּ כְּתֻבָּה אַחֶרֶת. שֶׁלֹּא תִּקְּנוּ כְּתֻבָּה אֶלָּא כְּדֵי שֶׁלֹּא תְּהֵא קַלָּה בְּעֵינָיו לְהוֹצִיאָהּ. וְאִם הוֹצִיא זֶה מְשַׁלֵּם כְּתֻבָּתָהּ לַלּוֹקֵחַ כְּדֶרֶךְ שֶׁהָיָה מְשַׁלֵּם לָהּ אִם לֹא מָכְרָה:

יא. הַמְאָרֵס אֶת הָאִשָּׁה וְכָתַב לָהּ כְּתֻבָּה וְלֹא נִכְנְסָה לַחֻפָּה עֲדַיִן אֲרוּסָה הִיא וְאֵינָהּ נְשׂוּאָה שֶׁאֵין הַכְּתֻבָּה עוֹשָׂה נִשּׂוּאִין. וְאִם מֵת אוֹ גֵּרְשָׁהּ גּוֹבָה עִקַּר כְּתֻבָּתָהּ מִבְּנֵי חוֹרִין וְאֵינָהּ גּוֹבָה תּוֹסֶפֶת כְּלָל הוֹאִיל וְלֹא כְּנָסָהּ. אֲבָל אִם אֵרֵס אִשָּׁה וְלֹא כָּתַב לָהּ כְּתֻבָּה וָמֵת אוֹ גֵּרְשָׁהּ וְהִיא אֲרוּסָה אֵין לָהּ כְּלוּם וַאֲפִלּוּ הָעִקָּר שֶׁלֹּא תִּקְּנוּ לָהּ עִקַּר כְּתֻבָּה עַד שֶׁתִּנָּשֵׂא אוֹ עַד שֶׁיִּכְתֹּב. וְהַמְאָרֵס אֶת בִּתּוֹ וְכָתַב לָהּ כְּתֻבָּה וָמֵת אוֹ גֵּרְשָׁהּ כְּשֶׁהָיְתָה נַעֲרָה כְּתֻבָּתָהּ לְאָבִיהָ כְּמוֹ שֶׁבֵּאַרְנוּ [לְמַעְלָה בְּפֶרֶק שְׁלִישִׁי]:

יב. וְכֵן תִּקְּנוּ חֲכָמִים שֶׁכָּל הַנּוֹשֵׂא בְּתוּלָה יִהְיֶה שָׂמֵחַ עִמָּהּ שִׁבְעַת יָמִים. אֵינוֹ עוֹסֵק בִּמְלַאכְתּוֹ וְלֹא נוֹשֵׂא וְנוֹתֵן בַּשּׁוּק אֶלָּא אוֹכֵל וְשׁוֹתֶה וְשָׂמֵחַ. בֵּין שֶׁהָיָה בָּחוּר בֵּין שֶׁהָיָה אַלְמוֹן. וְאִם הָיְתָה בְּעוּלָה אֵין פָּחוֹת מִשְּׁלֹשָׁה יָמִים. שֶׁתַּקָּנַת חֲכָמִים הִיא לִבְנוֹת יִשְׂרָאֵל שֶׁיִּהְיֶה שָׂמֵחַ עִם הַבְּעוּלָה שְׁלֹשָׁה יָמִים בֵּין בָּחוּר בֵּין אַלְמוֹן:

יג. יֵשׁ לוֹ לְאָדָם לִשָּׂא נָשִׁים רַבּוֹת כְּאַחַת בְּיוֹם אֶחָד וּמְבָרֵךְ בִּרְכַּת חֲתָנִים לְכֻלָּן כְּאַחַת. אֲבָל לְשִׂמְחָה צָרִיךְ לִשְׂמֹחַ עִם כָּל אַחַת שִׂמְחָה הָרְאוּיָה לָהּ. עִם בְּתוּלָה שִׁבְעָה. עִם בְּעוּלָה שְׁלֹשָׁה. וְאֵין מְעָרְבִין שִׂמְחָה בְּשִׂמְחָה:

יד. מֻתָּר לְאָרֵס בְּכָל יוֹם חֹל אֲפִלּוּ בְּתִשְׁעָה בְּאָב בֵּין בַּיּוֹם בֵּין בַּלַּיְלָה. אֲבָל אֵין נוֹשְׂאִין נָשִׁים לֹא בְּעֶרֶב שַׁבָּת וְלֹא בְּאֶחָד בְּשַׁבָּת גְּזֵרָה שֶׁמָּא יָבוֹא לִידֵי חִלּוּל שַׁבָּת בְּתִקּוּן הַסְּעֻדָּה שֶׁהֶחָתָן טָרוּד בַּסְּעֻדָּה. וְאֵין צָרִיךְ לוֹמַר שֶׁאָסוּר לִשָּׂא אִשָּׁה בְּשַׁבָּת. וַאֲפִלּוּ בְּחֻלּוֹ שֶׁל מוֹעֵד אֵין נוֹשְׂאִין נָשִׁים כְּמוֹ שֶׁבֵּאַרְנוּ לְפִי שֶׁאֵין מְעָרְבִין שִׂמְחָה בְּשִׂמְחָה שֶׁנֶּאֱמַר (בראשית כט כז) "מַלֵּא שְׁבֻעַ זֹאת וְנִתְּנָה לְךָ גַּם אֶת זֹאת". וּשְׁאָר הַיָּמִים מֻתָּר לִשָּׂא אִשָּׁה בְּכָל יוֹם שֶׁיִּרְצֶה וְהוּא שֶׁיִּטְרַח בִּסְעֻדַּת נִשּׂוּאִין שְׁלֹשָׁה יָמִים קֹדֶם הַנִּשּׂוּאִין:

טו. מָקוֹם שֶׁאֵין בֵּית דִּין יוֹשְׁבִין בּוֹ אֶלָּא בְּשֵׁנִי וּבַחֲמִישִׁי בִּלְבַד בְּתוּלָה נִשֵּׂאת בְּיוֹם רְבִיעִי שֶׁאִם הָיְתָה לוֹ טַעֲנַת בְּתוּלִים יַשְׁכִּים לְבֵית דִּין. וּמִנְהַג חֲכָמִים שֶׁהַנּוֹשֵׂא אֶת הַבְּעוּלָה יִשָּׂאֶנָּה בַּחֲמִישִׁי כְּדֵי שֶׁיִּהְיֶה שָׂמֵחַ עִמָּהּ חֲמִישִׁי וְעֶרֶב שַׁבָּת וְשַׁבָּת וְיוֹצֵא לִמְלַאכְתּוֹ יוֹם רִאשׁוֹן:

טז. הַמְאָרֵס אֶת בִּתּוֹ קְטַנָּה וּתְבָעָהּ הַבַּעַל לְנִשּׂוּאִין. בֵּין הִיא בֵּין אָבִיהָ יְכוֹלִין לְעַכֵּב שֶׁלֹּא תִּנָּשֵׂא עַד שֶׁתַּגְדִּיל וְתֵעָשֶׂה נַעֲרָה וְאִם רָצָה לְכָנְסָהּ כּוֹנֵס. וְאֵין רָאוּי לַעֲשׂוֹת כֵּן:

יז. אֲרָסָהּ וְשָׁהָה כַּמָּה שָׁנִים וּתְבָעָהּ לְנִשּׂוּאִין וַהֲרֵי הִיא נַעֲרָה נוֹתְנִין לָהּ י"ב חֹדֶשׁ מִיּוֹם הַתְבִּיעָה לְפַרְנֵס אֶת עַצְמָהּ וּלְתַקֵּן מַה שֶּׁהִיא צְרִיכָה לָהּ וְאַחַר כָּךְ תִּנָּשֵׂא. תְּבָעָהּ אַחַר שֶׁבָּגְרָה נוֹתְנִין לָהּ י"ב חֹדֶשׁ מִיּוֹם הַבֹּגֶר. וְכֵן אִם קִדְּשָׁהּ בְּיוֹם הַבֹּגֶר נוֹתְנִין לָהּ י"ב חֹדֶשׁ מִיּוֹם הַקִּדּוּשִׁין שֶׁהוּא יוֹם הַבֹּגֶר. קִדְּשָׁהּ אַחַר שֶׁבָּגְרָה אִם עָבְרוּ עָלֶיהָ י"ב חֹדֶשׁ בְּבַגְרוּתָהּ וּלְאַחַר כָּךְ נִתְקַדְּשָׁה אֵין נוֹתְנִין לָהּ אֶלָּא שְׁלֹשִׁים יוֹם מִיּוֹם הַתְבִיעָה. וְכֵן הַמְאָרֵס אֶת הַבְּעוּלָה נוֹתְנִין לָהּ שְׁלֹשִׁים יוֹם מִיּוֹם הַתְבִיעָה:

יח. כְּשֵׁם שֶׁנּוֹתְנִין זְמַן לָאִשָּׁה מִשֶּׁתְּבָעָהּ הַבַּעַל לְפַרְנֵס אֶת עַצְמָהּ וְאַחַר כָּךְ תִּנָּשֵׂא כָּךְ נוֹתְנִין זְמַן לָאִישׁ לְפַרְנֵס אֶת עַצְמוֹ מִשֶּׁתְּבָעָהּ הָאִשָּׁה אוֹתוֹ. וְכַמָּה נוֹתְנִין לוֹ כְּמוֹ שֶׁנּוֹתְנִין לָהּ אִם י"ב חֹדֶשׁ וְאִם שְׁלֹשִׁים יוֹם שְׁלֹשִׁים יוֹם:

יט. הִגִּיעַ זְמַן שֶׁנָּתְנוּ לָאִישׁ וְלֹא נְשָׂאָהּ נִתְחַיֵּב בִּמְזוֹנוֹתֶיהָ אַף עַל פִּי שֶׁלֹּא כָּנַס. וְאִם הִגִּיעַ הַזְּמַן בְּאֶחָד בְּשַׁבָּת אוֹ בְּעֶרֶב שַׁבָּת אֵינוֹ מַעֲלֶה לָהּ מְזוֹנוֹת בְּאוֹתוֹ הַיּוֹם מִפְּנֵי שֶׁאֵינוֹ יָכוֹל לִכְנֹס. וְכֵן אִם חָלָה הוּא אוֹ הִיא אוֹ שֶׁפֵּרְסָה נִדָּה כְּשֶׁהִגִּיעַ הַזְּמַן אֵינוֹ מַעֲלֶה לָהּ מְזוֹנוֹת שֶׁהֲרֵי אֵינָהּ רְאוּיָה לְהִנָּשֵׂא עַד שֶׁתִּטְהַר אוֹ עַד שֶׁתַּבְרִיא. וְכֵן הוּא אֵינוֹ יָכוֹל לִשָּׂא אִשָּׁה עַד שֶׁיַּבְרִיא:

Perek 11

Kidushin

KETUBAH

The amount in the *Ketubah* depends if the women is a virgin or not.

This *perek* defines the difference between a virgin and a non-virgin and there is overlap between the definitions.

The *ketubah* reflects these definitions by having at least **200 *zuz*** for a virgin and **100 *zuz*** for a non-virgin.

If a man wants to make a claim to the *Bet Din* about his wife's lack of virginity, this must be done directly after their first relations. If the woman disputes the claim, she has the responsibility to bring support for her case.

פרק י״א

א. הַנּוֹשֵׂא בְּתוּלָה שֶׁנִּתְאַלְמְנָה אוֹ שֶׁנִּתְגָּרְשָׁה אוֹ נֶחְלְצָה. אִם מִן הָאֵרוּסִין נִתְאַלְמְנָה אוֹ נִתְגָּרְשָׁה אוֹ נֶחְלְצָה כְּתֻבָּתָהּ מָאתַיִם. וְאִם מִן הַנִּשּׂוּאִין כְּתֻבָּתָהּ מֵאָה. שֶׁמִּשֶּׁנִּשֵּׂאת הֲרֵי הִיא כִּבְעוּלָה. וְכֵן הַנּוֹשֵׂא בְּתוּלָה מְשֻׁחְרֶרֶת אוֹ גִּיֹּרֶת אוֹ שְׁבוּיָה אִם נִשְׁתַּחְרְרָה הַשִּׁפְחָה וְנִתְגַּיְּרָה הַכּוּתִית וְנִפְדֵּית הַשְּׁבוּיָה וְהֵן פְּחוּתוֹת מִבַּת שָׁלֹשׁ שָׁנִים וְיוֹם אֶחָד כְּתֻבָּתָן מָאתַיִם. וְאִם הָיוּ בְּנוֹת שָׁלֹשׁ שָׁנִים וְיוֹם אֶחָד וָמַעְלָה כְּתֻבָּתָן מֵאָה:

ב. וּמִפְּנֵי מָה תִּקְנוּ חֲכָמִים לְאֵלּוּ כְּתֻבָּה מֵאָה וְאַף עַל פִּי שֶׁהֵן בְּתוּלוֹת. הוֹאִיל וְחֶזְקַת הַנְּשׂוּאָה שֶׁתִּבָּעֵל וְחֶזְקַת הַשִּׁפְחָה וְהַכּוּתִית וְהַשְּׁבוּיָה שֶׁתִּבָּעֵל תִּקְנוּ לְאֵלּוּ מֵאָה בֵּין נִבְעֲלוּ בֵּין לֹא נִבְעֲלוּ וַהֲרֵי הֵן כִּבְעוּלוֹת לְכָל דָּבָר:

ג. מֻכַּת עֵץ כְּתֻבָּתָהּ מֵאָה אֲפִלּוּ נִשֵּׂאת עַל מְנָת שֶׁהִיא בְּתוּלָה שְׁלֵמָה וְנִמְצֵאת מֻכַּת עֵץ כְּתֻבָּתָהּ מֵאָה. קְטַנָּה מִבַּת שָׁלֹשׁ שָׁנִים וּלְמַטָּה שֶׁנִּבְעֲלָה אֲפִלּוּ בָּא עָלֶיהָ אָדָם גָּדוֹל כְּתֻבָּתָהּ מָאתַיִם, סוֹפָהּ שֶׁתַּחֲזֹר בְּתוּלָה כִּשְׁאָר הַבְּתוּלוֹת. וְכֵן גְּדוֹלָה שֶׁבָּא עָלֶיהָ קָטָן מִבֶּן תֵּשַׁע שָׁנִים וּלְמַטָּה כְּתֻבָּתָהּ מָאתַיִם כְּאִלּוּ לֹא נִבְעֲלָה כְּלָל. שֶׁבִּיאַת בֶּן תֵּשַׁע שָׁנִים וְיוֹם אֶחָד בִּיאָתוֹ בִּיאָה, פָּחוֹת מִזֶּה אֵין בִּיאָתוֹ בִּיאָה:

ד. בְּתוּלָה שֶׁהִיא בּוֹגֶרֶת אוֹ סוּמָא אוֹ אַיְלוֹנִית כְּתֻבָּתָן מָאתַיִם. אֲבָל הַחֵרֶשֶׁת וְהַשּׁוֹטָה לֹא תִּקְנוּ לָהֶן כְּתֻבָּה. הַשּׁוֹטָה לֹא תִּקְנוּ לָהּ נִשּׂוּאִין כְּלָל. וְהַחֵרֶשֶׁת אַף עַל פִּי שֶׁיֵּשׁ לָהּ נִשּׂוּאִין מִדִּבְרֵיהֶם לֹא תִּקְנוּ לָהּ כְּתֻבָּה כְּדֵי שֶׁלֹּא יִמָּנְעוּ מִלִּשָּׂאת אוֹתָהּ. וּכְשֵׁם שֶׁאֵין לָהּ כְּתֻבָּה כָּךְ אֵין לָהּ מְזוֹנוֹת וְלֹא תְּנַאי מִתְּנָאֵי כְּתֻבָּה. וְאִם כָּנַס הַחֵרֶשֶׁת וְנִתְפַּקְּחָה יֵשׁ לָהּ כְּתֻבָּה וּתְנַאי כְּתֻבָּה וּכְתֻבָּתָהּ מֵאָה:

ה. נָשָׂא חֵרֶשֶׁת אוֹ שׁוֹטָה וְכָתַב לָהֶן מֵאָה מָנֶה כְּתֻבָּתָן קַיֶּמֶת מִפְּנֵי שֶׁרָצָה לְהַזִּיק נְכָסָיו:

ו. חֵרֵשׁ אוֹ שׁוֹטֶה שֶׁנָּשְׂאוּ נָשִׁים פִּקְּחוֹת אַף עַל פִּי שֶׁנִּתְפַּקֵּחַ הַחֵרֵשׁ וְנִשְׁתַּפָּה הַשּׁוֹטֶה אֵין לִנְשֵׁיהֶם עֲלֵיהֶם כְּלוּם. רָצוּ לְקַיְּמָן אַחַר שֶׁהִבְרִיאוּ יֵשׁ לָהֶן כְּתֻבָּה וּכְתֻבָּתָן מֵאָה. וְאִם בֵּית דִּין הֵם שֶׁהִשִּׂיאוּ הַחֵרֵשׁ וְכָתְבוּ לָהּ כְּתֻבָּתָהּ עַל נְכָסָיו נוֹטֶלֶת כָּל מַה שֶּׁכָּתְבוּ לָהּ בֵּית דִּין. אֲבָל הַשּׁוֹטֶה אֵין בֵּית דִּין מַשִּׂיאִין אוֹתוֹ בְּכָל מָקוֹם. וּמִפְּנֵי שֶׁאֵין תַּקָּנַת חֲכָמִים עוֹמֶדֶת בּוֹ לֹא תִּקְנוּ לוֹ נִשּׂוּאִין. וְכֵן הַקָּטָן לֹא תִּקְנוּ לוֹ חֲכָמִים נִשּׂוּאִין הוֹאִיל וְסוֹפוֹ לָבוֹא לִידֵי נִשּׂוּאִין גְּמוּרִין. וּמִפְּנֵי מָה תִּקְנוּ נִשּׂוּאִין לִקְטַנָּה וְאַף עַל פִּי שֶׁהִיא בָּאָה לִידֵי נִשּׂוּאִין גְּמוּרִין. כְּדֵי שֶׁלֹּא יִנְהֲגוּ בָּהּ מִנְהַג הֶפְקֵר. וְאֵין מַשִּׂיאִין אֶת הַקָּטָן עַד שֶׁבּוֹדְקִין אוֹתוֹ וְיוֹדְעִים שֶׁהֵבִיא סִימָנִין:

ז. קָטָן אֲפִלּוּ בֶּן תֵּשַׁע שָׁנִים וְיוֹם אֶחָד שֶׁנָּשָׂא אִשָּׁה אֵין לָהּ כְּתֻבָּה. וְאִם הִגְדִּיל וְקִיְּמָהּ אַחַר שֶׁהִגְדִּיל יֵשׁ לָהּ עִקַּר כְּתֻבָּה. וְכֵן גֵּר שֶׁנִּתְגַּיֵּר הוּא וְאִשְׁתּוֹ כְּתֻבָּתָהּ מָנֶה שֶׁעַל מְנָת כֵּן קִיְּמָהּ:

ח. כָּל בְּתוּלָה שֶׁכְּתֻבָּתָהּ מָאתַיִם יֵשׁ לָהּ טַעֲנַת בְּתוּלִים. וְכָל שֶׁכְּתֻבָּתָהּ מֵאָה אוֹ שֶׁלֹּא תִּקְנוּ לָהּ חֲכָמִים כְּתֻבָּה אֵין לָהּ טַעֲנַת בְּתוּלִים. וְהַמִּתְיַחֵד עִם אֲרוּסָתוֹ קֹדֶם נִשּׂוּאִין אֵין לָהּ טַעֲנַת בְּתוּלִים:

ט. וּמַה הִיא טַעֲנַת בְּתוּלִים. זֶה שֶׁנָּשָׂא אִשָּׁה שֶׁחֶזְקָתָהּ שֶׁהִיא בְּתוּלָה וְטוֹעֵן וְאוֹמֵר לֹא מְצָאתִיהָ בְּתוּלָה. וּשְׁנֵי סִימָנִין הֵן לִבְתוּלָה. הָאֶחָד דָּמִים שֶׁשּׁוֹתְתִין מִמֶּנָּה בְּסוֹף בִּיאָה רִאשׁוֹנָה. וְהַשֵּׁנִי הַדֹּחַק שֶׁיִּמָּצֵא בָּהּ בְּבִיאָה רִאשׁוֹנָה בִּשְׁעַת תַּשְׁמִישׁ:

י. הַנּוֹשֵׂא אֶת הַבְּתוּלָה שֶׁכְּתֻבָּתָהּ מָאתַיִם וְטָעַן וְאָמַר לֹא מְצָאתִיהָ בְּתוּלָה. שׁוֹאֲלִין אוֹתָהּ אִם אָמְרָה אֱמֶת הוּא לֹא מְצָאַנִי בְּתוּלָה מִפְּנֵי שֶׁנָּפַלְתִּי וְהִכַּנִי עֵץ אוֹ קַרְקַע וְהָלְכוּ בְּתוּלַי הֲרֵי זוֹ נֶאֱמֶנֶת וְתַחֲזֹר כְּתֻבָּתָהּ לְמָנֶה. אַף עַל פִּי שֶׁהוּא טוֹעֵן אוֹמֵר שֶׁמָּא אִישׁ בָּא עָלַיִךְ וְאֵין לָךְ כְּלוּם אֵין מַשְׁגִּיחִין בְּטַעֲנָתוֹ. וְיֵשׁ לוֹ לְהַחֲרִים סְתָם שֶׁלֹּא בָּא עָלֶיהָ אִישׁ שֶׁאֵין הַדָּבָר וַדַּאי לוֹ:

יא. אָמְרָה הִיא אֱמֶת אָמַר שֶׁלֹּא מְצָאַנִי בְּתוּלָה וְאִישׁ בָּא עָלַי בְּאֹנֶס אַחַר שֶׁנִּתְאָרַסְתִּי לוֹ. הֲרֵי זוֹ נֶאֱמֶנֶת וּכְתֻבָּתָהּ מָאתַיִם כְּמוֹ שֶׁהָיְתָה. וְאִם טָעַן וְאָמַר שֶׁמָּא עַד שֶׁלֹּא

אֵרַסְתִּיךְ נֶאֱנַסְתְּ וּמִקָּחִי מִקַּח טָעוּת אוֹ אַחַר שֶׁאֵרַסְתִּיךְ נִבְעַלְתְּ בִּרְצוֹנֵךְ. הֲרֵי זֶה מַחֲרִים סְתָם עַל מִי שֶׁטּוֹעֵן שֶׁקֶר כְּדֵי לְחַיְּבֵנִי מָמוֹן שֶׁאֵינִי חַיָּב בּוֹ:

יב. טָעַן וְאָמַר לֹא מְצָאתִיהָ בְּתוּלָה וְהִיא אוֹמֶרֶת לֹא בָּא עָלַי וַעֲדַיִן אֲנִי בְּתוּלָה. בּוֹדְקִין אוֹתָהּ אוֹ חוֹזֵר וּבוֹעֵל בִּפְנֵי עֵדִים. אָמְרָה בָּא עָלַי וּבְתוּלָה מְצָאַנִי כְּכָל הַבְּתוּלוֹת וְשֶׁקֶר הוּא טוֹעֵן. שׁוֹאֲלִין אוֹתוֹ וְאוֹמְרִין לוֹ מֶה הָיָה הַדָּבָר עַד שֶׁאָמַרְתָּ שֶׁאֵינָהּ בְּתוּלָה. אִם אָמַר מִפְּנֵי שֶׁלֹּא מָצָאתִי לָהּ דָּם בּוֹדְקִין בְּמִשְׁפַּחְתָּהּ שֶׁמָּא אֵין לָהֶם דָּם כְּלָל לֹא דַּם נִדָּה וְלֹא דַּם בְּתוּלִים אִם נִמְצְאוּ כֻּלָּן כֵּן הֲרֵי זוֹ בְּחֶזְקָתָהּ. לֹא נִמְצְאוּ בְּנוֹת מִשְׁפַּחְתָּהּ כֵּן בּוֹדְקִין אוֹתָהּ שֶׁמָּא חֳלִי גָּדוֹל יֵשׁ בָּהּ שֶׁיִּבֵּשׁ לַחְלוּחִית הָאֵיבָרִים אוֹ שֶׁהָיְתָה מִתְעַנִּית בְּרָעָב. מַרְטִיבִין אוֹתָהּ וּמַאֲכִילִין אוֹתָהּ וּמַשְׁקִין אוֹתָהּ עַד שֶׁתַּבְרִיא וְתִבָּעֵל שֵׁנִית וְנִרְאֶה אִם תּוֹצִיא דָּם אִם לָאו. וְאִם אֵין שָׁם חֳלִי וְלֹא רָעָב וְלֹא כַּיּוֹצֵא בּוֹ הֲרֵי זוֹ טַעֲנַת בְּתוּלִים. וְאַף עַל פִּי שֶׁמָּצָא דֹּחַק בְּעֵת תַּשְׁמִישׁ הוֹאִיל וְלֹא יָצָא דָּם אֵין כָּאן בְּתוּלִים. שֶׁכָּל בְּתוּלָה יֵשׁ לָהּ דָּם בֵּין קְטַנָּה בֵּין גְּדוֹלָה בֵּין נַעֲרָה בֵּין בּוֹגֶרֶת אֶלָּא מִפְּנֵי הַחֳלִי כְּמוֹ שֶׁבֵּאַרְנוּ. וְאִם אָמַר מִפְּנֵי שֶׁלֹּא מָצָאתִי דֹּחַק אֶלָּא פֶּתַח פָּתוּחַ מָצָאתִי שׁוֹאֲלִין עַל שְׁנוֹתֶיהָ שֶׁמָּא בּוֹגֶרֶת הִיא שֶׁרֹב הַבּוֹגְרוֹת אֵין לָהֶן דֹּחַק שֶׁמַּרְגִּישִׁין בּוֹ הַרְבֵּה שֶׁהֲרֵי גָּדְלָה וְנִתְרַפּוּ אֵיבָרֶיהָ וְכָלוּ בְּתוּלֶיהָ. וְאִם לֹא בָּגְרָה עֲדַיִן אוֹמְרִין לוֹ שֶׁמָּא הִטֵּיתָהּ אוֹ בָּעַלְתָּ בְּנַחַת וּלְפִיכָךְ לֹא הִרְגַּשְׁתָּ בַּדֹּחַק. אִם אָמַר לֹא כִּי אֶלָּא וַדַּאי פֶּתַח פָּתוּחַ הָיָה הֲרֵי זוֹ טַעֲנַת בְּתוּלִים לְכָל בְּתוּלָה שֶׁלֹּא בָּגְרָה בֵּין קְטַנָּה בֵּין נַעֲרָה בֵּין בְּרִיאָה בֵּין חוֹלָה שֶׁכָּל נַעֲרָה בְּתוּלָה פִּתְחָהּ סָתוּם הוּא. וְאַף עַל פִּי שֶׁיָּצָא הַדָּם הוֹאִיל וּמָצָא פֶּתַח פָּתוּחַ אֵין כָּאן בְּתוּלִים:

יג. יֵשׁ גְּאוֹנִים שֶׁהוֹרוּ שֶׁהַבּוֹגֶרֶת אֵין לָהּ טַעֲנַת דָּמִים וְיֵשׁ לָהּ טַעֲנַת פֶּתַח פָּתוּחַ. וְאֵין דֶּרֶךְ הַגְּמָרָא מַרְאָה דָּבָר זֶה וְטָעוּת הָיָה בַּנֻּסְחָאוֹת שֶׁלָּהֶם. וּכְבָר בָּדַקְתִּי עַל סְפָרִים רַבִּים וְקַדְמוֹנִים וּמָצָאתִי שֶׁהַדָּבָר כְּמוֹ שֶׁבֵּאַרְנוּ שֶׁאֵין לְבוֹגֶרֶת אֶלָּא טַעֲנַת דָּמִים בִּלְבַד:

יד. חֲכָמִים הֵם שֶׁתִּקְּנוּ עִקַּר כְּתֻבָּה לְאִשָּׁה וְהֵם הִתְקִינוּ וְאָמְרוּ שֶׁכָּל הַטּוֹעֵן טַעֲנַת בְּתוּלִים וְהָאִשָּׁה מַכְחֶשֶׁת אוֹתוֹ נֶאֱמָן וְעָלֶיהָ לְהָבִיא רְאָיָה לֹא עַל הָאִישׁ. שֶׁחֲזָקָה הִיא שֶׁאֵין אָדָם טוֹרֵחַ בִּסְעֻדָּה וּמַפְסִידָהּ וְהוֹפֵךְ שִׂמְחָתוֹ אֵבֶל:

טו. וְעַד מָתַי יֵשׁ לוֹ לִטְעֹן טַעֲנַת בְּתוּלִים. אִם נִסְתְּרָה מִיָּד. וְאִם לֹא נִסְתְּרָה אֲפִלּוּ לְאַחַר שְׁלֹשִׁים יוֹם:

טז. הוֹרוּ כָּל הַגְּאוֹנִים שֶׁזֶּה שֶׁאָמְרוּ חֲכָמִים שֶׁהוּא נֶאֱמָן אִם הִכְחִישַׁתּוּ אִשְׁתּוֹ. לְהַפְסִידָהּ עִקַּר הַכְּתֻבָּה. אֲבָל הַתּוֹסֶפֶת יֵשׁ לָהּ. אֶלָּא אִם כֵּן נוֹדַע בִּרְאָיָה בְּרוּרָה שֶׁהָיְתָה בְּעוּלָה אוֹ שֶׁהוֹדְתָה לוֹ שֶׁהִיא בְּעוּלָה קֹדֶם שֶׁתִּתְאָרֵס וְהִטְעַתּוּ. לְפִיכָךְ יֵשׁ לוֹ לְהַשְׁבִּיעָהּ בִּנְקִיטַת חֵפֶץ כְּדִין כָּל הַנִּשְׁבָּעִין וְנוֹטְלִין וְאַחַר כָּךְ תִּגְבֶּה הַתּוֹסֶפֶת. וְאֵין לָהּ לְהַשְׁבִּיעוֹ שֶׁלֹּא מְצָאָהּ בְּתוּלָה וְאַחַר כָּךְ תַּפְסִיד עִקַּר כְּתֻבָּה שֶׁחֲזָקָה הִיא שֶׁאֵין אָדָם טוֹרֵחַ בִּסְעֻדָּה וּמַפְסִידָהּ. וְיֵשׁ לָהּ לְהַחֲרִים סְתָם עַל מִי שֶׁטָּעַן עָלֶיהָ שֶׁקֶר:

יז. הֲרֵי שֶׁרָצָה לְקַיְּמָהּ אַחַר שֶׁהִפְסִידָהּ עִקַּר הַכְּתֻבָּה חוֹזֵר וְכוֹתֵב לָהּ מָאָה. לְפִי שֶׁאָסוּר לְאָדָם לִשְׁהוֹת עִם אִשְׁתּוֹ שָׁעָה אַחַת בְּלֹא כְּתֻבָּה כְּמוֹ שֶׁבֵּאַרְנוּ:

Perek 12

Responsibilities of man[3]

A man has **10** responsibilities to his wife, and **4** privileges are due to him.

3 *Deoraita*

- *Shaarah* (Subsistence)
- *Kesutah* (Clothing)
- *Onatah* (Conjugal rights)

7 Derabanan

- *Ketubah*
- Provide medical treatment if sick
- To redeem if captive
- To bury if dies

- To remain in his home after his death if she is a widow
- His daughters to receive subsistence after his death until they marry
- His sons can inherit her *ketubah* if she dies before her husband.

4 *Derabanan* privileges to the husband

- Right to the fruits of her labour
- Right to the ownerless objects that she finds
- Right to benefit from profits of her property
- Right to inherit her property if she dies

Of these items **3** cannot be made conditional

- I.e. *Onatah*
- The basic payment for the *Ketubah*
- Husbands rights to inherit wife's property

If a condition is made regarding these 3 items, the condition is nullified.

SUBSISTENCE

The subsistence measure **(minimum)**

- **Bread for 2 meals every day** plus vegetables, oil for food and light, fruit, small amount of wine.
- **3 Meals for** *Shabbat* with meat and or fish.
- ***Maah* of silver per week** for her private needs.

Husband similarly obligated to provide for the subsistence of his children until they reach the age of **6** years – *Deoraita*.

Derabanan, he should continue providing for his children until they reach age of majority.

פרק י״ב

א. כְּשֶׁנּוֹשֵׂא אָדָם אִשָּׁה בֵּין בְּתוּלָה בֵּין בְּעוּלָה בֵּין גְּדוֹלָה בֵּין קְטַנָּה אַחַת בַּת יִשְׂרָאֵל וְאַחַת הַגִּיֹּרֶת אוֹ הַמְשֻׁחְרֶרֶת יִתְחַיֵּב לָהּ בַּעֲשָׂרָה דְּבָרִים וְיִזְכֶּה בְּאַרְבָּעָה דְּבָרִים:

ב. וְהָעֲשָׂרָה שְׁלֹשָׁה מֵהֶן מִן הַתּוֹרָה וְאֵלּוּ הֵן. (שמות כא י) ״שְׁאֵרָהּ. כְּסוּתָהּ. וְעֹנָתָהּ״. שְׁאֵרָהּ אֵלּוּ מְזוֹנוֹתֶיהָ. כְּסוּתָהּ כְּמַשְׁמָעוֹ. עוֹנָתָהּ לָבֹא עָלֶיהָ כְּדֶרֶךְ כָּל הָאָרֶץ. וְהַשִּׁבְעָה מִדִּבְרֵי סוֹפְרִים וְכֻלָּן תְּנַאי בֵּית דִּין הֵם. הָאֶחָד מֵהֶם עִקַּר כְּתֻבָּה. וְהַשְּׁאָר הֵם הַנִּקְרָאִין תְּנָאֵי כְּתֻבָּה וְאֵלּוּ הֵן. לְרַפְּאוֹתָהּ אִם חָלְתָה. וְלִפְדּוֹתָהּ אִם נִשְׁבֵּית. לְקָבְרָהּ אִם מֵתָה. וְלִהְיוֹת נִזּוֹנֶת מִן נְכָסָיו. וְיוֹשֶׁבֶת בְּבֵיתוֹ אַחַר מוֹתוֹ כָּל זְמַן אַלְמְנוּתָהּ. וְלִהְיוֹת בְּנוֹתֶיהָ מִמֶּנּוּ נִזּוֹנוֹת מִנְּכָסָיו אַחֲרֵי מוֹתוֹ עַד שֶׁתִּתְאָרֵסְנָה. וְלִהְיוֹת בָּנֶיהָ הַזְּכָרִים מִמֶּנּוּ יוֹרְשִׁין כְּתֻבָּתָהּ יוֹתֵר עַל חֶלְקָם בַּיְרֻשָּׁה שֶׁעִם אֲחֵיהֶם:

ג. וְהָאַרְבָּעָה שֶׁזּוֹכֶה בָּהֶן כֻּלָּם מִדִּבְרֵי סוֹפְרִים וְאֵלּוּ הֵן. לִהְיוֹת מַעֲשֵׂה יָדֶיהָ שֶׁלּוֹ. וְלִהְיוֹת מְצִיאָתָהּ שֶׁלּוֹ. וְשֶׁיִּהְיֶה אוֹכֵל כָּל פֵּרוֹת נְכָסֶיהָ בְּחַיֶּיהָ. וְאִם מֵתָה בְּחַיָּיו יִירָשֶׁנָּה. וְהוּא קוֹדֵם לְכָל אָדָם בַּיְרֻשָּׁה:

ד. וְעוֹד תִּקְּנוּ חֲכָמִים שֶׁיִּהְיוּ מַעֲשֵׂה יְדֵי הָאִשָּׁה כְּנֶגֶד מְזוֹנוֹתֶיהָ. וּפִדְיוֹנָהּ כְּנֶגֶד אֲכִילַת פֵּרוֹת נְכָסֶיהָ. וּקְבוּרָתָהּ כְּנֶגֶד יְרֻשָּׁתוֹ לִכְתֻבָּתָהּ. לְפִיכָךְ אִם אָמְרָה הָאִשָּׁה אֵינִי נִזּוֹנִית וְאֵינִי עוֹשָׂה שׁוֹמְעִין לָהּ וְאֵין כּוֹפִין אוֹתָהּ. אֲבָל אִם אָמַר הַבַּעַל אֵינִי זָנֵךְ וְאֵינִי נוֹטֵל כְּלוּם מִמַּעֲשֵׂה יָדַיִךְ אֵין שׁוֹמְעִין לוֹ שֶׁמָּא לֹא יַסְפִּיקוּ לָהּ מַעֲשֵׂה יָדֶיהָ בִּמְזוֹנוֹתֶיהָ. וּמִפְּנֵי תַּקָּנָה זוֹ יֵחָשְׁבוּ הַמְּזוֹנוֹת מִתְּנָאֵי הַכְּתֻבָּה:

ה. כָּל הַדְּבָרִים הָאֵלּוּ אַף עַל פִּי שֶׁלֹּא נִכְתְּבוּ בִּשְׁטַר הַכְּתֻבָּה

וַאֲפִלּוּ לֹא כָּתְבוּ כְּתֻבָּה אֶלָּא נָשָׂא סְתָם כֵּיוָן שֶׁנְּשָׂאָהּ זָכָה בְּאַרְבָּעָה דְּבָרִים שֶׁלּוֹ וְזָכְתָה הָאִשָּׁה בַּעֲשָׂרָה דְּבָרִים שֶׁלָּהּ וְאֵינָן צְרִיכִין לְפָרֵשׁ:

ו. הִתְנָה הַבַּעַל שֶׁלֹּא יִתְחַיֵּב בְּאֶחָד מִן הַדְּבָרִים שֶׁהוּא חַיָּב בָּהֶן. אוֹ שֶׁהִתְנַת הָאִשָּׁה שֶׁלֹּא יִזְכֶּה הַבַּעַל בְּאֶחָד מִן הַדְּבָרִים שֶׁהוּא זוֹכֶה בָּהֶם הַתְּנַאי קַיָּם חוּץ מִשְּׁלֹשָׁה דְּבָרִים שֶׁאֵין הַתְּנַאי מוֹעִיל בָּהֶן. וְכָל הַמַּתְנֶה עֲלֵיהֶן תְּנָאוֹ בָּטֵל. וְאֵלּוּ הֵן. עוֹנָתָהּ. וְעִקַּר כְּתֻבָּתָהּ. וִירֻשָּׁתָהּ:

ז. כֵּיצַד. הִתְנָה עִם הָאִשָּׁה שֶׁאֵין לָהּ עָלָיו עוֹנָה תְּנָאוֹ בָּטֵל וְחַיָּב בְּעוֹנָתָהּ. שֶׁהֲרֵי הִתְנָה עַל מַה שֶּׁכָּתוּב בַּתּוֹרָה וְאֵינוֹ תְּנַאי מָמוֹן:

ח. הִתְנָה עִמָּהּ לִפְחֹת מֵעִקַּר כְּתֻבָּה אוֹ שֶׁכָּתַב לָהּ מָאתַיִם אוֹ מֵאָה עִקַּר כְּתֻבָּה וְכָתְבָה לוֹ שֶׁנִּתְקַבְּלָה מֵהֶן כָּךְ וְכָךְ וְהִיא לֹא נִתְקַבְּלָה תְּנָאוֹ בָּטֵל שֶׁכָּל הַפּוֹחֵת לִבְתוּלָה מִמָּאתַיִם וּלְאַלְמָנָה מִמֵּאָה הֲרֵי בְּעִילָתוֹ בְּעִילַת זְנוּת:

ט. הִתְנָה עִמָּהּ אַחַר שֶׁנְּשָׂאָהּ שֶׁלֹּא יִירָשֶׁנָּה תְּנָאוֹ בָּטֵל וְאַף עַל פִּי שֶׁיְּרֻשַּׁת הַבַּעַל מִדִּבְרֵי סוֹפְרִים עָשׂוּ חִזּוּק לְדִבְרֵיהֶם כְּשֶׁל תּוֹרָה. וְכָל תְּנַאי שֶׁבִּירֻשָּׁה בָּטֵל וְאַף עַל פִּי שֶׁהוּא מָמוֹן שֶׁנֶּאֱמַר בָּהּ (במדבר כז יא) "לְחֻקַּת מִשְׁפָּט". וּבִשְׁאָר הַדְּבָרִים תְּנָאוֹ קַיָּם, כְּגוֹן שֶׁהִתְנָה עִמָּהּ שֶׁאֵין לָהּ שְׁאֵר וּכְסוּת, עַל מְנָת שֶׁלֹּא יֹאכַל פֵּרוֹת נְכָסֶיהָ, וְכָל כַּיּוֹצֵא בָּזֶה, תְּנָאוֹ קַיָּם:

י. כַּמָּה מְזוֹנוֹת פּוֹסְקִין לָאִשָּׁה. פּוֹסְקִין לָהּ לֶחֶם שְׁתֵּי סְעֻדּוֹת בְּכָל יוֹם סְעֻדָּה בֵּינוֹנִית שֶׁל כָּל אָדָם בְּאוֹתָהּ הָעִיר כְּאָדָם שֶׁאֵינוֹ לֹא חוֹלֶה וְלֹא גַּרְגְּרָן וּמֵאוֹתוֹ מַאֲכָל שֶׁל אַנְשֵׁי אוֹתָהּ הָעִיר. אִם חִטִּים חִטִּים וְאִם שְׂעוֹרִים שְׂעוֹרִים. וְכֵן אֹרֶז וְדֹחַן אוֹ מִשְּׁאָר מִינִין שֶׁנָּהֲגוּ בָּהֶן. וּפוֹסְקִין לָהּ פַּרְפֶּרֶת לֶאֱכֹל בָּהּ אֶת הַפַּת כְּגוֹן קִטְנִית אוֹ יְרָקוֹת וְכַיּוֹצֵא בָּהֶן. וְשֶׁמֶן לַאֲכִילָה וְשֶׁמֶן לְהַדְלָקַת הַנֵּר וּפֵרוֹת וּמְעַט יַיִן לִשְׁתּוֹת אִם הָיָה מִנְהַג הַמָּקוֹם שֶׁיִּשְׁתּוּ הַנָּשִׁים יַיִן. וּפוֹסְקִין לָהּ שָׁלֹשׁ סְעֻדּוֹת בְּשַׁבָּת וּבָשָׂר אוֹ דָּגִים כְּמִנְהַג הַמָּקוֹם. וְנוֹתֵן לָהּ בְּכָל שַׁבָּת וְשַׁבָּת מָעָה כֶּסֶף לִצְרָכֶיהָ כְּגוֹן פְּרוּטָה לְכִבּוּס אוֹ לְמֶרְחָץ וְכַיּוֹצֵא בָּהֶן:

יא. בַּמֶּה דְּבָרִים אֲמוּרִים בְּעָנִי שֶׁבְּיִשְׂרָאֵל אֲבָל אִם הָיָה עָשִׁיר הַכֹּל לְפִי עָשְׁרוֹ. אֲפִלּוּ הָיָה מָמוֹנוֹ רָאוּי לַעֲשׂוֹת לָהּ כַּמָּה תַּבְשִׁילֵי בָּשָׂר בְּכָל יוֹם כּוֹפִין אוֹתוֹ וּפוֹסְקִין לָהּ מְזוֹנוֹת כְּפִי מָמוֹנוֹ. וְאִם הָיָה עָנִי בְּיוֹתֵר וְאֵינוֹ יָכוֹל לִתֵּן לָהּ אֲפִלּוּ לֶחֶם שֶׁהִיא צְרִיכָה לוֹ כּוֹפִין אוֹתוֹ לְהוֹצִיא וְתִהְיֶה כְּתֻבָּתָהּ חוֹב עָלָיו עַד שֶׁתִּמְצָא יָדוֹ וְיִתֵּן:

יב. בַּעַל שֶׁרָצָה לִתֵּן לְאִשְׁתּוֹ מְזוֹנוֹתֶיהָ הָרְאוּיוֹת לָהּ וְתִהְיֶה אוֹכֶלֶת וְשׁוֹתָה לְעַצְמָהּ וְהוּא שׁוֹתֶה וְאוֹכֵל לְעַצְמוֹ הָרְשׁוּת בְּיָדוֹ וּבִלְבַד שֶׁיֹּאכַל עִמָּהּ מִלֵּילֵי שַׁבָּת לְלֵילֵי שַׁבָּת:

יג. הָאִשָּׁה שֶׁפָּסְקוּ לָהּ מְזוֹנוֹת וְהוֹתִירוּ הַמּוֹתָר לַבַּעַל. הָיָה בַּעְלָהּ כֹּהֵן אֵינוֹ נוֹתֵן לָהּ כָּל מְזוֹנוֹתֶיהָ תְּרוּמָה מִפְּנֵי שֶׁטֹּרַח גָּדוֹל הוּא לָהּ לְשָׁמְרָן מִדְּבָרִים הַמְטַמְּאִין וּלְאָכְלָן בְּטָהֳרָה אֶלָּא נוֹתֵן לָהּ מֶחֱצָה חֻלִּין וּמֶחֱצָה תְּרוּמָה:

יד. כְּשֵׁם שֶׁאָדָם חַיָּב בִּמְזוֹנוֹת אִשְׁתּוֹ כָּךְ הוּא חַיָּב בִּמְזוֹנוֹת בָּנָיו וּבְנוֹתָיו הַקְּטַנִּים עַד שֶׁיִּהְיוּ בְּנֵי שֵׁשׁ שָׁנִים. מִכָּאן וְאֵילָךְ מַאֲכִילָן עַד שֶׁיִּגְדְּלוּ כְּתַקָּנַת חֲכָמִים. וְאִם לֹא רָצָה גּוֹעֲרִין בּוֹ וּמַכְלִימִין אוֹתוֹ וּפוֹצְרִין בּוֹ. וְאִם לֹא רָצָה מַכְרִיזִין עָלָיו בַּצִּבּוּר וְאוֹמְרִים פְּלוֹנִי אַכְזָרִי הוּא וְאֵינוֹ רוֹצֶה לָזוּן בָּנָיו וַהֲרֵי פָּחוּת הוּא מֵעוֹף טָמֵא שֶׁהוּא זָן אֶת אֶפְרוֹחָיו. וְאֵין כּוֹפִין אוֹתוֹ לְזוּנָם אַחַר שֵׁשׁ:

טו. בַּמֶּה דְּבָרִים אֲמוּרִים בְּאִישׁ שֶׁאֵינוֹ אָמוּד וְאֵין יָדוּעַ אִם רָאוּי לִתֵּן צְדָקָה אוֹ אֵינוֹ רָאוּי אֲבָל אִם הָיָה אָמוּד שֶׁיֵּשׁ לוֹ מָמוֹן הָרָאוּי לִתֵּן מִמֶּנּוּ צְדָקָה הַמַּסְפֶּקֶת לָהֶן מוֹצִיאִין מִמֶּנּוּ בְּעַל כָּרְחוֹ מִשּׁוּם צְדָקָה וְזָנִין אוֹתָן עַד שֶׁיִּגְדְּלוּ:

טז. מִי שֶׁהָלַךְ לִמְדִינָה אַחֶרֶת וּבָאָה אִשְׁתּוֹ לְבֵית דִּין לִתְבֹּעַ מְזוֹנוֹת. שְׁלֹשָׁה חֳדָשִׁים הָרִאשׁוֹנִים מִיּוֹם הֲלִיכָתוֹ אֵין פּוֹסְקִין לָהּ בָּהֶן מְזוֹנוֹת שֶׁחֲזָקָה שֶׁאֵין אָדָם מַנִּיחַ בֵּיתוֹ רֵיקָן. מִכָּאן וְאֵילָךְ פּוֹסְקִין לָהּ מְזוֹנוֹת. וְאִם הָיוּ לוֹ נְכָסִים בֵּית דִּין יוֹרְדִין לִנְכָסָיו וּמוֹכְרִין לִמְזוֹנוֹתֶיהָ. וְאֵין מְחַשְּׁבִין עִמָּהּ עַל מַעֲשֵׂה יָדֶיהָ עַד שֶׁיָּבוֹא בַּעְלָהּ, אִם מָצָא שֶׁעָשְׂתָה הֲרֵי אֵלּוּ שֶׁלּוֹ. וְכֵן אִם לֹא עָמְדָה בַּדִּין אֶלָּא מָכְרָה לְעַצְמָהּ לִמְזוֹנוֹת מִכְרָהּ קַיָּם וְאֵינָהּ צְרִיכָה הַכְרָזָה וְלֹא שְׁבוּעָה עַד שֶׁיָּבוֹא בַּעְלָהּ וְיִטְעֹן אוֹ עַד שֶׁתָּבוֹא לִגְבּוֹת כְּתֻבָּתָהּ אַחַר מוֹתוֹ מְגַלְגְּלִין עָלֶיהָ שֶׁלֹּא מָכְרָה אֶלָּא לִמְזוֹנוֹת שֶׁהִיא צְרִיכָה לָהֶן:

יז. וּכְשֵׁם שֶׁבֵּית דִּין מוֹכְרִין לִמְזוֹן הָאִשָּׁה שֶׁהָלַךְ בַּעְלָהּ כָּךְ מוֹכְרִין לִמְזוֹן בָּנָיו וּבְנוֹתָיו כְּשֶׁהֵן בְּנֵי שֵׁשׁ שָׁנִים אוֹ פָּחוֹת. אֲבָל יָתֵר עַל שֵׁשׁ אֵינָן זָנִין אוֹתָן מִנְּכָסָיו שֶׁלֹּא בְּפָנָיו אַף עַל פִּי שֶׁהוּא אָמוּד. וְכֵן מִי שֶׁנִּשְׁתַּטָּה בֵּית דִּין יוֹרְדִין לִנְכָסָיו וּמוֹכְרִים וְזָנִין אִשְׁתּוֹ וּבָנָיו וּבְנוֹתָיו שֶׁהֵן בְּנֵי שֵׁשׁ שָׁנִים אוֹ פָּחוֹת וּמְפַרְנְסִין אוֹתָן:

יח. יֵשׁ מִן הַגְּאוֹנִים שֶׁהוֹרָה שֶׁאֵין פּוֹסְקִין מְזוֹנוֹת לְאִשָּׁה שֶׁהָלַךְ בַּעְלָהּ לִמְדִינַת הַיָּם אוֹ שֶׁמֵּת בַּעְלָהּ עַד שֶׁיֵּצֵא שְׁטַר כְּתֻבָּה יוֹצֵא מִתַּחַת יָדָהּ. וְאִם לֹא תּוֹצִיא שְׁטַר כְּתֻבָּה אֵין לָהּ מְזוֹנוֹת שֶׁמָּא נָטְלָה כְּתֻבָּתָהּ מִבַּעְלָהּ אוֹ

מָחֲלָה לוֹ כְּתֻבָּתָהּ שֶׁאֵין לָהּ מְזוֹנוֹת כְּמוֹ שֶׁיִּתְבָּאֵר. וְיֵשׁ מִי שֶׁהוֹרָה שֶׁפּוֹסְקִין לָהּ מְזוֹנוֹת בְּחֶזְקַת שֶׁלֹּא נָטְלָה וְלֹא מָחֲלָה וְאֵין מַצְרִיכִין אוֹתָהּ לְהָבִיא כְּתֻבָּה. וְדַעְתִּי נוֹטָה לָזֶה בְּמִי שֶׁהָלַךְ בַּעְלָהּ הוֹאִיל וְיֵשׁ לָהּ מְזוֹנוֹת מִן הַתּוֹרָה. אֲבָל אִם מֵת בַּעְלָהּ אֵין לָהּ מְזוֹנוֹת עַד שֶׁתָּבִיא כְּתֻבָּה. מִפְּנֵי שֶׁהִיא אוֹכֶלֶת בְּתַקָּנַת חֲכָמִים וְעוֹד שֶׁנִּזּוֹנֶת מִנִּכְסֵי יוֹרְשִׁים וּלְעוֹלָם טוֹעֲנִין לְיוֹרֵשׁ:

יט. הָלַךְ בַּעְלָהּ וְלָוְתָה וְאָכְלָה כְּשֶׁיָּבוֹא חַיָּב לְשַׁלֵּם. עָמַד אֶחָד מִדַּעַת עַצְמוֹ וְזָנָהּ מִשֶּׁלּוֹ אִם יָבוֹא הַבַּעַל אֵינוֹ חַיָּב לְשַׁלֵּם לוֹ וַהֲרֵי זֶה אִבֵּד אֶת מְעוֹתָיו מִפְּנֵי שֶׁלֹּא צִוָּהוּ לְזוּנָהּ וְהִיא לֹא לָוְתָה מִמֶּנּוּ:

כ. הַבַּעַל שֶׁאָמַר לְאִשְׁתּוֹ בְּשָׁעָה שֶׁהָלַךְ טְלִי מַעֲשֵׂה יָדַיִךְ בִּמְזוֹנוֹתַיִךְ אֵין לָהּ מְזוֹנוֹת שֶׁאִלּוּ לֹא רָצְתָה בְּדָבָר זֶה וְלֹא סָמְכָה דַּעְתָּהּ הָיָה לָהּ לְתָבְעוֹ אוֹ לוֹמַר לוֹ אֵין מַעֲשֵׂה יָדַי מַסְפִּיקִין לִי:

כא. הֲרֵי שֶׁעָמְדָה בַּדִּין וּפָסְקוּ לָהּ מְזוֹנוֹת וּמָכְרוּ בֵּין דִּין וְנָתְנוּ לָהּ. אוֹ שֶׁמָּכְרָה הִיא לְעַצְמָהּ וּבָא הַבַּעַל וְאָמַר הִנַּחְתִּי לָהּ מְזוֹנוֹת . הֲרֵי זוֹ נִשְׁבַּעַת בִּנְקִיטַת חֵפֶץ שֶׁלֹּא הִנִּיחַ לָהּ. לֹא תָבְעָה וְלֹא מָכְרָה אֶלָּא שֶׁהָתְּה עַד שֶׁבָּא הוּא אוֹמֵר הִנַּחְתִּי וְהִיא אוֹמֶרֶת לֹא הִנַּחְתָּ אֶלָּא לָוִיתִי מִזֶּה וְנִתְפַּרְנַסְתִּי. נִשְׁבָּע שְׁבוּעַת הֶסֵּת שֶׁהִנִּיחַ לָהּ וְנִפְטָר וְיִשָּׁאֵר הַחוֹב עָלֶיהָ:

כב. מָכְרָה מִטַּלְטְלִין וְאָמְרָה לִמְזוֹנוֹת מָכַרְתִּי וְהוּא טוֹעֵן וְאוֹמֵר מְזוֹנוֹתַיִךְ הִנַּחְתִּי נִשְׁבַּעַת שְׁבוּעַת הֶסֵּת שֶׁלֹּא הִנִּיחַ. הֲרֵי שֶׁלֹּא תָבְעָה וְלֹא לָוְתָה וְלֹא מָכְרָה אֶלָּא דָּחֲקָה עַצְמָהּ בַּיּוֹם וּבַלַּיְלָה וְעָשְׂתָה וְאָכְלָה אֵין לָהּ כְּלוּם:

כג. הַמַּדִּיר אֶת אִשְׁתּוֹ מִלֵּהָנוֹת לוֹ בֵּין שֶׁפֵּרֵשׁ עַד זְמַן פְּלוֹנִי בֵּין שֶׁלֹּא פֵּרֵשׁ אֶלָּא סְתָם מַמְתִּינִין לוֹ שְׁלֹשִׁים יוֹם. אִם תַּמּוּ יְמֵי נִדְרוֹ אוֹ שֶׁלֹּא תַּמּוּ וְהִתִּיר נִדְרוֹ הֲרֵי זֶה מוּטָב וְאִם לָאו יוֹצִיא וְיִתֵּן כְּתֻבָּה. וּבְאוֹתָן הַשְּׁלֹשִׁים יוֹם תִּהְיֶה הִיא עוֹשָׂה וְאוֹכֶלֶת וְיִהְיֶה אֶחָד מֵחֲבֵרָיו מְפַרְנֵס אוֹתָהּ דְּבָרִים שֶׁהִיא צְרִיכָה לָהֶן יֶתֶר עַל מַעֲשֵׂה יָדֶיהָ אִם אֵין מַעֲשֵׂה יָדֶיהָ מַסְפִּיקִין לַכֹּל:

כד. הַמַּדִּיר אֶת אִשְׁתּוֹ שֶׁלֹּא תִּטְעֹם אֶחָד מִכָּל הַפֵּרוֹת מַמְתִּינִין לוֹ עַד שְׁלֹשִׁים יוֹם. יֶתֶר עַל כֵּן יוֹצִיא וְיִתֵּן כְּתֻבָּה. אֲפִלּוּ הִדִּירָהּ שֶׁלֹּא תֹאכַל מַאֲכָל רַע. אֲפִלּוּ הִדִּירָהּ מִמִּין שֶׁלֹּא אָכְלָה אוֹתוֹ מִיָּמֶיהָ. יוֹצִיא אַחַר שְׁלֹשִׁים יוֹם וְיִתֵּן כְּתֻבָּה. נָדְרָה הִיא שֶׁלֹּא תֹאכַל אֶחָד מִכָּל הַפֵּרוֹת וְקִיֵּם לָהּ הוּא אֶת נִדְרָהּ אוֹ נָדְרָה בְּנָזִיר וְלֹא הֵפֵר לָהּ. אִם רָצָה שֶׁתֵּשֵׁב תַּחְתָּיו וְלֹא תֹאכַל פֵּרוֹת אוֹ תִּהְיֶה נְזִירָה תֵּשֵׁב. וְאִם אָמַר אֵינִי רוֹצֶה בְּאִשָּׁה נַדְרָנִית יוֹצִיא וְיִתֵּן כְּתֻבָּה שֶׁהֲרֵי הָיָה בְּיָדוֹ לְהָפֵר וְהוּא קִיֵּם לָהּ בִּרְצוֹנוֹ:

Perek 13

Responsibilities of man – Garments

GARMENTS

Include household goods (including bed, cooking utensils, crockery etc) and dwelling place.

Not only having a dwelling, but also its location is important.

Minimum value of garment per year for wife is **clothes worth 50 *zuz*.**

Minimum size dwelling **4 × 4 *amot* plus yard & toilet.**

Husband also obliged to provide ornaments i.e. head coverings, face make-up etc to beautify herself.

Husband also must supply similarly for his children below **6 years**, but here only the minimal requirements are necessary. It does not have to be according to his wealth as with subsistence.

Whenever the husband (or his estate) is obliged to provide subsistence, he is also obliged to provide the persons clothing, household goods and dwelling.

Included in the responsibilities of garments, is also to allow a degree of free movement for the wife to visit her parents, and the degree of changing location of dwelling that is allowed.

E.g. moving from a village to a city and vice versa, moving to *Eretz Yisrael* from Diaspora and vice versa, moving from a Gentile area to a Jewish area etc.

פרק י״ג

א. כַּמָּה הַכְּסוּת שֶׁהוּא חַיָּב לִתֵּן לָהּ. בְּגָדִים שֶׁל חֲמִשִּׁים זוּז מִשָּׁנָה לְשָׁנָה מִמַּטְבֵּעַ אוֹתָן הַיָּמִים שֶׁנִּמְצְאוּ הַחֲמִשִּׁים שִׁשָּׁה דִּינָרִין וּרְבִיעַ דִּינַר כֶּסֶף. נוֹתְנִין לָהּ חֲדָשִׁים בִּימוֹת הַגְּשָׁמִים וְלוֹבֶשֶׁת בְּלָאוֹתֵיהֶן בִּימוֹת הַחַמָּה. וְהַשְּׁחָקִים וְהֵם מוֹתַר הַכְּסוּת הֲרֵי הֵן שֶׁלָּהּ כְּדֵי שֶׁתִּתְכַּסֶּה בָּהֶם בִּימֵי נִדָּתָהּ. וְנוֹתְנִין לָהּ חֲגוֹרָה לְמָתְנֶיהָ וְכִפָּה לְרֹאשָׁהּ וּמִנְעָל מִמּוֹעֵד לְמוֹעֵד:

ב. בַּמֶּה דְּבָרִים אֲמוּרִים בְּאוֹתָן הַיָּמִים וּבְאֶרֶץ יִשְׂרָאֵל אֲבָל בִּשְׁאָר זְמַנִּים וּשְׁאָר הַמְּקוֹמוֹת אֵין הַדָּמִים עִקָּר. יֵשׁ מְקוֹמוֹת שֶׁיִּהְיוּ שָׁם הַבְּגָדִים בְּיֹקֶר הַרְבֵּה אוֹ בְּזוֹל הַרְבֵּה. אֶלָּא הָעִקָּר שֶׁסּוֹמְכִין עָלָיו שֶׁמְּחַיְּבִין אוֹתוֹ לִתֵּן לָהּ בְּגָדִים הָרְאוּיִים בִּימוֹת הַגְּשָׁמִים וּבִימוֹת הַחַמָּה בְּפָחוֹת שֶׁלּוֹבֶשֶׁת כָּל אִשָּׁה בַּעֲלַת בַּיִת שֶׁבְּאוֹתָהּ הַמְּדִינָה:

ג. וּבִכְלַל הַכְּסוּת שֶׁהוּא חַיָּב לִתֵּן לָהּ כְּלֵי בַּיִת וּמָדוֹר שֶׁיּוֹשֶׁבֶת בּוֹ. וּמַה הֵן כְּלֵי בַּיִת מִטָּה מְצַעַת וּמַפָּץ אוֹ מַחְצֶלֶת לֵישֵׁב עָלֶיהָ. וּכְלֵי אֲכִילָה וּשְׁתִיָּה כְּגוֹן קְדֵרָה וּקְעָרָה וְכוֹס וּבַקְבּוּק וְכַיּוֹצֵא בָּהֶן. וְהַמָּדוֹר שֶׁשּׂוֹכֵר לָהּ בַּיִת שֶׁל אַרְבַּע אַמּוֹת עַל אַרְבַּע אַמּוֹת וְתִהְיֶה רְחָבָה חוּצָה לוֹ כְּדֵי לְהִשְׁתַּמֵּשׁ בָּהּ. וְיִהְיֶה לוֹ בֵּית הַכִּסֵּא חוּץ מִמֶּנּוּ:

ד. וְכֵן מְחַיְּבִין אוֹתוֹ לִתֵּן לָהּ תַּכְשִׁיטִים כְּגוֹן בִּגְדֵי צִבְעוֹנִין לְהַקִּיף עַל רֹאשָׁהּ וּפַדַּחְתָּהּ וּפוּךְ וְשָׂרָק וְכַיּוֹצֵא בָּהּ כְּדֵי שֶׁלֹּא תִּתְגַּנֶּה עָלָיו:

ה. בַּמֶּה דְּבָרִים אֲמוּרִים בַּעֲנִי שֶׁבְּיִשְׂרָאֵל אֲבָל בְּעָשִׁיר הַכֹּל לְפִי עָשְׁרוֹ. וַאֲפִלּוּ הָיָה רָאוּי לִקְנוֹת לָהּ כְּלֵי מֶשִׁי וְרִקְמָה וּכְלֵי זָהָב כּוֹפִין אוֹתוֹ וְנוֹתֵן. וְכֵן הַמָּדוֹר לְפִי עָשְׁרוֹ וְהַתַּכְשִׁיט וּכְלֵי הַבַּיִת הַכֹּל לְפִי עָשְׁרוֹ. וְאִם קָצְרָה יָדוֹ לִתֵּן לָהּ אֲפִלּוּ כַּעֲנִי שֶׁבְּיִשְׂרָאֵל כּוֹפִין אוֹתוֹ לְהוֹצִיא וְתִהְיֶה הַכְּתֻבָּה עָלָיו חוֹב עַד שֶׁיַּעֲשִׁיר:

ו. וְלֹא הָאִשָּׁה בִּלְבַד אֶלָּא בָּנָיו וּבְנוֹתָיו הַקְּטַנִּים בְּנֵי שֵׁשׁ אוֹ פָּחוֹת חַיָּב לִתֵּן לָהֶם כְּסוּת הַמַּסְפֶּקֶת לָהֶם וּכְלֵי תַּשְׁמִישׁ וּמָדוֹר לִשְׁכֹּן בּוֹ. וְאֵינוֹ נוֹתֵן לָהֶם לְפִי עָשְׁרוֹ אֶלָּא כְּפִי צָרְכָּן בִּלְבַד. זֶה הַכְּלָל כָּל מִי שֶׁיֵּשׁ לוֹ עָלָיו מְזוֹנוֹת בֵּין בְּחַיָּיו בֵּין אַחַר מוֹתוֹ יֵשׁ לוֹ כְּסוּת וּכְלֵי בַּיִת וּמָדוֹר. וְכָל שֶׁבֵּית דִּין מוֹכְרִין לִמְזוֹנוֹתָיו כָּךְ מוֹכְרִין לִכְסוּתוֹ וּכְלֵי בֵּיתוֹ וּמְדוֹרוֹ:

ז. הָאִשָּׁה שֶׁהָלַךְ בַּעְלָהּ וּפָסְקוּ לָהּ בֵּית דִּין מְזוֹנוֹת וּכְסוּת וּכְלֵי בַּיִת וּשְׂכַר מָדוֹר אֵין פּוֹסְקִין לָהּ תַּכְשִׁיט שֶׁהֲרֵי אֵין לָהּ בַּעַל שֶׁתִּתְקַשֵּׁט לוֹ. אֲבָל מִי שֶׁנִּשְׁתַּטָּה בַּעְלָהּ אוֹ שֶׁנִּתְחָרֵשׁ פּוֹסְקִין לָהּ תַּכְשִׁיט. וְדִין הַבַּעַל עִם אִשְׁתּוֹ בְּטַעֲנַת הַכְּסוּת וְהַכֵּלִים וּשְׂכַר הַמָּדוֹר כְּדִינָם בְּטַעֲנַת הַמְּזוֹנוֹת אִם אָמַר הוּא נָתַתִּי וְהִיא אוֹמֶרֶת לֹא נָתַתָּ דִּין אֶחָד לַכֹּל:

ח. הַמַּדִּיר אֶת אִשְׁתּוֹ שֶׁלֹּא תִּתְקַשֵּׁט בְּאֶחָד מִכָּל הַמִּינִין. בַּעֲנִיּוֹת שָׁנָה אַחַת יְקַיֵּם. יֶתֶר עַל כֵּן אוֹ יַתִּיר אֶת נִדְרוֹ אוֹ יוֹצִיא וְיִתֵּן כְּתֻבָּה. וּבַעֲשִׁירוֹת שְׁלֹשִׁים יוֹם יְקַיֵּם. יֶתֶר עַל כֵּן יַתִּיר אֶת נִדְרוֹ אוֹ יוֹצִיא וְיִתֵּן כְּתוּבָּה:

ט. הִדִּירָהּ שֶׁלֹּא תֵּלֵךְ לְמֶרְחָץ. בִּכְרַכִּים שַׁבָּת אַחַת בִּכְפָרִים שְׁתֵּי שַׁבָּתוֹת. שֶׁלֹּא תִּנְעֹל מִנְעָל. בִּכְפָרִים שְׁלֹשָׁה יָמִים וּבִכְרַכִּים מֵעֵת לְעֵת. יֶתֶר עַל זֶה יַתִּיר אֶת נִדְרוֹ אוֹ יוֹצִיא וְיִתֵּן כְּתֻבָּה:

י. הִדִּירָהּ שֶׁלֹּא תִּשְׁאַל וְלֹא תַּשְׁאִיל מִכְּלֵי הַבַּיִת שֶׁדֶּרֶךְ כָּל הַשְּׁכֵנוֹת לִשְׁאֹל אוֹתָן וּלְהַשְׁאִילָן כְּגוֹן נָפָה וּכְבָרָה רֵחַיִם וְתַנּוּר וְכַיּוֹצֵא בָּהֶם. יַתִּיר אֶת נִדְרוֹ אוֹ יוֹצִיא וְיִתֵּן כְּתֻבָּה מִפְּנֵי שֶׁמַּשִּׂיאָהּ שֵׁם רַע בִּשְׁכֵנוֹתֶיהָ. וְכֵן הִיא שֶׁנָּדְרָה שֶׁלֹּא תִּשְׁאַל וְלֹא תַּשְׁאִיל נָפָה וּכְבָרָה וְרֵחַיִם וְתַנּוּר וְכַיּוֹצֵא בָּהֶם וְשֶׁלֹּא תֶּאֱרֹג בְּגָדִים נָאִים לְבָנִים בְּמָקוֹם שֶׁדַּרְכָּן לֶאֱרֹג אוֹתָם לְבָנִים תֵּצֵא בְּלֹא כְּתֻבָּה מִפְּנֵי שֶׁמַּשִּׂיאָתוֹ שֵׁם רַע בִּשְׁכוּנָתוֹ שֶׁהוּא כִּילַי:

יא. מָקוֹם שֶׁדַּרְכָּן שֶׁלֹּא תֵּצֵא אִשָּׁה לַשּׁוּק בְּכִפָּה שֶׁעַל רֹאשָׁהּ בִּלְבַד עַד שֶׁיִּהְיֶה עָלֶיהָ רְדִיד הַחוֹפֶה אֶת כָּל גּוּפָהּ כְּמוֹ טַלִּית נוֹתֵן לָהּ בִּכְלַל הַכְּסוּת רְדִיד הַפָּחוּת מִכָּל הָרְדִידִין. וְאִם הָיָה עָשִׁיר נוֹתֵן לָהּ לְפִי עָשְׁרוֹ כְּדֵי שֶׁתֵּצֵא בּוֹ לְבֵית אָבִיהָ אוֹ לְבֵית הָאֵבֶל אוֹ לְבֵית הַמִּשְׁתֶּה. לְפִי שֶׁכָּל אִשָּׁה יֵשׁ לָהּ לָצֵאת וְלֵילֵךְ לְבֵית אָבִיהָ לְבַקְּרוֹ וּלְבֵית הָאֵבֶל וּלְבֵית הַמִּשְׁתֶּה לִגְמֹל חֶסֶד לְרֵעוֹתֶיהָ אוֹ לִקְרוֹבוֹתֶיהָ כְּדֵי שֶׁיָּבוֹאוּ הֵם לָהּ. שֶׁאֵינָהּ בְּבֵית הַסֹּהַר עַד שֶׁלֹּא תֵּצֵא וְלֹא תָּבוֹא. אֲבָל גְּנַאי הוּא לְאִשָּׁה שֶׁתִּהְיֶה יוֹצְאָה תָּמִיד פַּעַם בַּחוּץ פַּעַם בָּרְחוֹבוֹת. וְיֵשׁ לַבַּעַל לִמְנֹעַ אִשְׁתּוֹ מִזֶּה וְלֹא יְנִיחֶנָּה לָצֵאת אֶלָּא כְּמוֹ פַּעַם אַחַת בְּחֹדֶשׁ אוֹ כְּמוֹ פַּעֲמַיִם בְּחֹדֶשׁ לְפִי הַצֹּרֶךְ. שֶׁאֵין יֹפִי לְאִשָּׁה אֶלָּא לֵישֵׁב בִּזָוִית בֵּיתָהּ שֶׁכָּךְ כָּתוּב (תהלים מה יד) ״כָּל כְּבוּדָּה בַת מֶלֶךְ פְּנִימָה:״

יב. הַמַּדִּיר אֶת אִשְׁתּוֹ שֶׁלֹּא תֵּלֵךְ לְבֵית אָבִיהָ. בִּזְמַן שֶׁהוּא

עִמָּהּ בָּעִיר חֹדֶשׁ אֶחָד מַמְתִּינִין לוֹ שְׁנַיִם יוֹצִיא וְיִתֵּן כְּתֻבָּה. וּבִזְמַן שֶׁהוּא בְּעִיר אַחֶרֶת רֶגֶל אֶחָד מַמְתִּינִין לוֹ שְׁנַיִם יוֹצִיא וְיִתֵּן כְּתֻבָּה:

יג. הַמַּדִּיר אֶת אִשְׁתּוֹ שֶׁלֹּא תֵּלֵךְ לְבֵית הָאֵבֶל אוֹ לְבֵית הַמִּשְׁתֶּה. אוֹ יַתִּיר אֶת נִדְרוֹ אוֹ יוֹצִיא וְיִתֵּן כְּתֻבָּה שֶׁזֶּה כְּמִי שֶׁאֲסָרָהּ בְּבֵית הַסֹּהַר וְנָעַל בְּפָנֶיהָ. וְאִם הָיָה טוֹעֵן מִפְּנֵי בְּנֵי אָדָם פְּרוּצִים שֶׁיֵּשׁ בְּאוֹתוֹ בֵּית הָאֵבֶל אוֹ בְּבֵית הַמִּשְׁתֶּה וְהֻחְזְקוּ שָׁם פְּרוּצִים שׁוֹמְעִין לוֹ:

יד. הָאוֹמֵר לְאִשְׁתּוֹ אֵין רְצוֹנִי שֶׁיָּבוֹאוּ לְבֵיתִי אָבִיךְ וְאִמֵּךְ אַחַיִךְ וְאַחְיוֹתַיִךְ שׁוֹמְעִין לוֹ וְתִהְיֶה הִיא הוֹלֶכֶת לָהֶם כְּשֶׁיֶּאֱרַע לָהֶם דָּבָר. וְתֵלֵךְ לְבֵית אָבִיהָ פַּעַם בְּחֹדֶשׁ וּבְכָל רֶגֶל וְרֶגֶל. וְלֹא יִכָּנְסוּ הֵם לָהּ אֶלָּא אִם אֵרַע לָהּ דָּבָר כְּגוֹן חֹלִי אוֹ לֵדָה. שֶׁאֵין כּוֹפִין אֶת הָאָדָם שֶׁיִּכָּנְסוּ אֲחֵרִים בִּרְשׁוּתוֹ. וְכֵן הִיא שֶׁאָמְרָה אֵין רְצוֹנִי שֶׁיִּכָּנְסוּ אֶצְלִי אִמְּךָ וַאֲחָיוֹתֶיךָ וְאֵינִי שׁוֹכֶנֶת עִמָּהֶם בְּחָצֵר אַחַת מִפְּנֵי שֶׁמְּרֵעִין לִי וּמְצֵרִין לִי שׁוֹמְעִין לָהּ. שֶׁאֵין כּוֹפִין אֶת הָאָדָם שֶׁיֵּשְׁבוּ אֲחֵרִים עִמּוֹ בִּרְשׁוּתוֹ:

טו. הָאִישׁ שֶׁאָמַר אֵינִי דָּר בְּמָדוֹר זֶה מִפְּנֵי שֶׁבְּנֵי אָדָם רָעִים אוֹ פְּרוּצִים אוֹ עַכּוּ"ם בִּשְׁכוּנָתִי וַאֲנִי מִתְיָרֵא מֵהֶם שׁוֹמְעִים לוֹ. וְאַף עַל פִּי שֶׁלֹּא הֻחְזְקוּ בִּפְרִיצוּת שֶׁכָּךְ צִוּוּ חֲכָמִים הַרְחֵק מִשָּׁכֵן רַע. וַאֲפִלּוּ הָיָה הַמָּדוֹר שֶׁלָּהּ מוֹצִיאִין אוֹתָהּ מִמֶּנּוּ וְשׁוֹכֵן בֵּין בְּנֵי אָדָם כְּשֵׁרִים. וְכָךְ הִיא שֶׁאָמְרָה כֵּן אַף עַל פִּי שֶׁהוּא אוֹמֵר אֲנִי אֵינִי מַקְפִּיד עֲלֵיהֶם שׁוֹמְעִין לָהּ מִפְּנֵי שֶׁהִיא אוֹמֶרֶת אֵין רְצוֹנִי שֶׁיֵּצֵא עָלַי שׁוּם רַע בִּשְׁכֵנוּת אֵלוּ:

טז. כָּל הַיִּשּׁוּב אֲרָצוֹת אֲרָצוֹת הוּא. כְּגוֹן אֶרֶץ כְּנַעַן וְאֶרֶץ מִצְרַיִם וְאֶרֶץ תֵּימָן וְאֶרֶץ כּוּשׁ וְאֶרֶץ שִׁנְעָר וְכַיּוֹצֵא בָּהֶן. וְכָל אֶרֶץ וְאֶרֶץ מִמְּדִינוֹת וּכְפָרִים. וְעָרֵי יִשְׂרָאֵל לְעִנְיַן נִשּׂוּאִין שָׁלֹשׁ אֲרָצוֹת הָיוּ. יְהוּדָה וְעֵבֶר הַיַּרְדֵּן וְהַגָּלִיל:

יז. אִישׁ שֶׁהָיָה מֵאֶרֶץ מִן הָאֲרָצוֹת וְנָשָׂא אִשָּׁה בְּאֶרֶץ אַחֶרֶת כּוֹפִין אוֹתָהּ וְיוֹצְאָה עִמּוֹ לְאַרְצוֹ אוֹ תֵּצֵא בְּלֹא כְּתֻבָּה שֶׁעַל מְנָת כֵּן נְשָׂאָהּ אַף עַל פִּי שֶׁלֹּא פֵּרֵשׁ. אֲבָל הַנּוֹשֵׂא אִשָּׁה בְּאַחַת מִן הָאֲרָצוֹת וְהִיא מֵאַנְשֵׁי אוֹתָהּ הָאָרֶץ אֵינוֹ יָכוֹל לְהוֹצִיאָהּ לְאֶרֶץ אַחֶרֶת. אֲבָל מוֹצִיאָהּ מִמְּדִינָה לִמְדִינָה וּמִכְּפָר לִכְפָר בְּאוֹתָהּ הָאָרֶץ. וְאֵינוֹ יָכוֹל לְהוֹצִיאָהּ מִמְּדִינָה לִכְפָר וְלֹא מִכְּפָר לִמְדִינָה שֶׁיֵּשׁ דְּבָרִים שֶׁיְּשִׁיבַת הַמְּדִינָה טוֹבָה לָהֶם וְיֵשׁ דְּבָרִים שֶׁיְּשִׁיבַת הַכְּפָרִים טוֹבָה לָהֶם:

יח. וּכְשֶׁמּוֹצִיאָהּ מִמְּדִינָה לִמְדִינָה וּמִכְּפָר לִכְפָר בְּאוֹתָהּ הָאָרֶץ אֵינוֹ יָכוֹל לְהוֹצִיאָהּ מִנָּוֶה הַיָּפֶה לַנָּוֶה הָרַע וְלֹא מֵרַע לְיָפֶה. מִפְּנֵי שֶׁהִיא צְרִיכָה לְהִטַּפֵּל וְלִבְדֹּק עַצְמָהּ בַּנָּוֶה הַיָּפֶה כְּדֵי שֶׁלֹּא תִּהְיֶה בּוֹ קַלָּה וּכְעוּרָה. וְכֵן לֹא יוֹצִיאָהּ מִמָּקוֹם שֶׁרֻבּוֹ יִשְׂרָאֵל לְמָקוֹם שֶׁרֻבּוֹ עַכּוּ"ם. וּבְכָל מָקוֹם מוֹצִיאִין מִמָּקוֹם שֶׁרֻבּוֹ עַכּוּ"ם לְמָקוֹם שֶׁרֻבּוֹ יִשְׂרָאֵל:

יט. בַּמֶּה דְּבָרִים אֲמוּרִים מִחוּצָה לָאָרֶץ לְחוּצָה לָאָרֶץ אוֹ מֵאֶרֶץ יִשְׂרָאֵל לְאֶרֶץ יִשְׂרָאֵל אֲבָל מִחוּצָה לָאָרֶץ לְאֶרֶץ יִשְׂרָאֵל כּוֹפִין אוֹתָהּ לַעֲלוֹת אֲפִלּוּ מִנָּוֶה הַיָּפֶה לַנָּוֶה הָרַע וַאֲפִלּוּ מִמָּקוֹם שֶׁרֻבּוֹ יִשְׂרָאֵל לְמָקוֹם שֶׁרֻבּוֹ עַכּוּ"ם מַעֲלִין. וְאֵין מוֹצִיאִין מֵאֶרֶץ יִשְׂרָאֵל לְחוּצָה לָאָרֶץ וַאֲפִלּוּ מִנָּוֶה הָרַע לַנָּוֶה הַיָּפֶה [וַאֲפִלּוּ מִמָּקוֹם] שֶׁרֻבּוֹ עַכּוּ"ם לְמָקוֹם שֶׁרֻבּוֹ יִשְׂרָאֵל:

כ. אָמַר הָאִישׁ לַעֲלוֹת לְאֶרֶץ יִשְׂרָאֵל וְהִיא אֵינָהּ רוֹצָה תֵּצֵא בְּלֹא כְּתֻבָּה. אָמְרָה הִיא לַעֲלוֹת וְהוּא אֵינוֹ רוֹצֶה יוֹצִיא וְיִתֵּן כְּתֻבָּה. וְהוּא הַדִּין לְכָל מָקוֹם מֵאֶרֶץ יִשְׂרָאֵל עִם יְרוּשָׁלַיִם. שֶׁהַכֹּל מַעֲלִין לְאֶרֶץ יִשְׂרָאֵל וְאֵין הַכֹּל מוֹצִיאִין מִשָּׁם. הַכֹּל מַעֲלִין לִירוּשָׁלַיִם וְאֵין הַכֹּל מוֹצִיאִין מִשָּׁם:

Perek 14

Responsibilities of man – Conjugal rights. Medical expenses. Redeem from captivity. Burial.

CONJUGAL RIGHTS

The frequency of conjugal rights depends on the type of work a man is doing. This varies from daily to once every 6 months.

It is forbidden (*Deoraita*) for a man to deprive his wife of conjugal rights to distress her.

Similarly, for the woman, she is not allowed to withhold intimacy from her husband. If she does, there is a procedure whereby the *Bet Din* investigates her and may recommend divorce. She might also forfeit her *ketubah*.

MEDICAL EXPENSES

Even though there are rules as to how far a husband must support for medical expense, it is act of decency to fully support her.

CAPTIVITY

Similarly, with redeeming one's wife, one should go beyond the letter of the law.

There are added complications in that it is presumed that the wife would have been raped in captivity.

BURIAL

It is duty of husband to provide burial according to his wealth.

פרק י"ד

א. עוֹנָה הָאֲמוּרָה בַּתּוֹרָה. לְכָל אִישׁ וְאִישׁ כְּפִי כֹּחוֹ וּכְפִי מְלַאכְתּוֹ. כֵּיצַד. בְּנֵי אָדָם הַבְּרִיאִים וְהָרַכִּים וְהָעֲנֻגִּים שֶׁאֵין לָהֶם מְלָאכָה שֶׁמַּכְשֶׁלֶת כֹּחָן אֶלָּא אוֹכְלִין וְשׁוֹתִין וְיוֹשְׁבִין בְּבָתֵּיהֶן עוֹנָתָן בְּכָל לַיְלָה. הַפּוֹעֲלִין כְּגוֹן הַחַיָּטִין וְהָאוֹרְגִין וְהַבּוֹנִים וְכַיּוֹצֵא בָּהֶן. אִם הָיְתָה מְלַאכְתָּן בָּעִיר עוֹנָתָן פַּעֲמַיִם בְּשַׁבָּת. וְאִם הָיְתָה מְלַאכְתָּן בְּעִיר אַחֶרֶת עוֹנָתָן פַּעַם אַחַת בְּשַׁבָּת. הַחַמָּרִים פַּעַם אַחַת בְּשַׁבָּת. וְהַגַּמָּלִים אַחַת לִשְׁלֹשִׁים יוֹם. וְהַמַּלָּחִין אַחַת לְשִׁשָּׁה חֳדָשִׁים. תַּלְמִידֵי חֲכָמִים עוֹנָתָן פַּעַם אַחַת בְּשַׁבָּת מִפְּנֵי שֶׁתַּלְמוּד תּוֹרָה מַתִּישׁ כֹּחָן וְדֶרֶךְ תַּלְמִידֵי חֲכָמִים לְשַׁמֵּשׁ מִטָּתָן מִלֵּילֵי שַׁבָּת לְלֵילֵי שַׁבָּת:

ב. יֵשׁ לְאִשָּׁה לְעַכֵּב עַל בַּעְלָהּ שֶׁלֹּא יֵצֵא לִסְחוֹרָה אֶלָּא לְמָקוֹם קָרוֹב שֶׁלֹּא יִמָּנַע מֵעוֹנָתָהּ וְלֹא יֵצֵא אֶלָּא בִּרְשׁוּתָהּ. וְכֵן יֵשׁ לָהּ לְמָנְעוֹ לָצֵאת מִמְּלָאכָה שֶׁעוֹנָתָהּ קְרוֹבָה לִמְלָאכָה שֶׁעוֹנָתָהּ רְחוֹקָה. כְּגוֹן חַמָּר שֶׁבִּקֵּשׁ לְהֵעָשׂוֹת גַּמָּל אוֹ גַּמָּל לְהֵעָשׂוֹת מַלָּח. וְתַלְמִידֵי חֲכָמִים יוֹצְאִין לְתַלְמוּד תּוֹרָה שֶׁלֹּא בִּרְשׁוּת נְשׁוֹתֵיהֶן שְׁתַּיִם וְשָׁלֹשׁ שָׁנִים. וְכֵן רַךְ וְעָנֹג שֶׁנַּעֲשָׂה תַּלְמִיד חָכָם אֵין אִשְׁתּוֹ יְכוֹלָה לְעַכֵּב:

ג. נוֹשֵׂא אָדָם כַּמָּה נָשִׁים אֲפִלּוּ מֵאָה בֵּין בְּבַת אַחַת בֵּין בָּזוֹ אַחַר זוֹ וְאֵין אִשְׁתּוֹ יְכוֹלָה לְעַכֵּב. וְהוּא שֶׁיִּהְיֶה יָכוֹל לִתֵּן שְׁאֵר כְּסוּת וְעוֹנָה כָּרָאוּי לְכָל אַחַת וְאַחַת. וְאֵינוֹ יָכוֹל לָכוֹף אוֹתָן לִשְׁכֹּן בְּחָצֵר אַחַת. אֶלָּא כָּל אַחַת וְאַחַת לְעַצְמָהּ:

ד. וְכַמָּה הִיא עוֹנָתָן. לְפִי מִנְיָן. כֵּיצַד. פּוֹעֵל שֶׁהָיוּ לוֹ שְׁתֵּי נָשִׁים יֵשׁ לָזוֹ עוֹנָה אַחַת בְּשַׁבָּת וְיֵשׁ לָזוֹ עוֹנָה אַחַת בְּשַׁבָּת. הָיוּ לוֹ אַרְבַּע נָשִׁים נִמְצָא עוֹנַת כָּל אַחַת מֵהֶן פַּעַם אַחַת בִּשְׁתֵּי שַׁבָּתוֹת. וְכֵן אִם הָיָה מַלָּח וְיֵשׁ לוֹ אַרְבַּע נָשִׁים תִּהְיֶה עוֹנַת כָּל אַחַת מֵהֶן פַּעַם אַחַת בִּשְׁתֵּי שָׁנִים. לְפִיכָךְ צִוּוּ חֲכָמִים שֶׁלֹּא יִשָּׂא אָדָם יוֹתֵר עַל אַרְבַּע נָשִׁים אַף עַל פִּי שֶׁיֵּשׁ לוֹ מָמוֹן הַרְבֵּה כְּדֵי שֶׁתַּגִּיעַ לָהֶן עוֹנָה פַּעַם אַחַת בְּחֹדֶשׁ:

ה. הַמַּדִּיר אֶת אִשְׁתּוֹ שֶׁתֹּאמַר לַאֲחֵרִים מַה שֶּׁאָמַר לָהּ אוֹ מַה שֶּׁאָמְרָה לוֹ מִדִּבְרֵי שְׂחוֹק וְקַלּוּת רֹאשׁ שֶׁמְּדַבֵּר אָדָם עִם אִשְׁתּוֹ עַל עִסְקֵי תַּשְׁמִישׁ הֲרֵי זֶה יוֹצִיא וְיִתֵּן כְּתֻבָּה שֶׁאֵין זוֹ יְכוֹלָה לְהָעֵז פָּנֶיהָ וְלוֹמַר לַאֲחֵרִים דִּבְרֵי קָלוֹן. וְכֵן אִם הִדִּירָהּ שֶׁתִּהְיֶה פּוֹעֶלֶת בְּעֵת תַּשְׁמִישׁ שֶׁלֹּא תִּתְעַבֵּר. אוֹ שֶׁהִדִּירָהּ שֶׁתַּעֲשֶׂה מַעֲשֵׂה שׁוֹטִים וּדְבָרִים שֶׁאֵין בָּהֶן מַמָּשׁ אֶלָּא כְּשְׁטוּת. הֲרֵי זֶה יוֹצִיא וְיִתֵּן כְּתֻבָּה:

ו. הַמַּדִּיר אֶת אִשְׁתּוֹ מִתַּשְׁמִישׁ הַמִּטָּה שַׁבָּת אַחַת מַמְתִּינִין לוֹ. יֶתֶר עַל כֵּן יוֹצִיא וְיִתֵּן כְּתֻבָּה אוֹ יָפֵר נִדְרוֹ. אֲפִלּוּ הָיָה מַלָּח שֶׁעוֹנָתוֹ לְשִׁשָּׁה חֳדָשִׁים. שֶׁכֵּיוָן שֶׁנָּדַר הֲרֵי צַעֲרָהּ וְנִתְיָאֲשָׁה. וְכֵיצַד מַדִּירָהּ. אִם אָמַר לָהּ תַּשְׁמִישִׁי אָסוּר עָלַיִךְ אוֹ שֶׁנִּשְׁבַּע שֶׁלֹּא יְשַׁמֵּשׁ מִטָּתוֹ לֹא נָדַר כְּלוּם. וְאִם נִשְׁבַּע נִשְׁבַּע לַשָּׁוְא מִפְּנֵי שֶׁהוּא מְשֻׁעְבָּד לָהּ. אָמַר לָהּ הֲנָאַת תַּשְׁמִישֵׁךְ אֲסוּרָה עָלַי הֲרֵי זֶה נֶדֶר וְאָסוּר לְשַׁמֵּשׁ שֶׁאֵין מַאֲכִילִין לָאָדָם דָּבָר הָאָסוּר לוֹ:

ז. אָסוּר לָאָדָם לִמְנֹעַ אִשְׁתּוֹ מֵעוֹנָתָהּ וְאִם עָבַר וּמְנָעָהּ כְּדֵי לְצַעֲרָהּ עָבַר בְּלֹא תַּעֲשֶׂה שֶׁבַּתּוֹרָה שֶׁנֶּאֱמַר (שמות כא י) "שְׁאֵרָהּ כְּסוּתָהּ וְעֹנָתָהּ לֹא יִגְרָע". וְאִם חָלָה אוֹ תָּשַׁשׁ כֹּחוֹ וְאֵינוֹ יָכוֹל לִבְעֹל יַמְתִּין שִׁשָּׁה חֳדָשִׁים שֶׁמָּא יַבְרִיא שֶׁאֵין לְךָ עוֹנָה גְּדוֹלָה מִזּוֹ. וְאַחַר כָּךְ אוֹ יִטֹּל מִמֶּנָּה רְשׁוּת אוֹ יוֹצִיא וְיִתֵּן כְּתֻבָּה:

ח. הָאִשָּׁה שֶׁמָּנְעָה בַּעְלָהּ מִתַּשְׁמִישׁ הַמִּטָּה הִיא הַנִּקְרֵאת מוֹרֶדֶת וְשׁוֹאֲלִין אוֹתָהּ מִפְּנֵי מָה מָרְדָה. אִם אָמְרָה מְאַסְתִּיהוּ וְאֵינִי יְכוֹלָה לְהִבָּעֵל לוֹ מִדַּעְתִּי כּוֹפִין אוֹתוֹ לְשַׁעְתּוֹ לְגָרְשָׁהּ לְפִי שֶׁאֵינָהּ כִּשְׁבוּיָה שֶׁתִּבָּעֵל לְשָׂנוּא לָהּ וְתֵצֵא בְּלֹא כְּתֻבָּה כְּלָל וְתִטֹּל בְּלָאוֹתֶיהָ הַקַּיָּמִין בֵּין מִנְּכָסִים שֶׁהִכְנִיסָה לְבַעְלָהּ וְנִתְחַיֵּב בְּאַחְרָיוּתָן בֵּין מִנִּכְסֵי מְלוֹג שֶׁלֹּא נִתְחַיֵּב בְּאַחְרָיוּתָן. וְאֵינָהּ נוֹטֶלֶת בְּשֶׁל בַּעַל כְּלוּם וַאֲפִלּוּ מִנְעָל שֶׁבְּרַגְלֶיהָ וּמִטְפַּחַת שֶׁבְּרֹאשָׁהּ שֶׁלְּקָחָן לָהּ פּוֹשֶׁטֶת וְנוֹתֶנֶת לוֹ וְכָל מַה שֶּׁנָּתַן לָהּ מַתָּנָה מַחֲזֶרֶת אוֹתוֹ. שֶׁלֹּא נָתַן לָהּ עַל מְנָת שֶׁתִּטֹּל וְתֵצֵא:

ט. וְאִם מָרְדָה מִתַּחַת בַּעְלָהּ כְּדֵי לְצַעֲרוֹ וְאָמְרָה הֲרֵינִי מְצַעֶרֶת אוֹתוֹ בְּכָךְ מִפְּנֵי שֶׁעָשָׂה לִי כָּךְ וְכָךְ אוֹ מִפְּנֵי שֶׁקִּלְּלַנִי אוֹ מִפְּנֵי שֶׁעָשָׂה עִמִּי מְרִיבָה וְכַיּוֹצֵא בִּדְבָרִים אֵלּוּ. שׁוֹלְחִים לָהּ מִבֵּית דִּין וְאוֹמְרִין לָהּ הֱוֵי יוֹדַעַת שֶׁאִם אַתְּ עוֹמֶדֶת בְּמִרְדֵּךְ אֲפִלּוּ כְּתֻבָּתֵךְ מֵאָה מָנֶה הִפְסַדְתְּ אוֹתָהּ. וְאַחַר כָּךְ מַכְרִיזִין עָלֶיהָ בְּבָתֵּי כְּנֵסִיּוֹת וּבְבָתֵּי מִדְרָשׁוֹת בְּכָל יוֹם אַרְבַּע שַׁבָּתוֹת זוֹ אַחַר זוֹ וְאוֹמְרִים פְּלוֹנִית מָרְדָה עַל בַּעְלָהּ:

י. וְאַחַר הַהַכְרָזָה שׁוֹלְחִין לָהּ בֵּית דִּין פַּעַם שְׁנִיָּה וְאוֹמְרִים לָהּ אִם אַתְּ עוֹמֶדֶת בְּמִרְדֵּךְ הִפְסַדְתְּ כְּתֻבָּתֵךְ. אִם עָמְדָה בְּמִרְדָּהּ וְלֹא חָזְרָה נִמְלָכִין בָּהּ וְתֹאבַד כְּתֻבָּתָהּ וְלֹא יִהְיֶה לָהּ כְּתֻבָּה כְּלָל. וְאֵין נוֹתְנִין לָהּ גֵּט עַד י״ב חֹדֶשׁ וְאֵין לָהּ מְזוֹנוֹת כָּל י״ב חֹדֶשׁ. וְאִם מֵתָה קֹדֶם הַגֵּט בַּעְלָהּ יוֹרְשָׁהּ:

יא. כַּסֵּדֶר הַזֶּה עוֹשִׂין לָהּ אִם מָרְדָה כְּדֵי לְצַעֲרוֹ. וַאֲפִלּוּ הָיְתָה נִדָּה אוֹ חוֹלָה שֶׁאֵינָהּ רְאוּיָה לְתַשְׁמִישׁ וַאֲפִלּוּ הָיָה בַּעְלָהּ מַלָּח שֶׁעוֹנָתוֹ לְשִׁשָּׁה חֳדָשִׁים וַאֲפִלּוּ יֵשׁ לוֹ אִשָּׁה אַחֶרֶת:

יב. וְכֵן אֲרוּסָה שֶׁהִגִּיעַ זְמַנָּהּ לְהִנָּשֵׂא וּמָרְדָה כְּדֵי לְצַעֲרוֹ וְלֹא נִשֵּׂאת הֲרֵי זוֹ מוֹרֶדֶת מִתַּשְׁמִישׁ. וְכֵן יְבָמָה שֶׁלֹּא רָצְתָה לְהִתְיַבֵּם כְּדֵי לְצַעֲרוֹ כַּסֵּדֶר הַזֶּה עוֹשִׂין לָהּ:

יג. הַמּוֹרֶדֶת הַזֹּאת כְּשֶׁהִיא יוֹצְאָה אַחַר י״ב חֹדֶשׁ בְּלֹא כְּתֻבָּה תַּחֲזִיר כָּל דָּבָר שֶׁהוּא שֶׁל בַּעַל. אֲבָל נְכָסִים שֶׁהִכְנִיסָה לוֹ וּבְלָאוֹתֵיהֶן קַיָּמִים אִם תָּפְסָה אֵין מוֹצִיאִים מִיָּדָהּ וְאִם תָּפַס הַבַּעַל אֵין מוֹצִיאִין מִיָּדוֹ. וְכֵן כָּל מַה שֶּׁאָבַד מִנְּכָסֶיהָ שֶׁקִּבֵּל הַבַּעַל אַחֲרָיוּתָן עָלָיו אֵינוֹ מְשַׁלֵּם לָהּ כְּלוּם. זֶה הוּא דִּין הַגְּמָרָא בְּמוֹרֶדֶת:

יד. וְאָמְרוּ הַגְּאוֹנִים שֶׁיֵּשׁ לָהֶם בְּבָבֶל מִנְהָגוֹת אֲחֵרוֹת בְּמוֹרֶדֶת. וְלֹא פָּשְׁטוּ אוֹתָן הַמִּנְהָגוֹת בְּרֹב יִשְׂרָאֵל וְרַבִּים וּגְדוֹלִים חוֹלְקִין עֲלֵיהֶם בְּרֹב הַמְּקוֹמוֹת וּכְדִין הַגְּמָרָא רָאוּי לִתְפֹּס וְלָדוּן:

טו. הַמּוֹרֵד עַל אִשְׁתּוֹ וְאָמַר הֲרֵינִי זָן וּמְפַרְנֵס אוֹתָהּ אֲבָל אֵינִי בָּא עָלֶיהָ מִפְּנֵי שֶׁשְּׂנֵאתִיהָ מוֹסִיפִין לָהּ עַל כְּתֻבָּתָהּ מִשְׁקַל שֵׁשׁ וּשְׁלֹשִׁים שְׂעוֹרוֹת שֶׁל כֶּסֶף בְּכָל שַׁבָּת וְשַׁבָּת. וְיֵשֵׁב וְלֹא יְשַׁמֵּשׁ כָּל זְמַן שֶׁתִּרְצֶה הִיא לֵישֵׁב. וְאַף עַל פִּי שֶׁכְּתֻבָּתָהּ הוֹלֶכֶת וְנוֹסֶפֶת הֲרֵי הוּא עוֹבֵר בְּלֹא תַּעֲשֶׂה שֶׁנֶּאֱמַר (שמות כא י) ״לֹא יִגְרָע״. שֶׁאִם שְׂנֵאָהּ יְשַׁלְּחָהּ אֲבָל לְעַנּוֹת אָסוּר. וְלָמָּה לֹא יִלְקֶה עַל לָאו זֶה מִפְּנֵי שֶׁאֵין בּוֹ מַעֲשֶׂה:

טז. אִישׁ וְאִשְׁתּוֹ שֶׁבָּאוּ לְבֵית דִּין הוּא אוֹמֵר זוֹ מוֹרֶדֶת מִתַּשְׁמִישׁ וְהִיא אוֹמֶרֶת לֹא כִּי אֶלָּא כְּדֶרֶךְ כָּל הָאָרֶץ אֲנִי עִמּוֹ. וְכֵן אִם טָעֲנָה הִיא וְאָמְרָה שֶׁהוּא מוֹרֵד מִתַּשְׁמִישׁ וְהוּא אוֹמֵר לֹא כִּי אֶלָּא כְּדֶרֶךְ כָּל הָאָרֶץ אֲנִי עִמָּהּ. מַחְרִימִין בַּתְּחִלָּה עַל מִי שֶׁהוּא מוֹרֵד וְלֹא יוֹדֶה בְּבֵית דִּין. וְאַחַר כָּךְ אִם לֹא הוֹדוּ אוֹמְרִין לָהֶם הִתְיַחֲדוּ בִּפְנֵי עֵדִים. נִתְיַחֲדוּ וַעֲדַיִן הֵם טוֹעֲנִין מְבַקְּשִׁין מִן הַנִּטְעָן וְעוֹשִׂין פְּשָׁרָה כְּפִי כֹּחַ הַדַּיָּן. אֲבָל לִבְעֹל בִּפְנֵי בְּנֵי אָדָם אִי אֶפְשָׁר לְפִי שֶׁאָסוּר לִבְעֹל בִּפְנֵי כָּל בְּרִיָּה:

יז. הָאִשָּׁה שֶׁחָלְתָה חַיָּב לְרַפְּאוֹת אוֹתָהּ עַד שֶׁתַּבְרִיא. רָאָה שֶׁהַחֳלִי אָרֹךְ וְיַפְסִיד מָמוֹן הַרְבֵּה לִרְפוּאָה וְאָמַר לָהּ הֲרֵי כְּתֻבָּתֵךְ מֻנַּחַת אוֹ רַפְּאִי עַצְמֵךְ מִכְּתֻבָּתֵךְ אוֹ הֲרֵינִי מְגָרְשֵׁךְ וְנוֹתֵן כְּתֻבָּה וְהוֹלֵךְ שׁוֹמְעִין לוֹ. וְאֵין רָאוּי לַעֲשׂוֹת כֵּן מִפְּנֵי דֶּרֶךְ אֶרֶץ:

יח. נִשְׁבֵּית חַיָּב לִפְדוֹתָהּ. וְאִם הָיָה כֹּהֵן שֶׁכְּבָר נֶאֶסְרָה עָלָיו פּוֹדֶה אוֹתָהּ וּמַחֲזִירָהּ לְבֵית אָבִיהָ. אֲפִלּוּ הָיָה בְּעִיר אַחֶרֶת מְטַפֵּל לָהּ עַד שֶׁמַּחֲזִירָהּ לִמְדִינָתָהּ וּמְגָרְשָׁהּ וְנוֹתֵן לָהּ כָּל כְּתֻבָּתָהּ. הָיָה בַּעְלָהּ יִשְׂרָאֵל שֶׁהַשְּׁבוּיָה מֻתֶּרֶת לוֹ מַחֲזִירָהּ לוֹ לְאִשָּׁה כְּמוֹ שֶׁהָיְתָה וְאִם רָצָה אַחַר כָּךְ מְגָרְשָׁהּ וְנוֹתֵן לָהּ כְּתֻבָּתָהּ:

יט. אֵין מְחַיְּבִין אֶת הַבַּעַל לִפְדּוֹת אֶת אִשְׁתּוֹ יוֹתֵר עַל דָּמֶיהָ אֶלָּא כַּמָּה שֶׁהִיא שָׁוָה כִּשְׁאָר הַשְּׁבוּיוֹת. הָיוּ דָּמֶיהָ יוֹתֵר עַל כְּדֵי כְּתֻבָּתָהּ וְאָמַר הֲרֵינִי מְגָרְשָׁהּ וְזוֹ כְּתֻבָּתָהּ וְתֵלֵךְ וְתִפְדֶּה אֶת עַצְמָהּ אֵין שׁוֹמְעִין לוֹ אֶלָּא כּוֹפִין אוֹתוֹ וּפוֹדֶה אוֹתָהּ אֲפִלּוּ הָיוּ דָּמֶיהָ עַד עֲשָׂרָה בִּכְתֻבָּתָהּ וַאֲפִלּוּ אֵין לוֹ אֶלָּא כְּדֵי פִּדְיוֹנָהּ. בַּמֶּה דְּבָרִים אֲמוּרִים בְּפַעַם רִאשׁוֹנָה אֲבָל אִם פְּדָאָהּ וְנִשְׁבֵּית פַּעַם שְׁנִיָּה וְרָצָה לְגָרְשָׁהּ הֲרֵי זֶה מְגָרְשָׁהּ וְנוֹתֵן כְּתֻבָּה וְהִיא תִּפְדֶּה אֶת עַצְמָהּ:

כ. מִי שֶׁנִּשְׁבֵּית אִשְׁתּוֹ וְהוּא בִּמְדִינַת הַיָּם בֵּית דִּין יוֹרְדִין לִנְכָסָיו וּמוֹכְרִין בְּהַכְרָזָה וּפוֹדִין אוֹתָהּ כְּדֶרֶךְ שֶׁהַבַּעַל פּוֹדֶה:

כא. הַמַּדִּיר אֶת אִשְׁתּוֹ נֵדֶר שֶׁהוּא חַיָּב בִּגְלָלוֹ לְגָרְשָׁהּ וְלִתֵּן כְּתֻבָּה וְנִשְׁבֵּית אַחַר שֶׁהִדִּירָהּ אֵינוֹ חַיָּב לִפְדוֹתָהּ. שֶׁמִּשָּׁעָה שֶׁהִדִּירָהּ נִתְחַיֵּב לְגָרְשָׁהּ וְלִתֵּן לָהּ כְּתֻבָּה:

כב. הָאִשָּׁה שֶׁהָיְתָה אֲסוּרָה עַל בַּעְלָהּ מֵאִסּוּרֵי לָאוִין וְנִשְׁבֵּית אֵינוֹ חַיָּב לִפְדוֹתָהּ אֶלָּא נוֹתֵן לָהּ כְּתֻבָּתָהּ וְהִיא תִּפְדֶּה אֶת עַצְמָהּ. וַהֲלֹא הַשְּׁבוּיָה אֲסוּרָה לְכֹהֵן וַהֲרֵי הוּא פּוֹדֶה אוֹתָהּ מִפְּנֵי שֶׁלֹּא הָיְתָה אֲסוּרָה מִקֹּדֶם וְאִסּוּר הַשִּׁבְיָה הוּא שֶׁגָּרַם לָהּ:

כג. מֵתָה אִשְׁתּוֹ חַיָּב בִּקְבוּרָתָהּ וְלַעֲשׂוֹת לָהּ מִסְפֵּד וְקִינִים כְּדֶרֶךְ כָּל הַמְּדִינָה. וַאֲפִלּוּ עָנִי שֶׁבְּיִשְׂרָאֵל לֹא יִפְחֲתוּ לוֹ מִשְּׁנֵי חֲלִילִין וּמְקוֹנֶנֶת. אִם הָיָה עָשִׁיר הַכֹּל לְפִי כְּבוֹדוֹ.

וְאִם הָיָה כְּבוֹדָהּ יוֹתֵר מִכְּבוֹדוֹ קוֹבְרִין אוֹתָהּ לְפִי כְּבוֹדָהּ שֶׁהָאִשָּׁה עוֹלָה עִם בַּעְלָהּ וְאֵינָהּ יוֹרֶדֶת אֲפִלּוּ לְאַחַר מִיתָה:

כד. לֹא רָצָה לִקְבֹּר אֶת אִשְׁתּוֹ וְעָמַד אֶחָד מִדַּעַת עַצְמוֹ וּקְבָרָהּ מוֹצִיאִין מִבַּעְלָהּ עַל כָּרְחוֹ וְנוֹתְנִין לָזֶה כְּדֵי שֶׁלֹּא תִּהְיֶה זוֹ מֻשְׁלֶכֶת לַכְּלָבִים. הָיָה בִּמְדִינָה אַחֶרֶת כְּשֶׁמֵּתָה אִשְׁתּוֹ בֵּית דִּין יוֹרְדִין לִנְכָסָיו וּמוֹכְרִין בְּלֹא הַכְרָזָה וְקוֹבְרִין אוֹתָהּ לְפִי מָמוֹן הַבַּעַל וּלְפִי כְּבוֹדוֹ אוֹ לְפִי כְּבוֹדָהּ:

Perek 15

Pru Urevu[4] (To be fruitful and multiply with her)

A man is obligated to get married at the age of **17 and must be married by the age of 20 years.**

To fulfil the mitzvah of *pru urevu* one should have at least **a boy and a girl.**

This extends also to the next generation, that he should have a **grandson and granddaughter; one through his son and the other through his daughter.**

If a man has been married for **10 years** without children, he should divorce her and remarry.

If a woman has **3 successive miscarriages,** it is presumed that this will continue and he should divorce her and remarry.

Flexibility occurs with above measures and it also depends on individual circumstances.

In addition to the *mitzvah* of *pru urevu*, a man should not live without a wife and a woman should not live without a husband.

CONDUCT BETWEEN HUSBAND AND WIFE

Sexual relations should not be forced upon wife. They should be with agreement preceded by conversation and joy.

Similarly, the Sages commanded that the woman should be modest in her home, not to promote levity, and not to openly request intimacy verbally.

She should also not deny intimacy to her husband to upset him. Rather she should allow him whenever he requests.

She should also not provoke jealousy.

Similarly, the Sages commanded that a man should honour his wife more than himself and love her as himself.

He should talk to her gently.

Similarly, the woman must honour her husband and be in awe of him and carry out all his directives and wishes. He should be like an officer or King in her eyes.

In this way, the marriage will be pleasant and praiseworthy.

פרק ט"ו

א. הָאִשָּׁה שֶׁהִרְשַׁת אֶת בַּעְלָהּ אַחַר הַנִּשּׂוּאִין שֶׁיִּמְנַע עוֹנָתָהּ הֲרֵי זֶה מֻתָּר. בַּמֶּה דְּבָרִים אֲמוּרִים בְּשֶׁהָיוּ לוֹ בָּנִים שֶׁכְּבָר קִיֵּם מִצְוַת פְּרִיָּה וּרְבִיָּה אֲבָל לֹא קִיֵּם חַיָּב לִבְעֹל בְּכָל עוֹנָה עַד שֶׁיִּהְיוּ לוֹ בָּנִים. מִפְּנֵי שֶׁהִיא מִצְוַת עֲשֵׂה שֶׁל תּוֹרָה שֶׁנֶּאֱמַר (בראשית א כב) "פְּרוּ וּרְבוּ":

ב. הָאִישׁ מְצֻוֶּה עַל פְּרִיָּה וּרְבִיָּה אֲבָל לֹא הָאִשָּׁה. וְאֵימָתַי הָאִישׁ נִתְחַיֵּב בְּמִצְוָה זוֹ מִבֶּן שְׁבַע עֶשְׂרֵה. וְכֵיוָן שֶׁעָבְרוּ עֶשְׂרִים שָׁנָה וְלֹא נָשָׂא אִשָּׁה הֲרֵי זֶה עוֹבֵר וּמְבַטֵּל מִצְוַת עֲשֵׂה. וְאִם הָיָה עוֹסֵק בַּתּוֹרָה וְטָרוּד בָּהּ וְהָיָה מִתְיָרֵא מִלִּשָּׂא אִשָּׁה כְּדֵי שֶׁלֹּא יִטְרַח בִּמְזוֹנוֹת בַּעֲבוּר אִשְׁתּוֹ וְיִבָּטֵל מִן הַתּוֹרָה הֲרֵי זֶה מֻתָּר לְהִתְאַחֵר. שֶׁהָעוֹסֵק בְּמִצְוָה פָּטוּר מִן הַמִּצְוָה וְכָל שֶׁכֵּן בְּתַלְמוּד תּוֹרָה:

ג. מִי שֶׁחָשְׁקָה נַפְשׁוֹ בַּתּוֹרָה תָּמִיד וְשׁוֹגֶה בָּהּ כְּבֶן עַזַּאי וְדָבֵק בָּהּ כָּל יָמָיו וְלֹא נָשָׂא אִשָּׁה אֵין בְּיָדוֹ עָוֹן. וְהוּא שֶׁלֹּא יִהְיֶה יִצְרוֹ מִתְגַּבֵּר עָלָיו. אֲבָל אִם הָיָה יִצְרוֹ מִתְגַּבֵּר עָלָיו חַיָּב לִשָּׂא אִשָּׁה וַאֲפִלּוּ הָיוּ לוֹ בָּנִים שֶׁמָּא יָבוֹא לִידֵי הִרְהוּר:

ד. כַּמָּה בָּנִים יִהְיוּ לָאִישׁ וְתִתְקַיֵּם מִצְוָה זוֹ בְּיָדוֹ. זָכָר וּנְקֵבָה. שֶׁנֶּאֱמַר (בראשית ה ב) "זָכָר וּנְקֵבָה בְּרָאָם". הָיָה הַבֵּן סָרִיס אוֹ שֶׁהָיְתָה הַבַּת אַיְלוֹנִית לֹא קִיֵּם מִצְוָה זוֹ:

ה. נוֹלְדוּ לוֹ וּמֵתוּ וְהִנִּיחוּ בָּנִים הֲרֵי זֶה קִיֵּם מִצְוַת פְּרִיָּה וּרְבִיָּה. בְּנֵי בָּנִים הֲרֵי הֵם כְּבָנִים. בַּמֶּה דְּבָרִים אֲמוּרִים בְּשֶׁהָיוּ בְּנֵי הַבָּנִים זָכָר וּנְקֵבָה וְהָיוּ בָּאִים מִזָּכָר וּנְקֵבָה אַף עַל פִּי שֶׁהַזָּכָר בֶּן בִּתּוֹ וְהַנְּקֵבָה בַּת בְּנוֹ הוֹאִיל וְהֵם מִשְּׁנֵי בָּנָיו הֵן בָּאִים הֲרֵי קִיֵּם מִצְוַת פְּרִיָּה וּרְבִיָּה. אֲבָל אִם הָיוּ לוֹ בֵּן וּבַת וּמֵתוּ וְהִנִּיחַ אֶחָד מֵהֶן זָכָר וּנְקֵבָה עֲדַיִן לֹא קִיֵּם הַמִּצְוָה:

ו. הָיוּ לוֹ בָּנִים בְּגֵיוּתוֹ וְנִתְגַּיֵּר הוּא וְהֵם הֲרֵי זֶה קִיֵּם מִצְוָה זוֹ. הָיוּ לוֹ בָּנִים וְהוּא עֶבֶד וְנִשְׁתַּחְרֵר הוּא וְהֵם לֹא קִיֵּם מִצְוַת פְּרִיָּה וּרְבִיָּה עַד שֶׁיּוֹלִיד אַחַר שֶׁנִּשְׁתַּחְרֵר שֶׁהָעֶבֶד אֵין לוֹ יִחוּס:

ז. לֹא יִשָּׂא אָדָם עֲקָרָה וּזְקֵנָה וְאַיְלוֹנִית וּקְטַנָּה שֶׁאֵינָהּ רְאוּיָה לֵילֵד אֶלָּא אִם כֵּן קִיֵּם מִצְוַת פְּרִיָּה וּרְבִיָּה אוֹ שֶׁהָיְתָה לוֹ אִשָּׁה אַחֶרֶת לִפְרוֹת וְלִרְבּוֹת מִמֶּנָּה. נָשָׂא אִשָּׁה וְשָׁהֲתָה עִמּוֹ עֶשֶׂר שָׁנִים וְלֹא יָלְדָה הֲרֵי זֶה יוֹצִיא וְיִתֵּן כְּתֻבָּה אוֹ יִשָּׂא אִשָּׁה הָרְאוּיָה לֵילֵד. וְאִם לֹא רָצָה לְהוֹצִיא כּוֹפִין אוֹתוֹ וּמַכִּין אוֹתוֹ בְּשׁוֹט עַד שֶׁיּוֹצִיא. וְאִם אָמַר אֵינִי בּוֹעֲלָהּ וַהֲרֵינִי שׁוֹכֵן עִמָּהּ בִּפְנֵי עֵדִים כְּדֵי שֶׁלֹּא אֶתְיַחֵד עִמָּהּ בֵּין שֶׁאָמְרָה הִיא בֵּין שֶׁאָמַר הוּא אֵין שׁוֹמְעִין אֶלָּא יוֹצִיא אוֹ יִשָּׂא אִשָּׁה הָרְאוּיָה לֵילֵד:

ח. שָׁהֲתָה עֶשֶׂר שָׁנִים וְלֹא יָלְדָה וַהֲרֵי הוּא יוֹרֶה כְּחֵץ שִׁכְבַת זֶרַע. חֶזְקַת הַחֹלִי מִמֶּנָּה וְתֵצֵא שֶׁלֹּא בִּכְתֻבָּה וְיֵשׁ לָהּ תּוֹסֶפֶת. לֹא תִּהְיֶה זוֹ פְּחוּתָה מֵאַיְלוֹנִית שֶׁלֹּא הִכִּיר בָּהּ שֶׁיֵּשׁ לָהּ תּוֹסֶפֶת כְּמוֹ שֶׁיִּתְבָּאֵר. וְאִם אֵינוֹ יוֹרֶה כְּחֵץ חֶזְקַת הַחֹלִי מִמֶּנּוּ בִּלְבַד וְיוֹצִיא וְיִתֵּן הַכְּתֻבָּה כֻּלָּהּ עִקָּר וְתוֹסֶפֶת:

ט. הוּא אוֹמֵר מִמֶּנָּה נִמְנַע הוֹלָדָה וְהִיא אוֹמֶרֶת מִמֶּנּוּ נִמְנַע מִפְּנֵי שֶׁאֵינוֹ יוֹרֶה כְּחֵץ נֶאֱמֶנֶת. וְיֵשׁ לוֹ לְהַחֲרִים סְתָם עַל מִי שֶׁטּוֹעֶנֶת דָּבָר שֶׁאֵינָהּ יוֹדַעַת בּוֹ בְּוַדַּאי וְאַחַר כָּךְ יִתֵּן כְּתֻבָּה. וְאִם אָמְרָה אֵינִי יוֹדַעַת אִם מִמֶּנִּי אִם מִמֶּנּוּ אֵין לָהּ עִקַּר כְּתֻבָּה כְּמוֹ שֶׁאָמַרְנוּ הַעֲמֵד מָמוֹן בְּחֶזְקַת בְּעָלָיו עַד שֶׁתִּטְעֹן בְּוַדַּאי שֶׁאֵינוֹ יוֹרֶה כְּחֵץ. וְלָמָּה נֶאֱמֶנֶת הִיא בְּטַעֲנָה זוֹ מִפְּנֵי שֶׁהִיא מַרְגֶּשֶׁת אִם יוֹרֶה כְּחֵץ אִם לֹא יוֹרֶה כְּחֵץ וְהוּא אֵינוֹ מַרְגִּישׁ:

י. הָאִשָּׁה שֶׁבָּאָה לִתְבֹּעַ מִבַּעְלָהּ לְגָרְשָׁהּ אַחַר עֶשֶׂר שָׁנִים מִפְּנֵי שֶׁלֹּא יָלְדָה וְהִיא אוֹמֶרֶת שֶׁאֵינוֹ יוֹרֶה כְּחֵץ שׁוֹמְעִין לָהּ. אַף עַל פִּי שֶׁאֵינָהּ מְצֻוָּה עַל פְּרִיָּה וּרְבִיָּה צְרִיכָה הִיא לְבָנִים לְזִקְנוּתָהּ. וְכוֹפִין אוֹתוֹ לְהוֹצִיא וְיִתֵּן עִקַּר כְּתֻבָּה בִּלְבַד שֶׁלֹּא כָּתַב לָהּ הַתּוֹסֶפֶת עַל מְנָת שֶׁתֵּצֵא לִרְצוֹנָהּ וְתִטֹּל:

יא. הָלַךְ בִּסְחוֹרָה בְּתוֹךְ עֶשֶׂר שָׁנִים אוֹ שֶׁהָיָה הַבַּעַל חוֹלֶה אוֹ שֶׁהָיְתָה הִיא חוֹלָה אוֹ שֶׁהָיוּ חֲבוּשִׁין בְּבֵית הָאֲסוּרִין אֵין עוֹלֶה לָהֶן אוֹתוֹ זְמַן מִן הַמִּנְיָן:

יב. הִפִּילָה מוֹנֶה מִיּוֹם שֶׁהִפִּילָה. אִם הִפִּילָה וְחָזְרָה וְהִפִּילָה שָׁלֹשׁ פְּעָמִים הֻחְזְקָה לִנְפָלִים וְשֶׁמָּא לֹא זָכָה לְהִבָּנוֹת מִמֶּנָּה וְיוֹצִיא וְיִתֵּן כְּתֻבָּה:

יג. הוּא אוֹמֵר הִפִּילָה בְּתוֹךְ עֶשֶׂר כְּדֵי שֶׁיִּשְׁהֶה עִמָּהּ וְהִיא אוֹמֶרֶת לֹא הִפַּלְתִּי נֶאֱמֶנֶת שֶׁאֵינָהּ מַחְזֶקֶת עַצְמָהּ בַּעֲקָרוּת. הוּא אוֹמֵר הִפִּילָה שְׁנַיִם וְהִיא אוֹמֶרֶת הִפַּלְתִּי שְׁלֹשָׁה נֶאֱמֶנֶת שֶׁאֵינָהּ מַחְזֶקֶת עַצְמָהּ בְּמַפֶּלֶת וְיוֹצִיא וְיִתֵּן כְּתֻבָּה. וּבְכָל זֶה מַשְׁבִּיעָהּ שְׁבוּעַת הֶסֵּת שֶׁלֹּא הִפִּילָה אוֹ שֶׁהִפִּילָה שְׁלֹשָׁה שֶׁבְּטַעֲנָה זוֹ יִתְחַיֵּב לִתֵּן כְּתֻבָּה:

יד. נִשֵּׂאת לָרִאשׁוֹן וְשָׁהֲתָה עִמּוֹ עֶשֶׂר שָׁנִים וְלֹא יָלְדָה וְהוֹצִיאָהּ מֻתֶּרֶת לְהִנָּשֵׂא לַשֵּׁנִי. שָׁהֲתָה עִם הַשֵּׁנִי עֶשֶׂר שָׁנִים וְלֹא יָלְדָה לֹא תִּנָּשֵׂא לִשְׁלִישִׁי. וְאִם נִשֵּׂאת לִשְׁלִישִׁי תֵּצֵא שֶׁלֹּא בִּכְתֻבָּה אֶלָּא אִם כֵּן יֵשׁ לוֹ אִשָּׁה אַחֶרֶת אוֹ שֶׁקִּיֵּם מִצְוַת פְּרִיָּה וּרְבִיָּה:

טו. הָאִשָּׁה שֶׁבָּאָה לְבֵית דִּין וְאָמְרָה בַּעְלִי אֵינוֹ יָכוֹל לְשַׁמֵּשׁ כְּדֶרֶךְ כָּל הָאָרֶץ שִׁמּוּשׁ שֶׁמּוֹלִיד אוֹ שֶׁאֵינוֹ יוֹרֶה כְּחֵץ יַעֲשׂוּ הַדַּיָּנִין פְּשָׁרָה וְאוֹמְרִים לָהּ רָאוּי לִיךְ שֶׁתִּנְהֲגִי עִם בַּעְלֵךְ עַד שֶׁתִּשְׁהִי עֶשֶׂר שָׁנִים וְלֹא תּוֹלִידִי וְאַחַר כָּךְ תִּתְבְּעִי. וּמְגַלְגְּלִין עִמָּהּ בְּדָבָר זֶה וְאֵין כּוֹפִין אוֹתָהּ לֵישֵׁב וְלֹא דָּנִין אוֹתָהּ כְּדִין הַמּוֹרֶדֶת אֶלָּא מַאֲרִיכִין בְּדָבָר זֶה עַד שֶׁיַּעֲשׂוּ פְּשָׁרָה:

טז. אַף עַל פִּי שֶׁקִּיֵּם אָדָם מִצְוַת פְּרִיָּה וּרְבִיָּה הֲרֵי הוּא מְצֻוֶּה מִדִּבְרֵי סוֹפְרִים שֶׁלֹּא יִבָּטֵל מִלִּפְרוֹת וְלִרְבּוֹת כָּל זְמַן שֶׁיֵּשׁ בּוֹ כֹּחַ. שֶׁכָּל הַמּוֹסִיף נֶפֶשׁ אַחַת בְּיִשְׂרָאֵל כְּאִלּוּ בָּנָה עוֹלָם. וְכֵן מִצְוַת חֲכָמִים הִיא שֶׁלֹּא יֵשֵׁב אָדָם בְּלֹא אִשָּׁה שֶׁלֹּא יָבֹא לִידֵי הִרְהוּר. וְלֹא תֵּשֵׁב אִשָּׁה בְּלֹא אִישׁ שֶׁלֹּא תֵּחָשֵׁד:

יז. וְחוֹבָה עַל כָּל אִישׁ לְקַנְּאוֹת לְאִשְׁתּוֹ. אָמְרוּ חֲכָמִים אֵין אָדָם מְקַנֵּא לְאִשְׁתּוֹ אֶלָּא אִם כֵּן נִכְנְסָה בּוֹ רוּחַ טָהֳרָה. וְלֹא יְקַנֵּא לָהּ בְּיוֹתֵר מִדַּאי וְלֹא יֶאֱנֹס אוֹתָהּ וְיִבְעֹל בְּעַל כָּרְחָהּ אֶלָּא בִּדַעְתָּהּ וּמִתּוֹךְ שִׂיחָה וְשִׂמְחָה:

יח. וְכֵן צִוּוּ חֲכָמִים עַל הָאִשָּׁה שֶׁתִּהְיֶה צְנוּעָה בְּתוֹךְ בֵּיתָהּ. וְלֹא תַּרְבֶּה שְׂחוֹק וְקַלּוּת רֹאשׁ בִּפְנֵי בַּעְלָהּ. וְלֹא תִּתְבַּע

תַּשְׁמִישׁ הַמִּטָּה בְּפִיהָ. וְלֹא תִהְיֶה מְדַבֶּרֶת בְּעֵסֶק זֶה. וְלֹא תִמְנַע מִבַּעְלָהּ כְּדֵי לְצַעֲרוֹ עַד שֶׁיּוֹסִיף בְּאַהֲבָתָהּ אֶלָּא נִשְׁמַעַת לוֹ בְּכָל עֵת שֶׁיִּרְצֶה. וְתִזָּהֵר מִקְּרוֹבָיו וּבְנֵי בֵּיתוֹ כְּדֵי שֶׁלֹּא יַעֲבֹר עָלָיו רוּחַ קִנְאָה. וְתִתְרַחֵק מִן הַכִּעוּר וּמִן הַדּוֹמֶה לְכִעוּר:

יט. וְכֵן צִוּוּ חֲכָמִים שֶׁיִּהְיֶה אָדָם מְכַבֵּד אֶת אִשְׁתּוֹ יוֹתֵר מִגּוּפוֹ וְאוֹהֲבָהּ כְּגוּפוֹ. וְאִם יֵשׁ לוֹ מָמוֹן מַרְבֶּה בְּטוֹבָתָהּ כְּפִי מָמוֹנוֹ. וְלֹא יַטִּיל עָלֶיהָ אֵימָה יְתֵרָה. וְיִהְיֶה דִּבּוּרוֹ עִמָּהּ בְּנַחַת. וְלֹא יִהְיֶה עָצֵב וְלֹא רַגְזָן:

כ. וְכֵן צִוּוּ עַל הָאִשָּׁה שֶׁתִּהְיֶה מְכַבֶּדֶת אֶת בַּעְלָהּ בְּיוֹתֵר מִדַּאי וְיִהְיֶה עָלֶיהָ מוֹרָא מִמֶּנּוּ וְתַעֲשֶׂה כָּל מַעֲשֶׂיהָ עַל פִּיו. וְיִהְיֶה בְּעֵינֶיהָ כְּמוֹ שַׂר אוֹ מֶלֶךְ. מְהַלֶּכֶת בְּתַאֲוַת לִבּוֹ וּמַרְחֶקֶת כָּל מַה שֶּׁיִּשְׂנָא. וְזֶה דֶּרֶךְ בְּנוֹת יִשְׂרָאֵל וּבְנֵי יִשְׂרָאֵל הַקְּדוֹשִׁים וְהַטְּהוֹרִים בְּזִוּוּגָן. וּבִדְרָכִים אֵלּוּ יִהְיֶה יִשּׁוּבָן נָאֶה וּמְשֻׁבָּח:

Perek 16

Ketubah. (Marriage Contract)

Reminder:
Pack on Wife Property

Possession and property brought by the women to the marriage is called *nedunya.*

Nedunya – **2 categories**

- *Nichsei tzon barzel* (Husband accepts responsibilities i.e. losses or profits regarding its value
- *Nichsei melog* (Women accepts responsibilities)

The term *ketubah*, by contrast, i.e. the basic *ketubah*, has different laws and involves payment from husband of **200 or 100 *zuz*** depending if she was a virgin or not. This would only become payable if husband dies or divorces her.

Additional points that Rabanan added regarding the *Ketubah.*

- Wife needs to take an oath regarding ketubah after husband's death – while holding a sacred object.
- Should collect her money from landed property – does not have to be from best property.

Reminder:
Pack on Expropriation of Property

This was in *Talmud* times when owning land was more common.

- Should collect the money from coinage of least value
- In period of *Geonim* it was ordained to collect her money from movable property

In most communities, the *ketubah* is written to place both landed and movable property under obligation.

The *ketubah* money can even be expropriated from husband's property after he has sold it.

> **📖 Reminder:**
> Pack on Oaths

Taking of oaths refers mainly to cases where husband has died. However, if specifications are made in the *ketubah,* then no oath is needed i.e. the *ketubah* specifies that 1000 *zuz* is due or a particular property has been allocated.

With a divorce, an oath may or may not be needed according to the circumstances.

The category of oath for a *ketubah* is *Derabanan* where a holy article must be held. It is equivalent to the oath necessary to collect money from an estate, where it is always necessary to take an oath.

Time limit for collecting *ketubah* while continuing to live in her husband's home is **unlimited**.

If she resides elsewhere, she has **25 years** to collect *ketubah*.

However, she cannot collect *ketubah* unless she actually produces the document.

Ketubah Summary (including chapters 10, 11, 12 and 16)

	Oath	Witnesses	Parties present	Explanation
📖 Must be written before *chuppah*			both	Protects wife from being divorced in casual manner because husband is obliged to pay her. It is forbidden for a man to live with his wife without a *ketubah*.
Obligates husband to pay wife *minimum* **200 *zuz*** (for virgin) or **100 *zuz*** (non-virgin) if he divorces her				Husband can obligate himself for more voluntarily
📖 In addition to above main requirement, there are 6 further conditions *Derabanan* which are duties of man i.e. **7** in total e.g. medical treatment etc plus the **3** duties of man from Torah				Man also has another **3** responsibilities as laid down in Torah i.e. subsistence, clothing and conjugal rights
Conditions take effect only at divorce or death of husband				
📖 When woman collects *ketubah* after *death* of husband she must first take an oath *Derabanan* holding a sacred object.	✓			📖 Reminder: Pack on Oaths Mainly to protect heirs
Can collect *ketubah* also after divorce	✗			

Reminder: Land Quality for Expropriation. Ref: *Sefer Mishpatim, Hilchot Malveh Veloveh*, Chapter 19				Inferior property and inferior coinage (there are 3 qualities of property – superior, medium, inferior)
To collect her due the wife must be in possession of the *ketubah*.				She can collect even after 100 years

פרק ט״ז

א. הַנְּכָסִים שֶׁמַּכְנֶסֶת הָאִשָּׁה לְבַעְלָהּ בֵּין קַרְקַע בֵּין מִטַּלְטְלִין בֵּין עֲבָדִים אַף עַל פִּי שֶׁהֵן נִכְתָּבִין בִּשְׁטַר הַכְּתֻבָּה אֵינָן נִקְרָאִין כְּתֻבָּה אֶלָּא נְדוּנְיָא שְׁמָם. וְאִם קִבֵּל הַבַּעַל אַחֲרָיוּת הַנְּדוּנְיָא עָלָיו וְנַעֲשֵׂית בִּרְשׁוּתוֹ אִם פָּחֲתָה פָּחֲתָה לוֹ וְאִם הוֹתִירָה הוֹתִירָה לוֹ הֲרֵי זוֹ נִקְרֵאת נִכְסֵי צֹאן בַּרְזֶל. וְאִם לֹא קִבֵּל אַחֲרָיוּת הַנְּדוּנְיָא עָלָיו אֶלָּא הֲרֵי הִיא בִּרְשׁוּת הָאִשָּׁה אִם פָּחֲתָה פָּחֲתָה לָהּ וְאִם הוֹתִירָה הוֹתִירָה לָהּ הֲרֵי זוֹ נִקְרֵאת נִכְסֵי מְלוֹג:

ב. וְכֵן כָּל נְכָסִים שֶׁיֵּשׁ לָאִשָּׁה שֶׁלֹּא הִכְנִיסָה אוֹתָן לְבַעְלָהּ וְלֹא כָּתְבוּ אוֹתָן בַּכְּתֻבָּה אֶלָּא נִשְׁאֲרוּ לְעַצְמָהּ. אוֹ נָפְלוּ לָהּ בִּירֻשָּׁה אַחַר שֶׁנִּתְאָרְסָה אוֹ נִתְּנוּ לָהּ בְּמַתָּנָה. הַכֹּל נִקְרָאִין נִכְסֵי מְלוֹג שֶׁכֻּלָּן בִּרְשׁוּתָהּ הֵן. וְאֵין נִקְרָאִין כְּתֻבָּה אֶלָּא עִקַּר כְּתֻבָּה שֶׁהוּא מֵאָה אוֹ מָאתַיִם עִם הַתּוֹסֶפֶת בִּלְבַד:

ג. כְּבָר הוֹדַעְנוּ שֶׁחֲכָמִים תִּקְּנוּ כְּתֻבָּה לָאִשָּׁה וְדִין הַתּוֹסֶפֶת כְּדִין הָעִקָּר. וְלֹא תִּקְּנוּ לִגְבוֹתָהּ כָּל זְמַן שֶׁתִּרְצֶה אֶלָּא הֲרֵי הִיא כְּחוֹב שֶׁיֵּשׁ לוֹ זְמַן וְאֵין הַכְּתֻבָּה נִגְבֵּית אֶלָּא לְאַחַר מִיתַת הַבַּעַל אוֹ אִם גֵּרְשָׁהּ. וְכֵן הִתְקִינוּ שֶׁאִם הָיוּ לַבַּעַל שָׂדוֹת טוֹבוֹת וְרָעוֹת וּבֵינוֹנִיּוֹת וּבָאָה הָאִשָּׁה לִגְבּוֹת כְּתֻבָּתָהּ מִמֶּנּוּ שֶׁלֹּא תִּגְבֶּה אֶלָּא מִן הָרָעָה שֶׁבִּנְכָסָיו וְהִיא הַנִּקְרֵאת זִבּוּרִית:

ד. וְכֵן הִתְקִינוּ שֶׁכְּשֶׁתָּבוֹא לִגְבּוֹת כְּתֻבָּתָהּ אַחַר מוֹתוֹ לֹא תִּגְבֶּה עַד שֶׁתִּשָּׁבַע בִּנְקִיטַת חֵפֶץ שֶׁלֹּא הִנִּיחַ אֶצְלָהּ כְּלוּם וְלֹא מָכְרָה לוֹ כְּתֻבָּתָהּ וְלֹא מָחֲלָה אוֹתָהּ. וְשָׁמִין לָהּ כָּל מַה שֶּׁעָלֶיהָ וּפוֹחֲתִין אוֹתוֹ מִכְּתֻבָּתָהּ. אֲבָל אִם גֵּרְשָׁהּ לִרְצוֹנוֹ גּוֹבָה בְּלֹא שְׁבוּעָה וְאֵין שָׁמִין כְּסוּת שֶׁעָלֶיהָ שֶׁהֲרֵי לְקָחָן לָהּ וְזָכְתָה בָּהֶן וְהוּא רוֹצֶה לְהוֹצִיאָהּ לֹא הִיא:

ה. וְכֵן הִתְקִינוּ שֶׁלֹּא תִּגְבֶּה הָאַלְמָנָה כְּתֻבָּתָהּ אֶלָּא מִן הַקַּרְקַע. וְאֵינָהּ גּוֹבָה מִשֶּׁבַח שֶׁשָּׁבְחוּ נְכָסִים לְאַחַר מִיתַת הַבַּעַל. וְאֵין הַבָּנוֹת נִזּוֹנוֹת לְאַחַר מִיתַת אֲבִיהֶן מִשֶּׁבַח שֶׁשָּׁבְחוּ נְכָסִים לְאַחַר מִיתָתוֹ. וְאֵינָהּ טוֹרֶפֶת בִּכְתֻבָּתָהּ בְּשֶׁבַח שֶׁהִשְׁבִּיחַ הַלּוֹקֵחַ אַף עַל פִּי שֶׁבַּעַל חוֹב גּוֹבֶה אֶת הַשֶּׁבַח. וּדְבָרִים אֵלּוּ מִקֻּלֵּי כְּתֻבָּה הֵם:

ו. וְכֵן מִקֻּלֵּי כְּתֻבָּה שֶׁתִּטֹּל הָאִשָּׁה בִּכְתֻבָּתָהּ מִן הַפָּחוּת שֶׁבַּמַּטְבְּעוֹת. כֵּיצַד. נָשָׂא אִשָּׁה בְּמָקוֹם אֶחָד וְגֵרְשָׁהּ בְּמָקוֹם אַחֵר. אִם הָיוּ מְעוֹת מְקוֹם הַנִּשּׂוּאִין טוֹבִים מִמְּעוֹת מְקוֹם הַגֵּרוּשִׁין נוֹתֵן לָהּ מִמְּעוֹת מְקוֹם הַגֵּרוּשִׁין. וְאִם הָיוּ מְעוֹת מְקוֹם הַגֵּרוּשִׁין טוֹבִים מִמְּעוֹת מְקוֹם הַנִּשּׂוּאִין נוֹתֵן לָהּ מִמְּעוֹת מְקוֹם הַנִּשּׂוּאִין. בַּמֶּה דְּבָרִים אֲמוּרִים בְּשֶׁהָיָה בִּכְתֻבָּתָהּ מָעוֹת סְתָם. אֲבָל אִם פֵּרֵשׁ בָּהּ מַטְבֵּעַ יָדוּעַ בֵּין בָּעִקָּר בֵּין בַּתּוֹסֶפֶת הֲרֵי הִיא כְּדִין הַמַּלְוֶה אֶת חֲבֵרוֹ מַטְבֵּעַ יָדוּעַ שֶׁנּוֹתֵן לוֹ כַּמָּה שֶׁהִלְוָהוּ כְּמוֹ שֶׁיִּתְבָּאֵר בְּהִלְכוֹת הַלְוָאָה:

ז. תִּקְּנוּ הַגְּאוֹנִים בְּכָל הַיְשִׁיבוֹת שֶׁתִּהְיֶה הָאִשָּׁה גּוֹבָה כְּתֻבָּתָהּ אַחֲרֵי מוֹת בַּעְלָהּ אַף מִן הַמִּטַּלְטְלִין כְּדֶרֶךְ שֶׁהִתְקִינוּ לְבַעַל חוֹב לִגְבּוֹת מִן הַמִּטַּלְטְלִין. וּפָשְׁטָה תַּקָּנָה זוֹ בְּרֹב יִשְׂרָאֵל. וְכֵן שְׁאָר תְּנָאֵי כְּתֻבָּה כֻּלָּן כִּכְתֻבָּה הֵן וְיֶשְׁנָן בְּמִטַּלְטְלִין כְּבַקַּרְקַע. חוּץ מִכְּתֻבַּת בְּנִין דִּכְרִין שֶׁלֹּא מָצָאנוּ מִנְהַג יְרֻשָּׁתָן פָּשׁוּט בְּכָל הַיְשִׁיבוֹת. לְפִיכָךְ אֲנִי אוֹמֵר מַעֲמִידִין אוֹתָהּ עַל דִּין הַגְּמָרָא שֶׁאֵין יוֹרְשִׁין כְּתֻבַּת אִמָּן אֶלָּא מִן הַקַּרְקַע:

ח. כְּבָר נָהֲגוּ בְּכָל הַמְּקוֹמוֹת שֶׁיָּדַעְנוּ וְשֶׁשָּׁמַעְנוּ שִׁמְעָן שֶׁיִּכְתְּבוּ בַּכְּתֻבָּה בֵּין מִמְּקַרְקְעֵי בֵּין מִמִּטַּלְטְלֵי. וְדָבָר זֶה תִּקּוּן גָּדוֹל הוּא וַאֲנָשִׁים גְּדוֹלִים וּנְבוֹנִים הִנְהִיגוּ דָּבָר זֶה שֶׁהֲרֵי זֶה תְּנַאי שֶׁבְּמָמוֹן וְנִמְצָא הָאַלְמָנָה גּוֹבָה מִן הַמִּטַּלְטְלִין בִּתְנַאי זֶה לֹא בְּתַקָּנַת אַחֲרוֹנִים:

ט. הֲרֵי שֶׁלֹּא כָּתַב כָּךְ בִּשְׁטַר הַכְּתֻבָּה אֶלָּא נָשָׂא סְתָם. אִם הָיָה יוֹדֵעַ בְּתַקָּנָה זוֹ שֶׁל גְּאוֹנִים גּוֹבָה. וְאִם לָאו אוֹ שֶׁנִּסְתַּפֵּק לָנוּ הַדָּבָר מִתְיַשְּׁבִין בַּדָּבָר הַרְבֵּה שֶׁאֵין כֹּחַ

בְּתַקָּנַת הַגְּאוֹנִים לָדוּן בָּהּ אַף עַל פִּי שֶׁלֹּא נִתְפָּרְשָׁה כְּדִין תְּנָאֵי כְּתֻבָּה שֶׁהֵם תַּקָּנַת הַסַּנְהֶדְרִין הַגְּדוֹלָה עַד שֶׁנּוֹצִיא בָּהּ מָמוֹן מִן הַיּוֹרְשִׁים:

י. וְעוֹד תִּקְּנוּ חֲכָמִים שֶׁיִּהְיוּ כָּל נִכְסֵי הַבַּעַל אַחְרָאִין וְעַרְבָאִין לִכְתֻבָּה אֲפִלּוּ כְּתֻבָּתָהּ מָנֶה וְיֵשׁ לוֹ קַרְקַע בְּאַלְפַּיִם זְהוּבִים הַכֹּל תַּחַת שִׁעְבּוּד הַכְּתֻבָּה. וְכָל שֶׁיִּמְכֹּר אַחַר הַנִּשּׂוּאִין מִנְּכָסָיו אַף עַל פִּי שֶׁמִּמְכָּרוֹ קַיָּם וְיֵשׁ לוֹ לִמְכֹּר כָּל נְכָסָיו אִם יִרְצֶה יֵשׁ לָהּ לִטְרֹף אוֹתָן בִּכְתֻבָּתָהּ כְּשֶׁיְּגָרְשֶׁנָּה אוֹ כְּשֶׁיָּמוּת אִם לֹא תִּמְצָא נְכָסִים בְּנֵי חוֹרִין. וּכְשֶׁתִּטְרֹף לֹא תִּטְרֹף אֶלָּא בִּשְׁבוּעָה בִּנְקִיטַת חֵפֶץ כְּדִין כָּל בַּעֲלֵי חוֹבוֹת. וְתַקָּנָה זוֹ כְּדֵי שֶׁלֹּא תִּהְיֶה כְּתֻבָּה קַלָּה בְּעֵינָיו:

יא. כְּשֶׁמַּשְׁבִּיעִין בֵּית דִּין אוֹ הַיּוֹרְשִׁין אֶת הָאַלְמָנָה כְּשֶׁתָּבוֹא לִגְבּוֹת כְּתֻבָּתָהּ אֵין מַשְׁבִּיעִין אוֹתָהּ אֶלָּא חוּץ לְבֵית דִּין. מִפְּנֵי שֶׁבָּתֵּי דִינִין הָיוּ נִמְנָעִין מִלְּהַשְׁבִּיעָהּ שֶׁחוֹשְׁשִׁין לָהּ שֶׁמָּא לֹא תְּדַקְדֵּק עַל עַצְמָהּ בִּשְׁבוּעָה. וְאִם רָצוּ הַיְתוֹמִים לְהַדִּירָהּ נוֹדֶרֶת לָהֶן כָּל מַה שֶּׁיִּרְצוּ וּמַדִּירִין אוֹתָהּ בְּבֵית דִּין וְאַחַר כָּךְ נוֹטֶלֶת כְּתֻבָּתָהּ:

יב. מֵתָה הָאַלְמָנָה קֹדֶם שֶׁתִּשָּׁבַע אֵין יוֹרְשֶׁיהָ יוֹרְשִׁין מִכְּתֻבָּתָהּ כְּלוּם שֶׁאֵין לָהּ כְּתֻבָּה עַד שֶׁתִּשָּׁבַע. וְאִם נִשֵּׂאת קֹדֶם שֶׁתִּשָּׁבַע הֲרֵי זוֹ נִשְׁבַּעַת אַחַר הַנִּשּׂוּאִין וְנוֹטֶלֶת כָּל זְמַן שֶׁתִּרְצֶה. אֲבָל אֵינָהּ נוֹדֶרֶת וְנוֹטֶלֶת שֶׁמָּא יָפֵר לָהּ הַבַּעַל:

יג. יִחֵד לָהּ קַרְקַע בִּכְתֻבָּתָהּ בֵּין שֶׁיִּחֵד בְּאַרְבַּעַת הַמְּצָרִים בֵּין בְּמֵצַר אֶחָד גּוֹבָה אֶת כְּתֻבָּתָהּ מִמֶּנָּה בְּלֹא שְׁבוּעָה. וְכֵן אִם כָּתַב לָהּ מִטַּלְטְלִין וְהֵן עַצְמָן קַיָּמִין נוֹטֶלֶת אוֹתָן בְּלֹא שְׁבוּעָה. וְכֵן אִם נִמְכְּרוּ וְנִלְקַח בָּהֶן מִטַּלְטְלִין אֲחֵרִים וְנוֹדַע שֶׁאֵלּוּ הַשְּׁנִיִּים מִדְּמֵי הַמִּטַּלְטְלִין הָרִאשׁוֹנִים נוֹטַלְתָּן בְּלֹא שְׁבוּעָה:

יד. הַפּוֹגֶמֶת כְּתֻבָּתָהּ לֹא תִּפָּרַע אֶלָּא בִּשְׁבוּעָה. כֵּיצַד. הוֹצִיאָה שְׁטַר כְּתֻבָּה שֶׁיֵּשׁ בּוֹ אֶלֶף זוּז הַבַּעַל אוֹמֵר נִתְקַבַּלְתְּ הַכֹּל וְהִיא אוֹמֶרֶת לֹא נִתְקַבַּלְתִּי אֶלָּא כָּךְ וְכָךְ. וַאֲפִלּוּ יֵשׁ עָלֶיהָ עֵדִים בְּמִקְצָת שֶׁנָּטְלָה וַאֲפִלּוּ דִּקְדְּקָה עַצְמָהּ בְּחֶשְׁבּוֹן מַה שֶּׁנָּטְלָה בַּחֲצִי פְּרוּטָה לֹא תִּטֹּל הַשְּׁאָר אֶלָּא בִּשְׁבוּעָה:

טו. אָמַר הַבַּעַל נִתְקַבַּלְתְּ הַכֹּל וְהִיא אוֹמֶרֶת לֹא נִתְקַבַּלְתִּי כְּלוּם וְעֵד אֶחָד מֵעִיד עָלֶיהָ שֶׁנִּתְקַבְּלָה הַכֹּל אוֹ מִקְצָת לֹא תִּפָּרַע כָּל הַכְּתֻבָּה אֶלָּא בִּשְׁבוּעָה:

טז. הַנִּפְרַעַת שֶׁלֹּא בְּפָנָיו לֹא תִּפָּרַע אֶלָּא בִּשְׁבוּעָה. כֵּיצַד. הֲרֵי שֶׁגֵּרֵשׁ אֶת אִשְׁתּוֹ וְהָלַךְ לוֹ. בֵּית דִּין יוֹרְדִין לִנְכָסָיו אַחַר שֶׁתִּשָּׁבַע וּמַגְבִּין אוֹתָהּ כְּתֻבָּתָהּ. וְהוּא שֶׁיִּהְיֶה בְּמָקוֹם רָחוֹק שֶׁיֵּשׁ לָהֶן טֹרַח לְהוֹדִיעוֹ. אֲבָל אִם הָיָה בְּמָקוֹם קָרוֹב לְהוֹדִיעוֹ שׁוֹלְחִין לוֹ וּמוֹדִיעִין אוֹתוֹ. וְאִם לֹא יָבוֹא תִּשָּׁבַע וְתִטֹּל:

יז. הַפּוֹחֶתֶת כְּתֻבָּתָהּ נִפְרַעַת שֶׁלֹּא בִּשְׁבוּעָה. כֵּיצַד. הוֹצִיאָה שְׁטַר כְּתֻבָּה בְּאֶלֶף זוּז הוּא אוֹמֵר נִתְקַבַּלְתְּ הַכֹּל וְהִיא אוֹמֶרֶת לֹא נִתְקַבַּלְתִּי כְּלוּם וְאֵין לִי אֶלָּא חָמֵשׁ מֵאוֹת זוּז וְזֶה שֶׁכָּתַב לִי אֶלֶף אֲמָנָה הָיְתָה בֵּינִי לְבֵינוֹ הֲרֵי זוֹ נִפְרַעַת שֶׁלֹּא בִּשְׁבוּעָה. אֲבָל אִם אָמְרָה אֵין בִּשְׁטַר כְּתֻבָּתִי אֶלָּא חֲמֵשׁ מֵאוֹת אֵינָהּ נִפְרַעַת בִּשְׁטָר זֶה שֶׁיֵּשׁ בּוֹ אֶלֶף זוּז כְּלוּם שֶׁהֲרֵי בִּטְּלָה אוֹתוֹ וּכְאִלּוּ הוֹדִית שֶׁהוּא שֶׁקֶר. לְפִיכָךְ נִשְׁבַּעַת שְׁבוּעַת הֶסֵּת וְנִפְטָר:

יח. כָּל מָקוֹם שֶׁאָמַרְנוּ לֹא תִּפָּרַע אֶלָּא בִּשְׁבוּעָה אוֹמְרִים לָהּ בֵּית דִּין הִשָּׁבְעִי וּטְלִי. וּמָקוֹם שֶׁאָמַרְנוּ תִּפָּרַע שֶׁלֹּא בִּשְׁבוּעָה אוֹמְרִים לַבַּעַל עֲמֹד וְתֵן לָהּ וְאֵין אַתָּה נֶאֱמָן בְּטַעֲנָה זוֹ עַד שֶׁתָּבִיא רְאָיָה לִדְבָרֶיךָ:

יט. אָמַר הַבַּעַל מֵעַצְמוֹ תִּשָּׁבַע לִי עַל טַעֲנָתִי אוֹמְרִין לָהּ הִשָּׁבְעִי וּטְלִי וְתִשָּׁבַע בִּנְקִיטַת חֵפֶץ. הִתְנָה עִמּוֹ שֶׁתִּגְבֶּה כְּתֻבָּתָהּ שֶׁלֹּא בִּשְׁבוּעָה אוֹ שֶׁתְּהֵא נֶאֱמֶנֶת בְּכָל מַה שֶּׁתִּטְעֹן גּוֹבָה מִמֶּנּוּ בְּלֹא שְׁבוּעָה כְּלָל. אֲבָל אִם בָּאָה לִגְבּוֹת מִיּוֹרְשָׁיו תִּשָּׁבַע וְאַחַר כָּךְ תִּטֹּל:

כ. הִתְנָה עִמּוֹ שֶׁתִּגְבֶּה כְּתֻבָּתָהּ מִיּוֹרְשָׁיו בְּלֹא שְׁבוּעָה אוֹ שֶׁתִּהְיֶה נֶאֱמֶנֶת בְּכָל מַה שֶּׁתִּטְעֹן עַל יוֹרְשָׁיו הֲרֵי זוֹ נוֹטֶלֶת מֵהֶן בְּלֹא שְׁבוּעָה. אֲבָל אִם בָּאָה לִטְרֹף מִנְּכָסִים מְשֻׁעְבָּדִים לֹא תִּטְרֹף אֶלָּא בִּשְׁבוּעָה. וְאַף עַל פִּי שֶׁהֶאֱמִינָהּ הַבַּעַל. שֶׁאֵין תְּנַאי הַבַּעַל מוֹעִיל אֶלָּא עָלָיו וְעַל יוֹרְשָׁיו אֲבָל לְהַפְסִיד מָמוֹן אֲחֵרִים אֵינוֹ מוֹעִיל:

כא. אַלְמָנָה שֶׁהָיָה שְׁטַר כְּתֻבָּה יוֹצֵא מִתַּחַת יָדָהּ נִשְׁבַּעַת וְגוֹבָה כְּתֻבָּתָהּ לְעוֹלָם אֲפִלּוּ אַחַר מֵאָה שָׁנָה. בֵּין שֶׁהָיְתָה בְּבֵית בַּעְלָהּ בֵּין שֶׁהָיְתָה בְּבֵית אָבִיהָ. וְאִם אֵין שְׁטַר כְּתֻבָּה יוֹצֵא מִתַּחַת יָדָהּ אֵין לָהּ כְּלוּם וַאֲפִלּוּ עִקַּר כְּתֻבָּה וַאֲפִלּוּ תָּבְעָה בְּיוֹם מִיתַת בַּעְלָהּ. וְכֵן הַגְּרוּשָׁה אֲפִלּוּ עִקַּר כְּתֻבָּה אֵין לָהּ עַד שֶׁתּוֹצִיא שְׁטַר כְּתֻבָּה:

כב. בַּמֶּה דְּבָרִים אֲמוּרִים בְּמָקוֹם שֶׁדַּרְכָּן לִכְתֹּב כְּתֻבָּה. אֲבָל בְּמָקוֹם שֶׁאֵין דַּרְכָּן לִכְתֹּב כְּתֻבָּה אֶלָּא סוֹמְכִין עַל תְּנַאי בֵּית דִּין הֲרֵי זוֹ גּוֹבָה עִקַּר כְּתֻבָּה אַף עַל פִּי שֶׁאֵין בְּיָדָהּ שְׁטַר כְּתֻבָּה בֵּין נִתְגָּרְשָׁה בֵּין נִתְאַלְמְנָה בֵּין שֶׁהָיְתָה בְּבֵית בַּעְלָהּ בֵּין שֶׁהָיְתָה בְּבֵית אָבִיהָ. אֲבָל תּוֹסֶפֶת אֵין לָהּ בְּכָל מָקוֹם אֶלָּא בִּרְאָיָה בְּרוּרָה:

כג. וְעַד כַּמָּה תִּגְבֶּה הָאַלְמָנָה הָעִקָּר בְּמָקוֹם שֶׁאֵין כּוֹתְבִין כְּתֻבָּה. אִם הָיְתָה בְּבֵית בַּעְלָהּ גּוֹבָה לְעוֹלָם. וְאִם הָיְתָה

בְּבֵית אָבִיהָ עַד עֶשְׂרִים וְחָמֵשׁ שָׁנָה. וְאִם בָּאָה לִתְבֹּעַ אַחַר עֶשְׂרִים וְחָמֵשׁ שָׁנָה אֵין לָהּ כְּלוּם שֶׁאִלּוּ לֹא מָחֲלָה לֹא שָׁתְקָה כָּל זְמַן זֶה. וַהֲרֵי אֵינָהּ עִם הַיּוֹרְשִׁים כְּדֵי שֶׁתֹּאמַר נִכְלַמְתִּי מִלְּתָבְעָן וְהֵן עִמִּי בַּבַּיִת:

כד. לְפִיכָךְ אִם הָיָה הַיּוֹרֵשׁ עַצְמוֹ מוֹלִיךְ מְזוֹנוֹתֶיהָ לְבֵית אָבִיהָ וּמְטַפֵּל בָּהּ יֵשׁ לָהּ לִתְבֹּעַ כְּתֻבָּתָהּ וַאֲפִלּוּ אַחַר כ"ה שָׁנָה מִפְּנֵי שֶׁזּוֹ שֶׁשָּׁתְקָה וְלֹא תָּבְעָה מִפְּנֵי שֶׁהִיא בּוֹשָׁה מִן הַיּוֹרֵשׁ:

כה. הִיא אוֹמֶרֶת בְּתוּלָה נִשֵּׂאתִי וְעִקַּר כְּתֻבָּתִי מָאתַיִם וְהַבַּעַל אוֹ יוֹרְשָׁיו אוֹמְרִים בְּעוּלָה נִשֵּׂאת וְאֵין לָהּ אֶלָּא מֵאָה. אִם יֵשׁ עֵדִים שֶׁרָאוּ שֶׁעָשׂוּ לָהּ הַמִּנְהָגוֹת שֶׁנָּהֲגוּ אַנְשֵׁי אוֹתָהּ הָעִיר לַעֲשׂוֹתָן לִבְתוּלָה כְּגוֹן מִינֵי שִׂמְחָה אוֹ כְּתָרִים אוֹ מַלְבּוּשׁ יָדוּעַ אוֹ שְׁאָר דְּבָרִים שֶׁאֵין עוֹשִׂין כָּךְ אֶלָּא לִבְתוּלָה הֲרֵי זוֹ נוֹטֶלֶת מָאתַיִם. וְאִם אֵין לָהּ עֵדִים בָּזֶה הֲרֵי זוֹ נוֹטֶלֶת מָנֶה. וְאִם הָיָה הַבַּעַל קַיָּם יֵשׁ לָהּ לְהַשְׁבִּיעוֹ שְׁבוּעַת הַתּוֹרָה שֶׁהֲרֵי הוֹדָה בְּמִקְצָת הַטַּעֲנָה. וְנֶאֱמָן הַקָּטָן לְהָעִיד בְּגָדְלוֹ וְלוֹמַר זָכוּר אֲנִי כְּשֶׁהָיִיתִי קָטָן שֶׁנַּעֲשָׂה לִפְלוֹנִית מִנְהַג הַבְּתוּלוֹת. וְכָל הַדְּבָרִים הָאֵלּוּ בְּמָקוֹם שֶׁאֵין כּוֹתְבִין כְּתֻבָּה כְּמוֹ שֶׁאָמַרְנוּ:

כו. הָאִשָּׁה שֶׁאָמְרָה לְבַעְלָהּ גֵּרַשְׁתַּנִי נֶאֱמֶנֶת, שֶׁאֵינָהּ מְעִיזָּה פָּנֶיהָ בִּפְנֵי בַּעְלָהּ. לְפִיכָךְ הָאִשָּׁה שֶׁהוֹצִיאָה שְׁטַר כְּתֻבָּה וְאֵין עִמָּהּ גֵּט וְאָמְרָה לְבַעְלָהּ גֵּרַשְׁתַּנִי וְאָבַד גִּטִּי תֵּן לִי כְּתֻבָּתִי וְהוּא אוֹמֵר לֹא גֵּרַשְׁתִּיךְ חַיָּב לִתֵּן לָהּ עִקַּר כְּתֻבָּה. אֲבָל אֵינוֹ נוֹתֵן לָהּ הַתּוֹסֶפֶת עַד שֶׁתָּבִיא רְאָיָה שֶׁגֵּרְשָׁהּ אוֹ שֶׁיֵּצֵא גֵּט עִם הַכְּתֻבָּה מִתַּחַת יָדָהּ:

כז. אָמַר לָהּ הַבַּעַל כָּךְ הָיָה גֵּרַשְׁתִּי וְנָתַתִּי לָהּ כָּל הַכְּתֻבָּה עִקָּר וְתוֹסֶפֶת וּכְתָבָה לִי שׁוֹבֵר וְאָבַד שׁוֹבְרִי. מִתּוֹךְ שֶׁיָּכוֹל לוֹמַר לֹא גֵּרַשְׁתִּי וְלֹא יִתְחַיֵּב בְּתוֹסֶפֶת נֶאֱמָן וּמַשְׁבִּיעָהּ בִּנְקִיטַת חֵפֶץ וְנוֹתֵן לָהּ אֶת הָעִקָּר וְנִשְׁבָּע הוּא שְׁבוּעַת הֶסֵּת עַל הַתּוֹסֶפֶת:

כח. הוֹצִיאָה גֵּט וְאֵין בְּיָדָהּ שְׁטַר כְּתֻבָּה. אִם דֶּרֶךְ אוֹתוֹ מָקוֹם שֶׁלֹּא יִכְתְּבוּ כְּתֻבָּה גּוֹבָה עִקַּר כְּתֻבָּתָהּ בַּגֵּט שֶׁבְּיָדָהּ. וְאִם דַּרְכָּן לִכְתֹּב כְּתֻבָּה אֲפִלּוּ עִקָּר אֵין לָהּ עַד שֶׁתּוֹצִיא שְׁטַר כְּתֻבָּה כְּמוֹ שֶׁבֵּאַרְנוּ. וְנִשְׁבָּע הַבַּעַל שְׁבוּעַת הֶסֵּת עַל טַעֲנָתָהּ וְנִפְטָר:

כט. הוֹצִיאָה שְׁתֵּי גִּטִּין וּשְׁתֵּי כְּתֻבּוֹת גּוֹבָה שְׁתֵּי כְּתֻבּוֹת. הוֹצִיאָה שְׁתֵּי כְּתֻבּוֹת וְגֵט אֶחָד אֵינָהּ גּוֹבָה אֶלָּא כְּתֻבָּה אַחַת. וְאֵי זוֹ מֵהֶן גּוֹבָה אִם שְׁתֵּיהֶן שָׁווֹת בִּטְּלָה הָאַחֲרוֹנָה אֶת הָרִאשׁוֹנָה וְאֵינָהּ טוֹרֶפֶת אֶלָּא מִזְּמַן הָאַחֲרוֹנָה. וְאִם הָיָה בְּאַחַת מִשְּׁתֵּיהֶן תּוֹסֶפֶת עַל חֲבֶרְתָּהּ גּוֹבָה בְּאֵיזוֹ מֵהֶן שֶׁתִּרְצֶה וּתְבַטֵּל הַשְּׁנִיָּה:

ל. הוֹצִיאָה שְׁתֵּי גִּטִּין וּכְתֻבָּה אַחַת אֵין לָהּ אֶלָּא כְּתֻבָּה אַחַת. שֶׁהַמְגָרֵשׁ אֶת אִשְׁתּוֹ וְהֶחֱזִירָהּ סְתָם עַל כְּתֻבָּתָהּ הָרִאשׁוֹנָה הֶחֱזִירָהּ. הוֹצִיאָה גֵּט וּכְתֻבָּה אַחַר מִיתַת הַבַּעַל. אִם גֵּט קוֹדֵם לִכְתֻבָּה גּוֹבָה בְּגֵט זֶה עִקַּר כְּתֻבָּה אִם אֵין דַּרְכָּן לִכְתֹּב כְּתֻבָּה וְגוֹבָה כָּל מַה שֶּׁיֵּשׁ בִּכְתֻבָּתָהּ זוֹ שֶׁהֲרֵי זָכְתָה בָּהּ בְּמִיתָתוֹ. וְאִם כְּתֻבָּה קָדְמָה אֶת הַגֵּט אֵין לָהּ אֶלָּא כְּתֻבָּה אַחַת. שֶׁעַל כְּתֻבָּתָהּ הָרִאשׁוֹנָה הֶחֱזִירָהּ:

לא. הָאִשָּׁה נֶאֱמֶנֶת לוֹמַר מֵת בַּעְלִי כְּדֵי שֶׁתִּנָּשֵׂא כְּמוֹ שֶׁיִּתְבָּאֵר בְּהִלְכוֹת גֵּרוּשִׁין. וּמִתְּנָאֵי הַכְּתֻבָּה שֶׁאִם תִּנָּשֵׂא לְאַחֵר אַחַר מוֹתוֹ תִּטֹּל כָּל מַה שֶּׁכָּתַב לָהּ בִּכְתֻבָּתָהּ. לְפִיכָךְ אִם בָּאָה לְבֵית דִּין וְאָמְרָה מֵת בַּעְלִי הַתִּירוּנִי לְהִנָּשֵׂא וְלֹא הִזְכִּירָה שֵׁם כְּתֻבָּה בָּעוֹלָם מַתִּירִין אוֹתָהּ לְהִנָּשֵׂא וּמַשְׁבִּיעִין אוֹתָהּ וְנוֹתְנִין לָהּ כְּתֻבָּתָהּ. בָּאָה וְאָמְרָה מֵת בַּעְלִי תְּנוּ לִי אֶת כְּתֻבָּתִי אַף לְהִנָּשֵׂא אֵין מַתִּירִין אוֹתָהּ שֶׁעַל עִסְקֵי הַכְּתֻבָּה בָּאָה וַהֲרֵי זֶה בְּחֶזְקַת שֶׁלֹּא מֵת. וְאֵין דַּעְתָּהּ לְהִנָּשֵׂא אֶלָּא לִטֹּל כְּתֻבָּה מֵחַיִּים בִּלְבַד. בָּאָה וְאָמְרָה מֵת בַּעְלִי הַתִּירוּנִי לְהִנָּשֵׂא וּתְנוּ לִי אֶת כְּתֻבָּתִי מַתִּירִין אוֹתָהּ לְהִנָּשֵׂא וְנוֹתְנִין לָהּ כְּתֻבָּתָהּ מִפְּנֵי שֶׁעִקַּר דְּבָרֶיהָ עַל עִסְקֵי הַנִּשּׂוּאִין בָּאָה. אֲבָל אִם בָּאָה וְאָמְרָה תְּנוּ לִי אֶת כְּתֻבָּתִי וְהַתִּירוּנִי לְהִנָּשֵׂא מַתִּירִין אוֹתָהּ וְאֵין נוֹתְנִין לָהּ כְּתֻבָּה. וְאִם תָּפְשָׂה אֵין מוֹצִיאִין מִיָּדָהּ:

Perek 17

Ketubah continued

Complications

- i.e. –Where there are several wives
- Where other creditors involved (who gets priority)
- Where guarantors involved

- Where woman sells or waives her rights.

	Oath	Witnesses	Parties present	Explanation
A creditor will sometimes take priority to a *ketubah* or landed property (similarly with movable property).				Because creditor would suffer a loss, but the woman would not.
Nichsei tzon barzel written in *ketubah* (woman's own possessions) • here she is regarded as a creditor but at a higher level.				Here she would suffer a loss.
Even if husband sells his property, wife can claim her *ketubah,* from the purchasers.				Purchasers have responsibility to be aware of this.
A widow can deal with *ketubah* in *Bet Din* of 3 experts or 3 trustworthy judges. A divorcee must go to a *Bet Din* of 3 expert judges.				
A woman who waives her right to her *ketubah* (*mochelet*) loses it all.		×	both	Nor is a contract needed. The words alone are binding. Financial matters differ from marriage or divorce. If witnesses needed in financial matters, it is more to do with certifying rather than creating validity.

פרק י״ז

א. מִי שֶׁהָיָה נָשׂוּי נָשִׁים רַבּוֹת וּמֵת. כָּל שֶׁנִּשֵּׂאת בַּתְּחִלָּה קוֹדֶמֶת לִטֹּל כְּתֻבָּתָהּ. וְאֵין אַחַת מֵהֶן נוֹטֶלֶת אֶלָּא בִּשְׁבוּעָה. וְאֵין לָאַחֲרוֹנָה אֶלָּא מַה שֶּׁשִּׁיֵּרָה שֶׁלְּפָנֶיהָ וְגַם הִיא נִשְׁבַּעַת וְנוֹטֶלֶת הַשְּׁאָר. וְכֵן אִם הָיָה עָלָיו שְׁטַר חוֹב. אִם הָיָה הַחוֹב קוֹדֵם גּוֹבֶה בַּעַל חוֹב תְּחִלָּה. וְאִם הַכְּתֻבָּה קָדְמָה גּוֹבָה הָאִשָּׁה בַּתְּחִלָּה וְהַנִּשְׁאָר לְבַעַל חוֹב:

ב. בַּמֶּה דְּבָרִים אֲמוּרִים כְּשֶׁהָיְתָה הַקַּרְקַע שֶׁבָּאוּ לִגְבּוֹת מִמֶּנָּה קְנוּיָה לוֹ בִּשְׁעַת נִשּׂוּאִים וּבְשָׁעָה שֶׁלָּוָה הוּא. שֶׁהַדִּין נוֹתֵן שֶׁכָּל הַקּוֹדֵם בִּשְׁטָר תְּחִלָּה זָכָה תְּחִלָּה. אֲבָל אִם נָשָׂא נָשִׁים זוֹ אַחַר זוֹ וְלָוָה בֵּין קֹדֶם נִשּׂוּאִין בֵּין אַחַר נִשּׂוּאִין וְאַחַר שֶׁנָּשָׂא וְלָוָה קָנָה קַרְקַע כֻּלָּן חוֹלְקִין כְּאֶחָד שֶׁשִּׁעְבּוּד כֻּלָּן כְּאֶחָד בָּא. שֶׁבְּשָׁעָה שֶׁקָּנָה הָיָה מְשֻׁעְבָּד לַכֹּל וְאֵין כָּאן דִּין קְדִימָה:

ג. וְכֵן אִם הָיָה זְמַן הַכְּתֻבּוֹת וְהַשְּׁטָרוֹת כֻּלָּן יוֹם אֶחָד אוֹ שָׁעָה אַחַת בְּמָקוֹם שֶׁכּוֹתְבִים שָׁעוֹת חוֹלְקִין כְּאֶחָד שֶׁאֵין שָׁם קוֹדֵם. וּלְעוֹלָם כָּל שֶׁקָּדַם וְזָכָה בְּמִטַּלְטְלִין כְּדֵי חוֹבוֹ אוֹ כְּדֵי כְּתֻבָּתָהּ אֵין מוֹצִיאִין מִיָּדוֹ שֶׁאֵין דִּין קְדִימָה בְּמִטַּלְטְלִין:

ד. מִי שֶׁגֵּרֵשׁ אֶת אִשְׁתּוֹ וְעָלָיו שְׁטַר חוֹב וּבָא בַּעַל חוֹב וְהָאִשָּׁה לִגְבּוֹת וְהָיוּ לוֹ מָעוֹת וְקַרְקַע כְּדֵי הַחוֹב וְהַכְּתֻבָּה. בַּעַל חוֹב נוֹטֵל מָעוֹת וְהָאִשָּׁה נוֹטֶלֶת כְּתֻבָּתָהּ מִן הַקַּרְקַע. וְאִם אֵין לוֹ אֶלָּא קַרְקַע שֶׁאֵין בָּהּ כְּדֵי לִגְבּוֹת שְׁנֵיהֶם וְלֹא הָיָה בָּהּ דִּין קְדִימָה נוֹתְנִין אוֹתוֹ לְבַעַל חוֹב. וְאִם נִשְׁאַר לָאִשָּׁה כְּלוּם תִּטֹּל וְאִם לָאו תִּדָּחֶה מִפְּנֵי בַּעַל חוֹב. שֶׁהֲרֵי בַּעַל חוֹב הִפְסִיד וְהוֹצִיא מְעוֹתָיו וְהָאִשָּׁה לֹא חָסְרָה דָּבָר שֶׁיּוֹתֵר מִשֶּׁהָאִישׁ רוֹצֶה לִשָּׂא אִשָּׁה רוֹצָה לְהִנָּשֵׂא:

ה. וְכֵן מִי שֶׁמֵּת וְהִנִּיחַ אִשָּׁה וּבַעַל חוֹב וְקַרְקַע שֶׁאֵין בָּהּ דִּין קְדִימָה הָאִשָּׁה נִדְחֵית מִפְּנֵי בַּעַל חוֹב וְהוּא גּוֹבֶה חוֹבוֹ תְּחִלָּה:

ו. וְכֵיוָן שֶׁתִּקְּנוּ הַגְּאוֹנִים שֶׁתִּגְבֶּה הָאִשָּׁה וּבַעַל חוֹב מִן הַמִּטַּלְטְלִין וְהַדָּבָר יָדוּעַ שֶׁאֵין דִּין קְדִימָה בְּמִטַּלְטְלִין אִם לֹא הִנִּיחַ מִטַּלְטְלִין כְּדֵי לִתֵּן לִשְׁנֵיהֶם נוֹתְנִין לְבַעַל חוֹב כָּל חוֹבוֹ תְּחִלָּה. וְאִם נִשְׁאַר לָאִשָּׁה מַה שֶּׁתִּטֹּל בִּכְתֻבָּתָהּ תִּטֹּל וְאִם לָאו תִּדָּחֶה:

ז. הָיוּ כְּתוּבִין בִּכְתֻבָּתָהּ נִכְסֵי צֹאן בַּרְזֶל וְטָעֲנָה שֶׁאָבְדוּ אוֹ שֶׁלְּקָחָם הַבַּעַל הֲרֵי הִיא בְּנִכְסֵי צֹאן בַּרְזֶל שֶׁלָּהּ כִּשְׁאָר בַּעֲלֵי חוֹבוֹת וְנִשְׁבַּעַת שֶׁלֹּא לְקָחָה אוֹתָן וְלֹא נְתָנָה וְלֹא מְחָלָה וְחוֹלֶקֶת עִם בַּעֲלֵי חוֹבוֹת:

ח. מִי שֶׁמֵּת אוֹ גֵּרֵשׁ וְיֵשׁ לוֹ נָשִׁים רַבּוֹת וְאֵין שָׁם דִּין קְדִימָה וְאֵין לוֹ כְּדֵי כָּל הַכְּתֻבּוֹת כֵּיצַד הֵן חוֹלְקוֹת. רוֹאִים אִם כְּשֶׁיֵּחָלֵק הַמָּמוֹן עַל מִנְיַן הַנָּשִׁים יַגִּיעַ לַפְּחוּתָה שֶׁבָּהֶן כְּדֵי כְּתֻבָּתָהּ אוֹ פָּחוֹת חוֹלְקוֹת בְּשָׁוֶה. וְאִם הָיָה הַמָּמוֹן יוֹתֵר עַל זֶה חוֹלְקִים מִמֶּנּוּ כְּדֵי שֶׁיַּגִּיעַ לַפְּחוּתָה שֶׁבָּהֶן כְּשִׁעוּר כְּתֻבָּתָהּ. וְחוֹזְרוֹת וְחוֹלְקוֹת אֶת הַמּוֹתָר בֵּין הַנּוֹתָרוֹת עַל דֶּרֶךְ הָרִאשׁוֹן. כֵּיצַד. מִי שֶׁהָיָה נָשׂוּי אַרְבַּע נָשִׁים כְּתֻבָּתָהּ שֶׁל רִאשׁוֹנָה אַרְבַּע מֵאוֹת וְשֶׁל שְׁנִיָּה שְׁלֹשׁ מֵאוֹת וְשֶׁל שְׁלִישִׁית מָאתַיִם וְשֶׁל רְבִיעִית מֵאָה נִמְצָא הַכֹּל אֶלֶף וְגֵרֵשׁ כֻּלָּן אוֹ מֵת. אִם הִנִּיחַ אַרְבַּע מֵאוֹת אוֹ פָּחוֹת חוֹלְקוֹת בְּשָׁוֶה וְכָל אַחַת נוֹטֶלֶת מֵאָה אוֹ פָּחוֹת. הִנִּיחַ שְׁמוֹנֶה מֵאוֹת אִם תֵּחָלֵק בֵּין כֻּלָּן בְּשָׁוֶה נִמְצֵאת הָרְבִיעִית נוֹטֶלֶת מָאתַיִם וַהֲרֵי אֵין בִּכְתֻבָּתָהּ אֶלָּא מֵאָה אֶלָּא כֵּיצַד עוֹשִׂין. לוֹקְחִין אַרְבַּע מֵאוֹת זוּז וְחוֹלְקִין אוֹתָן בֵּינֵיהֶן בְּשָׁוֶה מֵאָה מֵאָה נִמְצֵאת הָרְבִיעִית נָטְלָה כְּדֵי כְּתֻבָּתָהּ וְהָלְכָה לָהּ נִשְׁאַר כָּאן אַרְבַּע מֵאוֹת זוּז וְשָׁלֹשׁ נָשִׁים שֶׁבְּיַד כָּל אַחַת מִשְּׁלָשְׁתָּן מֵאָה זוּז אִם תֵּחָלֵק הָאַרְבַּע מֵאוֹת בֵּין שְׁלָשְׁתָּן בְּשָׁוֶה נִמְצָא הַשְּׁלִישִׁית נוֹטֶלֶת מָאתַיִם וּשְׁלֹשִׁים וְשָׁלֹשׁ וּשְׁלִישׁ וַהֲרֵי אֵין בִּכְתֻבָּתָהּ אֶלָּא מָאתַיִם. לְפִיכָךְ לוֹקְחִין מֵאַרְבַּע הַמֵּאוֹת שְׁלֹשׁ מֵאוֹת וְחוֹלְקִין בֵּין שְׁלָשְׁתָּן בְּשָׁוֶה שֶׁנִּמְצֵאת הַשְּׁלִישִׁית שֶׁנָּטְלָה מָאתַיִם שֶׁלָּהּ וְהָלְכָה לָהּ נִשְׁאַר כָּאן מֵאָה וּשְׁתֵּי נָשִׁים חוֹלְקִין אֶת הַמֵּאָה בְּשָׁוֶה בֵּין רִאשׁוֹנָה וּשְׁנִיָּה. נִמְצָא בְּיַד הָרִאשׁוֹנָה מָאתַיִם וַחֲמִשִּׁים וְכֵן בְּיַד הַשְּׁנִיָּה. וְנִמְצָא בְּיַד הַשְּׁלִישִׁית מָאתַיִם וּבְיַד הָרְבִיעִית מֵאָה וְעַל דֶּרֶךְ זוֹ חוֹלְקוֹת לְעוֹלָם אֲפִלּוּ הֵן מֵאָה:

ט. הֶעָרֵב לְאִשָּׁה בִּכְתֻבָּתָהּ אַף עַל פִּי שֶׁקָּנוּ מִיָּדוֹ אֵינוֹ חַיָּב לְשַׁלֵּם שֶׁמִּצְוָה עָשָׂה וַהֲרֵי לֹא חִסְּרָהּ כְּלוּם. וְאִם עָרֵב שֶׁל כְּתֻבַּת בְּנוֹ הוּא וְקָנוּ מִיָּדוֹ חַיָּב לְשַׁלֵּם שֶׁהָאָב בִּגְלַל בְּנוֹ מְשַׁעְבֵּד עַצְמוֹ וְגוֹמֵר וּמַקְנֶה. וְקַבְּלָן שֶׁל כְּתֻבָּה חַיָּב לְשַׁלֵּם אַף עַל פִּי שֶׁלֹּא קָנוּ מִיָּדוֹ. וְאֵי זֶה הוּא קַבְּלָן זֶה שֶׁאָמַר לְאִשָּׁה הִנָּשְׂאִי לָזֶה וַאֲנִי נוֹתֵן כְּתֻבָּה זוֹ. אֲבָל אִם אָמַר לָהּ הֲרֵינִי עָרֵב כְּתֻבָּה זוֹ. אֲנִי פּוֹרֵעַ כְּתֻבָּה זוֹ. אֲנִי חַיָּב בָּהּ וְכַיּוֹצֵא בָּזֶה פָּטוּר אֶלָּא אִם כֵּן הָיָה אָבִיו. הַמְגָרֵשׁ אֶת אִשְׁתּוֹ יַדִּירֶנָּה הֲנָאָה וְאַחַר כָּךְ תִּפָּרַע כְּתֻבָּתָהּ מִן הַקַּבְּלָן אוֹ מֵאָבִיו אִם הָיָה עָרֵב. שֶׁמָּא יַחֲזִירֶנָּה וְנִמְצְאוּ עוֹשִׂין קְנוּנְיָא עַל נְכָסָיו שֶׁל זֶה:

י. וְכֵן הַמַּקְדִּישׁ נְכָסָיו וְגֵרֵשׁ אֶת אִשְׁתּוֹ יַדִּירֶנָּה הֲנָאָה וְאַחַר כָּךְ תִּפָּרַע מִן הַפּוֹדֶה מִיַּד הַהֶקְדֵּשׁ שֶׁמָּא יַעֲשׂוּ קְנוּנְיָא עַל הַהֶקְדֵּשׁ. אֲבָל הַמְגָרֵשׁ אֶת אִשְׁתּוֹ וּבָאָה לִטְרֹף מִן הַלָּקוֹחוֹת אֵין מְחַיְּבִין אוֹתוֹ לַהֲדִירָהּ אֶלָּא נִשְׁבַּעַת וְטוֹרֶפֶת. וְאִם רָצְתָה תַּחֲזֹר לְבַעְלָהּ שֶׁכְּבָר יָדְעוּ הַלָּקוֹחוֹת שֶׁיֵּשׁ עָלָיו כְּתֻבַּת אִשָּׁה וְהֵם הִפְסִידוּ עַל עַצְמָם שֶׁלָּקְחוּ נְכָסִים שֶׁתַּחַת שִׁעְבּוּדָהּ:

יא. הַבַּעַל שֶׁמָּכַר נְכָסָיו וְאַחַר כָּךְ כָּתְבָה אִשְׁתּוֹ לַלּוֹקֵחַ דִּין וּדְבָרִים אֵין לִי עִמְּךָ וְהִסְכִּימָה לְמַעֲשָׂיו אַף עַל פִּי שֶׁקָּנוּ מִמֶּנָּה הֲרֵי זוֹ טוֹרֶפֶת. שֶׁלֹּא כָּתְבָה לוֹ אֶלָּא שֶׁלֹּא תְּהֵא אֵיבָה בֵּינָהּ לְבֵין בַּעְלָהּ קְטָטָה וְיֵשׁ לָהּ לוֹמַר נַחַת רוּחַ עָשִׂיתִי לְבַעְלִי. אֲבָל אִם קָנוּ מִיַּד הָאִשָּׁה תְּחִלָּה שֶׁאֵין לָהּ שִׁעְבּוּד עַל מָקוֹם זֶה וְאַחַר כָּךְ מָכַר אוֹתוֹ הַבַּעַל אֵינָהּ טוֹרֶפֶת אוֹתוֹ. וְכֵן אִם מָכַר הַבַּעַל וְאָמַר לְאִשְׁתּוֹ לִכְתֹּב לַלּוֹקֵחַ דִּין וּדְבָרִים אֵין לִי עִמְּךָ וְלֹא כָּתְבָה וְלֹא הִסְכִּימָה לְמַעֲשָׂיו וְנִפְסַד הַמֶּכֶר וְחָזַר הַבַּעַל וּמָכַר לְאִישׁ אַחֵר בֵּין אוֹתָהּ שָׂדֶה בֵּין שָׂדֶה אַחֶרֶת וְאַחַר שֶׁמָּכַר הַבַּעַל הִסְכִּימָה לְמַעֲשָׂיו וְקָנוּ מִיָּדָהּ, שֶׁאֵין לָהּ שִׁעְבּוּד עַל שָׂדֶה זוֹ, אֵינָהּ יְכוֹלָה לִטְרֹף שֶׁאֵינָהּ יְכוֹלָה לוֹמַר נַחַת רוּחַ עָשִׂיתִי לְבַעְלִי שֶׁהֲרֵי בָּרִאשׁוֹנָה כְּשֶׁלֹּא רָצְתָה לֹא הָלְכָה בִּרְצוֹן בַּעְלָהּ:

יב. מִי שֶׁהָיוּ לוֹ שְׁתֵּי נָשִׁים וּמָכַר אֶת שָׂדֵהוּ וְקָנוּ מִיַּד הָרִאשׁוֹנָה שֶׁאֵין לָהּ שִׁעְבּוּד עַל שָׂדֶה זוֹ וְאֵינָהּ טוֹרֶפֶת אוֹתוֹ מִן הַלּוֹקֵחַ וְהָיָה הַקִּנְיָן מוֹעִיל שֶׁאֵינָהּ יְכוֹלָה לִטְעֹן בּוֹ נַחַת רוּחַ עָשִׂיתִי לְבַעְלִי וְאַחַר כָּךְ מֵת הַבַּעַל אוֹ גֵּרֵשׁ שְׁתֵּיהֶן הַשְּׁנִיָּה מוֹצִיאָה מִיַּד הַלּוֹקֵחַ שֶׁהֲרֵי לֹא קָנוּ מִיָּדָהּ לַלּוֹקֵחַ. וְהָרִאשׁוֹנָה מוֹצִיאָה מִיַּד הַשְּׁנִיָּה מִפְּנֵי שֶׁהִיא קְדוּמָה וְלֹא הֵסִירָה שִׁעְבּוּדָהּ אֶלָּא מֵעַל הַלּוֹקֵחַ. וּכְשֶׁתַּחְזֹר הַשָּׂדֶה לָרִאשׁוֹנָה חוֹזֵר הַלּוֹקֵחַ וּמוֹצִיאָהּ מִיָּדָהּ שֶׁהֲרֵי קָנוּ לוֹ. וְחוֹזְרוֹת חֲלִילָה עַד שֶׁיַּעֲשׂוּ פְּשָׁרָה בֵּינֵיהֶן:

יג. אַלְמָנָה בֵּין מִן הַנִּשּׂוּאִין בֵּין מִן הָאֵרוּסִין נִשְׁבַּעַת וּמוֹכֶרֶת

מִקַּרְקַע בַּעְלָהּ וְנִפְרַעַת כְּתֻבָּתָהּ בֵּין בְּבֵית דִּין מֻמְחִין בֵּין בְּבֵית דִּין שֶׁאֵינָן מֻמְחִין. וְהוּא שֶׁיִּהְיוּ הַשְּׁלֹשָׁה הָאֲנָשִׁים נֶאֱמָנִין וְיוֹדְעִין בְּשׁוּמַת הַקַּרְקַע. וְאַחֲרָיוּת הַמֶּכֶר עַל נִכְסֵי יְתוֹמִים. אֲבָל הַגְּרוּשָׁה לֹא תִּמְכֹּר אֶלָּא בְּבֵית דִּין מֻמְחִין. וְכָל הַמּוֹכֶרֶת בְּבֵית דִּין לֹא תִּמְכֹּר אֶלָּא בְּהַכְרָזָה. וּבְהִלְכוֹת הַלְוָאָה יִתְבָּאֵר מִשְׁפַּט מְכִירַת בֵּית דִּין הֵיאַךְ הִיא. אֲבָל הַמּוֹכֶרֶת שֶׁלֹּא בְּבֵית דִּין אֵינָהּ צְרִיכָה הַכְרָזָה וְאַף עַל פִּי כֵן צָרִיךְ שְׁלֹשָׁה שֶׁהֵם נֶאֱמָנִים וְיוֹדְעִים בְּשׁוּמָא:

יד. אַלְמָנָה שֶׁמָּכְרָה קַרְקַע בִּכְתֻבָּתָהּ בֵּינָהּ לְבֵין עַצְמָהּ אִם מָכְרָה שָׁוֶה בְּשָׁוֶה מִכְרָהּ קַיָּם וְנִשְׁבַּעַת שְׁבוּעַת אַלְמָנָה אַחַר שֶׁמָּכְרָה. וְהוּא שֶׁמָּכְרָה לְאַחֵר אֲבָל אִם שָׁמָה לְעַצְמָהּ לֹא עָשְׂתָה כְּלוּם וַאֲפִלּוּ הִכְרִיזָה:

טו. הָיְתָה כְּתֻבָּתָהּ מָאתַיִם וּמָכְרָה שְׁוֵה מֵאָה בְּמָאתַיִם אוֹ שְׁוֵה מָאתַיִם בְּמֵאָה נִתְקַבְּלָה כְּתֻבָּתָהּ וְאֵין לָהּ כְּלוּם וּבִלְבַד שֶׁתִּשָּׁבַע שְׁבוּעַת אַלְמָנָה. הָיְתָה כְּתֻבָּתָהּ מֵאָה וּמָכְרָה שְׁוֵה מֵאָה וְדִינָר בְּמֵאָה מִכְרָהּ בָּטֵל וַאֲפִלּוּ אָמְרָה אֲנִי אַחֲזִיר אֶת הַדִּינָר לַיּוֹרְשִׁים:

טז. הָיְתָה כְּתֻבָּתָהּ אַרְבַּע מֵאוֹת זוּז וּמָכְרָה לָזֶה בְּמָנֶה וְלָזֶה בְּמָנֶה שָׁוֶה בְּשָׁוֶה וְלָאַחֲרוֹן שְׁוֵה מֵאָה וְדִינָר בְּמֵאָה שֶׁל אַחֲרוֹן בָּטֵל וְשֶׁל כֻּלָּם קַיָּם:

יז. יֵשׁ לָאִשָּׁה לִמְכֹּר כְּתֻבָּתָהּ אוֹ לִתְּנָהּ בְּמַתָּנָה אִם מֵת הַבַּעַל אוֹ גֵּרְשָׁהּ יָבֹא הַלָּה וְיִטֹּל וְאִם מֵתָה הִיא בְּחַיֵּי בַּעְלָהּ אוֹ קֹדֶם שֶׁנִּשְׁבְּעָה אֵין לוֹ כְּלוּם:

יח. הֲרֵי שֶׁמָּכְרָה מִקְצָת כְּתֻבָּתָהּ אוֹ מִשְׁכְּנָה מִקְצָת כְּתֻבָּתָהּ אוֹ נָתְנָה לְאַחֵר מִקְצָת כְּתֻבָּתָהּ מוֹכֶרֶת מִקַּרְקַע בַּעְלָהּ וְתִגְבֶּה הַשְּׁאָר בֵּין בְּבֵית דִּין מֻמְחִין בֵּין בִּשְׁלֹשָׁה נֶאֱמָנִים. וּמוֹכֶרֶת לִכְתֻבָּתָהּ אֲפִלּוּ פְּעָמִים רַבּוֹת בֵּין בְּבֵית דִּין בֵּין בִּשְׁלֹשָׁה נֶאֱמָנִים וְיוֹדְעִים שׁוּמַת הַקַּרְקַע:

יט. הַמּוֹכֶרֶת כְּתֻבָּתָהּ בֵּין לַאֲחֵרִים בֵּין לְבַעְלָהּ לֹא אִבְּדָה שְׁאָר תְּנָאֵי כְּתֻבָּה. וְאִם הָיָה לָהּ בֵּן זָכָר יוֹרֵשׁ כְּנֶגֶד הַכְּתֻבָּה הַזֹּאת שֶׁנִּמְכְּרָה מִנִּכְסֵי אָבִיו יוֹתֵר עַל חֶלְקוֹ כְּדִין תְּנַאי זֶה. אֲבָל הַמּוֹחֶלֶת כְּתֻבָּתָהּ לְבַעְלָהּ אִבְּדָה כָּל תְּנָאֵי כְּתֻבָּתָהּ וַאֲפִלּוּ מְזוֹנוֹת אֵין לָהּ עָלָיו. וּמוֹחֶלֶת כְּתֻבָּתָהּ אֵינָהּ צְרִיכָה קִנְיָן וְלֹא עֵדִים כִּשְׁאָר כָּל הַמּוֹחֲלִים שֶׁאֵינָן צְרִיכִין לֹא עֵדִים וְלֹא קִנְיָן אֶלָּא בִּדְבָרִים בִּלְבַד. וְהוּא שֶׁיִּהְיוּ דְּבָרִים שֶׁהַדַּעַת סוֹמֶכֶת עֲלֵיהֶן וְלֹא יִהְיוּ דִּבְרֵי שְׂחוֹק וְהִתּוּל אוֹ דִּבְרֵי תְּמִיהָה אֶלָּא בְּדַעַת נְכוֹנָה:

Perek 18

Ketubah continued

Subsistence allowance of widow continues until she takes her *ketubah*.

	Oath	Witnesses	Parties present	Explanation
Widow entitled to receive subsistence from estate until she claims her *ketubah*.	✓			However, law is different as to her rights of forcing these funds from movable and landed property of estate. *Ketubah* must be shown to court and widow must take an oath. An oath needed whenever heirs are involved.
Widow granted wardrobe from estate until she claims her *ketubah*.				
Widow can continue living in home she lived with her husband until allocating *ketubah*.				And continue to use all the facilities there as in the past e.g. servants. Heirs may not sell house but also, they do not need to improve it. Nor do they need to maintain the property.

Sickness relating to widow – depends on nature of sickness.				Paid by heirs, or from her *ketubah*.
Heirs not responsible for a captive widow.				
Burial of widow responsibility of heirs.				
Heirs entitled to income of widow.				
Heirs *not* entitled to ownerless article that she finds.				Husband was entitled so as to preserve *shalom bait*.
Widow should perform household tasks for heirs.				

A wife is entitled to subsistence up until she draws her *ketubah*.

פרק י״ח

א. אַלְמָנָה נִזּוֹנֶת מִנִּכְסֵי יוֹרְשִׁין כָּל זְמַן אַלְמְנוּתָהּ עַד שֶׁתִּטֹּל כְּתֻבָּתָהּ. וּמִשֶּׁתִּתְבַּע כְּתֻבָּתָהּ בְּבֵית דִּין אֵין לָהּ מְזוֹנוֹת. וְכֵן אִם מָכְרָה כְּתֻבָּתָהּ כֻּלָּהּ אוֹ מִשְׁכְּנָה כְּתֻבָּתָהּ אוֹ עֲשָׂתָה כְּתֻבָּתָהּ אַפּוֹתִיקִי לְאַחֵר. וְהוּא שֶׁתֹּאמַר לוֹ פֹּה תִּגְבֶּה חוֹבְךָ. בֵּין שֶׁעָשְׂתָה דְּבָרִים אֵלּוּ בְּבֵית דִּין מְמַחִין בֵּין שֶׁלֹּא בְּבֵית דִּין בֵּין שֶׁעָשְׂתָה בְּחַיֵּי בַעְלָהּ בֵּין שֶׁעָשְׂתָה לְאַחַר מִיתַת בַּעְלָהּ אֵין לָהּ מְזוֹנוֹת מִן הַיּוֹרְשִׁים. אֲבָל אִם מָכְרָה מִקְצָתָהּ יֵשׁ לָהּ מְזוֹנוֹת. וּמִשֶּׁתִּתְאָרֵס הָאַלְמָנָה אִבְּדָה מְזוֹנוֹתֶיהָ:

ב. כְּשֵׁם שֶׁנִּזּוֹנֶת אַחַר מוֹתוֹ מִנְּכָסָיו כָּךְ נוֹתְנִין לָהּ כְּסוּת וּכְלֵי תַּשְׁמִישׁ וּמָדוֹר (אוֹ יוֹשֶׁבֶת בְּמָדוֹר) שֶׁהָיְתָה בּוֹ בְּחַיֵּי בַעְלָהּ וּמִשְׁתַּמֶּשֶׁת בִּכְרִים וּכְסָתוֹת בַּעֲבָדִים וּבִשְׁפָחוֹת שֶׁנִּשְׁתַּמְּשָׁה בָּהֶן בְּחַיֵּי בַעְלָהּ. נָפַל הַמָּדוֹר אֵין הַיּוֹרְשִׁין חַיָּבִין לִבְנוֹתוֹ. וְאִם אָמְרָה הָנִיחוּ לִי וַאֲנִי אֶבְנֶנּוּ מִשֶּׁלִּי אֵין שׁוֹמְעִין לָהּ. וְכֵן לֹא תְּחַזֵּק בִּדְקוֹ וְלֹא תְּטַחֶה אוֹתוֹ אֶלָּא תֵּשֵׁב בּוֹ כְּמָה שֶׁהוּא אוֹ תֵּצֵא. וְיוֹרְשִׁין שֶׁמָּכְרוּ מְדוֹר אַלְמָנָה לֹא עָשׂוּ וְלֹא כְלוּם:

ג. נָפַל הַבַּיִת אוֹ שֶׁלֹּא הָיָה לְבַעְלָהּ בַּיִת אֶלָּא בְּשָׂכָר נוֹתְנִין לָהּ מָדוֹר לְפִי כְּבוֹדָהּ. וְכֵן מְזוֹנוֹתֶיהָ וּכְסוּתָהּ לְפִי כְּבוֹדָהּ. וְאִם הָיָה כְּבוֹד הַבַּעַל גָּדוֹל מִכְּבוֹדָהּ נוֹתְנִין לָהּ לְפִי כְּבוֹדוֹ מִפְּנֵי שֶׁעוֹלָה עִמּוֹ וְאֵינָהּ יוֹרֶדֶת אֲפִלּוּ לְאַחַר מִיתָה:

ד. בִּרְכַּת הַבַּיִת מְרֻבָּה כֵּיצַד. חֲמִשָּׁה שֶׁהָיָה מְזוֹנוֹת כָּל אֶחָד מֵהֶן קַב בְּשֶׁיֹּאכַל לְבַדּוֹ אִם הָיוּ חֲמִשְׁתָּן בְּבַיִת אֶחָד וְאוֹכְלִין בְּעֵרוּב מַסְפִּיק לָהֶן אַרְבַּע קַבִּין. וְהוּא הַדִּין לִשְׁאָר צָרְכֵי הַבַּיִת. לְפִיכָךְ אַלְמָנָה שֶׁאָמְרָה אֵינֶנִּי זָזָה מִבֵּית אָבִי פִּסְקוּ לִי מְזוֹנוֹת וּתְנוּ לִי שָׁם. יְכוֹלִין הַיּוֹרְשִׁין לוֹמַר לָהּ אִם אַתְּ אֶצְלֵנוּ יֵשׁ לָךְ מְזוֹנוֹת וְאִם לָאו אֵין אָנוּ נוֹתְנִים לָךְ אֶלָּא כְּפִי בִּרְכַּת הַבַּיִת. וְאִם הָיְתָה טוֹעֶנֶת מִפְּנֵי שֶׁהִיא יַלְדָּה וְהֵם יְלָדִים נוֹתְנִין לָהּ מְזוֹנוֹת הַמַּסְפִּיקִין לָהּ לְבַדָּהּ וְהִיא בְּבֵית אָבִיהָ. וּמוֹתַר מְזוֹנוֹת הָאַלְמָנָה וּמוֹתַר הַכְּסוּת לַיּוֹרְשִׁין:

ה. אַלְמָנָה שֶׁחָלְתָה אִם צְרִיכָה לִרְפוּאָה שֶׁאֵין לָהּ קִצְבָה הֲרֵי זוֹ כִּמְזוֹנוֹת וְיוֹרְשִׁין חַיָּבִין בָּהּ. וְאִם הִיא צְרִיכָה רְפוּאָה שֶׁיֵּשׁ לָהּ קִצְבָה הֲרֵי זוֹ מִתְרַפְּאָה מִכְּתֻבָּתָהּ. נִשְׁבֵּית אֵין הַיּוֹרְשִׁין חַיָּבִין לִפְדּוֹתָהּ אֲפִלּוּ הָיְתָה יְבָמָה וַאֲפִלּוּ נִשְׁבֵּית בְּחַיֵּי בַעְלָהּ וָמֵת וְהִיא בַּשִּׁבְיָה אֵין חַיָּבִין לִפְדּוֹתָהּ מִנְּכָסָיו אֶלָּא נִפְדֵּית מִשֶּׁל עַצְמָהּ אוֹ תִּטֹּל כְּתֻבָּתָהּ וְתִפְדֶּה עַצְמָהּ:

ו. מֵתָה הָאַלְמָנָה יוֹרְשֵׁי הַבַּעַל חַיָּבִין בִּקְבוּרָתָהּ. וְאִם נִשְׁבְּעָה שְׁבוּעַת אַלְמָנָה וְאַחַר כָּךְ מֵתָה יוֹרְשֶׁיהָ יוֹרְשִׁין כְּתֻבָּתָהּ וְהֵן חַיָּבִין בִּקְבוּרָתָהּ אֲבָל לֹא יוֹרְשֵׁי הַבַּעַל. מַעֲשֵׂה יְדֵי הָאַלְמָנָה לַיּוֹרְשִׁין. וְיוֹרֵשׁ שֶׁאָמַר לָאַלְמָנָה טְלִי מַעֲשֵׂה יָדַיִךְ בִּמְזוֹנוֹתַיִךְ אֵין שׁוֹמְעִין לוֹ. אֲבָל הִיא שֶׁרָצְתָה בָּזֶה שׁוֹמְעִין לָהּ:

ז. וְכָל מְלָאכוֹת שֶׁהָאִשָּׁה עוֹשָׂה לְבַעְלָהּ אַלְמָנָה עוֹשָׂה לִיתוֹמִים חוּץ מִמְּזִיגַת הַכּוֹס וְהַצָּעַת הַמִּטָּה וְהַרְחָצַת פָּנָיו יָדָיו וְרַגְלָיו:

ח. מְצִיאַת הָאַלְמָנָה וּפֵרוֹת נְכָסִים שֶׁהִכְנִיסָה לַבַּעַל לְעַצְמָהּ וְאֵין לַיּוֹרֵשׁ בָּהֶם כְּלוּם:

ט. וְהַנְּכָסִים עַצְמָם שֶׁהֵם נְדֻנְיָתָהּ נוֹטֶלֶת אוֹתָן בְּלֹא שְׁבוּעָה וְאֵין לַיּוֹרְשִׁים בָּהֶם דִּין לְעוֹלָם אֶלָּא אִם כֵּן הוֹתִירוּ בְּחַיֵּי

הַבַּעַל וְהָיוּ נִכְסֵי צֹאן בַּרְזֶל שֶׁהַמּוֹתָר לַבַּעַל. וְאִם מֵתָה הָאַלְמָנָה בְּלֹא שְׁבוּעָה יוֹרְשֶׁיהָ יוֹרְשִׁים נְדֻנְיָתָהּ אַף עַל פִּי שֶׁהוּא נִכְסֵי צֹאן בַּרְזֶל. וְאִם הָיָה בָּהֶן מוֹתָר הַמּוֹתָר לְיוֹרְשֵׁי הַבַּעַל:

י. אַלְמָנָה שֶׁתָּפְסָה מְטַלְטְלִין כְּדֵי שֶׁתִּזּוֹן מֵהֶן בֵּין שֶׁתָּפְסָה מֵחַיִּים בֵּין שֶׁתָּפְסָה אַחַר מוֹתוֹ אֲפִלּוּ תָּפְסָה כִּכַּר זָהָב אֵין מוֹצִיאִין מִיָּדָהּ אֶלָּא כּוֹתְבִין עָלֶיהָ בֵּית דִּין מַה שֶּׁתָּפְסָה וּפוֹסְקִין לָהּ מְזוֹנוֹת וּמְחַשְּׁבִין עִמָּהּ וְהִיא נִזּוֹנֶת מִמַּה שֶּׁבְּיָדָהּ עַד שֶׁתָּמוּת אוֹ עַד שֶׁלֹּא יִהְיוּ לָהּ מְזוֹנוֹת. וְיִקְחוּ הַיּוֹרְשִׁין אֶת הַשְּׁאָר:

יא. וְכֵן אִם תָּפְסָה מְטַלְטְלִין בִּכְתֻבָּתָהּ בְּחַיֵּי בַּעְלָהּ וָמֵת גּוֹבָה מֵהֶן. אֲבָל אִם תָּפְסָה אַחַר מוֹתוֹ לִכְתֻבָּתָהּ אֵינָהּ גּוֹבָה מֵהֶן אַף עַל גַּב שֶׁתִּקְּנוּ הַגְּאוֹנִים שֶׁתִּגָּבֶה הַכְּתֻבָּה וּתְנָאֵי הַכְּתֻבָּה מִן הַמִּטַּלְטְלִין. לְפִיכָךְ תִּזּוֹן הָאַלְמָנָה מִן הַמִּטַּלְטְלִין אַף עַל פִּי שֶׁלֹּא תָּפְסָה:

יב. וְאִם הִנִּיחַ בַּעְלָהּ מִטַּלְטְלִין וְלֹא תָּפְסָה אוֹתָן הַיּוֹרְשִׁים נוֹטְלִין אוֹתָן וְהֵן מַעֲלִין לָהּ מְזוֹנוֹת וְאֵינָהּ יְכוֹלָה לְעַכֵּב עֲלֵיהֶן וְלוֹמַר יִהְיוּ הַמִּטַּלְטְלִין מֻנָּחִין בְּבֵית דִּין עַד שֶׁאֶזּוֹן מֵהֶן שֶׁמָּא יֹאבְדוּ וְלֹא יִהְיוּ לִי מְזוֹנוֹת. וַאֲפִלּוּ הִתְנְתָה עָלָיו בְּפֵרוּשׁ שֶׁתִּזּוֹן מִן הַמִּטַּלְטְלִין אֵינָהּ מְעַכֶּבֶת. וְכָזֶה דָּנִין תָּמִיד בְּכָל בָּתֵּי דִּינִין:

יג. אֲבָל אִם הִנִּיחַ קַרְקַע יְכוֹלָה הִיא לְעַכֵּב עֲלֵיהֶן שֶׁלֹּא יִמְכְּרוּ וְאִם מָכְרוּ אֵינָהּ מוֹצִיאָה מִיַּד הַלָּקוֹחוֹת שֶׁאֵין הָאִשָּׁה וְהַבָּנוֹת נִזּוֹנוֹת אֶלָּא מִנְּכָסִים בְּנֵי חוֹרִין:

יד. הִנִּיחַ נָשִׁים רַבּוֹת אַף עַל פִּי שֶׁנְּשָׂאָן זוֹ אַחַר זוֹ נִזּוֹנוֹת בְּשָׁוֶה (כְּמוֹ) שֶׁאֵין דִּין קְדִימָה בְּמִטַּלְטְלִין:

טו. אַלְמָנָה שֶׁנָּפְלָה לִפְנֵי יָבָם בִּשְׁלֹשָׁה חֳדָשִׁים הָרִאשׁוֹנִים נִזּוֹנֶת מִשֶּׁל בַּעַל. וְאִם הֻכַּר הָעֻבָּר וְכֵן אִם הֱנִיחָהּ מְעֻבֶּרֶת נִזּוֹנֶת וְהוֹלֶכֶת עַד שֶׁתֵּלֵד. יָלְדָה בֵּן שֶׁל קַיָּמָא נִזּוֹנֶת וְהוֹלֶכֶת כָּל יְמֵי אַלְמְנוּתָהּ כִּשְׁאָר כָּל הַנָּשִׁים. לֹא נִמְצֵאת מְעֻבֶּרֶת אַחַר שְׁלֹשָׁה חֳדָשִׁים אוֹ שֶׁהִפִּילָה אֵינָהּ נִזּוֹנֶת לֹא מִשֶּׁל בַּעַל וְלֹא מִשֶּׁל יָבָם אֶלָּא תּוֹבַעַת יְבָמָהּ לִכְנֹס אוֹ לַחֲלֹץ:

טז. תָּבְעָה יְבָמָהּ לִכְנֹס אוֹ לַחֲלֹץ וְעָמַד בְּבֵית דִּין וּבָרַח אוֹ שֶׁחָלָה אוֹ שֶׁהָיָה הַיָּבָם בִּמְדִינַת הַיָּם הֲרֵי זוֹ נִזּוֹנֶת מִשֶּׁל יָבָם בְּלֹא שְׁבוּעָה כְּלָל:

יז. נָפְלָה לִפְנֵי יָבָם קָטָן אֵין לָהּ מְזוֹנוֹת עַד שֶׁיִּגְדַּל וְיִהְיֶה כִּשְׁאָר הַיְּבָמִין:

יח. מִי שֶׁיִּחֵד קַרְקַע לְאִשְׁתּוֹ בִּמְזוֹנוֹתֶיהָ בִּשְׁעַת מִיתָה וְאָמַר יִהְיֶה מָקוֹם פְּלוֹנִי לִמְזוֹנוֹת הֲרֵי רַבָּה לָהּ מְזוֹנוֹת. וְאִם הָיָה שְׂכָרוֹ פָּחוֹת מִמְּזוֹנוֹת הָרְאוּיוֹת לָהּ נוֹטֶלֶת הַשְּׁאָר מִשְּׁאָר נְכָסִים. וְאִם הָיָה שְׂכָרוֹ יוֹתֵר מִן הָרָאוּי לָהּ נוֹטֶלֶת הַכֹּל. אֲבָל אִם אָמַר לָהּ יִהְיֶה בְּמָקוֹם פְּלוֹנִי בִּמְזוֹנוֹתֶיהָ וְשָׁתְקָה אֵין לָהּ אֶלָּא פֵּרוֹת אוֹתוֹ מָקוֹם בִּלְבַד שֶׁהֲרֵי קָצַץ לָהּ מְזוֹנוֹת:

יט. אַלְמָנָה שֶׁבָּאָה לְבֵית דִּין לִתְבֹּעַ מְזוֹנוֹת יֵשׁ מִי שֶׁהוֹרָה שֶׁפּוֹסְקִין לָהּ מְזוֹנוֹת וְאֵין מַשְׁבִּיעִין אוֹתָהּ. וְאֵין רָאוּי לִסְמֹךְ עַל הוֹרָאָה זוֹ מִפְּנֵי שֶׁנִּתְחַלֵּף לוֹ הַדָּבָר בְּאִשָּׁה שֶׁהָלַךְ בַּעְלָהּ לִמְדִינַת הַיָּם. וְרַבּוֹתַי הוֹרוּ שֶׁאֵין לָהּ מְזוֹנוֹת מִבֵּית דִּין עַד שֶׁתִּשָּׁבַע שֶׁהֲרֵי זוֹ בָּאָה לְהִפָּרַע מִנִּכְסֵי יְתוֹמִים וְכָל הַנִּפְרָע מִנִּכְסֵי יְתוֹמִים לֹא יִפָּרַע אֶלָּא בִּשְׁבוּעָה. וְלָזֶה דַּעְתִּי נוֹטָה וְכֵן רָאוּי לָדוּן:

כ. אַלְמָנָה שֶׁבָּאָה לְבֵית דִּין לִתְבֹּעַ מְזוֹנוֹת מַשְׁבִּיעִין אוֹתָהּ בַּתְּחִלָּה וּמוֹכְרִין בְּלֹא הַכְרָזָה וְנוֹתְנִין לָהּ מְזוֹנוֹת. וְכֵן יֵשׁ לָהּ לִמְכֹּר לִמְזוֹנוֹת שֶׁלֹּא בְּבֵית דִּין מֻמְחִין אֶלָּא בִּשְׁלֹשָׁה אֲנָשִׁים נֶאֱמָנִים בְּלֹא הַכְרָזָה. וְכֵן אִם מָכְרָה לִמְזוֹנוֹת בֵּינָהּ לְבֵין עַצְמָהּ שָׁוֶה בְּשָׁוֶה מִכְרָהּ קַיָּם וּכְשֶׁיָּבֹאוּ הַיּוֹרְשִׁין לְהַשְׁבִּיעַ אוֹתָהּ נִשְׁבַּעַת:

כא. וְכַמָּה מוֹכְרִין לִמְזוֹנוֹת כְּדֵי לָזוּן מֵהֶם שִׁשָּׁה חֳדָשִׁים לֹא יוֹתֵר עַל זֶה. וּמוֹכְרִין עַל מְנָת שֶׁיִּהְיֶה הַלּוֹקֵחַ נוֹתֵן לָהּ מְזוֹן שְׁלֹשִׁים יוֹם וְחוֹזֶרֶת וּמוֹכֶרֶת פַּעַם שְׁנִיָּה לְשִׁשָּׁה חֳדָשִׁים. וְכֵן מוֹכֶרֶת וְהוֹלֶכֶת לְעוֹלָם עַד שֶׁיִּשָּׁאֵר מִן הַנְּכָסִים כְּדֵי כְּתֻבָּתָהּ גּוֹבָה כְּתֻבָּתָהּ מִן הַשְּׁאָר וְהוֹלֶכֶת לָהּ:

כב. אַלְמָנָה שֶׁפָּסְקוּ לָהּ בֵּית דִּין מְזוֹנוֹת אֵין מְחַשְּׁבִין עִמָּהּ עַל מַעֲשֵׂה יָדֶיהָ עַד שֶׁיָּבֹאוּ הַיּוֹרְשִׁים וְיִתְבְּעוּהָ. אִם מָצְאוּ לָהּ מַעֲשֵׂה יָדֶיהָ נוֹטְלִין אוֹתוֹ וְאִם לָאו הוֹלְכִין לְדַרְכָּם. וַאֲנִי אוֹמֵר שֶׁאִם הָיוּ הַיּוֹרְשִׁים קְטַנִּים בֵּית דִּין מְחַשְּׁבִין עִמָּהּ וּפוֹסְקִין מַעֲשֵׂה יָדֶיהָ כְּדֶרֶךְ שֶׁפּוֹסְקִין לָהּ מְזוֹנוֹת:

כג. אַלְמָנָה שֶׁאֵין שְׁטַר כְּתֻבָּה יוֹצֵא מִתַּחַת יָדָהּ אֵין לָהּ מְזוֹנוֹת שֶׁמָּא מָחֲלָה כְּתֻבָּתָהּ אוֹ מָכְרָה אוֹ מִשְׁכְּנָה אוֹתָהּ. אַף עַל פִּי שֶׁלֹּא טָעַן יוֹרֵשׁ טוֹעֲנִין אָנוּ לוֹ וְאוֹמְרִים לָהּ הָבִיאִי כְּתֻבָּתֵךְ וְהִשָּׁבְעִי וּטְלִי מְזוֹנוֹתַיִךְ אֶלָּא אִם אֵין דַּרְכָּם לִכְתֹּב כְּתֻבָּה:

כד. הָאִשָּׁה שֶׁהָלְכָה הִיא וּבַעְלָהּ לִמְדִינַת הַיָּם וּבָאָה וְאָמְרָה מֵת בַּעְלִי רָצְתָה נִזּוֹנֶת כְּדִין כָּל הָאַלְמָנוֹת רָצְתָה נוֹטֶלֶת כְּתֻבָּה. אָמְרָה גֵּרְשַׁנִי בַּעְלִי אֵינָהּ נֶאֱמֶנֶת וְנִזּוֹנֶת מִנְּכָסָיו עַד כְּדֵי כְּתֻבָּתָהּ מִכָּל פָּנִים. שֶׁאִם עֲדַיִן הִיא אִשְׁתּוֹ יֵשׁ לָהּ מְזוֹנוֹת. וְאִם גֵּרְשָׁהּ כְּמוֹ שֶׁאָמְרָה יֵשׁ לָהּ כְּתֻבָּה שֶׁהֲרֵי כְּתֻבָּתָהּ בְּיָדָהּ. לְפִיכָךְ נוֹטֶלֶת מְזוֹנוֹת עַד כְּדֵי כְּתֻבָּתָהּ וְהוֹלֶכֶת לָהּ:

כה. הָאִשָּׁה שֶׁהָיָה לָהּ סְפֵק גֵּרוּשִׁין וּמֵת בַּעְלָהּ אֵינָהּ נִזּוֹנֶת מִנְּכָסָיו שֶׁאֵין מוֹצִיאִין מִיַּד הַיּוֹרֵשׁ מִסָּפֵק. אֲבָל בְּחַיֵּי בַּעְלָהּ יֵשׁ לָהּ מְזוֹנוֹת עַד שֶׁתִּתְגָּרֵשׁ גֵּרוּשִׁין גְּמוּרִין:

כו. אַלְמָנָה עֲנִיָּה שֶׁשָּׁהֲתָה שְׁתֵּי שָׁנִים וְלֹא תָּבְעָה מְזוֹנוֹת אוֹ עֲשִׁירָה שֶׁשָּׁהֲתָה שָׁלֹשׁ שָׁנִים וְלֹא תָּבְעָה וִתְּרָה וְאֵין לָהּ מְזוֹנוֹת בַּשָּׁנִים שֶׁעָבְרוּ אֶלָּא מִשָּׁעָה שֶׁתָּבְעָה. וְאִם שָׁהֲתָה פָּחוֹת מִזֶּה אֲפִלּוּ בְּיוֹם אֶחָד לֹא וִתְּרָה אֶלָּא תּוֹבַעַת וְנוֹטֶלֶת מְזוֹן הַשָּׁנִים שֶׁעָבְרוּ:

כז. אַלְמָנָה שֶׁתָּבְעָה מְזוֹנוֹת מִן הַיּוֹרְשִׁים הֵם אוֹמְרִים נָתַנְנוּ וְהִיא אוֹמֶרֶת לֹא נָטַלְתִּי כָּל זְמַן שֶׁלֹּא נִשֵּׂאת עַל הַיְתוֹמִים לְהָבִיא רְאָיָה אוֹ תִּשָּׁבַע שְׁבוּעַת הֶסֵּת וְתִטֹּל. מִשֶּׁנִּשֵּׂאת עָלֶיהָ לְהָבִיא רְאָיָה אוֹ יִשָּׁבְעוּ הַיּוֹרְשִׁים שְׁבוּעַת הֶסֵּת שֶׁנָּתְנוּ לָהּ:

כח. דִּין תּוֹסֶפֶת כְּתֻבָּה כְּדִין הָעִקָּר. לְפִיכָךְ אַלְמָנָה שֶׁתָּבְעָה אוֹ מָכְרָה אוֹ מָחֲלָה אוֹ מִשְׁכְּנָה תּוֹסֶפֶת כְּתֻבָּתָהּ עִם הָעִקָּר אֵין לָהּ מְזוֹנוֹת. וְאִם תָּבְעָה מִקְצָת וְהִנִּיחָה מִקְצָת הֲרֵי זוֹ כְּמִי שֶׁתָּבְעָה מִקְצָת הָעִקָּר וְהִנִּיחָה מִקְצָתוֹ. וְכָל הַמּוֹכֶרֶת אוֹ הַמּוֹחֶלֶת סְתָם מָכְרָה וּמָחֲלָה הַתּוֹסֶפֶת עִם הָעִקָּר שֶׁשְּׁנֵיהֶם כְּתֻבָּה שְׁמָם בְּכָל מָקוֹם:

Perek 19

Ketubah continued

Inheritance of *ketubah* when mother dies. (Also her *nedunya* and *nichsei tzon barzel*)

	Oath	Witnesses	Parties present	Explanation
If woman dies before husband she does not collect *ketubah*, but later when husband dies, her sons collect the *ketubah* (and her *nedunya* etc) from the estate.				*Ketubah* must be present.
After husband death, daughters have the right of sustenance from Estate until betrothal or age of *bagrut* – whichever comes first.				During this period, her earnings and ownerless objects belong to her and not her brothers.
Daughters also receive support, garments and living quarters as per widow.				But only according to their necessity and not according to social standing. *Ketubah* must be present.
Daughters support from *ketubah* takes preference over its inheritance by sons.				
Daughters support even takes precedence over son's inheritance from father's estate (where sons rights are from Scripture!)				Sons can go out and beg

פרק י״ט

א. מִתְּנָאֵי הַכְּתֻבָּה שֶׁיִּהְיוּ בָּנִים הַזְּכָרִים יוֹרְשִׁים כְּתֻבַּת אִמָּן וּנְדֻנְיָתָהּ שֶׁהִכְנִיסָה בְּתוֹרַת נִכְסֵי צֹאן בַּרְזֶל וְאַחַר כָּךְ חוֹלְקִין שְׁאָר הַיְרֻשָּׁה עִם אֲחֵיהֶם בְּשָׁוֶה:

ב. כֵּיצַד . נָשָׂא אִשָּׁה כְּתֻבָּתָהּ וּנְדֻנְיָתָהּ אֶלֶף וְיָלְדָה בֵּן וּמֵתָה בְּחַיָּיו. וְאַחַר כָּךְ נָשָׂא אִשָּׁה אַחֶרֶת כְּתֻבָּתָהּ וּנְדֻנְיָתָהּ מָאתַיִם וְיָלְדָה בֵּן וּמֵתָה בְּחַיָּיו. וְאַחַר כָּךְ מֵת הוּא וְהִנִּיחַ אַלְפַּיִם. בְּנוֹ מִן הָרִאשׁוֹנָה יוֹרֵשׁ אֶלֶף שֶׁבִּכְתֻבַּת אִמּוֹ. וּבְנוֹ מִן הַשְּׁנִיָּה יוֹרֵשׁ מָאתַיִם שֶׁבִּכְתֻבַּת אִמּוֹ וְהַשְּׁאָר יוֹרְשִׁים אוֹתוֹ בְּשָׁוֶה. נִמְצָא בְּיַד בֶּן הָרִאשׁוֹנָה אֶלֶף וְאַרְבַּע מֵאוֹת. וּבְיַד בֶּן הַשְּׁנִיָּה שֵׁשׁ מֵאוֹת:

ג. בַּמֶּה דְּבָרִים אֲמוּרִים בְּשֶׁהִנִּיחַ יוֹתֵר עַל כְּדֵי שְׁתֵּי כְּתֻבּוֹת דִּינָר אֶחָד אוֹ יוֹתֵר כְּדֵי שֶׁיַּחְלְקוּ הַשְּׁאָר בְּשָׁוֶה. אֲבָל אִם לֹא הִנִּיחַ יוֹתֵר דִּינָר חוֹלְקִים הַכֹּל בְּשָׁוֶה שֶׁאִם יִירְשׁוּ אֵלּוּ כְּתֻבַּת אִמָּן וְאֵלּוּ כְּתֻבַּת אִמָּן וְלֹא יִשָּׁאֵר דִּינָר אֶחָד לַחֲלֹק אוֹתוֹ בֵּין הַיּוֹרְשִׁים נִמְצָא תְּנַאי זֶה מְבַטֵּל חִלּוּק יְרֻשָּׁה בֵּין הַבָּנִים בְּשָׁוֶה שֶׁהוּא מִן הַתּוֹרָה:

ד. וְהוּא הַדִּין לְמִי שֶׁנָּשָׂא נָשִׁים רַבּוֹת בֵּין בָּזוֹ אַחַר זוֹ בֵּין בְּבַת אַחַת וּמֵתוּ כֻּלָּן בְּחַיָּיו וְלוֹ מֵהֶן בָּנִים זְכָרִים אִם הָיָה שָׁם יוֹתֵר עַל כְּדֵי כָּל הַכְּתֻבּוֹת דִּינָר כָּל אֶחָד וְאֶחָד יוֹרֵשׁ כְּתֻבַּת אִמּוֹ וְהַשְּׁאָר חוֹלְקִין בְּשָׁוֶה:

ה. אָמְרוּ הַיְתוֹמִים הֲרֵי אָנוּ מַעֲלִין עַל נִכְסֵי אָבִינוּ יוֹתֵר דִּינָר כְּדֵי שֶׁיִּטְּלוּ כְּתֻבַּת אִמָּן אֵין שׁוֹמְעִין לָהֶם. אֶלָּא שָׁמִין אֶת הַנְּכָסִים בְּבֵית דִּין כַּמָּה שֶׁהָיוּ שָׁוִין בִּשְׁעַת מִיתַת אֲבִיהֶן וְאַף עַל פִּי שֶׁנִּתְרַבּוּ אוֹ נִתְמַעֲטוּ אַחֲרֵי מִיתַת אֲבִיהֶן קֹדֶם שֶׁיָּבוֹאוּ לַחֲלֹק אֵין שָׁמִין אוֹתָן אֶלָּא כִּשְׁעַת מִיתַת אֲבִיהֶן:

ו. הָיָה שָׁם יוֹתֵר עַל כְּדֵי כָּל הַכְּתֻבּוֹת דִּינָר אוֹ יוֹתֵר אַף עַל פִּי שֶׁיֵּשׁ עָלָיו שְׁטַר חוֹב כְּנֶגֶד הַיּוֹתֵר אֵינוֹ מְמַעֵט אֶלָּא כָּל אֶחָד מֵהֶן יוֹרֵשׁ כְּתֻבַּת אִמּוֹ:

ז. מִי שֶׁהָיָה נָשׂוּי שְׁתֵּי נָשִׁים וּמֵתָה אַחַת מֵהֶן בְּחַיָּיו וְאַחַת אַחַר מוֹתוֹ וְלוֹ בָּנִים מִשְּׁתֵּיהֶן אַף עַל פִּי שֶׁלֹּא הִנִּיחַ יֶתֶר עַל שְׁתֵּי הַכְּתֻבּוֹת אִם נִשְׁבְּעָה הַשְּׁנִיָּה שְׁבוּעַת אַלְמָנָה קֹדֶם שֶׁתָּמוּת בָּנֶיהָ קוֹדְמִים לִירֻשַּׁת כְּתֻבָּתָהּ. מִפְּנֵי שֶׁאֵינָן יוֹרְשִׁין כְּתֻבַּת אִמָּן בִּתְנַאי זֶה אֶלָּא יְרֻשָּׁה שֶׁל תּוֹרָה וְאַחַר כָּךְ יוֹרְשִׁין בְּנֵי הָרִאשׁוֹנָה כְּתֻבַּת אִמָּן בִּתְנַאי זֶה. וְאִם נִשְׁאַר שָׁם כְּלוּם חוֹלְקִין אוֹתוֹ בְּשָׁוֶה. וְאִם מֵתָה קֹדֶם שֶׁתִּשָּׁבַע בְּנֵי הָרִאשׁוֹנָה יוֹרְשִׁים כְּתֻבַּת אִמָּן בִּלְבַד וְהַשְּׁאָר חוֹלְקִין בְּשָׁוֶה:

ח. הָיָה נָשׂוּי שְׁתֵּי נָשִׁים וְהָיוּ לוֹ בָּנִים מֵהֶן וָמֵת וְאַחַר כָּךְ מֵתוּ הַנָּשִׁים אִם נִשְׁבְּעוּ וְאַחַר כָּךְ מֵתוּ כָּל אֶחָד וְאֶחָד יוֹרֵשׁ כְּתֻבַּת אִמּוֹ בִּירֻשָּׁה שֶׁל תּוֹרָה וְלֹא בִּתְנַאי זֶה. לְפִיכָךְ אֵין מַשְׁגִּיחִין אִם יֵשׁ שָׁם מוֹתָר אוֹ אֵין שָׁם. וְיוֹרְשֵׁי הָרִאשׁוֹנָה קוֹדְמִין לְיוֹרְשֵׁי הַשְּׁנִיָּה. וְאִם לֹא נִשְׁבְּעוּ חוֹלְקִין הַבָּנִים הַכֹּל בְּשָׁוֶה וְאֵין שָׁם יְרֻשַּׁת כְּתֻבָּה לְפִי שֶׁאֵין לָאַלְמָנָה כְּתֻבָּה עַד שֶׁתִּשָּׁבַע:

ט. אַחַת נִשְׁבְּעָה וְאַחַת לֹא נִשְׁבְּעָה זוֹ שֶׁנִּשְׁבְּעָה בָּנֶיהָ יוֹרְשִׁין כְּתֻבָּתָהּ תְּחִלָּה וְהַשְּׁאָר חוֹלְקִין אוֹתוֹ בְּשָׁוֶה. וְכָל הַיּוֹרֵשׁ כְּתֻבַּת אִמּוֹ שֶׁמֵּתָה בְּחַיֵּי אָבִיו אֵינוֹ טוֹרֵף מִנְּכָסִים מְשֻׁעְבָּדִים אֶלָּא מִבְּנֵי חוֹרִין כְּכָל הַיּוֹרְשִׁין:

י. וּמִתְּנָאֵי כְּתֻבָּה שֶׁתִּהְיֶינָה הַבָּנוֹת נִזּוֹנוֹת מִנִּכְסֵי אֲבִיהֶן אַחַר מוֹתוֹ עַד שֶׁיִּתְאָרְסוּ אוֹ עַד שֶׁיִּבָּגְרוּ. בָּגְרָה הַבַּת אַף עַל פִּי שֶׁלֹּא נִתְאָרְסָה אוֹ נִתְאָרְסָה אַף עַל פִּי שֶׁלֹּא בָּגְרָה אֵין לָהּ מְזוֹנוֹת. וּבַת הַנִּזּוֹנֶת מִנִּכְסֵי אָבִיהָ לְאַחַר מוֹתוֹ מַעֲשֵׂה יָדֶיהָ וּמְצִיאָתָהּ לְעַצְמָהּ לֹא לָאַחִים:

יא. פּוֹסְקִין לַבַּת מְזוֹנוֹת וּכְסוּת וּמָדוֹר מִנִּכְסֵי אָבִיהָ כְּדֶרֶךְ שֶׁפּוֹסְקִין לָאַלְמָנָה. וּמוֹכְרִין לִמְזוֹן הַבָּנוֹת וּכְסוּתָן בְּלֹא הַכְרָזָה כְּדֶרֶךְ שֶׁמּוֹכְרִין לִמְזוֹן הָאַלְמָנָה וּכְסוּתָהּ. אֶלָּא שֶׁהָאִשָּׁה פּוֹסְקִין לָהּ לְפִי כְּבוֹדָהּ וּכְבוֹד הַבַּעַל וְלַבָּנוֹת פּוֹסְקִין לָהֶן דָּבָר הַמַּסְפִּיק לָהֶן בִּלְבַד. וְאֵין הַבָּנוֹת נִשְׁבָּעוֹת:

יב. אֵין הַבָּנִים יוֹרְשִׁין כְּתֻבַּת אִמָּן. וְלֹא הַבָּנוֹת נִזּוֹנוֹת בִּתְנָאִים אֵלּוּ עַד שֶׁיִּהְיֶה שְׁטַר כְּתֻבָּה יוֹצֵא מִתַּחַת יָדָם. אֲבָל אִם אֵין שָׁם שְׁטַר כְּתֻבָּה אֵין לָהּ כְּלוּם. שֶׁמָּא מָחֲלָה אִמָּן כְּתֻבָּתָהּ. וְאִם אֵין דַּרְכָּם לִכְתֹּב כְּתֻבָּה יֵשׁ לָהֶן כְּפִי הַתְּנָאִים:

יג. מִי שֶׁצִּוָּה בִּשְׁעַת מִיתָתוֹ לַעֲקֹר אֶחָד מִתְּנָאֵי כְּתֻבָּה. כְּגוֹן שֶׁאָמַר אַל יָזוֹנוּ בְּנוֹתָיו מִנְּכָסָיו אוֹ אַל תִּזּוֹן אַלְמָנָתוֹ מִנְּכָסָיו אוֹ אַל יִירְשׁוּ בָּנָיו כְּתֻבַּת אִמָּן אֵין שׁוֹמְעִין לוֹ. נָתַן כָּל נְכָסָיו בְּמַתָּנָה לַאֲחֵרִים הוֹאִיל וּמַתְּנַת שְׁכִיב מְרַע אֵינָהּ קוֹנָה אֶלָּא לְאַחַר מִיתָה כְּמוֹ שֶׁיִּתְבָּאֵר הֲרֵי הַמַּתָּנָה וְחִיּוּב הַנְּכָסִים בִּתְנָאִין אֵלּוּ בָּאִין כְּאֶחָד וּלְפִיכָךְ אַלְמָנָתוֹ וּבְנוֹתָיו נִזּוֹנוֹת מִנְּכָסָיו וּבָנָיו יוֹרְשִׁים כְּתֻבַּת אִמָּן שֶׁמֵּתָה בְּחַיֵּי בַּעְלָהּ:

יד. בַּת הַמְמָאֶנֶת הֲרֵי הִיא כִּשְׁאָר הַבָּנוֹת וְיֵשׁ לָהּ מְזוֹנוֹת. אֲבָל בַּת הַיְבָמָה וּבַת הַשְּׁנִיָּה וּבַת הָאֲרוּסָה וּבַת הָאֲנוּסָה אֵין לָהֶן מְזוֹנוֹת אַחַר מִיתַת אֲבִיהֶן בִּתְנַאי זֶה. אֲבָל בְּחַיֵּי אֲבִיהֶן הוּא חַיָּב בִּמְזוֹנוֹתָן כְּדִין שְׁאָר הַבָּנִים וְהַבָּנוֹת בְּחַיֵּי אֲבִיהֶן:

טו. הַמְאָרֵס בַּת הַנִּזּוֹנֶת מִן הָאַחִין חַיָּב בִּמְזוֹנוֹתֶיהָ מִשְּׁעַת הָאֵרוּסִין שֶׁהֲרֵי אֵין לָהּ מְזוֹנוֹת מֵאַחֶיהָ (אֶלָּא עַד שֶׁתִּתְאָרֵס

אוֹ עַד שֶׁתִּבָּגֵר וְזוֹ) אֵינָהּ בּוֹגֶרֶת כְּדֵי שֶׁתָּזוּן עַצְמָהּ אֶלָּא קְטַנָּה אוֹ נַעֲרָה וְאֵין אָדָם רוֹצֶה שֶׁתִּתְבַּזֶּה אֲרוּסָתוֹ וְתֵלֵךְ וְתִשְׁאַל עַל הַפְּתָחִים:

טז. נִשֵּׂאת הַבַּת וּמֵאֲנָה אוֹ נִתְגָּרְשָׁה אוֹ נִתְאַלְמְנָה אֲפִלּוּ הִיא שׁוֹמֶרֶת יָבָם הוֹאִיל וְחָזְרָה לְבֵית אָבִיהָ וַעֲדַיִן לֹא בָּגְרָה הֲרֵי זוֹ נִזּוֹנֶת מִנִּכְסֵי אָבִיהָ עַד שֶׁתִּבָּגֵר אוֹ עַד שֶׁתִּתְאָרֵס:

יז. מִי שֶׁמֵּת וְהִנִּיחַ בָּנִים וּבָנוֹת יִירְשׁוּ הַבָּנִים כָּל הַנְּכָסִים וְהֵם זָנִין אֶת אַחְיוֹתֵיהֶם עַד שֶׁיִּבָּגְרוּ אוֹ עַד שֶׁיִּתְאָרְסוּ. בַּמֶּה דְּבָרִים אֲמוּרִים בְּשֶׁהִנִּיחַ נְכָסִים שֶׁאֶפְשָׁר שֶׁיִּזּוֹנוּ מֵהֶם הַבָּנִים וְהַבָּנוֹת כְּאַחַת עַד שֶׁיִּבָּגְרוּ הַבָּנוֹת וְאֵלּוּ הֵן הַנִּקְרָאִין נְכָסִים מְרֻבִּין. אֲבָל אִם אֵין בַּנְּכָסִים שֶׁהִנִּיחַ אֶלָּא פָּחוֹת מִזֶּה מוֹצִיאִין מֵהֶם מְזוֹנוֹת לַבָּנוֹת עַד שֶׁיִּבָּגְרוּ וְנוֹתְנִין הַשְּׁאָר לַבָּנִים. וְאִם אֵין שָׁם אֶלָּא כְּדֵי מְזוֹן הַבָּנוֹת בִּלְבַד הַבָּנוֹת נִזּוֹנוֹת מֵהֶן עַד שֶׁיִּבָּגְרוּ אוֹ עַד שֶׁיִּתְאָרְסוּ וְהַבָּנִים יִשְׁאֲלוּ עַל הַפְּתָחִים:

יח. בַּמֶּה דְּבָרִים אֲמוּרִים בְּשֶׁהִנִּיחַ קַרְקַע אֲבָל אִם לֹא הִנִּיחַ אֶלָּא מִטַּלְטְלִין הוֹאִיל וּבְתַקָּנַת הַגְּאוֹנִים הוּא שֶׁיִּזּוֹנוּ הַבָּנוֹת מִן הַמִּטַּלְטְלִין הֲרֵי הַבָּנִים וְהַבָּנוֹת נִזּוֹנוֹת כְּאֶחָד מִן הַנְּכָסִים הָאֵלּוּ הַמּוּעָטִין. שֶׁלֹּא תִּקְּנוּ לָהֶם בְּמִטַּלְטְלִין אֶלָּא שֶׁיִּהְיוּ כְּבָנִים וְכָזֶה הוֹרוּ הַגְּאוֹנִים:

יט. הִנִּיחַ קַרְקַע וְהָיוּ הַנְּכָסִים מְרֻבִּין וְנִתְמַעֲטוּ אַחַר כֵּן כְּבָר זָכוּ בָּהֶן יוֹרְשִׁים. הָיוּ מוּעָטִין בִּשְׁעַת מִיתָה וְנִתְרַבּוּ אַחַר כָּךְ הַבָּנִים יוֹרְשִׁין אוֹתָן. וַאֲפִלּוּ לֹא נִתְרַבּוּ אִם קָדְמוּ הַבָּנִים וּמָכְרוּ נְכָסִים מוּעָטִין מִכְרָן קַיָּם:

כ. הָיוּ הַנְּכָסִים מְרֻבִּין וְיֵשׁ עָלָיו חוֹב אוֹ שֶׁהִתְנָה עִם אִשְׁתּוֹ שֶׁיָּזוּן אֶת בִּתָּהּ אֵין הַחוֹב וְלֹא מְזוֹנוֹת בַּת אִשְׁתּוֹ מְמַעֲטִין בַּנְּכָסִים אֶלָּא יִירְשׁוּ הַבָּנִים הַכֹּל וְיִתְּנוּ לְבַעַל חוֹב חוֹבוֹ וְיָזוּנוּ בַּת אֵשֶׁת אֲבִיהֶן עַד זְמַן שֶׁפָּסַק וְיָזוּנוּ אַחְיוֹתֵיהֶן עַד שֶׁיִּבָּגְרוּ אוֹ עַד שֶׁיִּתְאָרְסוּ וְיֵצְאוּ מִתַּחַת יְדֵיהֶם:

כא. הִנִּיחַ אַלְמָנָה וּבַת מִמֶּנָּה אוֹ מֵאִשָּׁה אַחֶרֶת וְאֵין בַּנְּכָסִים כְּדֵי שֶׁיִּזּוֹנוּ שְׁתֵּיהֶן הָאַלְמָנָה נִזּוֹנֶת וְהַבַּת תִּשְׁאַל עַל הַפְּתָחִים. וְכֵן אֲנִי אוֹמֵר שֶׁמְּזוֹנוֹת הַבַּת קוֹדְמִין לִירֻשַּׁת הַבֵּן אֶת כְּתֻבַּת אִמּוֹ שֶׁמֵּתָה בְּחַיֵּי אָבִיו וְאַף עַל פִּי שֶׁשְּׁנֵיהֶם מִתְּנָאֵי הַכְּתֻבָּה. וְקַל וָחֹמֶר הַדְּבָרִים אִם נִדְחֵית יְרֻשָּׁה שֶׁל תּוֹרָה מִפְּנֵי מְזוֹנוֹת הַבַּת לֹא תִּדָּחֶה יְרֻשַּׁת הַכְּתֻבָּה שֶׁהִיא תְּנַאי בֵּית דִּין מִפְּנֵי מְזוֹנוֹת הַבַּת:

כב. מִי שֶׁמֵּת וְהִנִּיחַ בָּנוֹת גְּדוֹלוֹת וּקְטַנּוֹת וְלֹא הִנִּיחַ בֵּן אֵין אוֹמְרִים יִזּוֹנוּ הַקְּטַנּוֹת עַד שֶׁיִּבָּגְרוּ וְיַחְלְקוּ שְׁאָר הַנְּכָסִים בְּשָׁוֶה אֶלָּא כֻּלָּן חוֹלְקוֹת בְּשָׁוֶה:

Perek 20

Dowry (*parnasah*)

Dowry is not part of ketubah.

When father is alive and marries off his daughter, he provides her with a 'wardrobe', according to his wealth.

If father not alive, the court can assess the value of dowry or **dowry assessed as one tenth of estate.**

	Oath	Witnesses	Parties present	Explanation
In event of death of father dowry may be collected from landed property of brothers.	×			Collect from intermediary property.
If brothers die, can collect it from their sons.	✓			Inferior quality. Oath needed because heirs involved.
If man dies and has a wife and daughter, the support of the wife takes priority over the daughter.				

פרק כ׳

א. צִוּוּ חֲכָמִים שֶׁיִּתֵּן אָדָם מִנְּכָסָיו מְעַט לְבִתּוֹ כְּדֵי שֶׁתִּנָּשֵׂא בּוֹ וְזֶה הוּא הַנִּקְרָא פַּרְנָסָה. הַמַּשִּׂיא אֶת בִּתּוֹ סְתָם לֹא יִפְחֹת לָהּ מִכְּסוּת שֶׁפּוֹסְקִין לְאֵשֶׁת עָנִי שֶׁבְּיִשְׂרָאֵל כְּמוֹ שֶׁבֵּאַרְנוּ. בַּמֶּה דְּבָרִים אֲמוּרִים בְּשֶׁהָיָה הָאָב עָנִי אֲבָל אִם הָיָה עָשִׁיר הֲרֵי זֶה רָאוּי לִתֵּן לָהּ כְּפִי עָשְׁרוֹ:

ב. פֵּירֵשׁ עַל הַבַּעַל שֶׁאֵין לָהּ כְּלוּם וְשֶׁיַּכְנִיסֶנָּה עֲרֻמָּה אֵין לָהּ כְּלוּם. וְלֹא יֹאמַר הַבַּעַל כְּשֶׁתָּבוֹא לְבֵיתִי אֲכַסֶּנָּה אֶלָּא מְכַסֶּנָּה וְהִיא בְּבֵית אָבִיהָ:

ג. הָאָב שֶׁמֵּת וְהִנִּיחַ בַּת אוֹמְדִין דַּעְתּוֹ כַּמָּה הָיָה בְּלִבּוֹ לִתֵּן לָהּ לְפַרְנָסָה וְנוֹתְנִין לָהּ. וּמִנַּיִן יוֹדְעִין אֻמְדַּן דַּעְתּוֹ. מֵרֵעָיו וּמְיֻדָּעָיו וּמַשָּׂאוֹ וּמַתָּנוֹ וּכְבוֹדוֹ. וְכֵן אִם הִשִּׂיא בַּת בְּחַיָּיו אוֹמְדִין בָּהּ. וְאִם לֹא יָדְעוּ לוֹ בֵּית דִּין אֻמְדַּן דַּעַת נוֹתְנִין לָהּ מִנְּכָסָיו עִשּׂוּר לְפַרְנָסָתָהּ:

ד. הִנִּיחַ בָּנוֹת רַבּוֹת כָּל שֶׁתָּבוֹא לְהִנָּשֵׂא נוֹתְנִין לָהּ עִשּׂוּר הַנְּכָסִים. וְשֶׁלְּאַחֲרֶיהָ עִשּׂוּר מַה שֶּׁשִּׁיְּרָה רִאשׁוֹנָה. וְשֶׁל אַחֲרֶיהָ עִשּׂוּר מַה שֶּׁשִּׁיְּרָה שְׁנִיָּה. וְאִם בָּאוּ כֻּלָּן לְהִנָּשֵׂא כְּאַחַת רִאשׁוֹנָה נוֹטֶלֶת עִשּׂוּר. וְהַשְּׁנִיָּה עִשּׂוּר מַה שֶּׁשִּׁיְּרָה רִאשׁוֹנָה. וְהַשְּׁלִישִׁית עִשּׂוּר מַה שֶּׁשִּׁיְּרָה שְׁנִיָּה וְכֵן אֲפִלּוּ הֵן עֶשֶׂר וְחוֹזְרוֹת וְחוֹלְקוֹת כָּל הָעִשּׂוּרִים בְּשָׁוֶה. וּשְׁאָר הַנְּכָסִים לָאַחִים:

ה. עִשּׂוּר זֶה שֶׁהוּא לְפַרְנָסָה אֵינוֹ מִתְּנָאֵי כְּתֻבָּה לְפִיכָךְ אֲפִלּוּ לְפִי תַּקָּנַת חֲכָמִים (הָרִאשׁוֹנִים) וְאַחֲרוֹנִים אֵינָהּ נוֹטֶלֶת אֶלָּא מִן הַקַּרְקַע וְיֵשׁ לָהּ לִגְבּוֹת עִשּׂוּר זֶה מִשְּׂכִירוּת הַקַּרְקַע וְאִם רָצוּ הָאַחִין לִתֵּן לָהּ מָעוֹת כְּנֶגֶד עִשּׂוּר הַקַּרְקַע נוֹתְנִין:

ו. הַבַּת בְּעִשּׂוּר זֶה כְּבַעֲלַת חוֹב שֶׁל אַחִין הִיא לְפִיכָךְ נוֹטֶלֶת אוֹתוֹ מִן הַבֵּינוֹנִית בְּלֹא שְׁבוּעָה. וְאִם מֵתוּ הָאַחִין נוֹטֶלֶת אוֹתוֹ מִן בְּנֵיהֶם מִזִּבּוּרִית וּבִשְׁבוּעָה שֶׁהֲרֵי הִיא נִפְרַעַת מִנִּכְסֵי יְתוֹמִים וְהַבָּא לִפָּרַע מִנִּכְסֵי יְתוֹמִים לֹא יִפָּרַע אֶלָּא מִזִּבּוּרִית וּבִשְׁבוּעָה כְּמוֹ שֶׁיִּתְבָּאֵר בְּהִלְכוֹת הַלְוָאָה:

ז. וְהָאַחִים שֶׁמָּכְרוּ אוֹ מִשְׁכְּנוּ קַרְקַע אֲבִיהֶם הַבַּת טוֹרֶפֶת מִן הַלָּקוֹחוֹת פַּרְנָסָתָהּ כְּדֶרֶךְ שֶׁטּוֹרְפִים כָּל בַּעֲלֵי חוֹבוֹת מִן הַלָּקוֹחוֹת כְּמוֹ שֶׁיִּתְבָּאֵר בְּהִלְכוֹת הַלְוָאָה:

ח. מִי שֶׁהִשִּׂיא בָּנוֹת גְּדוֹלוֹת וְנִשְׁאֲרוּ קְטַנּוֹת וּמֵת בְּלֹא בֵּן אֵין נוֹטְלִין פַּרְנָסָה לִקְטַנּוֹת וְאַחַר כָּךְ חוֹלְקוֹת הַנְּכָסִים אֶלָּא חוֹלְקוֹת כֻּלָּן בְּשָׁוֶה:

ט. מִי שֶׁמֵּת וְהִנִּיחַ שְׁתֵּי בָּנוֹת וּבֵן וְקָדְמָה רִאשׁוֹנָה וְנָטְלָה עִשּׂוּר נְכָסִים וְלֹא הִסְפִּיקָה הַשְּׁנִיָּה לִגְבּוֹת עַד שֶׁמֵּת הַבֵּן וְנָפְלוּ כָּל הַנְּכָסִים לִשְׁתֵּיהֶן אֵין הַשְּׁנִיָּה נוֹטֶלֶת עִשּׂוּר אֶלָּא חוֹלְקוֹת בְּשָׁוֶה וְזָכְתָה הָרִאשׁוֹנָה בְּעִשּׂוּר שֶׁלָּהּ:

י. מִי שֶׁצִּוָּה בִּשְׁעַת מִיתָה אַל תְּפַרְנְסוּ בְּנוֹתַי מִנְּכָסַי שׁוֹמְעִים לוֹ שֶׁאֵין זֶה מִתְּנָאֵי כְּתֻבָּה:

יא. מִי שֶׁמֵּת וְהִנִּיחַ אַלְמָנָה וּבַת כְּבָר בֵּאַרְנוּ שֶׁמְּזוֹנוֹת הָאַלְמָנָה קוֹדְמִין לִמְזוֹנוֹת הַבַּת. וְכֵן אִם נִשֵּׂאת הַבַּת אֵינָהּ נוֹטֶלֶת עִשּׂוּר נְכָסִים מִפְּנֵי מְזוֹנוֹת הָאַלְמָנָה. וַאֲפִלּוּ מֵתָה הַבַּת אַחַר שֶׁנִּשֵּׂאת אֵין הַבַּעַל יוֹרֵשׁ פַּרְנָסָה הָרְאוּיָה לְהִנָּתֵן לָהּ שֶׁהֲרֵי הַנְּכָסִים כֻּלָּן בְּחֶזְקַת הָאַלְמָנָה שֶׁתְּהֵא נִזּוֹנֶת מֵהֶן:

יב. קְטַנָּה יְתוֹמָה שֶׁהִשִּׂיאָתָהּ אִמָּהּ אוֹ אַחֶיהָ לְדַעְתָּהּ וְנָתְנוּ לָהּ מֵאָה אוֹ חֲמִשִּׁים זוּז יְכוֹלָה הִיא מִשֶּׁתַּגְדִּיל לְהוֹצִיא מִיָּדָם פַּרְנָסָה הָרְאוּיָה לָהּ. אוֹ בְּאֻמְדַּן דַּעַת הָאָב אוֹ בְּעִשּׂוּר הַקַּרְקָעוֹת. וַאֲפִלּוּ לֹא הָיוּ הָאַחִין זָנִין אוֹתָהּ. וְאַף עַל פִּי שֶׁלֹּא מָחֲתָה בִּשְׁעַת נִשּׂוּאִין מִפְּנֵי שֶׁהַקְּטַנָּה אֵינָהּ בַּת מְחָאָה:

יג. נִשֵּׂאת הַבַּת אַחַר שֶׁגָּדְלָה בֵּין נַעֲרָה בֵּין בּוֹגֶרֶת וְלֹא תָּבְעָה פַּרְנָסָתָהּ אִבְּדָה פַּרְנָסָתָהּ. וְאִם מִחֲתָה בְּעֵת נִשּׂוּאֶיהָ הֲרֵי זוֹ מוֹצִיאָה אֶת הָרָאוּי לָהּ כָּל זְמַן שֶׁתִּרְצֶה. בָּגְרָה וְעוֹדָהּ בְּבֵית אָבִיהָ בֵּין שֶׁבָּגְרָה אַחַר מוֹתוֹ בֵּין שֶׁהִנִּיחָהּ בּוֹגֶרֶת אִם פָּסְקוּ הָאַחִין מִלָּתֵת מְזוֹנוֹתֶיהָ שֶׁהֲרֵי אֵין לָהּ מְזוֹנוֹת כְּמוֹ שֶׁבֵּאַרְנוּ וְשָׁתְקָה וְלֹא תָּבְעָה פַּרְנָסָתָהּ אִבְּדָה פַּרְנָסָתָהּ. וְאִם מִחֲתָה לֹא אִבְּדָה פַּרְנָסָתָהּ. לֹא פָּסְקוּ הָאַחִים מְזוֹנוֹתֶיהָ וְזָנוּ אוֹתָהּ בְּבֹגֶר אַף עַל פִּי שֶׁלֹּא מִחֲתָה לֹא אִבְּדָה פַּרְנָסָתָהּ כָּל זְמַן שֶׁהֵן זָנִין אוֹתָהּ. שֶׁיֵּשׁ לָהּ לִטְעֹן מִפְּנֵי שֶׁהֵן זָנִין אוֹתָהּ אַף עַל פִּי שֶׁאֵינָן חַיָּבִין וְהִיא עֲדַיִן לֹא נִשֵּׂאת מִפְּנֵי זֶה לֹא תָּבְעָה פַּרְנָסָתָהּ:

יד. מִי שֶׁצִּוָּה לָתֵת לְבִתּוֹ כָּךְ וְכָךְ מָעוֹת לְפַרְנָסָתָהּ לִקַּח בָּהֶן קַרְקַע בֵּין שֶׁהָיָה שְׁכִיב מְרַע בֵּין שֶׁהָיָה בָּרִיא וּמֵת וַהֲרֵי הַמָּעוֹת בְּיַד הַשָּׁלִישׁ וְאָמְרָה הַבַּת תְּנוּ אוֹתָם לְבַעְלִי כָּל מַה שֶּׁיִּרְצֶה יַעֲשֶׂה בָּהֶן. אִם הָיְתָה גְּדוֹלָה וְנִשֵּׂאת הָרְשׁוּת בְּיָדָהּ. וְאִם עֲדַיִן מְאֹרֶסֶת הִיא יַעֲשֶׂה שָׁלִישׁ מַה שֶּׁהִשְׁלַשׁ בְּיָדוֹ. וְאִם עֲדַיִן קְטַנָּה הִיא אֲפִלּוּ נִשֵּׂאת אֵין שׁוֹמְעִין לָהּ אֶלָּא יַעֲשֶׂה הַשָּׁלִישׁ כְּמוֹ שֶׁצִּוָּה הָאָב:

Perek 21

Duties of wife to husband

4 *Derabanan* (See next Perek for other **2**)
- Right to the fruits of her labour
- Right to the ownerless object that she finds)

5 household tasks that every woman should perform for husband.
- Spin thread
- Wash his face, hands and feet
- Pour beverages for him
- Make his bed
- Serve his needs

6 household tasks that some women perform and others don't.
- Grind flour
- Cook
- Bake
- Do laundry
- Nurse child
- Give straw to the husband's animals

פרק כ"א

א. מְצִיאַת הָאִשָּׁה וּמַעֲשֵׂה יָדֶיהָ לְבַעְלָהּ. וּמַה הִיא עוֹשָׂה לוֹ. הַכֹּל כְּמִנְהַג הַמְּדִינָה. מָקוֹם שֶׁדַּרְכָּן לֶאֱרֹג אוֹרֶגֶת. לִרְקֹם רוֹקֶמֶת. לִטְווֹת צֶמֶר אוֹ פִּשְׁתִּים טוֹוָה. וְאִם לֹא הָיָה דֶּרֶךְ נְשֵׁי הָעִיר לַעֲשׂוֹת כָּל הַמְּלָאכוֹת הָאֵלּוּ אֵינוֹ כּוֹפָהּ אֶלָּא לִטְווֹת הַצֶּמֶר בִּלְבַד. שֶׁהַפִּשְׁתָּן מַזִּיק אֶת הַפֶּה וְאֶת הַשְּׂפָתַיִם וְהַטְּוִיָּה הִיא הַמְּלָאכָה הַמְיֻחֶדֶת לְנָשִׁים שֶׁנֶּאֱמַר (שמות לה כה) "וְכָל אִשָּׁה חַכְמַת לֵב בְּיָדֶיהָ טָווּ":

ב. דָּחֲקָה עַצְמָהּ וְעָשְׂתָה יוֹתֵר מִן הָרָאוּי לָהּ הַמּוֹתָר לַבַּעַל. הָיָה לוֹ מָמוֹן הַרְבֵּה אֲפִלּוּ הָיָה לָהּ כַּמָּה שְׁפָחוֹת אֵינָהּ יוֹשֶׁבֶת לְבַטָּלָה בְּלֹא מְלָאכָה שֶׁהַבַּטָּלָה מְבִיאָה לִידֵי זִמָּה. אֲבָל אֵין כּוֹפִין אוֹתָהּ לַעֲשׂוֹת מְלָאכָה כָּל הַיּוֹם כֻּלּוֹ אֶלָּא לְפִי רֹב הַמָּמוֹן מְמַעֶטֶת בִּמְלָאכָה:

ג. הַמַּדִּיר אֶת אִשְׁתּוֹ שֶׁלֹּא תַּעֲשֶׂה מְלָאכָה כְּלָל יוֹצִיא וְיִתֵּן כְּתֻבָּה שֶׁהַבַּטָּלָה מְבִיאָה לִידֵי זִמָּה. וְכֵן כָּל אִשָּׁה רוֹחֶצֶת לְבַעְלָהּ פָּנָיו יָדָיו וְרַגְלָיו וּמוֹזֶגֶת לוֹ אֶת הַכּוֹס וּמַצַּעַת לוֹ אֶת הַמִּטָּה וְעוֹמֶדֶת וּמְשַׁמֶּשֶׁת בִּפְנֵי בַּעְלָהּ כְּגוֹן שֶׁתִּתֵּן לוֹ מַיִם אוֹ כְּלִי אוֹ תִּטֹּל מִלְּפָנָיו וְכַיּוֹצֵא בִּדְבָרִים אֵלּוּ. אֲבָל אֵינָהּ עוֹמֶדֶת וּמְשַׁמֶּשֶׁת בִּפְנֵי אָבִיו אוֹ בִּפְנֵי בְּנוֹ:

ד. וּמְלָאכוֹת אֵלּוּ עוֹשָׂה אוֹתָן הִיא בְּעַצְמָהּ וַאֲפִלּוּ הָיוּ לָהּ כַּמָּה שְׁפָחוֹת אֵין עוֹשִׂין מְלָאכוֹת אֵלּוּ לַבַּעַל אֶלָּא אִשְׁתּוֹ:

ה. יֵשׁ מְלָאכוֹת אֲחֵרוֹת שֶׁהָאִשָּׁה עוֹשָׂה לְבַעְלָהּ בִּזְמַן שֶׁהֵן עֲנִיִּים וְאֵלּוּ הֵן. אוֹפָה הַפַּת בַּתַּנּוּר, וְעֶזְרָא תִּקֵּן שֶׁתִּהְיֶה אִשָּׁה מַשְׁכֶּמֶת וְאוֹפָה כְּדֵי שֶׁתִּהְיֶה הַפַּת מְצוּיָה לָעֲנִיִּים. וּמְבַשֶּׁלֶת אֶת הַתַּבְשִׁילִין. וּמְכַבֶּסֶת אֶת הַבְּגָדִים. וּמֵינִיקָה אֶת בְּנָהּ. וְנוֹתֶנֶת תֶּבֶן לִפְנֵי בְּהֶמְתּוֹ אֲבָל לֹא לִפְנֵי בְּקָרוֹ. וּמְטַחֶנֶת. כֵּיצַד מְטַחֶנֶת. יוֹשֶׁבֶת בָּרֵחַיִם וּמְשַׁמֶּרֶת הַקֶּמַח וְאֵינָהּ טוֹחֶנֶת. אוֹ מְחַמֶּרֶת אַחַר הַבְּהֵמָה כְּדֵי שֶׁלֹּא יִבָּטְלוּ הָרֵחַיִם. וְאִם הָיָה דַּרְכָּן לִטְחֹן בְּרֵחַיִם שֶׁל יָד טוֹחֶנֶת:

ו. בַּמֶּה דְּבָרִים אֲמוּרִים בַּעֲנִיִּים אֲבָל אִם הִכְנִיסָה לוֹ שִׁפְחָה אַחַת אוֹ נְכָסִים שֶׁרָאוּי לִקְנוֹת מֵהֶן שִׁפְחָה אַחַת אוֹ שֶׁהָיְתָה לוֹ שִׁפְחָה אַחַת אוֹ שֶׁהָיָה לוֹ מָמוֹן כְּדֵי לִקְנוֹת מִמֶּנּוּ שִׁפְחָה אַחַת אֵינָהּ מְטַחֶנֶת וְלֹא אוֹפָה וְלֹא מְכַבֶּסֶת וְלֹא נוֹתֶנֶת תֶּבֶן לִפְנֵי בְּהֶמְתּוֹ. הִכְנִיסָה לוֹ שְׁתֵּי שְׁפָחוֹת אוֹ נְכָסִים הָרְאוּיִין לִקְנוֹת מֵהֶן שְׁתֵּי שְׁפָחוֹת אוֹ שֶׁהָיוּ לוֹ שְׁתֵּי שְׁפָחוֹת אוֹ שֶׁהָיָה רָאוּי לִקְנוֹת שְׁתֵּי שְׁפָחוֹת אֵינָהּ מְבַשֶּׁלֶת וְאֵינָהּ מֵינִיקָה אֶת בְּנָהּ אֶלָּא נוֹתֶנֶת אוֹתוֹ לְשִׁפְחָה לְהֵינִיק:

ז. נִמְצְאוּ כָּל הַמְּלָאכוֹת שֶׁכָּל אִשָּׁה עוֹשָׂה אוֹתָן לְבַעְלָהּ חָמֵשׁ מְלָאכוֹת. טוֹוָה וְרוֹחֶצֶת פָּנָיו יָדָיו וְרַגְלָיו וּמוֹזֶגֶת אֶת הַכּוֹס וּמַצַּעַת אֶת הַמִּטָּה וְעוֹמֶדֶת וּמְשַׁמֶּשֶׁת בְּפָנָיו. וְהַמְּלָאכוֹת שֶׁמִּקְצָת הַנָּשִׁים עוֹשׂוֹת אוֹתָן וּמִקְצָתָן אֵינָן עוֹשׂוֹת שֵׁשׁ מְלָאכוֹת. מְטַחֶנֶת וּמְבַשֶּׁלֶת וְאוֹפָה וּמְכַבֶּסֶת וּמֵינִיקָה וְנוֹתֶנֶת תֶּבֶן לִפְנֵי בְּהֶמְתּוֹ:

ח. כָּל מְלָאכוֹת שֶׁהָאִשָּׁה עוֹשָׂה לְבַעְלָהּ נִדָּה עוֹשָׂה לְבַעְלָהּ חוּץ מִמְּזִיגַת הַכּוֹס וְהַצָּעַת הַמִּטָּה וְהַרְחָצַת פָּנָיו יָדָיו וְרַגְלָיו גְּזֵרָה מִשּׁוּם הִרְהוּר שֶׁמָּא יָבוֹא לִבְעֹל. לְפִיכָךְ מַצַּעַת מִטָּתוֹ כְּשֶׁהִיא נִדָּה שֶׁלֹּא בְּפָנָיו וּמוֹזֶגֶת אֶת הַכּוֹס וְאֵינָהּ נוֹתֶנֶת אוֹתוֹ בְּיָדוֹ כְּדַרְכָּהּ תָּמִיד אֶלָּא מַנַּחַת אוֹתוֹ עַל הָאָרֶץ אוֹ עַל הַכְּלִי אוֹ עַל הַשֻּׁלְחָן וְהוּא נוֹטְלוֹ:

ט. הָאִשָּׁה שֶׁשָּׁבְרָה כֵּלִים בְּעֵת שֶׁעָשְׂתָה מְלַאכוֹתֶיהָ בְּתוֹךְ בֵּיתָהּ פְּטוּרָה וְאֵין זֶה מִן הַדִּין אֶלָּא תַּקָּנָה שֶׁאִם אֵין אַתָּה אוֹמֵר כֵּן אֵין שָׁלוֹם בְּתוֹךְ הַבַּיִת לְעוֹלָם אֶלָּא נִמְצֵאת נִזְהֶרֶת וְנִמְנַעַת מֵרֹב הַמְּלָאכוֹת וְנִמְצֵאת קְטָטָה בֵּינֵיהֶם:

י. כָּל אִשָּׁה שֶׁתִּמָּנַע מִלַּעֲשׂוֹת מְלָאכָה מִן הַמְּלָאכוֹת שֶׁהִיא חַיֶּבֶת לַעֲשׂוֹתָן כּוֹפִין אוֹתָהּ וְעוֹשָׂה אֲפִלּוּ בְּשׁוֹט. טָעַן הוּא שֶׁאֵינָהּ עוֹשָׂה וְהִיא אוֹמֶרֶת שֶׁאֵינָהּ נִמְנַעַת מִלַּעֲשׂוֹת מוֹשִׁיבִין אִשָּׁה בֵּינֵיהֶן אוֹ שְׁכֵנִים. וְדָבָר זֶה כְּפִי מַה שֶּׁיֵּרָאֶה הַדַּיָּן שֶׁאֶפְשָׁר בַּדָּבָר:

יא. הָאִשָּׁה כָּל זְמַן שֶׁהִיא מֵינִיקָה אֶת בְּנָהּ פּוֹחֲתִין לָהּ מִמַּעֲשֵׂה יָדֶיהָ וּמוֹסִיפִין לָהּ עַל מְזוֹנוֹתֶיהָ יַיִן וּדְבָרִים שֶׁיָּפִין לֶחָלָב. פָּסְקוּ לָהּ מְזוֹנוֹת הָרְאוּיוֹת לָהּ וַהֲרֵי הִיא מִתְאַוָּה לֶאֱכֹל יוֹתֵר אוֹ לֶאֱכֹל מַאֲכָלוֹת אֲחֵרוֹת מִפְּנֵי חֳלִי הַתַּאֲוָה שֶׁיֵּשׁ לָהּ בְּבִטְנָהּ הֲרֵי זוֹ אוֹכֶלֶת מִשֶּׁלָּהּ כָּל מַה שֶּׁתִּרְצֶה וְאֵין הַבַּעַל יָכוֹל לְעַכֵּב וְלוֹמַר שֶׁאִם תֹּאכַל יוֹתֵר מִדַּאי אוֹ תֹּאכַל מַאֲכָלִים רָעִים יָמוּת הַוָּלָד מִפְּנֵי שֶׁצַּעַר גּוּפָהּ קוֹדֵם:

יב. יָלְדָה תְּאוֹמִים אֵין כּוֹפִין אוֹתָהּ לְהֵינִיק שְׁנֵיהֶם אֶלָּא מֵינִיקָה אֶחָד וְשׂוֹכֵר הַבַּעַל מֵינִיקָה לַשֵּׁנִי. הֲרֵי שֶׁרָצְתָה הָאִשָּׁה לְהֵינִיק בֶּן חֲבֵרְתָּהּ עִם בְּנָהּ הַבַּעַל מְעַכֵּב וְאֵינוֹ מַנִּיחָהּ אֶלָּא לְהֵינִיק בְּנוֹ בִּלְבַד:

יג. נָדְרָה שֶׁלֹּא לְהֵינִיק אֶת בְּנָהּ כּוֹפֶה אוֹתָהּ וּמֵינִיקַתּוֹ עַד שֶׁיִּהְיֶה בֶּן כ״ד חֹדֶשׁ אֶחָד הַזָּכָר וְאֶחָד הַנְּקֵבָה. הִיא אוֹמֶרֶת אֲנִי אֵינִיק אֶת בְּנִי וְהוּא אֵינוֹ רוֹצֶה שֶׁתֵּינִיק אִשְׁתּוֹ כְּדֵי שֶׁלֹּא תִּתְנַוֵּל אַף עַל פִּי שֶׁיֵּשׁ לָהּ כַּמָּה שְׁפָחוֹת שׁוֹמְעִין לָהּ שֶׁצַּעַר הוּא לָהּ לִפְרֹשׁ מִבְּנָהּ:

יד. הָיְתָה עֲנִיָּה שֶׁהִיא חַיֶּבֶת לְהֵינִיק אֶת בְּנָהּ וַהֲרֵי הוּא עָשִׁיר שֶׁרָאוּי לוֹ שֶׁלֹּא תֵּינִיק אִשְׁתּוֹ אַף עַל פִּי שֶׁאֵין לוֹ שְׁפָחוֹת אִם לֹא רָצְתָה לְהֵינִיק שׂוֹכֵר מֵינִיקָה אוֹ קוֹנֶה שִׁפְחָה מִפְּנֵי שֶׁהָאִשָּׁה עוֹלָה עִם בַּעְלָהּ וְאֵינָהּ יוֹרֶדֶת:

טו. הִיא אוֹמֶרֶת רָאוּי הוּא לִשְׂכֹּר אוֹ לִקְנוֹת שִׁפְחָה וְהוּא אוֹמֵר אֵינוֹ רָאוּי. עָלֶיהָ לְהָבִיא רְאָיָה וְאֵין כָּאן מָקוֹם לִשְׁבוּעָה:

טז. הָאִשָּׁה שֶׁנִּתְגָּרְשָׁה אֵין כּוֹפִין אוֹתָהּ לְהֵינִיק. אֶלָּא אִם רָצְתָה נוֹתֵן לָהּ שְׂכָרָהּ וּמֵינִיקַתּוֹ. וְאִם לֹא רָצְתָה נוֹתֶנֶת לוֹ אֶת בְּנוֹ וְהוּא מְטַפֵּל בּוֹ. בַּמֶּה דְּבָרִים אֲמוּרִים שֶׁלֹּא הֵינִיקָה אוֹתוֹ עַד שֶׁהִכִּירָהּ. אֲבָל אִם הִכִּירָהּ וַאֲפִלּוּ הוּא סוּמָא אֵין מַפְרִישִׁין אוֹתוֹ מֵאִמּוֹ מִפְּנֵי סַכָּנַת הַוָּלָד. אֶלָּא כּוֹפִין אוֹתָהּ וּמֵינִיקָה אוֹתוֹ בְּשָׂכָר עַד כ״ד חֹדֶשׁ:

יז. הַגְּרוּשָׁה אֵין לָהּ מְזוֹנוֹת אַף עַל פִּי שֶׁהִיא מֵינִיקָה אֶת בְּנָהּ אֲבָל נוֹתֵן לָהּ יוֹתֵר עַל שְׂכָרָהּ דְּבָרִים שֶׁהַקָּטָן צָרִיךְ לָהֶן מִכְּסוּת וּמַאֲכָל וּמַשְׁקֶה וְסִיכָה וְכַיּוֹצֵא בָּזֶה. אֲבָל הַמְעֻבֶּרֶת אֵין לָהּ כְּלוּם. שָׁלְמוּ חֳדָשָׁיו וּגְמָלַתּוּ אִם רָצְתָה הַמְגֹרֶשֶׁת שֶׁיִּהְיֶה בְּנָהּ אֶצְלָהּ אֵין מַפְרִישִׁין אוֹתוֹ מִמֶּנָּה עַד שֶׁיִּהְיֶה בֶּן שֵׁשׁ שָׁנִים גְּמוּרוֹת. אֶלָּא כּוֹפִין אֶת אָבִיו וְנוֹתֵן לוֹ מְזוֹנוֹת וְהוּא אֵצֶל אִמּוֹ. וְאַחַר שֵׁשׁ שָׁנִים יֵשׁ לָאָב לוֹמַר אִם הוּא אֶצְלִי אֶתֵּן לוֹ מְזוֹנוֹת וְאִם הוּא אֵצֶל אִמּוֹ לֹא אֶתֵּן לוֹ מְזוֹנוֹת. וְהַבַּת אֵצֶל אִמָּהּ לְעוֹלָם וַאֲפִלּוּ לְאַחַר שֵׁשׁ:

יח. כֵּיצַד. הָיָה הָאָב רָאוּי לִצְדָקָה מוֹצִיאִין מִמֶּנּוּ הָרָאוּי לוֹ בְּעַל כָּרְחוֹ וְזָנִין אוֹתָהּ וְהִיא אֵצֶל אִמָּהּ וַאֲפִלּוּ נִשֵּׂאת הָאֵם לְאַחֵר בִּתָּהּ אֶצְלָהּ וְאָבִיהָ זָן אוֹתָהּ מִשּׁוּם צְדָקָה עַד שֶׁיָּמוּת הָאָב וְתִזּוֹן מִנְּכָסָיו אַחַר מוֹתוֹ בִּתְנָאֵי כְּתֻבָּה וְהִיא אֵצֶל אִמָּהּ. וְאִם לֹא רָצְתָה הָאֵם שֶׁיִּהְיוּ בָּנֶיהָ אֶצְלָהּ אַחַר שֶׁגְּמָלָתָן אֶחָד זְכָרִים וְאֶחָד נְקֵבוֹת הָרְשׁוּת בְּיָדָהּ וְנוֹתֶנֶת אוֹתָן לַאֲבִיהֶן אוֹ מַשְׁלֶכֶת אוֹתָן לַקָּהָל אִם אֵין לָהֶן אָב וְהֵן מְטַפְּלִין בָּהֶן:

Perek 22

Duties of wife to husband continued.

Derabanan continued
- Right to inherit property if she dies
- Right to benefit from profits of her property in her lifetime

Further clarification of the terms *nichsei tzon barzel* and *nichsei melog*.

The Sages allowed a husband to benefit from his wife's property, so that he could have additional income and therefore spend more generously towards the home.

(*Nichsei tzon barzel* are belongings of wife taken into possession of husband and its full value must be returned to woman in *ketubah*.

Nichsei melog are belongings of wife which husband can use and benefit from, but husband does not accept responsibility for these. They can be returned to woman regardless of current condition.

	Status of *nichsei tzon barzel* (wife's object belongs to husband)	Status of *nichsei melog* (object itself belongs to woman)	Explanation
Wife's estate after death			Husband has priority over every other person as soon as woman has entered his domain.
Property owned by woman during lifetime	✓	✓	Husband is entitled to *benefits* accruing from his property.
Wife sold property		✓	Husband can expropriate *benefit* from purchasers but not land itself.
Wife gives away her property before marriage			Husband has no entitlement.
Woman is *yevamah* waiting for her *yavam* to marry her, and gives away her property	✓	✓	*Yavam* has not entitlement even to *nichsei tzon barzel* which she brought to brother's household.
Property belonging to deceased brother			*Yavam* cannot sell this as it must cover for *ketubah* of *yevamah*.
Husband tries to sell landed property to wife	✓	✓	Not allowed.
Husband tries to sell *movable* property of wife	✓		Not allowed but sale is binding. Even with *nichsei tzon barzel*, if there is divorce the object would belong to wife.

Woman sells landed or movable property to husband		✓	Not allowed.
Woman sells landed or movable property to husband	✓		Allowed. Because the property belongs to wife and therefore husband would not get angry if wife would not sell.
Husband sells his right to benefit from property of wife, while wife still owns property			Not allowed. Benefit must accrue to home.
Investment by husband of *nichsei tzon* barzel	✓		Can invest. Will be returned to wife in *ketubah*.
Investment by husband of *nichsei melog*		✓	Can purchase landed property which belongs to wife, and husband gains *benefits*.
Injury benefits of wife			Used to purchase land.
Servants of wife			Should not be sold.
Olive trees and vines of wife			If fruitful should not be sold.
Maintenance of property		✓	Husband must maintain with his own funds.
Husband gives wife a present			Husband not entitled to benefit.
Wife receives present from others			Husband not entitled to benefit.
Woman sells rights of her *ketubah*			Husband not entitled to benefits.
Calf of wife stolen		✓	Fine belongs solely to wife.
Husband injures wife and pays compensation			Belongs solely to wife.
Funds or property found in possession of wife and she claims they were presents			Woman's claim accepted. If she claims it was a present with a stipulation that he cannot derive benefit from it, she must bring proof.

פרק כ״ב

א. הַבַּעַל קוֹדֵם לְכָל אָדָם בִּירֻשַּׁת אִשְׁתּוֹ. וּמֵאֵימָתַי יִזְכֶּה בִּירֻשָּׁתָהּ מִשֶּׁתֵּצֵא מֵרְשׁוּת הָאָב. וְאַף עַל פִּי שֶׁעֲדַיִן לֹא נִכְנְסָה לַחֻפָּה הוֹאִיל וְנַעֲשֵׂית בִּרְשׁוּת בַּעְלָהּ יִירָשֶׁנָּה:

ב. כֵּיצַד. הָאִשָּׁה שֶׁנִּתְאָרְסָה וּמְסָרָהּ אָבִיהָ לְבַעְלָהּ אוֹ לִשְׁלוּחֵי בַּעְלָהּ. אוֹ מְסָרוּהָ שְׁלוּחֵי הָאָב לְבַעְלָהּ אוֹ לִשְׁלוּחָיו וּמֵתָה בַּדֶּרֶךְ קֹדֶם שֶׁתִּכָּנֵס לַחֻפָּה אַף עַל פִּי שֶׁכְּתֻבָּתָהּ עֲדַיִן בְּבֵית אָבִיהָ בַּעְלָהּ יוֹרְשָׁהּ. וְכֵן אִם הָלַךְ הָאָב אוֹ שְׁלוּחֵי הָאָב עִם הַבַּעַל וְנִכְנַס עִמָּהּ בַּעְלָהּ בַּדֶּרֶךְ לֶחָצֵר וְנִתְיַחֵד עִמָּהּ שָׁם לְשֵׁם נִשּׂוּאִין וּמֵתָה הֲרֵי זֶה יִירָשֶׁנָּה בַּעְלָהּ. אֲבָל אִם עֲדַיִן הָאָב עִם הַבַּעַל לְהוֹלִיכָהּ לְבֵית בַּעְלָהּ אוֹ שֶׁהָלְכוּ שְׁלוּחֵי הָאָב עִם שְׁלוּחֵי הַבַּעַל אוֹ עִם הַבַּעַל אֲפִלּוּ נִכְנַס הַבַּעַל עִמָּהּ לֶחָצֵר לָלוּן כְּדֶרֶךְ שֶׁלָּנִין עוֹבְרֵי דְּרָכִים בְּפֻנְדָּק אֶחָד הוֹאִיל וְהָאָב אוֹ שְׁלוּחָיו עִמָּהּ וַעֲדַיִן לֹא נִתְיַחֵד עִמָּהּ לְשֵׁם נִשּׂוּאִין אִם מֵתָה יִירָשֶׁנָּה אָבִיהָ אַף עַל פִּי שֶׁכְּתֻבָּתָהּ בְּבֵית בַּעְלָהּ:

ג. וְכֵן אִם הָיְתָה בּוֹגֶרֶת אוֹ יְתוֹמָה אוֹ אַלְמָנָה וְהָלְכָה הִיא בְּעַצְמָהּ מִבֵּית אָבִיהָ לְבֵית בַּעְלָהּ וְאֵין עִמָּהּ לֹא בַּעְלָהּ וְלֹא שְׁלוּחָיו וּמֵתָה בַּדֶּרֶךְ אֵין הַבַּעַל יוֹרֵשׁ אוֹתָהּ:

ד. הַנּוֹשֵׂא אִשָּׁה שֶׁהִיא אֲסוּרָה לוֹ הוֹאִיל וְיֵשׁ לוֹ בָּהּ קִדּוּשִׁין אִם מֵתָה תַּחְתָּיו יִירָשֶׁנָּה. וְכֵן הַנּוֹשֵׂא אֶת הַקְּטַנָּה אַף עַל פִּי שֶׁאֵין קִדּוּשֶׁיהָ קִדּוּשִׁין גְּמוּרִים אִם מֵתָה תַּחְתָּיו יִירָשֶׁנָּה. אֲבָל הַפִּקֵּחַ שֶׁנָּשָׂא חֵרֶשֶׁת אִם מֵתָה לֹא יִירָשֶׁנָּה. וְהַחֵרֵשׁ שֶׁנָּשָׂא פִּקַּחַת וּמֵתָה יִירָשֶׁנָּה שֶׁהֲרֵי הִיא בַּת דַּעַת וּלְדַעְתָּהּ נִשֵּׂאת וְזִכְּתָה לוֹ מָמוֹנָהּ:

ה. קְטַנָּה שֶׁנִּתְקַדְּשָׁה לְדַעַת אָבִיהָ וְנִשֵּׂאת שֶׁלֹּא לְדַעַת אָבִיהָ בֵּין בְּפָנָיו בֵּין שֶׁלֹּא בְּפָנָיו יָכוֹל הָאָב לִמְחוֹת כְּמוֹ שֶׁבֵּאַרְנוּ. וַאֲפִלּוּ שָׁתַק הָאָב אִם מֵתָה אֵין הַבַּעַל יוֹרְשָׁהּ אֶלָּא אִם כֵּן רָצָה הָאָב בְּנִשּׂוּאֶיהָ:

ו. הוֹרוּ הַגְּאוֹנִים שֶׁהָאִשָּׁה שֶׁחָלְתָה וּבִקְּשָׁה מִבַּעְלָהּ שֶׁיְּגָרְשֶׁנָּה וְתֵצֵא בְּלֹא כְּתֻבָּה כְּדֵי שֶׁלֹּא יִירָשֶׁנָּה אֵין שׁוֹמְעִין לָהּ. וַאֲפִלּוּ אָמְרָה אֲנִי שׂוֹנְאָה אוֹתוֹ וְאֵינִי רוֹצָה לַעֲמֹד עִמּוֹ אֵין שׁוֹמְעִין לָהּ. וְאֵין דָּנִין אוֹתָהּ כְּדִין מוֹרֶדֶת. וְדִין יָפֶה הוּא זֶה:

ז. כָּל נְכָסִים שֶׁיֵּשׁ לָאִשָּׁה בֵּין נִכְסֵי צֹאן בַּרְזֶל בֵּין נִכְסֵי מְלוֹג הַבַּעַל אוֹכֵל כָּל פֵּרוֹתֵיהֶן בְּחַיֶּיהָ וְאִם מֵתָה בְּחַיֵּי בַּעְלָהּ יוֹרֵשׁ בַּעְלָהּ הַכֹּל. לְפִיכָךְ אִם מָכְרָה הָאִשָּׁה נִכְסֵי מְלוֹג אַחַר שֶׁנִּשֵּׂאת אַף עַל פִּי שֶׁאוֹתָן הַנְּכָסִים נָפְלוּ לָהּ קֹדֶם שֶׁתִּתְאָרֵס הַבַּעַל מוֹצִיא הַפֵּרוֹת מִיַּד הַלָּקוֹחוֹת כָּל יְמֵי חַיֶּיהָ. אֲבָל לֹא גּוּף הַקַּרְקַע שֶׁאֵין לוֹ כְּלוּם בְּגוּף נִכְסֵי מְלוֹג עַד שֶׁתָּמוּת. מֵתָה בְּחַיָּיו מוֹצִיא הַגּוּף מִיַּד הַלָּקוֹחוֹת בְּלֹא דָּמִים. וְאִם הַדָּמִים שֶׁלָּקְחָה מִיַּד הַלָּקוֹחוֹת קַיָּמִין בְּעַצְמָן מַחֲזִירָן לַלָּקוֹחוֹת. וְאֵינוֹ יָכוֹל לוֹמַר שֶׁמָּא מְצִיאָה הֵן:

ח. בַּמֶּה דְּבָרִים אֲמוּרִים בִּנְכָסִים הַיְדוּעִין לַבַּעַל אֲבָל אִם נָפְלוּ לָהּ נְכָסִים בִּמְדִינָה אַחֶרֶת וְלֹא יָדַע בָּהֶן הַבַּעַל וּמָכְרָה אוֹתָן מִכְרָהּ קַיָּם. וְכֵן אֲרוּסָה שֶׁמָּכְרָה קֹדֶם הַנִּשּׂוּאִין מִכְרָהּ קַיָּם שֶׁאֵין לַבַּעַל בְּנִכְסֵי אֲרוּסָתוֹ כְּלוּם עַד שֶׁיִּכְנֹס:

ט. הָאִשָּׁה שֶׁכָּתְבָה כָּל נְכָסֶיהָ לְאַחֵר בֵּין קָרוֹב בֵּין רָחוֹק קֹדֶם שֶׁתִּנָּשֵׂא אַף עַל פִּי שֶׁאִם נִתְגָּרְשָׁה אוֹ נִתְאַלְמְנָה תִּבְטַל הַמַּתָּנָה כְּמוֹ שֶׁיִּתְבָּאֵר בְּהִלְכוֹת מַתָּנָה אֵין הַבַּעַל אוֹכֵל פֵּרוֹתֵיהֶן. וְאִם מֵתָה בְּחַיָּיו אֵינוֹ יוֹרְשָׁן. שֶׁהֲרֵי נְתָנָה אוֹתָן קֹדֶם שֶׁתִּנָּשֵׂא. וּכְשֶׁתָּמוּת בְּחַיֵּי בַּעְלָהּ יִקְנֶה מְקַבֵּל הַמַּתָּנָה מַתְּנָתוֹ קִנְיָן גָּמוּר. וְלֹא עוֹד אֶלָּא אֲפִלּוּ נָתְנָה מִקְצָת נְכָסֶיהָ אוֹ כֻּלָּם קֹדֶם נִשּׂוּאֶיהָ וְכָתְבָה לַמְקַבֵּל קְנֵה מֵהַיּוֹם וּלְכְשֶׁאֶרְצֶה שֶׁהֲרֵי לֹא קָנָה קִנְיָן גָּמוּר עַד שֶׁתִּרְצֶה אֵין הַבַּעַל אוֹכֵל פֵּרוֹת אוֹתָהּ הַמַּתָּנָה וְאִם מֵתָה אֵינוֹ יוֹרְשָׁהּ:

י. שׁוֹמֶרֶת יָבָם יֵשׁ לָהּ לִמְכֹּר וְלִתֵּן בְּמַתָּנָה נְכָסִים שֶׁנָּפְלוּ לָהּ כְּשֶׁהִיא שׁוֹמֶרֶת יָבָם. וְאֵין לַיָּבָם פֵּרוֹת אֲפִלּוּ בְּנִכְסֵי צֹאן בַּרְזֶל שֶׁהִכְנִיסָה לְאָחִיו עַד שֶׁיִּכְנֹס. מֵתָה כְּשֶׁהִיא שׁוֹמֶרֶת יָבָם יוֹרְשֶׁיהָ מֵאָבִיהָ יוֹרְשִׁין בְּנִכְסֵי מְלוֹג שֶׁלָּהּ וַחֲצִי נִכְסֵי צֹאן בַּרְזֶל וְיוֹרְשֵׁי הַבַּעַל יוֹרְשִׁים כְּתֻבָּתָהּ וַחֲצִי נִכְסֵי צֹאן בַּרְזֶל. וְיוֹרְשֵׁי הַבַּעַל חַיָּבִין בִּקְבוּרָתָהּ:

יא. שׁוֹמֶרֶת יָבָם כְּתֻבָּתָהּ עַל כָּל נִכְסֵי בַּעְלָהּ. לְפִיכָךְ אֵין הַיָּבָם יָכוֹל לִמְכֹּר בְּנִכְסֵי אָחִיו בֵּין קֹדֶם יִבּוּם בֵּין אַחַר יִבּוּם. וְאִם מָכַר אוֹ נָתַן מַתָּנָה אוֹ חָלַק עִם אֶחָיו בְּנִכְסֵי הַמֵּת בֵּין קֹדֶם יִבּוּם בֵּין אַחַר יִבּוּם לֹא עָשָׂה כְּלוּם שֶׁכְּבָר נִתְחַיְּבוּ נְכָסִים אֵלּוּ לָאַלְמָנָה לִגְבּוֹת מֵהֶן כְּתֻבָּתָהּ:

יב. כָּנַס אֶת יְבִמְתּוֹ וְהִנִּיחַ אָחִיו פֵּרוֹת מְחֻבָּרִין לַקַּרְקַע יִמָּכְרוּ וְיִלָּקַח בָּהֶן קַרְקַע וְהַיָּבָם אוֹכֵל פֵּרוֹתֵיהֶן:

יג. הִנִּיחַ פֵּרוֹת תְּלוּשִׁין מִן הַקַּרְקַע וְכֵן אִם הִנִּיחַ מָעוֹת וּמְטַלְטְלִין הַכֹּל שֶׁל יָבָם. וּמִשְׁתַּמֵּשׁ בָּהֶן כְּמוֹ שֶׁיִּרְצֶה וְאֵינָהּ יְכוֹלָה לְעַכֵּב. שֶׁהַמְּטַלְטְלִין אֵין הַכְּתֻבָּה נִגְבֵּית מֵהֶן אֶלָּא בְּתַקָּנַת הַגְּאוֹנִים וְאֵין כֹּחַ בְּתַקָּנָה זוֹ לְמָנְעוֹ מִנִּכְסֵי אָחִיו וּלְאָסְרָן עָלָיו בְּאַחֲרָיוּת זוֹ שֶׁלֹּא יִשָּׂא וְיִתֵּן בָּהֶם:

יד. יְבָמָה שֶׁלֹּא הָיְתָה לָהּ כְּתֻבָּה אוֹ שֶׁמָּחֲלָה כְּתֻבָּתָהּ זָכָה

בְּנִכְסֵי אָחִיו וּמוֹכֵר וְנוֹתֵן כְּחֶפְצוֹ. וּכְשֶׁיִּכְנֹס אֶת יְבִמְתּוֹ יִכְתֹּב לָהּ כְּתֻבָּה מֵאָה וְיִהְיוּ כָּל נְכָסָיו אַחְרָאִין לִכְתֻבָּתָהּ כִּשְׁאָר כָּל הַנָּשִׁים שֶׁיֵּשׁ לָהֶן כְּתֻבָּה:

טו. הָאִשָּׁה שֶׁמָּכְרָה אוֹ שֶׁנָּתְנָה אַחַר שֶׁנִּשֵּׂאת בְּנִכְסֵי צֹאן בַּרְזֶל בֵּין לְבַעְלָהּ בֵּין לַאֲחֵרִים לֹא עָשְׂתָה כְּלוּם. וְכֵן בַּעַל שֶׁמָּכַר קַרְקַע בְּנִכְסֵי אִשְׁתּוֹ בֵּין נִכְסֵי צֹאן בַּרְזֶל בֵּין נִכְסֵי מְלוֹג לֹא עָשָׂה כְּלוּם:

טז. מָכַר מִטַּלְטְלִין שֶׁל נִכְסֵי צֹאן בַּרְזֶל אַף עַל פִּי שֶׁאֵינוֹ רַשַּׁאי אִם מָכַר מִמְכָּרוֹ מִמְכָּר. מָכְרוּ שְׁנֵיהֶם בְּנִכְסֵי מְלוֹג בֵּין שֶׁלָּקַח מִן הָאִישׁ תְּחִלָּה וְחָזַר וְלָקַח מִן הָאִשָּׁה בֵּין שֶׁלָּקַח מִן הָאִשָּׁה וְחָזַר וְלָקַח מִן הָאִישׁ מִכְרָן קַיָּם:

יז. וְכֵן הָאִשָּׁה שֶׁמָּכְרָה אוֹ נָתְנָה נִכְסֵי מְלוֹג לְבַעְלָהּ מִמְכָּרָהּ וּמַתְּנָתָהּ קַיָּמִין וְאֵינָהּ יְכוֹלָה לוֹמַר בְּנִכְסֵי מְלוֹג נַחַת רוּחַ עָשִׂיתִי לְבַעְלִי. אֲבָל בִּשְׁאָר נְכָסִים יֵשׁ לָהּ לוֹמַר:

יח. כֵּיצַד. הָאִשָּׁה שֶׁמָּכְרָה אוֹ נָתְנָה לְבַעְלָהּ מִנִּכְסֵי צֹאן בַּרְזֶל בֵּין קַרְקַע בֵּין מִטַּלְטְלִין אוֹ שָׂדֶה שֶׁיִּחֵד לָהּ בִּכְתֻבָּתָהּ אוֹ שָׂדֶה שֶׁכָּתַב לָהּ בִּכְתֻבָּתָהּ אוֹ שָׂדֶה שֶׁהִכְנִיס לָהּ שׁוּם מִשֶּׁלּוֹ לֹא קָנָה בַּעְלָהּ. וְאַף עַל פִּי שֶׁקָּנוּ מִיַּד הָאִשָּׁה בִּרְצוֹנָהּ חוֹזֶרֶת בְּכָל עֵת שֶׁתִּרְצֶה. שֶׁלֹּא נָתְנָה וְלֹא מָכְרָה אֶלָּא מִפְּנֵי שְׁלוֹם בֵּיתָהּ. לְפִיכָךְ אֵין לַבַּעַל רְאָיָה בְּנִכְסֵי אִשְׁתּוֹ כְּלָל חוּץ מִנִּכְסֵי מְלוֹג כְּמוֹ שֶׁבֵּאַרְנוּ:

יט. נִכְסֵי צֹאן בַּרְזֶל שֶׁאָבְדוּ אוֹ שֶׁנִּגְנְבוּ וּמָחֲלָה הָאִשָּׁה אוֹתָם לְבַעֲלָהּ וְקָנוּ מִמֶּנָּה בְּעֵדִים יֵרָאֶה לִי שֶׁאֵינָהּ יְכוֹלָה לוֹמַר נַחַת רוּחַ עָשִׂיתִי לְבַעְלִי. הָא לְמָה זֶה דּוֹמֶה לְמִי שֶׁקָּנוּ מִדָּה שֶׁאֵין לָהּ אַחֲרָיוּת שֶׁהֶחֱזִירָה נְכָסִים אֵלּוּ נִכְסֵי מְלוֹג. שֶׁהֲרֵי אֵין הַבַּעַל מֵבִיא רְאָיָה לִטֹּל כְּלוּם וְלֹא לְהַחֲזִיק בִּנְכָסִים אֶלָּא לְהִפָּטֵר מִתְּבִיעָתָהּ מִלְּשַׁלֵּם. אֲבָל אִם נָתְנָה לוֹ מַתָּנָה מִטַּלְטְלֵי צֹאן בַּרְזֶל הַקַּיָּמִין לֹא קָנָה מִפְּנֵי שֶׁיֵּשׁ לָהּ לוֹמַר נַחַת רוּחַ עָשִׂיתִי לְבַעְלִי:

כ. בַּעַל שֶׁמָּכַר קַרְקַע לְפֵרוֹת לֹא עָשָׂה כְּלוּם. מִפְּנֵי שֶׁלֹּא הִתְקִינוּ פֵּרוֹת לָאִישׁ אֶלָּא כְּדֵי לְהַרְוִיחַ בְּהוֹצָאַת הַבַּיִת. לְפִיכָךְ אִם מָכַר לְפֵרוֹת וְלָקַח אוֹתָן הַמָּעוֹת לִסְחוֹרָה שׁוֹמְעִין לוֹ:

כא. הָיוּ לָאִשָּׁה כְּסָפִים. אִם נִכְסֵי צֹאן בַּרְזֶל הֵן הֲרֵי זֶה נוֹשֵׂא וְנוֹתֵן בָּהֶן. וְאִם נִכְסֵי מְלוֹג הֵן בֵּין שֶׁהִכְנִיסָה אוֹתָן לוֹ בֵּין שֶׁנָּפְלוּ לָהּ בִּירֻשָּׁה אוֹ נִתְּנוּ לָהּ בְּמַתָּנָה אוֹ נָפְלוּ לָהּ מִטַּלְטְלִין אוֹ נִתְּנוּ לָהּ הֲרֵי אֵלּוּ יִמָּכְרוּ וְיִלָּקַח בָּהֶן קַרְקַע וְהוּא אוֹכֵל פֵּרוֹתֵיהֶן:

כב. וְכֵן הָאִשָּׁה שֶׁחָבְלוּ בָּהּ אֲחֵרִים כָּל הַמָּעוֹת הָרְאוּיוֹת לִתֵּן לָהּ יִלָּקַח בָּהֶן קַרְקַע וְהַבַּעַל אוֹכֵל פֵּרוֹתֵיהֶן כְּמוֹ שֶׁיִּתְבָּאֵר בְּהִלְכוֹת חוֹבֵל:

כג. נָפְלוּ לָהּ עֲבָדִים אַף עַל פִּי שֶׁהֵן זְקֵנִים לֹא יִמָּכְרוּ מִפְּנֵי שֶׁבַח בֵּית אָבִיהָ. נָפְלוּ לָהּ זֵיתִים וּגְפָנִים וְלֹא הָיָה לָהּ בְּגוּף הַקַּרְקַע שֶׁהָאִילָנוֹת בָּהּ כְּלוּם. אִם עוֹשִׂין כְּדֵי טִפּוּלָן לֹא יִמָּכְרוּ מִפְּנֵי שֶׁבַח בֵּית אָבִיהָ וְאִם לָאו הֲרֵי אֵלּוּ יִמָּכְרוּ לְעֵצִים וְיִלָּקַח בָּהֶן קַרְקַע וְהוּא אוֹכֵל פֵּרוֹת:

כד. נָפְלוּ לָהּ פֵּרוֹת מְחֻבָּרִין לַקַּרְקַע הֲרֵי אֵלּוּ שֶׁל בַּעַל. תְּלוּשִׁין מִן הַקַּרְקַע שֶׁלָּהּ וְיִמָּכְרוּ וְיִלָּקַח בָּהֶן קַרְקַע וְהוּא אוֹכֵל פֵּרוֹת. אֲבָל הַמְגָרֵשׁ אֶת אִשְׁתּוֹ וְהָיוּ לָהּ פֵּרוֹת מְחֻבָּרִין לַקַּרְקַע בִּשְׁעַת גֵּרוּשִׁין הֲרֵי אֵלּוּ שֶׁלָּהּ. וְאִם הָיוּ תְּלוּשִׁין הֲרֵי אֵלּוּ שֶׁלּוֹ:

כה. עַבְדֵי נִכְסֵי מְלוֹג וּבֶהֱמַת נִכְסֵי מְלוֹג הַבַּעַל חַיָּב בִּמְזוֹנוֹת שֶׁלָּהֶן וּבְכָל צָרְכֵיהֶם וְהֵן עוֹשִׂין לוֹ וְהוּא אוֹכֵל פֵּרוֹתֵיהֶם. לְפִיכָךְ וְלַד שִׁפְחַת מְלוֹג לַבַּעַל. וְלַד בֶּהֱמַת מְלוֹג לַבַּעַל. וְאִם גֵּרְשָׁהּ וְרָצְתָה הָאִשָּׁה לִתֵּן דָּמִים וְלִטֹּל וְלַד הַשִּׁפְחָה מִפְּנֵי שֶׁבַח בֵּית אָבִיהָ שׁוֹמְעִין לָהּ:

כו. הִכְנִיסָה לוֹ שְׁנֵי כֵּלִים אוֹ שְׁתֵּי שְׁפָחוֹת בְּתוֹרַת נִכְסֵי צֹאן בַּרְזֶל וְשָׁמוּ אוֹתָן עָלָיו בְּאֶלֶף זוּז וְהוּקְרוּ וְעָמְדוּ בְּאַלְפַּיִם וְגֵרְשָׁהּ נוֹטֶלֶת אֶחָד בְּאֶלֶף שֶׁלָּהּ. וְהַשֵּׁנִי אִם רָצְתָה שֶׁתִּתֵּן דָּמָיו וְתִטֹּל מִשּׁוּם שֶׁבַח בֵּית אָבִיהָ שׁוֹמְעִין לָהּ:

כז. הַנּוֹתֵן מַתָּנָה לְאִשְׁתּוֹ בֵּין שֶׁנָּתַן לָהּ קַרְקַע בֵּין שֶׁנָּתַן לָהּ מָעוֹת וְלָקְחָה בָּהֶן קַרְקַע אֵין לַבַּעַל פֵּרוֹת בְּמַתָּנָה זוֹ. וְכֵן הַנּוֹתֵן מַתָּנָה לְאִשָּׁה עַל מְנָת שֶׁלֹּא יִהְיֶה הַבַּעַל אוֹכֵל פֵּרוֹתֶיהָ אֶלָּא יִהְיוּ פֵּרוֹתֶיהָ לָאִשָּׁה לְמַה שֶּׁתִּרְצֶה אֵין הַבַּעַל אוֹכֵל פֵּרוֹת מַתָּנָה זוֹ. וְכֵן הַמּוֹכֶרֶת כְּתֻבָּתָהּ בְּטוֹבַת הֲנָאָה אוֹתָן הַדָּמִים לָאִשָּׁה וְאֵין הַבַּעַל אוֹכֵל פֵּרוֹתֵיהֶן:

כח. וְלַד בֶּהֱמַת מְלוֹג שֶׁנִּגְנַב וְנִמְצָא הַגַּנָּב וְשִׁלֵּם שְׁנַיִם הַכֶּפֶל לָאִשָּׁה שֶׁאֵין זֶה פְּרִי שֶׁתִּקְּנוּ לוֹ חֲכָמִים. הַחוֹבֵל בְּאִשְׁתּוֹ כָּל הַנֵּזֶק וְהַצַּעַר וְהַבֹּשֶׁת שֶׁלָּהּ וְאֵין הַבַּעַל אוֹכֵל פֵּרוֹת כְּמוֹ שֶׁיִּתְבָּאֵר בְּהִלְכוֹת חוֹבֵל:

כט. הַמּוֹכֵר קַרְקַע לְאִשְׁתּוֹ. אִם הָיוּ הַמָּעוֹת שֶׁלָּקְחָה בָּהֶן אֶת הַקַּרְקַע מִבַּעַל גְּלוּיִין וִידוּעִין לַבַּעַל קָנְתָה וְהַבַּעַל אוֹכֵל פֵּרוֹת אוֹתָהּ הַקַּרְקַע. וְאִם הָיוּ מָעוֹת טְמוּנִין לֹא קָנְתָה שֶׁהַבַּעַל אוֹמֵר לֹא מָכַרְתִּי אֶלָּא כְּדֵי לְהַרְאוֹת הַמָּעוֹת שֶׁטָּמְנָה. וְאוֹתָן הַמָּעוֹת שֶׁנִּרְאוּ יִלָּקַח בָּהֶן קַרְקַע וְהַבַּעַל אוֹכֵל פֵּרוֹת:

ל. הֲרֵי שֶׁנִּמְצְאוּ מָעוֹת אוֹ מִטַּלְטְלִין בְּיַד הָאִשָּׁה הִיא אוֹמֶרֶת בְּמַתָּנָה נִתְּנוּ לִי וְהוּא אוֹמֵר מִמַּעֲשֵׂה יָדַיִךְ הֵם

שֶׁהֵם שֶׁלִּי הֲרֵי זוֹ נֶאֱמֶנֶת. וְיֵשׁ לוֹ לְהַחֲרִים עַל מִי שֶׁטּוֹעֶנֶת דָּבָר שֶׁאֵינוֹ כֵן. וְיִלְקַח בָּהֶן קַרְקַע וְהוּא אוֹכֵל פֵּרוֹת. וְאִם אָמְרָה עַל מְנָת כֵּן נְתָנוּ לִי עַל מְנָת שֶׁלֹּא יִהְיֶה לְבַעְלִי רְשׁוּת בָּהֶן אֶלָּא אֶעֱשֶׂה בָּהֶן כָּל מַה שֶּׁאֶרְצֶה עָלֶיהָ לְהָבִיא רְאָיָה. שֶׁכָּל מָמוֹן שֶׁנִּמְצָא בְּיַד הָאִשָּׁה בְּחֶזְקַת הַבַּעַל הוּא שֶׁיֹּאכַל פֵּרוֹתָיו עַד שֶׁתָּבִיא רְאָיָה:

לא. אָמְרָה לוֹ אַתָּה נָתַתָּ לִי בְּמַתָּנָה נִשְׁבַּעַת שְׁבוּעַת הֶסֵּת שֶׁנָּתַן לָהּ הַבַּעַל וְאֵינוֹ אוֹכֵל פֵּרוֹתֶיהָ:

לב. אֵין מְקַבְּלִין פִּקְדוֹנוֹת לֹא מִן הַנָּשִׁים וְלֹא מִן הָעֲבָדִים וְלֹא מִן הַקְּטַנִּים. וְאִם עָבַר וְקִבֵּל מִן הָאִשָּׁה יַחֲזִיר לְאִשָּׁה. מֵתָה יַחֲזִיר לְבַעְלָהּ. קִבֵּל מִן הָעֶבֶד יַחֲזִיר לָעֶבֶד וְאִם מֵת יַחֲזִיר לְרַבּוֹ. קִבֵּל מִן הַקָּטָן יִקְנֶה לוֹ בּוֹ סֵפֶר תּוֹרָה אוֹ דָּבָר שֶׁאוֹכֵל פֵּרוֹתֵיהֶם. וְכֻלָּם שֶׁאָמְרוּ בִּשְׁעַת מִיתָתָן פִּקָּדוֹן זֶה שֶׁל פְּלוֹנִי הוּא אִם הָיוּ בְּחֶזְקַת נֶאֱמָנִין אֵצֶל זֶה שֶׁהַפִּקָּדוֹן אֶצְלוֹ יַעֲשֶׂה כְּמוֹ שֶׁצִּוּוּ וְאִם לָאו יִתֵּן לְיוֹרְשֵׁיהֶם:

לג. הָאִשָּׁה שֶׁהָיוּ לָהּ כְּסָפִים הָרְאוּיִים לַבַּעַל לֶאֱכֹל פֵּרוֹתֵיהֶם הוּא אוֹמֵר כָּךְ וְכָךְ יִלָּקַח בָּהֶם וְהִיא אוֹמֶרֶת אֵינִי לוֹקַחַת בָּהֶן אֶלָּא כָּךְ וְכָךְ לוֹקְחִים דָּבָר שֶׁפֵּרוֹתָיו מְרֻבִּים וִיצִיאָתוֹ מְעוּטָה. בֵּין שֶׁהָיָה הַדָּבָר כִּרְצוֹנוֹ אוֹ שֶׁהָיָה

כִּרְצוֹנָהּ. וְאֵין לוֹקְחִין אֶלָּא דָּבָר שֶׁגִּזְעוֹ מַחֲלִיף שֶׁמָּא יֹאכַל הַכֹּל וְנִמְצָא הַקֶּרֶן אָבֵד:

לד. הָאִשָּׁה שֶׁהִכְנִיסָה לְבַעְלָהּ עֵז לַחֲלָבָהּ וְרָחֵל לְגִזָּתָהּ וְדֶקֶל לְפֵרוֹתָיו אַף עַל פִּי שֶׁאֵין לָהּ אֶלָּא פֵּרוֹת אֵלּוּ בִּלְבַד הֲרֵי זֶה אוֹכֵל וְהוֹלֵךְ עַד שֶׁתִּכְלֶה הַקֶּרֶן. וְכֵן אִם הִכְנִיסָה לוֹ כְּלֵי תַּשְׁמִישׁ בְּתוֹרַת נִכְסֵי מְלוֹג הֲרֵי זֶה מִשְׁתַּמֵּשׁ בָּהֶן וְלוֹבֵשׁ וּמַצִּיעַ וּמְכַסֶּה עַד שֶׁיִּכְלֶה הַקֶּרֶן. וּכְשֶׁיְּגָרֵשׁ אֵינוֹ חַיָּב לְשַׁלֵּם הַבְּלָאוֹת שֶׁל נִכְסֵי מְלוֹג:

לה. הוֹרוּ הַגְּאוֹנִים שֶׁנִּכְסֵי צֹאן בַּרְזֶל אַף עַל פִּי שְׁפָחִיתָתָן עַל הַבַּעַל אִם הָיוּ הַבְּלָאוֹת קַיָּמִין וְהָיוּ עוֹשִׂין מֵעֵין מְלַאכְתָּן נוֹטֶלֶת כֵּלֶיהָ כְּמוֹת שֶׁהֵן. וְאִם לֹא הָיוּ עוֹשִׂין מֵעֵין מְלַאכְתָּן הֲרֵי הֵן כְּמוֹ שֶׁנִּגְנְבוּ אוֹ אָבְדוּ שֶׁהוּא חַיָּב לְשַׁלֵּם בִּדְמֵיהֶם שֶׁשָּׂמוּ אוֹתָן עָלָיו בִּשְׁעַת נִשּׂוּאִין. וּמִנְהַג פָּשׁוּט הוּא זֶה. וְכָל הַנּוֹשֵׂא עַל מִנְהָג זֶה קִבֵּל עָלָיו אַחֲרָיוּת הַנְּדוּנְיָא. וּכְשֵׁם שֶׁאֵינוֹ מְשַׁלֵּם הַפְּחָת כָּךְ אֵינוֹ נוֹטֵל אֶת הַשֶּׁבַח אִם הוֹתִירוּ דְּמֵיהֶן לְפִי מִנְהָג זֶה. יֵשׁ לַבַּעַל לָכוּף מִקְצָת עַבְדֵי אִשְׁתּוֹ וְאַמְהוֹתֶיהָ שֶׁיִּהְיוּ מְשַׁמְּשִׁין אוֹתוֹ בְּבֵית אִשָּׁה אַחֶרֶת שֶׁנָּשָׂא בֵּין שֶׁהָיוּ עַבְדֵי מְלוֹג בֵּין שֶׁהָיוּ עַבְדֵי צֹאן בַּרְזֶל. אֲבָל אֵינוֹ יָכוֹל לְהוֹלִיכָן לְעִיר אַחֶרֶת שֶׁלֹּא מִדַּעַת אִשְׁתּוֹ:

Oral and Contractual commitments between husband and wife

These could relate to:
- Husband forgoing his privileges owed by the wife

An oral commitment after *erusin*, but before *nisuin*, is binding, but not after *nisuin*. This is because after *nisuin* husband has already acquired these rights. Therefore, the only way to alter this for the woman, would be with a formal contract and *kinyan*. If a stipulation is made after *nisuin* that he does not inherit her, the stipulation is not binding even if a *kinyan* was made.

Similarly if the husband made statements before or after *nisuin*.

- Value of dowry

If woman verbally promises such an amount for the dowry, she becomes bound by this commitment. Local custom also plays a part because these sometimes change the actual value (e.g. it may be worth only 100 *zuz* but will be written as 120).

- Value of *ketubah*

A verbal commitment to value of *ketubah* is binding on man.

- Commitments of father or relatives to support couple

Here also verbal commitments are binding but only for close relatives e.g. father to daughter (and not brother to sister).

- Husband commits to support wife's daughter of previous marriage

If commitment made before *nisuin,* then binding. If after *nisuin,* a written contract is needed.

Ketubah	Oath	Witnesses	Parties present	Explanation
Verbal commitment to value of *ketubah* between *erusin* and *nisuin*	×	×	both	Man has already established a connection with woman.
Verbal commitment to value of *ketubah* after *nisuin* does not take effect	×	×		Law of *ketubah* has now come into effect. Any changes would have to be with a written contract.
Similarly, with verbal waiving of any rights of *ketubah* before or after *nisuin*				
Dowry Verbal commitment by woman to value of dowry between *erusin* and *nisuin.*	×	×	both	Commitment binding. Man and woman have already established some connection.
Verbal commitment to value of dowry after *nisuin*	×	×		Not binding because law of *ketubah* has come into effect. Any changes would have to be with written contract.

פרק כ״ג

א. הָאִשָּׁה שֶׁהִתְנֵית עַל בַּעְלָהּ לְבַטֵּל זְכוּת מִדְּבָרִים שֶׁזּוֹכֶה בָּהֶן הַבַּעַל אִם כָּתַב לָהּ וְעוֹדָהּ אֲרוּסָה קֹדֶם הַנִּשּׂוּאִין אֵינוֹ צָרִיךְ לִקְנוֹת מִיָּדוֹ. אֶלָּא כָּל מַה שֶּׁכָּתַב לָהּ קַיָּם. וְאִם כָּתַב לָהּ אַחַר הַנִּשּׂוּאִין צָרִיךְ לִקְנוֹת מִיָּדוֹ:

ב. הִתְנָה עִמָּהּ שֶׁלֹּא יִהְיוּ לוֹ דִּין וּדְבָרִים בִּנְכָסֶיהָ אִם מָכְרָה וְנָתְנָה מִכְרָהּ וּמַתְּנָתָהּ קַיָּם. אֲבָל אוֹכֵל פֵּרוֹתֵיהֶן כָּל זְמַן שֶׁהֵן בִּרְשׁוּתָהּ. וְאִם קָנוּ מִיָּדוֹ כְּשֶׁהִיא אֲרוּסָה שֶׁאֵין לוֹ דִּין וּדְבָרִים בִּנְכָסֶיהָ הֲרֵי סִלֵּק עַצְמוֹ מִגּוּף הַקַּרְקַע וְאֵין לוֹ בִּנְכָסֶיהָ פֵּרוֹת לְעוֹלָם. וַאֲפִלּוּ עִרְעֵר עַל קִנְיָנוֹ וְאָמַר לֹא עָלָה בְּדַעְתִּי שֶׁאֵין לִי פֵּרוֹת מִפְּנֵי קִנְיָן זֶה אֶלָּא שֶׁאִם מָכְרָה מִכְרָהּ קַיָּם שֶׁאֵין אָדָם נוֹשֵׂא אִשָּׁה בְּלֹא נְכָסִים אֵין שׁוֹמְעִין לוֹ אֶלָּא כְּבָר סִלֵּק עַצְמוֹ מִגּוּף הַקַּרְקַע:

ג. הִתְנָה עִמָּהּ שֶׁלֹּא יֹאכַל פֵּרוֹת נְכָסֶיהָ הֲרֵי זֶה אֵינוֹ אוֹכֵל פֵּרוֹתֵיהֶן אֲבָל מוֹכְרִין אֶת הַפֵּרוֹת וְלוֹקְחִין בָּהֶן קַרְקַע וְהוּא אוֹכֵל פֵּרוֹתֶיהָ. שֶׁלֹּא סִלֵּק עַצְמוֹ אֶלָּא מִפֵּרוֹת נְכָסִים אֵלּוּ בִּלְבַד:

ד. הִתְנָה עִמָּהּ שֶׁלֹּא יֹאכַל פֵּרוֹת נְכָסֶיהָ וְלֹא פֵּירֵי פֵּרוֹתֵיהֶן לוֹקְחִין הַפֵּרוֹת וְקוֹנִין בָּהֶם קַרְקַע וְלוֹקְחִין פֵּרוֹת קַרְקַע זוֹ וְקוֹנִין בָּהֶם קַרְקַע שְׁנִיָּה וְהוּא אוֹכֵל פֵּרוֹת אֵלּוּ שֶׁהֵן פֵּירֵי פֵּרוֹת. וְכֵן הַדָּבָר תָּמִיד עַד שֶׁיַּתְנֶה עִמָּהּ שֶׁלֹּא יִהְיוּ לוֹ לֹא פֵּרוֹת וְלֹא פֵּירֵי פֵּרוֹתֵיהֶן עַד לְעוֹלָם. וְאַחַר כָּךְ לֹא יִהְיוּ לוֹ פֵּרוֹת בְּחַיֶּיהָ אֲבָל אִם מֵתָה יִירַשׁ הַכֹּל:

ה. הִתְנָה עִמָּהּ שֶׁלֹּא יִירָשֶׁנָּה הֲרֵי זֶה לֹא יִירָשֶׁנָּה אֲבָל אוֹכֵל פֵּרוֹת בְּחַיֶּיהָ. וְכֵן אִם הִתְנָה עִמָּהּ שֶׁיִּירַשׁ מִקְצָת נְכָסִים וְכֵן אִם הִתְנָה עִמָּהּ שֶׁאִם מֵתָה בְּלֹא בָּנִים יַחְזְרוּ נְכָסִין לְבֵית אָבִיהָ הַכֹּל קַיָּם:

ו. בַּמֶּה דְּבָרִים אֲמוּרִים שֶׁהִתְנָה עִמָּהּ קֹדֶם שֶׁתִּנָּשֵׂא

שֶׁהַנַּחֲלָה הַבָּאָה לוֹ לְאָדָם שֶׁלֹּא מִמִּשְׁפַּחְתּוֹ מַתְּנָה עָלֶיהָ שֶׁלֹּא יִירָשֶׁנָּה קֹדֶם שֶׁתְּהֵא רְאוּיָה לוֹ. אֲבָל אִם הִתְנָה עִמָּהּ אַחַר שֶׁנִּשֵּׂאת תְּנָאוֹ בָּטֵל וְיִירָשֶׁנָּה כְּמוֹ שֶׁבֵּאַרְנוּ:

ז. הִתְנָה עִמָּהּ אַחַר נִשּׂוּאִין שֶׁלֹּא יִהְיוּ לוֹ דִּין וּדְבָרִים בִּנְכָסֶיהָ וְלֹא בְּפֵירֵי פֵּרוֹתֶיהָ עַד עוֹלָם בְּחַיֶּיהָ וּבְמוֹתָהּ הֲרֵי זֶה אֵינוֹ אוֹכֵל פֵּרוֹת כְּלָל. אֲבָל אִם מֵתָה יִירָשֶׁנָּה כְּמוֹ שֶׁבֵּאַרְנוּ:

ח. הַבַּעַל שֶׁהוֹצִיא הוֹצָאוֹת עַל נִכְסֵי מְלוֹג בֵּין שֶׁהוֹצִיא מְעַט וְאָכַל פֵּרוֹת הַרְבֵּה בֵּין שֶׁהוֹצִיא הַרְבֵּה וְאָכַל פֵּרוֹת מְעַט וַאֲפִלּוּ אָכַל גְּרוֹגֶרֶת אַחַת דֶּרֶךְ כָּבוֹד אוֹ שֶׁאָכַל דִּינָר אֶחָד אֲפִלּוּ שֶׁלֹּא דֶּרֶךְ כָּבוֹד וַאֲפִלּוּ לֹא לָקַח בַּפֵּרוֹת מִמַּה שֶׁהוֹצִיא אֶלָּא חֲבִילָה אַחַת שֶׁל זְמוֹרוֹת. מַה שֶּׁהוֹצִיא הוֹצִיא וּמַה שֶּׁאָכַל אָכַל:

ט. וְכֵן אִם נָפְלוּ לָהּ כְּסָפִים בְּמָקוֹם רָחוֹק וְהוֹצִיא עֲלֵיהֶן הוֹצָאוֹת עַד שֶׁהֱבִיאָן אוֹ עַד שֶׁהוֹצִיאָן מִיַּד מִי שֶׁהָיוּ אֶצְלוֹ וְלָקַח בָּהֶן קַרְקַע וְאָכַל פֵּרוֹתֶיהָ כְּשִׁעוּר מַה שֶּׁהוֹצִיא הוֹצִיא וּמַה שֶּׁאָכַל אָכַל. הוֹצִיא וְלֹא אָכַל אוֹ שֶׁאָכַל פָּחוֹת מִכַּשִּׁעוּר שָׁמִין כַּמָּה שֶׁהִשְׁבִּיחוּ וְשׁוֹאֲלִין אוֹתוֹ כַּמָּה הוֹצִיא. אִם הַשֶּׁבַח יֶתֶר עַל הַהוֹצָאָה יִשָּׁבַע בִּנְקִיטַת חֵפֶץ כַּמָּה הוֹצִיא וְנוֹטֵל הַהוֹצָאָה. וְאִם הַהוֹצָאָה יְתֵרָה עַל הַשֶּׁבַח אֵין לוֹ מִן הַהוֹצָאָה אֶלָּא כְּשִׁעוּר הַשֶּׁבַח וּבִשְׁבוּעָה:

י. בַּמֶּה דְּבָרִים אֲמוּרִים בִּמְגָרֵשׁ אֲבָל הָאִשָּׁה שֶׁמָּרְדָה עַל בַּעְלָהּ אֲפִלּוּ אָכַל הַרְבֵּה שָׁמִין לוֹ כַּמָּה אָכַל וּפוֹחֵת אוֹתוֹ מִמַּה שֶּׁרָאוּי לִתֵּן לוֹ מִן הַהוֹצָאָה אַחַר שֶׁיִּשָּׁבַע וְנוֹטְלוֹ. שֶׁלֹּא הִקְנָה לָהּ כְּדֵי שֶׁתִּטֹּל וְתֵצֵא מֵעַצְמָהּ. וְכֵן הַמּוֹצִיא הוֹצָאוֹת עַל נִכְסֵי אִשְׁתּוֹ קְטַנָּה וּמֵאֲנָה בּוֹ רוֹאִין כַּמָּה אָכַל וְכַמָּה הוֹצִיא וְכַמָּה הִשְׁבִּיחַ וְשָׁמִין לוֹ כְּאָרִיס שֶׁהֲרֵי בִּרְשׁוּת יָרַד:

יא. מִנְהָגוֹת רַבּוֹת יֵשׁ בִּנְדוּנְיָא. יֵשׁ מְקוֹמוֹת שֶׁנָּהֲגוּ שֶׁיִּכְתְּבוּ בַּכְּתֻבּוֹת הַנְּדוּנְיָא יֶתֶר עַל דָּמֶיהָ בִּשְׁלִישׁ אוֹ בְּחֹמֶשׁ אוֹ בְּמֶחֱצָה. כְּגוֹן שֶׁתִּהְיֶה הַנְּדוּנְיָא מֵאָה וְכוֹתְבִים שֶׁהִכְנִיסָה מֵאָה וַחֲמִשִּׁים כְּדֵי לְהַרְבּוֹת בִּפְנֵי הָעָם וּכְשֶׁתָּבוֹא לִגְבּוֹת לֹא תִּגְבֶּה אֶלָּא הַמֵּאָה. וְיֵשׁ מְקוֹמוֹת שֶׁנָּהֲגוּ לִכְתֹּב פָּחוֹת. וְאִם פָּסְקָה לְהָבִיא לוֹ בְּמֵאָה כֵּלִים נוֹתֶנֶת שָׁוֶה מֵאָה וְעֶשְׂרִים אוֹ מֵאָה וַחֲמִשִּׁים וְכוֹתְבִין שֶׁהִכְנִיסָה לוֹ מֵאָה. וְיֵשׁ מְקוֹמוֹת שֶׁנָּהֲגוּ לִכְתֹּב שָׁוֶה מָנֶה בְּמָנֶה. וְיֵשׁ מְקוֹמוֹת שֶׁנָּהֲגוּ שֶׁיִּתֵּן הָאִישׁ מָעוֹת לְפִי הַנְּדוּנְיָא דָּבָר קָצוּב שֶׁתִּתְקַשֵּׁט בּוֹ הַכַּלָּה וְתִקְנֶה בּוֹ בְּשָׂמִים וְכַיּוֹצֵא בָּהֶן. וְיֵשׁ מְקוֹמוֹת שֶׁיַּכְנִיס הָאִישׁ שׁוּם מִשֶּׁלּוֹ לָאִשָּׁה וְיִצְטָרֵף לִנְדֻנְיָתָהּ לְהִתְנָאוֹת בּוֹ:

יב. הַנּוֹשֵׂא סְתָם כּוֹתֵב וְנוֹתֵן כְּמִנְהַג הַמְּדִינָה. וְכֵן הִיא שֶׁפָּסְקָה לְהַכְנִיס נוֹתֶנֶת כְּמִנְהַג הַמְּדִינָה וּכְשֶׁתָּבֹא לִגְבּוֹת כְּתֻבָּתָהּ מַגְבִּין לָהּ מַה שֶּׁבִּכְתֻבָּתָהּ כְּמִנְהַג הַמְּדִינָה. וּבְכָל הַדְּבָרִים הָאֵלּוּ וְכַיּוֹצֵא בָּהֶן מִנְהַג הַמְּדִינָה עִקָּר גָּדוֹל הוּא וְעַל פִּיו דָּנִין וְהוּא שֶׁיִּהְיֶה אוֹתוֹ מִנְהָג פָּשׁוּט בְּכָל הַמְּדִינָה:

יג. אִישׁ וְאִשָּׁה שֶׁהָיוּ בֵּינֵיהֶם שִׁדּוּכִין וְאָמַר לָהּ כַּמָּה אַתְּ מַכְנֶסֶת לִי כָּךְ וְכָךְ וְאָמְרָה לוֹ וְכַמָּה אַתָּה נוֹתֵן לִי אוֹ כּוֹתֵב לִי כָּךְ וְכָךְ. וְכֵן הָאָב שֶׁפָּסַק עַל יְדֵי בְּנוֹ וּבִתּוֹ כַּמָּה אַתָּה נוֹתֵן לִבְנְךָ כָּךְ וְכָךְ וְכַמָּה אַתָּה נוֹתֵן לְבִתְּךָ כָּךְ וְכָךְ וְעָמְדוּ וְקִדְּשׁוּ קָנוּ אוֹתָן הַדְּבָרִים וְאַף עַל פִּי שֶׁלֹּא הָיָה בֵּינֵיהֶן קִנְיָן. וְאֵלּוּ הֵן הַדְּבָרִים הַנִּקְנִים בַּאֲמִירָה:

יד. בַּמֶּה דְּבָרִים אֲמוּרִים בְּשֶׁפָּסַק הָאָב לְבִתּוֹ בֵּין קְטַנָּה וּבֵין גְּדוֹלָה וּפָסַק הָאָב לִבְנוֹ [ב.] וּבְנִשּׂוּאִין רִאשׁוֹנִים שֶׁדַּעְתּוֹ שֶׁל אָדָם קְרוֹבָה אֵצֶל בְּנוֹ וּמֵרֹב שִׂמְחָתוֹ בַּנִּשּׂוּאִין הָרִאשׁוֹנִים גָּמַר וּמַקְנֶה לוֹ בַּאֲמִירָה. אֲבָל אָח שֶׁפָּסַק לַאֲחוֹתוֹ אוֹ אִשָּׁה שֶׁפָּסְקָה לְבִתָּהּ וְכֵן שְׁאָר קְרוֹבִים וְכֵן הָאָב שֶׁפָּסַק לִבְנוֹ אוֹ לְבִתּוֹ בְּנִשּׂוּאִין שְׁנִיִּים לֹא קָנוּ אוֹתָן הַדְּבָרִים עַד שֶׁיִּקְנוּ מִיְּדֵי הַפּוֹסֵק שֶׁיִּתֵּן כָּךְ וְכָךְ:

טו. הָאָב שֶׁפָּסַק עַל יַד בִּתּוֹ לֹא קָנְתָה הַבַּת אוֹתָהּ הַמַּתָּנָה עַד שֶׁיִּכְנֹס אוֹתָהּ בַּעְלָהּ. וְכֵן הַבֵּן לֹא קָנָה עַד שֶׁיִּכְנֹס. שֶׁכָּל הַפּוֹסֵק אֵינוֹ פּוֹסֵק אֶלָּא עַל מְנָת לִכְנֹס. לְפִיכָךְ הַפּוֹסֵק מָעוֹת לַחֲתָנוֹ וּמֵת קֹדֶם שֶׁיִּכְנֹס וְנָפְלָה לִפְנֵי אָחִיו לְיִבּוּם יָכוֹל הָאָב לוֹמַר לַיָּבָם לְאָחִיךָ הָיִיתִי רוֹצֶה לִתֵּן וּלְךָ אֵינִי רוֹצֶה לִתֵּן. וַאֲפִלּוּ הָיָה הָרִאשׁוֹן עַם הָאָרֶץ וְהַשֵּׁנִי חָכָם. וְאַף עַל פִּי שֶׁהַבַּת רוֹצָה בּוֹ:

טז. הַפּוֹסֵק מָעוֹת לַחֲתָנוֹ וְהָלַךְ הָאָב לִמְדִינָה אַחֶרֶת יְכוֹלָה הִיא לוֹמַר לַבַּעַל אֲנִי לֹא פָּסַקְתִּי עַל עַצְמִי מָה אֲנִי יְכוֹלָה לַעֲשׂוֹת אוֹ כְּנוֹס בְּלֹא נְדוּנְיָא אוֹ פָּטְרֵנִי בְּגֵט. אֲבָל אִם פָּסְקָה הִיא עַל עַצְמָהּ וְלֹא הִגִּיעָה יָדָהּ הֲרֵי זוֹ יוֹשֶׁבֶת עַד שֶׁתִּמְצָא מַה שֶּׁפָּסְקָה אוֹ עַד שֶׁתָּמוּת. וְלָמָּה לֹא תִּפָּטֵר עַצְמָהּ בְּמַרְדּוּת. שֶׁהַמּוֹרֶדֶת וְהִיא אֲרוּסָה הַבַּעַל רוֹצֶה לְכָנְסָהּ וְהִיא אֵינָהּ רוֹצָה אֲבָל זוֹ אֵין הַבַּעַל רוֹצֶה בָּהּ עַד שֶׁתִּתֵּן הַנְּדוּנְיָא שֶׁפָּסְקָה וְהִיא רוֹצָה בּוֹ שֶׁהֲרֵי אוֹמֶרֶת לוֹ אוֹ כְּנֹס אוֹ פְּטֹר. בַּמֶּה דְּבָרִים אֲמוּרִים בִּגְדוֹלָה אֲבָל בִּקְטַנָּה שֶׁפָּסְקָה עַל עַצְמָהּ כּוֹפִין אוֹתוֹ לִתֵּן גֵּט אוֹ יִכְנֹס בְּלֹא נְדוּנְיָא:

יז. הַנּוֹשֵׂא אִשָּׁה וּפָסְקָה עִמּוֹ שֶׁיִּהְיֶה זָן אֶת בִּתָּהּ כָּךְ וְכָךְ שָׁנִים חַיָּב לָזוּן אוֹתָם שָׁנִים שֶׁקִּבֵּל עַל עַצְמוֹ. וְהוּא שֶׁיִּתְּנוּ עַל דָּבָר זֶה בִּשְׁעַת הַקִּדּוּשִׁין. אֲבָל שֶׁלֹּא בִּשְׁעַת הַקִּדּוּשִׁין עַד שֶׁיִּקְנוּ מִיָּדוֹ אוֹ עַד שֶׁיִּכְתֹּב בִּשְׁטָר וְכַיּוֹצֵא בּוֹ כְּמוֹ שֶׁיִּתְבָּאֵר בְּהִלְכוֹת מִקָּח וּמִמְכָּר. נִתְגָּרְשָׁה בְּתוֹךְ הַשָּׁנִים

שֶׁקִּבֵּל עַל עַצְמוֹ לָזוּן אֶת בִּתָּהּ וְנִשֵּׂאת לְאַחֵר וּפָסְקָה גַּם עִמּוֹ שֶׁיִּהְיֶה זָן אוֹתָהּ הַבַּת כָּךְ וְכָךְ שָׁנִים לֹא יֹאמַר רִאשׁוֹן אִם תָּבוֹא לְבֵיתִי אֲזוּנָהּ אֶלָּא מוֹלִיךְ מְזוֹנוֹתֶיהָ לַמָּקוֹם שֶׁהִיא שָׁם אִמָּהּ. וְכֵן לֹא יֹאמְרוּ שְׁנֵיהֶם הֲרֵי אָנוּ זָנִין אוֹתָהּ כְּאַחַת אֶלָּא אֶחָד זָנָהּ וְאֶחָד נוֹתֵן לָהּ דְּמֵי מְזוֹנוֹת:

יח. נִשֵּׂאת הַבַּת בְּתוֹךְ זְמַן זֶה הַבַּעַל חַיָּב בִּמְזוֹנוֹתֶיהָ. וּבַעֲלֵי אִמָּהּ שְׁנֵיהֶם כָּל אֶחָד וְאֶחָד נוֹתֵן לָהּ דְּמֵי מְזוֹנוֹת. מֵתוּ אֵלּוּ שֶׁפָּסְקוּ לָזוּן אוֹתָהּ אִם קָנוּ מִיָּדָן אוֹ שֶׁחִיֵּב עַצְמוֹ בִּשְׁטָר הֲרֵי זוֹ כְּבַעַל חוֹב בִּשְׁטָר וְטוֹרֶפֶת מְזוֹנוֹתֶיהָ מִנְּכָסֵיהֶן הַמְשֻׁעְבָּדִים עַד סוֹף הַזְּמַן שֶׁפָּסְקוּ. וְאִם פָּסְקוּ בִּשְׁעַת הַקִּדּוּשִׁין וְלֹא הָיָה שָׁם קִנְיָן הֲרֵי הֵם דְּבָרִים שֶׁלֹּא נִתְּנוּ לִכָּתֵב וְאֵינָהּ טוֹרֶפֶת בִּמְזוֹנוֹתֶיהָ:

Perek 24

Exceptional cases of marriage

How to deal with *ketubah* and dowries in these cases, e.g. *Aylonit* (barren).

- *Shniyah* (Woman forbidden to marry *Derabanan*)
- *Miun*
- Adultery

Reminder:
Arayot (Forbidden Sexual Relations).
Ref: *Sefer Kedushah, Hilchot Issurei Biah*, Chapters 1, 2, 3 and 4

- Violating *dat Mosheh* (faith of Moses)
  - Goes out with hair uncovered
  - Takes vows without keeping them
  - Has sexual relations in *nidah* state
  - Not careful with *kashrut,* tithes and *challah.*
- Violating Jewish faith (i.e. lack of modesty) – *dat yehudit*
  - Hair not *fully* covered
  - Forearms uncovered in market place
  - Plays with boys
  - Demands relations from husband in loud voice
  - Curses husband's father in front of husband
- Scandalous reports

	Oath	Witnesses	Parties present	Explanation
Aylonit (barren woman) collects *ketuba*?				If husband knew of her condition before marriage, then she collects *ketubah*. If not then she is not entitled to the basic amount but is entitled to anything extra that husband promised. Not entitled to sustenance. Should be forced to separate.
Shniyah collects *ketubah*? (Woman forbidden due to *Rabbinic* law)				Same except it does not matter whether husband knew or not.
Can woman who was forbidden by *Deoraita* Law collect *ketubah*?				Here woman is entitled to collect *ketubah*. Because law is now more strict on the man. Also she is entitled to support after his death etc.
Miun collects *ketubah*? (minor who got married and who is allowed therefore to terminate the marriage)				Not entitled, but is entitled to additional amount of *ketubah*. A minor marriage was allowed by *Rabanim* for her benefit and she is the one who terminated the marriage.
An adulteress?		2 witnesses		Husband *obligated* to divorce her and not entitled to *ketubah* nor extra amount. She caused the divorce. Law varies if there weren't 2 witnesses.
Woman violates *dat Mosheh*?		Warning plus witnesses		Forfeits *ketubah* and extra amount. However husband not compelled to divorce her.
Woman violates *dat Yehudit*?		Warning plus witnesses		Forfeits *ketubah* and extra amount. However husband not compelled to divorce her.
Scandalous report about woman		Witnesss saw suspicious activity		Forfeits *ketubah* and extra amount. However husband not compelled to divorce her.
Raped woman				Still permitted to their husbands unless husband is a Priest. In both cases woman entitled to *ketubah* both basic and additional amounts.
Suspected woman warned not to privately meet a specified person and she does.				While Temple not standing she becomes forbidden to her husband and she has to be divorced. Receipt of *ketubah* depends on whether she had relations with other man or not.

DOWRY Entitled to take her property after divorce, if it still exists				Even if she committed adultery.
If property destroyed husband liable for *nichsei tzon barzel*				Husband can gain or lose with *nichsei tzon barzel*. 📖 **Reminder:** Pack on Wife property 
If property destroyed etc of *nichsei mlog*, she suffers loss				Wife responsible for *nichsei. mlog*
For a *shniyah*, woman forbidden by positive command, negative command (where there is not *karet*) or *aylonit*. Here husband was aware that property was destroyed etc.				Same responsibility as above
Aylonit or prohibition from negative command. Here husband unaware property was destroyed.				This now opposite. Husband not responsible for *nichsei tzon barzel* (due to false premises) and is responsible for *nichsei mlog* (did not acquire right to use these).
Miun takes what is present and not compensated for anything destroyed.				He is liable only if he divorces her. Here she has ended marriage.
An adulteress is not compensated for any of the dowry that has been lost, destroyed etc. Similarly with women who transgress faith of Moses, faith of *Yehudit*, nor a scandalous report.				Husband not liable for anything.

📖 **Reminder:**
Pack on Witnesses

📖 **Reminder:**
The main reason the *Rabanim* instituted the *ketubah* (especially the essential payments) was to prevent men from lightly divorcing their wives. When circumstances are different, then this payment may not apply.
Ketubah. Ref: *Sefer Nashim, Hilchot Ishut,* Chapter 10, 11, 12, 16, 17, 18, 19, 20, 23, 24, 25

פרק כ״ד

א. הַנּוֹשֵׂא אֶת הָאַיְלוֹנִית וְלֹא הָיוּ לוֹ בָּנִים וְלֹא אִשָּׁה אַחֶרֶת לִפְרוֹת וְלִרְבּוֹת מִמֶּנָּה אַף עַל פִּי שֶׁכּוֹפִין אוֹתוֹ וּמוֹצִיא הֲרֵי הִיא כְּכָל הַנָּשִׁים וְיֵשׁ לָהּ כְּתֻבָּה וּשְׁאָר תְּנָאֵי כְּתֻבָּה. וְכֵן זוֹכֶה הַבַּעַל בְּמַה שֶּׁזָּכָה בִּשְׁאָר הַנָּשִׁים:

ב. אֲבָל הַנּוֹשֵׂא אִשָּׁה וְלֹא הִכִּיר בָּהּ וְנִמְצֵאת אַיְלוֹנִית אוֹ מֵחַיָּבֵי לָאוִין. וְכֵן הַנּוֹשֵׂא שְׁנִיָּה בֵּין הִכִּיר בָּהּ בֵּין לֹא הִכִּיר בָּהּ. אֵין לָהּ עִקַּר כְּתֻבָּה וְלֹא תְּנַאי מִתְּנָאֵי כְּתֻבָּה. אֲבָל תּוֹסֶפֶת יֵשׁ לָהּ. וְאֵין לָהּ מְזוֹנוֹת וַאֲפִלּוּ לְאַחַר מוֹתוֹ. וּכְשֶׁכּוֹפִין אוֹתוֹ וּמַפְרִישִׁין בֵּינֵיהֶם אֵין מוֹצִיאִין מִן הַבַּעַל פֵּרוֹת שֶׁאָכַל:

ג. וְלָמָּה אֵין לָהֶן עִקָּר וְיֵשׁ לָהֶן תּוֹסֶפֶת. הָעִקָּר שֶׁהוּא תַּקָּנַת חֲכָמִים כְּדֵי שֶׁלֹּא תִּהְיֶה קַלָּה בְּעֵינָיו לְהוֹצִיאָהּ הוֹאִיל וְלֹא הִכִּיר בָּהּ אֵין לָהּ עִקָּר. אֲבָל תּוֹסֶפֶת שֶׁהוּא חִיֵּב עַצְמוֹ בָּהּ כָּל זְמַן שֶׁתִּרְצֶה וְתַעֲמֹד לְפָנָיו הֲרֵי עָמְדָה בִּתְנַאי שֶׁלָּהּ וַהֲרֵי הִקְנִית לוֹ הֲנָאָתָהּ וַהֲרֵי הִיא עוֹמֶדֶת [לְפָנָיו] אֲבָל הַתּוֹרָה אָסְרָה אוֹתָהּ עָלָיו וּמַה הִיא יְכוֹלָה לַעֲשׂוֹת. לְפִיכָךְ יֵשׁ לָהּ תּוֹסֶפֶת שֶׁאֵין מַעֲשֶׂיהָ הֵן הַגּוֹרְמִין לָהּ לְהֵאָסֵר אַחַר הַנִּשּׂוּאִין אֶלָּא אֲסוּרָה הָיְתָה מִקֹּדֶם:

ד. וְלָמָּה לֹא חִלְּקוּ בִּשְׁנִיָּה בֵּין שֶׁהִכִּיר בָּהּ בֵּין שֶׁלֹּא הִכִּיר בָּהּ אֶלָּא אָמְרוּ אֵין לָהּ עִקַּר כְּתֻבָּה בְּכָל מָקוֹם. מִפְּנֵי שֶׁהִיא מִדִּבְרֵי סוֹפְרִים עָשׂוּ בָּהּ חִזּוּק. אֲבָל אִם נָשָׂא אַחַת מֵחַיָּבֵי לָאוִין; וְהִכִּיר בָּהּ. אוֹ אַחַת מֵחַיָּבֵי עֲשֵׂה בֵּין הִכִּיר בָּהּ בֵּין שֶׁלֹּא הִכִּיר בָּהּ יֵשׁ לָהּ כְּתֻבָּה. שֶׁחַיָּבֵי לָאוִין שֶׁהִכִּיר בָּהּ רָצָה לָזוּן בִּנְכָסָיו וְחַיָּבֵי עֲשֵׂה אִסּוּרָן קַל. וְיֵשׁ לִשְׁתֵּיהֶן מְזוֹנוֹת לְאַחַר מוֹתוֹ. וְכֵן אִם לָוְתָה וְאָכְלָה חַיָּב לְשַׁלֵּם. וּכְשֶׁכּוֹפִין אוֹתָן לְהוֹצִיא מוֹצִיאִין מִן הַבַּעַל כָּל פֵּרוֹת שֶׁאָכַל מִכָּל נְכָסֶיהָ:

ה. הַמְּמָאֶנֶת אֵין לָהּ כְּתֻבָּה אֲבָל תּוֹסֶפֶת יֵשׁ לָהּ. וְאֵין מוֹצִיאִין מִן הַבַּעַל פֵּרוֹת שֶׁאָכַל. וְאִם לָוְתָה כְּשֶׁהָיְתָה תַּחְתָּיו וְאָכְלָה וְאַחַר כָּךְ מֵאֲנָה אֵין מוֹצִיאִין אוֹתָן מְזוֹנוֹת מִן הַבַּעַל:

ו. מִי שֶׁזִּנְּתָה תַּחַת בַּעְלָהּ אֵין לָהּ כְּתֻבָּה לֹא עִקָּר וְלֹא תּוֹסֶפֶת וְלֹא אֶחָד מִתְּנָאֵי כְּתֻבָּה שֶׁהֲרֵי מַעֲשֶׂיהָ גָּרְמוּ לָהּ לְהֵאָסֵר עַל בַּעְלָהּ:

ז. וְהֵיאַךְ דִּין נָשִׁים אֵלּוּ בִּנְדוּנְיָא שֶׁלָּהֶם. כָּל אִשָּׁה שֶׁנְּדֻנְיָתָהּ קַיֶּמֶת אֲפִלּוּ זִנְּתָה נוֹטֶלֶת שֶׁלָּהּ וְהוֹלֶכֶת. וְאִם הָיְתָה שְׁנִיָּה אוֹ אֶחָד מֵחַיָּבֵי עֲשֵׂה בֵּין הִכִּיר בָּהּ בֵּין שֶׁלֹּא הִכִּיר בָּהּ אוֹ שֶׁהָיְתָה אַיְלוֹנִית אוֹ מֵחַיָּבֵי לָאוִין וְהִכִּיר בָּהּ הֲרֵי הִיא בִּנְדֻנְיָתָהּ כְּכָל הַנָּשִׁים:

ח. נִכְסֵי צֹאן בַּרְזֶל חַיָּב בְּאַחֲרָיוּתָן. וְנִכְסֵי מְלוֹג מַה שֶּׁנִּגְנַב אוֹ שֶׁאָבַד אָבַד לָהּ וְאֵינוֹ חַיָּב לְשַׁלֵּם. הָיְתָה אַיְלוֹנִית אוֹ מֵחַיָּבֵי לָאוִין וְלֹא הִכִּיר בָּהּ כָּל מַה שֶּׁאָבַד אוֹ נִגְנַב אוֹ בָּלָה אוֹ שֶׁנִּשְׁחַק מִנִּכְסֵי צֹאן בַּרְזֶל אֵין הַבַּעַל חַיָּב לְשַׁלֵּם. שֶׁהֲרֵי הִיא נָתְנָה לוֹ רְשׁוּת לִהְיוֹתָן אֶצְלוֹ. וְכָל מַה שֶּׁאָבַד אוֹ נִגְנַב מִנִּכְסֵי מְלוֹג חַיָּב לְשַׁלֵּם. הֵפֶךְ מִכָּל הַנָּשִׁים מִפְּנֵי שֶׁאֵין שָׁם אִישׁוּת גְּמוּרָה לֹא זָכָה בְּנִכְסֵי מְלוֹג:

ט. וְהַמְּמָאֶנֶת אֵין לָהּ בְּלָיוֹת כְּלָל שֶׁאֵין מוֹצִיאִין מִן הַבַּעַל דָּבָר מִמַּה שֶּׁאָבַד אוֹ נִגְנַב מִנְּכָסֶיהָ בֵּין מִנִּכְסֵי מְלוֹג בֵּין מִנִּכְסֵי צֹאן בַּרְזֶל אֶלָּא נוֹטֶלֶת הַנִּמְצָא לָהּ וְיוֹצְאָה:

י. מִי שֶׁזִּנְּתָה תַּחַת בַּעְלָהּ אֵין לָהּ כְּתֻבָּה לֹא עִקָּר וְלֹא תּוֹסֶפֶת. וְאֵין מוֹצִיאִין מֵהַבַּעַל דָּבָר מִמַּה שֶּׁאָבַד אוֹ נִגְנַב מִנִּכְסֵי צֹאן בַּרְזֶל שֶׁלָּהּ. וְאֵין צָרִיךְ לוֹמַר נִכְסֵי מְלוֹג. וְלֹא הַמְזַנָּה בִּלְבַד אֶלָּא אַף הָעוֹבֶרֶת עַל דַּת מֹשֶׁה אוֹ עַל דַּת יְהוּדִית אוֹ הַיּוֹצֵאת מִשּׁוּם שֵׁם רַע אֵין לָהּ כְּתֻבָּה לֹא עִקָּר וְלֹא תּוֹסֶפֶת וְלֹא תְּנַאי מִתְּנָאֵי כְּתֻבָּה. וְכָל אַחַת מֵהֶן נוֹטֶלֶת הַנִּמְצָא לָהּ מִנְּדֻנְיָתָהּ וְיוֹצְאָה וְאֵין הַבַּעַל חַיָּב לְשַׁלֵּם כְּלוּם לֹא מַה שֶּׁפָּחַת וְלֹא מַה שֶּׁאָבַד:

יא. וְאֵלּוּ הֵן הַדְּבָרִים שֶׁאִם עָשְׂתָה אַחַת מֵהֶן עָבְרָה עַל דַּת מֹשֶׁה. יוֹצְאָה בַּשּׁוּק וּשְׂעַר רֹאשָׁהּ גָּלוּי. אוֹ שֶׁנּוֹדֶרֶת אוֹ שֶׁנִּשְׁבַּעַת וְאֵינָהּ מְקַיֶּמֶת. אוֹ שֶׁשִּׁמְּשָׁה מִטָּתָהּ וְהִיא נִדָּה. אוֹ שֶׁאֵינָהּ קוֹצָה לָהּ חַלָּה. אוֹ שֶׁהֶאֱכִילָה אֶת בַּעְלָהּ דְּבָרִים אֲסוּרִים, אֵין צָרִיךְ לוֹמַר שְׁקָצִים וּרְמָשִׂים וּנְבֵלוֹת, אֶלָּא דְּבָרִים שֶׁאֵינָן מְעֻשָּׂרִין. וְהֵיאַךְ יוֹדֵעַ דָּבָר זֶה כְּגוֹן שֶׁאָמְרָה לוֹ פֵּרוֹת אֵלּוּ פְּלוֹנִי כֹּהֵן תִּקְּנָם לִי וְעִסָּה זוֹ פְּלוֹנִית הִפְרִישָׁה לִי חַלָּתָהּ וּפְלוֹנִי הֶחָכָם טִהֵר לִי אֶת הַכֶּתֶם וְאַחַר שֶׁאָכַל אוֹ בָּא עָלֶיהָ שָׁאַל אוֹתוֹ פְּלוֹנִי וְאָמַר לֹא הָיוּ דְּבָרִים מֵעוֹלָם. וְכֵן אִם הֻחְזְקָה נִדָּה בִּשְׁכֵנוֹתֶיהָ וְאָמְרָה לְבַעְלָהּ טְהוֹרָה אֲנִי וּבָא עָלֶיהָ:

יב. וְאֵי זוֹ הִיא דָּת יְהוּדִית הוּא מִנְהַג הַצְּנִיעוּת שֶׁנָּהֲגוּ בְּנוֹת יִשְׂרָאֵל. וְאֵלּוּ הֵן הַדְּבָרִים שֶׁאִם עָשְׂתָה אַחַת מֵהֶן עָבְרָה עַל דָּת יְהוּדִית. יוֹצְאָה לַשּׁוּק אוֹ לְמָבוֹי מְפֻלָּשׁ וְרֹאשָׁהּ פָּרוּעַ וְאֵין עָלֶיהָ רְדִיד כְּכָל הַנָּשִׁים. אַף עַל פִּי שֶׁשְּׂעָרָהּ מְכֻסֶּה בְּמִטְפַּחַת. אוֹ שֶׁהָיְתָה טוֹוָה בַּשּׁוּק וֶורֶד וְכַיּוֹצֵא בּוֹ כְּנֶגֶד פָּנֶיהָ עַל פַּדַּחְתָּהּ אוֹ עַל לְחָיֶיהָ כְּדֶרֶךְ שֶׁעוֹשׂוֹת הָעַכּוּ״ם הַפְּרוּצוֹת. אוֹ שֶׁטּוֹוָה בַּשּׁוּק וּמַרְאִית זְרוֹעוֹתֶיהָ לִבְנֵי אָדָם. אוֹ שֶׁהָיְתָה מְשַׂחֶקֶת עִם הַבַּחוּרִים. אוֹ שֶׁהָיְתָה תּוֹבַעַת הַתַּשְׁמִישׁ בְּקוֹל רָם מִבַּעְלָהּ עַד שֶׁשְּׁכֵנוֹתֶיהָ שׁוֹמְעוֹת

אוֹתָהּ מְדַבֶּרֶת עַל עִסְקֵי תַּשְׁמִישׁ. אוֹ שֶׁהָיְתָה מְקַלֶּלֶת אֲבִי בַעְלָהּ בִּפְנֵי בַעְלָהּ:

יג. עֶזְרָא תִּקֵּן שֶׁתִּהְיֶה אִשָּׁה חוֹגֶרֶת בְּסִנָּר תָּמִיד בְּתוֹךְ בֵּיתָהּ מִשּׁוּם צְנִיעוּת. וְאִם לֹא חָגְרָה אֵינָהּ עוֹבֶרֶת עַל דַּת מֹשֶׁה וְלֹא הִפְסִידָה כְּתֻבָּתָהּ. וְכֵן אִם יָצְתָה בְּרֹאשָׁהּ פָּרוּעַ מֵחָצֵר לְחָצֵר בְּתוֹךְ הַמָּבוֹי הוֹאִיל וּשְׂעָרָהּ מְכֻסֶּה בְּמִטְפַּחַת אֵינָהּ עוֹבֶרֶת עַל דָּת:

יד. הָעוֹבֶרֶת עַל דָּת צְרִיכָה הַתְרָאָה וְעֵדִים וְאַחַר כָּךְ תַּפְסִיד כְּתֻבָּתָהּ. עָבְרָה בֵּינוֹ לְבֵינָהּ וְיָדַע שֶׁהִיא עוֹבֶרֶת עַל דָּת וְהִתְרָה בָּהּ בְּלֹא עֵדִים וְחָזְרָה וְעָבְרָה הוּא טוֹעֵן וְאוֹמֵר אַחַר הַתְרָאָה עָבְרָה וְהִיא אוֹמֶרֶת לֹא עָבַרְתִּי כְּלָל אוֹ לֹא הִתְרָה בִּי. אִם רָצָה לְהוֹצִיא הֲרֵי זֶה נוֹתֵן כְּתֻבָּה אַחַר שֶׁתִּשָּׁבַע שֶׁלֹּא עָבְרָה. שֶׁאִם תּוֹדֶה שֶׁעָבְרָה אַחַר הַתְרָאָה זוֹ אֵין לָהּ כְּלוּם:

טו. כֵּיצַד הִיא יוֹצְאָה מִשּׁוּם שֵׁם רַע. כְּגוֹן שֶׁהָיוּ שָׁם עֵדִים שֶׁעָשְׂתָה דָּבָר מְכֹעָר בְּיוֹתֵר שֶׁהַדְּבָרִים מַרְאִין שֶׁהָיְתָה שָׁם עֲבֵרָה אַף עַל פִּי שֶׁאֵין שָׁם עֵדוּת בְּרוּרָה בִּזְנוּת. כֵּיצַד. כְּגוֹן שֶׁהָיְתָה בֶּחָצֵר לְבַדָּהּ וְרָאוּ רוֹכֵל יוֹצֵא וְנִכְנְסוּ מִיָּד בִּשְׁעַת יְצִיאָתוֹ וּמָצְאוּ אוֹתָהּ עוֹמֶדֶת מֵעַל הַמִּטָּה וְהִיא לוֹבֶשֶׁת הַמִּכְנָסַיִם אוֹ חוֹגֶרֶת אֲזוֹרָהּ. אוֹ שֶׁמָּצְאוּ רֹק לַח לְמַעְלָה מִן הַכִּילָה. אוֹ שֶׁהָיוּ יוֹצְאִים מִמָּקוֹם אָפֵל. אוֹ מַעֲלִין זֶה אֶת זֶה מִן הַבּוֹר וְכַיּוֹצֵא בּוֹ. אוֹ שֶׁרָאוּהוּ מְנַשֵּׁק עַל פִּי חֲלוּקָהּ אוֹ שֶׁרָאוּ אוֹתָן מְנַשְּׁקִין זֶה אֶת זֶה אוֹ מְגַפְּפִין זֶה אֶת זֶה אוֹ שֶׁנִּכְנְסוּ זֶה אַחַר זֶה וְהֵגִיפוּ דְּלָתוֹת וְכַיּוֹצֵא בִּדְבָרִים אֵלּוּ. אִם רָצָה הַבַּעַל לְהוֹצִיאָהּ תֵּצֵא בְּלֹא כְּתֻבָּה. וְאֵין זוֹ צְרִיכָה הַתְרָאָה:

טז. עוֹבֶרֶת עַל דַּת מֹשֶׁה אוֹ עַל דָּת יְהוּדִית וְכֵן זֹאת שֶׁעָשְׂתָה דָּבָר מְכֹעָר אֵין כּוֹפִין אֶת הַבַּעַל לְהוֹצִיא אֶלָּא אִם רָצָה לֹא יוֹצִיא. וְאַף עַל פִּי שֶׁלֹּא הוֹצִיא אֵין לָהֶן כְּתֻבָּה שֶׁהַכְּתֻבָּה תַּקָּנַת חֲכָמִים הִיא כְּדֵי שֶׁלֹּא תְּהֵא קַלָּה בְּעֵינָיו לְהוֹצִיאָהּ. וְלֹא הִקְפִּידוּ אֶלָּא עַל בְּנוֹת יִשְׂרָאֵל הַצְּנוּעוֹת אֲבָל אֵלּוּ הַפְּרוּצוֹת אֵין לָהֶן תַּקָּנָה [זוֹ] אֶלָּא תְּהֵא קַלָּה בְּעֵינָיו לְהוֹצִיאָהּ:

יז. מִי שֶׁרָאָה אִשְׁתּוֹ שֶׁזִּנְּתָה אוֹ שֶׁאָמְרָה לוֹ אַחַת מִקְּרוֹבוֹתָיו אוֹ מִקְּרוֹבוֹתֶיהָ שֶׁהוּא מַאֲמִינָם וְסוֹמֶכֶת דַּעְתּוֹ עֲלֵיהֶם שֶׁזִּנְּתָה אִשְׁתּוֹ. בֵּין שֶׁהָיָה הָאוֹמֵר אִישׁ בֵּין שֶׁהָיְתָה אִשָּׁה הוֹאִיל וְסָמְכָה דַּעְתּוֹ לְדָבָר זֶה שֶׁהוּא אֱמֶת הֲרֵי זֶה חַיָּב לְהוֹצִיא וְאָסוּר לוֹ לָבוֹא עָלֶיהָ וְיִתֵּן כְּתֻבָּה. וְאִם הוֹדִית לוֹ שֶׁזִּנְּתָה תֵּצֵא בְּלֹא כְּתֻבָּה. לְפִיכָךְ מַשְׁבִּיעָהּ בְּנָקִיטַת חֵפֶץ שֶׁלֹּא זִנְּתָה תַּחְתָּיו אִם רָאָה אוֹתָהּ בְּעַצְמוֹ וְאַחַר כָּךְ תִּגְבֶּה כְּתֻבָּתָהּ. אֲבָל בְּדָבָר אַחֵר אֵינוֹ יָכוֹל לְהַשְׁבִּיעָהּ אֶלָּא עַל יְדֵי גִּלְגּוּל:

יח. אָמְרָה לוֹ אִשְׁתּוֹ שֶׁזִּנְּתָה תַּחְתָּיו בִּרְצוֹנָהּ אֵין מַשְׁגִּיחִין לִדְבָרֶיהָ שֶׁמָּא עֵינֶיהָ נָתְנָה בְּאַחֵר. אֲבָל אִבְּדָה כְּתֻבָּתָהּ עִקָּר וְתוֹסֶפֶת וְאִבְּדָה הַבְּלָאוֹת שֶׁהֲרֵי הוֹדִית בִּזְנוּת. וְאִם הָיָה מַאֲמִינָהּ וְסוֹמֵךְ דַּעְתּוֹ עַל דְּבָרֶיהָ הֲרֵי זֶה חַיָּב לְהוֹצִיאָהּ. וְאֵין בֵּית דִּין כּוֹפִין אֶת הָאִישׁ לְגָרֵשׁ אֶת אִשְׁתּוֹ בְּדָבָר מִדְּבָרִים אֵלּוּ עַד שֶׁיָּבוֹאוּ שְׁנֵי עֵדִים וְיָעִידוּ שֶׁזִּנְּתָה אִשְׁתּוֹ זֹאת בִּפְנֵיהֶם בִּרְצוֹנָהּ וְאַחַר כָּךְ כּוֹפִין אוֹתוֹ לְהוֹצִיא:

יט. הָאִשָּׁה שֶׁזִּנְּתָה תַּחַת בַּעְלָהּ בִּשְׁגָגָה אוֹ בְּאֹנֶס הֲרֵי זוֹ מֻתֶּרֶת לְבַעְלָהּ שֶׁנֶּאֱמַר (במדבר ה יג) "וְהִיא לֹא נִתְפָּשָׂה" הָא נִתְפָּשָׂה מֻתֶּרֶת. בֵּין שֶׁאֲנָסָהּ עכו"ם בֵּין שֶׁאֲנָסָהּ יִשְׂרָאֵל. וְכָל שֶׁתְּחִלַּת בִּיאָתָהּ בְּאֹנֶס אַף עַל פִּי שֶׁסּוֹפָהּ בְּרָצוֹן וַאֲפִלּוּ אָמְרָה הַנִּיחוּ לוֹ שֶׁאִלְמָלֵי לֹא אֲנָסַנִי אוֹתִי הָיִיתִי שׂוֹכַרְתּוֹ הֲרֵי זוֹ מֻתֶּרֶת. שֶׁהַיֵּצֶר לְבָשָׁהּ וּמִתְּחִלָּה [הָיְתָה] בְּאֹנֶס:

כ. נָשִׁים שֶׁגְּנָבוּ אוֹתָן לִסְטִים הֲרֵי הֵן כִּשְׁבוּיוֹת שֶׁהֵן אֲנוּסוֹת וּמֻתָּרוֹת לְבַעְלֵיהֶן. וְאִם הֵנִיחוּם וְהָלְכוּ לַלִּסְטִים מֵעַצְמָן הֲרֵי אֵלּוּ בְּרָצוֹן וַאֲסוּרוֹת לְבַעְלֵיהֶן. וְדִין הַשּׁוֹגֶגֶת וְדִין הַנֶּאֱנֶסֶת אֶחָד הוּא שֶׁהַשְּׁגָגָה צַד אֹנֶס יֵשׁ בָּהּ:

כא. בַּמֶּה דְּבָרִים אֲמוּרִים בְּשֶׁהָיָה בַּעְלָהּ יִשְׂרָאֵל. אֲבָל אֵשֶׁת כֹּהֵן שֶׁשָּׁגְגָה אוֹ שֶׁנֶּאֶנְסָה אֲסוּרָה לְבַעְלָהּ שֶׁהֲרֵי נַעֲשֵׂית זוֹנָה מִכָּל מָקוֹם וְהוּא אָסוּר בְּזוֹנָה כְּמוֹ שֶׁיִּתְבָּאֵר בְּהִלְכוֹת אִסּוּרֵי בִּיאָה:

כב. אֶחָד אֵשֶׁת יִשְׂרָאֵל אוֹ אֵשֶׁת כֹּהֵן שֶׁנֶּאֶנְסָה כְּתֻבָּתָהּ קַיֶּמֶת הָעִקָּר וְהַתּוֹסֶפֶת וְלֹא הִפְסִידָה מִכְּתֻבָּתָהּ כְּלוּם. וְכוֹפִין אֶת הַכֹּהֵן לִתֵּן לָהּ כְּתֻבָּתָהּ וּלְגָרְשָׁהּ:

כג. אֵשֶׁת כֹּהֵן שֶׁאָמְרָה לְבַעְלָהּ נֶאֱנַסְתִּי אוֹ שָׁגַגְתִּי וְנִבְעַלְתִּי לְאַחֵר אֵינוֹ חוֹשֵׁשׁ לִדְבָרֶיהָ שֶׁמָּא עֵינֶיהָ נָתְנָה בְּאַחֵר. וְאִם הָיְתָה נֶאֱמֶנֶת לוֹ אוֹ שֶׁאָמַר לוֹ אָדָם שֶׁהוּא סוֹמֵךְ עַל דְּבָרָיו יוֹצִיא וְיִתֵּן כְּתֻבָּה:

כד. הָאוֹמֵר לְאִשְׁתּוֹ בִּפְנֵי שְׁנַיִם אַל תִּסָּתְרִי עִם אִישׁ פְּלוֹנִי וְנִכְנְסָה עִמּוֹ לְסֵתֶר בִּפְנֵי שְׁנֵי עֵדִים וְשָׁהֲתָה כְּדֵי טֻמְאָה הֲרֵי זוֹ אֲסוּרָה עַל בַּעְלָהּ עַד שֶׁיַּשְׁקֶנָּה מֵי הַמָּרִים כְּמוֹ שֶׁיִּתְבָּאֵר בְּהִלְכוֹת סוֹטָה. וְאִם מֵת קֹדֶם שֶׁיַּשְׁקֶנָּה אֵין לָהּ כְּתֻבָּה. וְאַף עַל פִּי שֶׁלֹּא מָצְאוּ דָּבָר מְכֹעָר. שֶׁאֵין לְךָ דָּבָר יוֹתֵר מְכֹעָר מִזֶּה. וְהַיּוֹם שֶׁאֵין שָׁם מֵי סוֹטָה נֶאֶסְרָה עָלָיו אִסּוּר עוֹלָם וְתֵצֵא בְּלֹא כְּתֻבָּה לֹא עִקָּר וְלֹא תּוֹסֶפֶת שֶׁהֲרֵי מַעֲשֶׂיהָ הָרָעִים גָּרְמוּ לָהּ לְהֵאָסֵר:

כה. אָמַר לָהּ בֵּינוֹ לְבֵינָהּ אַל תִּסָּתְרִי עִם אִישׁ פְּלוֹנִי וְרָאָה אוֹתָהּ שֶׁנִּסְתְּרָה עִמּוֹ וְשָׁהֲתָה כְּדֵי טֻמְאָה הֲרֵי זוֹ אֲסוּרָה עָלָיו בִּזְמַן הַזֶּה שֶׁאֵין שָׁם מֵי סוֹטָה. וְחַיָּב לְהוֹצִיא וְיִתֵּן כְּתֻבָּה. וְאִם הוֹדִית שֶׁנִּסְתְּרָה אַחַר שֶׁהִתְרָה בָּהּ תֵּצֵא בְּלֹא כְּתֻבָּה וּלְפִיכָךְ מַשְׁבִּיעָהּ עַל זֶה וְאַחַר כָּךְ יִתֵּן כְּתֻבָּה:

Perek 25

Exceptional cases of marriage continued.

- Vows
- Blemishes

Blemishes could relate both to the wife and the husband.

	Oath	Witnesses	Parties present	Explanation
If a man marries a woman and discovers that she is bound by vows, she can be divorced without payment of *ketubah* (basic plus extra)				This only applies to vows regarding • meal • wine • not to wear coloured garments or jewellery Rationale is that woman will become depressed.
Blemishes which will mar husbands love for her. If husband did not know about these at start, he may divorce without paying *ketubah* (basic plus extra)				
Blemishes after marriage. Husband can decide whether to stay married, but if he divorces he must pay *ketubah*				
Similarly with husband, some blemishes give wife right to divorce and collect *ketubah* and some do not				Type of blemish will dictate whether she collects *ketubah*.

פרק כ״ה

א. הַנּוֹשֵׂא אִשָּׁה סְתָם וְנִמְצְאוּ עָלֶיהָ נְדָרִים תֵּצֵא בְּלֹא כְּתֻבָּה לֹא עִקָּר וְלֹא תּוֹסֶפֶת. בְּאֵלּוּ נְדָרִים אָמְרוּ שֶׁלֹּא תֹּאכַל בָּשָׂר אוֹ שֶׁלֹּא תִּשְׁתֶּה יַיִן אוֹ שֶׁלֹּא תִּתְקַשֵּׁט בְּמִינֵי צִבְעוֹנִין וְהוּא הַדִּין לִשְׁאָר הַמִּינִים שֶׁדֶּרֶךְ כָּל נְשֵׁי הַמָּקוֹם לְהִתְקַשֵּׁט בָּהֶן. אֲבָל נִמְצָא עָלֶיהָ נֶדֶר אַחֵר חוּץ מֵאֵלּוּ לֹא הִפְסִידָה כְּלוּם:

ב. וְכֵן הַכּוֹנֵס אִשָּׁה סְתָם וְנִמְצָא בָּהּ מוּם מִמּוּמֵי הַנָּשִׁים שֶׁכְּבָר בֵּאַרְנוּם וְלֹא יָדַע הַבַּעַל בְּמוּם זֶה וְלֹא שָׁמַע בּוֹ וְרָצָה הֲרֵי זוֹ תֵּצֵא בְּלֹא כְּתֻבָּה לֹא עִקָּר וְלֹא תּוֹסֶפֶת. כֵּיצַד. הָיָה מֶרְחָץ בָּעִיר וְהָיוּ לוֹ קְרוֹבִים אֵינוֹ יָכוֹל לוֹמַר לֹא יָדַעְתִּי מוּמִין אֵלּוּ וַאֲפִלּוּ מוּמִין שֶׁבַּסֵּתֶר מִפְּנֵי שֶׁהוּא בּוֹדֵק בִּקְרוֹבוֹתָיו וַחֲזָקָה שֶׁשָּׁמַע וְרָצָה. וְאִם אֵין שָׁם מֶרְחָץ אוֹ שֶׁלֹּא הָיוּ לוֹ קְרוֹבִים טוֹעֵן בְּמוּמִין שֶׁבַּסֵּתֶר. וְנִכְפָּה בְּעִתִּים יְדוּעִים הֲרֵי הוּא מִמּוּמֵי סֵתֶר. אֲבָל בְּמוּמִין שֶׁבְּגָלוּי אֵינוֹ

יָכוֹל לִטְעֹן שֶׁהֲרֵי הַכֹּל רוֹאִין אוֹתָן וְאוֹמְרִין לוֹ וְחֶזְקָתוֹ שֶׁשָּׁמַע וְנִתְפַּיֵּס. דָּבָר יָדוּעַ הוּא שֶׁאֵין דִּין זֶה אֶלָּא בְּאוֹתָן הַמְּקוֹמוֹת שֶׁהָיָה מִנְהַג הַנָּשִׁים שָׁם לְהַלֵּךְ בַּשּׁוּק וּפְנֵיהֶן גְּלוּיוֹת וְהַכֹּל יוֹדְעִין אוֹתָן וְאוֹמְרִין זוֹ הִיא בִּתּוֹ שֶׁל פְּלוֹנִי וְזוֹ הִיא אֲחוֹתוֹ שֶׁל פְּלוֹנִי כְּמוֹ עָרֵי אֱדוֹם בַּזְּמַן הַזֶּה. אֲבָל מְקוֹמוֹת שֶׁאֵין דֶּרֶךְ הַבָּנוֹת שָׁם לָצֵאת לַשּׁוּק כְּלָל וְאִם תֵּצֵא הַבַּת לַמֶּרְחָץ בַּנֶּשֶׁף תֵּצֵא מִתְנַכֶּרֶת וְלֹא יִרְאֶה אוֹתָהּ אָדָם חוּץ מִקְּרוֹבוֹתֶיהָ הֲרֵי זֶה טוֹעֵן אַף בְּמוּמִין שֶׁבְּגָלוּי. וְהוּא שֶׁלֹּא הָיָה שָׁם מֶרְחָץ וְשֶׁלֹּא הָיְתָה לוֹ קְרוֹבָה לִבְדֹּק בָּהּ. אֲבָל אִם הָיָה שָׁם מֶרְחָץ בְּעִיר זוֹ שֶׁאֵין דֶּרֶךְ הַנָּשִׁים לָצֵאת בָּהּ וּפְנֵיהֶם מְגֻלּוֹת אִם יֵשׁ לוֹ קְרוֹבָה אֵינוֹ יָכוֹל לִטְעֹן שֶׁהֲרֵי הַכֹּל רוֹאִין אוֹתָהּ עֲרֻמָּה בַּמֶּרְחָץ. וְאִם דַּרְכָּן לְהִתְנַכֵּר וּלְהִתְחַבֵּא אַף בַּמֶּרְחָץ וְשֶׁתִּהְיֶה הַבַּת רוֹחֶצֶת בַּלַּיְלָה אוֹ בְּבַיִת קָטָן בַּמֶּרְחָץ לְבַדָּהּ עַד שֶׁלֹּא תֵּרָאֶה וְלֹא תִּוָּדַע הֲרֵי זֶה טוֹעֵן אַף בְּמוּמִין שֶׁבַּגָּלוּי. וְהַדְּבָרִים אֵלּוּ דְּבָרִים שֶׁל טַעַם הֵם וְאֵינָם גְּזֵרַת הַכָּתוּב:

ג. הוֹרוּ מִקְצָת הַגְּאוֹנִים שֶׁזֶּה שֶׁאָמְרוּ חֲכָמִים מִפְּנֵי שֶׁהוּא בּוֹדֵק בִּקְרוֹבוֹתָיו אֵינוֹ קְרוֹבוֹתָיו בִּלְבַד אֶלָּא אֲפִלּוּ מְיֻדָּעָיו. וַאֲפִלּוּ הָיָה גֵּר בְּעִיר שֶׁאֵין לוֹ קָרוֹב כְּלָל אִם יֵשׁ שָׁם מֶרְחָץ אֵינוֹ יָכוֹל לִטְעֹן. שֶׁאִי אֶפְשָׁר שֶׁלֹּא יִהְיוּ לוֹ רֵעִים וְאוֹמֵר לְאֶחָד מֵרֵעָיו שֶׁתִּבְדֹּק לוֹ אִשְׁתּוֹ אוֹ אֲחוֹתוֹ עַל פְּלוֹנִית. וּלְפִיכָךְ חֶזְקָתוֹ שֶׁשָּׁמַע וְנִתְפַּיֵּס. וְלֹא יֵרָאֶה לִי דִּין זֶה שֶׁאֵין כָּל אָדָם מוֹצִיא כָּל מַה שֶּׁיֵּשׁ בְּלִבּוֹ מִדְּבָרִים אֵלּוּ לַכֹּל אֶלָּא לִקְרוֹבָיו וְעוֹד שֶׁאֵין דַּעְתּוֹ סוֹמֶכֶת אֶלָּא לְדִבְרֵי קְרוֹבָיו בְּיוֹתֵר:

ד. כֵּיצַד הִיא טַעֲנַת הַמּוּמִין. אִם הָיוּ הַמּוּמִין שֶׁנִּמְצְאוּ בָּהּ מוּמִין שֶׁוַּדַּאי הָיוּ בָּהּ קֹדֶם שֶׁתִּתְאָרֵס כְּגוֹן אֶצְבַּע יְתֵרָה וְכַיּוֹצֵא בּוֹ. עַל הָאָב לְהָבִיא רְאָיָה שֶׁיָּדַע בָּהֶן הַבַּעַל וְרָצָה. אוֹ שֶׁחֶזְקָתוֹ שֶׁיָּדַע. וְאִם לֹא הֵבִיא רְאָיָה תֵּצֵא בְּלֹא כְּתֻבָּה כְּלָל. הָיוּ מוּמִים שֶׁאֶפְשָׁר שֶׁנּוֹלְדוּ בָּהּ אַחַר הָאֵרוּסִין אִם נִמְצְאוּ בָּהּ אַחַר שֶׁנִּכְנְסָה לְבֵית הַבַּעַל עַל הַבַּעַל לְהָבִיא רְאָיָה שֶׁעַד שֶׁלֹּא נִתְאָרְסָה הָיוּ בָּהּ וְהָיָה מִקָּחוֹ מִקַּח טָעוּת. וְאִם נִמְצְאוּ בָּהּ וְהִיא בְּבֵית אָבִיהָ עַל הָאָב לְהָבִיא רְאָיָה שֶׁאַחַר הָאֵרוּסִין נוֹלְדוּ וְנִסְתַּחֲפָה שָׂדֵהוּ:

ה. הֵבִיא הַבַּעַל רְאָיָה שֶׁעַד שֶׁלֹּא תִּתְאָרֵס הָיוּ בָּהּ אוֹ שֶׁהוֹדָה לוֹ בְּכָךְ. וְהֵבִיא הָאָב רְאָיָה שֶׁרָאָה וְשָׁתַק וְנִתְפַּיֵּס אוֹ שֶׁחֶזְקָתוֹ שֶׁיָּדַע בָּהֶן וְנִתְפַּיֵּס הֲרֵי זֶה חַיָּב בִּכְתֻבָּה:

ו. בָּא עַל אִשְׁתּוֹ וְשָׁהָה כַּמָּה יָמִים וְטָעַן שֶׁמּוּם זֶה לֹא נִרְאָה לִי עַד עַתָּה אֲפִלּוּ הָיָה בְּתוֹךְ הַקְּמָטִים אוֹ בְּכַף הָרֶגֶל אֵין שׁוֹמְעִין לוֹ. חֲזָקָה שֶׁאֵין אָדָם שׁוֹתֶה בְּכוֹס אֶלָּא אִם כֵּן בּוֹדְקוֹ יָפֶה וְחֶזְקָתוֹ שֶׁיָּדַע וְרָצָה:

ז. הַנּוֹשֵׂא אִשָּׁה וְנִמְצָא שֶׁאֵין לָהּ וֶסֶת קָבוּעַ לְנִדָּתָהּ אֶלָּא לֹא תַּרְגִּישׁ בְּעַצְמָהּ עַד שֶׁתִּרְאֶה דַּם נִדָּה הֲרֵי זוֹ לֹא תְּשַׁמֵּשׁ אֶלָּא בִּשְׁנֵי עֵדִים שֶׁבּוֹדֶקֶת בָּהֶן עַצְמָהּ אֶחָד לִפְנֵי תַּשְׁמִישׁ וְאֶחָד לְאַחַר תַּשְׁמִישׁ חוּץ מִן הָעֵד שֶׁל אִישׁ שֶׁמְּקַנֵּחַ בּוֹ עַצְמוֹ כְּמוֹ שֶׁיִּתְבָּאֵר בְּהִלְכוֹת אִסּוּרֵי בִּיאָה:

ח. וְאַף עַל פִּי שֶׁמּוּם גָּדוֹל הוּא זֶה לֹא הִפְסִידָה כְּלוּם שֶׁהֲרֵי בּוֹדֶקֶת עַצְמָהּ תְּחִלָּה וּמְשַׁמֶּשֶׁת. הֲרֵי שֶׁבָּדְקָה עַצְמָהּ וְנִבְעֲלָה וּבְעֵת שֶׁקִּנְּחָה עַצְמָהּ הִיא וְהוּא נִמְצָא דָּם עַל עֵד שֶׁלָּהּ אוֹ עַל עֵד שֶׁלּוֹ אִם אֵרַע זֶה פַּעַם אַחַר פַּעַם שָׁלֹשׁ פְּעָמִים סְמוּכוֹת זוֹ לָזוֹ הֲרֵי זוֹ אֲסוּרָה לֵישֵׁב עִם בַּעְלָהּ וְתֵצֵא בְּלֹא כְּתֻבָּה לֹא עִקָּר וְלֹא תּוֹסֶפֶת. וְאֵין לָהּ תְּנַאי מִתְּנָאֵי כְּתֻבָּה שֶׁהֲרֵי אֵינָהּ רְאוּיָה לְתַשְׁמִישׁ וְיוֹצִיא וְלֹא יַחֲזִיר לְעוֹלָם. שֶׁמָּא תִּתְרַפֵּא וְנִמְצָא שֶׁלֹּא גָּמַר לְגָרְשָׁהּ בִּשְׁעַת גֵּרוּשִׁין. וּמֻתֶּרֶת לְהִנָּשֵׂא לְאַחֵר כְּמוֹ שֶׁיִּתְבָּאֵר בְּעִנְיַן הַנִּדָּה:

ט. בַּמֶּה דְּבָרִים אֲמוּרִים בְּשֶׁהָיְתָה כָּךְ מִתְּחִלַּת נִשּׂוּאֶיהָ וּמִבְּעִילָה רִאשׁוֹנָה רָאֲתָה דָּם. אֲבָל אִם אֵרַע לָהּ חֹלִי זֶה אַחַר שֶׁנִּשֵּׂאת נִסְתַּחֲפָה שָׂדֵהוּ. לְפִיכָךְ אִם בָּעַל פַּעַם אַחַת וְלֹא נִמְצָא דָּם וְאַחַר כָּךְ חָזְרָה לִהְיוֹת רוֹאָה דָּם בְּכָל עֵת תַּשְׁמִישׁ יוֹצִיא וְיִתֵּן כְּתֻבָּה כֻּלָּהּ וְלֹא יַחֲזִיר עוֹלָמִית כְּמוֹ שֶׁבֵּאַרְנוּ:

י. וְכֵן אִשָּׁה שֶׁנּוֹלְדוּ בָּהּ מוּמִין אַחַר שֶׁנִּשֵּׂאת אֲפִלּוּ נַעֲשֵׂית מֻכַּת שְׁחִין אִם רָצָה לְקַיֵּם יְקַיֵּם וְאִם רָצָה לְהוֹצִיא יִתֵּן כְּתֻבָּה:

יא. הָאִישׁ שֶׁנּוֹלְדוּ בּוֹ מוּמִין אַחַר שֶׁנָּשָׂא אֲפִלּוּ נִקְטְעָה יָדוֹ אוֹ רַגְלוֹ אוֹ נִסְמֵית עֵינוֹ וְלֹא רָצְתָה אִשְׁתּוֹ לֵישֵׁב עִמּוֹ אֵין כּוֹפִין אוֹתוֹ לְהוֹצִיא וְלִתֵּן כְּתֻבָּה אֶלָּא אִם רָצְתָה תֵּשֵׁב וְאִם לֹא רָצְתָה תֵּצֵא בְּלֹא כְּתֻבָּה כְּדִין כָּל מוֹרֶדֶת. אֲבָל אִם נוֹלַד לוֹ רֵיחַ הַפֶּה אוֹ רֵיחַ הַחֹטֶם אוֹ שֶׁחָזַר לְלַקֵּט צוֹאַת כְּלָבִים אוֹ לַחְצֹב נְחֹשֶׁת מֵעִקָּרוֹ אוֹ לְעַבֵּד עוֹרוֹת. כּוֹפִין אוֹתוֹ לְהוֹצִיא וְלִתֵּן כְּתֻבָּה. וְאִם רָצְתָה תֵּשֵׁב עִם בַּעְלָהּ:

יב. נַעֲשָׂה הָאִישׁ מֻכֵּה שְׁחִין כּוֹפִין אוֹתוֹ לְהוֹצִיא וְלִתֵּן כְּתֻבָּה. וְאַף עַל פִּי שֶׁהִיא רוֹצָה לֵישֵׁב אֵין שׁוֹמְעִין לָהּ אֶלָּא שֶׁמַּפְרִישִׁין אוֹתָן בְּעַל כָּרְחָן מִפְּנֵי שֶׁהִיא מְמִיקַתּוֹ. וְאִם אָמְרָה אֵשֵׁב עִמּוֹ בְּעֵדִים כְּדֵי שֶׁלֹּא יָבוֹא עָלֶיהָ שׁוֹמְעִין לָהּ:

יג. מִי שֶׁהָיָה בַּעְלָהּ בַּעַל רֵיחַ הַפֶּה אוֹ רֵיחַ הַחֹטֶם אוֹ מְלַקֵּט צוֹאַת כְּלָבִים וְכַיּוֹצֵא בָּהֶן וּמֵת וְנָפְלָה לִפְנֵי אָחִיו וְיֵשׁ בּוֹ אוֹתוֹ מוּם שֶׁהָיָה בְּבַעְלָהּ. יְכוֹלָה הִיא לוֹמַר לְאָחִיךָ הָיִיתִי יְכוֹלָה לְקַבֵּל וּלְךָ אֵינִי יְכוֹלָה לְקַבֵּל וְיַחֲלֹץ וְיִתֵּן כְּתֻבָּה. וּרְאֵה בָנִים לְבָנֶיךָ שָׁלוֹם עַל יִשְׂרָאֵל:

הלכות גירושין
Hilchot Gerushin
THE LAWS OF DIVORCE

They consist of *two mitzvot*:   יש בכללן ב׳ מצות

1. A positive commandment, for a man to divorce the divorced wife with a get   א. מצות עשה והוא שיגרש המגרש בספר

2. For a man who divorces his wife not to remarry her after she has married another person   ב. שלא יחזיר גרושתו משנשאת

Perek 1
Introduction

A woman is divorced by writing a bill called a '*get*'[1].

10 principles from *Torah* for a *get* to be effective.

1. Man must divorce his wife voluntarily
2. Carried out with a written document
3. Document must communicate that he is divorcing and relinquishing his rights to her
4. It must imply that the connection between husband and wife is being completely severed
5. *Get* must be written specifically for the woman being divorced (*lishmah*)
6. That after writing, the only necessary action left to do is to transfer it to the woman
7. He should transfer the *get* to her
8. He should transfer in presence of witnesses
9. He should give it to her to affect *gerushin* (divorce)
10. Husband or agent should give it to her

There are other *Rabanim* requirements like
- Dating *get*
- Signed by witnesses etc…

Reminder:
Pack on *Shtar*

BILL OF DIVORCE (*GET*)

	Acceptable	Witnesses	Both parties present	Who pays	Explanation
Divorce is acceptable only through a written document	✓				
Must be written *lishmah* (particularly for her and him)	✓			Woman	
Wording must imply that he is sending her away	✓				i.e. not that he is leaving her
He must place document in her hand	✓	✓	✓		This could also be hand of her agent or placed in her property
When he gives *get*, he should say this is your *get*	✓	✓	✓		
Get must be given in presence of 2 witnesses.	✓	✓	✓		If not proper witnesses the *get* is void
📖 The written document also must be signed by witnesses		✓	✗		However the essential witnesses are at *transfer*
Get must be read aloud in presence of witnesses	✓	✓	✓		
Witnesses need to know how to read and write and need to understand content of *get*.	✓				📖 However, *Rabanim* were more lenient for signatures on a *get* as compared to other documents because signatures here are *Derabanan*
📖 Dates and place of signature needs to be on *get*	✓				

Reminder:
Pack on Witnesses

פרק א׳

א. אֵין הָאִשָּׁה מִתְגָּרֶשֶׁת אֶלָּא בִּכְתָב שֶׁיַּגִּיעַ לָהּ וּכְתָב זֶה הוּא הַנִּקְרָא גֵּט. וַעֲשָׂרָה דְּבָרִים הֵן עִקַּר הַגֵּרוּשִׁין מִן הַתּוֹרָה וְאֵלּוּ הֵן. א) שֶׁלֹּא יְגָרֵשׁ הָאִישׁ אֶלָּא בִּרְצוֹנוֹ. ב) וְשֶׁיְּגָרֵשׁ בִּכְתָב וְלֹא בְּדָבָר אַחֵר. ג) וְשֶׁיִּהְיֶה עִנְיַן הַכְּתָב שֶׁגֵּרְשָׁהּ וְהֶסִירָהּ מִקִּנְיָנוֹ. ד) וְשֶׁיִּהְיֶה עִנְיָנוֹ דָּבָר הַכּוֹרֵת בֵּינוֹ לְבֵינָהּ. ה) וְשֶׁיִּהְיֶה נִכְתָּב לִשְׁמָהּ. ו) וְשֶׁלֹּא יִהְיֶה מְחֻסַּר מַעֲשֶׂה אַחַר כְּתִיבָתוֹ אֶלָּא נְתִינָתוֹ לָהּ [בִּלְבַד]. ז) וְשֶׁיִּתְּנֵהוּ לָהּ. ח) וְשֶׁיִּתְּנֵהוּ לָהּ בִּפְנֵי עֵדִים. ט) וְשֶׁיִּתְּנֵהוּ לָהּ בְּתוֹרַת גֵּרוּשִׁין. י) וְשֶׁיִּהְיֶה הַבַּעַל אוֹ שְׁלוּחוֹ הוּא שֶׁנּוֹתְנוֹ לָהּ. וּשְׁאָר הַדְּבָרִים שֶׁבַּגֵּט כְּגוֹן הַזְּמַן וַחֲתִימַת הָעֵדִים וְכַיּוֹצֵא בָּהֶן הַכֹּל מִדִּבְרֵי סוֹפְרִים:

ב. וּמִנַּיִן שֶׁעֲשָׂרָה דְּבָרִים אֵלּוּ מִן הַתּוֹרָה. שֶׁנֶּאֱמַר (דברים כד א) "וְהָיָה אִם לֹא תִמְצָא חֵן בְּעֵינָיו" (דברים כד א) "וְכָתַב לָהּ סֵפֶר כְּרִיתֻת וְנָתַן בְּיָדָהּ וְשִׁלְּחָהּ מִבֵּיתוֹ". אִם לֹא תִמְצָא חֵן בְּעֵינָיו. מְלַמֵּד שֶׁאֵינוֹ מְגָרֵשׁ אֶלָּא בִּרְצוֹנוֹ. וְאִם נִתְגָּרְשָׁה שֶׁלֹּא בִּרְצוֹנוֹ אֵינָהּ מְגֹרֶשֶׁת. אֲבָל הָאִשָּׁה מִתְגָּרֶשֶׁת בִּרְצוֹנָהּ וְשֶׁלֹּא בִּרְצוֹנָהּ:

ג. (דברים כד א) "וְכָתַב". מְלַמֵּד שֶׁאֵינָהּ מִתְגָּרֶשֶׁת אֶלָּא בִּכְתָב. (דברים כד א) "לָהּ". לִשְׁמָהּ. (דברים כד א) "סֵפֶר כְּרִיתֻת". דָּבָר הַכּוֹרֵת בֵּינוֹ לְבֵינָהּ שֶׁלֹּא יִשָּׁאֵר לוֹ עָלֶיהָ רְשׁוּת. וְאִם עֲדַיִן לֹא נִכְרַת בֵּינוֹ לְבֵינָהּ אֵינָהּ מְגֹרֶשֶׁת כְּמוֹ שֶׁיִּתְבָּאֵר. (דברים כד א) "וְנָתַן בְּיָדָהּ". מְלַמֵּד שֶׁאֵינָהּ מִתְגָּרֶשֶׁת עַד שֶׁיִּנָּתֵן הַגֵּט בְּיָדָהּ אוֹ בְּיַד שְׁלוּחָהּ שֶׁהוּא כְּיָדָהּ אוֹ לַחֲצֵרָהּ שֶׁהַכֹּל כְּיָדָהּ כְּמוֹ שֶׁיִּתְבָּאֵר. (דברים כד א) "וְשִׁלְּחָהּ". שֶׁיִּהְיֶה עִנְיַן הַגֵּט שֶׁהוּא הַמְשַׁלֵּחַ אוֹתָהּ. לֹא שֶׁיְּשַׁלַּח עַצְמוֹ מִמֶּנָּה:

ד. כֵּיצַד. כָּתַב לָהּ הֲרֵי אַתְּ מְשֻׁלַּחַת הֲרֵי אַתְּ מְגֹרֶשֶׁת הֲרֵי אַתְּ לְעַצְמֵךְ הֲרֵי אַתְּ מֻתֶּרֶת לְכָל אָדָם וְכַיּוֹצֵא בְּזֶה הָעִנְיָן הֲרֵי זוֹ מְגֹרֶשֶׁת. וְגוּפוֹ שֶׁל גֵּט הֲרֵי אַתְּ מֻתֶּרֶת לְכָל אָדָם. אֲבָל אִם כָּתַב לָהּ אֵינִי בַּעְלֵךְ אֵינִי אֲרוּסֵךְ אֵינִי אִישֵׁךְ אֵין זֶה גֵּט שֶׁנֶּאֱמַר (דברים כד א) "וְשִׁלְּחָהּ" וְלֹא שֶׁיְּשַׁלַּח אֶת עַצְמוֹ. וְכֵן הַכּוֹתֵב לְאִשְׁתּוֹ הֲרֵי אַתְּ בַּת חוֹרִין אֵינוֹ גֵּט:

ה. זֶה שֶׁנֶּאֱמַר בַּתּוֹרָה (דברים כד א) "וְשִׁלְּחָהּ מִבֵּיתוֹ" אֵין עִנְיָנוֹ שֶׁלֹּא יִגָּמְרוּ גֵּרוּשֶׁיהָ עַד שֶׁתֵּצֵא מִבֵּיתוֹ אֶלָּא כְּשֶׁמַּגִּיעַ גֵּט לְיָדָהּ גָּמְרוּ גֵּרוּשֶׁיהָ וְאַף עַל פִּי שֶׁעֲדַיִן הִיא בְּבֵיתוֹ כְּמוֹ שֶׁיִּתְבָּאֵר. שֶׁלֹּא נֶאֱמַר וְשִׁלְּחָהּ אֶלָּא שֶׁאִם גֵּרֵשׁ וְלֹא הוֹצִיאָהּ מִבֵּיתוֹ הֲרֵי זֶה כְּמִי שֶׁגֵּרֵשׁ וְהֶחֱזִיר גְּרוּשָׁתוֹ. לְפִיכָךְ צְרִיכָה מִמֶּנּוּ גֵּט כְּמוֹ שֶׁיִּתְבָּאֵר:

ו. וּמִנַּיִן שֶׁלֹּא יִהְיֶה מְחֻסַּר מַעֲשֶׂה אַחַר כְּתִיבָתוֹ שֶׁנֶּאֱמַר (דברים כד א) "וְכָתַב" (דברים כד א) "וְנָתַן" מִי שֶׁאֵינוֹ מְחֻסָּר אֶלָּא כְּתִיבָה וּנְתִינָה הוּא הַגֵּט הַכָּשֵׁר. יָצָא דָּבָר שֶׁמְּחֻסַּר קְצִיצָה אַחַר הַכְּתִיבָה. לְפִיכָךְ אִם כָּתַב גֵּט עַל קֶרֶן הַפָּרָה נוֹתֵן לָהּ הַפָּרָה. וְאִם חָתַךְ הַקֶּרֶן אַחַר שֶׁכְּתָבוֹ וּנְתָנוֹ לָהּ אֵינוֹ גֵּט. וְכֵן אִם כָּתַב בִּמְחֻבָּר אַף עַל פִּי שֶׁחָתְמוּ בּוֹ הָעֵדִים אַחַר שֶׁתְּלָשׁוֹ וּנְתָנוֹ לָהּ אֵינוֹ גֵּט:

ז. אֵין כּוֹתְבִין בִּמְחֻבָּר אֲפִלּוּ טֹפֶס הַגֵּט. כָּתַב הַטֹּפֶס בִּמְחֻבָּר וּתְלָשׁוֹ וְאַחַר כָּךְ כָּתַב שֵׁם הָאִישׁ וְשֵׁם הָאִשָּׁה וְהַזְּמַן וַהֲרֵי אַתְּ מֻתֶּרֶת לְכָל אָדָם וַחֲתָמוֹ וּנְתָנוֹ לָהּ כָּשֵׁר:

ח. כָּתַב כָּל הַגֵּט עַל הֶעָלֶה הַזָּרוּעַ בְּעָצִיץ נָקוּב אַף עַל פִּי שֶׁנָּתַן לָהּ הֶעָצִיץ כֻּלּוֹ הַגֵּט פָּסוּל גְּזֵרָה שֶׁמָּא יִקְטֹם. אֲבָל כּוֹתֵב הוּא עַל חַרְסוֹ שֶׁל עָצִיץ וְנוֹתֵן לָהּ:

ט. וּמִנַּיִן שֶׁאֵינוֹ נוֹתְנוֹ לָהּ אֶלָּא בְּתוֹרַת גֵּרוּשִׁין שֶׁנֶּאֱמַר (דברים כד א) "סֵפֶר כְּרִיתֻת" וְנָתַן בְּיָדָהּ שֶׁיִּתֵּן אוֹתוֹ בְּתוֹרַת סֵפֶר כְּרִיתֻת. אֲבָל אִם נְתָנוֹ לָהּ בְּתוֹרַת שֶׁהוּא שְׁטַר חוֹב אוֹ מְזוּזָה אוֹ שֶׁנְּתָנוֹ בְּיָדָהּ וְהִיא יְשֵׁנָה וְנֵעוֹרָה וַהֲרֵי הוּא בְּיָדָהּ אֵינוֹ גֵּט. וְאִם אָמַר לָהּ אַחַר כָּךְ הֲרֵי הוּא גִּטֵּךְ הֲרֵי זֶה גֵּט:

י. אָמַר לְעֵדִים רְאוּ גֵּט שֶׁאֲנִי נוֹתֵן לָהּ וְחָזַר וְאָמַר לָהּ כִּנְסִי שְׁטַר חוֹב זֶה הֲרֵי זֶה כָּשֵׁר. שֶׁהֲרֵי הוֹדִיעַ אֶת הָעֵדִים שֶׁנְּתָנוֹ בְּתוֹרַת גֵּרוּשִׁין. וְזֶה שֶׁאָמַר לָהּ שְׁטַר חוֹב מִפְּנֵי שֶׁנִּכְלַם מִמֶּנָּה:

יא. הַמְגָרֵשׁ צָרִיךְ שֶׁיֹּאמַר לָהּ כְּשֶׁיִּתֵּן לָהּ הַגֵּט הֲרֵי זֶה גִּטֵּךְ אוֹ הוּא גִּטֵּךְ וְכַיּוֹצֵא בָּזֶה. וְאִם נָתַן בְּיָדָהּ וְלֹא אָמַר כְּלוּם הֲרֵי זֶה גֵּט פָּסוּל. בַּמֶּה דְּבָרִים אֲמוּרִים בְּשֶׁלֹּא הָיָה מְדַבֵּר עִמָּהּ עַל עִסְקֵי גִּטָּהּ. אֲבָל אִם הָיָה מְדַבֵּר עַל עִסְקֵי גִּטָּהּ וְנָטַל הַגֵּט וְנָתַן בְּיָדָהּ וְלֹא אָמַר כְּלוּם הֲרֵי זֶה גֵּט כָּשֵׁר:

יב. גֵּט שֶׁהָיָה מֻנָּח עַל הָאָרֶץ וְאָמַר לָהּ טְלִי גִּטֵּךְ מֵעַל גַּבֵּי קַרְקַע וּנְטָלַתּוּ אוֹ שֶׁהָיָה קָשׁוּר עַל יָדוֹ אוֹ עַל יְרֵכוֹ וּשְׁלָפַתּוּ מִמֶּנּוּ אַף עַל פִּי שֶׁאָמַר לָהּ אַחַר שֶׁבָּא לְיָדָהּ הֲרֵי זֶה גִּטֵּךְ אֵינוֹ גֵּט שֶׁנֶּאֱמַר (דברים כד א) "וְנָתַן בְּיָדָהּ" לֹא שֶׁתִּקַּח הִיא מֵעַצְמָהּ וַהֲרֵי לֹא נָתַן לָהּ לֹא הוּא וְלֹא שְׁלוּחוֹ. אֲבָל אִם הִרְכִּין לָהּ בְּגוּפוֹ אוֹ הִטָּה יָדוֹ עַד שֶׁשְּׁלָפָה הַגֵּט מֵעָלָיו וְאָמַר לָהּ הֲרֵי זֶה גִּטֵּךְ הֲרֵי זֶה גֵּט:

יג. וּמִנַּיִן שֶׁיִּתְּנֶנּוּ לָהּ בִּפְנֵי עֵדִים. הֲרֵי הוּא אוֹמֵר (דברים יט טו) "עַל פִּי שְׁנַיִם עֵדִים אוֹ שְׁלֹשָׁה עֵדִים יָקוּם דָּבָר". וְאִי אֶפְשָׁר שֶׁתִּהְיֶה זוֹ הַיּוֹם עֶרְוָה וְהַבָּא עָלֶיהָ בְּמִיתַת בֵּית דִּין וּלְמָחָר תִּהְיֶה מֻתֶּרֶת בְּלֹא עֵדִים. לְפִיכָךְ אִם נָתַן לָהּ גֵּט בֵּינוֹ לְבֵינָהּ וַאֲפִלּוּ בְּעֵד אֶחָד אֵינוֹ גֵּט כְּלָל:

יד. בַּמֶּה דְּבָרִים אֲמוּרִים כְּשֶׁהָיָה הַגֵּט בִּכְתַב יַד סוֹפֵר. אֲבָל אִם כָּתַב הַבַּעַל הַגֵּט בִּכְתַב יָדוֹ וְחָתַם עָלָיו עֵד אֶחָד וּנְתָנוֹ לָהּ הֲרֵי זֶה גֵּט פָּסוּל [וּפוֹסֵל לִכְהֻנָּה]:

טו. תַּקָּנַת חֲכָמִים הוּא שֶׁיִּהְיוּ הָעֵדִים חוֹתְמִין עַל הַגֵּט. שֶׁמָּא יִתֵּן לָהּ גֵּט בִּפְנֵי שְׁנַיִם וְיָמוּתוּ וְנִמְצָא הַגֵּט שֶׁבְּיָדָהּ כְּחֶרֶס מֵחַרְסֵי אֲדָמָה שֶׁהֲרֵי אֵין בּוֹ עֵדִים. לְפִיכָךְ תִּקְּנוּ שֶׁיָּעִידוּ מִתּוֹכוֹ. וְאַף עַל פִּי שֶׁהָעֵדִים בְּתוֹכוֹ נוֹתְנוּ לָהּ בִּפְנֵי שְׁנַיִם בֵּין בִּפְנֵי אוֹתָן הָעֵדִים הַחֲתוּמִין עָלָיו בֵּין בִּפְנֵי שְׁנַיִם אֲחֵרִים. שֶׁעִקַּר הַגֵּרוּשִׁין בְּעֵדֵי מְסִירָה:

טז. חָתְמוּ בּוֹ שְׁנַיִם וְעָבַר וּנְתָנוֹ לָהּ בֵּינוֹ לְבֵינָהּ אוֹ שֶׁנִּמְצְאוּ עֵדֵי מְסִירָה פְּסוּלִין הֲרֵי זֶה כָּשֵׁר הוֹאִיל וְעֵדִים שֶׁבּוֹ כְּשֵׁרִין וַהֲרֵי הַגֵּט יוֹצֵא מִתַּחַת יָדֶיהָ. וְיֵשׁ שֶׁהוֹרָה מִן הַגְּאוֹנִים שֶׁהוּא פָּסוּל:

יז. הָיוּ עֵדָיו מִתּוֹכוֹ פְּסוּלִין אֲפִלּוּ אֶחָד פָּסוּל וְאֶחָד כָּשֵׁר וּנְתָנוֹ לָהּ בִּפְנֵי שְׁנֵי עֵדִים כְּשֵׁרִין הֲרֵי זֶה פָּסוּל שֶׁנִּמְצָא כִּמְזֻיָּף מִתּוֹכוֹ:

יח. הִרְחִיק אֶת הָעֵדִים מִן הַכְּתָב מְלֹא שְׁנֵי שִׁיטִין פָּסוּל. וְכַמָּה יַרְחִיק אֶת הָעֵדִים מִן הַכְּתָב פָּחוֹת מִכְּדֵי שְׁנֵי שִׁיטִין כְּדֵי שֶׁיִּהְיוּ נִקְרָאִין עִמּוֹ. בַּמֶּה דְּבָרִים אֲמוּרִים כְּשֶׁהָיָה הַגֵּט יוֹצֵא מִתַּחַת יָדֶיהָ וְלֹא הָיוּ שָׁם עֵדֵי מְסִירָה. אֲבָל אִם מְסָרוֹ לָהּ בְּעֵדִים אַף עַל פִּי שֶׁהֵן מְרֻחָקִין הַרְבֵּה וְאֵין נִקְרָאִין עִמּוֹ וְאַף עַל פִּי שֶׁאֵין חָתוּם עָלָיו עֵד כְּלָל הֲרֵי זֶה כָּשֵׁר. שֶׁעִקַּר הַגֵּרוּשִׁין בְּעֵדֵי מְסִירָה:

יט. הָעֵדִים שֶׁנּוֹתֵן אֶת הַגֵּט בִּפְנֵיהֶם צְרִיכִין לְקָרוֹתוֹ וְאַחַר כָּךְ יִתְּנֶנּוּ לָהּ. וְאִם נְתָנוֹ לָהּ בִּפְנֵיהֶם תְּחִלָּה חוֹזְרִין וְקוֹרְאִין אוֹתוֹ אַחַר שֶׁנְּתָנוֹ לָהּ. קְרָאוּהוּ וְהוּא בְּיַד הַבַּעַל אוֹ בְּיַד שְׁלוּחוֹ וְהֶחְזִירוּהוּ לוֹ. וְחָזַר הוּא וְהִכְנִיסוֹ לְתוֹךְ יָדוֹ וּנְתָנוֹ לָהּ חוֹזְרִין וְקוֹרְאִין אוֹתוֹ:

כ. לֹא קְרָאוּהוּ אֶלָּא נְטָלָתוֹ וּזְרָקַתּוּ לַיָּם אוֹ לָאֵשׁ הֲרֵי זוֹ מְגֹרֶשֶׁת. הוֹאִיל וּקְרָאוּהוּ תְּחִלָּה אֵין חוֹשְׁשִׁים לוֹ שֶׁהֶחֱלִיפוֹ. וְלֹא עוֹד אֶלָּא אֲפִלּוּ אָמַר הַבַּעַל שְׁטָר אַחֵר הָיָה וְלֹא הָיָה הַגֵּט שֶׁקְּרָאתֶם אֵינוֹ נֶאֱמָן וַהֲרֵי הִיא מְגֹרֶשֶׁת:

כא. הֲרֵי שֶׁלֹּא קְרָאוּ הַגֵּט בַּתְּחִלָּה וְנָתַן לָהּ הַגֵּט בִּפְנֵיהֶם וּזְרָקַתּוּ לָאוּר אוֹ לַיָּם אַף עַל פִּי שֶׁהַבַּעַל אוֹמֵר גֵּט כָּשֵׁר הָיָה הֲרֵי זוֹ סְפֵק מְגֹרֶשֶׁת:

כב. זָרַק לָהּ הַגֵּט לַחֲצֵרָהּ לְבֵין הֶחָבִיּוֹת בִּפְנֵי עֵדִים וּבִקְּשׁוּ וּמָצְאוּ מְזוּזָה אוֹ שְׁטָר אַחֵר אֵין חוֹשְׁשִׁין לָהּ. שֶׁזֶּה שֶׁנִּמְצָא הוּא שֶׁזָּרַק. נִמְצְאוּ שָׁם שְׁתַּיִם שָׁלֹשׁ מְזוּזוֹת אוֹ שְׁטָרוֹת חוֹשְׁשִׁין שֶׁמָּא גֵּט שֶׁזָּרַק גְּרָרוּהוּ עַכְבָּרִים וַהֲרֵי זוֹ סָפֵק מְגֹרֶשֶׁת:

כג. הָעֵדִים שֶׁחוֹתְמִין עַל הַגֵּט צְרִיכִים לִהְיוֹתָם יוֹדְעִים לִקְרוֹת וְלַחְתֹּם. וְאִם אֵינָם יוֹדְעִים לִקְרוֹת קוֹרְאִים בִּפְנֵיהֶם וְחוֹתְמִים. וְהוּא שֶׁיַּכִּירוּ לְשׁוֹן הַגֵּט. וְאִם אֵינָם יוֹדְעִים לַחְתֹּם רוֹשְׁמִין לָהֶם הַנְּיָר בְּרֹק וְכַיּוֹצֵא בּוֹ מִדָּבָר שֶׁאֵין רִשּׁוּמוֹ מִתְקַיֵּם וְהֵן כּוֹתְבִין עַל הָרֹשֶׁם. וְאֵין עוֹשִׂין כָּךְ בִּשְׁאָר שְׁטָרוֹת. קַל הוּא שֶׁהֵקֵלּוּ בְּגִטֵּי נָשִׁים כְּדֵי שֶׁלֹּא יִהְיוּ בְּנוֹת יִשְׂרָאֵל עֲגוּנוֹת הוֹאִיל וַחֲתִימַת הָעֵדִים בְּגֵט מִדִּבְרֵיהֶם כְּמוֹ שֶׁבֵּאַרְנוּ:

כד. אַף עַל פִּי שֶׁחֲתִימַת הָעֵדִים בְּגֵט מִדִּבְרֵיהֶם הִתְקִינוּ שֶׁיִּהְיוּ הָעֵדִים מְפָרְשִׁין שְׁמוֹתֵיהֶן בַּגֵּט. וְכֵן הִתְקִינוּ בְּעֵדֵי הַגֵּט שֶׁאֵין חוֹתְמִין אֶלָּא זֶה בִּפְנֵי זֶה. וְאִם חָתְמוּ זֶה שֶׁלֹּא בִּפְנֵי זֶה הֲרֵי זֶה גֵּט פָּסוּל. וְכֵן הִתְקִינוּ חֲכָמִים שֶׁיִּכְתֹּב זְמַן בַּגֵּט וּמְקוֹם כְּתִיבָתוֹ כִּשְׁאָר הַשְּׁטָרוֹת. שֶׁמָּא תִּהְיֶה אִשְׁתּוֹ קְרוֹבָתוֹ וְתִזְנֶה כְּשֶׁהִיא תַּחְתָּיו וְיִכְתֹּב לָהּ גֵּט אַחַר הַזְּנוּת וְיִתֵּן לָהּ. וְאִם לֹא יִהְיֶה בּוֹ זְמַן יְכוֹלָה לוֹמַר קֹדֶם הַזְּנוּת נִתְגָּרַשְׁתִּי. וּלְפִיכָךְ תִּקְּנוּ זְמַן בְּגִטִּין:

כה. גֵּט שֶׁיֵּשׁ עָלָיו עֵדִים וְאֵין בּוֹ זְמַן אוֹ שֶׁהָיָה מֻקְדָּם אוֹ מְאֻחָר אוֹ שֶׁנִּכְתַּב בַּיּוֹם וְנֶחְתַּם בַּלַּיְלָה שֶׁלְּאַחֲרָיו אַף עַל פִּי שֶׁעֲסוּקִין בְּאוֹתוֹ הָעִנְיָן. אוֹ כָּתַב אֶת הַגֵּט בִּירוּשָׁלַיִם וְטָעָה וְכָתַב בְּלוּד. כָּל אֵלּוּ פְּסוּלִין עַד שֶׁיַּחְתְּמוּ בּוֹ בִּזְמַן כְּתִיבָתוֹ וּבִמְקוֹם כְּתִיבָתוֹ:

כו. חָתַךְ מִמֶּנּוּ הַזְּמַן וּנְתָנוֹ לָהּ אוֹ שֶׁלֹּא כָּתַב שֵׁם הַיּוֹם אֶלָּא בְּשַׁבָּת רִאשׁוֹנָה אוֹ שְׁנִיָּה מֵחֹדֶשׁ פְּלוֹנִי אוֹ בְּחֹדֶשׁ פְּלוֹנִי אוֹ בְּשָׁנָה פְּלוֹנִית וְלֹא הִזְכִּיר הַחֹדֶשׁ אֲפִלּוּ כָּתַב בְּשָׁבוּעַ פְּלוֹנִי כָּשֵׁר. וְכֵן אִם כָּתַב בּוֹ הַיּוֹם גֵּרַשְׁתִּיהָ כָּשֵׁר שֶׁמַּשְׁמָעוֹ הַיּוֹם הַזֶּה שֶׁיָּצָא בּוֹ הַגֵּט:

כז. וְכֵן תִּקְּנוּ שֶׁיְּהוּ מוֹנִין בְּגִטִּין לְמַלְכוּת אוֹתוֹ הַזְּמַן מִשּׁוּם שְׁלוֹם מַלְכוּת. כָּתַב לְשֵׁם מַלְכוּת שֶׁאֵינָהּ מַלְכוּת אוֹתָהּ הַמְּדִינָה אוֹ לְבִנְיַן הַבַּיִת אוֹ לְחֻרְבַּן הַבַּיִת אִם דֶּרֶךְ אַנְשֵׁי אוֹתוֹ מָקוֹם לִמְנוֹת בּוֹ הֲרֵי זֶה כָּשֵׁר וְאִם אֵין דַּרְכָּן לִמְנוֹת בּוֹ הֲרֵי זֶה פָּסוּל. וּכְבָר נָהֲגוּ כָּל יִשְׂרָאֵל לִמְנוֹת בְּגִטִּין אוֹ לִיצִירָה אוֹ לְמַלְכוּת אֲלֶכְּסַנְדְּרוֹס מַקְדּוֹן שֶׁהוּא מִנְיַן שְׁטָרוֹת. וְאִם כָּתַב לְשֵׁם מַלְכוּת אוֹתוֹ זְמַן בִּמְדִינָה שֶׁיֵּשׁ בָּהּ רְשׁוּת אוֹתָהּ מַלְכוּת הֲרֵי זֶה כָּשֵׁר:

כח. הָאוֹמֵר לִשְׁנַיִם כִּתְבוּ וְחִתְמוּ וּתְנוּ גֵּט לְאִשְׁתִּי וְנִתְאַחֵר הַדָּבָר יָמִים אוֹ שָׁנִים. אוֹ שֶׁנִּמְצָא הַגֵּט בָּטֵל וְהֻצְרְכוּ לִכְתֹּב לָהּ גֵּט אַחֵר כָּשֵׁר אַחַר כַּמָּה שָׁנִים כְּמוֹ שֶׁיִּתְבָּאֵר. הֲרֵי אֵלּוּ כּוֹתְבִין זְמַן הַכְּתִיבָה וּמְקוֹם הַכְּתִיבָה, לֹא הַזְּמַן שֶׁאָמַר לָהֶן הַבַּעַל בּוֹ כִּתְבוּ וְלֹא אוֹתוֹ הַמָּקוֹם. כֵּיצַד. הָיוּ בִּירוּשָׁלַיִם כְּשֶׁאָמַר לָהֶן וְהָיוּ עוֹמְדִין בְּתִשְׁרֵי וְנִתְאַחֲרוּ עַד נִיסָן וַהֲרֵי הֵן בְּלוּד כּוֹתְבִין זְמַן הַגֵּט מִנִּיסָן וּבְלוּד שֶׁשָּׁם נִכְתַּב הַגֵּט כִּשְׁאָר שְׁטָרוֹת:

Perek 2

Laws of writing a *get*.

	Acceptable	Witnesses	Both parties present	Who pays	Explanation
Man may write a *get* and hand it to wife but he may also appoint agents to do this for him	✓		×	woman	*Derabanan*, woman pays fee of scribe. But man must tell scribe to write. Scribe and witnesses need to know identity of wife (and man). If husband appoints agents, the words he uses to instruct them must be very clear otherwise *get* may be ineffective.
Husband instructs to write and give *get* to wife, but he is not of sound mind	×				Includes being a deaf-mute
A minor cannot receive a *get*. This would have to be handed to her father. If her father is dead, then she may accept it if she can recognise that it is a get.					A minor is **0–12.** A *get* can be given to a *naarah* (**12–12½**) or to her father. **Reminder:** Pack on Children

A man who is forced by Torah to divorce his wife (because he is not allowed to be married to her), and he refuses, the *Bet Din* should have him beaten until he consents. The rationale is that at the essence of a Jew, he does not want to oppose the Torah. The opposite is true i.e. his evil inclination is compelling him to do this and by the *Bet Din* beating him, it removes the negative compelling force and frees him to consent to what is demanded by Torah.

This is an important point because divorce must come from the husband himself and normally he cannot be compelled.

פרק ב׳

א. זֶה שֶׁנֶּאֱמַר בַּתּוֹרָה (דברים כד א) ״וְכָתַב לָהּ סֵפֶר כְּרִיתֻת וְנָתַן בְּיָדָהּ״. אֶחָד הַכּוֹתֵב בְּיָדוֹ אוֹ שֶׁאָמַר לְאַחֵר לִכְתֹּב לוֹ. וְאֶחָד הַנּוֹתֵן בְּיָדוֹ אוֹ שֶׁאָמַר לְאַחֵר לִתֵּן לָהּ. לֹא נֶאֱמַר וְכָתַב אֶלָּא לְהוֹדִיעַ שֶׁאֵין מִתְגָּרֶשֶׁת אֶלָּא בִּכְתָב. וְנָתַן שֶׁלֹּא תִּקַּח מֵעַצְמָהּ:

ב. אָמַר לִשְׁנַיִם כִּתְבוּ גֵּט וְחִתְמוּ וּתְנוּ לְאִשְׁתִּי הֲרֵי אֵלּוּ כּוֹתְבִין וְחוֹתְמִין וְנוֹתְנִין לָהּ וְהֵן הֵן שְׁלוּחָיו וְהֵן הֵן עֵדָיו. וְכֵן אִם אָמַר לַסּוֹפֵר כְּתֹב לִי גֵּט לְאִשְׁתִּי וְאָמַר לָעֵדִים לַחְתֹּם כּוֹתְבִים וְחוֹתְמִים וְנוֹתְנִין לוֹ וְהוּא מְגָרֵשׁ בּוֹ בְּכָל עֵת שֶׁיִּרְצֶה:

ג. וְכוֹתְבִין גֵּט לָאִישׁ אַף עַל פִּי שֶׁאֵין אִשְׁתּוֹ עִמּוֹ. וְהוּא שֶׁיִּהְיוּ הָעֵדִים וְהַסּוֹפֵר שֶׁכְּתָבוּ וְחָתְמוּ בּוֹ מַכִּירִין וְיוֹדְעִים שֶׁזֶּה הוּא פְּלוֹנִי וְאִשְׁתּוֹ הִיא פְּלוֹנִית. וְאִם הָיוּ בְּאוֹתוֹ מָקוֹם שְׁנַיִם שֶׁשְּׁמוֹתֵיהֶם שָׁוִים וּשְׁמוֹת נְשׁוֹתֵיהֶם שָׁוִים אֵין מְגָרֵשׁ אֶחָד מֵהֶם אֶלָּא בְּמַעֲמַד חֲבֵרוֹ שֶׁמָּא יִכְתֹּב גֵּט וְיוֹלִיכוּ לְאֵשֶׁת חֲבֵרוֹ וְיַאַסְרֶנָּה עָלָיו:

ד. וּבִשְׁעַת הַסַּכָּנָה כּוֹתְבִין וְנוֹתְנִין אַף עַל פִּי שֶׁאֵין מַכִּירִים. וְהָאִשָּׁה נוֹתֶנֶת שְׂכַר הַסּוֹפֵר בְּכָל מָקוֹם:

ה. וְצָרִיךְ שֶׁיֹּאמַר הַבַּעַל עַצְמוֹ לַסּוֹפֵר כְּתֹב וְלָעֵדִים חֲתֹמוּ. הֲרֵי שֶׁאָמְרוּ לוֹ בֵּית דִּין אוֹ שְׁנַיִם נִכְתֹּב גֵּט לְאִשְׁתְּךָ וְאָמַר לָהֶם כִּתְבוּ וְכָתְבוּ הֵן עַצְמָן וְחָתְמוּ בּוֹ הֲרֵי זֶה כָּשֵׁר. אֲבָל אִם אָמְרוּ הֵם לַסּוֹפֵר וְכָתַב וְלָעֵדִים וְחָתְמוּ אַף עַל פִּי שֶׁחָזְרוּ וּנְתָנוּהוּ לַבַּעַל וְחָזַר וְנָתַן גֵּט זֶה לְאִשְׁתּוֹ בִּפְנֵי עֵדִים הֲרֵי זֶה גֵּט בָּטֵל, שֶׁהֲרֵי כְּתָבוֹ מִי שֶׁלֹּא אָמַר לוֹ הַבַּעַל לְכָתְבוֹ:

ו. אָמַר לִשְׁנַיִם אוֹ לִשְׁלֹשָׁה אִמְרוּ לַסּוֹפֵר וְיִכְתֹּב גֵּט לְאִשְׁתִּי וְאִמְרוּ לָעֵדִים וְיַחְתֹּמוּ וְאָמְרוּ לַסּוֹפֵר וְכָתַב וְלָעֵדִים וְחָתְמוּ, אוֹ שֶׁאָמַר לִשְׁנַיִם אִמְרוּ לַסּוֹפֵר וְיִכְתֹּב גֵּט לְאִשְׁתִּי וְאַתֶּם חֲתֹמוּ הֲרֵי זֶה גֵּט פָּסוּל. וּמִתְיַשְּׁבִין בְּדָבָר זֶה הַרְבֵּה מִפְּנֵי שֶׁהוּא קָרוֹב לִהְיוֹת גֵּט בָּטֵל:

ז. וּמַה בֵּין פָּסוּל לְבָטֵל. שֶׁכָּל מָקוֹם שֶׁנֶּאֱמַר בְּחִבּוּר זֶה בְּגֵט שֶׁהוּא בָּטֵל הוּא בָּטֵל מִן הַתּוֹרָה. וּבְכָל מָקוֹם שֶׁנֶּאֱמַר פָּסוּל הוּא פָּסוּל מִדִּבְרֵי סוֹפְרִים:

ח. הַבַּעַל שֶׁהֵבִיא גֵּט בְּיָדוֹ חָתוּם וְאָמַר תְּנוּ גֵּט זֶה לְאִשְׁתִּי הֲרֵי אֵלּוּ יִתְּנוּ לָהּ. אָמַר לַאֲחֵרִים לִכְתֹּב גֵּט וְלַחְתֹּם בּוֹ וְלִתְּנוֹ לְאִשְׁתּוֹ וְכָתְבוּ וְחָתְמוּ וְנָתְנוּ לָהּ וְנִמְצָא הַגֵּט בָּטֵל אוֹ פָּסוּל הֲרֵי אֵלּוּ כּוֹתְבִין גֵּט אַחֵר אֲפִלּוּ מֵאָה עַד שֶׁיַּגִּיעַ לְיָדָהּ גֵּט כָּשֵׁר:

ט. אָמַר לָהֶם הַבַּעַל כִּתְבוּ וְחִתְמוּ וּתְנוּ לַשָּׁלִיחַ לְהוֹלִיךְ לָהּ וְכָתְבוּ וְחָתְמוּ וְנָתְנוּ לַשָּׁלִיחַ וְנִמְצָא הַגֵּט בָּטֵל אוֹ פָּסוּל אֵין כּוֹתְבִים אַחֵר עַד שֶׁיִּמָּלְכוּ בַּבַּעַל. שֶׁהֲרֵי לֹא עָשָׂה אוֹתָן שְׁלוּחִים לְגֵרוּשִׁין וְשֶׁמָּא לֹא רָצָה אֶלָּא שֶׁיִּכְתְּבוּ וְיִתְּנוּ לַשָּׁלִיחַ בִּלְבַד וְלֹא יִשָּׁאֵר לָהֶם בּוֹ מַעֲשֶׂה אַחֵר וַהֲרֵי כָּתְבוּ וְנָתְנוּ. לְפִיכָךְ לֹא יִכְתְּבוּ אַחֵר. וְאִם כָּתְבוּ גֵּט אַחֵר כָּשֵׁר וּנְתָנוּהוּ לַשָּׁלִיחַ (וְנָתְנוּ לָהּ) הֲרֵי זוֹ סָפֵק מְגֹרֶשֶׁת:

י. הָאוֹמֵר לִשְׁנַיִם אוֹ לְיֶתֶר מִשְּׁנַיִם כִּתְבוּ גֵּט וּתְנוּ לְאִשְׁתִּי גַּרְשׁוּהָ שַׁלְּחוּהָ שִׁבְקוּהָ תַּרְכוּהָ כִּתְבוּ אִגֶּרֶת וּתְנוּ לָהּ הֲרֵי אֵלּוּ יִכְתְּבוּ גֵּט כָּשֵׁר וְיִתְּנוּ לָהּ. אָמַר לָהֶם פִּטְרוּהָ פַּרְנְסוּהָ עֲשׂוּ לָהּ כַּדָּת עֲשׂוּ לָהּ כַּנִּימוּס עֲשׂוּ לָהּ כָּרָאוּי לֹא אָמַר כְּלוּם. וְאִם כָּתְבוּ גֵּט וְנָתְנוּ לָהּ הֲרֵי זֶה גֵּט בָּטֵל:

יא. אָמַר לָהֶם הוֹצִיאוּהָ עִזְבוּהָ הַתִּירוּהָ הַנִּיחוּהָ הוֹעִילוּהָ הֲרֵי זֶה סָפֵק אִם מַשְׁמָע מִלּוֹת אֵלּוּ גֵּרוּשִׁין אוֹ עִנְיָן אַחֵר. לְפִיכָךְ אֵין כּוֹתְבִין לָהּ. וְאִם כָּתְבוּ גֵּט וְנָתְנוּ לָהּ הֲרֵי זוֹ סָפֵק מְגֹרֶשֶׁת:

יב. הָאוֹמֵר כִּתְבוּ גֵּט לְאִשְׁתִּי הֲרֵי אֵלּוּ כּוֹתְבִין וְחוֹתְמִין וְנוֹתְנִין לַבַּעַל בְּיָדוֹ וְאֵין נוֹתְנִין לְאִשְׁתּוֹ עַד שֶׁיֹּאמַר לָהֶם לִתֵּן לָהּ. וְאִם נָתְנוּ לָהּ אֵינוֹ גֵּט. בַּמֶּה דְּבָרִים אֲמוּרִים בְּבָרִיא אֲבָל בִּמְסֻכָּן וְהוּא אָדָם שֶׁקָּפַץ עָלָיו הַחֹלִי בִּמְהֵרָה וְהִכְבִּיד עָלָיו חָלְיוֹ מִיָּד וְהַיּוֹצֵא בְּקוֹלָר אֲפִלּוּ עַל עִסְקֵי מָמוֹן וְהַמְפָרֵשׁ בַּיָּם וְהַיּוֹצֵא בְּשַׁיָּרָא וְאָמַר כִּתְבוּ גֵּט לְאִשְׁתִּי הֲרֵי אֵלּוּ יִכְתְּבוּ וְיַחְתְּמוּ וְיִתְּנוּ לָהּ. שֶׁהַדָּבָר יָדוּעַ שֶׁלֹּא נִתְכַּוֵּן זֶה אֶלָּא לִכְתֹּב וְלִתֵּן לָהּ:

יג. בָּרִיא שֶׁאָמַר כִּתְבוּ גֵּט לְאִשְׁתִּי וְכָתְבוּ וְחָתְמוּ וְנָתְנוּ לָהּ וְהָרַג עַצְמוֹ מִיָּד כְּגוֹן שֶׁהִשְׁלִיךְ עַצְמוֹ מִן הַגַּג אוֹ הִפִּיל עַצְמוֹ לַיָּם הֲרֵי זֶה גֵּט כָּשֵׁר. עָלָה לַגַּג וּדְחָפַתּוּ הָרוּחַ וְנָפַל וּמֵת אֵינוֹ גֵּט. סָפֵק הִפִּיל עַצְמוֹ סָפֵק דְּחָפַתּוּ הָרוּחַ הֲרֵי זֶה גֵּט עַד שֶׁיִּוָּדַע לְךָ בְּוַדַּאי שֶׁהָרוּחַ דְּחָפַתּוּ. וְכֵן מִי שֶׁהָיָה מֻשְׁלָךְ בַּבּוֹר וְאָמַר כָּל הַשּׁוֹמֵעַ קוֹלִי יִכְתֹּב גֵּט לְאִשְׁתִּי הֲרֵי אֵלּוּ יִכְתְּבוּ וְיִתְּנוּ לָהּ. וְהוּא שֶׁיֵּדְעוּ אוֹתוֹ. וְאַף עַל פִּי שֶׁהֶעֱלוּהוּ וְלֹא הִכִּירוּהוּ הֲרֵי זֶה כָּשֵׁר. שֶׁזֶּה כִּשְׁעַת הַסַּכָּנָה הוּא שֶׁכּוֹתְבִים וְנוֹתְנִין אַף עַל פִּי שֶׁאֵין מַכִּירִין. וְכֵן מִי שֶׁנָּפְלוּ בּוֹ מַכּוֹת רָעוֹת שֶׁאִי אֶפְשָׁר שֶׁיִּחְיֶה מֵהֶן אֲפִלּוּ נִשְׁחֲטוּ בּוֹ רֹב סִימָנִין וְרָמַז וְאָמַר כִּתְבוּ גֵּט לְאִשְׁתִּי הֲרֵי אֵלּוּ יִכְתְּבוּ וְיִתְּנוּ שֶׁהֲרֵי עַתָּה חַי הוּא אַף עַל פִּי שֶׁסּוֹפוֹ לָמוּת:

יד. מִי שֶׁהָיְתָה רוּחַ רָעָה מְבַעֶתֶת אוֹתוֹ וְאָמַר כְּשֶׁהִתְחִיל בּוֹ הַחֹלִי כִּתְבוּ גֵּט לְאִשְׁתִּי לֹא אָמַר כְּלוּם. מִפְּנֵי שֶׁאֵין דַּעְתּוֹ נְכוֹנָה וּמְיֻשֶּׁבֶת. וְכֵן שִׁכּוֹר שֶׁהִגִּיעַ לְשִׁכְרוּתוֹ שֶׁל לוֹט. וְאִם לֹא הִגִּיעַ הֲרֵי זֶה סָפֵק:

טו. אָמַר כְּשֶׁהוּא בָּרִיא כִּתְבוּ וּתְנוּ גֵּט לְאִשְׁתִּי וְאַחַר כָּךְ נִבְעַת מַמְתִּינִין עַד שֶׁיַּבְרִיא וְכוֹתְבִין וְנוֹתְנִין לָהּ. וְאֵין צָרִיךְ לַחֲזֹר וּלְהִמָּלֵךְ בּוֹ אַחַר שֶׁהִבְרִיא. וְאִם כָּתְבוּ וְנָתְנוּ קֹדֶם שֶׁיַּבְרֵא הֲרֵי זֶה פָּסוּל:

טז. מִי שֶׁנִּשְׁתַּתֵּק וַהֲרֵי דַּעְתּוֹ נְכוֹנָה וְאָמְרוּ לוֹ נִכְתֹּב גֵּט לְאִשְׁתְּךָ וְהִרְכִּין בְּרֹאשׁוֹ בּוֹדְקִין אוֹתוֹ שָׁלֹשׁ פְּעָמִים בִּסְרוּגִין אִם אָמַר לָהֶם עַל לָאו לָאו וְעַל הֵן הֵן הֲרֵי אֵלּוּ יִכְתְּבוּ וְיִתְּנוּ. וּצְרִיכִין לְבָדְקוֹ יָפֶה יָפֶה שֶׁמָּא נִטְרְפָה דַּעְתּוֹ. וְכֵן אִם כָּתַב בְּיָדוֹ כִּתְבוּ וּתְנוּ גֵּט לְאִשְׁתִּי הֲרֵי אֵלּוּ כּוֹתְבִין וְנוֹתְנִין לָהּ אִם הָיְתָה דַּעְתּוֹ מְיֻשֶּׁבֶת עָלָיו. שֶׁאֵין דִּין מִי שֶׁנִּשְׁתַּתֵּק כְּדִין הַחֵרֵשׁ:

יז. מִי שֶׁנָּשָׂא כְּשֶׁהוּא פִּקֵּחַ וְנִתְחָרֵשׁ וְאֵין צָרִיךְ לוֹמַר נִשְׁתַּטָּה אֵינוֹ מוֹצִיא לְעוֹלָם עַד שֶׁיִּבָּרֵא. וְאֵין סוֹמְכִין עַל רְמִיזַת הַחֵרֵשׁ וְלֹא עַל כְּתָבוֹ אַף עַל פִּי שֶׁדַּעְתּוֹ נְכוֹנָה וּמְיֻשֶּׁבֶת עָלָיו. אֲבָל אִם נָשָׂא אִשָּׁה כְּשֶׁהוּא חֵרֵשׁ מְגָרֵשׁ בִּרְמִיזָה שֶׁאֵין קִדּוּשָׁיו קִדּוּשִׁין מִן הַתּוֹרָה כְּמוֹ שֶׁבֵּאַרְנוּ. וּכְשֵׁם שֶׁכּוֹנֵס בִּרְמִיזָה כָּךְ מוֹצִיא בִּרְמִיזָה:

יח. הַמְקַדֵּשׁ קְטַנָּה עַל יְדֵי אָבִיהָ וְגֵרְשָׁהּ כְּשֶׁהִיא קְטַנָּה אָבִיהָ מְקַבֵּל גִּטָּהּ וּמִשֶּׁיַּגִּיעַ גֵּט לְיַד הָאָב נִתְגָּרְשָׁה. גֵּרְשָׁהּ כְּשֶׁהִיא נַעֲרָה אִם הִגִּיעַ הַגֵּט לְיָדָהּ אוֹ לְיַד אָבִיהָ נִתְגָּרְשָׁה. וְאֵין עוֹשָׂה נַעֲרָה הַמְאֹרָסָה שָׁלִיחַ לְקַבֵּל גִּטָּהּ מִיַּד בַּעְלָהּ בְּחַיֵּי אָבִיהָ. אֲבָל הָאָב עוֹשֶׂה שָׁלִיחַ לְקַבֵּל הַגֵּט לְבִתּוֹ הַמְאֹרָסָה בֵּין קְטַנָּה בֵּין נַעֲרָה:

יט. קִדְּשָׁהּ אָבִיהָ כְּשֶׁהִיא קְטַנָּה וּמֵת. אִם מַבְחֶנֶת בֵּין גִּטָּהּ לְדָבָר אַחֵר הֲרֵי זוֹ מִתְגָּרֶשֶׁת מִשֶּׁיַּגִּיעַ הַגֵּט לְיָדָהּ. וְאִם לָאו אֵינָהּ מִתְגָּרֶשֶׁת עַד שֶׁתַּבְחִין וְאִם גֵּרְשָׁהּ אֵינָהּ מְגֹרֶשֶׁת:

כ. מִי שֶׁהַדִּין נוֹתֵן שֶׁכּוֹפִין אוֹתוֹ לְגָרֵשׁ אֶת אִשְׁתּוֹ וְלֹא רָצָה לְגָרֵשׁ. בֵּית דִּין שֶׁל יִשְׂרָאֵל בְּכָל מָקוֹם וּבְכָל זְמַן מַכִּין אוֹתוֹ עַד שֶׁיֹּאמַר רוֹצֶה אֲנִי וְיִכְתֹּב הַגֵּט וְהוּא גֵּט כָּשֵׁר. וְכֵן אִם הִכּוּהוּ עַכּוּ״ם וְאָמְרוּ לוֹ עֲשֵׂה מַה שֶּׁיִּשְׂרָאֵל אוֹמְרִין לְךָ וְלָחֲצוּ אוֹתוֹ יִשְׂרָאֵל בְּיַד הָעַכּוּ״ם עַד שֶׁיְּגָרֵשׁ הֲרֵי זֶה כָּשֵׁר. וְאִם הָעַכּוּ״ם מֵעַצְמָן אֲנָסוּהוּ עַד שֶׁכָּתַב הוֹאִיל וְהַדִּין נוֹתֵן שֶׁיִּכְתֹּב הֲרֵי זֶה גֵּט פָּסוּל. וְלָמָּה לֹא בָּטֵל גֵּט זֶה שֶׁהֲרֵי הוּא אָנוּס בֵּין בְּיַד עַכּוּ״ם בֵּין בְּיַד יִשְׂרָאֵל. שֶׁאֵין אוֹמְרִין אָנוּס אֶלָּא לְמִי שֶׁנִּלְחַץ וְנִדְחַק לַעֲשׂוֹת דָּבָר שֶׁאֵינוֹ מְחֻיָּב בּוֹ מִן הַתּוֹרָה לַעֲשׂוֹתוֹ כְּגוֹן מִי שֶׁהֻכָּה עַד שֶׁמָּכַר אוֹ עַד שֶׁנָּתַן. אֲבָל מִי שֶׁתְּקָפוֹ יִצְרוֹ הָרַע לְבַטֵּל מִצְוָה אוֹ לַעֲשׂוֹת עֲבֵרָה וְהֻכָּה עַד שֶׁעָשָׂה דָּבָר שֶׁחַיָּב לַעֲשׂוֹתוֹ אוֹ עַד שֶׁנִּתְרַחֵק מִדָּבָר הָאָסוּר לַעֲשׂוֹתוֹ אֵין זֶה אָנוּס מִמֶּנּוּ אֶלָּא הוּא אָנַס עַצְמוֹ בְּדַעְתּוֹ הָרָעָה. לְפִיכָךְ זֶה שֶׁאֵינוֹ רוֹצֶה לְגָרֵשׁ מֵאַחַר שֶׁהוּא רוֹצֶה לִהְיוֹת מִיִּשְׂרָאֵל וְרוֹצֶה הוּא לַעֲשׂוֹת כָּל הַמִּצְוֹת וּלְהִתְרַחֵק מִן הָעֲבֵרוֹת וְיִצְרוֹ הוּא שֶׁתְּקָפוֹ וְכֵיוָן שֶׁהֻכָּה עַד שֶׁתָּשַׁשׁ יִצְרוֹ וְאָמַר רוֹצֶה אֲנִי כְּבָר גֵּרֵשׁ לִרְצוֹנוֹ. לֹא הָיָה הַדִּין נוֹתֵן שֶׁכּוֹפִין אוֹתוֹ לְגָרֵשׁ וְטָעוּ בֵּית דִּין שֶׁל יִשְׂרָאֵל אוֹ שֶׁהָיוּ הֶדְיוֹטוֹת וַאֲנָסוּהוּ עַד שֶׁגֵּרֵשׁ הֲרֵי זֶה גֵּט פָּסוּל הוֹאִיל וְיִשְׂרָאֵל אֲנָסוּהוּ יִגְמֹר וִיגָרֵשׁ. וְאִם הָעַכּוּ״ם, אֲנָסוּהוּ לְגָרֵשׁ שֶׁלֹּא כַּדִּין אֵינוֹ גֵּט. אַף עַל פִּי שֶׁאָמַר בְּעַכּוּ״ם רוֹצֶה אֲנִי וְאָמַר לְיִשְׂרָאֵל כִּתְבוּ וְחִתְמוּ הוֹאִיל וְאֵין הַדִּין מְחַיְּבוֹ לְהוֹצִיא וְהָעַכּוּ״ם אֲנָסוּהוּ אֵינוֹ גֵּט:

Perek 3

Laws of Writing

Lishmah.

All are fit to write a *get* except for **5** people. They are not capable of writing *lishmah.*

	Acceptable	Witnesses	Both parties present	Who pays	Explanation
Get must be written *lishmah* i.e. while writing the *sofer* must have in mind *both* the husband and wife concerned	✓	✓			Even if *get* found with correct names, it cannot be used because it was not originally intended for the correct people

Main text of *get* written before hand, and places left open for: Man's name Woman's name Date Place Sentence – 'You are permitted to any man'	✓				
Get written by a woman	✓		man		i.e. anyone acceptable except **5** below mentioned
Get written by a Gentile or a Jew who is an idolater or desecrates Shabbat	×		man		
Get written by deaf mute	×		man		
Get written by imbecile	×		man		
Get written by a minor	×		man		
Get written by a slave	×		man		

פרק ג׳

א. כָּל גֵּט שֶׁלֹּא נִכְתַּב לְשֵׁם הָאִישׁ הַמְגָרֵשׁ וּלְשֵׁם הָאִשָּׁה הַמִּתְגָּרֶשֶׁת אֵינוֹ גֵּט. כֵּיצַד. סוֹפֵר שֶׁכָּתַב גֵּט לְלַמֵּד אוֹ לְהִתְלַמֵּד וּבָא הַבַּעַל וּמָצָא שֵׁם שֶׁנִּכְתַּב בְּגֵט זֶה כִּשְׁמוֹ וְשֵׁם הָאִשָּׁה כְּשֵׁם אִשְׁתּוֹ וְשֵׁם הָעִיר כְּשֵׁם עִירוֹ וּנְטָלוֹ וְגֵרֵשׁ בּוֹ אֵינוֹ גֵּט:

ב. יֶתֶר עַל זֶה כָּתַב לְגָרֵשׁ אֶת אִשְׁתּוֹ וְנִמְלַךְ וּמָצָא בֶּן עִירוֹ וְאָמַר לוֹ שְׁמִי כְּשִׁמְךָ וְשֵׁם אִשְׁתִּי כְּשֵׁם אִשְׁתְּךָ וּנְטָלוֹ מִמֶּנּוּ וְגֵרֵשׁ בּוֹ אַף עַל פִּי שֶׁנִּכְתַּב לְשֵׁם גֵּרוּשִׁין אֵינוֹ גֵּט:

ג. יֶתֶר עַל זֶה מִי שֶׁיֵּשׁ לוֹ שְׁתֵּי נָשִׁים שֶׁשְּׁמוֹתֵיהֶן שָׁווֹת וְכָתַב לְגָרֵשׁ אֶת הַגְּדוֹלָה וְנִמְלַךְ וְגֵרֵשׁ בּוֹ אֶת הַקְּטַנָּה אֵינוֹ גֵּט. אַף עַל פִּי שֶׁנִּכְתַּב לְשֵׁם הָאִישׁ הַמְגָרֵשׁ לֹא נִכְתַּב לְשֵׁם זוֹ שֶׁנִּתְגָּרְשָׁה בּוֹ:

ד. יֶתֶר עַל כֵּן אָמַר לְסוֹפֵר כְּתֹב וְאֵי זוֹ שֶׁאֶרְצֶה אֲגָרֵשׁ בּוֹ וְכָתַב הַסּוֹפֵר עַל דַּעַת זוֹ וְגֵרֵשׁ בּוֹ אַחַת מֵהֶן הֲרֵי זֶה סְפֵק גֵּרוּשִׁין. וְכָל גֵּט שֶׁכְּתָבוֹ שֶׁלֹּא לִשְׁמָהּ אַף עַל פִּי שֶׁהֶעֱבִיר עָלָיו קֻלְמוֹס לִשְׁמָהּ אֵינוֹ גֵּט:

ה. מִי שֶׁכָּתַב [גֵּט] לְגָרֵשׁ אֶת אִשְׁתּוֹ וְנִמְלַךְ וְלֹא גֵּרְשָׁהּ וְנִתְיַחֵד עִמָּהּ אַחַר שֶׁכְּתָבוֹ לֹא יְגָרְשֶׁנָּה בְּאוֹתוֹ הַגֵּט פַּעַם אַחֶרֶת כְּשֶׁיִּרְצֶה לְגָרְשָׁהּ. וְאִם גֵּרְשָׁהּ בְּאוֹתוֹ הַגֵּט הַיָּשָׁן הֲרֵי זוֹ מְגֹרֶשֶׁת וְתִנָּשֵׂא בּוֹ לְכַתְּחִלָּה שֶׁהֲרֵי נִכְתַּב לִשְׁמָהּ וַהֲרֵי נָתַן לָהּ עַתָּה בְּעֵדִים כְּהִלְכָתוֹ. וְלָמָּה לֹא יְגָרְשֶׁנָּה בּוֹ לְכַתְּחִלָּה גְּזֵרָה שֶׁמָּא יֹאמְרוּ גִּטָּהּ קוֹדֵם לִבְנָהּ:

ו. אָמַר לְסוֹפֵר כְּתֹב גֵּט לִפְלוֹנִית וְיִהְיֶה עִמִּי לִכְשֶׁאֶשָּׂאֶנָּה אֲגָרְשֶׁנָּה בּוֹ וְנִכְתַּב וּנְשָׂאָהּ וְגֵרְשָׁהּ בּוֹ אֵינוֹ גֵּט. מִפְּנֵי שֶׁלֹּא הָיְתָה בַּת גֵּרוּשִׁין מִמֶּנּוּ כְּשֶׁנִּכְתַּב גֵּט זֶה וְנִמְצָא שֶׁנִּכְתַּב שֶׁלֹּא לְשֵׁם גֵּרוּשִׁין. אֲבָל אִם אָמַר לוֹ כְּתֹב אוֹתוֹ לַאֲרוּסָתִי לִכְשֶׁאֶשָּׂאֶנָּה אֲגָרְשֶׁנָּה וּכְנָסָהּ וְגֵרְשָׁהּ בּוֹ כָּשֵׁר. כְּתָבוֹ לִיבִמְתּוֹ וְאַחַר שֶׁיִּבְּמָהּ גֵּרְשָׁהּ בּוֹ הֲרֵי זֶה סְפֵק גֵּרוּשִׁין הוֹאִיל וְאֵינָהּ אִשְׁתּוֹ גְּמוּרָה כְּשֶׁכְּתָבוֹ:

ז. מִפְּנֵי תַּקָּנַת סוֹפֵר הִתִּירוּ חֲכָמִים לְסוֹפֵר שֶׁיִּכְתֹּב טְפָסֵי גִּטִּין וְיַנִּיחַ מְקוֹם הָאִישׁ וּמְקוֹם הָאִשָּׁה וּמְקוֹם הַזְּמַן וּמְקוֹם הֲרֵי אַתְּ מֻתֶּרֶת לְכָל אָדָם כְּדֵי שֶׁיִּכְתְּבֵם לְשֵׁם הָאִישׁ הַמְגָרֵשׁ וּלְשֵׁם הָאִשָּׁה הַמִּתְגָּרֶשֶׁת וְאַחַר כָּךְ יַחְתְּמוּ הָעֵדִים לִשְׁמוֹ וְלִשְׁמָהּ:

ח. סוֹפֵר שֶׁכָּתַב הַגֵּט לִשְׁמוֹ וְלִשְׁמָהּ כְּהִלְכָתוֹ וְחָתְמוּ הָעֵדִים שֶׁלֹּא לִשְׁמָהּ הוֹאִיל וּמְסָרוֹ לָהּ בְּעֵדִים הֲרֵי זֶה גֵּט. (אֶלָּא

שֶׁהוּא פָּסוּל. וְלָמָּה אֵינוֹ בָּטֵל) לְפִי שֶׁאֵין הָעֵדִים חוֹתְמִין עַל הַגֵּט אֶלָּא מִפְּנֵי תִּקּוּן הָעוֹלָם. וְיֵשׁ מִי שֶׁאוֹמֵר שֶׁאִם חָתְמוּ הָעֵדִים שֶׁלֹּא לִשְׁמָהּ הוֹאִיל וְהוּא כִּמְזֻיָּף מִתּוֹכוֹ הֲרֵי זֶה גֵּט בָּטֵל. וְכֵן אִם הָיָה אֶחָד מֵעֵדָיו פָּסוּל אוֹ שֶׁהָיָה בּוֹ עֵד אֶחָד בִּלְבַד כָּשֵׁר. אַף עַל פִּי שֶׁנִּמְסַר בְּעֵדִים הֲרֵי זֶה גֵּט בָּטֵל. וְלֹא יֵרָאֶה לִי דָּבָר זֶה אֶלָּא כִּמְזֻיָּף לֹא מְזֻיָּף וַדַּאי וְהוֹאִיל וְנִמְסַר בְּעֵדֵי מְסִירָה כְּשֵׁרִין הֲרֵי זֶה פָּסוּל מִדִּבְרֵיהֶם:

ט. הַמֵּבִיא גֵּט וְאָבַד מִמֶּנּוּ וּמְצָאוֹ. אִם אָבַד מִמֶּנּוּ בְּמָקוֹם שֶׁאֵין הַשַּׁיָּרוֹת מְצוּיוֹת אֲפִלּוּ מְצָאוֹ לְאַחַר זְמַן מְרֻבֶּה הֲרֵי זֶה בְּחֶזְקַת שֶׁהַגֵּט שֶׁאָבַד מִמֶּנּוּ הוּא הַגֵּט שֶׁנִּמְצָא וְתִתְגָּרֵשׁ בּוֹ. אָבַד בְּמָקוֹם שֶׁהַשַּׁיָּרוֹת מְצוּיוֹת אִם מְצָאוֹ מִיָּד וַעֲדַיִן לֹא שָׁהָה אָדָם שָׁם מִן הָעוֹבְרִים אוֹ שֶׁמְּצָאוֹ בַּכְּלִי שֶׁהִנִּיחוֹ בּוֹ וְיֵשׁ לוֹ טְבִיעוּת עַיִן בְּאָרְכּוֹ וְרָחְבּוֹ שֶׁל גֵּט שֶׁהָיָה כָּרוּךְ הֲרֵי הוּא בְּחֶזְקָתוֹ וְתִתְגָּרֵשׁ בּוֹ:

י. הֻחְזַק בְּאוֹתוֹ הַמָּקוֹם אִישׁ אֶחָד שֶׁשְּׁמוֹ כִּשְׁמוֹ שֶׁבַּגֵּט חוֹשְׁשִׁים שֶׁמָּא גֵּט זֶה הַנִּמְצָא שֶׁל אוֹתוֹ הָאִישׁ הָאַחֵר הוּא הוֹאִיל וְעָבַר אָדָם שָׁם וְאַף עַל פִּי שֶׁלֹּא שָׁהָה. וְאִם נִתְגָּרְשָׁה בּוֹ הֲרֵי זוֹ סָפֵק מְגֹרֶשֶׁת. אֲבָל אִם לֹא עָבַר אָדָם שָׁם הֲרֵי זֶה בְּחֶזְקָתוֹ אַף עַל פִּי שֶׁהֻחְזְקוּ שָׁם שְׁנַיִם שֶׁשְּׁמוֹתֵיהֶן שָׁוִין:

יא. הָיָה לָעֵדִים בַּגֵּט סִימָן מֻבְהָק כְּגוֹן שֶׁאָמְרוּ נֶקֶב יֵשׁ בּוֹ בְּצַד אוֹת פְּלוֹנִית. אוֹ שֶׁאָמְרוּ מֵעוֹלָם לֹא חָתַמְנוּ אֶלָּא עַל גֵּט אֶחָד שֶׁיֵּשׁ בּוֹ שֵׁמוֹת כְּשֵׁמוֹת אֵלּוּ הֲרֵי זֶה בְּחֶזְקָתוֹ וְתִתְגָּרֵשׁ בּוֹ וְאַף עַל פִּי שֶׁמְּצָאוֹ אַחַר זְמַן מְרֻבֶּה וּבְמָקוֹם שֶׁהַשַּׁיָּרוֹת מְצוּיוֹת וְהֻחְזְקוּ שָׁם שְׁנַיִם שֶׁשְּׁמוֹתֵיהֶן שָׁוִין:

יב. שְׁנַיִם שֶׁשָּׁלְחוּ שְׁנֵי גִּטִּין וְנִתְעָרְבוּ נוֹתְנִין שְׁנֵיהֶן לָזוֹ וּשְׁנֵיהֶן לָזוֹ בְּעֵדֵי מְסִירָה. לְפִיכָךְ אִם אָבַד אֶחָד מֵהֶן הֲרֵי הַשֵּׁנִי בָּטֵל:

יג. מִי שֶׁהָיוּ לוֹ שְׁנֵי שֵׁמוֹת. וְכֵן אִשָּׁה שֶׁיֵּשׁ לָהּ שְׁנֵי שֵׁמוֹת. כְּשֶׁמְּגָרֵשׁ כּוֹתֵב שְׁמוֹ וּשְׁמָהּ שֶׁהֵן רְגִילִין בּוֹ וִידוּעִין בּוֹ בְּיוֹתֵר וְאוֹמֵר אִישׁ פְּלוֹנִי וְכָל שֵׁם שֶׁיֵּשׁ לוֹ גֵּרַשׁ אִשָּׁה פְּלוֹנִית וְכָל שֵׁם שֶׁיֵּשׁ לָהּ. וְאִם כָּתַב חֲנִיכָתוֹ וַחֲנִיכָתָהּ כָּשֵׁר:

יד. כָּתַב הַשֵּׁם שֶׁאֵינָם יְדוּעִים בּוֹ בְּיוֹתֵר וְכָתַב כָּל שֵׁם שֶׁיֵּשׁ לוֹ הֲרֵי זֶה פָּסוּל. שִׁנָּה שְׁמוֹ אוֹ שְׁמָהּ וְשֵׁם עִירוֹ אוֹ שֵׁם עִירָהּ אַף עַל פִּי שֶׁכָּתַב כָּל שֵׁם שֶׁיֵּשׁ לוֹ וְכָל שֵׁם שֶׁיֵּשׁ לָהּ אֵינוֹ גֵּט:

טו. הַכֹּל כְּשֵׁרִין לִכְתֹּב אֶת הַגֵּט חוּץ מֵחֲמִשָּׁה. עַכּוּ"ם וְעֶבֶד וְחֵרֵשׁ וְשׁוֹטֶה וְקָטָן. אֲפִלּוּ אִשָּׁה עַצְמָהּ כּוֹתֶבֶת אֶת גִּטָּהּ. יִשְׂרָאֵל שֶׁהֵמִיר לְעַכּוּ"ם אוֹ שֶׁהוּא מְחַלֵּל שַׁבָּתוֹת בְּפַרְהֶסְיָא הֲרֵי הוּא כְּעַכּוּ"ם לְכָל דְּבָרָיו:

טז. וְלָמָּה אֵין כּוֹתְבִין אֵלּוּ הַחֲמִשָּׁה מִפְּנֵי שֶׁצָּרִיךְ הַכּוֹתֵב לִכְתֹּב לְשֵׁם הָאִישׁ הַמְגָרֵשׁ וּלְשֵׁם הָאִשָּׁה הַמִּתְגָּרֶשֶׁת וְהָעַכּוּ"ם עַל דַּעַת עַצְמוֹ הוּא כּוֹתֵב. וְחֵרֵשׁ שׁוֹטֶה וְקָטָן אֵינָן בְּנֵי דֵּעָה. וְהָעֶבֶד אֵינוֹ בְּתוֹרַת גִּטִּין וְקִדּוּשִׁין לְפִיכָךְ הוּא פָּסוּל כְּעַכּוּ"ם לְכָל דְּבָרָיו. וְאִם כָּתַב הַגֵּט אֶחָד מֵחֲמִשָּׁה אֵלּוּ אֵינוֹ גֵּט אַף עַל פִּי שֶׁחָתְמוּ בּוֹ עֵדִים כְּשֵׁרִים וְנִמְסַר לָהּ בִּכְשֵׁרִים:

יז. כָּתַב אֶחָד מֵחֲמִשָּׁה אֵלּוּ טֹפֶס הַגֵּט וְהִנִּיחַ מָקוֹם הַתֹּרֶף שֶׁהוּא מְקוֹם הָאִישׁ וּמְקוֹם הָאִשָּׁה וּמְקוֹם הַזְּמַן וּמְקוֹם הֲרֵי אַתְּ מֻתֶּרֶת לְכָל אָדָם וּכְתָבָן הַפִּקֵּחַ הַגָּדוֹל הַיִּשְׂרְאֵלִי לִשְׁמוֹ הֲרֵי זֶה גֵּט כָּשֵׁר:

יח. מֻתָּר לְהָנִיחַ חֵרֵשׁ שׁוֹטֶה וְקָטָן לִכְתֹּב טֹפֶס הַגֵּט לְכַתְּחִלָּה וְהוּא שֶׁיִּהְיֶה גָּדוֹל הַפִּקֵּחַ עוֹמֵד עַל גַּבָּן. אֲבָל הָעַכּוּ"ם וְהָעֶבֶד אֵין כּוֹתְבִין הַטֹּפֶס לְכַתְּחִלָּה וַאֲפִלּוּ יִשְׂרָאֵל עוֹמֵד עַל גַּבָּן שֶׁלֹּא הִתִּירוּ לִכְתֹּב טָפְסֵי גִּטִּין שֶׁלֹּא לִשְׁמָהּ לְכַתְּחִלָּה אֶלָּא מִפְּנֵי תַּקָּנַת סוֹפֵר כְּמוֹ שֶׁבֵּאַרְנוּ:

יט. הַכּוֹתֵב גֵּט בְּשַׁבָּת אוֹ בְּיוֹם הַכִּפּוּרִים בִּשְׁגָגָה וּנְתָנוֹ לָהּ הֲרֵי זוֹ מְגֹרֶשֶׁת. כְּתָבוֹ וַחֲתָמוּ בּוֹ בַּיּוֹם בְּזָדוֹן וּנְתָנוֹ לָהּ אֵינָהּ מְגֹרֶשֶׁת שֶׁהֲרֵי הָעֵדִים פְּסוּלִין מִן הַתּוֹרָה. כְּתָבוֹ בְּיוֹם טוֹב בְּזָדוֹן וְנִמְסַר לָהּ בִּפְנֵי עֵדִים כְּשֵׁרִים בְּיוֹם טוֹב הֲרֵי זֶה גֵּט פָּסוּל:

Perek 4

Laws of Writing

Ink, Parchment, Language, Text, Design, Signature positions.

	Acceptable	Witnesses	Both parties present	Who pays	Explanation
Get must be written with a permanent ink	✓		man		Otherwise it is void
Any material can be used on which to write the *get.*	✓		man		As long as it is given to wife in the presence of witnesses
Get may be written in any language but custom now is to write in Aramaic	✓		man		However, the message must be clear that so and so divorces so and so.
Wording used should not be ambiguous	✓		man		
Get torn horizontally and vertically	×		man		Because this is method used by Courts to destroy documents. Other tears would *not* invalidate
2 *gittin* written on one parchment			man		Depends where written and where signed. But basically 2 women cannot be divorced with one *get.*

פרק ד׳

א. אֵין כּוֹתְבִין אֶת הַגֵּט אֶלָּא בְּדָבָר שֶׁרִשּׁוּמוֹ עוֹמֵד כְּגוֹן דְּיוֹ וְסִקְרָא וְקוֹמוֹס וְקַנְקַנְתּוֹם וְכַיּוֹצֵא בָּהֶן. אֲבָל אִם כְּתָבוֹ בְּדָבָר שֶׁאֵינוֹ עוֹמֵד כְּגוֹן מַשְׁקִין וּמֵי פֵּרוֹת וְכַיּוֹצֵא בָּהֶן אֵינוֹ גֵּט. כְּתָבוֹ בַּאֲבַר בְּשָׁחוֹר וּבְשִׁיחוֹר כָּשֵׁר. וְאֵין כּוֹתְבִין בָּהֶן לְכַתְּחִלָּה:

ב. כּוֹתְבִין בְּמֵי עַפְצָא לְכַתְּחִלָּה עַל גַּב הַנְּיָר וְהָעוֹר וְכַיּוֹצֵא בָּהֶן אֲבָל לֹא עַל גַּבֵּי מְגִלָּה עֲפוּצָה מִפְּנֵי שֶׁאֵינוֹ נִכָּר. וְאִם כָּתַב אֵינוֹ גֵּט. וְכֵן כָּל כַּיּוֹצֵא בוֹ. עַל הַכֹּל כּוֹתְבִין אֶת הַגֵּט וַאֲפִלּוּ עַל אִסּוּרֵי הֲנָאָה. וְכוֹתְבִין עַל דָּבָר שֶׁיָּכוֹל לְהִזְדַּיֵּף וְהוּא שֶׁיִּתְּנוֹ לָהּ בְּעֵדֵי מְסִירָה:

ג. כֵּיצַד כּוֹתֵב (אוֹתוֹ). עַל הַנְּיָר הַמָּחוּק וְעַל הַדִּפְתְּרָא וְעַל הַחֶרֶס וְעַל הֶעָלִין וְעַל יָדוֹ שֶׁל עֶבֶד וְעַל קֶרֶן שֶׁל פָּרָה. וּמוֹסֵר לָהּ הָעֶבֶד וְהַפָּרָה אוֹ הַנְּיָר הַמָּחוּק וְהַדִּפְתְּרָא וְכַיּוֹצֵא בּוֹ בִּפְנֵי עֵדִים:

ד. הָיָה הַגֵּט חָקוּק עַל יָדוֹ שֶׁל עֶבֶד בִּכְתֹבֶת קַעֲקַע וְהָיָה יוֹצֵא מִתַּחַת יָדָהּ וְהָיוּ הָעֵדִים חֲקוּקִים עַל יָדוֹ הֲרֵי זוֹ מְגֹרֶשֶׁת אַף עַל פִּי שֶׁאֵין לָהּ עֵדֵי מְסִירָה. שֶׁהֲרֵי אֵין יָכוֹל לְהִזְדַּיֵּף. אֲפִלּוּ הָיוּ מֻחְזָקִין בְּעֶבֶד שֶׁהוּא שֶׁלּוֹ וְגֵט חָקוּק עַל יָדוֹ וְהוּא יוֹצֵא מִתַּחַת יָדָהּ וְהִיא אוֹמֶרֶת בְּעֵדִים נִמְסַר לִי הֲרֵי זוֹ סָפֵק מְגֹרֶשֶׁת שֶׁמָּא מֵעַצְמוֹ נִכְנַס לָהּ שֶׁהַגּוֹדְרוֹת אֵין לָהֶן חֲזָקָה:

ה. הָיָה הַגֵּט חָקוּק עַל הַטַּבְלָא וְהָעֵדִים עָלָיו וְהוּא יוֹצֵא מִתַּחַת יָדָהּ אַף עַל פִּי שֶׁהֵן מֻחְזָקִין בְּטַבְלָא שֶׁהוּא שֶׁלָּהּ

הֲרֵי זוֹ מְגֹרֶשֶׁת, שֶׁהָאִשָּׁה עַצְמָהּ כּוֹתֶבֶת אֶת גִּטָּהּ. שֶׁאֵין קִיּוּם הַגֵּט אֶלָּא בְּחוֹתְמָיו אִם אֵין שָׁם עֵדֵי מְסִירָה:

ו. חָקַק הַגֵּט עַל הַלּוּחַ אוֹ עַל הָאֶבֶן אוֹ עַל טַס שֶׁל מַתֶּכֶת אִם חָפַר יַרְכֵי הָאוֹתִיּוֹת כָּשֵׁר. שֶׁזֶּה כְּתָב הוּא. הֲרֵי הוּא אוֹמֵר (ירמיה יז א) "כְּתוּבָה בְּעֵט בַּרְזֶל" כְּלוֹמַר שֶׁהוּא חֲפָרוֹ. וְכֵן אִם חָקַק הַיְרֵכוֹת מֵאֲחוֹרֵי הַטַּס עַד שֶׁבָּלְטוּ בִּפְנֵי הַטַּס. אֲבָל אִם חָפַר תּוֹךְ הָאוֹת עַד שֶׁיֵּרָאוּ הַיְרֵכוֹת גְּבוֹהוֹת מִכָּאן וּמִכָּאן כִּכְתַב דִּינַר זָהָב שֶׁהַכְּתָב בּוֹלֵט אֵינוֹ גֵּט שֶׁאֵין זֶה כְּתָב:

ז. הַמְקָרֵעַ עַל הָעוֹר תַּבְנִית כְּתָב אוֹ שֶׁרָשַׁם עַל הָעוֹר תַּבְנִית כְּתָב הֲרֵי זֶה כָּשֵׁר. כּוֹתְבִין אֶת הַגֵּט בְּכָל כְּתָב וּבְכָל לָשׁוֹן. גֵּט שֶׁנִּכְתַּב בִּכְתָב מִן הַלְּשׁוֹנוֹת וְעֵדָיו חֲתוּמִין בִּכְתָב אַחֵר כָּשֵׁר. וְהוּא שֶׁיִּהְיוּ הָעֵדִים מַכִּירִין לְשׁוֹן הַכְּתָב וְהַכְּתִיבָה

ח. אֶחָד מִן הָעֵדִים חָתַם בִּכְתָב (לָשׁוֹן אַחַת) וְהָעֵד הַשֵּׁנִי בִּכְתַב לָשׁוֹן אַחֶרֶת כָּשֵׁר. אֲבָל אִם הָיָה מִקְצָת הַגֵּט כָּתוּב בְּלָשׁוֹן אַחַת וּמִקְצָתוֹ בְּלָשׁוֹן אַחֶרֶת פָּסוּל:

ט. כָּל לָשׁוֹן שֶׁיִּכָּתֵב בָּהּ הַגֵּט צָרִיךְ שֶׁיִּזָּהֵר הַסּוֹפֵר בְּדִבְרֵי הַגֵּט שֶׁלֹּא יְהֵא מַשְׁמָעָן שְׁנֵי עִנְיָנִים עַד שֶׁנִּמְצָא הַקּוֹרֵא אוֹמֵר שֶׁמָּא לְכָךְ וּלְכָךְ נִתְכַּוֵּן שֶׁאֵין מַשְׁמָעוֹ לְשׁוֹן גֵּרוּשִׁין אוֹ שֶׁמָּא לְעִנְיָן זֶה נִתְכַּוֵּן שֶׁמַּשְׁמָעוֹ לְשׁוֹן גֵּרוּשִׁין. אֶלָּא יִהְיוּ הַדְּבָרִים שֶׁאֵין בָּהֶן סָפֵק בְּאוֹתוֹ הַלָּשׁוֹן אֶלָּא מַשְׁמָעָן עִנְיָן אֶחָד שֶׁגֵּרֵשׁ וְשִׁלַּח פְּלוֹנִי אֶת פְּלוֹנִית:

י. וְכֵן צָרִיךְ שֶׁיִּהְיֶה אוֹתוֹ הַכְּתָב מְבֹאָר הֵיטֵב בְּאוֹתוֹ הַכְּתָב שֶׁיִּכְתֹּב בּוֹ עַד שֶׁיֵּדְעוּ הַקְּטַנִּים לִקְרוֹתוֹ שֶׁמַּכִּירִים אוֹתוֹ כְּתָב שֶׁאֵינָן לֹא נְבוֹנִים וְלֹא סְכָלִים (וְלֹא בִּקְטַנִּים) אֶלָּא בֵּינוֹנִים. וְלֹא יִהְיֶה כְּתָב מְעֻקָּם וּמְבֻלְבָּל שֶׁמָּא תִּדְמֶה אוֹת לְאוֹת וְנִמְצָא הָעִנְיָן מִשְׁתַּנֶּה:

יא. הָיָה בּוֹ מַשְׁמָעוּת שְׁנֵי עִנְיָנִים אוֹ שֶׁהָיָה בִּכְתָבוֹ עִקּוּם אוֹ בִּלְבּוּל עַד שֶׁאֶפְשָׁר שֶׁיִּקָּרֵא מִמֶּנּוּ עִנְיָן אַחֵר. הוֹאִיל וְנִקְרָא לְעִנְיַן הַגֵּרוּשִׁין וְיֵשׁ בּוֹ מַשְׁמַע גֵּרוּשִׁין הֲרֵי זֶה פָּסוּל. כְּבָר נָהֲגוּ כָּל עַם יִשְׂרָאֵל לִכְתֹּב הַגֵּט לְשׁוֹן אֲרַמִּי וּכְנֹסַח זֶה אַף עַל פִּי שֶׁמֻּתָּר לְכָתְבוֹ בְּכָל לָשׁוֹן לְכַתְּחִלָּה:

יב. בְּכָךְ בְּשַׁבָּת בְּכָךְ וְכָךְ לְיֶרַח פְּלוֹנִי בִּשְׁנַת כָּךְ וְכָךְ לִיצִירָה אוֹ לַשְּׁטָרוֹת לְמִנְיָנָא דִּרְגִילְנָא לְמִימְנֵי בָּהּ הָכָא בְּמָקוֹם פְּלוֹנִי אֵיךְ אֲנָא פְּלוֹנִי בַּר פְּלוֹנִי דִּמְמָקוֹם פְּלוֹנִי וְכָל שׁוּם אָחֳרָן וַחֲנִיכָה דְּאִית לִי וְלַאֲבָהָתִי וּלְאַתְרִי וּלְאַתְרֵיהוֹן דַּאֲבָהָתִי צָבִיתִי בִּרְעוּת נַפְשִׁי בְּדְלָא אֲנִיסְנָא וּפַטְרִית וְשַׁבְקִית וְתָרוּכִית יָתִיכִי לִיכִי אַנְתְּ פְּלוֹנִית בַּת פְּלוֹנִי דִּמְמָתָא פְּלוֹנִית וְכָל שׁוּם אָחֳרָן וַחֲנִיכָה דְּאִית לִיכִי וְלַאֲבָהָתִיכִי וּלְאַתְרִיכִי וּלְאַתְרֵיהוֹן דַּאֲבָהָתִיכִי דִּי הֲוֵית אִנְתְּתִי מִן קַדְמַת דְּנָא. וּכְדוּ פַּטְרִית וְשַׁבְקִית וְתָרוּכִית יָתִיכִי לִיכִי דִּיתְהַוְיָין רַשָּׁאָה וְשַׁלְטָאָה בְּנַפְשִׁיכִי לִמְהָךְ לְהִתְנַסָּבָא לְכָל גְּבַר דְּיִתְצַבְיָין וְאִינַשׁ לָא יִמְחֶה בִּידָיִכִי (מִן שְׁמִי) מִן יוֹמָא דְּנָן וּלְעָלַם וַהֲרֵי אַתְּ מֻתֶּרֶת לְכָל אָדָם וְדֵין דִּי יֶהֱוֵי לִיכִי מִנָּאִי סֵפֶר תֵּרוּכִין וְגֵט פִּטּוּרִין וְאִגֶּרֶת שִׁבּוּקִין כְּדַת מֹשֶׁה וְיִשְׂרָאֵל. וְהָעֵדִים חוֹתְמִים לְמַטָּה כְּמוֹ שֶׁבֵּאַרְנוּ. פְּלוֹנִי בֶּן פְּלוֹנִי עֵד. פְּלוֹנִי בֶּן פְּלוֹנִי עֵד:

יג. כְּשֶׁיִּכְתֹּב הַגֵּט בַּלָּשׁוֹן הַזֶּה וּבְנֹסַח זֶה לֹא יִכְתֹּב וְדֵין בְּיוּ"ד שֶׁמָּא יִקָּרֵא הַקּוֹרֵא וְדִין כְּלוֹמַר מִשְׁפָּט יִהְיֶה בֵּינִי וּבֵינֵךְ. וְלֹא יִכְתֹּב וְאִגֶּרֶת בְּיוּ"ד שֶׁמָּא יִקְרָא הַקּוֹרֵא וְאִי גָּרַת כְּלוֹמַר אִם זָנִית. לֹא יִכְתֹּב לִימְהָךְ בְּיוּ"ד שֶׁמָּא יִקְרָא הַקּוֹרֵא לִי מֵהַךְ [וְכֵן יַרְחִיק רֶגֶל הַהֵ"א מִגַּגָּהּ שֶׁמָּא יִקְרָא לְמִחַךְ] כְּלוֹמַר לִשְׂחוֹק. וְלֹא יִכְתֹּב תֶּהֶוְיָן וְתִצְבְּיָן בִּשְׁתֵּי יוּדִי"ן שֶׁמָּא יִקְרָא הַקּוֹרֵא תֶּהֶוְיָין וְתִצְבְּיָין כְּלוֹמַר שֶׁהוּא מְדַבֵּר עִם שְׁתֵּי נָשִׁים וְנִמְצָא שֶׁאֵינוֹ מְגָרֵשׁ לָזוֹ אֶלָּא לִשְׁתַּיִם אֲחֵרוֹת. וְכֵן יַאֲרִיךְ לָוָי"ו דְּוּכְדוּ שֶׁמָּא תִּדְמֶה לְיוּ"ד וְיִהְיֶה מַשְׁמָעוֹ וּכְדִי כְּלוֹמַר בִּתְנַאי זֶה אֶפְטֹר אוֹתָךְ. וְכֵן יַאֲרִיךְ לָוָי"ו דְּתֵרוּכִין וְשִׁבּוּקִין שֶׁמָּא תִּדְמֶה לְיוּ"ד וְיִהְיֶה מַשְׁמָע תְּרִיכִין וּשְׁבִיקִין כְּלוֹמַר שֶׁהוּא אוֹמֵר לָהּ שֶׁהִיא שְׁבָקָה וְגֵרְשָׁה אוֹתוֹ. וְעַל דֶּרֶךְ זֶה צָרִיךְ לְהִזָּהֵר בְּכָל לָשׁוֹן וּבְכָל כְּתָב שֶׁיִּכְתֹּב שֶׁלֹּא יִהְיֶה בּוֹ מַשְׁמַע שְׁתֵּי עִנְיָנוֹת:

יד. הֲרֵי שֶׁכָּתַב בְּנֹסַח זֶה וְלֹא הֶאֱרִיךְ וָוִי"ן אֵלּוּ אוֹ לֹא כָּתַב הַיּוּדִי"ן הַיְתֵרוֹת אוֹ שֶׁכָּתַב הַיּוּדִי"ן שֶׁאָמַרְנוּ שֶׁלֹּא יִכְתְּבוּ הֲרֵי זֶה גֵּט פָּסוּל. וְכֵן כָּל כַּיּוֹצֵא בָּזֶה בְּכָל לָשׁוֹן פָּסוּל:

טו. גֵּט שֶׁמָּחַק בּוֹ אוֹת אוֹ תֵּבָה אוֹ שֶׁתָּלָה בֵּין הַשִּׁיטִין. אִם מִטֹּפֶס הַגֵּט הֲרֵי זֶה כָּשֵׁר. וְאִם מִן הַתֹּרֶף אֵינוֹ גֵּט. וְאִם חָזַר וּפֵרֵשׁ בְּסוֹף הַגֵּט שֶׁאוֹת פְּלוֹנִית תְּלוּיָה אוֹ עַל מַחַק אֲפִלּוּ מִתֹּרֶף הַגֵּט כָּשֵׁר כִּשְׁאָר שְׁטָרוֹת. וְכֵן גֵּט שֶׁנִּמְצָא קָרוּעַ שְׁתִי וָעֵרֶב שֶׁהוּא קֶרַע שֶׁל בֵּית דִּין הֲרֵי זֶה גֵּט בָּטֵל כִּשְׁאָר הַשְּׁטָרוֹת. אֲבָל אִם נִקְרַע וְאֵינוֹ קֶרַע שֶׁל בֵּית דִּין כָּשֵׁר:

טז. נִמֹּק אוֹ שֶׁהִרְקִיב אוֹ שֶׁנַּעֲשָׂה כִּכְבָרָה כָּשֵׁר. נִמְחַק אוֹ נִטַּשְׁטֵשׁ וּבָבוּאָה שֶׁלּוֹ קַיֶּמֶת אִם יָכוֹל לִקְרוֹת כָּשֵׁר וְאִם לָאו אֵינוֹ גֵּט:

יז. בַּמֶּה דְּבָרִים אֲמוּרִים כְּשֶׁהָיָה הַגֵּט יוֹצֵא מִתַּחַת יָדָהּ בְּעֵדֵי חֲתִימָה וְאֵין שָׁם עֵדֵי מְסִירָה. אֲבָל אִם יֵשׁ שָׁם עֵדִים שֶׁנִּמְסַר לָהּ הַגֵּט בִּפְנֵיהֶם וְהָיָה כָּשֵׁר הֲרֵי זֶה כָּשֵׁר. אַף עַל

פִּי שֶׁהָיָה תֹּרֶף הַגֵּט עַל הַמַּחַק אוֹ בֵּין הַשִּׁיטִין אוֹ שֶׁהָיָה קָרוּעַ שְׁתִי וָעֵרֶב כְּשֶׁנְּתָנָהּ לָהּ בִּפְנֵיהֶם:

יח. חֲמִשָּׁה שֶׁכָּתְבוּ גֵּט אֶחָד לַחֲמֵשׁ נְשׁוֹתֵיהֶן. אִם כְּתָבוּהוּ בִּכְלָל כְּגוֹן שֶׁכָּתְבוּ בְּכָךְ בְּשַׁבָּת גֵּרֵשׁ פְּלוֹנִי לִפְלוֹנִית וּפְלוֹנִי לִפְלוֹנִית וְכֵן אָמַר כָּל אֶחָד מֵהֶן לְאִשְׁתּוֹ לֵיכִי דִּי תֶּהֱוְיָן וְכָל טֹפֶס הַגֵּט וּשְׁנֵי עֵדִים חוֹתְמִין מִלְּמַטָּה הֲרֵי זֶה גֵּט כָּשֵׁר וְיִנָּתֵן לְכָל אַחַת מֵהֶן בְּעֵדֵי מְסִירָה. וְאִם אֵין שָׁם עֵדֵי מְסִירָה כְּלָל כָּל מִי שֶׁתֵּצֵא מְגִלָּה זוֹ מִתַּחַת יָדָהּ מְגֹרֶשֶׁת. אֲבָל אִם כָּתַב בְּכָךְ בְּשַׁבָּת גֵּרֵשׁ פְּלוֹנִי לִפְלוֹנִית וְהִשְׁלִים הַגֵּט וְהִתְחִיל תַּחְתָּיו גֵּט אַחֵר בְּאוֹתָהּ מְגִלָּה וְכָתַב וּבְיוֹם זֶה אוֹ בְּכָךְ בְּשַׁבָּת גֵּרֵשׁ פְּלוֹנִי לִפְלוֹנִית וְהִשְׁלִים הַגֵּט הַשֵּׁנִי. וְכֵן עַד שֶׁהִשְׁלִים כָּל הַגִּטִּין וְהָעֵדִים מִלְּמַטָּה. אִם נִתְּנָה מְגִלָּה זוֹ לְכָל אַחַת מֵהֶן בְּעֵדֵי מְסִירָה הֲרֵי כֻּלָּן מְגֹרָשׁוֹת. וְאִם אֵין שָׁם עֵדֵי מְסִירָה וְהָיְתָה מְגִלָּה זוֹ יוֹצְאָה מִתַּחַת יַד אַחַת מֵהֶן. אִם הָיְתָה זוֹ שֶׁגִּטָּהּ בָּאַחֲרוֹנָה שֶׁהָעֵדִים נִקְרָאִין עִמּוֹ הֲרֵי זוֹ מְגֹרֶשֶׁת. וְאִם הָיְתָה הַמְּגִלָּה יוֹצְאָה מִתַּחַת יַד אַחַת מִן הָרִאשׁוֹנוֹת הֲרֵי זוֹ סָפֵק מְגֹרֶשֶׁת:

יט. כָּתַב אָנוּ פְּלוֹנִי וּפְלוֹנִי גֵּרַשְׁנוּ נְשׁוֹתֵינוּ פְּלוֹנִית וּפְלוֹנִית וְהִשְׁלִים הַגֵּט אַף עַל פִּי שֶׁנִּמְסַר לְכָל אַחַת מֵהֶן בְּעֵדֵי מְסִירָה אֵינוֹ גֵּט שֶׁאֵין שְׁתֵּי נָשִׁים מִתְגָּרְשׁוֹת בְּגֵט אֶחָד שֶׁנֶּאֱמַר (דברים כד א) "וְכָתַב לָהּ" וְלֹא לָהּ וְלַחֲבֶרְתָּהּ. חָזַר וּפְרָטָן בְּתוֹךְ הַגֵּט וְכָתַב פְּלוֹנִי גֵּרֵשׁ פְּלוֹנִית וּפְלוֹנִי גֵּרֵשׁ פְּלוֹנִית בִּזְמַן פְּלוֹנִי הֲרֵי אֵלּוּ כְּשֵׁרִים:

כ. כָּתַב שְׁנֵי גִּטִּין בִּשְׁנֵי דַּפִּין בִּמְגִלָּה אַחַת זֶה בְּצַד זֶה. אִם יֵשׁ שָׁם שְׁנֵי עֵדִים נִקְרָאִים בְּסוֹף גֵּט זֶה וּשְׁנֵי עֵדִים בְּסוֹף גֵּט זֶה הֲרֵי זֶה כָּשֵׁר. וְכָל שֶׁתֵּצֵא מְגִלָּה זוֹ מִתַּחַת יָדָהּ מְגֹרֶשֶׁת:

כא. הָיוּ שָׁם שְׁנֵי עֵדִים בִּלְבַד בָּאִים מִתַּחַת גֵּט זֶה לְתַחַת גֵּט זֶה. אִם יָצָא מִתַּחַת יָד זוֹ שֶׁהָעֵדִים נִקְרָאִים עִם גִּטָּהּ הֲרֵי זוֹ מְגֹרֶשֶׁת. וְאִם יָצָא מִתַּחַת יַד שְׁנִיָּה שֶׁאֵין הָעֵדִים נִקְרָאִים עִמּוֹ אֵינוֹ גֵּט עַד שֶׁיִּמָּסֵר לָהּ בְּעֵדִים:

כב. כָּתַב שְׁנֵי גִּטִּין בִּשְׁנֵי דַּפִּין זֶה לְמַעְלָה מִזֶּה וְהָעֵדִים בֵּין שְׁנֵי הַגִּטִּין שֶׁנִּמְצְאוּ בְּסוֹף הָרִאשׁוֹן וּלְמַעְלָה מִן הַשֵּׁנִי. אִם הָיָה יוֹצֵא מִתַּחַת יָד זוֹ שֶׁהָעֵדִים נִקְרָאִין בְּסוֹף גִּטָּהּ הֲרֵי זוֹ מְגֹרֶשֶׁת. וְזוֹ שֶׁהָעֵדִים נִקְרָאִין בְּרֹאשׁ גִּטָּהּ מִלְּמַעְלָה אֵינָהּ מְגֹרֶשֶׁת. הָעֵדִים שֶׁחָתְמוּ בְּרֹאשׁ הַדַּף שֶׁל גֵּט אוֹ מִצִּדּוֹ אוֹ מֵאֲחוֹרָיו אֵינוֹ גֵּט. וְאִם נִמְסַר לָהּ בְּעֵדִים כָּשֵׁר:

כג. הִקִּיף רֹאשׁ הַדַּף זֶה לְרֹאשׁ דַּף זֶה וְהָעֵדִים בָּאֶמְצַע שֶׁנִּמְצְאוּ הָעֵדִים בְּרֹאשׁ שְׁנֵי הַגִּטִּין שְׁנֵיהֶם בְּטֵלִין. וְאִם נִמְסְרוּ לָהֶן בְּעֵדִים שְׁנֵיהֶם כְּשֵׁרִים:

כד. שִׁיֵּר מִקְצָת הַגֵּט וּכְתָבוֹ בַּדַּף הַשֵּׁנִי וְהָעֵדִים מִלְּמַטָּה בְּסוֹף הַדַּף הַשֵּׁנִי כָּשֵׁר. וְהוּא שֶׁיִּהְיֶה נִכָּר בַּמְּגִלָּה שֶׁלֹּא נֶחְתַּךְ וְשֶׁלְּכָךְ נִתְכַּוֵּן הַסּוֹפֵר שֶׁיַּשְׁלִים בַּדַּף הַשֵּׁנִי. אֲבָל אִם אֵינוֹ נִכָּר אַף עַל פִּי שֶׁנִּמְסַר בְּעֵדִים הֲרֵי זוֹ סָפֵק מְגֹרֶשֶׁת. שֶׁמָּא שְׁנֵי גִּטִּין הָיוּ וְנֶחְתַּךְ מִקְצָת זֶה מִסּוֹף הַדַּף וּמִקְצָת הַשֵּׁנִי מֵרֹאשׁ הַדַּף:

כה. הֲרֵי שֶׁכָּתַב הַגֵּט וְאַחַר שֶׁגָּמַר כָּתַב שַׁאֲלוּ בִּשְׁלוֹם פְּלוֹנִי אוֹ שָׁלוֹם עָלֶיךָ פְּלוֹנִי רֵעִי וְכַיּוֹצֵא בָּזֶה וְחָתְמוּ הָעֵדִים מִלְּמַטָּה וַהֲרֵי גֵּט זֶה יוֹצֵא מִתַּחַת יָדָהּ הֲרֵי זוֹ סָפֵק מְגֹרֶשֶׁת. שֶׁמָּא לֹא חָתְמוּ הָעֵדִים אֶלָּא עַל שְׁאִילַת שָׁלוֹם. אֲבָל אִם כָּתַב וְשַׁאֲלוּ בִּשְׁלוֹם פְּלוֹנִי אוֹ וְשָׁלוֹם עָלֶיךָ רֵעִי וְכַיּוֹצֵא בָּזֶה שֶׁהֲרֵי לִוָּה דְּבָרִים אֵלּוּ עַל דִּבְרֵי הַגֵּט וְעַל שְׁנֵיהֶם חָתְמוּ הֲרֵי זוֹ מְגֹרֶשֶׁת. וְאִם נִמְסַר לָהּ בְּעֵדִים בֵּין כָּךְ וּבֵין כָּךְ הֲרֵי זֶה גֵּט כָּשֵׁר

Perek 5

Placing *get* in her hand

The definition of her hand can be extended to mean her person, possessions, property etc…

Get (Bill of Divorce) Ref: *Sefer Nashim, Hilchot Gerushin*, Chapters 1, 2, 3, 4, 5, 6, 7	Acceptable	Witnesses	Both parties present	Who pays	Explanation
Placing get in her hand can also refer to other parts of her body, her courtyard or her agent.	✓		both		Even if her courtyard is rented or borrowed.

If wife is in husband's domain, get must come to her hand or some container which could be regarded as her domain.	✓		both		For example, a container or couch belonging to her
If both parties are in the public domain and husband throws get to wife			both		*Get* acceptable if it lands closer to her than to him.

פרק ה׳

א. זֶה שֶׁנֶּאֱמַר בַּתּוֹרָה (דברים כד א) "וְנָתַן בְּיָדָהּ" אֵין עִנְיַן הַכָּתוּב אֶלָּא שֶׁיַּגִּיעַ הַגֵּט לָהּ. וְאֶחָד יָדָהּ אוֹ חֵיקָהּ אוֹ חֲצֵרָהּ אוֹ שְׁלוּחָהּ שֶׁעֲשָׂתָהּ יָדוֹ כְּיָדָהּ הַכֹּל אֶחָד הוּא. וְאֶחָד חֲצֵרָהּ הַקְּנוּיָה לָהּ אוֹ חֲצֵרָהּ הַמֻּשְׂכֶּרֶת לָהּ אוֹ שְׁאוּלָה לָהּ הַכֹּל רְשׁוּתָהּ הוּא. וּמִשֶּׁיַּגִּיעַ גֵּט לִרְשׁוּתָהּ נִתְגָּרְשָׁה:

ב. הַזּוֹרֵק גֵּט לְאִשְׁתּוֹ לְתוֹךְ חֲצֵרָהּ. אִם הָיְתָה עוֹמֶדֶת שָׁם בְּצַד חֲצֵרָהּ נִתְגָּרְשָׁה. וְאִם לָאו לֹא נִתְגָּרְשָׁה עַד שֶׁתַּעֲמֹד בְּצַד חֲצֵרָהּ וְאַף עַל פִּי שֶׁהִיא חָצֵר שֶׁיִּשְׁתַּמֵּר הַגֵּט בְּתוֹכָהּ. שֶׁחוֹב הִיא לָהּ הַגֵּרוּשִׁין וְאֵין חָבִין לָאָדָם אֶלָּא בְּפָנָיו:

ג. הָיְתָה עוֹמֶדֶת בְּרֹאשׁ הַגַּג שֶׁלָּהּ וְהוּא מִלְּמַטָּה בַּחֲצֵרוֹ וּזְרָקוֹ לָהּ לְמַעְלָה כֵּיוָן שֶׁהִגִּיעַ לַאֲוִיר מְחִצּוֹת הַמַּעֲקֶה אוֹ לְפָחוֹת מִשְּׁלֹשָׁה טְפָחִים סָמוּךְ לַגַּג נִתְגָּרְשָׁה וּבִלְבַד שֶׁיָּנוּחַ. אֲבָל אִם נִמְחַק אוֹ נִשְׂרַף קֹדֶם שֶׁיַּגִּיעַ לָהּ אַף עַל פִּי שֶׁנִּמְחַק לְאַחַר שֶׁהִגִּיעַ לַאֲוִיר מְחִצּוֹת אוֹ אַחַר שֶׁהִגִּיעַ לְפָחוֹת מִשְּׁלֹשָׁה טְפָחִים סָמוּךְ לַגַּג כְּגוֹן שֶׁנָּשְׁבָה הָרוּחַ וְהֶעֱלַתְהוּ וְנִמְחַק אוֹ נִשְׂרַף הוֹאִיל וְאֵינוֹ הוֹלֵךְ לָנוּחַ אֵינוֹ גֵּט וְלֹא נִתְגָּרְשָׁה:

ד. הָיָה הַגַּג שֶׁלּוֹ וְהוּא מִלְמַעְלָה בּוֹ וְהִיא מִלְּמַטָּה בֶּחָצֵר שֶׁלָּהּ וּזְרָקוֹ לָהּ גִּטָּהּ. כֵּיוָן שֶׁיָּצָא הַגֵּט מִמְּחִצּוֹת הַגַּג וְהִגִּיעַ לִמְחִצּוֹת מְקוֹמָהּ שֶׁהִיא עוֹמֶדֶת בּוֹ נִתְגָּרְשָׁה:

ה. זְרָקוֹ לִרְשׁוּתָהּ לְתוֹךְ הָאֵשׁ וְנִשְׂרַף אוֹ לְתוֹךְ הַמַּיִם [וְנִמְחַק אוֹ] נֶאֱבַד אֵינוֹ גֵּט. אֲבָל אִם הִגִּיעַ לִרְשׁוּתָהּ [וְנָח] וְאַחַר כָּךְ בָּא הָאֵשׁ וּשְׂרָפַתְהוּ הֲרֵי זֶה גֵּט:

ו. זְרָקוֹ עַל גַּבֵּי קָנֶה אוֹ רֹמַח הַנְּעוּצִים בִּרְשׁוּתָהּ אֵינוֹ גֵּט עַד שֶׁיָּנוּחַ בְּמָקוֹם הַמִּשְׁתַּמֵּר בּוֹ. שְׁתֵּי חֲצֵרוֹת זוֹ לִפְנִים מִזּוֹ הַפְּנִימִית שֶׁלָּהּ וְהַחִיצוֹנָה שֶׁלּוֹ וְכָתְלֵי הַחִיצוֹנָה גְּבוֹהוֹת עַל הַפְּנִימִית כֵּיוָן שֶׁזָּרַק הַגֵּט לְתוֹךְ אֲוִיר הַחִיצוֹנָה נִתְגָּרְשָׁה. שֶׁהַפְּנִימִית בְּכָתְלֵי הַחִיצוֹנָה מִשְׁתַּמֶּרֶת מַה שֶּׁאֵין כֵּן בִּקְפּוֹת:

ז. כֵּיצַד. שְׁתֵּי קֻפּוֹת זוֹ לִפְנִים מִזּוֹ הַפְּנִימִית שֶׁלָּהּ וְהַחִיצוֹנָה שֶׁלּוֹ וְזָרַק לָהּ גִּטָּהּ בְּתוֹכָן אֲפִלּוּ הִגִּיעַ לַאֲוִיר הַפְּנִימִית אֵינָהּ מְגֹרֶשֶׁת עַד שֶׁיָּנוּחַ עַל צַד הַקֻּפָּה הַפְּנִימִית. בַּמֶּה דְּבָרִים אֲמוּרִים בְּשֶׁהָיְתָה מֻטָּה עַל צִדָּהּ וְאֵין לָהּ שׁוּלַיִם אֲבָל יֵשׁ לָהּ שׁוּלַיִם אֲפִלּוּ נָח בְּקַרְקָעִיתָהּ אֵינָהּ מְגֹרֶשֶׁת שֶׁכְּלֵי הָאִשָּׁה בִּרְשׁוּת הַבַּעַל אֵינוֹ קוֹנֶה לָהּ הַגֵּט אֶלָּא אִם כֵּן אֵינוֹ מַקְפִּיד עַל מְקוֹמוֹ:

ח. זָרַק לָהּ גִּטָּהּ וְהִיא בְּתוֹךְ בֵּיתוֹ אוֹ בְּתוֹךְ חֲצֵרוֹ אֵינָהּ מְגֹרֶשֶׁת עַד שֶׁיַּגִּיעַ הַגֵּט לְיָדָהּ אוֹ לִכְלִי מִן הַכֵּלִים שֶׁלָּהּ שֶׁאֵין הַבַּעַל מַקְפִּיד עַל מְקוֹמוֹ כְּגוֹן צְלוֹחִית אוֹ קְפִיפָה קְטַנָּה אוֹ כַּיּוֹצֵא בָּהֶן. וְכֵן אִם הִגִּיעַ לַמִּטָּה שֶׁלָּהּ שֶׁהִיא יוֹשֶׁבֶת עָלֶיהָ וְהָיְתָה גְּבוֹהָה עֲשָׂרָה טְפָחִים הֲרֵי זוֹ מְגֹרֶשֶׁת שֶׁהֲרֵי חָלְקָה רְשׁוּת לְעַצְמָהּ וְאֵין הַבַּעַל מַקְפִּיד עַל מְקוֹם כַּרְעֵי הַמִּטָּה:

ט. הִשְׁאִיל לָהּ הַבַּעַל מָקוֹם בַּחֲצֵרוֹ וְלֹא יִחֲדוֹ [לָהּ] וְזָרַק לָהּ גֵּט וְהִגִּיעַ לְאַרְבַּע אַמּוֹת שֶׁלָּהּ שֶׁהִיא עוֹמֶדֶת בָּהֶן הֲרֵי זוֹ מְגֹרֶשֶׁת. נִתְגַּלְגֵּל וְנָפַל עַל גַּבֵּי קוֹרָה אוֹ עַל גַּבֵּי סֶלַע רָחוֹק מִמֶּנָּה. אִם הַמָּקוֹם שֶׁנָּפַל עָלָיו אֵין בּוֹ אַרְבַּע אַמּוֹת עַל אַרְבַּע אַמּוֹת וְאֵינוֹ גָּבוֹהַּ עֲשָׂרָה וְאֵין לוֹ שָׁם לְוַוי הֲרֵי זֶה לֹא חָלַק רְשׁוּת לְעַצְמוֹ וּכְאִלּוּ הוּא וְהִיא בְּמָקוֹם אֶחָד. וְאִם יֵשׁ שָׁם אֶחָד מִשְּׁלֹשָׁה דְּבָרִים אֵלּוּ חָלַק רְשׁוּת לְעַצְמוֹ וּמָקוֹם אֶחָד הִשְׁאִיל לָהּ שְׁנֵי מְקוֹמוֹת לֹא הִשְׁאִיל לָהּ וְאֵינָהּ מְגֹרֶשֶׁת עַד שֶׁיַּגִּיעַ הַגֵּט לְיָדָהּ:

י. זָרַק לָהּ גִּטָּהּ לִרְשׁוּתָהּ וְעָבַר בְּתוֹךְ רְשׁוּתָהּ שֶׁהִיא עוֹמֶדֶת בָּהּ וְנָפַל חוּץ לִרְשׁוּתָהּ אַף עַל פִּי שֶׁעָבַר בְּפָחוֹת מִשְּׁלֹשָׁה סָמוּךְ לָאָרֶץ אֵינָהּ מְגֹרֶשֶׁת עַד שֶׁיָּנוּחַ בִּרְשׁוּתָהּ:

82 SEFER NASHIM

יא. הָיְתָה עוֹמֶדֶת עַל גַּגָּהּ (זוֹ) וּזְרָקוֹ לָהּ וְנָפַל בְּגַג אַחֵר סָמוּךְ לוֹ. אִם יְכוֹלָה לִפְשֹׁט יָדָהּ וְלִטְּלוֹ הֲרֵי זוֹ מְגֹרֶשֶׁת שֶׁאַף עַל פִּי שֶׁדִּיוּרִין חֲלוּקִין לְמַעְלָה כְּשֵׁם שֶׁהֵן חֲלוּקִין לְמַטָּה אֵין בְּנֵי אָדָם מַקְפִּידִין עַל מָקוֹם כַּיּוֹצֵא בָּזֶה:

יב. הָיְתָה יָדָהּ קַטַפְרֵס וְזָרַק הַגֵּט עַל יָדָהּ וְנָפַל לָאָרֶץ. אִם נָפַל לְתוֹךְ אַרְבַּע אַמּוֹת שֶׁלָּהּ וְנָח הֲרֵי זוֹ מְגֹרֶשֶׁת. נָפַל לְתוֹךְ הַיָּם אוֹ לְתוֹךְ הָאֵשׁ אֵינָהּ מְגֹרֶשֶׁת. וְהוּא שֶׁהָיְתָה עוֹמֶדֶת עַל גַּבֵּי הַמַּיִם אוֹ סָמוּךְ לָאֵשׁ שֶׁמִּתְּחִלַּת נְפִילָתוֹ לְאִבּוּד הָיָה עוֹמֵד:

יג. זְרָקוֹ לָהּ בִּרְשׁוּת הָרַבִּים אוֹ בִּרְשׁוּת שֶׁאֵינָהּ שֶׁל שְׁנֵיהֶם קָרוֹב לוֹ אֵינָהּ מְגֹרֶשֶׁת. הָיָה הַגֵּט מֶחֱצָה לְמֶחֱצָה וּמִמֶּחֱצָה לְמֶחֱצָה עַד שֶׁיִּהְיֶה קָרוֹב לָהּ הֲרֵי זוֹ סָפֵק מְגֹרֶשֶׁת. הָיָה קָרוֹב לָהּ כְּדֵי שֶׁתָּשׁוּחַ וְתִטְּלֶנּוּ הֲרֵי זֶה פָּסוּל עַד שֶׁיַּגִּיעַ גֵּט לְיָדָהּ וְאַחַר כָּךְ תִּנָּשֵׂא בּוֹ לְכַתְּחִלָּה:

יד. כֵּיצַד הוּא קָרוֹב לוֹ. הָיָה הוּא יָכוֹל לְשָׁמְרוֹ וְהִיא אֵינָהּ יְכוֹלָה לְשָׁמְרוֹ זֶה הוּא קָרוֹב לוֹ שְׁנֵיהֶם יְכוֹלִים לְשָׁמְרוֹ אוֹ שֶׁשְּׁנֵיהֶם אֵין יְכוֹלִין לְשָׁמְרוֹ זֶה הוּא מֶחֱצָה לְמֶחֱצָה:

טו. בָּא הוּא תְּחִלָּה וְעָמַד וְאַחַר כָּךְ עָמְדָה הִיא כְּנֶגְדּוֹ וּזְרָקוֹ לָהּ. אִם הָיָה הַגֵּט בְּתוֹךְ אַרְבַּע אַמּוֹת שֶׁלּוֹ אֵינָהּ מְגֹרֶשֶׁת אַף עַל פִּי שֶׁאִם תָּשׁוּחַ תִּטְּלֶנּוּ. עָמְדָה הִיא תְּחִלָּה וּבָא הוּא וְעָמַד כְּנֶגְדָּהּ וּזְרָקוֹ לָהּ אַף עַל פִּי שֶׁהוּא מֶחֱצָה לְמֶחֱצָה הוֹאִיל וְהוּא לְתוֹךְ אַרְבַּע אַמּוֹת שֶׁלָּהּ הֲרֵי זֶה גֵּט פָּסוּל עַד שֶׁיַּגִּיעַ הַגֵּט לְיָדָהּ:

טז. זָרַק הַגֵּט לְיָדָהּ וְהָיָה קָשׁוּר בִּמְשִׁיחָה וּקְצָת הַמְּשִׁיחָה בְּיָדוֹ. אִם יָכוֹל לְנַתְּקוֹ וְלַהֲבִיאוֹ אֶצְלוֹ אֵינָהּ מְגֹרֶשֶׁת עַד שֶׁתִּפְסֹק הַמְּשִׁיחָה. וְאִם אֵינוֹ יָכוֹל לְנַתְּקוֹ הֲרֵי זוֹ מְגֹרֶשֶׁת:

יז. נָתַן הַגֵּט בְּיַד עַבְדָּהּ וְהוּא נֵעוֹר וְהִיא מְשַׁמַּרְתּוֹ. אִם הָיָה כָּפוּת הֲרֵי זֶה גֵּט וּכְאִלּוּ הִגִּיעַ לַחֲצֵרָהּ שֶׁהִיא עוֹמֶדֶת בְּצִדָּהּ. וְאִם אֵינוֹ כָּפוּת אֵינוֹ גֵּט. נְתָנוֹ בְּיַד הָעֶבֶד וְהוּא יָשֵׁן וְהִיא מְשַׁמַּרְתּוֹ הֲרֵי זֶה פָּסוּל. וְאִם הָיָה כָּפוּת הֲרֵי זוֹ מְגֹרֶשֶׁת:

יח. כָּתַב הַגֵּט וּנְתָנוֹ בְּיַד עַבְדּוֹ וְכָתַב לָהּ שְׁטָר מַתָּנָה עָלָיו כֵּיוָן שֶׁזָּכְתָה בָּעֶבֶד זָכְתָה בַּגֵּט וְנִתְגָּרְשָׁה אִם הָיָה כָּפוּת. וְאִם אֵינוֹ כָּפוּת וְנֵעוֹר קָנְתָה הָעֶבֶד וְאֵינָהּ מְגֹרֶשֶׁת עַד שֶׁיַּגִּיעַ הַגֵּט לְיָדָהּ. וְכֵן אִם נָתַן הַגֵּט בַּחֲצֵרוֹ וּמוֹכֵר לָהּ הֶחָצֵר אוֹ נְתָנוֹ לָהּ כֵּיוָן שֶׁקָּנְתָה הֶחָצֵר בִּשְׁטָר אוֹ בְּכֶסֶף אוֹ בַּחֲזָקָה נִתְגָּרְשָׁה:

Perek 6

Shluchim (agents)

Reminder:
Pack on Witnesses

Different types

- *Shaliach Holachah* (delivering agent)
- *Shaliach Kabalah* (receiving agent)
- *Shaliach Havaah* (fetching agent)

Witnesses are needed for agent in same way as for husband.

There is also a procedure of nullifying a *get*.

	Acceptable	Witnesses	Both parties present	Who pays	Explanation
Woman appoints *shaliach kabalah* to receive *get* from husband	✓	**2** witnesses for appointing **2** witnesses for receiving	Woman		

Husband appoints *shaliach holachah* to deliver get to wife	✓	×	man		Witnesses not needed because it only involves transporting the *get* and not the divorce itself
Woman appoints agent to fetch *get* from husband (*shaliach havaah*)	✓	×	woman		Again, this agency only involves transporting *get*.
When agent *delivers get* to wife it must be given in the presence of witnesses (and read out in presence of witnesses)	✓	2			
Anyone acceptable to be a *shaliach* except **5** exceptions as per writing	✓				
Husband can revoke *get* if he does this *before get* reaches her hand		2	man		Only if witnesses hear the revocation before wife receives original
Husband can also revoke *get* before it is written		2	man		This revocation annuls *get* itself. Whereas the previous example, that *get* could be used again. Man receives *makat mardut* (stripes) for revoking as it may cause wife to marry illegally i.e. she may not know that *get* was revoked.

פרק ו׳

א. הַשָּׁלִיחַ שֶׁעוֹשָׂה הָאִשָּׁה לְקַבֵּל לָהּ גִּטָּהּ מִיַּד בַּעְלָהּ הוּא הַנִּקְרָא שְׁלִיחַ קַבָּלָה. וּמִשֶּׁיַּגִּיעַ הַגֵּט לְיַד שְׁלוּחָהּ תִּתְגָּרֵשׁ כְּאִלּוּ הִגִּיעַ לְיָדָהּ. וּצְרִיכָה לַעֲשׂוֹתוֹ בִּשְׁנֵי עֵדִים. וּצְרִיכָה שְׁנֵי עֵדִים שֶׁיָּעִידוּ שֶׁהִגִּיעַ הַגֵּט לְיַד שְׁלוּחָהּ. וַאֲפִלּוּ הֵם הָרִאשׁוֹנִים אוֹ אֶחָד מִן הָרִאשׁוֹנִים הֲרֵי זוֹ עֵדוּת גְּמוּרָה:

ב. בַּמֶּה דְּבָרִים אֲמוּרִים בְּשֶׁאָבַד הַגֵּט אוֹ נִקְרַע. אֲבָל אִם הָיָה הַגֵּט יוֹצֵא מִתַּחַת יְדֵי שְׁלִיחַ קַבָּלָה אֵינוֹ צָרִיךְ עֵדִים. בֵּין שֶׁנְּתָנוֹ לוֹ הַבַּעַל בֵּינוֹ לְבֵינוֹ בֵּין שֶׁנִּמְסַר לוֹ בְּעֵדִים. יְצִיאָתוֹ מִתַּחַת יָדוֹ כִּיצִיאָתוֹ מִתַּחַת יְדֵי הָאִשָּׁה. וְאַף עַל פִּי כֵן לֹא יִתֵּן לוֹ הַגֵּט לְכַתְּחִלָּה אֶלָּא בְּעֵדֵי מְסִירָה כְּמוֹ הָאִשָּׁה עַצְמָהּ:

ג. הַבַּעַל אֵינוֹ יָכוֹל לַעֲשׂוֹת שָׁלִיחַ לְקַבֵּל גֵּט לְאִשְׁתּוֹ. אֲבָל יָכוֹל לַעֲשׂוֹת שָׁלִיחַ לְהוֹלִיךְ הַגֵּט לְאִשְׁתּוֹ וְזֶה הוּא הַנִּקְרָא שְׁלִיחַ הוֹלָכָה:

ד. וְכֵן הָאִשָּׁה שׁוֹלַחַת שָׁלִיחַ לְהָבִיא לָהּ גֵּט מִיַּד בַּעְלָהּ וְזֶה הוּא הַנִּקְרָא שְׁלִיחַ הֲבָאָה. וְאֵין שְׁלִיחַ הוֹלָכָה וַהֲבָאָה צָרִיךְ עֵדִים:

ה. וְאֵין הָאִשָּׁה מִתְגָּרֶשֶׁת בְּגֵט שֶׁשָּׁלַח הַבַּעַל אוֹ שֶׁהֵבִיא לָהּ שְׁלִיחַ הֲבָאָה עַד שֶׁיַּגִּיעַ גֵּט לְיָדָהּ. וְכָל מָקוֹם שֶׁנֶּאֱמַר בְּעִנְיַן גִּטִּין שָׁלִיחַ סְתָם הוּא שְׁלִיחַ הוֹלָכָה אוֹ שְׁלִיחַ הֲבָאָה:

ו. הַכֹּל כְּשֵׁרִין לִשְׁלִיחוּת הַגֵּט בֵּין לִשְׁלִיחַ קַבָּלָה בֵּין לִשְׁלִיחַ הוֹלָכָה וַהֲבָאָה חוּץ מִן הַחֲמִשָּׁה. הָעַכּוּ״ם וְהָעֶבֶד וְהַחֵרֵשׁ וְהַשּׁוֹטֶה וְהַקָּטָן. וְאִם קִבֵּל אוֹ הֵבִיא אֶחָד מֵהֶן אֵינוֹ גֵּט:

ז. אֲבָל הַנָּשִׁים וְהַקְּרוֹבִים כְּשֵׁרִים. וַאֲפִלּוּ הַפְּסוּלִין מִדִּבְרֵי סוֹפְרִים בַּעֲבֵרָה כְּשֵׁרִין לִשְׁלִיחוּת גֵּט. אֲבָל הַפְּסוּלִין בַּעֲבֵרָה מִדִּבְרֵי תוֹרָה פְּסוּלִין לַהֲבָאַת הַגֵּט. וְאִם הֵבִיאוּ הֲרֵי זֶה פָּסוּל. בַּמֶּה דְּבָרִים אֲמוּרִים כְּשֶׁנִּתְקַיֵּם הַגֵּט בְּחוֹתְמָיו

אֲבָל אִם לֹא נִסְמַךְ בּוֹ אֶלָּא עַל דִּבְרֵי פָּסוּל בַּעֲבֵרָה מִן הַתּוֹרָה אֵינוֹ גֵּט:

ח. הָיָה הַשָּׁלִיחַ קָטָן כְּשֶׁנָּתַן לוֹ הַגֵּט וְגָדַל כְּשֶׁהֱבִיאוֹ. חֵרֵשׁ וְנִתְפַּקֵּחַ. שׁוֹטֶה וְנִשְׁתַּפָּה. עַכּוּ"ם וְנִתְגַּיֵּר. עֶבֶד וְנִשְׁתַּחְרֵר. הֲרֵי זֶה בָּטֵל. אֲבָל אִם נָתַן לוֹ הַגֵּט וְהוּא פִּקֵּחַ וְנִתְחָרֵשׁ וְחָזַר וְנִתְפַּקֵּחַ. הָיָה שָׁפוּי כְּשֶׁנָּתַן לוֹ הַגֵּט וְנִשְׁתַּטָּה וְחָזַר וְנִשְׁתַּפָּה כְּשֶׁהֵבִיא הַגֵּט לְיַד הָאִשָּׁה הֲרֵי זֶה גֵּט כָּשֵׁר מִפְּנֵי שֶׁתְּחִלָּתוֹ וְסוֹפוֹ בְּדַעַת:

ט. הָאִשָּׁה שֶׁעָשְׂתָה שָׁלִיחַ בְּעֵדִים וְאָמְרָה לוֹ טֹל לִי גִּטִּי וִיהֵא לִי בְּיָדְךָ הֲרֵי זֶה שָׁלִיחַ לְקַבָּלָה וּכְאִלּוּ אָמְרָה לוֹ הִתְקַבֵּל לִי גִּטִּי. וְיֵשׁ לָאִשָּׁה לַעֲשׂוֹת שְׁלִיחַ קַבָּלָה לְקַבֵּל לָהּ גִּטָּהּ מִיַּד שְׁלוּחוֹ שֶׁל בַּעְלָהּ. וּקְטַנָּה אֵינָהּ עוֹשָׂה שָׁלִיחַ לְקַבָּלָה. אַף עַל פִּי שֶׁחֲצֵרָהּ קוֹנָה לָהּ גִּטָּהּ כִּגְדוֹלָה. מִפְּנֵי שֶׁשְּׁלִיחַ קַבָּלָה צָרִיךְ עֵדִים וְאֵין מְעִידִין עַל הַקָּטָן שֶׁאֵינוֹ בֶּן דֵּעָה גְּמוּרָה:

י. הָאִשָּׁה שֶׁעָשְׂתָה שָׁלִיחַ לְקַבָּלָה וְאָמַר לוֹ הַבַּעַל אֵין רְצוֹנִי שֶׁתְּקַבֵּל לָהּ גִּטָּהּ אֶלָּא הֲרֵי זֶה גִּטָּהּ הוֹלֵךְ אוֹתוֹ לָהּ. הָרְשׁוּת בְּיַד הַבַּעַל וְנַעֲשָׂה זֶה שָׁלִיחַ לְהוֹלָכָה וְלֹא שָׁלִיחַ לְקַבָּלָה. אֲבָל אִם אָמַר לוֹ הִתְקַבֵּל לָהּ גִּטָּהּ [אוֹ הֵא לְךָ] אוֹ זְכֵה לָהּ לֹא עָקַר שְׁלִיחוּת הַקַּבָּלָה. אֲבָל אִם אָמַר לוֹ הוֹלֵךְ לָהּ עָקַר שְׁלִיחוּת הַקַּבָּלָה וְנַעֲשָׂה שְׁלִיחַ הַבַּעַל. וְכֵן אִם אָמַר לוֹ הוֹלֵךְ וְתֵן לָהּ עִקַּר שְׁלִיחוּת הַקַּבָּלָה:

יא. שְׁלִיחַ הָאִשָּׁה שֶׁבָּא לְקַבֵּל גֵּט מִן הַבַּעַל וְאָמַר לוֹ שְׁלִיחַ קַבָּלָה אָנִי וְאוֹמֵר לוֹ הַבַּעַל הוֹלֵךְ גֵּט זֶה כְּמוֹ שֶׁאָמְרָה כְּלוֹמַר אֵינִי עוֹקֵר שְׁלִיחוּתְךָ אֶלָּא בֵּין שֶׁעָשְׂתָה אוֹתְךָ שְׁלִיחַ קַבָּלָה אוֹ שְׁלִיחַ הֲבָאָה הֲרֵי אַתָּה כְּמוֹ שֶׁאָמְרָה. וְהֵבִיא אֶת הַגֵּט. וְאָמְרָה לוֹ לֹא [שָׁלִיחַ לְקַבָּלָה] שַׂמְתִּיךָ אֶלָּא שְׁלִיחַ הֲבָאָה אֲפִלּוּ הִגִּיעַ לְיָדָהּ אֵינָהּ מְגֹרֶשֶׁת. שֶׁהֲרֵי עִקַּר הַשָּׁלִיחַ שְׁלִיחוּת שֶׁאָמְרָה הִיא וְאָמַר לַבַּעַל מֵעוֹלָם לֹא נַעֲשֵׂיתִי שְׁלִיחַ הֲבָאָה לָהּ:

יב. אָמַר שָׁלִיחַ לַבַּעַל שְׁלִיחַ הֲבָאָה אֲנִי וְאָמַר לוֹ הַבַּעַל הוֹלֵךְ כְּמוֹ שֶׁאָמְרָה. וְהֵבִיא אֶת הַגֵּט. וְאָמְרָה לוֹ שָׁלִיחַ לְקַבָּלָה שַׂמְתִּיךָ. כֵּיוָן שֶׁהִגִּיעַ גֵּט לְיָדָהּ מְגֹרֶשֶׁת שֶׁהֲרֵי לֹא עָקַר שְׁלִיחוּת שֶׁאָמְרָה אֶלָּא גָּרַע אוֹתָהּ שֶׁהֲרֵי הִיא אוֹמֶרֶת לְקַבָּלָה וְהוּא אוֹמֵר לַבַּעַל לַהֲבָאָה בִּלְבַד:

יג. הַבַּעַל שֶׁשָּׁלַח גֵּט לְאִשְׁתּוֹ. בָּא שָׁלִיחַ לִתְּנוֹ לָהּ וְלֹא נְטָלַתּוֹ. אֶלָּא אָמְרָה לוֹ בִּפְנֵי עֵדִים יִהְיֶה (לִי) גֵּט זֶה פִּקָּדוֹן אֶצְלְךָ. אוֹ שֶׁאָמְרָה לוֹ הֲרֵי אַתְּ שָׁלִיחַ לְקַבְּלוֹ לִי. הֲרֵי זוֹ מְגֹרֶשֶׁת בְּסָפֵק עַד שֶׁיַּגִּיעַ גֵּט לְיָדָהּ. וּמִשֶּׁיַּגִּיעַ הַגֵּט לְיָדָהּ תִּתְגָּרֵשׁ וַדַּאי:

יד. שָׁלִיחַ שֶׁהֵבִיא גֵּט כְּשֶׁהוּא נוֹתְנוֹ לָהּ נוֹתְנוֹ לָהּ בִּפְנֵי שְׁנַיִם וְאוֹתָן הַשְּׁנַיִם צְרִיכִין לִקְרוֹתוֹ וְאַחַר כָּךְ יִתְּנֶנּוּ לָהּ בִּפְנֵיהֶם. שֶׁדִּין הַשָּׁלִיחַ עִם הָאִשָּׁה כְּדִין הַבַּעַל עִמָּהּ שֶׁתַּחְתָּיו הוּא קָם. לְפִיכָךְ אִם נְתָנוֹ הַשָּׁלִיחַ לָהּ וְלֹא קְרָאוּהוּ עֵדֵי מְסִירָה וּנְטָלַתּוֹ וּזְרָקַתּוֹ לַיָּם הֲרֵי זוֹ סָפֵק מְגֹרֶשֶׁת:

טו. עָבַר הַשָּׁלִיחַ וְנָתַן הַגֵּט בֵּינוֹ לְבֵינָהּ יִטְּלֶנּוּ מִמֶּנָּה וְיַחֲזֹר וְיִתְּנוֹ לָהּ בִּפְנֵי שְׁנַיִם. וְאִם מֵת הוֹאִיל וְהַגֵּט יוֹצֵא מִתַּחַת יָדָהּ מְקֻיָּם בְּחוֹתָמָיו הֲרֵי זֶה גֵּט כָּשֵׁר:

טז. שָׁלִיחַ שֶׁנָּטַל הַגֵּט וְקֹדֶם שֶׁיַּגִּיעַ לְיַד הָאִשָּׁה חָזַר הַבַּעַל וְאָמַר לוֹ גֵּט שֶׁשָּׁלַחְתִּי עִמְּךָ בָּטֵל הוּא. אוֹ שֶׁקָּדַם וְאָמַר לָאִשָּׁה גֵּט שֶׁשָּׁלַחְתִּי לִיךְ בָּטֵל הוּא. אוֹ שֶׁשָּׁלַח שָׁלִיחַ אַחֵר לְבַטְּלוֹ. אוֹ שֶׁאָמַר לַאֲחֵרִים גֵּט שֶׁשָּׁלַחְתִּי לְאִשְׁתִּי בָּטֵל הוּא. הֲרֵי זֶה בָּטֵל וְאַף עַל פִּי שֶׁהִגִּיעַ גֵּט לְיָדָהּ. וְכָל הַמְבַטֵּל בִּפְנֵי אֲחֵרִים צָרִיךְ שֶׁיְּבַטֵּל בִּפְנֵי שְׁנַיִם. וְאִם אַחַר שֶׁהִגִּיעַ גֵּט לְיָדָהּ אוֹ לְיַד שְׁלִיחַ קַבָּלָה אֵינוֹ יָכוֹל לְבַטְּלוֹ וְאַף עַל פִּי שֶׁחָזַר בְּתוֹךְ כְּדֵי דִּבּוּר וּבִטְּלוֹ הוֹאִיל וְאַחַר שֶׁהִגִּיעַ לְיָדָהּ אוֹ לְיַד שְׁלִיחַ קַבָּלָה אוֹ לַחֲצֵרָהּ בִּטְּלוֹ אֵינוֹ בָּטֵל וַהֲרֵי זֶה גֵּט כָּשֵׁר:

יז. הָיָה מְחַזֵּר וּמְבַקֵּשׁ שָׁלִיחַ כְּדֵי לְבַטְּלוֹ. אוֹ שֶׁהָיָה מְבַקֵּשׁ שְׁנַיִם שֶׁיְּבַטְּלֶנּוּ בִּפְנֵיהֶם וּבֵין שֶׁהוּא מְחַזֵּר וְרוֹדֵף הִגִּיעַ גֵּט לְיָדָהּ וְאַחַר כָּךְ בִּטְּלוֹ אֵינוֹ בָּטֵל. אַף עַל פִּי שֶׁהָיָה מְחַזֵּר לְבַטְּלוֹ קֹדֶם שֶׁהִגִּיעַ הַגֵּט לְיָדָהּ:

יח. אָמַר לַעֲשָׂרָה כִּתְבוּ גֵּט וּתְנוּ לְאִשְׁתִּי יָכוֹל לְבַטֵּל לָזֶה שֶׁלֹּא בִּפְנֵי זֶה וַאֲפִלּוּ בִּפְנֵי שְׁנַיִם אֲחֵרִים. שָׁלַח הַגֵּט בְּיַד שְׁנַיִם הֲרֵי זֶה יָכוֹל לְבַטֵּל זֶה שֶׁלֹּא בִּפְנֵי זֶה. וַאֲפִלּוּ הָיוּ עֲשָׂרָה מִשֶּׁבִּטְּלוֹ בִּפְנֵי אֶחָד מֵהֶם בָּטֵל הַגֵּט:

יט. וְכֵן מִי שֶׁאָמַר לִשְׁנַיִם גֵּט שֶׁאֲנִי כּוֹתֵב לְאִשְׁתִּי בָּטֵל הוּא וְכָתַב אַחַר כָּךְ גֵּט וּנְתָנוֹ לָהּ בִּפְנֵי שְׁנַיִם אֲחֵרִים הֲרֵי זֶה בָּטֵל. וְזוֹ הִיא מְסִירַת הַמּוֹדָעָא עַל הַגֵּט. וְכֵן אִם אָמַר לָהֶם כָּל גֵּט שֶׁיִּכָּתֵב לִי פְּלוֹנִי בָּטֵל. אוֹ כָּל גֵּט שֶׁאֶכְתֹּב בְּבֵית דִּינוֹ שֶׁל פְּלוֹנִי הֲרֵי זֶה גֵּט בָּטֵל. אוֹ כָּל גֵּט שֶׁאֶכְתֹּב מִכָּאן וְעַד עֶשְׂרִים שָׁנָה בָּטֵל. הֲרֵי גֵּט בָּטֵל. וְכֵן אִם אָמַר בִּפְנֵי שְׁנַיִם כָּל גֵּט שֶׁאֶכְתֹּב לִפְלוֹנִית אִשְׁתִּי בָּטֵל הוּא וְכָל דָּבָר שֶׁאֲבַטֵּל בּוֹ מוֹדָעָא זֹאת הֲרֵי הוּא בָּטֵל וְכָתַב אַחַר כָּךְ גֵּט וּנְתָנוֹ לָהּ אַף עַל פִּי שֶׁבִּטֵּל הַמּוֹדָעָא קֹדֶם שֶׁיִּכְתֹּב הַגֵּט הֲרֵי הַגֵּט בָּטֵל:

כ. אִם כֵּן מַהוּ תַּקָּנַת דָּבָר זֶה. שֶׁיֹּאמְרוּ לוֹ הָעֵדִים קֹדֶם כְּתִיבַת הַגֵּט אֱמֹר בְּפָנֵינוּ שֶׁכָּל הַדְּבָרִים שֶׁמָּסַרְתָּ שֶׁגּוֹרְמִין כְּשֶׁיִּתְקַיְּמוּ אוֹתָן הַדְּבָרִים לְבַטֵּל גֵּט הֲרֵי הֵן בְּטֵלִים וְהוּא אוֹמֵר הֵן. וְאַחַר כָּךְ אוֹמֵר לָהֶם לִכְתֹּב וְלַחְתֹּם וְלִתֵּן לָהּ וְלֹא יַנִּיחוּהוּ לֵילֵךְ עַד שֶׁיַּגִּיעַ הַגֵּט לְיָדָהּ כְּדֵי שֶׁלֹּא יֵצֵא וִיבַטְּלוֹ. וְאֵין הַמּוֹסֵר מוֹדָעָא וְלֹא הַמְבַטֵּל מוֹדָעָא צָרִיךְ קִנְיָן:

כא. הַשּׁוֹלֵחַ גֵּט בְּיַד הַשָּׁלִיחַ וּבִטֵּל הַגֵּט הֲרֵי חוֹזֵר וּמְגָרֵשׁ בּוֹ כְּשֶׁיִּרְצֶה. שֶׁלֹּא בִּטְּלוֹ מִתּוֹרַת גֵּט אֶלָּא מִתּוֹרַת שְׁלִיחוּת. לְפִיכָךְ אִם הָיָה הַגֵּט בְּיַד הַבַּעַל וּבִטְּלוֹ כְּגוֹן שֶׁאָמַר גֵּט זֶה בָּטֵל הוּא אֵינוֹ מְגָרֵשׁ בּוֹ לְעוֹלָם וַהֲרֵי הוּא כְּחֶרֶס הַנִּשְׁבָּר. וְאִם גֵּרֵשׁ בּוֹ אֵינָהּ מְגֹרֶשֶׁת. וְכֵן אִם פֵּרֵשׁ בְּעֵת שֶׁבִּטְּלוֹ וְהוּא בְּיַד הַשָּׁלִיחַ וְאָמַר גֵּט שֶׁשָּׁלַחְתִּי הֲרֵי הוּא בָּטֵל מִלִּהְיוֹת גֵּט אֵין מְגָרֵשׁ בּוֹ לְעוֹלָם:

כב. בְּאֵי זֶה לְשׁוֹנוֹת מְבַטֵּל הַגֵּט. אָמַר בָּטֵל הוּא. אִי אֶפְשִׁי בּוֹ. גֵּט זֶה לֹא יוֹעִיל. לֹא יַתִּיר. וְלֹא יַעֲזֹב. וְלֹא יְשַׁלֵּחַ. וְלֹא יְגָרֵשׁ. יְהֵא כְּחֶרֶס. יְהִי חֶרֶס. הֲרֵי הוּא כְּחֶרֶס. וְאִם אָמַר אֶחָד מֵאֵלּוּ וְכָל הַדּוֹמֶה לָהֶן הֲרֵי זֶה בִּטְּלוֹ:

כג. אֲבָל אִם אָמַר גֵּט זֶה אֵינוֹ. גֵּט פָּסוּל הוּא. אֵינוֹ מוֹעִיל. אֵינוֹ מַתִּיר. אֵינוֹ מְשַׁלֵּחַ. אֵינוֹ מְגָרֵשׁ. חֶרֶס הוּא. לֹא אָמַר כְּלוּם. שֶׁאֵין זֶה לָשׁוֹן מְבַטֵּל אֶלָּא לְשׁוֹן מוֹדִיעַ אֲמִתַּת הַדָּבָר וַהֲרֵי הוֹדִיעַ לָנוּ דָּבָר שֶׁאֵינוֹ כֵּן. כְּמִי שֶׁאוֹמֵר עַל דָּבָר אָסוּר שֶׁהוּא מֻתָּר אוֹ עַל דָּבָר הַטָּמֵא שֶׁהוּא טָהוֹר:

כד. אָמַר גֵּט זֶה בָּטֵל שֶׁמַּשְׁמָעוֹ פֹּעַל שֶׁעָבַר כְּגוֹן (שיר השירים ה ו) "חָמַק עָבָר" הֲרֵי זֶה סָפֵק. לְפִיכָךְ אִם נִתְגָּרְשָׁה בְּגֵט זֶה הֲרֵי סָפֵק מְגֹרֶשֶׁת:

כה. מִי שֶׁשָּׁלַח גֵּט לְאִשְׁתּוֹ וּבָא שָׁלִיחַ וְאָמַר לוֹ לֹא מְצָאתִיהָ אוֹ לֹא רָצְתָה לִקַּח. וְאָמַר הַבַּעַל בָּרוּךְ הַטּוֹב וְהַמֵּטִיב אוֹ כַּיּוֹצֵא בִּדְבָרִים אֵלּוּ שֶׁמַּשְׁמִיעִין שֶׁאֵין בְּדַעְתּוֹ לְגָרְשָׁהּ שֶׁהֲרֵי שָׂמֵחַ בְּעִכּוּב הַגֵּט. לֹא בָּטֵל הַגֵּט אֶלָּא יִתֵּן וְתִהְיֶה מְגֹרֶשֶׁת. עַד שֶׁיֹּאמַר לוֹ בְּפֵרוּשׁ לֹא תִּתֵּן לָהּ אוֹ יְבַטֵּל בְּפֵרוּשׁ:

כו. מִי שֶׁשָּׁלַח גֵּט לְאִשְׁתּוֹ וְחָזַר וּבִטְּלוֹ בִּפְנֵי שְׁנַיִם אֲחֵרִים. וְכֵן מִי שֶׁמָּסַר מוֹדָעָא עַל הַגֵּט מַכִּין אוֹתוֹ מַכַּת מַרְדּוּת מִפְּנֵי שֶׁגּוֹרֵם לִהְיוֹת מַמְזֵרִים. שֶׁהֲרֵי יַגִּיעַ גֵּט לְיָדָהּ וְתִנָּשֵׂא בּוֹ וְאַחַר זְמַן יֵצְאוּ עֵדִים שֶׁבִּטֵּל בִּפְנֵיהֶם אוֹ שֶׁמָּסַר מוֹדָעָא בִּפְנֵיהֶם קֹדֶם שֶׁיִּכְתֹּב הַגֵּט וְנִמְצָא הַוָּלָד מַמְזֵר:

כז. שָׁלִיחַ שֶׁהֵבִיא גֵּט וּנְתָנוֹ לָאִשָּׁה אֵין אוֹמְרִין שֶׁמָּא בִּטְּלוֹ הַבַּעַל אֶלָּא נוֹתְנִין אוֹתוֹ לָהּ בְּחֶזְקַת שֶׁהוּא כָּשֵׁר וְתִנָּשֵׂא בּוֹ. וְאִם נִמְצָא אַחַר כֵּן שֶׁבִּטְּלוֹ תֵּצֵא וְהַוָּלָד מַמְזֵר. וְכֵן הַכּוֹתֵב גֵּט וּנְתָנוֹ לְאִשְׁתּוֹ אֵין אוֹמְרִין שֶׁמָּא מָסַר מוֹדָעָא עַל גֵּט זֶה אֶלָּא הֲרֵי הוּא בְּחֶזְקַת כַּשְׁרוּת וְתִנָּשֵׂא בּוֹ:

כח. וְכֵן הַמֵּבִיא גֵּט וְהִנִּיחַ הַבַּעַל חוֹלֶה אוֹ שֶׁהָיָה זָקֵן נוֹתְנוֹ לָהּ בְּחֶזְקַת שֶׁהוּא קַיָּם. אֲבָל אִם הִנִּיחוֹ גּוֹסֵס שֶׁרֹב גּוֹסְסִין לְמִיתָה וְאַף עַל פִּי שֶׁנְּתָנוֹ לָהּ הֲרֵי זֶה סְפֵק גֵּרוּשִׁין שֶׁאֵין גֵּט לְאַחַר מִיתָה. וְכֵן עִיר שֶׁהִקִּיפָהּ הַחַיִל וְהִיא בְּמָצוֹר וּסְפִינָה הַמּוּטְרֶפֶת בַּיָּם וְהַיּוֹצֵא לָדוּן הֲרֵי אֵלּוּ בְּחֶזְקַת חַיִּים. וְאִם הָיָה גֵּט אֶחָד מֵהֶן בְּיַד הַשָּׁלִיחַ נוֹתְנוֹ לְאִשְׁתּוֹ וְתִהְיֶה בְּחֶזְקַת מְגֹרֶשֶׁת:

כט. אֲבָל עִיר שֶׁכְּבָשָׁהּ הַגַּיִס וְהֻבְקְעָה וּסְפִינָה שֶׁאָבְדָה בַּיָּם וְהַיּוֹצֵא לֵהָרֵג מִבֵּית דִּין שֶׁל עכו"ם. וּמִי שֶׁגְּרָרַתּוּ חַיָּה אוֹ שְׁטָפוֹ נָהָר אוֹ נָפְלָה עָלָיו מַפֹּלֶת נוֹתְנִים עֲלֵיהֶם חֻמְרֵי חַיִּים וְחֻמְרֵי מֵתִים. וְאִם הָיָה גֵּט אֶחָד מֵהֶן בְּיַד הַשָּׁלִיחַ אֵינוֹ נוֹתְנוֹ לְאִשְׁתּוֹ וְאִם נְתָנוֹ לָהּ הֲרֵי זוֹ סְפֵק מְגֹרֶשֶׁת. וְאִם נוֹדַע שֶׁמֵּת הַבַּעַל קֹדֶם שֶׁיַּגִּיעַ הַגֵּט לְיָדָהּ אֵינוֹ גֵּט:

ל. הַבַּעַל שֶׁשָּׁלַח גֵּט לְאִשְׁתּוֹ הֲרֵי הוּא חַיָּב בִּמְזוֹנוֹתֶיהָ וּבְכָל תְּנַאי כְּתֻבָּה עַד שֶׁיַּגִּיעַ הַגֵּט לְיָדָהּ אוֹ לְיַד שְׁלִיחַ קַבָּלָה:

Perek 7

Delivery of get within and outside *Eretz Yisrael.*

In *Eretz Yisrael*, the agent does not need to witness writing or signing of *get*. The husband can give the *get* to him direct to give to his wife. The agent then delivers *get* to wife in presence of witnesses.

When dealing with a *get* outside *Eretz Yisrael*, the expression '*Befanay nichtav ubefanay nichtam*' is used by the *shaliach*, to confirm that the *get* was 'written and signed in front of him'. This was introduced so that the husband would no longer be able to claim that the get was a forgery. The rabbis introduced this leniency because it is hard to identify the witnesses outside *Eretz Yisrael*.

Reminder:
Pack on Witnesses

	Acceptable	Witnesses	Both parties present	Who pays	Explanation
Within *Eretz Yisrael*, agent does not witnesses signing or writing of *get*. Just hands *get* to wife. **Reminder:** Get (Bill of Divorce) Ref: *Sefer Nashim, Hilchot Gerushin*, Chapters 1, 2, 3, 4, 5, 6, 7 of witnesses	✓		×		In *Eretz Yisrael* it is easy for Courts to verify witness signatures. Babylon is regarded as *Eretz Yisrael.*
Delivery within Diaspora or between Diaspora and *Eretz Yisrael,* agent must witness writing and signing of *get*	✓	At both writing and hand over of *get*	×		He then must announce to wife in front of witnesses *Befanay nichtav ubefanay nichtam* i.e. confirmation that *get* was written and signed in front of him.
If witnesses to writing of *get* in Diaspora could be verified, then agent need not say '*Befanay nichtav ubefanay nichtam'*	✓				
Blind person delivers *get* in Diaspora	×				Because he is unable to say '*Befanay nichtav ubefanay nichtam'*

פרק ז׳

א. שָׁלִיחַ שֶׁהֵבִיא גֵּט מִמָּקוֹם לְמָקוֹם בְּאֶרֶץ יִשְׂרָאֵל אַף עַל פִּי שֶׁלֹּא רָאָה כְּתִיבַת הַגֵּט וְלֹא יָדַע מִי הֵם עֵדָיו אֶלָּא נָתַן לוֹ הַבַּעַל גֵּט וְאָמַר לוֹ תֵּן גֵּט זֶה לְאִשְׁתִּי הֲרֵי זֶה נוֹתְנוֹ לָהּ בִּפְנֵי עֵדִים וְאַף עַל פִּי שֶׁאֵין עֵדָיו יְדוּעִין אֶצְלֵנוּ וְתִהְיֶה מְגֹרֶשֶׁת וְתִנָּשֵׂא בּוֹ:

ב. בָּא הַבַּעַל וְעִרְעֵר וְאָמַר לֹא גֵּרַשְׁתִּיהָ מֵעוֹלָם וְגֵט שֶׁהוּבָא לָהּ מְזֻיָּף הוּא יִתְקַיֵּם בְּחוֹתְמָיו. וְאִם לֹא נִתְקַיֵּם וְלֹא נוֹדְעוּ עֵדָיו כְּלָל תֵּצֵא וְהַוָּלָד מַמְזֵר שֶׁהֲרֵי אֵינָהּ מְגֹרֶשֶׁת. [אָבַד הַגֵּט הֲרֵי זוֹ סְפֵק מְגֹרֶשֶׁת]. לְפִיכָךְ נָשִׁים שֶׁחֶזְקָתָן שֶׁהֵן שׂוֹנְאוֹת זוֹ אֶת זוֹ אֵין נֶאֱמָנוֹת לְהָבִיא גֵּט בְּאֶרֶץ יִשְׂרָאֵל זוֹ לָזוֹ שֶׁמָּא מְזֻיָּף הוּא וְתִתְכַּוֵּן לְקַלְקֵל אוֹתָהּ כְּדֵי שֶׁתִּנָּשֵׂא וְתֵאָסֵר עַל בַּעְלָהּ:

ג. וְאֵלּוּ הֵן הַנָּשִׁים שֶׁחֶזְקָתָן שׂוֹנְאוֹת זוֹ אֶת זוֹ. חֲמוֹתָהּ וּבַת חֲמוֹתָהּ וְצָרָתָהּ אֲפִלּוּ הָיְתָה הַצָּרָה נְשׂוּאָה לְאַחֵר. וִיבִמְתָּהּ אֲפִלּוּ הָיְתָה אֲחוֹתָהּ וּבַת בַּעְלָהּ. אֲבָל שְׁאָר כָּל הַנָּשִׁים כְּשֵׁרוֹת:

ד. הַמֵּבִיא גֵּט מִמָּקוֹם לְמָקוֹם בְּאֶרֶץ יִשְׂרָאֵל וְחָלָה אוֹ נֶאֱנַס מְשַׁלְּחוֹ בְּיַד אַחֵר. וְכֵן הַשֵּׁנִי אִם חָלָה מְשַׁלְּחוֹ בְּיַד

אַחֵר. וַאֲפִלּוּ מֵאָה. וְאֵין צָרִיךְ עֵדִים לַחֲזֹר וְלַעֲשׂוֹת שָׁלִיחַ בִּפְנֵיהֶם. וְהָאַחֲרוֹן שֶׁהִגִּיעַ הַגֵּט לְיָדוֹ נוֹתְנוֹ לָהּ בִּפְנֵי שְׁנַיִם וְתִתְגָּרֵשׁ בּוֹ אַף עַל פִּי שֶׁמֵּת הָרִאשׁוֹן:

ה. שָׁלִיחַ שֶׁהֵבִיא גֵּט מִמָּקוֹם לְמָקוֹם בְּחוּצָה לָאָרֶץ אוֹ מֵאֶרֶץ יִשְׂרָאֵל לְחוּצָה לָאָרֶץ. אוֹ מֵחוּצָה לָאָרֶץ לָאָרֶץ. אִם הָיָה הַשָּׁלִיחַ עוֹמֵד בִּשְׁעַת כְּתִיבַת הַגֵּט וַחֲתִימָתוֹ הֲרֵי זֶה אוֹמֵר בִּפְנֵי שְׁנַיִם בְּפָנַי נִכְתַּב וּבְפָנַי נֶחְתַּם וְאַחַר כָּךְ יִתֵּן לָהּ בִּפְנֵיהֶם וְתִתְגָּרֵשׁ בּוֹ. וְאַף עַל פִּי שֶׁאֵין עֵדָיו יְדוּעִין אֶצְלֵנוּ. וַאֲפִלּוּ הָיוּ שְׁמוֹת עֵדָיו כִּשְׁמוֹת הָעַכּוּ״ם אֵין חוֹשְׁשִׁין לָהֶן:

ו. בָּא הַבַּעַל וְעָמַד וְעִרְעֵר אֵין מַשְׁגִּיחִין בּוֹ. לְפִיכָךְ אַף הַנָּשִׁים שֶׁשּׂוֹנְאוֹת זוֹ אֶת זוֹ נֶאֱמָנוֹת לְהָבִיא גֵּט זֶה וְלוֹמַר בְּפָנַי נִכְתַּב וּבְפָנַי נֶחְתַּם:

ז. וְכֵן שָׁלִיחַ שֶׁהֵבִיא גֵּט בְּאֶרֶץ יִשְׂרָאֵל וְאָמַר בְּפָנַי נִכְתַּב וּבְפָנַי נֶחְתַּם אַף עַל פִּי שֶׁאֵינוֹ צָרִיךְ אִם יָבֹא הַבַּעַל וִיעַרְעֵר אֵין מַשְׁגִּיחִין בּוֹ. וְאִם אֵין הַשָּׁלִיחַ עוֹמֵד בִּשְׁעַת כְּתִיבָה וַחֲתִימָה לֹא יִנָּתֵן לָהּ אֶלָּא אִם כֵּן נִתְקַיֵּם בְּחוֹתְמָיו. וְיֵשׁ לַשָּׁלִיחַ לִהְיוֹת מִכְּלַל הַשְּׁלֹשָׁה שֶׁקִּיְּמוּ אוֹתָן בְּחוֹתְמָיו. וְאִם לֹא נִתְקַיֵּם וְנָתַן לָהּ הֲרֵי זֶה פָּסוּל עַד שֶׁיִּתְקַיֵּם. וְאִם בָּא הַבַּעַל וְעִרְעֵר וְלֹא נִתְקַיֵּם אֵינָהּ מְגֹרֶשֶׁת. אָבַד הַגֵּט הֲרֵי זוֹ סָפֵק מְגֹרֶשֶׁת:

ח. וּמִפְּנֵי מָה הִצְרִיכוּ לוֹמַר בְּפָנַי נִכְתַּב וּבְפָנַי נֶחְתַּם בְּחוּץ לָאָרֶץ. כְּדֵי שֶׁלֹּא תִּהְיֶה הָאִשָּׁה צְרִיכָה לְקַיְּמוֹ אִם יָבוֹא הַבַּעַל וִיעַרְעֵר מִפְּנֵי שֶׁאֵין הָעֵדִים מְצוּיִין לְקַיְּמוֹ מִמָּקוֹם לְמָקוֹם בְּחוּצָה לָאָרֶץ:

ט. בַּעַל שֶׁהֵבִיא רְאָיָה בְּרוּרָה שֶׁגֵּט זֶה שֶׁנֶּאֱמַר בּוֹ בְּפָנַי נִכְתַּב וּבְפָנַי נֶחְתַּם מְזֻיָּף הוּא הֲרֵי זֶה בָּטֵל. שֶׁלֹּא הֶאֱמִינוּ דְּבָרָיו שֶׁל אֶחָד שֶׁאָמַר בְּפָנַי נִכְתַּב וּבְפָנַי נֶחְתַּם אֶלָּא לִדְחוֹת עִרְעוּר הַבַּעַל שֶׁאֵין עִמּוֹ רְאָיָה. אֲבָל בִּמְקוֹם עֵדִים שֶׁמַּכְחִישִׁין אוֹתוֹ לֹא הֶאֱמִינוּהוּ:

י. הַנְּהָרוֹת שֶׁבְּאֶרֶץ יִשְׂרָאֵל וְהַנִּסִּין שֶׁבַּיָּם הַגָּדוֹל שֶׁבְּתוֹךְ הַתְּחוּם שֶׁל אֶרֶץ יִשְׂרָאֵל הֲרֵי הֵן כְּאֶרֶץ יִשְׂרָאֵל. וְשֶׁחוּץ לַתְּחוּם כְּחוּצָה לָאָרֶץ. וּבְהִלְכוֹת תְּרוּמוֹת יִתְבָּאֲרוּ תְּחוּמֵי אֶרֶץ יִשְׂרָאֵל. וּבָבֶל כְּאֶרֶץ יִשְׂרָאֵל לְגִטִּין:

יא. גֵּט שֶׁכְּתָבוֹ בְּאֶרֶץ יִשְׂרָאֵל וַחֲתָמוֹ בְּחוּצָה לָאָרֶץ צָרִיךְ שֶׁיֹּאמַר בְּפָנַי נִכְתַּב וּבְפָנַי נֶחְתַּם. כְּתָבוֹ בְּחוּצָה לָאָרֶץ וַחֲתָמוֹ בְּאֶרֶץ יִשְׂרָאֵל אֵינוֹ צָרִיךְ לוֹמַר בְּפָנַי נִכְתַּב וּבְפָנַי נֶחְתַּם:

יב. נִכְתַּב מִקְצָת הַגֵּט בְּפָנָיו וְנֶחְתַּם כֻּלּוֹ בְּפָנָיו. אִם מִקְצָתוֹ הָרִאשׁוֹן הוּא הֲרֵי זֶה אוֹמֵר בְּפָנַי נִכְתַּב וּבְפָנַי נֶחְתַּם אֲפִלּוּ לֹא נִכְתַּב בּוֹ אֶלָּא שִׁיטָה אַחַת בְּפָנָיו וַאֲפִלּוּ שָׁמַע קוֹל הַקֻּלְמוֹס כּוֹתֵב וְחָתְמוּ הָעֵדִים בְּפָנָיו הֲרֵי זֶה אוֹמֵר בְּפָנַי נִכְתַּב וּבְפָנַי נֶחְתַּם. וְכֵן אִם יָצָא הַסּוֹפֵר לַשּׁוּק וְחָזַר וְהִשְׁלִים אֶת הַגֵּט אֵינוֹ חוֹשֵׁשׁ שֶׁמָּא אַחֵר מְצָאוֹ וְאָמַר לוֹ וּלְשֵׁם אִשָּׁה אַחֶרֶת כְּתָבוֹ אֶלָּא אוֹמֵר בְּפָנַי נִכְתַּב וּבְפָנַי נֶחְתַּם:

יג. אָמַר בְּפָנַי נִכְתַּב אֲבָל לֹא בְּפָנַי נֶחְתַּם. בְּפָנַי נֶחְתַּם אֲבָל לֹא בְּפָנַי נִכְתַּב. בְּפָנַי נִכְתַּב כֻּלּוֹ וְחָתַם עֵד אֶחָד אֲבָל לֹא הָעֵד הַשֵּׁנִי. אֲפִלּוּ הָיָה הוּא הָעֵד הַשֵּׁנִי הֲרֵי זֶה יִתְקַיֵּם בְּחוֹתְמָיו וְאַחַר כָּךְ יִנָּתֵן לָהּ. וְאִם הֵעִיד הוּא וְאַחֵר עַל הָעֵד הַשֵּׁנִי שֶׁלֹּא חָתַם בְּפָנָיו הֲרֵי זֶה כָּשֵׁר וְיִנָּתֵן לָהּ. וְאֵין צָרִיךְ לוֹמַר אִם הֵעִידוּ שְׁנַיִם אֲחֵרִים עַל כְּתַב הָעֵד הַשֵּׁנִי שֶׁזֶּה כָּשֵׁר:

יד. שְׁנַיִם שֶׁהֵבִיאוּ גֵּט בְּחוּצָה לָאָרֶץ אַף עַל פִּי שֶׁלֹּא נִכְתַּב וְנֶחְתַּם בִּפְנֵיהֶם הוֹאִיל וּנְתָנוֹ לָהֶם הַבַּעַל לִתְּנוֹ לְאִשְׁתּוֹ הֲרֵי אֵלּוּ נוֹתְנִין לָהּ וְתִהְיֶה מְגֹרֶשֶׁת. שֶׁהֲרֵי אֵין הַבַּעַל יָכוֹל לְעַרְעֵר בְּגֵט זֶה אַף עַל פִּי שֶׁאֵינוֹ מְקֻיָּם שֶׁהֲרֵי שְׁלוּחָיו הֵם עֵדָיו. שֶׁאִלּוּ אָמְרוּ הַשְּׁנַיִם בְּפָנֵינוּ נִתְגָּרְשָׁה הֲרֵי זוֹ מְגֹרֶשֶׁת אַף עַל פִּי שֶׁאֵין שָׁם גֵּט:

טו. בַּמֶּה דְּבָרִים אֲמוּרִים בִּזְמַן שֶׁהַגֵּט יוֹצֵא מִתַּחַת יְדֵי שְׁנֵיהֶם אֲבָל אִם אֵין הַגֵּט יוֹצֵא מִתַּחַת יְדֵי שְׁנֵיהֶם צְרִיכִין לוֹמַר בְּפָנֵינוּ נִכְתַּב וּבְפָנֵינוּ נֶחְתַּם. לְפִיכָךְ אִם אָמַר אֶחָד בְּפָנַי נִכְתַּב וְהָאַחֵר אוֹמֵר בְּפָנַי נֶחְתַּם וַאֲפִלּוּ שְׁנַיִם אוֹמְרִים בְּפָנֵינוּ נִכְתַּב וְאֶחָד אוֹמֵר בְּפָנַי נֶחְתַּם הוֹאִיל וְאֵינוֹ יוֹצֵא מִתַּחַת יְדֵי שְׁנֵיהֶם לֹא יִנָּתֵן לָהּ עַד שֶׁיִּתְקַיֵּם בְּחוֹתְמָיו:

טז. אָמַר אֶחָד בְּפָנַי נִכְתַּב וּשְׁנַיִם אוֹמְרִים בְּפָנֵינוּ נֶחְתַּם כָּשֵׁר אַף עַל פִּי שֶׁאֵינוֹ יוֹצֵא מִתַּחַת יָדָם שֶׁהֲרֵי נִתְקַיֵּם בְּחוֹתְמָיו:

יז. שָׁלִיחַ שֶׁהֵבִיא גֵּט בְּחוּצָה לָאָרֶץ וּנְתָנוֹ לָהּ בֵּינוֹ לְבֵינָהּ אוֹ שֶׁנְּתָנוֹ לָהּ בִּפְנֵי שְׁנַיִם וְלֹא אָמַר לָהּ בְּפָנַי נִכְתַּב וּבְפָנַי נֶחְתַּם אַף עַל פִּי שֶׁנִּשֵּׂאת נוֹטְלוֹ מִמֶּנָּה וְחוֹזֵר וְנוֹתְנוֹ לָהּ בִּפְנֵי שְׁנַיִם וְאוֹמֵר בִּפְנֵיהֶם בְּפָנַי נִכְתַּב וּבְפָנַי נֶחְתַּם. וְאִם לֹא נְטָלוֹ מִמֶּנָּה הֲרֵי זֶה פָּסוּל עַד שֶׁיִּתְקַיֵּם בְּחוֹתְמָיו:

יח. נְתָנוֹ לָהּ וְלֹא הִסְפִּיק לוֹמַר בְּפָנַי נִכְתַּב וּבְפָנַי נֶחְתַּם עַד שֶׁנִּשְׁתַּתֵּק הֲרֵי זֶה יִתְקַיֵּם בְּחוֹתְמָיו וְאַחַר כָּךְ יִנָּתֵן לָהּ:

יט. הַסּוּמָא אֵינוֹ יָכוֹל לְהָבִיא גֵּט זֶה שֶׁל חוּצָה לָאָרֶץ מִפְּנֵי שֶׁאֵינוֹ יָכוֹל לוֹמַר בְּפָנַי נִכְתַּב וּבְפָנַי נֶחְתַּם. לְפִיכָךְ אִם נִכְתַּב וְנֶחְתַּם בְּפָנָיו כְּשֶׁהוּא פָּתוּחַ וְנִסְתַּמָּא הֲרֵי זֶה אוֹמֵר בִּפְנֵי שְׁלֹשָׁה בְּפָנַי נִכְתַּב וּבְפָנַי נֶחְתַּם וְנוֹתְנוֹ לָהּ. וְכֵן הָאִשָּׁה שֶׁהֵבִיאָה גֵּט זֶה שֶׁל חוּצָה לָאָרֶץ צְרִיכָה שְׁלֹשָׁה

לוֹמַר בִּפְנֵיהֶם בְּפָנַי נִכְתַּב וּבְפָנַי נֶחְתַּם. שֶׁלֹּא אָמְרוּ בִּפְנֵי שְׁנַיִם אֶלָּא בִּזְמַן שֶׁהַשָּׁלִיחַ כָּשֵׁר לְעֵדוּת שֶׁהֲרֵי הוּא מִצְטָרֵף עִם הַשְּׁנַיִם וְנִמְצָא מִכְּלַל הַשְּׁלֹשָׁה שֶׁקִּיְּמוּ גֵּט זֶה בִּדְבָרָיו. שֶׁהָעֵד נַעֲשֶׂה דַּיָּן בְּדָבָר שֶׁהוּא מִדִּבְרֵיהֶם:

כ. חָלָה הַשָּׁלִיחַ אוֹ נֶאֱנַס בָּא לְבֵית דִּין וְאוֹמֵר לָהֶם גֵּט זֶה בְּפָנַי נִכְתַּב וּבְפָנַי נֶחְתַּם וְהֵן מְשַׁלְּחִין אוֹתוֹ בְּיַד שָׁלִיחַ אַחֵר. וְאֵין הַשָּׁלִיחַ הָאַחֲרוֹן צָרִיךְ לוֹמַר בְּפָנַי נִכְתַּב וּבְפָנַי נֶחְתַּם אֶלָּא אוֹמֵר שְׁלִיחַ בֵּית דִּין אֲנִי וְנוֹתְנוֹ לָהּ בִּפְנֵי עֵדִים:

כא. חָלָה הַשֵּׁנִי אוֹ נֶאֱנַס עוֹשֶׂה שָׁלִיחַ אַחֵר בְּבֵית דִּין אֲפִלּוּ מֵאָה וְהָאַחֲרוֹן אוֹמֵר שְׁלִיחַ בֵּית דִּין אֲנִי וְנוֹתְנוֹ לָהּ. אַף עַל פִּי שֶׁמֵּת הַשָּׁלִיחַ הָרִאשׁוֹן. וּמִפְּנֵי מָה צָרִיךְ בֵּית דִּין מִפְּנֵי שֶׁהוּא צָרִיךְ לוֹמַר בְּפָנַי נִכְתַּב וּבְפָנַי נֶחְתַּם. אֲבָל אִם נִתְקַיֵּם הַגֵּט בְּחוֹתְמָיו אַף עַל פִּי שֶׁנְּתָנוֹ שָׁלִיחַ לְשָׁלִיחַ אֲפִלּוּ מֵאָה בֵּינָם לְבֵין עַצְמָם עַד שֶׁהִגִּיעַ הַגֵּט לְיָדָהּ הֲרֵי זֶה כָּשֵׁר. וְאַף עַל פִּי שֶׁלֹּא פֵּרֵשׁ הַבַּעַל וְלֹא אָמַר לוֹ שַׁלְּחוּ בְּיַד אַחֵר אִם תֶּאֱנֵס אִם חָלָה אוֹ נֶאֱנַס הֲרֵי זֶה מְשַׁלְּחוֹ:

כב. כָּל הָעוֹשֶׂה שָׁלִיחַ אֵינוֹ צָרִיךְ שֶׁיְּהֵא הַשָּׁלִיחַ עִמּוֹ בְּבֵית דִּין אֶלָּא אוֹמֵר לָהֶם הֲרֵי פְּלוֹנִי שְׁלוּחִי וַאֲפִלּוּ שֶׁלֹּא בְּפָנָיו. וְכֵן הַשָּׁלִיחַ עוֹשֶׂה שָׁלִיחַ אַחֵר שֶׁלֹּא בְּפָנָיו אֲפִלּוּ הֵן מֵאָה:

כג. הָאִישׁ שֶׁנָּתַן גֵּט לְאִשְׁתּוֹ וְנִכְתַּב וְנֶחְתַּם בְּפָנֶיהָ וְאָמַר לָהּ הֲרֵי אַתְּ שְׁלוּחָתִי לְהוֹלִיכָהּ עַד בֵּית דִּין פְּלוֹנִי וְהֵם יַעֲמִידוּ שָׁלִיחַ וְיִתְּנוּ לִיךְ גֵּט זֶה וְתִתְגָּרְשִׁי בּוֹ הֲרֵי זוֹ נֶאֱמֶנֶת לוֹמַר בִּפְנֵיהֶם בְּפָנַי נִכְתַּב וּבְפָנַי נֶחְתַּם וְהֵם נוֹטְלִין אוֹתוֹ וְנוֹתְנִין אוֹתוֹ לְשָׁלִיחַ לִתְּנוֹ לָהּ כְּמַאֲמַר הַבַּעַל:

כד. בַּמֶּה דְּבָרִים אֲמוּרִים כְּשֶׁהִתְנָה עָלֶיהָ הַבַּעַל תְּנַאי זֶה אֲבָל אִם לֹא הִתְנָה עָלֶיהָ אֶלָּא נָתַן לָהּ גִּטָּהּ וַהֲרֵי הַגֵּט יוֹצֵא מִתַּחַת יָדָהּ אֵינָהּ צְרִיכָה לוֹמַר כְּלוּם וַהֲרֵי הִיא בְּחֶזְקַת מְגֹרֶשֶׁת. הוֹאִיל וְגֵט שֶׁבְּיָדָהּ כָּתוּב כְּהִלְכָתוֹ וְהָעֵדִים חֲתוּמִים עָלָיו. וְאַף עַל פִּי שֶׁאֵין אָנוּ מַכִּירִין כְּתַב אוֹתָן הָעֵדִים וְלֹא נִתְקַיֵּם אֵין חוֹשְׁשִׁין לָהּ שֶׁמָּא זִיְּפָה אוֹתוֹ שֶׁהֲרֵי אֵינָהּ מְקַלְקֶלֶת עַל עַצְמָהּ. וְעוֹד שֶׁהָעֵדִים הַחֲתוּמִים עַל הַגֵּט הֲרֵי הֵן כְּמִי שֶׁנֶּחְקְרָה עֵדוּתָן בְּבֵית דִּין עַד שֶׁיְּהֵא שָׁם מְעַרְעֵר. לְפִיכָךְ נַעֲמִיד הַגֵּט בְּחֶזְקָתוֹ וְתִנָּשֵׂא. וְאֵין חוֹשְׁשִׁין שֶׁמָּא יִמָּצֵא מְזֻיָּף. כְּמוֹ שֶׁנַּעֲמִיד הַגֵּט בְּחֶזְקַת כָּשֵׁר כְּשֶׁיָּבִיא אוֹתוֹ הַשָּׁלִיחַ עַד שֶׁיְּעַרְעֵר הַבַּעַל אוֹ עַד שֶׁיָּבִיא רְאָיָה שֶׁהוּא מְזֻיָּף אוֹ בָּטֵל. שֶׁאִם נָחוּשׁ לִדְבָרִים אֵלּוּ וְכַיּוֹצֵא בָּהֶן כָּךְ הָיָה לָנוּ לָחוּשׁ לְגֵט שֶׁיִּתֵּן הַבַּעַל בְּפָנֵינוּ שֶׁמָּא בִּטְּלוֹ וְאַחַר כָּךְ נְתָנוֹ. אוֹ שֶׁמָּא עֵדִים פְּסוּלִין חָתְמוּ בּוֹ וַהֲרֵי הוּא כִּמְזֻיָּף מִתּוֹכוֹ. אוֹ שֶׁמָּא שֶׁלֹּא לִשְׁמָהּ נִכְתַּב. וּכְשֵׁם שֶׁאֵין חוֹשְׁשִׁין לָזֶה וְכַיּוֹצֵא בּוֹ אֶלָּא נַעֲמִידֶנּוּ עַל חֶזְקָתוֹ עַד שֶׁיִּוָּדַע שֶׁהוּא בָּטֵל כָּךְ לֹא נָחוּשׁ לֹא לַשָּׁלִיחַ וְלֹא לָאִשָּׁה עַצְמָהּ שֶׁהַגֵּט יוֹצֵא מִתַּחַת יָדָהּ. שֶׁאֵין דִּינֵי הָאִסּוּרִין כְּדִינֵי הַמָּמוֹנוֹת:

Perek 8

Conditions

Reminder:

Rules of Conditions in Marriage Contract. Ref: Sefer *Nashim, Hilchot Ishut,* Chapter 6

If a man gave a divorce 'on condition', if the condition is fulfilled, then the divorce is effective. If it is not fulfilled, the divorce is not effective.

Get would be effective only at time condition was fulfilled and not retroactively. Therefore, in the interim period, the husband could nullify *get* or add on to the condition.

Other problems could occur in the interim period i.e. husband could die or *get* could be lost etc.

Another form of condition is that husband says, 'You are divorced from now with the following condition…' Here divorce would be retroactive after condition was fulfilled and therefore there is no interim period where nullification, addition etc could take place.

Whenever a man divorces his wife conditionally, he should not enter into privacy with her during the interim period.

The procedure for conditional *get* is as follows:

- Normal *get* written and signed with witnesses
- He, witnesses or agent hand her the *get* and announce the condition

If the condition is written on the *get*, this should be after the main body of text. This could be before or after the signatures, but it cannot be before main body of text.

פרק ח׳

א. הַמְגָרֵשׁ עַל תְּנַאי אִם נִתְקַיֵּם הַתְּנַאי הֲרֵי זוֹ מְגֹרֶשֶׁת וְאִם לֹא נִתְקַיֵּם הַתְּנַאי אֵינָהּ מְגֹרֶשֶׁת. וּכְבָר בֵּאַרְנוּ בְּפֶרֶק שִׁשִּׁי מֵהִלְכוֹת אִישׁוּת מִשְׁפְּטֵי הַתְּנָאִין כֻּלָּם. וְשָׁם נִתְבָּאֵר שֶׁהַמְגָרֵשׁ עַל תְּנַאי כְּשֶׁיִּתְקַיֵּם הַתְּנַאי תִּהְיֶה מְגֹרֶשֶׁת בְּשָׁעָה שֶׁיִּתְקַיֵּם. לֹא בִּשְׁעַת נְתִינַת הַגֵּט לְיָדָהּ. לְפִיכָךְ יֵשׁ לַבַּעַל לְבַטֵּל הַגֵּט אוֹ לְהוֹסִיף עַל תְּנָאוֹ אוֹ לְהַתְנוֹת עַל תְּנַאי אַחֵר כָּל זְמַן שֶׁלֹּא נִתְקַיֵּם הַתְּנַאי הָרִאשׁוֹן אַף עַל פִּי שֶׁהִגִּיעַ גֵּט לְיָדָהּ. וְאִם מֵת הַבַּעַל אוֹ אָבַד הַגֵּט אוֹ נִשְׂרַף קֹדֶם שֶׁיִּתְקַיֵּם הַתְּנַאי אֵינָהּ מְגֹרֶשֶׁת. וּלְכַתְּחִלָּה לֹא תִּנָּשֵׂא עַד שֶׁיִּתְקַיֵּם הַתְּנַאי. וְאִם נִשֵּׂאת לֹא תֵּצֵא אֶלָּא אִם כֵּן לֹא נִשְׁאַר בְּיָדָהּ לְקַיְּמוֹ. שֶׁהֲרֵי בָּטַל הַתְּנַאי. וְשָׁם נִתְבָּאֵר שֶׁאִם אָמַר לָהּ הֲרֵי אַתְּ מְגֹרֶשֶׁת מֵעַכְשָׁו אוֹ מֵהַיּוֹם עַל תְּנַאי כָּךְ וְכָךְ. אוֹ שֶׁאָמַר לָהּ הֲרֵי אַתְּ מְגֹרֶשֶׁת עַל מְנָת כָּךְ וְכָךְ. כְּשֶׁיִּתְקַיֵּם הַתְּנַאי תִּהְיֶה מְגֹרֶשֶׁת מִשְּׁעַת נְתִינַת הַגֵּט לְיָדָהּ. לְפִיכָךְ אֵינוֹ יָכוֹל לְבַטֵּל הַגֵּט וְלֹא לְהוֹסִיף עַל תְּנָאוֹ מִשֶּׁהִגִּיעַ גֵּט לְיָדָהּ. וְאִם אָבַד אוֹ נִשְׂרַף אֲפִלּוּ מֵת הַבַּעַל קֹדֶם שֶׁיִּתְקַיֵּם הַתְּנַאי הֲרֵי זוֹ מְקַיֶּמֶת הַתְּנַאי אַחַר מוֹתוֹ וּכְבָר נִתְגָּרְשָׁה מִשְּׁעַת נְתִינַת הַגֵּט לְיָדָהּ וְיֵשׁ לָהּ לְהִנָּשֵׂא לְכַתְּחִלָּה אַף עַל פִּי שֶׁעֲדַיִן לֹא נִתְקַיֵּם הַתְּנַאי. וְאֵין חוֹשְׁשִׁין שֶׁמָּא לֹא יִתְקַיֵּם הוֹאִיל וְהָיָה הַתְּנַאי בְּמֵעַכְשָׁו אוֹ בְּעַל מְנָת:

ב. כָּל הַמְגָרֵשׁ עַל תְּנַאי בֵּין שֶׁאָמַר מֵעַכְשָׁו בֵּין שֶׁאָמַר אִם יִהְיֶה וְאִם לֹא יִהְיֶה הֲרֵי זֶה לֹא יִתְיַחֵד עִם אִשְׁתּוֹ כָּל זְמַן שֶׁלֹּא נִתְקַיֵּם הַתְּנַאי אֶלָּא בִּפְנֵי עֵד. וַאֲפִלּוּ עֶבֶד וַאֲפִלּוּ שִׁפְחָה חוּץ מִשִּׁפְחָתָהּ אוֹ בְּנָהּ קָטָן מִפְּנֵי שֶׁאֵינָהּ בּוֹשָׁה מִלְּשַׁמֵּשׁ בִּפְנֵיהֶם. וְהַדָּבָר יָדוּעַ שֶׁאִם נִתְיַחֵד עִמָּהּ בִּפְנֵי שְׁנֵי עֵדִים כְּאֶחָד אֲפִלּוּ נִתְקַיֵּם הַתְּנַאי אַחַר כָּךְ הֲרֵי זוֹ סְפֵק מְגֹרֶשֶׁת. שֶׁמָּא בְּעָלָהּ וּבָטֵל הַגֵּט כְּמוֹ שֶׁיִּתְבָּאֵר בַּהֲלָכוֹת אֵלּוּ:

ג. כֵּיצַד מְגָרֵשׁ אָדָם עַל תְּנַאי. לֹא שֶׁיֹּאמַר כִּתְבוּ גֵּט לְאִשְׁתִּי עַל תְּנַאי זֶה. אוֹ כִּתְבוּ וּתְנוּ לָהּ עַל תְּנַאי. וְאֵין צָרִיךְ לוֹמַר שֶׁלֹּא יִכְתֹּב בְּתוֹךְ הַגֵּט עַל תְּנַאי זֶה גֵּרֵשׁ פְּלוֹנִי אֶת פְּלוֹנִית. אֶלָּא כֵּיצַד עוֹשֶׂה. אוֹמֵר לַסּוֹפֵר לִכְתֹּב וְלָעֵדִים לַחְתֹּם וְכוֹתְבִין גֵּט כָּשֵׁר בְּלֹא שׁוּם תְּנַאי בָּעוֹלָם. וְאַחַר כָּךְ נוֹתֵן לָהּ הַגֵּט וְאוֹמֵר לָהּ הֲרֵי זֶה גִּטֵּךְ אוֹ הֲרֵי אַתְּ מְגֹרֶשֶׁת בָּזֶה עַל מְנָת כָּךְ וְכָךְ. אוֹ יֹאמַר לָהֶם אוֹ לַשָּׁלִיחַ תְּנוּ לָהּ גֵּט זֶה עַל מְנָת כָּךְ וְכָךְ:

ד. כָּתַב הַתְּנַאי בְּגֵט אַחַר שֶׁגָּמַר לִכְתֹּב תֹּרֶף הַגֵּט הֲרֵי זֶה גֵּט כָּשֵׁר. בֵּין שֶׁכְּתָבוֹ קֹדֶם חֲתִימַת הָעֵדִים בֵּין שֶׁכְּתָבוֹ לְאַחַר חֲתִימַת הָעֵדִים. אֲבָל אִם כְּתָבוֹ קֹדֶם תֹּרֶף הַגֵּט אֲפִלּוּ כָּתַב עַל מְנָת כָּךְ וְכָךְ הֲרֵי זֶה סְפֵק גֵּרוּשִׁין שֶׁהֲרֵי נִשְׁאַר לוֹ זְכוּת בְּגוּפוֹ שֶׁל גֵּט. וְכֵן אִם הִתְנָה עַל פֶּה קֹדֶם כְּתִיבַת הַתֹּרֶף הֲרֵי זֶה סְפֵק גֵּרוּשִׁין:

ה. הַמְגָרֵשׁ אֶת אִשְׁתּוֹ וְהִתְנָה עָלֶיהָ בֵּין בִּכְתָב אַחַר הַתֹּרֶף בֵּין עַל פֶּה אַחַר הַתֹּרֶף וְאָמַר לָהּ הֲרֵי אַתְּ מֻתֶּרֶת לְכָל אָדָם חוּץ מֵאִישׁ פְּלוֹנִי אוֹ אֶלָּא לְאִישׁ פְּלוֹנִי וְנָתַן לָהּ הַגֵּט עַל תְּנַאי זֶה אִם הָיָה אוֹתוֹ הָאִישׁ עַכּוּ"ם אוֹ עֶבֶד אוֹ אָסוּר עָלֶיהָ מִשּׁוּם עֶרְוָה כְּגוֹן אָבִיהָ וְאָחִיהָ אוֹ אָבִיו אוֹ אָחִיו הֲרֵי זֶה גֵּט כָּשֵׁר. וְאִם הָיָה אוֹתוֹ הָאִישׁ שֶׁיֵּשׁ לוֹ בָּהּ קִדּוּשִׁין אַף עַל פִּי שֶׁהוּא מֵחַיָּבֵי לָאוִין וְאַף עַל פִּי שֶׁהוּא קָטָן אֵינוֹ גֵּט. שֶׁהֲרֵי שִׁיֵּר בַּגֵּט וְאֵין זֶה כְּרִיתוּת. הָיָה בַּעַל אֲחוֹתָהּ שֶׁאַף עַל פִּי שֶׁהוּא הַיּוֹם אָסוּר עָלֶיהָ מִשּׁוּם עֶרְוָה אִם תָּמוּת אֲחוֹתָהּ יִהְיֶה מֻתָּר לָהּ הֲרֵי זוֹ סְפֵק מְגֹרֶשֶׁת:

ו. אָמַר לָהּ הֲרֵי אַתְּ מֻתֶּרֶת לְכָל אָדָם חוּץ מִמִּי שֶׁיִּוָּלֵד שֶׁאֵינוֹ עַתָּה בָּעוֹלָם. אוֹ חוּץ מִזְּנוּתַיִךְ כְּלוֹמַר תִּהְיֶה מֻתֶּרֶת לְהִנָּשֵׂא לְכָל אָדָם אֲבָל לִזְנוּת הֲרֵי אַתְּ בְּאִסּוּר אֵשֶׁת אִישׁ. אוֹ הֲרֵי אַתְּ מֻתֶּרֶת לְכָל מִי שֶׁיָּבוֹא עָלַיִךְ כְּדַרְכֵּךְ כָּל הָאָרֶץ אֲבָל שֶׁלֹּא כְּדַרְכֵּךְ הֲרֵי אַתְּ בְּאִסּוּרִיךְ. אוֹ הֲרֵי אַתְּ מֻתֶּרֶת לְכָל אָדָם חוּץ מִמְּקַדֵּשׁ בִּשְׁטָר. כְּלוֹמַר שֶׁהִיא מֻתֶּרֶת לְהִתְקַדֵּשׁ בְּכֶסֶף וּבְבִיאָה אֲבָל בִּשְׁטָר הֲרֵי אַתְּ בְּאִסּוּר אֵשֶׁת אִישׁ. אוֹ הֲרֵי אַתְּ מֻתֶּרֶת לְכָל אָדָם חוּץ מֵהֲפָרַת נְדָרַיִךְ. כְּלוֹמַר לֹא נִשְׁאַר לִי עָלַיִךְ שׁוּם אִישׁוּת חוּץ מֵהֲפָרַת נְדָרַיִךְ שֶׁאַתְּ אִשְׁתִּי לְעִנְיַן הֲפָרַת נְדָרִים. אוֹ לְעִנְיַן אֲכִילַת

תְּרוּמָה. אוֹ לְעִנְיַן יְרֻשָּׁה שֶׁאִם מֵתָה יִירָשֶׁנָּה. בְּכָל אֶחָד מֵאֵלּוּ הֲרֵי זוֹ סְפֵק מְגֹרֶשֶׁת:

ז. אָמַר לָהּ הֲרֵי אַתְּ מֻתֶּרֶת לְכָל אָדָם חוּץ מֵרְאוּבֵן וְשִׁמְעוֹן וְחָזַר וְאָמַר לָהּ הֲרֵי אַתְּ מֻתֶּרֶת לִרְאוּבֵן וְשִׁמְעוֹן הֲרֵי זוֹ מְגֹרֶשֶׁת. שֶׁהֲרֵי בָּטֵל הַתְּנַאי שֶׁהָאֲנָשִׁים שֶׁהִתְנָה בָּהֶן הִתִּירָן לָהּ:

ח. אָמַר לָהּ הֲרֵי אַתְּ מֻתֶּרֶת לִרְאוּבֵן הֲרֵי זוֹ אֵינָהּ מְגֹרֶשֶׁת שֶׁהֲרֵי לֹא בִּטֵּל תְּנָאוֹ שֶׁל שִׁמְעוֹן. אָמַר לָהּ הֲרֵי אַתְּ מֻתֶּרֶת לְשִׁמְעוֹן אוֹ הֲרֵי אַתְּ מֻתֶּרֶת אַף לְשִׁמְעוֹן הֲרֵי זֶה סְפֵק גֵּרוּשִׁין שֶׁמָּא לֹא הִתִּירָהּ אֶלָּא לְשִׁמְעוֹן וּרְאוּבֵן בְּאִסּוּרוֹ עוֹמֵד וְזֶה שֶׁאָמַר אַף לְשִׁמְעוֹן כְּלוֹמַר לְכָל אָדָם אַף לְשִׁמְעוֹן. אוֹ שֶׁמָּא הִתִּירָהּ לַכֹּל וְזֶה שֶׁאָמַר אַף לְשִׁמְעוֹן וְהוּא הַדִּין לִרְאוּבֵן שֶׁשִּׁמְעוֹן סָמוּךְ הָיָה לִרְאוּבֵן בִּתְנָאוֹ:

ט. הִתְנָה עָלֶיהָ וְאָמַר הַיּוֹם אֵין אַתְּ אִשְׁתִּי וּלְמָחָר אַתְּ אִשְׁתִּי אֵינָהּ מְגֹרֶשֶׁת וְאַף עַל פִּי שֶׁכָּרַת בֵּינוֹ לְבֵינָהּ הַיּוֹם. לְפִיכָךְ כּוֹתְבִין בְּגִטִּין מִן הַיּוֹם הַזֶּה וּלְעוֹלָם:

י. הֲרֵי זֶה גִּטֵּךְ עַל מְנָת שֶׁלֹּא תִּשְׁתִּי יַיִן כָּל יְמֵי חַיַּיִךְ אֵינוֹ גֵּט שֶׁאֵין זֶה כְּרִיתוּת. כָּל יְמֵי חַיַּי אוֹ כָּל יְמֵי [חַיֵּי] פְּלוֹנִי הֲרֵי זֶה גֵּט שֶׁהֲרֵי כָּרַת בֵּינוֹ לְבֵינָהּ וְלֹא תִּשָּׁאֵר לוֹ עָלֶיהָ רְשׁוּת כְּשֶׁיָּמוּת אוֹתוֹ פְּלוֹנִי:

יא. הֲרֵי זֶה גִּטֵּךְ עַל מְנָת שֶׁלֹּא תֵּלְכִי לְבֵית אָבִיךְ עַד שְׁלֹשִׁים יוֹם הֲרֵי זֶה גֵּט. שֶׁלֹּא תֵּלְכִי לְבֵית אָבִיךְ לְעוֹלָם אֵינוֹ גֵּט שֶׁהֲרֵי אֵין זֶה כְּרִיתוּת. לְפִיכָךְ הָאוֹמֵר הֲרֵי זֶה גִּטֵּךְ עַל מְנָת שֶׁלֹּא תֹּאכְלִי בָּשָׂר זֶה לְעוֹלָם. שֶׁלֹּא תִּשְׁתִּי יַיִן זֶה לְעוֹלָם אֵינוֹ גֵּט שֶׁאֵין זֶה כְּרִיתוּת. עַד שְׁלֹשִׁים יוֹם הֲרֵי זֶה גֵּט:

יב. הֲרֵי זֶה גִּטֵּךְ עַל מְנָת שֶׁלֹּא תִּנָּשְׂאִי לִפְלוֹנִי אֵינוֹ גֵּט. הָא לְמָה זֶה דּוֹמֶה לְאוֹמֵר לָהּ הֲרֵי זֶה גִּטֵּךְ עַל מְנָת שֶׁלֹּא תִּשְׁתִּי יַיִן לְעוֹלָם אוֹ שֶׁלֹּא תֵּלְכִי לְבֵית אָבִיךְ לְעוֹלָם אוֹ כָּל יְמֵי חַיַּיִךְ. אֲבָל אִם אָמַר לָהּ עַל מְנָת שֶׁלֹּא תִּנָּשְׂאִי לִפְלוֹנִי עַד חֲמִשִּׁים שָׁנָה הֲרֵי זֶה גֵּט וְלֹא תִּנָּשֵׂא לוֹ כָּל זְמַן שֶׁהִתְנָה. וְאִם נִשֵּׂאת בָּטֵל הַגֵּט לְמַפְרֵעַ. זָנְתָה עִמּוֹ הַוָּלָד כָּשֵׁר וְהַגֵּט כָּשֵׁר שֶׁלֹּא הִתְנָה אֶלָּא עַל הַנִּשּׂוּאִין:

יג. הֲרֵי זֶה גִּטֵּךְ עַל מְנָת שֶׁתִּנָּשְׂאִי לִפְלוֹנִי אִם נִשֵּׂאת לוֹ הֲרֵי זֶה גֵּט כִּשְׁאָר כָּל הַתְּנָאִים. אֲבָל אָמְרוּ חֲכָמִים לֹא תִּנָּשֵׂא לֹא לְאוֹתוֹ פְּלוֹנִי וְלֹא לְאַחֵר. לְאוֹתוֹ פְּלוֹנִי לֹא תִּנָּשֵׂא שֶׁמָּא יֹאמְרוּ נְשֵׁיהֶן נוֹתְנִין בְּמַתָּנָה זֶה לָזֶה. וּלְאַחֵר לֹא תִּנָּשֵׂא שֶׁאֵינוֹ גֵּט אֶלָּא בְּקִיּוּם הַתְּנַאי. עָבְרָה וְנִשֵּׂאת לְאוֹתוֹ פְּלוֹנִי לֹא תֵּצֵא. נִשֵּׂאת לְאַחֵר קֹדֶם שֶׁתִּנָּשֵׂא לְאוֹתוֹ פְּלוֹנִי בָּטֵל הַגֵּט וְתֵצֵא וְהַוָּלָד מַמְזֵר וּצְרִיכָה גֵּט מִשֵּׁנִי:

יד. הֲרֵי זֶה גִּטֵּךְ וְהַנְּיָר שֶׁלִּי אֵינָהּ מְגֹרֶשֶׁת שֶׁאֵין זֶה כְּרִיתוּת. עַל מְנָת שֶׁתִּתְּנִי לִי אֶת הַנְּיָר הֲרֵי זֶה גֵּט וְתִתֵּן:

טו. חָקַק הַגֵּט עַל טַס שֶׁל זָהָב וּנְתָנוֹ לָהּ וְאָמַר לָהּ הֲרֵי זֶה גִּטֵּךְ וּכְתֻבָּתֵךְ כָּשֵׁר וְנִתְקַבְּלָה כְּתֻבָּתָהּ אִם יֵשׁ בַּטַּס כְּדֵי כְּתֻבָּתָהּ וְאִם לָאו יַשְׁלִים כְּתֻבָּתָהּ:

טז. כָּל הַמְגָרֵשׁ עַל תְּנַאי שֶׁמְּבַטֵּל הַגֵּט כְּגוֹן שֶׁהִתְנָה לָהּ שֶׁלֹּא תֹּאכַל בָּשָׂר וְלֹא תִּשְׁתֶּה יַיִן כָּל יְמֵי חַיֶּיהָ. אוֹ שֶׁתִּהְיֶה מֻתֶּרֶת לְכָל אָדָם חוּץ מִפְּלוֹנִי. אוֹ שֶׁהִתְנָה עָלֶיהָ שְׁאָר תְּנָאִים קֹדֶם כְּתִיבַת הַתֹּרֶף. אִם הָיָה תְּנָאוֹ כָּתוּב בַּגֵּט וְחָזַר וּמְחָקוֹ וּנְתָנוֹ לָהּ הֲרֵי זוֹ סָפֵק מְגֹרֶשֶׁת. וְאִם הָיָה הַתְּנַאי עַל פֶּה הֲרֵי זֶה נוֹטֵל הַגֵּט מִמֶּנָּה וְחוֹזֵר וְנוֹתְנוֹ לָהּ בְּלֹא תְּנַאי כְּלָל אוֹ בִּתְנַאי כָּשֵׁר:

יז. כֵּיצַד. הֲרֵי שֶׁנָּתַן גֵּט לְאִשְׁתּוֹ וְאָמַר לָהּ הֲרֵי אַתְּ מְגֹרֶשֶׁת בָּזֶה וּמֻתֶּרֶת לְכָל אָדָם חוּץ מִפְּלוֹנִי. אִם נְטָלוֹ מִמֶּנָּה וְחָזַר וּנְתָנוֹ לָהּ וְאָמַר לָהּ הֲרֵי אַתְּ מֻתֶּרֶת לְכָל אָדָם אוֹ הֲרֵי זֶה גִּטֵּךְ הֲרֵי זוֹ מְגֹרֶשֶׁת. וְכֵן כָּל כַּיּוֹצֵא בּוֹ:

יח. הַנּוֹתֵן גֵּט לְאִשְׁתּוֹ עַל תְּנַאי שֶׁתִּתֵּן לוֹ מָאתַיִם זוּז וְחָזַר וְהִתְנָה עָלֶיהָ תְּנַאי אַחֵר בִּפְנֵי עֵדִים שֶׁתְּשַׁמֵּשׁ אָבִיו שְׁתֵּי שָׁנִים. לֹא בִּטְּלוּ דְּבָרָיו הָאַחֲרוֹנִים אֶת הָרִאשׁוֹנִים אֶלָּא הֲרֵי זֶה כְּאוֹמֵר לָהּ עֲשִׂי אֶחָד מִשְּׁנֵי הַתְּנָאִים. רָצְתָה מְשַׁמֶּשֶׁת רָצְתָה נוֹתֶנֶת. וְאֵין אֶחָד מִן הָרִאשׁוֹנִים וְאֶחָד מִן הָאַחֲרוֹנִים מִצְטָרְפִין. אֲבָל אִם הִתְנָה עָלֶיהָ שֶׁתִּתֵּן לוֹ מָאתַיִם זוּז וְחָזַר וְהִתְנָה בִּפְנֵי שְׁנַיִם שֶׁתִּתֵּן לוֹ שְׁלֹשׁ מֵאוֹת זוּז. כְּבָר בִּטֵּל הַתְּנַאי שֶׁל מָאתַיִם וּצְרִיכָה לִתֵּן שְׁלֹשׁ מֵאוֹת זוּז. וְכֵן כָּל כַּיּוֹצֵא בָּזֶה:

יט. הִתְנָה עָלֶיהָ שֶׁתַּעֲשֶׂה דָּבָר זֶה סְתָם הֲרֵי זֶה כִּמְפָרֵשׁ יוֹם אֶחָד הוֹאִיל וְלֹא פֵּרֵשׁ כַּמָּה זְמַן תַּעֲשֶׂה. כֵּיצַד. אָמַר לָהּ הֲרֵי זֶה גִּטֵּךְ עַל מְנָת שֶׁתַּעֲשִׂי עִמִּי מְלָאכָה. עַל מְנָת שֶׁתְּשַׁמְּשִׁי אֶת אַבָּא. עַל מְנָת שֶׁתֵּינִיקִי אֶת בְּנִי. אִם עָשְׂתָה עִמּוֹ מְלָאכָה אוֹ אִם שִׁמְּשָׁה אֶת אָבִיו יוֹם אֶחָד אוֹ שֶׁהֵינִיקָה בְּנוֹ יוֹם אֶחָד בְּתוֹךְ הַזְּמַן שֶׁהַבֵּן יוֹנֵק בּוֹ וְהוּא בְּתוֹךְ אַרְבָּעָה וְעֶשְׂרִים חֹדֶשׁ הֲרֵי זֶה גֵּט. מֵת הַבֵּן אוֹ מֵת אָבִיו קֹדֶם שֶׁתֵּינִיק אוֹ שֶׁתְּשַׁמֵּשׁ אֵינוֹ גֵּט:

כ. אָמַר לָהּ עַל מְנָת שֶׁתֵּינִיקִי אֶת בְּנִי אוֹ תְּשַׁמְּשִׁי אֶת אָבִי שְׁתֵּי שָׁנִים. הֲרֵי זוֹ מַשְׁלֶמֶת הַזְּמַן שֶׁפֵּרֵשׁ. מֵת הַבֵּן אוֹ הָאָב בְּתוֹךְ הַזְּמַן אוֹ שֶׁאָמַר הָאָב אֵין רְצוֹנִי שֶׁתְּשַׁמְּשֵׁנִי אֵינוֹ גֵּט שֶׁהֲרֵי לֹא נִתְקַיֵּם הַתְּנַאי. וְכֵן כָּל כַּיּוֹצֵא בָּזֶה:

כא. הֲרֵי זֶה גִּטֵּךְ עַל מְנָת שֶׁתִּתְּנִי לִי מָאתַיִם זוּז מִכָּאן וְעַד שְׁלֹשִׁים יוֹם. נָתְנָה בְּתוֹךְ שְׁלֹשִׁים יוֹם מִדַּעְתּוֹ הֲרֵי זוֹ

מְגֹרֶשֶׁת. לְאַחַר שְׁלֹשִׁים אֵינָהּ מְגֹרֶשֶׁת. נְתָנָהּ לוֹ בְּעַל כָּרְחוֹ וְהוּא אֵינוֹ רוֹצֶה לְקַבֵּל הֲרֵי זֶה גֵּט פָּסוּל עַד שֶׁתִּתֵּן מִדַּעְתּוֹ. חָזַר וְאָמַר לָהּ בְּתוֹךְ הַשְּׁלֹשִׁים יוֹם הֲרֵי הֵן מְחוּלִין לָךְ אֵינָהּ מְגֹרֶשֶׁת. שֶׁהֲרֵי לֹא נַעֲשָׂה הַתְּנַאי. מֵת בְּתוֹךְ שְׁלֹשִׁים יוֹם הוֹאִיל וְשָׁלְמוּ הַשְּׁלֹשִׁים יוֹם וְלֹא נְתָנָהּ אֵינָהּ מְגֹרֶשֶׁת:

כב. אָמַר לָהּ הֲרֵי זֶה גִּטֵּךְ עַל מְנָת שֶׁתִּתְּנִי לִי מָאתַיִם זוּז וְלֹא קָבַע זְמַן וּמֵת קֹדֶם שֶׁתִּתֵּן אֵינָהּ יְכוֹלָה לִתֵּן לְיוֹרְשָׁיו שֶׁלֹּא הִתְנָה עָלֶיהָ אֶלָּא שֶׁתִּתֵּן לוֹ. וְלֹא בָּטַל הַגֵּט שֶׁהֲרֵי לֹא קָבַע זְמַן. לְפִיכָךְ אַף עַל פִּי שֶׁאָבַד הַגֵּט אוֹ נִקְרַע קֹדֶם שֶׁיָּמוּת הֲרֵי זוֹ לֹא תִּנָּשֵׂא לְזָר עַד שֶׁתַּחֲלֹץ:

כג. הֲרֵי זֶה גִּטֵּךְ עַל מְנָת שֶׁתִּתְּנִי לִי כְּלִי פְּלוֹנִי אוֹ בֶּגֶד פְּלוֹנִי וְאָבַד אוֹתוֹ כְּלִי אוֹ אוֹתוֹ בֶּגֶד אוֹ נִגְנַב אַף עַל פִּי שֶׁנָּתְנָה לוֹ אֶלֶף זוּז בְּדָמָיו אֵינוֹ גֵּט עַד שֶׁתִּתֵּן אוֹתוֹ כְּלִי אוֹ אוֹתוֹ בֶּגֶד עַצְמוֹ אוֹ עַד שֶׁיְּבַטֵּל הַתְּנַאי:

כד. מִי שֶׁנִּתְגָּרְשָׁה עַל תְּנַאי וְקִדְּשָׁהּ אַחֵר קֹדֶם שֶׁיִּתְקַיֵּם הַתְּנַאי. אִם נִתְקַיֵּם הַתְּנַאי הֲרֵי זוֹ מְקֻדֶּשֶׁת. וְאִם לֹא נִתְקַיֵּם הַתְּנַאי וּבָטַל הַגֵּט אֵינָהּ צְרִיכָה גֵּט מִשֵּׁנִי שֶׁהֲרֵי אֵין קִדּוּשִׁין תּוֹפְסִין בָּהּ. אֲבָל אִם נִשֵּׂאת וְלֹא נִתְקַיֵּם הַתְּנַאי וּבָטַל הַגֵּט צְרִיכָה גֵּט מִשֵּׁנִי כְּמוֹ שֶׁבֵּאַרְנוּ:

Perek 9

Special 'conditions'.

These have a completely different *halachah*.

A conditional divorce is established retroactively when the condition has been fulfilled. If wife remarried before condition fulfilled she would not have to leave her second husband.

By contrast, a divorce linked to a time-period delay or a specific action, does not take place until the 'conditions' have been accomplished. Therefore, if she married before time-period delay, she must leave her second husband, because she is still regarded as a married woman.

	Acceptable	Witnesses	Both parties present	Who pays	Explanation
Agent given clear instruction and deviates from instruction e.g. give get to her in this place and he gives it in another.	×				
Agent of woman told to collect get in one place and he collects it in another.	×				

פרק ט׳

א. הַמְגָרֵשׁ אֶת אִשְׁתּוֹ לְאַחַר זְמַן קָבוּעַ הֲרֵי זוֹ מְגֹרֶשֶׁת כְּשֶׁיַּגִּיעַ הַזְּמַן שֶׁקָּבַע. וַהֲרֵי זֶה דּוֹמֶה לִתְנַאי וְאֵינוֹ תְּנַאי. דּוֹמֶה לִתְנַאי שֶׁהִיא מִתְגָּרֶשֶׁת כְּשֶׁיַּגִּיעַ הַזְּמַן שֶׁקָּבַע. וְאֵינוֹ תְּנַאי שֶׁהַמְגָרֵשׁ עַל תְּנַאי הֲרֵי גֵּרֵשׁ וְזֶה עֲדַיִן לֹא גֵּרֵשׁ עַד שֶׁיַּגִּיעַ אוֹתוֹ הַזְּמַן. לְפִיכָךְ הַמְגָרֵשׁ עַל תְּנַאי צָרִיךְ לִכְפֹּל תְּנָאוֹ וְזֶה אֵינוֹ צָרִיךְ לִכְפֹּל דְּבָרוֹ וְלֹא לִשְׁאָר מִשְׁפְּטֵי הַתְּנָאִין שֶׁבֵּאַרְנוּ:

ב. כֵּיצַד. הָאוֹמֵר לְאִשְׁתּוֹ הֲרֵי זֶה גִּטֵּךְ וְלֹא תִּתְגָּרְשִׁי בּוֹ אֶלָּא לְאַחַר שְׁלֹשִׁים יוֹם אֵינָהּ מְגֹרֶשֶׁת אֶלָּא לְאַחַר שְׁלֹשִׁים יוֹם. וְאִם מֵת הַבַּעַל אוֹ אָבַד הַגֵּט אוֹ נִשְׂרַף בְּתוֹךְ שְׁלֹשִׁים אֵינָהּ מְגֹרֶשֶׁת:

ג. הָלְכָה וְהִנִּיחָתוֹ בְּצִדֵּי רְשׁוּת הָרַבִּים וְנִגְנַב אוֹ אָבַד מִשָּׁם לְאַחַר שְׁלֹשִׁים יוֹם הֲרֵי זוֹ מְגֹרֶשֶׁת הוֹאִיל וְהָיָה הַגֵּט קַיָּם בַּיּוֹם שֶׁמִּתְגָּרֶשֶׁת בּוֹ וְיִחֲדָה אוֹתוֹ בְּמָקוֹם שֶׁאֵינוֹ רְשׁוּת הָרַבִּים. שֶׁצִּדֵּי רְשׁוּת הָרַבִּים אֵינָן כִּרְשׁוּת הָרַבִּים:

ד. וְכֵן אִם תָּלָה הַגֵּרוּשִׁין בְּמַעֲשֶׂה דִּינוֹ כְּדִין מְגָרֵשׁ אַחַר זְמַן. כֵּיצַד. כְּגוֹן שֶׁאָמַר לְאִשָּׁה הֲרֵי זֶה גִּטֵּךְ וְלֹא תִּתְגָּרְשִׁי בּוֹ עַד

שֶׁתִּתְּנִי לִי מָאתַיִם זוּז הֲרֵי זוֹ מִתְגָּרֶשֶׁת אַחַר שֶׁתִּתֵּן. וְאֵין צָרִיךְ לִכְפֹּל תְּנָאוֹ וְלֹא לִשְׁאָר מִשְׁפְּטֵי הַתְּנָאִין שֶׁבֵּאַרְנוּ. שֶׁהֲרֵי לֹא גֵּרֵשׁ עַל תְּנַאי אֶלָּא עֲדַיִן לֹא גֵּרֵשׁ זֶה אֶלָּא תָּלָה הַגֵּרוּשִׁין בַּעֲשִׂיַּת כָּךְ וְכָךְ וְאַחַר כָּךְ תִּתְגָּרֵשׁ:

ה. וּמַה בֵּין הַמְגָרֵשׁ עַל תְּנַאי לְזֶה שֶׁקָּבַע זְמַן לְגֵרוּשִׁין אוֹ תְּלָאָן בְּמַעֲשֶׂה. שֶׁהַמְגָרֵשׁ עַל תְּנַאי יֵשׁ שָׁם גֵּרוּשִׁין וְאֵינָן גּוֹמְרִין עַד שֶׁיִּתְקַיֵּם הַתְּנַאי. לְפִיכָךְ כְּשֶׁיִּתְקַיֵּם הַתְּנַאי נִתְגָּרְשָׁה אִם הָיָה הַגֵּט קַיָּם אַף עַל פִּי שֶׁאֵינוֹ בִּרְשׁוּתָהּ וְאֵינָהּ צְרִיכָה לַחֲזֹר וְלִטְּלוֹ אוֹ לִהְיוֹתוֹ בִּרְשׁוּתָהּ אַחַר שֶׁנִּתְקַיֵּם הַתְּנַאי שֶׁהֲרֵי הִגִּיעַ לְיָדָהּ תְּחִלָּה בְּתוֹרַת גֵּרוּשִׁין. וְאִם נִשֵּׂאת קֹדֶם שֶׁיִּתְקַיֵּם הַתְּנַאי לֹא תֵּצֵא כְּמוֹ שֶׁבֵּאַרְנוּ. אֲבָל הַתּוֹלֶה גֵּרוּשִׁין בִּזְמַן אוֹ בְּמַעֲשֶׂה לֹא הִגִּיעַ גֵּט לְיָדָהּ בְּתוֹרַת גֵּרוּשִׁין אֶלָּא בְּתוֹרַת פִּקָּדוֹן עַד הַזְּמַן שֶׁקָּבַע אוֹ עַד שֶׁתַּעֲשֶׂה הַמַּעֲשֶׂה. לְפִיכָךְ כְּשֶׁהִגִּיעַ הַזְּמַן צְרִיכָה לִהְיוֹת הַגֵּט בִּרְשׁוּתָהּ אוֹ תַּחֲזֹר וְתִטְּלֶנּוּ אוֹ שֶׁיִּהְיֶה בְּמָקוֹם שֶׁיִּחֲדָהּ אוֹתוֹ בּוֹ אַף עַל פִּי שֶׁאֵינוֹ רְשׁוּתָהּ כְּמוֹ שֶׁבֵּאַרְנוּ וְאַחַר כָּךְ תִּתְגָּרֵשׁ בּוֹ. וְאִם נִשֵּׂאת קֹדֶם שֶׁיַּגִּיעַ הַזְּמַן שֶׁקָּבַע אוֹ קֹדֶם שֶׁתַּעֲשֶׂה הַמַּעֲשֶׂה שֶׁתָּלָה בּוֹ הַגֵּרוּשִׁין תֵּצֵא וְהַוָּלָד מַמְזֵר שֶׁעֲדַיִן הִיא אֵשֶׁת אִישׁ גְּמוּרָה וְאֵין כָּאן שֵׁם גֵּרוּשִׁין:

ו. הַנּוֹתֵן גֵּט בְּיַד אִשְׁתּוֹ וְאָמַר לָהּ אִם לֹא תִּתְּנִי לִי מָאתַיִם זוּז אֵין זֶה גֵּט אוֹ אֵין אַתְּ מְגֹרֶשֶׁת הֲרֵי זֶה לֹא גֵּרֵשׁ כְּלָל וְאֵין כָּאן גֵּט לֹא עַל תְּנַאי וְלֹא תָּלוּי בְּמַעֲשֶׂה. וְכֵן כָּל כַּיּוֹצֵא בָּזֶה:

ז. הָרוֹצֶה לְגָרֵשׁ עַל תְּנַאי וְיִהְיֶה עִנְיַן תְּנָאוֹ שֶׁלֹּא תִּתְגָּרֵשׁ עַד זְמַן פְּלוֹנִי הֲרֵי זֶה מוֹצִיא עִנְיָן זֶה בִּלְשׁוֹן תְּנַאי וְיִתְלֶה הַתְּנַאי בְּבִיאָתוֹ בִּזְמַן קָבוּעַ אוֹ בַּהֲלִיכָתוֹ. כֵּיצַד. כְּגוֹן שֶׁיֹּאמַר לָהּ אִם לֹא בָּאתִי מִכָּאן וְעַד שְׁלֹשִׁים יוֹם הֲרֵי זֶה גֵּט וְאִם בָּאתִי בְּתוֹךְ שְׁלֹשִׁים יוֹם לֹא יִהְיֶה גֵּט וְנוֹתֵן הַגֵּט בְּיָדָהּ. אוֹ יֹאמַר לָהּ הֲרֵי זֶה גִּטֵּךְ עַל מְנָת שֶׁלֹּא אָבוֹא לִמְדִינָה זוֹ עַד שְׁלֹשִׁים יוֹם. וְכֵן כָּל כַּיּוֹצֵא בָּזֶה:

ח. הִתְנָה עָלֶיהָ שֶׁיִּהְיֶה גֵּט אִם לֹא בָּא עַד שְׁלֹשִׁים יוֹם לִמְדִינָה זוֹ וְהָיָה בָּא בַּדֶּרֶךְ בְּתוֹךְ שְׁלֹשִׁים יוֹם וְחָלָה אוֹ עִכְּבוֹ נָהָר וְלֹא בָּא עַד אַחַר שְׁלֹשִׁים יוֹם הֲרֵי זֶה גֵּט. אֲפִלּוּ עוֹמֵד וְצוֹוֵחַ הֲרֵי אֲנִי אָנוּס שֶׁאֵין אֹנֶס בְּגִטִּין. וְאַף עַל פִּי שֶׁגִּלָּה דַּעְתּוֹ שֶׁאֵין רְצוֹנוֹ לְגָרֵשׁ:

ט. הִתְנָה עָלֶיהָ שֶׁתִּתְגָּרֵשׁ כְּשֶׁיַּעֲבֹר מִנֶּגֶד פָּנֶיהָ שְׁלֹשִׁים יוֹם וְהָיָה הוֹלֵךְ וּבָא וְלֹא נִתְיַחֵד עִמָּהּ כְּשֶׁיֵּלֵךְ וְיִשְׁהֶה שְׁלֹשִׁים יוֹם תִּהְיֶה מְגֹרֶשֶׁת. וְאַף עַל פִּי שֶׁהָיָה הוֹלֵךְ וּבָא בְּתוֹךְ שְׁלֹשִׁים יוֹם הוֹאִיל וְלֹא נִתְיַחֵד עִמָּהּ הֲרֵי זֶה גֵּט כָּשֵׁר. בַּמֶּה דְּבָרִים אֲמוּרִים בְּשֶׁהִתְנָה וְאָמַר הֲרֵי הִיא נֶאֱמֶנֶת עָלַי לוֹמַר שֶׁלֹּא פִּיַּסְתִּיהָ. אֲבָל אִם לֹא הֶאֱמִינָהּ חוֹשְׁשִׁין שֶׁמָּא פִּיְּסָהּ כְּשֶׁהָיָה הוֹלֵךְ וּבָא וּמָחֲלָה לוֹ וְחָזַר וּבָטַל הַגֵּט כְּשֶׁפִּיְּסָהּ. וּמִפְּנֵי חֲשָׁשׁ זֶה יִהְיֶה הַגֵּט פָּסוּל אַחַר שְׁלֹשִׁים יוֹם. וְכֵן הָאוֹמֵר לְאִשָּׁה הֲרֵי זֶה גִּטֵּךְ לְאַחַר שְׁנֵים עָשָׂר חֹדֶשׁ וְהָיָה עִמָּהּ בַּמְּדִינָה חוֹשְׁשִׁין שֶׁמָּא פִּיְּסָהּ עַד שֶׁיֹּאמַר נֶאֱמֶנֶת עָלַי שֶׁלֹּא פִּיַּסְתִּי:

י. וְכֵן כָּל הַתְּנָאִין שֶׁהֵן תְּלוּיִין בִּרְצוֹנָהּ וְאִם רָצְתָה וּמָחֲלָה אוֹתָן לְבַעְלָהּ בָּטֵל הַגֵּט חוֹשְׁשִׁין לָהּ שֶׁמָּא פֵּיֵּס עַד שֶׁיֹּאמַר נֶאֱמֶנֶת עָלַי. בַּמֶּה דְּבָרִים אֲמוּרִים בְּמִתְגָּרֶשֶׁת מִן הַנִּשּׂוּאִין שֶׁלִּבּוֹ גַּס בָּהּ אֲבָל בְּמִתְגָּרֶשֶׁת מִן הָאֵרוּסִין אֵין חוֹשְׁשִׁין לוֹ שֶׁמָּא פֵּיֵּס:

יא. הֲרֵי זֶה גִּטֵּךְ מֵעַכְשָׁו אִם לֹא בָּאתִי מִכָּאן וְעַד שְׁנֵים עָשָׂר חֹדֶשׁ אֵין חוֹשְׁשִׁין שֶׁמָּא בַּסֵּתֶר בָּא שֶׁאֵין דֶּרֶךְ בְּנֵי אָדָם לָבוֹא בִּצְנְעָה. וְאִם תַּם הַזְּמַן שֶׁקָּבַע וְלֹא בָּא הֲרֵי זוֹ מְגֹרֶשֶׁת. מֵת בְּתוֹךְ י״ב חֹדֶשׁ אַף עַל פִּי שֶׁאִי אֶפְשָׁר שֶׁיָּבוֹא וַהֲרֵי הִיא מְגֹרֶשֶׁת לֹא תִּנָּשֵׂא בִּמְקוֹם יָבָם עַד אַחַר שְׁנֵים עָשָׂר חֹדֶשׁ כְּשֶׁיִּתְקַיֵּם הַתְּנַאי:

יב. בָּרִיא שֶׁהִתְנָה שֶׁיִּהְיֶה זֶה גֵּט אִם מַתִּי. אוֹ חוֹלֶה שֶׁהִתְנָה שֶׁיִּהְיֶה זֶה גֵּט אִם מַתִּי מֵחֳלִי זֶה לֹא אָמַר כְּלוּם. שֶׁמַּשְׁמָעוּת אִם מַתִּי לְאַחַר מִיתָה וּמַשְׁמָעוֹ מֵעַתָּה. לְפִיכָךְ אִם אָמַר אִם מַתִּי הֲרֵי זֶה כְּאוֹמֵר לְאַחַר מוֹתִי וְאֵין גֵּט לְאַחַר מִיתָה:

יג. אָמַר לָהּ הֲרֵי זֶה גִּטֵּךְ מֵעַכְשָׁו אִם מַתִּי אוֹ מֵהַיּוֹם אִם מַתִּי הֲרֵי זֶה גֵּט וּכְשֶׁיָּמוּת תִּהְיֶה מְגֹרֶשֶׁת:

יד. אָמַר לָהּ הֲרֵי זֶה גִּטֵּךְ מֵעַכְשָׁו אוֹ מֵהַיּוֹם לְאַחַר מִיתָתִי וּמֵת הֲרֵי זוֹ סָפֵק מְגֹרֶשֶׁת שֶׁמָּא אַחַר שֶׁאָמַר מֵעַכְשָׁו חָזַר בּוֹ מִלְּשׁוֹן מֵעַכְשָׁו וְסָמְכָה דַּעְתּוֹ עַל לְאַחַר מִיתָה וְאֵין גֵּט לְאַחַר מִיתָה:

טו. הֲרֵי זֶה גִּטֵּךְ לִכְשֶׁתֵּצֵא חַמָּה מִנַּרְתִּקָהּ וּמֵת בַּלַּיְלָה אֵינוֹ גֵּט. עַל מְנָת שֶׁתִּזְרַח חַמָּה וּמֵת בַּלַּיְלָה הֲרֵי זוֹ מְגֹרֶשֶׁת וּכְשֶׁתִּזְרַח חַמָּה יִתְקַיֵּם הַתְּנַאי. הִתְנָה עָלֶיהָ שֶׁאִם זָרְחָה חַמָּה יִהְיֶה גֵּט וְאִם לֹא זָרְחָה לֹא יִהְיֶה גֵּט וּמֵת בַּלַּיְלָה אֵינוֹ גֵּט שֶׁהֲרֵי לֹא נִתְקַיֵּם הַתְּנַאי עַד שֶׁמֵּת וְאֵין גֵּט לְאַחַר מִיתָה:

טז. שְׁכִיב מְרַע שֶׁכָּתַב גֵּט לְאִשְׁתּוֹ וְגֵרֵשׁ וְעָמַד אֵינוֹ יָכוֹל לַחֲזֹר בּוֹ שֶׁאֵין גִּטּוֹ כְּמַתְּנָתוֹ. שֶׁאִם תֹּאמַר יַחֲזֹר בּוֹ יֹאמְרוּ גִּטּוֹ לְאַחַר מִיתָה יְגָרֵשׁ כְּמוֹ מַתְּנָתוֹ שֶׁאֵינָהּ קוֹנָה אֶלָּא לְאַחַר מִיתָה:

יז. הֲרֵי זֶה גִּטֵּךְ מֵהַיּוֹם אִם מַתִּי מֵחֳלִי זֶה וְנָפַל עָלָיו בַּיִת אוֹ נְשָׁכוֹ נָחָשׁ אוֹ טְרָפוֹ אֲרִי וְכַיּוֹצֵא בָּזֶה וּמֵת אֵינוֹ גֵּט:

יח. אָמַר לָהּ אִם לֹא יַעֲמֹד מֵחֳלִי זֶה וְנָפַל עָלָיו בַּיִת אוֹ נְשָׁכוֹ נָחָשׁ אוֹ טְרָפוֹ אֲרִי הֲרֵי זוֹ סָפֵק מְגֹרֶשֶׁת. הֲרֵי זֶה גִּטֵּךְ מֵעַכְשָׁו אִם מַתִּי מֵחֳלִי זֶה וְעָמַד וְהָלַךְ בַּשּׁוּק וְחָלָה וּמֵת אוֹמְדִין אוֹתוֹ אִם מֵחֲמַת הַחֹלִי הָרִאשׁוֹן מֵת הֲרֵי זֶה גֵּט וְאִם לָאו אֵינוֹ גֵּט. וְאִם נִתַּק מֵחֹלִי לְחֹלִי וְלֹא עָמַד בַּשּׁוּק הֲרֵי זֶה גֵּט וְאֵינוֹ צָרִיךְ אֹמֶד:

יט. וּבְכָל אֵלּוּ הַתְּנָאִין כָּל הַיָּמִים שֶׁמִּנְּתִינַת הַגֵּט עַד שֶׁיָּמוּת וְיִתְקַיֵּם הַתְּנַאי הֲרֵי הִיא מְגֹרֶשֶׁת לְכָל דָּבָר. וּבִלְבַד שֶׁלֹּא תִּתְיַחֵד עִמּוֹ כְּמוֹ שֶׁבֵּאַרְנוּ:

כ. חוֹלֶה שֶׁרָצָה לְגָרֵשׁ אִשְׁתּוֹ עַל תְּנַאי כְּשֶׁיָּמוּת כְּדֵי שֶׁלֹּא תִּפֹּל לִפְנֵי יָבָם וְאִם עָמַד לֹא תִּהְיֶה מְגֹרֶשֶׁת וְלֹא רָצָה לְגָרְשָׁהּ מֵעַכְשָׁו כְּדֵי שֶׁלֹּא תִּטָּרֵף דַּעְתּוֹ. כָּךְ הוּא כּוֹתֵב בַּגֵּט אַחַר שֶׁכּוֹתֵב הַתֹּרֶף אוֹ אוֹמֵר לָהּ כְּשֶׁנּוֹתֵן הַגֵּט. אִם לֹא מַתִּי לֹא יִהְיֶה גֵּט וְאִם מַתִּי יִהְיֶה גֵּט וְאִם לֹא מַתִּי לֹא יִהְיֶה גֵּט. כְּדֵי שֶׁתִּהְיֶה תְּנַאי כָּפוּל וְהֵן קֹדֶם לְלָאו וְלֹא יִפְתַּח פִּיו תְּחִלָּה לְפֻרְעָנוּת. וְאִם מֵת תִּהְיֶה מְגֹרֶשֶׁת כְּשֶׁיָּמוּת. וְהוּא שֶׁיַּגִּיעַ הַגֵּט לְיָדָהּ קֹדֶם מִיתָה:

כא. בַּעַל שֶׁאָמַר לְאֶחָד זְכֵה בְּגֵט זֶה לְאִשְׁתִּי כְּדֵי שֶׁלֹּא תִּפֹּל לִפְנֵי יָבָם וְנָתַן הַגֵּט לְיָדוֹ וּמֵת הַבַּעַל קֹדֶם שֶׁיַּגִּיעַ הַגֵּט לְיָדָהּ הֲרֵי זוֹ סָפֵק מְגֹרֶשֶׁת. שֶׁרֹב הַנָּשִׁים זְכוּת הוּא לָהֶן שֶׁלֹּא יִפְּלוּ לִפְנֵי יָבָם. וּלְפִיכָךְ תִּהְיֶה סְפֵק מְגֹרֶשֶׁת אַף עַל פִּי שֶׁלֹּא הִגִּיעַ גֵּט לְיָדָהּ הוֹאִיל וְזָכָה לָהּ בּוֹ אַחֵר:

כב. אָמַר לָעֵדִים לְאַחַר שְׁנֵים עָשָׂר חֹדֶשׁ כִּתְבוּ גֵּט לְאִשְׁתִּי אוֹ שֶׁאָמַר לָהֶם כִּתְבוּ וּתְנוּ גֵּט לְאִשְׁתִּי לְאַחַר י״ב חֹדֶשׁ. הֲרֵי אֵלּוּ כּוֹתְבִין וְנוֹתְנִין לָהּ אַחַר הַזְּמַן שֶׁקָּבַע. וְאִם כְּתָבוּהוּ בְּתוֹךְ הַזְּמַן אַף עַל פִּי שֶׁנְּתָנוּהוּ לָהּ לְאַחַר זְמַן שֶׁאָמַר אֵינוֹ גֵּט. כְּתָבוּהוּ אַחַר זְמַן שֶׁאָמַר וּמֵת קֹדֶם שֶׁיִּנָּתֵן לָהּ אֵינוֹ גֵּט. וְאִם לֹא נוֹדַע אִם מִיתָה קָדְמָה לִנְתִינַת הַגֵּט אוֹ נְתִינַת הַגֵּט קָדְמָה לְמִיתָה הֲרֵי זוֹ סָפֵק מְגֹרֶשֶׁת:

כג. אָמַר לָהֶן כִּתְבוּ וּתְנוּ לְאִשְׁתִּי גֵּט אַחַר הַשָּׁבוּעַ. אֵין כּוֹתְבִין אֶלָּא עַד שָׁנָה אַחַר הַשָּׁבוּעַ. אָמַר לָהֶן לְאַחַר שָׁנָה אֵין כּוֹתְבִין [אֶלָּא] עַד לְאַחַר חֹדֶשׁ מִשָּׁנָה שְׁנִיָּה. אָמַר לָהֶן לְאַחַר הַחֹדֶשׁ (אֵין) כּוֹתְבִין עַד לְאַחַר הַשַּׁבָּת מֵחֹדֶשׁ שֵׁנִי. אָמַר לְאַחַר שַׁבָּת (אֵין) כּוֹתְבִין לְאַחַר הַשַּׁבָּת עַד סוֹף יוֹם שְׁלִישִׁי. אָמַר לָהֶן כִּתְבוּ וּתְנוּ לָהּ קֹדֶם הַשַּׁבָּת כּוֹתְבִין מִיּוֹם רְבִיעִי וְעַד סוֹף יוֹם שִׁשִּׁי וְנוֹתְנִין לָהּ:

כד. הֲרֵי שֶׁאֵחֲרוּ אַחַר הַזְּמַן שֶׁאָמַר וְאַחַר כָּךְ כָּתְבוּ וְנָתְנוּ לָהּ כְּגוֹן שֶׁאָמַר לָהֶן לְאַחַר הַחֹדֶשׁ וְכָתְבוּ וְנָתְנוּ לָהּ לְאַחַר שְׁתֵּי שַׁבָּתוֹת מֵחֹדֶשׁ שֵׁנִי הֲרֵי זֶה פָּסוּל:

כה. נִתְיַחֵד עִמָּהּ אַחַר שֶׁאָמַר לָהֶן לִכְתֹּב וְלַחְתֹּם וְלִתֵּן לָהּ הֲרֵי אֵלּוּ לֹא יִכְתְּבוּ. וְקַל וָחֹמֶר הַדְּבָרִים אִם הַגֵּט שֶׁנָּתַן לָהּ לְיָדָהּ כְּשֶׁנִּתְיַחֵד עִמָּהּ נִפְסַל הַגֵּט שֶׁמָּא בָּעַל. קַל וָחֹמֶר לָזֶה שֶׁלֹּא נִכְתַּב. וְאִם כְּתָבוּ וּנְתָנוּ לָהּ אַחַר שֶׁנִּתְיַחֵד עִמָּהּ אֵינוֹ גֵּט:

כו. אָמַר לַעֲשָׂרָה כִּתְבוּ גֵּט לְאִשְׁתִּי אֶחָד כּוֹתֵב עַל יְדֵי כֻּלָּם. כֻּלְּכֶם כִּתְבוּ כּוֹתֵב אֶחָד מֵהֶם בְּמַעֲמַד כֻּלָּם. הוֹלִיכוּ גֵּט זֶה לְאִשְׁתִּי מוֹלִיכוֹ אֶחָד מֵהֶן עַל יְדֵי כֻּלָּם. כֻּלְּכֶם הוֹלִיכוּ גֵּט זֶה לְאִשְׁתִּי מוֹלִיכוֹ אֶחָד מֵהֶן בְּמַעֲמַד כֻּלָּם:

כז. אָמַר לַעֲשָׂרָה כִּתְבוּ גֵּט וְחִתְמוּ וּתְנוּ לְאִשְׁתִּי אֶחָד מֵהֶן כּוֹתֵב וּשְׁנַיִם מֵהֶן חוֹתְמִין וְאֶחָד מֵהֶן נוֹתְנוֹ לָהּ. וַאֲפִלּוּ הָיָה הַכּוֹתֵב אֶחָד מִשְּׁנֵי הָעֵדִים שֶׁחָתְמוּ בּוֹ וְהוּא הַשָּׁלִיחַ שֶׁנְּתָנוֹ לָהּ הֲרֵי זֶה כָּשֵׁר. אָמַר לָהֶן כֻּלְּכֶם חִתְמוּ כֻּלָּם חוֹתְמִין. וְאִם מְנָאָן בֵּין שֶׁמָּנָה כֻּלָּם בֵּין שֶׁמָּנָה מִקְצָתָן וְאָמַר לָהֶן חִתְמוּ הֲרֵי זֶה כְּאוֹמֵר לָהֶן כֻּלְּכֶם חִתְמוּ וּשְׁנַיִם שֶׁחוֹתְמִין בַּתְּחִלָּה הֵן מִשּׁוּם עֵדִים וְהַשְּׁאָר מִשּׁוּם תְּנַאי. לְפִיכָךְ אִם הָיוּ הַשְּׁאָר פְּסוּלִין אוֹ חָתְמוּ זֶה הַיּוֹם וְזֶה לְמָחָר אֲפִלּוּ לְיָמִים הַרְבֵּה הֲרֵי זֶה גֵּט כָּשֵׁר. מֵת אֶחָד מֵהֶן קֹדֶם חֲתִימָה הֲרֵי זֶה גֵּט בָּטֵל. הָיָה אֶחָד מִשְּׁנַיִם הָרִאשׁוֹנִים פָּסוּל הֲרֵי זֶה גֵּט פָּסוּל. שֶׁמָּא יֹאמְרוּ עֵד פָּסוּל כָּשֵׁר בְּעֵדוּת שְׁאָר שְׁטָרוֹת בְּעֵת שֶׁיִּהְיוּ הָעֵדִים רַבִּים וְלֹא הִכְשִׁירוּהוּ בְּגֵט שֶׁעֵדָיו רַבִּים אֶלָּא מִפְּנֵי שֶׁעֵדֵי מְסִירָה הֵן הָעִקָּר:

כח. תִּקְּנוּ חֲכָמִים שֶׁהָאוֹמֵר לְרַבִּים לִכְתֹּב גֵּט אוֹ לַחְתֹּם אוֹ לְהוֹלִיךְ גֵּט לְאִשְׁתּוֹ. אִם לִכְתִיבָה אוֹמֵר לָהֶן כָּל אֶחָד מִכֶּם יִכְתֹּב גֵּט לְאִשְׁתִּי וְכֵן לְהוֹלָכָה כָּל אֶחָד מִכֶּם יוֹלִיךְ. וְאִם לַחֲתִימָה יֹאמַר לָהֶן כָּל שְׁנַיִם מִכֶּם יַחְתְּמוּ בְּגֵט זֶה וְיִתְּנוּ לְאִשְׁתִּי:

כט. וְלָמָּה אָמְרוּ חֲכָמִים עֵדֵי הַגֵּט אֵין חוֹתְמִין אֶלָּא זֶה בִּפְנֵי זֶה גְּזֵרָה שֶׁמָּא יֹאמַר לְרַבִּים כֻּלְּכֶם חִתְמוּ. אִם תֹּאמַר חוֹתְמִין זֶה שֶׁלֹּא בִּפְנֵי זֶה שֶׁמָּא יָעִידוּ שְׁנַיִם וְתִטֹּל הַגֵּט בְּיָדָהּ וְתַחְשֹׁב שֶׁכְּבָר הֵעִידוּ בּוֹ וַעֲדַיִן לֹא נִתְקַיֵּם הַתְּנַאי:

ל. אָמַר לִשְׁלֹשָׁה שְׁנַיִם מִכֶּם יִכְתְּבוּ גֵּט לְאִשְׁתִּי וְיַחְתְּמוּ וְיִתְּנוּ לָהּ וְהָיָה בָּהֶן אָב וּבְנוֹ בֵּין שֶׁחָתַם הַבֵּן עִם הָאֶחָד בֵּין שֶׁחָתַם הָאָב עִם הָאֶחָד הֲרֵי זֶה גֵּט כָּשֵׁר. שֶׁהָאָדָם עוֹשֶׂה הַבֵּן שָׁלִיחַ בִּמְקוֹם הָאָב:

לא. אָמַר לִשְׁנַיִם כִּתְבוּ וְחִתְמוּ וּתְנוּ לִפְלוֹנִי שֶׁיּוֹלִיךְ לְאִשְׁתִּי. אוֹ תְּנוּ לְשָׁלִיחַ שֶׁיּוֹלִיךְ לָהּ. אֶחָד מֵהֶן כּוֹתֵב וּשְׁנֵיהֶם חוֹתְמִין וְנוֹתְנִין לַשָּׁלִיחַ. וְאִם הוֹלִיכוּ הֵן בְּעַצְמָן וּנְתָנוּ לָהּ אֵינוֹ גֵּט שֶׁלֹּא עָשָׂה אוֹתָן שְׁלוּחִין לְגֵרוּשִׁין. כֵּיצַד יַעֲשׂוּ. יִטְּלוּ

אוֹתוֹ מִמֶּנָּה וְיִתְּנוּהוּ לַשָּׁלִיחַ וְחוֹזֵר וְנוֹתְנוֹ לָהּ בִּפְנֵיהֶן אוֹ בִּפְנֵי אֲחֵרִים. וְרַבּוֹתַי הוֹרוּ בְּגֵט זֶה דָּבָר שֶׁאֵינוֹ נִרְאֶה מִפְּנֵי שִׁבּוּשׁ שֶׁהָיָה בַּנֻּסְחָאוֹת שֶׁלָּהֶן:

לב. אָמַר לְסוֹפֵר כְּתֹב לִי גֵּט לְאִשְׁתִּי. כְּתָבוֹ וּנְתָנוֹ לַבַּעַל בְּלֹא עֵדִים וּנְטָלוֹ הַבַּעַל וּנְתָנוֹ לְשָׁלִיחַ וְאָמַר לוֹ תֵּן גֵּט זֶה לְאִשְׁתִּי בִּפְנֵי עֵדִים וְהָלַךְ הַשָּׁלִיחַ וּנְתָנוֹ לָהּ בִּפְנֵי עֵדִים הֲרֵי זוֹ סָפֵק מְגֹרֶשֶׁת. שֶׁאֵין הַשָּׁלִיחַ נֶאֱמָן לְהַתִּיר הָעֶרְוָה אַף עַל פִּי שֶׁהוּא עֵד אֶחָד אֶלָּא מִפְּנֵי כְּתַב הָעֵדִים שֶׁחָתְמוּ עַל הַגֵּט שֶׁהֵן כְּמִי שֶׁנֶּחְקְרָה עֵדוּתָן בְּבֵית דִּין עַד שֶׁיִּהְיֶה שָׁם מְעַרְעֵר כְּמוֹ שֶׁבֵּאַרְנוּ שָׁם. וְאִם הָיוּ שָׁם שְׁנֵי עֵדִים שֶׁיָּעִידוּ שֶׁגֵּט זֶה הַבַּעַל נְתָנוֹ לַשָּׁלִיחַ לְגָרְשָׁהּ בּוֹ הֲרֵי זוֹ מְגֹרֶשֶׁת:

לג. הָאוֹמֵר לְשָׁלִיחַ תֵּן גֵּט זֶה לְאִשְׁתִּי בְּמָקוֹם פְּלוֹנִי וּנְתָנוֹ לָהּ בְּמָקוֹם אַחֵר אֵינוֹ גֵּט. הֲרֵי הִיא בְּמָקוֹם פְּלוֹנִי וּנְתָנוֹ לָהּ בְּמָקוֹם אַחֵר כָּשֵׁר מִפְּנֵי שֶׁמַּרְאֶה מָקוֹם הוּא לוֹ. אָמַר אַל תִּתְּנֵהוּ לָהּ אֶלָּא בַּבַּיִת וּנְתָנוֹ לָהּ בָּעֲלִיָּה. אַל תִּתְּנֵהוּ לָהּ אֶלָּא בְּיָמִין וּנְתָנוֹ לָהּ בִּשְׂמֹאל. תְּנֵהוּ לָהּ בְּיוֹם פְּלוֹנִי וּנְתָנוֹ לָהּ בְּתוֹךְ הַזְּמַן אֵינוֹ גֵּט. אַל תִּתְּנֵהוּ לָהּ אֶלָּא בְּיוֹם פְּלוֹנִי וּנְתָנוֹ לָהּ מִלְּפָנָיו אוֹ מֵאַחֲרָיו אֵינוֹ גֵּט שֶׁהֲרֵי הִקְפִּיד עַל עַצְמוֹ שֶׁל יוֹם. וְכֵן כָּל כַּיּוֹצֵא בָּזֶה:

לד. וְכֵן הָאִשָּׁה שֶׁאָמְרָה לִשְׁלוּחָהּ הִתְקַבֵּל לִי גִּטִּי בְּמָקוֹם פְּלוֹנִי וְקִבְּלוֹ לָהּ בְּמָקוֹם אַחֵר אֵינוֹ גֵּט. הָבֵא לִי גִּטִּי בְּמָקוֹם פְּלוֹנִי וֶהֱבִיאוֹ לָהּ בְּמָקוֹם אַחֵר כָּשֵׁר:

לה. הָאוֹמֵר לִשְׁלוּחוֹ הוֹלֵךְ גֵּט זֶה לְאִשְׁתִּי בֵּין שֶׁאָמַר לוֹ הוֹלֵךְ בֵּין שֶׁאָמַר לוֹ אַתְּ הוֹלֵךְ וְחָלָה אוֹ נֶאֱנַס מְשַׁלְּחוֹ בְּיַד אַחֵר. וְאִם אָמַר לוֹ טֹל מִמֶּנָּה חֵפֶץ פְּלוֹנִי וְתֵן לָהּ גֵּט זֶה הֲרֵי זֶה לֹא יְשַׁלְּחֶנּוּ בְּיַד אַחֵר. וְאִם שְׁלָחוֹ בְּיַד אַחֵר וְיָצְאת הָאִשָּׁה לִקְרַאת הַשָּׁלִיחַ וְנָתְנָה הַחֵפֶץ תְּחִלָּה וְאַחַר כָּךְ נָתַן לָהּ הַגֵּט הֲרֵי זוֹ מְגֹרֶשֶׁת:

לו. נָתַן לָהּ הַגֵּט תְּחִלָּה וְאַחַר כָּךְ נָתְנָה הַחֵפֶץ אֲפִלּוּ מִיַּד שָׁלִיחַ רִאשׁוֹן אֵינוֹ גֵּט שֶׁהֲרֵי עָבַר עַל דִּבְרֵי הַבַּעַל בְּדָבָר שֶׁסְּתָם בְּנֵי אָדָם מַקְפִּידִין עָלָיו. שֶׁהֲרֵי הַבַּעַל אָמַר לוֹ טֹל הַחֵפֶץ תְּחִלָּה וְתֵן לָהּ הַגֵּט וְהוּא נָתַן וְאַחַר כָּךְ נָטַל:

לז. אָמַר לוֹ תֵּן לָהּ הַגֵּט וְטֹל מִמֶּנָּה חֵפֶץ פְּלוֹנִי הֲרֵי זֶה לֹא יְשַׁלְּחֶנּוּ בְּיַד אַחֵר שֶׁאֵין רְצוֹנוֹ שֶׁיִּהְיֶה פִּקְדוֹנוֹ בְּיַד אַחֵר. וְאִם שְׁלָחוֹ בְּיַד אַחֵר הֲרֵי זֶה גֵּט בֵּין שֶׁנָּתְנָה הַחֵפֶץ תְּחִלָּה בֵּין שֶׁלֹּא נָתְנָה אֶלָּא בַּסּוֹף:

לח. נָתַן לְשָׁלִיחַ הַגֵּט וְאָמַר לוֹ לֹא תִּתְּנֵהוּ לָהּ אֶלָּא אַתָּה וּנְתָנוֹ לְאַחֵר וּנְתָנוֹ לָהּ אֵינוֹ גֵּט. וְכֵן אִם אָמַר לוֹ אַל תִּתְּנֵהוּ לָהּ אַתָּה תְּנֵהוּ לִפְלוֹנִי וְהוּא יִתְּנֵהוּ לָהּ וּנְתָנוֹ לָהּ הַשָּׁלִיחַ הָרִאשׁוֹן אֵינוֹ גֵּט. לְפִי שֶׁלֹּא עָשָׂהוּ שָׁלִיחַ לְגֵרוּשִׁין:

לט. נָתַן לוֹ הַגֵּט וְאָמַר לוֹ הוֹלֵךְ גֵּט זֶה לְאִשְׁתִּי. אָמַר לוֹ הַשָּׁלִיחַ אֵינִי מַכִּירָהּ. אָמַר לוֹ הַבַּעַל תְּנֵהוּ לִפְלוֹנִי הוּא מַכִּירָהּ. הֲרֵי זֶה שָׁלִיחַ שֶׁלֹּא נִתַּן לְגֵרוּשִׁין וְאֵינוֹ נוֹתֵן הַגֵּט אֶלָּא לִפְלוֹנִי שֶׁאָמַר הַבַּעַל וְאוֹתוֹ הַפְּלוֹנִי הוּא שָׁלִיחַ לְגֵרוּשִׁין הוּא שֶׁמּוֹלִיכוֹ לָהּ אוֹ מְשַׁלְּחוֹ בְּיַד אַחֵר אִם חָלָה אוֹ נֶאֱנַס:

מ. נָתַן הַגֵּט לְשָׁלִיחַ וְאָמַר לוֹ לֹא תִּתְּנֵהוּ לָהּ עַד שְׁלֹשִׁים יוֹם וְחָלָה אוֹ נֶאֱנַס בְּתוֹךְ הַשְּׁלֹשִׁים מְשַׁלְּחוֹ בְּיַד אַחֵר. שֶׁאַף עַל פִּי שֶׁאֵינוֹ עַכְשָׁו שָׁלִיחַ לְגֵרוּשִׁין הוֹאִיל וּלְאַחַר שְׁלֹשִׁים יוֹם יִהְיֶה שְׁלִיחַ גֵּרוּשִׁין עוֹשֶׂה שָׁלִיחַ אַחֵר בְּתוֹךְ שְׁלֹשִׁים יוֹם:

מא. בַּמֶּה דְּבָרִים אֲמוּרִים בְּשֶׁלֹּא הָיָה בַּעְלָהּ עִמָּהּ בַּמְּדִינָה אוֹ שֶׁהָיְתָה מִתְגָּרֶשֶׁת מִן הָאֵרוּסִין. אֲבָל אִם מִתְגָּרֶשֶׁת מִן הַנִּשּׂוּאִין וּבַעְלָהּ עִמָּהּ בַּמְּדִינָה חוֹשְׁשִׁין לוֹ שֶׁמָּא פִּיֵּס. וְאֵינוֹ עוֹשֶׂה שָׁלִיחַ בְּתוֹךְ הַשְּׁלֹשִׁים אֶלָּא אִם כֵּן אָמַר נֶאֱמֶנֶת עָלַי שֶׁלֹּא פִּיַּסְתִּי. אֲבָל נוֹתֵן לָהּ הַגֵּט לְאַחַר שְׁלֹשִׁים וְחוֹשְׁשִׁין לָהּ כְּמוֹ שֶׁבֵּאַרְנוּ עַד שֶׁיֹּאמַר נֶאֱמֶנֶת עָלַי שֶׁלֹּא פִּיַּסְתִּי:

Perek 10

Validity of marriage in relation to Divorce

Doubtful cases

	Original marriage valid	Explanation
Get is *batel* according to Scripture	✓	She must be divorced from second husband

'Get is not a get' according to Scripture	✓	She must be divorced from second husband
Get pasul. This is according to *Rabanan*	✓	However, if she is already remarried, she does not need to divorce second husband.
Sfek gerushin (doubtful)	✓	Here she would have to leave her second husband (it is illegitimate) because there is a doubt whether *get* is invalid according to Rabbinic or Scriptural law
Woman remarries after 2 witnesses testify that her husband died and then husband returns	✓	But she is prohibited to both husbands and receives a get from both
Wife travelled abroad, husband heard that wife died and he married her sister	✓	But he is prohibited to both sisters and must give a get to both
Error took place after *get* and husband retained the *get.*	×	Does not need divorce from second husband.
Vested interest e.g. agent marries woman who he handed *get* to	✓	The agent should not marry her.

A man should not rush to divorce his first wife unless he finds that she has been guilty of sexual misconduct, because it is said that the *Mizbeach* cries if one divorces ones first wife.

With a second wife, one may divorce if he does not want her.

If one's wife loses her mental faculties, he should find a place for her care and he may then marry another woman. The *Rabanim* ruled to look after her but did not force him to live with her as a wife.

פרק י׳

א. כָּל מָקוֹם שֶׁאָמַרְנוּ בְּחִבּוּר זֶה שֶׁהַגֵּט בָּטֵל אוֹ אֵינוֹ גֵּט אוֹ אֵינָהּ מְגֹרֶשֶׁת הֲרֵי זֶה גֵּט בָּטֵל מִן הַתּוֹרָה וַעֲדַיִן הִיא אֵשֶׁת אִישׁ גְּמוּרָה. וְאִם נִשֵּׂאת תֵּצֵא וְהַוָּלָד מַמְזֵר. וְאִם הָיָה בַּעְלָהּ כֹּהֵן לֹא נֶאֶסְרָה עָלָיו מִשּׁוּם גְּרוּשָׁה. חוּץ מִן הַמְגָרֵשׁ אֶת אִשְׁתּוֹ וְאָמַר לָהּ הֲרֵי אַתְּ מְגֹרֶשֶׁת מִמֶּנִּי וְאֵין אַתְּ מֻתֶּרֶת לְכָל שֶׁאַף עַל פִּי שֶׁאֵין זֶה גֵּט הֲרֵי זוֹ פְּסוּלָה לִכְהֻנָּה מִדִּבְרֵיהֶן שֶׁנֶּאֱמַר (ויקרא כא ז) "וְאִשָּׁה גְּרוּשָׁה מֵאִישָׁהּ" אָמְרוּ חֲכָמִים אֲפִלּוּ לֹא נִתְגָּרְשָׁה אֶלָּא מֵאִישָׁהּ וְלֹא הֻתְּרָה לְכָל נֶאֶסְרָה לִכְהֻנָּה וְזֶהוּ רֵיחַ הַגֵּט שֶׁפּוֹסֵל בִּכְהֻנָּה מִדִּבְרֵיהֶם:

ב. וְכָל מָקוֹם שֶׁאָמַרְנוּ בְּחִבּוּר זֶה שֶׁהַגֵּט פָּסוּל הֲרֵי זֶה פָּסוּל מִדִּבְרֵי סוֹפְרִים בִּלְבַד וְנִפְסְלָה בּוֹ מִן הַכְּהֻנָּה מִדִּבְרֵי תּוֹרָה. וְלֹא תִּנָּשֵׂא לְכַתְּחִלָּה וְאִם נִשֵּׂאת לֹא תֵּצֵא וְהַוָּלָד כָּשֵׁר. וְכוֹתְבִין לָהּ גֵּט אַחֵר כָּשֵׁר וְנוֹתְנִין לָהּ וְהִיא תַּחַת בַּעְלָהּ. וְאִם אִי אֶפְשָׁר לִכְתֹּב אַחֵר וְהָיָה הַבַּעַל וָתִיק וִגֵרֵשׁ מֵעַצְמוֹ הֲרֵי זֶה מְשֻׁבָּח אִם אֵין לָהּ בָּנִים. אֲבָל אִם יֵשׁ לָהּ בָּנִים לֹא יוֹצִיא מִפְּנֵי פְּסוּל הַגֵּט שֶׁמָּא יוֹצִיא לַעַז עַל בָּנָיו:

ג. וְכָל מָקוֹם שֶׁאָמַרְנוּ בְּחִבּוּר זוֹ הֲרֵי זֶה סְפֵק גֵּרוּשִׁין אוֹ שֶׁהִיא סָפֵק מְגֹרֶשֶׁת לֹא תִּנָּשֵׂא וְאִם נִשֵּׂאת תֵּצֵא וְהַוָּלָד סְפֵק מַמְזֵר מִפְּנֵי שֶׁהִיא סְפֵק עֶרְוָה. וְכֵן אִם גֵּרֵשׁ אֶת אִשְׁתּוֹ בְּגֵט פָּסוּל אוֹ שֶׁהָיְתָה סָפֵק מְגֹרֶשֶׁת וְרָצָה לְהַחֲזִירָהּ הֲרֵי זוֹ מֻתֶּרֶת לְבַעְלָהּ. וְאֵינוֹ צָרִיךְ לְחַדֵּשׁ הַנִּשּׂוּאִין וּלְבָרֵךְ שֶׁבַע בְּרָכוֹת וְלִכְתֹּב כְּתֻבָּה עַד שֶׁתִּתְגָּרֵשׁ גֵּרוּשִׁין גְּמוּרִין:

ד. כָּל מִי שֶׁנִּשֵּׂאת בְּגֵט בָּטֵל הֲרֵי זוֹ צְרִיכָה גֵּט מִבַּעַל שֵׁנִי מִדִּבְרֵיהֶן כְּדֵי שֶׁלֹּא יֹאמְרוּ אֵשֶׁת אִישׁ יוֹצְאָה בְּלֹא גֵּט. וּצְרִיכָה גֵּט מִן הָרִאשׁוֹן לְהַתִּירָהּ לִשְׁאָר הָעָם. וְנֶאֶסְרָה עַל שְׁנֵיהֶם לְעוֹלָם אַף עַל פִּי שֶׁנִּבְעֲלָה בִּשְׁגָגָה. כְּדֵי שֶׁלֹּא יֹאמְרוּ הֶחֱזִיר זֶה גְּרוּשָׁתוֹ אַחַר שֶׁנִּשֵּׂאת. וְאִם עָבַר אֶחָד מִשְּׁנֵיהֶן וְהֶחֱזִירָהּ יוֹצִיא:

ה. וְכֵן הַדִּין בְּאִשָּׁה שֶׁבָּאוּ עֵדִים שֶׁמֵּת בַּעְלָהּ וְנִשֵּׂאת וְאַחַר כָּךְ בָּא בַּעְלָהּ בֵּין שֶׁהָיָה בַּעְלָהּ פִּקֵּחַ בֵּין שֶׁהָיָה חֵרֵשׁ בֵּין שֶׁנִּשֵּׂאת לְפִקֵּחַ בֵּין שֶׁנִּשֵּׂאת לְחֵרֵשׁ שֶׁאֵין קִדּוּשָׁיו קִדּוּשִׁין גְּמוּרִים תֵּצֵא מִשְּׁנֵיהֶם וּצְרִיכָה גֵּט מִזֶּה וּמִזֶּה וְנֶאֱסֶרֶת עַל שְׁנֵיהֶם עוֹלָמִית:

ו. הֲרֵי שֶׁנִּתְקַדְּשָׁה וְאַחַר כָּךְ בָּא בַּעְלָהּ אוֹ נִמְצָא הַגֵּט בָּטֵל הֲרֵי זוֹ מֻתֶּרֶת לְבַעְלָהּ וְאֵינָהּ צְרִיכָה גֵּט מִשֵּׁנִי שֶׁאֵין קִדּוּשִׁין תּוֹפְסִין בַּעֲרָיוֹת. וְאֵין חוֹשְׁשִׁין שֶׁמָּא יֹאמְרוּ אֵשֶׁת אִישׁ יוֹצְאָה בְּלֹא גֵּט כֵּיוָן שֶׁלֹּא נִשֵּׂאת יֹאמְרוּ תְּנַאי הָיָה בַּקִּדּוּשִׁין וְלֹא נִתְקַיֵּם:

ז. הָאִשָּׁה שֶׁנִּשֵּׂאת וְנִמְצָא הַגֵּט בָּטֵל. אוֹ בָּא בַּעְלָהּ אַחַר שֶׁשָּׁמְעָה שֶׁמֵּת. אֵין הַבַּעַל הָרִאשׁוֹן וְהַשֵּׁנִי זַכָּאִין לֹא בִּמְצִיאָתָהּ וְלֹא בְּמַעֲשֵׂי יָדֶיהָ וְלֹא בַּהֲפָרַת נְדָרֶיהָ. וְכָל פֵּרוֹת שֶׁאָכְלוּ שְׁנֵיהֶן אַחַר שֶׁנִּשֵּׂאת אֵין מוֹצִיאִין מֵהֶן. וְאֵין לָהּ כְּתֻבָּה וְלֹא תְּנָאֵי מִתְּנָאֵי כְּתֻבָּה וְלֹא מְזוֹנוֹת לֹא עַל זֶה וְלֹא עַל זֶה. וְאִם נָטְלָה מִזֶּה אוֹ מִזֶּה תַּחֲזִיר. וְכָל מַה שֶּׁבָּלָה אוֹ אָבַד מִנְּכָסֶיהָ וַאֲפִלּוּ מִנִּכְסֵי צֹאן בַּרְזֶל אֵין מוֹצִיאִין אוֹתָן לֹא מִזֶּה וְלֹא מִזֶּה. וְהַוָּלָד מִן הַשֵּׁנִי מַמְזֵר. וְאִם בָּא עָלֶיהָ הָרִאשׁוֹן קֹדֶם שֶׁגֵּרֵשׁ הַשֵּׁנִי הֲרֵי הַוָּלָד מַמְזֵר מִדִּבְרֵיהֶם. גֵּרְשָׁהּ הַשֵּׁנִי וְנָטְלָה מִמֶּנּוּ כְּתֻבָּה וְאַחַר כָּךְ בָּא בַּעְלָהּ אוֹ נִמְצָא הַגֵּט בָּטֵל אֵין מוֹצִיאִין מִיָּדָהּ מַה שֶּׁנָּטְלָה לֹא מִן הַמְּזוֹנוֹת וְלֹא מִן הַכְּתֻבָּה:

ח. וְכֵן הַדִּין בְּאַחִין שֶׁקִּדֵּשׁ אֶחָד אִשָּׁה וְהָלַךְ אָחִיו וְשָׁמַע בּוֹ שֶׁמֵּת וְיִבֵּם אֶת אִשְׁתּוֹ וְאַחַר כָּךְ בָּא תֵּצֵא מִזֶּה וּמִזֶּה וּצְרִיכָה גֵּט מִזֶּה וּמִזֶּה וְכָל הַדְּבָרִים הָאֵלּוּ בָּהּ. וְכֵן אִם קִדֵּשׁ אִשָּׁה וְהָלְכָה לִמְדִינָה אַחֶרֶת וְשָׁמַע שֶׁמֵּתָה וְנָשָׂא אֲחוֹתָהּ וְאַחַר כָּךְ נוֹדַע שֶׁלֹּא מֵתָה צְרִיכוֹת שְׁתֵּיהֶן מִמֶּנּוּ גֵּט וְכָל הַדְּרָכִים הָאֵלּוּ בָּהֶן:

ט. אֲבָל אִם הָלְכָה אִשְׁתּוֹ הַנְּשׂוּאָה לִמְדִינָה אַחֶרֶת וְשָׁמַע בָּהּ שֶׁמֵּתָה וְנָשָׂא אֲחוֹתָהּ וְנִמְצֵאת אִשְׁתּוֹ קַיֶּמֶת אֵין אֲחוֹתָהּ צְרִיכָה מִמֶּנּוּ גֵּט וְאִשְׁתּוֹ מֻתֶּרֶת. וְכֵן שְׁאָר הָעֲרָיוֹת שֶׁנְּשָׂאָן בְּחֶזְקַת הֶתֵּר וְנִמְצְאוּ עֶרְוָה אֵינָן צְרִיכוֹת גֵּט שֶׁאֵין קִדּוּשִׁין תּוֹפְסִין בַּעֲרָיוֹת:

י. וּמִפְּנֵי מָה הִצְרִיכוּ אֲחוֹת אֲרוּסָתוֹ גֵּט. שֶׁמָּא יֹאמְרוּ תְּנַאי הָיָה בָּאֵרוּסִין וְכַדָּת נָשָׂא אֲחוֹתָהּ. וְהוֹאִיל וְיָצְאָה אֲחוֹתָהּ בְּגֵט, אֲחוֹתָהּ שֶׁהִיא אֲרוּסָתוֹ הָרִאשׁוֹנָה אֲסוּרָה, כְּדֵי שֶׁלֹּא יֹאמְרוּ נָשָׂא אֲחוֹת גְּרוּשָׁתוֹ:

יא. כָּתַב הַסּוֹפֵר וְטָעָה וְנָתַן גֵּט לָאִישׁ וְשׁוֹבֵר לָאִשָּׁה. אוֹ שֶׁטָּעוּ הֵן וְנָטַל הַבַּעַל הַגֵּט וְנָטְלָה הִיא הַשּׁוֹבֵר וְכִמְדֻמֶּה לָהֶן שֶׁנִּתְגָּרְשָׁה וּלְאַחַר זְמַן הֲרֵי הַגֵּט יוֹצֵא מִתַּחַת יְדֵי הָאִישׁ. אִם לֹא נִשֵּׂאת הֲרֵי זוֹ אֵינָהּ מְגֹרֶשֶׁת וְנִתְגַּלָּה הַדָּבָר שֶׁעֲדַיִן לֹא נִתְגָּרְשָׁה וְיִתֵּן לָהּ הַגֵּט בְּפָנֵינוּ וְתִהְיֶה מְגֹרֶשֶׁת מִשְּׁעַת נְתִינָתוֹ. וְאִם נִשֵּׂאת וְאַחַר כָּךְ הוֹצִיא הַבַּעַל אֶת הַגֵּט וְאָמַר עֲדַיִן לֹא נִתְגָּרְשָׁה שֶׁהֲרֵי הַגֵּט בְּיָדִי וְלֹא הִגִּיעַ לְיָדָהּ אֵין שׁוֹמְעִין לוֹ לְאָסְרָהּ עַל בַּעְלָהּ. אֶלָּא הֲרֵי זוֹ בְּחֶזְקַת גְּרוּשָׁה וְנָפַל הַגֵּט מִיָּדָהּ וּמְצָאוֹ זֶה וַהֲרֵי בָּא לְאָסְרָהּ עַל הַבַּעַל הַשֵּׁנִי:

יב. הַמּוֹצִיא אֶת אִשְׁתּוֹ מִשּׁוּם שֵׁם רַע אוֹ מִשּׁוּם שֶׁהִיא פְּרוּצָה בִּנְדָרִים אוֹמְרִין לוֹ הוֹדִיעָהּ שֶׁמִּפְּנֵי זֶה אַתָּה מוֹצִיאָהּ כְּדֵי לְיַסְּרָהּ וְדַע שֶׁאֵין אַתָּה מַחֲזִירָהּ לְעוֹלָם. וּמִפְּנֵי מָה הַמּוֹצִיא אֶת זוֹ לֹא יַחֲזִירָהּ לְעוֹלָם. גְּזֵרָה שֶׁמָּא תִּנָּשֵׂא לְאַחֵר וְתַעֲשֶׂה תְּשׁוּבָה וְתִהְיֶה צְנוּעָה תַּחְתָּיו וְיֹאמַר הָרִאשׁוֹן אִלּוּ הָיִיתִי יוֹדֵעַ שֶׁכֵּן הוּא לֹא הָיִיתִי מְגָרְשָׁהּ וְנִמְצָא כִּמְגָרֵשׁ עַל תְּנַאי וְלֹא נִתְקַיֵּם שֶׁנִּמְצָא הַגֵּט בָּטֵל לְמַפְרֵעַ. לְפִיכָךְ אוֹמְרִים לוֹ גְּמֹר בִּלְבָבְךָ לְגָרְשָׁהּ שֶׁאֵין זוֹ חוֹזֶרֶת לְךָ לְעוֹלָם. וְאִם עָבַר וְהֶחֱזִיר קֹדֶם שֶׁנִּתְקַדְּשָׁה לְאַחֵר לֹא יוֹצִיא:

יג. וְכֵן הַמּוֹצִיא אֶת אִשְׁתּוֹ מִשּׁוּם אַיְלוֹנִית אוֹ מִשּׁוּם שֶׁרוֹאָה דָּם בְּכָל עֵת תַּשְׁמִישׁ הֲרֵי זֶה לֹא יַחֲזִיר לְעוֹלָם. שֶׁמָּא תִּנָּשֵׂא לְאַחֵר וְתֵלֵד הָאַיְלוֹנִית וְתִתְרַפֵּא הַנִּדָּה וְיֹאמַר אִלּוּ הָיִיתִי יוֹדֵעַ שֶׁכֵּן הוּא לֹא הָיִיתִי מְגָרְשָׁהּ וְנִמְצָא הַגֵּט בָּטֵל וְהַבָּנִים מַמְזֵרִים. וְאִם עָבַר וְהֶחֱזִיר לֹא יוֹצִיא:

יד. שָׁלִיחַ שֶׁהֵבִיא גֵּט חוּצָה לָאָרֶץ וְאָמַר בְּפָנַי נִכְתַּב וּבְפָנַי נֶחְתַּם הֲרֵי זֶה לֹא יִשָּׂאֶנָּה. שֶׁאָנוּ חוֹשְׁשִׁין שֶׁמָּא עֵינָיו נָתַן בָּהּ וּלְפִיכָךְ הֵעִיד לָהּ. וְכֵן הָעֵד הָאֶחָד שֶׁהֵעִיד לָאִשָּׁה שֶׁמֵּת בַּעְלָהּ וְנִשֵּׂאת עַל פִּיו הֲרֵי זֶה לֹא יִשָּׂאֶנָּה. וְכֵן הֶחָכָם שֶׁאָסַר אֶת הָאִשָּׁה עַל בַּעְלָהּ בְּנֶדֶר הֲרֵי זֶה לֹא יִשָּׂאֶנָּה. וְכֵן הַנִּטְעָן עַל הַשִּׁפְחָה וְנִשְׁתַּחְרְרָה עַל הַנָּכְרִית וְנִתְגַּיְּרָה הֲרֵי זֶה לֹא יִשָּׂאֶנָּה. וְכֵן עַכּוּ״ם וְעֶבֶד הַבָּא עַל בַּת יִשְׂרָאֵל אַף עַל פִּי שֶׁחָזַר הָעַכּוּ״ם וְנִתְגַּיֵּר הָעֶבֶד וְנִשְׁתַּחְרֵר הֲרֵי זֶה לֹא יִשָּׂאֶנָּה. וְכֻלָּן אִם עָבְרוּ וְנָשְׂאוּ אֵין מוֹצִיאִין מִיָּדָם:

טו. וְכֻלָּן שֶׁהָיוּ לָהֶם נָשִׁים וּמֵתוּ נְשׁוֹתֵיהֶן אוֹ שֶׁנִּתְגָּרְשׁוּ וְהָיוּ הַנָּשִׁים הֵן שֶׁהִרְגִּילוּ אֶת בַּעֲלֵיהֶן לְגָרְשָׁם הֲרֵי אֵלּוּ מֻתָּרוֹת לְהִנָּשֵׂא לָהֶן לְכַתְּחִלָּה. וְכֵן אִם הָלְכוּ נָשִׁים אֵלּוּ וְנִשְּׂאוּ לַאֲחֵרִים וְנִתְאַלְמְנוּ אוֹ נִתְגָּרְשׁוּ הֲרֵי אֵלּוּ מֻתָּרוֹת לְהִנָּשֵׂא לָהֶן לְכַתְּחִלָּה:

טז. וְכָל אַחַת מֵהֶן מֻתֶּרֶת לְהִנָּשֵׂא לְבֶן הָעֵד שֶׁהֵעִיד לָהּ. אוֹ לְבֶן הֶחָכָם שֶׁאֲסָרָהּ עַל בַּעְלָהּ. אוֹ לְבֶן הַנִּטְעָן עָלֶיהָ אוֹ לִשְׁאָר קְרוֹבִין. שֶׁאֵין אָדָם חוֹטֵא כְּדֵי שֶׁיֵּהָנֶה אַחֵר.

HILCHOT GERUSHIN · PEREK 11 97

וּמֻתֶּרֶת הָאִשָּׁה לְהִנָּשֵׂא לְאֶחָד מֵעֵדֵי גֵּרוּשֶׁיהָ אוֹ מֵעֵדֵי מֵאוּנֶיהָ. אוֹ לְאֶחָד מִן הַדַּיָּנִים שֶׁחָלְצָה בִּפְנֵיהֶם. שֶׁאֵין חוֹשְׁשִׁין אֶלָּא לְעֵדוּת אֶחָד. וּלְעוֹלָם יִתְרַחֵק אָדָם מֵעֵדוּת מֵאוּן וְיִתְקָרֵב לַחֲלִיצָה:

יז. הַמְגָרֵשׁ אֶת אִשְׁתּוֹ וְחָזַר וּבְעָלָהּ בִּפְנֵי עֵדִים קֹדֶם שֶׁתִּנָּשֵׂא לְאַחֵר בֵּין שֶׁגֵּרְשָׁהּ מִן הַנִּשּׂוּאִין בֵּין מִן הָאֵרוּסִין הוֹאִיל וְאִשְׁתּוֹ הָיְתָה הֲרֵי זוֹ בְּחֶזְקַת שֶׁהֶחֱזִירָהּ וּלְשֵׁם קִדּוּשִׁין בָּעַל וְלֹא לְשֵׁם זְנוּת. וַאֲפִלּוּ רָאוּ אוֹתוֹ שֶׁנָּתַן לָהּ מָעוֹת. שֶׁחֲזָקָה הִיא שֶׁאֵין אָדָם עוֹשֶׂה בְּעִילָתוֹ בְּאִשְׁתּוֹ בְּעִילַת זְנוּת וַהֲרֵי בְּיָדוֹ לַעֲשׂוֹתָהּ בְּעִילַת מִצְוָה. לְפִיכָךְ הֲרֵי זוֹ בְּחֶזְקַת מְקֻדֶּשֶׁת קִדּוּשֵׁי וַדַּאי וּצְרִיכָה מִמֶּנּוּ גֵּט שֵׁנִי:

יח. נִתְיַחֵד עִמָּהּ בִּפְנֵי עֵדִים וְהוּא שֶׁיִּהְיוּ שְׁנֵי הָעֵדִים כְּאֶחָד. אִם הָיְתָה מְגֹרֶשֶׁת מִן הַנִּשּׂוּאִין חוֹשְׁשִׁין לָהּ שֶׁמָּא נִבְעֲלָה וְהֵן הֵן עֵדֵי יִחוּד הֵן הֵן עֵדֵי בִּיאָה. שֶׁכָּל הַמְקַדֵּשׁ בְּבִיאָה אֵינוֹ צָרִיךְ לִבְעֹל בִּפְנֵי עֵדִים אֶלָּא יִתְיַחֵד בִּפְנֵיהֶן וְיִבְעֹל כְּמוֹ שֶׁבֵּאַרְנוּ. לְפִיכָךְ צְרִיכָה גֵּט מִסָּפֵק וַהֲרֵי הִיא סְפֵק מְקֻדֶּשֶׁת. וְאִם הָיְתָה מְגֹרֶשֶׁת מִן הָאֵרוּסִין אֵין חוֹשְׁשִׁין לָהּ שֶׁהֲרֵי אֵין לִבּוֹ גַּס בָּהּ:

יט. הוֹרוּ מִקְצָת הַגְּאוֹנִים שֶׁכָּל אִשָּׁה שֶׁתִּבָּעֵל בִּפְנֵי עֵדִים צְרִיכָה גֵּט. חֲזָקָה שֶׁאֵין אָדָם עוֹשֶׂה בְּעִילָתוֹ בְּעִילַת זְנוּת. וְהִגְדִּילוּ וְהוֹסִיפוּ בְּדָבָר זֶה שֶׁעָלָה עַל דַּעְתָּם עַד שֶׁהוֹרוּ שֶׁמִּי שֶׁיֵּשׁ לוֹ בֵּן מִשִּׁפְחָתוֹ חוֹשְׁשִׁין לוֹ וְלֹא תִּתְיַבֵּם אִשְׁתּוֹ שֶׁמָּא שִׁחְרֵר שִׁפְחָתוֹ וְאַחַר כָּךְ בָּא עָלֶיהָ. וְיֵשׁ מִי שֶׁהוֹרָה שֶׁוַּדַּאי שִׁחְרְרָהּ שֶׁאֵין אָדָם עוֹשֶׂה בְּעִילָתוֹ בְּעִילַת זְנוּת. וְכָל הַדְּבָרִים הָאֵלֶּה רְחוֹקִים הֵם בְּעֵינַי עַד מְאֹד מִדַּרְכֵי הַהוֹרָאָה וְאֵין רָאוּי לִסְמֹךְ עֲלֵיהֶן. שֶׁלֹּא אָמְרוּ חֲכָמִים חֲזָקָה זוֹ אֶלָּא בְּאִשְׁתּוֹ שֶׁגֵּרְשָׁהּ בִּלְבַד אוֹ בִּמְקַדֵּשׁ עַל תְּנַאי וּבָעַל סְתָם שֶׁהֲרֵי אִשְׁתּוֹ הִיא וּבְאִשְׁתּוֹ הִיא שֶׁחֶזְקָתוֹ שֶׁאֵינוֹ עוֹשֶׂה בְּעִילַת זְנוּת עַד שֶׁיְּפָרֵשׁ שֶׁהִיא בְּעִילַת זְנוּת אוֹ יְפָרֵשׁ שֶׁעַל תְּנַאי הוּא בּוֹעֵל. אֲבָל בִּשְׁאָר הַנָּשִׁים הֲרֵי כָּל זוֹנָה בְּחֶזְקַת שֶׁבָּעַל לְשֵׁם זְנוּת עַד שֶׁיְּפָרֵשׁ כִּי הוּא לְשֵׁם קִדּוּשִׁין. וְאֵין צָרִיךְ לוֹמַר בְּשִׁפְחָה אוֹ כּוּתִית שֶׁאֵינָהּ בַּת קִדּוּשִׁין שֶׁאֵין חוֹשְׁשִׁין לָהֶן כְּלָל. וַהֲרֵי הַבֵּן מֵהֶן בְּחֶזְקַת כּוּתִי וְעֶבֶד עַד שֶׁיִּוָּדַע בְּוַדַּאי שֶׁנִּשְׁתַּחְרְרָה אִמּוֹ אוֹ נִתְגַּיְּרָה:

כ. מִי שֶׁהֻחְזְקָה אֵשֶׁת אִישׁ בֵּין מִן הַנִּשּׂוּאִין בֵּין מִן הָאֵרוּסִין וְיָצָא שְׁמָהּ בָּעִיר מְגֹרֶשֶׁת. אֲפִלּוּ רֹב הָעִיר אוֹ כֻּלָּהּ מַעֲבִירִין הַקּוֹל שֶׁנִּתְגָּרְשָׁה אֵין חוֹשְׁשִׁין לָהּ וַהֲרֵי הִיא בְּחֶזְקָתָהּ. אֲבָל אִם יָצָא שְׁמָהּ בָּעִיר מְקֻדֶּשֶׁת וְהֻחְזַק הַקּוֹל בְּבֵית דִּין שֶׁהֲרֵי הִיא מְקֻדֶּשֶׁת בְּסָפֵק כְּמוֹ שֶׁבֵּאַרְנוּ וְאַחַר כָּךְ יָצָא עָלֶיהָ קוֹל שֶׁנִּתְגָּרְשָׁה מֵאוֹתָן הַקִּדּוּשִׁין הַקּוֹל אֲסָרָהּ וְהַקּוֹל הִתִּירָהּ וַהֲרֵי זוֹ מְגֹרֶשֶׁת:

כא. לֹא יִשָּׂא אָדָם אִשָּׁה וְדַעְתּוֹ לְגָרְשָׁהּ. וְלֹא תִּהְיֶה יוֹשֶׁבֶת תַּחְתָּיו וּמְשַׁמַּשְׁתּוֹ וְדַעְתּוֹ לְגָרְשָׁהּ. וְלֹא יְגָרֵשׁ אָדָם אִשְׁתּוֹ רִאשׁוֹנָה אֶלָּא אִם כֵּן מָצָא בָהּ עֶרְוַת דָּבָר שֶׁנֶּאֱמַר (דברים כד א) "כִּי מָצָא בָהּ עֶרְוַת דָּבָר" וְגוֹ'. וְאֵין רָאוּי לוֹ לְמַהֵר לְשַׁלַּח אִשְׁתּוֹ רִאשׁוֹנָה. אֲבָל שְׁנִיָּה אִם שְׂנֵאָהּ יְשַׁלְּחֶנָּה:

כב. אִשָּׁה רָעָה בְּדֵעוֹתֶיהָ וְשֶׁאֵינָהּ צְנוּעָה כִּבְנוֹת יִשְׂרָאֵל הַכְּשֵׁרוֹת מִצְוָה לְגָרְשָׁהּ שֶׁנֶּאֱמַר (משלי כב י) "גָּרֵשׁ לֵץ וְיֵצֵא מָדוֹן". וְאִשָּׁה שֶׁנִּתְגָּרְשָׁה מִשּׁוּם פְּרִיצוּת אֵין רָאוּי לְאָדָם כָּשֵׁר שֶׁיִּשָּׂאֶנָּה. שֶׁלֹּא יֹאמְרוּ זֶה הוֹצִיא רְשָׁעָה מִבֵּיתוֹ וְזֶה מַכְנִיסָהּ:

כג. מִי שֶׁנִּתְחָרְשָׁה אִשְׁתּוֹ הֲרֵי זֶה מְגָרְשָׁהּ בְּגֵט וְתִהְיֶה מְגֹרֶשֶׁת. אֲבָל אִם נִשְׁתַּטֵּית אֵינוֹ מוֹצִיאָהּ עַד שֶׁתַּבְרִיא. וְדָבָר זֶה תַּקָּנַת חֲכָמִים הוּא כְּדֵי שֶׁלֹּא תְּהֵא הֶפְקֵר לִפְרוּצִין שֶׁהֲרֵי אֵינָהּ יְכוֹלָה לִשְׁמֹר עַצְמָהּ. לְפִיכָךְ מַנִּיחָהּ וְנוֹשֵׂא אַחֶרֶת וּמַאֲכִילָהּ וּמַשְׁקָהּ מִשֶּׁלָּהּ. וְאֵין מְחַיְּבִין אוֹתוֹ בִּשְׁאֵר כְּסוּת וְעוֹנָה שֶׁאֵין כֹּחַ בְּבֶן דַּעַת לָדוּר עִם הַשּׁוֹטִים בְּבַיִת אֶחָד. וְאֵינוֹ חַיָּב לְרַפְּאוֹתָהּ וְלֹא לִפְדוֹתָהּ. וְאִם גֵּרְשָׁהּ הֲרֵי זוֹ מְגֹרֶשֶׁת וּמוֹצִיאָהּ מִבֵּיתוֹ וְאֵינוֹ חַיָּב לַחֲזֹר וּלְהִטַּפֵּל בָּהּ:

Perek 11

Miun

A minor girl may refuse her husband and leave him without *get*. This is because a minor does not have the capability to establish a complete marriage.

It is a kind of divorce but the rules are more lenient.

There is however a procedure and a document.

A minor is usually up to age **12**, but it also depends on whether she has manifested signs of female maturity. This could take her to age **20** or even **35**.

Reminder:
Age Definitions. Ref *Sefer Nashim, Hilchot Ishut,* Chapter 2.

After she reaches maturity (generally age **12**) and has had marital relations after this time, she can no longer use *miun* to annul her marriage. She must have a *get* to achieve this.

A girl capable of understanding what *kidushin* is, and is between 6-10 years of age, she should perform the procedure of *miun* to leave the marriage. If she is less than 6, *miun* is unnecessary and if she is older than 10, *miun* is always necessary.

If she is between 6-10 years of age and is incapable of understanding what *kidushin is*, she merely returns to her mother's home as if she had never been married.

The legal recording of the *miun* (if it takes place) can be done in an informal manner in front of 2 witnesses. However, it has become a custom to have a document with a standard text.

A woman who is divorced may not remarry original husband, after she has married someone else[2].

Before she remarries, she would be allowed to remarry her original husband.

However, a girl who left marriage through *miun* is not considered as divorced, and would be allowed to remarry original husband after marrying another man.

A woman must wait after being divorced / widowed = **90 days.** (This is to ascertain whether she may have been pregnant) *Derabanan*

A woman may not remarry if she is pregnant – *Derabanan*

Nursing mother must wait **24 months** before remarrying – *Derabanan*

פרק י"א

א. אֵין נוֹשְׂאִין אֶת הַקְּטַנָּה. וְהַנּוֹשֵׂא קְטַנָּה יְתוֹמָה וְלֹא רָצְתָה בְּבַעַל הֲרֵי זוֹ מְמָאֶנֶת וְהוֹלֶכֶת וְאֵינָהּ צְרִיכָה מִמֶּנּוּ גֵּט. שֶׁאֵין קִדּוּשִׁין שֶׁל קְטַנָּה קִדּוּשִׁין גְּמוּרִין כְּמוֹ שֶׁבֵּאַרְנוּ. וְכֵן קְטַנָּה שֶׁהִשִּׂיאָהּ אָבִיהָ וְנִתְאַלְמְנָה אוֹ נִתְגָּרְשָׁה כְּשֶׁהִיא קְטַנָּה הֲרֵי הִיא כִּיתוֹמָה בְּחַיֵּי אָבִיהָ. וְאִם נִשֵּׂאת כְּשֶׁהִיא קְטַנָּה הֲרֵי זוֹ מְמָאֶנֶת:

ב. הַחֵרֶשֶׁת אַף עַל פִּי שֶׁנִּשּׂוּאֶיהָ מִדִּבְרֵי סוֹפְרִים כְּנִשּׂוּאֵי קְטַנָּה לֹא תִּקְּנוּ לָהּ שֶׁתְּמָאֵן כְּדֵי שֶׁלֹּא יִמָּנְעוּ מִלְּנָשְׂאָהּ:

ג. מְמָאֶנֶת הִיא הַקְּטַנָּה בֵּין מִן הָאֵרוּסִין בֵּין מִן הַנִּשּׂוּאִין. בֵּין בִּפְנֵי בַּעְלָהּ בֵּין שֶׁלֹּא בְּפָנָיו. וּכְשֵׁם שֶׁמְּמָאֶנֶת בְּבַעַל כָּךְ מְמָאֶנֶת בְּיָבָם. וּמְמָאֶנֶת בְּבַעַל זֶה וּמְמָאֶנֶת בְּשֵׁנִי אִם נִשֵּׂאת לְאַחֵר וְכֵן בִּשְׁלִישִׁי אֲפִלּוּ כַּמָּה פְּעָמִים כָּל זְמַן שֶׁהִיא קְטַנָּה יֵשׁ לָהּ לְמָאֵן. וּקְטַנָּה שֶׁלֹּא מֵאֲנָה אַף עַל פִּי שֶׁהִיא נְשׂוּאָה וְהָלְכָה וְנִתְקַדְּשָׁה לְאַחֵר כְּשֶׁהִיא קְטַנָּה קִדּוּשֶׁיהָ הֵם הֵם מֵאוּנֶיהָ:

ד. עַד מָתַי הַבַּת מְמָאֶנֶת. כָּל זְמַן שֶׁהִיא קְטַנָּה עַד שֶׁתִּהְיֶה נַעֲרָה אוֹ עַד שֶׁיִּוָּדַע שֶׁהִיא אַיְלוֹנִית. בַּמֶּה דְּבָרִים אֲמוּרִים בְּשֶׁלֹּא בָּא עָלֶיהָ הַבַּעַל אַחַר שֶׁנַּעֲשֵׂית בַּת י"ב שָׁנָה וְיוֹם אֶחָד. אֲבָל אִם הִגִּיעָה לַזְּמַן הַזֶּה וְנִבְעֲלָה הוֹאִיל וְהַבְּעִילָה קוֹנָה מִן הַתּוֹרָה כְּמוֹ שֶׁבֵּאַרְנוּ הֲרֵי זוֹ אֵינָהּ מְמָאֶנֶת. וְאֵינָהּ צְרִיכָה בְּדִיקָה לְמֵאוּן שֶׁחֶזְקָתָהּ שֶׁהֵבִיאָה סִימָנִין:

ה. הֲרֵי שֶׁנִּבְדְּקָה וְלֹא נִמְצְאוּ לָהּ סִימָנִים הוֹאִיל וְנִבְעֲלָה אַחַר שֶׁהִגִּיעָה לַזְּמַן הָרָאוּי לְסִימָנִין הֲרֵי זוֹ חוֹשְׁשִׁין לָהּ שֶׁמָּא הֵבִיאָה וְנָשְׁרוּ. וּלְפִיכָךְ צְרִיכָה גֵּט מִסָּפֵק. וְאִם מֵאֲנָה אַחַר שֶׁנִּבְדְּקָה וְנִתְקַדְּשָׁה לְאַחֵר צְרִיכָה מִמֶּנּוּ גֵּט מִסָּפֵק. וְאִם נִשֵּׂאת תֵּצֵא מִזֶּה וּמִזֶּה וְהַוָּלָד סְפֵק מַמְזֵר מִשְּׁנֵיהֶם:

ו. קְטַנָּה שֶׁלֹּא מֵאֲנָה וְהִגְדִּילָה וְאַף עַל פִּי שֶׁלֹּא בְּעָלָהּ בַּעְלָהּ מִשֶּׁנַּעֲשֵׂית בַּת שְׁתֵּים עֶשְׂרֵה שָׁנָה וְיוֹם אֶחָד הֲרֵי זוֹ אֵינָהּ מְמָאֶנֶת שֶׁהֲרֵי הִגְדִּילָה. וּצְרִיכָה גֵּט מִדִּבְרֵי סוֹפְרִים שֶׁהֲרֵי לֹא בָּא עָלֶיהָ אַחַר שֶׁהִגִּיעָה לִשְׁנֵי נְעָרוֹת עַד שֶׁנָּחוּשׁ לָהּ שֶׁמָּא הֵבִיאָה סִימָנִין וְתִהְיֶה סְפֵק מְקֻדֶּשֶׁת, וְלֹא בָּא עָלֶיהָ אַחַר שֶׁהִגְדִּילָה כְּדֵי שֶׁתִּהְיֶה אֵשֶׁת אִישׁ גְּמוּרָה.

וְנִמְצֵאת שֶׁאֵינָהּ צְרִיכָה גֵּט אֶלָּא מִנִּשּׂוּאֵי קְטַנּוֹת שֶׁהֵן מִדִּבְרֵי סוֹפְרִים. לְפִיכָךְ אִם עָמְדָה וְנִתְקַדְּשָׁה אַחַר שֶׁגָּדְלָה תּוֹפְסִין בָּהּ קִדּוּשִׁין שֶׁל שֵׁנִי. וְאִם גֵּרֵשׁ הָרִאשׁוֹן יִכְנֹס הַשֵּׁנִי. אֲבָל אִם גֵּרֵשׁ שֵׁנִי לֹא יְקַיֵּם רִאשׁוֹן שֶׁמָּא יֹאמְרוּ הֶחֱזִיר גְּרוּשָׁתוֹ מֵאַחַר שֶׁנִּתְאָרְסָה. וְאִם בָּא עָלֶיהָ שֵׁנִי קֹדֶם שֶׁיְּגָרֵשׁ רִאשׁוֹן תֵּצֵא מִזֶּה וּמִזֶּה מִפְּנֵי שֶׁדּוֹמֶה לְאִשָּׁה שֶׁשָּׁמְעָה שֶׁמֵּת בַּעְלָהּ וְנִשֵּׂאת וְאַחַר כָּךְ בָּא בַּעְלָהּ. וְאֵין הַוָּלָד מִן הַשֵּׁנִי מַמְזֵר. וְאִם בָּא עָלֶיהָ רִאשׁוֹן קֹדֶם שֶׁגֵּרֵשׁ שֵׁנִי הַוָּלָד מַמְזֵר:

ז. אֵי זוֹ הִיא קְטַנָּה שֶׁצְּרִיכָה לְמָאֵן. מִבַּת שֵׁשׁ עַד בַּת עֶשֶׂר שָׁנִים בּוֹדְקִין אוֹתָהּ לְפִי יְפִי דַּעְתָּהּ אִם יוֹדַעַת לִשְׁמֹר קִדּוּשֶׁיהָ וְשֶׁהֵן קִדּוּשִׁין לֹא שֶׁתִּשְׁמֹר אוֹתָן כְּדֶרֶךְ שֶׁמְּשַׁמֶּרֶת הָאֱגוֹז וּתְמָרָה וְכַיּוֹצֵא בָּהֶן הֲרֵי זוֹ צְרִיכָה מֵאוּן. וְאִם אֵינָהּ יוֹדַעַת לִשְׁמֹר קִדּוּשֶׁיהָ אֵינָהּ צְרִיכָה לְמָאֵן אֶלָּא הוֹלֶכֶת לְבֵית אִמָּהּ כְּאִלּוּ לֹא נִתְקַדְּשָׁה מֵעוֹלָם. וּפְחוּתָה מִבַּת שֵׁשׁ אֲפִלּוּ יוֹדַעַת לִשְׁמֹר אֵינָהּ צְרִיכָה מֵאוּן. וִיתֵרָה עַל בַּת עֶשֶׂר אֲפִלּוּ סְכָלָה בְּיוֹתֵר צְרִיכָה מֵאוּן. וְכָל מִי שֶׁהִשִּׂיאוּהָ אַחֶיהָ אוֹ אִמָּהּ אוֹ קְרוֹבֶיהָ שֶׁלֹּא לְדַעְתָּהּ אֵינָהּ צְרִיכָה לְמָאֵן:

ח. כֵּיצַד מְמָאֶנֶת. אוֹמֶרֶת בִּפְנֵי שְׁנֵי עֵדִים אֵין רְצוֹנִי בִּפְלוֹנִי בַּעְלִי. אוֹ אֵין רְצוֹנִי בַּקִּדּוּשִׁין שֶׁקִּדְּשׁוּנִי אִמִּי אוֹ אַחַי. וְכַיּוֹצֵא בִּדְבָרִים אֵלּוּ. אֲפִלּוּ הָיוּ אוֹרְחִין מְסֻבִּין בְּבֵית בַּעְלָהּ וְהִיא עוֹמֶדֶת וּמַשְׁקָה עֲלֵיהֶן וְאָמְרָה אֵינִי רוֹצָה בִּפְלוֹנִי בַּעְלִי הֲרֵי זֶה מֵאוּן:

ט. הַשְּׁנַיִם שֶׁמְּמָאֶנֶת הַקְּטַנָּה בִּפְנֵיהֶן כּוֹתְבִין לָהּ בְּיוֹם פְּלוֹנִי מֵאֲנָה פְּלוֹנִית בַּת פְּלוֹנִי בְּפָנֵינוּ בִּפְלוֹנִי בַּעְלָהּ וְחוֹתְמִין וְנוֹתְנִין לָהּ. וְזֶה הוּא גּוּפוֹ שֶׁל גֵּט מֵאוּן. וְגֵט מֵאוּן אֵינוֹ כְּגֵט הַגֵּרוּשִׁין שֶׁנְּתִינָתוֹ מְגָרְשָׁהּ. וְאֵינוֹ צָרִיךְ כְּתִיבָה לִשְׁמָהּ וְלֹא מְסִירָה וְלֹא דָּבָר מִמִּשְׁפְּטֵי גֵּט הַגֵּרוּשִׁין. וְאֵין כּוֹתְבִין בּוֹ טָפְסֵי הַגֵּט שֶׁמָּא יֵרָאֶה כְּגֵט גֵּרוּשִׁין לְפִי שֶׁאֵינוֹ אֶלָּא כְּמַעֲשֵׂה בֵּית דִּין:

י. הַשְּׁנַיִם שֶׁמְּמָאֶנֶת בִּפְנֵיהֶן צְרִיכִין שֶׁיִּהְיוּ מַכִּירִין אוֹתָהּ וְאֶת בַּעְלָהּ שֶׁמֵּאֲנָה בּוֹ. לְפִיכָךְ כָּל מִי שֶׁרָאָה אוֹתָהּ שֶׁמֵּאֲנָה וְשָׁמַע מֵאוּנֶיהָ יֵשׁ לוֹ לִכְתֹּב גֵּט מֵאוּן לָהּ אַף עַל פִּי שֶׁאֵין מַכִּירָהּ. וּכְבָר נָהֲגוּ יִשְׂרָאֵל לִכְתֹּב גֵּט מֵאוּן בְּנֹסַח זֶה:

יא. גֵּט מֵאוּן: בְּכָךְ בְּשַׁבָּת כָּךְ וְכָךְ יוֹם לְחֹדֶשׁ פְּלוֹנִי שְׁנַת כָּךְ וְכָךְ לְמִנְיַן פְּלוֹנִי מֵאֲנָה פְּלוֹנִית בַּת פְּלוֹנִי בְּפָנֵינוּ וְאָמְרָה שֶׁאִמִּי אוֹ אַחַי הִטְעוּנִי וְהִשִּׂיאוּנִי אוֹ קִדְּשׁוּנִי וַאֲנִי קְטַנָּה לִפְלוֹנִי בַּר פְּלוֹנִי וְהַשְׁתָּא גִּלִּיתִי דַּעְתִּי קֳדָמֵיכוֹן דְּלָא צָבִינָא בֵּיהּ וְלָא קָאֵימְנָא עִמֵּיהּ. וּבְדַקְנָא פְּלוֹנִית דָּא וְאִתְבְּרֵר לָנָא דַּעֲדַיִן קְטַנָּה הִיא וּכְתַבְנָא וַחֲתַמְנָא וִיהַבְנָא לָהּ לִזְכוּת וּלְרְאָיָה בְּרוּרָה: פְּלוֹנִי בַּר פְּלוֹנִי עֵד: פְּלוֹנִי בַּר פְּלוֹנִי עֵד:

יב. הַמְגָרֵשׁ אֶת אִשְׁתּוֹ וְנִתְקַדְּשָׁה לְאַחֵר אַף עַל פִּי שֶׁלֹּא בְּעָלָהּ נֶאֶסְרָה עַל הָרִאשׁוֹן. וְאִם הֶחֱזִיר הָרִאשׁוֹן וּבְעָלָהּ לוֹקֶה וְכוֹפִין אוֹתוֹ לְהוֹצִיא שֶׁנֶּאֱמַר (דברים כד ד) "לֹא יוּכַל בַּעְלָהּ הָרִאשׁוֹן" וְגוֹ':

יג. זִנְּתָה עִם אַחֵר כְּשֶׁהִיא גְּרוּשָׁה מֻתֶּרֶת לַחֲזֹר לְבַעְלָהּ שֶׁנֶּאֱמַר (דברים כד ב) "וְיָצְאָה מִבֵּיתוֹ וְהָלְכָה וְהָיְתָה לְאִישׁ אַחֵר". הֲוָיָתָהּ לְאִישׁ אַחֵר שֶׁהִיא הַקִּדּוּשִׁין הִיא שֶׁאוֹסֶרֶת אוֹתָהּ עַל בַּעְלָהּ לַחֲזֹר לוֹ:

יד. וּבִכְלַל לָאו זֶה שֶׁכָּל אִשָּׁה שֶׁזִּנְּתָה תַּחַת בַּעְלָהּ נֶאֶסְרָה עָלָיו וְלוֹקֶה עָלֶיהָ שֶׁנֶּאֱמַר (דברים כד ד) "אַחֲרֵי אֲשֶׁר הֻטַּמָּאָה" וַהֲרֵי נִטְמְאָה. אֶלָּא אִם כֵּן הָיְתָה אֵשֶׁת יִשְׂרָאֵל שֶׁנֶּאֶנְסָה. לְפִיכָךְ כָּל אִשָּׁה שֶׁנֶּאֶסְרָה עַל בַּעְלָהּ עַל יְדֵי קִנּוּי וּסְתִירָה אִם בָּעַל אוֹתָהּ מַכִּין אוֹתוֹ מַכַּת מַרְדּוּת. וְאִם עָבַר וְהֶחֱזִירָהּ אַחַר שֶׁגֵּרְשָׁהּ יוֹצִיא בְּגֵט:

טו. חֵרֵשׁ שֶׁגֵּרֵשׁ בִּרְמִיזָה כְּמוֹ שֶׁבֵּאַרְנוּ וְהָלְכָה וְנִתְקַדְּשָׁה לְחֵרֵשׁ אַחֵר וְאֵין צָרִיךְ לוֹמַר לְפִקֵּחַ אֲסוּרָה לַחֲזֹר לְבַעְלָהּ הַחֵרֵשׁ. אֲבָל אִשְׁתּוֹ שֶׁל פִּקֵּחַ שֶׁנִּתְגָּרְשָׁה וְהָלְכָה וְנִשֵּׂאת לְחֵרֵשׁ וְנִתְגָּרְשָׁה מֻתֶּרֶת לַחֲזֹר לְבַעְלָהּ הַפִּקֵּחַ:

טז. הַמְמָאֶנֶת בְּאִישׁ אֵינָהּ מְגֹרֶשֶׁת מִמֶּנּוּ. וְדִינָהּ עִם בַּעְלָהּ שֶׁמֵּאֲנָה בּוֹ כְּדִינָהּ עִם מִי שֶׁלֹּא קִדְּשָׁהּ מֵעוֹלָם. הִיא מֻתֶּרֶת בִּקְרוֹבָיו וְהוּא מֻתָּר בִּקְרוֹבוֹתֶיהָ וְלֹא פְּסָלָהּ מִן הַכְּהֻנָּה. וְאִם נִשֵּׂאת לְאַחֵר וְגֵרְשָׁהּ הָאַחֵר אוֹ מֵת אוֹ מֵאֲנָה בּוֹ מֻתֶּרֶת לַחֲזֹר לָרִאשׁוֹן. וְלֹא עוֹד אֶלָּא אֲפִלּוּ גֵּרְשָׁהּ הָרִאשׁוֹן וְהֶחֱזִירָהּ וּמֵאֲנָה בּוֹ וְנִשֵּׂאת לְאַחֵר אַחַר שֶׁמֵּאֲנָה בּוֹ וְגֵרְשָׁהּ הָאַחֵר מֻתֶּרֶת לַחֲזֹר לָרִאשׁוֹן. שֶׁכָּל הַיּוֹצֵאת בְּמֵאוּן אַף עַל פִּי שֶׁקְּדָמוֹ גֵּט הֲרֵי זוֹ כְּמִי שֶׁלֹּא נִתְגָּרְשָׁה מִמֶּנּוּ בְּגֵט מֵעוֹלָם וּמֻתֶּרֶת לַחֲזֹר לוֹ. אֲבָל הַמְגָרֵשׁ אֶת הַקְּטַנָּה בְּגֵט וְנִשֵּׂאת לְאַחֵר וּמֵאֲנָה בּוֹ אֲסוּרָה לַחֲזֹר לָרִאשׁוֹן מִפְּנֵי שֶׁיָּצָאת מִמֶּנּוּ בְּגֵט אַף עַל פִּי שֶׁיָּצָאת מִן הָאַחֲרוֹן בְּמֵאוּן. וְאֵין צָרִיךְ לוֹמַר אִם גֵּרְשָׁהּ הָאַחֲרוֹן אוֹ מֵת. וְכֵן אֲסוּרָה לַאֲבִי הָרִאשׁוֹן וְלִבְנוֹ וּלְאָחִיו כִּשְׁאָר הַגְּרוּשׁוֹת אַף עַל פִּי שֶׁיָּצָאת מִן הָאַחֲרוֹן בְּמֵאוּן:

יז. הַמְמָאֶנֶת בְּיָבָם אֲסוּרָה לְאָבִיו מִפְּנֵי שֶׁנִּרְאֵית כְּכַלָּתוֹ בְּעֵת שֶׁמֵּת בְּנוֹ. אֲבָל לִשְׁאָר קְרוֹבִים מֻתֶּרֶת. לְפִיכָךְ אִם מֵאֲנָה בְּאֶחָד מִן הַיְבָמִין מֻתֶּרֶת לְאֶחָיו:

יח. כָּל אִשָּׁה שֶׁנִּתְגָּרְשָׁה אוֹ שֶׁנִּתְאַלְמְנָה הֲרֵי זוֹ לֹא תִּנָּשֵׂא וְלֹא תִּתְאָרֵס עַד שֶׁתַּמְתִּין תִּשְׁעִים יוֹם חוּץ מִיּוֹם שֶׁנִּתְגָּרְשָׁה

אוֹ שֶׁמֵּת בַּעְלָהּ בּוֹ וְחוּץ מִיּוֹם שֶׁנִּתְאָרְסָה בּוֹ. כְּדֵי שֶׁיִּוָּדַע אִם הִיא מְעֻבֶּרֶת אוֹ אֵינָהּ מְעֻבֶּרֶת לְהַבְחִין בֵּין זַרְעוֹ שֶׁל רִאשׁוֹן לְזַרְעוֹ שֶׁל שֵׁנִי:

יט. וּמִיּוֹם כְּתִיבַת הַגֵּט מוֹנִין לִמְגֹרֶשֶׁת. וַאֲפִלּוּ הָיָה עַל תְּנַאי אוֹ שֶׁלֹּא הִגִּיעַ לְיָדָהּ אֶלָּא לְאַחַר כַּמָּה שָׁנִים מִיּוֹם הַכְּתִיבָה מוֹנִין. שֶׁהֲרֵי אֵינוֹ מִתְיַחֵד עִמָּהּ מִשֶּׁכְּתָבוֹ לָהּ:

כ. וּגְזֵרַת חֲכָמִים הִיא שֶׁאֲפִלּוּ אִשָּׁה שֶׁאֵינָהּ רְאוּיָה לֵילֵד וַאֲפִלּוּ נִתְגָּרְשָׁה אוֹ נִתְאַלְמְנָה מִן הָאֵרוּסִין צְרִיכָה לְהַמְתִּין תִּשְׁעִים יוֹם. אֲפִלּוּ קְטַנָּה אוֹ זְקֵנָה אוֹ עֲקָרָה אוֹ אַיְלוֹנִית. וַאֲפִלּוּ בַּעְלָהּ בִּמְדִינַת הַיָּם אוֹ חוֹלֶה אוֹ חָבוּשׁ בְּבֵית הָאֲסוּרִין וַאֲפִלּוּ בְּתוּלָה מִן הָאֵרוּסִין צְרִיכוֹת לְהַמְתִּין תִּשְׁעִים יוֹם:

כא. שִׁפְחָה שֶׁנִּשְׁתַּחְרְרָה וְגִיּוֹרֶת שֶׁנִּתְגַּיְּרָה מַמְתִּינִין תִּשְׁעִים יוֹם. וַאֲפִלּוּ גֵּר וְאִשְׁתּוֹ שֶׁנִּתְגַּיְּרוּ מַפְרִישִׁין אוֹתָן תִּשְׁעִים יוֹם כְּדֵי לְהַבְחִין בֵּין זֶרַע שֶׁנִּזְרַע בִּקְדֻשָּׁה לְזֶרַע שֶׁלֹּא נִזְרַע בִּקְדֻשָּׁה. וְכֵן יְפַת תֹּאַר אַף עַל פִּי שֶׁנָּתְנָה לָהּ תּוֹרָה שְׁלֹשִׁים יוֹם לְתַקָּנַת עַצְמָהּ צְרִיכָה לְהַמְתִּין תִּשְׁעִים יוֹם לְתַקָּנַת הַוָּלָד. וְהַשְּׁלֹשִׁים מִכְּלַל הַתִּשְׁעִים:

כב. הַמְּמָאֶנֶת אֵינָהּ צְרִיכָה לְהַמְתִּין. לֹא גָּזְרוּ אֶלָּא בִּגְרוּשָׁה. וְכֵן הַמְזַנָּה אֵינָהּ צְרִיכָה לְהַמְתִּין מִפְּנֵי שֶׁמְּשַׁמֶּרֶת עַצְמָהּ שֶׁלֹּא תִּתְעַבֵּר. וְכֵן אֲנוּסָה וּמְפֻתָּה אֵינָן צְרִיכוֹת לְהַמְתִּין:

כג. מִי שֶׁנִּשֵּׂאת בְּטָעוּת וְנוֹדַע שֶׁהִיא אֲסוּרָה לְבַעְלָהּ וְהוֹצִיאוּהָ בֵּית דִּין מִתַּחְתָּיו. אִם הָיְתָה קְטַנָּה שֶׁאֵינָהּ רְאוּיָה לֵילֵד אֵינָהּ צְרִיכָה לְהַמְתִּין. שֶׁזֶּה דָּבָר שֶׁאֵינוֹ מָצוּי הוּא וְכָל דָּבָר שֶׁאֵינוֹ מָצוּי בְּרֹב לֹא גָּזְרוּ בּוֹ:

כד. הַמְאָרֵס בְּתוֹךְ תִּשְׁעִים יוֹם מְנַדִּין אוֹתוֹ. אֵרֵס וּבָרַח אֵין מְנַדִּין אוֹתוֹ. כָּנַס בְּתוֹךְ תִּשְׁעִים יוֹם מַפְרִישִׁין אוֹתָן עַד אַחַר זְמַן וְיַעֲמֹד עִם אִשְׁתּוֹ:

כה. וְכֵן גָּזְרוּ חֲכָמִים שֶׁלֹּא יִשָּׂא אָדָם מְעֻבֶּרֶת חֲבֵרוֹ וּמֵינֶקֶת חֲבֵרוֹ. וְאַף עַל פִּי שֶׁהַזֶּרַע יָדוּעַ לְמִי הִיא מְעֻבֶּרֶת. שֶׁמָּא יַזִּיק הַוָּלָד בִּשְׁעַת תַּשְׁמִישׁ שֶׁאֵינוֹ מַקְפִּיד עַל בֶּן חֲבֵרוֹ. וּמֵינִיקָה שֶׁמָּא יִתְעַכֵּר הֶחָלָב וְהוּא אֵינוֹ מַקְפִּיד לְרַפְּאוֹת הֶחָלָב בִּדְבָרִים הַמּוֹעִילִין לֶחָלָב כְּשֶׁיִּתְעַכֵּר:

כו. כַּמָּה הוּא זְמַן הַיְנִיקָה. כ"ד חֹדֶשׁ חוּץ מִיּוֹם שֶׁנּוֹלַד בּוֹ וּמִיּוֹם שֶׁנִּתְאָרְסָה בּוֹ:

כז. כְּשֵׁם שֶׁאָסוּר לִשָּׂא כָּךְ אָסוּר לְאָרֵס עַד אַחַר זְמַן זֶה. אֲפִלּוּ נָתְנָה בְּנָהּ לְמֵינִיקָה אוֹ שֶׁגְּמָלַתּוּ בְּתוֹךְ כ"ד חֹדֶשׁ לֹא תִּנָּשֵׂא. מֵת בְּנָהּ מֻתֶּרֶת לְנָשֵׂא. וְאֵין חוֹשְׁשִׁין שֶׁמָּא תַּהַרְגֶנּוּ:

כח. עָבַר וְנָשָׂא מְעֻבֶּרֶת אוֹ מֵינִיקָה בְּתוֹךְ זְמַן זֶה יוֹצִיא בְּגֵט וַאֲפִלּוּ הָיָה כֹּהֵן. וְאִם הָיָה יִשְׂרָאֵל יַחֲזִירֶנָּה אַחַר כ"ד חֹדֶשׁ שֶׁל מֵינִיקָה. נָשָׂא וּבָרַח וּלְאַחַר זְמַן בָּא וְיָשַׁב עִם אִשְׁתּוֹ אֵין בְּכָךְ כְּלוּם. אֵרֵס מְעֻבֶּרֶת אוֹ מֵינִיקָה אֵין כּוֹפִין אוֹתוֹ לְהוֹצִיא וְלֹא לִכְנֹס עַד אַחַר זְמַן הַיְנִיקָה אוֹ עַד שֶׁיָּמוּת הַוָּלָד:

Perek 12

How to establish if a woman is divorced. (validity of witnesses)

Is there a *get*?

Are there witnesses?

How many witnesses? etc…

Similar investigations when it is claimed that the husband died.

There are **5** women who are not believed if they testify to the death of the other's husband, because they are presumed to hate each other.

- Mother-in-law
- Daughter-in-law
- Husband's other wife
- Her *yevamah* i.e. the potential woman who her husband *may* have to marry
- Husbands daughter from another marriage

פרק י״ב

א. הָאִשָּׁה שֶׁבָּאָה וְאָמְרָה אֵשֶׁת אִישׁ הָיִיתִי וּגְרוּשָׁה אֲנִי נֶאֱמֶנֶת. שֶׁהַפֶּה שֶׁאָסַר הוּא הַפֶּה שֶׁהִתִּיר. הֻחְזְקָה אֵשֶׁת אִישׁ וּבָאָה וְאָמְרָה גֵּרְשַׁנִי בַּעְלִי אֵינָהּ נֶאֱמֶנֶת לְהַתִּיר עַצְמָהּ לַשּׁוּק. אֲבָל פָּסְלָה עַצְמָהּ לִכְהֻנָּה לְעוֹלָם. וְאִם מֵת בַּעְלָהּ חוֹשְׁשִׁין לִדְבָרֶיהָ וְחוֹלֶצֶת וְלֹא מִתְיַבֶּמֶת:

ב. הָיוּ לָהּ שְׁנֵי עֵדִים שֶׁהִיא גְּרוּשָׁה אַף עַל פִּי שֶׁאֵין שָׁם גֵּט הֲרֵי זוֹ תִּנָּשֵׂא לְכַתְּחִלָּה. הוֹצִיאָה גֵּט מִתַּחַת יָדָהּ וְאָמְרָה גֵּרְשַׁנִי בַּעְלִי בָּזֶה הֲרֵי זוֹ נֶאֱמֶנֶת וְתִנָּשֵׂא בּוֹ אַף עַל פִּי שֶׁאֵינוֹ מְקֻיָּם כְּמוֹ שֶׁבֵּאַרְנוּ:

ג. בָּא הַבַּעַל וְעִרְעֵר אִם אָמַר לֹא נְתַתִּיו לָהּ אֶלָּא נָפַל מִמֶּנִּי וּמְצָאָה אוֹתוֹ אֵינוֹ נֶאֱמָן. שֶׁהֲרֵי הוֹדָה שֶׁכְּתָבוֹ לָהּ וַהֲרֵי הוּא יוֹצֵא מִתַּחַת יָדָהּ. אֲבָל אִם אָמַר הַבַּעַל עַל תְּנַאי הָיָה. פִּקָּדוֹן הָיָה. מֵעוֹלָם לֹא כְּתַבְתִּיו. מְזֻיָּף הוּא. יִתְקַיֵּם בְּחוֹתְמָיו אוֹ בְּעֵדֵי מְסִירָה כְּמוֹ שֶׁבֵּאַרְנוּ. וְאִם לֹא נִתְקַיֵּם אֵינָהּ מְגֹרֶשֶׁת לִהְיוֹת מֻתֶּרֶת לַאֲחֵרִים אֲבָל פָּסְלָה נַפְשָׁהּ מִכְּהֻנָּה כְּמוֹ שֶׁבֵּאַרְנוּ. שֶׁהֲרֵי פָּסְלָה עַצְמָהּ בְּהוֹדָאַת פִּיהָ וְעָשְׂתָה עַצְמָהּ כַּחֲתִיכָה שֶׁל אִסּוּר:

ד. בָּאָה הִיא וּבַעְלָהּ. הִיא אוֹמֶרֶת גֵּרַשְׁתַּנִי וְאָבַד גִּטִּי. וְהוּא אוֹמֵר לֹא גֵּרַשְׁתִּיךְ. אַף עַל פִּי שֶׁהֻחְזְקָה אִשְׁתּוֹ הֲרֵי זוֹ נֶאֱמֶנֶת. חֲזָקָה אֵין אִשָּׁה מְעִיזָּה פָּנֶיהָ בִּפְנֵי בַּעְלָהּ:

ה. אָמַר הַבַּעַל גֵּרַשְׁתִּי אֶת אִשְׁתִּי אֵינוֹ נֶאֱמָן וְחוֹשְׁשִׁים לִדְבָרָיו וְתִהְיֶה סְפֵק מְגֹרֶשֶׁת. וַאֲפִלּוּ הוֹדֵית לוֹ שֶׁגֵּרְשָׁהּ אֵינוֹ נֶאֱמָן שֶׁמָּא יִתְכַּוֵּן לְקַלְקְלָהּ אוֹ בְּגֵט בָּטֵל גֵּרְשָׁהּ וְהִיא אֵינָהּ יוֹדַעַת [אוֹ שֶׁמָּא תָּעֵז פָּנֶיהָ בּוֹ מִפְּנֵי שֶׁהוּא מַאֲמִינָהּ וְהִיא אֵינָהּ יוֹדַעַת] כֹּבֶד הָאִסּוּר שֶׁלָּהּ. לְפִיכָךְ אוֹמְרִים לוֹ אִם אֱמֶת הַדָּבָר הֲרֵי אַתֶּם קַיָּמִים גָּרֵשׁ אוֹתָהּ עַתָּה בְּפָנֵינוּ:

ו. שְׁנַיִם אוֹמְרִים נִתְגָּרְשָׁה וּשְׁנַיִם אוֹמְרִים לֹא נִתְגָּרְשָׁה אֲפִלּוּ הַבַּעַל עוֹמֵד וְהִיא אוֹמֶרֶת לוֹ גֵּרַשְׁתַּנִי הֲרֵי זוֹ בְּחֶזְקַת אֵשֶׁת אִישׁ גְּמוּרָה מִפְּנֵי שֶׁהָעֵדִים סוֹמְכִין אוֹתָהּ וְאֶפְשָׁר שֶׁתָּעֵז פָּנֶיהָ. לְפִיכָךְ אִם נִשֵּׂאת תֵּצֵא וְהַוָּלָד מַמְזֵר:

ז. בַּמֶּה דְּבָרִים אֲמוּרִים כְּשֶׁאָמְרוּ עַכְשָׁו נִתְגָּרְשָׁה שֶׁהֲרֵי אוֹמְרִין לָהּ אִם אֱמֶת הַדָּבָר הוֹצִיאִי גִּטֵּךְ. אֲבָל אִם אָמְרוּ הָעֵדִים מִכַּמָּה יָמִים נִתְגָּרְשָׁה יֵשׁ לוֹמַר אָבַד הַגֵּט וְהוֹאִיל וְהִיא אוֹמֶרֶת גְּרוּשָׁה אֲנִי בְּוַדַּאי וּשְׁנֵי עֵדִים מְעִידִין לָהּ אַף עַל פִּי שֶׁהַשְּׁנַיִם מַכְחִישִׁין אוֹתָן אִם נִשֵּׂאת לְאֶחָד מֵעֵדֶיהָ לֹא תֵּצֵא שֶׁהֲרֵי הִיא וּבַעְלָהּ יוֹדְעִין בְּוַדַּאי שֶׁהִיא מֻתֶּרֶת וַחֲזָקָה הִיא שֶׁאֵין מְקַלְקְלִין עַצְמָן. אֲבָל אִם נִשֵּׂאת לְאַחֵר הוֹאִיל וְהַדָּבָר אֶצְלוֹ סָפֵק. וְכֵן אִם אָמְרָה אֵינִי יוֹדַעַת אֲפִלּוּ נִשֵּׂאת לְאֶחָד מֵעֵדֶיהָ הֲרֵי זוֹ תֵּצֵא וְהַוָּלָד סְפֵק מַמְזֵר:

ח. אָמְרוּ שְׁנַיִם רְאִינוּהָ שֶׁנִּתְגָּרְשָׁה וּשְׁנַיִם אוֹמְרִים לֹא רְאִינוּהָ. אִם הָיוּ כֻּלָּם שְׁרוּיִים בְּחָצֵר אַחַת הֲרֵי זוֹ לֹא תִּנָּשֵׂא. וְאִם נִשֵּׂאת לֹא תֵּצֵא וְהַוָּלָד כָּשֵׁר. שֶׁבְּנֵי אָדָם עֲשׂוּיִין לְגָרֵשׁ בִּצְנִעָה:

ט. הָאִשָּׁה שֶׁלֹּא הֻחְזְקָה אֵשֶׁת אִישׁ וּבָא עֵד אֶחָד וְאָמַר אֵשֶׁת אִישׁ הָיְתָה וְנִתְגָּרְשָׁה. וּבָא עֵד אֶחָד וְאָמַר לֹא נִתְגָּרְשָׁה. הֲרֵי שְׁנֵיהֶן מְעִידִין שֶׁהִיא אֵשֶׁת אִישׁ וְאֶחָד מֵעִיד שֶׁהִיא גְּרוּשָׁה וְאֵין דְּבָרָיו שֶׁל אֶחָד בִּמְקוֹם שְׁנַיִם וּלְפִיכָךְ לֹא תִּנָּשֵׂא וְאִם נִשֵּׂאת תֵּצֵא:

י. אִשָּׁה וּשְׁנֵי אֲנָשִׁים שֶׁבָּאוּ מִמְּדִינָה אַחֶרֶת. זֶה אוֹמֵר זוֹ אִשְׁתִּי וְזֶה עַבְדִּי. וְזֶה אוֹמֵר זוֹ אִשְׁתִּי וְזֶה עַבְדִּי. וְהָאִשָּׁה אוֹמֶרֶת שְׁנֵיהֶן עֲבָדַי. הֲרֵי הִיא מֻתֶּרֶת לַכֹּל וְאַף עַל פִּי שֶׁשְּׁנֵיהֶן הֶחֱזִיקוּהָ בְּאֵשֶׁת אִישׁ הוֹאִיל וְכָל אֶחָד מֵהֶן הֵעִיד לְעַצְמוֹ אֵינָן נֶאֱמָנִין:

יא. שְׁלִיחַ קַבָּלָה שֶׁהוֹצִיא גֵּט מִתַּחַת יָדוֹ וְהַבַּעַל אוֹמֵר מְזֻיָּף הוּא יִתְקַיֵּם בְּחוֹתְמָיו אוֹ בְּעֵדֵי מְסִירָה כְּמוֹ שֶׁבֵּאַרְנוּ. אָמַר הַבַּעַל לְפִקָּדוֹן נְתַתִּיו לוֹ וְהַשָּׁלִיחַ אוֹמֵר לְגֵרוּשִׁין נְתָנוֹ לִי הַשָּׁלִיחַ נֶאֱמָן. וְכֵן אִם הָיָה הַגֵּט יוֹצֵא מִתַּחַת יְדֵי הָאִשָּׁה וְהִיא אוֹמֶרֶת שָׁלִיחַ זֶה נְתָנוֹ לִי, וְהַשָּׁלִיחַ אוֹמֵר כֵּן נְתַתִּיו לָהּ וּלְגֵרוּשִׁין נְתָנוֹ לִי, וְהַבַּעַל אוֹמֵר לֹא נְתַתִּיו לוֹ אֶלָּא לְפִקָּדוֹן, הַשָּׁלִיחַ נֶאֱמָן וְהִיא מְגֹרֶשֶׁת:

יב. אָבַד הַגֵּט אַף עַל פִּי שֶׁהַבַּעַל אוֹמֵר לְגֵרוּשִׁין נְתַתִּיו לַשָּׁלִיחַ וְהַשָּׁלִיחַ אוֹמֵר נְתַתִּיו לָהּ הֲרֵי זוֹ סְפֵק מְגֹרֶשֶׁת שֶׁהֲרֵי הֻחְזְקָה אֵשֶׁת אִישׁ וְאֵין כָּאן אֶלָּא עֵד אֶחָד וּבַעַל. וַאֲפִלּוּ אָמְרָה הָאִשָּׁה בְּפָנַי נְתָנוֹ לוֹ לְגֵרוּשִׁין וּנְתָנוֹ הַשָּׁלִיחַ לִי הוֹאִיל וְהַבַּעַל וְהַשָּׁלִיחַ סוֹעֲדִין אוֹתָהּ אֶפְשָׁר שֶׁתָּעֵז פָּנֶיהָ וְשֶׁמָּא לֹא נִתְגָּרְשָׁה:

יג. שְׁלִיחַ קַבָּלָה שֶׁקִּבֵּל גֵּט לְאִשָּׁה וּשְׁלָחוֹ לָהּ בִּפְנֵי שְׁנֵי עֵדִים וְהִגִּיעַ הַגֵּט לְיָדָהּ וּנְטָלַתּוּ וַהֲרֵי הַגֵּט יוֹצֵא מִתַּחַת יָדָהּ. וְהִיא אֵינָהּ יוֹדַעַת אִם בַּעְלָהּ שְׁלָחוֹ לָהּ אוֹ שְׁלִיחַ קַבָּלָה שֶׁלָּהּ אוֹ שְׁלוּחוֹ שֶׁל בַּעְלָהּ. הֲרֵי זוֹ מְגֹרֶשֶׁת כְּמוֹ שֶׁבֵּאַרְנוּ:

יד. בָּא בַּעַל וְעִרְעֵר שֶׁלֹּא כְּתָבוֹ אוֹ שֶׁהוּא גֵּט בָּטֵל יִתְקַיֵּם בְּחוֹתְמָיו שֶׁהֲרֵי עֵדִים מְעִידִים שֶׁהַגֵּט שֶׁנְּתָנוֹ לָהּ יָצָא

מִתַּחַת יַד שְׁלוּחָהּ שֶׁיָּדוֹ כְּיָדָהּ. וְאַף עַל פִּי שֶׁהִיא אֵינָהּ יוֹדַעַת הֲרֵי הָעֵדִים יָדְעוּ. וְאִם לֹא נִתְקַיֵּם אֵינָהּ מְגֹרֶשֶׁת:

טו. מִי שֶׁהֻחְזְקָה אֵשֶׁת אִישׁ וְהָלְכָה הִיא וּבַעְלָהּ לִמְדִינַת הַיָּם וְשָׁלוֹם בֵּינוֹ לְבֵינָהּ וְשָׁלוֹם בָּעוֹלָם וּבָאָה וְאָמְרָה מֵת בַּעְלִי נֶאֱמֶנֶת וְתִנָּשֵׂא אוֹ תִּתְיַבֵּם. חֲזָקָה שֶׁאֵינָהּ מְקַלְקֶלֶת עַצְמָהּ וְתֵאָסֵר עַצְמָהּ עַל בַּעְלָהּ הָרִאשׁוֹן וְעַל זֶה וְתַפְסִיד כְּתֻבָּתָהּ מִזֶּה וּמִזֶּה וְלִהְיוֹת בָּנֶיהָ מַמְזֵרִין בְּדָבָר הֶעָשׂוּי לְהִגָּלוֹת לַכֹּל. וְאִי אֶפְשָׁר לְהַכְחִישׁ וְלֹא לִטְעֹן טַעֲנָה שֶׁאִם הוּא חַי סוֹפוֹ לָבֹא אוֹ יִוָּדַע שֶׁהוּא חַי. וְכֵן אִם בָּא עֵד אֶחָד וְהֵעִיד לָהּ שֶׁמֵּת בַּעְלָהּ תִּנָּשֵׂא עַל פִּיו שֶׁהַדָּבָר עָשׂוּי לְהִגָּלוֹת. אֲפִלּוּ עֶבֶד אוֹ אִשָּׁה אוֹ שִׁפְחָה וְעֵד מִפִּי עֵד מִפִּי עֶבֶד מִפִּי שִׁפְחָה מִפִּי קְרוֹבָיו נֶאֱמָנִים לוֹמַר מֵת פְּלוֹנִי וְתִנָּשֵׂא אִשְׁתּוֹ אוֹ תִּתְיַבֵּם עַל פִּיהֶם:

טז. וְהַכֹּל נֶאֱמָנִים לְהָעִיד לָהּ עֵדוּת זוֹ חוּץ מֵחָמֵשׁ נָשִׁים שֶׁחֶזְקָתָם שׂוֹנְאוֹת זוֹ אֶת זוֹ שֶׁאֵין מְעִידוֹת זוֹ לָזוֹ בְּמִיתַת בַּעְלָהּ שֶׁמָּא יִתְכַּוְּנוּ לְאָסְרָהּ עָלָיו וַעֲדַיִן הוּא קַיָּם. וְאֵלּוּ הֵן. חֲמוֹתָהּ. וּבַת חֲמוֹתָהּ. וְצָרָתָהּ. וִיבִמְתָּהּ. וּבַת בַּעְלָהּ. אֲפִלּוּ עַכּוּ"ם הַמֵּסִיחַ לְפִי תֻּמּוֹ נֶאֱמָן וּמַשִּׂיאִין עַל פִּיו כְּמוֹ שֶׁיִּתְבָּאֵר. וְאִם נִתְכַּוֵּן לְהָעִיד אֵינוֹ נֶאֱמָן:

יז. וְכֵן הַפָּסוּל בַּעֲבֵרָה מִן הַתּוֹרָה אִם בָּא לְהָעִיד בְּאִשָּׁה שֶׁמֵּת בַּעְלָהּ אֵינוֹ נֶאֱמָן. וְאִם הָיָה מֵסִיחַ לְפִי תֻּמּוֹ נֶאֱמָן אֵין זֶה פָּחוּת מִן הָעַכּוּ"ם. אֲבָל פָּסוּל מִדִּבְרֵיהֶם נֶאֱמָן לְעֵדוּת אִשָּׁה:

יח. בָּא עֵד אֶחָד וְהֵעִיד שֶׁמֵּת בַּעְלָהּ וְהִתִּירוּהָ לְהִנָּשֵׂא עַל פִּיו וְאַחַר כָּךְ בָּא אַחֵר וְהִכְחִישׁ אֶת הָרִאשׁוֹן וְאָמַר לֹא מֵת הֲרֵי זוֹ לֹא תֵּצֵא מֵהֶתֵּרָהּ וְתִנָּשֵׂא. שֶׁעֵד אֶחָד נֶאֱמָן בְּעֵדוּת אִשָּׁה כִּשְׁנֵי עֵדִים בִּשְׁאָר עֵדֻיּוֹת וְאֵין דְּבָרָיו שֶׁל אֶחָד בִּמְקוֹם שְׁנַיִם:

יט. בָּאוּ שְׁנֵיהֶם כְּאֶחָד זֶה אוֹמֵר מֵת וְזֶה אוֹמֵר לֹא מֵת. אִשָּׁה אוֹמֶרֶת מֵת וְאִשָּׁה אוֹמֶרֶת לֹא מֵת. הֲרֵי זוֹ לֹא תִּנָּשֵׂא. וְאִם נִשֵּׂאת תֵּצֵא מִפְּנֵי שֶׁהִיא סָפֵק. וְאִם נִשֵּׂאת לָעֵד שֶׁהֵעִיד לָהּ וְהִיא אוֹמֶרֶת בָּרִי לִי שֶׁמֵּת הֲרֵי זוֹ לֹא תֵּצֵא. בָּאוּ שְׁנַיִם וְאָמְרוּ לֹא מֵת אַף עַל פִּי שֶׁנִּשֵּׂאת תֵּצֵא:

כ. בַּמֶּה דְּבָרִים אֲמוּרִים בְּשֶׁהָיָה הָעֵד אֶחָד שֶׁנִּשֵּׂאת עַל פִּיו כְּמוֹ הַשְּׁנַיִם שֶׁבָּאוּ וְהִכְחִישׁוּ אוֹתוֹ. כְּגוֹן שֶׁנִּשֵּׂאת עַל פִּי אִישׁ וּבָאוּ שְׁנַיִם וְאָמְרוּ לֹא מֵת. אוֹ שֶׁנִּשֵּׂאת עַל פִּי אִשָּׁה אוֹ עַל פִּי עַצְמָהּ וּבָאוּ שְׁתֵּי נָשִׁים אוֹ שְׁנֵי פְּסוּלִין שֶׁל דִּבְרֵיהֶן וְאָמְרוּ לֹא מֵת. אֲבָל עֵד כָּשֵׁר אוֹמֵר מֵת וְנָשִׁים רַבּוֹת אוֹמְרוֹת לֹא מֵת אוֹ פְּסוּלִין אוֹמְרִים לֹא מֵת הֲרֵי זֶה כְּמֶחֱצָה עַל מֶחֱצָה. וְאִם נִשֵּׂאת לְאֶחָד מֵעֵדֶיהָ וְהִיא אוֹמֶרֶת וַדַּאי מֵת הֲרֵי זוֹ לֹא תֵּצֵא:

כא. אִשָּׁה אוֹמֶרֶת מֵת אוֹ הִיא שֶׁאָמְרָה מֵת בַּעְלִי וְאַחַר כָּךְ בָּא עֵד כָּשֵׁר וְאָמַר לֹא מֵת הֲרֵי זוֹ לֹא תִּנָּשֵׂא. וְאִם נִשֵּׂאת תֵּצֵא:

כב. אִשָּׁה אוֹמֶרֶת לֹא מֵת וּשְׁתֵּי נָשִׁים אוֹמְרוֹת מֵת הֲרֵי זוֹ תִּנָּשֵׂא. וְכֵן אִם אָמְרוּ עֶשֶׂר נָשִׁים לֹא מֵת וְאַחַת עֶשְׂרֵה אוֹמְרוֹת מֵת הֲרֵי זוֹ תִּנָּשֵׂא. שֶׁאֵין אוֹמְרִים שְׁנַיִם כְּמֵאָה אֶלָּא בְּעֵדִים כְּשֵׁרִים אֲבָל בִּפְסוּלִין הַלֵּךְ אַחַר הָרֹב בֵּין לְהָקֵל בֵּין לְהַחֲמִיר:

כג. שְׁנֵי עֵדִים אוֹמְרִים מֵת וּשְׁנַיִם אוֹמְרִים לֹא מֵת הֲרֵי זוֹ לֹא תִּנָּשֵׂא. וְאִם נִשֵּׂאת תֵּצֵא מִפְּנֵי שֶׁהִיא סָפֵק. וְאִם נִשֵּׂאת לְאֶחָד מֵעֵדֶיהָ וְהִיא אוֹמֶרֶת בָּרִי לִי שֶׁמֵּת הֲרֵי זוֹ לֹא תֵּצֵא:

כד. מִי שֶׁיֵּשׁ לוֹ שְׁתֵּי נָשִׁים וּבָאָה אַחַת מֵהֶן וְאָמְרָה מֵת בַּעְלִי הֲרֵי זוֹ תִּנָּשֵׂא עַל פִּי עַצְמָהּ כְּמוֹ שֶׁבֵּאַרְנוּ. וְצָרָתָהּ אֲסוּרָה שֶׁאֵין צָרָה מְעִידָה לַחֲבֶרְתָּהּ. וַאֲפִלּוּ נִשֵּׂאת זוֹ תְּחִלָּה אֵין אוֹמְרִין אִלּוּ לֹא מֵת בַּעְלָהּ לֹא הָיְתָה אוֹסֶרֶת עַצְמָהּ עָלָיו. שֶׁמָּא מִשִּׂנְאָתָהּ בְּצָרָתָהּ רוֹצָה הִיא שֶׁיֵּאָסְרוּ שְׁתֵּיהֶן עָלָיו. זֹאת אוֹמֶרֶת מֵת בַּעְלִי וְצָרָתָהּ מַכְחֶשֶׁת אוֹתָהּ וְאוֹמֶרֶת לֹא מֵת הֲרֵי זוֹ תִּנָּשֵׂא. כְּשֵׁם שֶׁאֵינָהּ מְעִידָה לָהּ לְהַתִּירָהּ כָּךְ אֵינָהּ יְכוֹלָה לְהָעִיד לָהּ לְאָסְרָהּ. זֹאת אוֹמֶרֶת מֵת וְצָרָתָהּ אוֹמֶרֶת נֶהֱרַג הוֹאִיל וּשְׁתֵּיהֶן אוֹמְרוֹת שֶׁאֵינוֹ קַיָּם הֲרֵי אֵלּוּ יִנָּשְׂאוּ:

Perek 13

Validity of witnesses re Death

Factors discussed regarding wife's testimony.

- War – usually her statements not accepted
- Time of peace – usually her statements accepted
- Landslide – her statement usually not accepted

- Plague – usually her word accepted
- Famine – usually her word not accepted

Basically, where her word relies that most people will die, then her word is not accepted. Where it is known that some will live and some die, then her word is accepted.

Factors regarding other witnesses

- Sees death himself with clear evidence – word accepted
- Hears about death from someone who is
  - Mentally competent – word accepted
  - Mentally incompetent – cannot testify
  - Gentile statement in course of conversation – word acceptable
  - Other statements by Gentile may not be acceptable
- Identification features intact (corpse must be seen within **3 days**)
- Statements of a single witness, a woman, servant or maidservant considered

With all the above factors, many complications could exist, and therefore interrogation is necessary to clarify.

However, our Sages were more lenient about these investigations in order to permit a woman without a husband to be able to remarry.

The rationale is that Torah required **2** witnesses formally in cases where clear evidence was not available. This is different if clear evidence is available.

Therefore, the Sages extended this leniency onto women where they possibly could remain unmarried (*agunot*) i.e. to prevent this situation.

- i.e. They accepted testimony of a single witness
- Accepted testimony of a woman or maidservant

Reminder:
Pack on Witnesses

- Accepted testimony of a written document
- Were less stringent in investigative procedure etc.

פרק י״ג

א. הָאִשָּׁה שֶׁאָמְרָה לְבַעְלָהּ גֵּרַשְׁתַּנִי בִּפְנֵי פְּלוֹנִי וּפְלוֹנִי וּבָאוּ אוֹתָן הָעֵדִים וְהִכְחִישׁוּהָ וְאַחַר כָּךְ הָלְכָה הִיא וּבַעְלָהּ וְשָׁלוֹם בָּעוֹלָם וּבָאָה וְאָמְרָה מֵת בַּעְלִי אֵינָהּ נֶאֱמֶנֶת. שֶׁזּוֹ הֻחְזְקָה שַׁקְרָנִית וְרוֹצָה לְהִשָּׁמֵט מִתַּחַת בַּעְלָהּ. בָּא עֵד אֶחָד וְהֵעִיד לָהּ שֶׁמֵּת בַּעְלָהּ לֹא תִּנָּשֵׂא שֶׁמָּא הִיא שְׂכָרָה אוֹתוֹ. וְאִם נִשֵּׂאת לֹא תֵּצֵא שֶׁהֲרֵי יֵשׁ לָהּ עֵד:

ב. וְכֵן אִם הָיְתָה מִלְחָמָה בָּעוֹלָם וּבָאָה וְאָמְרָה מֵת בַּעְלִי בַּמִּלְחָמָה אֵינָהּ נֶאֱמֶנֶת וְאַף עַל פִּי שֶׁהָיָה שָׁלוֹם בֵּינוֹ לְבֵינָהּ (שֶׁמָּא) תִּסְמֹךְ דַּעְתָּהּ עַל דְּבָרִים שֶׁרֻבָּן לְמִיתָה וְתֹאמַר מֵת כְּגוֹן שֶׁנֶּהֶרְגוּ הָרִאשׁוֹנִים וְהָאַחֲרוֹנִים שֶׁהָיָה בַּעְלָהּ בְּאֶמְצָעָן שֶׁהֲרֵי הִיא אוֹמֶרֶת מֵאַחַר שֶׁנֶּהֶרְגוּ אֵלּוּ וְאֵלּוּ נֶהֱרַג הוּא בִּכְלָלָן. לְפִיכָךְ אֵינָהּ נֶאֱמֶנֶת וַאֲפִלּוּ אָמְרָה מֵת בַּמִּלְחָמָה וּקְבַרְתִּיו. אֲבָל אִם אָמְרָה מֵת עַל מִטָּתוֹ נֶאֱמֶנֶת:

ג. לֹא הֻחְזְקָה מִלְחָמָה בָּעוֹלָם וּבָאָה וְאָמְרָה מִלְחָמָה

הָיְתָה בְּמָקוֹם פְּלוֹנִי וּמֵת בַּמִּלְחָמָה לֹא תִּנָּשֵׂא לְכַתְּחִלָּה. וְאִם נִשֵּׂאת לֹא תֵּצֵא:

ד. וְכֵן הָאִשָּׁה שֶׁאָמְרָה מֵת בַּעְלִי תַּחַת הַמַּפֹּלֶת אֵינָהּ נֶאֱמֶנֶת. וְכֵן אִם הָיָה שִׁלּוּחַ נְחָשִׁים וְעַקְרַבִּים וְאָמְרָה נְשָׁכוֹ נָחָשׁ אוֹ עַקְרָב וָמֵת אֵינָהּ נֶאֱמֶנֶת. שֶׁמָּא תִּסְמֹךְ דַּעְתָּהּ עַל רֹב אֲנָשִׁים שֶׁמֵּתוּ כָּךְ בִּנְשִׁיכָה:

ה. אָמְרָה עִשְּׁנוּ עָלֵינוּ בַּיִת אוֹ מְעָרָה הוּא מֵת וַאֲנִי נִצַּלְתִּי אֵינָהּ נֶאֱמֶנֶת. כְּשֵׁם שֶׁנַּעֲשָׂה לָהּ נֵס כָּךְ נַעֲשָׂה לוֹ. הָיְתָה שְׁנַת רְעָבוֹן וְאָמְרָה מֵת בַּעְלִי אֵינָהּ נֶאֱמֶנֶת. מֵת וּקְבַרְתִּיו נֶאֱמֶנֶת:

ו. אָמְרָה נָפְלוּ עָלֵינוּ עַכּוּ"ם אוֹ לִסְטִים הוּא נֶהֱרַג וַאֲנִי נִצַּלְתִּי נֶאֱמֶנֶת. שֶׁאֵין דַּרְכָּן לַהֲרֹג אֶת הַנָּשִׁים כְּדֵי שֶׁנֹּאמַר כְּשֵׁם שֶׁנִּצְּלָה הִיא כָּךְ נִצַּל הוּא:

ז. הָיָה דֶּבֶר בָּעוֹלָם וְאָמְרָה מֵת בַּעְלִי נֶאֱמֶנֶת שֶׁדָּבָר פָּשׁוּט בְּפִי כָּל אָדָם שֶׁבִּשְׁנַת הַדֶּבֶר זֶה חַי וְזֶה מֵת. וְאֶפְשָׁר שֶׁיָּמוּתוּ בַּדֶּבֶר נְעָרִים חֲזָקִים וְיִנָּצְלוּ הַזְּקֵנִים הַחוֹלִים. וּלְפִי זֶה אֵין חוֹשְׁשִׁין לָהּ שֶׁמָּא סָמְכָה דַּעְתָּהּ עַל רֹב הַמֵּתִים:

ח. כְּבָר אָמַרְנוּ שֶׁעֵד מִפִּי עֵד כָּשֵׁר לְעֵדוּת אִשָּׁה. בַּמֶּה דְּבָרִים אֲמוּרִים שֶׁשָּׁמַע מִפִּי בֶּן דַּעַת שֶׁמֵּת פְּלוֹנִי כְּגוֹן עֶבֶד אוֹ שִׁפְחָה. אֲבָל אִם שָׁמַע מִפִּי שׁוֹטֶה אוֹ מִפִּי קָטָן אֵינוֹ מֵעִיד וְאֵין סוֹמְכִין עַל דִּבְרֵיהֶם:

ט. שָׁמַע מִן הַתִּינוֹקוֹת שֶׁהֵן אוֹמְרִין עַכְשָׁו בָּאנוּ מֵהֶסְפֵּד פְּלוֹנִי כָּךְ וְכָךְ סַפְדָנִין הָיוּ שָׁם וּפְלוֹנִי הֶחָכָם וּפְלוֹנִי עָלָה אַחַר מִטָּתוֹ כָּךְ וְכָךְ עָשׂוּ בְּמִטָּתוֹ הֲרֵי זֶה מֵעִיד מִפִּיהֶן עַל פִּי הַדְּבָרִים הָאֵלּוּ וְכַיּוֹצֵא בָּהֶן וּמַשִּׂיאִין אֶת אִשְׁתּוֹ:

י. יִשְׂרָאֵל שֶׁאָמַר הָרַגְתִּי אֶת פְּלוֹנִי הֲרֵי זוֹ תִּנָּשֵׂא עַל פִּיו שֶׁאֵין אָדָם מֵשִׂים עַצְמוֹ רָשָׁע וַהֲרֵי הֵעִיד שֶׁמֵּת:

יא. כְּבָר אָמַרְנוּ שֶׁהָעַכּוּ"ם שֶׁהֵסִיחַ לְפִי תֻּמּוֹ מַשִּׂיאִין עַל פִּיו. כֵּיצַד. הָיָה עַכּוּ"ם מֵסִיחַ וְאָמַר אוֹי לִפְלוֹנִי שֶׁמֵּת כַּמָּה הָיָה נָאֶה וְכַמָּה טוֹבָה עָשָׂה עִמִּי. אוֹ שֶׁהָיָה מֵסִיחַ וְאוֹמֵר כְּשֶׁהָיִיתִי בָּא בַּדֶּרֶךְ נָפַל פְּלוֹנִי שֶׁהָיָה מְהַלֵּךְ עִמָּנוּ וָמֵת וְתָמֵהַנִי לְדָבָר זֶה כֵּיצַד מֵת פִּתְאֹם וְכַיּוֹצֵא בִּדְבָרִים הָאֵלּוּ שֶׁהֵן מַרְאִין שֶׁאֵין כַּוָּנָתוֹ לְהָעִיד הֲרֵי זֶה נֶאֱמָן:

יב. יִשְׂרָאֵל שֶׁשָּׁמַע מֵעַכּוּ"ם הַמֵּסִיחַ לְפִי תֻּמּוֹ מֵעִיד שֶׁשָּׁמַע מִמֶּנּוּ וְתִנָּשֵׂא עַל פִּיו. בַּמֶּה דְּבָרִים אֲמוּרִים שֶׁלֹּא הָיְתָה שָׁם אֲמַתְלָא. אֲבָל אִם הָיְתָה שָׁם אֲמַתְלָא בְּשִׂיחַת הָעַכּוּ"ם שֶׁמָּא לֹא יִתְכַּוֵּן אֶלָּא לְדָבָר אַחֵר. כְּמוֹ שֶׁאָמַר לְאֶחָד עֲשֵׂה לִי כָּךְ וְכָךְ שֶׁלֹּא אֶהֱרֹג אוֹתְךָ כְּדֶרֶךְ שֶׁהָרַגְתִּי פְּלוֹנִי. אֵין זֶה מֵסִיחַ לְפִי תֻּמּוֹ שֶׁכַּוָּנָתוֹ לְהַטִּיל אֵימָה עַל זֶה:

יג. וְכֵן אִם שָׁמַע מֵעֶרְכָּאוֹת שֶׁל עַכּוּ"ם שֶׁאָמְרוּ הָרַגְנוּ פְּלוֹנִי אֵינָם נֶאֱמָנִין. שֶׁהֵן מַחֲזִיקִין יְדֵי עַצְמָן בְּכָזָב כְּדֵי לְהַטִּיל אֵימָה. וְכֵן כָּל כַּיּוֹצֵא בִּדְבָרִים אֵלּוּ:

יד. עַכּוּ"ם שֶׁהֵסִיחַ לְפִי תֻּמּוֹ תְּחִלָּה אַף עַל פִּי שֶׁשְּׁאָלוּ אוֹתוֹ אַחַר כָּךְ וּבְדָקוּהוּ עַד שֶׁיְּפָרֵשׁ כָּל הַמְאֹרָע הֲרֵי זֶה נֶאֱמָן וּמַשִּׂיאִין עַל פִּיו:

טו. כְּבָר הוֹדַעְנוּ שֶׁהָעֵד שֶׁאָמַר שָׁמַעְתִּי שֶׁמֵּת פְּלוֹנִי אֲפִלּוּ שָׁמַע מֵאִשָּׁה שֶׁשָּׁמְעָה מֵעֶבֶד הֲרֵי זֶה כָּשֵׁר לְעֵדוּת אִשָּׁה וּמַשִּׂיאִין עַל פִּיו. אֲבָל אִם אָמַר הָעֵד אוֹ הָאִשָּׁה אוֹ הָעֶבֶד מֵת פְּלוֹנִי וַאֲנִי רְאִיתִיו שֶׁמֵּת. שׁוֹאֲלִין אוֹתוֹ הֵיאַךְ רָאִיתָ וּבַמֶּה יָדַעְתָּ שֶׁמֵּת. אִם הֵעִיד בְּדָבָר בָּרוּר נֶאֱמָן וְאִם הֵעִיד בִּדְבָרִים שֶׁרֻבָּן לְמִיתָה אֵין מַשִּׂיאִין אֶת אִשְׁתּוֹ שֶׁאֵין מְעִידִין עַל הָאָדָם שֶׁמֵּת אֶלָּא כְּשֶׁרָאוּהוּ שֶׁמֵּת וַדַּאי וְאֵין בּוֹ סָפֵק:

טז. כֵּיצַד. רָאוּהוּ שֶׁנָּפַל לַיָּם אֲפִלּוּ טָבַע בַּיָּם הַגָּדוֹל אֵין מְעִידִין עָלָיו שֶׁמֵּת שֶׁמָּא יָצָא בְּמָקוֹם אַחֵר. וְאִם נָפַל לְמַיִם מְקֻבָּצִים כְּגוֹן בּוֹר אוֹ מְעָרָה שֶׁעוֹמֵד וְרוֹאֶה כָּל סְבִיבָיו וְשָׁהָה כְּדֵי שֶׁתֵּצֵא נַפְשׁוֹ וְלֹא עָלָה מְעִידִין עָלָיו שֶׁמֵּת וּמַשִּׂיאִין אֶת אִשְׁתּוֹ. וְכֵן אִם הִשְׁלִיכוּהוּ בַּיָּם וְהִשְׁלִיכוּ מְצוּדָה אַחֲרָיו וְהֶעֱלוּ מִמֶּנּוּ אֵיבָר שֶׁאִי אֶפְשָׁר שֶׁיִּנָּטֵל מִן הַחַי וְיִחְיֶה הֲרֵי זֶה מְעִידִין עָלָיו שֶׁמֵּת וּמַשִּׂיאִין אֶת אִשְׁתּוֹ:

יז. רָאוּהוּ שֶׁנָּפַל לְגֹב אֲרָיוֹת וּנְמֵרִים וְכַיּוֹצֵא בָּהֶן אֵין מְעִידִין עָלָיו. אֶפְשָׁר שֶׁלֹּא יֹאכְלוּהוּ. נָפַל לַחֲפִירַת נְחָשִׁים וְעַקְרַבִּים אוֹ לְתוֹךְ כִּבְשַׁן הָאֵשׁ אוֹ לְתוֹךְ יוֹרָה רוֹתַחַת מְלֵאָה יַיִן אוֹ שֶׁמֶן אוֹ שֶׁשָּׁחֲטוּ בּוֹ שְׁנֵי סִימָנִין אוֹ רֻבָּן אֲפִלּוּ עָמַד וּבָרַח מְעִידִין עָלָיו שֶׁמֵּת. שֶׁוַּדַּאי סוֹפוֹ לָמוּת. וְכֵן כָּל כַּיּוֹצֵא בָּזֶה מִדְּבָרִים שֶׁאִי אֶפְשָׁר שֶׁיִּחְיֶה אֶלָּא יָמוּת מִיָּד בִּזְמַן קָרוֹב הֲרֵי אֵלּוּ מְעִידִין עָלָיו:

יח. רָאוּהוּ צָלוּב וְהָעוֹף אוֹכֵל בּוֹ אַף עַל פִּי שֶׁדְּקָרוּהוּ אוֹ יָרוּ בּוֹ חִצִּים אֵינוֹ מֵעִיד עָלָיו שֶׁמֵּת. וְאִם רָאוּ הָעוֹף אוֹכֵל בְּמָקוֹם שֶׁהַנֶּפֶשׁ יוֹצְאָה בִּנְטִילָתוֹ כְּגוֹן מֹחוֹ אוֹ לִבּוֹ אוֹ בְּנֵי מֵעָיו הֲרֵי זֶה מֵעִיד עָלָיו שֶׁמֵּת:

יט. עֵד אֶחָד אוֹמֵר רְאִיתִיו שֶׁמֵּת בַּמִּלְחָמָה אוֹ בְּמַפֹּלֶת אוֹ שֶׁטָּבַע בַּיָּם הַגָּדוֹל וָמֵת וְכַיּוֹצֵא בִּדְבָרִים אֵלּוּ שֶׁרֻבָּן לְמִיתָה אִם אָמַר קְבַרְתִּיו נֶאֱמָן וְתִנָּשֵׂא עַל פִּיו. וְאִם לֹא אָמַר קְבַרְתִּיו לֹא תִּנָּשֵׂא. וְאִם נִשֵּׂאת לֹא תֵּצֵא:

כ. וְכֵן הָאִשָּׁה שֶׁהֵעִיד לָהּ עֵד אֶחָד שֶׁטָּבַע בַּעְלָהּ בַּיָּם אוֹ

בְּמַיִם שֶׁאֵין לָהֶם סוֹף וְלֹא עָלָה וְאָבַד זִכְרוֹ וְנִשְׁתַּכַּח שְׁמוֹ הֲרֵי זוֹ לֹא תִּנָּשֵׂא עַל עֵדוּת זוֹ כְּמוֹ שֶׁבֵּאַרְנוּ. וְאִם נִשֵּׂאת לֹא תֵּצֵא. וַאֲפִלּוּ הָיָה הָעַכּוּ"ם שֶׁהֵסִיחַ לְפִי תֻּמּוֹ וְאָמַר טָבַע פְּלוֹנִי בַּיָּם וְנִשֵּׂאת עַל פִּיו הֲרֵי זוֹ לֹא תֵּצֵא. וְחָכָם שֶׁהוֹרָה לְהַשִּׂיאָהּ לְכַתְּחִלָּה מְנַדִּין אוֹתוֹ:

כא. מְצָאוּהוּ הָרוּג אוֹ מֵת. אִם פַּדַּחְתּוֹ וְחָטְמוֹ וּפַרְצוּף פָּנָיו קַיָּמִין וְהִכִּירוּהוּ בָּהֶן שֶׁהוּא פְּלוֹנִי מְעִידִין עָלָיו. וְאִם נִטַּל אֶחָד מֵאֵלּוּ אַף עַל פִּי שֶׁיֵּשׁ לָהֶם סִימָנִין בְּגוּפוֹ וּבְכֵלָיו וַאֲפִלּוּ שׁוּמָא אֵין מְעִידִין עָלָיו שֶׁמָּא אַחֵר הוּא. בַּמֶּה דְּבָרִים אֲמוּרִים בְּשֶׁרָאוּהוּ בְּתוֹךְ שְׁלֹשָׁה יָמִים אַחַר הֲרִיגָתוֹ אוֹ אַחַר מִיתָתוֹ. אֲבָל אַחַר שְׁלֹשָׁה אֵין מְעִידִין עָלָיו מִפְּנֵי שֶׁפַּרְצוּף פָּנָיו מִשְׁתַּנֶּה:

כב. טָבַע בַּיָּם וְהִשְׁלִיכוּ הַיָּם לַיַּבָּשָׁה אֲפִלּוּ אַחַר כַּמָּה יָמִים. אִם הִכִּירוּ פָּנָיו וְחָטְמוֹ מְעִידִין עָלָיו, שֶׁאֵינוֹ מִשְׁתַּנֶּה בַּמַּיִם אֶלָּא לְאַחַר זְמַן מְרֻבֶּה. וְאִם שָׁהָה בַּיַּבָּשָׁה אַחַר שֶׁהֻשְׁלַךְ מִן הַיָּם י"ב שָׁעוֹת וְנִתְפַּח אֵין מְעִידִין עָלָיו שֶׁהֲרֵי נִשְׁתַּנָּה. כְּשֶׁמִּסְתַּכְּלִין בְּצוּרָתוֹ כְּדֵי לְהַכִּירוֹ לְהָעִיד עָלָיו בּוֹדְקִין אוֹתוֹ וְרוֹאִין אוֹתוֹ אֲפִלּוּ בַּלַּיְלָה לְאוֹר הַנֵּר אוֹ לְאוֹר הַלְּבָנָה:

כג. רָאוּ אֶחָד עוֹמֵד מֵרָחוֹק וְאוֹמֵר שֶׁהוּא פְּלוֹנִי בֶּן פְּלוֹנִי אוֹ פְּלוֹנִי מִמָּקוֹם פְּלוֹנִי וַהֲרֵי נְשָׁכוֹ נָחָשׁ וַהֲרֵי הוּא מֵת וְהָלְכוּ וּמְצָאוּהוּ שֶׁנִּשְׁתַּנָּה וְלֹא הִכִּירוּהוּ הֲרֵי אֵלּוּ מַשִּׂיאִין אֶת אִשְׁתּוֹ:

כד. בָּא אֶחָד וְאָמַר אָמְרוּ לִי בֵּית דִּין אוֹ אֲנָשִׁים כְּשֶׁתֵּלֵךְ לְמָקוֹם פְּלוֹנִי אֱמֹר לָהֶם שֶׁמֵּת יִצְחָק בֶּן מִיכָאֵל. וּבָא הַשָּׁלִיחַ וְאָמַר לָנוּ. וְהַשָּׁלִיחַ אֵינוֹ יוֹדֵעַ מִי הוּא זֶה. הוֹאִיל וְאָנוּ יוֹדְעִים פְּלוֹנִי הַיָּדוּעַ בְּשֵׁם זֶה הֲרֵי אִשְׁתּוֹ מֻתֶּרֶת וְאֵין אוֹמְרִין שֶׁמָּא יִצְחָק בֶּן מִיכָאֵל אַחֵר הוּא שֶׁמֵּת:

כה. יָצָא עַכּוּ"ם וְיִשְׂרָאֵל מֵעִמָּנוּ לְמָקוֹם אַחֵר. וּבָא הָעַכּוּ"ם וְהֵסִיחַ לְפִי תֻּמּוֹ וְאָמַר אִישׁ שֶׁיָּצָא עִמִּי מִכָּאן מֵת. מַשִּׂיאִין אֶת אִשְׁתּוֹ וְאַף עַל פִּי שֶׁאֵין הָעַכּוּ"ם יוֹדֵעַ אוֹתוֹ הָאִישׁ. וְהוּא שֶׁיֹּאמַר קְבַרְתִּיו:

כו. וְכֵן אִם יָצְאוּ עֲשָׂרָה בְּנֵי אָדָם כְּאֶחָד מִמָּקוֹם לְמָקוֹם וְהֵן אֲסוּרִין בְּקוֹלָר אוֹ נוֹשְׂאִים גְּמַלִּים וְכַיּוֹצֵא בִּדְבָרִים אֵלּוּ. וְהֵסִיחַ הָעַכּוּ"ם לְפִי תֻּמּוֹ וְאָמַר שֶׁעֲשָׂרָה אֲנָשִׁים שֶׁהָלְכוּ מִמָּקוֹם פְּלוֹנִי לְמָקוֹם פְּלוֹנִי וְהֵם נוֹשְׂאִים כָּךְ וְכָךְ מֵתוּ כֻּלָּם וּקְבַרְנוּם מַשִּׂיאִין אֶת נְשׁוֹתֵיהֶן:

כז. יִשְׂרָאֵל שֶׁאָמַר מֵת אִישׁ יְהוּדִי עִמָּנוּ בְּמָקוֹם פְּלוֹנִי כָּךְ וְכָךְ צוּרָתוֹ וְכָךְ הָיוּ סִימָנָיו. אֵין אוֹמְרִים בְּאֹמֶד הַדַּעַת פְּלוֹנִי הוּא עַד שֶׁיָּעִיד הָעֵד שֶׁהוּא פְּלוֹנִי וְיַזְכִּיר שְׁמוֹ וְשֵׁם עִירוֹ. אֲבָל אִם אָמַר אֶחָד יָצָא עִמָּנוּ מֵעִיר פְּלוֹנִית וּמֵת. מְחַפְּשִׂין בְּאוֹתָהּ הָעִיר אִם לֹא יָצָא מִשָּׁם אֶלָּא הוּא תִּנָּשֵׂא אִשְׁתּוֹ:

כח. מָצְאוּ כָּתוּב בִּשְׁטָר מֵת אִישׁ פְּלוֹנִי בֶּן פְּלוֹנִי אוֹ נֶהֱרַג פְּלוֹנִי בֶּן פְּלוֹנִי וְנוֹדַע שֶׁזֶּה כָּתַב יִשְׂרָאֵל הֲרֵי זֶה תִּנָּשֵׂא אִשְׁתּוֹ. וְכֵן מִי שֶׁנִּשְׁתַּתֵּק וּבָדְקוּ אוֹתוֹ כְּדֶרֶךְ שֶׁבּוֹדְקִין לְגִטִּין וְנִמְצֵאת דַּעְתּוֹ מְכֻוֶּנֶת וְכָתַב שֶׁמֵּת פְּלוֹנִי בֶּן פְּלוֹנִי סוֹמְכִין עַל כְּתִיבָתוֹ וְתִנָּשֵׂא. וְאֵין בּוֹדְקִין עֵדֵי אִשָּׁה בִּדְרִישָׁה וַחֲקִירָה שֶׁלֹּא אָמְרוּ חֲכָמִים בַּדָּבָר לְהַחֲמִיר אֶלָּא לְהָקֵל מִשּׁוּם הַתָּרַת עֲגוּנָה:

כט. אַל יִקְשֶׁה בְּעֵינֶיךָ שֶׁהִתִּירוּ חֲכָמִים הָעֶרְוָה הַחֲמוּרָה בְּעֵדוּת אִשָּׁה אוֹ עֶבֶד אוֹ שִׁפְחָה אוֹ עַכּוּ"ם הַמֵּסִיחַ לְפִי תֻּמּוֹ וְעֵד מִפִּי עֵד וּמִפִּי הַכְּתָב וּבְלֹא דְּרִישָׁה וַחֲקִירָה כְּמוֹ שֶׁבֵּאַרְנוּ. שֶׁלֹּא הִקְפִּידָה תּוֹרָה עַל הַעֲדַת שְׁנֵי עֵדִים וּשְׁאָר מִשְׁפְּטֵי הָעֵדוּת אֶלָּא בְּדָבָר שֶׁאֵין אַתָּה יָכוֹל לַעֲמֹד עַל בֻּרְיוֹ אֶלָּא מִפִּי הָעֵדִים וּבְעֵדוּתָן כְּגוֹן שֶׁהֵעִידוּ שֶׁזֶּה הָרַג אֶת זֶה אוֹ הִלְוָה אֶת זֶה. אֲבָל דָּבָר שֶׁאֶפְשָׁר לַעֲמֹד עַל בֻּרְיוֹ שֶׁלֹּא מִפִּי הָעֵד הַזֶּה וְאֵין הָעֵד יָכוֹל לְהִשָּׁמֵט אִם אֵין הַדָּבָר אֱמֶת. כְּגוֹן זֶה שֶׁהֵעִיד שֶׁמֵּת פְּלוֹנִי. לֹא הִקְפִּידָה תּוֹרָה עָלָיו. שֶׁדָּבָר רָחוֹק הוּא שֶׁיָּעִיד בּוֹ הָעֵד בְּשֶׁקֶר. לְפִיכָךְ הֵקֵלּוּ חֲכָמִים בְּדָבָר זֶה וְהֶאֱמִינוּ בּוֹ עֵד אֶחָד מִפִּי שִׁפְחָה וּמִן הַכְּתָב וּבְלֹא דְּרִישָׁה וַחֲקִירָה כְּדֵי שֶׁלֹּא תִּשָּׁאַרְנָה בְּנוֹת יִשְׂרָאֵל עֲגוּנוֹת:

סְלִיקוּ לְהוּ הִלְכוֹת גֵּרוּשִׁין בְּסִיַּעְתָּא דִּשְׁמַיָּא:

Additional, Useful Features of Interest for Studying Rambam's Mishneh Torah

Scan QR code onto your mobile device to link to our website.
https://rambampress.com/

הלכות יבום וחליצה
Hilchot Yibum Vachalitzah
THE LAWS OF YIBUM AND CHALITZAH

They consist of *three mitzvot*:

Two positive commandments and one negative commandment.

They are:

1. To perform *yibum*
2. To perform *chalitzah*
3. For a *yevamah* not to marry another person until she is absolved of her obligation to the *yavam*

יש בכללן שלש מצות שתי מצות עשה ואחת מצות לא תעשה.

וזהו פרטן:

א. לייבם

ב. לחלוץ

ג. שלא תנשא יבמה לאיש זר עד שתסיר רשות היבם מעליה

Perek 1
Introduction

It is a positive commandment in the Torah To marry the wife of one's paternal brother if he dies without children i.e. to perform *yibum*[1].

If not, He must submit to *chalitzah*[2].

The mitzvah of *yibum* takes precedence over *mitzvah* of *chalitzah*.

	Valid to perform yibum or chalitzah	Explanation
Brother must be from *paternal* side **Reminder:** Pack on Lineage	✓	Maternal brothers only manifest importance regarding *mourning* and *witnesses*. With regard to *inheritance* and *yibum* it is as if the brothers do not exist. With inheritance and *yibum* fraternity (brothers) come from father alone. Nor is there concept of fraternity among *converts* and *freed slaves*.
Deceased brother is childless	✓	This means that deceased had *no* descendants, even from another marriage, or even illegitimate children.
Deceased had illegitimate children	✗	Still counted as children
Deceased has child born from maidservant	✓	Because children belong to owner of maidservant.
Deceased has children from a gentile	✓	Child not Jewish

Deceased wife miscarried	✓	And he has no other descendants
Child born and died soon after	×	Sometimes requires *chalitzah*
Brother born after death of married brother	×	
Illegitimate brother	✓	
Brother is a minor	✓	
Brother was born from a maidservant	×	Brother belongs to owner of mother
Brother born to a gentile woman	×	Brother must be Jewish
Can *yibum* be performed by minors	✓	From the age of 9
Can chalitzah be performed by minors	×	
Yevamah should not perform *yibum / chalitzah* within **90 days** of husband death	×	In case she is pregnant

Definition of *Yevamah, Yavam, Yibum, Chalitzah.*

Definition of brothers.

Definition of whether any child born is called a child.

Reminder:
Pack on Lineage

פרק א׳

א. מִצְוַת עֲשֵׂה מִן הַתּוֹרָה שֶׁיְּיַבֵּם אָדָם אֵשֶׁת אָחִיו מֵאָבִיו בֵּין מִן הַנִּשּׂוּאִין בֵּין מִן הָאֵרוּסִין אִם מֵת בְּלֹא זֶרַע שֶׁנֶּאֱמַר (דברים כה ה) "וּבֵן אֵין לוֹ" (דברים כה ה) "יְבָמָהּ יָבֹא עָלֶיהָ". וּמִן הַתּוֹרָה אֵין צָרִיךְ לְקַדֵּשׁ יְבִמְתּוֹ שֶׁזּוֹ אִשְׁתּוֹ הִיא שֶׁהִקְנוּ אוֹתָהּ לוֹ מִן הַשָּׁמַיִם אֶלָּא יָבוֹא עָלֶיהָ. וּכְתֻבָּתָהּ עַל נִכְסֵי בַּעְלָהּ שֶׁמֵּת:

ב. לֹא רָצָה לְיַבֵּם אוֹ שֶׁלֹּא רָצְתָה הִיא. הֲרֵי זֶה חוֹלֵץ לָהּ וְאַחַר כָּךְ תִּהְיֶה מֻתֶּרֶת לְהִנָּשֵׂא לְאַחֵר. וּמִצְוַת עֲשֵׂה מִן הַתּוֹרָה לַחֲלֹץ אִם לֹא רָצָה לְיַבֵּם שֶׁנֶּאֱמַר (דברים כה ט) "וְחָלְצָה נַעֲלוֹ" וְגוֹ׳. וּמִצְוַת יִבּוּם קוֹדֶמֶת לְמִצְוַת חֲלִיצָה:

ג. זֶה שֶׁנֶּאֱמַר בַּתּוֹרָה (דברים כה ה) "וּבֵן אֵין לוֹ" אֶחָד הַבֵּן וְאֶחָד הַבַּת אוֹ זֶרַע הַבֵּן אוֹ זֶרַע הַבַּת הוֹאִיל וְיֵשׁ לוֹ זֶרַע מִכָּל מָקוֹם. וּבֵין מֵאִשָּׁה זוֹ בֵּין מֵאַחֶרֶת הֲרֵי זֶה פּוֹטֵר אֶת אִשְׁתּוֹ מִן הַחֲלִיצָה וּמִן הַיִּבּוּם. אֲפִלּוּ הָיָה לוֹ זֶרַע מַמְזֵר אוֹ עוֹבֵד עֲבוֹדָה זָרָה הֲרֵי זֶה פּוֹטֵר אֶת אִשְׁתּוֹ מִן הַחֲלִיצָה וּמִן הַיִּבּוּם:

ד. אֲבָל בְּנוֹ מִן הַשִּׁפְחָה וּמִן הַכּוּתִית אֵינוֹ פּוֹטֵר אֶת אִשְׁתּוֹ שֶׁזֶּרַע הַבָּא מִן הַשִּׁפְחָה עֲבָדִים וְהַבָּא מִן כּוּתִית כּוּתִי וּכְאִלּוּ אֵינָם. הֲרֵי הוּא אוֹמֵר בְּשִׁפְחָה (שמות כא ד) "הָאִשָּׁה וִילָדֶיהָ תִּהְיֶה לַאדֹנֶיהָ" מְלַמֵּד שֶׁוְּלָדָהּ כְּמוֹתָהּ. וּבְכוּתִית הוּא אוֹמֵר (דברים ז ד) "כִּי יָסִיר אֶת בִּנְךָ מֵאַחֲרַי" מֵסִיר אוֹתוֹ מִלֵּחָשֵׁב בַּקָּהָל. וְאַף עַל פִּי שֶׁנִּשְׁתַּחְרֵר בְּנוֹ מִן הַשִּׁפְחָה אוֹ נִתְגַּיֵּר בְּנוֹ מִן הַכּוּתִית הֲרֵי הֵן כִּשְׁאָר הַגֵּרִים וְהַמְשֻׁחְרָרִין וְאֵינָם פּוֹטְרִין אֶת אִשְׁתּוֹ. הֲרֵי שֶׁהָיָה לוֹ בֵּן מִן הַשִּׁפְחָה שֶׁלּוֹ וְשִׁחְרְרוֹ וְשִׁחְרְרָהּ וּנְשָׂאָהּ וּמֵת בְּלֹא זֶרַע הֲרֵי זוֹ תִּתְיַבֵּם לְאָחִיו וְאַף עַל פִּי שֶׁבְּנָהּ מִמֶּנּוּ קַיָּם שֶׁכְּבָר שִׁחְרְרוֹ:

ה. מִי שֶׁמֵּת וְהִנִּיחַ אִשְׁתּוֹ מְעֻבֶּרֶת. אִם הִפִּילָה אַחַר מוֹתוֹ הֲרֵי זוֹ תִּתְיַבֵּם. וְאִם יָלְדָה וְיָצָא הַוָּלָד חַי לַאֲוִיר הָעוֹלָם אֲפִלּוּ מֵת בְּשָׁעָה שֶׁנּוֹלַד הֲרֵי אִמּוֹ פְּטוּרָה מִן הַחֲלִיצָה וּמִן הַיִּבּוּם. אֲבָל מִדִּבְרֵי סוֹפְרִים עַד שֶׁיִּוָּדַע בְּוַדַּאי שֶׁכָּלוּ לוֹ חֳדָשָׁיו וְנוֹלַד לְתִשְׁעָה חֳדָשִׁים גְּמוּרִים. אֲבָל אִם לֹא נוֹדַע לְכַמָּה נוֹלַד. אִם חַי שְׁלֹשִׁים יוֹם הֲרֵי זֶה וָלָד קַיָּמָא וּפוֹטֵר נְשֵׁי אָבִיו מִן הַחֲלִיצָה וּמִן הַיִּבּוּם. וְאִם מֵת בְּתוֹךְ הַשְּׁלֹשִׁים אֲפִלּוּ בְּיוֹם הַשְּׁלֹשִׁים בֵּין שֶׁמֵּת מֵחֳלִי בֵּין שֶׁנָּפַל מִן הַגַּג אוֹ אֲכָלוֹ אֲרִי הֲרֵי זֶה סָפֵק נֵפֶל סָפֵק בֶּן קַיָּמָא וּצְרִיכָה חֲלִיצָה מִדִּבְרֵי סוֹפְרִים. אֲבָל לֹא תִּתְיַבֵּם:

ו. מִי שֶׁיֵּשׁ לוֹ אָח מִכָּל מָקוֹם אֲפִלּוּ מַמְזֵר אוֹ עוֹבֵד עֲבוֹדָה זָרָה בֵּין קָטָן בֵּין גָּדוֹל מִשֶּׁיָּצָא רֹאשׁוֹ וְרֻבּוֹ לַאֲוִיר הָעוֹלָם קֹדֶם שֶׁיָּמוּת אָחִיו הֲרֵי זֶה זוֹקֵק אֶת אִשְׁתּוֹ לְיִבּוּם. וְאִם הָיָה לוֹ אָח מִן הַשִּׁפְחָה אוֹ מִן הַכּוּתִית אֵינוֹ אָחִיו לְדָבָר מִן הַדְּבָרִים וְאֵינוֹ זוֹקֵק אֶת אִשְׁתּוֹ. וְאַף עַל פִּי שֶׁהָיְתָה לֵדָתוֹ בִּקְדֻשָּׁה הוֹאִיל וְהָיְתָה הוֹרָתוֹ שֶׁלֹּא בִּקְדֻשָּׁה אֵינוֹ אָחִיו:

ז. אַחִים מִן הָאֵם אֵינָן חֲשׁוּבִין אַחִים (אֶלָּא לַאֲבֵלוּת וּלְעֵדוּת אֲבָל) לְעִנְיַן יְרֻשָּׁה אוֹ לְעִנְיַן יִבּוּם וַחֲלִיצָה הֲרֵי הֵן כְּמִי שֶׁאֵינָן. שֶׁאֵין אַחְוָה אֶלָּא מֵאָב:

ח. גֵּרִים שֶׁנִּתְגַּיְּרוּ וַעֲבָדִים שֶׁנִּשְׁתַּחְרְרוּ אֵין לָהֶן אַחְוָה כְּלָל וַהֲרֵי הֵן כְּזָרִים זֶה לָזֶה. וַאֲפִלּוּ אֶחָד מֵהֶם הוֹרָתוֹ שֶׁלֹּא בִּקְדֻשָּׁה וְלֵדָתוֹ בִּקְדֻשָּׁה וְהַשֵּׁנִי הוֹרָתוֹ וְלֵדָתוֹ בִּקְדֻשָּׁה הֲרֵי הֵן כְּזָרִים. וַאֲפִלּוּ תְּאוֹמִים וְנוֹלְדוּ בִּקְדֻשָּׁה אֵין בֵּינֵיהֶן אַחְוָה עַד שֶׁתְּהֵא הוֹרָתָן וְלֵדָתָן בִּקְדֻשָּׁה:

ט. מִי שֶׁהָיוּ לוֹ נָשִׁים רַבּוֹת וָמֵת. בִּיאָתָהּ אוֹ חֲלִיצָתָהּ שֶׁל אַחַת מֵהֶן פּוֹטֶרֶת אֶת הַשְּׁאָר וְאֵינוֹ מְיַבֵּם לִשְׁתַּיִם שֶׁנֶּאֱמַר (דברים כה ט) "אֲשֶׁר לֹא יִבְנֶה אֶת בֵּית אָחִיו" בַּיִת אֶחָד הוּא בּוֹנֶה וְאֵינוֹ בּוֹנֶה שְׁנֵי בָּתִּים. וְכֵן אִם הָיוּ לוֹ אַחִים רַבִּים אֶחָד מֵהֶן חוֹלֵץ אוֹ מְיַבֵּם לְאַחַת מִן הַיְבָמוֹת וְיִתְּרוּ שְׁאָר הַצָּרוֹת:

י. הָיוּ בַּיְבָמוֹת אֵלּוּ כְּשֵׁרוֹת לִכְהֻנָּה וּפְסוּלוֹת. אִם הָיָה מְיַבֵּם מְיַבֵּם לְאֵי זוֹ שֶׁיִּרְצֶה. וְאִם הָיָה חוֹלֵץ יַחֲלֹץ לַפְּסוּלָה כְּדֵי שֶׁלֹּא יִפְסֹל אֶת הַכְּשֵׁרָה לִכְהֻנָּה בַּחֲלִיצָה:

יא. מֵתוּ לוֹ אַחִין רַבִּים וְנָפְלוּ נְשׁוֹתֵיהֶן לְפָנָיו. אִם אֶפְשָׁר לוֹ לְיַבֵּם אֶת כֻּלָּן מְיַבֵּם וְאִם לָאו חוֹלֵץ. אוֹ חוֹלֵץ לְמִי שֶׁיִּרְצֶה מֵהֶן וּמְיַבֵּם לְמִי שֶׁיִּרְצֶה אַחַת מִכָּל בַּיִת וּבַיִת:

יב. הַכּוֹנֵס אֶת יְבִמְתּוֹ נֶאֶסְרוּ צָרוֹתֶיהָ עָלָיו וְעַל שְׁאָר הָאַחִין וְאִם בָּא הוּא אוֹ אֶחָד מֵהָאַחִין עַל צָרָתָהּ הֲרֵי זֶה עוֹבֵר בַּעֲשֵׂה שֶׁנֶּאֱמַר (דברים כה ה) "יְבָמָהּ יָבֹא עָלֶיהָ" וְלֹא עָלֶיהָ וְעַל צָרָתָהּ וְלָאו הַבָּא מִכְּלַל עֲשֵׂה עֲשֵׂה. וְכֵן הַחוֹלֵץ לִיבִמְתּוֹ נֶאֶסְרָה הַחֲלוּצָה הִיא וְכָל צָרוֹתֶיהָ עַל הַחוֹלֵץ וְעַל שְׁאָר אַחִין. וְכֻלָּן אֲסוּרוֹת עֲלֵיהֶן מִדִּבְרֵי סוֹפְרִים כִּשְׁנִיּוֹת. שֶׁמֵּאַחַר שֶׁמֵּת אָחִיו בְּלֹא וָלָד נִסְתַּלֵּק אִסּוּר עֶרְוָה מֵעַל כָּל נָשָׁיו לְפִיכָךְ תּוֹפְסִין בָּהֶן הַקִּדּוּשִׁין כִּשְׁנִיּוֹת:

יג. הַחוֹלֵץ לִיבִמְתּוֹ כְּשֵׁם שֶׁהִיא אֲסוּרָה עָלָיו כָּךְ קְרוֹבוֹתֶיהָ אֲסוּרוֹת עָלָיו. כְּגוֹן אִמָּהּ וּבִתָּהּ. וְכֵן הִיא אֲסוּרָה לִבְנוֹ וּלְאֶחָיו. וַאֲפִלּוּ שְׁנִיּוֹת שֶׁלָּהּ אֲסוּרוֹת כְּגוֹן בַּת בַּת בִּתָּהּ. וְכֵן הִיא אֲסוּרָה לְבֶן בֶּן בְּנוֹ. כְּלָלוֹ שֶׁל דָּבָר הֲרֵי הִיא כְּאִשְׁתּוֹ שֶׁגֵּרְשָׁהּ. וְכֵן אִם מֵתָה יְבִמְתּוֹ וַעֲדַיִן הִיא זְקוּקָה לוֹ אָסוּר בִּקְרוֹבוֹתֶיהָ כְּאִלּוּ הָיְתָה אִשְׁתּוֹ וּמֵתָה תַּחְתָּיו. וְכָל הָאִסּוּרִין הָאֵלּוּ מִדִּבְרֵיהֶן. וּמֻתָּר אָדָם לִשָּׂא אֲחוֹת צָרַת חֲלוּצָתוֹ וּשְׁאָר קְרוֹבוֹתֶיהָ:

יד. אָסוּר לְיָבָם לִשָּׂא קְרוֹבַת זְקוּקָתוֹ כְּגוֹן אִמָּהּ אוֹ בִּתָּהּ עַד שֶׁיְּיַבֵּם אֶחָד מֵאֶחָיו לָהּ אוֹ יַחֲלֹץ לָהּ וְתָסוּר זִקָּתוֹ מֵעָלֶיהָ וְיִשָּׂא אִמָּהּ אוֹ בִּתָּהּ אוֹ שְׁאָר קְרוֹבוֹתֶיהָ. אַף עַל פִּי שֶׁהֵן כֻּלָּן אֲסוּרוֹת עַל אָחִיו שֶׁחָלַץ אוֹ יִבֵּם כְּמוֹ שֶׁבֵּאַרְנוּ:

טו. הַכּוֹנֵס אֶת יְבִמְתּוֹ וְגֵרְשָׁהּ אִם רָצָה לְהַחֲזִיר יַחֲזִיר מִפְּנֵי שֶׁהִיא אִשְׁתּוֹ לְכָל דָּבָר וְלֹא נִשְׁאַר עָלֶיהָ שֵׁם אִסּוּר מִפְּנֵי אָחִיו כְּלָל לֹא מִדִּבְרֵי תּוֹרָה וְלֹא מִדִּבְרֵי סוֹפְרִים:

טז. כְּבָר בֵּאַרְנוּ בְּהִלְכוֹת אִישׁוּת שֶׁבֶּן תֵּשַׁע שָׁנִים וְיוֹם אֶחָד בִּיאָתוֹ בִּיאָה וְדָבָר זֶה הֲלָכָה מִפִּי הַקַּבָּלָה. לְפִיכָךְ יָבָם קָטָן שֶׁבָּא עַל יְבִמְתּוֹ אִם הָיָה בֶּן תֵּשַׁע שָׁנִים וְיוֹם אֶחָד יְקַיֵּם. אֲבָל אֵינוֹ חוֹלֵץ עַד שֶׁיַּגְדִּיל וְיִבָּדֵק שֶׁהֲרֵי (דברים כה ז) "אִישׁ" כָּתוּב בַּפָּרָשָׁה לְעִנְיַן חֲלִיצָה. וְאִם הָיָה פָּחוֹת מִזֶּה אֵין בִּיאָתוֹ בִּיאָה. וּבִיאַת בֶּן תֵּשַׁע שָׁנִים אֵינָהּ קוֹנָה קִנְיָן גָּמוּר. לְפִיכָךְ אֵין יְבִמְתּוֹ נִתֶּרֶת לְזָר עַד שֶׁיָּבוֹא עָלֶיהָ אַחַר שֶׁיַּגְדִּיל אוֹ עַד שֶׁתַּחֲלֹץ כְּמוֹ שֶׁיִּתְבָּאֵר:

יז. וְכֵן הַיְבָמָה הַקְּטַנָּה אִם רָצָה הַיָּבָם לְיַבֵּם אוֹתָהּ מְיַבֵּם אֲבָל אֵינָהּ חוֹלֶצֶת עַד שֶׁתַּגְדִּיל וְתִבָּדֵק. וַאֲפִלּוּ נִבְעֲלָה אַחַר י"ב שָׁנָה אֵינָהּ חוֹלֶצֶת עַד שֶׁתִּבָּדֵק וְיִמָּצְאוּ בָּהּ הַסִּימָנִין:

יח. כְּשֵׁם שֶׁאֵין הַיָּבָם חוֹלֵץ עַד שֶׁיֵּעָשֶׂה אִישׁ כָּךְ אֵין הַיְבָמָה חוֹלֶצֶת עַד שֶׁתֵּעָשֶׂה אִשָּׁה גְּדוֹלָה. וְיָבָם קָטָן שֶׁבָּא עַל יְבָמָה קְטַנָּה יִגְדְּלוּ זֶה עִם זֶה:

יט. הַיְבָמָה לֹא תִּתְיַבֵּם וְלֹא תַּחֲלֹץ עַד שֶׁתַּמְתִּין תִּשְׁעִים יוֹם חוּץ מִיּוֹם הַמִּיתָה וּמִיּוֹם הַיִּבּוּם וּמִיּוֹם הַחֲלִיצָה כִּשְׁאָר כָּל הַנָּשִׁים. וּמִפְּנֵי מָה לֹא תַּחֲלֹץ בְּתוֹךְ תִּשְׁעִים יוֹם מִפְּנֵי שֶׁאֵינָהּ רְאוּיָה לְיִבּוּם וְנֶאֱמַר (דברים כה ז) "אִם לֹא יַחְפֹּץ הָאִישׁ לָקַחַת אֶת יְבִמְתּוֹ" (דברים כה ט) "וְחָלְצָה נַעֲלוֹ" וְגוֹ'

בְּעֵת שֶׁהִיא עוֹלָה לְיִבּוּם עוֹלָה לַחֲלִיצָה וְכָל זְמַן שֶׁאֵינָהּ עוֹלָה לְיִבּוּם אֵינָהּ עוֹלָה לַחֲלִיצָה. וְאִם יִבֵּם אוֹתָהּ אוֹ חָלַץ בְּתוֹךְ הַשְּׁלֹשָׁה חֳדָשִׁים הוֹאִיל וְאֵינָהּ מְעֻבֶּרֶת הֲרֵי זוֹ נִפְטְרָה וְאֵינָהּ צְרִיכָה כְּלוּם:

כ. הַחוֹלֵץ לִיבִמְתּוֹ וְנִמְצֵאת מְעֻבֶּרֶת וְיָלְדָה. אִם הָיָה וָלָד שֶׁל קַיָּמָא הֲרֵי זוֹ כְּמִי שֶׁלֹּא נֶחְלְצָה לוֹ מֵעוֹלָם וּמֻתֶּרֶת לִכְהֻנָּה וּמֻתָּר בִּקְרוֹבוֹתֶיהָ. וְאִם הִפִּילָה אוֹ שֶׁלֹּא שָׁהָה שְׁלֹשִׁים יוֹם אַחַר שֶׁנּוֹלַד חוֹזֵר וְחוֹלֵץ לָהּ הוּא אוֹ אֶחָד מֵאֶחָיו. שֶׁחֲלִיצַת הַמְעֻבֶּרֶת אֵינָהּ חֲלִיצָה וּבִיאַת הַמְעֻבֶּרֶת אֵינָהּ יִבּוּם:

כא. לְפִיכָךְ הַכּוֹנֵס אוֹ הַחוֹלֵץ לִיבִמְתּוֹ הַמְעֻבֶּרֶת לֹא תִּנָּשֵׂא צָרָתָהּ עַד שֶׁתֵּלֵד זוֹ. שֶׁאֵין הַוָּלָד מַתִּיר עַד שֶׁיֵּצֵא לַאֲוִיר הָעוֹלָם:

כב. הַכּוֹנֵס אֶת יְבִמְתּוֹ וְנִמְצֵאת מְעֻבֶּרֶת מַפְרִישִׁין אוֹתָן וּמַמְתִּינִין לָהּ. אִם הִפִּילָה יַחֲזֹר וִיקַיֵּם. וְאִם יָלְדָה אֲפִלּוּ מֵת בַּיּוֹם שֶׁנּוֹלַד הֲרֵי זֶה מוֹצִיאָהּ בְּגֵט וְחוֹלֵץ לָהּ וְאַחַר כָּךְ תִּהְיֶה מֻתֶּרֶת לַאֲחֵרִים. וְאִם נִתְקַיֵּם הַוָּלָד שְׁלֹשִׁים יוֹם אַחַר שֶׁנּוֹלַד הֲרֵי זֶה וָלָד שֶׁל קַיָּמָא וְאֵינָהּ צְרִיכָה מִמֶּנּוּ גֵּט מִפְּנֵי שֶׁהִיא עֶרְוָה עָלָיו:

כג. יָלְדָה לְאַחַר שִׁשָּׁה חֳדָשִׁים מִשֶּׁנִּתְיַבְּמָה וָלָד שֶׁל קַיָּמָא הֲרֵי זֶה הַוָּלָד סָפֵק אִם בֶּן תִּשְׁעָה לָרִאשׁוֹן אִם בֶּן שִׁבְעָה לָאַחֲרוֹן לְפִיכָךְ יוֹצִיא בְּגֵט וְהַוָּלָד כָּשֵׁר. וְאִם בָּא עָלֶיהָ אַחַר שֶׁיָּלְדָה הַבָּנִים שֶׁיָּבֹאוּ אַחֲרָיו סָפֵק מַמְזֵרִים:

Perek 2

Yibum

Derabanan, a *yavam* may not enter relations with his *yevamah* until act of *maamar* is performed i.e. he first consecrated her in the presence of **2** witnesses, and an article worth at least a *prutah.*

	Valid	Explanation
Maamar of *yavam* and *yevamah* must be in presence of **2** witnesses	✓	There must be willingness on part of woman (*yevamah*)
Uses article worth 1 *prutah* or more	✓	
Yavam must recite *sheva brachot*	✓	
Yavam must compose a *ketubah*	✓	
The *mitzvah* of *yibum* is incumbent on eldest brother	✓	*Mipi Hashmuah* interprets eldest brother as eldest surviving brother
If eldest brother does not want to perform *yibum,* then option given to other brothers	✓	However, if other brothers also do not want, *mitzvah* of *chalitzah* then reverts to eldest brother. This he is compelled to do.
If eldest brother is abroad, then *mitzvah* is for a younger brother	✓	One does not wait for elder brother's return as *mitzvah* must be done immediately
If *yevamah* refuses, we compel *yavam* to do *chalitzah.* However *yevamah* then loses her *ketubah.*		She is treated as a rebellious wife, even if she is prepared to marry one of the other brothers.

If the *yevamah* says that she does not want *yibum* nor *chalitzah* i.e. she just wants to remain in her husband's home, we do not agree to this.	She must accept either *yibum* or *chalitzah*, because otherwise the *yavam* will be negatively affected.

Yevamah is forbidden to other men until the *yavam* performs either *yibum* or *chalitzah*[3]

פרק ב׳

א. מִדִּבְרֵי סוֹפְרִים שֶׁלֹּא יָבֹא הַיָּבָם עַל יְבִמְתּוֹ עַד שֶׁיְּקַדֵּשׁ אוֹתָהּ בִּפְנֵי שְׁנֵי עֵדִים בִּפְרוּטָה אוֹ בְּשָׁוֶה פְּרוּטָה וְזֶהוּ הַנִּקְרָא מַאֲמָר. וְאֵין הַמַּאֲמָר קוֹנֶה בִּיבָמָה קִנְיָן גָּמוּר כְּמוֹ הַבִּיאָה. וְהָעוֹשֶׂה מַאֲמָר בִּיבִמְתּוֹ שֶׁלֹּא מִדַּעְתָּהּ לֹא עָשָׂה כְּלוּם שֶׁאֵין הָאִשָּׁה מִתְקַדֶּשֶׁת אֶלָּא לִרְצוֹנָהּ. וּקְטַנָּה מִן הָאֵרוּסִין אֵין עוֹשִׂין בָּהּ מַאֲמָר אֶלָּא מִדַּעַת אָבִיהָ:

ב. וּכְשֵׁם שֶׁהוּא מְקַדֵּשׁ אֶת יְבִמְתּוֹ כָּךְ הוּא מְבָרֵךְ בִּרְכַּת נִשּׂוּאִין בַּעֲשָׂרָה וְכוֹתֵב כְּתֻבָּה כְּדִין כָּל נוֹשֵׂא אִשָּׁה. הַבָּא עַל יְבִמְתּוֹ וְלֹא עָשָׂה בָּהּ מַאֲמָר קָנָה קִנְיָן גָּמוּר וְאֵינוֹ צָרִיךְ לַחֲזֹר וּלְקַדֵּשׁ אַחַר הַבְּעִילָה. וּמַכִּין אוֹתוֹ מַכַּת מַרְדּוּת. וְכוֹתֵב לָהּ כְּתֻבָּה:

ג. הַבָּא עַל יְבִמְתּוֹ בֵּין בְּשׁוֹגֵג בֵּין בְּמֵזִיד בֵּין בְּאֹנֶס בֵּין בְּרָצוֹן. בֵּין שֶׁהָיָה הוּא מֵזִיד וְהִיא שׁוֹגֶגֶת אוֹ אֲנוּסָה. בֵּין שֶׁהָיְתָה הִיא מְזִידָה וְהוּא שׁוֹגֵג אוֹ אָנוּס. בֵּין שֶׁהָיְתָה יְשֵׁנָה בֵּין שֶׁהָיְתָה עֵרָה (בֵּין שֶׁבָּא עָלֶיהָ כְּדַרְכָּהּ בֵּין שֶׁלֹּא כְּדַרְכָּהּ). אֶחָד הַמְעָרֶה וְאֶחָד הַגּוֹמֵר קָנָה:

ד. בַּמֶּה דְּבָרִים אֲמוּרִים שֶׁנִּתְכַּוֵּן לִבְעֹל אֲבָל (אִם נָפַל מִן הַגַּג וְנִתְקַע בָּהּ אוֹ) שֶׁבָּא עָלֶיהָ שִׁכּוֹר שֶׁאֵינוֹ מַכִּיר כְּלוּם אוֹ יָשֵׁן לֹא קָנָה. נִתְכַּוֵּן לְדָבָר אַחֵר וְהֵטִיחַ בִּיבִמְתּוֹ לֹא קָנָה. לְהָטִיחַ בִּבְהֵמָה וְהֵטִיחַ בִּיבִמְתּוֹ קָנָה שֶׁהֲרֵי נִתְכַּוֵּן לְשׁוּם בְּעִילָה מִכָּל מָקוֹם:

ה. יְבָמָה שֶׁנִּתְיַבְּמָה וְאָמְרָה בְּתוֹךְ שְׁלֹשִׁים יוֹם לֹא נִבְעַלְתִּי וְאַף עַל פִּי שֶׁהוּא אוֹמֵר בָּעַלְתִּי וְגֵרְשָׁהּ כּוֹפִין אוֹתוֹ שֶׁיַּחֲלֹץ הוֹאִיל וְקִדֵּם וְגֵרְשָׁהּ בְּגֵט. וְאִם עֲדַיִן לֹא גֵּרֵשׁ כּוֹפִין אוֹתוֹ שֶׁיִּבְעֹל אוֹ יַחֲלֹץ וְיוֹצִיא בְּגֵט. גֵּרְשָׁהּ לְאַחַר שְׁלֹשִׁים יוֹם וְהִיא אוֹמֶרֶת לֹא נִבְעַלְתִּי מְבַקְּשִׁים מִמֶּנּוּ שֶׁיַּחֲלֹץ לָהּ. וְאִם הָיָה מוֹדֶה שֶׁלֹּא בָּעַל כּוֹפִין אוֹתוֹ לַחֲלֹץ. הִיא אוֹמֶרֶת נִבְעַלְתִּי וְהוּא אוֹמֵר לֹא בָּעַלְתִּי אֵינָהּ צְרִיכָה חֲלִיצָה שֶׁאֵין זֶה נֶאֱמָן לְאָסְרָהּ עַל כָּל אָדָם אַחַר שֶׁכְּנָסָהּ:

ו. מִי שֶׁמֵּת וְהִנִּיחַ אַחִים רַבִּים מִצְוָה עַל הַגָּדוֹל לְיַבֵּם אוֹ לַחֲלֹץ שֶׁנֶּאֱמַר (דברים כה ו) "וְהָיָה הַבְּכוֹר אֲשֶׁר תֵּלֵד". מִפִּי הַשְּׁמוּעָה לָמְדוּ שֶׁאֵינוֹ מְדַבֵּר אֶלָּא בִּבְכוֹר שֶׁבָּאַחִין כְּלוֹמַר גְּדוֹל הָאַחִין יָקוּם עַל שֵׁם אָחִיו הַמֵּת. וְזֶה שֶׁנֶּאֱמַר אֲשֶׁר תֵּלֵד מַשְׁמָעוֹ אֲשֶׁר יָלְדָה הָאֵם וְאֵין מַשְׁמָעוֹ אֲשֶׁר תֵּלֵד הַיְבָמָה:

ז. לֹא רָצָה הַגָּדוֹל לְיַבֵּם מְחַזְּרִין עַל כָּל הָאַחִין. לֹא רָצוּ חוֹזְרִין אֵצֶל הַגָּדוֹל וְאוֹמְרִין עָלֶיךָ מִצְוָה אוֹ חֲלֹץ אוֹ יַבֵּם. וְאֵין כּוֹפִין אֶת הַיָּבָם לְיַבֵּם אֲבָל כּוֹפִין אוֹתוֹ לַחֲלֹץ:

ח. אָמַר הַגָּדוֹל הַמְתִּינוּ לִי עַד שֶׁיַּגְדִּיל הַקָּטָן אוֹ עַד שֶׁיָּבוֹא הַהוֹלֵךְ אוֹ עַד שֶׁיַּבְרִיא הַחֵרֵשׁ וְנִמְלַךְ בּוֹ וְאִם לֹא יִרְצֶה אֲנִי אֲיַבֵּם אוֹ אֲנִי אֶחֱלֹץ אֵין שׁוֹמְעִין לוֹ. אֶלָּא אוֹמְרִין לוֹ עָלֶיךָ מִצְוָה אוֹ יַבֵּם אוֹ חֲלֹץ:

ט. וְכֵן אִם הָיָה הַגָּדוֹל בִּמְדִינָה אַחֶרֶת אֵין אָחִיו הַקָּטָן יָכוֹל לוֹמַר עַל אָחִי הַגָּדוֹל הִיא הַמִּצְוָה הַמְתִּינוּ לוֹ עַד שֶׁיָּבוֹא אֶלָּא אוֹמְרִין לָזֶה שֶׁהוּא כָּאן יַבֵּם אוֹ חֲלֹץ:

י. יְבָמָה הָרְאוּיָה לְיִבּוּם שֶׁלֹּא רָצְתָה לְהִתְיַבֵּם דִּינָהּ כְּדִין מוֹרֶדֶת עַל בַּעְלָהּ וְכוֹפִין אֶת יְבָמָהּ לַחֲלֹץ לָהּ וְתֵצֵא בְּלֹא כְּתֻבָּה. וְאִם הִנִּיחַ אָחִיו נָשִׁים רַבּוֹת כָּל מִי שֶׁתְּבָעָהּ הַיָּבָם מֵהֶן לְיִבּוּם וְלֹא רָצְתָה הִיא הַמּוֹרֶדֶת וְחוֹלֵץ לָהּ וְתֵצֵא בְּלֹא כְּתֻבָּה. וּשְׁאָר צָרוֹתֶיהָ שֶׁלֹּא נִתְבְּעוּ נוֹטְלוֹת כְּתֻבָּתָן כִּשְׁאָר הָאַלְמָנוֹת:

יא. הָיוּ הַיְבָמִין רַבִּים וְתָבַע אוֹתָהּ הַגָּדוֹל לְיִבּוּם וְהִיא אֵינָהּ רוֹצָה בּוֹ וְרוֹצָה בְּאָחִיו אֵין שׁוֹמְעִין לָהּ, שֶׁמִּצְוָה בַּגָּדוֹל לְיַבֵּם:

יב. אָמַר הַגָּדוֹל אֵינִי רוֹצֶה לֹא לְיַבֵּם וְלֹא לַחֲלֹץ. הֲרֵי אַחַי לְפָנֶיךָ. וְתָבַע אוֹתָהּ אֶחָד מִן הָאַחִין לְיִבּוּם וְהִיא אֵינָהּ רוֹצָה בּוֹ וְרָצְתָה בְּאָח אַחֵר וְהוּא רוֹצֶה בָּהּ. אֵין זוֹ מוֹרֶדֶת מֵאַחַר שֶׁנִּסְתַּלֵּק הַגָּדוֹל שֶׁמִּצְוָה בּוֹ הֲרֵי כֻּלָּן שָׁוִין וְהוֹאִיל וְהִיא רוֹצָה בְּאֶחָד מֵהֶן וְהוּא רוֹצֶה בָּהּ הֲרֵי זֹאת לֹא מָרְדָה. וְלֹא עוֹד אֶלָּא אִם הָיָה אֶחָד מֵהֶן בִּמְדִינָה אַחֶרֶת וְאָמְרָה הֲרֵי אֲנִי מַמְתֶּנֶת אוֹתוֹ עַד שֶׁיָּבוֹא וִייַבֵּם אוֹתִי אֲבָל זֶה אֵינִי רוֹצָה בּוֹ אֵין זוֹ מוֹרֶדֶת. וְאוֹמְרִים לָזֶה שֶׁאֵינוֹ הַגָּדוֹל הַתּוֹבֵעַ אוֹתָהּ אִם תִּרְצֶה לַחֲלֹץ לָהּ וְלִתֵּן לָהּ כְּתֻבָּה חֲלֹץ. וְאִם לָאו הֲרֵי רָצְתָה שֶׁתֵּשֵׁב עַד שֶׁיָּבוֹא אָחִיךָ הוֹאִיל וְאֵין לְךָ דִּין קְדִימָה עָלָיו:

יג. בָּא זֶה שֶׁתָּלְתָה בּוֹ וְלֹא רָצָה בָּהּ. חוֹזְרִין אֵצֶל זֶה שֶׁתָּבַע אוֹתָהּ לְיַבֵּם וְהִיא אֵינָהּ רוֹצָה בּוֹ. וְאוֹמְרִין לָהּ אֵין כָּאן מִי שֶׁרָצָה לְיַבֵּם אֶלָּא זֶה וּמִצְוַת יִבּוּם קוֹדֶמֶת. אוֹ תִּתְיַבֵּם לוֹ אוֹ תֵּצֵא בְּלֹא כְּתֻבָּה כְּדִין כָּל מוֹרֶדֶת:

יד. כָּל יְבָמָה שֶׁאָמַרְנוּ שֶׁדִּינָהּ שֶׁתַּחֲלֹץ וְלֹא תִתְיַבֵּם הֲרֵי זוֹ נוֹטֶלֶת כְּתֻבָּתָהּ אִם יֵשׁ לָהּ כְּתֻבָּה כִּשְׁאָר כָּל הָאַלְמָנוֹת. וְכֵן אִם הָיָה יְבָמָהּ מֻכֶּה שְׁחִין אוֹ שֶׁיֵּשׁ בּוֹ שְׁאָר מוּמֵי אֲנָשִׁים חוֹלֵץ לָהּ וְנוֹטֶלֶת כְּתֻבָּתָהּ. נוֹלְדוּ בָּהּ מוּמִין כְּשֶׁהִיא שׁוֹמֶרֶת יָבָם, נִסְתַּחֲפָה שָׂדֵהוּ. אִם לֹא רָצָה לְיַבֵּם יַחֲלֹץ וְיִתֵּן כְּתֻבָּה:

טו. יְבָמָה שֶׁנָּדְרָה הֲנָיָה מִיְּבָמָהּ בְּחַיֵּי בַּעְלָהּ. אוֹ שֶׁנָּדְרָה הֲנָיָה מִכָּל הַיְּהוּדִים. כּוֹפִין אוֹתוֹ שֶׁיַּחֲלֹץ לָהּ וְתִטֹּל כְּתֻבָּתָהּ. וְאִם נָדְרָה לְאַחַר מִיתַת בַּעְלָהּ מְבַקְּשִׁים מִמֶּנּוּ שֶׁיַּחֲלֹץ לָהּ וְאִם לֹא רָצָה הֲרֵי זוֹ מוֹרֶדֶת. וְכֵן אִם נִתְכַּוְּנָה בְּנִדְרָהּ אֲפִלּוּ בְּחַיֵּי בַּעְלָהּ כְּדֵי שֶׁלֹּא יְיַבֵּם אוֹתָהּ אֵין כּוֹפִין אוֹתוֹ לַחֲלֹץ אֶלָּא אִם כֵּן מָרְדָה וְתֵצֵא בְּלֹא כְּתֻבָּה:

טז. יְבָמָה שֶׁתְּבָעָהּ הַיָּבָם לַחֲלִיצָה וְהִיא אוֹמֶרֶת אֵינִי חוֹלֶצֶת וְלֹא נוֹטֶלֶת כְּתֻבָּה אֶלָּא אֵשֵׁב בְּבֵית בַּעְלִי וְכִשְׁאָר כָּל הָאַלְמָנוֹת אֵין שׁוֹמְעִין לָהּ. שֶׁהֲרֵי הִקְנוּ אוֹתָהּ לְזֶה מִן הַשָּׁמַיִם. רָצָה מְיַבֵּם רָצָה חוֹלֵץ וְנוֹתֵן כְּתֻבָּה. וְלֹא עוֹד אֶלָּא אֲפִלּוּ אָמְרָה אֲנִי נִזּוֹנֶת מִשֶּׁלִּי וְאֵשֵׁב עֲגוּנָה כָּל יְמֵי חַיַּי אֵין שׁוֹמְעִין לָהּ. שֶׁהֲרֵי הַיָּבָם אוֹמֵר לָהּ כָּל זְמַן שֶׁאַתְּ זְקוּקָה לִי אֵין נוֹתְנִין לִי אִשָּׁה אַחֶרֶת. וַאֲפִלּוּ הָיָה נָשׂוּי אֶפְשָׁר שֶׁיִּשָּׂא אִשָּׁה אַחֶרֶת אוֹ תִּהְיֶה לוֹ מְרִיבָה בְּתוֹךְ בֵּיתוֹ מִפְּנֵי הַיְבָמָה:

יז. יְבָמָה שֶׁלֹּא הָיָה לָהּ עַל בַּעְלָהּ כְּתֻבָּה מִפְּנֵי שֶׁהָיְתָה אֲסוּרָה עָלָיו וַהֲרֵי הִיא מֻתֶּרֶת לַיָּבָם כְּמוֹ שֶׁיִּתְבָּאֵר. אִם רָצָה הַיָּבָם לְיַבֵּם מְיַבֵּם וְאֵין לָהּ עָלָיו כְּתֻבָּה כְּדֶרֶךְ שֶׁלֹּא הָיָה לָהּ עַל בַּעְלָהּ. וְדִינָהּ עִם יְבָמָהּ בְּתוֹסֶפֶת כְּמוֹ שֶׁהָיְתָה עִם בַּעְלָהּ. אֲבָל אִם לֹא כָּתַב לָהּ בַּעְלָהּ כְּתֻבָּה אוֹ שֶׁמָּכְרָה לוֹ כְּתֻבָּתָהּ אוֹ מָחֲלָה אוֹתָהּ צָרִיךְ הַיָּבָם לִכְתֹּב לָהּ כְּתֻבָּה כִּשְׁאָר הָאַלְמָנוֹת:

יח. הַיְבָמָה קֹדֶם שֶׁיָּבוֹא עָלֶיהָ יְבָמָהּ אוֹ קֹדֶם שֶׁיַּחֲלֹץ לָהּ הֲרֵי הִיא אֲסוּרָה לְהִנָּשֵׂא לְזָר שֶׁנֶּאֱמַר (דברים כה ה) "לֹא תִהְיֶה אֵשֶׁת הַמֵּת הַחוּצָה לְאִישׁ זָר". וְאִם נִשֵּׂאת לְאַחֵר וּבָעַל לוֹקֶה הוּא וְהִיא וּמוֹצִיאָהּ בְּגֵט. וַאֲפִלּוּ הָיוּ לוֹ כַּמָּה בָּנִים מִמֶּנָּה. וְנֶאֶסְרָה עָלָיו וְעַל יְבָמָהּ. וִיבָמָהּ חוֹלֵץ לָהּ וְאַחַר כָּךְ תִּהְיֶה מֻתֶּרֶת לַאֲחֵרִים:

יט. נִתְקַדְּשָׁה לְאַחֵר לֹא נֶאֶסְרָה עַל יְבָמָהּ אֶלָּא נוֹתֵן לָהּ הַזָּר שֶׁקִּדְּשָׁהּ גֵּט וִיבָמָהּ מְיַבֵּם אוֹ חוֹלֵץ. וְאִם הָיָה יְבָמָהּ כֹּהֵן שֶׁאֵינוֹ יָכוֹל לִשָּׂא גְּרוּשָׁה תֵּצֵא מִן הַזָּר בְּגֵט כְּדֵי שֶׁלֹּא יְהֵא הַחוֹטֵא נִשְׂכָּר. וְיַחֲלֹץ לָהּ יְבָמָהּ:

כ. חָזַר הַזָּר שֶׁגֵּרְשָׁהּ מִן הָאֵרוּסִין וּנְשָׂאָהּ אַחַר שֶׁחָלַץ לָהּ יְבָמָהּ אֵין מוֹצִיאִין אוֹתָהּ מִיָּדוֹ. אֲבָל אִם גֵּרְשָׁהּ מִן הַנִּשּׂוּאִין וְחָזַר וּנְשָׂאָהּ אַחַר שֶׁחָלְצָה מוֹצִיאִין אוֹתָהּ מִיָּדוֹ מִפְּנֵי שֶׁהִיא דּוֹמָה לְאֵשֶׁת אִישׁ שֶׁנִּשֵּׂאת וּבָא בַּעְלָהּ שֶׁהִיא אֲסוּרָה עַל זֶה וְעַל זֶה כְּמוֹ שֶׁבֵּאַרְנוּ. וְהַיְבָמָה שֶׁזִּנְּתָה וְהִיא זְקוּקָה לֹא נֶאֶסְרָה עַל יְבָמָהּ אֶלָּא רָצָה חוֹלֵץ רָצָה מְיַבֵּם:

כא. כָּל יְבָמָה שֶׁהִיא סָפֵק מִדִּבְרֵיהֶם אִם יֵשׁ עָלֶיהָ זִקַּת יָבָם אוֹ אֵין עָלֶיהָ זִקַּת יָבָם. כְּגוֹן יְבָמָה שֶׁיָּלְדָה וָלָד שֶׁלֹּא כָּלוּ לוֹ חֳדָשָׁיו וּמֵת בְּתוֹךְ שְׁלֹשִׁים יוֹם שֶׁדִּינָהּ שֶׁתַּחֲלֹץ מִסָּפֵק מִדִּבְרֵיהֶם כְּמוֹ שֶׁבֵּאַרְנוּ. אִם הָלְכָה וְנִתְקַדְּשָׁה לְאַחֵר קֹדֶם חֲלִיצָה חוֹלֵץ לָהּ יְבָמָהּ וְתֵשֵׁב עִם בַּעְלָהּ. וְאִם נִתְקַדְּשָׁה לְכֹהֵן שֶׁהוּא אָסוּר בַּחֲלוּצָה אֵינוֹ חוֹלֵץ לָהּ. שֶׁאֵין אוֹסְרִין עַל זֶה אִשְׁתּוֹ מִשּׁוּם סְפֵק דִּבְרֵיהֶן. גֵּרְשָׁהּ הַכֹּהֵן אוֹ מֵת הֲרֵי זוֹ חוֹלֶצֶת וְאַחַר כָּךְ מֻתֶּרֶת לַאֲחֵרִים לְכַתְּחִלָּה:

Perek 3

Yibum continued.

Did the original father have any other children or brothers?

Cases of doubt of whether a *yavam* was born before husband's death or after.

Testimonies regarding the death of her husband or *yavam*

- i.e. **1** witness believed
- Testimony of servant, woman, gentile's conversation is accepted
- **5** women who would hate *yevamah* not believed
- *Normally* a woman's statement regarding the death of her husband is believed, but the statements of a *yevamah* are *not* accepted regarding the death of her *yavam* (because it is

only a negative command and punishment is only *malkot*, woman may give insufficient importance to it).

Reminder:
Pack on Witnesses

פרק ג׳

א. הָאוֹמֵר זֶה בְּנִי אוֹ שֶׁאָמַר יֵשׁ לִי בָּנִים הֲרֵי זֶה נֶאֱמָן וּפוֹטֵר אֶת אִשְׁתּוֹ מִן הַחֲלִיצָה וּמִן הַיִּבּוּם:

ב. אָמַר זֶה אָחִי אוֹ שֶׁאָמַר יֵשׁ לִי אַחִין אֵינוֹ נֶאֱמָן לֶאֱסֹר אֶת אִשְׁתּוֹ וּלְהַנִּיחָהּ זְקוּקָה לְיָבָם שֶׁהֲרֵי זֶה מִתְכַּוֵּן לְאָסְרָהּ לְאַחַר מוֹתוֹ:

ג. הָיָה מֻחְזָק שֶׁיֵּשׁ לוֹ אַחִין וְאָמַר בִּשְׁעַת מִיתָתוֹ אֵין לִי אַחִין אֵינוֹ נֶאֱמָן. וְכֵן אִם אָמַר עַל מִי שֶׁהֻחְזַק אָחִיו אֵין זֶה אָחִי אֵינוֹ נֶאֱמָן. לֹא הָיָה מֻחְזָק בְּאַחִין וְיָצָא קוֹל שֶׁיֵּשׁ [שָׁם] עֵדִים שֶׁיָּעִידוּ שֶׁיֵּשׁ לְבַעְלָהּ אַחִין וְהָעֵדִים בִּמְדִינָה אַחֶרֶת. אֲפִלּוּ אָמַר הוּא בִּשְׁעַת מִיתָתוֹ אֵין לִי אָח הֲרֵי זוֹ חוֹשֶׁשֶׁת וְתַמְתִּין עַד שֶׁיָּבוֹאוּ הָעֵדִים שֶׁאָמְרוּ וְיִשָּׁאֲלוּ:

ד. מִי שֶׁזָּנָה עִם אִשָּׁה בֵּין פְּנוּיָה בֵּין אֵשֶׁת אִישׁ וְנִתְעַבְּרָה וְאָמַר זֶה הָעֻבָּר מִמֶּנִּי הוּא וַאֲפִלּוּ הִיא מוֹדָה לוֹ אַף עַל פִּי שֶׁהוּא בְּנוֹ לְעִנְיַן יְרֻשָּׁה הֲרֵי זֶה סָפֵק לְעִנְיַן יִבּוּם. כְּשֵׁם שֶׁזִּנְּתָה עִם זֶה כָּךְ זִנְּתָה עִם אַחֵר. וּמֵאַיִן יוֹדֵעַ הַדָּבָר שֶׁזֶּה בְּנוֹ וַדַּאי וַהֲרֵי אֵין לוֹ חֲזָקָה. אֶלָּא לְעוֹלָם סָפֵק הוּא וּלְהַחֲמִיר דָּנִין בּוֹ וְחוֹלֶצֶת וְלֹא מִתְיַבֶּמֶת:

ה. נֶאֱמָן עֵד אֶחָד לְהָעִיד לִיבָמָה שֶׁמֵּת בַּעְלָהּ וּמִתְיַבֶּמֶת עַל פִּיו. אוֹ שֶׁמֵּת יְבָמָהּ אוֹ שֶׁנִּתַּן לְבַעְלָהּ בֵּן, לְהַתִּירָהּ לְזָר. אֲפִלּוּ עֶבֶד אוֹ אִשָּׁה אוֹ עַכּוּ״ם מֵסִיחַ לְפִי תֻּמּוֹ מֵעִיד בְּמִיתַת הַיָּבָם כְּמוֹ שֶׁמֵּעִיד בְּאֵשֶׁת אִישׁ לְהַתִּירָהּ כְּמוֹ שֶׁבֵּאַרְנוּ בְּהִלְכוֹת גֵּרוּשִׁין:

ו. וְחָמֵשׁ נָשִׁים שֶׁאֵין מְעִידוֹת זוֹ לָזוֹ שֶׁמֵּת בַּעְלָהּ כָּךְ אֵין מְעִידִין לָהּ שֶׁמֵּת יְבָמָהּ. וְדִין עֵדוּת זוֹ כְּדִין אוֹתָהּ עֵדוּת לְעִנְיַן עֵדִים שֶׁמַּכְחִישִׁין זֶה אֶת זֶה בְּמִיתַת הַיָּבָם וּלְכָל דָּבָר:

ז. שְׁתֵּי יְבָמוֹת שֶׁבָּאוּ מִמְּדִינַת הַיָּם זוֹ אוֹמֶרֶת מֵת בַּעְלִי וְזוֹ אוֹמֶרֶת מֵת בַּעְלִי. זוֹ אֲסוּרָה מִפְּנֵי בַּעְלָהּ שֶׁל זוֹ וְזוֹ אֲסוּרָה מִפְּנֵי בַּעְלָהּ שֶׁל זוֹ. שֶׁאֵין יְבִמְתָּהּ נֶאֱמֶנֶת לְהָעִיד לָהּ שֶׁמֵּת יְבָמָהּ כְּמוֹ שֶׁבֵּאַרְנוּ:

ח. הָיָה לְאַחַת מֵהֶן עֵד שֶׁמֵּת בַּעְלָהּ. זוֹ שֶׁיֵּשׁ לָהּ הָעֵד עוֹמֶדֶת בְּאִסּוּרָהּ שֶׁאֵינָהּ אֲסוּרָה מִפְּנֵי בַּעְלָהּ אֶלָּא מִפְּנֵי יְבָמָהּ. וְזוֹ שֶׁאֵין לָהּ עֵד מֻתֶּרֶת שֶׁהֲרֵי הֵעִיד הָעֵד שֶׁמֵּת יְבָמָהּ וְהִיא נֶאֱמֶנֶת לוֹמַר שֶׁמֵּת בַּעְלִי:

ט. הָיָה לָזוֹ בָּנִים וְלָזוֹ אֵין בָּנִים זוֹ שֶׁאֵין לָהּ בָּנִים אֲסוּרָה וְזוֹ שֶׁיֵּשׁ לָהּ בָּנִים מֻתֶּרֶת. הָיָה לָהֶן יָבָם אַחֵר כָּאן הֲרֵי זֶה מְיַבֵּם לִשְׁתֵּיהֶן:

י. מֵת זֶה הַיָּבָם שֶׁיִּבֵּם אוֹתָן אֲסוּרוֹת לְהִנָּשֵׂא לְזָר כְּשֶׁהָיוּ בַּתְּחִלָּה. נִתְיַבְּמוּ וְנִתְגָּרְשׁוּ הֲרֵי אֵלּוּ מֻתָּרוֹת לְזָר:

יא. אַף עַל פִּי שֶׁהָאִשָּׁה נֶאֱמֶנֶת לוֹמַר מֵת בַּעְלִי וְתִנָּשֵׂא אוֹ תִּתְיַבֵּם אֵין הַיְבָמָה נֶאֱמֶנֶת לוֹמַר מֵת יְבָמִי שֶׁתִּנָּשֵׂא לְזָר הוֹאִיל וְהוּא אִסּוּר לָאו שֶׁמָּא יִהְיֶה קַל בְּעֵינֶיהָ. וְכֵן אֵין הַיָּבָם נֶאֱמָן לוֹמַר מֵת אָחִי שֶׁיְּיַבֵּם אֶת אִשְׁתּוֹ שֶׁמָּא עֵינָיו נָתַן בָּהּ. וְאֵין הָאִשָּׁה נֶאֱמֶנֶת לוֹמַר מֵתָה אֲחוֹתִי שֶׁתִּכָּנֵס לְבֵיתָהּ. וְאֵין הָאִישׁ נֶאֱמָן לוֹמַר מֵתָה אִשְׁתִּי שֶׁיִּשָּׂא אֶת אֲחוֹתָהּ עַד שֶׁיָּעִידוּ שְׁנֵי עֵדִים שֶׁמֵּתָה אֲחוֹתָהּ וְאַחַר כָּךְ תִּכָּנֵס לְבֵיתָהּ. שֶׁלֹּא הֶאֱמִינוּ עֵד אֶחָד אֶלָּא מִשּׁוּם הַתָּרַת עֲגוּנָה כְּמוֹ שֶׁבֵּאַרְנוּ:

יב. לְפִיכָךְ הָאִשָּׁה שֶׁהָלְכָה הִיא וּבַעְלָהּ וִיבָמָהּ לִמְדִינַת הַיָּם וּבָאָה וְאָמְרָה מֵת בַּעְלִי וְאַחַר כָּךְ מֵת יְבָמִי. אוֹ שֶׁאָמְרָה מֵת יְבָמִי וְאַחַר כָּךְ מֵת בַּעְלִי הֲרֵי זוֹ אֵינָהּ נֶאֱמֶנֶת. אֲבָל אִם הָלְכָה הִיא וּבַעְלָהּ בִּלְבַד וּבָאָה וְאָמְרָה נִתַּן לִי יָבָם בִּמְדִינַת הַיָּם וָמֵת. בֵּין שֶׁאָמְרָה מֵת יְבָמִי וְאַחַר כָּךְ מֵת בַּעְלִי בֵּין שֶׁאָמְרָה מֵת בַּעְלִי וְאַחַר כָּךְ מֵת הַיָּבָם שֶׁנִּתַּן לִי הֲרֵי זוֹ נֶאֱמֶנֶת שֶׁהַפֶּה שֶׁאָסַר הוּא הַפֶּה שֶׁהִתִּיר:

יג. הָאִשָּׁה שֶׁהָלְכָה הִיא וּבַעְלָהּ וּבְנָהּ לִמְדִינַת הַיָּם וּבָאָה וְאָמְרָה מֵת בַּעְלִי וְאַחַר כָּךְ מֵת בְּנִי נֶאֱמֶנֶת. שֶׁהֲרֵי הָיְתָה בְּחֶזְקַת הֶתֵּר לְזָר בְּעֵת שֶׁהָלְכָה. אָמְרָה מֵת בְּנִי וְאַחַר כָּךְ מֵת בַּעְלִי אֵינָהּ נֶאֱמֶנֶת לְהִתְיַבֵּם וְחוֹשְׁשִׁין לִדְבָרֶיהָ וְחוֹלֶצֶת וְלֹא מִתְיַבֶּמֶת:

יד. הָלְכָה הִיא וּבַעְלָהּ בִּלְבַד וּבָאָה וְאָמְרָה נִתַּן לִי בֵּן בִּמְדִינַת הַיָּם וָמֵת וְאַחַר כָּךְ מֵת בַּעְלִי נֶאֱמֶנֶת וּמִתְיַבֶּמֶת שֶׁהֲרֵי הָיְתָה בְּחֶזְקַת הֶתֵּר לִיבָמָהּ בְּעֵת שֶׁהָלְכָה. אָמְרָה

מֵת בַּעְלִי וְאַחַר כָּךְ מֵת הַבֵּן שֶׁנִּתַּן לִי אֵינָהּ נֶאֱמֶנֶת לִפְטֹר עַצְמָהּ מִן הַיִּבּוּם וּמִן הַחֲלִיצָה וְחוֹשְׁשִׁין לִדְבָרֶיהָ וְחוֹלֶצֶת וְלֹא מִתְיַבֶּמֶת:

טו. בַּמֶּה דְּבָרִים אֲמוּרִים בְּשֶׁהָיְתָה פְּסוּלָה לִכְהֻנָּה מִתְּחִלָּה כְּגוֹן שֶׁהָיְתָה גְּרוּשָׁה אוֹ חֲלָלָה אוֹ שֶׁאָמְרָה בַּמְּעֻדָּה הָיִינוּ כְּשֶׁמֵּת. אֲבָל אִם אֵין הַדָּבָר כֵּן אֵינָהּ חוֹלֶצֶת. שֶׁמָּא תַּחֲלֹץ וְיָבוֹאוּ עֵדִים וְיָעִידוּ שֶׁהַדָּבָר כְּמוֹ שֶׁאָמְרָה וְהַבַּעַל מֵת תְּחִלָּה וְנִמְצֵאת חֲלִיצָה זוֹ אֵינָהּ כְּלוּם וְתִנָּשֵׂא לְכֹהֵן וְיֵרָאֶה הָרוֹאֶה אוֹתָהּ שֶׁחָלְצָה וְנִשֵּׂאת לְכֹהֵן וִידַמֶּה שֶׁהַחֲלוּצָה מֻתֶּרֶת לִכְהֻנָּה וְהוּא אֵינוֹ יוֹדֵעַ בָּעֵדִים שֶׁבָּאוּ. לְפִיכָךְ לֹא תַּחֲלֹץ וְלֹא תִּתְיַבֵּם אֶלָּא תִּשָּׁאֵר בְּחֶזְקַת זְקוּקָה כְּשֶׁיָּצְאָה עַד שֶׁיָּבוֹאוּ עֵדִים:

טז. וְכֵן אִשָּׁה שֶׁהָלַךְ בַּעְלָהּ וְצָרָתָהּ לִמְדִינַת הַיָּם וּבָאוּ שְׁנַיִם וְאָמְרוּ לָהּ מֵת בַּעְלֵךְ הֲרֵי זוֹ לֹא תַּחֲלֹץ וְלֹא תִּתְיַבֵּם לְעוֹלָם עַד שֶׁיִּוָּדַע אִם יָלְדָה צָרָתָהּ אוֹ לֹא יָלְדָה. וְלָמָּה לֹא תַּחֲלֹץ אַחַר תִּשְׁעָה חֳדָשִׁים מִמִּיתַת הַבַּעַל וְתִהְיֶה מֻתֶּרֶת לְזָר עַל כָּל פָּנִים שֶׁאִם יָלְדָה צָרָתָהּ הֲרֵי נִפְטְרָה זוֹ וְאִם לֹא יָלְדָה הֲרֵי נֶחְלְצָה. גְּזֵרָה שֶׁמָּא יִוָּדַע אַחַר הַחֲלִיצָה שֶׁיָּלְדָה צָרָתָהּ וָלָד שֶׁל קַיָּמָא וְנִמְצֵאת זֹאת שֶׁאֵינָהּ חֲלוּצָה וְתִנָּשֵׂא לְכֹהֵן אַחַר שֶׁנֶּחְלְצָה וְיֹאמַר הָרוֹאֶה שֶׁלֹּא יָדַע בָּעֵדִים שֶׁבָּאוּ שֶׁהַחֲלוּצָה מֻתֶּרֶת לְכֹהֵן וְיָעִיד שֶׁרָאָה אוֹתָהּ נִשֵּׂאת לִכְהֻנָּה עַל פִּי בֵּית דִּין. לְפִיכָךְ אִם הָיְתָה אֲסוּרָה לִכְהֻנָּה מִתְּחִלָּתָהּ הֲרֵי זוֹ חוֹלֶצֶת לְאַחַר תִּשְׁעָה וְתִנָּשֵׂא לְזָר. אֲבָל זוֹ הַצָּרָה שֶׁהָיְתָה עִם בַּעְלָהּ כְּשֶׁמֵּת תַּמְתִּין תִּשְׁעִים יוֹם כִּשְׁאָר הַיְבָמוֹת וְתַחֲלֹץ אוֹ תִּתְיַבֵּם וְלֹא תָּחוּשׁ לְצָרָתָהּ שֶׁבַּמְּדִינָה הָאַחֶרֶת הוֹאִיל וְלֹא הָיָה בַּעְלָהּ עִמָּהּ בַּמְּדִינָה:

יז. הָאִשָּׁה שֶׁמֵּת בַּעְלָהּ וְהָיְתָה לָהּ חָמוֹת בִּמְדִינַת הַיָּם אֵינָהּ חוֹשֶׁשֶׁת שֶׁמָּא יָלְדָה חֲמוֹתָהּ וּכְבָר נִתַּן לָהּ יָבָם בִּמְדִינָה אַחֶרֶת. שֶׁלֹּא גָּזְרוּ בְּדָבָר זֶה. אֶלָּא נַעֲמִיד אוֹתָהּ עַל חֶזְקָתָהּ וַהֲרֵי הִיא מֻתֶּרֶת. וְהוּא הַדִּין לְאִשָּׁה שֶׁמֵּת בַּעְלָהּ וְהָיָה לוֹ בֵּן בִּמְדִינָה אַחֶרֶת הֲרֵי זוֹ מֻתֶּרֶת לְזָר וְאֵין חוֹשְׁשִׁין שֶׁמָּא מֵת הַבֵּן אֶלָּא הַעֲמֵד אוֹתָהּ עַל חֶזְקָתָהּ:

יח. יָצָאת חֲמוֹתָהּ מְעֻבֶּרֶת הֲרֵי זוֹ חוֹשֶׁשֶׁת וְלֹא תִּנָּשֵׂא לְזָר עַד שֶׁתֵּדַע מֶה הָיָה סוֹף עִבּוּר חֲמוֹתָהּ שֶׁמָּא נוֹלַד לָהּ יָבָם קֹדֶם מִיתַת הַבַּעַל:

יט. הָאִשָּׁה שֶׁהָלַךְ בַּעְלָהּ וּבְנָהּ לִמְדִינַת הַיָּם וּבָאוּ וְאָמְרוּ לָהּ מֵת בַּעְלֵךְ וְאַחַר כָּךְ מֵת בְּנֵךְ וְנִשֵּׂאת וְאַחַר כָּךְ נוֹדַע שֶׁחִלּוּף הָיוּ הַדְּבָרִים תֵּצֵא וְהַוָּלָד כָּשֵׁר. אָמְרוּ לָהּ מֵת בְּנֵךְ וְאַחַר כָּךְ מֵת בַּעְלֵךְ וְנִתְיַבְּמָה וְאַחַר כָּךְ נוֹדַע שֶׁהָיוּ הַדְּבָרִים חִלּוּף תֵּצֵא וְהַוָּלָד שֶׁנּוֹלַד לִפְנֵי הַשְּׁמוּעָה אוֹ לְאַחַר הַשְּׁמוּעָה מַמְזֵר:

Perek 4

Chalitzah.

Procedure

Basic procedure is as follows (although it can differ)

- *Yevamah* recites (must be in Hebrew) 'My *yavam* refuses...'
- *Yavam* says (in Hebrew) 'I do not wish to take her...'
- *Yevamah* removes his shoe from *right* foot (shoe should be leather, with a heel, not woven with linen, straps should only be below knee etc)
- *Yevamah* spits
- *Yevamah* recites 'This is what is done to a man who does not build his brother's House...'

Must be performed during day.

Must be in presence of at least **3** judges but ideally **3** judges plus **2** others (it is necessary that the 3 judges have both parents native Jewish). Court should be in city of *yavam*.

There are various circumstances whereby procedure (if not done properly) could be regarded as.

- Invalid (*batel*)
- Unacceptable (*pasul*)

These would obviously affect status of *yavam* and *yevamah.*
Chalitzah Document text.
Also text of *ketubah* for *yevamot*, and *ketubah* for all marriages.

פרק ד׳

א. כֵּיצַד מִצְוַת חֲלִיצָה. הַיְבָמָה הוֹלֶכֶת אַחַר הַיָּבָם בְּמָקוֹם שֶׁהוּא שָׁם וּבָאָה לַדַּיָּנִין. וְהֵן קוֹרְאִין לוֹ וְנוֹתְנִין לוֹ עֵצָה הַהוֹגֶנֶת לוֹ וְלָהּ. אִם עֵצָה טוֹבָה לְיַבֵּם יוֹעֲצִין אוֹתוֹ לְיַבֵּם. וְאִם עֵצָה טוֹבָה לַחֲלֹץ כְּגוֹן שֶׁהָיְתָה הִיא יַלְדָּה וְהוּא זָקֵן אוֹ הִיא זְקֵנָה וְהוּא יֶלֶד יוֹעֲצִין אוֹתוֹ לַחֲלֹץ:

ב. וּצְרִיכִין הַדַּיָּנִין לִקְבֹּעַ מָקוֹם שֶׁיֵּשְׁבוּ בּוֹ וְאַחַר כָּךְ תַּחֲלֹץ שָׁם בִּפְנֵיהֶם שֶׁנֶּאֱמַר (דברים כה ז) "וְעָלְתָה יְבִמְתּוֹ הַשַּׁעְרָה אֶל הַזְּקֵנִים" וְגוֹ׳. לֹא נוֹעֲדוּ וְלֹא קָבְעוּ מָקוֹם אֶלָּא נִקְרוּ נִקְרָה וְנִקְרֵאת הִיא וְהוּא לִפְנֵיהֶן וְחָלְצוּ חֲלִיצָתָהּ כְּשֵׁרָה:

ג. וּמְלַמְּדִין אוֹתָהּ וְאֶת הַיָּבָם לִקְרוֹת עַד שֶׁהוּא וְהִיא יִהְיוּ רְגִילִין וְתִהְיֶה יְכוֹלָה לִקְרוֹת (דברים כה ז) "לֹא אָבָה" בִּנְשִׁימָה אַחַת וְאַחַר כָּךְ תֹּאמַר יַבְּמִי. כְּדֵי שֶׁלֹּא יִהְיֶה מַשְׁמַע דְּבָרֶיהָ אָבָה יַבְּמִי:

ד. וּמֵאַחַר שֶׁתִּהְיֶה רְגִילָה לִקְרוֹת אַף עַל פִּי שֶׁלֹּא קָרְאָה בִּנְשִׁימָה אַחַת אֵין מַקְפִּידִין עַל זֶה. אֲבָל אִם אֵינָהּ יְכוֹלָה מַרְגִּילִין אוֹתָהּ עַד שֶׁתֵּדַע:

ה. וְהַחֲלִיצָה בַּיּוֹם וְלֹא בַּלַּיְלָה. וּבִפְנֵי שְׁלֹשָׁה שֶׁיּוֹדְעִין לְהַקְרוֹת . וְאִם אֶחָד מִן הַשְּׁלֹשָׁה גֵּר פָּסוּל. וַאֲפִלּוּ הָיָה אָבִיו גֵּר וְאִמּוֹ יִשְׂרְאֵלִית לֹא תַּחֲלֹץ עַד שֶׁיִּהְיֶה אָבִיו וְאִמּוֹ מִיִּשְׂרָאֵל. וּמִצְוָתָהּ בַּחֲמִשָּׁה כְּדֵי לְפַרְסֵם הַדָּבָר. וְאוֹתָן הַשְּׁנַיִם אֲפִלּוּ הָיוּ עַמֵּי הָאָרֶץ:

ו. כֵּיצַד חוֹלְצִין. מְבִיאִין לוֹ מִנְעָל שֶׁל עוֹר שֶׁיֵּשׁ לוֹ עָקֵב וְאֵינוֹ תָּפוּר בְּפִשְׁתָּן וְלוֹבְשׁוֹ בְּיָמִין וְקוֹשֵׁר רְצוּעוֹתָיו עַל רַגְלוֹ. וְעוֹמֵד הוּא וְהִיא בִּפְנֵי בֵּית דִּין וּמַקְרִין לַיְבָמָה בִּלְשׁוֹן הַקֹּדֶשׁ (דברים כה ז) "מֵאֵן יְבָמִי" וְגוֹ׳. וְאַחַר כָּךְ מַקְרִין לַיָּבָם (דברים כה ח) "לֹא חָפַצְתִּי לְקַחְתָּהּ". וְנוֹעֵץ רַגְלוֹ בָּאָרֶץ וְהִיא יוֹשֶׁבֶת וּפוֹשֶׁטֶת יָדָהּ בִּפְנֵי בֵּית דִּין וּמַתֶּרֶת רְצוּעוֹת הַמִּנְעָל מֵעַל רַגְלוֹ וְחוֹלֶצֶת הַמִּנְעָל וּמַשְׁלֶכֶת אוֹתוֹ לָאָרֶץ וּמִשֶּׁיִּשָּׁמֵט רֹב הֶעָקֵב הֻתְּרָה הַיְבָמָה לְזָר:

ז. וְאַחַר כָּךְ עוֹמֶדֶת וְיוֹרֶקֶת בָּאָרֶץ כְּנֶגֶד פָּנָיו רֹק הַנִּרְאֶה לַדַּיָּנִין. שֶׁמִּצְוַת חֲלִיצָה שֶׁיִּהְיוּ שְׁנֵיהֶן עוֹמְדִין בִּשְׁעַת קְרִיאָה וּבִשְׁעַת רְקִיקָה וּצְרִיכִין הַדַּיָּנִין לִרְאוֹת הָרֹק הַיּוֹצֵא מִפִּיהָ. וְאַחַר כָּךְ מַקְרִין לָהּ (דברים כה ט) "כָּכָה יֵעָשֶׂה לָאִישׁ אֲשֶׁר לֹא יִבְנֶה אֶת בֵּית אָחִיו" (דברים כה י) "וְנִקְרָא שְׁמוֹ בְּיִשְׂרָאֵל בֵּית חֲלוּץ הַנָּעַל":

ח. הַכֹּל בִּלְשׁוֹן הַקֹּדֶשׁ שֶׁנֶּאֱמַר (דברים כה ט) "כָּכָה" בַּלָּשׁוֹן הַזֶּה. וְכָל הַיּוֹשְׁבִין שָׁם עוֹנִים אַחֲרֶיהָ (דברים כה י) "חֲלוּץ הַנָּעַל" שָׁלֹשׁ פְּעָמִים. וְצָרִיךְ שֶׁתִּתְכַּוֵּן הַיְבָמָה שֶׁתַּחֲלֹץ לוֹ וְיִתְכַּוֵּן הוּא שֶׁיֵּחָלֵץ לָהּ. וְיֵעָשׂוּ מַעֲשִׂים אֵלּוּ לִשְׁמָן. וְהַסּוּמָא אֵינוֹ חוֹלֵץ שֶׁנֶּאֱמַר (דברים כה ט) "וְיָרְקָה בְּפָנָיו" וְאֵין זֶה רוֹאֶה הָרֹק:

ט. נִמְצָא סֵדֶר הַחֲלִיצָה כָּךְ הוּא. קוֹרְאָה הִיא תְּחִלָּה (דברים כה ז) "מֵאֵן יְבָמִי לְהָקִים לְאָחִיו שֵׁם בְּיִשְׂרָאֵל לֹא אָבָה יַבְּמִי". וְאַחַר כָּךְ הוּא אוֹמֵר (דברים כה ח) "לֹא חָפַצְתִּי לְקַחְתָּהּ". וְאַחַר כָּךְ תַּחֲלֹץ. וְאַחַר כָּךְ תָּרֹק. וְאַחַר כָּךְ תִּקְרָא (דברים כה ט) "כָּכָה יֵעָשֶׂה לָאִישׁ אֲשֶׁר לֹא יִבְנֶה אֶת בֵּית אָחִיו" (דברים כה י) "וְנִקְרָא שְׁמוֹ בְּיִשְׂרָאֵל בֵּית חֲלוּץ הַנָּעַל":

י. וְאֵין הַסֵּדֶר מְעַכֵּב אֶלָּא אִם לֹא קָרְאָה בַּתְּחִלָּה לֹא הִיא וְלֹא הוּא אוֹ שֶׁרָקְקָה וְאַחַר כָּךְ חָלְצָה אוֹ שֶׁקָּרְאָה וְאַחַר כָּךְ רָקְקָה חֲלִיצָתָהּ כְּשֵׁרָה:

יא. וְלָמָּה לֹא תַּחֲזֹר וְתָרֹק עַל הַסֵּדֶר שֶׁמָּא יֹאמְרוּ רְקִיקָה לְבַדָּהּ אֵינָהּ כְּלוּם וְאֵינָהּ פּוֹסֶלֶת מִן הָאַחִין:

יב. חָלְצָה בִּלְבַד וְלֹא קָרְאָה וְלֹא רָקְקָה חֲלִיצָתָהּ כְּשֵׁרָה. וְאֵין צָרִיךְ לוֹמַר שֶׁחָלְצָה וְקָרְאָה וְלֹא רָקְקָה אוֹ שֶׁחָלְצָה וְרָקְקָה וְלֹא קָרְאָה שֶׁחֲלִיצָתָהּ כְּשֵׁרָה:

יג. בַּמֶּה דְּבָרִים אֲמוּרִים כְּשֶׁהָיוּ יְכוֹלִין לְדַבֵּר שֶׁהֲרֵי הֵן רְאוּיִין לִקְרוֹת. אֲבָל אִלֶּמֶת אוֹ אִלֵּם אֵינָן חוֹלְצִין וְאִם חָלְצוּ חֲלִיצָתָן פְּסוּלָה. וְאֵינָן כְּחֵרֵשׁ וְחֵרֶשֶׁת שֶׁחָלְצוּ שֶׁלֹּא עָשׂוּ כְּלוּם. לְפִי שֶׁהַחֵרֵשׁ אוֹ הַחֵרֶשֶׁת אֵינָן בְּנֵי דַּעַת:

יד. רָקְקָה בִּלְבַד שֶׁלֹּא חָלְצָה וְלֹא קָרְאָה. אוֹ שֶׁרָקְקָה וְקָרְאָה וְלֹא חָלְצָה הֲרֵי זוֹ כַּחֲלִיצָה פְּסוּלָה. קָרְאָה הִיא וְהוּא וְלֹא חָלְצָה וְלֹא רָקְקָה לֹא עָשָׂה כְּלוּם שֶׁנֶּאֱמַר (דברים כה ט) "כָּכָה יֵעָשֶׂה לָאִישׁ". שֶׁהַמַּעֲשֶׂה שֶׁהוּא הַחֲלִיצָה וְהָרְקִיקָה הוּא שֶׁמּוֹעִיל אֲבָל הַקְּרִיאָה אֵינָהּ מְעַכֶּבֶת וְאֵינָהּ מוֹעֶלֶת:

טו. חָלְצָה וְרָקְקָה וְקָרְאָה וְהֵם יוֹשְׁבִין אוֹ מֻטִּין עַל צִדֵּיהֶן.

אוֹ שֶׁהָיָה שְׂרוֹךְ הַנַּעַל קָשׁוּר עַל שׁוֹקוֹ מִן הָאַרְכֻּבָּה וּלְמַטָּה. אוֹ שֶׁחָלְצָה בִּפְנֵי שְׁלֹשָׁה עַמֵּי הָאָרֶץ שֶׁאֵינָן יוֹדְעִין לְהַקְרוֹת. וְכֵן הַסּוּמָא שֶׁחָלַץ. חֲלִיצָתוֹ כְּשֵׁרָה:

טז. חָלְצָה בַּלַּיְלָה אוֹ שֶׁחָלְצָה בִּפְנֵי שְׁנַיִם אוֹ בִּפְנֵי שְׁלֹשָׁה וְנִמְצָא אֶחָד מֵהֶן קָרוֹב אוֹ פָּסוּל. אוֹ שֶׁהָיָה הַמִּנְעָל קָשׁוּר לְמַעְלָה מִן הָאַרְכֻּבָּה. אוֹ שֶׁהִתִּיר הוּא וְשָׁמְטָה הִיא אוֹ שֶׁהִתִּירָה הִיא וְשָׁמַט הוּא. אוֹ שֶׁנִּתְכַּוְּנָה הִיא וְלֹא נִתְכַּוֵּן הוּא. אוֹ שֶׁנִּתְכַּוֵּן הוּא וְלֹא נִתְכַּוְּנָה הִיא. וְכֵן קְטַנָּה שֶׁחָלְצָה לְגָדוֹל. חֲלִיצָתָן פְּסוּלָה. וְכֵן אִם חָלְצָה בִּפְנֵי יָחִיד וַאֲפִלּוּ בֵּינוֹ לְבֵינָהּ וּבַלַּיְלָה הֲרֵי זוֹ חֲלִיצָה פְּסוּלָה. אֲבָל חֵרֵשׁ שׁוֹטֶה וְקָטָן שֶׁחָלְצוּ וְכָל הַחוֹלֵץ לְמִי שֶׁהִיא פְּטוּרָה מִן הַחֲלִיצָה וּמִן הַיִּבּוּם אֵינָהּ חֲלִיצָה:

יז. יָבָם שֶׁרַגְלוֹ הַיְמָנִית חֲתוּכָה אֵינוֹ חוֹלֵץ בִּשְׂמֹאל וְאִם חָלְצָה מֵעַל שְׂמֹאלוֹ חֲלִיצָתָהּ פְּסוּלָה. הָיְתָה רַגְלוֹ עֲקֻמָּה לְאָחוֹר אוֹ הֲפוּכָה עַל צִדָּהּ אוֹ שֶׁהָיָה מְהַלֵּךְ עַל רָאשֵׁי אֶצְבְּעוֹת רַגְלָיו הֲרֵי זֶה אֵינוֹ חוֹלֵץ שֶׁהַחוֹלֵץ צָרִיךְ לִנְעֹץ עֲקֵבוֹ בָּאָרֶץ וְזֶה אֵינוֹ יָכוֹל. וְאִם חָלְצָה לְמִי שֶׁרַגְלוֹ כָּךְ הֲרֵי חֲלִיצָתָהּ פְּסוּלָה:

יח. וִיבָמָה שֶׁיָּדֶיהָ חֲתוּכוֹת חוֹלֶצֶת לְכַתְּחִלָּה וַאֲפִלּוּ בְּשִׁנֶּיהָ שֶׁלֹּא נֶאֱמַר וְחָלְצָה בְּיָדָהּ. חָלְצָה בְּמִנְעָל שֶׁל בֶּגֶד אֵינָהּ חֲלִיצָה. אֲבָל אִם חָלְצָה בְּמִנְעָל שֶׁאֵין לוֹ עָקֵב. אוֹ שֶׁהָיָה תָּפוּר בְּפִשְׁתָּן. אוֹ שֶׁהָיָה מִנְעָל שֶׁל שֵׂעָר אוֹ שֶׁל סִיב אוֹ שֶׁל שַׁעַם אוֹ שֶׁל עֵץ. אוֹ שֶׁהָיָה מִנְעָל גָּדוֹל שֶׁאֵינוֹ יָכוֹל לְהַלֵּךְ בּוֹ אוֹ קָטָן שֶׁאֵינוֹ חוֹפֶה אֶת רֹב רַגְלוֹ. אוֹ מִנְעָל פָּרוּם שֶׁאֵינוֹ חוֹפֶה רֹב הָרֶגֶל אוֹ נִפְחַת שֶׁאֵין מְקַבֵּל רֹב הָרֶגֶל. חֲלִיצָתָהּ פְּסוּלָה:

יט. חָלְצָה בְּסַנְדָּל שֶׁל עֵץ וּמְחֻפֶּה עוֹר אוֹ הָיְתָה קַרְקָעִיתוֹ עוֹר וּלְחָיָיו שֶׁל שֵׂעָר. אוֹ שֶׁחָלְצָה סַנְדָּל שֶׁל שְׂמֹאל מֵעַל רַגְלוֹ הַיְמָנִית. אוֹ שֶׁלֹּא הָיָה הַמִּנְעָל שֶׁלּוֹ אוֹ (שֶׁלֹּא) הָיָה גָּדוֹל שֶׁיָּכוֹל לְהַלֵּךְ בּוֹ. אוֹ קָטָן שֶׁחוֹפֶה אֶת רֹב רַגְלוֹ אוֹ נִפְרָם שֶׁחוֹפֶה אֶת רֹב הָרֶגֶל אוֹ נִפְחַת שֶׁמְּקַבֵּל רֹב הָרֶגֶל. חֲלִיצָתוֹ כְּשֵׁרָה:

כ. סַנְדָּל הַמְּסֻגָּר וְהַמֻּחְלָט וְשֶׁל עַכּוּ"ם שֶׁמַּנִּיחִין אוֹתוֹ בְּרַגְלֵי הַצּוּרָה לֹא תַּחֲלֹץ בּוֹ. וְאִם חָלְצָה חֲלִיצָתָהּ כְּשֵׁרָה. וְאַף עַל פִּי שֶׁהוּא אָסוּר בַּהֲנָאָה. אֲבָל סַנְדָּל שֶׁל תִּקְרֹבֶת עַכּוּ"ם וְשֶׁל עִיר הַנִּדַּחַת. אוֹ שֶׁנַּעֲשָׂה לְמֵת שֶׁיִּקָּבֵר בּוֹ. אִם חָלְצָה בּוֹ חֲלִיצָתָהּ פְּסוּלָה שֶׁהֲרֵי אֵינוֹ עוֹמֵד לְהַלֵּךְ בּוֹ:

כא. קָרְעָה הַמִּנְעָל מֵעַל רַגְלוֹ אוֹ שֶׁשְּׂרָפַתּוּ אוֹ שֶׁהָיָה לָבוּשׁ שְׁתֵּי מִנְעָלִין וְחָלְצָה הָעֶלְיוֹן אַף עַל פִּי שֶׁקָּרְעָה הַתַּחְתּוֹן עַד שֶׁנִּתְגַּלְּתָה רַגְלוֹ הֲרֵי זוֹ חֲלִיצָה פְּסוּלָה:

כב. יְבָמָה שֶׁאָכְלָה שׁוּם אוֹ גַּרְגִּיר וְכַיּוֹצֵא בָּהֶן מִדְּבָרִים שֶׁמַּרְבִּין אֶת הָרֹק וְהָיָה הָרֹק זָב מִפִּיהָ אֵינוֹ כְּלוּם עַד שֶׁיִּהְיֶה הָרֹק מֵעַצְמוֹ:

כג. רָקְקָה דָּם אוֹ שֶׁהָיָה שׁוֹתֶת מִפִּיהָ אֵינוֹ כְּלוּם. וְאִם מָצְצָה וְרָקְקָה כָּשֵׁר שֶׁאִי אֶפְשָׁר לְדָם שֶׁנִּמְצָץ בְּלֹא צִחְצוּחֵי רֹק. רָקְקָה וּקְלָטַתּוּ הָרוּחַ קֹדֶם שֶׁיַּגִּיעַ לְכְנֶגֶד פָּנָיו כְּגוֹן שֶׁהָיְתָה אֲרֻכָּה וְהוּא קָצָר אֵינוֹ כְּלוּם. וְאִם אַחַר שֶׁהִגִּיעַ לְנֶגֶד פָּנָיו אַף עַל פִּי שֶׁלֹּא הִגִּיעַ לָאָרֶץ כָּשֵׁר. וְכֵן אִם לֹא רָאוּ הַדַּיָּנִין הָרֹק כְּשֶׁיָּצָא מִפִּיהָ כָּשֵׁר:

כד. חֲלִיצָה מֻטְעֵית פְּסוּלָה. כֵּיצַד. כְּגוֹן שֶׁאָמְרוּ לוֹ חֲלֹץ לָהּ וּבְכָךְ אַתָּה כּוֹנְסָהּ. אוֹ שֶׁאָמְרוּ לוֹ חֲלֹץ לָהּ שֶׁזּוֹ מִצְוָה הִיא וְאֵינָהּ מַפְסֶדֶת עָלֶיךָ כְּלוּם וְאִם תִּרְצֶה אַחַר כָּךְ לְיַבֵּם תְּיַבֵּם וְכַיּוֹצֵא בִּדְבָרִים אֵלּוּ פְּסוּלָה. אֲבָל אִם הִטְעוּהוּ וְאָמְרוּ לוֹ חֲלֹץ לָהּ עַל מְנָת שֶׁתִּתֵּן לְךָ מָאתַיִם זוּז אוֹ עַל תְּנַאי כָּךְ וְכָךְ אַף עַל פִּי שֶׁלֹּא נָתְנָה וְלֹא נִתְקַיֵּם הַתְּנַאי חֲלִיצָתָהּ כְּשֵׁרָה שֶׁהֲרֵי נִתְכַּוֵּן לַחֲלֹץ לָהּ:

כה. הַמּוֹסֵר מוֹדָעָא עַל הַחֲלִיצָה חֲלִיצָתוֹ פְּסוּלָה. לְפִיכָךְ רָאוּי לַדַּיָּנִין לוֹמַר לוֹ לְבַטֵּל הַמּוֹדָעָא כְּדֶרֶךְ שֶׁעוֹשִׂין בְּגֵט. לְחָצוּהוּ יִשְׂרְאֵלִים וְהִכּוּהוּ עַד שֶׁחָלַץ אִם כַּדִּין עָשׂוּ חֲלִיצָתוֹ כְּשֵׁרָה. וְאִם שֶׁלֹּא כַּדִּין עָשׂוּ כְּגוֹן שֶׁהָיוּ הֶדְיוֹטוֹת אוֹ שֶׁטָּעוּ חֲלִיצָתוֹ פְּסוּלָה. וְאִם הָעַכּוּ"ם אֲנָסוּהוּ מֵעַצְמָן. אִם הָיָה הַדִּין נוֹתֵן שֶׁיַּחֲלֹץ חֲלִיצָתוֹ פְּסוּלָה. וְאִם שֶׁלֹּא כַּדִּין אֵינָהּ חֲלִיצָה:

כו. כָּל מָקוֹם שֶׁאָמַרְנוּ אֵינָהּ חֲלִיצָה אוֹ לֹא עָשָׂה כְּלוּם אוֹ אֵינָהּ כְּלוּם הֲרֵי הִיא כְּאִלּוּ לֹא נֶחְלְצָה לוֹ וְלֹא נֶאֶסְרוּ עָלָיו קְרוֹבוֹתֶיהָ וְלֹא נִפְסְלָה מִן הַכְּהֻנָּה וּמֻתֶּרֶת לְהִתְיַבֵּם. וְכָל מָקוֹם שֶׁאָמַרְנוּ חֲלִיצָתָהּ פְּסוּלָה נֶאֶסְרוּ עָלָיו קְרוֹבוֹתֶיהָ וְנִפְסְלָה מִן הַכְּהֻנָּה וְנֶאֶסְרָה עַל הָאַחִין וְאֵינָהּ מִתְיַבֶּמֶת וְאֵינָהּ מֻתֶּרֶת לְהִנָּשֵׂא לְזָר עַד שֶׁתַּחֲלֹץ חֲלִיצָה כְּשֵׁרָה:

כז. עֻבָּרָה וְנִשֵּׂאת הֲרֵי זֶה חוֹלֵץ לָהּ חֲלִיצָה כְּשֵׁרָה וְהִיא תַּחַת בַּעְלָהּ וְאֵין מוֹצִיאִין אוֹתָהּ מִיָּדוֹ:

כח. יְבָמָה שֶׁגָּדְלָה בֵּין הָאַחִין הֲרֵי זוֹ מֻתֶּרֶת לְהִתְיַבֵּם וְאֵין חוֹשְׁשִׁין לָהּ שֶׁמָּא חָלְצָה לְאֶחָד מֵהֶן בֵּינוֹ לְבֵינָהּ וְנִפְסְלָה עֲלֵיהֶן. אֲבָל אִם רְאִינוּהָ שֶׁחָלְצָה נַעֲלוֹ שֶׁל אֶחָד מֵהֶן נִפְסְלָה שֶׁמָּא נִתְכַּוְּנָה לַחֲלִיצָה וּצְרִיכָה חֲלִיצָה כְּשֵׁרָה לְהַתִּירָהּ לְזָר:

כט. גֵּט חֲלִיצָה שֶׁאָנוּ כּוֹתְבִין לָהּ אֵינוֹ אֶלָּא מַעֲשֵׂה בֵּית

דַּיָּן כְּדֵי שֶׁיִּהְיֶה בְּיָדָהּ רְאָיָה שֶׁנֶּחְלְצָה וְאֵין הַדַּיָּנִין חוֹלְצִין אֶלָּא אִם כֵּן מַכִּירִין. לְפִיכָךְ מִי שֶׁרָאָה זֹאת שֶׁנֶּחְלְצָה כּוֹתְבִין לָהּ גֵּט חֲלִיצָה אַף עַל פִּי שֶׁאֵינָן מַכִּירִין שֶׁזּוֹ הִיא בַּת פְּלוֹנִי וְאֵשֶׁת פְּלוֹנִי וְשֶׁזֶּה שֶׁחָלַץ לָהּ אָחִיו הוּא. שֶׁהֲרֵי הַדַּיָּנִין שֶׁחָלְצָה בִּפְנֵיהֶם הִכִּירוּ זֶה וְאַחַר כָּךְ חָלְצָה:

CHALITZAH DOCUMENT

ל. בְּיוֹם פְּלוֹנִי כָּךְ וְכָךְ לְיֶרַח פְּלוֹנִי שְׁנַת כָּךְ וְכָךְ לִבְרִיאַת עָלְמָא לְמִנְיָנָא דְּרְגִילְנָא לְמִימְנֵי בָּהּ בְּמָקוֹם פְּלוֹנִי אֲנַחְנָא דַּיָּנֵי דְּמִקְצָתְנָא חֲתִימִין לְתַתָּא בְּמוֹתַב תְּלָתָא כַּחֲדָא הֲוֵינָא יָתְבִין בְּבֵי דִּינָא וּסְלִיקָא לְקֳדָמָנָא פְּלוֹנִית בָּרַת פְּלוֹנִי אַרְמַלְתָּא דִּפְלוֹנִי. וְקָרְבַת לְקֳדָמָנָא גְּבַר חַד דִּשְׁמֵיהּ פְּלוֹנִי בַּר פְּלוֹנִי. וְכֵן אָמְרָה לָנָא פְּלוֹנִית דָּא. פְּלוֹנִי בַּר פְּלוֹנִי דְּנָא אֲחוּהָ דִּפְלוֹנִי בַּעְלִי מֵאֲבוּהָ הֲוָה דַּהֲוֵינָא נְסִיבָא לֵיהּ וְשָׁכִיב וְחַיֵּי לְרַבָּנָן וּלְכָל יִשְׂרָאֵל שָׁבַק. וּבַר וּבְרַת יָרִית וּמַחְסִין וּמוֹקִים שְׁמָא בְּיִשְׂרָאֵל לָא שָׁבַק. וְהָדֵין פְּלוֹנִי אֲחוּהִי חָזֵי לְיִבּוּמֵי יָתִי. כְּעַן רַבָּנָן אָמְרוּ לֵיהּ אִי צָבֵי לְיַבּוּמֵי יָתִי יְיַבֵּם וְאִי לָא יִטְלַע לִי רַגְלֵיהּ דִּימִינָא קֳדָמֵיכוֹן וַאֲשָׁרֵי סֵינֵיהּ מֵעַל רַגְלֵיהּ וְאֵרֹק בְּאַנְפּוֹהִי. וְאִשְׁתְּמוֹדַעְנוּהִי לִפְלוֹנִי דְּנָא דַּאֲחוּהִי דִּפְלוֹנִי מִיתְנָא מֵאֲבוּהִי הוּא וַאֲמַרְנָא לֵיהּ אִי צָבֵית לְיַבּוּמֵי יָתָהּ יַבֵּם וְאִי לָא אַטְלַע לָהּ קֳדָמָנָא רַגְלָךְ דִּימִינָא וְתִשְׁרֵי סֵינָךְ מֵעַל רַגְלָךְ וְתָרֹק בְּאַנְפָּךְ. וְעָנֵי וְאָמַר לָנָא לֵית אֲנָא צָבֵי לְיַבּוּמֵי יָתָהּ. מִיַּד אַקְרִינוּהָ לִפְלוֹנִית דָּא מֵאֵן יְבָמִי לְהָקִים לְאָחִיו שֵׁם בְּיִשְׂרָאֵל לֹא אָבָה יַבְּמִי. וְאַף לְהַאי פְּלוֹנִי אַקְרִינוּהוּ לֵיהּ לֹא חָפַצְתִּי לְקַחְתָּהּ. וְאַטְלַע לָהּ רַגְלֵיהּ דִּימִינָא וְשָׁרַת סֵינֵיהּ מֵעַל רַגְלֵיהּ וְרָקַת בְּאַנְפּוֹהִי רֻקָּא דְּאִתְחֲזֵי לָנָא מִפּוּמָהּ עַל אַרְעָא. וְתוּב אַקְרִינוּהָ לִפְלוֹנִית דָּא כָּכָה יֵעָשֶׂה לָאִישׁ אֲשֶׁר לֹא יִבְנֶה אֶת בֵּית אָחִיו וְנִקְרָא שְׁמוֹ בְּיִשְׂרָאֵל בֵּית חֲלוּץ הַנָּעַל. וַאֲנַחְנָא דַּיָּנֵי וְכָל דַּהֲווֹ יָתְבִין קֳדָמָנָא עֲנֵינָן בַּתְרֵיהּ חֲלוּץ הַנָּעַל חֲלוּץ הַנָּעַל חֲלוּץ הַנָּעַל תְּלָת זִמְנִין. וּמִדְּאִתְעֲבִיד עוּבְדָּא דָּא קֳדָמָנָא שָׁרֵינוּהָ לִפְלוֹנִית דָּא לִמְהָךְ לְהִתְנַסְבָא לְכָל מַאן דְּתִצְבֵּי וְאִינַשׁ לָא יִמְחֶה בְּיָדַהּ מִן יוֹמָא דְּנָן וּלְעָלַם. וּבָעִית מִנָּנָא פְּלוֹנִית דָּא גִּטָּא דַּחֲלִיצוּתָא דָּא וּכְתַבְנָא וַחֲתַמְנָא וִיהַבְנָא לָהּ לִזְכוּ כְּדַת מֹשֶׁה וְיִשְׂרָאֵל. פְּלוֹנִי בַּר פְּלוֹנִי עֵד. פְּלוֹנִי בַּר פְּלוֹנִי עֵד:

לא. וּמְעִידִין עָלָיו שְׁלֹשָׁה אוֹ שְׁנַיִם מִן הַשְּׁלֹשָׁה אוֹ שְׁנַיִם שֶׁרָאוּ הַחֲלִיצָה אַף עַל פִּי שֶׁאֵינָן הַדַּיָּנִין שֶׁחָלְצָה בִּפְנֵיהֶן כְּמוֹ שֶׁבֵּאַרְנוּ. וַאֲפִלּוּ אִשָּׁה אוֹ עֶבֶד אוֹ קָטָן שֶׁהוּא מַכִּיר וְנָבוֹן נֶאֱמָנִין לוֹמַר זֶה פְּלוֹנִי אֲחִי פְּלוֹנִי וְזוֹ הִיא יְבִמְתּוֹ וְחוֹלְצִין עַל פִּיהֶן. מַה שֶּׁאֵין כֵּן בִּשְׁאָר עֵדֻיּוֹת שֶׁל תּוֹרָה בֵּין לְעֵדוּת מָמוֹן בֵּין לְעֵדוּת אִסּוּר. שֶׁזֶּה דָּבָר הֶעָשׂוּי לְהִגָּלוֹת הוּא אֶפְשָׁר לֵידַע אֲמִתַּת הַדָּבָר שֶׁלֹּא מִפִּיהֶן כָּעִנְיָן שֶׁבֵּאַרְנוּ בְּסוֹף הִלְכוֹת גֵּרוּשִׁין. וְאִם רָצָה הַיָּבָם לְיַבֵּם מְקַדֵּשׁ וּמְיַבֵּם וְכוֹתֵב לָהּ כְּתֻבָּה כְּמוֹ שֶׁהוֹדַעְנוּ:

YIBUM KETUBAH

לב. בְּיוֹם פְּלוֹנִי כָּךְ וְכָךְ לְיֶרַח פְּלוֹנִי שְׁנַת כָּךְ וְכָךְ לְמִנְיַן פְּלוֹנִי לְמִנְיָנָא דְּרְגִילְנָא לְמִימְנֵי בְּמָקוֹם פְּלוֹנִי אֵיךְ פְּלוֹנִי בֶּן פְּלוֹנִי אֲתָא לְקֳדָמָנָא וְכֵן אֲמַר לָנָא. אָחִי דְּמִן אַבָּא שָׁכִיב וְחַיֵּי לְרַבָּנָן וּלְכָל יִשְׂרָאֵל שָׁבַק. וּבַר וּבְרַת יָרִית וּמַחְסִין וּמוֹקִים שְׁמָא בְּיִשְׂרָאֵל לָא שָׁבַק. וְשָׁבַק הַהִיא אִתְּתָא דִּשְׁמָהּ פְּלוֹנִית בַּת פְּלוֹנִי וְחָזְיָא לִי מִן אוֹרַיְתָא לְיַבּוּמֵי יָתָהּ כְּדִכְתִיב בְּסֵפֶר אוֹרַיְתָא דְּמֹשֶׁה יְבָמָהּ יָבֹא עָלֶיהָ. וּצְבִיאַת פְּלוֹנִית דָּא וְאִתְיַבְּמַת לִפְלוֹנִי בַּר פְּלוֹנִי יְבָמָהּ לְאוֹקוּמֵי שְׁמָא בְּיִשְׂרָאֵל כְּדִכְתִיב וְהָיָה הַבְּכוֹר אֲשֶׁר תֵּלֵד יָקוּם עַל שֵׁם אָחִיו הַמֵּת וְגוֹ׳. וּכְתַב לָהּ פְּלוֹנִי יְבָמָהּ לִפְלוֹנִית יְבִמְתֵּיהּ כֶּסֶף זוּזֵי מָאתָן דְּחָזוּ לָהּ דַּהֲווֹ כְּתִיבִין בִּכְתֻבְּתָהּ דִּכְתַב לָהּ בַּעְלָהּ קַדְמָאָה וְאוֹסִיף לָהּ מִדִּילֵיהּ כָּךְ וְכָךְ וְדָא נְדוּנְיָא דְּהַנְעַלַת לֵיהּ וְכוּ׳ כִּשְׁאָר טָפְסֵי כְּתֻבּוֹת:

KETUBAH DOCUMENT

לג. בְּיוֹם פְּלוֹנִי כוּ׳. אֵיךְ פְּלוֹנִי בֶּן פְּלוֹנִי אָמַר לִפְלוֹנִית בַּת פְּלוֹנִי בְּתֻלְתָּא כַּלָּתָא הֱוִי לִי לְאִנְתּוּ כְּדַת מֹשֶׁה וְיִשְׂרָאֵל וַאֲנָא בְּמֵימַר דִּשְׁמַיָּא אֶפְלַח וְאוֹקִיר וַאֲסוֹבַר וְאֵיזוֹן וַאֲפַרְנֵס וְאֶכְסֵי יָתִיכִי כְּהִלְכוֹת גֻּבְרִין יְהוּדָאִין דְּמוֹקְרִין וּמְסוֹבְרִין וְזָנִין וּמְפַרְנְסִין וּמְכַסִּין יָת נְשֵׁיהוֹן בְּקֻשְׁטָא. וְיָהִיבְנָא לֵיכִי מֹהַר בְּתוּלַיְכִי כֶּסֶף זוּזֵי מָאתָן דְּאִינוּן מִזּוּזֵי כַּסְפָּא כ״ה דְּחָזוּ לֵיכִי מִדְּאוֹרַיְתָא וּמְזוֹנַיְכִי וּכְסוּתַיְכִי וְסִפּוּקַיְכִי. וּמֵעַל עֲלַיְכִי כְּאֹרַח כָּל אַרְעָא. וּצְבִיאַת פְּלוֹנִית דָּא וַהֲוַת לֵיהּ לְאִנְתּוּ לִפְלוֹנִי דְּנָא. וְרָצָה וְהוֹסִיף לָהּ תּוֹסֶפֶת עַל עִקַּר כְּתֻבָּתָהּ עַד מִשְׁלַם כָּךְ וְכָךְ וְדָא נְדוּנְיָא דְּהַנְעַלַת לֵיהּ כָּךְ וְכָךְ הַכֹּל נִתְקַבֵּל חָתָן זֶה וּבָא לְיָדוֹ וְנַעֲשָׂה בִּרְשׁוּתוֹ וְזָקַף הַכֹּל עַל עַצְמוֹ כְּמִלְוֶה וּרְשׁוּ. וְכֵן אֲמַר לָנָא פְּלוֹנִי חֲתָנָא דְּנָא אַחֲרָיוּת כְּתֻבְּתָא כְּלָא עִקַּר כְּתֻבָּה וּנְדוּנְיָא וְתוֹסֶפֶת וּשְׁאָר תְּנָאֵי כְּתֻבָּה קַבָּלִית עָלַי וְעַל יָרְתַי בַּתְרַאי וְעַל כָּל שְׁפַר אֲרַג נִכְסִין וְקִנְיָנִין דְּאִית לִי תְּחוֹת [כָּל] שְׁמַיָּא דִּקְנָאִי וּדְעָתִיד אֲנָא לְמִיקְנָה מִמְּקַרְקְעֵי וּמִמִּטַּלְטְלֵי אַגַּב מְקַרְקְעֵי כֻּלְּהוֹן יֶהֱוֹן אַחְרָאִין וְעַרְבָאִין לִכְתֻבָּה דָּא כְּלָא עִקָּר וּנְדוּנְיָא וְתוֹסֶפֶת לְאִתְפְּרָעָא מִנְּהוֹן בְּחַיַּי וּבָתַר מוֹתִי וַאֲפִלּוּ מִגְּלִימָא דְּעַל כַּתְפַּאי. וְקָנִינָן מִפְּלוֹנִי דָּא מִכָּל מַאי דִּכְתִיב וּמְפָרַשׁ לְעֵילָא קִנְיָן שָׁלֵם דְּלָא כְּאַסְמַכְתָּא וּדְלָא כְּטָפְסָא דִּשְׁטָרֵי אֶלָּא כְּחֹזֶק וּכְחֹמֶר כָּל שִׁטְרֵי כְּתֻבּוֹת

118 SEFER NASHIM

הַנּוֹהֲגוֹת בְּיִשְׂרָאֵל וְכַהֹגֶן וּכְתִקּוּן רַבּוֹתֵינוּ ז״ל וְחָתַמְנוּ עַל שְׁטַר כְּתֻבָּה זוֹ בַּזְּמַן הַנִּזְכָּר לְעֵיל וְהַכֹּל בָּרִיר וְשָׁרִיר וְקַיָּם:

לד. וְאִם הָיְתָה כְּתֻבַּת אַלְמָנָה כּוֹתֵב פְּלוֹנִית אַלְמַנְתָּא. וְאִם הָיְתָה כְּתֻבַּת גְּרוּשָׁה כּוֹתֵב פְּלוֹנִית הַגְּרוּשָׁה. וְכֵן אִם הָיְתָה שְׁבוּיָה כּוֹתֵב פְּלוֹנִית הַשְּׁבוּיָה כְּדֵי שֶׁלֹּא יִכָּשֵׁל בָּהּ כֹּהֵן. וְכוֹתֵב וְיָהִיבְנָא לִיכִי מֹהֲרִיכִי כֶּסֶף זוּזֵי מְאָה דְּאִינּוּן מִזּוּזֵי כַּסְפָּא תְּרֵיסַר וּפַלְגָּא דְּחָזוּ לִיכִי וְכוּ׳:

לה. כְּשֶׁכּוֹתְבִין גֵּט יְבָמִין אוֹ כְּתֻבַּת יְבָמִין מְשַׂרְטֵט מְקוֹם הַפְּסוּקִים. שֶׁאָסוּר לִכְתֹּב שָׁלֹשׁ תֵּבוֹת בְּלֹא שִׂרְטוּט. וִיבָמָה שֶׁחָלְצָה מֻתֶּרֶת לְהִנָּשֵׂא בְּיוֹם חֲלִיצָתָהּ שֶׁהֲרֵי אֵינָהּ חוֹלֶצֶת עַד שֶׁתַּשְׁלִים תִּשְׁעִים יוֹם:

Perek 5

Chalitzah and its relations to a *get*.

Derabanan, if a *yavam* gives the *yevamah* a *get*, the *yevamah* is freed from *yibum*. But she cannot marry another man until *chalitzah* is performed in addition.

To understand this more fully, we need to understand the different concepts of

- *Maamar kosher* (acceptable *maamar)*
- *Maamar pasul* (unacceptable *maamar)*
- *Beilah kesherah* (acceptable relations)
- *Beilah pesulah* (unacceptable relations)
- *Chalitzah meulah* (superior *chalitzah)*
- *Chalitzah pechutah* (inferior *chalitzah*)

A *get* does not fully dissolve the connection between *yavam* and *yevamah*.

Similarly, the *maamar* alone does not acquire *yevamah* fully as a wife. It is the sexual relations which fully establishes the marriage bond between *yavam* and *yevamah*.

It is only *chalitzah* which dissolves the connection fully between *yavam* and *yevamah*.

Reminder:
Methods of Acquiring a Wife. Ref: *Sefer Nashim, Hilchot Ishut*, Chapter 3

פרק ה׳

א. הַיְבָמָה שֶׁנָּתַן לָהּ הַיָּבָם גֵּט כְּרִיתוּת פְּסָלָהּ וּפָסַל אֶת צָרוֹתֶיהָ עָלָיו וְעַל שְׁאָר הָאַחִין שֶׁהֲרֵי נַעֲשָׂה כְּמִי שֶׁחָלַץ לָהּ. וְאֵין הַגֵּט מוֹעִיל בִּיבָמָה אֶלָּא מִדִּבְרֵיהֶן הוֹאִיל וְהַגֵּט מְגָרֵשׁ אֵשֶׁת אִישׁ. וְכָל גֵּט שֶׁפּוֹסֵל אִשְׁתּוֹ מִן הַכְּהֻנָּה פּוֹסֵל אֶת יְבִמְתּוֹ מִן הַיִּבּוּם וְאֵינָהּ מֻתֶּרֶת לְזָר עַד שֶׁיַּחֲלֹץ לָהּ:

ב. הַמַּאֲמָר אַף עַל פִּי שֶׁאֵינוֹ קוֹנֶה בִּיבָמָה קִנְיָן גָּמוּר וְאֵינָהּ נַעֲשֵׂית בּוֹ אֵשֶׁת אִישׁ גְּמוּרָה צְרִיכָה מִמֶּנּוּ גֵּט וְאֵינָהּ נִתֶּרֶת לְזָר אֶלָּא בַּחֲלִיצָה:

ג. כֵּיצַד. הָעוֹשֶׂה מַאֲמָר בִּיבִמְתּוֹ וְאֵינוֹ רוֹצֶה לִבְעֹל צָרִיךְ לִכְתֹּב לָהּ גֵּט שֶׁהֲרֵי נִתְקַדְּשָׁה לוֹ. וְצָרִיךְ לַחֲלֹץ לָהּ כְּדֵי לְהַתִּירָהּ לְזָר. שֶׁאֵין הַיְבָמָה נִתֶּרֶת לְזָר אֶלָּא אַחַר בְּעִילַת הַיָּבָם אוֹ אַחַר חֲלִיצָה. אֲבָל הַגֵּט פּוֹסְלָהּ לְיִבּוּם וְאֵינוֹ מַתִּירָהּ לְזָר. וְהַמַּאֲמָר אֵינוֹ קוֹנֶה בָּהּ קִנְיָן גָּמוּר כְּמוֹ הַבְּעִילָה:

ד. נָתַן מַאֲמָר לִיבִמְתּוֹ וְחָזַר וְנָתַן גֵּט לְמַאֲמָרוֹ מַה שֶּׁעָשָׂה הֲרֵי בִּטְּלוֹ וְהֻתְּרָה. וְיֵרָאֶה לִי שֶׁלֹּא הֻתְּרָה אֶלָּא לְאֶחָיו אֲבָל זֶה שֶׁנָּתַן הַגֵּט אֲסוּרָה הִיא לוֹ:

ה. נָתַן גֵּט לְזִקָּתוֹ [וְלֹא לְמַאֲמָרוֹ] פְּסָלָהּ עָלָיו וְעַל שְׁאָר הָאַחִין כְּמוֹ שֶׁבֵּאַרְנוּ וּצְרִיכָה גֵּט לְמַאֲמָרוֹ וַחֲלִיצָה לְהַתִּירָהּ לְזָר:

ו. הַמַּאֲמָר שֶׁנִּתַּן לִיבָמָה תְּחִלָּה וְלֹא קְדָמוֹ דָּבָר אַחֵר וְלֹא

נַעֲשָׂה אַחֲרָיו דָּבָר אַחֵר אֶלָּא שֶׁבָּעַל אוֹתָהּ זֶה שֶׁנָּתַן לָהּ הַמַּאֲמָר הוּא הַנִּקְרָא מַאֲמָר כָּשֵׁר. וְאִם קָדְמוֹ גֵּט אוֹ חֲלִיצָה בֵּין מִיָּבָם זֶה בֵּין מִיָּבָם אַחֵר בֵּין בָּהּ בֵּין בְּצָרָתָהּ. וְכֵן אִם קְדָמַתּוּ בְּעִילָה בְּצָרָתָהּ בֵּין מִמֶּנּוּ בֵּין מֵאֶחָיו. אוֹ שֶׁנַּעֲשָׂה אַחֲרָיו גֵּט אוֹ חֲלִיצָה בֵּין בָּהּ בֵּין בְּצָרָתָהּ בֵּין מִמֶּנּוּ בֵּין מֵאֶחָיו. אוֹ שֶׁבָּעַל אוֹ נָתַן מַאֲמָר אַחֵר לְצָרָתָהּ בֵּין הוּא בֵּין אָחִיו. אוֹ שֶׁנָּתַן לָהּ אָחִיו מַאֲמָר אַחֵר אוֹ בְּעָלָהּ הֲרֵי זֶה נִקְרָא מַאֲמָר פָּסוּל. בֵּין הַמַּאֲמָר שֶׁקְּדָמוּהוּ הַמַּעֲשִׂים הָאֵלּוּ בֵּין הַמַּאֲמָר שֶׁנִּתְאַחֲרוּ אַחֲרָיו:

ז. כֵּיצַד. נָתַן גֵּט אוֹ חָלַץ לִיבִמְתּוֹ וְחָזַר וְנָתַן מַאֲמָר לָהּ אוֹ לְצָרָתָהּ בֵּין הוּא בֵּין אָחִיו. אוֹ שֶׁבָּא עַל יְבִמְתּוֹ אוֹ נָתַן לָהּ מַאֲמָר וְחָזַר וְנָתַן לָהּ מַאֲמָר אַחֵר לְצָרָתָהּ בֵּין הוּא בֵּין אָחִיו. אוֹ שֶׁנָּתַן מַאֲמָר לִיבִמְתּוֹ וְחָזַר אָחִיו וְנָתַן לָהּ מַאֲמָר אַחֵר אוֹ בְּעָלָהּ הֲרֵי זֶה מַאֲמָר פָּסוּל בֵּין הַמַּאֲמָר הָרִאשׁוֹן בֵּין הַמַּאֲמָר הָאַחֲרוֹן:

ח. נִמְצֵאת לָמֵד שֶׁהַמַּאֲמָר בֵּין שֶׁקְּדָמוֹ מַאֲמָר אַחֵר אוֹ גֵּט אוֹ חֲלִיצָה אוֹ בְּעִילָה. בֵּין שֶׁקָּדַם הַמַּאֲמָר לְאֶחָד מֵאֵלּוּ. הֲרֵי זֶה מַאֲמָר פָּסוּל. חוּץ מִן הַנּוֹתֵן מַאֲמָר וּבָעַל בְּעִילָה אַחַר הַמַּאֲמָר שֶׁזּוֹ הִיא כְּהִלְכָתָהּ:

ט. הַבְּעִילָה שֶׁבּוֹעֵל הַיָּבָם אֶת יְבִמְתּוֹ תְּחִלָּה אוֹ אַחַר מַאֲמָרוֹ בָּהּ וְלֹא קְדָמָהּ דָּבָר אַחֵר נִקְרֵאת בְּעִילָה כְּשֵׁרָה. וְאִם קְדָמָהּ מַאֲמָר מֵאָחִיו אוֹ גֵּט בֵּין מִמֶּנּוּ בֵּין מֵאֶחָיו בֵּין בָּהּ בֵּין בְּצָרָתָהּ. אוֹ שֶׁקְּדָמָהּ מַאֲמָר בְּצָרָתָהּ בֵּין מִמֶּנּוּ בֵּין מֵאֶחָיו הֲרֵי זוֹ נִקְרֵאת בְּעִילָה פְּסוּלָה:

י. הַחֲלִיצָה שֶׁחוֹלֵץ הַיָּבָם לִיבִמְתּוֹ תְּחִלָּה אִם לֹא קְדָמָהּ דָּבָר אַחֵר נִקְרֵאת חֲלִיצָה מְעֻלָּה. וְאִם קְדָמָהּ גֵּט אוֹ מַאֲמָר בֵּין מִיָּבָם זֶה בֵּין מֵאֶחָיו בֵּין בָּהּ בֵּין בְּצָרָתָהּ הֲרֵי זוֹ נִקְרֵאת חֲלִיצָה פְּחוּתָה:

יא. יְבָמוֹת רַבּוֹת הַבָּאוֹת מִבַּיִת אֶחָד כֵּיוָן שֶׁנִּבְעֲלָה אַחַת מֵהֶן בְּעִילָה כְּשֵׁרָה אוֹ נֶחְלְצָה חֲלִיצָה מְעֻלָּה הֻתְּרוּ הַכֹּל וְנִסְתַּלְּקָה זִקַּת הַיָּבָם מֵעֲלֵיהֶן. וְאִם נִבְעֲלָה אַחַת מֵהֶן בְּעִילָה פְּסוּלָה אוֹ נָתַן לָהּ מַאֲמָר פָּסוּל נֶאֶסְרוּ כֻּלָּן לְיִבּוּם וּצְרִיכָה גֵּט זוֹ שֶׁנִּבְעֲלָה אוֹ שֶׁנָּתַן לָהּ מַאֲמָר. וּצְרִיכָה חֲלִיצָה [כָּל] אַחַת מֵהֶן לְהַתִּירָן לְזָר. שֶׁאֵין זִקַּת הַיִּבּוּם מִסְתַּלֶּקֶת בִּבְעִילָה פְּחוּתָה:

יב. נֶחְלְצָה אַחַת מֵהֶן חֲלִיצָה פְּחוּתָה הֻתְּרָה לְהִנָּשֵׂא לְזָר זוֹ שֶׁנֶּחְלְצָה אֲבָל צָרָתָהּ אֲסוּרָה עַד שֶׁתֵּחָלֵץ גַּם הִיא אוֹ עַד שֶׁיַּחְלְצוּ כָּל הָאַחִין לָרִאשׁוֹנָה שֶׁנֶּחְלְצָה הַחֲלִיצָה הַפְּחוּתָה. שֶׁאֵין חֲלִיצָה פְּחוּתָה מְסַלֶּקֶת זִקַּת יִבּוּם מִבַּיִת זֶה עַד שֶׁתַּחֲזֹר עַל כָּל הָאַחִין אוֹ עַד שֶׁתֵּחָלֵץ כָּל אַחַת מֵהֶן:

יג. כָּל יְבָמָה שֶׁנִּבְעֲלָה לִיבָמָהּ בֵּין בְּעִילָה כְּשֵׁרָה בֵּין בְּעִילָה פְּסוּלָה. וַאֲפִלּוּ בְּעָלָהּ אַחַר שֶׁחָלַץ לָהּ בֵּין הוּא בֵּין אָחִיו בֵּין לְשֵׁם אִישׁוּת בֵּין לְשֵׁם יְבָמוּת. וַאֲפִלּוּ בָּעַל צָרָתָהּ אַחַר שֶׁבָּעַל בְּעִילָה כְּשֵׁרָה בֵּין הוּא בֵּין אָחִיו. הֲרֵי זוֹ צְרִיכָה גֵּט שֶׁהֲרֵי נַעֲשֵׂית אֵשֶׁת אִישׁ בִּבְעִילָה. וְכֵן כָּל יְבָמָה שֶׁנָּתַן לָהּ מַאֲמָר בֵּין מַאֲמָר כָּשֵׁר בֵּין מַאֲמָר פָּסוּל הֲרֵי זוֹ צְרִיכָה גֵּט מִפְּנֵי הַמַּאֲמָר כְּמוֹ שֶׁבֵּאַרְנוּ וְאַחַר כָּךְ יָסוּר אִסּוּר הַמַּאֲמָר:

יד. כְּבָר אָמַרְנוּ שֶׁאֵין הַגֵּט דּוֹחֶה הַיְבָמָה דְּחִיָּה גְּמוּרָה וְכֵן הַמַּאֲמָר אֵינוֹ קוֹנֶה בָּהּ קִנְיָן גָּמוּר. אֲבָל הַבְּעִילָה קוֹנָה קִנְיָן גָּמוּר. וְהַחֲלִיצָה דּוֹחָה אוֹתָהּ דְּחִיָּה גְּמוּרָה. לְפִיכָךְ גֵּט אַחַר גֵּט בִּיבָמָה אוֹ מַאֲמָר אַחַר מַאֲמָר מוֹעִיל . אֲבָל בְּעִילָה אַחַר בְּעִילָה וַחֲלִיצָה אַחַר חֲלִיצָה אֵין הָאַחֲרוֹנָה מוֹעֶלֶת כְּלוּם. וְכֵן גֵּט אוֹ חֲלִיצָה אַחַר הַבְּעִילָה אֵינָהּ כְּלוּם:

טו. כֵּיצַד. יָבָם שֶׁנָּתַן גֵּט לִיבִמְתּוֹ וְחָזַר וְנָתַן גֵּט לְצָרָתָהּ הֲרֵי זֶה אָסוּר בִּקְרוֹבוֹת שְׁתֵּיהֶן. וְכֵן שְׁנֵי יְבָמִין שֶׁנָּתְנוּ שְׁנֵי גִּטִּין לִיבָמָה אַחַת זֶה אַחַר זֶה הֲרֵי זוֹ כִּגְרוּשָׁה לִשְׁנֵיהֶן וּשְׁנֵיהֶן אֲסוּרִין בִּקְרוֹבוֹתֶיהָ וְאֶחָד מֵהֶן חוֹלֵץ. וְכֵן אִם נָתַן גֵּט לִיבִמְתּוֹ וְחָזַר וְנָתַן אָחִיו גֵּט לְצָרָתָהּ כָּל אֶחָד אָסוּר בִּקְרוֹבוֹת זוֹ שֶׁנָּתַן לָהּ הַגֵּט. וְכֵן אִם נָתְנוּ מַאֲמָר אַחַר מַאֲמָר כְּמוֹ שֶׁבֵּאַרְנוּ. אֲבָל הַיָּבָם שֶׁחָלַץ לִיבִמְתּוֹ וְחָזַר וְחָלַץ לְצָרָתָהּ בֵּין הוּא בֵּין אָחִיו. וְכֵן שְׁתֵּי יְבָמִין שֶׁחָלְצוּ זֶה אַחַר זֶה לִיבָמָה אַחַת אֵין חֲלִיצָה אַחֲרוֹנָה כְּלוּם וְאֵין הַחוֹלֵץ אוֹתָהּ בָּאַחֲרוֹנָה אָסוּר בִּקְרוֹבוֹתֶיהָ. שֶׁזֶּה כְּחוֹלֵץ לִשְׁאָר הַנָּשִׁים שֶׁאֵין לוֹ עֲלֵיהֶן זִקָּה:

טז. וְכֵן הַבּוֹעֵל יְבִמְתּוֹ וְחָזַר בֵּין הוּא בֵּין אָחִיו וְחָלַץ לָהּ אוֹ לְצָרָתָהּ אֵין חֲלִיצָה זוֹ כְּלוּם. וְכֵן אִם חָזַר אָחִיו וְנָתַן גֵּט לָהּ אוֹ לְצָרָתָהּ אֵינוֹ כְּלוּם. חָזַר אָחִיו וְנָתַן לָהּ מַאֲמָר אוֹ בָּעַל לֹא עָשָׂה כְּלוּם מֵאַחַר שֶׁבָּעַל אָחִיו תְּחִלָּה קָנָה קִנְיָן גָּמוּר וְאֵין הַקִּדּוּשִׁין תּוֹפְסִין בְּאֵשֶׁת אִישׁ. אֲבָל אִם נָתַן מַאֲמָר לְצָרָתָהּ אוֹ בָּעַל צָרָתָהּ צְרִיכָה גֵּט מִמֶּנּוּ כְּמוֹ שֶׁבֵּאַרְנוּ:

יז. שְׁנֵי יְבָמִין שֶׁיִּבְּמוּ שְׁתֵּי יְבָמוֹת הַבָּאוֹת מִבַּיִת אֶחָד וְלֹא נוֹדַע מִי יִבֵּם תְּחִלָּה שְׁנֵיהֶן יוֹצִיאוּ בְּגֵט וְיֻתְּרוּ לְזָרִים וַאֲסוּרוֹת לַיְבָמִין. לְפִיכָךְ רְאוּבֵן שֶׁהָיָה בִּירוּשָׁלַיִם וְלוֹ שְׁתֵּי נָשִׁים אַחַת בְּעַכּוֹ וְאַחַת בְּצוֹר וְשִׁמְעוֹן אָחִיו בְּעַכּוֹ וְלֵוִי אָחִיו בְּצוֹר וְשָׁמְעוּ שֶׁמֵּת רְאוּבֵן הַדִּין נוֹתֵן שֶׁלֹּא יְיַבֵּם אֶחָד מֵהֶן עַד שֶׁיִּוָּדַע מֶה עָשָׂה אָחִיו שֶׁמָּא קָדַם וְיִבֵּם. קָדַם אֶחָד מֵהֶן

וְיִבֵּם אֵין מוֹצִיאִין מִיָּדוֹ עַד שֶׁיִּוָּדַע שֶׁאָחִיו יִבֵּם תְּחִלָּה. רָצָה הָאֶחָד לַחֲלֹץ קֹדֶם שֶׁיֵּדַע מֶה עָשָׂה אָחִיו אֵין מוֹנְעִין אוֹתוֹ:

יח. יָבָם קָטָן בֶּן תֵּשַׁע שָׁנִים וְיוֹם אֶחָד בִּיאָתוֹ כְּמַאֲמָר מִן הַגָּדוֹל שֶׁאֵינוֹ קוֹנֶה קִנְיָן גָּמוּר. וּמַאֲמָר בֶּן תֵּשַׁע שָׁנִים וְיוֹם אֶחָד אִם נְתָנוֹ בַּתְּחִלָּה מוֹעִיל וַהֲרֵי הוּא פּוֹסֵל בּוֹ עַל הַגָּדוֹל אֲבָל אִם נְתָנוֹ בַּסּוֹף אֵינוֹ כְּלוּם. וְגִטּוֹ וַחֲלִיצָתוֹ אֵינָם כְּלוּם בֵּין בַּתְּחִלָּה בֵּין בַּסּוֹף:

יט. כֵּיצַד. בֶּן תֵּשַׁע שָׁנִים וְיוֹם אֶחָד שֶׁבָּא עַל יְבִמְתּוֹ אוֹ שֶׁנָּתַן לָהּ מַאֲמָר תְּחִלָּה פְּסָלָהּ עַל שְׁאָר אַחִין. אֲבָל אִם עָשָׂה הַגָּדוֹל מַאֲמָר בִּיבִמְתּוֹ וְחָזַר בֶּן תֵּשַׁע שָׁנִים וְיוֹם אֶחָד וְנָתַן לָהּ אוֹ לְצָרָתָהּ מַאֲמָר לֹא עָשָׂה כְּלוּם וְלֹא פְּסָלָהּ עַל אָחִיו הַגָּדוֹל. חָזַר בֶּן תֵּשַׁע שָׁנִים וְיוֹם אֶחָד וּבָא עָלֶיהָ אוֹ עַל צָרָתָהּ אַחַר מַאֲמַר אָחִיו הַגָּדוֹל פְּסָלָהּ עַל הַגָּדוֹל כִּשְׁנֵי גְּדוֹלִים שֶׁעָשׂוּ מַאֲמָר אַחַר מַאֲמָר כְּמוֹ שֶׁבֵּאַרְנוּ:

כ. בֶּן תֵּשַׁע שָׁנִים וְיוֹם אֶחָד שֶׁבָּא עַל יְבִמְתּוֹ וְחָזַר אָחִיו הַגָּדוֹל וּבָא עָלֶיהָ אוֹ חָלַץ אוֹ נָתַן גֵּט לָהּ אוֹ לְצָרָתָהּ הֲרֵי זֶה פְּסָלָהּ עַל הַקָּטָן. וְכֵן אִם חָזַר הַקָּטָן וּבָא עַל צָרָתָהּ אוֹ בָּא אָחִיו הָאַחֵר שֶׁהוּא בֶּן תֵּשַׁע שָׁנִים וְיוֹם אֶחָד עָלֶיהָ אוֹ עַל צָרָתָהּ נִפְסְלָה עָלָיו כְּדִין כָּל מַאֲמָר וּמַאֲמָר:

כא. בֶּן תֵּשַׁע שָׁנִים וְיוֹם אֶחָד שֶׁבָּא עַל יְבִמְתּוֹ וְהִגְדִּיל וְלֹא בָּא עָלֶיהָ מִשֶּׁהִגְדִּיל צְרִיכָה גֵּט וַחֲלִיצָה. גֵּט מִפְּנֵי בִּיאָתוֹ שֶׁהִיא כְּמַאֲמָר וַחֲלִיצָה לְהַתִּירָהּ לְזָר שֶׁהֲרֵי לֹא נִבְעֲלָה בְּעִילָה שֶׁקּוֹנָה קִנְיָן גָּמוּר. וְאִם בָּא עָלֶיהָ מִשֶּׁהִגְדִּיל הֲרֵי זוֹ צְרִיכָה גֵּט בִּלְבַד:

כב. אֶחָד בֶּן תֵּשַׁע שָׁנִים וְיוֹם אֶחָד. וְאֶחָד בֶּן עֶשְׂרִים שָׁנָה שֶׁלֹּא הֵבִיא שְׁתֵּי שְׂעָרוֹת וְלֹא נוֹלְדוּ בּוֹ סִימָנֵי סָרִיס כְּמוֹ שֶׁבֵּאַרְנוּ בִּתְחִלַּת הַסֵּפֶר:

כג. קְטַנָּה שֶׁרְאוּיָה לְמָאֵן. וְהַחֵרֶשֶׁת. אַף עַל פִּי שֶׁקִּדּוּשֵׁי שְׁתֵּיהֶן מִדִּבְרֵי סוֹפְרִים כְּמוֹ שֶׁבֵּאַרְנוּ שְׁנֵי מִינֵי קִדּוּשִׁין הֵן. קְטַנָּה יֵשׁ לָהּ קִדּוּשִׁין כְּדֵי שֶׁלֹּא יִנְהֲגוּ בָּהּ מִנְהַג הֶפְקֵר. וְקִדּוּשֶׁיהָ תְּלוּיִין עַד שֶׁתַּגְדִּיל. וְחֵרֶשֶׁת תִּקְּנוּ לָהּ נִשּׂוּאִין כְּדֵי שֶׁלֹּא תִּשָּׁאֵר פְּנוּיָה לְעוֹלָם. לְפִיכָךְ אִם הָיוּ כָּל הַיְבָמוֹת הַבָּאוֹת מִבַּיִת אֶחָד קְטַנּוֹת אוֹ חֵרְשׁוֹת בִּיאָתָהּ שֶׁל אַחַת מֵהֶן פּוֹטֶרֶת אֶת כֻּלָּן:

כד. הָיְתָה אַחַת חֵרֶשֶׁת וְאַחַת קְטַנָּה אֵין בִּיאַת אַחַת מֵהֶן פּוֹטֶרֶת אֶת צָרָתָהּ. וְכֵיצַד תַּקָּנָתָן. מְלַמְּדִין הַקְּטַנָּה שֶׁתְּמָאֵן וְכוֹנֵס אֶת הַחֵרֶשֶׁת. וְאִם רָצָה לְגָרְשָׁהּ כּוֹתֵב לָהּ גֵּט אַחַר שֶׁיָּבוֹא עָלֶיהָ וְתֻתַּר לְזָר:

כה. הָיְתָה אַחַת פִּקַּחַת וְאַחַת חֵרֶשֶׁת בִּיאַת הַפִּקַּחַת אוֹ חֲלִיצָתָהּ פּוֹטֶרֶת הַחֵרֶשֶׁת. וְאֵין בִּיאַת הַחֵרֶשֶׁת פּוֹטֶרֶת הַפִּקַּחַת שֶׁאֵין קִדּוּשֶׁיהָ אֶלָּא מִדִּבְרֵיהֶן. וְכֵן גְּדוֹלָה וּקְטַנָּה בִּיאַת הַגְּדוֹלָה אוֹ חֲלִיצָתָהּ פּוֹטֶרֶת הַקְּטַנָּה וְאֵין בִּיאַת הַקְּטַנָּה פּוֹטֶרֶת אֶת הַגְּדוֹלָה:

כו. הָיוּ שְׁתֵּיהֶן קְטַנּוֹת הָרְאוּיוֹת לְמָאֵן וּבָא הַיָּבָם עַל אַחַת מֵהֶן וְחָזַר וּבָא אוֹ הוּא אוֹ אָחִיו עַל הַשְּׁנִיָּה לֹא פָּסַל אֶת הָרִאשׁוֹנָה. אֲבָל מְלַמְּדִין אֶת הַשְּׁנִיָּה שֶׁתְּמָאֵן וִיקַיֵּם זֶה יְבִמְתּוֹ הַקְּטַנָּה שֶׁנִּבְעֲלָה תְּחִלָּה:

כז. וְכֵן הַדִּין בִּקְטַנָּה וְחֵרֶשֶׁת שֶׁבָּא הַיָּבָם תְּחִלָּה עַל הַקְּטַנָּה וְחָזַר וּבָא הוּא אוֹ אָחִיו עַל הַחֵרֶשֶׁת לֹא פָּסַל אֶת הַקְּטַנָּה וְהַחֵרֶשֶׁת צְרִיכָה גֵּט. שֶׁבִּיאַת הַקְּטַנָּה מְעֻלָּה מִבִּיאַת הַחֵרֶשֶׁת. שֶׁהַקְּטַנָּה רְאוּיָה לְאַחַר זְמַן. לְפִיכָךְ יְקַיֵּם הַקְּטַנָּה שֶׁנִּבְעֲלָה תְּחִלָּה:

כח. בָּא הַיָּבָם תְּחִלָּה עַל הַחֵרֶשֶׁת וְחָזַר וּבָא הוּא אוֹ אָחִיו עַל הַקְּטַנָּה פָּסַל אֶת הַחֵרֶשֶׁת. וּמְלַמְּדִין הַקְּטַנָּה שֶׁתְּמָאֵן וְהַחֵרֶשֶׁת יוֹצְאָה בְּגֵט:

כט. הָיוּ אַחַת פִּקַּחַת וְאַחַת חֵרֶשֶׁת. בָּא הַיָּבָם עַל הַפִּקַּחַת וְחָזַר וּבָא הוּא אוֹ אָחִיו עַל הַחֵרֶשֶׁת לֹא פָּסַל אֶת הַפִּקַּחַת וְהַחֵרֶשֶׁת צְרִיכָה גֵּט. בָּא הַיָּבָם עַל הַחֵרֶשֶׁת וְחָזַר הוּא אוֹ אָחִיו וּבָא עַל הַפִּקַּחַת פָּסַל אֶת הַחֵרֶשֶׁת. וְהַחֵרֶשֶׁת יוֹצְאָה בְּגֵט. וְהַפִּקַּחַת בְּגֵט וּבַחֲלִיצָה:

ל. הָיוּ גְּדוֹלָה וּקְטַנָּה וּבָא עַל הַגְּדוֹלָה וְחָזַר הוּא אוֹ אָחִיו וּבָא עַל הַקְּטַנָּה לֹא פָּסַל הַגְּדוֹלָה וּמְלַמְּדִין אֶת הַקְּטַנָּה שֶׁתְּמָאֵן. בָּא עַל הַקְּטַנָּה וְחָזַר וּבָא הוּא אוֹ אָחִיו עַל הַגְּדוֹלָה. מְלַמְּדִין אֶת הַקְּטַנָּה שֶׁתְּמָאֵן וִיקַיֵּם הַגְּדוֹלָה שֶׁבְּעִילָתָהּ קוֹנָה קִנְיָן גָּמוּר:

Perek 6

Status of brothers (*Yibum* and *Chalitzah*)

Some brothers are not fit to perform *yibum* nor *chalitzah*.

Some fit for *yibum* and not *chalitzah* and vice versa.

The following are not obligated at all to do neither *yibum* nor *chalitzah*

- A *sris chamah* (because cannot have children – sterile)
- An *androgynous*

(similarly, cannot have children)

The following may perform *yibum* but not *chalitzah* (because they do not have mental competence to do *chalitzah*)

- A mentally incompetent
- Deaf mute (he can never divorce because he does not have the competence to divorce)
- A *minor* (he can only divorce upon attaining maturity)

The following are fit to do *chalitzah* but not *yibum*

- It could be that *yevamah* is forbidden to *yavam*
- Man who has been castrated or testicle crushed
- *Tumtum* (if an operation is performed to reveal his genital organs and doubt cleared that he is a male, then he may perform *yibum* or *chalitzah*)

Similarly with the *yevamah*.

These *yevamot* may perform *yibum* but not *chalitzah*

- Deaf mute
- Imbecile
- Minor

These *yevamot* may perform *chalitzah* but not *yibum*

- Women forbidden to the *yavam* by
  - Negative command
  - *Shniyah* (*Derabanan*)
  - Positive command

 Even though *yibum* would be allowed in these cases, however *Derabanan* they are forbidden due to complications *after* first relations.

> **Reminder:**
> *Arayot* (Forbidden Sexual Relations).
> Ref: *Sefer Kedushah, Hilchot Issurei Biah,* Chapter 1, 2, 3 & 4

These *yevamot* are not obligated to perform neither *chalitzah* nor *yibum*

- Wife of a *sris chamah* (deceased husband was sterile)
- Wife of *androgynous*

- Wife of an imbecile
- Wife of a minor
- *Aylonit* (sterile woman)
- An *ervah* (severe prohibition punishable by *karet*)

These categories would not have been able even in their first marriage, to have children.

Derabanan when a woman has **2** obligations of *yibum,* she should perform *chalitzah* and not *yibum.*

פרק ו'

א. יֵשׁ אַחִין שֶׁרְאוּיִין לְיִבּוּם אוֹ לַחֲלִיצָה. וְיֵשׁ אַחִין שֶׁאֵינָן רְאוּיִין לֹא לְיִבּוּם וְלֹא לַחֲלִיצָה וְאֵין לָהֶן זִקָּה כְּלָל אֶלָּא יְבִמְתּוֹ מֻתֶּרֶת לְזָר. וְיֵשׁ אַחִין שֶׁרְאוּיִין לַחֲלִיצָה וְאֵינָן רְאוּיִין לְיִבּוּם. וְיֵשׁ אַחִין שֶׁהֵן רְאוּיִין לְיִבּוּם וְאֵינָן רְאוּיִין לַחֲלִיצָה:

ב. וְאֵלּוּ הֵם שֶׁאֵין לָהֶן זִקָּה כְּלָל. סְרִיס חַמָּה וְאַנְדְּרוֹגִינוּס מִפְּנֵי שֶׁאֵינָן רְאוּיִין לֵילֵד וְלֹא הָיָה לָהֶן שְׁעַת הַכּשֶׁר:

ג. וְאֵלּוּ מְיַבְּמִין וְלֹא חוֹלְצִין. הַחֵרֵשׁ וְהַשּׁוֹטֶה וְהַקָּטָן מִפְּנֵי שֶׁאֵין בָּהֶן דַּעַת לַחֲלֹץ. וּכְשֶׁיִּבֵּם הַחֵרֵשׁ אֵינוֹ מוֹצִיא לְעוֹלָם שֶׁבְּעִילָתוֹ עוֹשָׂה אוֹתָהּ אֵשֶׁת אִישׁ גְּמוּרָה וְאֵין גֵּרוּשָׁיו גֵּרוּשִׁין גְּמוּרִין. וּבֶן תֵּשַׁע שָׁנִים וְיוֹם אֶחָד שֶׁיִּבֵּם אֵינוֹ יָכוֹל לְגָרֵשׁ עַד שֶׁיַּגְדִּיל כְּמוֹ שֶׁבֵּאַרְנוּ:

ד. וְאֵלּוּ חוֹלְצִין וְלֹא מְיַבְּמִין. הַסְּפֵקוֹת כְּגוֹן שֶׁהָיְתָה סְפֵק עֶרְוָה עַל אָחִיו. וּפְצוּעַ דַּכָּא וּכְרוּת שָׁפְכָה וְכַיּוֹצֵא בָּהֶן מִמִּינֵי הַסֵּרוּס. וְהַזָּקֵן בְּיוֹתֵר שֶׁתָּשַׁשׁ כֹּחוֹ וְכָשַׁל. וְאִם בַּעַל סְרִיס אָדָם קָנָה שֶׁהֲרֵי הָיְתָה לוֹ שְׁעַת הַכּשֶׁר וּמוֹצִיא בְּגֵט מִפְּנֵי שֶׁהוּא אָסוּר לָבוֹא בַּקָּהָל. וְהַטֻּמְטוּם חוֹלֵץ וְלֹא מְיַבֵּם מִפְּנֵי שֶׁהוּא סָפֵק. וְאִם נִקְרַע וְנִמְצָא זָכָר רָצָה חוֹלֵץ רָצָה מְיַבֵּם. וּשְׁאָר הָאַחִין אוֹ חוֹלְצִין אוֹ מְיַבְּמִין:

ה. יֵשׁ יְבָמוֹת שֶׁהֵן רְאוּיוֹת לַחֲלִיצָה אוֹ לְיִבּוּם. וְיֵשׁ יְבָמוֹת שֶׁאֵינָן רְאוּיוֹת לֹא לַחֲלִיצָה וְלֹא לְיִבּוּם וְאֵין עֲלֵיהֶן זִקָּה כְּלָל וּמֻתָּרוֹת לְהִנָּשֵׂא לְזָר. וְיֵשׁ יְבָמוֹת שֶׁהֵן רְאוּיוֹת לַחֲלִיצָה אֲבָל לֹא לְיִבּוּם. וְיֵשׁ יְבָמוֹת שֶׁהֵן רְאוּיוֹת לְיִבּוּם אֲבָל לֹא לַחֲלִיצָה:

ו. וְאֵלּוּ שֶׁמִּתְיַבְּמוֹת וְלֹא חוֹלְצוֹת. הַחֵרֶשֶׁת וְהַשּׁוֹטָה וְהַקְּטַנָּה לְפִי שֶׁאֵין בָּהֶן דַּעַת לִקְרוֹת וּלְהָבִין. וְאִם רָצָה הַיָּבָם לְגָרֵשׁ הַחֵרֶשֶׁת בְּגֵט אַחַר שֶׁיִּבְעַל אוֹתָהּ הֲרֵי זֶה מְגָרֵשׁ:

ז. וְאֵלּוּ שֶׁחוֹלְצוֹת וְלֹא מִתְיַבְּמוֹת. אִסּוּרֵי לָאוִין וְהַשְּׁנִיּוֹת וְאִסּוּרֵי עֲשֵׂה כְּמוֹ שֶׁיִּתְבָּאֵר. וְכָל אִשָּׁה שֶׁהִיא סְפֵק מְגֹרֶשֶׁת חוֹלֶצֶת וְלֹא מִתְיַבֶּמֶת שֶׁמָּא יִפְגַּע בְּעֶרְוָה. שֶׁאֵשֶׁת אָחִיו שֶׁגֵּרְשָׁהּ אֲסוּרָה עָלָיו מִשּׁוּם עֶרְוָה. אֲבָל מִי שֶׁהִיא מְקֻדֶּשֶׁת לְאָחִיו בִּסְפֵק קִדּוּשִׁין הֲרֵי הִיא כִּשְׁאָר כָּל הַיְבָמוֹת וְחוֹלֶצֶת אוֹ מִתְיַבֶּמֶת שֶׁאֵין כָּאן דָּבָר לָחוּשׁ לוֹ. וְכֵן אֵשֶׁת הַחֵרֵשׁ וּזְקֵנָה וַעֲקָרָה הֲרֵי הֵן כִּשְׁאָר כָּל הַיְבָמוֹת. רָצָה חוֹלֵץ רָצָה מְיַבֵּם. שֶׁזְּקֵנָה וַעֲקָרָה הָיְתָה לָהֶן שְׁעַת הַכּשֶׁר:

ח. וְאֵלּוּ הֵן שֶׁהֵן פְּטוּרוֹת מִן הַחֲלִיצָה וּמִן הַיִּבּוּם. אֵשֶׁת סְרִיס חַמָּה וְאַנְדְּרוֹגִינוּס וְאֵשֶׁת הַשּׁוֹטֶה וְאֵשֶׁת הַקָּטָן וְאַיְלוֹנִית וּמִי שֶׁהִיא עֶרְוָה. שֶׁנֶּאֱמַר (דברים כה ו) "וְלֹא יִמָּחֶה שְׁמוֹ מִיִּשְׂרָאֵל" פְּרָט לִסְרִיס חַמָּה וְאַנְדְּרוֹגִינוּס שֶׁשְּׁמָם מָחוּי הוֹאִיל וְאֵינָן רְאוּיִין לֵילֵד מִתְּחִלַּת בְּרִיָּתָן הֲרֵי הֵן כְּמִין בִּפְנֵי עַצְמוֹ. (דברים כה ו) "וְהָיָה הַבְּכוֹר אֲשֶׁר תֵּלֵד" פְּרָט לְאַיְלוֹנִית שֶׁאֵינָהּ רְאוּיָה לֵילֵד מִתְּחִלַּת בְּרִיָּתָהּ. (דברים כה ה) "לֹא תִהְיֶה אֵשֶׁת הַמֵּת" פְּרָט לְאֵשֶׁת שׁוֹטֶה וְקָטָן מִפְּנֵי שֶׁאֵין לָהֶם אִישׁוּת כְּלָל. (דברים כה ה) "וּלְקָחָהּ לוֹ לְאִשָּׁה" פְּרָט לְעֶרְוָה שֶׁאֵין לוֹ בָּהּ לִקּוּחִין:

ט. כֵּיצַד. יְבָמָה שֶׁהִיא עֶרְוָה עַל יְבָמָהּ כְּגוֹן שֶׁהָיְתָה אֲחוֹת אִשְׁתּוֹ אוֹ אִמָּהּ אוֹ בִּתָּהּ הֲרֵי זוֹ פְּטוּרָה מִן הַחֲלִיצָה וּמִן הַיִּבּוּם וְאֵין לוֹ עָלֶיהָ זִקָּה כְּלָל שֶׁנֶּאֱמַר (דברים כה ה) "וּלְקָחָהּ לוֹ לְאִשָּׁה וְיִבְּמָהּ". מִי שֶׁרְאוּיָה לְלִקּוּחִין וְקִדּוּשִׁין תּוֹפְסִין בָּהּ הִיא זְקוּקָה לְיָבָם:

י. הָיְתָה הַיְבָמָה אֲסוּרָה עַל יְבָמָהּ אִסּוּר לָאו אוֹ אִסּוּר עֲשֵׂה אוֹ שֶׁהָיְתָה שְׁנִיָּה הֲרֵי זוֹ חוֹלֶצֶת וְלֹא מִתְיַבֶּמֶת. וּמִפְּנֵי מָה צְרִיכָה חֲלִיצָה מִפְּנֵי שֶׁיֵּשׁ בָּהּ לִקּוּחִין הוֹאִיל וְקִדּוּשִׁין תּוֹפְסִין בָּהֶן הֲרֵי הֵן זְקוּקוֹת לְיָבָם. וּמִן הַדִּין הָיָה שֶׁיִּתְיַבְּמוּ שֶׁהַיִּבּוּם מִצְוַת עֲשֵׂה וְכָל מָקוֹם שֶׁאַתָּה מוֹצֵא עֲשֵׂה וְלֹא תַעֲשֶׂה יָבֹא עֲשֵׂה וְיִדְחֶה אֶת לֹא תַעֲשֶׂה. אֲבָל חֲכָמִים גָּזְרוּ שֶׁלֹּא יִתְיַבְּמוּ חַיָּבֵי לָאוִין וְלֹא שְׁנִיּוֹת גְּזֵרָה שֶׁמָּא יָבוֹא עָלֶיהָ פַּעַם שְׁנִיָּה וַהֲרֵי בִּיאָתָהּ אֲסוּרָה וְאֵין שָׁם מִצְוָה שֶׁאֵין

מִצְוַת עֲשֵׂה אֶלָּא בִּיאָה רִאשׁוֹנָה בִּלְבַד. לְפִיכָךְ אִם עָבַר וּבָעַל יְבִמְתּוֹ הָאֲסוּרָה לוֹ מִשּׁוּם לָאו אוֹ מִשּׁוּם עֲשֵׂה וְאֵין צָרִיךְ לוֹמַר שְׁנִיָּה הֲרֵי זֶה קָנָה קִנְיָן גָּמוּר וּמוֹצִיאָהּ בְּגֵט וְהִיא וְכָל צָרוֹתֶיהָ מֻתָּרוֹת לְזָר שֶׁהֲרֵי נִפְטְרוּ:

יא. וִיבָמָה שֶׁהִיא אַלְמָנָה מִן הַנִּשּׂוּאִין וּבָא עָלֶיהָ כֹּהֵן גָּדוֹל לֹא נִפְטְרָה צָרָתָהּ שֶׁאֵין עֲשֵׂה דּוֹחֶה אֶת לֹא תַעֲשֶׂה וַעֲשֵׂה. וְהוֹאִיל וְלֹא קָנָה מִן הַתּוֹרָה קִנְיָן גָּמוּר לֹא הִתִּירָה צָרָתָהּ לְזָר עַד שֶׁתַּחֲלֹץ:

יב. הָיְתָה הַיְבָמָה עֶרְוָה עַל בַּעְלָהּ. כְּגוֹן שֶׁעָבַר אוֹ טָעָה וְלָקַח אֲחוֹתוֹ מֵאָבִיו וְנָפְלָה לִפְנֵי אָחִיו. אֵין זוֹ אִשְׁתּוֹ שֶׁאֵין קִדּוּשִׁין תּוֹפְסִין בָּהּ וְאֵינָהּ לֹא בַּת יִבּוּם וְלֹא בַּת חֲלִיצָה. וְאִם הָיְתָה לָהּ צָרָה חוֹלֶצֶת [אוֹ] מִתְיַבֶּמֶת. וְאִם הָיְתָה זוֹ שֶׁהִיא עֶרְוָה עַל הַבַּעַל מֻתֶּרֶת לַיָּבָם וְרָצָה הַיָּבָם לִשָּׂא אוֹתָהּ וּלְיַבֵּם צָרָתָהּ הָרְשׁוּת בְּיָדוֹ:

יג. הָיְתָה הַיְבָמָה אֲסוּרָה עַל בַּעְלָהּ מִשּׁוּם לָאו אוֹ מִשּׁוּם עֲשֵׂה אוֹ שֶׁהָיְתָה שְׁנִיָּה לַבַּעַל וְלֹא הָיְתָה אֲסוּרָה עַל הַיָּבָם מִצַּד אֵלּוּ הַצְּדָדִים הֲרֵי זוֹ מֻתֶּרֶת לְיַבֵּם. חוּץ מִמַּחֲזִיר גְּרוּשָׁתוֹ מִשֶּׁנִּשֵּׂאת וּמֵת שֶׁהִיא חוֹלֶצֶת וְלֹא מִתְיַבֶּמֶת. וְכֵן יְבָמָה שֶׁהִיא סְפֵק עֶרְוָה עַל הַיָּבָם אוֹ סְפֵק עֶרְוָה עַל בַּעְלָהּ הֲרֵי זוֹ חוֹלֶצֶת וְלֹא מִתְיַבֶּמֶת. לְפִיכָךְ מִי שֶׁקִּדֵּשׁ אִשָּׁה בִּסְפֵק קִדּוּשִׁין וְאַחַר כָּךְ מֵת אָחִיו שֶׁהָיָה נוֹשֵׂא אֲחוֹתָהּ וְנָפְלָה לוֹ לְיִבּוּם שֶׁהִיא סְפֵק אֲחוֹת אִשְׁתּוֹ הֲרֵי זוֹ חוֹלֶצֶת וְלֹא מִתְיַבֶּמֶת. וּמוֹצִיא אֶת אִשְׁתּוֹ בְּגֵט מִסָּפֵק וּשְׁתֵּיהֶן אֲסוּרוֹת עָלָיו. יְבִמְתּוֹ מִפְּנֵי שֶׁהִיא סְפֵק עֶרְוָה וַאֲרוּסָתוֹ מִפְּנֵי שֶׁהִיא סְפֵק קְרוֹבַת חֲלוּצָתוֹ שֶׁהִיא כִּשְׁנִיָּה כְּמוֹ שֶׁבֵּאַרְנוּ:

יד. מִי שֶׁמֵּת אָחִיו וְהִנִּיחַ שְׁתֵּי נָשִׁים הָאַחַת אֲסוּרָה עָלָיו מִשּׁוּם עֶרְוָה וְהַשְּׁנִיָּה אֵינָהּ עֶרְוָה. כְּשֵׁם שֶׁהָעֶרְוָה פְּטוּרָה מִן הַחֲלִיצָה וּמִן הַיִּבּוּם כָּךְ צָרָתָהּ פְּטוּרָה וְלֹא נָפְלָה לוֹ זִקָּה כְּלָל עַל בַּיִת זֶה. שֶׁנֶּאֱמַר (דברים כה ט) "אֲשֶׁר לֹא יִבְנֶה אֶת בֵּית אָחִיו" בַּיִת שֶׁיֵּשׁ לוֹ לְקוּחִין בְּאֵי זֶה מֵהֶן שֶׁיִּרְצֶה הוּא שֶׁיֵּשׁ לוֹ עָלָיו זִקָּה. וּבַיִת שֶׁמִּקְצָתוֹ אֵינוֹ יָכוֹל לִבְנוֹתוֹ שֶׁהֲרֵי אֵין לוֹ בָּהּ לְקוּחִין אֵינוֹ בּוֹנֶה אֲפִלּוּ מִקְצָתוֹ שֶׁהוּא מֻתָּר. וְנִמְצֵאת צָרַת הָעֶרְוָה עֶרְוָה עָלָיו מִשּׁוּם אֵשֶׁת אָחִיו שֶׁהֲרֵי אֵין לוֹ עָלֶיהָ זִקָּה:

טו. לְפִיכָךְ רְאוּבֵן שֶׁמֵּת וְהִנִּיחַ שְׁתֵּי נָשִׁים הָאַחַת עֶרְוָה עַל שִׁמְעוֹן וּשְׁתֵּיהֶן רְאוּיוֹת לְלֵוִי אֵין לְשִׁמְעוֹן זִקָּה עַל בַּיִת זֶה וַהֲרֵי שְׁתֵּיהֶן תַּחַת זִקַּת לֵוִי. יִבֵּם לֵוִי הָאַחַת מֵהֶן שֶׁהִיא צָרַת עֶרְוָה שֶׁל שִׁמְעוֹן וְהָיְתָה לוֹ אִשָּׁה אַחֶרֶת וּמֵת לֵוִי וְנָפְלוּ שְׁתֵּיהֶן לִפְנֵי שִׁמְעוֹן שְׁתֵּיהֶן פְּטוּרוֹת מִן הַחֲלִיצָה וּמִן הַיִּבּוּם מִשִּׁמְעוֹן. הָאַחַת מִפְּנֵי שֶׁהָיְתָה צָרַת עֶרְוָה וְהַשְּׁנִיָּה מִפְּנֵי שֶׁהִיא צָרָתָהּ. וְכֵן הַדִּין בְּצָרַת צָרָתָהּ עַד סוֹף הָעוֹלָם. שֶׁכָּל אִשָּׁה שֶׁאֵין לוֹ עָלֶיהָ זִקָּה בְּאִסּוּר אֵשֶׁת אָח עוֹמֶדֶת לְעוֹלָם:

טז. וְכֵן אֵשֶׁת אָחִיו שֶׁלֹּא הָיָה בְּעוֹלָמוֹ הוֹאִיל וְאֵין לוֹ עָלֶיהָ זִקָּה שֶׁנֶּאֱמַר (דברים כה ה) "כִּי יֵשְׁבוּ אַחִים יַחְדָּו" עַד שֶׁיֵּשְׁבוּ שְׁנֵיהֶם בָּעוֹלָם הֲרֵי זוֹ עֶרְוָה עָלָיו לְעוֹלָם מִשּׁוּם אֵשֶׁת אָח וּפוֹטֶרֶת צָרָתָהּ:

יז. כֵּיצַד. רְאוּבֵן שֶׁמֵּת וְהִנִּיחַ אִשָּׁה וְנָפְלָה לִפְנֵי שִׁמְעוֹן וְאַחַר שֶׁמֵּת רְאוּבֵן נוֹלַד לֵוִי. בֵּין שֶׁנּוֹלַד לֵוִי קֹדֶם שֶׁיִּבֵּם לָהּ שִׁמְעוֹן בֵּין שֶׁנּוֹלַד אַחַר שֶׁיִּבְּמָהּ. הֲרֵי אֵשֶׁת רְאוּבֵן עֶרְוָה עַל לֵוִי לְעוֹלָם. לְפִיכָךְ אִם מֵת שִׁמְעוֹן וְנָפְלָה זוֹ וְצָרָתָהּ לִפְנֵי לֵוִי שְׁתֵּיהֶן פְּטוּרוֹת מִן הַחֲלִיצָה וּמִן הַיִּבּוּם:

יח. עָשָׂה שִׁמְעוֹן מַאֲמָר בִּיבִמְתּוֹ אֵשֶׁת רְאוּבֵן וּמֵת קֹדֶם שֶׁיִּכְנֹס אוֹתָהּ הֲרֵי לֵוִי חוֹלֵץ לְצָרָתָהּ וְלֹא מְיַבֵּם. שֶׁאֵין הַמַּאֲמָר קוֹנֶה בִּיבָמָה קִנְיָן גָּמוּר כְּמוֹ שֶׁבֵּאַרְנוּ:

יט. אִשָּׁה שֶׁזִּנְּתָה תַּחַת בַּעְלָהּ בְּרָצוֹן וּבְעֵדִים וּמֵת קֹדֶם שֶׁיְּגָרְשֶׁנָּה וְנָפְלָה לִפְנֵי יָבָם הֲרֵי הִיא פְּטוּרָה מִן הַחֲלִיצָה וּמִן הַיִּבּוּם. וְכֵן צָרָתָהּ כְּאִלּוּ הָיְתָה עֶרְוָה עַל הַיָּבָם מִפְּנֵי שֶׁטֻּמְאָה כְּתוּבָה בָּהּ כַּעֲרָיוֹת שֶׁנֶּאֱמַר (במדבר ה יג יד) "וְהִיא נִטְמָאָה". אֲבָל סוֹטָה שֶׁמֵּת בַּעְלָהּ קֹדֶם שֶׁיַּשְׁקֶנָּה מֵי הַמָּרִים אוֹ שֶׁאֵינָהּ בַּת שְׁתִיָּה אֶלָּא בַּת גֵּרוּשִׁין הֲרֵי זוֹ חוֹלֶצֶת וְלֹא מִתְיַבֶּמֶת. וְאִם הָיְתָה לָהּ צָרָה הֲרֵי צָרָתָהּ מֻתֶּרֶת וְחוֹלֶצֶת אוֹ מִתְיַבֶּמֶת:

כ. וְכֵן שְׁתֵּי יְבָמוֹת הַבָּאוֹת מִבַּיִת אֶחָד שֶׁהָיְתָה הָאַחַת מֵהֶן שְׁנִיָּה עַל הַיָּבָם אוֹ מֵחַיָּבֵי לָאוִין אוֹ מֵחַיָּבֵי עֲשֵׂה אוֹ אַיְלוֹנִית הֲרֵי צָרָתָהּ מֻתֶּרֶת וְחוֹלֶצֶת אוֹ מִתְיַבֶּמֶת. אֲבָל הַחוֹלֵץ לִיבִמְתּוֹ וְהָלְכָה אֲחוֹת חֲלוּצָתוֹ אוֹ אִמָּהּ וְכַיּוֹצֵא בָּהֶן וְנִשֵּׂאת לְאָחִיו וְלוֹ אִשָּׁה אַחֶרֶת וָמֵת וְנָפְלוּ שְׁתֵּיהֶן לְפָנָיו. כְּשֵׁם שֶׁקְּרוֹבַת חֲלוּצָתוֹ אֲסוּרָה עָלָיו כָּךְ צָרָתָהּ אֲסוּרָה. וַהֲרֵי שְׁתֵּיהֶן כִּשְׁנִיּוֹת לוֹ וְחוֹלְצוֹת וְלֹא מִתְיַבְּמוֹת. וּמִפְּנֵי מָה אָסְרוּ צָרַת קְרוֹבַת חֲלוּצָתוֹ. מִפְּנֵי שֶׁמִּתְחַלֶּפֶת בְּצָרַת חֲלוּצָתוֹ:

כא. שְׁתֵּי יְבָמוֹת הַבָּאוֹת מִבַּיִת אֶחָד שֶׁהָאַחַת מֵהֶן עֶרְוָה עַל הַיָּבָם וַהֲרֵי הָעֶרְוָה אַיְלוֹנִית. צָרָתָהּ מֻתֶּרֶת וְחוֹלֶצֶת אוֹ מִתְיַבֶּמֶת. הוֹאִיל וְהָאַיְלוֹנִית אֵינָהּ בַּת יִבּוּם וַחֲלִיצָה הֲרֵי זוֹ כְּמִי שֶׁאֵינָהּ. וְנָפְלָה זִקָּתוֹ עַל צָרָתָהּ בִּלְבַד. וְכֵן אִם גֵּרַשׁ אָחִיו אֶת הָעֶרְוָה אוֹ מֵאֲנָה בּוֹ קֹדֶם שֶׁיָּמוּת. אוֹ שֶׁמֵּתָה בְּחַיֵּי בַּעְלָהּ וְאַחַר כָּךְ מֵת אָחִיו. הֲרֵי צָרָתָהּ מֻתֶּרֶת וְחוֹלֶצֶת אוֹ

מִתְיַבֶּמֶת. וְאֵין אוֹמְרִין הוֹאִיל וְנַעֲשֵׂית צָרָה לְעֶרְוָה שָׁעָה אַחַת תֵּאָסֵר לְעוֹלָם. שֶׁאֵין הַצָּרָה אֲסוּרָה עַד שֶׁתִּהְיֶה צָרַת עֶרְוָה בִּשְׁעַת נְפִילָה לְיִבּוּם:

כב. הָיְתָה זוֹ שֶׁהִיא עֶרְוָה עַל הַיָּבָם מְקֻדֶּשֶׁת לְאָחִיו שֶׁמֵּת בְּסָפֵק אוֹ מְגֹרֶשֶׁת מִמֶּנּוּ בְּסָפֵק. אוֹ שֶׁהָיְתָה קְטַנָּה הָרְאוּיָה לְמָאֵן וְלֹא מֵאֲנָה בְּאָחִיו בְּחַיָּיו. אַף עַל פִּי שֶׁמֵּאֲנָה בַּיָּבָם צָרָתָהּ חוֹלֶצֶת וְלֹא מִתְיַבֶּמֶת:

כג. הָלְכָה צָרַת עֶרְוָה וְנִשֵּׂאת לְאַחֵר וְאַחַר כָּךְ נִמְצֵאת הָעֶרְוָה אַיְלוֹנִית. תֵּצֵא הַצָּרָה מִבַּעְלָהּ וּמִיְּבָמָהּ וּצְרִיכָה גֵּט מִבַּעְלָהּ וַחֲלִיצָה מִיְּבָמָהּ כְּדֵי לְהַתִּירָהּ לַשּׁוּק:

כד. יִבֵּם הַיָּבָם הַצָּרָה מִפְּנֵי שֶׁדִּמּוּ שֶׁהָעֶרְוָה אַיְלוֹנִית וְנִמְצֵאת הָעֶרְוָה שֶׁאֵינָהּ אַיְלוֹנִית תֵּצֵא מִיְּבָמָהּ בְּגֵט וְהַוָּלָד מַמְזֵר:

כה. שְׁלֹשָׁה אַחִין. שְׁנַיִם מֵהֶן נְשׂוּאִין שְׁתֵּי אֲחָיוֹת וְאֶחָד מֵהֶן נְשׂוּי נָכְרִית. מֵת הַנָּשׂוּי נָכְרִית וְאַחַר כָּךְ מֵת אֶחָד מִבַּעֲלֵי אֲחָיוֹת. הֲרֵי הַנָּכְרִית חוֹלֶצֶת וְלֹא מִתְיַבֶּמֶת מִפְּנֵי שֶׁהִיא צָרַת אֲחוֹת אִשְׁתּוֹ בְּזִקַּת אָחִיו שֶׁמֵּת אַחֲרוֹן. וְלֹא עוֹד אֶלָּא אֲפִלּוּ גֵּרֵשׁ אֶחָד מִבַּעֲלֵי אֲחָיוֹת אֶת אִשְׁתּוֹ אַחַר שֶׁמֵּת הַנָּשׂוּי נָכְרִית וּמֵת הַמְגָרֵשׁ הֲרֵי הַנָּכְרִית חוֹלֶצֶת וְלֹא מִתְיַבֶּמֶת הוֹאִיל וְנַעֲשֵׂית צָרַת אֲחוֹת אִשְׁתּוֹ בְּזִקָּה שָׁעָה אַחַת. שֶׁאִם תִּתְיַבֵּם שֶׁמָּא יָבֹא לְיַבֵּם אוֹתָהּ. וַאֲפִלּוּ לֹא גֵּרֵשׁ זֶה שֶׁמֵּת אַחֲרוֹן אֶת אִשְׁתּוֹ:

כו. וּמִפְּנֵי מָה לֹא גָּזְרוּ דָּבָר זֶה בַּנְּשׂוּאִין שֶׁהֲרֵי צָרַת עֶרְוָה בַּנְּשׂוּאִין אִם גֵּרֵשׁ אֶת הָעֶרְוָה וּמֵת צָרָתָהּ מֻתֶּרֶת לְיַבֵּם כְּמוֹ שֶׁבֵּאַרְנוּ. מִפְּנֵי שֶׁאִסּוּר צָרַת הָעֶרְוָה בַּנְּשׂוּאִין יָדוּעַ לַכֹּל וְאֵינָן בָּאִין לְהַתִּיר הַצָּרָה אִם לֹא גֵּרֵשׁ הָעֶרְוָה. וְאִסּוּר צָרַת עֶרְוָה בְּזִיקָה אֵינוֹ יָדוּעַ לַכֹּל וּבָאִין לְהַתִּיר הַצָּרָה וַאֲפִלּוּ לֹא נִתְגָּרְשָׁה הָעֶרְוָה:

כז. שְׁלֹשָׁה אַחִין נְשׂוּאִין שָׁלֹשׁ נָשִׁים נָכְרִיּוֹת. מֵת אֶחָד מֵהֶן וְעָשָׂה הַשֵּׁנִי מַאֲמָר בִּיבִמְתּוֹ וּמֵת קֹדֶם שֶׁיִּכְנֹס וְנָפְלוּ שְׁתֵּיהֶן לִפְנֵי הַיָּבָם הֲרֵי אֵלּוּ חוֹלְצוֹת וְלֹא מִתְיַבְּמוֹת. מִפְּנֵי שֶׁבַּעֲלַת הַמַּאֲמָר עָלֶיהָ זִקַּת שְׁנֵי יְבָמִין. וְנִמְצֵאת כְּאִלּוּ הִיא אֵשֶׁת שְׁנֵי מֵתִים. וְדָרְשׁוּ חֲכָמִים וְאָמְרוּ (דברים כה ה) "אֵשֶׁת הַמֵּת" וְלֹא אֵשֶׁת שְׁנֵי מֵתִים. לְפִיכָךְ כָּל אִשָּׁה שֶׁעָלֶיהָ זִקַּת שְׁנֵי יְבָמִין חוֹלֶצֶת וְלֹא מִתְיַבֶּמֶת וְכֵן צָרָתָהּ. וְאִסּוּרָן מִדִּבְרֵי סוֹפְרִים:

כח. וּמִפְּנֵי מָה לֹא יַחֲלִיץ לְבַעֲלַת הַמַּאֲמָר שֶׁעָלֶיהָ זִקַּת שְׁנֵי יְבָמִין וִייַבֵּם צָרָתָהּ. גְּזֵרָה שֶׁלֹּא יֹאמְרוּ שְׁתֵּי יְבָמוֹת הַבָּאוֹת מִבַּיִת אֶחָד אַחַת חוֹלֶצֶת וְאַחַת מִתְיַבֶּמֶת. וּלְפִיכָךְ אָסְרוּ אַף צָרָתָהּ:

כט. עָשָׂה מַאֲמָר בִּיבִמְתּוֹ וְנָתַן גֵּט לְמַאֲמָרוֹ וּמֵת חָזְרָה לְהֶתֵּרָהּ. שֶׁהַמַּאֲמָר שֶׁאֲסָרָהּ הֲרֵי בִּטְּלוֹ. וְרָצָה חוֹלֵץ רָצָה מְיַבֵּם:

ל. בֶּן תֵּשַׁע שָׁנִים וְיוֹם אֶחָד שֶׁבָּא עַל יְבִמְתּוֹ וּמֵת כְּשֶׁהוּא קָטָן וְנָפְלָה פַּעַם שְׁנִיָּה לִפְנֵי אָחִיו הַגָּדוֹל הֲרֵי זוֹ חוֹלֶצֶת וְלֹא מִתְיַבֶּמֶת. שֶׁבִּיאַת בֶּן תֵּשַׁע שָׁנִים וְיוֹם אֶחָד כְּמַאֲמָר מִן הַגָּדוֹל כְּמוֹ שֶׁבֵּאַרְנוּ וְנִמְצָא עָלֶיהָ זִקַּת שְׁנֵי יְבָמִין:

לא. מִי שֶׁחֶצְיָהּ שִׁפְחָה וְחֶצְיָהּ בַּת חוֹרִין שֶׁנִּתְקַדְּשָׁה לִרְאוּבֵן וְנִשְׁתַּחְרְרָה וְחָזְרָה וְנִתְקַדְּשָׁה לְשִׁמְעוֹן וּמֵתוּ שְׁנֵיהֶם מִתְיַבֶּמֶת לְלֵוִי וְאֵינָהּ אֵשֶׁת שְׁנֵי מֵתִים. אִם קִדּוּשֵׁי רְאוּבֵן קִדּוּשִׁין אֵין קִדּוּשֵׁי שִׁמְעוֹן כְּלוּם. וְאִם קִדּוּשֵׁי שִׁמְעוֹן קִדּוּשִׁין אֵין קִדּוּשֵׁי רְאוּבֵן כְּלוּם:

Perek 7

Complex cases. (*Yibum* and *Chalitzah*)

More complex cases where 2 brothers marry 2 sisters etc.

The term 2 sisters in these *halachot,* also includes a woman and her daughter or granddaughter etc… I.e. 2 women who would cause the other to be forbidden to the remaining husband, when one husband dies.

פרק ז׳

א. שְׁנַיִם מִן הָאַחִין נְשׂוּאִין לִשְׁתֵּי אֲחָיוֹת וּמֵתוּ שְׁנֵיהֶם וְלֹא נוֹדַע אֵי זֶה מֵהֶם מֵת רִאשׁוֹן. הוֹאִיל וְאִי אֶפְשָׁר לְיַבֵּם שְׁתֵּיהֶן וַהֲרֵי זִקָּה נָפְלָה עַל שְׁתֵּיהֶן שְׁתֵּיהֶן חוֹלְצוֹת וְלֹא מִתְיַבְּמוֹת. וַאֲפִלּוּ הָיְתָה אַחַת מֵהֶן אֲסוּרָה עַל הַיָּבָם מִשּׁוּם שְׁנִיָּה אוֹ מֵחַיָּבֵי עֲשֵׂה אוֹ מֵחַיָּבֵי לָאוִין הֲרֵי אֵלּוּ חוֹלְצוֹת וְלֹא מִתְיַבְּמוֹת. אֲבָל אִם הָיְתָה אַחַת מֵהֶן עֶרְוָה עָלָיו כְּגוֹן שֶׁהָיְתָה אֵם אִשְׁתּוֹ אוֹ בִּתָּהּ. הֲרֵי אֲחוֹתָהּ מֻתֶּרֶת לוֹ וְרָצָה חוֹלֵץ רָצָה מְיַבֵּם. שֶׁהֲרֵי לֹא נָפְלָה זִקָּתוֹ עַל שְׁתֵּיהֶן, שֶׁאֵין זִקָּה עַל הָעֶרְוָה:

ב. הָיְתָה אַחַת מֵהֶן אֲסוּרָה עַל יָבָם זֶה מִשּׁוּם עֶרְוָה. וְהָאַחֶרֶת אֲסוּרָה עַל הַיָּבָם הַשֵּׁנִי מִשּׁוּם עֶרְוָה. הָאֲסוּרָה לָזֶה מֻתֶּרֶת לְאָחִיו וְהָאֲסוּרָה לָזֶה מֻתֶּרֶת לְאָחִיו. שֶׁהֲרֵי נָפְלָה זִקַּת כָּל אֶחָד מֵהֶן עַל הַמֻּתֶּרֶת לוֹ בִּלְבַד. וְרָצָה חוֹלֵץ רָצָה מְיַבֵּם לְזוֹ הַמֻּתֶּרֶת לוֹ:

ג. מֵת אֶחָד מִן הָאַחִין וְנָפְלָה אִשְׁתּוֹ לְיִבּוּם וְאַחַר כָּךְ מֵת שֵׁנִי וְנָפְלָה אִשְׁתּוֹ לְיִבּוּם שֶׁהִיא אֲחוֹת הָרִאשׁוֹנָה וַהֲרֵי שְׁתֵּיהֶן קַיָּמוֹת. שְׁתֵּיהֶן חוֹלְצוֹת וְלֹא מִתְיַבְּמוֹת כְּמוֹ שֶׁבֵּאַרְנוּ:

ד. מֵתָה הָאַחֲרוֹנָה חָזְרָה הָרִאשׁוֹנָה לְהֶתֵּרָהּ וְחוֹלֶצֶת אוֹ מִתְיַבֶּמֶת. מֵתָה הָרִאשׁוֹנָה הֲרֵי אַחֲרוֹנָה בְּאִסּוּרָהּ עוֹמֶדֶת וְחוֹלֶצֶת וְלֹא מִתְיַבֶּמֶת. שֶׁהֲרֵי לֹא הָיְתָה רְאוּיָה לְיִבּוּם בִּשְׁעַת נְפִילָתָהּ. וְכֵן אִם קָדַם אֶחָד מִן הָאַחִין וְחָלַץ לָאַחֲרוֹנָה הֻתְּרָה הָרִאשׁוֹנָה לִשְׁאָר הָאַחִין שֶׁהֲרֵי הַזִּקָּה שֶׁאֲסָרָהּ אוֹתָהּ הֱסִירָהּ אָחִיו בַּחֲלִיצָתוֹ:

ה. וְכֵן אִם הָיְתָה הָרִאשׁוֹנָה עֶרְוָה עַל אֶחָד מִן הָאַחִין וְקָדַם וְיִבֵּם אֶת הָאַחֲרוֹנָה שֶׁהִיא מֻתֶּרֶת לוֹ הֻתְּרָה הָרִאשׁוֹנָה לִשְׁאָר הָאַחִין שֶׁהֲרֵי הָאַחֲרוֹנָה שֶׁאֲסָרָה אוֹתָהּ עֲלֵיהֶן נִתְיַבְּמָה לְמֻתָּר לָהּ. אֲבָל אִם הָיְתָה הָאַחֲרוֹנָה הִיא שֶׁאֲסוּרָה עַל אַחַת מֵהֶן בִּלְבַד מִשּׁוּם עֶרְוָה הֲרֵי הוּא מְיַבֵּם לָרִאשׁוֹנָה וּשְׁאָר הָאַחִין אֲסוּרִין בִּשְׁתֵּיהֶן וְחוֹלְצִין וְלֹא מְיַבְּמִין כְּמוֹ שֶׁבֵּאַרְנוּ. וְאִם קָדְמוּ וְכָנְסוּ כָּל אֶחָד אַחַת מִן הָאֲחָיוֹת מוֹצִיאִין אוֹתָן מֵהֶן:

ו. שְׁלֹשָׁה אַחִין שְׁנַיִם מֵהֶן נְשׂוּאִין לִשְׁתֵּי אֲחָיוֹת. מֵת אֶחָד מִבַּעֲלֵי אֲחָיוֹת וְעָשָׂה הַשְּׁלִישִׁי בִּיבִמְתּוֹ מַאֲמָר וְאַחַר כָּךְ מֵת בַּעַל אֲחוֹת הַשְּׁנִיָּה וְנָפְלָה הָאָחוֹת הַשְּׁנִיָּה לִפְנֵי הָאָח הַשְּׁלִישִׁי. הֲרֵי זֶה נוֹתֵן גֵּט לְבַעֲלַת הַמַּאֲמָר וְחוֹלֵץ לָהּ וְחוֹלֵץ לָאָחוֹת הָאַחֲרוֹנָה כְּדֵי לְהַתִּירָן לְזָר:

ז. מֵת זֶה שֶׁעָשָׂה הַמַּאֲמָר וְהָיְתָה לוֹ אִשָּׁה אַחֶרֶת וְנָפְלוּ שְׁתֵּיהֶן לִפְנֵי בַּעַל הָאָחוֹת. בַּעֲלַת הַמַּאֲמָר פְּטוּרָה מִן הַחֲלִיצָה וּמִן הַיִּבּוּם שֶׁהֲרֵי הִיא אֲחוֹת אִשְׁתּוֹ. וְהָאִשָּׁה הָאַחֶרֶת חוֹלֶצֶת וְלֹא מִתְיַבֶּמֶת. שֶׁאֵין הַמַּאֲמָר קוֹנֶה קִנְיָן גָּמוּר עַד שֶׁיִּפְטֹר אֶת הַצָּרָה:

ח. אֶחָד מִן הַיְבָמִין שֶׁקִּדֵּשׁ אֲחוֹת יְבִמְתּוֹ אוֹמְרִין לוֹ הַמְתֵּן וְאַל תְּגָרְשֶׁנָּה וְאַל תִּשָּׂאֶנָּה עַד שֶׁיְּיַבֵּם אָחִיךָ אוֹ יַחֲלֹץ לִיבָמָה זוֹ הַזְּקוּקָה לְכֻלְּכֶם. חָלַץ לָהּ אָחִיו אוֹ יִבְּמָהּ אוֹ שֶׁמֵּתָה הַיְבָמָה הֲרֵי זֶה יִכְנֹס אֲרוּסָתוֹ. מֵתוּ אֶחָיו כֻּלָּם מוֹצִיא אֶת אֲרוּסָתוֹ בְּגֵט וִיבִמְתּוֹ בַּחֲלִיצָה. וְאִם מֵתָה אֲרוּסָתוֹ בֵּין שֶׁמֵּתָה קֹדֶם מִיתַת הָאַחִין בֵּין שֶׁמֵּתָה לְאַחַר מִיתַת הָאַחִין חָזְרָה הַיְבָמָה לְהֶתֵּרָהּ וְרָצָה חוֹלֵץ רָצָה מְיַבֵּם:

ט. שְׁלֹשָׁה אַחִין שְׁנַיִם מֵהֶן נְשׂוּאִין לִשְׁתֵּי אֲחָיוֹת וְיֵשׁ לְכָל אַחַת מִשְּׁתֵּיהֶן צָרָה. וּמֵתוּ הַנְּשׂוּאִין אֶת הָאֲחָיוֹת וְנָפְלוּ הָאֲחָיוֹת וְצָרוֹתֵיהֶן לִפְנֵי יָבָם. אִם חָלַץ לַצָּרוֹת נִפְטְרוּ הָאֲחָיוֹת. אֲבָל אִם חָלַץ לָאֲחָיוֹת לֹא נִפְטְרוּ צָרוֹתֵיהֶן עַד שֶׁיַּחַלְצוּ הַצָּרוֹת. מִפְּנֵי שֶׁחֲלִיצַת אֲחָיוֹת חֲלִיצָה שֶׁאֵינָהּ מְעֻלָּה. וַחֲלִיצָה שֶׁאֵינָהּ מְעֻלָּה אֵינָהּ פּוֹטֶרֶת אֶת הַצָּרָה כְּמוֹ שֶׁבֵּאַרְנוּ:

י. יֵרָאֶה לִי שֶׁכָּךְ הַדִּין בִּשְׁתֵּי יְבָמוֹת הַבָּאוֹת מִבַּיִת אֶחָד וְהָאַחַת מֵהֶן אֲסוּרָה עַל יְבָמָהּ מִשּׁוּם שְׁנִיָּה אוֹ מֵחַיָּבֵי לָאוִין אוֹ מֵחַיָּבֵי עֲשֵׂה. שֶׁאִם חָלַץ לָאֲסוּרָה לֹא הֻתְּרָה צָרָתָהּ. חָלַץ לַצָּרָה הֻתְּרָה הָאֲסוּרָה:

יא. שְׁלֹשָׁה אַחִין שְׁנַיִם מֵהֶן נְשׂוּאִין שְׁתֵּי אֲחָיוֹת וְהַשְּׁלִישִׁי נָשׂוּי נָכְרִית. מֵת אֶחָד מִבַּעֲלֵי אֲחָיוֹת וְיִבֵּם הַנָּשׂוּי נָכְרִית אֶת אִשְׁתּוֹ. וְאַחַר כָּךְ מֵתָה אִשְׁתּוֹ שֶׁל שֵׁנִי וְאַחַר כָּךְ מֵת הַשְּׁלִישִׁי וְנָפְלוּ שְׁתֵּי נָשָׁיו לִפְנֵי הַשֵּׁנִי (שֶׁאֵין לוֹ אִשָּׁה). הֲרֵי אֵלּוּ פְּטוּרוֹת מִן הַחֲלִיצָה וּמִן הַיִּבּוּם. הָאַחַת מִפְּנֵי שֶׁהָיְתָה אֲחוֹת אִשְׁתּוֹ בְּשָׁעָה שֶׁמֵּת אָחִיו הָרִאשׁוֹן נֶאֶסְרָה עָלָיו לְעוֹלָם מִשּׁוּם אֵשֶׁת אָח כְּדִין אֵשֶׁת אָחִיו שֶׁלֹּא הָיָה בְּעוֹלָמוֹ. וְהַנָּכְרִית מִשּׁוּם צָרָתָהּ:

יב. וְכֵן שְׁנֵי אַחִין נְשׂוּאִין לִשְׁתֵּי אֲחָיוֹת וּמֵת אֶחָד מֵהֶן. וְאַחַר כָּךְ מֵתָה אִשְׁתּוֹ שֶׁל שֵׁנִי. הֲרֵי זוֹ אֲסוּרָה עוֹלָמִית הוֹאִיל וְנֶאֶסְרָה עָלָיו בִּשְׁעַת נְפִילָה. אֲבָל הַמְגָרֵשׁ אֶת אִשְׁתּוֹ וְהֶחֱזִירָהּ וָמֵת הֲרֵי זוֹ מֻתֶּרֶת לַיָּבָם. וְאַף עַל פִּי שֶׁנֶּאֶסְרָה עָלָיו בְּחַיֵּי אָחִיו בְּשָׁעָה שֶׁגֵּרְשָׁהּ הֲרֵי חָזְרָה לְהֶתֵּרָהּ וּכְשֶׁמֵּת אָחִיו בְּהֶתֵּרָהּ הָיְתָה עוֹמֶדֶת:

יג. קְטַנָּה שֶׁהִשִּׂיאָהּ אָבִיהָ וְגֵרְשָׁהּ בַּעְלָהּ וְהֶחֱזִירָהּ וּמֵת וַעֲדַיִן הִיא קְטַנָּה הֲרֵי זוֹ אֲסוּרָה לְיַבֵּם מִפְּנֵי שֶׁגֵּרוּשֶׁיהָ גֵּרוּשִׁין גְּמוּרִין שֶׁהֲרֵי אָבִיהָ הִשִּׂיאָהּ. וְאֵין חֲזָרָתָהּ חֲזָרָה גְּמוּרָה שֶׁאֵין קִדּוּשֵׁי קְטַנָּה קִדּוּשִׁין גְּמוּרִין כְּמוֹ שֶׁבֵּאַרְנוּ:

יד. וְהוּא הַדִּין לִמְגָרֵשׁ פִּקַּחַת וְנִתְחָרְשָׁה וְהֶחֱזִירָהּ וּמֵת וְהִנִּיחָהּ חֵרֶשֶׁת שֶׁהִיא אֲסוּרָה לְיַבֵּם וְאֵינָהּ חוֹלֶצֶת וְלֹא מִתְיַבֶּמֶת. וְצָרַת קְטַנָּה זוֹ אוֹ חֵרֶשֶׁת זוֹ חוֹלֶצֶת אוֹ מִתְיַבֶּמֶת. וְאִם הֶחֱזִירָהּ כְּשֶׁהִיא קְטַנָּה אוֹ חֵרֶשֶׁת וְגָדְלָה אוֹ נִתְפַּקְּחָה אֶצְלוֹ וְאַחַר כָּךְ מֵת הֲרֵי זוֹ מֻתֶּרֶת לְיִבָּמָהּ:

טו. שְׁנֵי אַחִין נְשׂוּאִין לִשְׁתֵּי אֲחָיוֹת. הָיוּ שְׁתֵּיהֶן קְטַנּוֹת הָרְאוּיוֹת לְמָאֵן אוֹ חֵרְשׁוֹת וּמֵת אֶחָד מֵהֶן תֵּצֵא מִשּׁוּם אֲחוֹת אִשָּׁה וּפְטוּרָה מִן הַחֲלִיצָה וּמִן הַיִּבּוּם. הָיוּ אַחַת גְּדוֹלָה וְאַחַת קְטַנָּה וּמֵת בַּעַל הַקְּטַנָּה תֵּצֵא מִשּׁוּם אֲחוֹת אִשָּׁה וּפְטוּרָה מִן הַחֲלִיצָה וּמִן הַיִּבּוּם. מֵת בַּעַל הַגְּדוֹלָה מְלַמְּדִין הַקְּטַנָּה שֶׁתְּמָאֵן בְּבַעְלָהּ וְתִהְיֶה גְּדוֹלָה זוֹ מֻתֶּרֶת לְיִבָּמָהּ:

טז. שְׁנֵי אַחִין חֵרְשִׁין נְשׂוּאִין לִשְׁתֵּי אֲחָיוֹת פִּקְחוֹת אוֹ חֵרְשׁוֹת. אוֹ אַחַת פִּקַּחַת וְאַחַת חֵרֶשֶׁת. וְכֵן שְׁתֵּי אֲחָיוֹת חֵרְשׁוֹת נְשׂוּאוֹת לִשְׁנֵי אַחִים פִּקְחִין אוֹ חֵרְשִׁין אוֹ אֶחָד פִּקֵּחַ וְאֶחָד חֵרֵשׁ וּמֵת אֶחָד מֵהֶן. אִשְׁתּוֹ פְּטוּרָה מִן הַחֲלִיצָה וּמִן הַיִּבּוּם מִשּׁוּם אֲחוֹת אִשְׁתּוֹ. שֶׁהֲרֵי אֵין נִשּׂוּאֵי אֶחָד מֵהֶן נִשּׂוּאִין גְּמוּרִין:

יז. שְׁנֵי אַחִין אֶחָד פִּקֵּחַ וְאֶחָד חֵרֵשׁ נְשׂוּאִין לִשְׁתֵּי אֲחָיוֹת פִּקְחוֹת אוֹ אַחַת פִּקַּחַת וְאַחַת חֵרֶשֶׁת וַהֲרֵי הַפִּקַּחַת הִיא אֵשֶׁת הַפִּקֵּחַ. מֵת הַחֵרֵשׁ תֵּצֵא אִשְׁתּוֹ מִשּׁוּם אֲחוֹת אִשָּׁה. מֵת הַפִּקֵּחַ הוֹאִיל וְנִשּׂוּאֵי הַפִּקֵּחַ שֶׁמֵּת נִשּׂוּאִין גְּמוּרִין וְזִקַּת זֶה הַחֵרֵשׁ גְּמוּרָה וְנִשּׂוּאֵי הַחֵרֵשׁ אֵינָן נִשּׂוּאִין גְּמוּרִין. הֲרֵי זֶה הַחֵרֵשׁ מוֹצִיא אֶת אִשְׁתּוֹ בְּגֵט מִפְּנֵי שֶׁאֲחוֹתָהּ זְקוּקָה לוֹ. וְאֵשֶׁת אָחִיו הַפִּקֵּחַ אֲסוּרָה לְעוֹלָם שֶׁאֵינוֹ יָכוֹל לִכְנֹס מִפְּנֵי אֲחוֹתָהּ. וְלֹא יַחֲלֹץ מִפְּנֵי שֶׁהוּא חֵרֵשׁ:

יח. וְלָמָּה גָּזְרוּ חֲכָמִים שֶׁיּוֹצִיא זֶה הַחֵרֵשׁ אִשְׁתּוֹ הַחֵרֶשֶׁת וְהֵן אֵינָן בְּנֵי חִיּוּב אֶלָּא הֲרֵי הֵן כְּקָטָן אוֹכֵל נְבֵלוֹת שֶׁאֵין בֵּית דִּין מְצֻוִּין לְהַפְרִישׁוֹ. אָמְרוּ חֲכָמִים אִם תֵּשֵׁב אִשְׁתּוֹ עִמּוֹ נִמְצֵאת אֲחוֹתָהּ נִשֵּׂאת לְזָר וְיֹאמְרוּ נִפְטְרָה מִשּׁוּם אֲחוֹת אִשָּׁה. לְפִיכָךְ מוֹצִיא הַחֵרֵשׁ אִשְׁתּוֹ בְּגֵט כְּדֵי שֶׁתִּהְיֶה אֲחוֹתָהּ אֲסוּרָה לְעוֹלָם:

יט. וְכֵן שְׁנֵי אַחִין פִּקְחִין נְשׂוּאִין לִשְׁתֵּי אֲחָיוֹת אַחַת פִּקַּחַת וְאַחַת חֵרֶשֶׁת. מֵת בַּעַל הַחֵרֶשֶׁת תֵּצֵא מִשּׁוּם אֲחוֹת אִשָּׁה. מֵת בַּעַל הַפִּקַּחַת מוֹצִיא אֶת אִשְׁתּוֹ הַחֵרֶשֶׁת בְּגֵט וְאֶת אֵשֶׁת אָחִיו בַּחֲלִיצָה. מִפְּנֵי שֶׁהוּא פִּקֵּחַ וְיָכוֹל לַחֲלֹץ:

כ. שְׁנֵי אַחִין אֶחָד פִּקֵּחַ וְאֶחָד חֵרֵשׁ. הַחֵרֵשׁ נָשׂוּי שְׁתֵּי נָשִׁים פִּקְחוֹת הָאַחַת מֵהֶן עֶרְוָה עַל הַפִּקֵּחַ וּמֵת הַחֵרֵשׁ שְׁתֵּיהֶן פְּטוּרוֹת עַל כָּל פָּנִים. אִם נִשּׂוּאֵי הָעֶרְוָה נִשּׂוּאִין הֲרֵי הַשְּׁנִיָּה צָרָתָהּ וּפְטוּרָה. וְאִם אֵין נִשּׂוּאֵי הָעֶרְוָה נִשּׂוּאִין כָּךְ לֹא יִהְיוּ נִשּׂוּאֵי צָרָתָהּ נִשּׂוּאִין:

כא. הָיְתָה בִּתּוֹ וְכַיּוֹצֵא בָּהּ חֵרֶשֶׁת וּנְשׂוּאָה לְאָחִיו הַפִּקֵּחַ צָרָתָהּ חוֹלֶצֶת וְלֹא מִתְיַבֶּמֶת. שֶׁאֵין נִשּׂוּאֵי הַחֵרֶשֶׁת נִשּׂוּאִין גְּמוּרִין:

כב. כָּל מָקוֹם שֶׁאָמַרְנוּ בַּהֲלָכוֹת אֵלּוּ שְׁתֵּי אֲחָיוֹת אַחַת שְׁתֵּי אֲחָיוֹת אוֹ אִשָּׁה וּבִתָּהּ אוֹ אִשָּׁה וּבַת בִּתָּהּ וְכַיּוֹצֵא בָּהֶן מֵעִנְיַן הַדְּבָרִים שֶׁהֵן שְׁתֵּי נָשִׁים שֶׁהָאַחַת מֵהֶן עֶרְוָה עִם הָאַחֶרֶת וְאִי אֶפְשָׁר לִשָּׂא שְׁתֵּיהֶן מִשּׁוּם עֶרְוָה. וְכֵן כָּל מָקוֹם שֶׁאָמַרְנוּ אֲחוֹת אִשְׁתּוֹ אוֹ אֲחוֹת יְבִמְתּוֹ אֶחָד אֲחוֹתָהּ אוֹ אִמָּהּ אוֹ בִּתָּהּ מֵעִנְיַן הַדְּבָרִים אַחַת מִקְּרוֹבוֹתֶיהָ שֶׁהֵן עֶרְוָה עִמָּהּ:

Perek 8

Cases of doubtful identity. (*Yibum* and *Chalitzah*)

The principles are as follows

- When there is a doubt whether a woman should perform *chalitzah*, she is not permitted to another man until the first man performs *chalitzah* with her.
- When there is a doubt whether a woman is forbidden to engage in relations with a man, she should not perform *yibum* with him.
- If 2 women involved and one has performed superior *chalitzah*, or acceptable relations, then the second woman is free to marry another man.

פרק ח׳

א. מִי שֶׁקִּדֵּשׁ אַחַת מִשְּׁתֵּי אֲחָיוֹת וְאֵין יָדוּעַ אֵי זֶה מֵהֶן קִדֵּשׁ וּמֵת וְלוֹ אָח. אֶחָד חוֹלֵץ לִשְׁתֵּיהֶן כְּדֵי לְהַתִּירָן לַאֲחֵרִים. הָיוּ לוֹ שְׁנֵי אַחִין אֶחָד חוֹלֵץ לְאַחַת מֵהֶן בַּתְּחִלָּה וְהַשֵּׁנִי מְיַבֵּם לַשְּׁנִיָּה עַל כָּל פָּנִים. אִם זוֹ הִיא שֶׁקִּדֵּשׁ אָחִיו הֲרֵי יִבֵּם אוֹתָהּ. וְאִם אֵינָהּ אֵשֶׁת אָחִיו הֲרֵי נָשָׂא אִשָּׁה מִשְּׁאָר הַנָּשִׁים וַאֲחוֹתָהּ שֶׁהָיְתָה אֵשֶׁת אָחִיו כְּבָר נֶחְלְצָה. אֲבָל לֹא יְיַבֵּם הָאַחַת תְּחִלָּה שֶׁמָּא הָאַחֶרֶת הִיא אֵשֶׁת אָחִיו וְנִמְצָא שֶׁנָּשָׂא קְרוֹבַת זְקוּקָתוֹ. קָדְמוּ שְׁנֵי הָאַחִים וְכָנְסוּ שְׁתֵּי הַיְבָמוֹת אֵין מוֹצִיאִין אוֹתָן מִיָּדָן:

ב. שְׁנַיִם שֶׁקִּדְּשׁוּ שְׁתֵּי אֲחָיוֹת. זֶה אֵינוֹ יוֹדֵעַ אֵי זוֹ קִדֵּשׁ וְזֶה אֵינוֹ יוֹדֵעַ אֵי זוֹ קִדֵּשׁ. וּמֵתוּ שְׁנֵיהֶן. לָזֶה אָח וְלָזֶה אָח. זֶה חוֹלֵץ לִשְׁתֵּיהֶן וְזֶה חוֹלֵץ לִשְׁתֵּיהֶן. לָזֶה אָח אֶחָד וְלָזֶה שְׁנַיִם. הַיְחִידִי חוֹלֵץ לִשְׁתֵּיהֶן בַּתְּחִלָּה וְהַשְּׁנַיִם אֶחָד חוֹלֵץ רִאשׁוֹנָה וְהַשֵּׁנִי מְיַבֵּם. וְאִם קָדְמוּ וְכָנְסוּ אֵין מוֹצִיאִין מִיָּדָן. וַאֲפִלּוּ הָיוּ כֹּהֲנִים שֶׁהַחֲלִיצָה שֶׁחָלַץ הַיְחִידִי מִסָּפֵק חָלַץ וְהַחֲלוּצָה אֲסוּרָה לְכֹהֵן מִדִּבְרֵי סוֹפְרִים וּבִסְפֵק חֲלוּצָה לֹא גָּזְרוּ:

ג. הָיוּ לָזֶה שְׁנֵי אַחִין וְלָזֶה שְׁנֵי אַחִין. אָחִיו שֶׁל זֶה חוֹלֵץ לְאַחַת וְאָחִיו שֶׁל זֶה חוֹלֵץ לָאַחֶרֶת. וְאַחַר כָּךְ הָאָח הַשֵּׁנִי שֶׁל זֶה מְיַבֵּם חֲלוּצָתוֹ שֶׁל זֶה. וְהָאָח הַשֵּׁנִי שֶׁל זֶה מְיַבֵּם חֲלוּצָתוֹ שֶׁל זֶה. קָדְמוּ שְׁנֵיהֶן וְחָלְצוּ לִשְׁתֵּיהֶן לֹא יְיַבְּמוּ שְׁנֵי הָאַחִין הָאֲחֵרִים. אֶלָּא אֶחָד חוֹלֵץ בַּתְּחִלָּה וְאָחִיו מְיַבֵּם לַשְּׁנִיָּה. וְאִם קָדְמוּ וְכָנְסוּ אֵין מוֹצִיאִין מִיָּדָן:

ד. הָאִשָּׁה שֶׁהָיוּ לָהּ בָּנִים וְהָיוּ לְכַלָּתָהּ בָּנִים וְנִתְעַבְּרָה הָאִשָּׁה וְנִתְעַבְּרָה כַּלָּתָהּ וְיָלְדוּ שְׁתֵּיהֶן בְּמַחֲבוֹאָה אַחַת וְנִתְעָרְבוּ שְׁנֵי הַיְלָדִים וְהִגְדִּילוּ הַתַּעֲרוֹבוֹת וְנָשְׂאוּ נָשִׁים וּמֵתוּ. כֵּיצַד הֵן נִתָּרוֹת. בְּנֵי הַכַּלָּה חוֹלְצִין לִשְׁתֵּיהֶן תְּחִלָּה וְלֹא מְיַבְּמִין שֶׁכָּל אַחַת מֵהֶן סָפֵק שֶׁהִיא אֵשֶׁת אָחִיו וְתִהְיֶה מֻתֶּרֶת לוֹ, סָפֵק שֶׁהִיא אֵשֶׁת אֲחִי אָבִיו וְהִיא עֶרְוָה עָלָיו. אֲבָל בְּנֵי הַזְּקֵנָה אוֹ חוֹלְצִין אוֹ מְיַבְּמִין. שֶׁאִם הִיא זוֹ אֵשֶׁת אָחִיו הֲרֵי יְבָמָהּ. וְאִם הִיא אֵשֶׁת בֶּן אָחִיו מֻתֶּרֶת לְהִנָּשֵׂא לוֹ שֶׁכְּבָר נֶחְלְצָה:

ה. מֵתוּ הַבָּנִים הַיְדוּעִים שֶׁל זְקֵנָה וְשֶׁל כַּלָּתָהּ וַהֲרֵי בְּנֵי הַתַּעֲרוֹבוֹת קַיָּמִין. בְּנֵי הַתַּעֲרוֹבוֹת לִנְשֵׁי בְּנֵי הַזְּקֵנָה חוֹלְצִין וְלֹא מְיַבְּמִין שֶׁהִיא סְפֵק אֵשֶׁת אֲחִי אָבִיו שֶׁהִיא עֶרְוָה עָלָיו, סְפֵק אֵשֶׁת אָחִיו שֶׁהִיא מֻתֶּרֶת לְיַבְּמָהּ. וְלִנְשֵׁי בְּנֵי הַכַּלָּה אֶחָד חוֹלֵץ בַּתְּחִלָּה וְאֶחָד מְיַבֵּם עַל כָּל פָּנִים. אִם בֶּן הַכַּלָּה הוּא שֶׁחָלַץ תְּחִלָּה הֲרֵי חָלַץ אֵשֶׁת אָחִיו וְהַשֵּׁנִי מִן הַתַּעֲרוֹבוֹת הוּא בֶּן הַזְּקֵנָה וּמֻתָּר לוֹ לִשָּׂא אֵשֶׁת בֶּן אָחִיו אַחַר שֶׁנֶּחְלְצָה מִיְּבָמָהּ. וְאִם זֶה שֶׁחָלַץ תְּחִלָּה הוּא בֶּן הַזְּקֵנָה הֲרֵי חָלַץ לְאֵשֶׁת בֶּן אָחִיו וְלֹא עָשָׂה כְּלוּם וְהַשֵּׁנִי מִן הַתַּעֲרוֹבוֹת הוּא בֶּן הַכַּלָּה וַהֲרֵי יִבֵּם אֵשֶׁת אָחִיו:

ו. מִי שֶׁלֹּא שָׁהֲתָה אַחַר מִיתַת בַּעְלָהּ שְׁלֹשָׁה חֳדָשִׁים וְנִשֵּׂאת וְיָלְדָה וְאֵין יָדוּעַ אִם בֶּן תִּשְׁעָה לָרִאשׁוֹן אִם בֶּן שִׁבְעָה לָאַחֲרוֹן. וְהָיוּ לָהּ בָּנִים מִן הָרִאשׁוֹן וּמִן הַשֵּׁנִי. אִם מֵת זֶה הַבֵּן הַסָּפֵק. בְּנֵי הָרִאשׁוֹן וּבְנֵי הַשֵּׁנִי חוֹלְצִין לְאִשְׁתּוֹ וְלֹא מְיַבְּמִין. שֶׁכָּל אֶחָד מֵהֶן שֶׁיָּבוֹא לְיַבֵּם שֶׁמָּא אֵינוֹ אָחִיו מֵאָבִיו וַהֲרֵי הוּא אָחִיו מֵאִמּוֹ בְּוַדַּאי וְאֵשֶׁת אָחִיו מֵאִמּוֹ אֲסוּרָה עָלָיו לְעוֹלָם מִשּׁוּם עֶרְוָה. וְכֵן זֶה הַבֵּן הַסָּפֵק חוֹלֵץ לִנְשׁוֹתֵיהֶן וְלֹא מְיַבֵּם:

ז. הָיָה בֵּן לָרִאשׁוֹן וּבֵן לַשֵּׁנִי שֶׁלֹּא מֵאִשָּׁה זוֹ שֶׁנִּשֵּׂאת בְּתוֹךְ זְמַן וּמֵת אֶחָד מֵהֶן. הֲרֵי הַבֵּן הַסָּפֵק חוֹלֵץ לְאֵשֶׁת זֶה שֶׁמֵּת אוֹ מְיַבֵּם. שֶׁאִם אָחִיו מֵאָבִיו הוּא הֲרֵי יִבֵּם אֶת אִשְׁתּוֹ וְאִם אֵינוֹ אָחִיו מֵאָבִיו הֲרֵי אֵין בֵּינֵיהֶן אַחֲוָה כְּלָל לְפִיכָךְ מֻתָּר לוֹ לִשָּׂא אֶת אִשְׁתּוֹ:

ח. מֵת הַבֵּן הַסָּפֵק אֶחָד מִשְּׁנֵי הַבָּנִים הַוַּדָּאִין חוֹלֵץ לְאִשְׁתּוֹ תְּחִלָּה וְהַשֵּׁנִי מְיַבֵּם עַל כָּל פָּנִים. אִם אָחִיו הוּא הֲרֵי יִבֵּם אֶת אִשְׁתּוֹ. וְאִם אֵינוֹ אָחִיו וְהוּא בֶּן הָאָב הָאַחֵר הֲרֵי נֶחְלְצָה מֵאֲחִי בַּעְלָהּ:

ט. מִי שֶׁהָלַךְ בַּעְלָהּ לִמְדִינָה אַחֶרֶת וְשָׁמְעָה שֶׁמֵּת וְנִשֵּׂאת וְאַחַר כָּךְ בָּא הַבַּעַל הָרִאשׁוֹן וּמֵתוּ שְׁנֵיהֶן וְלָזֶה אַחִין וְלָזֶה אַחִין. אֶחָיו שֶׁל זֶה וְאֶחָיו שֶׁל זֶה חוֹלְצִין וְלֹא מְיַבְּמִין:

י. חָמֵשׁ נָשִׁים שֶׁהָיָה לְכָל אַחַת מֵהֶן בֵּן יָדוּעַ וְנִתְעַבְּרוּ חֲמִשְׁתָּן וְיָלְדוּ כְּאֶחָד בְּמַחֲבוֹאָה אַחַת חֲמִשָּׁה בָּנִים אֲחֵרִים וְנִתְעָרְבוּ הַיְלָדִים וְהִגְדִּילוּ הַתַּעֲרוֹבוֹת וְנָשְׂאוּ נָשִׁים וּמֵתוּ חֲמִשָּׁה הָאֲנָשִׁים וְנָפְלוּ חָמֵשׁ הַנָּשִׁים לִפְנֵי חֲמִשָּׁה הַבָּנִים הַוַּדָּאִין שֶׁאֵין אֶחָד מֵהֶן יוֹדֵעַ אֵי זוֹ הִיא אֵשֶׁת אָחִיו כֵּיצַד תַּקָּנָתָן. אַרְבַּע מֵהֶן חוֹלְצִין לְאַחַת תְּחִלָּה וְהַחֲמִישִׁי יִשָּׂא זוֹ שֶׁנֶּחְלְצָה אַרְבַּע חֲלִיצוֹת עַל כָּל פָּנִים:

יא. כֵּיצַד. אִם אֵשֶׁת אָחִיו הִיא הֲרֵי יִבֵּם אוֹתָהּ. וְאִם אֵינָהּ אֵשֶׁת אָחִיו הֲרֵי הִיא אֵשֶׁת אָח אֶחָד מֵאַרְבָּעָה וַהֲרֵי חָלְצוּ לָהּ אַרְבַּעְתָּן תְּחִלָּה. וְכֵן הַשְּׁנִיָּה חוֹלְצִין לָהּ אַרְבָּעָה וְהָאֶחָד מִן הָאַרְבָּעָה יִהְיֶה זֶה שֶׁנָּשָׂא הָרִאשׁוֹנָה וְהַחֲמִישִׁי יִשָּׂאֶנָּה. עַד שֶׁנִּמְצְאוּ הַבָּנִים הַחֲמִשָּׁה נָשְׂאוּ הֶחָמֵשׁ נָשִׁים אַחַר שֶׁנֶּחְלְצָה כָּל אַחַת מֵהֶן אַרְבַּע חֲלִיצוֹת:

יב. וּלְעוֹלָם הִזָּהֵר בְּכָל הַסְּפֵקוֹת הַלָּלוּ בְּעִקָּרִים אֵלּוּ. שֶׁכָּל

מִי שֶׁנִּסְתַּפֵּק לְךָ שֶׁמָּא בַּת חֲלִיצָה הִיא לְאִישׁ זֶה אוֹ אֵינָהּ צְרִיכָה לַחֲלִיצָה מִמֶּנּוּ. אֵינָהּ נִתֶּרֶת לְהִנָּשֵׂא לְזָר עַד שֶׁיַּחֲלֹץ לָהּ אוֹתוֹ הָאִישׁ. וְכָל מִי שֶׁיִּסְתַּפֵּק לְךָ שֶׁמָּא בִּיאָתָהּ אֲסוּרָה עַל אִישׁ זֶה בֵּין מִדִּבְרֵי תּוֹרָה בֵּין מִדִּבְרֵי סוֹפְרִים אֵינָהּ מִתְיַבֶּמֶת לוֹ. וְכָל שֶׁנֶּחְלְצָה חֲלִיצָה מְעֻלָּה אוֹ נִבְעֲלָה בְּעִילָה כְּשֵׁרָה הֻתְּרָה צָרָתָהּ לְזָר:

יג. וְעַל דֶּרֶךְ זוֹ תָּבִין וְתוֹרֶה בְּכָל הַסְּפֵקוֹת שֶׁיֶּאֶרְעוּ לְעִנְיַן יִבּוּם וַחֲלִיצָה שֶׁהֲרֵי בֵּאַרְנוּ כָּל הָעִקָּרִין שֶׁעֲלֵיהֶן תִּסְמֹךְ וְתֵדַע מִי הוּא שֶׁחוֹלֵץ וּמִי הוּא שֶׁמְּיַבֵּם וּמִי הִיא הַפְּטוּרָה מִן הַחֲלִיצָה וּמִן הַיִּבּוּם וּמִי הִיא הָרְאוּיָה לְיַבֵּם: סְלִיקוּ לְהוּ הִלְכוֹת יִבּוּם וַחֲלִיצָה בְּסִיַּעְתָּא דִּשְׁמַיָּא:

הלכות נערה בתולה

Hilchot Naarah Betulah

THE LAWS PERTAINING TO A VIRGIN MAIDEN

They consist of *five mitzvot*:	יש בכללן ה׳ מצות
Three positive commandments and two negative commandments.	ג׳ מצות עשה וב׳ מצות לא תעשה
They are:	וזהו פרטן:
1. To fine one who seduces a woman	א. לקנוס המפתה
2. A rapist should marry the woman he rapes	ב. שישא האונס אנוסתו
3. A rapist should never divorce his wife	ג. שלא יגרש האונס
4. For a woman whose husband made defamatory remarks about her to remain married to him forever	ד. שתשב אשת מוציא שם רע תחת בעלה לעולם
5. A husband should never divorce the wife about whom he made defamatory remarks	ה. שלא יגרש מוצא שם רע את אשתו

Perek 1

Introduction

Reminder:
Pack on Weights and Measures

To fine i.e. give *knas* for the seducer[1],
The rapist should marry her[2],
The rapist should not divorce her[3].

When a man seduces a virgin (between ages of **3 to 12½**) he is fined **50 *sela*** of pure silver – This is called the *knas* (fine).

Same law applies if he rapes her (*anas*).

Reminder:
Age Definitions. Ref: *Sefer Nashim, Hilchot Ishut*, Chapter 2
Pack on Fines

In all following cases, due to age of girl (**3–12½**), father is also involved.

	Acceptable	Explanation
Girl who was *seduced* does not want to marry	✓	Not forced to marry
Seducer does not want to marry girl	✓	Must pay fine and depart
Seducer and seduced wish to marry	✓	No fine needed
Raped woman does not desire to marry rapist	✓	He must pay fine and depart
Raped woman wants to marry but he does not. **⚜ Reminder:** Definitions Related to Marriage. Ref: Sefer *Nashim, Hilchot Ishut,* Chapter 10.	✗	Forced to pay fine and marry her and may never divorce her. Therefore he does not need to give her a *ketubah*.
Raped girl forbidden to man by positive command, negative command or Rabbinic prohibition		He should not marry her
After marrying, the wife acts in adulterous manner	✗	She can then be divorced
Rapist divorces wife but then remarries her	✓	
To be culpable for fine, rape must be observed by witnesses.	✓	For fines, one's own admitting is unacceptable **⚜ Reminder:** Pack on Witnesses
Girls age is from **3-12½** when she can receive fine	✓	Because Torah says *naarah betulah* and at age **12½** she becomes known as a *bogeret*. (but this age could extend to **20 or 35** if she is barren (*aylonit*)
Fine disallowed for girl **(10 cases)**		
• *Bogeret*	✗	Must be *naarah*
• *Aylonit*	✗	Categorised as *ketanah*
• Imbecile	✗	Could have been raped previously
• Deaf mute	✗	Could have been raped previously
• Convert	✗	Unlikely to be virgin
• Captive	✗	Unlikely to be virgin
• Freed maidservant	✗	Unlikely to be virgin

• A girl who has left her husband through *miun*	×	When a young *girl* dissolves her marriage, this is done through a procedure called *miun*
• Divorcee	×	
• Girl with bad reputation	×	
• Rapist was due to get *malkot*	×	Does *not* get both fine and *malkot*

פרק א׳

א. מִי שֶׁפִּתָּה בְּתוּלָה קוֹנְסִין אוֹתוֹ מִשְׁקַל חֲמִשִּׁים סְלָעִים שֶׁל כֶּסֶף מְזֻקָּק וְהוּא הַנִּקְרָא קְנָס. וְכֵן אִם אָנַס אוֹתָהּ. וּקְנָס זֶה מִצְוַת עֲשֵׂה שֶׁל תּוֹרָה שֶׁנֶּאֱמַר (דברים כב כט) "וְנָתַן הָאִישׁ הַשֹּׁכֵב עִמָּהּ לַאֲבִי הַנַּעֲרָה חֲמִשִּׁים כָּסֶף":

ב. וְאֵי זֶה הוּא מְפַתֶּה וְאֵי זֶה הוּא אוֹנֵס. מְפַתֶּה לִרְצוֹנָהּ. אוֹנֵס שֶׁבָּא עָלֶיהָ בְּעַל כָּרְחָהּ. כָּל הַנִּבְעֶלֶת בַּשָּׂדֶה הֲרֵי זוֹ בְּחֶזְקַת אֲנוּסָה וְדָנִין אוֹתָהּ בְּדִין אֲנוּסָה עַד שֶׁיָּעִידוּ הָעֵדִים שֶׁבִּרְצוֹנָהּ נִבְעֲלָה. וְכָל הַנִּבְעֶלֶת בָּעִיר הֲרֵי זוֹ בְּחֶזְקַת מְפֻתָּה מִפְּנֵי שֶׁלֹּא זָעֲקָה עַד שֶׁיָּעִידוּ הָעֵדִים שֶׁהִיא אֲנוּסָה, כְּגוֹן שֶׁשָּׁלַף לָהּ חֶרֶב וְאָמַר לָהּ אִם תִּזְעֲקִי אֶהֶרֹג אוֹתָךְ:

ג. הַמְפֻתָּה שֶׁלֹּא רָצְתָה לְהִנָּשֵׂא לַמְפַתֶּה. אוֹ שֶׁלֹּא רָצָה אָבִיהָ לִתְּנָהּ לוֹ. אוֹ שֶׁלֹּא רָצָה הוּא לִכְנֹס. הֲרֵי זֶה נוֹתֵן קְנָס וְהוֹלֵךְ וְאֵין כּוֹפִין אוֹתוֹ לִכְנֹס. וְאִם רָצוּ וּכְנָסָהּ אֵינוֹ מְשַׁלֵּם קְנָס אֶלָּא כּוֹתֵב לָהּ כְּתֻבָּה כִּשְׁאָר הַבְּתוּלוֹת. אֲבָל הָאֲנוּסָה שֶׁלֹּא רָצְתָה הִיא אוֹ אָבִיהָ לְהִנָּשֵׂא לְאוֹנֵס הָרְשׁוּת בְּיָדָם וְנוֹתֵן קְנָס וְהוֹלֵךְ. רָצְתָה הִיא וְאָבִיהָ וְלֹא רָצָה הוּא כּוֹפִין אוֹתוֹ וְכוֹנֵס וְנוֹתֵן קְנָס שֶׁנֶּאֱמַר (דברים כב כט) "וְלוֹ תִהְיֶה לְאִשָּׁה" הֲרֵי זוֹ מִצְוַת עֲשֵׂה. אֲפִלּוּ הִיא חִגֶּרֶת אוֹ סוּמָא אוֹ מְצֹרַעַת כּוֹפִין אוֹתוֹ לִכְנֹס וְאֵינוֹ מוֹצִיא לִרְצוֹנוֹ לְעוֹלָם שֶׁנֶּאֱמַר (דברים כב יט) "לֹא יוּכַל לְשַׁלְּחָהּ כָּל יָמָיו" הֲרֵי זוֹ מִצְוַת לֹא תַעֲשֶׂה:

ד. וְאֵין לָהּ כְּתֻבָּה שֶׁלֹּא תִּקְּנוּ חֲכָמִים כְּתֻבָּה לְאִשָּׁה אֶלָּא כְּדֵי שֶׁלֹּא תִּהְיֶה קַלָּה בְּעֵינָיו לְהוֹצִיאָהּ וְזֶה אֵינוֹ יָכוֹל לְהוֹצִיאָהּ:

ה. הָיְתָה אֲנוּסָה זוֹ אֲסוּרָה עָלָיו אֲפִלּוּ מֵחַיָּבֵי עֲשֵׂה וַאֲפִלּוּ שְׁנִיָּה הֲרֵי זֶה לֹא יִשָּׂאֶנָּה. וְכֵן אִם נִמְצָא בָּהּ דְּבַר זִמָּה אַחַר שֶׁכְּנָסָהּ הֲרֵי זֶה יְגָרְשֶׁנָּה שֶׁנֶּאֱמַר (דברים כב כט) "וְלוֹ תִהְיֶה לְאִשָּׁה". אִשָּׁה הָרְאוּיָה לוֹ:

ו. כֹּהֵן גָּדוֹל שֶׁאָנַס בְּתוּלָה אוֹ שֶׁפִּתָּה אוֹתָהּ הֲרֵי זֶה לֹא יִכְנֹס מִפְּנֵי שֶׁהוּא מְצֻוֶּה לִקַּח אֶת הַבְּתוּלָה וּבְשָׁעָה שֶׁיִּשָּׂא זוֹ אֵינָהּ בְּתוּלָה. וְאִם כָּנַס יוֹצִיא בְּגֵט:

ז. אַף עַל פִּי שֶׁנֶּאֱמַר בְּאוֹנֵס (דברים כב יט) "לֹא יוּכַל לְשַׁלְּחָהּ" כֵּיוָן שֶׁקְּדָמוֹ עֲשֵׂה שֶׁנֶּאֱמַר (דברים כב כט) "וְלוֹ תִהְיֶה לְאִשָּׁה" הֲרֵי זֶה נִתְּקוֹ לַעֲשֵׂה וְנִמְצֵאת זוֹ מִצְוַת לֹא תַעֲשֶׂה שֶׁנִּתְּקָהּ לַעֲשֵׂה שֶׁאֵין לוֹקִין עָלֶיהָ אֶלָּא אִם לֹא קִיֵּם עֲשֵׂה שֶׁבָּהּ כְּמוֹ שֶׁיִּתְבָּאֵר בְּהִלְכוֹת סַנְהֶדְרִין. לְפִיכָךְ הָאוֹנֵס שֶׁעָבַר וְגֵרֵשׁ כּוֹפִין אוֹתוֹ לְהַחֲזִיר וְאֵינוֹ לוֹקֶה. מֵתָה גְּרוּשָׁתוֹ קֹדֶם שֶׁיַּחֲזִירֶנָּה אוֹ נִתְקַדְּשָׁה לְאַחֵר אוֹ שֶׁהָיָה כֹּהֵן שֶׁאָסוּר בִּגְרוּשָׁה הֲרֵי זֶה לוֹקֶה שֶׁהֲרֵי עָבַר עַל לֹא תַעֲשֶׂה וְאֵינוֹ יָכוֹל לְקַיֵּם עֲשֵׂה שֶׁבָּהּ:

ח. אֵין הָאוֹנֵס אוֹ הַמְפַתֶּה חַיָּב בִּקְנָס עַד שֶׁיָּבוֹא עָלֶיהָ [כְּדַרְכָּהּ] וּבְעֵדִים וְאֵינוֹ צָרִיךְ הַתְרָאָה. וּמֵאֵימָתַי יִהְיֶה לַבַּת קְנָס. מֵאַחַר שָׁלֹשׁ שָׁנִים גְּמוּרוֹת עַד שֶׁתִּבָּגֵר. נִבְעֲלָה בְּתוֹךְ שָׁלֹשׁ שָׁנִים אֵין בִּיאָתָהּ בִּיאָה. בָּא עָלֶיהָ מִשֶּׁבָּגְרָה אֵין לָהּ קְנָס שֶׁנֶּאֱמַר (דברים כב כח) "נַעֲרָה בְתוּלָה" לֹא הַבּוֹגֶרֶת:

ט. וְאַחַת שֶׁיֵּשׁ לָהּ אָב וְאַחַת שֶׁאֵין לָהּ אָב יֵשׁ לָהּ קְנָס. וְאֵלּוּ שֶׁאֵין לָהֶן קְנָס. הַבּוֹגֶרֶת וְהַמְמָאֶנֶת וְהָאַיְלוֹנִית וְהַשּׁוֹטָה וְהַחֵרֶשֶׁת. וּמִי שֶׁיָּצָא עָלֶיהָ שֵׁם רַע בְּיַלְדוּתָהּ וּבָאוּ שְׁנַיִם וְהֵעִידוּ שֶׁתָּבְעָה אוֹתָן לִזְנוּת עִמָּהּ. וְהַמְגֹרֶשֶׁת מִן הַנִּשּׂוּאִין וַעֲדַיִן הִיא נַעֲרָה בְּתוּלָה. אֲבָל הַמְגֹרֶשֶׁת מִן הָאֵרוּסִין אִם נֶאֶנְסָה יֵשׁ לָהּ קְנָס וּקְנָסָהּ לְעַצְמָהּ. וְאִם נִתְפַּתְּתָה אֵין לָהּ קְנָס:

י. הַגִּיֹּרֶת וְהַשְּׁבוּיָה וְהַמְשֻׁחְרֶרֶת אִם נִתְגַּיְּרָה וְנִפְדֵּית וְנִשְׁתַּחְרְרָה וְהִיא בַּת שָׁלֹשׁ שָׁנִים אוֹ פָּחוֹת יֵשׁ לָהּ קְנָס. וְאִם הָיְתָה בַּת שָׁלֹשׁ שָׁנִים וְיוֹם אֶחָד כְּשֶׁנִּתְגַּיְּרָה אוֹ כְּשֶׁנִּפְדֵּית אוֹ כְּשֶׁנִּשְׁתַּחְרְרָה אֵין לָהּ קְנָס הוֹאִיל וּבִיאָתָן בִּיאָה הֲרֵי הֵן כִּבְעוּלוֹת:

יא. הָיְתָה בְּתוּלָה זוֹ אֲסוּרָה עַל הָאוֹנֵס אוֹ הַמְפַתֶּה אִם הָיְתָה אַחַת מֵחַיָּבֵי כְּרֵתוֹת כְּגוֹן אֲחוֹתוֹ אוֹ דּוֹדָתוֹ וְהַנִּדָּה

וְכַיּוֹצֵא בָּהֶן אוֹ שֶׁהָיְתָה מֵחַיָּבֵי לָאוִין אִם הִתְרוּ בּוֹ הֲרֵי זֶה לוֹקֶה וְאֵינוֹ מְשַׁלֵּם קְנָס שֶׁאֵין אָדָם לוֹקֶה וּמְשַׁלֵּם. וְאִם לֹא הָיְתָה שָׁם הַתְרָאָה הוֹאִיל וְאֵינוֹ חַיָּב מַלְקוֹת הֲרֵי זֶה מְשַׁלֵּם קְנָס:

יב. הָיְתָה מֵחַיָּבֵי עֲשֵׂה אוֹ שְׁנִיָּה וְכַיּוֹצֵא בָּהֶן שֶׁאֲסוּרָה מִדִּבְרֵי סוֹפְרִים. בֵּין הִתְרוּ בּוֹ בֵּין לֹא הִתְרוּ בּוֹ חַיָּב בִּקְנָס שֶׁאֵין כָּאן מַלְקוֹת:

יג. הָיְתָה מֵחַיָּבֵי מִיתַת בֵּית דִּין כְּגוֹן בִּתּוֹ וְאֵשֶׁת בְּנוֹ וְכַיּוֹצֵא בָּהֶן בֵּין הִתְרוּ בּוֹ בֵּין לֹא הִתְרוּ בּוֹ פָּטוּר מִן הַקְּנָס שֶׁנֶּאֱמַר (שמות כא כב) "וְלֹא יִהְיֶה אָסוֹן עָנוֹשׁ יֵעָנֵשׁ" הָא אִם הָיָה שָׁם אָסוֹן אֵין שָׁם עֹנֶשׁ. וְאַף עַל פִּי שֶׁהֲרִיגַת הָאִשָּׁה בִּשְׁגָגָה שֶׁהֲרֵי לֹא נִתְכַּוְּנוּ לָהּ שֶׁנֶּאֱמַר (שמות כא כב) "כִּי יִנָּצוּ אֲנָשִׁים וְנָגְפוּ אִשָּׁה" הָא לָמַדְתָּ שֶׁלֹּא חִלֵּק הַכָּתוּב בְּאָסוֹן בֵּין שׁוֹגֵג לְמֵזִיד לְפָטְרוֹ מִן הַתַּשְׁלוּמִין. וַהֲרֵי הוּא אוֹמֵר (ויקרא כד יח) "מַכֵּה נֶפֶשׁ בְּהֵמָה יְשַׁלְּמֶנָּה" (ויקרא כד כא) "וּמַכֵּה אָדָם יוּמָת" מָה מַכֵּה נֶפֶשׁ בְּהֵמָה לֹא חִלֵּק הַכָּתוּב בֵּין שׁוֹגֵג לְמֵזִיד לְחַיְּבוֹ בְּתַשְׁלוּמִין אַף מַכֵּה נֶפֶשׁ אָדָם לֹא חִלֵּק הַכָּתוּב בֵּין שׁוֹגֵג לְמֵזִיד לְפָטְרוֹ מִן הַתַּשְׁלוּמִין:

יד. וְכֵן הַדִּין לְכָל עֲבֵרָה שֶׁיֵּשׁ בָּהּ מִיתַת בֵּית דִּין שֶׁאֵין בָּהּ תַּשְׁלוּמִין:

טו. בָּא עָלֶיהָ וּמֵתָה הֲרֵי זֶה פָּטוּר מִן הַקְּנָס שֶׁנֶּאֱמַר (דברים כב כט) "וְנָתַן הָאִישׁ הַשֹּׁכֵב עִמָּהּ לַאֲבִי הַנַּעֲרָה" לֹא לַאֲבִי הַמֵּתָה. וְהוּא שֶׁתָּמוּת קֹדֶם שֶׁתַּעֲמֹד בַּדִּין:

Perek 2

Additional fines on top of the *Knas*.

These additional payments are evaluated by the court according to everyone's circumstances.

Seducer – **3 payments.**

Rapist – **4 payments.**

Seducer penalties

- *Knas*
- Compensation for embarrassment
- Compensation for damages

Rapist penalties

- *Knas*
- Compensation for embarrassment
- Compensation for pain
- Compensation for damages

Reminder:

Key Facts Sefer Nezikin

Injury to People and Property by People.

Ref: *Sefer Nezikin, Hilchot Chovel Umazik*, Chapter 1 and 6.

There are **10** types of girls for whom a fine (*knas*) does not need to be paid. (See listed in Perek ב׳)

In general

- Whenever a *knas* must be paid, then embarrassment and damages also must be paid (and if rape, then pain also must be paid).

- Whenever a *knas* does *not* need to be paid, then embarrassment and damages do *not* need to be paid, but there are exceptions.

PRINCIPLE

A person is never required to pay a *knas* based on his own admission. He can only be made liable by witnesses.

However, based on his admission, he would be liable for embarrassment, damages, and pain (if applicable).

If he denies his act this could result in two outcomes

- If he denies completely, he would have to take a *Rabbinic oath*. (*Shvuat hesset*)
- If he denies partially (*modeh bemiktzat*) he would have to take a Scripture oath.

Reminder:
Pack on Oaths

Because compensations due are to a girl under the age of *bagrut* (i.e. 12½), all monies due belongs to the father. (*Erusin/ kidushin* [betrothal] does not yet remove girl from father's domain, but *nisuin/chuppah* would)

פרק ב׳

א. חֲמִשִּׁים כֶּסֶף שֶׁל קְנָס הֵם דְּמֵי הֲנָאַת שְׁכִיבָה בִּלְבַד. וְחַיָּב הַמְפַתֶּה לִתֵּן בֹּשֶׁת וּפְגָם יוֹתֵר עַל הַקְּנָס הַקָּצוּב בַּתּוֹרָה. יֶתֶר עָלָיו הָאוֹנֵס שֶׁהוּא נוֹתֵן אֶת הַצַּעַר. שֶׁהַנִּבְעֶלֶת בִּרְצוֹנָהּ אֵין לָהּ צַעַר וַאֲנוּסָה יֵשׁ לָהּ צַעַר. וְכֵן הוּא אוֹמֵר בַּאֲנוּסָה (דברים כב כט) "תַּחַת אֲשֶׁר עִנָּהּ":

ב. נִמְצָא הַמְפַתֶּה מְשַׁלֵּם שְׁלֹשָׁה דְּבָרִים קְנָס וּבֹשֶׁת וּפְגָם. וְהָאוֹנֵס אַרְבָּעָה קְנָס וּבֹשֶׁת וְצַעַר וּפְגָם:

ג. קְנָס שָׁוֶה בַּכֹּל. אֶחָד הַבָּא עַל בַּת כֹּהֵן גָּדוֹל וְאֶחָד הַבָּא עַל בַּת גֵּר אוֹ מַמְזֵר קְנָסָהּ חֲמִשִּׁים כֶּסֶף. אֲבָל הַבֹּשֶׁת וְהַפְּגָם וְהַצַּעַר אֵינָן שָׁוִין לַכֹּל וּצְרִיכִין שׁוּמָא:

ד. כֵּיצַד שָׁמִין הַבֹּשֶׁת. הַכֹּל לְפִי הַמְבַיֵּשׁ וְהַמִּתְבַּיֵּשׁ. שֶׁאֵינוֹ דּוֹמֶה מְבַיֵּשׁ נַעֲרָה חֲשׁוּבָה וּמִמִּשְׁפָּחָה מְיֻחָסָה לִמְבַיֵּשׁ קְטַנָּה עֲנִיָּה בְּזוּיָה. וְאֵינוֹ דּוֹמֶה מִתְבַּיֵּשׁ מֵאָדָם חָשׁוּב וְגָדוֹל לְמִתְבַּיֵּשׁ מֵאֶחָד מֵהַנְּבָלִים וְקַל מִן הַקַּלִּים:

ה. וּלְפִי זֶה רוֹאִין הַדַּיָּנִין מַעֲלָתוֹ וּמַעֲלָתָהּ וְשָׁמִין כַּמָּה מָמוֹן רָאוּי לְאָבִיהָ וּלְמִשְׁפַּחְתָּהּ לִתֵּן וְלֹא יֶאֱרַע לָהֶן דָּבָר זֶה מֵאָדָם זֶה וְכָמוֹהוּ חַיָּב לְשַׁלֵּם:

ו. פְּגָם לְפִי יָפְיָהּ. רוֹאִין אוֹתָהּ כְּאִלּוּ הִיא שִׁפְחָה נִמְכֶּרֶת בַּשּׁוּק כַּמָּה הִיא שָׁוָה בְּעוּלָה וְכַמָּה הָיְתָה שָׁוָה בְּתוּלָה. שֶׁאָדָם רוֹצֶה לִקְנוֹת שִׁפְחָה בְּתוּלָה לִתְּנָהּ לְעַבְדּוֹ שֶׁהוּא רוֹצֶה בַּהֲנָיָתוֹ וְטוֹבָתוֹ. וְרוֹאִין כַּמָּה פְּחָתָה וִישַׁלֵּם צַעַר לְפִי קַטְנוּתָהּ וּבִנְיַן גּוּפָהּ. וּלְפִי שָׁנָיו וְגוּפוֹ אוֹמְדִין כַּמָּה הָאָב רוֹצֶה לִתֵּן וְלֹא תִּצְטַעֵר זוֹ מִזֶּה וְיִתֵּן:

ז. הַמְפַתֶּה נוֹתֵן בֹּשֶׁת וּפְגָם מִיָּד וְאֵינוֹ נוֹתֵן הַקְּנָס אֶלָּא אִם כֵּן לֹא נְשָׂאָהּ שֶׁנֶּאֱמַר (שמות כב טז) "וְאִם מָאֵן יְמָאֵן אָבִיהָ לְתִתָּהּ לוֹ כֶּסֶף יִשְׁקֹל". אֲבָל הָאוֹנֵס נוֹתֵן אַרְבָּעָה דְּבָרִים מִיָּד וְכוֹנֵס. לְפִיכָךְ כְּשֶׁתִּרְצֶה לְהִתְגָּרֵשׁ אוֹ תִּתְאַלְמֵן אֵין לָהּ כְּלוּם:

ח. בָּאוּ עָלֶיהָ שְׁנַיִם אֶחָד כְּדַרְכָּהּ וְאֶחָד שֶׁלֹּא כְּדַרְכָּהּ זֶה שֶׁבָּא עָלֶיהָ שֶׁלֹּא כְּדַרְכָּהּ אִם הוּא רִאשׁוֹן חַיָּב בְּבֹשֶׁת וּפְגָם וְאִם הוּא אַחֲרוֹן חַיָּב בְּבֹשֶׁת בִּלְבַד שֶׁכְּבָר נִפְגְּמָה. וְזֶה שֶׁבָּא עָלֶיהָ כְּדַרְכָּהּ בֵּין רִאשׁוֹן בֵּין אַחֲרוֹן חַיָּב בִּקְנָס וּבִשְׁאָר הַדְּבָרִים. אֲבָל אֵין בֹּשֶׁת וּפְגָם שֶׁל בַּת שֶׁלֹּא נִבְעֲלָה כְּלָל כְּבֹשֶׁת וּפְגָם זוֹ שֶׁנִּבְעֲלָה שֶׁלֹּא כְּדַרְכָּהּ:

ט. כְּבָר הוֹדַעְנוּ הַבָּנוֹת שֶׁאֵין לָהֶן קְנָס וְעֶשֶׂר הֵן. הַבּוֹגֶרֶת. וְהַמְמָאֶנֶת. וְהַמְגֹרֶשֶׁת. וְהָאַיְלוֹנִית. וְהַשּׁוֹטָה. וְהַחֵרֶשֶׁת. וְהַגִּיֹּרֶת. וְהַשְּׁבוּיָה. וְהַמְשֻׁחְרֶרֶת. וְהַיּוֹצֵא עָלֶיהָ שֵׁם רַע. וּשְׁאָר הַבָּנוֹת יֵשׁ לָהֶן קְנָס:

י. כָּל בַּת שֶׁיֵּשׁ לָהּ קְנָס יֵשׁ לָהּ בֹּשֶׁת וּפְגָם. וְאִם הָיְתָה אֲנוּסָה יֵשׁ לָהּ צַעַר. וְכָל בַּת שֶׁאֵין לָהּ קְנָס כָּךְ אֵין לָהּ לֹא

134 SEFER NASHIM

בֹּשֶׁת וְלֹא פְּגָם אִם נִתְפַּתְּתָה וְכֵן אִם נֶאֶנְסָה חוּץ מִבּוֹגֶרֶת וּמְמָאֶנֶת וְשׁוֹטָה וְחֵרֶשֶׁת:

יא. כֵּיצַד. הָאוֹנֵס אֶת הַבּוֹגֶרֶת וְאֶת הַמְמָאֶנֶת אַף עַל פִּי שֶׁאֵין לָהֶן קְנָס יֵשׁ לָהֶן בֹּשֶׁת וּפְגָם וְצַעַר. וְהָאוֹנֵס שׁוֹטָה אוֹ חֵרֶשֶׁת מְשַׁלֵּם צַעַר בִּלְבַד. אֲבָל הַמְפַתֶּה אֶת כֻּלָּן פָּטוּר מִכְּלוּם:

יב. אֵין אָדָם מְשַׁלֵּם קְנָס בְּכָל מָקוֹם בְּהוֹדָאַת פִּיו אֶלָּא עַל פִּי עֵדִים. לְפִיכָךְ הָאוֹמֵר אָנַסְתִּי אוֹ פִּתִּיתִי בִּתּוֹ שֶׁל פְּלוֹנִי אֵינוֹ מְשַׁלֵּם קְנָס אֲבָל מְשַׁלֵּם בֹּשֶׁת וּפְגָם בְּהוֹדָאַת פִּיו. וְכֵן בַּת שֶׁתָּבְעָה אִישׁ בַּדִּין וְאָמְרָה לוֹ אֲנַסְתָּ אוֹ פִּתִּיתָ אוֹתִי וְהוּא אוֹמֵר לֹא הָיוּ דְּבָרִים מֵעוֹלָם הֲרֵי זֶה נִשְׁבָּע שְׁבוּעַת הֶסֵּת שֶׁאִלּוּ הוֹדָה הָיָה מְשַׁלֵּם לָהּ בֹּשֶׁת וּפְגָם וְצַעַר עַל פִּי עַצְמוֹ:

יג. אָמְרָה לוֹ אֲנַסְתָּ אוֹתִי וְהוּא אוֹמֵר לֹא כִּי אֶלָּא פִּתִּיתִי הֲרֵי זֶה נִשְׁבָּע שְׁבוּעַת הַתּוֹרָה עַל דְּמֵי הַצַּעַר וּמְשַׁלֵּם בֹּשֶׁת וּפְגָם שֶׁהֲרֵי הוֹדָה בְּמִקְצָת הַטַּעֲנָה כְּמוֹ שֶׁיִּתְבָּאֵר בִּמְקוֹמוֹ:

יד. שְׁלֹשָׁה דְּבָרִים שֶׁל מְפַתֶּה וְאַרְבָּעָה שֶׁל אוֹנֵס הֲרֵי הֵן שֶׁל אָב שֶׁכָּל שֶׁבַח נְעוּרִים לוֹ. וְאִם אֵין לָהּ אָב הֲרֵי הֵן שֶׁל עַצְמָהּ:

טו. מְפֻתָּה אוֹ אֲנוּסָה שֶׁלֹּא תָּבְעָה עַד שֶׁבָּגְרָה אוֹ עַד שֶׁנִּשֵּׂאת אוֹ עַד שֶׁמֵּת הָאָב הָאַרְבָּעָה דְּבָרִים אוֹ הַשְּׁלֹשָׁה שֶׁלָּהּ. עָמְדָה בַּדִּין וְתָבְעָה אוֹתוֹ וְאַחַר כָּךְ בָּגְרָה אוֹ שֶׁנִּשֵּׂאת הֲרֵי הֵן שֶׁל אָב. וְאִם מֵת הָאָב אַחַר עֲמִידָתָהּ בַּדִּין הֲרֵי הֵן שֶׁל אַחִין שֶׁהֵן יוֹרְשֵׁי הָאָב. שֶׁמֵּעֵת שֶׁעָמְדָה בַּדִּין זָכָה בָּהֶן הָאָב:

טז. הַבַּת שֶׁנִּתְאָרְסָה וְנִתְגָּרְשָׁה קְנָסָהּ לְבַדּוֹ לְעַצְמָהּ. נֶאֶנְסָה אוֹ נִתְפַּתְּתָה וְאַחַר כָּךְ נִתְקַדְּשָׁה לְאַחֵר קְנָסָהּ וּשְׁאָר הַדְּבָרִים לְאָבִיהָ. שֶׁאֵין הָאֲרוּסִין מוֹצִיאִין מֵרְשׁוּת אָב:

יז. אֲנִי אוֹמֵר שֶׁזֶּה שֶׁנֶּאֱמַר בַּתּוֹרָה (ויקרא יט כט) "אַל תְּחַלֵּל אֶת בִּתְּךָ לְהַזְנוֹתָהּ". שֶׁלֹּא יֹאמַר הָאָב הוֹאִיל וְלֹא חִיְּבָה תּוֹרָה מְפַתֶּה וְאוֹנֵס אֶלָּא שֶׁיִּתֵּן מָמוֹן לָאָב הֲרֵינִי שׂוֹכֵר בִּתִּי הַבְּתוּלָה לָזֶה לָבוֹא עָלֶיהָ בְּכָל מָמוֹן שֶׁאֶרְצֶה אוֹ אָנִיחַ זֶה לָבוֹא עָלֶיהָ בְּחִנָּם שֶׁיֵּשׁ לוֹ לָאָדָם לִמְחֹל מָמוֹנוֹ לְכָל מִי שֶׁיִּרְצֶה לְכָךְ נֶאֱמַר אַל תְּחַלֵּל אֶת בִּתְּךָ. שֶׁזֶּה שֶׁחִיְּבָה תּוֹרָה לָאוֹנֵס וְלַמְפַתֶּה מָמוֹן וְלֹא מַלְקוֹת בְּשֶׁאֵרַע הַדָּבָר מִקְרֶה שֶׁלֹּא מִדַּעַת אָבִיהָ וְלֹא הֵכִינָה עַצְמָהּ לְכָךְ שֶׁדָּבָר זֶה אֵינוֹ הוֹוֶה תָּמִיד וְאֵינוֹ מָצוּי. אֲבָל אִם הֵנִיחַ בִּתּוֹ הַבְּתוּלָה מוּכֶנֶת לְכָל מִי שֶׁיָּבוֹא עָלֶיהָ גּוֹרֵם שֶׁתִּמָּלֵא הָאָרֶץ זִמָּה וְנִמְצָא הָאָב נוֹשֵׂא בִּתּוֹ וְהָאָח נוֹשֵׂא אֲחוֹתוֹ שֶׁאִם תִּתְעַבֵּר וְתֵלֵד לֹא יִוָּדַע בֶּן מִי הוּא. וְהַמֵּכִין בִּתּוֹ לְכָךְ הֲרֵי הִיא קְדֵשָׁה וְלוֹקֶה הַבּוֹעֵל וְהַנִּבְעֶלֶת מִשּׁוּם (דברים כג יח) "לֹא תִהְיֶה קְדֵשָׁה". וְאֵין קוֹנְסִין אוֹתוֹ שֶׁלֹּא חִיְּבָה תּוֹרָה קְנָס אֶלָּא לְאוֹנֵס וּמְפַתֶּה אֲבָל זוֹ שֶׁהֵכִינָה עַצְמָהּ לְכָךְ בֵּין מִדַּעְתָּהּ בֵּין מִדַּעַת אָבִיהָ הֲרֵי זוֹ קְדֵשָׁה. וְאִסּוּר קְדֵשָׁה אֶחָד הוּא בֵּין בִּבְתוּלָה בֵּין בִּבְעוּלָה לְפִיכָךְ אָמְרוּ חֲכָמִים שֶׁהַיּוֹצֵא עָלֶיהָ שֵׁם רַע בְּיַלְדוּתָהּ אֵין לָהּ קְנָס כְּמוֹ שֶׁבֵּאַרְנוּ שֶׁהֲרֵי זוֹ בְּחֶזְקַת שֶׁהִפְקִירָה עַצְמָהּ לְדָבָר זֶה בִּרְצוֹנָהּ:

Perek 3

Slanderous report issued by husband on wife.

This case only applies to a *naarah* i.e. girl between **12 -12½**. It must be verified or disproved that she had an affair after erusin/*kidushin* (and was therefore not a virgin) by 2 witnesses, and can only take place when Temple standing, in a court of **23 judges** (because the issue could involve capital punishment) [Rape or seduction are judged always in a court of **3 judges**].

Reminder:
Arayot (Forbidden Sexual Relations).
Ref: Sefer *Kedushah, Hilchot Issurei Biah*, Chapters 1 – 4

If report is false –

- She should remain married to the slanderer forever[4],
- He should never divorce her[5].

Husband is punished by *malkot* plus a fine of **100** ***selaim***. This is the only case in Torah where both *malkot* and fine issued.

The report could also be true and then the girl is executed by *skilah* (stoning).

This can similarly only occur if two witnesses testify.

As above, the break of virginity would have had to occur between betrothal (*erusin*) and marriage for liability to occur. If break of virginity occurs before *erusin/kidushin,* she is not held liable at all.

If further witnesses come and testify against the witnesses who said it was true, then the first witnesses are executed by stoning, the husband is flogged, and he pays a fine of **100** ***selaim.***

פרק ג׳

א. הַמּוֹצִיא שֵׁם רַע עַל בַּת יִשְׂרָאֵל וְנִמְצָא הַדָּבָר שֶׁקֶר לוֹקֶה שֶׁנֶּאֱמַר (דברים כב יח) "וְיִסְּרוּ אֹתוֹ". וְאַזְהָרָה שֶׁלּוֹ מִ(ויקרא יט טז) "לֹא תֵלֵךְ רָכִיל בְּעַמֶּיךָ". וְנוֹתֵן לַאֲבִיהָ מִשְׁקַל מֵאָה סְלָעִים כֶּסֶף מְזֻקָּק. וְאִם הָיְתָה יְתוֹמָה הֲרֵי הֵם שֶׁל עַצְמָהּ:

ב. וְהַמּוֹצִיא שֵׁם רַע עַל הַקְּטַנָּה אוֹ עַל הַבּוֹגֶרֶת פָּטוּר מִן הַקְּנָס וּמִן הַמַּלְקוֹת. וְאֵינוֹ חַיָּב עַד שֶׁיּוֹצִיא עַל הַנַּעֲרָה שֶׁנֶּאֱמַר (דברים כב טו) "וְהוֹצִיאוּ אֶת בְּתוּלֵי הַנַּעֲרָה" נַעֲרָה מָלֵא דִּבֵּר הַכָּתוּב:

ג. אֵין דָּנִין דִּין זֶה אֶלָּא בִּפְנֵי הַבַּיִת וּבֵית דִּין שֶׁל עֶשְׂרִים וּשְׁלֹשָׁה. מִפְּנֵי שֶׁיֵּשׁ בְּדִין מוֹצִיא שֵׁם רַע דִּינֵי נְפָשׁוֹת. שֶׁאִם נִמְצָא הַדָּבָר כְּמוֹ שֶׁנֶּאֱמַר הֲרֵי זוֹ נֶהֱרֶגֶת. אֲבָל הָאוֹנֵס וְהַמְפַתֶּה דָּנִין בָּהֶן בְּכָל זְמַן בִּשְׁלֹשָׁה כְּמוֹ שֶׁיִּתְבָּאֵר בְּהִלְכוֹת סַנְהֶדְרִין:

ד. וּמִצְוַת עֲשֵׂה שֶׁל תּוֹרָה שֶׁתֵּשֵׁב אֵשֶׁת מוֹצִיא שֵׁם רַע תַּחְתָּיו לְעוֹלָם שֶׁנֶּאֱמַר (דברים כב יט) "וְלוֹ תִהְיֶה לְאִשָּׁה" אֲפִלּוּ עִוֶּרֶת אוֹ מֻכַּת שְׁחִין. וְאִם גֵּרְשָׁהּ עָבַר עַל לֹא תַעֲשֶׂה שֶׁנֶּאֱמַר (דברים כב יט) "לֹא יוּכַל לְשַׁלְּחָהּ כָּל יָמָיו". וְכוֹפִין אוֹתוֹ וּמַחֲזִיר וְאֵינוֹ לוֹקֶה כְּמוֹ שֶׁבֵּאַרְנוּ בְּאוֹנֵס. וְאִם קָדַם אֶחָד וְקִדְּשָׁהּ אוֹ שֶׁמֵּתָה אוֹ שֶׁהָיָה כֹּהֵן שֶׁאָסוּר בִּגְרוּשָׁה הֲרֵי זֶה לוֹקֶה עַל גֵּרוּשֶׁיהָ:

ה. נִמְצָא בָּהּ דְּבַר זִמָּה. אוֹ שֶׁנִּמְצֵאת אֲסוּרָה עָלָיו מֵחַיָּבֵי לָאוִין אוֹ מֵחַיָּבֵי עֲשֵׂה וַאֲפִלּוּ שְׁנִיָּה הֲרֵי זֶה יְגָרְשֶׁנָּה בְּגֵט שֶׁנֶּאֱמַר (דברים כב יט) "וְלוֹ תִהְיֶה לְאִשָּׁה" אִשָּׁה הָרְאוּיָה לוֹ. וְלָמָּה לֹא יָבֹא עֲשֵׂה וְיִדְחֶה אֶת לֹא תַעֲשֶׂה בֵּין בְּמוֹצִיא שֵׁם רַע בֵּין בְּאוֹנֵס וְיִשָּׂא זוֹ הָאֲסוּרָה לוֹ. שֶׁהֲרֵי אֶפְשָׁר שֶׁלֹּא תִרְצֶה הִיא לֵישֵׁב וְנִמְצָא עֲשֵׂה וְלֹא תַעֲשֶׂה קַיָּמִין:

ו. כֵּיצַד הוֹצָאַת שֵׁם רַע. הוּא שֶׁיָּבוֹא לְבֵית דִּין וְיֹאמַר נַעֲרָה זוֹ בְּעַלְתִּי וְלֹא מָצָאתִי לָהּ בְּתוּלִים וּכְשֶׁבִּקַּשְׁתִּי עַל הַדָּבָר נוֹדַע לִי שֶׁזִּנְּתָה תַּחְתַּי אַחַר שֶׁאֵרַסְתִּיהָ וְאֵלּוּ הֵם עֵדַי שֶׁזִּנְּתָה בִּפְנֵיהֶם. וּבֵית דִּין שׁוֹמְעִין דִּבְרֵי הָעֵדִים וְחוֹקְרִין עֵדוּתָן. אִם נִמְצָא הַדָּבָר אֱמֶת נִסְקֶלֶת. וְאִם הֵבִיא הָאָב עֵדִים וְהוּזְמוּ הָעֵדִים שֶׁהֵבִיא הַבַּעַל וְנִמְצָא שֶׁהֵעִידוּ שֶׁקֶר יִסָּקְלוּ וְיִלְקֶה הוּא וְנוֹתֵן מֵאָה סְלָעִים. וְעַל זֶה נֶאֱמַר (דברים כב יז) "וְאֵלֶּה בְּתוּלֵי בִתִּי", אֵלּוּ הָעֵדִים שֶׁיָּזִימוּ עֵדֵי הַבַּעַל. חָזַר הַבַּעַל וְהֵבִיא עֵדִים אֲחֵרִים וְהֵזִימוּ עֵדֵי הָאָב הֲרֵי הַנַּעֲרָה וְעֵדֵי אָבִיהָ נִסְקָלִין. עַל זֶה נֶאֱמַר (דברים כב כ) "וְאִם אֱמֶת הָיָה הַדָּבָר הַזֶּה". מִפִּי הַשְּׁמוּעָה לָמְדוּ שֶׁפָּרָשָׁה זוֹ יֵשׁ בָּהּ עֵדִים וְזוֹמְמִין וְזוֹמְמֵי זוֹמְמִין:

ז. הוֹצִיא עָלֶיהָ שֵׁם רַע וְהִיא בּוֹגֶרֶת אַף עַל פִּי שֶׁהֵבִיא עֵדִים שֶׁזִּנְּתָה תַּחְתָּיו כְּשֶׁהָיְתָה נַעֲרָה הֲרֵי זֶה פָּטוּר מִן הַמַּלְקוֹת וּמִן הַקְּנָס. וְאִם נִמְצָא הַדָּבָר אֱמֶת הֲרֵי זוֹ תִּסָּקֵל אַף עַל פִּי שֶׁהִיא בּוֹגֶרֶת הוֹאִיל וּבְעֵת שֶׁזִּנְּתָה נַעֲרָה הָיְתָה:

ח. כָּל נַעֲרָה שֶׁאֵין לָהּ קְנָס אִם נֶאֶנְסָה אוֹ נִתְפַּתְּתָה כָּךְ הַמּוֹצִיא עָלֶיהָ שֵׁם רַע פָּטוּר מִן הַמַּלְקוֹת וּמִן הַתַּשְׁלוּמִין. וְכֵן הַכּוּתִית שֶׁנִּתְגַּיְּרָה וְהַשִּׁפְחָה שֶׁנִּשְׁתַּחְרְרָה פְּחוּתָה מִבַּת שָׁלֹשׁ שָׁנִים אֲפִלּוּ הָיְתָה הוֹרָתָהּ שֶׁלֹּא בִּקְדֻשָּׁה וְלֵדָתָהּ בִּקְדֻשָּׁה הַמּוֹצִיא עָלֶיהָ שֵׁם רַע פָּטוּר מִן הַקְּנָס וּמִן הַמַּלְקוֹת שֶׁנֶּאֱמַר (דברים כב יט) "כִּי הוֹצִיא שֵׁם רָע עַל בְּתוּלַת יִשְׂרָאֵל" עַד שֶׁתִּהְיֶה הוֹרָתָהּ וְלֵדָתָהּ בִּקְדֻשָּׁה:

ט. קִדֵּשׁ נַעֲרָה וְגֵרְשָׁהּ וְחָזַר וְקִדְּשָׁהּ וְהוֹצִיא עָלֶיהָ שֵׁם רַע וְהֵבִיא עֵדִים שֶׁזִּנְּתָה תַּחְתָּיו בַּקִּדּוּשִׁין הָרִאשׁוֹנִים וְנִמְצְאוּ זוֹמְמִים הֲרֵי זֶה פָּטוּר. וְכֵן אִם הָיְתָה יְבִמְתּוֹ שֶׁכְּנָסָהּ וְהוֹצִיא עָלֶיהָ שֵׁם רַע וְהֵבִיא עֵדִים שֶׁזִּנְּתָה תַּחַת קִדּוּשֵׁי אָחִיו וְנִמְצְאוּ זוֹמְמִים הֲרֵי זֶה פָּטוּר מִן הַמַּלְקוֹת וּמִן הַתַּשְׁלוּמִין. וְכָל הַפָּטוּר אִם רָצָה לְגָרֵשׁ יְגָרֵשׁ:

י. אֵינוֹ חַיָּב עַד שֶׁיִּבְעֹל אוֹתָהּ כְּדַרְכָּהּ וְיוֹצִיא שֵׁם רַע (עַל הַבְּעִילָה) כְּדַרְכָּהּ. בְּעָלָהּ שֶׁלֹּא כְּדַרְכָּהּ וְאָמַר לֹא מְצָאתִיהָ בְּתוּלָה פָּטוּר וּמַכִּין אוֹתוֹ מַכַּת מַרְדּוּת:

יא. וְכֵן אִם אָמַר לֹא מְצָאתִיהָ בְּתוּלָה וְלֹא אָמַר שֶׁזִּנְּתָה תַּחְתַּי אוֹ שֶׁאָמַר זִנְּתָה תַּחְתַּי וְלֹא הֵבִיא עֵדִים אֶלָּא בָּאוּ מֵאֲלֵיהֶם הֲרֵי זֶה פָּטוּר אַף עַל פִּי שֶׁהָעֵדִים נֶהֱרָגִים אִם הוּזַמּוּ:

יב. זֶה שֶׁנֶּאֱמַר בַּתּוֹרָה (דברים כב יז) "וּפָרְשׂוּ הַשִּׂמְלָה" לְשׁוֹן כָּבוֹד שֶׁנּוֹשְׂאִין וְנוֹתְנִין בְּסִתְרֵי הַדָּבָר. וְכֵן זֶה שֶׁיֹּאמַר הָאָב (דברים כב יז) "אֵלֶּה בְּתוּלֵי בִתִּי" הֵן זוֹמְמֵי עֵדֵי הַבַּעַל. וְזֶה שֶׁנֶּאֱמַר (דברים כב כ) "וְאִם אֱמֶת הָיָה הַדָּבָר" תֵּהָרֵג כְּשֶׁזִּנְּתָה אַחַר הָאֵרוּסִין בְּעֵדִים שֶׁנֶּאֱמַר (דברים כב כא) "לִזְנוֹת בֵּית אָבִיהָ". אֲבָל קֹדֶם הָאֵרוּסִין כְּבָר אָמְרָה תּוֹרָה בָּהּ שֶׁהִיא פְּטוּרָה מִכְּלוּם וּבוֹעֲלָהּ חַיָּב בְּתַשְׁלוּמֵי מָמוֹן בִּלְבַד בֵּין פִּתָּה בֵּין אָנַס:

הלכות סוטה
Hilchot Sotah

THE LAWS PERTAINING TO A SOTAH

They consist of *three mitzvot*:	יש בכללן ג׳ מצות
One positive commandment and two negative commandments.	א׳ מצות עשה וב׳ מצות לא תעשה.
They are:	וזהו פרטן:
1. To perform the ritual associated with the testing of sotah, a woman who aroused her husband's jealousy, as prescribed by the Torah	א. לעשות לסוטה כתורת הקנאות הסדורות בתורה
2. Not to place oil on her sacrifice	ב. שלא ליתן שמן על קרבנה
3. Not to place frankincense on her sacrifice	ג. שלא ליתן עליו לבונה.

Introduction

To perform the ritual associated with the testing of *sotah* (a woman who aroused her husband's jealousy) as prescribed by Torah[1]

These rules relate to jealousy (i.e. a jealous husband). Husband then tells wife in presence of **2** witnesses not to enter into privacy with a particular man (this could even be a father, brother, impotent man etc).

- If **2** witnesses then see her enter into privacy with the mentioned person (i.e. for a time span which is adequate to engage in relations), she becomes forbidden to her husband unless she is proved innocent. (In time of Temple the 'bitter waters' would test her innocence)

If there is no way to test her innocence, she is forbidden to her husband forever and cannot receive her *ketubah.*

- If seen by **1** witness *that the husband believes is telling the truth,* he must divorce her but must give her the *ketubah.*
- If warned woman was seen by **2** witnesses going into privacy and then **1** witness testifies that she did have relations, woman forbidden to husband forever, she cannot be tested by the bitter waters and does not receive her *ketubah.*

There are added leniencies to this witness i.e. it could be a woman or even one of the **5** women who hate each other etc, because the wife has already disobeyed the privacy warning. Therefore even **1** witness can now incriminate her and this witness has the strength of **2**. However, this witness may be annulled if other witnesses came and deny her statement.

Reminder:
Pack on Witnesses

פרק א׳

א. קִנּוּי הָאָמוּר בַּתּוֹרָה (במדבר ה יד) "וְקִנֵּא אֶת אִשְׁתּוֹ" הוּא שֶׁיֹּאמַר לָהּ בִּפְנֵי עֵדִים אַל תִּסָּתְרִי עִם אִישׁ פְּלוֹנִי. אֲפִלּוּ הָיָה אָבִיהָ אוֹ אָחִיהָ אוֹ עַכּוּ"ם אוֹ עֶבֶד אוֹ שָׁחוּף הוּא הָאִישׁ שֶׁאֵינוֹ מִתְקַשֶּׁה וְאֵינוֹ מוֹלִיד:

ב. הַסְּתִירָה הָאֲמוּרָה בַּתּוֹרָה (במדבר ה יג) "וְנִסְתְּרָה" הוּא שֶׁתִּסָּתֵר עִם אוֹתוֹ הָאִישׁ שֶׁאָמַר לָהּ אַל תִּסָּתְרִי עִמּוֹ בִּפְנֵי שְׁנֵי עֵדִים. אִם שָׁהֲתָה עִמּוֹ כְּדֵי טֻמְאָה שֶׁהוּא כְּדֵי לִצְלוֹת בֵּיצָה וּלְגָמְעָהּ הֲרֵי זוֹ אֲסוּרָה עַל בַּעְלָהּ עַד שֶׁתִּשְׁתֶּה מֵי הַמָּרִים וְיִבָּדֵק הַדָּבָר. וּבִזְמַן שֶׁאֵין שָׁם מֵי סוֹטָה תֵּאָסֵר עָלָיו לְעוֹלָם וְתֵצֵא בְּלֹא כְּתֻבָּה:

ג. קִנֵּא לָהּ עַל שְׁנַיִם כְּאֶחָד וְאָמַר לָהּ אַל תִּסָּתְרִי עִם פְּלוֹנִי וּפְלוֹנִי. וְנִסְתְּרָה עִם שְׁנֵיהֶן כְּאֶחָד וְשָׁהֲתָה כְּדֵי טֻמְאָה. אֲפִלּוּ הֵם שְׁנֵי אַחֶיהָ אוֹ אָבִיהָ וְאָחִיהָ הֲרֵי זוֹ אֲסוּרָה עַד שֶׁתִּשְׁתֶּה:

ד. אָמַר לָהּ בִּפְנֵי שְׁנַיִם אַל תְּדַבְּרִי עִם פְּלוֹנִי אֵין זֶה קִנּוּי. וְאַף עַל פִּי שֶׁנִּסְתְּרָה עִמּוֹ בְּעֵדִים וְשָׁהֲתָה כְּדֵי טֻמְאָה לֹא נֶאֶסְרָה עָלָיו וְאֵינָהּ שׁוֹתָה בְּקִנּוּי זֶה:

ה. וְכֵן אִם אָמַר לָהּ אַל תִּסָּתְרִי עִמּוֹ וְרָאוּהָ מְדַבֶּרֶת עִמּוֹ אֵין זוֹ סְתִירָה. וְלֹא נֶאֶסְרָה וְלֹא שׁוֹתָה. וְכֵן אִם לֹא קָדַם קִנּוּי וּבָאוּ שְׁנַיִם וְהֵעִידוּ שֶׁנִּסְתְּרָה עִם זֶה וְשָׁהֲתָה כְּדֵי טֻמְאָה לֹא נֶאֶסְרָה עַל בַּעְלָהּ וְאֵינָהּ שׁוֹתָה:

ו. אָמַר לָהּ לֹא תִּסָּתְרִי עִם אִישׁ פְּלוֹנִי וְהָיָה קָטָן פָּחוֹת מִבֶּן תֵּשַׁע שָׁנִים וְיוֹם אֶחָד. אוֹ שֶׁאָמַר לָהּ אַל תִּסָּתְרִי עִם בְּהֵמָה זוֹ אֵין זֶה קִנּוּי שֶׁנֶּאֱמַר (במדבר ה יג) "וְשָׁכַב אִישׁ אֹתָהּ" פְּרָט לְקָטָן וְלִבְהֵמָה שֶׁאֵין אוֹסְרִין אוֹתָהּ עָלָיו:

ז. בַּעַל שֶׁמָּחַל עַל קִנּוּיוֹ קֹדֶם שֶׁתִּסָּתֵר קִנּוּיוֹ מָחוּל וּכְאִלּוּ לֹא קִנֵּא לָהּ מֵעוֹלָם. אֲבָל אִם מָחַל אַחַר שֶׁתִּסָּתֵר אֵינוֹ יָכוֹל לִמְחֹל. גֵּרְשָׁהּ הֲרֵי זֶה כְּמִי שֶׁמָּחַל וְאִם הֶחֱזִירָהּ צָרִיךְ לְקַנְּאוֹת קִנּוּי אַחֵר:

ח. קִנֵּא לָהּ בִּפְנֵי שְׁנַיִם וְרָאָה אוֹתָהּ שֶׁנִּסְתְּרָה עִם זֶה שֶׁקִּנֵּא לָהּ עָלָיו וְשָׁהֲתָה כְּדֵי טֻמְאָה הֲרֵי זוֹ אֲסוּרָה עָלָיו וְיוֹצִיא וְיִתֵּן כְּתֻבָּה. שֶׁאֵינוֹ יָכוֹל לְהַשְׁקוֹתָהּ עַל פִּי עַצְמוֹ. וְכֵן אִם שָׁמַע הָעָם מְרַנְּנִין אַחֲרֶיהָ אַחַר הַקִּנּוּי וְהַסְּתִירָה עַד שֶׁשָּׁמַע מֵהַנָּשִׁים הַטּוֹוֹת לְאוֹר הַלְּבָנָה נוֹשְׂאוֹת וְנוֹתְנוֹת בָּהּ שֶׁזִּנְּתָה עִם הָאִישׁ שֶׁקִּנֵּא לָהּ עָלָיו הֲרֵי זֶה אָסוּר לְקַיְּמָהּ וְיוֹצִיא וְיִתֵּן כְּתֻבָּה:

ט. בָּא עֵד אֶחָד וְהֵעִיד לוֹ שֶׁנִּסְתְּרָה עִמּוֹ אַחַר קִנּוּי וְשָׁהֲתָה כְּדֵי טֻמְאָה. אִם הוּא נֶאֱמָן לוֹ וְדַעְתּוֹ סוֹמֶכֶת עָלָיו יוֹצִיא וְיִתֵּן כְּתֻבָּה. וְאִם לָאו הֲרֵי אִשְׁתּוֹ מֻתֶּרֶת לוֹ:

י. וְאֵלּוּ שֶׁבֵּית דִּין מְקַנִּין לָהֶן. מִי שֶׁנִּתְחָרֵשׁ בַּעְלָהּ אוֹ שֶׁנִּשְׁתַּטָּה אוֹ שֶׁהָיָה בִּמְדִינָה אַחֶרֶת אוֹ שֶׁהָיָה חָבוּשׁ בְּבֵית הָאֲסוּרִין. לֹא לְהַשְׁקוֹתָהּ אֶלָּא לְפָסְלָהּ מִכְּתֻבָּתָהּ:

יא. כֵּיצַד. שָׁמְעוּ בֵּית דִּין שֶׁהָעָם מְרַנְּנִין אַחֲרֶיהָ. קוֹרְאִין אוֹתָהּ וְאוֹמְרִין לָהּ אַל תִּסָּתְרִי עִם אִישׁ פְּלוֹנִי. בָּאוּ עֵדִים אַחַר כָּךְ שֶׁנִּסְתְּרָה עִמּוֹ וְשָׁהֲתָה כְּדֵי טֻמְאָה בֵּית דִּין אוֹסְרִין אוֹתָהּ עַל בַּעְלָהּ לְעוֹלָם וְקוֹרְעִין כְּתֻבָּתָהּ. וּכְשֶׁיָּבוֹא בַּעְלָהּ אוֹ יַבְרִיא אוֹ יֵצֵא מִבֵּית הָאֲסוּרִין נוֹתֵן לָהּ גֵּט. וְאֵינוֹ יָכוֹל לְהַשְׁקוֹתָהּ מִפְּנֵי שֶׁלֹּא קִנֵּא לָהּ הוּא:

יב. שָׁתַת מֵי הַמָּרִים וְנִקֵּית מֵהֶן וְחָזַר וְקִנֵּא לָהּ עִם הָאִישׁ שֶׁהִשְׁקָה עַל יָדוֹ וְנִסְתְּרָה עִמּוֹ אֵינוֹ יָכוֹל לְהַשְׁקוֹתָהּ עַל יָדוֹ פַּעַם שְׁנִיָּה אֶלָּא תֵּאָסֵר עָלָיו לְעוֹלָם וְתֵצֵא בְּלֹא כְּתֻבָּה. אֲבָל אִם קִנֵּא לָהּ עִם אַחֵר וְנִסְתְּרָה עִם הָאַחֵר בְּעֵדִים מַשְׁקִין אוֹתָהּ פַּעַם שְׁנִיָּה וַאֲפִלּוּ כַּמָּה פְּעָמִים. וְהוּא שֶׁיַּשְׁקֶה אוֹתָהּ בְּכָל פַּעַם בִּגְלַל אִישׁ אַחֵר:

יג. הִשְׁקָה אוֹתָהּ וְגֵרְשָׁהּ וְנִשֵּׂאת לְאַחֵר וְקִנֵּא לָהּ עִם הָאִישׁ שֶׁהִשְׁקָה אוֹתָהּ הַבַּעַל הָרִאשׁוֹן בִּגְלָלוֹ וְנִסְתְּרָה עִמּוֹ בְּעֵדִים. הֲרֵי הַבַּעַל הַשֵּׁנִי מַשְׁקֶה אוֹתָהּ עַל יָדוֹ מִפְּנֵי שֶׁהוּא בַּעַל שֵׁנִי. וַאֲפִלּוּ מֵאָה וְנִשֵּׂאת לְזֶה אַחַר זֶה מַשְׁקִין אוֹתָהּ עַל יְדֵי אִישׁ אֶחָד. וְאֵין אוֹמְרִין וַדַּאי שֶׁהֻחְזְקָה לָזֶה וּטְמֵאָה עַד שֶׁיִּהְיֶה שָׁם עֵד:

יד. הָאִשָּׁה שֶׁקִּנֵּא לָהּ בַּעְלָהּ וְנִסְתְּרָה אַחַר הַקִּנּוּי עִמּוֹ בְּעֵדִים וַהֲרֵי הִיא עוֹמֶדֶת לִשְׁתּוֹת וּבָא עֵד אֶחָד וְהֵעִיד עָלֶיהָ שֶׁנִּבְעֲלָה בְּפָנָיו עִם זֶה שֶׁקִּנֵּא לָהּ עִמּוֹ הֲרֵי זֶה אֲסוּרָה עַל בַּעְלָהּ לְעוֹלָם. וְאֵינָהּ שׁוֹתָה וְיוֹצֵאת בְּלֹא כְּתֻבָּה. וַאֲפִלּוּ הָיָה עֵד טֻמְאָה זֶה אֶחָד מֵעֵדֵי הַסְּתִירָה שֶׁנֶּאֱמַר (במדבר ה יג) "וְעֵד אֵין בָּהּ" וַהֲרֵי כָּאן עֵד:

טו. אֲפִלּוּ אִשָּׁה וְעֶבֶד וְשִׁפְחָה וּפָסוּל לְעֵדוּת בַּעֲבֵרָה מִדִּבְרֵי סוֹפְרִים וַאֲפִלּוּ קָרוֹב נֶאֱמָן לְעֵדוּת סוֹטָה לְהָעִיד עָלֶיהָ שֶׁזִּנְּתָה וְתֵאָסֵר עַל בַּעְלָהּ לְעוֹלָם. וְאֵינָהּ שׁוֹתָה וְתֵצֵא בְּלֹא כְּתֻבָּה. הוֹאִיל וְקָדַם הַקִּנּוּי וְהַסְּתִירָה בְּעֵדִים כְּשֵׁרִים וְהַתּוֹרָה הֶאֱמִינָה עֵד אֶחָד בְּטֻמְאָה הֲרֵי כֻּלָּן כְּשֵׁרִין לְעֵדוּת טֻמְאָה. אַף חָמֵשׁ נָשִׁים שֶׁשּׂוֹנְאוֹת זוֹ אֶת זוֹ מְעִידוֹת זוֹ עַל זוֹ לוֹמַר שֶׁנִּטְמֵאת. וְנֶאֱמֶנֶת עָלֶיהָ לְאָסְרָהּ עַל בַּעְלָהּ וְשֶׁלֹּא לְהַשְׁקוֹתָהּ. אֲבָל לֹא לְהַפְסִידָהּ מִכְּתֻבָּתָהּ. אֶלָּא נוֹטֶלֶת כְּתֻבָּתָהּ וְיוֹצְאָה:

טז. בָּא עֵד אֶחָד כָּשֵׁר וְאָמַר נִטְמֵאת הֲרֵי זוֹ אֵינָהּ שׁוֹתָה כְּמוֹ שֶׁבֵּאַרְנוּ. בָּא עֵד אֶחָד וְהִכְחִישׁוֹ וְאָמַר לֹא נִטְמֵאת אֵין

שׁוֹמְעִין לוֹ. שֶׁעֵד אֶחָד בְּטֻמְאַת סוֹטָה כִּשְׁנַיִם. וְאֵין דְּבָרָיו שֶׁל אַחֲרוֹן דּוֹחִין דִּבְרֵי הָרִאשׁוֹן שֶׁהוּא כִּשְׁנַיִם:

יז. בָּאוּ שְׁנֵיהֶן כְּאֶחָד זֶה אוֹמֵר נִטְמֵאת וְזֶה אוֹמֵר לֹא נִטְמֵאת. אוֹ שֶׁאָמַר אֶחָד נִטְמֵאת וּבָאוּ שְׁנַיִם אֲחֵרִים וְאָמְרוּ לֹא נִטְמֵאת הֲרֵי זוֹ שׁוֹתָה:

יח. בָּא עֵד אֶחָד כָּשֵׁר וְנָשִׁים רַבּוֹת אוֹ פְּסוּלִין רַבִּים כְּאֶחָד. הָעֵד אוֹמֵר נִטְמֵאת וְהַנָּשִׁים אוֹ הַפְּסוּלִין אוֹמְרִים לֹא נִטְמֵאת הֲרֵי זוֹ שׁוֹתָה. שֶׁעֵד אֶחָד וּפְסוּלִין רַבִּים כְּמֶחֱצָה עַל מֶחֱצָה הֵם:

יט. הָיוּ כֻּלָּן פְּסוּלִין הַלֵּךְ אַחַר הָרֹב. כֵּיצַד. שְׁתֵּי נָשִׁים אוֹמְרוֹת נִטְמֵאת וְשָׁלֹשׁ אוֹמְרוֹת לֹא נִטְמֵאת הֲרֵי זוֹ שׁוֹתָה. שָׁלֹשׁ אוֹמְרוֹת לֹא נִטְמֵאת וְאַרְבַּע אוֹמְרוֹת נִטְמֵאת הֲרֵי זוֹ אֵינָהּ שׁוֹתָה. הָיוּ מֶחֱצָה עַל מֶחֱצָה הֲרֵי זוֹ שׁוֹתָה:

כ. כָּל סוֹטָה שֶׁאָמַרְנוּ שֶׁאֵינָהּ שׁוֹתָה מִפְּנֵי עֵדֵי טֻמְאָה הֲרֵי זוֹ אֲסוּרָה עַל בַּעְלָהּ לְעוֹלָם וְתֵצֵא בְּלֹא כְּתֻבָּה שֶׁהֲרֵי נֶאֶסְרָה בְּקִנּוּי וּסְתִירָה. וְהַשְׁתִּיָּה שֶׁתַּתִּירָהּ נִמְנְעָה שֶׁהֲרֵי יֵשׁ בָּהּ עֵד כְּמוֹ שֶׁבֵּאַרְנוּ:

Perek 2

Drinking the Bitter Waters

- Even though a woman enters into privacy with the prohibited man she can opt not to drink the bitter waters. She is then divorced and loses her *ketubah.*
- If she says she did not commit adultery and does not want to be tested, she is divorced and loses her *ketubah.*
- If husband does not want her to drink, she must be divorced but *she receives* her *ketubah* payment. (He prevented test and therefore he suffers financial loss)

15 women who are not fit to drink the bitter water.

There are other circumstances whereby wife may not be able to be tested with the bitter waters.

It is not only dependent on the actions of the women. If the husband has been sinful, the waters will not test the woman.

Where wife becomes forbidden to her husband, she also becomes forbidden to the man she was warned about – *Mipi Hashmuah.*

פרק ב׳

א. אִשָּׁה שֶׁקִּנֵּא לָהּ וְנִסְתְּרָה אֵין כּוֹפִין אוֹתָהּ לִשְׁתּוֹת. אֶלָּא אִם רָצְתָה וְאָמְרָה הֵן נִטְמֵאתִי תֵּצֵא בְּלֹא כְּתֻבָּה וְנֶאֶסְרָה עַל בַּעְלָהּ לְעוֹלָם וְאֵינָהּ שׁוֹתָה. וְכֵן אִם אָמְרָה אֵינִי טְמֵאָה וְאֵינִי שׁוֹתָה אֵין כּוֹפִין אוֹתָהּ לִשְׁתּוֹת וְתֵצֵא בְּלֹא כְּתֻבָּה. וְכֵן אִם אָמַר בַּעְלָהּ אֵינִי רוֹצֶה לְהַשְׁקוֹתָהּ אוֹ שֶׁבְּעָלָהּ בַּעְלָהּ אַחַר שֶׁנִּסְתְּרָה הֲרֵי זוֹ אֵינָהּ שׁוֹתָה וְנוֹטֶלֶת כְּתֻבָּתָהּ וְיוֹצְאָה וְהִיא אֲסוּרָה [עָלָיו] לְעוֹלָם:

ב. וְאֵלּוּ הֵן הַנָּשִׁים שֶׁאֵינָן רְאוּיוֹת לִשְׁתּוֹת אַף עַל פִּי שֶׁהֵן רוֹצוֹת לִשְׁתּוֹת וּבַעְלֵיהֶן רוֹצִים לְהַשְׁקוֹתָן אֶלָּא יוֹצְאוֹת בְּלֹא כְּתֻבָּה מִשֶּׁיָּבוֹאוּ עֵדֵי סְתִירָה אַחַר עֵדֵי קִנּוּי וְיֵאָסְרוּ עַל בַּעְלֵיהֶן לְעוֹלָם. וַחֲמֵשׁ עֶשְׂרֵה נָשִׁים הֵן. וְאֵלּוּ הֵן. אֲרוּסָה. וְשׁוֹמֶרֶת יָבָם. וּקְטַנָּה אֵשֶׁת הַגָּדוֹל. וּגְדוֹלָה אֵשֶׁת הַקָּטָן. וְאֵשֶׁת אַנְדְּרוֹגִינוֹס. וְאֵשֶׁת הַסּוּמָא. וְאֵשֶׁת הַחִגֵּר אוֹ הָאִלֵּם. אוֹ מִי שֶׁאֵינוֹ שׁוֹמֵעַ. אוֹ שֶׁהוּא כְּרוּת יָד. וְכֵן הַחִגֶּרֶת. וְהָאִלֶּמֶת. וְהַסּוּמָא. וּכְרוּתַת יָד. וְשֶׁאֵינָהּ שׁוֹמַעַת. כָּל אַחַת מֵאֵלּוּ אֵינָהּ רְאוּיָה לִשְׁתּוֹת:

ג. וּמִנַּיִן שֶׁאֵינָהּ רְאוּיָה לִשְׁתּוֹת שֶׁנֶּאֱמַר (במדבר ה כט) "אֲשֶׁר תִּשְׂטֶה אִשָּׁה תַּחַת אִישָׁהּ". תַּחַת פְּרָט לַאֲרוּסָה וְשׁוֹמֶרֶת יָבָם שֶׁאֵינָהּ תַּחַת אִישָׁהּ. אִשָּׁה פְּרָט לִקְטַנָּה. תַּחַת אִישָׁהּ פְּרָט לְאֵשֶׁת קָטָן וְאֵשֶׁת אַנְדְּרוֹגִינוֹס שֶׁאֵינוֹ אִישׁ. (במדבר ה יג) "וְנֶעְלַם מֵעֵינֵי אִישָׁהּ" פְּרָט לְאֵשֶׁת סוּמָא. (במדבר ה יח) "וְהֶעֱמִיד הַכֹּהֵן אֶת הָאִשָּׁה" פְּרָט לְחִגֶּרֶת. (במדבר ה יח) "וְנָתַן עַל כַּפֶּיהָ" פְּרָט לְמִי שֶׁאֵין לָהּ כַּף אוֹ שֶׁהָיְתָה עֲקֻמָּה אוֹ יְבֵשָׁה שֶׁאֵינָהּ יְכוֹלָה לִקַּח

בָּהּ. וַאֲפִלּוּ כַּפָּהּ אַחַת שֶׁנֶּאֱמַר כַּפֶּיהָ. וְאָמְרָה הָאִשָּׁה פְּרָט לְאִלֶּמֶת. (במדבר ה יט) "וְאָמַר אֶל הָאִשָּׁה" פְּרָט לְמִי שֶׁאֵינָהּ שׁוֹמַעַת. וַהֲרֵי הוּא אוֹמֵר אֲשֶׁר תִּשְׂטֶה אִשָּׁה תַּחַת אִישָׁהּ עַד שֶׁתִּהְיֶה שְׁלֵמָה כָּמוֹהוּ וְהוּא שָׁלֵם כְּמוֹתָהּ. הָא לָמַדְתָּ שֶׁכָּל דָּבָר שֶׁמְּעַכֵּב אוֹתָהּ מִלִּשְׁתּוֹת מְעַכֵּב אֶת בַּעְלָהּ מִלְּהַשְׁקוֹתָהּ. וְכָל הַמְעַכֵּב אֶת הַבַּעַל מִלְּהַשְׁקוֹתָהּ מוּם כָּמוֹהוּ מְעַכֵּב אוֹתָהּ מִלִּשְׁתּוֹת:

ד. קְטַנָּה שֶׁהִשִּׂיאָהּ אָבִיהָ אִם זִנְּתָה בִּרְצוֹנָהּ נֶאֶסְרָה עַל בַּעְלָהּ. לְפִיכָךְ מְקַנִּין לָהּ לֹא לְהַשְׁקוֹתָהּ אֶלָּא לְפָסְלָהּ מִכְּתֻבָּתָהּ כְּמוֹ שֶׁאָמַרְנוּ. אֲבָל קְטַנָּה בַּת מֵאוּן אֵין מְקַנִּין לָהּ שֶׁאֵין לָהּ רָצוֹן לְהֵאָסֵר עַל בַּעְלָהּ. וַאֲפִלּוּ הָיָה כֹּהֵן לֹא נֶאֶסְרָה עָלָיו:

ה. קִנֵּא לַאֲרוּסָתוֹ אוֹ לִיבִמְתּוֹ וְנִסְתְּרָה אַחַר שֶׁנִּשְּׂאָהּ הֲרֵי זוֹ שׁוֹתָה כִּשְׁאָר כָּל הַנָּשִׁים. נְשׂוּאָה שֶׁקִּנֵּא לָהּ וְנִסְתְּרָה קֹדֶם שֶׁיִּבְעֹל אוֹתָהּ בַּעְלָהּ אֵינָהּ שׁוֹתָה וְיוֹצְאָה בְּלֹא כְּתֻבָּה וַאֲסוּרָה עָלָיו לְעוֹלָם שֶׁנֶּאֱמַר (במדבר ה כ) "וַיִּתֵּן אִישׁ בָּךְ אֶת שְׁכָבְתּוֹ מִבַּלְעֲדֵי אִישֵׁךְ" שֶׁקָּדְמָה שְׁכִיבַת בַּעַל לִשְׁכִיבַת בּוֹעֵל:

ו. הַגִּיֹּרֶת וְהַמְשֻׁחְרֶרֶת וְאֵשֶׁת הַגֵּר וְאֵשֶׁת עֶבֶד מְשֻׁחְרָר וּמַמְזֶרֶת וְאֵשֶׁת מַמְזֵר וְאֵשֶׁת סְרִיס חַמָּה אוֹ סְרִיס אָדָם הַמֻּתָּרוֹת לְבַעְלֵיהֶן הֲרֵי הֵן כְּכָל הַנָּשִׁים וְשׁוֹתוֹת:

ז. מְעֻבֶּרֶת וּמֵינִיקָה מְקַנֵּא לָהּ וּמַשְׁקֶה אוֹתָהּ כְּמוֹת שֶׁהִיא. אִשָּׁה הָעוֹמֶדֶת לִשְׁתּוֹת וּמֵת בַּעְלָהּ קֹדֶם שֶׁתִּשְׁתֶּה אֵינָהּ שׁוֹתָה וְלֹא נוֹטֶלֶת כְּתֻבָּתָהּ:

ח. כָּל אִישׁ שֶׁבָּא בִּיאָה אֲסוּרָה מִיָּמָיו אַחַר שֶׁהִגְדִּיל אֵין הַמַּיִם הַמְאָרְרִים בּוֹדְקִין אֶת אִשְׁתּוֹ. וַאֲפִלּוּ בָּא עַל אֲרוּסָתוֹ בְּבֵית חָמִיו שֶׁאָסוּר מִדִּבְרֵי סוֹפְרִים אֵין הַמַּיִם בּוֹדְקִין אֶת אִשְׁתּוֹ שֶׁנֶּאֱמַר (במדבר ה לא) "וְנִקָּה הָאִישׁ מֵעָוֹן וְהָאִשָּׁה הַהִיא תִּשָּׂא אֶת עֲוֹנָהּ". בִּזְמַן שֶׁהָאִישׁ מְנֻקֶּה מֵעָוֹן אִשָּׁה נוֹשְׂאָה אֶת עֲוֹנָהּ:

ט. לְפִיכָךְ אִם הָיְתָה אִשְׁתּוֹ אֲסוּרָה עָלָיו מֵחַיָּבֵי לָאוִין אוֹ מֵחַיָּבֵי עֲשֵׂה אֲפִלּוּ שְׁנִיָּה וְקִנֵּא לָהּ וְנִסְתְּרָה אֵינָהּ שׁוֹתָה אֶלָּא תֵּצֵא בְּלֹא כְּתֻבָּה וְתִהְיֶה אֲסוּרָה עָלָיו אַף מִשּׁוּם זֶה. עָבַר וְנָשָׂא מְעֻבֶּרֶת חֲבֵרוֹ וּמֵינֶקֶת חֲבֵרוֹ הֲרֵי זוֹ שׁוֹתָה שֶׁאֵין כָּאן עֲבֵרָה:

י. מִי שֶׁאֵין לוֹ אִשָּׁה הָרְאוּיָה לֵילֵד וְלֹא בָּנִים וְנָשָׂא עֲקָרָה אוֹ זְקֵנָה אוֹ אַיְלוֹנִית אֵינָהּ שׁוֹתָה וְלֹא נוֹטֶלֶת כְּתֻבָּה. הָיוּ לוֹ בָּנִים אוֹ אִשָּׁה אַחֶרֶת רְאוּיָה לֵילֵד הֲרֵי זֶה מַשְׁקֶה אוֹתָהּ אַף עַל פִּי שֶׁהִיא זְקֵנָה אוֹ עֲקָרָה אוֹ אַיְלוֹנִית וְאֵינָהּ רְאוּיָה לֵילֵד שֶׁלֹּא נֶאֱמַר בַּתּוֹרָה (במדבר ה כח) "וְנִזְרְעָה זָרַע" אֶלָּא בִּרְאוּיָה לֵילֵד שֶׁאִם הָיְתָה יוֹלֶדֶת בְּצַעַר תֵּלֵד בְּרֶוַח. הָיָה דַּרְכָּהּ לֵילֵד נְקֵבוֹת תֵּלֵד זְכָרִים:

יא. הָיוּ לוֹ אִשָּׁה וּבָנִים וּמֵתוּ בֵּין קִנּוּי לִסְתִירָה כְּבָר נִרְאֵית לִשְׁתּוֹת וּמַשְׁקֶה אוֹתָהּ. לֹא הָיוּ לוֹ בָּנִים וְלֹא אִשָּׁה הָרְאוּיָה לֵילֵד אֶלָּא זוֹ הָאַיְלוֹנִית וְכַיּוֹצֵא בָּהּ וְנוֹלַד לוֹ בֵּן מִגְּרוּשָׁתוֹ בֵּין קִנּוּי לִסְתִירָה כְּבָר נִדְחֵית הָאַיְלוֹנִית מִלִּשְׁתּוֹת:

יב. כָּל אִשָּׁה שֶׁהָיָה לָהּ קִנּוּי וּסְתִירָה וְלֹא שָׁתְתָה מֵי הַמָּרִים בֵּין שֶׁלֹּא רָצָה בַּעְלָהּ לְהַשְׁקוֹתָהּ בֵּין שֶׁלֹּא רָצְתָה הִיא וּבֵין שֶׁבָּא לָהּ עֵד טֻמְאָה אוֹ הוֹדִית אוֹ הָיְתָה מֵאֵלּוּ הַנָּשִׁים שֶׁאֵינָן רְאוּיוֹת לִשְׁתּוֹת אוֹ שֶׁקִּנְּאוּ לָהּ בֵּית דִּין. הוֹאִיל וְנֶאֶסְרָה עַל בַּעְלָהּ מִכָּל מָקוֹם הֲרֵי הִיא אֲסוּרָה עַל זֶה שֶׁנִּתְיַחֲדָה עִמּוֹ לְעוֹלָם כְּדֶרֶךְ שֶׁהִיא אֲסוּרָה עַל בַּעְלָהּ. וְאִם עָבַר וּנְשָׂאָהּ מוֹצִיאִין אוֹתָהּ מִתַּחְתָּיו בְּגֵט אֲפִלּוּ הָיוּ לָהּ כַּמָּה בָּנִים מִמֶּנּוּ. מִפִּי הַשְּׁמוּעָה לָמְדוּ כְּשֵׁם שֶׁאֲסוּרָה לְבַעַל כָּךְ אֲסוּרָה לְבוֹעֵל:

יג. אֲבָל אִם לֹא קָדַם קִנּוּי וּבָאוּ עָלֶיהָ עֵדִים שֶׁנִּסְתְּרָה עִם אִישׁ זֶה וּבָאוּ וּמָצְאוּ דָּבָר מְכֹעָר כְּגוֹן שֶׁנִּכְנְסוּ אַחֲרָיו וּמְצָאוּהָ חוֹגֶרֶת חֲגוֹרָה. אוֹ מָצְאוּ רֹק לְמַעְלָה מִן הַכִּילָה וְכַיּוֹצֵא בָּזֶה. אִם הוֹצִיאָהּ בַּעְלָהּ בְּדָבָר מְכֹעָר כָּזֶה הֲרֵי זוֹ לֹא תִנָּשֵׂא לַנִּטְעָן אֶלָּא אֲסוּרָה עָלָיו. וְאִם עָבַר וּנְשָׂאָהּ וְהָיוּ לָהּ בָּנִים מִמֶּנּוּ לֹא תֵצֵא. וְאִם לֹא הָיוּ לָהּ בָּנִים מִמֶּנּוּ תֵּצֵא:

יד. בַּמֶּה דְּבָרִים אֲמוּרִים בְּשֶׁרִנְּנוּ הָעִיר עָלֶיהָ וְעַל הַנִּטְעָן יוֹם וּמֶחֱצָה אוֹ יוֹתֵר. וְאָמְרוּ פְּלוֹנִי זִנָּה עִם פְּלוֹנִית וְלֹא פָּסַק הַקּוֹל. וְהוּא שֶׁלֹּא הָיוּ לָהּ אוֹ לוֹ אוֹיְבִים שֶׁמַּעֲבִירִין אֶת הַקּוֹל. אֲבָל אִם לֹא הָיְתָה שָׁם רִנָּה לְדָבָר זֶה בָּעִיר אוֹ שֶׁפָּסַק הַקּוֹל שֶׁלֹּא מֵחֲמַת יִרְאָה. אִם נִשֵּׂאת לַנִּטְעָן לֹא תֵצֵא אַף עַל פִּי שֶׁאֵין לָהּ בָּנִים. אֲפִלּוּ בָּא עֵד אֶחָד שֶׁזִּנְּתָה עִמּוֹ לֹא תֵצֵא:

טו. מִי שֶׁהוֹצִיאָהּ בַּעְלָהּ בְּעֵדֵי דָּבָר מְכֹעָר וְנִשֵּׂאת לְאַחֵר וְגֵרְשָׁהּ הֲרֵי זוֹ אֲסוּרָה לְהִנָּשֵׂא לַנִּטְעָן שֶׁיָּצָאתָה מִתַּחַת בַּעְלָהּ בִּגְלָלוֹ. וְאִם נִשֵּׂאת לֹא תֵצֵא אַף עַל פִּי שֶׁאֵין לָהּ בָּנִים:

טז. כָּל אִשָּׁה שֶׁבָּאוּ שְׁנֵי עֵדִים וְהֵעִידוּ שֶׁזִּנְּתָה עִם זֶה כְּשֶׁהָיְתָה תַּחַת בַּעְלָהּ הָרִאשׁוֹן הֲרֵי זוֹ תֵּצֵא מִזֶּה. וְאַף עַל פִּי שֶׁיֵּשׁ לָהּ מִמֶּנּוּ כַּמָּה בָּנִים. וְכָל מָקוֹם שֶׁאָמַרְנוּ תֵּצֵא תֵּצֵא בְּלֹא כְּתֻבָּה:

Perek 3

Process of drinking bitter waters

The Priest should not place oil on the *korban* (offering)[2]

The Priest should not place frankincense on the *korban*[3].

If woman is guilty she will die.

If not, she becomes stronger than before.

If she dies the adulterer will die at the same time and in the same way.

However, if her husband ever engaged in forbidden relations, the bitter waters will not check his wife.

Full procedure in the Temple, described starting from her presence in *Bet Din* her humiliation, procedure at Eastern Gate of Temple Courtyard (Gate of Nicanor), up until final effects of the bitter waters.

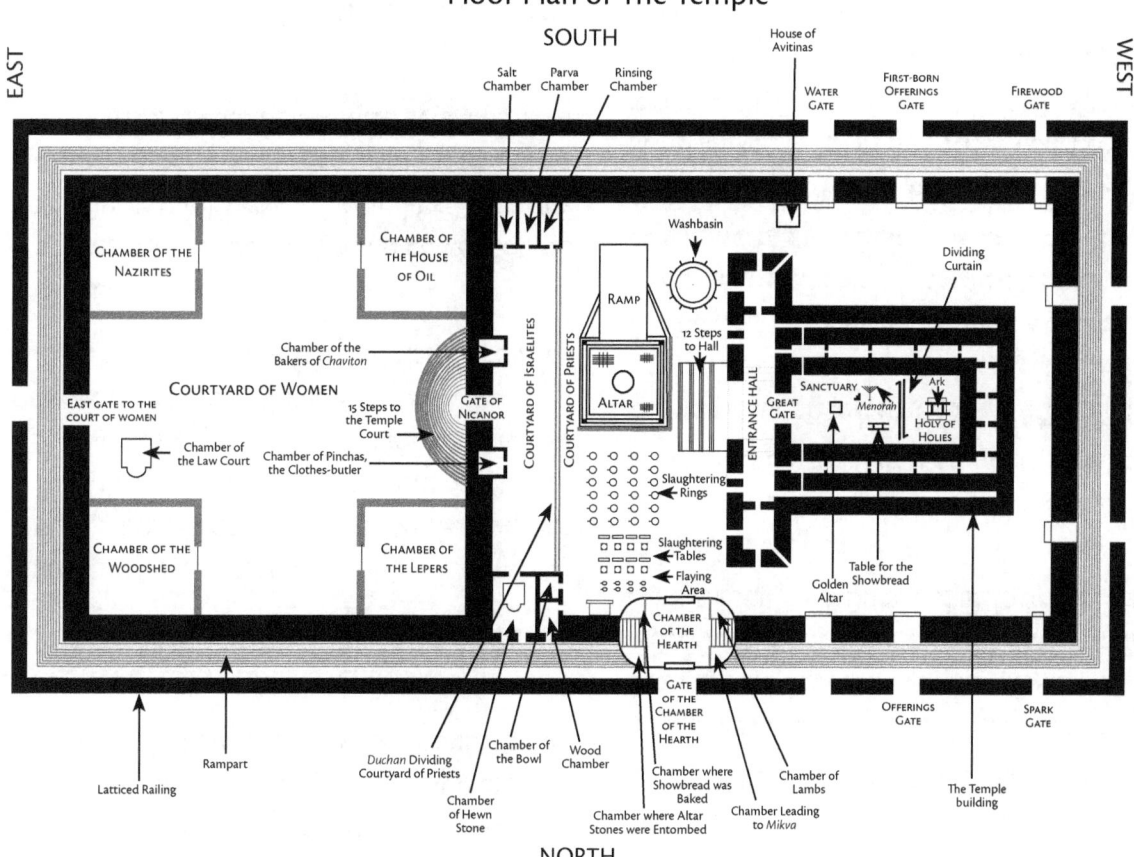

Floor Plan of The Temple

פרק ג׳

א. כֵּיצַד סֵדֶר הַשְׁקָאַת סוֹטָה. הַבַּעַל בָּא לְבֵית דִּין שֶׁבְּעִירוֹ וְאוֹמֵר לָהֶן אִשְׁתִּי זוֹ קִנֵּאתִי לָהּ עִם פְּלוֹנִי וְנִסְתְּרָה עִמּוֹ וְאֵלּוּ הֵן עֵדַי וַהֲרֵי הִיא אוֹמֶרֶת שֶׁהִיא טְהוֹרָה וַאֲנִי רוֹצֶה לְהַשְׁקוֹתָהּ לִבְדֹּק הַדָּבָר. וּבֵית דִּין שׁוֹמְעִין דִּבְרֵי הָעֵדִים. וּמוֹסְרִין לוֹ שְׁנֵי תַּלְמִידֵי חֲכָמִים לְשָׁמְרוֹ שֶׁמָּא יָבֹא עָלֶיהָ קֹדֶם שְׁתִיָּה. שֶׁהֲרֵי נֶאֶסְרָה עָלָיו עַד שֶׁתִּשְׁתֶּה. וּמְשַׁלְּחִין אוֹתוֹ לִירוּשָׁלַיִם שֶׁאֵין מַשְׁקִין אֶת הַסּוֹטָה אֶלָּא בְּבֵית דִּין הַגָּדוֹל שֶׁל שִׁבְעִים זְקֵנִים בַּמִּקְדָּשׁ:

ב. הִגִּיעוּ לִירוּשָׁלַיִם בֵּית דִּין הַגָּדוֹל מוֹשִׁיבִין אוֹתָהּ בֵּינֵיהֶן וּמְאַיְּמִין עָלֶיהָ שֶׁלֹּא בִּפְנֵי בַּעְלָהּ וּמַפְחִידִין אוֹתָהּ פַּחַד גָּדוֹל שֶׁלֹּא תִּשְׁתֶּה. וְאוֹמְרִים לָהּ בִּתִּי הַרְבֵּה הַיַּיִן עוֹשֶׂה. הַרְבֵּה שְׂחוֹק עוֹשֶׂה. הַרְבֵּה יַלְדוּת עוֹשָׂה. הַרְבֵּה שְׁכֵנִים רָעִים עוֹשִׂים. אַל תִּגְרְמִי לַשֵּׁם הַגָּדוֹל שֶׁנִּכְתַּב בִּקְדֻשָּׁה שֶׁיִּמָּחֶה עַל הַמַּיִם. וְאוֹמְרִין לָהּ בִּתִּי הַרְבֵּה קְדָמוּךְ וְנִשְׁטְפוּ וַאֲנָשִׁים גְּדוֹלִים וִיקָרִים תָּקַף יִצְרָן עֲלֵיהֶן וְנִכְשְׁלוּ. וּמַגִּידִין לָהּ מַעֲשֵׂה יְהוּדָה וְתָמָר כַּלָּתוֹ. וּמַעֲשֵׂה רְאוּבֵן בְּפִילֶגֶשׁ אָבִיו עַל פְּשָׁטוֹ. וּמַעֲשֵׂה אַמְנוֹן וַאֲחוֹתוֹ. כְּדֵי לְהָקֵל עָלֶיהָ עַד שֶׁתּוֹדֶה. וְאִם אָמְרָה הֵן נִטְמֵאתִי אוֹ אֵינִי שׁוֹתָה יוֹצְאָה בְּלֹא כְּתֻבָּה וְהוֹלֶכֶת לָהּ:

ג. עָמְדָה בְּדִבּוּרָהּ שֶׁהִיא טְהוֹרָה. מְבִיאִין אוֹתָהּ לְשַׁעַר מִזְרָחִי שֶׁל עֲזָרָה שֶׁהוּא כְּנֶגֶד קֹדֶשׁ הַקֳּדָשִׁים. וּמַעֲלִין אוֹתָהּ מִמָּקוֹם לְמָקוֹם וּמַקִּיפִין בָּהּ כְּדֵי לְיַגְּעָהּ עַד שֶׁתִּקְצַר נַפְשָׁהּ אוּלַי תּוֹדֶה:

ד. אִם עָמְדָה בְּדִבּוּרָהּ מְבִיאִין אוֹתָהּ כְּנֶגֶד שַׁעַר הַמִּזְרָח מִבַּחוּץ וּמַעֲמִידִין אוֹתָהּ שָׁם. הָיְתָה מִתְכַּסָּה בִּלְבָנִים מִתְכַּסָּה בִּשְׁחוֹרִין. וְאִם הָיוּ הַשְּׁחוֹרִין נָאִין לָהּ מִתְכַּסָּה בִּבְגָדִים שֶׁאֵין לָהּ בָּהֶן נוֹי. וּמְסִירִין כָּל כְּלֵי כֶּסֶף וְזָהָב שֶׁעָלֶיהָ:

ה. וּמְקַבְּצִין עָלֶיהָ קִבּוּץ גָּדוֹל שֶׁל נָשִׁים שֶׁכָּל הַנָּשִׁים הַנִּמְצָאוֹת שָׁם חַיָּבוֹת לִרְאוֹתָהּ שֶׁנֶּאֱמַר (יחזקאל כג מח) "וְנִוַּסְּרוּ כָּל הַנָּשִׁים וְלֹא תַעֲשֶׂנָה כְּזִמַּתְכֶנָה". וְכָל אִישׁ שֶׁיַּחְפֹּץ לָבֹא לִרְאוֹתָהּ יָבֹא וְיִרְאֶה. וְהִיא עוֹמֶדֶת בֵּינֵיהֶן בְּלֹא רְדִיד וּבְלֹא מִטְפַּחַת אֶלָּא בִּבְגָדֶיהָ וְכִפָּה שֶׁעַל רֹאשָׁהּ כְּמוֹ שֶׁהָאִשָּׁה בְּתוֹךְ בֵּיתָהּ:

ו. וְאֵין מַנִּיחִין שָׁם לֹא עֲבָדֶיהָ וְלֹא שִׁפְחוֹתֶיהָ מִפְּנֵי שֶׁהִיא מַכֶּרֶת אוֹתָן וְדַעְתָּהּ מִתְיַשֶּׁבֶת בָּהֶן:

ז. וְאַחַר כָּךְ מַשְׁבִּיעָהּ הַכֹּהֵן בְּלָשׁוֹן שֶׁהִיא מַכֶּרֶת וּמוֹדִיעָהּ בִּלְשׁוֹנָהּ שֶׁלֹּא גָּרַם לָהּ אֶלָּא קִנּוּי וּסְתִירָה שֶׁקִּנֵּא לָהּ בַּעְלָהּ וְנִסְתְּרָה. וְאוֹמֵר לָהּ בְּלָשׁוֹן שֶׁמַּכֶּרֶת (במדבר ה יט) "אִם לֹא שָׁכַב אִישׁ אֹתָךְ וְאִם לֹא שָׂטִית טֻמְאָה תַּחַת אִישֵׁךְ הִנָּקִי מִמֵּי הַמָּרִים הַמְאָרְרִים הָאֵלֶּה" (במדבר ה כ) "וְאַתְּ כִּי שָׂטִית תַּחַת אִישֵׁךְ וְכִי נִטְמֵאת וַיִּתֵּן אִישׁ בָּךְ אֶת שְׁכָבְתּוֹ מִבַּלְעֲדֵי אִישֵׁךְ" (במדבר ה כא) "יִתֵּן ה' אוֹתָךְ לְאָלָה וְלִשְׁבֻעָה בְּתוֹךְ עַמֵּךְ בְּתֵת ה' אֶת יְרֵכֵךְ נֹפֶלֶת וְאֶת בִּטְנֵךְ צָבָה" (במדבר ה כב) "וּבָאוּ הַמַּיִם הַמְאָרְרִים הָאֵלֶּה בְּמֵעַיִךְ לַצְבּוֹת בֶּטֶן וְלַנְפִּל יָרֵךְ". וְהִיא אוֹמֶרֶת (במדבר ה כב) "אָמֵן אָמֵן" בְּלָשׁוֹן שֶׁמַּכֶּרֶת. וּמוֹדִיעָהּ שֶׁהַבֶּטֶן הִיא תִּלְקֶה תְּחִלָּה וְהַיָּרֵךְ בַּסּוֹף כְּדֵי שֶׁלֹּא לְהוֹצִיא לַעַז עַל הַמַּיִם:

ח. וְאַחַר כָּךְ מֵבִיא מְגִלָּה שֶׁל עוֹר טָהוֹר כְּמוֹ סֵפֶר תּוֹרָה וְכוֹתֵב עָלֶיהָ בִּלְשׁוֹן הַקֹּדֶשׁ בִּדְיוֹ שֶׁאֵין בּוֹ קַנְקַנְתּוֹם לִשְׁמָהּ שֶׁל אִשָּׁה כְּמוֹ הַגֵּט. וְכוֹתֵב כָּל הַדְּבָרִים שֶׁהִשְׁבִּיעַ אוֹתָהּ בָּהֶם אוֹת בְּאוֹת מִלָּה בְּמִלָּה. וְכוֹתֵב אֶת הַשֵּׁם כִּכְתָבוֹ. וְאֵינוֹ כּוֹתֵב אָמֵן אָמֵן:

ט. וְאַחַר כָּךְ מֵבִיא כְּלִי חֶרֶשׂ שֶׁלֹּא נַעֲשָׂה בּוֹ מְלָאכָה מֵעוֹלָם וְלֹא יֵרָאֶה כִּכְלִי בָּלֶה מֵאֹרֶךְ הַזְּמַן. וְאִם הֶחֱזִירוּ לַכִּבְשָׁן עַד שֶׁנִּתְחַדֵּשׁ כָּשֵׁר. וְנוֹתֵן לְתוֹכוֹ חֲצִי לוֹג מַיִם מִן הַכִּיּוֹר. וּבַחֲצִי לוֹג שֶׁהָיָה בַּמִּקְדָּשׁ הָיָה מוֹדְדוֹ. וְנִכְנַס בּוֹ לַהֵיכָל:

י. וּמָקוֹם הָיָה שָׁם אַמָּה עַל אַמָּה לִימִין הַנִּכְנָס וּבוֹ טַבְלָא שֶׁל שַׁיִשׁ וְטַבַּעַת קְבוּעָה בָּהּ. מַגְבִּיהַּ הַטַּבְלָא וְלוֹקֵחַ עָפָר מִקַּרְקַע הַמִּשְׁכָּן. וְנוֹתְנוֹ עַל גַּבֵּי הַמַּיִם כְּדֵי שֶׁיֵּרָאֶה עַל פְּנֵי הַמַּיִם. וְנוֹתֵן לְתוֹכָן דָּבָר מַר כְּגוֹן לַעֲנָה וְכַיּוֹצֵא בָּהּ שֶׁנֶּאֱמַר (במדבר ה יח) "מֵי הַמָּרִים". וּמוֹחֵק לְתוֹכָן הַמְּגִלָּה לִשְׁמָהּ וְיִמְחֹק יָפֶה יָפֶה עַד שֶׁלֹּא יִשָּׁאֵר בַּמְּגִלָּה רֹשֶׁם הַנִּכָּר כְּלָל:

יא. וְאַחַר כָּךְ כֹּהֵן אֶחָד בָּא אֵלֶיהָ מִכֹּהֲנֵי הָעֲזָרָה וְאוֹחֵז בִּבְגָדֶיהָ מִכְּנֶגֶד פָּנֶיהָ וְקוֹרֵעַ עַד שֶׁהוּא מְגַלֶּה אֶת לִבָּהּ. וּמְגַלֶּה שְׂעָרָהּ וְסוֹתֵר מַחְלְפוֹת רֹאשָׁהּ כְּדֵי לְנַוְּלָהּ. וּמֵבִיא חֶבֶל מִצְרִי כְּדֵי לְהַזְכִּירָהּ מַעֲשֵׂה מִצְרַיִם שֶׁעָשְׂתָה. וְאִם לֹא מָצְאוּ מִצְרִי מֵבִיא חֶבֶל מִכָּל מָקוֹם. וְקוֹשְׁרוֹ לְמַעְלָה מִדַּדֶּיהָ כְּדֵי שֶׁלֹּא יִפְּלוּ הַבְּגָדִים וְנִמְצֵאת עֲרֻמָּה שֶׁהֲרֵי נִקְרְעוּ:

יב. וְאַחַר כָּךְ מֵבִיא עִשָּׂרוֹן קֶמַח שְׂעוֹרִים מִשֶּׁל בַּעַל. וְנוֹתְנוֹ בְּכְפִיפָה מִצְרִית. וְהַחֶבֶל וְהַכְּפִיפָה בָּאִין מִשְּׁיָרֵי הַלִּשְׁכָּה. וְנוֹתְנוֹ לְיָדֶיהָ כְּדֵי לְיַגְּעָהּ:

יג. וְאַחַר כָּךְ לוֹקֵחַ הַמִּנְחָה מִן הַכְּפִיפָה וְנוֹתְנָהּ לִכְלִי שָׁרֵת. וְאֵינוֹ נוֹתֵן עָלֶיהָ שֶׁמֶן וְלֹא לְבוֹנָה. וְאִם נָתַן לוֹקֶה עַל הַשֶּׁמֶן בִּפְנֵי עַצְמוֹ וְעַל הַלְּבוֹנָה בִּפְנֵי עַצְמָהּ. שֶׁנֶּאֱמַר (במדבר ה טו) "לֹא יִצֹק עָלֶיהָ שֶׁמֶן וְלֹא יִתֵּן עָלֶיהָ לְבֹנָה":

יד. וּבְכָל זְמַן שֶׁפּוֹרֵעַ רֹאשָׁהּ וְנוֹתֵן הָעִשָּׂרוֹן עַל יָדֶיהָ יִהְיוּ הַמַּיִם בִּכְלִי בְּיַד הַכֹּהֵן וְיַרְאֶה אוֹתָהּ אֶת הַמַּיִם שֶׁנֶּאֱמַר (במדבר ה יח) "וּבְיַד הַכֹּהֵן יִהְיוּ מֵי הַמָּרִים הַמְאָרְרִים":

טו. וְאַחַר כָּךְ מַשְׁקֶה אוֹתָהּ. וְאַחַר שֶׁתִּשְׁתֶּה לוֹקֵחַ כְּלִי שָׁרֵת שֶׁבּוֹ הַמִּנְחָה וְנוֹתְנוֹ עַל יָדֶיהָ. וְכֹהֵן מֵנִיחַ יָדוֹ תַּחְתֶּיהָ וּמְנִיפָהּ בַּמִּזְרָח כִּשְׁאָר כָּל הַתְּנוּפוֹת. מוֹלִיךְ וּמֵבִיא מַעֲלֶה וּמוֹרִיד. וְאַחַר כָּךְ מַגִּישׁ הַמִּנְחָה לְקֶרֶן דְּרוֹמִית מַעֲרָבִית שֶׁל מִזְבֵּחַ כִּשְׁאָר מְנָחוֹת שֶׁל יָחִיד. וְקוֹמֵץ וּמַקְטִיר הַקֹּמֶץ. וְהַשְּׁאָר נֶאֱכָל לַכֹּהֲנִים:

טז. אִם טְהוֹרָה הִיא יוֹצֵאת וְהוֹלֶכֶת לָהּ וַהֲרֵי הִיא מֻתֶּרֶת לְבַעְלָהּ. וְאִם טְמֵאָה הִיא מִיָּד פָּנֶיהָ מוֹרִיקוֹת וְעֵינֶיהָ בּוֹלְטוֹת וְהִיא מִתְמַלֵּאת גִּידִין וְהֵן אוֹמְרִין הוֹצִיאוּהָ (הוֹצִיאוּהָ) כְּדֵי שֶׁלֹּא תִּפְרֹשׁ נִדָּה וְהַנִּדּוֹת מְטַמְּאוֹת עֶזְרַת נָשִׁים. וְהֵן מוֹצִיאִין אוֹתָהּ מֵעֶזְרַת נָשִׁים שֶׁהִיא עוֹמֶדֶת בָּהּ. וּבִטְנָהּ צָבָה בַּתְּחִלָּה וְאַחַר כָּךְ תִּפֹּל יְרֵכָהּ וְתָמוּת:

יז. בְּאוֹתָהּ שָׁעָה שֶׁתָּמוּת הִיא יָמוּת הַנּוֹאֵף שֶׁהִשְׁקָה עַל יָדוֹ בְּכָל מָקוֹם שֶׁהוּא וְיֶאֶרְעוּ לוֹ מְאֹרָעוֹת שֶׁאֵרְעוּ לָהּ (במדבר ה כב) ״לַצְבּוֹת בֶּטֶן וְלַנְפִּל יָרֵךְ״. וְכָל זֶה אִם לֹא בָּא בַּעְלָהּ בִּיאָה אֲסוּרָה מֵעוֹלָם. אֲבָל אִם בָּעַל בְּעִילָה שֶׁל אִסּוּר אֵין הַמַּיִם בּוֹדְקִין אֶת אִשְׁתּוֹ כְּמוֹ שֶׁבֵּאַרְנוּ:

יח. וְאִם עָבַר וְהִשְׁקָה אֶת אִשְׁתּוֹ הֲרֵי זֶה מוֹסִיף עַל חַטָּאתוֹ פֶּשַׁע שֶׁגָּרַם לַשֵּׁם הַמְפֹרָשׁ שֶׁיִּמָּחֶה בַּמַּיִם לְבַטָּלָה וּמוֹצִיא לַעַז עַל מֵי סוֹטָה שֶׁאִשְׁתּוֹ אוֹמֶרֶת לַאֲחֵרוֹת שֶׁזִּנְּתָה וְלֹא בָּדְקוּ בָּהּ הַמַּיִם וְהִיא לֹא תֵּדַע שֶׁמַּעֲשֵׂי הַבַּעַל גָּרְמוּ שֶׁלֹּא בָּדְקוּ בָּהּ:

יט. לְפִיכָךְ מִשֶּׁרַבּוּ הַמְנָאֲפִים בְּגָלוּי בְּבַיִת שֵׁנִי בִּטְּלוּ הַסַּנְהֶדְרִין אֶת מֵי הַמָּרִים וְסָמְכוּ עַל הַכָּתוּב בַּקַּבָּלָה (הושע ד יד) ״לֹא אֶפְקוֹד עַל בְּנוֹתֵיכֶם כִּי תִזְנֶינָה״ וְגוֹ׳:

כ. סוֹטָה שֶׁיֵּשׁ לָהּ זְכוּת תַּלְמוּד תּוֹרָה אַף עַל פִּי שֶׁאֵינָהּ מְצֻוָּה עַל תַּלְמוּד תּוֹרָה הֲרֵי זֶה תּוֹלֶה לָהּ וְאֵינָהּ מֵתָה לִשְׁעָתָהּ אֶלָּא נִמֹּקֶת וְהוֹלֶכֶת וְחֳלָאִים כְּבֵדִים בָּאִין עָלֶיהָ עַד שֶׁתָּמוּת אַחַר שָׁנָה אוֹ שְׁתַּיִם אוֹ שָׁלֹשׁ לְפִי זְכוּתָהּ. וְהִיא מֵתָה בִּצְבִיַּת בֶּטֶן וּבִנְפִילַת אֵיבָרִין:

כא. סוֹטָה שֶׁשָּׁתָת מֵי הַמָּרִים וְלֹא מֵתָה מִיָּד הֲרֵי הִיא מֻתֶּרֶת לְבַעְלָהּ. וַאֲפִלּוּ הָיָה כֹּהֵן. וְאַף עַל פִּי שֶׁהִתְחִילוּ הֶחֳלָאִים לָבוֹא עָלֶיהָ וְחָלוּ שְׁאָר אֵיבָרֶיהָ הוֹאִיל וְלֹא צָבְתָה בִּטְנָהּ וְלֹא הִתְחִיל יְרֵכָהּ לִנְפֹּל הֲרֵי זוֹ מֻתֶּרֶת. אֲבָל מִשֶּׁהִתְחִיל בִּטְנָהּ לַצְבּוֹת וִירֵכָהּ לִנְפֹּל הֲרֵי זוֹ אֲסוּרָה וַדָּאִית:

כב. סוֹטָה שֶׁשָּׁתָת וְהָיְתָה טְהוֹרָה הֲרֵי זוֹ מִתְחַזֶּקֶת וּפָנֶיהָ מַזְהִירוֹת. וְאִם הָיָה בָּהּ חֹלִי יָסוּר. וְתִתְעַבֵּר וְתֵלֵד זָכָר. וְאִם הָיָה דַּרְכָּהּ לֵילֵד בְּקֹשִׁי תֵּלֵד בִּמְהֵרָה. הָיָה דַּרְכָּהּ לֵילֵד נְקֵבוֹת תֵּלֵד זְכָרִים:

כג. בָּאוּ עֵדֵי טֻמְאָה אַחַר שֶׁשָּׁתְתָה הֲרֵי זוֹ תֵּצֵא בְּלֹא כְּתֻבָּה וַאֲסוּרָה לְבַעְלָהּ. וַאֲפִלּוּ לֹא אֵרַע לָהּ דָּבָר מִדְּבָרִים אֵלּוּ מִפְּנֵי שֶׁאֵין הַמַּיִם בּוֹדְקִין אֶלָּא מִי שֶׁאֵין לָהּ עֵדִים שֶׁמּוֹדִיעִין זְנוּתָהּ. וְעוֹד שֶׁמָּא בַּעְלָהּ אֵינוֹ מְנֻקֶּה מֵעָוֹן לְפִיכָךְ לֹא בָּדְקוּ הַמַּיִם אֶת אִשְׁתּוֹ. אֲבָל אִם בָּא עֵד אֶחָד וְהֵעִיד שֶׁהָיְתָה טְמֵאָה אֵינָהּ אֲסוּרָה וְתֵשֵׁב תַּחַת בַּעְלָהּ שֶׁהֲרֵי שָׁתְתָה:

כד. אִשָּׁה שֶׁזִּנְּתָה בְּאֹנֶס אוֹ בִשְׁגָגָה אוֹ שֶׁבָּא עָלֶיהָ זֶה שֶׁקִּנֵּא לָהּ עִמּוֹ דֶּרֶךְ אֵיבָרִים אֵין הַמַּיִם בּוֹדְקִין אוֹתָהּ שֶׁנֶּאֱמַר (במדבר ה יג) ״וְהִיא לֹא נִתְפָּשָׂה״ פְּרָט לַאֲנוּסָה שֶׁהֲרֵי נִתְפְּשָׂה בְּחָזְקָה. (במדבר ה כז) ״וַתִּמְעֹל מַעַל בְּאִישָׁהּ״ פְּרָט לְשׁוֹגֶגֶת. (במדבר ה יג) ״וְשָׁכַב אִישׁ אֹתָהּ שִׁכְבַת זֶרַע״ פְּרָט לְבָא עָלֶיהָ דֶּרֶךְ אֵיבָרִים:

Perek 4

Rules

On 15th *Adar*, *Bet Din* convenes regarding women who need to drink bitter waters or be divorced without *ketubah*.

	Valid	
Waters drank in daytime only	✓	
Originally refuses to drink and then changes her mind	×	Because the refusal is an admission of her guilt. Note: if she first refused out of fear, she can change her mind.
Refuses to drink before scroll written for her has been rubbed out	✓	She can opt not to drink but her scroll cannot be used for anyone else

Refuses to drink after her scroll rubbed out	✗	She must be forced to drink unless she now admits that she committed adultery. Waters are poured out and meal offering thrown into ash heap.
Scroll written at night	✗	
Written in correct sequence	✓	
Wrote scroll *before* she accepted oath	✗	
Must be written on *one* sheet of *parchment*	✓	
Writing must be with ink which can wash off	✓	Must be able to wash off from parchment
Some writing remains after text washed off	✗	
Scroll must be written and erased for sake of that specific woman only	✓	
Cup of bitter water must contain the writing from only her scroll	✓	
Water kept overnight	✗	
Woman must drink whole cup	✓	But if some has spilled, and she drank the rest, it is valid.
Places dust of *Hechal* into cup *before* the water	✗	
First drinks water and then meal – offering offered	✓	But still acceptable if reversed
Oath Husband may include in oath which woman takes, any other adultery that wife may have committed. (*gilgul shvuah*)	✓	But not period before betrothal or after say divorce etc. **Reminder:** Pack on Oaths

Before warning one's wife in front of witnesses, he should first try and speak to her privately and gently, and in a serious manner, to try and guide her along the proper way, and remove any obstacles that may be in her way.

A person should be careful regarding the conduct of his wife and children and carefully watch their behaviour to prevent them from sinning. If he does not do this, he himself is a sinner.

Witnesses in Married Life – Comparison Summary

	Number of Witnesses	Finance and Prohibitions	Explanation
MARRIAGE			

Transfer of money (at least 1 *prutah* worth) in marriage procedure	✓ 2		*Kidushin* chapter 3
Marriage by transfer of *shtar* (contract)	*Ketubah* text ref *Yibum* chap 4 ✓ 2		*Kidushin* chapter 3
Marriage by sexual relations	✓ 2		It has become a universal custom to consecrate marriage through transfer of money. From the *Rabanan*, one may not consecrate marriage through sexual relations. *Kidushin* chapter 3 (But relations are in privacy)
Agent appointed by husband to consecrate	✗		*Kidushin* chapter 3. Agent is regarded as principal himself. Witnesses not needed to observe the appointment, only the consecration.
Agent appointed to receive *kidushin*	✓ 2		*Kidushin* chapter 3
2 Agents can act as 2 witnesses	✓ 2		*Kidushin* chapter 3
Consecration in presence of 1 witness	✗		*Kidushin* chapter 4
Consecration in presence of disqualified witness	✗		*Kidushin* chapter 4
Woman waives rights (*mochelet*) to *ketubah* (i.e. marriage contract husband makes with wife before the *chuppah*)		✓ witnesses needed	*Kidushin* chapter 17 Both parties need to be present but witnesses not needed. Nor is a contract needed. Words are binding. financial matters differ from marriage on divorce i.e. in financial matters it is more to do with confirming event rather than affecting.
Verbal commitments between husband and wife between *erusin* and *nisuin,* and after *nisuin,* regarding *ketubah* and dowry	0		*Kidushin* chapter 23 Law varies according to circumstances but no witnesses needed
MISBEHAVIOUR			
Adulteress	2		*Kidushin* chapter 44

Woman violates *Dat Yehudit*	2		*Kidushin* chapter 44
MOTZI SHEM RA (on woman)			
Scandalous report about a *woman* (in contrast to a *naarah betulah*) – see further on	2		*Kidushin* chapter 44
DIVORCE			
Husband transfers *get* to wife (divorce contract)	2		*Gerushin* chapter 1
Get signed by witnesses	2		*Gerushin* chapter 1 However essential witnesses at transfer of *get*
Get read out aloud in presence of witnesses	2		*Gerushin* chapter 1
Husband appoints agent (*shaliach halachah*) to deliver *get* to wife	0		*Gerushin* chapter 6 This is because it only involves transporting *get* and not the divorce itself
Woman appoints agent to receive *get* (*shaliach kabalah*)	2		*Gerushin* chapter 6 2 witnesses for appointing *and* 2 witnesses for receiving
Woman appoints agent to fetch *get* from husband (*shaliach havaah*)	0		*Gerushin* chapter 6 – only involves transporting
Agent of husband delivers *get* to wife	2		*Gerushin* chapter 6 – must be given and read out
Husband revokes *get before* it reaches wife's hand	2		*Gerushin* chapter 6 After reaching her hand it is too late
In Diaspora agent witnesses writing and signing of *get*.	2		*Gerushin* chapter 7 Then also must announce to wife that he has been present at the writing and signing (uncommon in *Eretz Yisrael*)
MIUN			

Miun – a minor girl may refuse her husband and leave him without a get. There is however a document written	2		Gerushin chapter 11
VALIDITY OF WITNESSES			
Validity of witnesses who testify that a wife is divorced	1 witness adequate	2	Gerushin chapter 12 **5** Women who are not believed regarding this testimony
Validity of witnesses who testify that husband died	1 witness adequate [Yibum: 1 witness (she may perform yibum on this basis) Yevamot chapter 2]	2	📖 However Rabanim allowed following leniencies Testimony of **1** witness • Testimony of woman or maidservant accepted • Accepted testimony of written document • Less stringent with their investigations
Wife's testimony regarding death of husband	[The testimony of a yevamah is not accepted regarding death of her yavam. Similarly with testimony of yavam about his brother's death. Yevamot chapter 3]		Exception of **5** women who hate each other. Basically, her word is relied upon in situations where some people will live and some die. But in situations where *most* people will die, her word is *not* accepted.
YIBUM AND CHALITZAH			
Transfer of money (at least 1 prutah)	2		
Transfer of shtar	2		Yibum chapter 4 Documents plus procedure is in front of **5** people – **3** judges plus **2** people
Marriage by sexual relations	2		
Witnesses testify regarding brothers, yevamah etc	1	2	Even testimony of women, servant or minor are accepted. Procedure is best in a court of **3** judges + **2** people to make matter public Yibum chapter 4

Documents written for *chalitzah* does not need witnesses	0	2	Because judges know the identities of *yavam* and *yevamah* *Yibum* chapter 4
RAPE OR SEDUCTION			
To be culpable for a *fine*, the rape of a virgin between ages of 3-12½ needs to be with witnesses **2** and court of 3 judges. *Hilchot Naarah Betulah*, chapter 1	2		In financial matters, it is not sufficient for rapist to admit on himself. Witnesses would be needed. Because of victim's age, father should be involved.
MOTZI SHEM RA ON *NAARAH*			
Scandalous report by husband on his wife (*motzi shem ra*) applies only to a *naarah* i.e. 12 – 12½, and can only occur after *erusin* and before *nisuin*. Because there is possibility of capital punishment it can only be judged when Temple standing by 23 judges and there must be **2** witnesses	2		
SOTAH – jealousy			
2 witnesses needed when warning given. If she is then seen (by two witnesses) entering into privacy with man who she had been warned about, then if even just **1** witness, testifies that wife had relations, her/his testimony is accepted *Hilchot Sotah* chapter 1	2 for warning 1 may be enough for incrimination		Husband must divorce wife unless it is the Temple times when wife could be checked by the bitter waters. **2** Witnesses are needed to allow checking by bitter waters Reason for leniency of **1** witness who testified that wife *had relations* is because wife had already been warned not to go into *privacy* with that specific man.

פרק ד׳

א. בַּחֲמִשָּׁה עָשָׂר בַּאֲדָר נִפְנִין בֵּית דִּין לְצָרְכֵי הָרַבִּים. וּבוֹדְקִין עַל הָרְאוּיָה לִשְׁתּוֹת לְהַשְׁקוֹתָהּ. וְעַל הָרְאוּיָה לְקַנֵּא לָהּ וּלְהוֹצִיאָהּ בְּלֹא כְּתֻבָּה. וּבְכָל זְמַן מַשְׁקִין אֶת הַסּוֹטוֹת:

ב. וְאֵין מַשְׁקִין אֶת הַסּוֹטָה אֶלָּא בַּיּוֹם. וְכָל הַיּוֹם כָּשֵׁר לְהַשְׁקוֹת סוֹטָה. וְאֵין מַשְׁקִין שְׁתֵּי סוֹטוֹת כְּאַחַת שֶׁנֶּאֱמַר (במדבר ה טז) "וְהֶעֱמִיד אֹתָהּ הַכֹּהֵן":

ג. סוֹטָה שֶׁאָמְרָה אֵינִי שׁוֹתָה מֵחֲמַת יִרְאָה וָפַחַד שֶׁיֵּשׁ לָהּ יְכוֹלָה לַחֲזֹר וְלוֹמַר הֲרֵינִי שׁוֹתָה. אֲבָל אָמְרָה אֵינִי שׁוֹתָה וְהִיא בְּרִיאָה וְאֵינָהּ יְרֵאָה וְלֹא פּוֹחֶדֶת אֵינָהּ יְכוֹלָה לַחֲזֹר וְלוֹמַר הִנְנִי שׁוֹתָה:

ד. אָמְרָה אֵינִי שׁוֹתָה קֹדֶם שֶׁתִּמָּחֵק הַמְּגִלָּה הֲרֵי מְגִלָּתָהּ נִגְנֶזֶת וְאֵינָהּ כְּשֵׁרָה לְהַשְׁקוֹת בָּהּ סוֹטָה אַחֶרֶת. וּמִנְחָתָהּ מִתְפַּזֶּרֶת עַל הַדֶּשֶׁן. וְאִם אָמְרָה אֵינִי שׁוֹתָה אַחַר שֶׁנִּמְחֲקָה הַמְּגִלָּה מְעַרְעֲרִין אוֹתָהּ וּמַשְׁקִין אוֹתָהּ בְּעַל כָּרְחָהּ:

ה. וּמְאַיְּמִין עָלֶיהָ שֶׁתִּשְׁתֶּה וְאוֹמְרִין לָהּ בִּתִּי אִם בָּרוּר לָךְ הַדָּבָר שֶׁטְּהוֹרָה אַתְּ עִמְדִי עַל בְּרְיֵךְ וּשְׁתִי וְאַל תִּפְחֲדִי לְפִי שֶׁאֵין הַמַּיִם דּוֹמִין אֶלָּא לְסַם יָבֵשׁ מֻנָּח עַל בָּשָׂר חַי. יֵשׁ שָׁם מַכָּה מְחַלְחֵל וְיוֹרֵד. אֵין שָׁם מַכָּה אֵינוֹ עוֹשֶׂה כְּלוּם:

ו. אָמְרָה טְמֵאָה אֲנִי אַף עַל פִּי שֶׁנִּמְחֲקָה הַמְּגִלָּה הַמַּיִם נִשְׁפָּכִין מִפְּנֵי שֶׁאֵין בָּהֶן קְדֻשָּׁה. וּמִנְחָתָהּ מִתְפַּזֶּרֶת עַל הַדֶּשֶׁן:

ז. מְגִלַּת סוֹטָה שֶׁכְּתָבָהּ בַּלַּיְלָה פְּסוּלָה שֶׁנֶּאֱמַר וְכָתַב וְגוֹ׳ (במדבר ה כד) "וְהִשְׁקָה" וְגוֹ׳ (במדבר ה כה) "וְהִקְרִיב" וְגוֹ׳ כְּשֵׁם שֶׁקָּרְבָּנָהּ בַּיּוֹם כָּךְ כְּתִיבַת הַמְּגִלָּה וְהַשְׁקָיָתָהּ בַּיּוֹם. כְּתָבָהּ לְמַפְרֵעַ פְּסוּלָה שֶׁנֶּאֱמַר הָאָלָה עַל הַסֵּדֶר. כְּתָבָהּ קֹדֶם שֶׁתְּקַבֵּל עָלֶיהָ הַשְּׁבוּעָה פְּסוּלָה שֶׁנֶּאֱמַר (במדבר ה כא) "וְהִשְׁבִּיעַ" וְכָתַב:

ח. כְּתָבָהּ אִגֶּרֶת פְּסוּלָה שֶׁנֶּאֱמַר (במדבר ה כג) "בַּסֵּפֶר". כְּתָבָהּ עַל שְׁנֵי דַּפִּין פְּסוּלָה שֶׁנֶּאֱמַר בַּסֵּפֶר סֵפֶר אֶחָד וְלֹא שְׁנַיִם וּשְׁלֹשָׁה. וְאֵינוֹ כּוֹתֵב לֹא עַל הַנְּיָר וְלֹא עַל הַדִּפְתְּרָא אֶלָּא בִּמְגִלַּת סֵפֶר שֶׁנֶּאֱמַר בַּסֵּפֶר. וְאִם כְּתָבָהּ עַל נְיָר אוֹ דִּפְתְּרָא פְּסוּלָה:

ט. וְאִם כְּתָבָהּ יִשְׂרָאֵל אוֹ כֹּהֵן קָטָן פְּסוּלָה שֶׁנֶּאֱמַר (במדבר ה כג) "וְכָתַב הַכֹּהֵן". אֵינוֹ כּוֹתְבָהּ לֹא בְּקוֹמוֹס וְלֹא בְּקַנְקַנְתּוֹס וְלֹא בְּכָל דָּבָר שֶׁרִשּׁוּמוֹ נִכָּר וְעוֹמֵד אֶלָּא בִּדְיוֹ שֶׁאֵין בּוֹ קַנְקַנְתּוֹס שֶׁנֶּאֱמַר וְכָתַב (במדבר ה כג) "וּמָחָה" כְּתָב שֶׁהוּא יָכוֹל לְהִמָּחוֹת. וְאִם כָּתַב בְּדָבָר הַמִּתְקַיֵּם פְּסוּלָה:

י. נִשְׁאַר בַּמְּגִלָּה רֹשֶׁם כְּתָב נִכָּר פְּסוּלָה עַד שֶׁיִּמְחֹק יָפֶה יָפֶה. כָּתַב אוֹת אַחַת וּמְחָקָהּ וְחָזַר וְכָתַב אוֹת שְׁנִיָּה וּמְחָקָהּ עַד שֶׁהִשְׁלִים פְּסוּלָה עַד שֶׁתִּהְיֶה כֻּלָּהּ כְּתוּבָה:

יא. כְּתָבָהּ שֶׁלֹּא לִשְׁמָהּ אוֹ מְחָקָהּ שֶׁלֹּא לִשְׁמָהּ פְּסוּלָה. כָּתַב שְׁתֵּי מְגִלּוֹת לִשְׁתֵּי סוֹטוֹת וּמְחָקָן לְתוֹךְ כּוֹס אֶחָד אוֹ לְתוֹךְ שְׁתֵּי כּוֹסוֹת וְעֵרְבָן בְּכוֹס אֶחָד וְהִשְׁקָה לִשְׁתֵּיהֶן פְּסוּלָה. לְפִי שֶׁכָּל אַחַת מֵהֶן לֹא שָׁתְתָה מְגִלָּתָהּ. מְחָקָן בִּשְׁנֵי כּוֹסוֹת וְעֵרְבָן וְחָזַר וְחִלְּקָן לִשְׁנֵי הַכּוֹסוֹת לֹא יַשְׁקֶה אוֹתָן וְאִם הִשְׁקָה כָּשֵׁר. וְאִם נִשְׁפְּכוּ הַמַּיִם הֲרֵי זֶה כּוֹתֵב מְגִלָּה אַחֶרֶת וּמֵבִיא מַיִם אֲחֵרִים. נִשְׁפְּכוּ וְנִשְׁתַּיֵּר מֵהֶן לֹא יַשְׁקֶה אֶת הַשְּׁאָר. וְאִם הִשְׁקָה כָּשֵׁר:

יב. מֵי סוֹטָה שֶׁלָּנוּ נִפְסָלִין בְּלִינָה. הִקְדִּים עָפָר לַמַּיִם פְּסוּלָה. לֹא הָיָה שָׁם עָפָר בַּהֵיכָל מֵבִיא עָפָר מִבַּחוּץ וּמַנִּיחוֹ בַּהֵיכָל וְלוֹקֵחַ מִמֶּנּוּ וְנוֹתֵן עַל פְּנֵי הַמַּיִם. וְאֵינוֹ מֵבִיא אֵפֶר אֲבָל מֵבִיא רַקְבּוּבִית שֶׁהִיא כְּעָפָר:

יג. וְלֹא יַחְפֹּר בְּקוֹרְדוֹם בַּהֵיכָל וְיוֹצִיא עָפָר שֶׁנֶּאֱמַר (במדבר ה יז) "אֲשֶׁר יִהְיֶה בְּקַרְקַע הַמִּשְׁכָּן". וְאִם חָפַר וְהוֹצִיא עָפָר כָּשֵׁר:

יד. הִקְרִיב אֶת מִנְחָתָהּ וְאַחַר כָּךְ הִשְׁקָהּ כְּשֵׁרָה. נִטְמֵאת מִנְחָתָהּ קֹדֶם שֶׁיַּנִּיחֶנָּה בִּכְלִי שָׁרֵת הֲרֵי זוֹ תִּפָּדֶה כְּכָל הַמְּנָחוֹת שֶׁנִּטְמְאוּ קֹדֶם שֶׁיִּתְקַדְּשׁוּ בִּכְלִי שָׁרֵת וְיָבִיאוּ מִנְחָה אַחֶרֶת. נִטְמֵאת הַמִּנְחָה אַחַר שֶׁקִּדְּשָׁהּ בִּכְלִי שָׁרֵת הֲרֵי זוֹ תִּשָּׂרֵף. וְכֵן אִם אָמְרָה טְמֵאָה אֲנִי קֹדֶם שֶׁתִּקָּמֵץ הַמִּנְחָה. אוֹ שֶׁאָמְרָה אֵינִי שׁוֹתָה. אוֹ שֶׁלֹּא רָצָה בַּעְלָהּ לְהַשְׁקוֹתָהּ. אוֹ שֶׁבָּאוּ עֵדֵי טֻמְאָה. אוֹ שֶׁמֵּת הוּא. אוֹ שֶׁמֵּתָה הִיא. הֲרֵי הַמִּנְחָה כֻּלָּהּ נִשְׂרֶפֶת. וְאִם אֵרַע אֶחָד מֵאֵלּוּ אַחַר שֶׁקָּרַב הַקֹּמֶץ אֵין הַשְּׁיָרִים נֶאֱכָלִין:

טו. הָיָה בַּעְלָהּ כֹּהֵן אֵין שְׁיָרֵי מִנְחָתָהּ נֶאֱכָלִין מִפְּנֵי שֶׁיֵּשׁ לַבַּעַל חֵלֶק בָּהֶם. וְאֵינָהּ עוֹלָה כֻּלָּהּ לָאִשִּׁים כְּמִנְחַת זִכְרֵי כְּהֻנָּה מִפְּנֵי שֶׁיֵּשׁ לָהּ חֵלֶק בָּהּ. אֶלָּא הַקֹּמֶץ קָרֵב לְעַצְמוֹ וּשְׁיָרִים מִתְפַּזְּרִין עַל בֵּית הַדֶּשֶׁן. נִמְצְאוּ עֵדֶיהָ זוֹמְמִין מִנְחָתָהּ תֵּצֵא לְחֻלִּין:

טז. הַמְקַנֵּא לְאִשְׁתּוֹ עַל יְדֵי אֲנָשִׁים הַרְבֵּה וְנִסְתְּרָה עִם כָּל אֶחָד וְאֶחָד מֵהֶם הֲרֵי זֶה מֵבִיא מִנְחָה אַחַת עַל יְדֵי כֻּלָּן כְּשֶׁמַּשְׁקֶה אוֹתָהּ שֶׁנֶּאֱמַר (במדבר ה טו) "מִנְחַת קְנָאֹת הִיא". מִנְחָה אַחַת לְקִנּוּיִין הַרְבֵּה:

יז. יֵשׁ לַבַּעַל לְגַלְגֵּל בִּשְׁבוּעָה עָלֶיהָ שֶׁלֹּא זִנְּתָה עִם אִישׁ זֶה שֶׁקִּנֵּא לָהּ בּוֹ וְלֹא עִם אִישׁ אַחֵר. וְשֶׁלֹּא זִנְּתָה תַּחְתָּיו מִשֶּׁנִּתְאָרְסָה קֹדֶם שֶׁתִּנָּשֵׂא וְלֹא אַחַר שֶׁנִּשֵּׂאת. אֲבָל אֵינוֹ מְגַלְגֵּל עָלֶיהָ שֶׁלֹּא זִנְּתָה קֹדֶם הָאֵרוּסִין וְלֹא אַחַר שֶׁגֵּרְשָׁהּ אִם גֵּרְשָׁהּ וְהֶחֱזִירָהּ. שֶׁאִם זִנְּתָה בְּעֵת זֶה לֹא תֵּאָסֵר עָלָיו. וְכָל שֶׁתִּבָּעֵל וְלֹא תִּהְיֶה אֲסוּרָה לוֹ אֵינוֹ מַתְנֶה עִמָּהּ. לְפִיכָךְ אִם כָּנַס יְבִמְתּוֹ אֵינוֹ מְגַלְגֵּל עָלֶיהָ שֶׁלֹּא זִנְּתָה כְּשֶׁהָיְתָה שׁוֹמֶרֶת יָבָם. אֲבָל מְגַלְגֵּל עָלֶיהָ שֶׁלֹּא זִנְּתָה תַּחַת אָחִיו שֶׁאִם זִנְּתָה תַּחַת אָחִיו הֲרֵי זוֹ אֲסוּרָה עָלָיו. וְכֵן אִם גֵּרְשָׁהּ וְהֶחֱזִירָהּ מְגַלְגֵּל עָלֶיהָ שֶׁלֹּא זִנְּתָה תַּחְתָּיו בַּנִּשּׂוּאִין הָרִאשׁוֹנִים. וְיֵשׁ לוֹ לְגַלְגֵּל עָלֶיהָ בִּלְהַבָּא שֶׁלֹּא תִּזְנֶה תַּחְתָּיו וְשֶׁלֹּא תִּזְנֶה אַחַר שֶׁיַּחְזִירֶנָּה אִם יְגָרֵשׁ וְיַחֲזִיר. לְפִיכָךְ כְּשֶׁתִּזְנֶה לְהַבָּא מַיִם בּוֹדְקִין אוֹתָהּ וְיֶאֶרְעוּ לָהּ אוֹתָן הַמְאֹרָעוֹת. לְכָךְ נֶאֱמַר (במדבר ה כב) "אָמֵן אָמֵן". אָמֵן מֵאִישׁ זֶה אָמֵן מֵאִישׁ אַחֵר. אָמֵן נְשׂוּאָה אָמֵן אֲרוּסָה. אָמֵן לְשֶׁעָבַר אָמֵן לְהַבָּא:

יח. מִצְוַת חֲכָמִים עַל בְּנֵי יִשְׂרָאֵל לְקַנְּאוֹת לִנְשֵׁיהֶן שֶׁנֶּאֱמַר (במדבר ה יד) "וְקִנֵּא אֶת אִשְׁתּוֹ". וְכָל הַמְקַנֵּא אֶת אִשְׁתּוֹ נִכְנְסָה בּוֹ רוּחַ טָהֳרָה. וְלֹא יְקַנֵּא לָהּ לֹא מִתּוֹךְ שְׂחוֹק וְלֹא מִתּוֹךְ שִׂיחָה וְלֹא מִתּוֹךְ קַלּוּת רֹאשׁ וְלֹא מִתּוֹךְ מְרִיבָה וְלֹא לְהַטִּיל עָלֶיהָ אֵימָה. וְאִם עָבַר וְקִנֵּא לָהּ בִּפְנֵי עֵדִים מִתּוֹךְ אֶחָד מִכָּל הַדְּבָרִים הָאֵלּוּ הֲרֵי זֶה קִנּוּי:

יט. אֵין רָאוּי לְקַפֵּץ וּלְקַנְּאוֹת בִּפְנֵי עֵדִים תְּחִלָּה אֶלָּא בֵּינוֹ לְבֵינָהּ בְּנַחַת וּבְדֶרֶךְ טָהֳרָה וְאַזְהָרָה כְּדֵי לַהַדְרִיכָהּ בְּדֶרֶךְ יְשָׁרָה וּלְהָסִיר הַמִּכְשׁוֹל. וְכָל מִי שֶׁאֵינוֹ מַקְפִּיד עַל אִשְׁתּוֹ וְעַל בָּנָיו וּבְנֵי בֵּיתוֹ וּמַזְהִירָן וּפוֹקֵד דַּרְכֵיהֶן תָּמִיד עַד שֶׁיֵּדַע שֶׁהֵן שְׁלֵמִין מִכָּל חֵטְא וּמֵעָוֹן הֲרֵי זֶה חוֹטֵא שֶׁנֶּאֱמַר (איוב ה כד) "וְיָדַעְתָּ כִּי שָׁלוֹם אָהֳלֶךָ וּפָקַדְתָּ נָוְךָ וְלֹא תֶחֱטָא":

נמצאו כל המצות הנכללות בספר זה י"ז. ט' מהם מצות עשה, וח' מצות לא תעשה

Thus, this book contains a total of 17 of the Torah's commandments: nine positive commandments and eight negative commandments.

Rambam's
Sefer Kedushah

WITH AN ENGLISH SUMMARY BY
Baruch Davidoff

Original Hand-written Script of Rambam

ספר חמישי

אכלול בו מצוות שלביאות אסורות ומצוות של
מאכלות אסורות לפי שבשני ענינים האלו קדשנו
המקום והבדילנו מן האומות בעריות ובמאכלות
אסורות ובשניהם נאמר ואבדיל אתכם מן העמים
אשר הבדלתי אתכם מן העמים וקראתי שם ספר זה

ספר קדושה

ספר ששי

אכלול בו מצוות שיתחייב בהם מי שיאסר
עצמו בדברים כגון שבועות ונדרים וקראתי
שם ספר זה

ספר הפלאה

ספר שביעי

אכלול בו מצוות [illegible]

ספר זרעים

ספר שמיני

אכלול בו [illegible]

[illegible] וקראתי שם ספר זה ספר עבודה

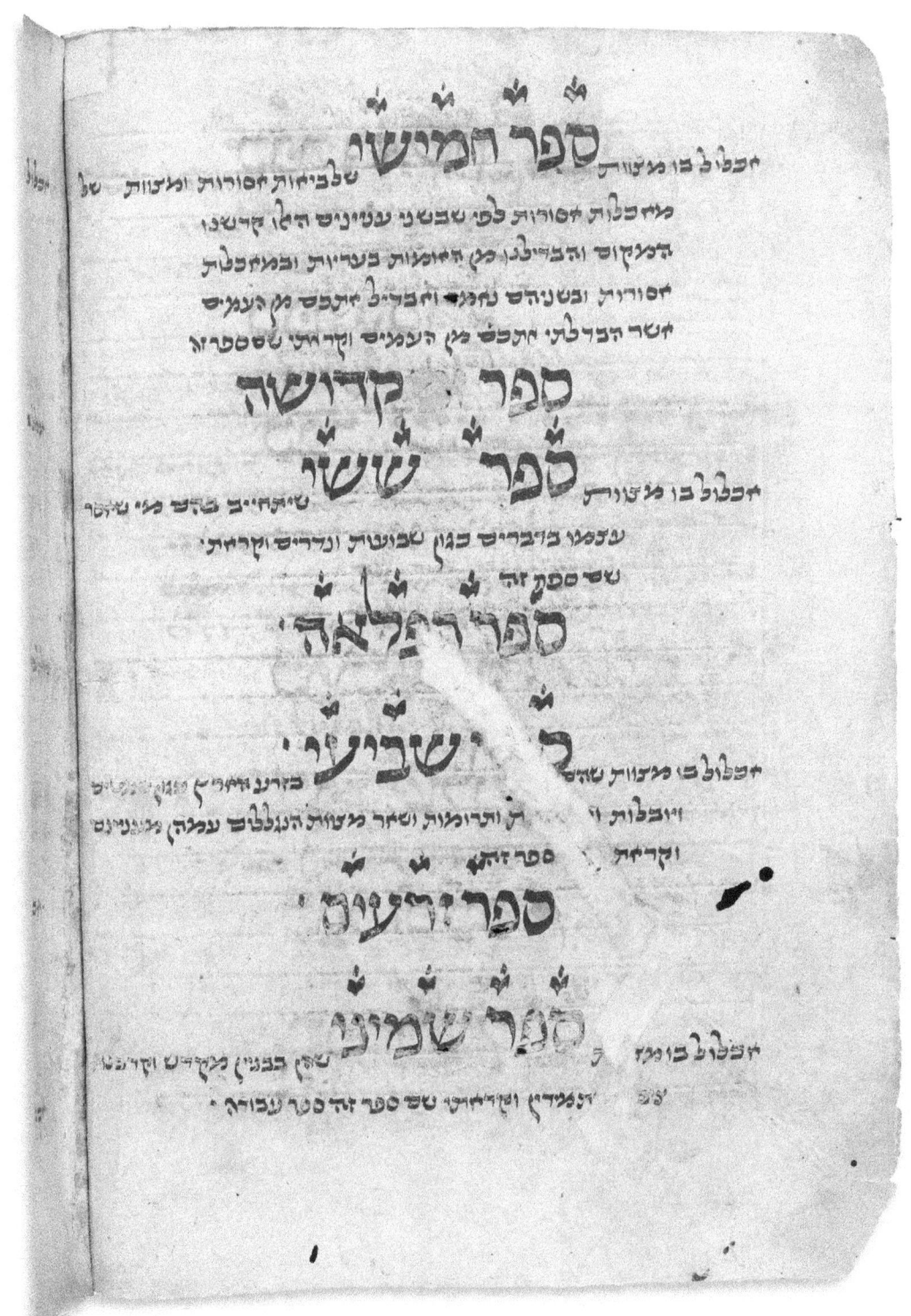

ספר חמישי – אכלל בו מצות של ביאות אסורות ומצות של מאכלות אסורות, לפי שבשני ענינים האלו קדשנו המקום והבדילנו מן העובדי־כוכבים, בעריות ובמאכלות אסורות, ובשניהם נאמר: 'ואבדל אתכם מן העמים'. וקראתי שם ספר זה **'ספר קדשה'.**

THE FIFTH BOOK – I will include within it all the *mitzvot* that involve forbidden sexual relations and those that involve forbidden foods. Because it is in these two matters that G-d has sanctified us and separated us from the nations.

The Torah mentions the concept of holiness about both these matters, stating I am G-d, your Lord, who has separated you from among the nations… and I have set you apart among the nations. I have called this book ***The Book of Holiness.***

'פְּעָמַי
הָכֵן בְּאִמְרָתֶךָ
וְאַל־תַּשְׁלֶט־בִּי כָל־אָוֶן׃'

(תהלים קיט:קלג)

'Order my ***steps***
according to Your work,
and do not grant any iniquity,
dominion over me'

(Psalms 119:133)

Book Five
Sefer Kedushah

THE BOOK OF HOLINESS

It contains three *halachot*. They are, in order:

הלכותיו ג׳, וזהו סדורן:

Hilchot Issurei Biah 159   הלכות איסורי ביאה

THE LAWS OF FORBIDDEN SEXUAL RELATIONS

Hilchot Maachalot Assurot 217   הלכות מאכלות אסורות

THE LAWS OF FORBIDDEN FOODS

Hilchot Shechitah 264   הלכות שחיטה

THE LAWS OF RITUAL SLAUGHTER

Additional, Useful Features of Interest
for Studying Rambam's Mishneh Torah

Scan QR code onto your mobile device to link to our website.
https://rambampress.com/

הלכות אסורי ביאה
Hilchot Issurei Biah
THE LAWS OF FORBIDDEN SEXUAL RELATIONS

They consist of *37 mitzvot*:	יש בכללן ל"ז מצות.
One positive commandment, the remainder being negative commandments.	א' מצות עשה. והשאר מצות לא תעשה.
They are:	וזהו פרטן:

1. Not to have sexual relations with one's mother — א. שלא לבא על האם
2. Not to have relations with one's father's wife — ב. שלא לבא על אשת אב
3. Not to have relations with one's sister — ג. שלא לבעול אחות
4. Not to have relations with one's father's wife daughter — ד. שלא לבעול בת אשת אב
5. Not to have relations with one's son's daughter — ה. שלא לבעול בת הבן
6. Not to have relation with one's daughter — ו. שלא לבעול בת
7. Not to have relations with one's daughter's daughter — ז. שלא לבעול בת הבת
8. Not to marry a woman and her daughter — ח. שלא לישא אשה ובתה
9. Not to marry a woman and her son's daughter — ט. שלא לישא אשה ובת בנה
10. Not to marry a woman and her daughters' daughter — י. שלא לישא אשה ובת בתה
11. Not to have relations with one's father's sister — יא. שלא לבעול אחות אב
12. Not to have relations with one's mother's sister — יב. שלא לבעול אחות אם
13. Not to have relations with one's fathers' brothers' wife — יג. שלא לבעול אשה אחי האב
14. Not to have relations with one's son's wife — יד. שלא לבעול אשת הבן
15. Not to have relations with one's brother's wife — טו. שלא לבעול אשת אח
16. Not to have relations with one's wife's sister — טז. שלא לבעול אחות אשתו
17. Not to have relations with an animal — יז. שלא ישכב עם בהמה
18. For a woman, not to have relations with an animal — יח. שלא תביא אשה בהמה עליה
19. For a man, not to have relations with another man — יט. שלא לשכב עם זכר
20. Not to have relations with one's father — כ. שלא לגלות ערות אב
21. Not to have relations with one's father's brother — כא. שלא לגלות ערות אחי האב
22. Not to have relations with a married woman — כב. שלא לבעול אשת איש
23. Not to have relations with a woman in the *nidah* state — כג. שלא לבעול נדה
24. Not to marry a gentile — כד. שלא להתחתן בעכו"ם
25. For a (male) Ammonite convert or a (male) Moabite convert not to marry among the Jewish people — כה. שלא יביא עמוני ומואבי בקהל ה'
26. Not to prevent a third-generation Egyptian convert from marrying among the Jewish people — כו. שלא להרחיק דור שלישי מצרי מלבא בקהל

27.	Not to prevent a third generation Edomite convert from marrying among the Jewish people	כז. שלא להרחיק דור שלישי אדומי מלבוא בקהל
28.	Not to allow a *mamzer* to marry among the Jewish people	כח. שלא יבוא ממזר בקהל
29.	Not to allow a castrated man to marry among the Jewish people	כט. שלא יבוא סריס בקהל
30.	Not to castrate a male, even an animal, beast, or bird	ל. שלא לסרס זכר ואפילו בהמה חיה ועוף
31.	For a High Priest, not to marry a widow	לא. שלא ישא כהן גדול אלמנה
32.	For a High Priest, not to have sexual relations with a widow even outside the context of marriage	לב. שלא יבעול כהן גדול אלמנה אפילו בלא נישואין
33.	A positive commandment for a High Priest to marry a virgin maiden	לג. והיא מצות עשה שישא כהן גדול בתולה בנערותה
34.	For a Priest, not to marry a divorcee	לד. שלא ישא כהן גרושה
35.	For a Priest, not to marry a *zonah*	לה. שלא ישא זונה
36.	For a Priest, not to marry a *chalalah*	לו. שלא ישא חללה
37.	For a man, not to be intimate with a woman with whom sexual relations are forbidden, even when no sex is involved	לז. שלא יקרב אדם לאחת מכל העריות ואפילו שלא בעל

'MAKE ONESELF *HOLY* IN MUNDANE MATTERS – MARRIED LIFE'

Perek 1

Arayot (Incest)

Punishments.

If this is done voluntarily the punishment is *karet* (Death by hand of Heaven).

If done unknowingly they are liable to bring a fixed Sin offering (*Chatat*).

Some *arayot* have punishment of execution.

> **Reminder:**
> Pack on Punishment for *Sefer Kedushah*

Execution could be by:
- Stoning (*skilah*)
- Fire (*srefah*)
- Strangulation (*chenek*)

Stoning results from contravention of following *mitzvot*:

Not to have sexual relations with one's mother[1]

Not to have relations with one's father's wife[2]

Not to have relations with one's son's wife[14]

Not to have relations with an animal[17]

For a woman, not to have relations with an animal[18]

For a man, not to have relations with another man[19]

For a man, not to have relations with a betrothed maiden

Not to have any relations with one's father[20]

Not to have any relations with one's father's brother[21]

Death by fire results from contravention of following *mitzvot*:

Not to have relations with one's son's daughter[5]

Not to have relation with one's daughter[6]

Not to have relations with one's daughter's daughter[7]

Not to marry a woman's daughter while the woman is still alive[8]

Not to marry a woman's son's daughter[9] while the woman is still alive

Not to marry a woman's daughters' daughter[10] while the woman is still alive

Strangulation results from contravention of *mitzvah*:

Not to have relations with a married woman (adultery)[22]

If the adulteress is a daughter of a Priest, she is executed by fire and adulterer by strangulation.

If adulteress is a betrothed girl, both adulteress and adulterer are stoned.

When Torah uses term '*mitah*', it refers to strangulation. When Torah uses term '*mitah … demeihem bam*', it refers to stoning.

Definition of relations.

Definition of relatives.

The rest of the *arayot* result in *karet* (death from Heaven) and the court administer lashes (*malkot*). (All who are liable for *karet* also get *malkot*.)

It seems to me that of the first **23** *mitzvot*, contravention of **16** receives execution, and **7** receive *karet*. Most of the *karet* offenses relate to sisters and *nidah*.

When a person has relations forbidden by a negative command (there are **9**), they receive lashes (*malkot*) – both he and she. I.e. there are 9 which do not get *karet*.

When a person has relations with one of the *shniyot* (relations forbidden by the Rabanim), they receive stripes for rebellious conduct (*makat mardut*).

There are **20** *shniyot*.

> **Reminder**
> Allowed and Forbidden Relations regarding Marriage.
> Ref: Sefer *Nashim, Hilchot Ishut*, Chapter 1.

פרק א׳

א. הַבָּא עַל אַחַת מִכָּל הָעֲרָיוֹת הָאֲמוּרוֹת בַּתּוֹרָה בְּמֵזִיד חַיָּב כָּרֵת שֶׁנֶּאֱמַר (ויקרא יח כט) "כִּי כָּל אֲשֶׁר יַעֲשֶׂה מִכֹּל הַתּוֹעֵבוֹת הָאֵלֶּה וְנִכְרְתוּ הַנְּפָשׁוֹת" וְגוֹ׳ שְׁנֵיהֶם הַבּוֹעֵל וְהַנִּבְעֶלֶת. וְאִם הָיוּ שׁוֹגְגִין חַיָּבִין חַטָּאת קְבוּעָה. וְיֵשׁ מִן הָעֲרָיוֹת שֶׁהוּא בְּמִיתַת בֵּית דִּין יֶתֶר עַל הַכָּרֵת הַשָּׁוֶה בְּכֻלָּן:

ב. אוֹתָן הָעֲרָיוֹת שֶׁיֵּשׁ בָּהֶן מִיתַת בֵּית דִּין אִם הָיוּ שָׁם עֵדִים וְהַתְרָאָה וְלֹא פָּרְשׁוּ מִמַּעֲשֵׂיהֶם מְמִיתִין אוֹתָן מִיתָה הָאֲמוּרָה בָּהֶן:

ג. וַאֲפִלּוּ הָיָה הָעוֹבֵר תַּלְמִיד חָכָם אֵין מְמִיתִין וְלֹא מַלְקִין עַד שֶׁתִּהְיֶה שָׁם הַתְרָאָה. שֶׁלֹּא נִתְּנָה הַתְרָאָה בְּכָל מָקוֹם אֶלָּא לְהַבְחִין בֵּין שׁוֹגֵג לְמֵזִיד:

ד. הָעֲרָיוֹת שֶׁיֵּשׁ בָּהֶן מִיתַת בֵּית דִּין מֵהֶן שֶׁמִּיתָתָן בִּסְקִילָה. וּמֵהֶן שֶׁמִּיתָתָן בִּשְׂרֵפָה. וּמֵהֶן שֶׁמִּיתָתָן בְּחֶנֶק. וְאֵלּוּ שֶׁמִּיתָתָן בִּסְקִילָה. הַבָּא עַל אִמּוֹ. וְעַל אֵשֶׁת אָבִיו. וְעַל אֵשֶׁת בְּנוֹ וְהִיא הַנִּקְרֵאת כַּלָּתוֹ. וְהַשּׁוֹכֵב עִם זָכָר. וְהַשּׁוֹכֵב עִם בְּהֵמָה. וְהָאִשָּׁה הַמְבִיאָה אֶת הַבְּהֵמָה עָלֶיהָ:

ה. וְאֵלּוּ הֵן הָעֲרָיוֹת שֶׁמִּיתָתָן בִּשְׂרֵפָה. הַבָּא עַל בַּת אִשְׁתּוֹ בְּחַיֵּי אִשְׁתּוֹ. וְעַל בַּת בִּתָּהּ. וְעַל בַּת בְּנָהּ. וְעַל אֵם אִשְׁתּוֹ. וְעַל אֵם אִמָּהּ. וְעַל אֵם אָבִיהָ. וְהַבָּא עַל בִּתּוֹ. וְעַל בַּת בִּתּוֹ. וְעַל בַּת בְּנוֹ:

ו. אֵין לְךָ עֶרְוָה בְּחֶנֶק אֶלָּא אֵשֶׁת אִישׁ בִּלְבַד שֶׁנֶּאֱמַר (ויקרא כ י) "מוֹת יוּמַת הַנֹּאֵף וְהַנֹּאָפֶת" וּמִיתָה הָאֲמוּרָה בַּתּוֹרָה סְתָם הִיא חֶנֶק. וְאִם הָיְתָה בַּת כֹּהֵן הִיא בִּשְׂרֵפָה וּבוֹעֲלָהּ בְּחֶנֶק שֶׁנֶּאֱמַר (ויקרא כא ט) "וּבַת אִישׁ כֹּהֵן כִּי תֵחֵל לִזְנוֹת" (ויקרא כא ט) "בָּאֵשׁ תִּשָּׂרֵף". וְאִם הָיְתָה נַעֲרָה מְאֹרָשָׂה שְׁנֵיהֶם בִּסְקִילָה שֶׁנֶּאֱמַר (דברים כב כד) "כִּי תִהְיֶה נַעֲרָה בְתוּלָה" וְגוֹ׳ (דברים כב כד) "וּסְקַלְתֶּם אֹתָם בָּאֲבָנִים". וְכָל מָקוֹם שֶׁנֶּאֱמַר בַּתּוֹרָה(ויקרא כ יג) (ויקרא כ טז) "מוֹת יוּמָתוּ דְּמֵיהֶם בָּם" הֲרֵי הֵן בִּסְקִילָה:

ז. שְׁאָר הָעֲרָיוֹת כֻּלָּן בְּכָרֵת בִּלְבַד וְאֵין בָּהֶם מִיתַת בֵּית דִּין. לְפִיכָךְ אִם הָיוּ שָׁם עֵדִים וְהַתְרָאָה בֵּית דִּין מַלְקִין אוֹתָן. שֶׁכָּל חַיָּבֵי כְּרֵתוֹת לוֹקִין:

ח. הַבָּא עַל אַחַת מֵחַיָּבֵי לָאוִין בְּמֵזִיד. הוּא לוֹקֶה וְהִיא. וְאִם בְּשׁוֹגֵג פְּטוּרִין מִכְּלוּם. וְהַבָּא עַל אַחַת מֵהַשְּׁנִיּוֹת בְּמֵזִיד מַכִּין אוֹתוֹ מַכַּת מַרְדּוּת מִדִּבְרֵיהֶם. אֲבָל הַבָּא עַל אַחַת מֵחַיָּבֵי עֲשֵׂה אֵינוֹ לוֹקֶה. וְאִם הִכּוּ אוֹתָם בֵּית דִּין מַכַּת מַרְדּוּת כְּדֵי לְהַרְחִיק מִן הָעֲבֵרָה הָרְשׁוּת בְּיָדָם:

ט. אָנוּס פָּטוּר מִכְּלוּם מִן הַמַּלְקוֹת וּמִן הַקָּרְבָּן וְאֵין צָרִיךְ לוֹמַר מִן הַמִּיתָה שֶׁנֶּאֱמַר (דברים כב כו) "וְלַנַּעֲרָה לֹא תַעֲשֶׂה דָבָר". בַּמֶּה דְּבָרִים אֲמוּרִים בְּשֶׁנֶּאֱנַס הַנִּבְעָל. אֲבָל הַבּוֹעֵל אֵין לוֹ אֹנֶס שֶׁאֵין קִשּׁוּי אֶלָּא לְדַעַת. וְאִשָּׁה שֶׁתְּחִלַּת בִּיאָתָהּ בְּאֹנֶס וְסוֹפָהּ בְּרָצוֹן פְּטוּרָה מִכְּלוּם שֶׁמִּשֶּׁהִתְחִיל לִבְעֹל בְּאֹנֶס אֵין בְּיָדָהּ שֶׁלֹּא תִּרְצֶה שֶׁיֵּצֶר הָאָדָם וְטִבְעוֹ כּוֹפֶה אוֹתָהּ לִרְצוֹת:

י. הַמַּכְנִיס רֹאשׁ הָעֲטָרָה בִּלְבַד הוּא הַנִּקְרָא מְעָרֶה מִלְּשׁוֹן (ויקרא כ יח) "אֶת מְקֹרָהּ הֶעֱרָה". וְהַמַּכְנִיס כָּל הָאֵבָר הוּא הַנִּקְרָא גּוֹמֵר. וּבְכָל הַבִּיאוֹת הָאֲסוּרוֹת אֶחָד הַמְעָרֶה וְאֶחָד הַגּוֹמֵר וְאַף עַל פִּי שֶׁלֹּא הוֹצִיא שִׁכְבַת זֶרַע וְאַף עַל פִּי שֶׁפֵּרַשׁ וְלֹא גָּמַר כֵּיוָן שֶׁהִכְנִיס רֹאשׁ הָעֲטָרָה נִתְחַיְּבוּ שְׁנֵיהֶם מִיתַת בֵּית דִּין אוֹ כָּרֵת אוֹ מַלְקוֹת אוֹ מַכַּת מַרְדּוּת. (וְאֶחָד הַבָּא עַל הָעֶרְוָה כְּדַרְכָּהּ וְאֶחָד הַבָּא עָלֶיהָ שֶׁלֹּא כְּדַרְכָּהּ) מִשֶּׁיְּעָרֶה בָּהּ יִתְחַיְּבוּ שְׁנֵיהֶן מִיתָה אוֹ כָּרֵת אוֹ מַלְקוֹת אוֹ מַכַּת מַרְדּוּת בֵּין שֶׁהָיוּ שׁוֹכְבִין בֵּין שֶׁהָיוּ עוֹמְדִים עַל הַכְנָסַת הָעֲטָרָה הוּא הַחִיּוּב:

יא. כָּל הַבָּא בִּיאָה אֲסוּרָה בְּלֹא קִשּׁוּי. אֶלָּא שֶׁהָיָה הָאֵבָר שֶׁלּוֹ מְדֻלְדָּל כְּמוֹ אֵבֶר הַמֵּתִים כְּגוֹן הַחוֹלִים. אוֹ מִי שֶׁנּוֹלַד כָּךְ כְּגוֹן סְרִיס חַמָּה אַף עַל פִּי שֶׁהִכְנִיס אֶת הָאֵבָר בְּיָדוֹ אֵינוֹ חַיָּב לֹא כָּרֵת וְלֹא מַלְקוֹת וְאֵין צָרִיךְ לוֹמַר מִיתָה. שֶׁאֵין זוֹ בִּיאָה. אֲבָל פּוֹסֵל הוּא מִן הַתְּרוּמָה. וּבֵית דִּין מַכִּין אֶת שְׁנֵיהֶם מַכַּת מַרְדּוּת:

יב. הַבָּא עַל עֶרְוָה מִן הָעֲרָיוֹת כְּמִתְעַסֵּק אַף עַל פִּי שֶׁאֵין כַּוָּנָתוֹ לְכָךְ חַיָּב. וְכֵן בְּחַיָּבֵי לָאוִין וּבִשְׁנִיּוֹת. אֲבָל הַבָּא עַל עֶרְוָה מִן הָעֲרָיוֹת וְהִיא מֵתָה פָּטוּר מִכְּלוּם. וְאֵין צָרִיךְ לוֹמַר בְּחַיָּבֵי לָאוִין שֶׁהוּא פָּטוּר. וְהַבָּא עַל הַטְּרֵפָה אוֹ שֶׁשָּׁכַב עִם בְּהֵמָה טְרֵפָה חַיָּב. חַי הוּא אַף עַל פִּי שֶׁסּוֹפוֹ לָמוּת מֵחֳלִי זֶה. וַאֲפִלּוּ שָׁחַט בָּהּ שְׁנֵי סִימָנִין וַעֲדַיִן הִיא מְפַרְכֶּסֶת הַבָּא עָלֶיהָ חַיָּב עַד שֶׁתָּמוּת אוֹ עַד שֶׁיַּתִּיז רֹאשָׁהּ:

יג. כָּל אִשָּׁה אֲסוּרָה מֵאֵלּוּ אִם הָיְתָה בַּת שָׁלֹשׁ שָׁנִים וְיוֹם אֶחָד וָמַעְלָה גָּדוֹל הַבָּא עָלֶיהָ חַיָּב מִיתָה אוֹ כָּרֵת אוֹ מַלְקוֹת וְהִיא פְּטוּרָה מִכְּלוּם אֶלָּא אִם כֵּן הָיְתָה גְּדוֹלָה. וְאִם הָיְתָה פְּחוּתָה מִזֶּה הֲרֵי שְׁנֵיהֶן פְּטוּרִין שֶׁאֵין בִּיאָתָהּ בִּיאָה. וְכֵן אִשָּׁה גְּדוֹלָה שֶׁבָּא עָלֶיהָ קָטָן אִם הָיָה בֶּן תֵּשַׁע שָׁנִים וְיוֹם אֶחָד וָמַעְלָה הִיא חַיֶּבֶת כָּרֵת אוֹ מִיתָה אוֹ מַלְקוֹת וְהוּא פָּטוּר. וְאִם הָיָה בֶּן תֵּשַׁע שָׁנִים וּלְמַטָּה שְׁנֵיהֶם פְּטוּרִין:

יד. הַבָּא עַל הַזָּכָר אוֹ הֵבִיא זָכָר עָלָיו כֵּיוָן שֶׁהֶעֱרָה אִם הָיוּ שְׁנֵיהֶם גְּדוֹלִים נִסְקָלִים שֶׁנֶּאֱמַר (ויקרא יח כב) "וְאֶת זָכָר

לֹא תִשְׁכַּב" בֵּין שֶׁהָיָה בּוֹעֵל אוֹ נִבְעָל. וְאִם הָיָה קָטָן בֶּן תֵּשַׁע שָׁנִים וְיוֹם אֶחָד וָמַעְלָה זֶה שֶׁבָּא עָלָיו אוֹ הֱבִיאוֹ עַל עַצְמוֹ נִסְקָל וְהַקָּטָן פָּטוּר. וְאִם הָיָה הַזָּכָר בֶּן תֵּשַׁע אוֹ פָּחוֹת שְׁנֵיהֶן פְּטוּרִין וְרָאוּי לְבֵית דִּין לְהַכּוֹת הַגָּדוֹל מַכַּת מַרְדּוּת לְפִי שֶׁשָּׁכַב עִם זָכָר וְאַף עַל פִּי שֶׁהוּא פָּחוֹת מִבֶּן תֵּשַׁע:

טו. [אֶחָד הַבָּא עַל הַזָּכָר אוֹ] הַבָּא עַל אַנְדְּרוֹגִינוּס דֶּרֶךְ זְכָרוּתוֹ חַיָּב. [וְאִם בָּא עָלָיו דֶּרֶךְ נַקְבוּתוֹ פָּטוּר] וְהַטֻּמְטוּם סָפֵק הוּא לְפִיכָךְ הַבָּא עַל הַטֻּמְטוּם אוֹ עַל אַנְדְּרוֹגִינוּס [דֶּרֶךְ נַקְבוּתוֹ] מַכִּין אוֹתוֹ מַכַּת מַרְדּוּת וְהָאַנְדְּרוֹגִינוּס מֻתָּר לִשָּׂא אִשָּׁה:

טז. הַבָּא עַל הַבְּהֵמָה אוֹ שֶׁהֵבִיא בְּהֵמָה עָלָיו שְׁנֵיהֶן נִסְקָלִין שֶׁנֶּאֱמַר (ויקרא יח כג) "וּבְכָל בְּהֵמָה לֹא תִתֵּן שְׁכָבְתְּךָ" בֵּין שֶׁרִבְּעָהּ אוֹ הֱבִיאָהּ עָלָיו. וְאֶחָד בְּהֵמָה וְאֶחָד חַיָּה וָעוֹף הַכֹּל בִּסְקִילָה. וְלֹא חִלֵּק הַכָּתוּב בִּבְהֵמָה בֵּין גְּדוֹלָה לִקְטַנָּה שֶׁנֶּאֱמַר וּבְכָל בְּהֵמָה אֲפִלּוּ בְּיוֹם לֵדָתָהּ (הַבָּא עָלֶיהָ בֵּין כְּדַרְכָּהּ בֵּין שֶׁלֹּא כְּדַרְכָּהּ) כֵּיוָן שֶׁהֶעֱרָה בָּהּ אוֹ שֶׁהֶעֶרְתָה בּוֹ חַיָּב:

יז. קָטָן בֶּן תֵּשַׁע שָׁנִים וְיוֹם אֶחָד שֶׁבָּא עַל הַבְּהֵמָה אוֹ הֱבִיאָהּ עָלָיו הִיא נִסְקֶלֶת עַל יָדוֹ וְהוּא פָּטוּר. הָיָה בֶּן תֵּשַׁע אוֹ פָּחוֹת אֵין סוֹקְלִין אֶת הַבְּהֵמָה. וְכֵן קְטַנָּה בַּת שָׁלֹשׁ שָׁנִים וְיוֹם אֶחָד שֶׁהֵבִיאָה בְּהֵמָה וְחַיָּה עָלֶיהָ בֵּין בְּהֵמָה גְּדוֹלָה בֵּין בְּהֵמָה קְטַנָּה כֵּיוָן שֶׁהֶעֶרְתָה בָּהּ הַבְּהֵמָה (בֵּין כְּדַרְכָּהּ בֵּין שֶׁלֹּא כְּדַרְכָּהּ) הַבְּהֵמָה נִסְקֶלֶת וְהִיא פְּטוּרָה. וְאִם הָיְתָה גְּדוֹלָה שְׁנֵיהֶן נִסְקָלִין. וְאִם הָיְתָה מִבַּת שָׁלֹשׁ שָׁנִים וּלְמַטָּה אֵין הַבְּהֵמָה נִסְקֶלֶת:

יח. וְכֵן הַשּׁוֹכֵב עִם הַבְּהֵמָה בִּשְׁגָגָה וְהָאִשָּׁה שֶׁהֵבִיאָה אֶת הַבְּהֵמָה עָלֶיהָ בִּשְׁגָגָה אֵין הַבְּהֵמָה נִסְקֶלֶת עַל יָדָן וְאַף עַל פִּי שֶׁהֵן גְּדוֹלִים. כָּל הָעֲרָיוֹת כֻּלָּן שֶׁהָיָה אֶחָד גָּדוֹל וְאֶחָד קָטָן הַקָּטָן פָּטוּר וְהַגָּדוֹל חַיָּב כְּמוֹ שֶׁבֵּאַרְנוּ. אֶחָד עֵר וְאֶחָד יָשֵׁן הַיָּשֵׁן פָּטוּר. אֶחָד מֵזִיד וְאֶחָד שׁוֹגֵג הַמֵּזִיד חַיָּב וְהַשּׁוֹגֵג מֵבִיא קָרְבָּן. אֶחָד אָנוּס וְאֶחָד בְּרָצוֹן הָאָנוּס פָּטוּר כְּמוֹ שֶׁבֵּאַרְנוּ:

יט. אֵין הָעֵדִים נִזְקָקִין לִרְאוֹת הַמְנָאֲפִים שֶׁהֶעֱרוּ זֶה בָּזֶה וְהִכְנִיס כְּמִכְחוֹל בִּשְׁפוֹפֶרֶת. אֶלָּא מִשֶּׁיִּרְאוּ אוֹתָן דְּבוּקִין זֶה עִם זֶה כְּדֶרֶךְ כָּל הַבּוֹעֲלִין הֲרֵי אֵלּוּ נֶהֱרָגִין בִּרְאִיָּה זוֹ. וְאֵין אוֹמְרִים שֶׁמָּא לֹא הֶעֱרָה, מִפְּנֵי שֶׁחֶזְקַת צוּרָה זוֹ שֶׁהֶעֱרָה:

כ. מִי שֶׁהֻחְזַק בִּשְׁאֵר בָּשָׂר דָּנִין בּוֹ עַל פִּי הַחֲזָקָה. אַף עַל פִּי שֶׁאֵין שָׁם רְאָיָה בְּרוּרָה שֶׁזֶּה קָרוֹב. וּמַלְקִין וְשׂוֹרְפִין וְסוֹקְלִין וְחוֹנְקִין עַל חֲזָקָה זוֹ. כֵּיצַד. הֲרֵי שֶׁהֻחְזַק שֶׁזּוֹ אֲחוֹתוֹ אוֹ בִּתּוֹ אוֹ אִמּוֹ וּבָא עָלֶיהָ בְּעֵדִים הֲרֵי זֶה לוֹקֶה אוֹ נִשְׂרָף אוֹ נִסְקָל וְאַף עַל פִּי שֶׁאֵין שָׁם רְאָיָה בְּרוּרָה שֶׁזּוֹ הִיא אֲחוֹתוֹ אוֹ אִמּוֹ אוֹ בִּתּוֹ אֶלָּא בַּחֲזָקָה בִּלְבַד. וּמַעֲשֶׂה בְּאִשָּׁה אַחַת שֶׁבָּאת לִירוּשָׁלַיִם וְתִינוֹק מֻרְכָּב לָהּ עַל כְּתֵפָהּ וְהִגְדִּילַתּוּ בְּחֶזְקַת שֶׁהוּא בְּנָהּ וּבָא עָלֶיהָ וֶהֱבִיאוּהָ לְבֵית דִּין וּסְקָלוּהָ. רְאָיָה לְדִין זֶה מַה שֶּׁדָּנָה תּוֹרָה בִּמְקַלֵּל אָבִיו וּמַכֶּה אָבִיו שֶׁיּוּמַת. וּמִנַּיִן לָנוּ רְאָיָה בְּרוּרָה שֶׁזֶּה אָבִיו, אֶלָּא בַּחֲזָקָה, כָּךְ שְׁאָר קְרוֹבִים בַּחֲזָקָה:

כא. אִישׁ וְאִשָּׁה שֶׁבָּאוּ מִמְּדִינַת הַיָּם הוּא אוֹמֵר זֹאת אִשְׁתִּי וְהִיא אוֹמֶרֶת זֶה בַּעְלִי. אִם הֻחְזְקָה בָּעִיר שְׁלֹשִׁים יוֹם שֶׁהִיא אִשְׁתּוֹ הוֹרְגִין עָלֶיהָ. אֲבָל בְּתוֹךְ הַשְּׁלֹשִׁים יוֹם אֵין הוֹרְגִין עָלֶיהָ מִשּׁוּם אֵשֶׁת אִישׁ:

כב. הָאִשָּׁה שֶׁהֻחְזְקָה נִדָּה בִּשְׁכוּנוֹתֶיהָ בַּעְלָהּ לוֹקֶה עָלֶיהָ מִשּׁוּם נִדָּה. הַמְקַנֵּא לְאִשְׁתּוֹ וְנִסְתְּרָה וּבָא עֵד אֶחָד וְהֵעִיד שֶׁנִּטְמְאָה וְהָיָה בַּעְלָהּ כֹּהֵן וּבָא עָלֶיהָ אַחַר כָּךְ הֲרֵי זֶה לוֹקֶה עָלֶיהָ מִשּׁוּם זוֹנָה. אַף עַל פִּי שֶׁעִקַּר הָעֵדוּת בְּעֵד אֶחָד כְּבָר הֻחְזְקָה בְּזוֹנָה:

כג. הָאָב שֶׁאָמַר בִּתִּי זוֹ מְקֻדֶּשֶׁת הִיא לָזֶה אַף עַל פִּי שֶׁהוּא נֶאֱמָן וְתִנָּשֵׂא לוֹ אִם זִנְּתָה אֵינָהּ נִסְקֶלֶת עַל פִּיו עַד שֶׁיִּהְיוּ שָׁם עֵדִים שֶׁנִּתְאָרְסָה בִּפְנֵיהֶם. וְכֵן הָאִשָּׁה שֶׁאָמְרָה מְקֻדֶּשֶׁת אֲנִי אֵינָהּ נֶהֱרֶגֶת עַל פִּיהָ עַד שֶׁיִּהְיוּ שָׁם עֵדִים אוֹ תֻּחְזַק:

Perek 2

Arayot continued.

4 women who are *ervah* forever (i.e. even after death or divorce):

- Father's wife
- Son's wife
- Brother's wife
- Father's paternal brother's wife

If a man engages in relations with any of these, he is liable twice. E.g. with father's wife, once because it is his mother and once because it is his father's wife.

7 close relatives of the wife who are an *ervah* forever:

Not to have relations with one's sister[3], even if only a half sister

Not to have relations with one's father's sister[11]

Not to have relations with one's mother's sister[12]

Not to have relations with one's fathers' brothers' wife[13]

Not to have relations with one's brother's wife[15]

Not to have relations with one's wife's sister[16] while his wife is alive

פרק ב׳

א. אֵשֶׁת אָבִיו וְאֵשֶׁת בְּנוֹ וְאֵשֶׁת אָחִיו וְאֵשֶׁת אֲחִי אָבִיו אַרְבַּעְתָּן עֶרְוָה עָלָיו לְעוֹלָם. בֵּין מִן הָאֵרוּסִין בֵּין מִן הַנִּשּׂוּאִין. בֵּין שֶׁנִּתְגָּרְשׁוּ בֵּין שֶׁלֹּא נִתְגָּרְשׁוּ. בֵּין בְּחַיֵּי בַּעְלֵיהֶן בֵּין אַחַר מִיתַת בַּעְלֵיהֶן. חוּץ מֵאֵשֶׁת אָחִיו שֶׁלֹּא הִנִּיחַ בֵּן. וְאִם בָּא עַל אַחַת מֵהֶן בְּחַיֵּי בַּעְלָהּ חַיָּב שְׁתַּיִם. מִשּׁוּם שְׁאֵר בָּשָׂר וּמִשּׁוּם אֵשֶׁת אִישׁ. שֶׁהֲרֵי שְׁנֵיהֶן הָאִסּוּרִין בָּאִין כְּאֶחָד:

ב. לְפִיכָךְ הַבָּא עַל אִמּוֹ שֶׁהִיא אֵשֶׁת אָבִיו חַיָּב שְׁתַּיִם. בֵּין בְּחַיֵּי אָבִיו בֵּין לְאַחַר מִיתַת אָבִיו. אַחַת מִשּׁוּם אִמּוֹ וְאַחַת מִשּׁוּם אֵשֶׁת אָבִיו. אֶחָד אָחִיו מֵאָבִיו אוֹ אָחִיו מֵאִמּוֹ. בֵּין מִנִּשּׂוּאִין בֵּין מִזְּנוּת. אִשְׁתּוֹ עֶרְוָה עָלָיו. אֲבָל אֵשֶׁת אֲחִי אָבִיו מִן הָאֵם הֲרֵי הִיא שְׁנִיָּה כְּמוֹ שֶׁבֵּאַרְנוּ. וְאֶחָד אֲחוֹתוֹ מֵאָבִיו אוֹ מֵאִמּוֹ. בֵּין מִן הַנִּשּׂוּאִין בֵּין מִזְּנוּת. כְּגוֹן שֶׁזָּנְתָה אִמּוֹ אוֹ אָבִיו עִם אֲחֵרִים וְהָיְתָה לוֹ אָחוֹת מִזְּנוּת. הֲרֵי זוֹ עֶרְוָה עָלָיו שֶׁנֶּאֱמַר (ויקרא יח ט) "מוֹלֶדֶת בַּיִת אוֹ מוֹלֶדֶת חוּץ":

ג. בַּת אֵשֶׁת אָבִיו שֶׁהִיא אֲחוֹתוֹ מֵאָבִיו הֲרֵי הִיא עֶרְוָה עָלָיו שֶׁנֶּאֱמַר (ויקרא יח יא) "עֶרְוַת בַּת אֵשֶׁת אָבִיךָ מוֹלֶדֶת אָבִיךָ". אֲבָל אִם נָשָׂא אָבִיו אִשָּׁה וְיֵשׁ לָהּ בַּת מֵאִישׁ אַחֵר אוֹתָהּ הַבַּת מֻתֶּרֶת לוֹ שֶׁאֵין זוֹ מוֹלֶדֶת אָבִיו. וַהֲלֹא מִשּׁוּם אֲחוֹתוֹ חַיָּב עָלֶיהָ וְלָמָּה נֶאֱמַר (ויקרא יח יא) "בַּת אֵשֶׁת אָבִיךָ" לְחַיֵּב עָלֶיהָ אַף מִשּׁוּם זֶה:

ד. לְפִיכָךְ הַבָּא עַל אֲחוֹתוֹ שֶׁהִיא בַּת נְשׂוּאַת אָבִיו חַיָּב שְׁתַּיִם. אַחַת מִשּׁוּם (ויקרא יח ט) "עֶרְוַת אֲחוֹתְךָ" וְאַחַת מִשּׁוּם (ויקרא יח יא) "עֶרְוַת בַּת אֵשֶׁת אָבִיךָ". אֲבָל אִם אָנַס אָבִיו אִשָּׁה אוֹ פִּתָּה אוֹתָהּ וְהוֹלִיד מִמֶּנָּה בַּת וּבָא עָלֶיהָ אֵינוֹ חַיָּב אֶלָּא מִשּׁוּם אֲחוֹתוֹ בִּלְבַד. שֶׁאֵין בַּת הָאֲנוּסָה בַּת אֵשֶׁת אָבִיו:

ה. אֲחוֹת אִמּוֹ בֵּין אֲחוֹתָהּ מֵאָבִיהָ בֵּין אֲחוֹתָהּ מֵאִמָּהּ בֵּין מִן הַנִּשּׂוּאִין בֵּין מִזְּנוּת הֲרֵי זוֹ עֶרְוָה עָלָיו מִשּׁוּם אֲחוֹת אֵם. וְכֵן אֲחוֹת הָאָב בֵּין מִן הָאֵם בֵּין מִן הָאָב בֵּין מִן הַנִּשּׂוּאִין בֵּין מִזְּנוּת הֲרֵי זוֹ עֶרְוָה עָלָיו מִשּׁוּם אֲחוֹת אָב:

ו. הַבָּא עַל אִשָּׁה דֶּרֶךְ זְנוּת וְהוֹלִיד מִמֶּנָּה בַּת אוֹתָהּ הַבַּת עֶרְוָה עָלָיו מִשּׁוּם בִּתּוֹ. וְאַף עַל פִּי שֶׁלֹּא נֶאֱמַר בַּתּוֹרָה עֶרְוַת בִּתְּךָ לֹא תְגַלֶּה מֵאַחַר שֶׁאָסַר בַּת הַבַּת שָׁתַק מִן הַבַּת וְאִסּוּרָהּ מִן הַתּוֹרָה. וְאֵינוֹ מִדִּבְרֵי סוֹפְרִים. לְפִיכָךְ הַבָּא עַל בִּתּוֹ מִנְּשׂוּאָתוֹ חַיָּב שְׁתַּיִם. מִשּׁוּם בִּתּוֹ וּמִשּׁוּם עֶרְוַת אִשָּׁה וּבִתָּהּ:

ז. כֵּיוָן שֶׁקִּדֵּשׁ אָדָם אִשָּׁה נֶאֶסְרוּ עָלָיו מִקְּרוֹבוֹתֶיהָ שֵׁשׁ נָשִׁים. וְכָל אַחַת מֵהֶן עֶרְוָה עָלָיו לְעוֹלָם בֵּין כָּנַס בֵּין גֵּרֵשׁ בֵּין בְּחַיֵּי אִשְׁתּוֹ בֵּין לְאַחַר מוֹתָהּ. וְאֵלּוּ הֵן. אִמָּהּ וְאֵם אִמָּהּ וְאֵם אָבִיהָ וּבִתָּהּ וּבַת בִּתָּהּ וּבַת בְּנָהּ. וְאִם בָּא עַל אַחַת מֵהֶן בְּחַיֵּי אִשְׁתּוֹ שְׁנֵיהֶן נִשְׂרָפִין:

ח. בָּא עֲלֵיהֶן לְאַחַר מִיתַת אִשְׁתּוֹ הֲרֵי אֵלּוּ בְּכָרֵת וְאֵין בָּהֶן מִיתַת בֵּית דִּין. שֶׁנֶּאֱמַר (ויקרא כ יד) "בָּאֵשׁ יִשְׂרְפוּ אֹתוֹ וְאֶתְהֶן". בִּזְמַן שֶׁשְּׁתֵּיהֶן קַיָּמוֹת שֶׁהֵן אִשְׁתּוֹ וְזוֹ שֶׁבָּא עָלֶיהָ הֲרֵי הוּא וְהָעֶרְוָה נִשְׂרָפִין. וּבִזְמַן שֶׁאֵין שְׁתֵּיהֶן קַיָּמוֹת אֵין שָׁם שְׂרֵפָה:

ט. וְכֵן אֲחוֹת אִשְׁתּוֹ עֶרְוָה עָלָיו עַד שֶׁתָּמוּת אִשְׁתּוֹ. בֵּין אֲחוֹתָהּ מֵאִמָּהּ בֵּין אֲחוֹתָהּ מֵאָבִיהָ בֵּין מִן הַנִּשּׂוּאִין בֵּין מִזְּנוּת הֲרֵי זוֹ עֶרְוָה עָלָיו:

י. עָבַר וְנָאַף עִם אַחַת מִשֶּׁבַע נָשִׁים אֵלּוּ בֵּין בְּזָדוֹן בֵּין בִּשְׁגָגָה אַף עַל פִּי שֶׁהוּא וְהַנּוֹאֶפֶת בְּמִיתַת בֵּית דִּין אוֹ בְּכָרֵת לֹא נֶאֶסְרָה אִשְׁתּוֹ עָלָיו חוּץ מֵאֲחוֹת אֲרוּסָתוֹ שֶׁהִיא אוֹסֶרֶת אִשְׁתּוֹ עָלָיו כְּמוֹ שֶׁבֵּאַרְנוּ בְּהִלְכוֹת גֵּרוּשִׁין:

יא. הַבּוֹעֵל אִשָּׁה דֶּרֶךְ זְנוּת לֹא נֶאֶסְרוּ עָלָיו קְרוֹבוֹתֶיהָ שֶׁהֵן

הַשֶּׁבַע נָשִׁים שֶׁאָמַרְנוּ. אֲבָל חֲכָמִים אָסְרוּ עַל מִי שֶׁנָּאַף עִם אִשָּׁה לִשָּׂא אַחַת מִן הַשֶּׁבַע נָשִׁים קְרוֹבוֹתֶיהָ כָּל זְמַן שֶׁהַזּוֹנָה קַיֶּמֶת. מִפְּנֵי שֶׁהַזּוֹנָה בָּאָה לִקְרוֹבוֹתֶיהָ לְבַקֵּר אוֹתָן וְהוּא מִתְיַחֵד עִמָּהּ וְלִבּוֹ גַּס בָּהּ וְיָבוֹא לִידֵי עֲבֵרָה שֶׁיִּבְעַל הָעֶרְוָה. וְלֹא עוֹד אֶלָּא אֲפִלּוּ נִטְעַן עַל אִשָּׁה הֲרֵי זֶה לֹא יִשָּׂא אַחַת מִקְּרוֹבוֹתֶיהָ עַד שֶׁתָּמוּת זוֹ שֶׁנִּטְעַן עָלֶיהָ. וְאִם כָּנַס הַקְּרוֹבָה שֶׁזָּנָה עִם קְרוֹבוֹתֶיהָ לֹא יוֹצִיא:

יב. מִי שֶׁנִּטְעַן עַל עֶרְוָה אוֹ שֶׁיָּצָא לוֹ שֵׁם רַע עִמָּהּ לֹא יָדוּר עִמָּהּ בְּמָבוֹי אֶחָד וְלֹא יֵרָאֶה בְּאוֹתָהּ שְׁכוּנָה. וּמַעֲשֶׂה שֶׁהָיוּ מְרַנְּנִין אַחֲרָיו עִם חֲמוֹתוֹ וְהִכּוּ אוֹתוֹ חֲכָמִים מַכַּת מַרְדּוּת מִפְּנֵי שֶׁעָבַר עַל פֶּתַח בֵּיתָהּ:

יג. הַבָּא עַל אִשָּׁה וּבִתָּהּ דֶּרֶךְ זְנוּת אוֹ עַל אִשָּׁה וַאֲחוֹתָהּ וְכַיּוֹצֵא בָּהֶן הֲרֵי זֶה כְּמִי שֶׁבָּא עַל שְׁתֵּי נָשִׁים נָכְרִיּוֹת שֶׁאֵין נַעֲשׂוֹת עֶרְוָה זוֹ עִם זוֹ אֶלָּא בְּנִשּׂוּאִין לֹא בִּזְנוּת. וְכֵן אִם אָנַס אָבִיו אוֹ בְּנוֹ אוֹ אָחִיו אוֹ אֲחִי אָבִיו אִשָּׁה אוֹ פִּתָּה אוֹתָהּ הֲרֵי זוֹ מֻתֶּרֶת לוֹ וְיִשָּׂאֶנָּה שֶׁלֹּא נֶאֱמַר אֶלָּא אֵשֶׁת וְאֵין כָּאן אִישׁוּת:

יד. אָבִיו אוֹ בְּנוֹ שֶׁנָּשָׂא אִשָּׁה הֲרֵי זֶה מֻתָּר לִשָּׂא בִּתָּהּ אוֹ אִמָּהּ כְּמוֹ שֶׁבֵּאַרְנוּ. וּמֻתָּר לְאָדָם לִשָּׂא אֵשֶׁת בֶּן אָחִיו. וְנוֹשֵׂא אָדָם אִשָּׁה וּבַת אֲחוֹתָהּ אוֹ בַּת אָחִיהָ כְּאַחַת. וּמִצְוַת חֲכָמִים שֶׁיִּשָּׂא אָדָם בַּת אֲחוֹתוֹ וְהוּא הַדִּין לְבַת אָחִיו שֶׁנֶּאֱמַר (ישעיה נח ז) "וּמִבְּשָׂרְךָ לֹא תִתְעַלָּם":

Perek 3

Arayot continued.

Adultery

Depending on the type of adultery the execution varies i.e.

- Strangulation – 'regular' adultery
- Burning – When woman is daughter of Priest (Plus 9 others mostly relating to daughters and in-laws)
- Stoning
  - Betrothed (engaged) *naarah* **(12-12½)** still in father's house
  - Betrothed *naarah* where there was slander about her which proved to be true. Plus 6 others mainly relating to mother, homosexuality, animals.

There are cases where the man is not held liable i.e.

- Wife of a deaf mute
- Wife of a mentally unstable
- Wife of a *tumtum*
- Wife of an *androgynous* etc.

Special case of *shifchah charufah* (half *eved Cnaani* and half freed woman, betrothed to an *eved Ivri*).

Until she is freed she is not fully married.

A Jewish slave can engage in relations with an *eved Cnaani.*

Also, because she was not yet freed, she is not yet a married woman.

Here punishment for transgression is *malkot* for her and he must bring an *Asham* (Guilt-offering).

Reminder:

Types of Slaves. Ref: *Sefer Kinyan, Hilchot Avadim,* Chapters 1–9

פרק ג'

א. הַבָּא עַל אֵשֶׁת קָטָן אֲפִלּוּ הָיְתָה יְבָמָה שֶׁבָּא עָלֶיהָ בֶּן תֵּשַׁע שָׁנִים וְיוֹם אֶחָד הֲרֵי זֶה פָּטוּר. וְכֵן הַבָּא עַל אֵשֶׁת חֵרֵשׁ וְשׁוֹטֶה וְאֵשֶׁת טֻמְטוּם וְאַנְדְּרוֹגִינוֹס וְעַל הַחֵרֶשֶׁת וְעַל הַשּׁוֹטָה אֵשֶׁת הַפִּקֵּחַ וְעַל אִשָּׁה שֶׁהִיא מְקֻדֶּשֶׁת בְּסָפֵק אוֹ מְגֹרֶשֶׁת בְּסָפֵק כֻּלָּן פְּטוּרִין. וְאִם הָיוּ מְזִידִין מַכִּין אוֹתָן מַכַּת מַרְדּוּת:

ב. הַבָּא עַל הַקְּטַנָּה אֵשֶׁת הַגָּדוֹל אִם קִדְּשָׁהּ אָבִיהָ הֲרֵי זֶה בְּחֶנֶק וְהִיא פְּטוּרָה מִכְּלוּם וְנֶאֶסְרָה עַל בַּעֲלָהּ כְּמוֹ שֶׁבֵּאַרְנוּ בְּהִלְכוֹת סוֹטָה. וְאִם הִיא בַּת מֵאוּן מַכִּין אוֹתוֹ מַכַּת מַרְדּוּת וְהִיא מֻתֶּרֶת לְבַעְלָהּ. וַאֲפִלּוּ הָיָה כֹּהֵן:

ג. בַּת כֹּהֵן שֶׁזִּנְּתָה כְּשֶׁהִיא אֵשֶׁת אִישׁ. בֵּין שֶׁהָיָה בַּעֲלָהּ כֹּהֵן בֵּין שֶׁהָיָה יִשְׂרָאֵל וַאֲפִלּוּ הָיָה בַּעֲלָהּ מַמְזֵר אוֹ נָתִין אוֹ שְׁאָר מְחַיְּבֵי לָאוִין הֲרֵי זוֹ בִּשְׂרֵפָה שֶׁנֶּאֱמַר (ויקרא כא ט) "וּבַת כֹּהֵן כִּי תֵחֵל לִזְנוֹת" ???. וּבוֹעֲלָהּ בְּחֶנֶק. וְכֵן בַּת יִשְׂרָאֵל אֵשֶׁת כֹּהֵן בְּחֶנֶק כְּדִין כָּל אֵשֶׁת אִישׁ:

ד. הַבָּא עַל נַעֲרָה מְאֹרָשָׂה שְׁנֵיהֶן בִּסְקִילָה. וְאֵינָן חַיָּבִין סְקִילָה עַד שֶׁתִּהְיֶה נַעֲרָה בְּתוּלָה מְאֹרָשָׂה וְהִיא בְּבֵית אָבִיהָ. הָיְתָה בּוֹגֶרֶת אוֹ שֶׁנִּכְנְסָה לְחֻפָּה אַף עַל פִּי שֶׁלֹּא נִבְעֲלָה אֲפִלּוּ מָסְרָה הָאָב לִשְׁלוּחֵי הַבַּעַל וְזִנְּתָה בַּדֶּרֶךְ הֲרֵי זוֹ בְּחֶנֶק:

ה. וְהַבָּא עַל קְטַנָּה מְאֹרָשָׂה בְּבֵית אָבִיהָ הוּא בִּסְקִילָה וְהִיא פְּטוּרָה. וְנַעֲרָה מְאֹרָשָׂה בַּת כֹּהֵן שֶׁזִּנְּתָה בִּסְקִילָה:

ו. בָּאוּ עָלֶיהָ עֲשָׂרָה וְהִיא בְּתוּלָה בִּרְשׁוּת אָבִיהָ זֶה אַחַר זֶה הֲרֵי הָרִאשׁוֹן בִּסְקִילָה וְכֻלָּן בְּחֶנֶק (בַּמֶּה דְּבָרִים אֲמוּרִים שֶׁבָּאוּ עָלֶיהָ כְּדַרְכָּהּ אֲבָל אִם בָּאוּ עָלֶיהָ שֶׁלֹּא כְּדַרְכָּהּ עֲדַיִן הִיא בְּתוּלָה וְכֻלָּן בִּסְקִילָה):

ז. נַעֲרָה מְאֹרָשָׂה שֶׁהָיְתָה מְשֻׁחְרֶרֶת אוֹ גִּיֹּרֶת אַף עַל פִּי שֶׁנִּשְׁתַּחְרְרָה וְנִתְגַּיְּרָה וְהִיא פְּחוּתָה מִבַּת שָׁלֹשׁ שָׁנִים וְיוֹם אֶחָד הֲרֵי זוֹ בְּחֶנֶק כְּכָל אֵשֶׁת אִישׁ:

ח. דִּין חָדָשׁ יֵשׁ בְּמוֹצִיא שֵׁם רָע. וּמַה הוּא הַחִדּוּשׁ. שֶׁאִם נִמְצָא הַדָּבָר אֱמֶת וּבָאוּ עֵדִים שֶׁזִּנְּתָה כְּשֶׁהָיְתָה נַעֲרָה מְאֹרָשָׂה אַף עַל פִּי שֶׁזִּנְּתָה אַחַר שֶׁיָּצְאָה מִבֵּית אָבִיהָ וַאֲפִלּוּ שֶׁזִּנְּתָה אַחַר שֶׁנִּכְנְסָה לַחֻפָּה קֹדֶם בְּעִילַת הַבַּעַל סוֹקְלִין אוֹתָהּ עַל פֶּתַח בֵּית אָבִיהָ. אֲבָל שְׁאָר נְעָרוֹת מְאֹרָסוֹת שֶׁלֹּא הָיָה לָהֶן דִּין הוֹצָאַת שֵׁם רַע שֶׁזִּנּוּ מֵאַחַר שֶׁיָּצְאוּ מִבֵּית הָאָב הֲרֵי הֵן בְּחֶנֶק כְּמוֹ שֶׁבֵּאַרְנוּ. הָא לָמַדְתָּ שֶׁבְּאֵשֶׁת אִישׁ שָׁלֹשׁ מִיתוֹת. יֵשׁ אֵשֶׁת אִישׁ שֶׁהִיא בְּחֶנֶק. וְיֵשׁ אֵשֶׁת אִישׁ שֶׁהִיא בִּשְׂרֵפָה. וְיֵשׁ אֵשֶׁת אִישׁ שֶׁהִיא בִּסְקִילָה:

ט. וְהֵיכָן סוֹקְלִין נַעֲרָה מְאֹרָשָׂה שֶׁזִּנְּתָה. אִם זִנְּתָה בְּבֵית אָבִיהָ אַף עַל פִּי שֶׁלֹּא הֵעִידוּ עָלֶיהָ הָעֵדִים אֶלָּא אַחַר שֶׁבָּאָה לְבֵית חָמִיהָ (וְנִסֵּת) הֲרֵי זוֹ נִסְקֶלֶת עַל פֶּתַח בֵּית אָבִיהָ. זִנְּתָה בְּבֵית חָמִיהָ קֹדֶם שֶׁיִּמָּסֵר אוֹתָהּ הָאָב אַף עַל פִּי שֶׁהֵעִידוּ עָלֶיהָ אַחַר שֶׁחָזְרָה לְבֵית אָבִיהָ הֲרֵי זוֹ נִסְקֶלֶת עַל פֶּתַח שַׁעַר הָעִיר הַהִיא:

י. בָּאוּ עֵדִים אַחַר שֶׁבָּגְרָה אוֹ אַחַר שֶׁבְּעָלָהּ בַּעֲלָהּ אַף עַל פִּי שֶׁהֵעִידוּ שֶׁזִּנְּתָה בְּבֵית אָבִיהָ כְּשֶׁהָיְתָה נַעֲרָה הֲרֵי זוֹ נִסְקֶלֶת בְּבֵית הַסְּקִילָה:

יא. הָיְתָה הוֹרָתָהּ שֶׁלֹּא בִּקְדֻשָּׁה וְלֵדָתָהּ בִּקְדֻשָּׁה נִסְקֶלֶת עַל פֶּתַח שַׁעַר הָעִיר. כָּל מִי שֶׁמְּצַוֶּתָהּ לִסְקל אוֹתָהּ עַל פֶּתַח שַׁעַר הָעִיר אִם הָיְתָה הָעִיר שֶׁרֻבָּהּ עַכּוּ"ם סוֹקְלִין אוֹתָהּ עַל פֶּתַח בֵּית דִּין. וְכָל מִי שֶׁמְּצַוֶּתָהּ לִסְקל אוֹתָהּ עַל פֶּתַח בֵּית אָבִיהָ אִם לֹא הָיָה לָהּ אָב אוֹ שֶׁהָיָה לָהּ אָב וְלֹא הָיָה לוֹ בַּיִת הֲרֵי זוֹ נִסְקֶלֶת בְּבֵית הַסְּקִילָה. לֹא נֶאֱמַר (דברים כב כא) "פֶּתַח בֵּית אָב" אֶלָּא לְמִצְוָה:

יב. הַבָּא עַל עֶרְוָה מִן הָעֲרָיוֹת בְּבִיאוֹת הַרְבֵּה חַיָּב כָּרֵת אוֹ מִיתַת בֵּית דִּין עַל כָּל בִּיאָה וּבִיאָה אַף עַל פִּי שֶׁאֵין בֵּית דִּין יְכוֹלִין לַהֲמִית אֶלָּא מִיתָה אַחַת הֲרֵי הַבִּיאוֹת נֶחְשָׁבוֹת לוֹ כַּעֲבֵרוֹת הַרְבֵּה. וְכֵן אִם בָּא בִּיאָה אַחַת שֶׁחַיָּבִין עָלֶיהָ מִשּׁוּם שֵׁמוֹת הַרְבֵּה אִם הָיָה שׁוֹגֵג מֵבִיא קָרְבָּן עַל כָּל שֵׁם וָשֵׁם. אַף עַל פִּי שֶׁהִיא בִּיאָה אַחַת כְּמוֹ שֶׁיִּתְבָּאֵר בְּהִלְכוֹת שְׁגָגוֹת. וְאִם הָיָה מֵזִיד הֲרֵי זוֹ נֶחְשֶׁבֶת לוֹ כַּעֲבֵרוֹת הַרְבֵּה. וְכֵן בָּא בִּיאָה אַחַת וְלוֹקֶה עָלֶיהָ מַלְקֻיּוֹת הַרְבֵּה כְּמוֹ שֶׁיִּתְבָּאֵר:

יג. שִׁפְחָה חֲרוּפָה הָאֲמוּרָה בַּתּוֹרָה הִיא שֶׁחֶצְיָהּ שִׁפְחָה וְחֶצְיָהּ בַּת חוֹרִין וּמְקֻדֶּשֶׁת לְעֶבֶד עִבְרִי שֶׁנֶּאֱמַר (ויקרא יט כ) "לֹא יוּמְתוּ כִּי לֹא חֻפָּשָׁה". הָא אִם נִשְׁתַּחְרְרָה כֻּלָּהּ חַיָּבִין עָלֶיהָ מִיתַת בֵּית דִּין שֶׁהֲרֵי נַעֲשֵׂית אֵשֶׁת אִישׁ גְּמוּרָה כְּמוֹ שֶׁבֵּאַרְנוּ בְּהִלְכוֹת אִישׁוּת:

יד. בִּיאַת שִׁפְחָה זוֹ מְשֻׁנָּה מִכָּל בִּיאוֹת אֲסוּרוֹת שֶׁבַּתּוֹרָה. שֶׁהֲרֵי הִיא לוֹקָה שֶׁנֶּאֱמַר (ויקרא יט כ) "בִּקֹּרֶת תִּהְיֶה" וְהוּא חַיָּב קָרְבָּן אָשָׁם שֶׁנֶּאֱמַר (ויקרא יט כא) "וְהֵבִיא אֶת אֲשָׁמוֹ". אֶחָד שׁוֹגֵג אֶחָד מֵזִיד בְּשִׁפְחָה חֲרוּפָה מֵבִיא אָשָׁם. וְהַבָּא עָלֶיהָ בִּיאוֹת הַרְבֵּה בֵּין בְּזָדוֹן בֵּין בִּשְׁגָגָה מֵבִיא אָשָׁם אֶחָד. אֲבָל הִיא חַיֶּבֶת מַלְקוֹת עַל כָּל בִּיאָה וּבִיאָה אִם הָיְתָה מְזִידָה כִּשְׁאָר חַיָּבֵי לָאוִין:

טו. הַמְעָרֶה בְּשִׁפְחָה חֲרוּפָה וְלֹא גָּמַר בִּיאָתוֹ פָּטוּר עַד שֶׁיִּגְמֹר בִּיאָתוֹ. וְאֵינוֹ חַיָּב אֶלָּא עַל הַגְּדוֹלָה הַבְּעוּלָה הַמְּזִידָה וּבִרְצוֹנָהּ. אֲבָל אִם הָיְתָה קְטַנָּה אוֹ שֶׁלֹּא הָיְתָה בְּעוּלָה אוֹ הָיְתָה שׁוֹגֶגֶת אוֹ אֲנוּסָה אוֹ יְשֵׁנָה פָּטוּר [וְכֵן אִם בָּא עָלֶיהָ שֶׁלֹּא כְּדַרְכָּהּ פָּטוּר שֶׁבְּשִׁפְחָה חֲרוּפָה לֹא הִשְׁוָה בִּיאָה כְּדַרְכָּהּ לְבִיאָה שֶׁלֹּא כְּדַרְכָּהּ שֶׁנֶּאֱמַר (ויקרא יט כ) "שִׁכְבַת זֶרַע". אֲבָל בִּשְׁאָר בִּיאוֹת לֹא חָלַק בֵּין בִּיאָה לְבִיאָה שֶׁנֶּאֱמַר (ויקרא יח כב) (ויקרא כ יג) "מִשְׁכְּבֵי אִשָּׁה" מַגִּיד [לְךָ] הַכָּתוּב שֶׁשְּׁנֵי מִשְׁכָּבוֹת בְּאִשָּׁה]:

טז. כָּל מָקוֹם שֶׁאָמַרְנוּ בְּשִׁפְחָה שֶׁהוּא פָּטוּר הוּא פָּטוּר מִן הַקָּרְבָּן וְהִיא פְּטוּרָה מִן הַמַּלְקוֹת. אֲבָל מַכִּין אוֹתוֹ מַכַּת מַרְדּוּת מִדִּבְרֵיהֶם אִם הָיוּ שְׁנֵיהֶן מְזִידִין וּגְדוֹלִים:

יז. בֶּן תֵּשַׁע שָׁנִים וְיוֹם אֶחָד שֶׁבָּא עַל שִׁפְחָה חֲרוּפָה הִיא לוֹקָה וְהוּא מֵבִיא קָרְבָּן. וְהוּא שֶׁתִּהְיֶה גְּדוֹלָה וּבְעוּלָה וּבִרְצוֹנָהּ כְּמוֹ שֶׁבֵּאַרְנוּ. שֶׁאֵין הָאִישׁ חַיָּב קָרְבָּן עַד שֶׁתִּתְחַיֵּב הִיא מַלְקוֹת שֶׁנֶּאֱמַר (ויקרא יט כ) "בִּקֹּרֶת תִּהְיֶה" (ויקרא יט כא) "וְהֵבִיא אֶת אֲשָׁמוֹ":

Perek 4

Nidah and Zivah.

NIDAH

One is not allowed to have relations with a woman who became impure due to menstruation (*nidah*). This would apply even to a girl above the age of 3. A girl from the day she is born can become a *nidah* i.e. there is no difference between an adult, and minor etc. regarding this impurity. The punishment is *karet.*

Not to have relations with a woman in the *nidah* or *zavah* state[23]

This applies to –

7 days bleeding of *nidah*

Zavah period of bleeding plus her **7** clean days

Impurity after birth of a male – **7 days** (followed **by 33 pure** days after *mikveh*, even if bleeding.)

Impurity after birth of female – **14 days** (followed **by 66 pure days** after *mikveh,* even if bleeding).

The above periods of impurity only end when woman goes to *mikveh* (ritual bath). This removes the impurity.

Women usually have fixed periods when menstruation occurs. This is called *veset.* At other times, the husband can assume that his wife is pure unless told otherwise.

A woman who does not have a fixed *veset* is forbidden to engage in relations until she inspects herself for bleeding (i.e. with a cloth).

Reminder

Summary of Definitions of *zav, zavah, nidah and yoledet* (people who transmit impurity by sitting and lying down)

Ref: *Zav Sefer Korbanot, Hilchot Mechusrei Kaparah,* Chapters 1, 2, 3
Zavah. Nidah Sefer Kedushah, Hilchot Issurei Biah, Chapters 4–11
Yoledet Sefer Kedushah, Hilchot Issurei Biah, Chapters 7, 10

ZAV

Disease in a male which causes an involuntary discharge of semen

If a person experiences **1** *zav* discharge his status is of one who had seminal emission.

If he experiences **2** discharges this is called *zav*. He must count 7 clean days and then immerse. He is not obligated to bring a sacrifice.

If he experiences **3** discharges he is a complete *zav* and is obligated to bring a sacrifice – *Mosheh Misinai.*

ZAVAH (MAJOR)

A woman who experiences uterine bleeding for **3** consecutive days at a time other than the days when she usually menstruates.

ZAVAH (MINOR)

A woman who experiences uterine bleeding (outside of menstruation time) for **1** or **2** consecutive days

NIDAH

- a fixed day of expected menstruation
- **7** *yemei nidah* (days of nidah)
- **11** days of *zivah* – *Mosheh Misinai* – There are no more than **11** days between one menstrual bleeding and next.
- Thus the cycle continues every **18** days, **7** days, of nidah and **11** days of zivah

YOLEDET (CHILDBIRTH)

A woman who gives birth to a male is impure for **7** days

A woman who gives birth to a female is impure for **14** days

Miscarriage also included in this category.

Reminder:

Definition of *Zav, Zavah, Nidah, Yoledet* (People who Transmit Impurity by Sitting or Lying Down).

Ref: *Sefer Taharah, Hilchot Metamei Mishkav Umoshav,* Chapter 1

Pack on Zav

Mikveh (immersion) for *nidah* must be at night (unless there are special circumstances, in which case it should be done during one of the following days).

פרק ד׳

א. הַנִּדָּה הֲרֵי הִיא כִּשְׁאָר כָּל הָעֲרָיוֹת. הַמְעָרֶה בָּהּ [בֵּין כְּדַרְכָּהּ בֵּין שֶׁלֹּא כְּדַרְכָּהּ] חַיָּב כָּרֵת וַאֲפִלּוּ הָיְתָה קְטַנָּה בַּת שָׁלֹשׁ שָׁנִים וְיוֹם אֶחָד כִּשְׁאָר עֲרָיוֹת שֶׁהַבַּת מִתְטַמְּאָה בְּנִדָּה וַאֲפִלּוּ בְּיוֹם לֵדָתָהּ. וּבַת עֲשָׂרָה יָמִים מְטַמְּאָה בְּזִיבָה וְדָבָר זֶה מִפִּי הַשְּׁמוּעָה לָמְדוּ שֶׁאֵין הֶפְרֵשׁ בֵּין גְּדוֹלָה לִקְטַנָּה לְטֻמְאַת נִדּוֹת וְזָבוֹת:

ב. וְאֶחָד הַבָּא עַל הַנִּדָּה כָּל שִׁבְעַת הַיָּמִים וַאֲפִלּוּ לֹא רָאֲתָה אֶלָּא יוֹם רִאשׁוֹן. וְאֶחָד הַבָּא עַל יוֹלֶדֶת זָכָר כָּל שִׁבְעָה אוֹ עַל יוֹלֶדֶת נְקֵבָה כָּל אַרְבָּעָה עָשָׂר. אוֹ עַל הַזָּבָה כָּל יְמֵי זוֹבָהּ וּסְפִירָתָהּ. בֵּין שִׁפְחָה בֵּין מְשֻׁחְרֶרֶת הַכֹּל בְּכָרֵת שֶׁנֶּאֱמַר בְּנִדָּה (ויקרא טו יט) "שִׁבְעַת יָמִים תִּהְיֶה בְנִדָּתָהּ". וּבְזָבָה נֶאֱמַר (ויקרא טו כה) "כָּל יְמֵי זוֹב טֻמְאָתָהּ כִּימֵי נִדָּתָהּ תִּהְיֶה". וּבְיוֹלֶדֶת זָכָר הוּא אוֹמֵר (ויקרא יב ב) "כִּימֵי נִדַּת דְּוֹתָהּ תִּטְמָא". וּבְיוֹלֶדֶת נְקֵבָה (ויקרא יב ה) "וְטָמְאָה שְׁבֻעַיִם כְּנִדָּתָהּ":

ג. בַּמֶּה דְּבָרִים אֲמוּרִים שֶׁהַטֻּמְאָה תְּלוּיָה בְּיָמִים בְּשֶׁטָּבְלָה בְּמֵי מִקְוֶה אַחַר הַיָּמִים הַסְּפוּרִים. אֲבָל נִדָּה וְזָבָה וְיוֹלֶדֶת שֶׁלֹּא טָבְלוּ בְּמֵי מִקְוֶה הַבָּא עַל אַחַת מֵהֶן אֲפִלּוּ אַחַר כַּמָּה שָׁנִים חַיָּב כָּרֵת. שֶׁבְּיָמִים וּטְבִילָה תָּלָה הַכָּתוּב שֶׁנֶּאֱמַר (ויקרא טו יח) "וְרָחֲצוּ בַמַּיִם" זֶה בִּנְיַן אָב לְכָל טָמֵא שֶׁהוּא בְּטֻמְאָתוֹ עַד שֶׁיִּטְבֹּל:

ד. הָעַכּוּ"ם אֵין חַיָּבִין עֲלֵיהֶם מִשּׁוּם נִדָּה וְלֹא מִשּׁוּם זָבָה וְלֹא מִשּׁוּם יוֹלֶדֶת. וַחֲכָמִים גָּזְרוּ עַל כָּל הָעַכּוּ"ם הַזְּכָרִים וְהַנְּקֵבוֹת שֶׁיִּהְיוּ כְּזָבִים תָּמִיד בֵּין רָאוּ בֵּין לֹא רָאוּ לְעִנְיַן טֻמְאָה וְטָהֳרָה:

ה. כָּל דָּם שֶׁתִּרְאֶה הַיּוֹלֶדֶת בְּתוֹךְ ל"ג שֶׁל זָכָר וְס"ו שֶׁל נְקֵבָה הוּא הַנִּקְרָא דַּם טֹהַר. וְאֵין מוֹנֵעַ אֶת הָאִשָּׁה מִבַּעְלָהּ אֶלָּא טוֹבֶלֶת אַחַר שִׁבְעָה לְזָכָר וְאַחַר אַרְבָּעָה עָשָׂר לִנְקֵבָה וּמְשַׁמֶּשֶׁת מִטָּתָהּ אַף עַל פִּי שֶׁהַדָּם שׁוֹתֵת וְיוֹרֵד:

ו. כָּל חַיָּבֵי טְבִילוֹת טְבִילָתָן בַּיּוֹם חוּץ מִנִּדָּה וְיוֹלֶדֶת שֶׁהֲרֵי הוּא אוֹמֵר בְּנִדָּה (ויקרא טו יט) "שִׁבְעַת יָמִים תִּהְיֶה בְנִדָּתָהּ". הַשִּׁבְעָה כֻּלָּן בְּנִדָּתָהּ וְטוֹבֶלֶת בְּלֵיל שְׁמִינִי. וְכֵן יוֹלֶדֶת זָכָר בְּלֵיל שְׁמִינִי וְיוֹלֶדֶת נְקֵבָה בְּלֵיל חֲמִשָּׁה עָשָׂר. שֶׁהַיּוֹלֶדֶת כְּנִדָּה כְּמוֹ שֶׁבֵּאַרְנוּ:

ז. נִתְאַחֲרָה יָמִים רַבִּים וְלֹא טָבְלָה כְּשֶׁתִּטְבֹּל לֹא תִּטְבֹּל אֶלָּא בַּלַּיְלָה שֶׁאִם תִּטְבֹּל בַּיּוֹם יִטְעוּ וְתָבוֹא נִדָּה אַחֶרֶת לִטְבֹּל בִּשְׁבִיעִי:

ח. הָיְתָה חוֹלָה אוֹ שֶׁהָיָה מְקוֹם הַטְּבִילָה רָחוֹק וְאֵין הַנָּשִׁים יְכוֹלוֹת לְהַגִּיעַ לוֹ וְלַחֲזֹר בַּלַּיְלָה מִפְּנֵי הַלִּסְטִים אוֹ מִפְּנֵי הַצִּנָּה אוֹ מִפְּנֵי שֶׁנּוֹעֲלִין שַׁעֲרֵי הַמְּדִינָה בַּלַּיְלָה הֲרֵי זוֹ טוֹבֶלֶת בַּיּוֹם הַשְּׁמִינִי אוֹ בַּיָּמִים שֶׁל אַחֲרָיו בַּיּוֹם:

ט. כָּל הַנָּשִׁים שֶׁיֵּשׁ לָהֶן וֶסֶת בְּחֶזְקַת טָהֳרָה לְבַעֲלֵיהֶן עַד שֶׁתֹּאמַר לוֹ טְמֵאָה אֲנִי אוֹ עַד שֶׁתֻּחְזַק נִדָּה בִּשְׁכֵנוֹתֶיהָ. הָלַךְ בַּעְלָהּ לִמְדִינָה אַחֶרֶת וֶהֱנִיחָהּ טְהוֹרָה כְּשֶׁיָּבוֹא אֵינוֹ צָרִיךְ לִשְׁאֹל לָהּ אֲפִלּוּ מְצָאָהּ יְשֵׁנָה הֲרֵי זֶה מֻתָּר לָבוֹא עָלֶיהָ שֶׁלֹּא בְּעוֹנַת וִסְתָּהּ וְאֵינוֹ חוֹשֵׁשׁ שֶׁמָּא נִדָּה הִיא. וְאִם הֱנִיחָהּ נִדָּה אֲסוּרָה לוֹ עַד שֶׁתֹּאמַר לוֹ טְהוֹרָה אֲנִי:

י. הָאִשָּׁה שֶׁאָמְרָה לְבַעְלָהּ טְמֵאָה אֲנִי וְחָזְרָה וְאָמְרָה טְהוֹרָה אֲנִי וְדֶרֶךְ שְׂחוֹק אָמַרְתִּי לְךָ תְּחִלָּה אֵינָהּ נֶאֱמֶנֶת. וְאִם נָתְנָה אֲמַתְלָא לִדְבָרֶיהָ נֶאֱמֶנֶת. כֵּיצַד. תְּבָעָהּ בַּעְלָהּ וַאֲחוֹתוֹ אוֹ אִמּוֹ עִמָּהּ בֶּחָצֵר וְאָמְרָה טְמֵאָה אֲנִי וְאַחַר כָּךְ חָזְרָה וְאָמְרָה טְהוֹרָה אֲנִי וְלֹא אָמַרְתִּי לְךָ טְמֵאָה אֶלָּא מִפְּנֵי אֲחוֹתְךָ וְאִמְּךָ שֶׁמָּא יֵרְאוּ אוֹתָנוּ הֲרֵי זוֹ נֶאֱמֶנֶת. וְכֵן כָּל כַּיּוֹצֵא בָּזֶה:

יא. הָיָה מְשַׁמֵּשׁ עִם הַטְּהוֹרָה וְאָמְרָה לוֹ נִטְמֵאתִי לֹא יִפְרֹשׁ מִיָּד וְהוּא בְּקִשּׁוּיוֹ שֶׁהֲנָאָה לוֹ בִּיצִיאָתוֹ כְּבִיאָתוֹ. וְאִם פֵּרַשׁ וְהוּא בְּקִשּׁוּיוֹ חַיָּב כָּרֵת כְּמוֹ שֶׁבָּעַל נִדָּה. וְהוּא הַדִּין בִּשְׁאָר עֲרָיוֹת. אֶלָּא כֵּיצַד יַעֲשֶׂה. נוֹעֵץ צִפָּרְנֵי רַגְלָיו בַּקַּרְקַע וְשׁוֹהֶה וְאֵינוֹ מִזְדַּעֲזֵעַ עַד שֶׁיָּמוּת הָאֵבֶר וְאַחַר כָּךְ נִשְׁמָט מִמֶּנָּה:

יב. וְאָסוּר לוֹ לָאָדָם לָבֹא עַל אִשְׁתּוֹ סָמוּךְ לְוִסְתָּהּ שֶׁמָּא תִּרְאֶה דָּם בִּשְׁעַת תַּשְׁמִישׁ שֶׁנֶּאֱמַר (ויקרא טו לא) "וְהִזַּרְתֶּם אֶת בְּנֵי יִשְׂרָאֵל מִטֻּמְאָתָם". וְכַמָּה. אִם הָיָה דַּרְכָּהּ לִרְאוֹת בַּיּוֹם אָסוּר לְשַׁמֵּשׁ מִתְּחִלַּת הַיּוֹם. וְאִם הָיָה דַּרְכָּהּ לִרְאוֹת בַּלַּיְלָה אָסוּר לְשַׁמֵּשׁ מִתְּחִלַּת הַלַּיְלָה:

יג. עָבַר וִסְתָּהּ וְלֹא רָאֲתָה מֻתֶּרֶת לְשַׁמֵּשׁ אַחַר שֶׁתַּעֲבֹר עוֹנַת הַוֶּסֶת. כֵּיצַד. הָיָה דַּרְכָּהּ לִרְאוֹת בְּשֵׁשׁ שָׁעוֹת בַּיּוֹם אֲסוּרָה לְשַׁמֵּשׁ מִתְּחִלַּת הַיּוֹם. עָבְרוּ שֵׁשׁ שָׁעוֹת בַּיּוֹם וְלֹא רָאֲתָה אֲסוּרָה לְשַׁמֵּשׁ עַד לָעֶרֶב. וְכֵן אִם הָיָה דַּרְכָּהּ לִרְאוֹת בְּשֵׁשׁ שָׁעוֹת בַּלַּיְלָה וְעָבְרוּ וְלֹא רָאֲתָה אֲסוּרָה לְשַׁמֵּשׁ עַד שֶׁתִּזְרַח הַשֶּׁמֶשׁ:

יד. דֶּרֶךְ בְּנֵי יִשְׂרָאֵל וּבְנוֹת יִשְׂרָאֵל לְעוֹלָם לִבְדֹּק עַצְמָם אַחַר הַתַּשְׁמִישׁ. כֵּיצַד. מְקַנֵּחַ הָאִישׁ עַצְמוֹ בְּמַטְלִית נְכוֹנָה לוֹ וּמְקַנַּחַת הָאִשָּׁה עַצְמָהּ בְּמַטְלִית נְכוֹנָה לָהּ וְרוֹאִין בָּהֶן שֶׁמָּא רָאֲתָה דָּם בִּשְׁעַת תַּשְׁמִישׁ. וְיֵשׁ לָאִישׁ לְהַנִּיחַ אִשְׁתּוֹ שֶׁתִּבְדֹּק בְּמַטְלִית שֶׁלּוֹ מִתּוֹךְ שֶׁנֶּאֱמֶנֶת עַל שֶׁלָּהּ נֶאֱמֶנֶת עַל שֶׁלּוֹ:

טו. בְּגָדִים אֵלּוּ שֶׁמְּקַנְּחִין בָּהֶן צְרִיכִין שֶׁיִּהְיוּ שֶׁל פִּשְׁתָּן שְׁחָקִים וּלְבָנִים וְהֵם הַנִּקְרָאִים עֵדִים בְּעִנְיָן זֶה. וְהַבֶּגֶד שֶׁמְּקַנֵּחַ בּוֹ הוּא נִקְרָא עֵד שֶׁלּוֹ. וְהַבֶּגֶד שֶׁמְּקַנַּחַת הִיא בּוֹ נִקְרָא עֵד שֶׁלָּהּ:

טז. הַצְּנוּעוֹת אֵין מְשַׁמְּשׁוֹת אֶלָּא עַד שֶׁיִּבְדְּקוּ עַצְמָן תְּחִלָּה קֹדֶם תַּשְׁמִישׁ. וְאִשָּׁה שֶׁאֵין לָהּ וֶסֶת אֲסוּרָה לְשַׁמֵּשׁ עַד שֶׁתִּבְדֹּק. לְפִיכָךְ הִיא מְשַׁמֶּשֶׁת בִּשְׁנֵי עֵדִים אֶחָד לִפְנֵי

הַתַּשְׁמִישׁ וְאֶחָד לְאַחַר הַתַּשְׁמִישׁ. אֲבָל אִשָּׁה שֶׁיֵּשׁ לָהּ וֶסֶת אֵינָהּ צְרִיכָה עֵד לִפְנֵי תַּשְׁמִישׁ אֶלָּא מִשּׁוּם צְנִיעוּת בִּלְבַד. אֲבָל אַחַר תַּשְׁמִישׁ הַכֹּל צְרִיכִין שְׁנֵי עֵדִים אֶחָד לוֹ וְאֶחָד לָהּ אֲפִלּוּ מְעֻבֶּרֶת וּמֵינִיקָה וּזְקֵנָה. וּקְטַנָּה לֹא תְּשַׁמֵּשׁ אֶלָּא בִּשְׁנֵי עֵדִים אֶחָד לוֹ וְאֶחָד לָהּ. אֲבָל בְּתוּלָה וְיוֹשֶׁבֶת עַל דַּם טֹהַר אֵינָהּ צְרִיכָה עֵדִים שֶׁהֲרֵי הַדָּם שׁוֹתֵת מִמֶּנָּה:

יז. הַמְשַׁמֵּשׁ מִטָּתוֹ פְּעָמִים רַבּוֹת אֵינָן צְרִיכִין לִבְדֹּק שְׁנֵי הָעֵדִים שֶׁלָּהֶן עַל כָּל בִּיאָה וּבִיאָה. אֶלָּא מְקַנֵּחַ הוּא בְּעֵד שֶׁלּוֹ וְהִיא בְּעֵד שֶׁלָּהּ אַחַר כָּל בִּיאָה וּבִיאָה שֶׁל כָּל הַלַּיְלָה וּלְמָחָר יִבְדְּקוּ הָעֵדִים. נִמְצָא הַדָּם עַל עֵד שֶׁלָּהּ אוֹ עַל עֵד שֶׁלּוֹ הֲרֵי זוֹ טְמֵאָה. שִׁמְּשָׁה מִטָּתָהּ וְקִנְּחָה עַצְמָהּ וְאָבַד הָעֵד הֲרֵי זוֹ לֹא תְּשַׁמֵּשׁ פַּעַם שְׁנִיָּה עַד שֶׁתִּבְדֹּק בְּעֵד אַחֵר תְּחִלָּה. שֶׁמָּא דָּם הָיָה עַל הָעֵד שֶׁאָבַד:

יח. הִנִּיחָה הָעֵד תַּחַת הַכַּר אוֹ תַּחַת הַכֶּסֶת וְנִמְצָא עָלָיו דָּם. אִם מָשׁוּךְ טְמֵאָה שֶׁחֶזְקָתוֹ מִן הַקִּנּוּחַ. וְאִם הָיָה עָגֹל טְהוֹרָה שֶׁאֵין זֶה אֶלָּא דַּם מַאֲכֹלֶת שֶׁנֶּהֶרְגָה תַּחַת הַכַּר:

יט. קִנְּחָה עַצְמָהּ בְּעֵד הַבָּדוּק לָהּ וְטָחֲתוֹ בִּירֵכָהּ וּלְמָחָר נִמְצָא עָלָיו דָּם הֲרֵי זוֹ טְמֵאָה. וְאֵין אוֹמְרִים שֶׁמָּא כְּשֶׁטָּחָה אוֹתָהּ בִּירֵכָהּ נֶהֶרְגָה מַאֲכֹלֶת. קִנְּחָה עַצְמָהּ בְּעֵד שֶׁאֵינוֹ בָּדוּק לָהּ וְלֹא יָדְעָה אִם הָיָה עָלָיו דָּם קֹדֶם שֶׁתְּקַנֵּחַ בּוֹ אוֹ לֹא הָיָה. נִמְצָא עָלָיו דָּם אִם הָיָה הַדָּם כִּגְרִיס וְעוֹד הֲרֵי זוֹ נִדָּה. הָיָה פָּחוֹת מִכֵּן טְהוֹרָה שֶׁאֵינוֹ אֶלָּא מִן הַמַּאֲכֹלֶת:

כ. מִי שֶׁרָאֲתָה דָּם בִּשְׁעַת תַּשְׁמִישׁ הֲרֵי זוֹ מֻתֶּרֶת לְשַׁמֵּשׁ כְּשֶׁתִּטְהַר פַּעַם שְׁנִיָּה. רָאֲתָה דָּם בְּפַעַם שְׁנִיָּה מְשַׁמֶּשֶׁת פַּעַם שְׁלִישִׁית. רָאֲתָה דָּם בַּשְּׁלִישִׁית הֲרֵי זוֹ אֲסוּרָה לְשַׁמֵּשׁ עִם בַּעַל זֶה לְעוֹלָם. בַּמֶּה דְּבָרִים אֲמוּרִים בְּשֶׁלֹּא הָיָה שָׁם דָּבָר לִתְלוֹת בּוֹ. אֲבָל אִם שִׁמְּשָׁה סָמוּךְ לְוֶסְתָּהּ תּוֹלָה בְּוֶסֶת. הָיְתָה בָּהּ מַכָּה תּוֹלָה בַּמַּכָּה. וְאִם הָיָה דַּם מַכָּתָהּ מְשֻׁנֶּה מִדָּם שֶׁתִּרְאֶה בְּעֵת הַתַּשְׁמִישׁ אֵינָהּ תּוֹלָה בַּמַּכָּה. וְנֶאֱמֶנֶת אִשָּׁה לוֹמַר מַכָּה יֵשׁ לִי בְּתוֹךְ הַמָּקוֹר שֶׁמִּמֶּנָּה הַדָּם יוֹצֵא וְתִהְיֶה מֻתֶּרֶת לְבַעְלָהּ. וְאַף עַל פִּי שֶׁדָּם יוֹצֵא מִן הַמָּקוֹר בִּשְׁעַת תַּשְׁמִישׁ:

כא. מִי שֶׁרָאֲתָה דָּם בִּשְׁעַת תַּשְׁמִישׁ פַּעַם רִאשׁוֹנָה וּשְׁנִיָּה וּשְׁלִישִׁית וְאֵין שָׁם דָּבָר לִתְלוֹת בּוֹ הֲרֵי זוֹ תִּתְגָּרֵשׁ וּמֻתֶּרֶת לְהִנָּשֵׂא לְשֵׁנִי. נִשֵּׂאת לְשֵׁנִי וְרָאֲתָה דָּם כָּךְ בִּשְׁעַת תַּשְׁמִישׁ שָׁלֹשׁ פְּעָמִים הֲרֵי זוֹ תִּתְגָּרֵשׁ וְתִנָּשֵׂא לִשְׁלִישִׁי. נִשֵּׂאת לִשְׁלִישִׁי וְרָאֲתָה דָּם כָּךְ בִּשְׁעַת תַּשְׁמִישׁ שָׁלֹשׁ פְּעָמִים הֲרֵי זוֹ תִּתְגָּרֵשׁ וַאֲסוּרָה לְהִנָּשֵׂא עַד שֶׁתִּתְבָּרֵא מֵחֳלִי זֶה:

כב. כֵּיצַד בּוֹדֶקֶת עַצְמָהּ לֵידַע אִם נִרְפֵּאת אוֹ לֹא נִרְפֵּאת. מְבִיאָה שְׁפוֹפֶרֶת שֶׁל אֲבָר וּפִיהָ רָצוּף לְתוֹכָהּ וּמַכְנֶסֶת הַשְּׁפוֹפֶרֶת עַד מָקוֹם שֶׁהִיא יְכוֹלָה. וּמַכְנֶסֶת בְּתוֹךְ הַשְּׁפוֹפֶרֶת מִכְחוֹל וּמוֹךְ מֻנָּח עַל רֹאשׁוֹ וְדוֹפֶקֶת אוֹתוֹ עַד שֶׁיַּגִּיעַ הַמּוֹךְ לְצַוַּאר הָרֶחֶם וּמוֹצִיאָה הַמּוֹךְ. אִם נִמְצָא דָּם עַל רֹאשׁ הַמּוֹךְ בְּיָדוּעַ שֶׁהַדָּם שֶׁהִיא רוֹאָה בִּשְׁעַת תַּשְׁמִישׁ מִן הַמָּקוֹר. וְאִם לֹא נִמְצָא עַל הַמּוֹךְ כְּלוּם בְּיָדוּעַ שֶׁהַדָּם שֶׁרוֹאָה מִדֹּחַק הַצְּדָדִין וּטְהוֹרָה הִיא וּמֻתֶּרֶת לְהִנָּשֵׂא לַאֲחֵרִים כְּמוֹ שֶׁבֵּאַרְנוּ בְּהִלְכוֹת אִישׁוּת:

Perek 5

Nidah continued.

Bleeding continued.

External factors can also cause bleeding of *nidah* and *zivah* and these give rise to impurity, e.g. jumping, some factor which causes an arousal.

Anatomy of sexual organs.

The impurity of the blood depends on which part of the anatomy it originates from.

Blood from the uterus itself is always impure except the bleeding before birth if during days of *zivah* and bleeding during the specified period after birth (the period of impurity following) i.e. the 33 days if boy and 66 days if girl.

Areas where bleeding could occur are

- Uterus ('room' or 'source')
- Uterine channel ('corridor to room')
- Ovaries and ducts ('loft')

- Vagina
- Hymen

As soon as blood enters vagina from the uterus, even although it is still within the body, the woman becomes impure.

Other liquids may come from the uterus, but these do not cause impurity. Therefore, one needs an expert to analyse colour of extruded liquid to assess if it is blood.

Hymenal bleeding is pure. It is like a wound and does not originate from the womb.

However, hymenal bleeding after first night of marriage, would be regarded as the start of menstruation.

Blood could have one of 5 colours

- *Adom* (red)
- *Shachor* (black)
- *Keren karkom* (bright saffron)
- *Memei adamah* (muddy water)
- *Yayin hamazug* (diluted wine)

פרק ה׳

א. הָאִשָּׁה מִתְטַמֵּאת בְּאֹנֶס בֵּין לְנִדָּה בֵּין לְזִיבוּת. כֵּיצַד. כְּגוֹן שֶׁקָּפְצָה מִמָּקוֹם לְמָקוֹם. אוֹ רָאֲתָה בְּהֵמָה אוֹ חַיָּה אוֹ עוֹף מִתְעַסְּקִין זֶה עִם זֶה וְחָמְדָה וְרָאֲתָה דָּם. וְכֵן כָּל כַּיּוֹצֵא בָּזֶה הוֹאִיל וְרָאֲתָה דָּם מִכָּל מָקוֹם נִטְמֵאת וּמְטַמְּאָה בְּכָל שֶׁהוּא. אֲפִלּוּ רָאֲתָה דָּם טִפָּה כְּחַרְדָּל הֲרֵי זוֹ כְּמִי שֶׁזָּב מִמֶּנָּה דָּמִים הַרְבֵּה:

ב. כָּל הַנָּשִׁים מִתְטַמְּאוֹת בַּבַּיִת הַחִיצוֹן. וְאַף עַל פִּי שֶׁלֹּא יָצָא הַדָּם לַחוּץ אֶלָּא נֶעֱקַר מִן הָרֶחֶם וְלֹא שָׁתַת הוֹאִיל וְיָצָא מִבֵּין הַשִּׁנַּיִם הֲרֵי זוֹ טְמֵאָה וְאַף עַל פִּי שֶׁעֲדַיִן הַדָּם בִּבְשָׂרָהּ שֶׁנֶּאֱמַר (ויקרא טו יט) ״דָּם יִהְיֶה זֹבָהּ בִּבְשָׂרָהּ״. וְעַד הֵיכָן הוּא בֵּין הַשִּׁנַּיִם עַד מָקוֹם שֶׁיַּגִּיעַ אֵלָיו הָאֵיבָר בִּשְׁעַת גְּמַר בִּיאָה. וּבֵין הַשִּׁנַּיִם עַצְמוֹ כִּלְפָנִים:

ג. מָשָׁל מְשָׁלוּ חֲכָמִים בָּאִשָּׁה. הָרֶחֶם שֶׁנּוֹצַר בּוֹ הַוָּלָד הוּא הַנִּקְרָא מָקוֹר. וְהוּא שֶׁדַּם נִדָּה וְזָבָה יוֹצֵא מִמֶּנּוּ. וְקוֹרְאִין אוֹתוֹ חֶדֶר לְפִי שֶׁהוּא לִפְנַי וְלִפְנִים. וְצַוַּאר הָרֶחֶם כֻּלּוֹ וְהוּא הַמָּקוֹם הָאָרֹךְ שֶׁמִּתְקַבֵּץ רֹאשׁוֹ בִּשְׁעַת הָעִבּוּר כְּדֵי שֶׁלֹּא יִפֹּל הַוָּלָד וְנִפְתַּח הַרְבֵּה בִּשְׁעַת לֵדָה קוֹרְאִין אוֹתוֹ פְּרוֹזְדוֹר כְּלוֹמַר שֶׁהוּא בֵּית שַׁעַר לָרֶחֶם:

ד. וּבִשְׁעַת גְּמַר בִּיאָה הָאֵיבָר נִכְנָס בִּפְרוֹזְדוֹר וְאֵינוֹ מַגִּיעַ עַד רֹאשׁוֹ שֶׁמִּבִּפְנִים אֶלָּא רָחוֹק מִמֶּנּוּ מְעַט לְפִי הָאֶצְבָּעוֹת. וּלְמַעְלָה מִן הַחֶדֶר וּמִן הַפְּרוֹזְדוֹר בֵּין חֶדֶר לִפְרוֹזְדוֹר הוּא הַמָּקוֹם שֶׁיֵּשׁ בּוֹ שְׁתֵּי בֵּיצִים שֶׁל אִשָּׁה. וְהַשְּׁבִילִים שֶׁבָּהֶן מִתְבַּשֶּׁלֶת שִׁכְבַת זֶרַע שֶׁלָּהּ מָקוֹם זֶה הוּא הַנִּקְרָא עֲלִיָּה. וּכְמוֹ נֶקֶב פָּתוּחַ מִן הָעֲלִיָּה לְגַג הַפְּרוֹזְדוֹר וְנֶקֶב זֶה קוֹרְאִין אוֹתוֹ לוּל. וְהָאֵיבָר נִכְנָס לִפְנִים מִן הַלּוּל בִּשְׁעַת גְּמַר בִּיאָה:

ה. דָּם הַבָּא מִן הַחֶדֶר כֻּלּוֹ טָמֵא חוּץ מִדַּם טֹהַר שֶׁהַתּוֹרָה טִהֲרַתּוּ וְדַם קֹשִׁי כְּמוֹ שֶׁיִּתְבָּאֵר. וְדַם הָעֲלִיָּה כֻּלּוֹ טָהוֹר שֶׁהוּא כְּמוֹ דַּם מַכָּה שֶׁבַּמֵּעַיִם אוֹ בַּכָּבֵד אוֹ בְּכוּלְיָא וְכַיּוֹצֵא בָּהֶן. וְדָם הַנִּמְצָא בַּפְּרוֹזְדוֹר אִם נִמְצָא מִן הַלּוּל וּלְפָנִים הֲרֵי זֶה טָמֵא שֶׁחֶזְקָתוֹ מִן הַחֶדֶר. וְחַיָּבִין עָלָיו עַל בִּיאַת מִקְדָּשׁ וְשׂוֹרְפִין עָלָיו תְּרוּמָה וְקָדָשִׁים וְאֵין אוֹמְרִים שֶׁמָּא מִן הָעֲלִיָּה יָרַד דֶּרֶךְ הַנֶּקֶב. שֶׁרֹב הַדָּמִים הַנִּמְצָאִין כָּאן מִן הַחֶדֶר. נִמְצָא הַדָּם בַּפְּרוֹזְדוֹר חוּץ לַנֶּקֶב הֲרֵי טֻמְאָתוֹ בְּסָפֵק שֶׁמָּא מִן הַחֶדֶר בָּא אוֹ מִן הָעֲלִיָּה שָׁתַת דֶּרֶךְ הַלּוּל. לְפִיכָךְ אֵין שׂוֹרְפִין עָלָיו תְּרוּמָה וְקָדָשִׁים וְאֵין חַיָּבִין עָלָיו עַל בִּיאַת הַמִּקְדָּשׁ:

ו. לֹא כָּל מַשְׁקֶה הַבָּא מִן הַחֶדֶר מְטַמֵּא אֶלָּא הַדָּם בִּלְבַד שֶׁנֶּאֱמַר (ויקרא טו יט) ״דָּם יִהְיֶה זֹבָהּ״. לְפִיכָךְ אִם שָׁתַת מִן הָרֶחֶם לֹבֶן אוֹ מַשְׁקֶה יָרֹק אַף עַל פִּי שֶׁסְּמִיכָתוֹ כְּדָם הוֹאִיל וְאֵין מַרְאָיו מַרְאֶה דָּם הֲרֵי זֶה טָהוֹר:

ז. וַחֲמִשָּׁה דָּמִים טְמֵאִים בָּאִשָּׁה וְהַשְּׁאָר טְהוֹרִין. וְאֵלּוּ הֵן. הָאָדֹם. וְהַשָּׁחוֹר. וּכְקֶרֶן כַּרְכֹּם. וּכְמֵימֵי אֲדָמָה. וּכְיַיִן הַמָּזוּג:

ח. הָאָדֹם כֵּיצַד הוּא עֵינוֹ. כְּעַמּוּד שֶׁיָּצָא רִאשׁוֹן מִדַּם הַקָּזָה

שֶׁל בְּנֵי אָדָם, נוֹתֵן הַדָּם בְּכוֹס וּמַקִּיף לוֹ וְרוֹאֵהוּ. וְהַשָּׁחוֹר כְּעֵין הַדְּיוֹ הַיָּבֵשׁ. כְּקֶרֶן כַּרְכֹּם כֵּיצַד. יָבִיא כַּרְכֹּם לַח בְּגוּשׁ אֲדָמָה שֶׁעָלָיו וְלוֹקֵחַ מִן הַבָּרוּר שֶׁבּוֹ הַקָּנֶה הָאֶמְצָעִי שֶׁלּוֹ שֶׁכֻּלּוֹ כְּמוֹ קָנֶה הוּא וּבְכָל אֶחָד וְאֶחָד שְׁלֹשָׁה קָנִים וּבְכָל קָנֶה שְׁלֹשָׁה עָלִים וּמַקִּיף הַדָּם לֶעָלֶה הָאֶמְצָעִי שֶׁבַּקָּנֶה הָאֶמְצָעִי וְרוֹאֶה בּוֹ. כְּמֵימֵי אֲדָמָה כֵּיצַד. יָבִיא אֲדָמָה מִבִּקְעַת סִיכְנֵי וְכַיּוֹצֵא בָּהּ שֶׁהִיא אֲדֻמָּה וְנוֹתֵן עָלֶיהָ מַיִם בִּכְלִי עַד שֶׁיַּעֲלֶה הַמַּיִם עַל הֶעָפָר כִּקְלִפַּת הַשּׁוּם. וְאֵין שִׁעוּר לַמַּיִם וְלֹא לֶעָפָר. וּמְעַכְּרָן בִּכְלִי וּמְשַׁעֵר בָּהֶן לִשְׁעָתוֹ וּבִמְקוֹמוֹ כְּשֶׁהֵן עֲכוּרִין. וְאִם צָלְלוּ חוֹזֵר וּמְעַכְּרָן:

ט. אַרְבָּעָה מַרְאוֹת הַלָּלוּ אִם הָיָה מַרְאֵה הַדָּם כְּמַרְאֵה כָּל אֶחָד מֵהֶן אוֹ עָמֹק מֵהֶן הֲרֵי זֶה טָמֵא. הָיָה דִּיהֶה מִמֶּנּוּ הֲרֵי זֶה טָהוֹר. כֵּיצַד. הָיָה הַדָּם שָׁחוֹר יֶתֶר מִכְּדְיוֹ הַיָּבֵשׁ טְמֵאָה. הָיָה פָּחוֹת מִמֶּנּוּ כְּגוֹן שֶׁהָיָה מַרְאֵהוּ כְּעֵין הַזַּיִת הַשָּׁחוֹר אוֹ כְּעֵין הַזֶּפֶת אוֹ כְּעֵין הָעוֹרֵב הֲרֵי זֶה טָהוֹר. וְכֵן בִּשְׁאָר הַשְּׁלֹשָׁה מַרְאוֹת:

י. כְּיַיִן הַמָּזוּג כֵּיצַד. חֵלֶק אֶחָד יַיִן מִן הַיַּיִן הַשָּׁרוֹנִי שֶׁל אֶרֶץ יִשְׂרָאֵל חַי וְחָדָשׁ וּשְׁנֵי חֲלָקִים מַיִם. הָיָה מַרְאֵה הַדָּם עָמֹק מִמֶּנּוּ אוֹ דִּיהֶה מִמֶּנּוּ הֲרֵי זֶה טָהוֹר עַד שֶׁיִּהְיֶה כְּמֶזֶג זֶה בִּלְבַד. וְנֶאֱמֶנֶת אִשָּׁה לוֹמַר כְּמַרְאֶה זֶה רָאִיתִי וְאִבַּדְתִּיו וְהֶחָכָם מְטַמֵּא לָהּ אוֹ מְטַהֵר:

יא. כֵּיצַד מַקִּיף וְרוֹאֶה. לוֹקֵחַ הַמַּטְלִית שֶׁיֵּשׁ בָּהּ הַדָּם בְּיָדוֹ וּמַבִּיט בּוֹ וּבַדְּיוֹ. אוֹ בְּעָלֶה שֶׁל כַּרְכֹּם. אוֹ בְּדַם הַקָּזָה שֶׁבַּכּוֹס. אוֹ בְּמֵימֵי אֲדָמָה. אוֹ בְּמֶזֶג שֶׁבַּכּוֹס. וְעוֹרֵךְ לָהּ כְּפִי מַה שֶּׁעֵינָיו רוֹאוֹת וּמְטַמֵּא אוֹ מְטַהֵר. וְאֵינוֹ מַבִּיט בִּזְכוּכִית שֶׁל כּוֹס מִבַּחוּץ אֶלָּא בַּמַּשְׁקֶה שֶׁבַּכּוֹס. וְיִהְיֶה הַכּוֹס רָחָב מִשְׁקָלוֹ מָנֶה וּמַחֲזִיק שְׁנֵי לוֹגִין כְּדֵי שֶׁתִּכָּנֵס בּוֹ הָאוֹרָה וְלֹא יִהְיֶה אָפֵל:

יב. אֵין בּוֹדְקִין הַדָּם אֶלָּא עַל גַּבֵּי מַטְלִית לְבָנָה וּבַחַמָּה. וְעוֹשֶׂה צֵל בְּיָדוֹ עַל הַדָּם וְהוּא עוֹמֵד בַּחַמָּה כְּדֵי שֶׁיִּרְאֶה עֵינוֹ כְּמוֹת שֶׁהִיא. וְלֹא כָּל הָרוֹאֶה צָרִיךְ לְכָל אֵלּוּ הַדְּבָרִים בְּכָל עֵת שֶׁיִּרְאֶה אֶלָּא טְבִיעוּת עַיִן יֵשׁ לְחָכָם בְּדָמִים. וּבְעֵת שֶׁיִּרְאֶה מִיָּד יְטַמֵּא אוֹ יְטַהֵר. וְאִם נִסְתַּפֵּק לוֹ בְּמַרְאֶה מִן הַמַּרְאוֹת צָרִיךְ לְהַקִּיף וְלַעֲרֹךְ לִדְיוֹ אוֹ לְדַם הַקָּזָה אוֹ לִשְׁאָר הַמַּרְאוֹת:

יג. הַמַּפֶּלֶת חֲתִיכָה אַף עַל פִּי שֶׁהִיא אֲדֻמָּה אִם יֵשׁ עִמָּהּ דָּם טְמֵאָה וְאִם לָאו טְהוֹרָה וַאֲפִלּוּ נִקְרְעָה הַחֲתִיכָה וְנִמְצֵאת מְלֵאָה דָּם הֲרֵי זוֹ טְהוֹרָה שֶׁאֵין זֶה דַּם נִדָּה אֶלָּא דַּם חֲתִיכָה:

יד. הִפִּילָה חֲתִיכָה קְרוּעָה וְדָם אָגוּר בְּתוֹכָהּ טְמֵאָה. הִפִּילָה כְּמִין קְלִפָּה כְּמִין שַׂעֲרָה כְּמִין עָפָר כְּמוֹ יַבְחוּשִׁין אִם הָיָה מַרְאֵה דְּבָרִים אֵלּוּ אָדֹם תַּטִּיל לְמַיִם פּוֹשְׁרִין. אִם נִמּוֹחוּ הֲרֵי זוֹ טְמֵאָה שֶׁדָּם הוּא וְקָפָה וְכָל הָרוֹאָה דָּם יָבֵשׁ טְמֵאָה. וְאִם שָׁהוּ בְּפוֹשְׁרִין מֵעֵת לְעֵת וְאַחַר כָּךְ נִמּוֹחוּ הֲרֵי זוֹ סָפֵק טְמֵאָה. לֹא נִמּוֹחוּ מֵעֵת לְעֵת הֲרֵי אֵלּוּ מִמַּכָּה וּטְהוֹרָה הִיא:

טו. הִפִּילָה כְּמִין חֲגָבִים כְּמִין דָּגִים שְׁקָצִים וּרְמָשִׂים אִם יֵשׁ עִמָּהֶן דָּם טְמֵאָה וְאִם לָאו טְהוֹרָה:

טז. הָאִשָּׁה שֶׁהִכְנִיסָה שְׁפוֹפֶרֶת בַּפְּרוֹזְדוֹר וְרָאֲתָה הַדָּם בְּתוֹךְ הַשְּׁפוֹפֶרֶת טְהוֹרָה שֶׁנֶּאֱמַר (ויקרא טו יט) "דָּם יִהְיֶה זֹבָהּ בִּבְשָׂרָהּ" עַד שֶׁתִּרְאֶה בִּבְשָׂרָהּ כְּדֶרֶךְ שֶׁהַנָּשִׁים רוֹאוֹת. וְאֵין דֶּרֶךְ הָאִשָּׁה לִרְאוֹת בִּשְׁפוֹפֶרֶת:

יז. הָאִשָּׁה שֶׁהִשְׁתִּינָה מַיִם וְיָצָא דָּם עִם מֵי רַגְלַיִם. בֵּין שֶׁהִשְׁתִּינָה וְהִיא עוֹמֶדֶת בֵּין שֶׁהִשְׁתִּינָה וְהִיא יוֹשֶׁבֶת הֲרֵי זוֹ טְהוֹרָה. וַאֲפִלּוּ הִרְגִּישׁ גּוּפָהּ וְנִזְדַּעְזְעָה אֵינָהּ חוֹשֶׁשֶׁת שֶׁהַרְגָּשַׁת מֵי רַגְלַיִם הִיא זוֹ שֶׁאֵין מֵי רַגְלַיִם מִן הַחֶדֶר וְדָם זֶה דַּם מַכָּה הוּא בַּחַלְחֹלֶת אוֹ בַּכּוּלְיָא:

יח. דַּם בְּתוּלִים טָהוֹר הוּא וְאֵינוֹ לֹא דַּם נִדָּה וְלֹא דַּם זִיבָה שֶׁאֵינוֹ מִן הַמָּקוֹר אֶלָּא כְּמוֹ דַּם חַבּוּרָה. וְכֵיצַד דִּין הַבְּתוּלָה בְּדָמִים. אִם נִשֵּׂאת קְטַנָּה בֵּין לֹא רָאֲתָה דָּם מִיָּמֶיהָ בֵּין שֶׁרָאֲתָה דָּם בְּבֵית אָבִיהָ הֲרֵי זוֹ מֻתֶּרֶת לְבַעְלָהּ עַד שֶׁתִּחְיֶה הַמַּכָּה שֶׁכָּל דָּם שֶׁתִּרְאֶה מֵחֲמַת הַמַּכָּה הוּא. וְאִם רָאֲתָה דָּם אַחַר שֶׁתִּחְיֶה הַמַּכָּה הֲרֵי זוֹ נִדָּה:

יט. נִשֵּׂאת כְּשֶׁהִיא נַעֲרָה אִם לֹא רָאֲתָה מִיָּמֶיהָ דָּם הֲרֵי זוֹ מֻתֶּרֶת לְבַעְלָהּ אַרְבָּעָה יָמִים בַּיּוֹם וּבַלַּיְלָה אַף עַל פִּי שֶׁהַדָּם שׁוֹתֵת וְהוּא שֶׁלֹּא חָיְתָה הַמַּכָּה. וְאִם רָאֲתָה דָּם בְּבֵית אָבִיהָ וְאַחַר כָּךְ נִשֵּׂאת אֵין לוֹ לָבֹא עָלֶיהָ אֶלָּא בְּעִילָה רִאשׁוֹנָה וּפוֹרֵשׁ וְיִהְיֶה דַּם בְּתוּלִים זֶה כְּאִלּוּ הִיא תְּחִלַּת נִדָּה. וּבוֹגֶרֶת שֶׁלֹּא רָאֲתָה מִיָּמֶיהָ נוֹתְנִין לָהּ כָּל לַיְלָה הָרִאשׁוֹן:

כ. אַרְבָּעָה לֵילוֹת שֶׁנּוֹתְנִין לְנַעֲרָה שֶׁלֹּא רָאֲתָה דָּם אַף עַל פִּי שֶׁהֵן בְּסֵרוּגִין בּוֹעֵל לַיְלָה הָרִאשׁוֹן וּמַמְתִּין אֲפִלּוּ שְׁנֵי חֳדָשִׁים אוֹ שְׁלֹשָׁה וּבוֹעֵל לַיְלָה שֵׁנִי. וְהוּא שֶׁלֹּא חָיְתָה הַמַּכָּה:

כא. וְכֵן קְטַנָּה שֶׁנּוֹתְנִין לָהּ עַד שֶׁתִּחְיֶה הַמַּכָּה אֲפִלּוּ לֹא חָיְתָה שָׁנָה הֲרֵי זֶה בּוֹעֵל כָּל הַשָּׁנָה בֵּין בְּסֵרוּגִין בֵּין בְּיוֹם אַחַר יוֹם:

כב. קְטַנָּה שֶׁנִּשֵּׂאת וְנַעֲשֵׂית נַעֲרָה תַּחַת בַּעְלָהּ וַעֲדַיִן הַדָּם שׁוֹתֵת מֵחֲמַת הַמַּכָּה כָּל בְּעִילוֹת שֶׁבָּעַל כְּשֶׁהִיא קְטַנָּה נֶחְשָׁבוֹת לוֹ כְּלַיְלָה אֶחָד וּמַשְׁלִימִין לוֹ כָּל אַרְבָּעָה יָמִים

בִּימֵי הַנְּעוּרוֹת. וַאֲפִלּוּ הָיוּ הַשְּׁלֹשָׁה יָמִים שֶׁנּוֹתְנִין לוֹ בִּימֵי הַנְּעוּרוֹת בְּסֵרוּגִין וּבָעַל בְּכָל שְׁנֵי חֳדָשִׁים לַיְלָה אֶחָד הֲרֵי זֶה מֻתָּר וְהוּא שֶׁלֹּא חָיְתָה הַמַּכָּה:

כג. כֵּיצַד יוֹדְעִין אִם חָיְתָה הַמַּכָּה אוֹ לֹא חָיְתָה. הָיְתָה רוֹאָה הַדָּם בְּעֵת שֶׁתַּעֲמֹד וּכְשֶׁתֵּשֵׁב לֹא תִּרְאֶה וּבְעֵת שֶׁתֵּשֵׁב עַל הַקַּרְקַע תִּרְאֶה וְאִם תֵּשֵׁב עַל גַּבֵּי כָּרִים וּכְסָתוֹת לֹא תִּרְאֶה עֲדַיִן לֹא חָיְתָה הַמַּכָּה. פָּסַק הַדָּם וְלֹא רָאֲתָה כְּלָל בֵּין עוֹמֶדֶת בֵּין יוֹשֶׁבֶת עַל הַכַּר כְּבָר חָיְתָה הַמַּכָּה. וְכֵן אִם לֹא פָּסַק כְּלָל אֶלָּא תִּרְאֶה הַדָּם וַאֲפִלּוּ כְּשֶׁהִיא יוֹשֶׁבֶת עַל הַכָּרִים וְהַכְּסָתוֹת אֵין זֶה דַּם מַכָּה אֶלָּא דַּם נִדָּה:

כד. הָיְתָה רוֹאָה בְּעֵת תַּשְׁמִישׁ הֲרֵי זֶה מֵחֲמַת הַמַּכָּה. שִׁמְּשָׁה מִטָּתָהּ וְלֹא רָאֲתָה דָּם וְאַחַר כָּךְ רָאֲתָה דָּם שֶׁלֹּא מֵחֲמַת תַּשְׁמִישׁ הֲרֵי זֶה דַּם נִדָּה:

כה. הַבּוֹעֵל בְּתוּלָה וְלֹא יָצָא מִמֶּנָּה דָּם וְחָזַר וּבְעָלָהּ וְיָצָא דָּם אֲפִלּוּ הָיְתָה קְטַנָּה הֲרֵי זֶה דַּם נִדָּה שֶׁאִלּוּ הָיָה דַּם בְּתוּלִים הָיָה בָּא בַּתְּחִלָּה. הַבּוֹעֵל פְּחוּתָה מִבַּת שָׁלֹשׁ וְיָצָא דָּם הֲרֵי זֶה דַּם בְּתוּלִים:

Perek 6

Nidah continued.

Differences between bleeding of *Nidah, Zivah,* and Purity. (All originate from uterus)

It is *halachah* of *Mosheh Misinai* that there are not less than 11 days between one menstruation and the next.

According to Rambam, a woman has a constant regular cycle of **7** days *nidah* followed by **11** days *zivah*. If she bleeds in days of *nidah*, this is the blood of *nidah*. If she bleeds in days of *zivah*, this is the blood of *zivah*. This could be interrupted by birth. When this happens, a new *nidah* period starts after completion of days connected to child birth.

(These days women follow a different opinion, whereby their days of *nidah* and *zivah* vary each month according to circumstance. Days of *nidah/zivah* start at menstruation, then **7** clean days after bleeding stops. New bleeding after this is regarded as *nidah* again).

Zivah is further divided into:

- *Zavah ketanah* (Minor *zavah*) – Only 1 or 2 consecutive days of bleeding in *zivah* period.
- *Zavah gedolah* (Major *zavah*) – 3 consecutive days of bleeding in *zivah* period.

A minor *zavah* needs count only **1** clean day before immersing. (No sacrifice is brought.)

A major *zavah* counts **7** clean days before immersing in morning of the seventh day.

She is permitted to husband that night, and the next day she brings her sacrifices (**2** doves).

Reminder:
Mechusrei Kaparah (period after mikveh and sunset, before achieving atonement with Sacrifices).
Ref: *Sefer Korbanot, Hilchot Mechusrei Kaparah*, Chapter 1.

Presently Jewish women are stricter and always count **7** clean days after any uterine bleeding, before going to *mikveh* to immerse.

פרק ו׳

א. דַם הַנִּדָּה וְדַם הַזָּבָה וְדַם הַקֹּשִׁי וְדַם יוֹלֶדֶת וְדַם טֹהַר שֶׁל יוֹלֶדֶת כֻּלּוֹ דָּם אֶחָד הוּא וּמִן הַמָּקוֹר הוּא בָּא. וּמַעְיָן אֶחָד הוּא. וּבִזְמַנִּים בִּלְבַד הוּא שֶׁיִּשְׁתַּנֶּה דִּינוֹ וְתִהְיֶה רוֹאָה דָּם זוֹ טְהוֹרָה. וְזוֹ נִדָּה. וְזוֹ זָבָה:

ב. כֵּיצַד. כְּשֶׁתִּרְאֶה הָאִשָּׁה דָּם תְּחִלָּה אוֹ כְּשֶׁתִּרְאֶה בִּשְׁעַת וֶסְתָּהּ וְהוּא הָעֵת שֶׁקָּבְעָה לְנִדָּתָהּ הֲרֵי זוֹ נִדָּה כָּל שִׁבְעַת הַיָּמִים. בֵּין רָאֲתָה כָּל שִׁבְעָה בֵּין שֶׁלֹּא רָאֲתָה אֶלָּא טִפָּה רִאשׁוֹנָה בִּלְבַד. רָאֲתָה דָּם בַּיּוֹם הַשְּׁמִינִי הֲרֵי זֶה דַּם זִיבָה מִפְּנֵי שֶׁהוּא בְּלֹא עֵת נִדָּתָהּ:

ג. וְכֵן כָּל דָּם שֶׁתִּרְאֶה בְּתוֹךְ הַיָּמִים שֶׁבֵּין וֶסֶת נִדָּה לְוֶסֶת נִדָּה הֲרֵי הוּא דַּם זִיבָה. וַהֲלָכָה לְמשֶׁה מִסִּינַי שֶׁאֵין בֵּין זְמַן נִדָּה לִזְמַן נִדָּה אֶלָּא אַחַד עָשָׂר יוֹם בִּלְבַד:

ד. כָּל שִׁבְעַת הַיָּמִים שֶׁנִּקְבְּעָה לָהּ וֶסֶת בִּתְחִלָּתָן הֵן הַנִּקְרָאִין יְמֵי נִדָּתָהּ. בֵּין רָאֲתָה בָּהֶן דָּם בֵּין לֹא רָאֲתָה בָּהֶן דָּם. וּמִפְּנֵי מָה נִקְרָאִין יְמֵי נִדָּה מִפְּנֵי שֶׁהֵן רְאוּיִין לְנִדָּה. וְכָל דָּם שֶׁתִּרְאֶה בָּהֶם דַּם נִדָּה יֵחָשֵׁב:

ה. וְכָל אַחַד עָשָׂר יוֹם שֶׁאַחַר הַשִּׁבְעָה הֵן הַנִּקְרָאִין יְמֵי זִיבָתָהּ. בֵּין רָאֲתָה בָּהֶן דָּם בֵּין לֹא רָאֲתָה. וְלָמָּה נִקְרָאִין יְמֵי זִיבָה מִפְּנֵי שֶׁהֵן רְאוּיִין לְזִיבָה. וְכָל דָּם שֶׁתִּרְאֶה בָּהֶן דַּם זִיבָה יֵחָשֵׁב. וְהִזָּהֵר בִּשְׁנֵי שֵׁמוֹת אֵלּוּ שֶׁהֵן יְמֵי נִדָּתָהּ וִימֵי זִיבָתָהּ:

ו. כָּל יְמֵי הָאִשָּׁה מִיּוֹם שֶׁיִּקָּבַע לָהּ וֶסֶת עַד שֶׁתָּמוּת אוֹ עַד שֶׁיֵּעָקֵר הַוֶּסֶת לְיוֹם אַחֵר תִּסְפֹּר לְעוֹלָם שִׁבְעָה מִתְּחִלַּת יוֹם הַוֶּסֶת וְאַחֲרֵיהֶן אַחַד עָשָׂר [וְאַחֲרֵיהֶן] שִׁבְעָה וְאַחֲרֵיהֶן אַחַד עָשָׂר. וְתִזָּהֵר בַּמִּנְיָן כְּדֵי שֶׁתֵּדַע בְּעֵת שֶׁתִּרְאֶה דָּם אִם בִּימֵי נִדָּה רָאֲתָה אוֹ בִּימֵי זִיבָה. שֶׁכָּל יָמֶיהָ שֶׁל אִשָּׁה כָּךְ הֵן שִׁבְעָה יְמֵי נִדָּה וְאַחַד עָשָׂר יְמֵי זִיבָה. אֶלָּא אִם כֵּן הִפְסִיקָה הַלֵּדָה כְּמוֹ שֶׁיִּתְבָּאֵר:

ז. אִשָּׁה שֶׁרָאֲתָה דָּם בִּימֵי זִיבָתָהּ יוֹם אֶחָד בִּלְבַד אוֹ שְׁנֵי יָמִים זֶה אַחַר זֶה נִקְרֵאת זָבָה קְטַנָּה וְנִקְרֵאת שׁוֹמֶרֶת יוֹם כְּנֶגֶד יוֹם. וְאִם רָאֲתָה שְׁלֹשָׁה יָמִים זֶה אַחַר זֶה הֲרֵי זוֹ זָבָה גְּמוּרָה וְהִיא הַנִּקְרֵאת זָבָה גְּדוֹלָה וְנִקְרֵאת זָבָה סְתָם שֶׁנֶּאֱמַר (ויקרא טו כה) "וְאִשָּׁה כִּי יָזוּב זוֹב דָּמָהּ יָמִים רַבִּים" מִעוּט יָמִים שְׁנַיִם רַבִּים שְׁלֹשָׁה:

ח. אֵין בֵּין זָבָה גְּדוֹלָה לְזָבָה קְטַנָּה אֶלָּא סְפִירַת שִׁבְעָה וַהֲבָאַת קָרְבָּן. שֶׁזָּבָה גְּדוֹלָה צְרִיכָה לִסְפֹּר שִׁבְעָה יָמִים נְקִיִּים וְזָבָה קְטַנָּה אֵינָהּ סוֹפֶרֶת אֶלָּא יוֹם אֶחָד בִּלְבַד. וְזָבָה גְּדוֹלָה מְבִיאָה קָרְבָּן כְּשֶׁתִּטְהַר [וְזָבָה קְטַנָּה אֵינָהּ מְבִיאָה קָרְבָּן כְּשֶׁתִּטְהַר]. אֲבָל לְעִנְיַן טֻמְאָה וְאִסּוּר בִּיאָה שְׁתֵּיהֶן שָׁווֹת:

ט. כֵּיצַד. רָאֲתָה דָּם בִּימֵי זִיבָתָהּ. בֵּין שֶׁרָאֲתָה בִּתְחִלַּת הַלַּיְלָה בֵּין שֶׁרָאֲתָה בְּסוֹף הַיּוֹם. הֲרֵי אוֹתוֹ הַיּוֹם כֻּלּוֹ טָמֵא וּכְאִלּוּ לֹא פָּסַק הַדָּם מֵעֵת שֶׁרָאֲתָה עַד שֶׁשָּׁקְעָה הַחַמָּה וּמְשַׁמֶּרֶת כָּל הַלַּיְלָה. וְאִם לֹא רָאֲתָה כְּלוּם בַּלַּיְלָה מַשְׁכֶּמֶת לְמָחָר וְטוֹבֶלֶת אַחַר שֶׁתָּנֵץ הַחַמָּה וּמְשַׁמֶּרֶת כָּל הַיּוֹם. אִם לֹא רָאֲתָה כְּלוּם הֲרֵי זֶה יוֹם אֶחָד טָהוֹר כְּנֶגֶד הַיּוֹם הַטָּמֵא וַהֲרֵי הִיא מֻתֶּרֶת לְבַעְלָהּ לָעֶרֶב:

י. רָאֲתָה דָּם גַּם בַּיּוֹם הַשֵּׁנִי בֵּין בְּלֵילוֹ בֵּין בְּיוֹמוֹ אַחַר שֶׁטָּבְלָה הֲרֵי הַיּוֹם הַשֵּׁנִי טָמֵא וּמְשַׁמֶּרֶת כָּל לֵיל שְׁלִישִׁי. אִם לֹא רָאֲתָה מַשְׁכֶּמֶת לְמָחָר וְטוֹבֶלֶת אַחַר שֶׁתָּנֵץ הַחַמָּה וּמְשַׁמֶּרֶת כָּל הַיּוֹם. אִם לֹא רָאֲתָה כְּלוּם הֲרֵי זֶה יוֹם אֶחָד טָהוֹר כְּנֶגֶד שְׁנֵי יָמִים הַטְּמֵאִים וּמֻתֶּרֶת לְבַעְלָהּ לָעֶרֶב:

יא. רָאֲתָה דָּם גַּם בַּשְּׁלִישִׁי בֵּין בְּיוֹמוֹ בֵּין בְּלֵילוֹ הֲרֵי זוֹ זָבָה גְּדוֹלָה וּצְרִיכָה לִסְפֹּר שִׁבְעָה יָמִים טְהוֹרִים בְּלֹא דָּם שֶׁנֶּאֱמַר (ויקרא טו כח) "וְסָפְרָה לָּהּ שִׁבְעַת יָמִים" וְגוֹ׳ וְטוֹבֶלֶת בַּיּוֹם הַשְּׁבִיעִי אַחַר הָנֵץ הַחַמָּה וַהֲרֵי הִיא מֻתֶּרֶת לְבַעְלָהּ לָעֶרֶב. וּבַיּוֹם הַשְּׁמִינִי מְבִיאָה קָרְבָּנָהּ שְׁנֵי תוֹרִים אוֹ שְׁנֵי בְּנֵי יוֹנָה:

יב. זָבָה קְטַנָּה שֶׁטָּבְלָה בַּלַּיְלָה שֶׁל יוֹם הַשִּׁמּוּר אוֹ זָבָה גְּדוֹלָה שֶׁטָּבְלָה בְּלֵיל שְׁבִיעִי כְּאִלּוּ לֹא טָבְלָה וַהֲרֵי הִיא כְּנִדָּה שֶׁטָּבְלָה בְּתוֹךְ שִׁבְעָה:

יג. הַבָּא עַל זָבָה גְּדוֹלָה בְּיוֹם שְׁבִיעִי שֶׁל סְפִירָה אַחַר שֶׁטָּבְלָה אוֹ עַל זָבָה קְטַנָּה בְּיוֹם הַשִּׁמּוּר אַחַר שֶׁטָּבְלָה פָּטוּר מִן הַכָּרֵת. כֵּיוָן שֶׁטָּבְלָה בִּזְמַן הָרָאוּי לִטְבִילָתָהּ טְהוֹרָה. וּלְאִשָּׁה זוֹ יִהְיֶה לָהּ תַּרְבּוּת רָעָה שֶׁהֲרֵי בְּעִילָתָהּ וּמַגָּעָהּ תְּלוּיִין:

יד. כֵּיצַד הֵן תְּלוּיִין. אִם נִשְׁלַם הַיּוֹם אַחַר הַטְּבִילָה וְלֹא רָאֲתָה דָּם הֲרֵי כָּל שֶׁנָּגְעָה בּוֹ אַחַר טְבִילָתָהּ טָהוֹר וּבְעִילָתָהּ אַחַר הַטְּבִילָה אֵין חַיָּבִין עָלֶיהָ כְּלוּם. וְאִם רָאֲתָה דָּם בְּיוֹם זֶה אַחַר שֶׁטָּבְלָה נִמְצֵאת זָבָה לְמַפְרֵעַ וְכָל שֶׁנָּגְעָה בּוֹ לְמַפְרֵעַ טָמֵא. וְהִיא וּבוֹעֲלָהּ חַיָּבִין בְּקָרְבָּן. וּלְפִיכָךְ הִיא אֲסוּרָה לְבַעְלָהּ עַד לָעֶרֶב שֶׁלֹּא תָּבִיא עַצְמָהּ לִידֵי סָפֵק:

טו. זָבָה שֶׁסָּפְרָה שֵׁשֶׁת יָמִים נְקִיִּים. וּבַשְּׁבִיעִי רָאֲתָה דָּם אֲפִלּוּ סָמוּךְ לִשְׁקִיעַת הַחַמָּה סוֹתֶרֶת הַכֹּל וְחוֹזֶרֶת לִמְנוֹת מֵאַחַר הַיּוֹם הַטָּמֵא שִׁבְעָה יָמִים נְקִיִּים:

טז. פָּלְטָה שִׁכְבַת זֶרַע בְּתוֹךְ יְמֵי הַסְּפִירָה סוֹתֶרֶת יוֹם אֶחָד מִפְּנֵי שֶׁהוּא כְּזָב שֶׁרָאָה קֶרִי שֶׁסּוֹתֵר יוֹם אֶחָד. רָאֲתָה דָּם

בַּעֲשִׂירִי מִימֵי זִיבָתָהּ וּבְאַחַד עָשָׂר וּבִשְׁתֵּים עָשָׂר אַף עַל פִּי שֶׁרָאֲתָה שְׁלֹשָׁה יָמִים זֶה אַחַר זֶה אֵינָהּ זָבָה גְּדוֹלָה. אֶלָּא יָצָאת מִזִּיבוּת קְטַנָּה לְנִדָּה שֶׁיּוֹם שְׁנֵים עָשָׂר מַתְחֶלֶת נִדָּתָהּ וְהָרוֹאָה בִּימֵי נִדָּתָהּ אֵינָהּ זָבָה כְּמוֹ שֶׁבֵּאַרְנוּ:

יז. וּמַה הוּא זֶה שֶׁכָּתוּב בַּתּוֹרָה אוֹ (ויקרא טו כה) "כִּי תָזוּב עַל נִדָּתָהּ". שֶׁאִם רָאֲתָה שְׁלֹשָׁה יָמִים סָמוּךְ לְנִדָּתָהּ הֲרֵי זוֹ זָבָה. כְּגוֹן שֶׁרָאֲתָה בַּשְּׁמִינִי לְנִדָּתָהּ וּבַתְּשִׁיעִי וּבָעֲשִׂירִי שֶׁהֵן רִאשׁוֹן וְשֵׁנִי וּשְׁלִישִׁי מֵהָאַחַד עָשָׂר יוֹם שֶׁהֵן יְמֵי זִיבָתָהּ. רָאֲתָה דָּם בְּי"א מִימֵי זִיבָתָהּ וְטָבְלָה לָעֶרֶב שֶׁהוּא לֵיל י"ב וְשִׁמְּשָׁה מִטָּתָהּ אַף עַל פִּי שֶׁהִיא טְמֵאָה וּבוֹעֲלָהּ טָמֵא וְעוֹשִׂין מִשְׁכָּב וּמוֹשָׁב אֵינָם חַיָּבִים כָּרֵת מִפְּנֵי שֶׁאֵין יוֹם י"ב מִצְטָרֵף לְיוֹם י"א לַעֲשׂוֹת זָבָה. הוֹעִילָה לָהּ טְבִילַת לֵיל זֶה לְהַצִּילָהּ מִן הַקָּרְבָּן:

יח. טָבְלָה בְּיוֹם י"ב אַחַר שֶׁתָּנֵץ הַחַמָּה הֲרֵי זוֹ אֲסוּרָה לְבַעְלָהּ עַד לָעֶרֶב כְּדִין כָּל זָבָה קְטַנָּה. וְאִם עָבַר וּבְעָלָהּ שְׁנֵיהֶן פְּטוּרִין מִכְּלוּם. וַאֲפִלּוּ רָאֲתָה דָּם אַחַר שֶׁבָּא עָלֶיהָ בְּיוֹם י"ב אֵין בְּכָךְ כְּלוּם שֶׁזֶּה דַּם נִדָּה הוּא וְאֵינוֹ מִצְטָרֵף לַיּוֹם שֶׁלְּפָנָיו:

יט. רָאֲתָה דָּם בְּסוֹף שְׁבִיעִי לְנִדָּתָהּ בֵּין הַשְּׁמָשׁוֹת וְרָאֲתָה בַּתְּשִׁיעִי וּבָעֲשִׂירִי הֲרֵי זוֹ סְפֵק זָבָה. שֶׁמָּא רְאִיָּה רִאשׁוֹנָה בְּלֵיל שְׁמִינִי הָיְתָה וְנִמְצֵאת שֶׁרָאֲתָה שְׁלֹשָׁה יָמִים זֶה אַחַר זֶה מִתְּחִלַּת יְמֵי זִיבָתָהּ. וְכֵן אִם רָאֲתָה דָּם בַּתְּשִׁיעִי וּבָעֲשִׂירִי מִימֵי זִיבָתָהּ וְרָאֲתָה בְּסוֹף יוֹם אַחַד עָשָׂר בֵּין הַשְּׁמָשׁוֹת הֲרֵי זוֹ סְפֵק זָבָה. שֶׁמָּא רְאִיָּה אַחֲרוֹנָה בְּיוֹם אַחַד עָשָׂר הָיְתָה וַהֲרֵי רָאֲתָה שְׁלֹשָׁה יָמִים זֶה אַחַר זֶה בִּימֵי זִיבָתָהּ:

כ. נִדָּה שֶׁבָּדְקָה עַצְמָהּ בְּתוֹךְ יְמֵי נִדָּתָהּ וּמָצְאָה שֶׁפָּסַק הַדָּם וַאֲפִלּוּ פָּסַק בְּשֵׁנִי לְנִדָּתָהּ וְשָׁגְגָה אוֹ הֵזִידָה וְלֹא בָּדְקָה עַד לְאַחַר נִדָּתָהּ יָמִים רַבִּים וּכְשֶׁבָּדְקָה מָצְאָה טְמֵאָה. אֵין אוֹמְרִים שֶׁמָּא כָּל אוֹתָן הַיָּמִים הָיְתָה טְמֵאָה וְתִהְיֶה זָבָה אֶלָּא כָּל אוֹתָן הַיָּמִים שֶׁלֹּא בָּדְקָה בְּחֶזְקַת טְהֳרָה. בָּדְקָה עַצְמָהּ וּמָצְאָה טְמֵאָה. אֲפִלּוּ בָּדְקָה בַּשְּׁבִיעִי לְנִדָּתָהּ וּבֵין הַשְּׁמָשׁוֹת לֹא בָּדְקָה עַצְמָהּ כְּדֵי לִפְרֹשׁ מִטֻּמְאַת נִדָּה אֶלָּא הִמְתִּינָה יָמִים וְאַחַר כָּךְ בָּדְקָה וּמָצְאת טְהוֹרָה הֲרֵי זוֹ סְפֵק זָבָה. וְאִם מָצְאָה טְמֵאָה הֲרֵי זוֹ זָבָה וַדָּאִית שֶׁכֵּיוָן שֶׁבַּתְּחִלָּה מָצְאָה טְמֵאָה וּלְבַסּוֹף טְמֵאָה הֲרֵי זוֹ בְּחֶזְקַת שֶׁלֹּא פָּסַק. וְיוֹם רִאשׁוֹן שֶׁל נִדָּה אַף עַל פִּי שֶׁמָּצְאָה בּוֹ טְהוֹרָה הֲרֵי זוֹ כְּמִי שֶׁמָּצְאָה טְמֵאָה. שֶׁיּוֹם רִאשׁוֹן כֻּלּוֹ הֻחְזַק הַמַּעְיָן פָּתוּחַ:

כא. זָבָה שֶׁבָּדְקָה עַצְמָהּ בָּרִאשׁוֹן מִימֵי הַסְּפִירָה וּמָצְאָה טָהוֹר וְלֹא בָּדְקָה עַד יוֹם שְׁבִיעִי וּמָצְאָה טָהוֹר הֲרֵי זוֹ בְּחֶזְקַת טְהֳרָה וּכְאִלּוּ בָּדְקָה כָּל שִׁבְעָה וּמָצְאָה טָהוֹר:

כב. וְכֵן אִם בָּדְקָה בְּיוֹם רִאשׁוֹן מִימֵי הַסְּפִירָה וּמָצְאָה טָהוֹר וּבַיּוֹם הַשְּׁמִינִי וּמָצְאָה טָהוֹר הֲרֵי זוֹ בְּחֶזְקַת טְהֳרָה. בָּדְקָה בְּיוֹם שְׁלִישִׁי לְזִיבָתָהּ וּמָצְאָה שֶׁפָּסַק הַדָּם וְלֹא בָּדְקָה בְּיוֹם רִאשׁוֹן מִימֵי הַסְּפִירָה וּבַשְּׁבִיעִי בָּדְקָה וּמָצְאָה טָהוֹר הֲרֵי זוֹ בְּחֶזְקַת טְהֳרָה. וְהוּא הַדִּין לְזָב בְּכָל אֵלּוּ הַבְּדִיקוֹת שֶׁהוּא טָהוֹר וְעָלוּ לוֹ יְמֵי סְפִירָה:

כג. כָּל אִשָּׁה שֶׁהִיא סְפֵק נִדָּה סְפֵק זָבָה צְרִיכָה לֵישֵׁב שִׁבְעַת יָמִים נְקִיִּים מִסָּפֵק וְטוֹבֶלֶת בְּלֵיל שְׁמִינִי וְאַחַר כָּךְ תִּהְיֶה מֻתֶּרֶת לְבַעְלָהּ. וּמְבִיאָה קָרְבַּן זָבָה וְאֵינוֹ נֶאֱכָל כְּמוֹ שֶׁיִּתְבָּאֵר בִּמְקוֹמוֹ:

Perek 7

Nidah continued.

Blood of birth pangs, and birth.

Period is from **14 days before birth** or less

When a woman goes into labour and blood results, this is called blood of birth pangs.

- If this blood occurs in days of *nidah* it is *nidah* bleeding and she's impure
- If it occurs in days of *zivah*, she is *pure*.

(These days women are stricter)

- If this occurs more than 14 days before birth the bleeding is blood of *zivah*.

פרק ז׳

א. מְעֻבֶּרֶת שֶׁהִתְחִילָה לְהִצְטַעֵר וַאֲחָזוּהָ חֶבְלֵי לֵדָה וְהִתְחִיל הַדָּם לָצֵאת קֹדֶם שֶׁתֵּלֵד אוֹתוֹ הַדָּם הוּא הַנִּקְרָא דַּם הַקֹּשִׁי. וְהֵיאַךְ דִּינוֹ. אִם בָּא בִּימֵי נִדָּתָהּ הֲרֵי הוּא דַּם נִדָּה וַהֲרֵי זוֹ טְמֵאָה נִדָּה. וְאִם בָּא בִּימֵי זִיבָתָהּ הֲרֵי זוֹ טְהוֹרָה שֶׁנֶּאֱמַר בְּזָבָה (ויקרא טו יט) ״דָּם יִהְיֶה זֹבָהּ בִּבְשָׂרָהּ״. מִפִּי הַשְּׁמוּעָה לָמְדוּ זוֹבָהּ מֵחֲמַת עַצְמָהּ וְלֹא מֵחֲמַת וָלָד. וּבִלְבַד שֶׁתֵּלֵד וָלָד חַי. אֲבָל אִם הִפִּילָה אֵין קֹשִׁי לִנְפָלִים. אֲפִלּוּ הָיָה הַדָּם שׁוֹתֵת וְיוֹרֵד עִם הַחֲבָלִים וְהַצַּעַר י״ד יוֹם קֹדֶם שֶׁתֵּלֵד הֲרֵי זֶה דַּם קֹשִׁי וְטָהוֹר. אֲבָל אִם הִתְחִיל הַדָּם קֹדֶם הַלֵּדָה בְּט״ו יוֹם אוֹ יֶתֶר הֲרֵי זֶה דַּם זִיבָה וַהֲרֵי הִיא יוֹלֶדֶת בְּזוֹב:

ב. בַּמֶּה דְּבָרִים אֲמוּרִים בְּשֶׁלֹּא פָּסְקוּ הַצִּירִים וְהַחֲבָלִים וְהַצַּעַר אֶלָּא מִתְקַשָּׁה וְהוֹלֶכֶת עַד שֶׁיָּלְדָה. אֲבָל אִם רָאֲתָה דָּם שְׁלֹשָׁה יָמִים אוֹ יֶתֶר בִּימֵי זִיבָתָהּ בְּצַעַר וַחֲבָלִים וּפָסַק לָהּ הַצַּעַר וְרֶוַח לָהּ מִן הַחֲבָלִים אַחַר הַשְּׁלֹשָׁה יָמִים וְעָמְדָה בְּנַחַת כ״ד שָׁעוֹת אוֹ יֶתֶר אַף עַל פִּי שֶׁלֹּא פָּסַק הַדָּם וְאַף עַל פִּי שֶׁחָזַר הַצַּעַר וְהַחֲבָלִים אַחַר כ״ד שָׁעוֹת הֲרֵי זוֹ זָבָה. שֶׁאִלּוּ הָיָה הַדָּם מֵחֲמַת הַוָּלָד לֹא פָּסַק הַצַּעַר וְלֹא הַחֲבָלִים. וְאִם יָלְדָה אַחֲרֵי כֵן הֲרֵי זוֹ יוֹלֶדֶת בְּזוֹב:

ג. רָאֲתָה יוֹם אֶחָד בְּלֹא צַעַר וּשְׁנַיִם בְּקֹשִׁי וְיָלְדָה. אוֹ שְׁנַיִם בְּלֹא צַעַר וְיוֹם אֶחָד בְּקֹשִׁי וְיָלְדָה. אוֹ יוֹם בְּקֹשִׁי וְיוֹם בְּלֹא צַעַר וְיוֹם בְּקֹשִׁי וְיָלְדָה אֵינָהּ יוֹלֶדֶת בְּזוֹב. אֲבָל אִם רָאֲתָה יוֹם אֶחָד בְּקֹשִׁי וּשְׁנַיִם בְּלֹא צַעַר וְיָלְדָה. אוֹ שְׁנַיִם בְּקֹשִׁי וְאֶחָד בְּלֹא צַעַר וְיָלְדָה. אוֹ יוֹם בְּלֹא צַעַר וְיוֹם בְּקֹשִׁי וְיוֹם בְּלֹא צַעַר וְיָלְדָה הֲרֵי זוֹ יוֹלֶדֶת בְּזוֹב. זֶה הַכְּלָל קֹשִׁי סָמוּךְ לַלֵּדָה אֵין זוֹ יוֹלֶדֶת בְּזוֹב. שְׁפִי סָמוּךְ לַלֵּדָה הֲרֵי זוֹ יוֹלֶדֶת בְּזוֹב:

ד. חָל שְׁלִישִׁי לִרְאִיָּתָהּ לִהְיוֹת בְּיוֹם הַלֵּדָה אֲפִלּוּ כָּל הַיּוֹם כֻּלּוֹ בִּשְׁפִי אֵין זוֹ יוֹלֶדֶת בְּזוֹב. שֶׁהֲרֵי יוֹם הַלֵּדָה סָמוּךְ לַקֹּשִׁי. רָאֲתָה שְׁנֵי יָמִים וּבַשְּׁלִישִׁי הִפִּילָה וְאֵין יָדוּעַ מַה הִפִּילָה הֲרֵי זוֹ סְפֵק יוֹלֶדֶת וּסְפֵק זָבָה:

ה. כֵּיצַד דִּין יוֹלֶדֶת בְּזוֹב. צְרִיכָה לֵישֵׁב שִׁבְעָה יָמִים נְקִיִּים וְטוֹבֶלֶת לָעֶרֶב. וְאַחַר כָּךְ תִּהְיֶה מֻתֶּרֶת לְבַעְלָהּ וְאַחַר כָּךְ יִהְיֶה לָהּ דַּם טֹהַר וּמְבִיאָה קָרְבַּן זָבָה וְקָרְבַּן יוֹלֶדֶת. לְפִיכָךְ אִם יָלְדָה זָכָר אֲפִלּוּ פָּסַק הַדָּם בְּיוֹם הַלֵּדָה סוֹפֶרֶת שִׁבְעַת יָמִים נְקִיִּים וְטוֹבֶלֶת. וְאִם יָלְדָה נְקֵבָה וְסָפְרָה שִׁבְעָה נְקִיִּים וְשָׁלְמוּ עִם י״ד שֶׁל לֵדָה אוֹ לְאַחֲרֵיהֶן הֲרֵי זוֹ טוֹבֶלֶת וּמֻתֶּרֶת לְבַעְלָהּ. וְאִם שָׁלְמוּ יְמֵי הַסְּפִירָה בְּתוֹךְ י״ד הֲרֵי זוֹ אֲסוּרָה לְבַעְלָהּ עַד לֵיל ט״ו:

ו. כֵּיצַד. הֲרֵי שֶׁרָאֲתָה דָּם שְׁלֹשָׁה וְסָפְרָה שִׁבְעַת יָמִים נְקִיִּים הֲרֵי עֲשָׂרָה. וַעֲדַיִן הִיא אֲסוּרָה לְבַעְלָהּ עַד לֵיל ט״ו. שֶׁכָּל י״ד הִיא כְּנִדָּה. וְלָמָּה אֵין מַצְרִיכִין אֶת הַיּוֹלֶדֶת בְּזוֹב לִסְפִירַת שִׁבְעָה אַחַר שִׁבְעָה שֶׁל זָכָר וְאַחַר י״ד שֶׁל נְקֵבָה. מִפְּנֵי שֶׁיְּמֵי לֵדָתָהּ וִימֵי נִדָּתָהּ שֶׁאֵינָהּ רוֹאָה בָּהֶן עוֹלִין לָהּ לִסְפִירַת שִׁבְעָה כְּמוֹ שֶׁיִּתְבָּאֵר:

ז. יוֹלֶדֶת בְּזוֹב שֶׁלֹּא פָּסַק דָּמָהּ אֵין לָהּ דַּם טֹהַר. אֶלָּא כָּל דָּם שֶׁתִּרְאֶה כְּדַם זִיבָה הוּא. אֲבָל אִם סָפְרָה שִׁבְעַת יָמִים נְקִיִּים וְשָׁלְמוּ י״ד שֶׁל נְקֵבָה וְטָבְלָה וְאַחַר כָּךְ רָאֲתָה דָּם בְּתוֹךְ אַרְבָּעִים שֶׁל זָכָר וּשְׁמוֹנִים שֶׁל נְקֵבָה הֲרֵי זֶה דַּם טֹהַר:

ח. סָפְרָה שִׁבְעָה יָמִים נְקִיִּים וְלֹא טָבְלָה וְאַחַר כָּךְ רָאֲתָה דָּם הֲרֵי זוֹ טוֹבֶלֶת וּמֻתֶּרֶת לְבַעְלָהּ מִיָּד. שֶׁכָּל יְמֵי טֹהַר אֵינָן רְאוּיוֹת לֹא לְנִדָּה וְלֹא לְזִיבָה. אֲבָל עַצְמוֹ שֶׁל דָּם טָמֵא וּמְטַמֵּא כְּדִין דַּם הַנִּדָּה עַד שֶׁתִּטְבֹּל:

ט. הַיּוֹלֶדֶת נְקֵבָה וְאַחַר י״ד שֶׁלָּהּ נִתְעַבְּרָה וְהִתְחִיל דַּם הַקֹּשִׁי לָבֹא לָהּ בְּתוֹךְ שְׁמוֹנִים הֲרֵי הוּא דַּם טֹהַר. אַף עַל פִּי שֶׁאֵין קֹשִׁי לִנְפָלִים שֶׁכָּל דָּמִים שֶׁתִּרְאֶה בְּתוֹךְ יְמֵי טֹהַר טָהוֹר הוּא עַד שֶׁתַּפִּיל הַוָּלָד. וּכְשֶׁתַּפִּיל תִּהְיֶה טְמֵאָה לֵדָה. אִם הִפִּילָה זָכָר טְמֵאַת זָכָר וְאִם הִפִּילָה נְקֵבָה טְמֵאַת נְקֵבָה. וּמוֹנָה יְמֵי טֻמְאָה וִימֵי מְלֹאת מִוָּלָד שֵׁנִי. אֲפִלּוּ הָיוּ תְּאוֹמִים וְהִפִּילָה הַיּוֹם אֶחָד וְהִפִּילָה הָאַחֵר אֲפִלּוּ אַחַר כַּמָּה יָמִים מוֹנָה לִשְׁנֵי יְמֵי טֻמְאָה וִימֵי מְלֹאת:

י. זָבָה שֶׁפָּסַק זוֹבָהּ וְהִתְחִילָה לִמְנוֹת שִׁבְעַת יָמִים נְקִיִּים וּבָא לָהּ דַּם קֹשִׁי בְּתוֹךְ יָמִים נְקִיִּים אֵינוֹ סוֹתֵר. וִימֵי הַקֹּשִׁי עוֹלִים לְמִנְיַן שִׁבְעָה. וְכֵן אִם יָלְדָה בְּשִׁבְעָה יָמִים נְקִיִּים אֵין הַלֵּדָה סוֹתֶרֶת. וִימֵי הַלֵּדָה עוֹלִין לָהּ לְמִנְיַן שִׁבְעָה אַף עַל פִּי שֶׁהִיא טְמֵאָה בָּהֶן שֶׁנֶּאֱמַר (ויקרא טו כח) ״וְאִם טָהֲרָה מִזּוֹבָהּ״ כֵּיוָן שֶׁטָּהֲרָה מִזּוֹבָהּ אַף עַל פִּי שֶׁהִיא טְמֵאָה טֻמְאָה אַחֶרֶת כְּגוֹן טֻמְאַת לֵדָה אוֹ טֻמְאַת נִדָּה אוֹ טֻמְאַת צָרַעַת הֲרֵי זוֹ סוֹפֶרֶת בָּהֶן. וְאֵין טֻמְאוֹת אֵלּוּ וְכַיּוֹצֵא בָּהֶן סוֹתְרִין הַסְּפִירָה:

יא. יְמֵי לֵדָתָהּ וִימֵי נִדָּתָהּ אִם לֹא רָאֲתָה בָּהֶן דָּם הֲרֵי אֵלּוּ עוֹלִין לָהּ לִסְפִירַת שִׁבְעַת יָמִים נְקִיִּים וְאִם רָאֲתָה בָּהֶן דָּם אֵין עוֹלִין לָהּ יְמֵי הָרְאִיָּה וְלֹא סוֹתְרִין כָּל הַיָּמִים. אֶלָּא מַשְׁלֶמֶת עַל הַיָּמִים שֶׁסָּפְרָה כְּשֶׁיִּפְסֹק הַדָּם. שֶׁאֵין סוֹתֵר הַכֹּל אֶלָּא רְאִיָּה שֶׁל זוֹב אֲבָל אֵלּוּ סוֹתְרִין זְמַן בִּלְבַד:

יב. מֵאַחַר שֶׁתָּבִין כָּל הָעִקָּרִים שֶׁבֵּאַרְנוּ. יִתְבָּאֵר לְךָ מַה שֶּׁאָמְרוּ חֲכָמִים שֶׁאֶפְשָׁר שֶׁתִּרְאֶה הָאִשָּׁה דָּם מִן הַמָּקוֹר יוֹם אַחַר יוֹם מֵאָה וְאַרְבָּעָה עָשָׂר יוֹם וְלֹא תִּהְיֶה זָבָה. כֵּיצַד. שְׁנַיִם לִפְנֵי נִדָּתָהּ וְשִׁבְעָה יְמֵי נִדָּתָהּ וּשְׁנַיִם לְאַחַר יְמֵי נִדָּתָהּ. וְאַרְבָּעָה עָשָׂר קֹשִׁי. וּשְׁמוֹנִים שֶׁל נְקֵבָה. וְשִׁבְעָה יְמֵי נִדָּה. וּשְׁנַיִם אַחַר יְמֵי נִדָּה. הָא לָמַדְתָּ שֶׁכָּל דָּם שֶׁתִּרְאֶה הָאִשָּׁה אַחַר יוֹם מְלֹאת הוּא תְּחִלַּת נִדָּתָהּ וְאֵין מַשְׁגִּיחִין עַל וְסָתוֹת שֶׁמִּקֹּדֶם. לְפִיכָךְ הָרוֹאָה דָּם בְּסוֹף יוֹם מְלֹאת בֵּין הַשְּׁמָשׁוֹת הֲרֵי זוֹ סְפֵק נִדָּה שֶׁמָּא בַּלַּיְלָה רָאֲתָה הַדָּם שֶׁהוּא תְּחִלַּת יְמֵי נִדָּתָהּ:

יג. כְּבָר בֵּאַרְנוּ שֶׁהַנִּדָּה שֶׁרָאֲתָה דָּם כָּל שִׁבְעָה מֻתֶּרֶת לְשַׁמֵּשׁ בְּלֵיל שְׁמִינִי אַחַר שֶׁתִּטְבֹּל. וְזָבָה קְטַנָּה מְשַׁמֶּרֶת יוֹם אֶחָד טָהוֹר וְטוֹבֶלֶת וּמֻתֶּרֶת לְשַׁמֵּשׁ לָעֶרֶב. וְזָבָה גְּדוֹלָה סוֹפֶרֶת שִׁבְעַת יָמִים נְקִיִּים וְטוֹבֶלֶת וּמֻתֶּרֶת לְשַׁמֵּשׁ בְּלֵיל שְׁמִינִי. וְאֵין בֵּין זְמַן נִדָּה לְנִדָּה אֶלָּא אַחַד עָשָׂר יוֹם בִּלְבַד. וּבְאוֹתָן הָאַחַד עָשָׂר תִּהְיֶה זָבָה קְטַנָּה אוֹ גְּדוֹלָה:

יד. וּמֵאַחַר שֶׁתִּהְיֶה זוֹכֵר כָּל אֵלּוּ הָעִקָּרִים יִתְבָּאֵר לְךָ זֶה שֶׁאָמְרוּ חֲכָמִים. הָאִשָּׁה שֶׁהֻחְזְקָה כָּל יָמֶיהָ יוֹם תִּרְאֶה דָּם וְיוֹם לֹא תִּרְאֶה בַּתְּחִלָּה מְשַׁמֶּשֶׁת בְּלֵיל שְׁמִינִי וּבְיוֹם שְׁמִינִי שֶׁהוּא יוֹם אֶחָד אַחַר יְמֵי נִדָּתָהּ. וּמְשַׁמֶּשֶׁת בְּכָל י״ח יוֹם אַרְבָּעָה לֵילוֹת בִּלְבַד. וְאֵינָהּ יְכוֹלָה לְשַׁמֵּשׁ בַּיָּמִים הַטְּהוֹרִים שֶׁהַיּוֹם הַטָּהוֹר הוּא שׁוֹמֵר לַיּוֹם הַטָּמֵא. לְפִיכָךְ אִם הָיְתָה רוֹאָה הַדָּם בְּכָל יוֹם טָמֵא מִתְּחִלַּת הַלַּיְלָה אֵינָהּ מְשַׁמֶּשֶׁת אֶלָּא בַּשְּׁמִינִי בִּלְבַד שֶׁהוּא יוֹם אֶחָד אַחַר יְמֵי נִדָּתָהּ:

טו. הָיְתָה רוֹאָה שְׁנֵי יָמִים טְמֵאִין וּשְׁנֵי יָמִים טְהוֹרִים מְשַׁמֶּשֶׁת בַּשְּׁמִינִי וּבַשְּׁנֵים עָשָׂר וּבַחֲמִשָּׁה עָשָׂר וּבָעֶשְׂרִים:

טז. הָיְתָה רוֹאָה שְׁלֹשָׁה יָמִים טְמֵאִין וּשְׁלֹשָׁה טְהוֹרִין מְשַׁמֶּשֶׁת שְׁנֵי יָמִים מֵהַשְּׁלֹשָׁה הַטְּהוֹרִין שֶׁאַחַר יְמֵי נִדָּתָהּ. שֶׁהָאֶחָד מֵהֶן שָׁמוּר לַשְּׁנַיִם הַטְּמֵאִין הַסְּמוּכִין לְנִדָּתָהּ. וְשׁוּב אֵינָהּ מְשַׁמֶּשֶׁת לְעוֹלָם שֶׁהֲרֵי הֻחְזְקָה זָבָה גְּדוֹלָה וְאֵין לָהּ שִׁבְעַת יָמִים נְקִיִּים:

יז. הָיְתָה רוֹאָה אַרְבָּעָה יָמִים טְמֵאִים וְאַרְבָּעָה יָמִים טְהוֹרִין מְשַׁמֶּשֶׁת יוֹם אֶחָד שֶׁאַחַר נִדָּתָהּ וְשׁוּב אֵינָהּ מְשַׁמֶּשֶׁת לְעוֹלָם:

יח. הָיְתָה רוֹאָה חֲמִשָּׁה יָמִים טְמֵאִים וַחֲמִשָּׁה יָמִים טְהוֹרִים. מְשַׁמֶּרֶת הַשְּׁלֹשָׁה הַסְּמוּכִים לְנִדָּתָהּ וְשׁוּב אֵינָהּ מְשַׁמֶּשֶׁת לְעוֹלָם:

יט. הָיְתָה רוֹאָה שִׁשָּׁה יָמִים טְמֵאִין וְשִׁשָּׁה יָמִים טְהוֹרִין מְשַׁמֶּשֶׁת בַּחֲמִשָּׁה יָמִים הַסְּמוּכִים לְנִדָּתָהּ תְּחִלָּה וְשׁוּב אֵינָהּ מְשַׁמֶּשֶׁת לְעוֹלָם:

כ. הָיְתָה רוֹאָה שִׁבְעָה טְמֵאִין וְשִׁבְעָה טְהוֹרִין. מְשַׁמֶּשֶׁת הַשָּׁבוּעַ הָרִאשׁוֹן הַטָּהוֹר הַסָּמוּךְ לְנִדָּתָהּ וְיָבוֹא אַחֲרָיו שָׁבוּעַ טָמֵא תִּקָּבַע בּוֹ זָבָה וְהַשָּׁבוּעַ הַטָּהוֹר שֶׁיָּבוֹא אַחֲרָיו לִסְפִירָה וַאֲסוּרָה לְשַׁמֵּשׁ בּוֹ. נִמְצֵאת שֶׁלֹּא שִׁמְּשָׁה מִטָּתָהּ בְּאַרְבָּעָה שָׁבוּעוֹת אֶלָּא שָׁבוּעַ אֶחָד. וְכָל יָמֶיהָ מְשַׁמֶּשֶׁת שְׁמוֹנָה עָשָׂר יוֹם בְּכָל שְׁמוֹנָה עָשָׂר שָׁבוּעוֹת. כֵּיצַד. שָׁבוּעַ חֲמִישִׁי הֲרֵי הִיא זָבָה. שָׁבוּעַ שִׁשִּׁי שֶׁהִיא בּוֹ טְהוֹרָה לִסְפִירָה. שָׁבוּעַ שְׁבִיעִי זָבָה. שָׁבוּעַ שְׁמִינִי לִסְפִירָה. שָׁבוּעַ תְּשִׁיעִי שֶׁהִיא רוֹאָה בּוֹ. חֲמִשָּׁה יָמִים מִמֶּנּוּ מִימֵי נִדָּה. וּשְׁנַיִם מִתְּחִלַּת יְמֵי זִיבָה. מְשַׁמֶּרֶת יוֹם אֶחָד מִן הַשָּׁבוּעַ הָעֲשִׂירִי הַטָּהוֹר וּמְשַׁמֶּשֶׁת שִׁשָּׁה. שָׁבוּעַ אַחַד עָשָׂר שֶׁהִיא רוֹאָה בּוֹ שְׁנַיִם מִסּוֹף יְמֵי זוֹבָהּ. וַחֲמִשָּׁה מִתְּחִלַּת יְמֵי נִדָּה. וּמְשַׁמֶּשֶׁת חֲמִשָּׁה יָמִים מִשָּׁבוּעַ שְׁנֵים עָשָׂר הַטָּהוֹר. שָׁבוּעַ י״ג זָבָה וְשָׁבוּעַ י״ד לִסְפִירָה. וְכֵן שָׁבוּעַ ט״ו זָבָה. שָׁבוּעַ ט״ז לִסְפִירָה. וְשָׁבוּעַ י״ז זָבָה. וְשָׁבוּעַ י״ח לִסְפִירָה. וְסוֹפֶרֶת עַל דֶּרֶךְ זוֹ לְעוֹלָם. נִמְצֵאתָ אוֹמֵר שֶׁבְּכָל י״ח שָׁבוּעוֹת מְשַׁמֶּשֶׁת י״ח יוֹם. וְאִלּוּ לֹא אֵרַע לָהּ חֳלִי זֶה וְהָיְתָה שָׁבוּעַ נִדָּה וְי״א יוֹם טְהוֹרָה הָיְתָה מְשַׁמֶּשֶׁת בְּכָל הַי״ח שָׁבוּעוֹת י״א שָׁבוּעוֹת שֶׁהֵן שִׁבְעָה וְשִׁבְעִים יוֹם:

כא. וּבִזְמַן שֶׁהִיא רוֹאָה שָׁבוּעַ טָמֵא וְשָׁבוּעַ טָהוֹר מְשַׁמֶּשֶׁת י״ח יוֹם שֶׁהֵם כְּמוֹ רְבִיעַ הַיָּמִים. וְזוֹ הִיא שֶׁאָמְרוּ חֲכָמִים מְשַׁמֶּשֶׁת רְבִיעַ יָמֶיהָ:

כב. הָיְתָה רוֹאָה שְׁמֹנָה יָמִים טָמֵא וּשְׁמֹנָה יָמִים טָהוֹר הֲרֵי זוֹ מְשַׁמֶּשֶׁת ט״ו יוֹם מִתּוֹךְ מ״ח יָמִים. כֵּיצַד. שְׁמוֹנָה טָמֵא שֶׁבַּתְּחִלָּה שִׁבְעָה מֵהֶן יְמֵי נִדָּתָהּ. וְיוֹם אֶחָד זִיבוּת סָמוּךְ לְנִדָּתָהּ מְשַׁמֶּרֶת לוֹ יוֹם אֶחָד מִן הַשְּׁמוֹנָה הַטְּהוֹרִין וּמְשַׁמֶּשֶׁת שִׁבְעָה. וְאַחַר כָּךְ יָבוֹאוּ לָהּ שְׁמוֹנָה טְמֵאִין. מֵהֶן שְׁנַיִם תַּשְׁלוּם יְמֵי זִיבָתָהּ. וְשִׁשָּׁה מִימֵי נִדָּתָהּ. וְיָבוֹאוּ שְׁמֹנָה טְהוֹרִין יוֹם אֶחָד מֵהֶן תַּשְׁלוּם יְמֵי נִדָּתָהּ וּמְשַׁמֶּשֶׁת שִׁבְעָה שְׁנִיּוֹת וְאַחַר כָּךְ יָבוֹאוּ לָהּ שְׁמוֹנָה טְמֵאִים. מֵהֶן אַרְבָּעָה תַּשְׁלוּם יְמֵי זִיבָתָהּ. וְאַרְבָּעָה מִימֵי נִדָּתָהּ. נִמְצֵאת זָבָה גְּדוֹלָה וּצְרִיכָה סְפִירַת שִׁבְעָה. יָבוֹאוּ לָהּ שְׁמֹנָה טְהוֹרִים. סוֹפֶרֶת מֵהֶן שִׁבְעָה וּמְשַׁמֶּשֶׁת יוֹם אֶחָד. נִמְצֵאת מְשַׁמֶּשֶׁת ט״ו יוֹם בְּכָל מ״ח:

כג. הָיְתָה רוֹאָה תִּשְׁעָה יָמִים טְמֵאִים וְתִשְׁעָה יָמִים טְהוֹרִין מְשַׁמֶּשֶׁת שְׁמֹנָה יָמִים בְּכָל י״ח יוֹם לְעוֹלָם. כֵּיצַד תִּשְׁעָה הַטְּמֵאִים. שִׁבְעָה מֵהֶן נִדָּתָהּ וּשְׁנַיִם זִיבוּת סָמוּךְ לְנִדָּתָהּ

178 SEFER KEDUSHAH

מְשַׁמֶּרֶת לָהֶן יוֹם אֶחָד מִן הַתִּשְׁעָה הַטְּהוֹרִין וּמְשַׁמֶּשֶׁת שְׁמוֹנָה וְכֵן לְעוֹלָם:

כד. הָיְתָה רוֹאָה עֲשָׂרָה יָמִים טָמֵא וַעֲשָׂרָה טָהוֹר. וּמֵעֲשָׂרָה וּלְמַעְלָה אֲפִלּוּ אֶלֶף יוֹם טָמֵא וְאֶלֶף יוֹם טָהוֹר יִהְיֶה יְמֵי שִׁמּוּשָׁהּ כְּמִנְיַן זִיבָתָהּ. כֵּיצַד עֲשָׂרָה הַטְּמֵאִים. מֵהֶם שִׁבְעָה נִדָּה וּשְׁלֹשָׁה זִיבָה. עֲשָׂרָה הַטְּהוֹרִים סוֹפֶרֶת מֵהֶן שִׁבְעָה וּמְשַׁמֶּשֶׁת שְׁלֹשָׁה. נִמְצְאוּ יְמֵי הַשִּׁמּוּשׁ שְׁלֹשָׁה וִימֵי הַזָּבוֹת שְׁלֹשָׁה. וְכֵן מֵאָה יוֹם טְמֵאִין וּמֵאָה טְהוֹרִין. וּמֵאָה הַטְּמֵאִין שִׁבְעָה מֵהֶן לְנִדָּה וְצ״ג זִיבוֹת. הַמֵּאָה הַטְּהוֹרִין שִׁבְעָה מֵהֶן לִסְפִירָה צ״ג לְשִׁמּוּשׁ. וְכֵן אֶלֶף וְכֵן כָּל מִנְיָן וּמִנְיָן עַל דֶּרֶךְ זוֹ:

Perek 8

Nidah continued

VESET

Veset is an established pattern of menstruation – *Derabanan.*

A *veset* pattern is established when the menstruation repeats itself **3 times** on the same day. E.g. 20th of month on 3 consecutive months.

Similarly, it can only be uprooted if it misses that day 3 times in a row.

If a *veset* becomes established in the 'days of *zivah*' it can be uprooted much easier – even after one miss.

If a woman does not have a fixed *veset* it is forbidden to engage in relations until she makes an internal examination on herself first.

If she does have a fixed *veset*, then relations are forbidden on the period when *veset* occurs. (I.e. either whole day or whole night, depending on when the *veset* occurs.)

If the pattern is not clear, then relations may be forbidden on more than one day.

A *veset* established by external factors is not a true *veset* even if it occurs 3 times.

Different patterns can occur e.g. an advancing veset is one which occurs say on first month 15th, next month 16th, then 17th. If next month occurs on 18th then *veset* is established.

פרק ח׳

א. יֵשׁ אִשָּׁה שֶׁיֵּשׁ לָהּ וֶסֶת וְיֵשׁ אִשָּׁה שֶׁאֵין לָהּ וֶסֶת אֶלָּא לֹא תַּרְגִּישׁ בְּעַצְמָהּ עַד שֶׁיֵּצֵא הַדָּם וְאֵין לָהּ יוֹם קָבוּעַ לִרְאִיָּתָהּ. וְזֶהוּ שֶׁיֵּשׁ לָהּ וֶסֶת הִיא שֶׁיֵּשׁ לָהּ יוֹם קָבוּעַ. אוֹ מֵעֶשְׂרִים יוֹם לְעֶשְׂרִים יוֹם. אוֹ מִכ״ד יוֹם לְכ״ד יוֹם. אוֹ פָּחוֹת אוֹ יוֹתֵר:

ב. וְקֹדֶם שֶׁיָּבוֹא הַדָּם תַּרְגִּישׁ בְּעַצְמָהּ. מְפַהֶקֶת וּמִתְעַטֶּשֶׁת וְחוֹשֶׁשֶׁת פִּי כְּרֵסָהּ וְשִׁפּוּלֵי מֵעֶיהָ וְיִסְתַּמֵּר שַׂעֲרַת בְּשָׂרָהּ אוֹ יֵחַם בְּשָׂרָהּ וְכַיּוֹצֵא בִּמְאֹרָעוֹת אֵלּוּ. וְיָבוֹאוּ לָהּ וְסָתוֹת אֵלּוּ אוֹ אֶחָד מֵהֶן בְּשָׁעָה הַקְּבוּעָה לָהּ מִיּוֹם וֶסְתָּהּ:

ג. כְּבָר בֵּאַרְנוּ שֶׁכָּל אִשָּׁה שֶׁאֵין לָהּ וֶסֶת אֲסוּרָה לְשַׁמֵּשׁ עַד שֶׁתִּבְדֹּק עַצְמָהּ תְּחִלָּה. וְשֶׁיֵּשׁ לָהּ וֶסֶת אֲסוּרָה לְשַׁמֵּשׁ בְּכָל עוֹנַת הַוֶּסֶת. אִם וֶסְתָּהּ בַּיּוֹם אֲסוּרָה לְשַׁמֵּשׁ כָּל אוֹתוֹ הַיּוֹם. וְאִם וֶסְתָּהּ בַּלַּיְלָה אֲסוּרָה לְשַׁמֵּשׁ כָּל אוֹתוֹ הַלַּיְלָה. וּמִתְּחִלַּת יוֹם הַוֶּסֶת תִּסְפֹּר יְמֵי נִדָּתָהּ וִימֵי זִיבָתָהּ לְעוֹלָם:

ד. לְפִיכָךְ צְרִיכוֹת הַנָּשִׁים לְהִזָּהֵר בְּוִסָתוֹת עַד שֶׁתֵּדַע הַיּוֹם וְהַשָּׁעָה שֶׁנִּקְבְּעָה בָּהּ וֶסְתָּהּ. הָיָה דַּרְכָּהּ לִרְאוֹת בְּיוֹם עֶשְׂרִים וּבָא יוֹם עֶשְׂרִים וְלֹא רָאֲתָה וּבָא יוֹם שְׁלֹשָׁה וְעֶשְׂרִים וְרָאֲתָה הֲרֵי יוֹם עֶשְׂרִים וְיוֹם שְׁלֹשָׁה וְעֶשְׂרִים שְׁנֵיהֶן אֲסוּרִין. וְכֵן אִם רָאֲתָה פַּעַם שְׁנִיָּה בְּיוֹם כ״ג וְלֹא רָאֲתָה בְּיוֹם עֶשְׂרִים עֲדַיִן שְׁנֵיהֶן אֲסוּרִין. רָאֲתָה פַּעַם שְׁלִישִׁית בְּיוֹם שְׁלֹשָׁה וְעֶשְׂרִים וְלֹא רָאֲתָה בְּיוֹם עֶשְׂרִים טָהַר יוֹם עֶשְׂרִים וְנֶעֱקַר הַוֶּסֶת לְיוֹם שְׁלֹשָׁה וְעֶשְׂרִים. שֶׁאֵין הָאִשָּׁה קוֹבַעַת וֶסֶת עַד שֶׁתִּקְבָּעֶנּוּ שָׁלֹשׁ פְּעָמִים. וְאֵינָהּ מִטַּהֶרֶת מִן הַוֶּסֶת עַד שֶׁתֵּעָקֵר מִמֶּנָּה שָׁלֹשׁ פְּעָמִים:

ה. כׇּל וֶסֶת שֶׁנִּקְבַּע מֵחֲמַת אֹנֶס אֲפִלּוּ רָאֲתָה בּוֹ כַּמָּה פְּעָמִים אֵינוֹ וֶסֶת שֶׁמִּפְּנֵי הָאֹנֶס רָאֲתָה. קָפְצָה וְרָאֲתָה קָפְצָה וְרָאֲתָה קָבְעָה לָהּ וֶסֶת לְיָמִים בְּלֹא קְפִיצוֹת. כֵּיצַד. קָפְצָה בְּאֶחָד בְּשַׁבָּת וְרָאֲתָה דָּם. וּלְאַחַר עֶשְׂרִים יוֹם קָפְצָה בְּאֶחָד בְּשַׁבָּת וְרָאֲתָה דָּם. וּלְאַחַר י״ט קָפְצָה בְּיוֹם הַשַּׁבָּת וְלֹא רָאֲתָה דָּם וּלְאַחַר שַׁבָּת רָאֲתָה בְּלֹא קְפִיצָה. הֲרֵי נִקְבַּע אֶחָד בְּשַׁבָּת אַחַר עֶשְׂרִים. שֶׁהֲרֵי נוֹדַע שֶׁהַיּוֹם גָּרַם לָהּ לִרְאוֹת וְלֹא הַקְּפִיצָה. וּכְבָר נִקְבַּע יוֹם זֶה שָׁלֹשׁ פְּעָמִים. וְכֵן כׇּל כַּיּוֹצֵא בָּזֶה:

ו. רָאֲתָה יוֹם ט״ו בְּחֹדֶשׁ זֶה וְיוֹם ט״ז בְּחֹדֶשׁ שֶׁל אַחֲרָיו וְיוֹם י״ז בְּחֹדֶשׁ שֶׁל אַחֲרָיו וְיוֹם י״ח לְחֹדֶשׁ שֶׁל אַחֲרָיו הֲרֵי קָבְעָה לָהּ וֶסֶת לְדִלּוּג. בָּא חֹדֶשׁ רְבִיעִי וְרָאֲתָה בְּיוֹם י״ז עֲדַיִן לֹא נִקְבַּע לָהּ וֶסֶת. וְכׇל יוֹם שֶׁרָאֲתָה בּוֹ חוֹשֶׁשֶׁת לוֹ לְהַבָּא. כֵּיוָן שֶׁיַּגִּיעַ אוֹתוֹ הַיּוֹם וְלֹא תִּרְאֶה טָהַר אוֹתוֹ הַיּוֹם מִן הַוֶּסֶת שֶׁאֵין צָרִיךְ עֲקִירַת שָׁלֹשׁ פְּעָמִים אֶלָּא יוֹם שֶׁנִּקְבַּע שָׁלֹשׁ פְּעָמִים:

ז. הָיָה דַּרְכָּהּ לִהְיוֹת רוֹאָה יוֹם ט״ו וְשִׁנְּתָה לְט״ז שְׁנֵיהֶם אֲסוּרִין. שִׁנְּתָה לְי״ז הֻתַּר ט״ז וְנֶאֱסַר י״ז וְט״ו בְּאִסּוּרוֹ עוֹמֵד. שִׁנְּתָה לְי״ח נֶאֱסַר י״ח וְהֻתְּרוּ כֻּלָּם:

ח. הָיָה דַּרְכָּהּ לִרְאוֹת יוֹם עֶשְׂרִים וְשִׁנְּתָה לְיוֹם כ״ב שְׁנֵיהֶם אֲסוּרִין. הִגִּיעַ עֶשְׂרִים וְלֹא רָאֲתָה כ״ב וְרָאֲתָה עֲדַיִן שְׁנֵיהֶן אֲסוּרִין. הִגִּיעַ יוֹם עֶשְׂרִים וְרָאֲתָה טָהַר יוֹם כ״ב. שֶׁהֲרֵי חָזְרָה לְוִסְתָּהּ הַקָּבוּעַ וְנֶעֱקַר כ״ב מִפְּנֵי שֶׁלֹּא נִקְבַּע שָׁלֹשׁ פְּעָמִים:

ט. אֵין הָאִשָּׁה קוֹבַעַת לָהּ וֶסֶת בְּתוֹךְ יְמֵי נִדָּתָהּ שֶׁרָאֲתָה בָּהֶן. כֵּיוָן שֶׁרָאֲתָה יוֹם אֶחָד אֵינָהּ קוֹבַעַת לָהּ וֶסֶת בְּכׇל הַשִּׁבְעָה. וְכֵן אֵין הָאִשָּׁה קוֹבַעַת וֶסֶת בִּימֵי זִיבָתָהּ שֶׁהֵן אַחַד עָשָׂר יוֹם. אֲבָל קוֹבַעַת הִיא וֶסֶת בִּימֵי נִדָּתָהּ שֶׁאֵינָהּ רוֹאָה בָּהֶן. וְאִם נִקְבַּע לָהּ וֶסֶת בִּימֵי זִיבָתָהּ הֲרֵי זוֹ חוֹשֶׁשֶׁת לְוִסְתָּהּ. וְכׇל וֶסֶת שֶׁקָּבְעָה בִּימֵי זִיבָתָהּ אִם נֶעֶקְרָה אֲפִלּוּ פַּעַם אַחַת נֶעֶקְרָה וְאֵינָהּ צְרִיכָה לְהֵעָקֵר שָׁלֹשׁ פְּעָמִים שֶׁחֶזְקַת דָּמִים מְסֻלָּקִין הֵן לְיָמִים אֵלּוּ:

י. כֵּיצַד חוֹשֶׁשֶׁת לְוֶסֶת. אִם רָאֲתָה דָּם בְּוֶסֶת זוֹ אֲפִלּוּ יוֹם אֶחָד תֵּשֵׁב לְנִדָּתָהּ מִסָּפֵק וַאֲסוּרָה לְשַׁמֵּשׁ בְּאוֹתוֹ הַיּוֹם. וַאֲפִלּוּ לֹא רָאֲתָה בִּשְׁאָר יְמֵי הַוְּסָתוֹת. וְאִם רָאֲתָה שְׁלֹשָׁה יָמִים הֲרֵי זוֹ זָבָה:

יא. כׇּל אִשָּׁה שֶׁמַּרְבָּה לִבְדֹּק עַצְמָהּ תָּמִיד הֲרֵי זוֹ מְשֻׁבַּחַת וְאַף עַל פִּי שֶׁיֵּשׁ לָהּ וֶסֶת קְבוּעָה. שֶׁאֶפְשָׁר שֶׁיָּבוֹא דָּם בְּלֹא שְׁעַת הַוֶּסֶת. וְכׇל י״א יוֹם שֶׁל יְמֵי זִיבָתָהּ הֲרֵי הִיא בָּהֶן בְּחֶזְקַת טְהוֹרָה וְאֵינָהּ צְרִיכָה בְּדִיקָה. אֲבָל אַחַר יְמֵי זִיבָתָהּ צְרִיכָה לִבְדֹּק:

יב. שָׁכְחָה וְלֹא בָּדְקָה בֵּין בְּאֹנֶס בֵּין בְּרָצוֹן הֲרֵי זוֹ בְּחֶזְקַת טְהוֹרָה עַד שֶׁתִּבְדֹּק וְתִמָּצֵא טְמֵאָה:

יג. הָאִשָּׁה שֶׁלֹּא בָּדְקָה עַצְמָהּ בִּשְׁעַת וִסְתָּהּ וּלְאַחַר יָמִים בָּדְקָה וּמָצְאָה טָמֵא אַף עַל פִּי שֶׁהִיא טְמֵאָה לְמַפְרֵעַ עַד שְׁעַת וִסְתָּהּ כְּמוֹ שֶׁיִּתְבָּאֵר בְּעִנְיַן טֻמְאָה וְטָהֳרָה. הֲרֵי זוֹ אֵינָהּ מְטַמְּאָה אֶת בּוֹעֲלָהּ לְמַפְרֵעַ. וְאֵינָהּ מוֹנָה אֶלָּא מִשָּׁעָה שֶׁרָאֲתָה דָּם. וְאִם מָצְאָה עַצְמָהּ טְהוֹרָה הֲרֵי זוֹ בְּחֶזְקַת טְהוֹרָה:

יד. וְכֵן אִשָּׁה שֶׁרָאֲתָה דָּם מֵחֲמַת מַכָּה שֶׁיֵּשׁ לָהּ בַּמָּקוֹר אַף עַל פִּי שֶׁרָאֲתָה בִּשְׁעַת וִסְתָּהּ הִיא טְהוֹרָה וְהַדָּם טָהוֹר. שֶׁהַוְּסָתוֹת מִדִּבְרֵיהֶם כְּמוֹ שֶׁיִּתְבָּאֵר בְּהִלְכוֹת מְטַמְּאֵי מִשְׁכָּב וּמוֹשָׁב:

טו. הַסּוּמָא בּוֹדֶקֶת עַצְמָהּ וּמַרְאָה לַחֲבֶרְתָּהּ. אֲבָל הַחֵרֶשֶׁת וְהַשּׁוֹטָה צְרִיכוֹת פִּקְחוֹת לִבְדֹּק אוֹתָן וְלִקְבֹּעַ לָהֶן וְסָתוֹת וְאַחַר כָּךְ יִהְיוּ מֻתָּרוֹת לְבַעְלֵיהֶן:

טז. כׇּל אִשָּׁה שֶׁטָּעֲתָה וְלֹא יָדְעָה עֵת וִסְתָּהּ וְרָאֲתָה דָּם חוֹשֶׁשֶׁת לְזִיבוּת. לְפִיכָךְ אִם רָאֲתָה יוֹם אֶחָד אוֹ שְׁנַיִם יוֹשֶׁבֶת תַּשְׁלוּם שִׁבְעָה שֶׁמָּא דָּם זֶה בִּימֵי נִדָּתָהּ הִיא. וְאִם רָאֲתָה שְׁלֹשָׁה יָמִים סוֹפֶרֶת שִׁבְעַת יָמִים נְקִיִּים שֶׁמָּא בִּימֵי זִיבָתָהּ הִיא עוֹמֶדֶת:

יז. וְכֵיצַד הִיא עוֹשָׂה לְתַקֵּן וִסְתָּהּ וְלֵידַע אִם הִיא זָבָה וַדָּאִית אוֹ סְפֵק זָבָה וְלֵידַע יְמֵי זִיבָתָהּ. הַכֹּל לְפִי יָמִים שֶׁתִּרְאֶה בָּהֶן. כֵּיצַד. רָאֲתָה יוֹם אֶחָד אוֹ שְׁנַיִם מַשְׁלֶמֶת עֲלֵיהֶן הַשִּׁבְעָה וְתַתְחִיל לִמְנוֹת הָאַחַד עָשָׂר יוֹם מֵאַחַר הַשִּׁבְעָה:

יח. רָאֲתָה שְׁלֹשָׁה יָמִים הֲרֵי זוֹ סְפֵק זָבָה שֶׁמָּא יוֹם אֶחָד מֵהֶן קֹדֶם נִדָּתָהּ וּשְׁנַיִם בִּתְחִלַּת הַנִּדָּה. וְכֵן אִם רָאֲתָה אַרְבָּעָה שֶׁמָּא שְׁנַיִם קֹדֶם הַנִּדָּה וּשְׁנַיִם מִתְּחִלַּת הַנִּדָּה וְיוֹשֶׁבֶת חֲמִשָּׁה תַּשְׁלוּם יְמֵי נִדָּה וְאַחַד עָשָׂר יְמֵי זִיבָה אַחַר הַחֲמִשָּׁה:

יט. וְכֵן אִם רָאֲתָה תִּשְׁעָה יָמִים הֲרֵי זוֹ סְפֵק זָבָה שֶׁמָּא שְׁנַיִם קֹדֶם יְמֵי נִדָּה וְשִׁבְעָה שֶׁל נִדָּה וּמַתְחֶלֶת לִמְנוֹת אַחַד עָשָׂר יוֹם מֵאַחַר הַתִּשְׁעָה שֶׁפָּסַק הַדָּם. וְכֵן אִם רָאֲתָה אַחַד עָשָׂר יוֹם הֲרֵי זוֹ סְפֵק זָבָה. שֶׁמָּא שְׁנַיִם קֹדֶם הַנִּדָּה וְשִׁבְעָה שֶׁל נִדָּה וּשְׁנַיִם שֶׁל אַחַר הַנִּדָּה וְנִשְׁאַר לָהּ מִימֵי זִיבָתָהּ תִּשְׁעָה:

כ. רָאֲתָה שְׁנֵים עָשָׂר יוֹם הֲרֵי זוֹ זָבָה וַדָּאִית. שֶׁאֲפִלּוּ הָיוּ מֵהֶן שְׁנַיִם לִפְנֵי הַנִּדָּה וְשִׁבְעָה שֶׁל נִדָּה הֲרֵי שְׁלֹשָׁה לְאַחַר

הַנִּדָּה וְיִשָּׁאֵר לָהּ מִימֵי זִיבָתָהּ שְׁמוֹנָה. וְכֵן אִם רָאֲתָה שְׁלֹשָׁה עָשָׂר יוֹם יִשָּׁאֵר לָהּ מִימֵי זִיבָתָהּ שִׁבְעָה וְהֵן יְמֵי הַסְּפִירָה:

כא. מָשְׁכָה בִּרְאִיַּת הַדָּם אֲפִלּוּ רָאֲתָה אֶלֶף יוֹם כְּשֶׁיִּפָּסֵק הַדָּם סוֹפֶרֶת שִׁבְעַת יָמִים נְקִיִּים. וְאַחַר הַשִּׁבְעָה יַתְחִילוּ יְמֵי הַנִּדָּה לְזוֹ שֶׁטָּעֲתָה:

כב. הִנֵּה לָמַדְתָּ שֶׁכָּל הַטּוֹעָה אֵינָהּ מוֹנָה מִשֶּׁיִּפָּסֵק הַדָּם פָּחוֹת מִשִּׁבְעָה וְלֹא יוֹתֵר עַל י"ז וְיָבוֹאוּ יְמֵי נִדָּתָהּ. כֵּיצַד. רָאֲתָה יוֹם אֶחָד וּפָסַק הַדָּם מוֹנָה י"ז שִׁשָּׁה לְתַשְׁלוּם נִדָּתָהּ וְי"א יְמֵי זִיבָתָהּ וְיָבוֹאוּ יְמֵי נִדָּתָהּ. וְאִם רָאֲתָה י"ג אוֹ יֶתֶר מוֹנָה שִׁבְעָה מִשֶּׁיִּפָּסֵק הַדָּם וְיָבוֹאוּ יְמֵי נִדָּתָהּ כְּמוֹ שֶׁבֵּאַרְנוּ:

Perek 9

Nidah continued.

Bleeding and blood stains. (*ketamim*)

According to Scriptural Law, a woman does not become impure until she experiences and sees blood which comes out. She becomes impure from the time of menstruation and onwards only. (I.e. retroactive does not apply)

According to Rabbinic Law:

If a woman discovers a *ketem* (blood stain) on her flesh or on her clothes, she is impure. The impurity extends 24 hours retro actively.

This applies even if she did not experience the sensation of menstruation.

This impurity is because of the possibility that the bleeding came from the uterus.

There is no minimum measure for a stain found on the flesh, but on the clothes, the stain must be greater than the measure of 1 *gris* = $\frac{1}{2}$ a Sicilian bean = size of 3×3 lentils i.e. 9 lentils

Reminder:
Pack on Weights and Measures

A stain would not render impure if found on a coloured garment (only a white one would render impurity). Nor if the bleeding was found on an item which is insusceptible to impurity. (I.e. stone, earth, fish skin, outside of earthenware vessel, or a cloth less than 3×3 *etzba*.)

There are many other factors which also need to be considered when analysing whether the stain has caused impurity i.e.

- Position found on body (thighs more likely to be uterine origin)
- Position on clothing (i.e. above or below belt, inside or outside of garment)
- Is there another cause which could be attributed to the bleeding?

The *Rabanim* ruled more leniently in these matters.

I.e. if a woman says this bleeding has come from a particular wound, or from the butcher area of the market where she has visited, or from slaughtering a chicken etc.

May be attributed to a louse, if size is no larger than 1 *gris*.

- Is liquid blood?

To test if stain is blood, there are **7** cleansing agents which should be used in a specific order. If stain is blood, then colour will wash out.

The following women have altered patterns of bleeding which need to be considered:

Meuberet – Pregnant women – **3 months or more**

Menikah – Nursing – **within 24 months of birth**

Betulah – Virgin – **girl who has never menstruated**

Zekenah – Elderly women – **has not menstruated for 90 days**

פרק ט׳

א. אֵין הָאִשָּׁה מִתְטַמְּאָה מִן הַתּוֹרָה בְּנִדָּה אוֹ בְּזִיבָה עַד שֶׁתַּרְגִּישׁ וְתִרְאֶה דָּם וְיֵצֵא בִּבְשָׂרָהּ כְּמוֹ שֶׁבֵּאַרְנוּ וְתִהְיֶה טְמֵאָה מֵעֵת שֶׁתִּרְאֶה וּלְהַבָּא בִּלְבַד. וְאִם לֹא הִרְגִּישָׁה וּבָדְקָה וּמָצְאָה הַדָּם לְפָנִים בַּפְּרוֹזְדוֹר הֲרֵי זֶה בְּחֶזְקַת שֶׁבָּא בְּהַרְגָּשָׁה כְּמוֹ שֶׁבֵּאַרְנוּ:

ב. וּמִדִּבְרֵי סוֹפְרִים שֶׁכָּל הָרוֹאָה כֶּתֶם דָּם עַל בְּשָׂרָהּ אוֹ עַל בְּגָדֶיהָ אַף עַל פִּי שֶׁלֹּא הִרְגִּישָׁה אַף עַל פִּי שֶׁבָּדְקָה עַצְמָהּ וְלֹא מָצְאָה דָּם הֲרֵי זוֹ טְמֵאָה וּכְאִלּוּ מָצְאָה דָּם לְפָנִים בִּבְשָׂרָהּ. וּטְמֵאָה זוֹ בִּסְפֵק שֶׁמָּא כֶּתֶם זֶה מִדַּם הַחֶדֶר בָּא:

ג. וְכֵן מִדִּבְרֵי סוֹפְרִים שֶׁכָּל הָרוֹאָה דָּם בְּלֹא עֵת וֶסְתָּהּ וְכָל הָרוֹאָה כֶּתֶם טְמֵאָה לְמַפְרֵעַ עַד כ״ד שָׁעוֹת. וְאִם בָּדְקָה בְּתוֹךְ זְמַן זֶה וּמָצְאָה טָהוֹר טְמֵאָה לְמַפְרֵעַ עַד זְמַן בְּדִיקָה. וְאַף עַל פִּי שֶׁהִיא טְמֵאָה לְמַפְרֵעַ מִדִּבְרֵיהֶם אֵינָהּ מְטַמְּאָה אֶת בּוֹעֲלָהּ לְמַפְרֵעַ כְּמוֹ שֶׁבֵּאַרְנוּ. וְאֵינָהּ מוֹנָה לְנִדָּתָהּ אוֹ לְכִתְמָהּ אֶלָּא מֵעֵת שֶׁתִּרְאֶה הַדָּם אוֹ שֶׁמָּצְאָה הַכֶּתֶם. וְכָל הָרוֹאָה כֶּתֶם הֲרֵי זוֹ מְקַלְקֶלֶת (לְמִנְיָנָהּ) שֶׁמָּא מִן הַחֶדֶר בָּא וְנִתְקַלְקְלָה וֶסְתָּהּ:

ד. הָרוֹאָה דָּם בִּשְׁעַת וֶסְתָּהּ אֵינָהּ מְטַמְּאָה לְמַפְרֵעַ אֶלָּא בִּשְׁעָתָהּ בִּלְבַד. וְכֵן מְעֻבֶּרֶת וּמֵינִיקָה בְּתוּלָה וּזְקֵנָה דַּיָּן שְׁעָתָן וְאֵינָן מְטַמְּאוֹת לְמַפְרֵעַ. אֵיזוֹ הִיא מְעֻבֶּרֶת. מִשֶּׁיִּכָּר עֻבָּרָהּ. וְהוּא שְׁלֹשָׁה חֳדָשִׁים. מֵינִיקָה כָּל כ״ד חֹדֶשׁ אֲפִלּוּ מֵת בְּנָהּ אוֹ גְּמָלַתּוּ אוֹ נְתָנַתּוּ לְמֵינִיקָה:

ה. בְּתוּלָה כָּל שֶׁלֹּא רָאֲתָה דָּם מִיָּמֶיהָ אַף עַל פִּי שֶׁרָאֲתָה מֵחֲמַת נִשּׂוּאִין אוֹ מֵחֲמַת לֵדָה. זְקֵנָה כָּל שֶׁעָבְרוּ עָלֶיהָ תִּשְׁעִים יוֹם סָמוּךְ לְזִקְנָתָהּ. וְאֵי זוֹ הִיא זְקֵנָה כָּל שֶׁקּוֹרְאִין לָהּ זְקֵנָה וְאֵינָהּ מַקְפֶּדֶת. מְעֻבֶּרֶת וּמֵינִיקָה וּזְקֵנָה כִּתְמָן כִּרְאִיָּתָן וְאֵינוֹ מְטַמֵּא לְמַפְרֵעַ. בְּתוּלָה שֶׁלֹּא רָאֲתָה דָּם מִיָּמֶיהָ וַעֲדַיִן הִיא קְטַנָּה כִּתְמָהּ טָהוֹר עַד שֶׁתִּרְאֶה דָּם שָׁלֹשׁ וְסָתוֹת:

ו. מַה בֵּין כֶּתֶם הַנִּמְצָא עַל בְּשָׂרָהּ לְכֶתֶם הַנִּמְצָא עַל בִּגְדָהּ. שֶׁהַכֶּתֶם הַנִּמְצָא עַל בְּשָׂרָהּ אֵין לוֹ שִׁעוּר. וְהַנִּמְצָא עַל הַבֶּגֶד אֵינוֹ מְטַמֵּא עַד שֶׁיִּהְיֶה כִּגְרִיס הַקִּלְקִי שֶׁהוּא מְרֻבָּע שֶׁיֵּשׁ בּוֹ כְּדֵי תֵּשַׁע עֲדָשׁוֹת שָׁלֹשׁ עַל שָׁלֹשׁ. הָיָה פָּחוֹת מִשִּׁעוּר זֶה טָהוֹר. נִמְצָא טִפִּין טִפִּין אֵין מִצְטָרְפוֹת. הָיָה אָרֹךְ הֲרֵי זֶה מִצְטָרֵף:

ז. כֶּתֶם שֶׁנִּמְצָא עַל דָּבָר שֶׁאֵינוֹ מְקַבֵּל טֻמְאָה טָהוֹר וְאֵינָהּ חוֹשֶׁשֶׁת לוֹ. כֵּיצַד. יָשְׁבָה עַל כְּלֵי אֲבָנִים כְּלֵי אֲדָמָה וּכְלֵי גְּלָלִים אוֹ עַל עוֹר הַדָּג אוֹ עַל כְּלִי חֶרֶשׂ מִגַּבּוֹ אוֹ עַל בֶּגֶד שֶׁאֵין בּוֹ שָׁלֹשׁ אֶצְבָּעוֹת עַל שָׁלֹשׁ אֶצְבָּעוֹת וְנִמְצָא עֲלֵיהֶן דָּם טְהוֹרָה. אֲפִלּוּ בָּדְקָה הַקַּרְקַע וְיָשְׁבָה עָלֶיהָ וְנִמְצָא כֶּתֶם עַל הַקַּרְקַע כְּשֶׁעָמְדָה הֲרֵי זוֹ טְהוֹרָה. שֶׁכָּל שֶׁאֵינוֹ מְקַבֵּל טֻמְאָה לֹא גָּזְרוּ עַל כֶּתֶם שֶׁיִּמָּצֵא בּוֹ. וְלֹא בִּמְקַבֵּל טֻמְאָה אֶלָּא אִם כֵּן הָיָה לָבָן. אֲבָל כְּלֵי צִבְעוֹנִין אֵין חוֹשְׁשִׁין לְכֶתֶם הַנִּמְצָא בָּהֶן. לְפִיכָךְ תִּקְּנוּ חֲכָמִים שֶׁתִּלְבַּשׁ הָאִשָּׁה בִּגְדֵי צִבְעוֹנִין כְּדֵי לְהַצִּילָהּ מִדִּין הַכְּתָמִים:

ח. לֹא בְּכָל מָקוֹם שֶׁנִּמְצָא הַדָּם עַל בְּשָׂרָהּ תִּטְמָא מִשּׁוּם כֶּתֶם עַד שֶׁיִּמָּצֵא כְּנֶגֶד בֵּית הַתֻּרְפָּה. כֵּיצַד. נִמְצָא עַל עֲקֵבָהּ טְמֵאָה שֶׁמָּא נָגַע בְּבֵית תֻּרְפָּה בְּעֵת יְשִׁיבָתָהּ. וְכֵן אִם נִמְצָא עַל שׁוֹקָהּ אוֹ עַל פַּרְסוֹתֶיהָ מִבִּפְנִים וְהֵם הַמְּקוֹמוֹת הַנִּדְבָּקוֹת זוֹ בְּזוֹ בְּעֵת שֶׁתַּעֲמֹד וְתִדְבַּק רֶגֶל לְרֶגֶל וְשׁוֹק לְשׁוֹק הֲרֵי זוֹ טְמֵאָה. נִמְצָא עַל רֹאשׁ גּוּדָל רַגְלָהּ טְמֵאָה שֶׁמָּא נָטַף מִן הַחֶדֶר עַל רַגְלָהּ בְּעֵת שֶׁהָלְכָה. וְכֵן כָּל מָקוֹם שֶׁאֶפְשָׁר שֶׁיִּנָּתֵז עָלָיו דַּם נִדָּתָהּ כְּשֶׁתְּהַלֵּךְ וְנִמְצָא שָׁם דָּם טְמֵאָה. וְכֵן אִם נִמְצָא הַדָּם עַל יָדֶיהָ אֲפִלּוּ עַל קִשְׁרֵי אֶצְבְּעוֹת יָדֶיהָ טְמֵאָה שֶׁהַיָּדַיִם עַסְקָנִיּוֹת הֵן. אֲבָל אִם נִמְצָא הַדָּם עַל שׁוֹקָהּ וְעַל פַּרְסוֹתֶיהָ מִבַּחוּץ אוֹ מִן הַצְּדָדִין וְאֵין צָרִיךְ לוֹמַר אִם נִמְצָא מִן הַיְרֵכַיִם וּלְמַעְלָה הֲרֵי זוֹ טְהוֹרָה שֶׁאֵין זֶה אֶלָּא דָּם שֶׁנִּתַּז עָלֶיהָ מִמָּקוֹם אַחֵר:

ט. הַכֶּתֶם הַנִּמְצָא עַל בְּשָׂרָהּ שֶׁהוּא אָרֹךְ כִּרְצוּעָה אוֹ עָגֹל. אוֹ שֶׁהָיוּ טִפִּין טִפִּין. אוֹ שֶׁהָיָה אֹרֶךְ הַכֶּתֶם עַל רֹחַב יְרֵכָהּ. אוֹ שֶׁהָיָה נִרְאֶה כְּאִלּוּ הוּא מִמַּטָּה לְמַעְלָה. הוֹאִיל וְהוּא

כְּנֶגֶד בֵּית תְּרִפָּה הֲרֵי זוֹ טְמֵאָה. וְאֵין אוֹמְרִים אִלּוּ נָטַף מִן הַגּוּף לֹא הָיָה כָּזֶה. שֶׁכָּל דָּם הַנִּמְצָא בִּמְקוֹמוֹת אֵלּוּ מַחֲמִירִין בּוֹ אַף עַל פִּי שֶׁהוּא סָפֵק:

י. הַכֶּתֶם הַנִּמְצָא עַל הֶחָלוּק שֶׁלָּהּ מֵחֲגוֹרָהּ וּלְמַטָּה טְמֵאָה מֵחֲגוֹרָהּ וּלְמַעְלָה טְהוֹרָה. נִמְצָא עַל בֵּית יָד שֶׁלָּהּ אִם מַגִּיעַ כְּנֶגֶד בֵּית תְּרִפָּה טְמֵאָה וְאִם לָאו טְהוֹרָה:

יא. הָיְתָה פּוֹשַׁטְתּוֹ וּמִתְכַּסָּה בּוֹ בַּלַּיְלָה כָּל מָקוֹם שֶׁיִּמָּצֵא בּוֹ דָּם טְמֵאָה. וְכֵן הָאֵזוֹר שֶׁלָּהּ כָּל מָקוֹם שֶׁיִּמָּצֵא בּוֹ הַדָּם טְמֵאָה:

יב. הָיְתָה לוֹבֶשֶׁת חָלוּק אֶחָד וְשָׁהֲתָה עָלֶיהָ שְׁלֹשָׁה יָמִים אוֹ יֶתֶר בְּלֹא עֵת נִדָּתָהּ וּבָדְקָה וּמָצְאָה עָלָיו שְׁלֹשָׁה כְּתָמִים אוֹ כֶּתֶם אֶחָד גָּדוֹל שֶׁיֵּשׁ בּוֹ שִׁעוּר שְׁלֹשָׁה כְּתָמִים הֲרֵי זוֹ סְפֵק זָבָה שֶׁמָּא כֶּתֶם נָטַף מִמֶּנָּה בְּכָל יוֹם. וְכֵן אִם לָבְשָׁה שְׁלֹשָׁה בְּגָדִים בְּדוּקִים וְשָׁהוּ עָלֶיהָ שְׁלֹשָׁה יָמִים בִּימֵי זִיבָתָהּ וּמָצְאָה כֶּתֶם בְּכָל אֶחָד מֵהֶן אַף עַל פִּי שֶׁזֶּה כְּנֶגֶד זֶה הֲרֵי זוֹ סְפֵק זָבָה:

יג. מָצְאָה כֶּתֶם אֶחָד שֶׁאֵין בּוֹ כְּדֵי שְׁלֹשָׁה כְּתָמִים אִם בָּדְקָה עַצְמָהּ כָּל בֵּין הַשְּׁמָשׁוֹת שֶׁל יוֹם רִאשׁוֹן וּמָצְאָה טָהוֹר וְלֹא בָּדְקָה חֲלוּקָהּ וּבַיּוֹם הַשְּׁלִישִׁי מָצְאָה זֶה הַכֶּתֶם שֶׁאֵינוֹ כִּשְׁלֹשָׁה כְּתָמִים אֵינָהּ חוֹשֶׁשֶׁת לְזִיבוּת. וְאִם לֹא בָּדְקָה עַצְמָהּ כָּל בֵּין הַשְּׁמָשׁוֹת הוֹאִיל וְלֹא בָּדְקָה חֲלוּקָהּ וְשָׁהֲתָה עָלֶיהָ שְׁלֹשָׁה יָמִים בִּימֵי זִיבָתָהּ חוֹשֶׁשֶׁת לְזִיבוּת וְאַף עַל פִּי שֶׁאֵין הַכֶּתֶם כְּדֵי שְׁלֹשָׁה כְּתָמִים:

יד. מָצְאָה כֶּתֶם עַל חֲלוּקָהּ הַיּוֹם וְרָאֲתָה דָּם אַחַר כָּךְ שְׁנֵי יָמִים זֶה אַחַר זֶה. אוֹ שֶׁרָאֲתָה שְׁנֵי יָמִים וּבַיּוֹם הַשְּׁלִישִׁי רָאֲתָה כֶּתֶם. הֲרֵי זוֹ סְפֵק זָבָה:

טו. הָרוֹאָה כֶּתֶם וְאַחַר כָּךְ רָאֲתָה דָּם תּוֹלָה כִּתְמָהּ בִּרְאִיָּתָהּ כָּל מֵעֵת לְעֵת. בֵּין שֶׁבָּדְקָה עַצְמָהּ בְּעֵת שֶׁמָּצְאָה הַכֶּתֶם וּמְצָאַתָּהּ טָהוֹר. בֵּין שֶׁלֹּא בָּדְקָה. אֲבָל הָרוֹאָה כֶּתֶם אַחַר כֶּתֶם בְּתוֹךְ עֶשְׂרִים וְאַרְבַּע שָׁעוֹת אֵינָהּ תּוֹלָה כֶּתֶם בַּכֶּתֶם אֶלָּא אִם כֵּן בָּדְקָה בֵּינֵיהֶם. שֶׁאִם הִפְסִיקָה טָהֳרָה בֵּין הַכְּתָמִים אֵין מִצְטָרְפִין לְמִנְיַן זִיבוּת:

טז. כֵּיצַד. רָאֲתָה כֶּתֶם עֶרֶב שַׁבָּת בְּשָׁעָה רִאשׁוֹנָה מִן הַיּוֹם אַף עַל פִּי שֶׁלֹּא בָּדְקָה עַצְמָהּ וְלֹא יָדְעָה אִם טְהוֹרָה הִיא אִם טְמֵאָה וְרָאֲתָה דָּם אַחַר כָּךְ עַד שָׁעָה רִאשׁוֹנָה מִיּוֹם הַשַּׁבָּת אֵינָהּ מוֹנָה לַכֶּתֶם. אֶלָּא תּוֹלָה הַכֶּתֶם בִּרְאִיָּה. וְאִם רָאֲתָה בְּאֶחָד בְּשַׁבָּת וּבִשְׁנֵי בְּשַׁבָּת תִּהְיֶה זָבָה. רָאֲתָה דָּם בְּיוֹם שַׁבָּת בְּשָׁעָה שְׁנִיָּה הֲרֵי זוֹ טְמֵאָה שְׁנֵי יָמִים עֶרֶב שַׁבָּת שֶׁמָּצְאָה בּוֹ הַכֶּתֶם וּבְשַׁבָּת שֶׁרָאֲתָה הַדָּם שֶׁהֲרֵי אֵין שְׁנֵיהֶם בְּתוֹךְ מֵעֵת לְעֵת. וְאִם רָאֲתָה הַדָּם בְּאֶחָד בְּשַׁבָּת חוֹשְׁשִׁין לְזִיבוּת:

יז. לֹא רָאֲתָה דָּם בְּשַׁבָּת אֲבָל רָאֲתָה כֶּתֶם אַחֵר בְּשָׁעָה רִאשׁוֹנָה מִיּוֹם הַשַּׁבָּת. אִם בָּדְקָה עַצְמָהּ בְּעֶרֶב שַׁבָּת וּמָצְאָה טָהוֹר אֵינָהּ מוֹנָה אֶלָּא לְכֶתֶם אֶחָד שֶׁהוּא בְּיוֹם הַשַּׁבָּת הוֹאִיל וּשְׁנֵיהֶם בְּתוֹךְ מֵעֵת לְעֵת. וְאִם לֹא בָּדְקָה וְלֹא יָדְעָה אִם הִפְסִיקָה טָהֳרָה בֵּינֵיהֶן אִם לֹא הִפְסִיקָה הֲרֵי זוֹ מוֹנָה לְעֶרֶב שַׁבָּת וְאִם רָאֲתָה בְּאֶחָד בְּשַׁבָּת חוֹשֶׁשֶׁת לְזִיבוּת:

יח. רָאֲתָה הַכֶּתֶם הַשֵּׁנִי בְּשָׁעָה שְׁנִיָּה מִיּוֹם שַׁבָּת בֵּין בָּדְקָה בֵּין לֹא בָּדְקָה הֲרֵי זוֹ טְמֵאָה שְׁנֵי יָמִים שֶׁהֲרֵי אֵין שְׁנֵיהֶם בְּתוֹךְ מֵעֵת לְעֵת. וְאִם רָאֲתָה בְּאֶחָד בְּשַׁבָּת אַחַר מֵעֵת לְעֵת חוֹשֶׁשֶׁת לְזִיבוּת. רָאֲתָה בְּשָׁעָה רִאשׁוֹנָה מִיּוֹם אֶחָד בְּשַׁבָּת כֶּתֶם שְׁלִישִׁי אִם הִפְסִיקָה טָהֳרָה בֵּינֵיהֶן אֵין מִצְטָרְפִין וְאֵינָהּ חוֹשֶׁשֶׁת לְזִיבוּת. וְאִם לֹא בָּדְקָה חוֹשֶׁשֶׁת לְזִיבוּת:

יט. כָּל כֶּתֶם שֶׁאָמַרְנוּ שֶׁהִיא טְמֵאָה בִּגְלָלוֹ אִם יֵשׁ לָהּ דָּבָר לִתְלוֹת בּוֹ וְלוֹמַר שֶׁמָּא כֶּתֶם זֶה מִדָּבָר פְּלוֹנִי הוּא אִם נִמְצָא עַל הַבֶּגֶד הֲרֵי זוֹ טְהוֹרָה. שֶׁלֹּא אָמְרוּ חֲכָמִים בַּדָּבָר לְהַחֲמִיר אֶלָּא לְהָקֵל. וְאִם נִמְצָא עַל בְּשָׂרָהּ סְפֵקוֹ טָמֵא וְאֵינָהּ תּוֹלָה בּוֹ. וְאִם הָיָה לָהּ לִתְלוֹת בִּבְשָׂרָהּ יֶתֶר מֵחֲלוּקָהּ אַף עַל בְּשָׂרָהּ תּוֹלָה וּסְפֵקוֹ טָהוֹר:

כ. כֵּיצַד. שֶׁחָטָה בְּהֵמָה אוֹ חַיָּה אוֹ עוֹף אוֹ שֶׁנִּתְעַסְּקָה בִּכְתָמִים אוֹ שֶׁיָּשְׁבָה בְּצַד הָעוֹסְקִין בָּהֶן אוֹ שֶׁעָבְרָה בְּשׁוּק שֶׁל טַבָּחִים וְנִמְצָא דָּם עַל חֲלוּקָהּ טְהוֹרָה וְתוֹלָה בִּדְבָרִים אֵלּוּ שֶׁמֵּהֶן בָּא הַכֶּתֶם:

כא. נִמְצָא הַכֶּתֶם עַל בְּשָׂרָהּ בִּלְבַד אִם הַכֶּתֶם מֵחֲגוֹר וּלְמַטָּה טְמֵאָה. וְאִם נִתְהַפְּכָה וְקָפְצָה אֲפִלּוּ מֵחֲגוֹר וּלְמַעְלָה טְמֵאָה שֶׁאִלּוּ הָיָה דָּם זֶה מִן הַשְּׁחִיטָה אוֹ מִן הַשּׁוּק הָיָה לָהּ שֶׁיִּמָּצֵא גַּם עַל בְּגָדֶיהָ וְהוֹאִיל וְנִמְצָא עַל בְּשָׂרָהּ וְלֹא בְּבִגְדָהּ טְמֵאָה

כב. הָיְתָה בָּהּ מַכָּה אַף עַל פִּי שֶׁחָיְתָה אִם יְכוֹלָה לְהִתְגַּלַּע וּלְהוֹצִיא דָּם וְנִמְצָא דָּם עַל בְּשָׂרָהּ תּוֹלָה בַּמַּכָּה. וְכֵן כָּל כַּיּוֹצֵא בָּזֶה:

כג. נִמְצָא הַכֶּתֶם עַל בְּגָדֶיהָ וּבְשָׂרָהּ כְּאֶחָד תּוֹלָה בְּכָל שֶׁיֵּשׁ לָהּ לִתְלוֹת. וְתוֹלָה בְּמַאֲכֹלֶת שֶׁמָּא בְּעֵת שֶׁיָּשְׁבָה נֶהֶרְגָה מַאֲכֹלֶת וְדָם זֶה דַּם מַאֲכֹלֶת הוּא. וְעַד כַּמָּה עַד כִּגְרִיס. אֲבָל אִם מָצְאָה הַכֶּתֶם יֶתֶר מִכִּגְרִיס אֵינָהּ תּוֹלָה

בְּמַאֲכֶלֶת וַאֲפִלּוּ הָיְתָה מַאֲכֶלֶת רְצוּצָה בַּכֶּתֶם הוֹאִיל וְהוּא יֶתֶר מִכִּגְרִיס אֵינָהּ תּוֹלָה בְּמַאֲכֶלֶת:

כד. וְכֵן תּוֹלָה בִּבְנָהּ וּבְבַעְלָהּ אִם הָיוּ עֲסוּקִין בְּדָם אוֹ שֶׁהָיוּ יְדֵיהֶן מְלֻכְלָכוֹת אוֹ שֶׁהָיְתָה בָּהֶן מַכָּה תּוֹלָה בָּהֶן וְאוֹמֶרֶת הֵן נָגְעוּ בָּהּ וְהִיא לֹא יָדְעָה וְדָם זֶה מֵחֲמָתָן הוּא:

כה. אֵין מַחֲזִיקִין דָּם מִמָּקוֹם לְמָקוֹם לִתְלוֹת בּוֹ. כֵּיצַד. הָיְתָה לָהּ מַכָּה בִּכְתֵפָהּ וְנִמְצָא כֶּתֶם עַל שׁוֹקָהּ. אֵין אוֹמְרִין שֶׁמָּא בְּיָדֶיהָ נָגְעָה בַּמַּכָּה וְנָגְעָה בְּמָקוֹם זֶה. וְכֵן כָּל כַּיּוֹצֵא בָּזֶה אֵין תּוֹלִין בּוֹ בֵּין בְּגוּפָהּ בֵּין בַּחֲלוּקָהּ:

כו. שְׁתֵּי נָשִׁים שֶׁנִּתְעַסְּקוּ בְּצִפּוֹר אֶחָד וְאֵין בּוֹ אֶלָּא כְּסֶלַע דָּם וְנִמְצָא עַל כָּל אַחַת מִשְּׁתֵּיהֶן כֶּתֶם כְּסֶלַע שְׁתֵּיהֶן טְמֵאוֹת. נִתְעַסְּקָה בְּדָם שֶׁאִי אֶפְשָׁר שֶׁיִּהְיֶה מִמֶּנּוּ כֶּתֶם אֶלָּא כִּגְרִיס וְנִמְצָא עָלֶיהָ כֶּתֶם כִּשְׁנֵי גְּרִיסִין הֲרֵי זוֹ תּוֹלָה כִּגְרִיס בַּדָּם שֶׁנִּתְעַסְּקָה בּוֹ וְכִגְרִיס בְּמַאֲכֶלֶת. נִמְצָא הַכֶּתֶם יֶתֶר מִכִּשְׁנֵי גְּרִיסִין טְמֵאָה:

כז. נִתְעַסְּקָה בְּאָדֹם אֵין תּוֹלָה בּוֹ שָׁחוֹר. נִתְעַסְּקָה בְּעוֹף שֶׁיֵּשׁ בּוֹ מִינֵי דָּם הַרְבֵּה וְנִמְצָא עָלֶיהָ מַרְאֶה אֶחָד מֵהֶן תּוֹלָה בּוֹ. הָיְתָה לוֹבֶשֶׁת שְׁלֹשָׁה חֲלוּקוֹת אִם יְכוֹלָה לִתְלוֹת תּוֹלָה אַף בַּתַּחְתּוֹן. וְאִם אֵינָהּ יְכוֹלָה לִתְלוֹת אֵינָהּ תּוֹלָה אַף בָּעֶלְיוֹן. כֵּיצַד. עָבְרָה בְּשׁוּק שֶׁל טַבָּחִים אַף עַל פִּי שֶׁנִּמְצָא הַכֶּתֶם עַל הַתַּחְתּוֹן לְבַדּוֹ תּוֹלָה בְּדַם הַטַּבָּחִים. לֹא עָבְרָה בְּשׁוּק הַטַּבָּחִים וְכַיּוֹצֵא בּוֹ אַף עַל פִּי שֶׁנִּמְצָא הַכֶּתֶם בָּעֶלְיוֹן לְבַדּוֹ הֲרֵי זוֹ טְמֵאָה סָפֵק עָבְרָה סָפֵק לֹא עָבְרָה סָפֵק נִתְעַסְּקָה סָפֵק לֹא נִתְעַסְּקָה אֵינָהּ תּוֹלָה:

כח. עִיר שֶׁיֵּשׁ בָּהּ חֲזִירִים אוֹ שֶׁהֵם בָּאִין לָהּ תָּמִיד אֵין חוֹשְׁשִׁין לִכְתָמֶיהָ הַנִּמְצָאִין בַּחֲלוּקָהּ:

כט. הָאִשָּׁה שֶׁהִשְׁאִילָה חֲלוּקָהּ לְנִדָּה בֵּין עכו״ם בֵּין יִשְׂרְאֵלִית וְחָזְרָה וְלָבְשָׁה אוֹתוֹ קֹדֶם בְּדִיקָה וּמָצְאָה עָלָיו כֶּתֶם הֲרֵי זוֹ תּוֹלָה בַּנִּדָּה שֶׁלָּבְשָׁה אוֹתוֹ. הִשְׁאִילָה אוֹתוֹ לְזָבָה קְטַנָּה בַּיּוֹם הַטָּמֵא שֶׁלָּהּ אוֹ לַיּוֹשֶׁבֶת עַל דַּם טֹהַר אוֹ לִבְתוּלָה שֶׁדָּמֶיהָ טְהוֹרִין הֲרֵי זוֹ תּוֹלָה בָּהּ. אֲבָל אִם הִשְׁאִילָה אוֹתוֹ לְזָבָה קְטַנָּה בַּיּוֹם הַשָּׁמוּר אוֹ לְזָבָה גְּדוֹלָה בְּשִׁבְעָה יָמִים נְקִיִּים וְחָזְרָה וְלָבְשָׁה אוֹתוֹ קֹדֶם בְּדִיקָה וְנִמְצָא עָלָיו כֶּתֶם שְׁתֵּיהֶן מְקֻלְקָלוֹת הַשּׁוֹאֶלֶת וְהַמַּשְׁאֶלֶת אוֹתָהּ שֶׁמָּא מִזּוֹ שֶׁמָּא מִזּוֹ. הִשְׁאִילָה אוֹתוֹ לְיוֹשֶׁבֶת עַל הַכֶּתֶם אֵינָהּ תּוֹלָה בָּהּ שֶׁאֵין תּוֹלִין כֶּתֶם בְּכֶתֶם:

ל. בָּדְקָה חֲלוּקָהּ וּבָדְקָה עַצְמָהּ וּמָצְאָה טָהוֹר וְהִשְׁאִילָה הֶחָלוּק לַחֲבֶרְתָּהּ וּלְבָשַׁתּוּ וְנִמְצָא עָלָיו כֶּתֶם כְּשֶׁהֶחֱזִירַתּוּ לָהּ הַשּׁוֹאֶלֶת טְמֵאָה. וְאֵינָהּ תּוֹלָה בְּבַעֲלַת הֶחָלוּק שֶׁהֲרֵי בָּדְקָה אוֹתוֹ קֹדֶם שֶׁתַּשְׁאִילֵהוּ לָהּ:

לא. אֲרֻכָּה שֶׁלָּבְשָׁה חֲלוּקָהּ שֶׁל קְצָרָה וְנִמְצָא בּוֹ כֶּתֶם אִם מַגִּיעַ כְּנֶגֶד בֵּית הַתֻּרְפָּה טְמֵאָה וְאִם לָאו טְהוֹרָה. שֶׁכֶּתֶם זֶה שֶׁל קְצָרָה הוּא:

לב. שָׁלֹשׁ נָשִׁים שֶׁלָּבְשׁוּ חָלוּק אֶחָד זוֹ אַחַר זוֹ וְאַחַר כָּךְ נִמְצָא עָלָיו כֶּתֶם. וְכֵן אִם יְשֵׁנוֹת בְּמִטָּה אַחַת כְּאַחַת וְנִמְצָא דָּם תַּחַת אַחַת מֵהֶן כֻּלָּן טְמֵאוֹת. וְאִם בָּדְקָה אַחַת מֵהֶן עַצְמָהּ מִיָּד וּמָצְאָה עַצְמָהּ טְמֵאָה הֲרֵי הַשְּׁתַּיִם טְהוֹרוֹת:

לג. בָּדְקוּ כֻּלָּן וּמָצְאוּ עַצְמָן טְהוֹרוֹת תּוֹלָה מִי שֶׁאֵינָהּ רְאוּיָה לִרְאוֹת דָּם בְּמִי שֶׁהִיא רְאוּיָה. וְתִהְיֶה שֶׁאֵינָהּ רְאוּיָה טְהוֹרָה וְהָרְאוּיָה טְמֵאָה. כֵּיצַד. הָיְתָה אַחַת מְעֻבֶּרֶת וְאַחַת אֵינָהּ מְעֻבֶּרֶת הַמְעֻבֶּרֶת טְהוֹרָה וְשֶׁאֵינָהּ מְעֻבֶּרֶת טְמֵאָה. מֵינִיקָה וְשֶׁאֵינָהּ מֵינִיקָה הַמֵּינִיקָה טְהוֹרָה. זְקֵנָה וְשֶׁאֵינָהּ זְקֵנָה הַזְּקֵנָה טְהוֹרָה. בְּתוּלָה וְשֶׁאֵינָהּ בְּתוּלָה הַבְּתוּלָה טְהוֹרָה. הָיוּ כֻּלָּן מְעֻבָּרוֹת כֻּלָּן זְקֵנוֹת כֻּלָּן מֵינִיקוֹת כֻּלָּן בְּתוּלוֹת הֲרֵי כֻּלָּן טְמֵאוֹת:

לד. שָׁלֹשׁ נָשִׁים שֶׁעָלוּ דֶּרֶךְ מַרְגְּלוֹת הַמִּטָּה וְיָשְׁנוּ כֻּלָּן וְנִמְצָא דָּם תַּחַת הָאֶמְצָעִית שְׁלָשְׁתָּן טְמֵאוֹת. תַּחַת הַפְּנִימִית הִיא וְשֶׁבְּצִדָּהּ טְמֵאוֹת וְהַחִיצוֹנָה טְהוֹרָה. תַּחַת הַחִיצוֹנָה הִיא וְשֶׁבְּצִדָּהּ טְמֵאוֹת וְהַפְּנִימִית טְהוֹרָה. וְאִם לֹא עָלוּ דֶּרֶךְ מַרְגְּלוֹת הַמִּטָּה שֶׁהֲרֵי אֵין לָהֶם סֵדֶר וְנִמְצָא דָּם תַּחַת אַחַת מֵהֶן כֻּלָּן טְמֵאוֹת:

לה. בַּמֶּה דְּבָרִים אֲמוּרִים שֶׁבָּדְקוּ כֻּלָּן וּמָצְאוּ טָהוֹר וְלֹא תּוּכַל אַחַת מֵהֶן לִתְלוֹת בַּחֲבֶרְתָּהּ כְּמוֹ שֶׁבֵּאַרְנוּ. אֲבָל אִם בָּדְקָה אַחַת וּמָצְאָה עַצְמָהּ טְהוֹרָה וַחֲבֶרְתָּהּ לֹא בָּדְקָה תּוֹלָה הַטְּהוֹרָה בְּזוֹ שֶׁלֹּא בָּדְקָה וַהֲרֵי זוֹ שֶׁלֹּא בָּדְקָה טְמֵאָה:

לו. כָּל כֶּתֶם שֶׁנִּמְצָא עַל הַבֶּגֶד שֶׁאֵין לָהּ בַּמֶּה יִתְלֶה אֵינוֹ מְטַמֵּא עַד שֶׁיִּוָּדַע שֶׁהוּא דָּם. וְאִם נִסְתַּפֵּק לָהֶם שֶׁמָּא הוּא דָּם אוֹ צֶבַע אָדֹם מַעֲבִירִין עָלָיו שִׁבְעָה סַמָּנִין אֵלּוּ עַל הַסֵּדֶר. אִם עָבַר אוֹ כֵּהָה עֵינוֹ הֲרֵי זֶה כֶּתֶם דָּם וּטְמֵאָה וְאִם עָמַד כְּמוֹת שֶׁהוּא הֲרֵי זֶה צֶבַע וּטְהוֹרָה:

לז. וְאֵלּוּ הֵן הַשִּׁבְעָה סַמָּנִים עַל סִדְרָן. רֹק תָּפֵל. וּלְעִיסַת גְּרִיסִין שֶׁל פּוֹל. וּמֵי רַגְלַיִם שֶׁהֶחֱמִיצוּ. וּבֹרִית. וְנֶתֶר. וְקִימוֹנְיָא. וְאַשְׁלָג. וְצָרִיךְ לְכַסְכֵּס שָׁלֹשׁ פְּעָמִים עַל כָּל סַם וָסַם וּמוֹלִיךְ וּמֵבִיא בְּכָל כִּסְכּוּס. הֶעֱבִירָן שֶׁלֹּא עַל הַסֵּדֶר אוֹ שֶׁהֶעֱבִירָן כְּאֶחָד לֹא עָשָׂה כְּלוּם. הִקְדִּים הָאַחֲרוֹנִים לָרִאשׁוֹנִים אֵלּוּ שֶׁהֶעֱבִיר בָּאַחֲרוֹנָה שֶׁהֵן הָרִאשׁוֹנִים עָלוּ

Perek 10

Nidah continued

Impurity *without* bleeding at birth or miscarriage.

Every woman who gives birth is impure the same as a *nidah*, even if there was no *uterine bleeding*, and even if child was still-born, or miscarried.

Form of foetus can only be regarded as complete after **40 days**.

I.e. if less than 40 days old, the form of the foetus will not be recognisable and woman will not be regarded as impure from 'birth'.

Birth from caesarean section does not render mother impure because of birth. (but she is also not granted the 'days of purity'.)

Definition of birth is when the greater part of body has emerged. (Head alone would also be regarded as greater part of body.)

 Derabanan – If hand emerges and then retracts, this is regarded as birth.

If a woman miscarries a foetus which cannot be recognised as human, or if it is less than **40 days** old,

- If there was accompanying bleeding, woman is either *nidah* or *zivah* (depending on her personal cycle)
- If there was no bleeding, she is pure

If a placenta emerges, it must be ascertained if the placenta is connected to the birth or perhaps another foetus.

ג. אֵי זֶה הוּא שַׁפִיר מְרֻקָּם. תְּחִלַּת בְּרִיָּתוֹ שֶׁל אָדָם גּוּפוֹ כָּעֲדָשָׁה. שְׁתֵּי עֵינָיו כִּשְׁתֵּי טִפֵּי זְבוּב מְרֻחָקוֹת זוֹ מִזּוֹ. שְׁנֵי חֲטָמָיו כִּשְׁתֵּי טִפֵּי זְבוּב מְקֹרָבוֹת זֶה לָזֶה. פִּיו פָּתוּחַ כְּחוּט הַשַּׂעֲרָה. וְחִתּוּךְ יָדַיִם וְרַגְלַיִם אֵין לוֹ. נִתְבָּאֲרָה צוּרָתוֹ יֶתֶר מִזֶּה וַעֲדַיִן אֵינוֹ נִכָּר בֵּין זָכָר לִנְקֵבָה אֵין בּוֹדְקִין אוֹתוֹ בְּמַיִם אֶלָּא בְּשֶׁמֶן שֶׁהַשֶּׁמֶן מְצַחְצְחוֹ. וּמֵבִיא קֵיסָם שֶׁרֹאשׁוֹ חָלָק וּמְנַעְנֵעַ בְּאוֹתוֹ מָקוֹם מִלְּמַעְלָה לְמַטָּה אִם מְסַכְסֵךְ בְּיָדוּעַ שֶׁהוּא זָכָר. וְאִם רָאָה אוֹתוֹ מָקוֹם כִּשְׂעוֹרָה סְדוּקָה הֲרֵי זוֹ נְקֵבָה וְאֵינָהּ צְרִיכָה בְּדִיקָה. וְכָל אֵלּוּ הָרְקִימוֹת שֶׁל נְפָלִים אֵין נוֹתְנִין לָהֶן יְמֵי טֹהַר עַד שֶׁיְּשַׁעֵר הַוָּלָד:

ד. הִפִּילָה חֲתִיכָה לְבָנָה אִם נִקְרְעָה וְנִמְצָא בָּהּ עֶצֶם הֲרֵי זוֹ טְמֵאָה לְלֵדָה. הִפִּילָה שָׁפִיר מָלֵא מַיִם מָלֵא דָּם מָלֵא גְּנוּנִים מָלֵא בָּשָׂר הוֹאִיל וְאֵינוֹ מְרֻקָּם אֵינָהּ חוֹשֶׁשֶׁת לְוָלָד:

ה. יוֹצֵא דֹּפֶן אֵין אִמּוֹ טְמֵאָה לְלֵדָה וְאֵין לָהּ יְמֵי טֻמְאָה וִימֵי טָהֳרָה שֶׁנֶּאֱמַר (ויקרא יב ב) "אִשָּׁה כִּי תַזְרִיעַ וְיָלְדָה זָכָר" עַד שֶׁתֵּלֵד מִמָּקוֹם שֶׁמַּזְרַעַת. הַמַּקְשָׁה וְיָלְדָה וָלָד דֶּרֶךְ הַדֹּפֶן הֲרֵי דַּם הַקֹּשִׁי הַבָּא דֶּרֶךְ הָרֶחֶם זִיבוּת אוֹ נִדָּה וְדַם הַיּוֹצֵא דֶּרֶךְ הַדֹּפֶן טָמֵא. וְאִם לֹא יָצָא דָּם דֶּרֶךְ הָרֶחֶם הֲרֵי הָאִשָּׁה טְהוֹרָה. אַף עַל פִּי שֶׁהַדָּם שֶׁיָּצָא מִדָּפְנָהּ טָמֵא. שֶׁאֵין הָאִשָּׁה טְמֵאָה עַד שֶׁיֵּצֵא מִדְוֶה דֶּרֶךְ עֶרְוָתָהּ:

ו. נֶחְתַּךְ הַוָּלָד בְּמֵעֶיהָ וְיָצָא אֵיבָר אֵיבָר. בֵּין שֶׁיָּצָא עַל סֵדֶר הָאֵיבָרִים כְּגוֹן שֶׁיָּצְאָה הָרֶגֶל וְאַחֲרֶיהָ הַשּׁוֹק וְאַחֲרֶיהָ הַיָּרֵךְ. בֵּין שֶׁיָּצָא שֶׁלֹּא עַל הַסֵּדֶר אֵינָהּ טְמֵאָה לְלֵדָה עַד שֶׁיֵּצֵא רֻבּוֹ. וְאִם יָצָא רֹאשׁוֹ כֻּלּוֹ כְּאֶחָד הֲרֵי זֶה כְּרֻבּוֹ. וְאִם לֹא נֶחְתַּךְ וְיָצָא כְּדַרְכּוֹ מִשֶּׁתֵּצֵא רֹב פַּדַּחְתּוֹ הֲרֵי זֶה כְּיָלוּד אַף עַל פִּי שֶׁנֶּחְתַּךְ אַחַר כָּךְ:

ז. הוֹצִיא הָעֻבָּר אֶת יָדוֹ וְהֶחֱזִירָהּ אִמּוֹ טְמֵאָה לְלֵדָה מִדִּבְרֵי סוֹפְרִים. וְאֵין לָהּ יְמֵי טֹהַר עַד שֶׁיֵּצֵא הַוָּלָד כֻּלּוֹ אוֹ רֻבּוֹ כְּמוֹ שֶׁאָמַרְנוּ:

ח. הַמַּפֶּלֶת כְּמִין בְּהֵמָה חַיָּה אוֹ עוֹף אִם הָיוּ פָּנָיו כִּפְנֵי אָדָם הֲרֵי זֶה וָלָד. אִם זָכָר תֵּשֵׁב לְזָכָר וְאִם נְקֵבָה תֵּשֵׁב לִנְקֵבָה. וְאִם אֵינוֹ נִכָּר בֵּין זָכָר לִנְקֵבָה תֵּשֵׁב לְזָכָר וְלִנְקֵבָה אַף עַל פִּי שֶׁשְּׁאָר הַגּוּף דּוֹמֶה לִבְהֵמָה אוֹ לְחַיָּה אוֹ לְעוֹף. וְאִם אֵין פָּנָיו כְּצוּרַת פְּנֵי הָאָדָם אַף עַל פִּי שֶׁשְּׁאָר הַגּוּף גּוּף אָדָם שָׁלֵם וְיָדָיו וְרַגְלָיו יְדֵי וְרַגְלֵי אָדָם וַהֲרֵי הוּא זָכָר אוֹ נְקֵבָה אֵינוֹ וָלָד וְאֵין אִמּוֹ טְמֵאָה לְלֵדָה:

ט. אֵי זוֹ הִיא צוּרַת פְּנֵי הָאָדָם. שֶׁיִּהְיֶה הַמֵּצַח וְהַגְּבִינִין וְהָעֵינַיִם וְהַלְּסָתוֹת וּגְבוֹת הַזָּקָן כְּצוּרַת הָאָדָם. אֲבָל הַפֶּה וְהָאָזְנַיִם וְהָאַף אַף עַל פִּי שֶׁהֵן כְּשֶׁל בְּהֵמָה וְחַיָּה הֲרֵי זֶה וָלָד:

י. הַמַּפֶּלֶת דְּמוּת נָחָשׁ אִמּוֹ טְמֵאָה לְלֵדָה מִפְּנֵי שֶׁגַּלְגַּל עֵינָיו עָגֹל כְּשֶׁל אָדָם. הַמַּפֶּלֶת דְּמוּת אָדָם שֶׁיֵּשׁ לוֹ כְּנָפַיִם שֶׁל בָּשָׂר אִמּוֹ טְמֵאָה לְלֵדָה. נִבְרָא בְּעַיִן אַחַת וְיָרֵךְ אַחַת אִם הָיוּ מִן הַצַּד הֲרֵי הוּא כַּחֲצִי אָדָם וְאִמּוֹ טְמֵאָה לְלֵדָה. וְאִם הָיוּ בְּאֶמְצַע אִמּוֹ טְהוֹרָה שֶׁהֲרֵי זוֹ בְּרִיָּה אַחֶרֶת:

יא. נִבְרָא וֶשֶׁט שֶׁלּוֹ אָטוּם אוֹ שֶׁהָיָה חָסֵר מִטִּבּוּרוֹ וּלְמַטָּה וַהֲרֵי הוּא אָטוּם. אוֹ שֶׁהָיְתָה גֻּלְגָּלְתּוֹ אֲטוּמָה. אוֹ שֶׁהָיוּ פָּנָיו טוּחוֹת וְאֵין בָּהֶן הֶכֵּר פָּנִים. אוֹ שֶׁיֵּשׁ לוֹ שְׁנֵי גַּבִּין וּשְׁתֵּי שִׁדְרוֹת. אוֹ שֶׁהִפִּילָה בְּרִיַּת רֹאשׁ שֶׁאֵינוֹ חָתוּךְ. אוֹ יָד שֶׁאֵינוֹ חָתוּךְ. כָּל נֵפֶל מֵאֵלּוּ אֵינוֹ וָלָד וְאֵין אִמּוֹ טְמֵאָה לְלֵדָה. אֲבָל אִם הִפִּילָה יָד חֲתוּכָה וְרֶגֶל חֲתוּכָה הֲרֵי חֶזְקָתָהּ מוֹלֶדֶת וָלָד שָׁלֵם וּמִצְטָרְפִין לְרֹב אֵיבָרָיו:

יב. פְּעָמִים יִקְפָּא מִשְּׁאָר הַדָּמִים שֶׁנּוֹצָר מֵהֶם הָאָדָם חֲתִיכָה כְּמוֹ לְשׁוֹן הַשּׁוֹר וְתִהְיֶה כְּרוּכָה עַל מִקְצָת הַוָּלָד וְהִיא הַנִּקְרֵאת סַנְדָּל. וּלְעוֹלָם לֹא יֵעָשֶׂה סַנְדָּל זֶה אֶלָּא עִם וָלָד. אֲבָל חֲתִיכָה שֶׁנּוֹצְרָה לְבַדָּהּ בְּלֹא וָלָד אֵינָהּ נִקְרֵאת סַנְדָּל. וְרֹב הָעֻבָּרִים לֹא יִהְיֶה עִמָּהֶם סַנְדָּל. וּפְעָמִים יַכֶּה הַמְעֻבֶּרֶת דָּבָר עַל בִּטְנָהּ וְיִפָּסֵד הָעֻבָּר וְיֵעָשֶׂה כְּסַנְדָּל זֶה. וּפְעָמִים יִשָּׁאֵר בּוֹ הֶכֵּר פָּנִים וּפְעָמִים יִיבַשׁ הַוָּלָד וְיִשְׁתַּנֶּה וְיִקְפְּאוּ עָלָיו הַדָּמִים עַד שֶׁלֹּא יִשָּׁאֵר בּוֹ הֶכֵּר פָּנִים. לְפִיכָךְ הַמַּפֶּלֶת זָכָר וְסַנְדָּל עִמּוֹ אַף עַל פִּי שֶׁאֵין הֶכֵּר פָּנִים לַסַּנְדָּל הֲרֵי זוֹ תֵּשֵׁב לְזָכָר וְלִנְקֵבָה שֶׁמָּא סַנְדָּל זֶה נְקֵבָה הָיָה. וְחֻמְרָא הֶחְמִירוּ בּוֹ לְטַמְּאָהּ בּוֹ מִשּׁוּם וָלָד אַף עַל פִּי שֶׁאֵין בּוֹ צוּרַת פָּנִים הוֹאִיל וְהִיא טְמֵאָה לְלֵדָה מִפְּנֵי הַוָּלָד שֶׁעִמּוֹ:

יג. הַחוֹתֶלֶת הָעָבָה שֶׁהִיא כְּמוֹ חֵמֶת שֶׁבְּתוֹכָהּ נוֹצָר הַוָּלָד וְהִיא מַקֶּפֶת אוֹתוֹ וְאֶת הַסַּנְדָּל אִם הָיָה עִמּוֹ סַנְדָּל וּכְשֶׁיַּגִּיעַ זְמַנּוֹ לָצֵאת קוֹרֵעַ אוֹתָהּ וְיוֹצֵא הִיא הַנִּקְרֵאת שִׁלְיָא. וּתְחִלַּת בְּרִיָּתָהּ דּוֹמָה לְחוּט שֶׁל עֵרֶב וַחֲלוּלָה כַּחֲצוֹצֶרֶת וְעָבָה כְּקֻרְקְבָן הַתַּרְנְגוֹלִים. וְאֵין שִׁלְיָא פְּחוּתָה מִטֶּפַח:

יד. הַמַּפֶּלֶת שִׁלְיָא תֵּשֵׁב לְזָכָר וְלִנְקֵבָה. לֹא שֶׁהַשִּׁלְיָא וָלָד אֶלָּא שֶׁאֵין שִׁלְיָא בְּלֹא וָלָד. הִפִּילָה נֵפֶל וְאַחַר כָּךְ הִפִּילָה שִׁלְיָא חוֹשְׁשִׁין לַשִּׁלְיָא וַהֲרֵי הוּא כְּוָלָד אַחֵר וְאֵין אוֹמְרִין זוֹ שִׁלְיַת הַנֵּפֶל. שֶׁאֵין תּוֹלִין אֶת הַשִּׁלְיָא אֶלָּא בְּוָלָד שֶׁל קַיָּמָא. לְפִיכָךְ אִם יָלְדָה וָלָד שֶׁל קַיָּמָא וְהִפִּילָה שִׁלְיָא אֲפִלּוּ אַחַר כ"ג יוֹם תּוֹלִין אוֹתוֹ בַּוָּלָד וְאֵין חוֹשְׁשִׁין לְוָלָד אַחֵר. שֶׁהַוָּלָד קָרַע הַשִּׁלְיָא וְיָצָא:

טו. הִפִּילָה שִׁלְיָא תְּחִלָּה וְאַחַר כָּךְ יָלְדָה וָלָד שֶׁל קַיָּמָא חוֹשְׁשִׁין לַשִּׁלְיָא שֶׁהִיא וָלָד אַחֵר וְאֵין תּוֹלִין אוֹתָהּ בַּוָּלָד הַבָּא אַחֲרֶיהָ. שֶׁאֵין דַּרְכָּהּ שֶׁל שִׁלְיָא לָצֵאת לִפְנֵי הַוָּלָד.

יָצָאת מִקְצָת הַשִּׁלְיָא בַּיּוֹם הָרִאשׁוֹן וּמִקְצָתָהּ בַּשֵּׁנִי מוֹנִין לָהּ מִיּוֹם הָרִאשׁוֹן וְאֵין נוֹתְנִין לָהּ יְמֵי טָהֳרָה אֶלָּא מִיּוֹם שֵׁנִי לְהַחֲמִיר:

טז. הִפִּילָה דְּמוּת בְּהֵמָה חַיָּה וְעוֹף וְשִׁלְיָא קְשׁוּרָה בּוֹ אֵין חוֹשְׁשִׁין לְוָלָד. וְאִם אֵינָהּ קְשׁוּרָה בּוֹ מְטִילִין עָלֶיהָ חֹמֶר שְׁתֵּי וְלָדוֹת שֶׁאֲנִי אוֹמֵר שֶׁמָּא נִמּוֹחַ שַׁפִּיר מְרֻקָּם שֶׁהָיָה בְּשִׁלְיָא זוֹ וְשֶׁמָּא נִמּוֹחָה הַשִּׁלְיָא שֶׁל שַׁפִּיר זֶה שֶׁהוּא דְּמוּת בְּהֵמָה וְחַיָּה:

יז. כָּל אֵלּוּ שֶׁחוֹשְׁשִׁין לְשִׁלְיָא אֵין נוֹתְנִין לָהֶן יְמֵי טֹהַר. וְכָל מִי שֶׁהִפִּילָה דָּבָר שֶׁאֵינוֹ וָלָד אוֹ שַׁפִּיר בְּתוֹךְ אַרְבָּעִים יוֹם שֶׁעֲדַיִן לֹא נִגְמְרָה צוּרָתוֹ אִם יָצָא עִמּוֹ דָּם הֲרֵי זוֹ נִדָּה אוֹ זָבָה. וְאִם יָצָא יָבֵשׁ בְּלֹא דָּם הֲרֵי זוֹ טְהוֹרָה:

יח. מִי שֶׁיָּלְדָה זָכָר וּנְקֵבָה תְּאוֹמִים תֵּשֵׁב לִנְקֵבָה. יָלְדָה טֻמְטוּם אוֹ אַנְדְּרוֹגִינוּס תֵּשֵׁב לְזָכָר וְלִנְקֵבָה. יָלְדָה תְּאוֹמִים אֶחָד זָכָר וְהַשֵּׁנִי טֻמְטוּם אוֹ אַנְדְּרוֹגִינוּס תֵּשֵׁב לְזָכָר וְלִנְקֵבָה. הָאַחַת נְקֵבָה וְהַשֵּׁנִי טֻמְטוּם אוֹ אַנְדְּרוֹגִינוּס תֵּשֵׁב לִנְקֵבָה בִּלְבַד. שֶׁהַטֻּמְטוּם וְהָאַנְדְּרוֹגִינוּס סָפֵק הֵן שֶׁמָּא זָכָר הֵן שֶׁמָּא נְקֵבָה:

יט. הָאִשָּׁה שֶׁהֻחְזְקָה מְעֻבֶּרֶת וְיָלְדָה וְאֵין יָדוּעַ מַה יָּלְדָה כְּגוֹן שֶׁעָבְרָה לַנָּהָר וְהִפִּילָה שָׁם אוֹ שֶׁהִפִּילָה לְבוֹר אוֹ שֶׁהִפִּילָה וּגְרָרַתּוּ חַיָּה הֲרֵי זוֹ בְּחֶזְקַת שֶׁהִפִּילָה וָלָד וְתֵשֵׁב לְזָכָר וְלִנְקֵבָה. אֲבָל אִם לֹא הֻחְזְקָה מְעֻבֶּרֶת וְהִפִּילָה וְאֵין יָדוּעַ מַה הִפִּילָה הֲרֵי זֶה סְפֵק יוֹלֶדֶת וְתֵשֵׁב לְזָכָר וְלִנְקֵבָה וּלְנִדָּה:

כ. כָּל מָקוֹם שֶׁנֶּאֱמַר (ויקרא יב ד) "תֵּשֵׁב" לְזָכָר וְלִנְקֵבָה כֵּיצַד דִּינָהּ. תִּהְיֶה אֲסוּרָה לְבַעְלָהּ י"ד יוֹם כְּיוֹלֶדֶת נְקֵבָה. שִׁבְעָה הָרִאשׁוֹנִים וַדַּאי. וְהַשִּׁבְעָה הָאַחֲרוֹנִים סָפֵק. וְאֵין נוֹתְנִין לָהּ יְמֵי טֹהַר אֶלָּא עַד אַרְבָּעִים יוֹם כְּיוֹלֶדֶת זָכָר. וְאִם רָאֲתָה דָּם אַחַר הָאַרְבָּעִים עַד שְׁמוֹנִים אֵינוֹ דַּם טֹהַר אֶלָּא סְפֵק דַּם נִדָּה אוֹ סְפֵק דַּם זִיבוּת אִם בָּא מִימֵי הַזִּיבָה כְּמוֹ שֶׁבֵּאַרְנוּ. וְכֵן אִם רָאֲתָה דָּם יוֹם אֶחָד וּשְׁמוֹנִים בִּלְבַד הֲרֵי זוֹ סְפֵק נִדָּה וְתֵשֵׁב שִׁבְעַת יְמֵי הַנִּדָּה שֶׁמָּא נְקֵבָה יָלְדָה שֶׁאֵין לָהּ וֶסֶת נִדּוּת עַד אַחַר מְלֹאת כְּמוֹ שֶׁבֵּאַרְנוּ:

כא. כָּל מָקוֹם שֶׁנֶּאֱמַר (ויקרא יב ד) "תֵּשֵׁב" לְזָכָר וְלִנְקֵבָה וּלְנִדָּה כֵּיצַד דִּינָהּ. תִּהְיֶה אֲסוּרָה לְבַעְלָהּ י"ד יוֹם כְּיוֹלֶדֶת נְקֵבָה. וְאִם רָאֲתָה דָּם בְּיוֹם אֶחָד וּשְׁמוֹנִים הֲרֵי זוֹ סְפֵק נִדָּה. וְכֵן אִם רָאֲתָה בְּיוֹם ע"ד וּבְיוֹם פ"א הֲרֵי זוֹ סְפֵק נִדָּה. וְכֵן אִם רָאֲתָה בְּיוֹם אַרְבָּעִים וְאֶחָד אַף עַל פִּי שֶׁרָאֲתָה בְּיוֹם ל"ד הֲרֵי זוֹ סְפֵק נִדָּה וַאֲסוּרָה לְבַעְלָהּ עַד לֵיל אַרְבָּעִים וּשְׁמוֹנָה כְּיוֹלֶדֶת זָכָר. וְאֵין נוֹתְנִין לָהּ יְמֵי טֹהַר כְּלָל כְּנִדָּה. וַהֲרֵי הִיא כְּמִי שֶׁלֹּא יָלְדָה. וְכָל דָּם שֶׁתִּרְאֶה מִיּוֹם שֶׁהִפִּילָה עַד שְׁמֹנִים יוֹם אִם בָּא בִּימֵי נִדָּתָהּ הֲרֵי זוֹ סְפֵק נִדָּה מֵאַחַר הַשִּׁבְעָה מִיּוֹם שֶׁהִפִּילָה. וְאִם בָּא בִּימֵי זִיבָתָהּ הֲרֵי זוֹ סְפֵק זָבָה שֶׁכָּל יְמֵי מְלֹאת אֵין בָּהֶן וֶסֶת. וְכֵן אִם רָאֲתָה בְּיוֹם אֶחָד וּשְׁמוֹנִים עֲדַיִן הִיא מְקֻלְקֶלֶת וְתִהְיֶה סְפֵק נִדָּה כְּמוֹ שֶׁבֵּאַרְנוּ אַף עַל פִּי שֶׁלֹּא רָאֲתָה אֶלָּא יוֹם אֶחָד וּכְשֶׁיִּקָּבַע לָהּ הַוֶּסֶת אַחַר הַשְּׁמוֹנִים יָסוּר קִלְקוּלָהּ וְתַחֲזֹר לִהְיוֹת נִדָּה וַדָּאִית אוֹ זָבָה וַדָּאִית. וְכֵן מִיּוֹם שֶׁהִפִּילָה עַד שִׁבְעָה יָמִים וְתִהְיֶה נִדָּה וַדָּאִית אִם הִפִּילָה בְּתוֹךְ יְמֵי נִדָּתָהּ כְּמוֹ שֶׁבֵּאַרְנוּ:

Perek 11

Nidah continued.

Stringencies taken on by Jewish women.

As time moved on it became more difficult to keep track of patterns of menstruation and the Sages made stricter rulings. Also, Jewish women accepted further stringencies upon themselves e.g. whenever she discovered uterine bleeding, even the size of a mustard seed, she counts **7** clean days and goes to *mikveh* on the night of **8th** day.

Stringencies Nowadays	Explanation
Discovery of *any* uterine bleeding. She counts **7** clean days after bleeding stops and immerses on night of **8th** day.	According to Scripture she would have counted **1** day if *nidah*, **1** day if *zivah ketanah*, and **7** days if *zivah gedolah* etc.
Every woman who gives birth, counts **7** clean days after bleeding	According to Scripture she *may* immerse (if not a *zavah*) after **7** or **14** days even if she was still bleeding.
After birth women are not granted any pure days	Bleeding of childbirth and pure blood all regarded as *impure*.
Hymenal bleeding is also regarded as impure. She counts **7** clean days when bleeding stops	According to Scripture she is pure.
After marriage proposal, waits **7** clean days	Because the proposal may have caused a drop of uterine bleeding.
No stringencies regarding *ketamim* (stains)	Same as previous times
No stringencies regarding miscarriage	Same as previous times
No stringencies regarding secretions other than blood	Same as previous times
No stringencies regarding blood from *wounds*	Only uterine bleeding is important.

After **7** clean days, purity is only regained by woman immersing in a *mikveh*.

Mikveh must be *halachically* acceptable to bring about purification.

Also, a *mikveh* will not purify if woman goes at wrong time e.g. within the 7 clean days.

> **Reminder**
> *Mikvaot*
> Ref: *Sefer Taharah, Hilchot Mikvaot,* Chapter 1

Whatever is tamei should be immersed in the water of a mikveh and thereafter will become pure.[1]

Mipi Hashmuah – All impure entities, whether humans or vessels, which are impure (both Scriptural and Rabbinic impurity), can only regain their purity by immersing in a pool of water in the ground. (I.e. immersion in a container is unacceptable.)

A *mikveh* is a constructed pool for this purpose, made to the correct specifications needed to purify.

	Immersion gives purity	Earliest time immersion can take place
Most vessels	✓	Whenever
Glass vessels	× Purity through breakage Glass considered as earthenware	
Mapatz (reed mat)	× Purity through breakage	
Zav	✓	Morning of 7th day
Zavah	✓	Morning of 7th day
Yoledet	✓	Night following 7th day
Nidah	✓	Night following 7th day
Seminal emission	✓	Whenever
Other impurities	✓	

Entire body should be immersed, naked. If even a small part of body not immersed, purification does not take place.

Those who immerse should have the intention to purify themselves. If one did not have intent the immersion is acceptable *except* for eating of *trumah* and *kadashim*.

Chatzitzah (substances on body which prevent mikveh water from reaching those parts).

Deoraita, if the majority of body or vessel is covered with a *chatzitzah* and they do disturb the person, then purification does not take place.

Derabanan – Any intervening substance that one objects to, or covers the majority of body or vessel invalidates the immersion.

Reminder:
Pack on Purification

During the days of *nidah* (and in the 7 clean days), a husband and wife should distance from each other to prevent prohibited relations in this period.

פרק י"א

א. כָּל שֶׁאָמַרְנוּ בְּנִדָּה וְזָבָה וְיוֹלֶדֶת הוּא דִּין תּוֹרָה. וּכְמִשְׁפָּטִים אֵלּוּ הָיוּ עוֹשִׂין כְּשֶׁהָיוּ בֵּית דִּין הַגָּדוֹל מְצוּיִין וְהָיוּ שָׁם חֲכָמִים גְּדוֹלִים שֶׁמַּכִּירִים הַדָּמִים וְאִם נוֹלַד לָהֶם סָפֵק בִּרְאִיּוֹת אוֹ בִּימֵי נִדָּה וְזִיבָה יַעֲלוּ לְבֵית דִּין וְיִשְׁאֲלוּ כְּמוֹ שֶׁהִבְטִיחָה תּוֹרָה עֲלֵיהֶן שֶׁנֶּאֱמַר (דברים יז ח) "כִּי יִפָּלֵא מִמְּךָ דָבָר לַמִּשְׁפָּט בֵּין דָּם לְדָם בֵּין דִּין לְדִין", בֵּין דַּם נִדָּה לְדַם זִיבָה. וּבְאוֹתָן הַיָּמִים הָיוּ בְּנוֹת יִשְׂרָאֵל נִזְהָרוֹת מִדָּבָר זֶה וּמְשַׁמְּרוֹת וּסְתוֹתֵיהֶן וְסוֹפְרוֹת תָּמִיד יְמֵי הַנִּדָּה וִימֵי הַזִּיבָה:

ב. וְטֹרַח גָּדוֹל יֵשׁ בְּמִנְיַן הַיָּמִים וּפְעָמִים רַבּוֹת יָבוֹאוּ לִידֵי סָפֵק. שֶׁאֲפִלּוּ רָאֲתָה הַבַּת דָּם בְּיוֹם הַלֵּדָה מֵאוֹתוֹ הַיּוֹם

מַתְחִילִין לִמְנוֹת לָהּ יְמֵי נִדָּה וִימֵי זִיבָה כְּמוֹ שֶׁבֵּאַרְנוּ. וּלְפִיכָךְ לֹא תִּטָּמֵא הַבַּת בְּזִיבָה אֶלָּא בַּת עֲשָׂרָה יָמִים שֶׁאִם רָאֲתָה בַּיּוֹם שֶׁנּוֹלְדָה הֲרֵי זוֹ נִדָּה שִׁבְעַת יָמִים וּשְׁלֹשֶׁת יָמִים סָמוּךְ לְנִדָּתָהּ הֲרֵי עֲשָׂרָה יָמִים. הִנֵּה לָמַדְתָּ שֶׁמִּתְּחִלַּת רְאִיָּה מַתְחֶלֶת לִמְנוֹת יְמֵי נִדָּה וִימֵי זִיבָה כָּל יָמֶיהָ וַאֲפִלּוּ רָאֲתָה וְהִיא קְטַנָּה:

ג. וּבִימֵי חַכְמֵי הַגְּמָרָא נִסְתַּפֵּק הַדָּבָר הַרְבֵּה בִּרְאִיַּת הַדָּמִים וְנִתְקַלְקְלוּ הַוְּסָתוֹת. לְפִי שֶׁלֹּא הָיָה כֹּחַ בְּכָל הַנָּשִׁים לִמְנוֹת יְמֵי נִדָּה וִימֵי זִיבָה. לְפִיכָךְ הֶחְמִירוּ חֲכָמִים בְּדָבָר זֶה וְגָזְרוּ שֶׁיִּהְיוּ כָּל יְמֵי הָאִשָּׁה כִּימֵי זִיבָתָהּ וְיִהְיֶה כָּל דָּם שֶׁתִּרְאֶה סְפֵק דַּם זִיבוּת:

ד. וְעוֹד הֶחְמִירוּ בְּנוֹת יִשְׂרָאֵל עַל עַצְמָן חֻמְרָא יְתֵרָה עַל זֶה. וְנָהֲגוּ כֻּלָּם בְּכָל מָקוֹם שֶׁיֵּשׁ יִשְׂרָאֵל שֶׁכָּל בַּת יִשְׂרָאֵל שֶׁרוֹאָה דָּם אֲפִלּוּ לֹא רָאֲתָה אֶלָּא טִפָּה כְּחַרְדָּל בִּלְבַד וּפָסַק הַדָּם סוֹפֶרֶת לָהּ שִׁבְעָה יָמִים נְקִיִּים וַאֲפִלּוּ רָאֲתָה בְּעֵת נִדָּתָהּ. בֵּין שֶׁרָאֲתָה יוֹם אֶחָד אוֹ שְׁנַיִם אוֹ הַשִּׁבְעָה כֻּלָּן אוֹ יֶתֶר מִשֶּׁיִּפְסֹק הַדָּם סוֹפֶרֶת שִׁבְעַת יָמִים נְקִיִּים כְּזָבָה גְּדוֹלָה וְטוֹבֶלֶת בְּלֵיל שְׁמִינִי אַף עַל פִּי שֶׁהִיא סְפֵק זָבָה, אוֹ בְּיוֹם שְׁמִינִי אִם הָיָה שָׁם דֹּחַק כְּמוֹ שֶׁאָמַרְנוּ. וְאַחַר כָּךְ תִּהְיֶה מֻתֶּרֶת לְבַעְלָהּ:

ה. וְכֵן כָּל הַיּוֹלֶדֶת בַּזְּמַן הַזֶּה הֲרֵי הִיא כְּיוֹלֶדֶת בְּזוֹב וּצְרִיכָה שִׁבְעַת יָמִים נְקִיִּים כְּמוֹ שֶׁבֵּאַרְנוּ. וּמִנְהָג פָּשׁוּט בְּשִׁנְעָר וּבְאֶרֶץ הַצְּבִי וּבִסְפָרַד וּבַמַּעֲרָב שֶׁאִם רָאֲתָה דָּם בְּתוֹךְ יְמֵי מְלֹאת אַף עַל פִּי שֶׁרָאֲתָה אַחַר שֶׁסָּפְרָה שִׁבְעַת יָמִים נְקִיִּים וְטָבְלָה הֲרֵי זוֹ סוֹפֶרֶת שִׁבְעַת יָמִים נְקִיִּים אַחַר שֶׁיִּפְסֹק הַדָּם וְאֵין נוֹתְנִין לָהּ יְמֵי טֹהַר כְּלָל. אֶלָּא כָּל דָּם שֶׁתִּרְאֶה הָאִשָּׁה בֵּין דַּם קֹשִׁי בֵּין דַּם טֹהַר הַכֹּל טָמֵא וְסוֹפֶרֶת שִׁבְעַת יָמִים נְקִיִּים אַחַר שֶׁיִּפְסֹק הַדָּם:

ו. וְדִין זֶה בִּימֵי הַגְּאוֹנִים נִתְחַדֵּשׁ וְהֵם גָּזְרוּ שֶׁלֹּא יִהְיֶה שָׁם דַּם טֹהַר כְּלָל. שֶׁזֶּה שֶׁהֶחְמִירוּ עַל עַצְמָן בִּימֵי חַכְמֵי הַגְּמָרָא אֵינוֹ אֶלָּא בְּרוֹאָה דָּם שֶׁהוּא טָמֵא שֶׁיּוֹשֶׁבֶת עָלָיו שִׁבְעָה נְקִיִּים. אֲבָל דָּם שֶׁתִּרְאֶה בִּימֵי טֹהַר אַחַר סְפִירָה וּטְבִילָה אֵין לָחוּשׁ לוֹ שֶׁאֵין יְמֵי טֹהַר רְאוּיִין לֹא לְנִדָּה וְלֹא לְזִיבָה כְּמוֹ שֶׁבֵּאַרְנוּ:

ז. וְשָׁמַעְנוּ שֶׁבְּצָרְפַת בּוֹעֲלִים עַל דַּם טֹהַר כְּדִין הַגְּמָרָא עַד הַיּוֹם אַחַר סְפִירָה וּטְבִילָה מִטֻּמְאַת יוֹלֶדֶת בְּזוֹב וְדָבָר זֶה תָּלוּי בַּמִּנְהָג:

ח. וְכֵן דִּין דַּם בְּתוּלִים בַּזְּמַן הַזֶּה שֶׁאֲפִלּוּ הָיְתָה קְטַנָּה שֶׁלֹּא הִגִּיעַ זְמַנָּהּ לִרְאוֹת וְלֹא רָאֲתָה דָּם מִיָּמֶיהָ בּוֹעֵל בְּעִילַת מִצְוָה וּפוֹרֵשׁ. וְכָל זְמַן שֶׁתִּרְאֶה הַדָּם מֵחֲמַת הַמַּכָּה הֲרֵי הִיא טְמֵאָה. וְאַחַר שֶׁיִּפְסֹק הַדָּם סוֹפֶרֶת שִׁבְעָה יָמִים נְקִיִּים:

ט. יֶתֶר עַל זֶה כָּל בַּת שֶׁתְּבָעוּהָ לְהִנָּשֵׂא וְרָצְתָה שׁוֹהָה שִׁבְעַת יָמִים נְקִיִּים מֵאַחַר שֶׁרָצְתָה וְאַחַר כָּךְ תִּהְיֶה מֻתֶּרֶת לְהִבָּעֵל. שֶׁמָּא מֵחִמּוּדָהּ לְאִישׁ רָאֲתָה דָּם טִפָּה אַחַת וְלֹא הִרְגִּישָׁה בָּהּ. בֵּין שֶׁהָיְתָה הָאִשָּׁה גְּדוֹלָה בֵּין שֶׁהָיְתָה קְטַנָּה צְרִיכָה לֵישֵׁב שִׁבְעָה נְקִיִּים מֵאַחַר שֶׁרָצְתָה וְאַחַר כָּךְ תִּטְבֹּל וְתִבָּעֵל:

י. וְכָל הַדְּבָרִים הָאֵלּוּ חֻמְרָא יְתֵרָה שֶׁנָּהֲגוּ בָּהּ בְּנוֹת יִשְׂרָאֵל מִימֵי חַכְמֵי הַגְּמָרָא וְאֵין לָסוּר מִמֶּנָּה לְעוֹלָם. לְפִיכָךְ כָּל אִשָּׁה שֶׁרָצְתָה כְּשֶׁתְּבָעוּהָ לְהִנָּשֵׂא לֹא תִּנָּשֵׂא עַד שֶׁתִּסְפֹּר וְתִטְבֹּל וְאִם נִשֵּׂאת לְתַלְמִיד חָכָם מֻתֶּרֶת לְהִנָּשֵׂא מִיָּד וְתִסְפֹּר מֵאַחַר שֶׁנְּשָׂאַתּוּ וְתִטְבֹּל. שֶׁתַּלְמִיד חָכָם יוֹדֵעַ שֶׁהִיא אֲסוּרָה וְנִזְהָר מִזֶּה וְלֹא יִקְרַב לָהּ עַד שֶׁתִּטְבֹּל:

יא. דִּין הַכְּתָמִים בַּזְּמַן הַזֶּה כְּמוֹ שֶׁבֵּאַרְנוּ וְאֵין בַּדָּבָר חִדּוּשׁ וְלֹא מִנְהָג אֶלָּא כָּל כֶּתֶם שֶׁאָמַרְנוּ שֶׁהִיא טְהוֹרָה הֲרֵי הִיא טְהוֹרָה וְכָל כֶּתֶם שֶׁאָמַרְנוּ טְמֵאָה (אִם אֵין בַּכֶּתֶם שִׁעוּר כְּדֵי לָחוּשׁ לְזִיבוּת) סוֹפֶרֶת שִׁבְעַת יָמִים מִיּוֹם שֶׁנִּמְצָא בּוֹ הַכֶּתֶם. וְאִם הָיָה שִׁעוּר הַכֶּתֶם כְּדֵי לָחוּשׁ לְזִיבוּת סוֹפֶרֶת שִׁבְעַת יָמִים מֵאַחַר יוֹם שֶׁנִּמְצָא בּוֹ הַכֶּתֶם. שֶׁאֵין הָרוֹאָה דָּם כְּרוֹאָה כֶּתֶם:

יב. וְכֵן כָּל מַה שֶּׁאָמַרְנוּ בְּיוֹלֶדֶת שֶׁאִמּוֹ טְהוֹרָה הֲרֵי הִיא טְהוֹרָה בַּזְּמַן הַזֶּה. וְכֵן הָאִשָּׁה שֶׁרָאֲתָה לֹבֶן אוֹ דָּם יָרֹק אוֹ שֶׁהִשְׁלִיכָה חֲתִיכָה אֲדֻמָּה שֶׁאֵין עִמָּהּ דָּם הֲרֵי הִיא טְהוֹרָה אַף בַּזְּמַן הַזֶּה. שֶׁלֹּא הֶחְמִירוּ אֶלָּא בְּרוֹאָה דָּם טָמֵא [וְאֵין זֶה דָּם טָמֵא]:

יג. וְכֵן אִם הָיְתָה בָּהּ מַכָּה וְהָיָה הַדָּם שׁוֹתֵת מִמֶּנָּה אוֹ שֶׁבָּא הַדָּם עִם מֵימֵי רַגְלַיִם הֲרֵי זוֹ טְהוֹרָה. וְלֹא נִתְחַדֵּשׁ דָּבָר אֶלָּא סְפִירַת שִׁבְעַת יָמִים נְקִיִּים לְכָל רוֹאָה דָּם טָמֵא כְּמוֹ שֶׁאָמַרְנוּ וְשֶׁיִּהְיוּ כָּל מַרְאֵה דָּמִים טְמֵאִים:

יד. זֶה שֶׁתִּמְצָא בְּמִקְצָת הַמְּקוֹמוֹת שֶׁהַנִּדָּה יוֹשֶׁבֶת שִׁבְעַת יָמִים בְּנִדָּתָהּ אַף עַל פִּי שֶׁלֹּא רָאֲתָה דָּם אֶלָּא יוֹם אֶחָד וְאַחַר הַשִּׁבְעָה תֵּשֵׁב שִׁבְעַת יָמִים נְקִיִּים אֵין זֶה מִנְהָג אֶלָּא טָעוּת הוּא מִמִּי שֶׁהוֹרָה לָהֶם כָּךְ [ג.] וְאֵין רָאוּי לִפְנוֹת לְדָבָר זֶה כְּלָל אֶלָּא אִם רָאֲתָה יוֹם אֶחָד סוֹפֶרֶת אַחֲרָיו שִׁבְעָה (נְקִיִּים) וְטוֹבֶלֶת בְּלֵיל שְׁמִינִי שֶׁהוּא לֵיל שֵׁנִי שֶׁלְּאַחַר נִדָּתָהּ וּמֻתֶּרֶת לְבַעְלָהּ:

טו. וְכֵן זֶה שֶׁתִּמְצָא בְּמִקְצָת מְקוֹמוֹת וְתִמְצָא תְּשׁוּבוֹת לְמִקְצָת הַגְּאוֹנִים שֶׁיּוֹלֶדֶת זָכָר לֹא תְּשַׁמֵּשׁ מִטָּתָהּ עַד

סוֹף אַרְבָּעִים. וְיוֹלֶדֶת נְקֵבָה אַחַר שְׁמוֹנִים. וְאַף עַל פִּי שֶׁלֹּא רָאֲתָה דָּם אֶלָּא בְּתוֹךְ הַשִּׁבְעָה. אֵין זֶה מִנְהָג אֶלָּא טָעוּת הוּא בְּאוֹתָן הַתְּשׁוּבוֹת וְדֶרֶךְ אֶפִּיקוֹרוֹסוּת בְּאוֹתָן הַמְּקוֹמוֹת וּמִן הַצְּדוֹקִין לָמְדוּ דָּבָר זֶה. וּמִצְוָה לְכוֹפָן כְּדֵי לְהוֹצִיא מִלִּבָּן וּלְהַחֲזִירָן לְדִבְרֵי חֲכָמִים שֶׁתִּסְפֹּר שִׁבְעָה יָמִים נְקִיִּים בִּלְבַד כְּמוֹ שֶׁבֵּאַרְנוּ:

טז. אֵין הָאִשָּׁה עוֹלָה מִטֻּמְאָתָהּ וְיוֹצֵאת מִידֵי עֶרְוָה עַד שֶׁתִּטְבֹּל בְּמֵי מִקְוֶה כָּשֵׁר. וְלֹא יִהְיֶה דָּבָר חוֹצֵץ בֵּין בְּשָׂרָהּ וּבֵין הַמַּיִם. וּבְהִלְכוֹת מִקְוָאוֹת יִתְבָּאֵר הַמִּקְוֶה הַכָּשֵׁר וְהַפָּסוּל וְדֶרֶךְ הַטְּבִילָה וּמִשְׁפְּטֵי הַחֲצִיצָה. אֲבָל אִם רָחֲצָה בַּמֶּרְחָץ אֲפִלּוּ נָפְלוּ עָלֶיהָ כָּל מֵימוֹת שֶׁבָּעוֹלָם הֲרֵי הִיא אַחַר הָרְחִיצָה כְּמוֹת שֶׁהָיְתָה קֹדֶם הָרְחִיצָה בְּכָרֵת. שֶׁאֵין לְךָ דָּבָר שֶׁמַּעֲלֶה מִטֻּמְאָה לְטָהֳרָה אֶלָּא טְבִילָה בְּמֵי מִקְוֶה אוֹ בְּמַעְיָן אוֹ בַּיַּמִּים שֶׁהֵם כְּמַעְיָן כְּמוֹ שֶׁיִּתְבָּאֵר בְּהִלְכוֹת מִקְוָאוֹת:

יז. כָּל שִׁבְעָה יָמִים נְקִיִּים שֶׁבַּזְּמַן הַזֶּה אַף עַל פִּי שֶׁהֵן סָפֵק אִם טָבְלָה בָּהֶן כְּאִלּוּ לֹא טָבְלָה. וְאִם טָבְלָה בַּשְּׁבִיעִי אַף עַל פִּי שֶׁאָסוּר לַעֲשׂוֹת כֵּן לְכַתְּחִלָּה שֶׁמָּא יָבוֹא לִבְעֹל בַּשְּׁבִיעִי אַחַר הַטְּבִילָה. הוֹאִיל וְטָבְלָה בִּזְמַנָּהּ אֲפִלּוּ הָיְתָה זָבָה וַדָּאִית הֲרֵי זוֹ עָלְתָה לָהּ טְבִילָה:

יח. וְאָסוּר לְאָדָם שֶׁיִּדַּבֵּק בְּאִשְׁתּוֹ בְּשִׁבְעַת יָמִים נְקִיִּים אֵלּוּ וְאַף עַל פִּי שֶׁהִיא בִּכְסוּתָהּ וְהוּא בִּכְסוּתוֹ. וְלֹא יִקְרַב לָהּ וְלֹא יִגַּע בָּהּ אֲפִלּוּ בְּאֶצְבַּע קְטַנָּה. וְלֹא יֹאכַל עִמָּהּ בִּקְעָרָה אַחַת. כְּלָלוֹ שֶׁל דָּבָר יִנְהֹג עִמָּהּ בִּימֵי סְפִירָה כְּמוֹ שֶׁיִּנְהֹג בִּימֵי נִדָּה שֶׁעֲדַיִן הִיא בְּכָרֵת עַד שֶׁתִּטְבֹּל כְּמוֹ שֶׁבֵּאַרְנוּ:

יט. כָּל מְלָאכוֹת שֶׁהָאִשָּׁה עוֹשָׂה לְבַעְלָהּ נִדָּה עוֹשָׂה לְבַעְלָהּ חוּץ מֵהַרְחָצַת פָּנָיו יָדָיו וְרַגְלָיו וּמְזִיגַת הַכּוֹס וְהַצָּעַת הַמִּטָּה בְּפָנָיו. גְּזֵרָה שֶׁמָּא יָבוֹא לִדְבַר עֲבֵרָה. וּמִפְּנֵי זֶה לֹא תֹּאכַל עִמּוֹ בִּקְעָרָה אַחַת וְלֹא יִגַּע בִּבְשָׂרָהּ מִפְּנֵי הֶרְגֵּל עֲבֵרָה. וְכֵן בְּשִׁבְעַת יָמִים נְקִיִּים לֹא תַּעֲשֶׂה לוֹ שָׁלֹשׁ מְלָאכוֹת אֵלּוּ. וּמֻתָּר לְאִשָּׁה לְהִתְקַשֵּׁט בִּימֵי נִדָּתָהּ כְּדֵי שֶׁלֹּא תִּתְגַּנֶּה עַל בַּעְלָהּ:

Perek 12

Marriage with *goyim* prohibited[24]

Intermarriage with other nations, for both men and woman, is forbidden.

The punishment is *malkot.*

Derabanan, one is also not allowed to have casual relationship.

(But for a Priest, casual relationship would also have punishment of *malkot.*)

Although this prohibition does not have punishment of execution, it should not be taken lightly, because a child conceived by this gentile woman would not be Jewish.

If a Jew has relations with a gentile in public, a zealous person could kill him. (But only if it is during the act.)

Mosheh Misinai – If a man has relations with a gentile woman in public (i.e. presence of 10 or more Jews), if a zealous person will strike and kill him, this is praiseworthy. (E.g. *Pinchas* and *Zimri*)

A Gentile servant is a step closer to being Jewish. She has been immersed and has accepted the *mitzvot.* However, she is also forbidden to a free Jew. (She would be allowed to a Hebrew servant)

When a Canaanite servant (Gentile) is freed, she becomes Jewish.

Also, a Gentile can convert and become Jewish.

There are four converts who are exception i.e. Ammonite, Moabite, *Mitzri* (Egyptian) and *Edomite.* They can convert, but there are restrictions regarding their marriage into Jewish community.

An *Ammonite* and *Moabite* convert, not to marry into Jewish people[25]

Mosheh Misinai – This means a male *Ammonite* and *Moabite*. However, a female *Ammonite* and *Moabite* are permitted.

Not to prevent a third-generation Egyptian convert from marrying into Jewish People[26]

Not to prevent a third generation *Edomite* convert from marrying into Jewish People[27] However, now that the nations have become all mixed up, any non-Jew could convert and then marry.

פרק י״ב

א. יִשְׂרָאֵל שֶׁבָּעַל עכו״ם מִשְּׁאָר הָאֻמּוֹת דֶּרֶךְ אִישׁוּת. אוֹ יִשְׂרְאֵלִית שֶׁנִּבְעֲלָה לְעכו״ם דֶּרֶךְ אִישׁוּת הֲרֵי אֵלּוּ לוֹקִין מִן הַתּוֹרָה שֶׁנֶּאֱמַר (דברים ז ג) "לֹא תִתְחַתֵּן בָּם בִּתְּךָ לֹא תִתֵּן לִבְנוֹ וּבִתּוֹ לֹא תִקַּח לִבְנֶךָ". אֶחָד שִׁבְעָה עֲמָמִין וְאֶחָד כָּל אֻמּוֹת בְּאִסּוּר זֶה. וְכֵן מְפֹרָשׁ עַל יְדֵי עֶזְרָא (נחמיה י לא) "וַאֲשֶׁר לֹא נִתֵּן בְּנֹתֵינוּ לְעַמֵּי הָאָרֶץ וְאֶת בְּנֹתֵיהֶם לֹא נִקַּח לְבָנֵינוּ":

ב. וְלֹא אָסְרָה תּוֹרָה אֶלָּא דֶּרֶךְ חַתְנוּת אֲבָל הַבָּא עַל הַכּוּתִית דֶּרֶךְ זְנוּת מַכִּין אוֹתוֹ מַכַּת מַרְדּוּת מִדִּבְרֵי סוֹפְרִים. גְּזֵרָה שֶׁמָּא יָבוֹא לְהִתְחַתֵּן. וְאִם יִחֲדָהּ לוֹ בִּזְנוּת חַיָּב עָלֶיהָ מִשּׁוּם נִדָּה וּמִשּׁוּם שִׁפְחָה וּמִשּׁוּם כּוּתִית וּמִשּׁוּם זוֹנָה. וְאִם לֹא יִחֲדָהּ לוֹ אֶלָּא נִקְרֵאת מִקְרֶה אֵינוֹ חַיָּב אֶלָּא מִשּׁוּם כּוּתִית [ג.] וְכָל חִיּוּבִין אֵלּוּ מִדִּבְרֵיהֶן:

ג. בַּמֶּה דְּבָרִים אֲמוּרִים כְּשֶׁהָיָה הַבּוֹעֵל יִשְׂרָאֵל. אֲבָל כֹּהֵן הַבָּא עַל הַכּוּתִית לוֹקֶה מִן הַתּוֹרָה מִשּׁוּם זוֹנָה. וְאֶחָד זוֹנָה כּוּתִית וְאֶחָד זוֹנָה יִשְׂרְאֵלִית. וּבִבְעִילָה בִּלְבַד לוֹקֶה שֶׁהֲרֵי אֵינָהּ בַּת קִדּוּשִׁין:

ד. כָּל הַבּוֹעֵל כּוּתִית בֵּין דֶּרֶךְ חַתְנוּת בֵּין דֶּרֶךְ זְנוּת אִם בְּעָלָהּ בְּפַרְהֶסְיָא וְהוּא שֶׁיִּבְעַל לְעֵינֵי עֲשָׂרָה מִיִּשְׂרָאֵל אוֹ יֶתֶר אִם פָּגְעוּ בּוֹ קַנָּאִין וַהֲרָגוּהוּ הֲרֵי אֵלּוּ מְשֻׁבָּחִין וּזְרִיזִין [ו.] וְדָבָר זֶה הֲלָכָה לְמֹשֶׁה מִסִּינַי הוּא. רְאָיָה לְדָבָר זֶה מַעֲשֵׂה פִּינְחָס בְּזִמְרִי:

ה. וְאֵין הַקַּנַּאי רַשַּׁאי לִפְגֹּעַ בָּהֶן אֶלָּא בִּשְׁעַת מַעֲשֶׂה כְּזִמְרִי שֶׁנֶּאֱמַר (במדבר כה ח) "וְאֶת הָאִשָּׁה אֶל קֳבָתָהּ". אֲבָל אִם פֵּרַשׁ אֵין הוֹרְגִין אוֹתוֹ. וְאִם הֲרָגוֹ נֶהֱרָג עָלָיו. וְאִם בָּא הַקַּנַּאי לִטֹּל רְשׁוּת מִבֵּית דִּין לְהָרְגוֹ אֵין מוֹרִין לוֹ וְאַף עַל פִּי שֶׁהוּא בִּשְׁעַת מַעֲשֶׂה. וְלֹא עוֹד אֶלָּא אִם בָּא הַקַּנַּאי לַהֲרֹג אֶת הַבּוֹעֵל וְנִשְׁמַט הַבּוֹעֵל וְהָרַג הַקַּנַּאי כְּדֵי לְהַצִּיל עַצְמוֹ מִיָּדוֹ אֵין הַבּוֹעֵל נֶהֱרָג עָלָיו. וְהַבָּא עַל בַּת גֵּר תּוֹשָׁב אֵין הַקַּנָּאִין פּוֹגְעִים בּוֹ אֲבָל מַכִּין אוֹתוֹ מַכַּת מַרְדּוּת:

ו. לֹא פָּגְעוּ בּוֹ קַנָּאִים וְלֹא הִלְקוּהוּ בֵּית דִּין הֲרֵי עָנְשׁוֹ מְפֹרָשׁ בְּדִבְרֵי קַבָּלָה שֶׁהוּא בְּכָרֵת שֶׁנֶּאֱמַר (מלאכי ב יא) "כִּי חִלֵּל יְהוּדָה קֹדֶשׁ ה׳ אֲשֶׁר אָהֵב וּבָעַל בַּת אֵל נֵכָר" (מלאכי ב יב) "יַכְרֵת ה׳ לָאִישׁ אֲשֶׁר יַעֲשֶׂנָּה עֵר וְעֹנֶה". אִם יִשְׂרָאֵל הוּא לֹא יִהְיֶה לוֹ עֵר בַּחֲכָמִים וְלֹא עוֹנֶה בַּתַּלְמִידִים וְאִם כֹּהֵן הוּא לֹא יִהְיֶה לוֹ מַגִּישׁ מִנְחָה לַה׳ צְבָאוֹת. הִנֵּה לָמַדְתָּ שֶׁהַבּוֹעֵל כּוּתִית כְּאִלּוּ נִתְחַתֵּן לְעכו״ם שֶׁנֶּאֱמַר "בָעַל בַּת אֵל נֵכָר וְנִקְרָא מְחַלֵּל קֹדֶשׁ ה׳":

ז. עָוֹן זֶה אַף עַל פִּי שֶׁאֵין בּוֹ מִיתַת בֵּית דִּין אַל יְהִי קַל בְּעֵינֶיךָ. אֶלָּא יֵשׁ בּוֹ הֶפְסֵד שֶׁאֵין בְּכָל הָעֲרָיוֹת כְּמוֹתוֹ. שֶׁהַבֵּן מִן הָעֶרְוָה בְּנוֹ הוּא לְכָל דָּבָר וּבִכְלַל יִשְׂרָאֵל נֶחְשָׁב אַף עַל פִּי שֶׁהוּא מַמְזֵר וְהַבֵּן מִן הַכּוּתִית אֵינוֹ בְּנוֹ שֶׁנֶּאֱמַר (דברים ז ד) "כִּי יָסִיר אֶת בִּנְךָ מֵאַחֲרַי" מֵסִיר אוֹתוֹ מִלִּהְיוֹת אַחֲרֵי ה׳:

ח. וְדָבָר זֶה גּוֹרֵם לְהִדָּבֵק בְּעכו״ם שֶׁהִבְדִּילָנוּ הַקָּדוֹשׁ בָּרוּךְ הוּא מֵהֶם וְלָשׁוּב מֵאַחֲרֵי ה׳ וְלִמְעֹל בּוֹ:

ט. עכו״ם הַבָּא עַל בַּת יִשְׂרָאֵל אִם אֵשֶׁת אִישׁ הִיא נֶהֱרַג עָלֶיהָ וְאִם פְּנוּיָה הִיא אֵינוֹ נֶהֱרָג:

י. אֲבָל יִשְׂרָאֵל הַבָּא עַל הַכּוּתִית בֵּין קְטַנָּה בַּת שָׁלֹשׁ שָׁנִים וְיוֹם אֶחָד בֵּין גְּדוֹלָה בֵּין פְּנוּיָה בֵּין אֵשֶׁת אִישׁ וַאֲפִלּוּ הָיָה קָטָן בֶּן תֵּשַׁע שָׁנִים וְיוֹם אֶחָד כֵּיוָן שֶׁבָּא עַל הַכּוּתִית בְּזָדוֹן הֲרֵי זוֹ נֶהֱרֶגֶת מִפְּנֵי שֶׁבָּא לְיִשְׂרָאֵל תַּקָּלָה עַל יָדֶיהָ כִּבְהֵמָה. וְדָבָר זֶה מְפֹרָשׁ בַּתּוֹרָה שֶׁנֶּאֱמַר (במדבר לא טז) "הֵן הֵנָּה הָיוּ לִבְנֵי יִשְׂרָאֵל בִּדְבַר בִּלְעָם" (במדבר לא יז) "וְכָל אִשָּׁה יֹדַעַת אִישׁ לְמִשְׁכַּב זָכָר הֲרֹגוּ":

יא. הָעֲבָדִים שֶׁהִטְבִּילוּ אוֹתָם לְשֵׁם עַבְדוּת וְקִבְּלוּ עֲלֵיהֶם מִצְוֹת שֶׁהָעֲבָדִים חַיָּבִים בָּהֶם יָצְאוּ מִכְּלַל הָעכו״ם וְלִכְלַל יִשְׂרָאֵל לֹא בָּאוּ. לְפִיכָךְ הַשִּׁפְחָה אֲסוּרָה לְבֶן חוֹרִין. אֶחָד שִׁפְחָתוֹ וְאֶחָד שִׁפְחַת חֲבֵרוֹ. וְהַבָּא עַל הַשִּׁפְחָה מַכִּין אוֹתוֹ מַכַּת מַרְדּוּת מִדִּבְרֵי סוֹפְרִים. שֶׁהֲרֵי מְפֹרָשׁ בַּתּוֹרָה שֶׁהָאָדוֹן נוֹתֵן שִׁפְחָה כְּנַעֲנִית לְעַבְדּוֹ הָעִבְרִי וְהִיא מֻתֶּרֶת לוֹ שֶׁנֶּאֱמַר (שמות כא ד) "אִם אֲדֹנָיו יִתֶּן לוֹ אִשָּׁה":

יב. וְלֹא גָּזְרוּ חֲכָמִים בְּדָבָר זֶה וְלֹא חִיְּבָה תּוֹרָה מַלְקוֹת בְּשִׁפְחָה אֶלָּא אִם כֵּן הָיְתָה נֶחֱרֶפֶת לְאִישׁ כְּמוֹ שֶׁבֵּאַרְנוּ:

יג. אַל יְהִי עָוֹן זֶה קַל בְּעֵינֶיךָ מִפְּנֵי שֶׁאֵין בּוֹ מַלְקוֹת מִן הַתּוֹרָה. שֶׁגַּם זֶה גּוֹרֵם לַבֵּן לָסוּר מֵאַחֲרֵי ה׳. שֶׁהַבֵּן מִן הַשִּׁפְחָה הוּא עֶבֶד וְאֵינוֹ מִיִּשְׂרָאֵל וְנִמְצָא גּוֹרֵם לְזֶרַע הַקֹּדֶשׁ לְהִתְחַלֵּל וְלִהְיוֹתָם עֲבָדִים. הֲרֵי אֻנְקְלוֹס הַמְתַרְגֵּם כָּלַל בְּעִילַת עֶבֶד וְשִׁפְחָה בִּכְלַל (דברים כג יח) ״לֹא יִהְיֶה קָדֵשׁ״ (דברים כג יח) ״וְלֹא תִהְיֶה קְדֵשָׁה״:

יד. הַבָּא עַל שִׁפְחָה וַאֲפִלּוּ בְּפַרְהֶסְיָא וּבִשְׁעַת עֲבֵרָה אֵין הַקַּנָּאִין פּוֹגְעִין בּוֹ. וְכֵן אִם לָקַח שִׁפְחָה דֶּרֶךְ חַתְנוּת אֵינוֹ לוֹקֶה מִן הַתּוֹרָה. שֶׁמֵּעֵת שֶׁטָּבְלָה וְקִבְּלָה מִצְוֹת יָצְתָה מִכְּלַל הָעַכּוּ״ם:

טו. נִתְעָרֵב וְלַד יִשְׂרְאֵלִית בִּוְלַד שִׁפְחָה הֲרֵי שְׁנֵיהֶן סָפֵק וְכָל אֶחָד מֵהֶן סְפֵק עֶבֶד וְכוֹפִין בַּעַל הַשִּׁפְחָה וּמְשַׁחְרֵר אֶת שְׁנֵיהֶם. וְאִם הָיָה הַבֵּן הַהוּא (בֶּן) הָאָדוֹן שֶׁל עֶבֶד כְּשֶׁיִּגְדְּלוּ יְשַׁחְרְרוּ זֶה אֶת זֶה וְיִהְיוּ מֻתָּרִין לָבֹא בַּקָּהָל:

טז. הָיוּ הַתַּעֲרוֹבוֹת בָּנוֹת הֲרֵי שְׁתֵּיהֶן סְפֵק שְׁפָחוֹת וְהַבָּא עַל כָּל אַחַת מֵהֶן הַוָּלָד סְפֵק עֶבֶד. וְכֵן אִם נִתְעָרֵב וְלַד עַכּוּ״ם בִּוְלַד יִשְׂרְאֵלִית מַטְבִּילִים אֶת שְׁנֵיהֶן לְשֵׁם גֵּרוּת וְכָל אַחַת מֵהֶן סְפֵק גִּיֹּרֶת:

יז. כָּל הָעַכּוּ״ם כֻּלָּם כְּשֶׁיִּתְגַּיְּרוּ וִיקַבְּלוּ עֲלֵיהֶן כָּל הַמִּצְוֹת שֶׁבַּתּוֹרָה וְהָעֲבָדִים כְּשֶׁיִּשְׁתַּחְרְרוּ הֲרֵי הֵן כְּיִשְׂרָאֵל לְכָל דָּבָר שֶׁנֶּאֱמַר (במדבר טו טו) ״הַקָּהָל חֻקָּה אַחַת יִהְיֶה לָכֶם״. וּמֻתָּרִין לְהִכָּנֵס בִּקְהַל ה׳ מִיָּד. וְהוּא שֶׁיִּשָּׂא הַגֵּר אוֹ הַמְשֻׁחְרָר בַּת יִשְׂרָאֵל וְיִשָּׂא הַיִּשְׂרְאֵלִי גִּיֹּרֶת וּמְשֻׁחְרֶרֶת. חוּץ מֵאַרְבָּעָה עֲמָמִין בִּלְבַד וְהֵם עַמּוֹן וּמוֹאָב וּמִצְרַיִם וֶאֱדוֹם שֶׁהָאֻמּוֹת הָאֵלּוּ כְּשֶׁיִּתְגַּיֵּר אֶחָד מֵהֶן הֲרֵי הוּא כְּיִשְׂרָאֵל לְכָל דָּבָר אֶלָּא לְעִנְיַן בִּיאָה בַּקָּהָל:

יח. וְכֵיצַד דִּינָן. עַמּוֹן וּמוֹאָב אִסּוּרָן אִסּוּר עוֹלָם זְכָרִים וְלֹא נְקֵבוֹת שֶׁנֶּאֱמַר (דברים כג ד) ״לֹא יָבֹא עַמּוֹנִי וּמוֹאָבִי בִּקְהַל ה׳״ וְגוֹ׳. הֲלָכָה לְמֹשֶׁה מִסִּינַי שֶׁהָעַמּוֹנִי הַזָּכָר וְהַמּוֹאָבִי הַזָּכָר הוּא שֶׁאָסוּר לְעוֹלָם לִשָּׂא בַּת יִשְׂרָאֵל אֲפִלּוּ בֶּן בְּנוֹ עַד סוֹף הָעוֹלָם. אֲבָל עַמּוֹנִית וּמוֹאָבִית מֻתֶּרֶת מִיָּד כִּשְׁאָר הָאֻמּוֹת:

יט. מִצְרִי וֶאֱדוֹמִי אֶחָד זְכָרִים וְאֶחָד נְקֵבוֹת דּוֹר רִאשׁוֹן וְדוֹר שֵׁנִי אֲסוּרִין לָבֹא בְּיִשְׂרָאֵל וְדוֹר שְׁלִישִׁי מֻתָּר שֶׁנֶּאֱמַר (דברים כג ט) ״בָּנִים אֲשֶׁר יִוָּלְדוּ לָהֶם״ וְגוֹ׳:

כ. מִצְרִית מְעֻבֶּרֶת שֶׁנִּתְגַּיְּרָה בְּנָהּ שֵׁנִי. מִצְרִי שֵׁנִי שֶׁנָּשָׂא מִצְרִית רִאשׁוֹנָה אוֹ מִצְרִי רִאשׁוֹן שֶׁנָּשָׂא מִצְרִית שְׁנִיָּה הַוָּלָד שֵׁנִי שֶׁנֶּאֱמַר (דברים כג ט) ״בָּנִים אֲשֶׁר יִוָּלְדוּ לָהֶם״ הַכָּתוּב תְּלָאָן בְּלֵדָה:

כא. גֵּר עַמּוֹנִי שֶׁנָּשָׂא מִצְרִית הַוָּלָד עַמּוֹנִי. גֵּר מִצְרִי שֶׁנָּשָׂא עַמּוֹנִית הַוָּלָד מִצְרִי. זֶה הַכְּלָל. בָּאֻמּוֹת הַלֵּךְ אַחַר הַזָּכָר. נִתְגַּיְּרוּ הַלֵּךְ אַחַר הַפָּחוּת:

כב. מִי שֶׁנִּתְגַּיֵּר מִשִּׁבְעָה עֲמָמִין אֵינָן אֲסוּרִין מִן הַתּוֹרָה לָבוֹא בַּקָּהָל. וְהַדָּבָר יָדוּעַ שֶׁלֹּא נִתְגַּיְּרוּ מֵהֶן אֶלָּא הַגִּבְעוֹנִים וִיהוֹשֻׁעַ גָּזַר עֲלֵיהֶם שֶׁיִּהְיוּ אֲסוּרִים לָבֹא בַּקָּהָל אֶחָד זְכָרִים וְאֶחָד נְקֵבוֹת. וְלֹא אָסַר אוֹתָם אֶלָּא בִּזְמַן שֶׁיֵּשׁ מִקְדָּשׁ שֶׁנֶּאֱמַר (יהושע ט כג) ״וְחֹטְבֵי עֵצִים וְשֹׁאֲבֵי מַיִם לְבֵית אֱלֹהָי״. תְּלָאָהּ הַרְחָקָתָם בַּמִּקְדָּשׁ:

כג. וְהֵם הַנִּקְרָאִים נְתִינִים לְפִי שֶׁנְּתָנָם לַעֲבוֹדַת הַמִּקְדָּשׁ. בָּא דָּוִד וְגָזַר עֲלֵיהֶם שֶׁלֹּא יִכָּנְסוּ בַּקָּהָל לְעוֹלָם וַאֲפִלּוּ בִּזְמַן שֶׁאֵין מִקְדָּשׁ. וְכֵן מְפֹרָשׁ בְּעֶזְרָא (עזרא ח כ) ״וּמִן הַנְּתִינִים שֶׁנָּתַן דָּוִיד וְהַשָּׂרִים לַעֲבֹדַת הַלְוִיִּם״. הָא לָמַדְתָּ שֶׁלֹּא תְּלָאָהּ אוֹתָם בַּמִּקְדָּשׁ:

כד. וְלָמָּה גָּזַר עֲלֵיהֶם הוּא וּבֵית דִּינוֹ לְפִי שֶׁרָאָה עַזּוּת וְאַכְזָרִיּוּת שֶׁהָיְתָה בָּהֶם בְּעֵת שֶׁבִּקְּשׁוּ שִׁבְעַת בְּנֵי שָׁאוּל בְּחִיר ה׳ לִתְלוֹתָם וַהֲרָגוּם וְלֹא רִחֲמוּ עֲלֵיהֶם:

כה. כְּשֶׁעָלָה סַנְחֵרִיב מֶלֶךְ אַשּׁוּר בִּלְבֵּל כָּל הָאֻמּוֹת וְעֵרְבָם זֶה בָּזֶה וְהִגְלָה אוֹתָם מִמְּקוֹמָם. וְאֵלּוּ הַמִּצְרִים שֶׁבְּאֶרֶץ מִצְרַיִם עַתָּה אֲנָשִׁים אֲחֵרִים הֵם. וְכֵן הָאֱדוֹמִים שֶׁבִּשְׂדֵה אֱדוֹם. וְהוֹאִיל וְנִתְעָרְבוּ אַרְבַּע אֻמּוֹת הָאֲסוּרִים בְּכָל אֻמּוֹת הָעוֹלָם שֶׁהֵן מֻתָּרִים הֻתַּר הַכֹּל. שֶׁכָּל הַפּוֹרֵשׁ מֵהֶן לְהִתְגַּיֵּר חֶזְקָתוֹ שֶׁפֵּרַשׁ מִן הָרֹב. לְפִיכָךְ כְּשֶׁיִּתְגַּיֵּר הַגֵּר בַּזְּמַן הַזֶּה בְּכָל מָקוֹם בֵּין אֱדוֹמִי בֵּין מִצְרִי בֵּין עַמּוֹנִי בֵּין מוֹאָבִי בֵּין כּוּשִׁי בֵּין שְׁאָר הָאֻמּוֹת אֶחָד הַזְּכָרִים וְאֶחָד הַנְּקֵבוֹת מֻתָּרִין לָבֹא בַּקָּהָל מִיָּד:

Perek 13

The *Ger* (Proselyte)

The Jewish nation entered into Covenant with G-d through **3** acts i.e.

- Circumcision
- *Mikveh* (Immersion)
- Sacrifice

So too when a convert wants to take shelter under the wings of the Divine Presence and accept the yoke of Torah i.e. convert, he/she must do these 3 acts.

The convert must immerse in the presence of 3 men. This must be in a *Bet Din,* which consists of 3 ordinary men.

Now that the Temple is destroyed, we do not need to bring a sacrifice, but in the Third Temple this will again be necessary.

Similarly, a servant and freed servants must follow the above procedures.

I.e. Canaanite servant immerses in front of 3 judges (and become circumcised). It is a partial conversion.

When he is eventually freed he immerses a second time in front of **3** men and his conversion is now completed.

The rules of immersion for converts and servants are just as strict as observed by a woman *nidah.*

Reminder:
Pack on Purification

פרק י״ג

א. בִּשְׁלֹשָׁה דְּבָרִים נִכְנְסוּ יִשְׂרָאֵל לַבְּרִית. בְּמִילָה וּטְבִילָה וְקָרְבָּן:

ב. מִילָה הָיְתָה בְּמִצְרַיִם שֶׁנֶּאֱמַר (שמות יב מח) "וְכָל עָרֵל לֹא יֹאכַל בּוֹ". מָל אוֹתָם מֹשֶׁה רַבֵּנוּ שֶׁכֻּלָּם בִּטְּלוּ בְּרִית מִילָה בְּמִצְרַיִם חוּץ מִשֵּׁבֶט לֵוִי וְעַל זֶה נֶאֱמַר (דברים לג ט) "וּבְרִיתְךָ יִנְצֹרוּ":

ג. וּטְבִילָה הָיְתָה בַּמִּדְבָּר קֹדֶם מַתַּן תּוֹרָה שֶׁנֶּאֱמַר (שמות יט י) "וְקִדַּשְׁתָּם הַיּוֹם וּמָחָר וְכִבְּסוּ שִׂמְלֹתָם". וְקָרְבָּן שֶׁנֶּאֱמַר (שמות כד ה) "וַיִּשְׁלַח אֶת נַעֲרֵי בְּנֵי יִשְׂרָאֵל וַיַּעֲלוּ עֹלֹת", עַל יְדֵי כָּל יִשְׂרָאֵל הִקְרִיבוּם:

ד. וְכֵן לְדוֹרוֹת כְּשֶׁיִּרְצֶה הָעַכּוּ"ם לְהִכָּנֵס לַבְּרִית וּלְהִסְתּוֹפֵף תַּחַת כַּנְפֵי הַשְּׁכִינָה וִיקַבֵּל עָלָיו עֹל תּוֹרָה צָרִיךְ מִילָה וּטְבִילָה וְהַרְצָאַת קָרְבָּן. וְאִם נְקֵבָה הִיא טְבִילָה וְקָרְבָּן שֶׁנֶּאֱמַר (במדבר טו טו) "כָּכֶם כַּגֵּר". מָה אַתֶּם בְּמִילָה וּטְבִילָה וְהַרְצָאַת קָרְבָּן אַף הַגֵּר לְדוֹרוֹת בְּמִילָה וּטְבִילָה וְהַרְצָאַת קָרְבָּן:

ה. וּמַהוּ קָרְבַּן הַגֵּר. עוֹלַת בְּהֵמָה אוֹ שְׁתֵּי תוֹרִים אוֹ שְׁנֵי בְּנֵי יוֹנָה וּשְׁנֵיהֶם עוֹלָה. וּבַזְּמַן הַזֶּה שֶׁאֵין שָׁם קָרְבָּן צָרִיךְ מִילָה וּטְבִילָה וּכְשֶׁיִּבָּנֶה בֵּית הַמִּקְדָּשׁ יָבִיא קָרְבָּן:

ו. גֵּר שֶׁמָּל וְלֹא טָבַל אוֹ טָבַל וְלֹא מָל אֵינוֹ גֵּר עַד שֶׁיָּמוּל וְיִטְבֹּל. וְצָרִיךְ לִטְבֹּל בִּפְנֵי שְׁלֹשָׁה. וְהוֹאִיל וְהַדָּבָר צָרִיךְ בֵּית דִּין אֵין מַטְבִּילִין אוֹתוֹ בְּשַׁבָּת וְלֹא בְּיוֹם טוֹב וְלֹא בַּלַּיְלָה. וְאִם הִטְבִּילוּהוּ הֲרֵי זֶה גֵּר:

ז. גֵּר קָטָן מַטְבִּילִין אוֹתוֹ עַל דַּעַת בֵּית דִּין שֶׁזְּכוּת הִיא לוֹ. מְעֻבֶּרֶת שֶׁנִּתְגַּיְּרָה וְטָבְלָה אֵין בְּנָהּ צָרִיךְ טְבִילָה. טָבַל בֵּינוֹ לְבֵין עַצְמוֹ וְנִתְגַּיֵּר בֵּינוֹ לְבֵין עַצְמוֹ וַאֲפִלּוּ בִּפְנֵי שְׁנַיִם אֵינוֹ גֵּר. בָּא וְאָמַר נִתְגַּיַּרְתִּי בְּבֵית דִּינוֹ שֶׁל פְּלוֹנִי וְהִטְבִּילוּנִי אֵינוֹ נֶאֱמָן לָבֹא בַּקָּהָל עַד שֶׁיָּבִיא עֵדִים:

ח. הָיָה נָשׂוּי לְיִשְׂרְאֵלִית אוֹ לְגִיֹּרֶת וְיֵשׁ לוֹ בָּנִים וְאָמַר נִתְגַּיַּרְתִּי בֵּינִי לְבֵין עַצְמִי נֶאֱמָן לִפְסֹל אֶת עַצְמוֹ וְאֵינוֹ נֶאֱמָן לִפְסֹל אֶת הַבָּנִים. וְחוֹזֵר וְטוֹבֵל בְּבֵית דִּין:

ט. גִּיֹּרֶת שֶׁרְאִינוּהָ נוֹהֶגֶת בְּדַרְכֵי יִשְׂרָאֵל תָּמִיד כְּגוֹן שֶׁתִּטְבֹּל לְנִדָּתָהּ וְתַפְרִישׁ תְּרוּמָה מֵעִסָּתָהּ וְכַיּוֹצֵא בָּזֶה. וְכֵן גֵּר שֶׁנּוֹהֵג בְּדַרְכֵי יִשְׂרָאֵל שֶׁטּוֹבֵל לְקִרְיוֹ וְעוֹשֶׂה כָּל הַמִּצְוֹת. הֲרֵי אֵלּוּ בְּחֶזְקַת גֵּרֵי צֶדֶק. וְאַף עַל פִּי שֶׁאֵין שָׁם עֵדִים שֶׁמְּעִידִין לִפְנֵי מִי שֶׁנִּתְגַּיְּרוּ. וְאַף עַל פִּי כֵן אִם בָּאוּ לְהִתְעָרֵב בְּיִשְׂרָאֵל אֵין מַשִּׂיאִין אוֹתָם עַד שֶׁיָּבִיאוּ עֵדִים אוֹ עַד שֶׁיִּטְבְּלוּ בְּפָנֵינוּ הוֹאִיל וְהֻחְזְקוּ עַכּוּ"ם:

י. אֲבָל מִי שֶׁבָּא וְאָמַר שֶׁהָיָה עַכּוּ"ם וְנִתְגַּיֵּר בְּבֵית דִּין נֶאֱמָן. שֶׁהַפֶּה שֶׁאָסַר הוּא הַפֶּה שֶׁהִתִּיר. בַּמֶּה דְּבָרִים אֲמוּרִים בְּאֶרֶץ יִשְׂרָאֵל וּבְאוֹתָן הַיָּמִים שֶׁחֶזְקַת הַכֹּל שָׁם בְּחֶזְקַת יִשְׂרָאֵל. אֲבָל בְּחוּצָה לָאָרֶץ צָרִיךְ לְהָבִיא רְאָיָה וְאַחַר כָּךְ יִשָּׂא יִשְׂרְאֵלִית. וַאֲנִי אוֹמֵר שֶׁזּוֹ מַעֲלָה בְּיוּחֲסִין:

יא. כְּשֵׁם שֶׁמָּלִין וּמַטְבִּילִין אֶת הַגֵּרִים כָּךְ מָלִין וּמַטְבִּילִין אֶת הָעֲבָדִים הַנִּלְקָחִים מִן הָעַכּוּ"ם לְשֵׁם עַבְדוּת. הַלּוֹקֵחַ עֶבֶד מִן הָעַכּוּ"ם וְקָדַם הָעֶבֶד וְטָבַל לְשֵׁם בֶּן חוֹרִין קָנָה עַצְמוֹ. וְהוּא שֶׁיֹּאמַר בְּעֵת טְבִילָה הֲרֵינִי טוֹבֵל בִּפְנֵיכֶם לְשֵׁם גֵּרוּת. וְאִם טָבַל בִּפְנֵי רַבּוֹ אֵינוֹ צָרִיךְ לְפָרֵשׁ אֶלָּא כֵּיוָן שֶׁטָּבַל נִשְׁתַּחְרֵר. לְפִיכָךְ צָרִיךְ רַבּוֹ לְתָקְפוֹ בַּמַּיִם עַד שֶׁיַּעֲלֶה וְהוּא תַּחַת שִׁעְבּוּדוֹ וּמוֹדִיעוֹ בִּפְנֵי הַדַּיָּנִין שֶׁלְּשֵׁם עַבְדוּת מַטְבִּילוֹ. וְאֵין הָעֶבֶד טוֹבֵל אֶלָּא בִּפְנֵי שְׁלֹשָׁה וּבַיּוֹם כְּגֵר, שֶׁמִּקְצָת גֵּרוּת הוּא:

יב. כְּשֶׁיִּשְׁתַּחְרֵר הָעֶבֶד צָרִיךְ טְבִילָה אַחֶרֶת בִּפְנֵי שְׁלֹשָׁה בַּיּוֹם שֶׁבּוֹ תִּגָּמֵר גֵּרוּתוֹ וְיִהְיֶה כְּיִשְׂרָאֵל. וְאֵין צָרִיךְ לְקַבֵּל עָלָיו מִצְוֹת וּלְהוֹדִיעוֹ עִקְּרֵי הַדָּת שֶׁכְּבָר הוֹדִיעוּהוּ כְּשֶׁטָּבַל לְשֵׁם עַבְדוּת:

יג. וּבְמִקְוֶה הַכָּשֵׁר לִטְבִילַת נִדָּה שָׁם מַטְבִּילִין אֶת הַגֵּרִים וְאֶת הָעֲבָדִים וְאֶת הַמְשֻׁחְרָרִים. וְכָל דָּבָר שֶׁחוֹצֵץ בְּנִדָּה חוֹצֵץ בְּגֵרִים וּבַעֲבָדִים וּבִמְשֻׁחְרָרִים:

יד. אַל יַעֲלֶה עַל דַּעְתְּךָ שֶׁשִּׁמְשׁוֹן הַמּוֹשִׁיעַ אֶת יִשְׂרָאֵל אוֹ שְׁלֹמֹה מֶלֶךְ יִשְׂרָאֵל שֶׁנִּקְרָא יְדִיד ה' נָשְׂאוּ נָשִׁים נָכְרִיּוֹת בְּגֵיוּתָן. אֶלָּא סוֹד הַדָּבָר כָּךְ הוּא. שֶׁהַמִּצְוָה הַנְּכוֹנָה כְּשֶׁיָּבֹא הַגֵּר אוֹ הַגִּיֹּרֶת לְהִתְגַּיֵּר בּוֹדְקִין אַחֲרָיו שֶׁמָּא בִּגְלַל מָמוֹן שֶׁיִּטֹּל אוֹ בִּשְׁבִיל שְׂרָרָה שֶׁיִּזְכֶּה לָהּ אוֹ מִפְּנֵי הַפַּחַד בָּא לְהִכָּנֵס לַדָּת. וְאִם אִישׁ הוּא בּוֹדְקִין אַחֲרָיו שֶׁמָּא עֵינָיו נָתַן בְּאִשָּׁה יְהוּדִית. וְאִם אִשָּׁה הִיא בּוֹדְקִין שֶׁמָּא עֵינֶיהָ נָתְנָה בְּבָחוּר מִבַּחוּרֵי יִשְׂרָאֵל. אִם לֹא נִמְצָא לָהֶם עִלָּה מוֹדִיעִין אוֹתָן כֹּבֶד עֹל הַתּוֹרָה וְטֹרַח שֶׁיֵּשׁ בַּעֲשִׂיָּתָהּ עַל עַמֵּי הָאֲרָצוֹת כְּדֵי שֶׁיִּפְרְשׁוּ. אִם קִבְּלוּ וְלֹא פֵּרְשׁוּ וְרָאוּ אוֹתָן שֶׁחָזְרוּ מֵאַהֲבָה מְקַבְּלִים אוֹתָן שֶׁנֶּאֱמַר (רות א יח) "וַתֵּרֶא כִּי מִתְאַמֶּצֶת הִיא לָלֶכֶת אִתָּהּ וַתֶּחְדַּל לְדַבֵּר אֵלֶיהָ":

טו. לְפִיכָךְ לֹא קִבְּלוּ בֵּית דִּין גֵּרִים כָּל יְמֵי דָּוִד וּשְׁלֹמֹה. בִּימֵי דָּוִד שֶׁמָּא מִן הַפַּחַד חָזְרוּ. וּבִימֵי שְׁלֹמֹה שֶׁמָּא בִּשְׁבִיל הַמַּלְכוּת וְהַטּוֹבָה וְהַגְּדֻלָּה שֶׁהָיוּ בָּהּ יִשְׂרָאֵל חָזְרוּ. שֶׁכָּל הַחוֹזֵר מִן הָעַכּוּ"ם בִּשְׁבִיל דָּבָר מֵהַבְלֵי הָעוֹלָם אֵינוֹ מִגֵּרֵי הַצֶּדֶק. וְאַף עַל פִּי כֵן הָיוּ גֵּרִים הַרְבֵּה מִתְגַּיְּרִים בִּימֵי דָּוִד וּשְׁלֹמֹה בִּפְנֵי הֶדְיוֹטוֹת. וְהָיוּ בֵּית דִּין הַגָּדוֹל חוֹשְׁשִׁין לָהֶם לֹא דּוֹחִין אוֹתָן אַחַר שֶׁטָּבְלוּ מִכָּל מָקוֹם וְלֹא מְקָרְבִין אוֹתָן עַד שֶׁתֵּרָאֶה אַחֲרִיתָם:

טז. וּלְפִי שֶׁגִּיֵּר שְׁלֹמֹה נָשִׁים וּנְשָׂאָן. וְכֵן שִׁמְשׁוֹן גִּיֵּר וְנָשָׂא. וְהַדָּבָר יָדוּעַ שֶׁלֹּא חָזְרוּ אֵלּוּ אֶלָּא בִּשְׁבִיל דָּבָר וְלֹא עַל פִּי בֵּית דִּין גִּיְּרוּם חֲשָׁבָן הַכָּתוּב כְּאִלּוּ הֵן עַכּוּ"ם וּבְאִסּוּרָן עוֹמְדִין. וְעוֹד שֶׁהוֹכִיחַ סוֹפָן עַל תְּחִלָּתָן שֶׁהֵן עוֹבְדוֹת כּוֹכָבִים וּמַזָּלוֹת שֶׁלָּהֶן וּבָנוּ לָהֶן בָּמוֹת וְהֶעֱלָה עָלָיו הַכָּתוּב כְּאִלּוּ הוּא בְּנָאָן שֶׁנֶּאֱמַר (מלכים א יא ז) "אָז יִבְנֶה שְׁלֹמֹה בָּמָה":

יז. גֵּר שֶׁלֹּא בָּדְקוּ אַחֲרָיו אוֹ שֶׁלֹּא הוֹדִיעוּהוּ הַמִּצְוֹת וְעָנְשָׁן וּמָל וְטָבַל בִּפְנֵי שְׁלֹשָׁה הֶדְיוֹטוֹת הֲרֵי זֶה גֵּר. אֲפִלּוּ נוֹדַע שֶׁבִּשְׁבִיל דָּבָר הוּא מִתְגַּיֵּר הוֹאִיל וּמָל וְטָבַל יָצָא מִכְּלַל הָעַכּוּ"ם וְחוֹשְׁשִׁין לוֹ עַד שֶׁיִּתְבָּאֵר צִדְקוּתוֹ. וַאֲפִלּוּ חָזַר וְעָבַד עֲבוֹדָה זָרָה הֲרֵי הוּא כְּיִשְׂרָאֵל מוּמָר שֶׁקִּדּוּשָׁיו קִדּוּשִׁין. וּמִצְוָה לְהַחֲזִיר אֲבֵדָתוֹ מֵאַחַר שֶׁטָּבַל נַעֲשָׂה כְּיִשְׂרָאֵל. וּלְפִיכָךְ קִיְּמוּ שִׁמְשׁוֹן וּשְׁלֹמֹה נְשׁוֹתֵיהֶן וְאַף עַל פִּי שֶׁנִּגְלָה סוֹדָן:

יח. וּמִפְּנֵי זֶה אָמְרוּ חֲכָמִים קָשִׁים לָהֶם גֵּרִים לְיִשְׂרָאֵל כְּנֶגַע צָרַעַת שֶׁרֻבָּן חוֹזְרִין בִּשְׁבִיל דָּבָר וּמַטְעִין אֶת יִשְׂרָאֵל. וְקָשֶׁה הַדָּבָר לִפְרֹשׁ מֵהֶם אַחַר שֶׁנִּתְגַּיְּרוּ. צֵא וּלְמַד מָה אֵרַע בַּמִּדְבָּר בְּמַעֲשֵׂה הָעֵגֶל וּבְקִבְרוֹת הַתַּאֲוָה וְכֵן רֹב הַנִּסְיוֹנוֹת הָאסַפְסוּף הָיוּ בָּהֶן תְּחִלָּה:

Perek 14

Ger continued, Servants, Resident aliens.

Procedure

Details of explanations which are given to the convert before immersion.

A *ger toshav* (resident alien) is a Gentile who accepts not to worship false gods and, more specifically, accepts to take on observance of the Noachide Laws.

He does not circumcise or immerse and is considered as a pious Gentile (*mechasidei umot haolam*).

A Canaanite servant is questioned slightly differently but is also asked if he wants to be part of Judaism. If yes, he is converted like a convert. If not, he is given 12 months. If after this time he still does not accept Judaism, he is sold to Gentiles.

Freed Servants are like converts.

So, different rules take effect for the same person, depending on which stage of the conversion he has reached.

The state of his relatives also alters according to his stage.

פרק י״ד

א. כֵּיצַד מְקַבְּלִין גֵּרֵי הַצֶּדֶק. כְּשֶׁיָּבוֹא אֶחָד לְהִתְגַּיֵּר מִן הָעַכּוּ״ם וְיִבְדְּקוּ אַחֲרָיו וְלֹא יִמְצְאוּ עִלָּה. אוֹמְרִים לוֹ מָה רָאִיתָ שֶׁבָּאתָ לְהִתְגַּיֵּר. אִי אַתָּה יוֹדֵעַ שֶׁיִּשְׂרָאֵל בַּזְּמַן הַזֶּה דְּוּוּיִים וּדְחוּפִים וּמְסֻחָפִין וּמְטֹרָפִין וְיִסּוּרִין בָּאִין עֲלֵיהֶן. אִם אָמַר אֲנִי יוֹדֵעַ וְאֵינִי כְּדַאי מְקַבְּלִין אוֹתוֹ מִיָּד:

ב. וּמוֹדִיעִין אוֹתוֹ עִקְּרֵי הַדָּת שֶׁהוּא יִחוּד הַשֵּׁם וְאִסּוּר עַכּוּ״ם. וּמַאֲרִיכִין בַּדָּבָר הַזֶּה. וּמוֹדִיעִין אוֹתוֹ מִקְצָת מִצְוֹת קַלּוֹת וּמִקְצָת מִצְוֹת חֲמוּרוֹת. וְאֵין מַאֲרִיכִין בְּדָבָר זֶה. וּמוֹדִיעִין אוֹתוֹ עֲוֹן לֶקֶט שִׁכְחָה וּפֵאָה וּמַעֲשֵׂר שֵׁנִי. וּמוֹדִיעִין אוֹתוֹ עָנְשָׁן שֶׁל מִצְוֹת. כֵּיצַד. אוֹמְרִים לוֹ הֱוֵי יוֹדֵעַ שֶׁעַד שֶׁלֹּא בָּאתָ לְדָת זוֹ אִם אָכַלְתָּ חֵלֶב אִי אַתָּה עָנוּשׁ כָּרֵת. אִם חִלַּלְתָּ שַׁבָּת אִי אַתָּה עָנוּשׁ סְקִילָה. וְעַכְשָׁיו אַחַר שֶׁתִּתְגַּיֵּר אִם אָכַלְתָּ חֵלֶב אַתָּה עָנוּשׁ כָּרֵת. אִם חִלַּלְתָּ שַׁבָּת אַתָּה עָנוּשׁ סְקִילָה. וְאֵין מַרְבִּין עָלָיו. וְאֵין מְדַקְדְּקִין עָלָיו. שֶׁמָּא יִגְרֹם לְטָרְדוֹ וּלְהַטּוֹתוֹ מִדֶּרֶךְ טוֹבָה לְדֶרֶךְ רָעָה. שֶׁבַּתְּחִלָּה אֵין מוֹשְׁכִין אֶת הָאָדָם אֶלָּא בְּדִבְרֵי רָצוֹן וְרַכִּים. וְכֵן הוּא אוֹמֵר (הושע יא ד) ״בְּחַבְלֵי אָדָם אֶמְשְׁכֵם״ וְאַחַר כָּךְ (הושע יא ד) ״בַּעֲבֹתוֹת אַהֲבָה״:

ג. וּכְשֵׁם שֶׁמּוֹדִיעִין אוֹתוֹ עָנְשָׁן שֶׁל מִצְוֹת כָּךְ מוֹדִיעִין אוֹתוֹ שְׂכָרָן שֶׁל מִצְוֹת. וּמוֹדִיעִין אוֹתוֹ שֶׁבַּעֲשִׂיַּת מִצְוֹת אֵלּוּ יִזְכֶּה לְחַיֵּי הָעוֹלָם הַבָּא. וְשֶׁאֵין שׁוּם צַדִּיק גָּמוּר אֶלָּא בַּעַל הַחָכְמָה שֶׁעוֹשֶׂה מִצְוֹת אֵלּוּ וְיוֹדְעָן:

ד. וְאוֹמְרִים לוֹ הֱוֵי יוֹדֵעַ שֶׁהָעוֹלָם הַבָּא אֵינוֹ צָפוּן אֶלָּא לַצַּדִּיקִים וְהֵם יִשְׂרָאֵל. וְזֶה שֶׁתִּרְאֶה יִשְׂרָאֵל בְּצַעַר בָּעוֹלָם הַזֶּה טוֹבָה הִיא צְפוּנָה לָהֶם שֶׁאֵינָן יְכוֹלִין לְקַבֵּל רֹב טוֹבָה בָּעוֹלָם הַזֶּה כָּאֻמּוֹת. שֶׁמָּא יָרוּם לִבָּם וְיִתְעוּ וְיַפְסִידוּ שְׂכַר הָעוֹלָם הַבָּא כָּעִנְיָן שֶׁנֶּאֱמַר (דברים לב טו) ״וַיִּשְׁמַן יְשֻׁרוּן וַיִּבְעָט״:

ה. וְאֵין הַקָּדוֹשׁ בָּרוּךְ הוּא מֵבִיא עֲלֵיהֶן רֹב פֻּרְעָנוּת כְּדֵי שֶׁלֹּא יֹאבְדוּ אֶלָּא כָּל הָעַכּוּ״ם כָּלִין וְהֵן עוֹמְדִין. וּמַאֲרִיכִין בַּדָּבָר הַזֶּה כְּדֵי לְחַבְּבָן. אִם חָזַר בּוֹ וְלֹא רָצָה לְקַבֵּל הוֹלֵךְ לְדַרְכּוֹ. וְאִם קִבֵּל אֵין מַשְׁהִין אוֹתוֹ אֶלָּא מָלִין אוֹתוֹ מִיָּד. וְאִם הָיָה מָהוּל מַטִּיפִין מִמֶּנּוּ דַּם בְּרִית וּמַשְׁהִים אוֹתוֹ עַד שֶׁיִּתְרַפֵּא רְפוּאָה שְׁלֵמָה. וְאַחַר כָּךְ מַטְבִּילִין אוֹתוֹ:

ו. וּשְׁלֹשָׁה עוֹמְדִין עַל גַּבָּיו וּמוֹדִיעִין אוֹתוֹ מִקְצָת מִצְוֹת קַלּוֹת וּמִקְצָת מִצְוֹת חֲמוּרוֹת פַּעַם שְׁנִיָּה וְהוּא עוֹמֵד בַּמַּיִם. וְאִם הָיְתָה אִשָּׁה נָשִׁים מוֹשִׁיבוֹת אוֹתָהּ בַּמַּיִם עַד צַוָּארָהּ וְהַדַּיָּנִין מִבַּחוּץ וּמוֹדִיעִין אוֹתָהּ מִקְצָת מִצְוֹת קַלּוֹת וַחֲמוּרוֹת. וְהִיא יוֹשֶׁבֶת בַּמַּיִם וְאַחַר כָּךְ טוֹבֶלֶת בִּפְנֵיהֶם וְהֵן מַחֲזִירִין פְּנֵיהֶן וְיוֹצְאִין כְּדֵי שֶׁלֹּא יִרְאוּ אוֹתָהּ כְּשֶׁתַּעֲלֶה מִן הַמַּיִם:

ז. אֵי זֶה הוּא גֵּר תּוֹשָׁב זֶה עַכּוּ״ם שֶׁקִּבֵּל עָלָיו שֶׁלֹּא יַעֲבֹד עֲבוֹדָה זָרָה עִם שְׁאָר הַמִּצְוֹת שֶׁנִּצְטַוּוּ בְּנֵי נֹחַ וְלֹא מָל וְלֹא

טָבַל הֲרֵי זֶה מְקַבְּלִין אוֹתוֹ וְהוּא מֵחֲסִידֵי אֻמּוֹת הָעוֹלָם. וְלָמָּה נִקְרָא שְׁמוֹ תּוֹשָׁב לְפִי שֶׁמֻּתָּר לָנוּ לְהוֹשִׁיבוֹ בֵּינֵינוּ בְּאֶרֶץ יִשְׂרָאֵל כְּמוֹ שֶׁבֵּאַרְנוּ בְּהִלְכוֹת עַכּוּ"ם:

ח. וְאֵין מְקַבְּלִין גֵּר תּוֹשָׁב אֶלָּא בִּזְמַן שֶׁהַיּוֹבֵל נוֹהֵג. אֲבָל בַּזְּמַן הַזֶּה אֲפִלּוּ קִבֵּל עָלָיו כָּל הַתּוֹרָה כֻּלָּהּ חוּץ מִדִּקְדּוּק אֶחָד אֵין מְקַבְּלִין אוֹתוֹ:

ט. הָעֶבֶד הַנִּלְקָח מִן הָעַכּוּ"ם אֵין אוֹמְרִין לוֹ מָה רָאִיתָ שֶׁבָּאתָ. אֶלָּא אוֹמְרִים לוֹ רְצוֹנְךָ שֶׁתִּכָּנֵס לִכְלַל עַבְדֵי יִשְׂרָאֵל וְתִהְיֶה מִן הַכְּשֵׁרִים אוֹ לֹא. אִם רָצָה מוֹדִיעִין לוֹ עִקְּרֵי הַדָּת וּמִקְצָת מִצְוֹת קַלּוֹת וַחֲמוּרוֹת וְעָנְשָׁן וּשְׂכָרָן כְּמוֹ שֶׁמּוֹדִיעִין אֶת הַגֵּר וּמַטְבִּילִין אוֹתוֹ כְּגֵר. וּמוֹדִיעִין אוֹתוֹ כְּשֶׁהוּא בַּמַּיִם. וְאִם לֹא רָצָה לְקַבֵּל מְגַלְגְּלִין עָלָיו כָּל שְׁנֵים עָשָׂר חֹדֶשׁ וּמוֹכְרוֹ לְעַכּוּ"ם. וְאָסוּר לְקַיְּמוֹ יוֹתֵר עַל כֵּן. וְאִם הִתְנָה עָלָיו מִתְּחִלָּה שֶׁלֹּא יָמוּל וְלֹא יִטְבֹּל אֶלָּא יִהְיֶה גֵּר תּוֹשָׁב מֻתָּר לְקַיְּמוֹ בַּעֲבוֹדָתוֹ כְּשֶׁהוּא גֵּר תּוֹשָׁב. וְאֵין מְקַיְּמִין עֶבֶד כָּזֶה אֶלָּא בִּזְמַן הַיּוֹבֵל:

י. הָעַכּוּ"ם אֵין אֲסוּרִים עֲלֵיהֶם מִשּׁוּם עֶרְוָה אֶלָּא אִמּוֹ וְאֵשֶׁת אָבִיו וַאֲחוֹתוֹ מֵאִמּוֹ וְאֵשֶׁת אִישׁ וְזָכָר וּבְהֵמָה כְּמוֹ שֶׁיִּתְבָּאֵר בְּהִלְכוֹת מְלָכִים וּמִלְחֲמוֹתֵיהֶן. אֲבָל שְׁאָר עֲרָיוֹת מֻתָּרִין לָהֶן:

יא. עַכּוּ"ם שֶׁנִּתְגַּיֵּר וְעֶבֶד שֶׁנִּשְׁתַּחְרֵר הֲרֵי הוּא כְּקָטָן שֶׁנּוֹלַד. וְכָל שְׁאֵר בָּשָׂר שֶׁהָיוּ לוֹ כְּשֶׁהוּא עַכּוּ"ם אוֹ כְּשֶׁהוּא עֶבֶד אֵינָן שְׁאֵר בָּשָׂר. וְאִם נִתְגַּיֵּר הוּא וְהֵם אֵינוֹ חַיָּב עַל אַחַת מֵהֶם מִשּׁוּם עֶרְוָה כְּלָל:

יב. דִּין תּוֹרָה שֶׁמֻּתָּר לְעַכּוּ"ם שֶׁיִּשָּׂא אִמּוֹ אוֹ אֲחוֹתוֹ מֵאִמּוֹ שֶׁנִּתְגַּיְּרוּ. אֲבָל חֲכָמִים אָסְרוּ דָּבָר זֶה כְּדֵי שֶׁלֹּא יֹאמְרוּ בָּאנוּ מִקְּדֻשָּׁה חֲמוּרָה לִקְדֻשָּׁה קַלָּה. שֶׁאֶמֶשׁ הָיְתָה לוֹ זוֹ אֲסוּרָה וְהַיּוֹם מֻתֶּרֶת. וְכֵן גֵּר שֶׁבָּא עַל אִמּוֹ אוֹ אֲחוֹתוֹ וְהִיא בְּגֵיוּתָהּ הֲרֵי זֶה כְּבָא עַל הַנָּכְרִית:

יג. כֵּיצַד דִּין הַגֵּרִים בַּעֲרָיוֹת שֶׁל שְׁאֵר בָּשָׂר. אִם הָיָה נָשׂוּי כְּשֶׁהוּא עַכּוּ"ם לְאִמּוֹ אוֹ לַאֲחוֹתוֹ וְנִתְגַּיְּרוּ מַפְרִישִׁין אוֹתָן כְּמוֹ שֶׁבֵּאַרְנוּ. וְאִם הָיָה נָשׂוּי לִשְׁאָר עֲרָיוֹת וְנִתְגַּיֵּר הוּא וְאִשְׁתּוֹ אֵין מַפְרִישִׁין אוֹתָן. גֵּר אָסוּר בִּשְׁאֵר הָאֵם אַחַר שֶׁנִּתְגַּיֵּר מִדִּבְרֵי סוֹפְרִים. וּמֻתָּר בִּשְׁאֵר הָאָב אַף עַל פִּי שֶׁיּוֹדֵעַ בְּוַדַּאי שֶׁזֶּה שְׁאֵרוֹ מֵאָבִיו. כְּגוֹן תְּאוֹמִים שֶׁדָּבָר בָּרוּר שֶׁאָבִיו שֶׁל זֶה הוּא אָבִיו שֶׁל זֶה אַף עַל פִּי כֵן לֹא גָּזְרוּ עַל שְׁאֵר אָבִיו. לְפִיכָךְ נוֹשֵׂא הַגֵּר אֵשֶׁת אָחִיו מֵאָבִיו וְאֵשֶׁת אֲחִי אָבִיו וְאֵשֶׁת אָבִיו וְאֵשֶׁת בְּנוֹ אַף עַל פִּי שֶׁנִּשֵּׂאת לְאָחִיו אוֹ לְאָבִיו אוֹ לַאֲחִי אָבִיו אוֹ לִבְנוֹ אַחַר שֶׁנִּתְגַּיְּרוּ. וְכֵן אֲחוֹת אִמּוֹ מֵאָבִיהָ וַאֲחוֹתוֹ מֵאָבִיו. וּבִתּוֹ שֶׁנִּתְגַּיְּרָה מֻתֶּרֶת לוֹ. אֲבָל אֵינוֹ נוֹשֵׂא לֹא אֲחוֹתוֹ מֵאִמּוֹ וְלֹא אֲחוֹת אִמּוֹ מֵאִמָּהּ וְלֹא אֵשֶׁת אָחִיו מֵאִמּוֹ שֶׁנְּשָׂאָהּ אָחִיו מֵאִמּוֹ אַחַר שֶׁנִּתְגַּיֵּר. אֲבָל אִם נְשָׂאָהּ אָחִיו כְּשֶׁהוּא עַכּוּ"ם הֲרֵי זוֹ מֻתֶּרֶת לוֹ:

יד. שְׁנֵי אַחִים תְּאוֹמִים שֶׁהָיְתָה הוֹרָתָן שֶׁלֹּא בִּקְדֻשָּׁה וְלֵדָתָן בִּקְדֻשָּׁה חַיָּבִין מִשּׁוּם אֵשֶׁת אָח:

טו. הַנּוֹשֵׂא גִּיֹּרֶת וּבִתָּהּ הַגִּיֹּרֶת אוֹ שְׁתֵּי אֲחָיוֹת מִן הָאֵם יוֹשֵׁב עִם אַחַת מֵהֶן וּמְגָרֵשׁ הַשְּׁנִיָּה. נָשָׂא גִּיֹּרֶת וּמֵתָה הֲרֵי זֶה מֻתָּר לִשָּׂא אִמָּהּ אוֹ בִּתָּהּ שֶׁלֹּא גָּזְרוּ אֶלָּא בְּחַיֵּיהֶן. וּמֻתָּר לְאָדָם לִשָּׂא שְׁתֵּי אֲחָיוֹת גִּיּוֹרוֹת מִן הָאָב שֶׁלֹּא גָּזְרוּ בִּשְׁאֵר הָאָב כְּמוֹ שֶׁבֵּאַרְנוּ:

טז. הַשְּׁנִיּוֹת כֻּלָּן לֹא גָּזְרוּ עֲלֵיהֶן בְּגֵרִים. לְפִיכָךְ מֻתָּר הַגֵּר לִשָּׂא אֵם אִמּוֹ. וְנוֹשֵׂא אָדָם גִּיֹּרֶת וְאֵם אִמָּהּ אוֹ בַּת בַּת בִּתָּהּ. וְכֵן בִּשְׁאָר הַשְּׁנִיּוֹת:

יז. הָעֶבֶד מֻתָּר לִשָּׂא אִמּוֹ כְּשֶׁהוּא עֶבֶד וְאֵין צָרִיךְ לוֹמַר בִּתּוֹ וַאֲחוֹתוֹ וְכַיּוֹצֵא בָּהֶן שֶׁכְּבָר יָצָא מִכְּלַל עַכּוּ"ם. וְאֵין הָעֲרָיוֹת הָאֲסוּרוֹת עַל הָעַכּוּ"ם אֲסוּרוֹת עָלָיו וְלֹא בָּא לִכְלַל יִשְׂרָאֵל כְּדֵי שֶׁיֵּאָסְרוּ עָלָיו עֲרָיוֹת הָאֲסוּרוֹת עַל הַגֵּרִים:

יח. וְיֵרָאֶה לִי שֶׁאִם בָּא הָעֶבֶד עַל הַזָּכוּר וּבְהֵמָה יֵהָרְגוּ. שֶׁאִסּוּר שְׁתֵּי עֲרָיוֹת אֵלּוּ שָׁוֶה בְּכָל הָאָדָם:

יט. עֲבָדִים שֶׁנִּשְׁתַּחְרְרוּ הֲרֵי הֵן כְּגֵרִים. כָּל שֶׁאָסוּר לְגֵרִים אָסוּר לָהֶן וְכָל הַמֻּתָּר לְגֵרִים מֻתָּר לָהֶן. נוֹתֵן אָדָם שִׁפְחָתוֹ לְעַבְדּוֹ אוֹ לְעֶבֶד חֲבֵרוֹ. וּמוֹסֵר שִׁפְחָה אַחַת לִשְׁנֵי עֲבָדִים לְכַתְּחִלָּה וְאֵינָן צְרִיכִין שׁוּם דָּבָר אֶלָּא הֲרֵי הֵן כִּבְהֵמוֹת. וְשִׁפְחָה שֶׁהִיא מְיֻחֶדֶת לְעֶבֶד אוֹ שֶׁאֵינָהּ מְיֻחֶדֶת אַחַת הִיא לְפִי שֶׁאֵין אִישׁוּת אֶלָּא לְיִשְׂרָאֵל אוֹ לְעַכּוּ"ם עַל הָעַכּוּ"ם אֲבָל לֹא לַעֲבָדִים עַל הָעֲבָדִים וְלֹא לַעֲבָדִים עַל יִשְׂרָאֵל:

Perek 15

Mamzer (bastard)

Not to allow a *mamzer* to marry among the Jewish People[28]

A *mamzer* is a child (boy or girl) born from a forbidden sexual relationship where there is *karet* (excluding *nidah).* Both male and female *mamzerim* and their descendants are forbidden from marrying into the Jewish nation. The *Rabanim* have allowed a procedure where they can "clean their blemish over the generations.

It is permitted for a *mamzer* to marry a maid servant (because in this case the child takes on the status of the mother), and when freed, the children will have a status of converts.

In general, when a child is born from a servant, maidservant, a Gentile or a female Gentile, the child takes on the status of the mother.

Reminder:
Pack on Lineage

A *mamzer* may marry a convert, but the children would be *mamzerim.*

There are 3 categories of *mamzerim*

- Definite (*Vaday)*
- Doubt (*Safek)*
- *Derabanan*

A *shituki* is someone who knows the identity of his mother but not of his father. His status is *safek mamzer.*

An *asufi* is a child who was found in the street. His status is *safek mamzer.*

Torah only forbade marrying a *vaday mamzer.*

However, *Derabanan*, questionable *mamzerim* are also forbidden to marry into the Jewish Nation.

This means that *shitukim, asufim* and questionable *mamzerim* are forbidden to marry each other.

פרק ט״ו

א. אֵי זֶהוּ (דברים כג ג) ״מַמְזֵר״ הָאָמוּר בַּתּוֹרָה. זֶה הַבָּא מֵעֶרְוָה מִן הָעֲרָיוֹת. חוּץ מִן הַנִּדָּה שֶׁהַבֵּן מִמֶּנָּה פָּגוּם וְאֵינוֹ מַמְזֵר. אֲבָל הַבָּא עַל שְׁאָר הָעֲרָיוֹת בֵּין בְּאֹנֶס בֵּין בְּרָצוֹן בֵּין בְּזָדוֹן בֵּין בִּשְׁגָגָה הַוָּלָד מַמְזֵר. וְאֶחָד זְכָרִים וְאֶחָד נְקֵבוֹת אֲסוּרִין לְעוֹלָם שֶׁנֶּאֱמַר (דברים כג ג) ״גַּם דּוֹר עֲשִׂירִי״ כְּלוֹמַר לְעוֹלָם:

ב. אֶחָד מַמְזֵר שֶׁנָּשָׂא יִשְׂרְאֵלִית אוֹ יִשְׂרְאֵלִי שֶׁנָּשָׂא מַמְזֶרֶת כֵּיוָן שֶׁבָּעֲלוֹ אַחַר הַקִּדּוּשִׁין לוֹקִין. קִדֵּשׁ וְלֹא בָּעַל אֵינוֹ לוֹקֶה. בָּעַל וְלֹא קִדֵּשׁ אֵינָן לוֹקִין מִשּׁוּם מַמְזֵרוּת שֶׁאֵין לְךָ בְּכָל חַיָּבֵי לָאוִין מִי שֶׁלּוֹקֶה עַל בְּעִילָה בְּלֹא קִדּוּשִׁין אֶלָּא כֹּהֵן גָּדוֹל בְּאַלְמָנָה כְּמוֹ שֶׁיִּתְבָּאֵר. הַמַּחֲזִיר גְּרוּשָׁתוֹ מִשֶּׁנִּשֵּׂאת הַוָּלָד כָּשֵׁר שֶׁהֲרֵי אֵינָהּ עֶרְוָה:

ג. עַכּוּ״ם וְעֶבֶד הַבָּא עַל בַּת יִשְׂרָאֵל הַוָּלָד כָּשֵׁר בֵּין פְּנוּיָה בֵּין בְּאֵשֶׁת אִישׁ בֵּין בְּאֹנֶס בֵּין בְּרָצוֹן. עַכּוּ״ם וְעֶבֶד הַבָּאִים עַל הַמַּמְזֶרֶת הַוָּלָד מַמְזֵר. וּמַמְזֵר הַבָּא עַל הָעַכּוּ״ם הַוָּלָד עַכּוּ״ם. נִתְגַּיֵּר הֲרֵי הוּא כָּשֵׁר כִּשְׁאָר גֵּרִים. וְאִם בָּא עַל הַשִּׁפְחָה הַוָּלָד עֶבֶד. שִׁחְרְרוֹ הַוָּלָד כָּשֵׁר כִּשְׁאָר עֲבָדִים מְשֻׁחְרָרִין וּמֻתָּר בְּבַת יִשְׂרָאֵל:

ד. זֶה הַכְּלָל בֵּן הַבָּא מִן הָעֶבֶד אוֹ מִן הָעַכּוּ"ם אוֹ מִן הַשִּׁפְחָה אוֹ מִן בַּת עַכּוּ"ם הֲרֵי הוּא כְּאִמּוֹ וְאֵין מַשְׁגִּיחִין עַל הָאָב. לְפִי דָּבָר זֶה הִתִּירוּ לְמַמְזֵר לִשָּׂא שִׁפְחָה כְּדֵי לְטַהֵר אֶת בָּנָיו שֶׁהֲרֵי הוּא מְשַׁחְרֵר אוֹתָם וְנִמְצְאוּ בְּנֵי חוֹרִין. וְלֹא גָּזְרוּ עַל הַשִּׁפְחָה לְמַמְזֵר מִפְּנֵי תַּקָּנַת הַבָּנִים:

ה. מִי שֶׁחֶצְיוֹ עֶבֶד וְחֶצְיוֹ בֶּן חוֹרִין הַבָּא עַל אֵשֶׁת אִישׁ אוֹתוֹ הַבֵּן אֵין לוֹ תַּקָּנָה מִפְּנֵי שֶׁצַּד מַמְזֵרוּת וְצַד כַּשְׁרוּת מְעֹרָבִין בּוֹ. לְפִיכָךְ אָסוּר בְּשִׁפְחָה וְנִמְצְאוּ בָּנָיו כְּמוֹתוֹ לְעוֹלָם:

ו. עַכּוּ"ם הַבָּא עַל הַשִּׁפְחָה שֶׁטָּבְלָה הֲרֵי זֶה עֶבֶד וְעֶבֶד שֶׁטָּבַל שֶׁבָּא עַל עַכּוּ"ם הַוָּלָד עַכּוּ"ם הַלֵּךְ אַחַר הָאֵם אֲבָל עַכּוּ"ם הַבָּא עַל שִׁפְחָה עַכּוּ"ם אוֹ עֶבֶד עַכּוּ"ם שֶׁבָּא עַל עַכּוּ"ם בַּת חוֹרִין הַלֵּךְ אַחַר הַזָּכָר:

ז. מַמְזֵר מֻתָּר לִשָּׂא גִּיֹּרֶת. וְכֵן הַמַּמְזֶרֶת מֻתֶּרֶת לְגֵר. וְהַבָּנִים מִשְּׁנֵיהֶם מַמְזֵרִים שֶׁהַוָּלָד הוֹלֵךְ אַחַר הַפָּגוּם שֶׁנֶּאֱמַר (דברים כג ג) "בִּקְהַל ה'" וּקְהַל גֵּרִים אֵינוֹ קָרוּי (דברים כג ג) "קְהַל ה'":

ח. גִּיֹּרֶת שֶׁנִּשֵּׂאת לְגֵר וְהוֹלִידוּ בֵּן אַף עַל פִּי שֶׁהוֹרָתוֹ וְלֵדָתוֹ בִּקְדֻשָּׁה הֲרֵי זֶה מֻתָּר בְּמַמְזֶרֶת. וְכֵן בֶּן בְּנוֹ עַד שֶׁיִּשְׁתַּקַּע שֵׁם גֵּרוּתוֹ מִמֶּנּוּ וְלֹא יִוָּדַע שֶׁהוּא גֵּר וְאַחַר כָּךְ יֵאָסֵר בְּמַמְזֶרֶת. וְאֶחָד הַגֵּרִים וְאֶחָד הָעֲבָדִים מְשֻׁחְרָרִין דִּין אֶחָד לְכֻלָּן:

ט. גֵּר שֶׁנָּשָׂא בַּת יִשְׂרָאֵל אוֹ יִשְׂרָאֵל שֶׁנָּשָׂא גִּיֹּרֶת הַוָּלָד יִשְׂרָאֵל לְכָל דָּבָר וְאָסוּר בְּמַמְזֶרֶת:

י. שְׁלֹשָׁה מַמְזֵרִים הֵם. מַמְזֵר וַדַּאי וּמַמְזֵר סָפֵק וּמַמְזֵר מִדִּבְרֵי סוֹפְרִים. אֵי זֶהוּ מַמְזֵר וַדַּאי זֶה שֶׁבָּא מִן הָעֶרְוָה הַוַּדָּאִית כְּמוֹ שֶׁבֵּאַרְנוּ. וּמַמְזֵר סָפֵק זֶה שֶׁבָּא מִסְּפֵק עֶרְוָה כְּגוֹן הַבָּא עַל הָאִשָּׁה שֶׁנִּתְקַדְּשָׁה סְפֵק קִדּוּשִׁין אוֹ נִתְגָּרְשָׁה סְפֵק גֵּרוּשִׁין וְכַיּוֹצֵא בָּהֶן. מִדִּבְרֵי סוֹפְרִים. כְּגוֹן הָאִשָּׁה שֶׁשָּׁמְעָה שֶׁמֵּת בַּעְלָהּ וְנִשֵּׂאת וַהֲרֵי בַּעְלָהּ קַיָּם וּבָא בַּעְלָהּ הָרִאשׁוֹן עָלֶיהָ וְהִיא תַּחַת הַשֵּׁנִי הֲרֵי הַבֵּן מַמְזֵר מִדִּבְרֵי סוֹפְרִים:

יא. פְּנוּיָה שֶׁנִּתְעַבְּרָה מִזְּנוּת אָמְרוּ לָהּ מַהוּ הָעֻבָּר הַזֶּה אוֹ הַיִּלּוּד הַזֶּה אִם אָמְרָה בֶּן כָּשֵׁר הוּא וּלְיִשְׂרָאֵל נִבְעַלְתִּי הֲרֵי זוֹ נֶאֱמֶנֶת וְהַבֵּן כָּשֵׁר. וְאַף עַל פִּי שֶׁרֹב הָעִיר שֶׁזִּנְּתָה בָּהּ פְּסוּלִים:

יב. וְאִם לֹא נִבְדְּקָה אִמּוֹ עַד שֶׁמֵּתָה אוֹ שֶׁהָיְתָה חֵרֶשֶׁת אוֹ אִלֶּמֶת אוֹ שׁוֹטָה אוֹ שֶׁאָמְרָה לִפְלוֹנִי הַמַּמְזֵר נִבְעַלְתִּי אוֹ לִפְלוֹנִי הַנָּתִין אֲפִלּוּ אוֹתוֹ פְּלוֹנִי מוֹדֶה שֶׁהוּא מִמֶּנּוּ הֲרֵי זֶה הַיִּלּוּד סְפֵק מַמְזֵר. כְּשֵׁם שֶׁזִּנְּתָה עִם זֶה שֶׁהוֹדָה לָהּ כָּךְ זִנְּתָה עִם אַחֵר. וְזֶה הוּא הַנִּקְרָא שְׁתוּקִי שֶׁמַּכִּיר אֶת אִמּוֹ וְאֵינוֹ מַכִּיר אֶת אָבִיו וַדַּאי:

יג. וְכֵן הַבֵּן הַנִּמְצָא בַּשּׁוּק וְהוּא הַנִּקְרָא אֲסוּפִי הֲרֵי הוּא סְפֵק מַמְזֵר שֶׁאֵין אָנוּ יוֹדְעִים מַה הוּא:

יד. פְּנוּיָה שֶׁזִּנְּתָה וְאָמְרָה בֵּן זֶה בֶּן פְּלוֹנִי הוּא. אִם אוֹתוֹ פְּלוֹנִי כָּשֵׁר הֲרֵי הַבֵּן כָּשֵׁר וְאֵינָהּ נֶאֱמֶנֶת לִהְיוֹת זֶה בְּנוֹ שֶׁל פְּלוֹנִי. וְיֵרָאֶה לִי שֶׁחוֹשְׁשִׁין לִדְבָרֶיהָ וְיִהְיֶה הַבֵּן אָסוּר בִּקְרוֹבוֹת אוֹתוֹ פְּלוֹנִי מִסָּפֵק. וְאִם אוֹתוֹ פְּלוֹנִי מַמְזֵר אֵינָהּ נֶאֱמֶנֶת לִהְיוֹת הַבֵּן מַמְזֵר וַדַּאי עַל פִּיהָ כְּמוֹ שֶׁבֵּאַרְנוּ אֶלָּא יִהְיֶה סְפֵק מַמְזֵר:

טו. אֲבָל הָאָב שֶׁהֻחְזַק שֶׁזֶּה בְּנוֹ וְאָמַר בְּנִי זֶה מַמְזֵר הוּא נֶאֱמָן. וְאִם יֵשׁ לַבֵּן בָּנִים אֵינוֹ נֶאֱמָן. שֶׁלֹּא הֶאֱמִינָה אוֹתוֹ תּוֹרָה אֶלָּא עַל בְּנוֹ שֶׁנֶּאֱמַר (דברים כא יז) "כִּי אֶת הַבְּכֹר בֶּן הַשְּׂנוּאָה יַכִּיר" יַכִּירֶנּוּ לַאֲחֵרִים:

טז. וּכְשֵׁם שֶׁנֶּאֱמָן לוֹמַר בְּנִי זֶה בְּכוֹר כָּךְ נֶאֱמָן לוֹמַר בְּנִי זֶה מַמְזֵר אוֹ בֶּן גְּרוּשָׁה אוֹ בֶּן חֲלוּצָה. וְכֵן אִם הָיְתָה אִשְׁתּוֹ מְעֻבֶּרֶת נֶאֱמָן לוֹמַר עֻבָּר זֶה אֵינוֹ בְּנִי וּמַמְזֵר הוּא וְיִהְיֶה מַמְזֵר וַדַּאי. וְהָאוֹמֵר עַל עַצְמוֹ שֶׁהוּא מַמְזֵר נֶאֱמָן לֶאֱסֹר עַצְמוֹ בְּבַת יִשְׂרָאֵל. וְאָסוּר בְּמַמְזֶרֶת עַד שֶׁיִּוָּדַע וַדַּאי שֶׁהוּא מַמְזֵר. וּבְנוֹ כָּמוֹהוּ. וְאִם יֵשׁ לוֹ בְּנֵי בָּנִים אֵינוֹ נֶאֱמָן לִפְסֹל בְּנֵי בָּנָיו וְלֹא יִפְסֹל אֶלָּא עַצְמוֹ:

יז. אֲרוּסָה שֶׁנִּתְעַבְּרָה וְהִיא בְּבֵית אָבִיהָ הֲרֵי הַוָּלָד בְּחֶזְקַת מַמְזֵר וְאָסוּר בְּבַת יִשְׂרָאֵל וְאָסוּר בְּמַמְזֶרֶת. וְאִם נִבְדְּקָה אִמּוֹ וְאָמְרָה מֵאֲרוּסִי נִתְעַבַּרְתִּי נֶאֱמֶנֶת וְהַוָּלָד כָּשֵׁר. וְאִם הִכְחִישָׁהּ הָאָרוּס וְאָמַר מֵעוֹלָם לֹא בָּאתִי עָלֶיהָ הֲרֵי הַוָּלָד מַמְזֵר שֶׁאֲפִלּוּ הָיָה בְּחֶזְקַת בְּנוֹ וְאָמַר בְּנִי זֶה מַמְזֵר נֶאֱמָן. וְהָאִשָּׁה אֵינָהּ בְּחֶזְקַת זוֹנָה אֶלָּא נֶאֱמֶנֶת לוֹמַר לָאָרוּס נִבְעַלְתִּי וְאֵינָהּ זוֹנָה. וְאִם נִשֵּׂאת לְכֹהֵן לֹא תֵּצֵא וְוָלָדָהּ מִמֶּנּוּ כָּשֵׁר:

יח. הָיוּ הָעָם מְרַנְּנִים אַחֲרֶיהָ וְהִיא אֲרוּסָה עִם אֲרוּסָהּ וְעִם אֲנָשִׁים אֲחֵרִים אַף עַל פִּי שֶׁבָּא עָלֶיהָ אֲרוּסָהּ בְּבֵית חָמִיו הֲרֵי זֶה סְפֵק מַמְזֵר. כְּשֵׁם שֶׁהִפְקִירָה עַצְמָהּ לַאֲרוּסָהּ הִפְקִירָה לַאֲחֵרִים. וְאִם נִבְדְּקָה וְאָמְרָה עֻבָּר זֶה מֵאֲרוּסִי הֲרֵי זֶה כָּשֵׁר כְּמוֹ שֶׁבֵּאַרְנוּ:

יט. אֵשֶׁת אִישׁ שֶׁהָיְתָה מְעֻבֶּרֶת וְאָמְרָה עֻבָּר זֶה אֵינוֹ מִבַּעֲלִי אֵינָהּ נֶאֱמֶנֶת לְפָסְלוֹ. וַהֲרֵי הַבֵּן בְּחֶזְקַת כַּשְׁרוּת. שֶׁלֹּא הֶאֱמִינָה תּוֹרָה אֶלָּא הָאָב. אָמַר הָאָב אֵינוֹ בְּנִי אוֹ שֶׁהָיָה בַּעְלָהּ בִּמְדִינַת הַיָּם הֲרֵי זֶה בְּחֶזְקַת מַמְזֵר. וְאִם אָמְרָה מֵעַכּוּ"ם וְעֶבֶד נִתְעַבַּרְתִּי הֲרֵי הַוָּלָד כָּשֵׁר. שֶׁאֵין

הַבַּעַל יָכוֹל לְהַכְחִישָׁהּ בִּדְבָרֶיהָ. וְאֵין הָעֻבָּר מִשְׁתַּהֶה בִּמְעֵי אִמּוֹ יֶתֶר עַל שְׁנֵים עָשָׂר חֹדֶשׁ:

כ. אֵשֶׁת אִישׁ שֶׁיָּצָא עָלֶיהָ קוֹל שֶׁהָיְתָה זוֹנָה תַּחַת בַּעְלָהּ וְהַכֹּל מְרַנְנִין אַחֲרֶיהָ אֵין חוֹשְׁשִׁין לְבָנֶיהָ שֶׁמָּא מַמְזֵרִים הֵם שֶׁרֹב בְּעִילוֹת אֵצֶל הַבַּעַל. וּמֻתָּר לִשָּׂא בִּתָּהּ לְכַתְּחִלָּה. אֲבָל הִיא עַצְמָהּ חוֹשְׁשִׁין לָהּ מִשּׁוּם זוֹנָה. וְאִם הָיְתָה פְּרוּצָה יוֹתֵר מִדַּאי אַף לְבָנֶיהָ חוֹשְׁשִׁין:

כא. דִּין תּוֹרָה שֶׁסְּפֵק מַמְזֵר מֻתָּר לָבוֹא בַּקָּהָל שֶׁנֶּאֱמַר (דברים כג ג) "לֹא יָבֹא מַמְזֵר בִּקְהַל ה'" מַמְזֵר וַדַּאי אָסוּר לָבוֹא בַּקָּהָל וְלֹא סָפֵק. אֲבָל חֲכָמִים עָשׂוּ מַעֲלָה בְּיוּחֲסִין וְאָסְרוּ גַּם הַסְּפֵקוֹת לָבוֹא בַּקָּהָל. לְפִיכָךְ מַמְזֵר וַדַּאי מֻתָּר לִשָּׂא מַמְזֶרֶת וַדָּאִית אֲבָל מַמְזֵר סָפֵק אוֹ שְׁתוּקִי אוֹ אֲסוּפִי אָסוּר לִשָּׂא בַּת יִשְׂרָאֵל:

כב. וְאָסוּר לִשָּׂא מַמְזֶרֶת וַאֲפִלּוּ מַמְזֶרֶת מִסָּפֵק אֲסוּרָה לוֹ שֶׁמָּא אֶחָד מֵהֶן אֵינוֹ מַמְזֵר וְהַשֵּׁנִי מַמְזֵר וַדַּאי. וּמַמְזֵר שֶׁל דִּבְרֵיהֶם מֻתָּר לִשָּׂא מַמְזֶרֶת שֶׁל דִּבְרֵיהֶם. וְכֵן שְׁאָר הַסְּפֵקוֹת אֲסוּרִין לִשָּׂא זֶה מִזֶּה:

כג. כֵּיצַד. שְׁתוּקִים וַאֲסוּפִים וּסְפֵק מַמְזֵרִים אֲסוּרִים לָבוֹא זֶה עִם זֶה וְאִם נָשְׂאוּ לֹא יְקַיְּמוּ אֶלָּא יוֹצִיאוּ בְּגֵט וְהַוָּלָד סָפֵק כַּאֲבוֹתָיו. וְאֵין לִסְפֵקוֹת אֵלּוּ תַּקָּנָה אֶלָּא שֶׁיִּשְׂאוּ מִן הַגֵּרִים וְהַוָּלָד הוֹלֵךְ אַחַר הַפָּגוּם:

כד. כֵּיצַד. שְׁתוּקִי אוֹ אֲסוּפִי שֶׁנָּשָׂא גִּיֹּרֶת אוֹ מְשֻׁחְרֶרֶת אוֹ גֵּר וּמְשֻׁחְרָר שֶׁנָּשָׂא שְׁתוּקִית אוֹ אֲסוּפִית. הַוָּלָד שְׁתוּקִי אוֹ אֲסוּפִי:

כה. הָאֲסוּפִי שֶׁנִּמְצָא בְּעִיר שֶׁיֵּשׁ בָּהּ עַכּוּ"ם בֵּין שֶׁהָיָה רֹב עַכּוּ"ם אוֹ רֹב יִשְׂרָאֵל הֲרֵי זֶה סְפֵק עַכּוּ"ם לְעִנְיַן יוּחֲסִין. קִדֵּשׁ אִשָּׁה צְרִיכָה גֵּט מִסָּפֵק. מִי שֶׁהֲרָגוֹ לֹא הָיָה נֶהֱרָג עָלָיו:

כו. הִטְבִּילוּהוּ בֵּית דִּין לְשֵׁם גֵּרוּת אוֹ שֶׁטָּבַל מִשֶּׁהִגְדִּיל הֲרֵי הוּא כִּשְׁאָר אֲסוּפִים הַנִּמְצָאִים בְּעָרֵי יִשְׂרָאֵל. הָיָה רֹב הָעִיר עַכּוּ"ם מֻתָּר לְהַאֲכִילוֹ נְבֵלוֹת. הָיָה רֻבָּן יִשְׂרָאֵל מַחֲזִירִין לוֹ אֲבֵדָתוֹ כְּיִשְׂרָאֵל. מֶחֱצָה עַל מֶחֱצָה מִצְוָה לְהַחֲיוֹתוֹ כְּיִשְׂרָאֵל. וּמְפַקְּחִין עָלָיו אֶת הַגַּל בְּשַׁבָּת וַהֲרֵי הוּא לְעִנְיַן נְזָקִין כְּכָל סְפֵק מָמוֹן הַמּוֹצִיא מֵחֲבֵרוֹ עָלָיו הָרְאָיָה:

כז. יֵרָאֶה לִי שֶׁכָּל מְדִינָה שֶׁיֵּשׁ בָּהּ שִׁפְחָה אוֹ עַכּוּ"ם הָרְאוּיָה לֵילֵד הוֹאִיל וְהָאֲסוּפִי הַנִּמְצָא שָׁם סְפֵק עַכּוּ"ם אוֹ סְפֵק עֶבֶד כְּשֶׁיִּשָּׂא הַגִּיֹּרֶת כְּמוֹ שֶׁבֵּאַרְנוּ הֲרֵי זוֹ סְפֵק אֵשֶׁת אִישׁ וְהַבָּא עָלֶיהָ פָּטוּר שֶׁאֵין הוֹרְגִין עַל סָפֵק. וְכֵן יֵרָאֶה לִי שֶׁהַשְּׁתוּקִי שֶׁנָּשָׂא אִשָּׁה שֶׁאֶפְשָׁר שֶׁהִיא עֶרְוָה עָלָיו וַהֲרֵי הִיא סְפֵק אֵשֶׁת אִישׁ שֶׁאֵין קִדּוּשִׁין תּוֹפְסִין בַּעֲרָיוֹת:

כח. וְאֵי זוֹ הִיא הָאִשָּׁה שֶׁאֶפְשָׁר שֶׁתִּהְיֶה עֶרְוָה עָלָיו. כָּל אִשָּׁה שֶׁהָיָה אָבִיהָ אוֹ אָחִיהָ קַיָּם כְּשֶׁנִּתְעַבְּרָה בּוֹ אִמּוֹ. וְכָל אִשָּׁה שֶׁנִּתְגָּרְשָׁה אוֹ נִתְאַלְמְנָה שֶׁמָּא אֵשֶׁת אָבִיו הִיא אוֹ אֵשֶׁת אֲחִי אָבִיו:

כט. וּמִנַּיִן אֲנִי אוֹמֵר שֶׁאֵין הַשְּׁתוּקִי וְהָאֲסוּפִי אָסוּר בְּכָל אִשָּׁה שֶׁאֶפְשָׁר שֶׁתִּהְיֶה עֶרְוָה עָלָיו. שֶׁהֲרֵי הַכָּשֵׁר שֶׁנִּבְדְּקָה אִמּוֹ אֵינוֹ אָסוּר בְּכָל אִשָּׁה שֶׁאֶפְשָׁר שֶׁתִּהְיֶה עֶרְוָה עָלָיו. וַהֲרֵי נֶאֱמַר בַּתּוֹרָה (ויקרא יט כט) "אַל תְּחַלֵּל אֶת בִּתְּךָ לְהַזְנוֹתָהּ". וְאָמְרוּ חֲכָמִים שֶׁאִם יַעֲשֶׂה זֶה נִמְצָא אָב נוֹשֵׂא בִּתּוֹ וְאָח נוֹשֵׂא אֲחוֹתוֹ. וְאִלּוּ הָיָה הַדִּין שֶׁכָּל מִי שֶׁאֵינוֹ יוֹדֵעַ אָבִיו בְּוַדַּאי אָסוּר בְּכָל אִשָּׁה שֶׁאֶפְשָׁר שֶׁתִּהְיֶה עֶרְוָה עָלָיו. לֹא הָיִינוּ בָּאִים לַמִּדָּה הַזֹּאת לְעוֹלָם וְלֹא תִּהְיֶה הָאָרֶץ מְלֵאָה זִמָּה. הָא לָמַדְתָּ שֶׁאֵין אוֹסְרִין עֲרָיוֹת וּמַחֲזִיקִין אוֹתָן כִּשְׁאָר בָּשָׂר בְּסָפֵק עַד שֶׁיִּוָּדַע בְּוַדַּאי שֶׁזּוֹ עֶרְוָה עָלָיו. שֶׁאִם אַתָּה אוֹמֵר כֵּן כָּל הַיְתוֹמִים שֶׁבָּעוֹלָם שֶׁלֹּא הִכִּירוּ אֲבוֹתֵיהֶם הָיוּ אֲסוּרִין לְהִנָּשֵׂא בְּכָל מָקוֹם שֶׁמָּא יִפְגְּעוּ בְּעֶרְוָה:

ל. הַוָּלָד שֶׁהָיָה מֻשְׁלָךְ בַּדֶּרֶךְ וּבָא אֶחָד וְאָמַר בְּנִי הוּא וַאֲנִי הִשְׁלַכְתִּיו נֶאֱמָן. וְכֵן אִמּוֹ נֶאֱמֶנֶת. נֶאֱסַף מִן הַשּׁוּק וּבָאוּ אָבִיו וְאִמּוֹ אַחַר כֵּן וְאָמְרוּ בְּנֵנוּ הוּא אֵין נֶאֱמָנִין הוֹאִיל וְיָצָא עָלָיו שֵׁם אֲסוּפִי. וּבִשְׁנֵי רְעָבוֹן נֶאֱמָנִין שֶׁמִּפְּנֵי רָעָב הִשְׁלִיכוּהוּ וְהֵן רוֹצִין שֶׁיָּזוּנוּ אוֹתוֹ אֲחֵרִים וּלְפִיכָךְ שָׁתְקוּ עַד שֶׁנֶּאֱסַף:

לא. נִמְצָא הַוָּלָד מָהוּל אוֹ שֶׁהֻחְתַּל אוֹ שֶׁהֻמְלַח אוֹ שֶׁהָיָה הַכֹּחַל בְּעֵינָיו אוֹ הַקְמֵיעַ בְּצַוָּארוֹ אוֹ שֶׁנִּמְצָא תַּחַת אִילָן מְסֻבָּךְ שֶׁאֵין חַיָּה נִכְנֶסֶת לוֹ וְהָיָה סָמוּךְ לָעִיר אוֹ שֶׁנִּמְצָא בְּבֵית הַכְּנֶסֶת הַסָּמוּךְ לִרְשׁוּת הָרַבִּים אוֹ בְּצִדֵּי רְשׁוּת הָרַבִּים אֵין כָּאן מִשּׁוּם אֲסוּפִי. מֵאַחַר שֶׁהֵן מְשַׁמְּרִין אוֹתוֹ שֶׁלֹּא יָמוּת בְּחֶזְקַת כָּשֵׁר הוּא. אֲבָל אִם נִמְצָא מֻשְׁלָךְ בְּאֶמְצַע הַדֶּרֶךְ אוֹ רָחוֹק מִן הָעִיר אֲפִלּוּ תַּחַת אִילָן אוֹ בְּבֵית הַכְּנֶסֶת אוֹ שֶׁנִּמְצָא תָּלוּי בָּאִילָן מָקוֹם שֶׁחַיָּה מַגַּעַת לוֹ הֲרֵי זֶה אֲסוּפִי:

לב. נֶאֱמֶנֶת חַיָּה לוֹמַר זֶה הַבֵּן כֹּהֵן הוּא אוֹ לֵוִי אוֹ נָתִין אוֹ מַמְזֵר מִפְּנֵי שֶׁלֹּא הֻחְזַק וְאֵין אָנוּ יוֹדְעִין יִחוּסָן. בַּמֶּה דְּבָרִים אֲמוּרִים בְּשֶׁהֻחְזְקָה בְּנֶאֱמָנוּת וְלֹא עִרְעֵר עָלֶיהָ אָדָם. אֲבָל אִם עִרְעֵר עָלֶיהָ אֲפִלּוּ אֶחָד וְאָמַר בְּשֶׁקֶר מְעִידָה אֵינָהּ נֶאֱמֶנֶת וַהֲרֵי הַבֵּן בְּחֶזְקַת כָּשֵׁר וְאֵין לוֹ יִחוּס:

לג. דָּבָר בָּרוּר שֶׁהַשְּׁתוּקִי אָסוּר לִשָּׂא שְׁתוּקִית. וַאֲסוּפִי אָסוּר בַּאֲסוּפִית מִפְּנֵי שֶׁהֵן סְפֵקוֹת. אֲבָל מַמְזֵרִים וַדָּאִים וּנְתִינִים מֻתָּרִים לָבוֹא זֶה בָּזֶה וְהַוָּלָד מַמְזֵר. וּשְׁתוּקִי וַאֲסוּפִי מֻתָּרִין בִּנְתִינִים וּבִשְׁאָר הַגֵּרִים וְהַוָּלָד סָפֵק:

Perek 16

Saris (castrated)

A *saris* (castrated) person shall not enter the Jewish community[29]

Punishment for violation is *malkot* (lashes).

When member was severed or testicles maimed, it refers to an act of man and this makes him *pasul* (unacceptable) for marriage. If he was born with these defects or a sickness brought this about i.e. an act of G-d, he is permitted to marry among the Jewish people.

One is not allowed to castrate a male person, animal, beast or bird[30].

Punishment for violation is *malkot* (lashes).

פרק ט״ז

א. פְּצוּעַ דַּכָּא וּכְרוּת שָׁפְכָה שֶׁנָּשָׂאוּ בַּת יִשְׂרָאֵל וּבְעָלוּ לוֹקִין שֶׁנֶּאֱמַר (דברים כג ב) ״לֹא יָבֹא פְצוּעַ דַּכָּא וּכְרוּת שָׁפְכָה בִּקְהַל ה׳״. וּמֻתָּרִין לִשָּׂא גִּיֹּרֶת וּמְשֻׁחְרֶרֶת. וַאֲפִלּוּ כֹּהֵן שֶׁהוּא פְּצוּעַ דַּכָּא מֻתָּר לִשָּׂא גִּיֹּרֶת וּמְשֻׁחְרֶרֶת לְפִי שֶׁאֵינוֹ בִּקְדֻשָּׁתוֹ. וַאֲפִלּוּ נְתִינָה אוֹ אֶחָד מִן הַסְּפֵקוֹת מֻתֶּרֶת לוֹ:

ב. הוֹאִיל וּפְצוּעַ דַּכָּא אָסוּר לָבוֹא בַּקָּהָל לֹא גָּזְרוּ בּוֹ עַל הַנְּתִינִים וְלֹא עַל הַסְּפֵקוֹת. אֲבָל פְּצוּעַ דַּכָּא וּכְרוּת שָׁפְכָה אָסוּר בְּמַמְזֶרֶת וַדָּאִית שֶׁהֲרֵי אֲסוּרָה מִן הַתּוֹרָה:

ג. וְאֵי זֶהוּ פְּצוּעַ דַּכָּא. כָּל שֶׁנִּפְצְעוּ הַבֵּיצִים שֶׁלּוֹ. וּכְרוּת שָׁפְכָה כָּל שֶׁנִּכְרַת הַגִּיד שֶׁלּוֹ. וּבִשְׁלֹשָׁה אֵיבָרִין אֶפְשָׁר שֶׁיִּפָּסֵל הַזָּכָר בַּגִּיד וּבַבֵּיצִים וּבַשְּׁבִילִין שֶׁבָּהֶן תִּתְבַּשֵּׁל שִׁכְבַת זֶרַע וְהֵן הַנִּקְרָאִין חוּטֵי בֵּיצִים. וְכֵיוָן שֶׁנִּפְצַע אֶחָד מִשְּׁלֹשָׁה אֵיבָרִין אֵלּוּ אוֹ נִדַּךְ הֲרֵי זֶה פָּסוּל:

ד. כֵּיצַד. נִפְצַע הַגִּיד אוֹ נִדַּךְ אוֹ שֶׁנִּכְרַת הָעֲטָרָה אוֹ לְמַעְלָה מֵעֲטָרָה פָּסוּל. וְאִם נִכְרַת מֵרֹאשׁ הָעֲטָרָה וְנִשְׁתַּיֵּר מִמֶּנָּה אֲפִלּוּ כְּחוּט הַשַּׂעֲרָה מֻקָּף לְכָל הַגִּיד כָּשֵׁר. נִכְרַת הַגִּיד לְמַעְלָה מֵעֲטָרָה כְּקֻלְמוֹס אוֹ כְּמַרְזֵב כָּשֵׁר:

ה. נִקַּב לְמַטָּה מֵעֲטָרָה כָּשֵׁר. נִקְבָה הָעֲטָרָה עַצְמָהּ אִם כְּשֶׁיִּרְאֶה קֶרִי תֵּצֵא שִׁכְבַת זֶרַע מִן הַנֶּקֶב פָּסוּל. נִסְתַּם הַנֶּקֶב חָזַר לְהֶכְשֵׁרוֹ. נִקַּב לְמַטָּה מֵעֲטָרָה שֶׁכְּנֶגְדּוֹ לְמַעְלָה בְּתוֹךְ הָעֲטָרָה פָּסוּל שֶׁהָעֲטָרָה כֻּלָּהּ מְעַכֶּבֶת:

ו. נִסְתַּם שְׁבִיל שִׁכְבַת זֶרַע וְחָזַר לִרְאוֹת שִׁכְבַת זֶרַע מִשְּׁבִיל שֶׁמַּשְׁתִּין בּוֹ הֲרֵי זֶה פָּסוּל:

ז. נִכְרְתוּ הַבֵּיצִים אוֹ אַחַת מֵהֶן אוֹ שֶׁנִּפְצְעָה אַחַת מֵהֶן אוֹ שֶׁנִּדּוֹכָה אַחַת מֵהֶן אוֹ שֶׁחָסְרָה אוֹ שֶׁנִּקְבָה הֲרֵי זֶה פָּסוּל. נִכְרְתוּ חוּטֵי בֵּיצִים אוֹ אַחַת אוֹ שֶׁנִּדַּךְ אוֹ נִפְצַע הֲרֵי זֶה פָּסוּל:

ח. נִקַּב חוּט מֵחוּטֵי הַבֵּיצִים לִשְׁבִיל מֵי רַגְלַיִם וַהֲרֵי הוּא מַטִּיל מַיִם מִשְּׁנֵי מְקוֹמוֹת מִשְּׁבִיל הַמַּיִם וּמִשְּׁבִיל שִׁכְבַת זֶרַע הֲרֵי זֶה כָּשֵׁר:

ט. כָּל פָּסוּל שֶׁאָמַרְנוּ בְּעִנְיָן זֶה כְּשֶׁלֹּא הָיוּ בִּידֵי שָׁמַיִם כְּגוֹן שֶׁכְּרָתוֹ אָדָם אוֹ כֶּלֶב אוֹ הִכָּהוּ קוֹץ וְכַיּוֹצֵא בִּדְבָרִים אֵלּוּ. אֲבָל אִם נוֹלַד כְּרוּת שָׁפְכָה אוֹ פְּצוּעַ דַּכָּא אוֹ שֶׁנּוֹלַד בְּלֹא בֵּיצִים אוֹ שֶׁחָלָה מֵחֲמַת גּוּפוֹ וּבָטְלוּ מִמֶּנּוּ אֵיבָרִים אֵלּוּ אוֹ שֶׁנּוֹלַד בָּהֶם שְׁחִין וְהֵימֵסָּה אוֹתָן אוֹ כְּרָתָן הֲרֵי זֶה כָּשֵׁר לָבֹא בַּקָּהָל שֶׁכָּל אֵלּוּ בִּידֵי שָׁמַיִם:

י. אָסוּר לְהַפְסִיד אֵיבְרֵי זֶרַע בֵּין בְּאָדָם בֵּין בִּבְהֵמָה חַיָּה וְעוֹף. אֶחָד טְמֵאִים וְאֶחָד טְהוֹרִים. בֵּין בְּאֶרֶץ יִשְׂרָאֵל בֵּין בְּחוּצָה לָאָרֶץ. אַף עַל פִּי שֶׁנֶּאֱמַר (ויקרא כב כד) ״וּבְאַרְצְכֶם לֹא תַעֲשׂוּ״ מִפִּי הַשְּׁמוּעָה לָמְדוּ שֶׁדָּבָר זֶה נוֹהֵג בְּכָל מָקוֹם. וְעִנְיַן הַכָּתוּב לֹא יֵעָשֶׂה זֹאת בְּיִשְׂרָאֵל בֵּין בְּגוּפָן בֵּין בְּגוּף אֲחֵרִים. וְכָל הַמְסָרֵס לוֹקֶה מִן הַתּוֹרָה בְּכָל מָקוֹם. וַאֲפִלּוּ מְסָרֵס אַחַר מְסָרֵס לוֹקֶה:

יא. כֵּיצַד. הֲרֵי שֶׁבָּא אֶחָד וְכָרַת אֶת הַגִּיד וּבָא אַחֵר וְכָרַת אֶת הַבֵּיצִים אוֹ נִתְּקָן וּבָא אַחֵר וְכָרַת חוּטֵי בֵּיצִים. אוֹ שֶׁבָּא אֶחָד וּמָעַךְ אֶת הַגִּיד וּבָא אַחֵר וְנִתְּקוֹ וּבָא אַחֵר וּכְרָתוֹ כֻּלָּן לוֹקִין. וְאַף עַל פִּי שֶׁלֹּא סֵרֵס הָאַחֲרוֹן אֶלָּא מְסֹרָס. בֵּין בְּאָדָם בֵּין בִּבְהֵמָה חַיָּה וָעוֹף. וְהַמְסָרֵס אֶת הַנְּקֵבָה בֵּין בְּאָדָם בֵּין בִּשְׁאָר מִינִים פָּטוּר:

יב. הַמַּשְׁקֶה עִקָּרִין לְאָדָם אוֹ לִשְׁאָר מִינִים כְּדֵי לְסָרְסוֹ הֲרֵי זֶה אָסוּר וְאֵין לוֹקִין עָלָיו. וְאִשָּׁה מֻתֶּרֶת לִשְׁתּוֹת עִקָּרִין כְּדֵי לְסָרְסָהּ עַד שֶׁלֹּא תֵּלֵד. הֲרֵי שֶׁכָּפָה אֶת הָאָדָם וְשִׁסָּה

בּוֹ כֶּלֶב אוֹ שְׁאָר חַיּוֹת עַד שֶׁעֲשָׂאוּהוּ כְּרוּת שָׁפְכָה אוֹ שֶׁהוֹשִׁיבוּ בַּמַּיִם אוֹ בַּשֶּׁלֶג עַד שֶׁבִּטֵּל מִמֶּנּוּ אֵיבְרֵי תַּשְׁמִישׁ אֵינוֹ לוֹקֶה עַד שֶׁיְּסָרֵס בְּיָדוֹ. וְרָאוּי לְהַכּוֹתוֹ מַכַּת מַרְדּוּת:

יג. אָסוּר לוֹמַר לְעַכּוּ"ם לְסָרֵס בְּהֵמָה שֶׁלָּנוּ. וְאִם לְקָחָהּ הוּא מֵעַצְמוֹ וְסֵרְסָהּ מֻתָּר. וְאִם הֶעֱרִים יִשְׂרָאֵל בְּדָבָר זֶה קוֹנְסִין אוֹתוֹ וּמוֹכְרָהּ לְיִשְׂרָאֵל אַחֵר. וַאֲפִלּוּ לִבְנוֹ הַגָּדוֹל מֻתָּר לְמָכְרָהּ. אֲבָל לִבְנוֹ הַקָּטָן אֵינוֹ מוֹכְרָהּ לוֹ וְלֹא נוֹתְנָהּ לוֹ:

Perek 17

Kohanim (Priests)

A High Priest should not marry a widow[31]
A High Priest should not have relations with a widow[32]
A Priest should not marry a divorced woman[34]
A Priest should not marry a *zonah*[35]
A Priest should not marry a *chalala*[36]

Reminder:
Pack on Priests

3 women are forbidden to all Priests

- *Gerushah* (Divorcee)
- *Zonah*
- *Chalalah* (woman born from relations forbidden to Priests)

4th women forbidden to High Priests

- *Almanah* (widow)

If a Priest marries one of these women and has relations with her, the punishment is *malkot* (lashes). Woman also receives *malkot*.

Regarding a High Priest, even if he only had relations with one of these women, he is lashed.

A High Priest should marry a virgin maiden[33] (*naarah* – maiden, refers to age **12 – 12½**)

This is a positive command and therefore *malkot* are not given if High Priest married a non-virgin.

Reminder:
Pack on Punishment for *Sefer Kedushah*

However, he should divorce her.

If he married a girl beyond the *naarah* stage of 12 – 12½, he may remain married to her.

Reminder:
Age definitions. Ref: *Sefer Nashim, Hilchot Ishut*, Chapter 2.

פרק י״ז

א. שָׁלֹשׁ נָשִׁים נֶאֶסְרוּ עַל כָּל הַכֹּהֲנִים. גְּרוּשָׁה זוֹנָה וַחֲלָלָה. וְעַל כֹּהֵן גָּדוֹל אַרְבַּע. אֵלּוּ הַשָּׁלֹשׁ וְהָאַלְמָנָה. אֶחָד כֹּהֵן גָּדוֹל מָשׁוּחַ בְּשֶׁמֶן הַמִּשְׁחָה אוֹ הַמְרֻבֶּה בִּגְדִים. וְאֶחָד כֹּהֵן הָעוֹבֵד וְאֶחָד כֹּהֵן גָּדוֹל שֶׁמִּנּוּהוּ וְעָבַר. וְכֵן כֹּהֵן מְשׁוּחַ מִלְחָמָה. כֻּלָּן מְצֻוִּין עַל הַבְּתוּלָה וַאֲסוּרִין בְּאַלְמָנָה:

ב. כָּל כֹּהֵן שֶׁנָּשָׂא אַחַת מֵהַשָּׁלֹשׁ נָשִׁים אֵלּוּ בֵּין גָּדוֹל בֵּין הֶדְיוֹט וּבָעַל לוֹקֶה. וְאִם בָּא עָלֶיהָ דֶּרֶךְ זְנוּת אֵינוֹ לוֹקֶה מִשּׁוּם זוֹנָה אוֹ גְּרוּשָׁה אוֹ חֲלָלָה שֶׁנֶּאֱמַר (ויקרא כא ז) "לֹא יִקָּחוּ" עַד שֶׁיִּקַּח וְיִבְעֹל:

ג. אֲבָל כֹּהֵן גָּדוֹל שֶׁבָּא עַל אַלְמָנָה לוֹקֶה אַחַת אַף עַל פִּי שֶׁלֹּא קִדֵּשׁ שֶׁנֶּאֱמַר (ויקרא כא טו) "לֹא יְחַלֵּל" כֵּיוָן שֶׁבְּעָלָהּ חִלְּלָהּ וּפְסָלָהּ לִכְהֻנָּה. אֲבָל זוֹנָה וַחֲלָלָה וּגְרוּשָׁה הֲרֵי הֵן מְחֻלָּלוֹת וְעוֹמְדוֹת קֹדֶם בְּעִילָתוֹ. וּלְפִיכָךְ לוֹקֶה כֹּהֵן גָּדוֹל לְבַדּוֹ עַל בְּעִילַת אַלְמָנָה לְבַדָּהּ אַף עַל פִּי שֶׁאֵין שָׁם קִדּוּשִׁין שֶׁהֲרֵי חִלְּלָהּ וְהוּא מֻזְהָר שֶׁלֹּא יְחַלֵּל כְּשֵׁרִים לֹא אִשָּׁה וְלֹא זַרְעוֹ:

ד. קִדֵּשׁ כֹּהֵן גָּדוֹל אַלְמָנָה וּבְעָלָהּ לוֹקֶה שְׁתַּיִם. אַחַת מִשּׁוּם (ויקרא כא יד) "אַלְמָנָה לֹא יִקָּח". וְאַחַת מִשּׁוּם (ויקרא כא טו) "לֹא יְחַלֵּל". וּבֵין כֹּהֵן גָּדוֹל וּבֵין כֹּהֵן הֶדְיוֹט שֶׁנָּשָׂא אִשָּׁה מִן הָאַרְבַּע וְלֹא בָּעַל אֵינוֹ לוֹקֶה:

ה. וְכָל מָקוֹם שֶׁהוּא לוֹקֶה הִיא לוֹקָה. וְכָל מָקוֹם שֶׁהוּא אֵינוֹ לוֹקֶה הִיא אֵינָהּ לוֹקָה. שֶׁאֵין הֶפְרֵשׁ בֵּין אִישׁ לְאִשָּׁה לָעֳנָשִׁין זוּלָתִי בְּשִׁפְחָה חֲרוּפָה בִּלְבַד כְּמוֹ שֶׁבֵּאַרְנוּ:

ו. כָּל כֹּהֵן הַבָּא עַל הַכּוּתִית בֵּין גָּדוֹל בֵּין הֶדְיוֹט לוֹקֶה מִשּׁוּם זוֹנָה. שֶׁהֲרֵי אֵינָהּ בַּת קִדּוּשִׁין וְהוּא אָסוּר בִּבְעִילַת זוֹנָה בֵּין יִשְׂרְאֵלִית בֵּין כּוּתִית:

ז. הַחֲלוּצָה אֲסוּרָה לְכֹהֵן מִדִּבְרֵי סוֹפְרִים מִפְּנֵי שֶׁהִיא כִּגְרוּשָׁה וּמַכִּין אוֹתוֹ מַכַּת מַרְדּוּת מִדִּבְרֵיהֶם. כֹּהֵן שֶׁנָּשָׂא סְפֵק חֲלוּצָה אֵין מוֹצִיאִין אוֹתָהּ מִתַּחְתָּיו וְהִיא כְּשֵׁרָה וּוְלָדָהּ כָּשֵׁר. מִפְּנֵי שֶׁלֹּא גָּזְרוּ עַל סְפֵק חֲלוּצָה אֶלָּא עַל חֲלוּצָה וַדָּאִית. וְכֵן מִי שֶׁהָיְתָה סְפֵק גְּרוּשָׁה אוֹ סְפֵק אַלְמָנָה אוֹ סְפֵק זוֹנָה וּסְפֵק חֲלָלָה מַכִּין אוֹתוֹ מַכַּת מַרְדּוּת וּמוֹצִיא בְּגֵט:

ח. כְּלָל גָּדוֹל הוּא בְּכָל אִסּוּרִים שֶׁבַּתּוֹרָה שֶׁאֵין אִסּוּר חָל עַל אִסּוּר אֶלָּא אִם כֵּן הָיוּ שְׁנֵי אִסּוּרִין בָּאִין כְּאַחַת. אוֹ שֶׁהָיָה הָאִסּוּר הָאֶחָד מוֹסִיף דְּבָרִים אֲחֵרִים עַל אוֹתוֹ הָאִסּוּר. אוֹ אִם הָיָה כּוֹלֵל דְּבָרִים אֲחֵרִים עִם אִסּוּר זֶה:

ט. לְפִיכָךְ אִשָּׁה שֶׁהָיְתָה אַלְמָנָה וְנַעֲשֵׂית גְּרוּשָׁה וְנַעֲשֵׂית חֲלָלָה וְנַעֲשֵׂית זוֹנָה וּבָא עָלֶיהָ כֹּהֵן גָּדוֹל אַחַר כָּךְ לוֹקֶה אַרְבַּע מַלְקִיּוֹת עַל בִּיאָה אַחַת. לְפִי שֶׁהָאַלְמָנָה אֲסוּרָה לְכֹהֵן גָּדוֹל וּמֻתֶּרֶת לְהֶדְיוֹט.

י. חָזְרָה לִהְיוֹת גְּרוּשָׁה נוֹסָף בָּהּ אִסּוּר וְנֶאֶסֶרֶת לְכֹהֵן הֶדְיוֹט. לְפִיכָךְ נוֹסָף בָּהּ אִסּוּר אַחֵר עַל אִסּוּר הָאַלְמָנָה וַעֲדַיִן הִיא מֻתֶּרֶת לֶאֱכֹל בִּתְרוּמָה. נַעֲשֵׂית חֲלָלָה נוֹסָף בָּהּ אִסּוּר שֶׁהֲרֵי נֶאֱסֶרֶת בִּתְרוּמָה וַעֲדַיִן הִיא מֻתֶּרֶת לְיִשְׂרָאֵל. נַעֲשֵׂית זוֹנָה הוֹאִיל וְיֵשׁ שֵׁם זְנוּת שֶׁאוֹסְרָהּ עַל יִשְׂרָאֵל אִם זִנְּתָה אִשְׁתּוֹ בְּרָצוֹן נוֹסָף בָּהּ אִסּוּר אַחֵר. וְהוּא הַדִּין לְכֹהֵן הֶדְיוֹט שֶׁבָּא עַל הַגְּרוּשָׁה שֶׁנַּעֲשֵׂית חֲלָלָה וְאַחַר כָּךְ זוֹנָה שֶׁהוּא לוֹקֶה שָׁלֹשׁ עַל בִּיאָה אַחַת. אֲבָל אִם נִשְׁתַּנָּה סֵדֶר זֶה אֵינוֹ לוֹקֶה אֶלָּא אַחַת:

יא. מִי שֶׁנִּתְאַלְמְנָה מֵאֲנָשִׁים הַרְבֵּה אוֹ נִתְגָּרְשָׁה מֵאֲנָשִׁים הַרְבֵּה אֵין לוֹקִין עָלֶיהָ אֶלָּא אַחַת עַל כָּל בִּיאָה. אַלְמָנָה בֵּין מִן הָאֵרוּסִין בֵּין מִן הַנִּשּׂוּאִין אֲסוּרָה:

יב. כֹּהֵן גָּדוֹל שֶׁמֵּת אָחִיו אַף עַל פִּי שֶׁהוּא מִן הָאֵרוּסִין הֲרֵי זֶה לֹא יְיַבֵּם אֶלָּא חוֹלֵץ. נָפְלָה לוֹ יְבָמָה וְהוּא כֹּהֵן הֶדְיוֹט וְנִתְמַנָּה לִהְיוֹת כֹּהֵן גָּדוֹל אַף עַל פִּי שֶׁעָשָׂה בָּהּ מַאֲמָר כְּשֶׁהוּא כֹּהֵן הֶדְיוֹט הֲרֵי זֶה לֹא יְיַבֵּם אַחַר שֶׁנִּתְמַנָּה. אֲבָל אִם אֵרֵס אֶת הָאַלְמָנָה וְנִתְמַנָּה לִהְיוֹת כֹּהֵן גָּדוֹל הֲרֵי זֶה יִכְנֹס אַחַר שֶׁנִּתְמַנָּה. הָיְתָה מְקֻדֶּשֶׁת סְפֵק קִדּוּשִׁין וּמֵת אֲרוּסָהּ הֲרֵי זוֹ סְפֵק אַלְמָנָה:

יג. מִצְוַת עֲשֵׂה עַל כֹּהֵן גָּדוֹל שֶׁיִּשָּׂא נַעֲרָה בְּתוּלָה. וּמִשֶּׁתִּבְגֹּר תֵּאָסֵר עָלָיו שֶׁנֶּאֱמַר (ויקרא כא יג) "וְהוּא אִשָּׁה בִבְתוּלֶיהָ יִקָּח". אִשָּׁה לֹא קְטַנָּה. בִּבְתוּלֶיהָ וְלֹא בּוֹגֶרֶת. הָא כֵּיצַד. יָצָאת מִכְּלַל קְטַנּוֹת וְלִכְלַל בַּגְרוּת לֹא בָּאָה זוֹ נַעֲרָה. וְאֵינוֹ נוֹשֵׂא שְׁתֵּי נָשִׁים לְעוֹלָם כְּאַחַת שֶׁנֶּאֱמַר אִשָּׁה אַחַת וְלֹא שְׁתַּיִם:

יד. כֹּהֵן גָּדוֹל לֹא יִשָּׂא מֻכַּת עֵץ אַף עַל פִּי שֶׁלֹּא נִבְעֲלָה. [נִבְעֲלָה שֶׁלֹּא כְּדַרְכָּהּ הֲרֵי זוֹ כְּנִבְעֲלָה כְּדַרְכָּהּ. נִבְעֲלָה לִבְהֵמָה הֲרֵי זוֹ מֻתֶּרֶת]:

טו. כֹּהֵן גָּדוֹל שֶׁנָּשָׂא בְּעוּלָה אֵינוֹ לוֹקֶה אֲבָל מוֹצִיא בְּגֵט. נָשָׂא בּוֹגֶרֶת אוֹ מֻכַּת עֵץ הֲרֵי זֶה יְקַיֵּם. אֵרֵס בְּעוּלָה וְנִתְמַנָּה כֹּהֵן גָּדוֹל הֲרֵי זֶה יִכְנֹס אַחַר שֶׁנִּתְמַנָּה:

טז. אָנַס נַעֲרָה בְּתוּלָה אוֹ פִּתָּה אוֹתָהּ אֲפִלּוּ אֲנָסָהּ אוֹ פִּתָּהּ אוֹתָהּ כְּשֶׁהוּא כֹּהֵן הֶדְיוֹט וְנִתְמַנָּה כֹּהֵן גָּדוֹל קֹדֶם שֶׁיִּכְנֹס הֲרֵי זֶה לֹא יִכְנֹס. וְאִם כָּנַס מוֹצִיא:

יז. אֵרֵס אֶת הַקְּטַנָּה וּבָגְרָה תַּחְתָּיו קֹדֶם נִשּׂוּאִין הֲרֵי זֶה לֹא יִכְנֹס מִפְּנֵי שֶׁנִּשְׁתַּנָּה גּוּפָהּ. וְאִם כָּנַס לֹא יוֹצִיא:

יח. אַחַת גְּרוּשָׁה מִן הָאֵרוּסִין אוֹ מִן הַנִּשּׂוּאִין. אֲבָל הַמְּמָאֶנֶת אֲפִלּוּ גֵּרְשָׁהּ בְּגֵט וְהֶחֱזִירָהּ וּמֵאֲנָה בּוֹ הֲרֵי זוֹ מֻתֶּרֶת לְכֹהֵן כְּמוֹ שֶׁבֵּאַרְנוּ בְּהִלְכוֹת גֵּרוּשִׁין. וְכָל מִי שֶׁאֵינָהּ רְאוּיָה לַחֲלִיצָה אִם נֶחְלְצָה לֹא נִפְסְלָה לִכְהֻנָּה:

יט. יָצָא עָלֶיהָ קוֹל אִישׁ פְּלוֹנִי כֹּהֵן כָּתַב גֵּט לְאִשְׁתּוֹ אוֹ נָתַן גֵּט לְאִשְׁתּוֹ וַהֲרֵי הִיא יוֹשֶׁבֶת תַּחְתָּיו וּמְשַׁמַּשְׁתּוֹ. אֵין מוֹצִיאִין אוֹתָהּ מִתַּחַת בַּעְלָהּ. וְאִם נִשֵּׂאת לְכֹהֵן אַחֵר תֵּצֵא מִן הַשֵּׁנִי:

כ. יָצָא שְׁמָהּ בָּעִיר שֶׁנִּתְקַדְּשָׁה וְנִתְגָּרְשָׁה מִן הַקִּדּוּשִׁין חוֹשְׁשִׁין לָהּ כְּמוֹ שֶׁבֵּאַרְנוּ בְּהִלְכוֹת גֵּרוּשִׁין. אֲבָל אִם יָצָא עָלֶיהָ קוֹל שֶׁהִיא חֲלוּצָה אֵין חוֹשְׁשִׁין לָהּ:

כא. יָצָא קוֹל עַל הַבְּתוּלָה שֶׁהִיא בְּעוּלָה אֵין חוֹשְׁשִׁין לָהּ וְתִנָּשֵׂא לְכֹהֵן גָּדוֹל. יָצָא עָלֶיהָ קוֹל שֶׁהִיא שִׁפְחָה אֵין חוֹשְׁשִׁין לָהּ וְתִנָּשֵׂא אֲפִלּוּ לְכֹהֵן. יָצָא לָהּ שֵׁם מְזַנָּה בָּעִיר אֵין חוֹשְׁשִׁין לָהּ. וַאֲפִלּוּ הוֹצִיאָהּ בַּעְלָהּ מִשּׁוּם שֶׁעָבְרָה עַל דַּת יְהוּדִית אוֹ בְּעֵדֵי דָּבָר מְכֹעָר וּמֵת קֹדֶם שֶׁיִּתֵּן לָהּ גֵּט הֲרֵי זוֹ מֻתֶּרֶת לְכֹהֵן. שֶׁאֵין אוֹסְרִין אִשָּׁה מֵאֵלּוּ אֶלָּא בְּעֵדוּת בְּרוּרָה אוֹ בְּהוֹדָאַת פִּיהָ:

Perek 18

Priests continued

ZONAH

In halachah, a *zonah* is not what is commonly understood as a *harlot* (*kedeshah*).

Rather, *Mipi Hashmuah,* the term *zonah* refers to one or more of the following:

- One who is not a native-born Jewess. (Including a convert and freed maidservant)
- A Jewish woman who engaged in relations with a man where the prohibition to marry is universal and not limited to Priests (whether the prohibition is positive or negative).
- A woman who engages in relations with *chalal.* (Even though she is permitted to marry him.)

The following are a *zonah* and are forbidden to a Priest:

- A woman who has relations with a Gentile or with a –
- *Netin*
- *Mamzer*
- *Ammonite* converts
- *Moabi* convert
- First or second generation Egyptian convert
- *Edomite* converts
- Man, with maimed testicles or member
- *Chalal*
- A female convert (is *zonah* because not a native-born Jewess)
- Freed maidservant (is a *zonah* because not a native-born Jewess)

These are all *Deoraita* (Scriptural prohibition).

Rabbinic prohibitions do not cause her to become a *zonah.* She is only considered a *zonah* where she is forbidden to marry him according to Scripture.

And so, in contrast, a woman who is unmarried and makes herself available to everyone, is not a *zonah* because she is not forbidden to marry these people.

Zonah of doubt:

- Wife of Priest raped (she is forbidden to her husband. This is *not* the case with wife of an Israelite)
- Woman who had been given *sotah* warning but did not drink the waters
- Drunk, deaf or minor who cannot answer questions reliably
- Woman captive
- Imprisoned woman

Leniencies apply in the case of captive women.

פרק י״ח

א. מִפִּי הַשְּׁמוּעָה לָמְדנוּ שֶׁהַ (ויקרא כא ז יד) ״זוֹנָה״ הָאֲמוּרָה בַּתּוֹרָה הִיא כָּל שֶׁאֵינָהּ בַּת יִשְׂרָאֵל. אוֹ בַּת יִשְׂרָאֵל שֶׁנִּבְעֲלָה לְאָדָם שֶׁהִיא אֲסוּרָה לְהִנָּשֵׂא לוֹ אִסּוּר הַשָּׁוֶה לַכֹּל. אוֹ שֶׁנִּבְעֲלָה לְחָלָל אַף עַל פִּי שֶׁהִיא מֻתֶּרֶת לְהִנָּשֵׂא לוֹ. לְפִיכָךְ הַנִּרְבַּעַת לִבְהֵמָה אַף עַל פִּי שֶׁהִיא בִּסְקִילָה לֹא נַעֲשֵׂית זוֹנָה וְלֹא נִפְסְלָה לִכְהֻנָּה שֶׁהֲרֵי לֹא נִבְעֲלָה לְאָדָם. וְהַבָּא עַל הַנִּדָּה אַף עַל פִּי שֶׁהִיא בְּכָרֵת לֹא נַעֲשֵׂית זוֹנָה וְלֹא נִפְסְלָה לִכְהֻנָּה שֶׁהֲרֵי אֵינָהּ אֲסוּרָה לְהִנָּשֵׂא לוֹ:

ב. וְכֵן הַבָּא עַל הַפְּנוּיָה אֲפִלּוּ הָיְתָה קְדֵשָׁה שֶׁהִפְקִירָה עַצְמָהּ לַכֹּל אַף עַל פִּי שֶׁהִיא בְּמַלְקוֹת לֹא נַעֲשֵׂית זוֹנָה וְלֹא נִפְסְלָה מִן הַכְּהֻנָּה שֶׁהֲרֵי אֵינָהּ אֲסוּרָה לְהִנָּשֵׂא לוֹ. אֲבָל הַנִּבְעֶלֶת לְאֶחָד מֵאִסּוּרֵי לָאוִין הַשָּׁוִין בַּכֹּל וְאֵין מְיֻחָדִין בְּכֹהֲנִים. אוֹ מֵאִסּוּרֵי עֲשֵׂה. וְאֵין צָרִיךְ לוֹמַר לְמִי שֶׁהִיא אֲסוּרָה לוֹ מִשּׁוּם עֶרְוָה אוֹ לְעַכּוּ״ם וְעֶבֶד. הוֹאִיל וְהִיא אֲסוּרָה לְהִנָּשֵׂא לוֹ הֲרֵי זוֹ זוֹנָה:

ג. וְכֵן הַגִּיֹּרֶת וְהַמְשֻׁחְרֶרֶת אֲפִלּוּ נִתְגַּיְּרָה וְנִשְׁתַּחְרְרָה פְּחוּתָה מִבַּת שָׁלֹשׁ שָׁנִים הוֹאִיל וְאֵינָהּ בַּת יִשְׂרָאֵל הֲרֵי זוֹ זוֹנָה וַאֲסוּרָה לְכֹהֵן. מִכָּאן אָמְרוּ עַכּוּ״ם אוֹ נָתִין אוֹ מַמְזֵר אוֹ גֵּר עַמּוֹנִי וּמוֹאָבִי אוֹ מִצְרִי וֶאֱדוֹמִי רִאשׁוֹן וְשֵׁנִי אוֹ פְּצוּעַ דַּכָּא וּכְרוּת שָׁפְכָה אוֹ חָלָל שֶׁבָּאוּ עַל הַיְּהוּדִית עָשׂוּ אוֹתָהּ זוֹנָה וְנִפְסְלָה לִכְהֻנָּה וְאִם הָיְתָה כֹּהֶנֶת פְּסָלוּהָ מִן הַתְּרוּמָה. וְכֵן יְבָמָה שֶׁבָּא עָלֶיהָ זָר עֲשָׂאָהּ זוֹנָה. וְהָאַיְלוֹנִית מֻתֶּרֶת לְכֹהֵן וְאֵינָהּ זוֹנָה:

ד. הַבָּא עַל אַחַת מֵהַשְּׁנִיּוֹת וְכַיּוֹצֵא בָּהֶן כְּגוֹן הַבָּא עַל קְרוֹבַת חֲלוּצָתוֹ אוֹ עַל חֲלוּצָתוֹ לֹא עָשָׂה אוֹתָהּ זוֹנָה שֶׁהֲרֵי אֵינָהּ אֲסוּרָה לְהִנָּשֵׂא לוֹ מִן הַתּוֹרָה כְּמוֹ שֶׁבֵּאַרְנוּ בְּהִלְכוֹת יִבּוּם:

ה. הָא לָמַדְתָּ שֶׁאֵין הֱיוֹתָהּ זוֹנָה תּוֹלָה בִּבְעִילָה שֶׁל אִסּוּר. שֶׁהֲרֵי הַבָּא עַל הַנִּדָּה וְעַל הַקְּדֵשָׁה וְהַנִּרְבַּעַת לַבְּהֵמָה נִבְעֲלָה בְּעִילָה שֶׁל אִסּוּר וְלֹא נַעֲשֵׂית זוֹנָה. וּמִי שֶׁנִּשֵּׂאת לְחָלָל נִבְעֲלָה בְּעִילָה שֶׁל הֶתֵּר כְּמוֹ שֶׁיִּתְבָּאֵר וְנַעֲשֵׂית זוֹנָה וְאֵין הַדָּבָר תָּלוּי אֶלָּא בִּפְגִימָה וּמִפִּי הַשְּׁמוּעָה לָמְדוּ שֶׁאֵינָהּ פְּגוּמָה אֶלָּא מֵאָדָם הָאָסוּר לָהּ אוֹ מֵחָלָל כְּמוֹ שֶׁאָמַרְנוּ:

ו. כָּל הַנִּבְעֶלֶת לְאָדָם שֶׁעוֹשֶׂה אוֹתָהּ זוֹנָה בֵּין בְּאֹנֶס בֵּין בְּרָצוֹן בֵּין בְּזָדוֹן בֵּין בִּשְׁגָגָה [בֵּין כְּדַרְכָּהּ בֵּין שֶׁלֹּא כְּדַרְכָּהּ] מִשֶּׁהֶעֱרָה בָּהּ נִפְסְלָה מִשּׁוּם זוֹנָה. וּבִלְבַד שֶׁתִּהְיֶה בַּת שָׁלֹשׁ שָׁנִים וְיוֹם אֶחָד וְיִהְיֶה הַבּוֹעֵל בֶּן תֵּשַׁע שָׁנִים וְיוֹם אֶחָד וָמַעְלָה. לְפִיכָךְ אֵשֶׁת אִישׁ שֶׁנִּבְעֲלָה לְאַחֵר בֵּין בְּאֹנֶס בֵּין בְּרָצוֹן נִפְסְלָה לִכְהֻנָּה:

ז. אֵשֶׁת כֹּהֵן שֶׁנֶּאֶנְסָה בַּעְלָהּ לוֹקֶה עָלֶיהָ מִשּׁוּם טֻמְאָה שֶׁנֶּאֱמַר (דברים כד ד) ״לֹא יוּכַל בַּעְלָהּ הָרִאשׁוֹן אֲשֶׁר שִׁלְּחָהּ לָשׁוּב לְקַחְתָּהּ לִהְיוֹת לוֹ לְאִשָּׁה אַחֲרֵי אֲשֶׁר הֻטַּמָּאָה״. הַכֹּל בִּכְלָל שֶׁאִם נִבְעֲלוּ אֲסוּרִין עַל בַּעְלֵיהֶן. פֵּרֵט לְךָ הַכָּתוּב בְּאֵשֶׁת יִשְׂרָאֵל שֶׁנֶּאֶנְסָה שֶׁהִיא מֻתֶּרֶת לְבַעְלָהּ שֶׁנֶּאֱמַר (במדבר ה יג) ״וְהִיא לֹא נִתְפָּשָׂה״ אֲבָל אֵשֶׁת כֹּהֵן בְּאִסּוּרָהּ עוֹמֶדֶת שֶׁהֲרֵי הִיא זוֹנָה:

ח. אֵשֶׁת יִשְׂרָאֵל שֶׁנֶּאֶנְסָה אַף עַל פִּי שֶׁהִיא מֻתֶּרֶת לְבַעְלָהּ אֲסוּרָה לִכְהֻנָּה. אֵשֶׁת כֹּהֵן שֶׁאָמְרָה לְבַעְלָהּ נֶאֱנַסְתִּי אוֹ שָׁגַגְתִּי וּבָא עָלַי אֶחָד אוֹ שֶׁבָּא עֵד אֶחָד וְהֵעִיד לוֹ עָלֶיהָ שֶׁזִּנְּתָה בֵּין בְּאֹנֶס בֵּין בְּרָצוֹן הֲרֵי זוֹ אֵינָהּ אֲסוּרָה עָלָיו. שֶׁמָּא עֵינֶיהָ נָתְנָה בְּאַחֵר. וְאִם הִיא נֶאֱמֶנֶת לוֹ אוֹ הָעֵד נֶאֱמָן לוֹ וְסָמַךְ דַּעְתּוֹ לְדִבְרֵיהֶם הֲרֵי זֶה יוֹצִיא כְּדֵי לָצֵאת יְדֵי סָפֵק:

ט. אֵשֶׁת כֹּהֵן שֶׁאָמְרָה לְבַעְלָהּ נֶאֱנַסְתִּי אַף עַל פִּי שֶׁהִיא מֻתֶּרֶת לְבַעְלָהּ כְּמוֹ שֶׁבֵּאַרְנוּ הֲרֵי הִיא אֲסוּרָה לְכָל כֹּהֵן שֶׁבָּעוֹלָם אַחַר שֶׁיָּמוּת בַּעְלָהּ. שֶׁהֲרֵי הוֹדִית שֶׁהִיא זוֹנָה וְאָסְרָה עַצְמָהּ וְנַעֲשֵׂית כַּחֲתִיכָה הָאֲסוּרָה:

י. כֹּהֵן שֶׁקִּדֵּשׁ גְּדוֹלָה אוֹ קְטַנָּה וְאַחַר זְמַן בָּא עָלֶיהָ וְטָעַן שֶׁמְּצָאָהּ דְּרוּסַת אִישׁ נֶאֶסְרָה עָלָיו מִסָּפֵק שֶׁמָּא קֹדֶם

קִדּוּשִׁין נִבְעֲלָה אוֹ אַחַר קִדּוּשִׁין. אֲבָל יִשְׂרָאֵל שֶׁטָּעַן טַעֲנָה זוֹ לֹא נֶאֶסְרָה עָלָיו שֶׁיֵּשׁ כָּאן שְׁנֵי סְפֵקוֹת שֶׁמָּא קֹדֶם קִדּוּשִׁין וְשֶׁמָּא אַחַר קִדּוּשִׁין. וַאֲפִלּוּ נֹאמַר לְאַחַר קִדּוּשִׁין שֶׁמָּא בְּאֹנֶס שֶׁמָּא בְּרָצוֹן. שֶׁהָאֲנוּסָה מֻתֶּרֶת לְיִשְׂרָאֵל כְּמוֹ שֶׁבֵּאַרְנוּ:

יא. לְפִיכָךְ אִם קִדְּשָׁהּ אָבִיהָ לְיִשְׂרָאֵל וְהִיא פְּחוּתָה מִבַּת שָׁלֹשׁ שָׁנִים וְיוֹם אֶחָד וְטָעַן שֶׁמְּצָאָהּ דְּרוּסַת אִישׁ נֶאֶסְרָה עָלָיו מִסָּפֵק שֶׁאֵין כָּאן אֶלָּא סָפֵק אֶחָד שֶׁמָּא בְּאֹנֶס שֶׁמָּא בְּרָצוֹן וְסָפֵק אִסּוּר שֶׁל תּוֹרָה לְחֻמְרָא:

יב. כָּל אִשָּׁה שֶׁקִּנֵּא לָהּ בַּעְלָהּ וְנִסְתְּרָה וְלֹא שָׁתַת מֵי סוֹטָה אֲסוּרָה לְכֹהֵן מִפְּנֵי שֶׁהִיא סְפֵק זוֹנָה. בֵּין שֶׁלֹּא רָצָת הִיא לִשְׁתּוֹת. בֵּין שֶׁלֹּא רָצָה לְהַשְׁקוֹתָהּ. בֵּין שֶׁהָיְתָה שָׁם עֵדוּת שֶׁמּוֹנְעָהּ מִלִּשְׁתּוֹת. בֵּין שֶׁקִּנְּאוּ לָהּ בֵּית דִּין. בֵּין שֶׁהָיְתָה מִן הַנָּשִׁים שֶׁאֵין רְאוּיוֹת לִשְׁתּוֹת. הוֹאִיל וְלֹא שָׁתַת מִכָּל מָקוֹם הֲרֵי זוֹ אֲסוּרָה לִכְהֻנָּה מִסָּפֵק:

יג. פְּנוּיָה שֶׁרָאוּהָ שֶׁנִּבְעֲלָה לְאֶחָד וְהָלַךְ לוֹ וְאָמְרוּ לָהּ מִי הוּא זֶה שֶׁבָּא עָלַיִךְ וְאָמְרָה אָדָם כָּשֵׁר הֲרֵי זוֹ נֶאֱמֶנֶת. וְלֹא עוֹד אֶלָּא אֲפִלּוּ רָאוּהָ מְעֻבֶּרֶת וְאָמְרוּ לָהּ מִמִּי נִתְעַבַּרְתְּ וְאָמְרָה מֵאָדָם כָּשֵׁר הֲרֵי זוֹ נֶאֱמֶנֶת וְתִהְיֶה מֻתֶּרֶת לְכֹהֵן:

יד. בַּמֶּה דְּבָרִים אֲמוּרִים בְּשֶׁיִּהְיֶה הַמָּקוֹם שֶׁנִּבְעֲלָה בּוֹ פָּרָשַׁת דְּרָכִים אוֹ בִּקְרָנוֹת שֶׁבַּשָּׂדוֹת שֶׁהַכֹּל עוֹבְרִין שָׁם. וְהָיוּ רֹב הָעוֹבְרִים שָׁם כְּשֵׁרִים וְרֹב הָעִיר שֶׁפָּרְשׁוּ אֵלּוּ הָעוֹבְרִין מִמֶּנָּה כְּשֵׁרִים. שֶׁהַחֲכָמִים עָשׂוּ מַעֲלָה בְּיוּחֲסִין וְהִצְרִיכוּ שְׁנֵי רֻבּוֹת. אֲבָל אִם הָיוּ רֹב הָעוֹבְרִים פּוֹסְלִים אוֹתָהּ כְּגוֹן עַכּוּ"ם אוֹ מַמְזֵרִים וְכַיּוֹצֵא בָּהֶם אַף עַל פִּי שֶׁרֹב הַמָּקוֹם שֶׁבָּאוּ מִמֶּנָּה כְּשֵׁרִים אוֹ שֶׁהָיוּ רֹב אַנְשֵׁי הַמָּקוֹם פְּסוּלִין אַף עַל פִּי שֶׁרֹב הָעוֹבְרִין שָׁם כְּשֵׁרִים חוֹשְׁשִׁין לָהּ שֶׁמָּא לְמִי שֶׁפּוֹסֵל אוֹתָהּ נִבְעֲלָה וְלֹא תִּנָּשֵׂא לְכֹהֵן לְכַתְּחִלָּה. וְאִם נִשֵּׂאת (לֹא) תֵּצֵא:

טו. רָאוּהָ שֶׁנִּבְעֲלָה בָּעִיר אוֹ נִתְעַבְּרָה בָּעִיר אֲפִלּוּ לֹא הָיָה שׁוֹכֵן שָׁם אֶלָּא עַכּוּ"ם אֶחָד אוֹ חָלָל אֶחָד וְעֶבֶד וְכַיּוֹצֵא בָּהֶן הֲרֵי זוֹ לֹא תִּנָּשֵׂא לְכַתְּחִלָּה לְכֹהֵן. שֶׁכָּל הַקָּבוּעַ כְּמֶחֱצָה עַל מֶחֱצָה הוּא. וְאִם נִשֵּׂאת לֹא תֵּצֵא הוֹאִיל וְהִיא אוֹמֶרֶת לְכָשֵׁר נִבְעַלְתִּי:

טז. הָיְתָה אִלֶּמֶת אוֹ חֵרֶשֶׁת אוֹ שֶׁאָמְרָה אֵינִי יוֹדַעַת לְמִי נִבְעַלְתִּי אוֹ שֶׁהָיְתָה קְטַנָּה שֶׁאֵינָהּ מַכֶּרֶת בֵּין כָּשֵׁר לְפָסוּל הֲרֵי זוֹ סְפֵק זוֹנָה. וְאִם נִשֵּׂאת לְכֹהֵן תֵּצֵא אֶלָּא אִם כֵּן הָיוּ שְׁנֵי הָרֻבִּין הַמְצוּיִין אֶצְלָהּ כְּשֵׁרִים:

יז. הַשְּׁבוּיָה שֶׁנִּפְדֵּית וְהִיא בַּת שָׁלֹשׁ שָׁנִים וְיוֹם אֶחָד אוֹ יֶתֶר אֲסוּרָה לְכֹהֵן מִפְּנֵי שֶׁהִיא סְפֵק זוֹנָה שֶׁמָּא נִבְעֲלָה לְעַכּוּ"ם. וְאִם יֵשׁ לָהּ עֵד שֶׁלֹּא נִתְיַחֵד הָעַכּוּ"ם עִמָּהּ הֲרֵי זוֹ כְּשֵׁרָה לִכְהֻנָּה. וַאֲפִלּוּ עֶבֶד אוֹ שִׁפְחָה אוֹ קָרוֹב נֶאֱמָן לְעֵדוּת זוֹ. וּשְׁתֵּי שְׁבוּיוֹת שֶׁהֵעִידָה כָּל אַחַת מֵהֶן לַחֲבֶרְתָּהּ הֲרֵי אֵלּוּ נֶאֱמָנוֹת. הוֹאִיל וְאִסּוּר כָּל הַסְּפֵקוֹת כֻּלָּן מִדִּבְרֵי סוֹפְרִים לְפִיכָךְ הֵקֵלּוּ בִּשְׁבוּיָה:

יח. וְכֵן קָטָן שֶׁהָיָה מֵסִיחַ לְפִי תֻּמּוֹ נֶאֱמָן. מַעֲשֶׂה בְּאֶחָד שֶׁנִּשְׁבָּה הוּא וְאִמּוֹ וּבְנָהּ מֵסִיחַ לְפִי תֻּמּוֹ וְאָמַר נִשְׁבֵּינוּ לְבֵין הָעַכּוּ"ם אֲנִי וְאִמִּי יָצָאתִי לִשְׁאֹב מַיִם וְדַעְתִּי עַל אִמִּי לְלַקֵּט עֵצִים וְדַעְתִּי עַל אִמִּי. וְהִשִּׂיאוּ אוֹתָהּ חֲכָמִים לְכֹהֵן עַל פִּיו:

יט. אֵין הַבַּעַל נֶאֱמָן לְהָעִיד בְּאִשְׁתּוֹ הַשְּׁבוּיָה שֶׁלֹּא נִטְמְאָה. שֶׁאֵין אָדָם מֵעִיד לְעַצְמוֹ. וְכֵן שִׁפְחָתָהּ לֹא תָּעִיד לָהּ. אֲבָל שִׁפְחַת בַּעְלָהּ מְעִידָה לָהּ. וְשִׁפְחָתָהּ שֶׁהָיְתָה מְסִיחָה לְפִי תֻּמָּהּ נֶאֱמֶנֶת:

כ. כֹּהֵן שֶׁהֵעִיד לִשְׁבוּיָה שֶׁהִיא טְהוֹרָה הֲרֵי זֶה לֹא יִשָּׂאֶנָּה שֶׁמָּא עֵינָיו נָתַן בָּהּ. וְאִם פְּדָאָהּ וְהֵעִיד בָּהּ הֲרֵי זֶה יִשָּׂאֶנָּה. שֶׁאִלּוּ לֹא יָדַע שֶׁהִיא טְהוֹרָה לֹא נָתַן בָּהּ מְעוֹתָיו:

כא. הָאִשָּׁה שֶׁאָמְרָה נִשְׁבֵּיתִי וּטְהוֹרָה אֲנִי נֶאֱמֶנֶת שֶׁהַפֶּה שֶׁאָסַר הוּא הַפֶּה שֶׁהִתִּיר אֲפִלּוּ הָיָה שָׁם עֵד אֶחָד שֶׁמֵּעִיד שֶׁהִיא שְׁבוּיָה. אֲבָל אִם יֵשׁ שָׁם שְׁנֵי עֵדִים שֶׁנִּשְׁבֵּית אֵינָהּ נֶאֱמֶנֶת עַד שֶׁיָּעִיד לָהּ אֶחָד שֶׁהִיא טְהוֹרָה. הָיוּ שָׁם שְׁנֵי עֵדִים שֶׁנִּשְׁבֵּית וְעֵד אֶחָד מֵעִיד שֶׁנִּטְמֵאת וְאֶחָד מַכְחִישׁ אוֹתוֹ וּמֵעִיד לָהּ שֶׁהִיא טְהוֹרָה וְלֹא נִתְיַחֵד עִמָּהּ עַכּוּ"ם עַד שֶׁנִּפְדֵּית. אֲפִלּוּ זֶה שֶׁמֵּעִיד שֶׁהִיא טְהוֹרָה אִשָּׁה אוֹ שִׁפְחָה הֲרֵי זוֹ מֻתֶּרֶת:

כב. מִי שֶׁאָמְרָה נִשְׁבֵּיתִי וּטְהוֹרָה אֲנִי וְהִתִּירוּהָ בֵּית דִּין לְהִנָּשֵׂא וְאַחַר כָּךְ בָּאוּ שְׁנֵי עֵדִים שֶׁנִּשְׁבֵּית הֲרֵי זוֹ תִּנָּשֵׂא לְכַתְּחִלָּה וְלֹא תֵּצֵא מֵהֶתֵּרָהּ. וַאֲפִלּוּ נִכְנַס אַחֲרֶיהָ שַׁבַּאי וַהֲרֵי הִיא שְׁבוּיָה לְפָנֵינוּ בְּיַד אֲדוֹנֶיהָ הֲרֵי זוֹ לֹא תֵּצֵא מֵהֶתֵּרָהּ שֶׁהִתִּירוּהָ. וּמְשַׁמְּרִין אוֹתָהּ מֵעַתָּה עַד שֶׁתִּפָּדֶה:

כג. בָּאוּ לָהּ שְׁנֵי עֵדִים אַחַר כָּךְ שֶׁנִּטְמֵאת אֲפִלּוּ נִשֵּׂאת וַאֲפִלּוּ הָיוּ לָהּ בָּנִים הֲרֵי זוֹ תֵּצֵא. וְאִם בָּא עֵד אֶחָד אֵינוֹ כְּלוּם. אָמְרָה נִשְׁבֵּיתִי וּטְהוֹרָה אֲנִי וְיֵשׁ לִי עֵדִים שֶׁאֲנִי טְהוֹרָה אֵין אוֹמְרִין נַמְתִּין עַד שֶׁיָּבוֹאוּ הָעֵדִים אֶלָּא מַתִּירִין אוֹתָהּ מִיָּד. וְלֹא עוֹד אֶלָּא אֲפִלּוּ יָצָא עָלֶיהָ קוֹל שֶׁיֵּשׁ עָלֶיהָ עֵדֵי טֻמְאָה מַתִּירִין אוֹתָהּ עַד שֶׁיָּבוֹאוּ. שֶׁבִּשְׁבוּיָה הֵקֵלּוּ:

כד. הָאָב שֶׁאָמַר קִדַּשְׁתִּי אֶת בִּתִּי וְגֵרַשְׁתִּיהָ וַהֲרֵי הִיא קְטַנָּה נֶאֱמָן. קִדַּשְׁתִּיהָ וְגֵרַשְׁתִּיהָ כְּשֶׁהָיְתָה קְטַנָּה וַהֲרֵי הִיא גְּדוֹלָה אֵינוֹ נֶאֱמָן לְהַחֲזִיקָהּ גְּרוּשָׁה. נִשְׁבֵּית וּפְדִיתִיהָ בֵּין שֶׁהִיא

גְּדוֹלָה בֵּין שֶׁהִיא קְטַנָּה אֵינוֹ נֶאֱמָן. שֶׁלֹּא הֶאֱמִינָה אוֹתוֹ תּוֹרָה אֶלָּא לְאָסְרָהּ מִשּׁוּם אִישׁוּת שֶׁנֶּאֱמַר (דברים כב טז) "אֶת בִּתִּי נָתַתִּי לָאִישׁ הַזֶּה". אֲבָל לֹא לְפָסְלָהּ מִשּׁוּם זְנוּת:

כה. אֵשֶׁת כֹּהֵן שֶׁנֶּאֶסְרָה עָלָיו מִשּׁוּם שְׁבוּיָה הוֹאִיל וְהַדָּבָר סָפֵק הֲרֵי זוֹ מֻתֶּרֶת לָדוּר עִמּוֹ בֶּחָצֵר אֶחָד וּבִלְבַד שֶׁיִּהְיוּ עִמּוֹ בָּנָיו וּבְנֵי בֵּיתוֹ תָּמִיד לְשָׁמְרוֹ:

כו. עִיר שֶׁבָּאָה בְּמָצוֹר וְנִכְבְּשָׁה אִם הָיוּ הָעַכּוּ"ם מַקִּיפִין אֶת הָעִיר מִכָּל רוּחוֹתֶיהָ כְּדֵי שֶׁלֹּא תִּמָּלֵט אִשָּׁה אַחַת עַד שֶׁיִּרְאוּ אוֹתָהּ וְתֵעָשֶׂה בִּרְשׁוּתָן הֲרֵי כָּל הַנָּשִׁים שֶׁבְּתוֹכָהּ פְּסוּלוֹת לִכְהֻנָּה כִּשְׁבוּיוֹת שֶׁמָּא נִבְעֲלוּ לְעַכּוּ"ם. אֶלָּא מִי שֶׁהָיְתָה מִבַּת שָׁלֹשׁ שָׁנִים וּלְמַטָּה כְּמוֹ שֶׁבֵּאַרְנוּ:

כז. וְאִם הָיָה אֶפְשָׁר שֶׁתִּמָּלֵט אִשָּׁה אַחַת וְלֹא יֵדְעוּ בָּהּ אוֹ שֶׁתִּהְיֶה בָּעִיר מַחֲבוֹאָה אַחַת אֲפִלּוּ אֵינָהּ מַחְזֶקֶת אֶלָּא אִשָּׁה אַחַת הֲרֵי זוֹ מַצֶּלֶת עַל הַכֹּל:

כח. כֵּיצַד מַצֶּלֶת. שֶׁכָּל אִשָּׁה שֶׁאָמְרָה טְהוֹרָה אֲנִי נֶאֱמֶנֶת. וְאַף עַל פִּי שֶׁאֵין לָהּ עֵד מִתּוֹךְ שֶׁיְּכוֹלָה לוֹמַר נִמְלַטְתִּי כְּשֶׁנִּכְבְּשָׁה הָעִיר אוֹ בְּמַחֲבוֹאָה הָיִיתִי וְנִצַּלְתִּי נֶאֱמֶנֶת לוֹמַר לֹא נִמְלַטְתִּי וְלֹא נֶחְבֵּאתִי וְלֹא נִטְמֵאתִי:

כט. בַּמֶּה דְּבָרִים אֲמוּרִים בִּגְדוּד שֶׁל אוֹתָהּ מַלְכוּת שֶׁהֵם מִתְיַשְּׁבִין בָּעִיר וְאֵין יְרֵאִין לְפִיכָךְ חוֹשְׁשִׁין לָהֶם שֶׁמָּא בְּעָלוּ. אֲבָל גְּדוּד שֶׁל מַלְכוּת אַחֶרֶת שֶׁפָּשַׁט וְשָׁטַף וְעָבַר לֹא נֶאֶסְרוּ הַנָּשִׁים מִפְּנֵי שֶׁאֵין לָהֶם פְּנַאי לִבְעל שֶׁהֵן עוֹסְקִים בַּשָּׁלָל וּבוֹרְחִין לָהֶם. וְאִם שָׁבוּ נָשִׁים וְנַעֲשׂוּ בִּרְשׁוּתָן אַף עַל פִּי שֶׁרָדְפוּ אַחֲרֵיהֶם יִשְׂרָאֵל וְהִצִּילוּ אוֹתָן מִיָּדָם הֲרֵי הֵן אֲסוּרוֹת:

ל. הָאִשָּׁה שֶׁנֶּחְבְּשָׁה בְּיַד עַכּוּ"ם עַל יְדֵי מָמוֹן מֻתֶּרֶת. עַל יְדֵי נְפָשׁוֹת אֲסוּרָה לִכְהֻנָּה וּלְפִיכָךְ אִם הָיָה בַּעְלָהּ כֹּהֵן נֶאֶסְרָה עָלָיו. בַּמֶּה דְּבָרִים אֲמוּרִים בִּזְמַן שֶׁיַּד יִשְׂרָאֵל תַּקִּיפָה עַל הָעַכּוּ"ם וְהֵם יְרֵאִין מֵהֶם. אֲבָל בִּזְמַן שֶׁיַּד הָעַכּוּ"ם תַּקִּיפָה אֲפִלּוּ עַל יְדֵי מָמוֹן כֵּיוָן שֶׁנַּעֲשֵׂית בִּרְשׁוּת הָעַכּוּ"ם נֶאֶסְרָה אֶלָּא אִם כֵּן הֵעִיד לָהּ אֶחָד כִּשְׁבוּיָה כְּמוֹ שֶׁבֵּאַרְנוּ:

Perek 19

Priests continued

CHALALAH.

A *chalalah* is:

- A woman born from forbidden relations with a Priest
- A woman who is forbidden to Priests and engaged in relations with a Priest *becomes* a *chalalah*

A Priest cannot become a *chalal* but a *chalal* can be born in the same way as a *chalalah*. (I.e. a boy who is born from forbidden relations of a Priest.)

The definition of a *chalalah* relates exclusively to Priests.

When a Priest engages in relations once with a forbidden woman, he causes her to become a *zonah*. If he now has relations with her a second time, she becomes a *chalalah*. If offspring are produced, they are *chalalim*.

3 categories:

- *Chalal Deoraita* (Scriptural)
- *Chalal Derabanan* (Rabbinic)
- *Chalal Safek* (Doubtful)

The children of a *chalal* are *chalalim* forever.

If a *chalalah* marries an Israelite, the children are not *chalalim*.

In contrast, a woman Priest can marry a *chalal* or convert or freed servant.

LINEAGE

In general women of acceptable lineage can marry men of unacceptable lineage. But men of acceptable lineage (especially Priests), cannot marry anyone.

- Priests, Levites and Israelites are permitted to intermarry. Child status follows fathers.
- Levites, Israelites and *Chalalim* permitted to intermarry; child status follows father.
- Levites, Israelites, *Chalalim*, Converts, Freed servants are permitted to intermarry.
  - When convert or freed servant male – children are Israelite
  - When convert or freed servant female – children follow father
  - When convert or freed servants marry among themselves and have a daughter, she is forbidden to Priest because no native Jewish seed has yet intermingled.

When there are questions about someone's lineage a man must investigate many past generations on mother's side.

A woman does not have to make investigation into the man.

If follows from above that the children of a *chalal* (father) are *chalalim*, they are *chalalim* forever.

The children of a *chalalah* (mother) – if she is married to an Israelite or Levite, are not *chalalim*.

Reminder:
Pack on Lineage

פרק י״ט

א. אֵי זוֹ הִיא חֲלָלָה זוֹ שֶׁנּוֹלְדָה מֵאִסּוּר כְּהֻנָּה. וְכֵן אַחַת מִן הַנָּשִׁים הָאֲסוּרוֹת לִכְהֻנָּה שֶׁנִּבְעֲלָה לְכֹהֵן נִתְחַלְּלָה. אֲבָל הַכֹּהֵן עַצְמוֹ שֶׁעָבַר הָעֲבֵרָה לֹא נִתְחַלֵּל:

ב. וּבֵין שֶׁנִּבְעֲלָה בְּאֹנֶס אוֹ בִּשְׁגָגָה [בֵּין כְּדַרְכָּהּ בֵּין שֶׁלֹּא כְּדַרְכָּהּ] מִשֶּׁהֶעֱרָה בָּהּ נִתְחַלְּלָה. וְהוּא שֶׁיִּהְיֶה כֹּהֵן בֶּן תֵּשַׁע שָׁנִים וְיוֹם אֶחָד וָמַעְלָה וְתִהְיֶה זוֹ הָאֲסוּרָה לוֹ בַּת שָׁלֹשׁ שָׁנִים וְיוֹם אֶחָד וָמַעְלָה:

ג. כֵּיצַד. כֹּהֵן בֶּן תֵּשַׁע שָׁנִים וְיוֹם אֶחָד שֶׁבָּא עַל הַגְּרוּשָׁה אוֹ עַל הַזּוֹנָה. וְכֹהֵן גָּדוֹל שֶׁבָּא עֲלֵיהֶן אוֹ עַל הָאַלְמָנָה אוֹ שֶׁנָּשָׂא בְּעוּלָה וּבָא עָלֶיהָ הֲרֵי אֵלּוּ נִתְחַלְּלוּ לְעוֹלָם. וְאִם הוֹלִיד מִמֶּנָּה בֵּן בֵּין זֶה שֶׁחִלְּלָהּ בֵּין כֹּהֵן אַחֵר הַוָּלָד חָלָל. אֲבָל כֹּהֵן שֶׁקִּדֵּשׁ אִשָּׁה מֵאִסּוּרֵי כְּהֻנָּה וְנִתְאַלְמְנָה אוֹ נִתְגָּרְשָׁה מִן הָאֵרוּסִין לֹא נִתְחַלְּלָה. וְאִם נִשֵּׂאת אַף עַל פִּי שֶׁלֹּא נִבְעֲלָה נִתְחַלְּלָה שֶׁכָּל נְשׂוּאָה בְּחֶזְקַת בְּעוּלָה הִיא אַף עַל פִּי שֶׁנִּמְצֵאת בְּתוּלָה:

ד. כֹּהֵן גָּדוֹל שֶׁנָּשָׂא בּוֹגֶרֶת אוֹ מֻכַּת עֵץ לֹא חִלְּלָהּ. וְכֵן אִם בָּעַל בְּעוּלָה בְּלֹא נִשּׂוּאִין לֹא חִלְּלָהּ:

ה. כֹּהֵן הַבָּא עַל עֶרְוָה מִן הָעֲרָיוֹת חוּץ מִנִּדָּה אוֹ עַל אַחַת מֵחַיָּבֵי לָאוִין הַשָּׁוִין בְּכָל עָשָׂה אוֹתָהּ זוֹנָה כְּמוֹ שֶׁבֵּאַרְנוּ. חָזַר וּבָא עָלֶיהָ בִּיאָה שְׁנִיָּה בֵּין הוּא בֵּין כֹּהֵן אַחֵר נַעֲשֵׂית חֲלָלָה וְזַרְעוֹ מִמֶּנָּה חֲלָלִים. לְפִיכָךְ כֹּהֵן שֶׁבָּא עַל זְקוּקָה לְיָבָם וְנִתְעַבְּרָה מִבִּיאָה רִאשׁוֹנָה הַוָּלָד כָּשֵׁר לְפִי שֶׁאֵינָהּ מֵאִסּוּרֵי כְּהֻנָּה וְנַעֲשֵׂית זוֹנָה. חָזַר וּבָא עָלֶיהָ בִּיאָה שְׁנִיָּה וְנִתְעַבְּרָה וְיָלְדָה הִיא חֲלָלָה וּוְלָדָהּ חָלָל לְפִי שֶׁהוּא מֵאִסּוּרֵי כְּהֻנָּה:

ו. וְכֵן כֹּהֵן הַבָּא עַל הַגִּיֹּרֶת וְהַמְשֻׁחְרֶרֶת חֲלָלָה וְזַרְעוֹ מִמֶּנָּה חֲלָלִים. כֹּהֵן הַבָּא עַל הַנִּדָּה הַוָּלָד כָּשֵׁר וְאֵינוֹ חָלָל שֶׁאֵין אִסּוּר הַנִּדָּה מְיֻחָד בְּכֹהֲנִים אֶלָּא שָׁוֶה בַּכֹּל:

ז. כֹּהֵן שֶׁנָּשָׂא גְּרוּשָׁה מְעֻבֶּרֶת בֵּין מִמֶּנּוּ בֵּין מֵאַחֵר וְיָלְדָה כְּשֶׁהִיא חֲלָלָה הַוָּלָד כָּשֵׁר שֶׁהֲרֵי לֹא בָּא מִטִּפַּת עֲבֵרָה:

ח. כְּבָר בֵּאַרְנוּ שֶׁהַחֲלוּצָה אֲסוּרָה לְכֹהֵן מִדִּבְרֵיהֶם. לְפִיכָךְ כֹּהֵן שֶׁבָּא עַל הַחֲלוּצָה הֲרֵי זוֹ חֲלָלָה וְזַרְעָהּ מִכֹּהֵן חֲלָלִים

וְהַכֹּל מִדִּבְרֵיהֶן. אֲבָל כֹּהֵן שֶׁבָּא עַל אַחַת מֵהַשְּׁנִיּוֹת הִיא כְּשֵׁרָה וְזַרְעוֹ מִמֶּנָּה כְּשֵׁרִים. שֶׁאִסּוּר הַשְּׁנִיּוֹת אָסוּר הַשָּׁוֶה בַּכֹּל הוּא וְאֵינוֹ מְיֻחָד בַּכֹּהֲנִים:

ט. כֹּהֵן שֶׁבָּא עַל סָפֵק זוֹנָה כְּגוֹן סָפֵק גִּיֹּרֶת אוֹ מְשֻׁחְרֶרֶת אוֹ שֶׁבָּא עַל סָפֵק גְּרוּשָׁה. וְכֵן כֹּהֵן גָּדוֹל שֶׁבָּא עַל סָפֵק אַלְמָנָה הֲרֵי זוֹ סָפֵק חֲלָלָה וּוְלָדָהּ סְפֵק חָלָל:

י. נִמְצְאוּ הַחֲלָלִים שְׁלֹשָׁה. חָלָל מִן הַתּוֹרָה. וְחָלָל מִדִּבְרֵיהֶם. וּסְפֵק חָלָל. וְכָל סָפֵק חָלָל נוֹתְנִין עָלָיו חֻמְרֵי כֹּהֲנִים וְחֻמְרֵי יִשְׂרָאֵל. אֵינוֹ אוֹכֵל בִּתְרוּמָה וְלֹא מְטַמֵּא לַמֵּתִים וְנוֹשֵׂא אִשָּׁה הָרְאוּיָה לְכֹהֵן. וְאִם אָכַל אוֹ נִטְמָא אוֹ נָשָׂא גְרוּשָׁה מַכִּין אוֹתוֹ מַכַּת מַרְדּוּת. וְהוּא הַדִּין בְּחָלָל שֶׁל דִּבְרֵיהֶם. אֲבָל חָלָל שֶׁל תּוֹרָה וַדַּאי הֲרֵי הוּא כְּזָר וְנוֹשֵׂא גְּרוּשָׁה וּמִטַּמֵּא לַמֵּתִים שֶׁנֶּאֱמַר (ויקרא כא א) "אֱמֹר אֶל הַכֹּהֲנִים בְּנֵי אַהֲרֹן". אַף עַל פִּי שֶׁהֵם בְּנֵי אַהֲרֹן עַד שֶׁיִּהְיוּ בְּכִהוּנָם:

יא. כֹּהֵן זָכָר שֶׁהוּא אָסוּר לִשָּׂא זוֹנָה וַחֲלָלָה אָסוּר בְּגִיֹּרֶת וּמְשֻׁחְרֶרֶת שֶׁהִיא כְּזוֹנָה כְּמוֹ שֶׁבֵּאַרְנוּ. אֲבָל הַכֹּהֲנוֹת מֻתָּרוֹת לְהִנָּשֵׂא לְחָלָל וּלְגֵר וְלִמְשֻׁחְרָר שֶׁלֹּא הֻזְהֲרוּ כְּשֵׁרוֹת לְהִנָּשֵׂא לִפְסוּלִין שֶׁנֶּאֱמַר (ויקרא כא א) "בְּנֵי אַהֲרֹן" וְלֹא בְּנוֹת אַהֲרֹן. נִמְצָא הַגֵּר מֻתָּר לִשָּׂא מַמְזֶרֶת וְלִשָּׂא כֹּהֶנֶת:

יב. גֵּרִים וּמְשֻׁחְרָרִים שֶׁנָּשְׂאוּ אֵלּוּ מֵאֵלּוּ וְהוֹלִידוּ בַּת אֲפִלּוּ לְאַחַר כַּמָּה דּוֹרוֹת הוֹאִיל וְלֹא נִתְעָרֵב בָּהֶן זֶרַע יִשְׂרָאֵל הֲרֵי אוֹתָהּ הַבַּת אֲסוּרָה לְכֹהֵן. וְאִם נִשֵּׂאת לֹא תֵּצֵא הוֹאִיל וְהוֹרָתָהּ וְלֵדָתָהּ בִּקְדֻשָּׁה. אֲבָל גֵּר אוֹ מְשֻׁחְרָר שֶׁנָּשָׂא בַּת יִשְׂרָאֵל אוֹ יִשְׂרָאֵל שֶׁנָּשָׂא גִּיֹּרֶת אוֹ מְשֻׁחְרֶרֶת בִּתּוֹ כְּשֵׁרָה לִכְהֻנָּה לְכַתְּחִלָּה:

יג. גֵּר עַמּוֹנִי שֶׁנָּשָׂא בַּת יִשְׂרָאֵל וְכֵן מִצְרִי שֵׁנִי שֶׁנָּשָׂא בַּת יִשְׂרָאֵל אַף עַל פִּי שֶׁבִּיאָתָם בַּעֲבֵרָה וַהֲרֵי נְשׁוֹתֵיהֶן זוֹנוֹת כְּמוֹ שֶׁבֵּאַרְנוּ בְּנוֹתֵיהֶם כְּשֵׁרוֹת לִכְהֻנָּה לְכַתְּחִלָּה:

יד. חָלָל שֶׁנָּשָׂא כְּשֵׁרָה זַרְעוֹ מִמֶּנָּה חֲלָלִים. וְכֵן בֶּן בֶּן בְּנוֹ וַאֲפִלּוּ לְאַחַר אֶלֶף דּוֹר. שֶׁבֵּן הֶחָלָל הַזָּכָר הוּא חָלָל לְעוֹלָם. וְאִם הָיְתָה בַּת אֲסוּרָה הִיא לִכְהֻנָּה שֶׁהֲרֵי הִיא חֲלָלָה. אֲבָל יִשְׂרָאֵל שֶׁנָּשָׂא חֲלָלָה הַוָּלָד כָּשֵׁר. לְפִיכָךְ אִם הָיְתָה בַּת הֲרֵי זוֹ תִּנָּשֵׂא לִכְהֻנָּה לְכַתְּחִלָּה:

טו. כֹּהֲנִים וּלְוִיִּם וְיִשְׂרְאֵלִים מֻתָּרִין לָבוֹא זֶה בָּזֶה. וְהַוָּלָד הוֹלֵךְ אַחַר הַזָּכָר. (לְוִיִּם וְיִשְׂרְאֵלִים וַחֲלָלִים מֻתָּרִים לָבוֹא זֶה בָּזֶה וְהַוָּלָד הוֹלֵךְ אַחַר הַזָּכָר). שֶׁנֶּאֱמַר (במדבר א יח) "וַיִּתְיַלְדוּ עַל מִשְׁפְּחֹתָם לְבֵית אֲבֹתָם". בֵּית אָבִיו הִיא מִשְׁפַּחְתּוֹ וְאֵין בֵּית אִמּוֹ מִשְׁפַּחְתּוֹ:

טז. לְוִיִּם וְיִשְׂרְאֵלִים וַחֲלָלִים גֵּרִים וַעֲבָדִים מְשֻׁחְרָרִים מֻתָּרִים לָבוֹא זֶה בָּזֶה. וְהַגֵּר וְהַמְשֻׁחְרָר שֶׁנָּשָׂא לְוִיָּה אוֹ יִשְׂרְאֵלִית אוֹ חֲלָלָה הֲרֵי הַבֵּן יִשְׂרְאֵלִי. וְיִשְׂרְאֵלִי אוֹ לֵוִי אוֹ חָלָל שֶׁנָּשְׂאוּ גִּיֹּרֶת אוֹ מְשֻׁחְרֶרֶת הַוָּלָד הוֹלֵךְ אַחַר הַזָּכָר:

יז. כָּל מִשְׁפָּחוֹת בְּחֶזְקַת כְּשֵׁרוֹת וּמֻתָּר לִשָּׂא מֵהֶן לְכַתְּחִלָּה. וְאַף עַל פִּי כֵן אִם רָאִיתָ שְׁתֵּי מִשְׁפָּחוֹת שֶׁמִּתְגָּרוֹת זוֹ בָּזוֹ תָּמִיד אוֹ רָאִיתָ מִשְׁפָּחָה שֶׁהִיא בַּעֲלַת מַצָּה וּמְרִיבָה תָּמִיד. אוֹ רָאִיתָ אִישׁ שֶׁהוּא מַרְבֶּה מְרִיבָה עִם הַכֹּל וְעַז פָּנִים בְּיוֹתֵר. חוֹשְׁשִׁין לָהֶן וְרָאוּי לְהִתְרַחֵק מֵהֶן שֶׁאֵלּוּ סִימָנֵי פַּסְלוּת הֵם. וְכֵן הַפּוֹסֵל אֶת אֲחֵרִים תָּמִיד. כְּגוֹן שֶׁנּוֹתֵן שֶׁמֶץ בְּמִשְׁפָּחוֹת אוֹ בִּיחִידִים וְאוֹמֵר עֲלֵיהֶן שֶׁהֵן מַמְזֵרִים. חוֹשְׁשִׁין לוֹ שֶׁמָּא מַמְזֵר הוּא. וְאִם אָמַר לָהֶן שֶׁהֵם עֲבָדִים חוֹשְׁשִׁין לוֹ שֶׁמָּא עֶבֶד הוּא. שֶׁכָּל הַפּוֹסֵל בְּמוּמוֹ פּוֹסֵל. וְכֵן כָּל מִי שֶׁיֵּשׁ בּוֹ עַזּוּת פָּנִים אוֹ אַכְזָרִיּוּת וְשׂוֹנֵא אֶת הַבְּרִיּוֹת וְאֵינוֹ גּוֹמֵל לָהֶם חֶסֶד חוֹשְׁשִׁין לוֹ בְּיוֹתֵר שֶׁמָּא גִּבְעוֹנִי הוּא. שֶׁסִּימָנֵי יִשְׂרָאֵל הָאֻמָּה הַקְּדוֹשָׁה בַּיְשָׁנִין רַחֲמָנִים וְגוֹמְלֵי חֲסָדִים. וּבַגִּבְעוֹנִים הוּא אוֹמֵר (שמואל ב כא ב) "וְהַגִּבְעֹנִים לֹא מִבְּנֵי יִשְׂרָאֵל הֵמָּה" לְפִי שֶׁהֵעֵזּוּ פְּנֵיהֶם וְלֹא נִתְפַּיְּסוּ וְלֹא רִחֲמוּ עַל בְּנֵי שָׁאוּל וְלֹא גָּמְלוּ לְיִשְׂרָאֵל חֶסֶד לִמְחל לִבְנֵי מַלְכָּם וְהֵם עָשׂוּ עִמָּהֶם חֶסֶד וְהֶחֱיוּם בַּתְּחִלָּה:

יח. מִשְׁפָּחָה שֶׁקָּרָא עָלֶיהָ עַרְעָר וְהוּא שֶׁיָּעִידוּ שְׁנַיִם שֶׁנִּתְעָרֵב בָּהֶן מַמְזֵר אוֹ חָלָל אוֹ שֶׁיֵּשׁ בָּהֶן עַבְדוּת הֲרֵי זֶה סָפֵק. וְאִם מִשְׁפַּחַת כֹּהֲנִים הִיא לֹא יִשָּׂא מִמֶּנָּה אִשָּׁה עַד שֶׁיִּבְדֹּק עָלֶיהָ אַרְבָּעָה אִמָּהוֹת שֶׁהֵן שְׁמוֹנֶה. אִמָּהּ. וְאֵם אָבִי אִמָּהּ. וְאֵם אֲבִי אִמָּהּ. וְכֵן הוּא בּוֹדֵק עַל אֵם אָבִיהָ. וְאֵם אֵם אָבִיהָ. וְאֵם אֲבִי אָבִיהָ. וְאֵם אֵם אֲבִי אָבִיהָ:

יט. וְאִם הָיְתָה מִשְׁפָּחָה זוֹ שֶׁקָּרָא עָלֶיהָ עַרְעָר לְוִיִּם אוֹ יִשְׂרְאֵלִים. מוֹסִיף לִבְדֹּק לָהֶם זוּג אֶחָד. וְנִמְצָא בּוֹדֵק עֶשֶׂר אִמָּהוֹת. שֶׁהָעֵרוּב בַּלְוִיִּם וְיִשְׂרְאֵלִים יֶתֶר מִן הַכֹּהֲנִים:

כ. וְלָמָּה בּוֹדֵק בַּנָּשִׁים בִּלְבַד. מִפְּנֵי שֶׁהָאֲנָשִׁים כָּל עֵת שֶׁיְּרִיבוּ זֶה עִם זֶה יְחָרֵף אֶת חֲבֵרוֹ בִּפְסוּל שֶׁיֵּשׁ בְּיִחוּסוֹ. וְאִלּוּ הָיָה שָׁם פָּסוּל הָיָה נִשְׁמָע. אֲבָל הַנָּשִׁים אֵין מְחָרְפוֹת בְּיוּחֲסִין:

כא. וְלָמָּה יִבְדֹּק הָאִישׁ כְּשֶׁיִּרְצֶה לִשָּׂא מִמִּשְׁפָּחָה זוֹ שֶׁהָרְעָה חֶזְקָתָהּ וְלֹא תִּבְדֹּק אִשָּׁה שֶׁתִּנָּשֵׂא לָהֶן. מִפְּנֵי שֶׁלֹּא הֻזְהֲרוּ כְּשֵׁרוֹת לְהִנָּשֵׂא לִפְסוּלִין:

כב. כָּל שֶׁקּוֹרִין לוֹ מַמְזֵר וְשׁוֹתֵק. אוֹ נָתִין וְשׁוֹתֵק. אוֹ חָלָל וְשׁוֹתֵק. אוֹ עֶבֶד וְשׁוֹתֵק. חוֹשְׁשִׁין לוֹ וּלְמִשְׁפַּחְתּוֹ וְאֵין נוֹשְׂאִין מֵהֶן אֶלָּא אִם כֵּן בּוֹדְקִין כְּמוֹ שֶׁבֵּאַרְנוּ:

כג. מִשְׁפָּחָה שֶׁנִּתְעָרֵב בָּהּ סְפֵק חָלָל כָּל אַלְמָנָה מֵאוֹתָהּ מִשְׁפָּחָה אֲסוּרָה לְכֹהֵן לְכַתְּחִלָּה. וְאִם נִשֵּׂאת לֹא תֵּצֵא מִפְּנֵי שֶׁהֵן שְׁתֵּי סְפֵקוֹת. שֶׁמָּא זוֹ אַלְמְנַת אוֹתוֹ חָלָל שֶׁמָּא אֵינָהּ אַלְמְנָתוֹ. וְאִם נֹאמַר שֶׁהִיא אַלְמְנָתוֹ שֶׁמָּא חָלָל הוּא שֶׁמָּא אֵינוֹ חָלָל. אֲבָל אִם נִתְעָרֵב בָּהּ חָלָל וַדַּאי כָּל אִשָּׁה מֵהֶן אֲסוּרָה לְכֹהֵן עַד שֶׁיִּבָּדֵק. וְאִם נִשֵּׂאת תֵּצֵא. וְהוּא הַדִּין אִם נִתְעָרֵב בָּהּ סְפֵק מַמְזֵר אוֹ מַמְזֵר וַדַּאי. שֶׁאֵשֶׁת מַמְזֵר וְאֵשֶׁת חָלָל לִכְהֻנָּה אִסּוּר אֶחָד הוּא כְּמוֹ שֶׁבֵּאַרְנוּ:

Perek 20

Lineage of Priests

To establish one's lineage as a Priest, this needs **2** witnesses who can trace lineage back to service on the Temple Altar.

Also, if lineage can be verified as to service in the *Sanhedrin*, this also assures acceptable lineage for Priests, Levites and Israelites.

Nowadays when this proof may not be available we rely on the prevailing public opinion that they are *Kohanim.*

If someone who is not known publicly to be a *Kohen,* says that he is, we do not rely on his statements. There must be at least **1** witness to confirm his statements. When there is doubt about the status of a Priest he would have to keep both stringencies of Priest and Israelite. I.e. may only marry women allowed to Priests and may not partake of *trumah* etc.

פרק כ׳

א. כָּל כֹּהֲנִים בִּזְמַן הַזֶּה בַּחֲזָקָה הֵם כֹּהֲנִים וְאֵין אוֹכְלִין אֶלָּא בְּקָדְשֵׁי הַגְּבוּל. וְהוּא שֶׁתִּהְיֶה תְּרוּמָה שֶׁל דִּבְרֵיהֶם. אֲבָל תְּרוּמָה שֶׁל תּוֹרָה וְחַלָּה שֶׁל תּוֹרָה אֵין אוֹכֵל אוֹתָהּ אֶלָּא כֹּהֵן מְיֻחָס:

ב. אֵי זֶהוּ כֹּהֵן מְיֻחָס כָּל שֶׁהֵעִידוּ לוֹ שְׁנֵי עֵדִים שֶׁהוּא כֹּהֵן בֶּן פְּלוֹנִי הַכֹּהֵן וּפְלוֹנִי בֶּן פְּלוֹנִי הַכֹּהֵן עַד אִישׁ שֶׁאֵינוֹ צָרִיךְ בְּדִיקָה וְהוּא הַכֹּהֵן שֶׁשִּׁמֵּשׁ עַל גַּבֵּי הַמִּזְבֵּחַ. שֶׁאִלּוּ לֹא בָּדְקוּ בֵּית דִּין הַגָּדוֹל אַחֲרָיו לֹא הָיוּ מְנִיחִין אוֹתוֹ לַעֲבֹד. לְפִיכָךְ אֵין בּוֹדְקִין מֵהַמִּזְבֵּחַ וָמַעְלָה וְלֹא מִן הַסַּנְהֶדְרִין וָמַעְלָה. שֶׁאֵין מְמַנִּין בַּסַּנְהֶדְרִין אֶלָּא כֹּהֲנִים לְוִיִּם וְיִשְׂרְאֵלִים מְיֻחָסִין:

ג. חַלָּה בִּזְמַן הַזֶּה וַאֲפִלּוּ בְּאֶרֶץ יִשְׂרָאֵל אֵינָהּ שֶׁל תּוֹרָה שֶׁנֶּאֱמַר (במדבר טו יח) "בְּבֹאֲכֶם אֶל הָאָרֶץ" בְּבִיאַת כֻּלְּכֶם וְלֹא בְּבִיאַת מִקְצַתְכֶם. וּכְשֶׁעָלוּ בִּימֵי עֶזְרָא לֹא עָלוּ כֻּלָּם. וְכֵן תְּרוּמָה בִּזְמַן הַזֶּה שֶׁל דִּבְרֵי סוֹפְרִים וּלְפִיכָךְ אוֹכְלִים אוֹתָהּ הַכֹּהֲנִים שֶׁבִּזְמַנֵּינוּ שֶׁהֵן בַּחֲזָקָה:

ד. מִי שֶׁהֵעִידוּ עָלָיו [שְׁנֵי] עֵדִים שֶׁרָאוּהוּ שֶׁהָיָה אוֹכֵל בִּתְרוּמָה שֶׁל תּוֹרָה הֲרֵי זֶה מְיֻחָס. וְאֵין מַעֲלִין לְיוּחֲסִין לֹא מִנְּשִׂיאַת כַּפַּיִם וְלֹא מִקְּרִיאָה בַּתּוֹרָה רִאשׁוֹן וְלֹא מֵחִלּוּק תְּרוּמָה בְּבֵית הַגְּרָנוֹת וְלֹא עַל פִּי עֵד אֶחָד:

ה. כֹּהֵן מְיֻחָס שֶׁאָמַר בְּנִי זֶה כֹּהֵן הוּא אֵין מַעֲלִין אוֹתוֹ לְיוּחֲסִין עַל פִּיו עַד שֶׁיָּבִיא עֵדִים שֶׁהוּא בְּנוֹ:

ו. כֹּהֵן מְיֻחָס שֶׁיָּצָא הוּא וְאִשְׁתּוֹ שֶׁיָּדַעְנוּ שֶׁהִיא כְּשֵׁרָה לִמְדִינָה אַחֶרֶת וּבָא הוּא וְהִיא וּבָנִים כְּרוּכִין אַחֲרֵיהֶן וְאָמַר אִשָּׁה שֶׁיָּצָאת עִמִּי הִיא זוֹ וְאֵלּוּ בָּנֶיהָ אֵינוֹ צָרִיךְ לְהָבִיא עֵדִים לֹא עַל הָאִשָּׁה וְלֹא עַל הַבָּנִים. מֵתָה וְאֵלּוּ בָּנֶיהָ צָרִיךְ לְהָבִיא עֵדִים שֶׁאֵלּוּ בָּנָיו. וְאֵינוֹ צָרִיךְ לְהָבִיא עֵדִים עַל אִמָּן שֶׁהִיא כְּשֵׁרָה. מִפְּנֵי שֶׁכְּבָר הֻחְזַק שֶׁיָּצְאָה מֵעִמָּנוּ כְּאִשָּׁה כְּשֵׁרָה:

ז. יָצָא כֹּהֵן מְיֻחָס לִמְדִינָה אַחֶרֶת וּבָא הוּא וְאִשְׁתּוֹ וּבָנָיו וְאָמַר אִשָּׁה זוֹ נָשָׂאתִי וְאֵלּוּ בָּנֶיהָ צָרִיךְ לְהָבִיא רְאָיָה שֶׁאִשָּׁה זוֹ כְּשֵׁרָה. וְאֵינוֹ מֵבִיא עֵדִים שֶׁאֵלּוּ בָּנֶיהָ. וְהוּא שֶׁיִּהְיוּ כְּרוּכִין אַחֲרֶיהָ. וְאִם בָּא בִּשְׁתֵּי נָשִׁים וְהֵבִיא רְאָיָה עַל הָאַחַת אַף עַל פִּי שֶׁהַבָּנִים קְטַנִּים וּכְרוּכִין אַחֲרֶיהָ צָרִיךְ לְהָבִיא רְאָיָה עֲלֵיהֶם שֶׁמָּא בָּנָיו מִן הָאַחֶרֶת הֵם וְנִכְרְכוּ אַחַר זוֹ הַמְיֻחֶסֶת:

ח. בָּא הוּא וּבָנָיו וְאָמַר אִשָּׁה נָשָׂאתִי וָמֵתָה וְאֵלּוּ בָּנֶיהָ מֵבִיא עֵדִים שֶׁאוֹתָהּ הָאִשָּׁה כְּשֵׁרָה הָיְתָה וְאֵלּוּ בָּנֶיהָ. וְכַדִּין הַזֶּה דָּנִין בְּיִשְׂרָאֵל מְיֻחָס וּבְלֵוִי מְיֻחָס. וְאַחַר כָּךְ נָעִיד עַל בְּנוֹ זֶה שֶׁהוּא מְיֻחָס כְּדֵי שֶׁיִּהְיֶה רָאוּי לְסַנְהֶדְרִין:

ט. אֵין מַעֲלִין מִשְּׁטָרוֹת לִכְהֻנָּה. כֵּיצַד. הֲרֵי שֶׁהָיָה כָּתוּב

בִּשְׁטָר פְּלוֹנִי כֹּהֵן לָוָה מִפְּלוֹנִי וְהִלְוָהוּ כָּךְ וְכָךְ וְהָעֵדִים מִלְּמַטָּה אֵין מַחֲזִיקִין בָּהֶם כֹּהֵן זֶה שֶׁהוּא מְיֻחָס שֶׁמָּא לֹא הֵעִידוּ אֶלָּא עַל הַמִּלְוֶה. בַּמֶּה דְּבָרִים אֲמוּרִים לְעִנְיַן יִחוּס. אֲבָל לַחֲזָקָה שֶׁיִּהְיֶה כֹּהֵן כְּכֹהֲנֵי זְמַן זֶה וְיֹאכַל תְּרוּמָה וְחַלָּה שֶׁל דִּבְרֵי סוֹפְרִים וּבִשְׁאָר קָדְשֵׁי הַגְּבוּל מַעֲלִין מִן הַשְּׁטָרוֹת וְעַל פִּי עֵד אֶחָד וּמִנְּשִׂיאוּת כַּפַּיִם וּמִקְּרִיאָה בַּתּוֹרָה רִאשׁוֹן:

י. וְכֵן כָּל כֹּהֵן שֶׁאָמַר בְּנִי זֶה כֹּהֵן נֶאֱמָן לְהַאֲכִילוֹ בִּתְרוּמָה וְלִהְיוֹתוֹ בְּחֶזְקַת כֹּהֵן וְאֵינוֹ צָרִיךְ לְהָבִיא רְאָיָה לֹא עַל הַבָּנִים וְלֹא עַל הָאִשָּׁה:

יא. שְׁנַיִם שֶׁבָּאוּ לִמְדִינָה זֶה אוֹמֵר אֲנִי וַחֲבֵרִי כֹּהֵן וְזֶה אוֹמֵר אֲנִי וַחֲבֵרִי כֹּהֵן אַף עַל פִּי שֶׁנִּרְאִין כְּגוֹמְלִין זֶה אֶת זֶה הֲרֵי אֵלּוּ נֶאֱמָנִין וּשְׁנֵיהֶם בְּחֶזְקַת כֹּהֲנִים. וְכֵן עֵד שֶׁאָמַר רָאִיתִי זֶה שֶׁנָּשָׂא כַּפָּיו אוֹ שֶׁאָכַל בִּתְרוּמָה אוֹ שֶׁחָלַק עַל הַגֹּרֶן אוֹ שֶׁקָּרָא בַּתּוֹרָה רִאשׁוֹן וְקָרָא אַחֲרָיו לֵוִי מַחֲזִיקִין אוֹתוֹ בִּכְהֻנָּה עַל פִּיו. וְכֵן אִם הֵעִיד שֶׁזֶּה קָרָא שֵׁנִי בַּתּוֹרָה אַחַר כֹּהֵן מַחֲזִיקִין אוֹתוֹ בִּלְוִיָּה:

יב. הָעֵד שֶׁרָאָה זֶה שֶׁחָלַק עִם אָחִיו בְּבֵית דִּין תְּרוּמָה שֶׁהִנִּיחַ לָהֶן אֲבִיהֶן הַכֹּהֵן אֵין מַעֲלִין אוֹתוֹ לִכְהֻנָּה בְּעֵדוּת זוֹ. שֶׁמָּא חָלָל הוּא וְלָקַח חֵלֶק יְרֻשָּׁתוֹ מִתְּרוּמָה לִמְכִרָה:

יג. מִי שֶׁבָּא בִּזְמַן הַזֶּה וְאָמַר כֹּהֵן אֲנִי אֵינוֹ נֶאֱמָן וְאֵין מַעֲלִין אוֹתוֹ לִכְהֻנָּה עַל פִּי עַצְמוֹ וְלֹא יִקְרָא בַּתּוֹרָה רִאשׁוֹן וְלֹא יִשָּׂא אֶת כַּפָּיו וְלֹא יֹאכַל בְּקָדְשֵׁי הַגְּבוּל עַד שֶׁיִּהְיֶה לוֹ עֵד אֶחָד. אֲבָל אוֹסֵר עַצְמוֹ בִּגְרוּשָׁה וְזוֹנָה וַחֲלָלָה וְאֵינוֹ מִטַּמֵּא לְמֵתִים. וְאִם נָשָׂא אוֹ נִטְמָא לוֹקֶה. וְהַנִּבְעֶלֶת לוֹ סְפֵק חֲלָלָה:

יד. וְאִם הָיָה מֵסִיחַ לְפִי תֻּמּוֹ נֶאֱמָן. כֵּיצַד. מַעֲשֶׂה בְּאֶחָד שֶׁהָיָה מֵסִיחַ לְפִי תֻּמּוֹ וְאָמַר זָכוּר אֲנִי כְּשֶׁהָיִיתִי תִּינוֹק וְהָיִיתִי מֻרְכָּב עַל כְּתֵפוֹ שֶׁל אָבִי הוֹצִיאוּנִי מִבֵּית הַסֵּפֶר וְהִפְשִׁיטוּנִי כֻּתָּנְתִּי וְהִטְבִּילוּנִי לֶאֱכֹל תְּרוּמָה לָעֶרֶב וַחֲבֵרַי בּוֹדְלִין מִמֶּנִּי וְהָיוּ קוֹרְאִין אוֹתִי יוֹחָנָן אוֹכֵל חַלּוֹת וְהֶעֱלָהוּ רַבֵּנוּ הַקָּדוֹשׁ לִכְהֻנָּה עַל פִּי עַצְמוֹ:

טו. נֶאֱמָן גָּדוֹל לוֹמַר זָכוּר אֲנִי כְּשֶׁהָיִיתִי תִּינוֹק וְרָאִיתִי פְּלוֹנִי טוֹבֵל וְאוֹכֵל בִּתְרוּמָה לָעֶרֶב וּמַחֲזִיקִין אוֹתוֹ בִּכְהֻנָּה בְּעֵדוּתוֹ. מִי שֶׁבָּא בִּזְמַן הַזֶּה וְאָמַר כֹּהֵן אֲנִי וְעֵד אֶחָד מֵעִיד לוֹ שֶׁאֲנִי יוֹדֵעַ שֶׁאָבִיו שֶׁל זֶה כֹּהֵן אֵין מַעֲלִין אוֹתוֹ לִכְהֻנָּה בְּעֵדוּת זֶה שֶׁמָּא חָלָל הוּא עַד שֶׁיָּעִיד שֶׁזֶּה כֹּהֵן הוּא. אֲבָל אִם הֻחְזַק אָבִיו כֹּהֵן אוֹ שֶׁבָּאוּ שְׁנַיִם וְהֵעִידוּ שֶׁאָבִיו שֶׁל זֶה כֹּהֵן הֲרֵי הוּא בְּחֶזְקַת אָבִיו:

טז. מִי שֶׁהֻחְזַק אָבִיו כֹּהֵן וְיָצָא עָלָיו קוֹל שֶׁהוּא בֶּן גְּרוּשָׁה אוֹ חֲלוּצָה חוֹשְׁשִׁין לוֹ וּמוֹרִידִין אוֹתוֹ. בָּא עֵד אֶחָד אַחַר כָּךְ וְהֵעִיד שֶׁהוּא כָּשֵׁר מַעֲלִין אוֹתוֹ לִכְהֻנָּה עַל פִּיו. בָּאוּ שְׁנַיִם עֵדִים אַחַר כָּךְ וְהֵעִידוּ שֶׁהוּא חָלָל מוֹרִידִין אוֹתוֹ מִן הַכְּהֻנָּה. בָּא עֵד אֶחָד וְהֵעִיד שֶׁהוּא כָּשֵׁר מַעֲלִין אוֹתוֹ לִכְהֻנָּה שֶׁזֶּה הָאַחֲרוֹן מִצְטָרֵף לְעֵד רִאשׁוֹן וַהֲרֵי שְׁנַיִם מְעִידִין שֶׁהוּא כָּשֵׁר וּשְׁנַיִם מְעִידִים שֶׁהוּא פָּסוּל יִדָּחוּ אֵלּוּ וְאֵלּוּ וְיִדָּחֶה הַקּוֹל שֶׁהַשְּׁנַיִם כְּמֵאָה וְיִשָּׁאֵר כֹּהֵן בְּחֶזְקַת אָבִיו:

יז. אִשָּׁה שֶׁלֹּא שָׁהֲתָה שְׁלֹשָׁה חֳדָשִׁים אַחַר בַּעְלָהּ וְיָלְדָה. וְאֵין יָדוּעַ אִם בֶּן תִּשְׁעָה לָרִאשׁוֹן אוֹ בֶּן שִׁבְעָה לָאַחֲרוֹן וְהָיָה אֶחָד מֵהֶן כֹּהֵן וְהַשֵּׁנִי יִשְׂרָאֵל הֲרֵי זֶה סְפֵק כֹּהֵן. וְכָךְ אִם נִתְעָרֵב וְלַד כֹּהֵן בִּוְלַד יִשְׂרָאֵל וְהִגְדִּילוּ הַתַּעֲרוֹבוֹת כָּל אֶחָד מֵהֶן סְפֵק כֹּהֵן. וְנוֹתְנִין עֲלֵיהֶן חֻמְרֵי יִשְׂרָאֵל וְחֻמְרֵי כֹּהֲנִים. נוֹשְׂאִין נָשִׁים הָרְאוּיוֹת לִכְהֻנָּה וְאֵין מִטַּמְּאִים לְמֵתִים וְלֹא אוֹכְלִין בִּתְרוּמָה. וְאִם נָשְׂאוּ גְּרוּשָׁה מוֹצִיאִין וְאֵינָן לוֹקִין:

יח. שְׁנֵי כֹּהֲנִים שֶׁנִּתְעָרְבוּ וַלְדוֹתֵיהֶם. אוֹ אֵשֶׁת כֹּהֵן שֶׁלֹּא שָׁהֲתָה אַחַר בַּעְלָהּ שְׁלֹשָׁה חֳדָשִׁים וְנִשֵּׂאת לְכֹהֵן אַחֵר וְאֵין יָדוּעַ אִם בֶּן תִּשְׁעָה לָרִאשׁוֹן אוֹ בֶּן שִׁבְעָה לָאַחֲרוֹן. נוֹתְנִין לוֹ עַל הַוָּלָד חֻמְרֵי שְׁנֵיהֶם. הוּא אוֹנֵן עֲלֵיהֶם וְהֵן אוֹנְנִין עָלָיו. הוּא אֵין מִטַּמֵּא לָהֶם וְהֵם אֵינָן מִטַּמְּאִין לוֹ. וְעוֹלֶה בְּמִשְׁמָרוֹ שֶׁל זֶה וְשֶׁל זֶה. וְאֵין חוֹלֵק. וְאִם הָיוּ שְׁנֵיהֶם בְּמִשְׁמָר אֶחָד וּבֵית אָב אֶחָד נוֹטֵל חֵלֶק אֶחָד:

יט. בַּמֶּה דְּבָרִים אֲמוּרִים בִּזְמַן שֶׁהֵן בָּאִין מִכֹּחַ נִשּׂוּאִין. אֲבָל בִּזְנוּת גָּזְרוּ חֲכָמִים שֶׁמְּשַׁתְּקִין אוֹתוֹ מִדִּין כְּהֻנָּה כְּלָל הוֹאִיל וְאֵינוֹ יוֹדֵעַ אָבִיו הַוַּדַּאי שֶׁנֶּאֱמַר (במדבר כה יג) "וְהָיְתָה לּוֹ וּלְזַרְעוֹ אַחֲרָיו" עַד שֶׁיִּהְיֶה זַרְעוֹ מְיֻחָס אַחֲרָיו:

כ. כֵּיצַד. עֲשָׂרָה כֹּהֲנִים שֶׁפֵּרַשׁ אֶחָד מֵהֶם וּבָעַל שֶׁהֲרֵי הַוָּלָד כֹּהֵן וַדַּאי וְאַף עַל פִּי כֵן הוֹאִיל וְאֵינוֹ יוֹדֵעַ אָבִיו שֶׁיִּתְיַחֵס לוֹ מְשַׁתְּקִין אוֹתוֹ מִדִּין כְּהֻנָּה. וְאֵינוֹ עוֹבֵד וְלֹא אוֹכֵל וְלֹא חוֹלֵק. וְאִם נִטְמָא לְמֵתִים אוֹ נָשָׂא גְּרוּשָׁה לוֹקֶה שֶׁאֵין כָּאן סְפֵק הֶתֵּר:

Perek 21

Frivolous Behaviour

Not to act frivolously with women who are forbidden[37].

Laws of how to conduct oneself with one's wife, and women in general.

Previously we have discussed all the forbidden relations.

Here the *Rambam* describes activities which would very likely lead to forbidden relations as *arayot*. Those acts are also Biblically forbidden.

These acts are forbidden when directed towards someone who falls in the category of forbidden relations as *arayot*. Examples are winking, gazing, smelling her perfume, kissing etc. To inspect an unmarried woman for purpose of marriage is allowed.

Also, the above does not apply to one's children i.e. father to daughter, or mother to son.

Lesbian relations are forbidden.

It is forbidden to release sperm wastefully.

A man is free to relate fully with his wife, but it is exemplary conduct to sanctify these acts, because their purpose is to be fruitful and multiply.

Laws are discussed which promote this conduct.

Our sages advised that we should marry off our children soon after they mature.

A person should sell everything he has and marry the daughter of a Torah scholar.

This will ensure that his children are Torah scholars.

Similarly, he should marry his daughter to a Torah scholar, because there is no disgusting behaviour or strife in the home of a Torah scholar.

פרק כ"א

א. כָּל הַבָּא עַל עֶרְוָה מִן הָעֲרָיוֹת דֶּרֶךְ אֵיבָרִים אוֹ שֶׁחִבֵּק וְנִשֵּׁק דֶּרֶךְ תַּאֲוָה וְנֶהֱנָה בְּקֵרוּב בָּשָׂר הֲרֵי זֶה לוֹקֶה מִן הַתּוֹרָה. שֶׁנֶּאֱמַר (ויקרא יח ל) "לְבִלְתִּי עֲשׂוֹת מֵחֻקּוֹת הַתּוֹעֵבֹת" וְגוֹ'. וְנֶאֱמַר (ויקרא יח ו) "לֹא תִקְרְבוּ לְגַלּוֹת עֶרְוָה". כְּלוֹמַר לֹא תִקְרְבוּ לִדְבָרִים הַמְּבִיאִין לִידֵי גִּלּוּי עֶרְוָה:

ב. הָעוֹשֶׂה דָּבָר מֵחֻקּוֹת אֵלּוּ הֲרֵי הוּא חָשׁוּד עַל הָעֲרָיוֹת. וְאָסוּר לָאָדָם לִקְרֹץ בְּיָדָיו וּבְרַגְלָיו אוֹ לִרְמֹז בְּעֵינָיו לְאַחַת מִן הָעֲרָיוֹת אוֹ לִשְׂחֹק עִמָּהּ אוֹ לְהָקֵל רֹאשׁ. וַאֲפִלּוּ לְהָרִיחַ בְּשָׂמִים שֶׁעָלֶיהָ אוֹ לְהַבִּיט בְּיָפְיָהּ אָסוּר. וּמַכִּין לַמִּתְכַּוֵּן לְדָבָר זֶה מַכַּת מַרְדּוּת. וְהַמִּסְתַּכֵּל אֲפִלּוּ בְּאֶצְבַּע קְטַנָּה שֶׁל אִשָּׁה וְנִתְכַּוֵּן לֵהָנוֹת כְּמִי שֶׁנִּסְתַּכֵּל בִּמְקוֹם הַתֹּרֶף. וַאֲפִלּוּ לִשְׁמֹעַ קוֹל הָעֶרְוָה אוֹ לִרְאוֹת שְׂעָרָהּ אָסוּר:

ג. וְהַדְּבָרִים הָאֵלּוּ אֲסוּרִין בְּחַיָּבֵי לָאוִין. וּמֻתָּר לְהִסְתַּכֵּל בִּפְנֵי הַפְּנוּיָה וּלְבָדְקָהּ בֵּין בְּתוּלָה בֵּין בְּעוּלָה כְּדֵי שֶׁיִּרְאֶה אִם הִיא נָאָה בְּעֵינָיו יִשָּׂאֶנָּה וְאֵין בָּזֶה צַד אִסּוּר וְלֹא עוֹד אֶלָּא שֶׁרָאוּי לַעֲשׂוֹת כֵּן. אֲבָל לֹא יִסְתַּכֵּל דֶּרֶךְ זְנוּת. הֲרֵי הוּא אוֹמֵר (איוב לא א) "בְּרִית כָּרַתִּי לְעֵינַי וּמָה אֶתְבּוֹנֵן עַל בְּתוּלָה":

ד. וּמֻתָּר לָאָדָם לְהַבִּיט בְּאִשְׁתּוֹ כְּשֶׁהִיא נִדָּה וְאַף עַל פִּי שֶׁהִיא עֶרְוָה. וְאַף עַל פִּי שֶׁיֵּשׁ לוֹ הֲנָאַת לֵב מִמֶּנָּה בִּרְאִיָּה הוֹאִיל וְהִיא מֻתֶּרֶת לוֹ לְאַחַר זְמַן אֵינוֹ בָּא בָּזֶה לִדְבַר מִכְשׁוֹל. אֲבָל לֹא יִשְׂחֹק וְלֹא יָקֵל רֹאשׁ עִמָּהּ שֶׁמָּא יַרְגִּיל לַעֲבֵרָה:

ה. אָסוּר לְהִשְׁתַּמֵּשׁ בְּאִשָּׁה כְּלָל בֵּין גְּדוֹלָה בֵּין קְטַנָּה בֵּין שִׁפְחָה בֵּין מְשֻׁחְרֶרֶת שֶׁמָּא יָבוֹא לִידֵי הִרְהוּר. בְּאֵי זֶה שִׁמּוּשׁ אָמְרוּ רְחִיצַת פָּנָיו יָדָיו וְרַגְלָיו וְהַצָּעַת מִטָּה לְפָנָיו וּמְזִיגַת הַכּוֹס. שֶׁאֵין עוֹשָׂה לְאִישׁ דְּבָרִים אֵלּוּ אֶלָּא אִשְׁתּוֹ בִּלְבַד. וְאֵין שׁוֹאֲלִין בִּשְׁלוֹם אִשָּׁה כְּלָל וַאֲפִלּוּ עַל יְדֵי שָׁלִיחַ:

ו. הַמְחַבֵּק אַחַת מִן הָעֲרָיוֹת שֶׁאֵין לִבּוֹ שֶׁל אָדָם נוֹקְפוֹ עֲלֵיהֶן אוֹ שֶׁנִּשֵּׁק לְאַחַת מֵהֶן כְּגוֹן אֲחוֹתוֹ הַגְּדוֹלָה וַאֲחוֹת אִמּוֹ וְכַיּוֹצֵא בָּהֶן אַף עַל פִּי שֶׁאֵין שָׁם תַּאֲוָה וְלֹא הֲנָאָה

כְּלָל הֲרֵי זֶה מְגֻנֶּה בְּיוֹתֵר וְדָבָר אָסוּר הוּא וּמַעֲשֵׂה טִפְּשִׁים הוּא. שֶׁאֵין קְרֵבִין לְעֶרְוָה כְּלָל בֵּין גְּדוֹלָה בֵּין קְטַנָּה חוּץ מֵהָאֵם לִבְנָהּ וְהָאָב לְבִתּוֹ:

ז. כֵּיצַד. מֻתָּר הָאָב לְחַבֵּק בִּתּוֹ וּלְנַשְּׁקָהּ וְתִישַׁן עִמּוֹ בְּקֵרוּב בָּשָׂר. וְכֵן הָאֵם עִם בְּנָהּ כָּל זְמַן שֶׁהֵם קְטַנִּים. הִגְדִּילוּ וְנַעֲשָׂה הַבֵּן גָּדוֹל וְהַבַּת גְּדוֹלָה עַד שֶׁיִּהְיוּ שָׁדַיִם נָכֹנוּ וּשְׂעָרֵךְ צִמֵּחַ זֶה יָשֵׁן בִּכְסוּתוֹ וְהִיא יְשֵׁנָה בִּכְסוּתָהּ. וְאִם הָיְתָה הַבַּת בּוֹשָׁה לַעֲמֹד לִפְנֵי אָבִיהָ עֲרֻמָּה אוֹ שֶׁנִּשֵּׂאת. וְכֵן אִם הָאֵם בּוֹשָׁה לַעֲמֹד בִּפְנֵי בְּנָהּ עֲרֻמָּה וְאַף עַל פִּי שֶׁהֵן קְטַנִּים מִשֶּׁהִגִּיעוּ לְהִכָּלֵם מֵהֶן אֵין יְשֵׁנִים עִמָּהֶם אֶלָּא בִּכְסוּתָן:

ח. נָשִׁים הַמְסוֹלְלוֹת זוֹ בָּזוֹ אָסוּר וּמִמַּעֲשֵׂה מִצְרַיִם הוּא שֶׁהֻזְהַרְנוּ עָלָיו שֶׁנֶּאֱמַר (ויקרא יח ג) "כְּמַעֲשֵׂה אֶרֶץ מִצְרַיִם לֹא תַעֲשׂוּ". אָמְרוּ חֲכָמִים מֶה הָיוּ עוֹשִׂים אִישׁ נוֹשֵׂא אִישׁ וְאִשָּׁה נוֹשֵׂא אִשָּׁה. וְאִשָּׁה נִשֵּׂאת לִשְׁנֵי אֲנָשִׁים. אַף עַל פִּי שֶׁמַּעֲשֶׂה זֶה אָסוּר אֵין מַלְקִין עָלָיו. שֶׁאֵין לוֹ לָאו מְיֻחָד וַהֲרֵי אֵין שָׁם בִּיאָה כְּלָל. לְפִיכָךְ אֵין נֶאֱסָרוֹת לִכְהֻנָּה מִשּׁוּם זְנוּת וְלֹא תֵּאָסֵר אִשָּׁה עַל בַּעְלָהּ בָּזֶה שֶׁאֵין כָּאן זְנוּת. וְרָאוּי לְהַכּוֹתָן מַכַּת מַרְדּוּת הוֹאִיל וְעָשׂוּ אִסּוּר. וְיֵשׁ לָאִישׁ לְהַקְפִּיד עַל אִשְׁתּוֹ מִדָּבָר זֶה וּמוֹנֵעַ הַנָּשִׁים הַיְדוּעוֹת בְּכָךְ מִלְּהִכָּנֵס לָהּ וּמִלָּצֵאת הִיא אֲלֵיהֶן:

ט. אִשְׁתּוֹ שֶׁל אָדָם מֻתֶּרֶת הִיא לוֹ. לְפִיכָךְ כָּל מַה שֶּׁאָדָם רוֹצֶה לַעֲשׂוֹת בְּאִשְׁתּוֹ עוֹשֶׂה. בּוֹעֵל בְּכָל עֵת שֶׁיִּרְצֶה וּמְנַשֵּׁק בְּכָל אֵיבָר וְאֵיבָר שֶׁיִּרְצֶה. [וּבָא עָלֶיהָ כְּדַרְכָּהּ וְשֶׁלֹּא כְּדַרְכָּהּ] וּבִלְבַד שֶׁלֹּא יוֹצִיא שִׁכְבַת זֶרַע לְבַטָּלָה. וְאַף עַל פִּי כֵן מִדַּת חֲסִידוּת שֶׁלֹּא יָקֵל אָדָם אֶת רֹאשׁוֹ לְכָךְ. וְשֶׁיְּקַדֵּשׁ עַצְמוֹ בִּשְׁעַת תַּשְׁמִישׁ כְּמוֹ שֶׁבֵּאַרְנוּ בְּהִלְכוֹת דֵּעוֹת. וְלֹא יָסוּר מִדֶּרֶךְ הָעוֹלָם וּמִנְהָגוֹ שֶׁאֵין דָּבָר זֶה אֶלָּא כְּדֵי לִפְרוֹת וְלִרְבּוֹת:

י. אָסוּר לְאָדָם לְשַׁמֵּשׁ מִטָּתוֹ לְאוֹר הַנֵּר. הֲרֵי שֶׁהָיְתָה שַׁבָּת וְלֹא הָיָה לוֹ בַּיִת אַחֵר וְהָיָה הַנֵּר דָּלוּק הֲרֵי זֶה לֹא יְשַׁמֵּשׁ כְּלָל. וְכֵן אָסוּר לְיִשְׂרְאֵלִי לְשַׁמֵּשׁ מִטָּתוֹ בַּיּוֹם. שֶׁעַזּוּת פָּנִים הִיא לוֹ. וְאִם הָיָה תַּלְמִיד חָכָם שֶׁאֵינוֹ בָּא לְהִמָּשֵׁךְ בְּכָךְ הֲרֵי זֶה מַאֲפִיל בְּטַלִּיתוֹ וּמְשַׁמֵּשׁ. וְאֵין נִזְקָקִין לְדָבָר זֶה אֶלָּא מִפְּנֵי צֹרֶךְ גָּדוֹל . וְדֶרֶךְ קְדֻשָּׁה לְשַׁמֵּשׁ בְּאֶמְצַע הַלַּיְלָה:

יא. אֵין דַּעַת חֲכָמִים נוֹחָה לְמִי שֶׁהוּא מַרְבֶּה בְּתַשְׁמִישׁ הַמִּטָּה וְיִהְיֶה מָצוּי אֵצֶל אִשְׁתּוֹ כְּתַרְנְגוֹל. וּפָגוּם הוּא עַד מְאֹד וּמַעֲשֵׂה בּוּרִים הוּא. אֶלָּא כָּל הַמְמַעֵט בְּתַשְׁמִישׁ הֲרֵי זֶה מְשֻׁבָּח. וְהוּא שֶׁלֹּא יְבַטֵּל עוֹנָה [אֶלָּא] מִדַּעַת אִשְׁתּוֹ. וְלֹא תִּקְּנוּ בָּרִאשׁוֹנָה לְבַעֲלֵי קְרָיִין שֶׁלֹּא יִקְרְאוּ בַּתּוֹרָה עַד שֶׁיִּטְבְּלוּ אֶלָּא כְּדֵי לְמַעֵט בְּתַשְׁמִישׁ הַמִּטָּה:

יב. וְכֵן אָסְרוּ חֲכָמִים שֶׁלֹּא יְשַׁמֵּשׁ אָדָם מִטָּתוֹ וְלִבּוֹ מְחַשֵּׁב בְּאִשָּׁה אַחֶרֶת. וְלֹא יִבְעֹל מִתּוֹךְ שִׁכְרוּת וְלֹא מִתּוֹךְ מְרִיבָה וְלֹא מִתּוֹךְ שִׂנְאָה וְלֹא יָבוֹא עָלֶיהָ עַל כָּרְחָהּ וְהִיא יְרֵאָה מִמֶּנּוּ. וְלֹא כְּשֶׁיִּהְיֶה אֶחָד מֵהֶן מְנֻדֶּה. וְלֹא יָבוֹא עָלֶיהָ אַחַר שֶׁגָּמַר בְּלִבּוֹ לְגָרְשָׁהּ. וְאִם עָשָׂה כֵּן הַבָּנִים אֵינָן הֲגוּנִים אֶלָּא מֵהֶן עַזֵּי פָּנִים וּמֵהֶן מוֹרְדִים וּפוֹשְׁעִים:

יג. וְכֵן אָמְרוּ חֲכָמִים שֶׁכָּל אִשָּׁה חֲצוּפָה שֶׁהִיא תּוֹבַעַת תַּשְׁמִישׁ הַמִּטָּה בְּפִיהָ. אוֹ הַמְפַתֶּה אִשָּׁה לְשֵׁם נִשּׂוּאִין. אוֹ הַמִּתְכַּוֵּן לָבוֹא עַל רָחֵל אִשְׁתּוֹ וּבָא עַל לֵאָה אִשְׁתּוֹ. וּמִי שֶׁלֹּא שָׁהֲתָה אַחַר מִיתַת בַּעְלָהּ שְׁלֹשָׁה חֳדָשִׁים וַהֲרֵי הַבֵּן סָפֵק. כָּל אֵלּוּ הַבָּנִים הַיִּלּוֹדִים מֵהֶם הֵם הַמּוֹרְדִים וְהַפּוֹשְׁעִים שֶׁיִּסּוּרֵי הַגָּלוּת בּוֹרְרִין אוֹתָן:

יד. וְאָסוּר לְאָדָם לָבֹא עַל אִשְׁתּוֹ בַּשְּׁוָקִים וּבָרְחוֹבוֹת אוֹ בַּגַּנּוֹת וּבַפַּרְדֵּסִין אֶלָּא בְּבֵית דִּירָה. שֶׁלֹּא יֵרָאֶה כִּזְנוּת וְיֵרָגְלוּ עַצְמָם לִידֵי זְנוּת. וְהַבּוֹעֵל אֶת אִשְׁתּוֹ בִּמְקוֹמוֹת אֵלּוּ מַכִּין אוֹתוֹ מַכַּת מַרְדּוּת. וְכֵן הַמְקַדֵּשׁ בְּבִיאָה וְהַמְקַדֵּשׁ בַּשּׁוּק וְהַמְקַדֵּשׁ בְּלֹא שִׁדּוּךְ מַכִּין אוֹתוֹ מַכַּת מַרְדּוּת:

טו. וְאַכְסְנַאי אָסוּר בְּתַשְׁמִישׁ הַמִּטָּה עַד שֶׁיַּחֲזֹר לְבֵיתוֹ. וְכֵן אָסְרוּ חֲכָמִים עַל הָאִישׁ שֶׁיָּדוּר בְּבֵית חָמִיו שֶׁזּוֹ עַזּוּת פָּנִים הִיא. וְלֹא יִכָּנֵס עִמּוֹ לַמֶּרְחָץ:

טז. וְלֹא יִכָּנֵס אָדָם עִם אָבִיו לַמֶּרְחָץ. וְלֹא עִם בַּעַל אֲחוֹתוֹ. וְלֹא עִם תַּלְמִידוֹ. וְאִם הָיָה צָרִיךְ לְתַלְמִידוֹ מֻתָּר. וְיֵשׁ מְקוֹמוֹת שֶׁנָּהֲגוּ שֶׁלֹּא יִכָּנְסוּ שְׁנֵי אַחִים כְּאֶחָד לַמֶּרְחָץ:

יז. לֹא יְהַלְּכוּ בְּנוֹת יִשְׂרָאֵל פְּרוּעֵי רֹאשׁ בַּשּׁוּק. אַחַת פְּנוּיָה וְאַחַת אֵשֶׁת אִישׁ. וְלֹא תֵּלֵךְ אִשָּׁה בַּשּׁוּק וּבְנָהּ אַחֲרֶיהָ גְּזֵרָה שֶׁמָּא יִתָּפֵשׂ בְּנָהּ וְתֵלֵךְ אַחֲרָיו לְהַחֲזִירוֹ וְיִתְעַלְּלוּ בָּהּ הָרְשָׁעִים שֶׁתְּפָסוּהוּ דֶּרֶךְ שְׂחוֹק:

יח. אָסוּר לְהוֹצִיא שִׁכְבַת זֶרַע לְבַטָּלָה. לְפִיכָךְ לֹא יִהְיֶה אָדָם דָּשׁ מִבִּפְנִים וְזוֹרֶה מִבַּחוּץ. וְלֹא יִשָּׂא קְטַנָּה שֶׁאֵינָהּ רְאוּיָה לֵילֵד. אֲבָל אֵלּוּ שֶׁמְּנָאֲפִין בַּיָּד וּמוֹצִיאִין שִׁכְבַת זֶרַע לֹא דַּי לָהֶם שֶׁאִסּוּר גָּדוֹל הוּא אֶלָּא שֶׁהָעוֹשֶׂה זֶה בְּנִדּוּי הוּא יוֹשֵׁב וַעֲלֵיהֶם נֶאֱמַר (ישעיה א טו) "יְדֵיכֶם דָּמִים מָלֵאוּ" וּכְאִלּוּ הָרַג הַנֶּפֶשׁ:

יט. וְכֵן אָסוּר לְאָדָם שֶׁיַּקְשֶׁה עַצְמוֹ לְדַעַת אוֹ יָבִיא עַצְמוֹ לִידֵי הִרְהוּר. אֶלָּא אִם יָבוֹא לוֹ הִרְהוּר יַסִּיעַ לִבּוֹ מִדִּבְרֵי

הַבַּאי (וְהַשְׁחָתָה) לְדִבְרֵי תּוֹרָה. שֶׁהִיא (משלי ה יט) "אַיֶּלֶת אֲהָבִים וְיַעֲלַת חֵן". לְפִיכָךְ אָסוּר לְאָדָם לִישֹׁן עַל עָרְפּוֹ וּפָנָיו לְמַעְלָה עַד שֶׁיִּטֶּה מְעַט כְּדֵי שֶׁלֹּא יָבוֹא לִידֵי קִשּׁוּי:

כ. וְלֹא יִסְתַּכֵּל בִּבְהֵמָה וּבְחַיָּה וְעוֹף בְּשָׁעָה שֶׁמִּזְדַּקְּקִין זָכָר לִנְקֵבָה. וּמֻתָּר לְמַרְבִּיעֵי בְּהֵמָה לְהַכְנִיס כְּמִכְחוֹל בִּשְׁפוֹפֶרֶת מִפְּנֵי שֶׁהֵן עֲסוּקִין בִּמְלַאכְתָּן לֹא יָבוֹאוּ לִידֵי הִרְהוּר:

כא. וְכֵן אָסוּר לְאָדָם לְהִסְתַּכֵּל בְּנָשִׁים בְּשָׁעָה שֶׁהֵן עוֹמְדוֹת עַל הַכְּבִיסָה. אֲפִלּוּ לְהִסְתַּכֵּל בְּבִגְדֵי צֶמֶר שֶׁל אִשָּׁה שֶׁהוּא מַכִּירָהּ אָסוּר. שֶׁלֹּא יָבוֹא לִידֵי הִרְהוּר:

כב. מִי שֶׁפָּגַע בְּאִשָּׁה בַּשּׁוּק אָסוּר לוֹ לְהַלֵּךְ אַחֲרֶיהָ אֶלָּא רָץ וּמְסַלְּקָהּ לַצְּדָדִין אוֹ לְאַחֲרָיו. וְכָל הַמְהַלֵּךְ בַּשּׁוּק אַחֲרֵי אִשָּׁה הֲרֵי זֶה מִקַּלֵּי עַמֵּי הָאָרֶץ. וְאָסוּר לַעֲבֹר עַל פֶּתַח אִשָּׁה זוֹנָה עַד שֶׁיַּרְחִיק אַרְבַּע אַמּוֹת שֶׁנֶּאֱמַר (משלי ה ח) "וְאַל תִּקְרַב אֶל פֶּתַח בֵּיתָהּ":

כג. וְאָסוּר לְאָדָם שֶׁאֵינוֹ נָשׂוּי לִשְׁלֹחַ יָדוֹ בִּמְבוּשָׁיו שֶׁלֹּא יָבוֹא לִידֵי הִרְהוּר. וַאֲפִלּוּ מִתַּחַת טַבּוּרוֹ לֹא יַכְנִיס יָדוֹ שֶׁמָּא יָבוֹא לִידֵי הִרְהוּר. וְאִם הִשְׁתִּין מַיִם לֹא יֶאֱחֹז בָּאַמָּה וְיַשְׁתִּין. וְאִם הָיָה נָשׂוּי מֻתָּר. וּבֵין נָשׂוּי וּבֵין שֶׁאֵינוֹ נָשׂוּי לֹא יוֹשִׁיט יָדוֹ לָאַמָּה כְּלָל אֶלָּא בְּשָׁעָה שֶׁהוּא צָרִיךְ לִנְקָבָיו:

כד. חֲסִידִים הָרִאשׁוֹנִים וּגְדוֹלֵי הַחֲכָמִים הִתְפָּאֵר אֶחָד מֵהֶם שֶׁמֵּעוֹלָם לֹא נִסְתַּכֵּל בַּמִּילָה שֶׁלּוֹ. וּמֵהֶן מִי שֶׁהִתְפָּאֵר שֶׁלֹּא הִתְבּוֹנֵן מֵעוֹלָם בְּצוּרַת אִשְׁתּוֹ. מִפְּנֵי שֶׁלִּבּוֹ פּוֹנֶה מִדִּבְרֵי הַבַּאי לְדִבְרֵי הָאֱמֶת שֶׁהֵן אוֹחֲזוֹת לְבַב הַקְּדוֹשִׁים:

כה. מִצְוַת חֲכָמִים שֶׁיַּשִּׂיא אָדָם בָּנָיו וּבְנוֹתָיו סָמוּךְ לְפִרְקָן. שֶׁאִם יַנִּיחָן יָבוֹאוּ לִידֵי זְנוּת אוֹ לִידֵי הִרְהוּר. וְעַל זֶה נֶאֱמַר (איוב ה כד) "וּפָקַדְתָּ נָוְךָ וְלֹא תֶחֱטָא". וְאָסוּר לְהַשִּׂיא אִשָּׁה לְקָטָן שֶׁזֶּה כְּמוֹ זְנוּת הִיא:

כו. וְאֵין הָאִישׁ רַשַּׁאי לֵישֵׁב בְּלֹא אִשָּׁה. וְלֹא יִשָּׂא עֲקָרָה וּזְקֵנָה שֶׁאֵינָהּ רְאוּיָה לֵילֵד. וּרְשׁוּת לְאִשָּׁה שֶׁלֹּא תִּנָּשֵׂא לְעוֹלָם אוֹ תִּנָּשֵׂא לְסָרִיס. וְלֹא יִשָּׂא בָּחוּר זְקֵנָה וְלֹא יִשָּׂא זָקֵן יַלְדָּה שֶׁדָּבָר זֶה גּוֹרֵם לִזְנוּת:

כז. וְכֵן מִי שֶׁגֵּרֵשׁ אֶת אִשְׁתּוֹ מִן הַנִּשּׂוּאִין לֹא תָּדוּר עִמּוֹ בְּחָצֵר שֶׁמָּא יָבוֹאוּ לִידֵי זְנוּת. וְאִם הָיָה כֹּהֵן לֹא תָּדוּר עִמּוֹ בְּמָבוֹי. וּכְפָר קָטָן נִדּוֹן כְּמָבוֹי. הָיָה לָהּ מִלְוֶה אֶצְלוֹ עוֹשָׂה שָׁלִיחַ לְתָבְעוֹ. וּגְרוּשָׁה שֶׁבָּאָה עִם הַמְגָרֵשׁ לַדִּין מְנַדִּין אוֹתָן אוֹ מַכִּין אוֹתָן מַכַּת מַרְדּוּת. וְאִם נִתְגָּרְשָׁה מִן הָאֵרוּסִין מֻתֶּרֶת לְתָבְעוֹ בַּדִּין וְלָדוּר עִמּוֹ. וְאִם הָיָה לִבּוֹ גַּס בָּהּ אַף מִן הָאֵרוּסִין אָסוּר. וּמִי נִדְחֶה מִפְּנֵי מִי הִיא נִדְחֵת מִפָּנָיו. וְאִם הָיְתָה הֶחָצֵר שֶׁלָּהּ הוּא יִדָּחֶה מִפָּנֶיהָ:

כח. אָסוּר לְאָדָם לִשָּׂא אִשָּׁה וְדַעְתּוֹ לְגָרְשָׁהּ שֶׁנֶּאֱמַר (משלי ג כט) "אַל תַּחֲרשׁ עַל רֵעֲךָ רָעָה וְהוּא יוֹשֵׁב לָבֶטַח אִתָּךְ". וְאִם הוֹדִיעָהּ בַּתְּחִלָּה שֶׁהוּא נוֹשֵׂא אוֹתָהּ לְיָמִים מֻתָּר:

כט. וְלֹא יִשָּׂא אָדָם אִשָּׁה בִּמְדִינָה זוֹ וְאִשָּׁה בִּמְדִינָה אַחֶרֶת שֶׁמָּא יַאֲרִיכוּ הַיָּמִים וְנִמְצָא אָח נוֹשֵׂא אֲחוֹתוֹ וַאֲחוֹת אִמּוֹ וַאֲחוֹת אָבִיו וְכַיּוֹצֵא בָּהֶן וְאֵינוֹ יָדוּעַ. וְאִם הָיָה אָדָם גָּדוֹל שֶׁשְּׁמוֹ יָדוּעַ וַהֲרֵי זַרְעוֹ מְפֻרְסָמִין וִידוּעִין הֲרֵי זֶה מֻתָּר:

ל. לֹא יִשָּׂא אָדָם אִשָּׁה מִמִּשְׁפַּחַת מְצֹרָעִים וְלֹא מִמִּשְׁפַּחַת נִכְפִּין. וְהוּא שֶׁהֻחְזְקוּ שְׁלֹשָׁה פְּעָמִים שֶׁיָּבוֹאוּ בְּנֵיהֶם כָּךְ:

לא. אִשָּׁה שֶׁנִּשֵּׂאת לִשְׁנֵי אֲנָשִׁים וָמֵתוּ. לִשְׁלִישִׁי לֹא תִּנָּשֵׂא וְאִם נִשֵּׂאת לֹא תֵּצֵא. וַאֲפִלּוּ נִתְקַדְּשָׁה יִכְנֹס. וְלֹא יִשָּׂא יִשְׂרָאֵל עַם הָאָרֶץ כֹּהֶנֶת שֶׁזֶּה כְּמוֹ חִלּוּל לְזַרְעוֹ שֶׁל אַהֲרֹן. וְאִם נָשָׂא אָמְרוּ חֲכָמִים אֵין זִוּוּגָן עוֹלֶה יָפֶה אֶלָּא מֵת בְּלֹא בָּנִים אוֹ מֵת הוּא אוֹ הִיא בִּמְהֵרָה אוֹ קְטָטָה תִּהְיֶה בֵּינֵיהֶם. אֲבָל תַּלְמִיד חָכָם שֶׁנָּשָׂא כֹּהֶנֶת הֲרֵי זֶה נָאֶה וּמְשֻׁבָּח. הֲרֵי תּוֹרָה וּכְהֻנָּה כְּאֶחָד:

לב. לֹא יִשָּׂא אָדָם בַּת עַמֵּי הָאָרֶץ שֶׁאִם מֵת אוֹ גּוֹלֶה בָּנָיו עַמֵּי הָאָרֶץ יִהְיוּ שֶׁאֵין אִמָּן יוֹדַעַת כֶּתֶר הַתּוֹרָה. וְלֹא יַשִּׂיא בִּתּוֹ לְעַם הָאָרֶץ שֶׁכָּל הַנּוֹתֵן בִּתּוֹ לְעַם הָאָרֶץ כְּמִי שֶׁכְּפָתָהּ וּנְתָנָהּ לִפְנֵי הָאֲרִי מַכֶּה וּבוֹעֵל וְאֵין לוֹ בֹּשֶׁת פָּנִים. וּלְעוֹלָם יִמְכֹּר אָדָם כָּל מַה שֶּׁיֵּשׁ לוֹ וְיִשָּׂא בַּת תַּלְמִיד חָכָם שֶׁאִם מֵת אוֹ גּוֹלֶה בָּנָיו תַּלְמִידֵי חֲכָמִים. וְכֵן יַשִּׂיא בִּתּוֹ לְתַלְמִיד חָכָם שֶׁאֵין דָּבָר מְגֻנֶּה וְלֹא מְרִיבָה בְּבֵיתוֹ שֶׁל תַּלְמִיד חָכָם:

Perek 22

Yichud.

Mipi Hakabalah: It is forbidden to enter into privacy (*yichud*) with any of the women forbidden as *arayot*.

Exceptions are mother with son, father with daughter, and husband with *nidah* wife.

David and his Court extended prohibition to include also not entering into privacy with an unmarried woman.

Shamai and Hillel decreed also not to enter into privacy with a gentile woman.

If there are more than two people it will depend on trustworthiness i.e.

- Jewish husband and his wife plus someone else are trusted.
- Gentile husband and his wife plus someone else are not trusted.

(A Gentile's wife will not guard him against sinning.)

Gentiles are also suspected of homo-sexual relations and relations with animals.

One woman and many men, or one man and many women are not trusted.

A young child who would not engage in relations is trusted to disclose what he or she sees. Similarly, two women who hate each other are trusted to disclose any untoward acts.

If a man and woman are alone in a room together with the door left open to public, this is allowed. Etc.

There is nothing more difficult in the entire Torah than separation from sexual misconduct.

Therefore, a person must battle with his natural inclination in these matters, and also train himself to increase in holiness for protection.

He should be very careful not to put himself into a situation of *yichud* (privacy) with women, which is a great cause of these temptations.

Similarly, a person should distance himself from joking, drunkenness, and flirting which are also great initiators towards sexual misconduct.

A man should not live without a wife.

And a person should always turn himself and his thoughts to words of Torah and expand his knowledge, because the 'breeding ground' for thoughts about forbidden sexual acts is in a heart devoid of wisdom.

This is not so when we are obsessed with the love of Torah.

פרק כ״ב

א. אָסוּר לְהִתְיַחֵד עִם עֶרְוָה מִן הָעֲרָיוֹת בֵּין זְקֵנָה בֵּין יַלְדָּה שֶׁדָּבָר זֶה גּוֹרֵם לְגַלּוֹת עֶרְוָה. חוּץ מֵהָאֵם עִם בְּנָהּ וְהָאָב עִם בִּתּוֹ וְהַבַּעַל עִם אִשְׁתּוֹ נִדָּה. וְחָתָן שֶׁפֵּרְסָה אִשְׁתּוֹ נִדָּה קֹדֶם שֶׁיִּבְעֹל אָסוּר לְהִתְיַחֵד עִמָּהּ אֶלָּא הִיא יְשֵׁנָה בֵּין הַנָּשִׁים וְהוּא יָשֵׁן בֵּין הָאֲנָשִׁים. וְאִם בָּא עָלֶיהָ בִּיאָה רִאשׁוֹנָה וְאַחַר כָּךְ נִטְמֵאת מֻתָּר לְהִתְיַחֵד עִמָּהּ:

ב. לֹא נֶחְשְׁדוּ יִשְׂרָאֵל עַל מִשְׁכַּב זָכוּר וְעַל הַבְּהֵמָה. לְפִיכָךְ אֵין אָסוּר לְהִתְיַחֵד עִמָּהֶן. וְאִם נִתְרַחֵק אֲפִלּוּ מִיִּחוּד זָכוּר וּבְהֵמָה הֲרֵי זֶה מְשֻׁבָּח. וּגְדוֹלֵי הַחֲכָמִים הָיוּ מַרְחִיקִין הַבְּהֵמָה כְּדֵי שֶׁלֹּא יִתְיַחֲדוּ עִמָּהּ. וְאִסּוּר יִחוּד הָעֲרָיוֹת מִפִּי הַקַּבָּלָה:

ג. כְּשֶׁאֵרַע מַעֲשֵׂה אַמְנוֹן וְתָמָר גָּזַר דָּוִד וּבֵית דִּינוֹ עַל יִחוּד פְּנוּיָה. וְאַף עַל פִּי שֶׁאֵינָהּ עֶרְוָה בִּכְלַל יִחוּד עֲרָיוֹת הִיא. וְשַׁמַּאי וְהִלֵּל גָּזְרוּ עַל יִחוּד כּוּתִית. נִמְצָא כָּל הַמִּתְיַחֵד עִם אִשָּׁה שֶׁאָסוּר לְהִתְיַחֵד עִמָּהּ בֵּין יִשְׂרְאֵלִית בֵּין כּוּתִית מַכִּין אֶת שְׁנֵיהֶן מַכַּת מַרְדּוּת הָאִישׁ וְהָאִשָּׁה. וּמַכְרִיזִין עֲלֵיהֶן. חוּץ מֵאֵשֶׁת אִישׁ שֶׁאַף עַל פִּי שֶׁאָסוּר לְהִתְיַחֵד עִמָּהּ אִם נִתְיַחֵד אֵין לוֹקִין. שֶׁלֹּא לְהוֹצִיא לַעַז עָלֶיהָ שֶׁזִּנְּתָה וְנִמְצְאוּ מוֹצִיאִין לַעַז עַל הַבָּנִים שֶׁהֵן מַמְזֵרִים:

ד. כָּל אִשָּׁה שֶׁאָסוּר לְהִתְיַחֵד עִמָּהּ אִם הָיְתָה אִשְׁתּוֹ עִמּוֹ הֲרֵי זוֹ מֻתֶּרֶת לְהִתְיַחֵד מִפְּנֵי שֶׁאִשְׁתּוֹ מְשַׁמַּרְתּוֹ. אֲבָל לֹא תִּתְיַחֵד יִשְׂרְאֵלִית עִם הַכּוּתִי וְאַף עַל פִּי שֶׁאִשְׁתּוֹ עִמּוֹ שֶׁאֵין אִשְׁתּוֹ שֶׁל כּוּתִי מְשַׁמַּרְתּוֹ וְאֵין לָהֶן בּוֹשָׁה:

ה. וְכֵן אֵין מוֹסְרִין תִּינוֹק יִשְׂרָאֵל לְכוּתִי לְלַמְּדוֹ סֵפֶר וּלְלַמְּדוֹ אֻמָּנוּת. מִפְּנֵי שֶׁכֻּלָּן חֲשׁוּדִין עַל מִשְׁכַּב זָכוּר. וְאֵין מַעֲמִידִין בְּהֵמָה בְּפֻנְדְּקִיּוֹת שֶׁל כּוּתִים וַאֲפִלּוּ זְכָרִים אֵצֶל זְכָרִים וּנְקֵבוֹת אֵצֶל נְקֵבוֹת:

ו. וְאֵין מוֹסְרִין בְּהֵמָה חַיָּה וְעוֹף לְרוֹעֶה כּוּתִי אֲפִלּוּ זְכָרִים לְכוּתִים וּנְקֵבוֹת לְכוּתִית מִפְּנֵי שֶׁכֻּלָּן חֲשׁוּדִין עַל הַרְבָּעַת בְּהֵמָה וּכְבָר בֵּאַרְנוּ שֶׁהֵן אֲסוּרִין בְּזָכוּר וּבִבְהֵמָה וְנֶאֱמַר (ויקרא יט יד) "וְלִפְנֵי עִוֵּר לֹא תִתֵּן מִכְשֹׁל":

ז. וּמִפְּנֵי מָה אֵין מוֹסְרִין בְּהֵמָה נְקֵבָה לְכוּתִית מִפְּנֵי שֶׁכֻּלָּן בְּחֶזְקַת נוֹאֲפִים וּכְשֶׁיָּבוֹא הַנּוֹאֵף לִשְׁכַּב עִם הַכּוּתִית זוֹ אֶפְשָׁר שֶׁלֹּא יִמְצָאֶנָּה וְיִשְׁכַּב עִם הַבְּהֵמָה אוֹ אֲפִלּוּ יִמְצָאֶנָּה יִשְׁכַּב עִם הַבְּהֵמָה:

ח. לֹא תִּתְיַחֵד אִשָּׁה אַחַת אֲפִלּוּ עִם אֲנָשִׁים הַרְבֵּה עַד שֶׁתִּהְיֶה אִשְׁתּוֹ שֶׁל אֶחָד מֵהֶם שָׁם. וְכֵן לֹא יִתְיַחֵד אִישׁ אֶחָד אֲפִלּוּ עִם נָשִׁים הַרְבֵּה. נָשִׁים הַרְבֵּה עִם אֲנָשִׁים הַרְבֵּה אֵין חוֹשְׁשִׁין לְיִחוּד. הָיוּ הָאֲנָשִׁים מִבַּחוּץ וְהַנָּשִׁים מִבִּפְנִים אוֹ הָאֲנָשִׁים מִבִּפְנִים וְהַנָּשִׁים מִבַּחוּץ וּפֵרְשָׁה אִשָּׁה אַחַת לְבֵין הָאֲנָשִׁים אוֹ אִישׁ לְבֵין הַנָּשִׁים אֲסוּרִין מִשּׁוּם יִחוּד. אֲפִלּוּ אִישׁ שֶׁעִסְקוֹ וּמְלַאכְתּוֹ עִם הַנָּשִׁים אָסוּר לוֹ לְהִתְיַחֵד עִם הַנָּשִׁים. כֵּיצַד יַעֲשֶׂה. יִתְעַסֵּק עִמָּהֶן וְאִשְׁתּוֹ עִמּוֹ אוֹ יִפְנֶה לִמְלָאכָה אַחֶרֶת:

ט. מֻתָּר לְהִתְיַחֵד עִם שְׁתֵּי יְבָמוֹת. אוֹ עִם שְׁתֵּי צָרוֹת. אוֹ עִם אִשָּׁה וַחֲמוֹתָהּ. אוֹ עִם אִשָּׁה וּבַת בַּעְלָהּ. אוֹ עִם אִשָּׁה וּבַת חֲמוֹתָהּ. מִפְּנֵי שֶׁשּׂוֹנְאוֹת זוֹ אֶת זוֹ וְאֵין מְחַפּוֹת זוֹ עַל זוֹ. וְכֵן מֻתָּר לְהִתְיַחֵד עִם אִשָּׁה שֶׁיֵּשׁ עִמָּהּ תִּינֹקֶת קְטַנָּה שֶׁיּוֹדַעַת טַעַם בִּיאָה וְאֵינָהּ מוֹסֶרֶת עַצְמָהּ לְבִיאָה. שֶׁאֵינָהּ מְזַנָּה בְּפָנֶיהָ שֶׁהֲרֵי זוֹ מְגַלָּה אֶת סוֹדָהּ:

י. תִּינֹקֶת מִבַּת שָׁלֹשׁ וּלְמַטָּה וְתִינוֹק בֶּן תֵּשַׁע וּלְמַטָּה מֻתָּר לְהִתְיַחֵד עִמָּהֶן. שֶׁלֹּא גָּזְרוּ אֶלָּא עַל יִחוּד אִשָּׁה הָרְאוּיָה לְבִיאָה וְאִישׁ הָרָאוּי לְבִיאָה:

יא. אַנְדְּרוֹגִינוּס אֵינוֹ מִתְיַחֵד עִם הַנָּשִׁים. וְאִם נִתְיַחֵד אֵין מַכִּין אוֹתוֹ מִפְּנֵי שֶׁהוּא סָפֵק. אֲבָל הָאִישׁ מִתְיַחֵד עִם הָאַנְדְּרוֹגִינוּס וְעִם הַטֻּמְטוּם:

יב. אֵשֶׁת אִישׁ שֶׁהָיָה בַּעְלָהּ בָּעִיר אֵינָהּ חוֹשֶׁשֶׁת לְיִחוּד. מִפְּנֵי שֶׁאֵימַת בַּעְלָהּ עָלֶיהָ. וְאִם הָיָה זֶה גַּס בָּהּ כְּגוֹן שֶׁגְּדֵלָה עִמּוֹ אוֹ שֶׁהָיְתָה קְרוֹבָתוֹ לֹא יִתְיַחֵד עִמָּהּ וְאַף עַל פִּי שֶׁבַּעְלָהּ בָּעִיר. וְכֵן כָּל הַמִּתְיַחֵד עִם אִשָּׁה וְהָיָה הַפֶּתַח פָּתוּחַ לִרְשׁוּת הָרַבִּים אֵין חוֹשְׁשִׁין מִשּׁוּם יִחוּד:

יג. מִי שֶׁאֵין לוֹ אִשָּׁה לֹא יְלַמֵּד תִּינוֹקוֹת. מִפְּנֵי שֶׁאִמּוֹת הַבָּנִים בָּאוֹת לְבֵית הַסֵּפֶר לִבְנֵיהֶם וְנִמְצָא מִתְגָּרֶה בְּנָשִׁים. וְכֵן אִשָּׁה לֹא תְּלַמֵּד קְטַנִּים מִפְּנֵי אֲבוֹתֵיהֶן שֶׁהֵן בָּאִין בִּגְלַל בְּנֵיהֶם וְנִמְצְאוּ מִתְיַחֲדִים עִמָּהּ. וְאֵין הַמְלַמֵּד צָרִיךְ שֶׁתִּהְיֶה אִשְׁתּוֹ שְׁרוּיָה עִמּוֹ בְּבֵית הַסֵּפֶר אֶלָּא הִיא בְּבֵיתָהּ וְהוּא מְלַמֵּד בִּמְקוֹמוֹ:

יד. תִּקְּנוּ חֲכָמִים שֶׁתִּהְיֶינָה הַנָּשִׁים מְסַפְּרוֹת זוֹ עִם זוֹ בְּבֵית הַכִּסֵּא כְּדֵי שֶׁלֹּא יִכָּנֵס שָׁם אִישׁ מִשּׁוּם יִחוּד:

טו. אֵין מְמַנִּין אֲפִלּוּ אָדָם נֶאֱמָן וְכָשֵׁר לִהְיוֹת שׁוֹמֵר חָצֵר שֶׁיֵּשׁ שָׁם נָשִׁים אַף עַל פִּי שֶׁהוּא עוֹמֵד בַּחוּץ שֶׁאֵין אַפּוֹטְרוֹפּוֹס לַעֲרָיוֹת. וְאָסוּר לְאָדָם לְמַנּוֹת אַפּוֹטְרוֹפּוֹס עַל בֵּיתוֹ שֶׁלֹּא יַנְהִיג אִשְׁתּוֹ לִדְבַר עֲבֵרָה:

טז. אָסוּר לְתַלְמִיד חָכָם לִשְׁכֹּן בְּחָצֵר שֶׁיֵּשׁ בָּהּ אַלְמָנָה אַף עַל פִּי שֶׁאֵינוֹ מִתְיַחֵד עִמָּהּ מִפְּנֵי הַחֲשָׁד. אֶלָּא אִם כֵּן הָיְתָה אִשְׁתּוֹ עִמּוֹ. וְכֵן אַלְמָנָה אֲסוּרָה לְגַדֵּל כֶּלֶב מִפְּנֵי הַחֲשָׁד. וְלֹא תִקְנֶה אִשָּׁה עֲבָדִים זְכָרִים אֲפִלּוּ קְטַנִּים מִפְּנֵי הַחֲשָׁד:

יז. אֵין דּוֹרְשִׁין בְּסִתְרֵי עֲרָיוֹת בִּשְׁלֹשָׁה מִפְּנֵי שֶׁהָאֶחָד טָרוּד בִּשְׁאֵלַת הָרַב וְהַשְּׁנַיִם נוֹשְׂאִין וְנוֹתְנִין זֶה עִם זֶה וְאֵין דַּעְתָּם פְּנוּיָה לִשְׁמֹעַ. שֶׁדַּעְתּוֹ שֶׁל אָדָם קְרוֹבָה אֵצֶל עֲרָיוֹת. אִם נִסְתַּפֵּק לוֹ דָּבָר שֶׁשָּׁמַע מוֹרֶה לְהָקֵל. לְפִיכָךְ אֵין דּוֹרְשִׁין אֶלָּא לִשְׁנַיִם כְּדֵי שֶׁיִּהְיֶה הָאֶחָד הַשּׁוֹמֵעַ מְפַנֶּה דַּעְתּוֹ וְיוֹדֵעַ מַה שֶּׁיִּשְׁמַע מִן הָרַב:

יח. אֵין לְךָ דָּבָר בְּכָל הַתּוֹרָה כֻּלָּהּ שֶׁהוּא קָשֶׁה לְרֹב הָעָם לִפְרֹשׁ אֶלָּא מִן הָעֲרָיוֹת וְהַבִּיאוֹת הָאֲסוּרוֹת. אָמְרוּ חֲכָמִים בְּשָׁעָה שֶׁנִּצְטַוּוּ יִשְׂרָאֵל עַל הָעֲרָיוֹת בָּכוּ וְקִבְּלוּ מִצְוָה זוֹ בְּתַרְעוֹמוֹת וּבְכִיָּה שֶׁנֶּאֱמַר (במדבר יא י) "בֹּכֶה לְמִשְׁפְּחֹתָיו" עַל עִסְקֵי מִשְׁפָּחוֹת:

יט. וְאָמְרוּ חֲכָמִים גֵּזֶל וַעֲרָיוֹת נַפְשׁוֹ שֶׁל אָדָם מִתְאַוָּה לָהֶן וּמְחַמַּדְתָּן. וְאֵין אַתָּה מוֹצֵא קָהָל בְּכָל זְמַן וּזְמַן שֶׁאֵין בָּהֶן פְּרוּצִין בַּעֲרָיוֹת וּבִיאוֹת אֲסוּרוֹת. [וְעוֹד] אָמְרוּ חֲכָמִים רֹב בְּגֵזֶל מִעוּט בַּעֲרָיוֹת וְהַכֹּל בַּאֲבַק לָשׁוֹן הָרַע:

כ. לְפִיכָךְ רָאוּי לוֹ לְאָדָם לָכֹף יִצְרוֹ בְּדָבָר זֶה וּלְהַרְגִּיל עַצְמוֹ בִּקְדֻשָּׁה יְתֵרָה וּבְמַחֲשָׁבָה טְהוֹרָה וּבְדֵעָה נְכוֹנָה כְּדֵי לְהִנָּצֵל מֵהֶן. וְיִזָּהֵר מִן הַיִּחוּד שֶׁהוּא הַגּוֹרֵם הַגָּדוֹל. גְּדוֹלֵי הַחֲכָמִים הָיוּ אוֹמְרִים לְתַלְמִידֵיהֶם הִזָּהֲרוּ בִּי מִפְּנֵי בִתִּי הִזָּהֲרוּ בִּי מִפְּנֵי כַלָּתִי. כְּדֵי לְלַמֵּד לְתַלְמִידֵיהֶם שֶׁלֹּא יִתְבַּיְּשׁוּ מִדָּבָר זֶה וְיִתְרַחֲקוּ מִן הַיִּחוּד:

כא. וְכֵן יִנְהֹג לְהִתְרַחֵק מִן הַשְּׂחוֹק וּמִן הַשִּׁכְרוּת וּמִדִּבְרֵי עֲגָבִים שֶׁאֵלּוּ גּוֹרְמִין גְּדוֹלִים וְהֵם מַעֲלוֹת שֶׁל עֲרָיוֹת. וְלֹא יֵשֵׁב בְּלֹא אִשָּׁה שֶׁמִּנְהָג זֶה גּוֹרֵם לְטָהֳרָה יְתֵרָה. גְּדוֹלָה

מִכָּל זֹאת אָמְרוּ יַפְנֶה עַצְמוֹ וּמַחֲשַׁבְתּוֹ לְדִבְרֵי תּוֹרָה וְיַרְחִיב דַּעְתּוֹ בַּחָכְמָה שֶׁאֵין מַחְשֶׁבֶת עֲרָיוֹת מִתְגַּבֶּרֶת אֶלָּא בְּלֵב פָּנוּי מִן הַחָכְמָה. וּבַחָכְמָה הוּא אוֹמֵר (משלי ה יט) "אַיֶּלֶת אֲהָבִים וְיַעֲלַת חֵן דַּדֶּיהָ יְרַוֻּךָ בְכָל עֵת בְּאַהֲבָתָהּ תִּשְׁגֶּה תָמִיד":

Additional, Useful Features of Interest
for Studying Rambam's Mishneh Torah
Scan QR code onto your mobile device to link to our website.
https://rambampress.com/

הלכות מאכלת אסורות

Hilchot Maachalot Assurot

THE LAWS OF FORBIDDEN FOODS

	They consist of *28 mitzvot*:	יש בכללן כ״ח מצות
	Four positive commandments and 24 negative commandments	ד׳ מצות עשה וכ״ד מצות לא תעשה
	They are:	וזהו פרטן:
1.	To check the signs which differentiate kosher animals and beasts from those which are not kosher	א. לבדוק בסימני בהמה וחיה להבדיל בין טמאה לטהורה
2.	To check the signs which differentiate kosher fowl from those which are not kosher	ב. לבדוק בסימני העוף להבדיל בין טמא לטהור
3.	To check the signs which differentiate kosher fish from those which are not kosher	ג. לבדוק בסמני דגים להבדיל בין טמא לטהור
4.	To check the signs which differentiate kosher locusts from those which are not kosher	ד. לבדוק בסימני חגבים להבדיל בין טמא לטהור
5.	Not to eat non-kosher animal and beasts	ה. שלא לאכול בהמה וחיה טמאה
6.	Not to eat non-kosher fowl	ו. שלא לאכול עוף טמא
7.	Not to eat non-kosher fish	ז. שלא לאכול דגים טמאים
8.	Not to eat flying insects	ח. שלא לאכול שרץ העוף
9.	Not to eat insects that breed on land	ט. שלא לאכול שרץ הארץ
10.	Not to eat anything that creeps on the earth	י. שלא לאכול רמש הארץ
11.	Not to eat worms that breed in produce after they emerge on land	יא. שלא לאכול תולעת הפירות כשתצא לארץ
12.	Not to eat swarming creatures that breed in water	יב. שלא לאכול שרץ המים
13.	Not to eat unslaughtered meat	יג. שלא לאכול נבלה
14.	Not to derive benefit from an ox that was executed by stoning	יד. שלא ליהנות בשור הנסקל
15.	Not to eat an animal with a mortal infliction (*trefah)*	טו. שלא לאכול טרפה
16.	Not to eat a limb from a living animal	טז. שלא לאכול אבר מן החי
17.	Not to consume blood	יז. שלא לאכול דם
18.	Not to partake of the forbidden fat (*chelev*) of a kosher animal	יח. שלא לאכול חלב בהמה טהורה
19.	Not to eat the displaced nerve	יט. שלא לאכול גיד הנשה
20.	Not to eat meat and milk together	כ. שלא לאכול בשר בחלב
21.	Not to cook them together	כא. שלא לבשלו
22.	Not to eat bread made from newly grown produce before *Pesach*	כב. שלא לאכול לחם תבואה חדשה

23. Not to eat roasted grain from newly grown produce before *Pesach*	כג. שלא לאכול קלי מן החדש
24. Not to eat fresh grain from newly grown produce before *Pesach*	כד. שלא לאכול כרמל מן החדש
25. Not to eat *orlah*	כה. שלא לאכול ערלה
26. Not to eat mixed species planted in a vineyard	כו. שלא לאכול כלאי הכרם
27. Not to eat *tevel*	כז. שלא לאכול טבל
28. Not to drink wine used for idolatrous libations	כח. שלא לשתות יין נסך

MAKE YOURSELF HOLY IN MUNDANE MATTERS – FOOD (FROM LIVING BEINGS).

Perek 1

Signs of Kosher Animals, Birds, Locusts, and Fish.

Reminder:
Pack on Food

To check the signs of kosher animals and beasts[1]

There are **2** signs and both are necessary:

- Split hoof (*mafreset parsah*)
- Chew the cud (*maalat gerah*) – animals that chew cud have *no* teeth in upper jaw.

There are **10** species of animals permitted for eating, as mentioned in Torah.

- **3** *Behemot* (domesticated animals)
  - *Shor* (ox)
  - *Seh* (sheep)
  - *Ez* (goat)
- **7** *Chayah* (wild beasts)
  - *Ayal* (gazelle)
  - *Tzvi* (deer)
  - *Yachmur* (antelope)
  - *Ako* (ibex)
  - *Dishon* (chamois)
  - *Teah* (bison)
  - *Zamer* (giraffe)

Includes also subspecies.

However, it is important to distinguish between kosher domesticated animal and kosher non-domesticated.

	Fat may be eaten	Blood must be covered after *shechitah*	Can eat meat
Behemah kosher	× Punishment is *karet*	×	✓
Chayah kosher	✓	✓	✓
Non-kosher animal	× Only in relation to not eating non-kosher	×	×

To check signs of kosher birds[2]

There are **24** forbidden species mentioned in Torah.

Kashrut of other species is not clear but may be established by tradition in each locale, but the following signs must be present.

- Do not attack with claws and eat.
- Have an extra claw higher up.
- Have a crop (like human stomach) – murah
- The membrane over the craw (extra stomach), can be peeled by hand.

Other signs of non-kosher bird.

- When they sit on pole or rope claws divide equally on either side.
- Seizes object in air.

To check signs of locusts – kosher and not kosher[3]

There are **8** species of locust which Torah permitted. The *kosher* species have **3** signs:

- 4 legs
- 4 wings (covers majority of length and width of body)
- 2 longer legs to hop

To check signs of kosher fish[4].

2 signs for *kosher* fish

- Fins
- Scales – any fish with scales (which peel off) will have fins

פרק א׳

א. מִצְוַת עֲשֵׂה לֵידַע הַסִּימָנִין שֶׁמַּבְדִּילִין בָּהֶן בֵּין בְּהֵמָה וְחַיָּה וְעוֹף וְדָגִים וַחֲגָבִים שֶׁמֻּתָּר לְאָכְלָן וּבֵין שֶׁאֵין מֻתָּר לְאָכְלָן שֶׁנֶּאֱמַר (ויקרא כ כה) "וְהִבְדַּלְתֶּם בֵּין הַבְּהֵמָה הַטְּהֹרָה לַטְּמֵאָה וּבֵין הָעוֹף הַטָּמֵא לַטָּהֹר". וְנֶאֱמַר (ויקרא יא מז) "לְהַבְדִּיל בֵּין הַטָּמֵא וּבֵין הַטָּהֹר וּבֵין הַחַיָּה הַנֶּאֱכֶלֶת וּבֵין הַחַיָּה אֲשֶׁר לֹא תֵאָכֵל":

ב. סִימָנֵי בְּהֵמָה וְחַיָּה נִתְפָּרְשׁוּ בַּתּוֹרָה וְהֵם שְׁנֵי סִימָנִין (ויקרא יא ג) (דברים יד ו) "מַפְרֶסֶת פַּרְסָה" וּ (ויקרא יא ג) (דברים יד ו) "מַעֲלַת גֵּרָה" עַד שֶׁיִּהְיוּ שְׁנֵיהֶם. וְכָל בְּהֵמָה וְחַיָּה שֶׁהִיא מַעֲלַת גֵּרָה אֵין לָהּ שִׁנַּיִם בַּלְּחִי הָעֶלְיוֹן. וְכָל בְּהֵמָה שֶׁהִיא מַעֲלַת גֵּרָה הֲרֵי הִיא מַפְרֶסֶת פַּרְסָה. חוּץ מִן הַגָּמָל. וְכָל בְּהֵמָה שֶׁהִיא מַפְרֶסֶת פַּרְסָה הִיא מַעֲלַת גֵּרָה חוּץ מִן הַחֲזִיר:

ג. לְפִיכָךְ הַמּוֹצֵא בְּהֵמָה בַּמִּדְבָּר וְאֵינוֹ מַכִּירָהּ וּמְצָאָהּ חֲתוּכַת הַפְּרָסוֹת בּוֹדֵק בְּפִיהָ אִם אֵין לָהּ שִׁנַּיִם לְמַעְלָה בְּיָדוּעַ שֶׁהִיא טְהוֹרָה. וְהוּא שֶׁיַּכִּיר גָּמָל. מָצָא בְּהֵמָה שֶׁפִּיהָ חָתוּךְ בּוֹדֵק בְּפַרְסוֹתֶיהָ אִם הִיא שְׁסוּעָה טְהוֹרָה. וְהוּא שֶׁיַּכִּיר חֲזִיר. מָצָא פִּיהָ חָתוּךְ וְרַגְלֶיהָ חֲתוּכוֹת בּוֹדֵק

בָּהּ אַחַר שֶׁשְּׁחָטָהּ בְּכַנְפֵי הָעֹקֶץ אִם מָצָא בְּשָׂרָהּ שָׁם מַהֲלַךְ שְׁתִי וָעֵרֶב טְהוֹרָה. וְהוּא שֶׁיַּכִּיר עָרוֹד שֶׁכֵּן הוּא בְּשָׂרוֹ שְׁתִי וָעֵרֶב:

ד. בְּהֵמָה טְהוֹרָה שֶׁיָּלְדָה כְּמִין בְּהֵמָה טְמֵאָה אַף עַל פִּי שֶׁאֵינוֹ מַפְרִיס פַּרְסָה וְלֹא מַעֲלֶה גֵּרָה אֶלָּא כְּמִין סוּס אוֹ חֲמוֹר לְכָל דָּבָר הֲרֵי זֶה מֻתָּר בַּאֲכִילָה. בַּמֶּה דְּבָרִים אֲמוּרִים בְּשֶׁיְּלָדַתּוּ לְפָנָיו. אֲבָל אִם הִנִּיחַ פָּרָה מְעֻבֶּרֶת בְּעֶדְרוֹ וּבָא וּמָצָא כְּמִין חֲזִיר כָּרוּךְ אַחֲרֶיהָ אַף עַל פִּי שֶׁהוּא יוֹנֵק מִמֶּנָּה הֲרֵי זֶה סָפֵק וְאָסוּר בַּאֲכִילָה. שֶׁמָּא מִן הַטְּמֵאָה נוֹלַד וְנִכְרַךְ אַחַר הַטְּהוֹרָה:

ה. בְּהֵמָה טְמֵאָה שֶׁיָּלְדָה כְּמִין בְּהֵמָה טְהוֹרָה אַף עַל פִּי שֶׁהוּא מַפְרִיס פַּרְסָה וּמַעֲלֶה גֵּרָה וַהֲרֵי הוּא כְּמִין שׁוֹר לְכָל דָּבָר אוֹ כְּמִין שֶׂה הֲרֵי זֶה אָסוּר בַּאֲכִילָה. שֶׁהַגָּדֵל מִן הַטְּמֵאָה טָמֵא וּמִן הַטְּהוֹרָה טָהוֹר. (לְפִיכָךְ) דָּג טָמֵא שֶׁנִּמְצָא בִּמְעֵי דָּג טָהוֹר אָסוּר. וְדָג טָהוֹר הַנִּמְצָא בִּמְעֵי דָּג טָמֵא מֻתָּר לְפִי שֶׁאֵין גְּדוֹלָיו אֶלָּא בְּלָעוֹ:

ו. בְּהֵמָה טְהוֹרָה שֶׁיָּלְדָה אוֹ שֶׁנִּמְצָא בָּהּ בְּרִיָּה שֶׁיֵּשׁ לָהּ שְׁתֵּי גַּבִּין וּשְׁתֵּי שְׁדָרוֹת אֲסוּרָה בַּאֲכִילָה. וְזוֹ הִיא הַשְּׁסוּעָה שֶׁנֶּאֶסְרָה בַּתּוֹרָה שֶׁנֶּאֱמַר (דברים יד ז) "אֶת זֶה לֹא תֹאכְלוּ מִמַּעֲלֵי הַגֵּרָה וּמִמַּפְרִיסֵי הַפַּרְסָה הַשְּׁסוּעָה" כְּלוֹמַר בְּרִיָּה שֶׁנּוֹלְדָה שְׁסוּעָה לִשְׁתֵּי בְּהֵמוֹת:

ז. וְכֵן בְּהֵמָה שֶׁנִּמְצָא בָּהּ דְּמוּת עוֹף אַף עַל פִּי שֶׁהוּא עוֹף טָהוֹר הֲרֵי זֶה אָסוּר בַּאֲכִילָה. לֹא הֻתַּר מִן הַנִּמְצָא בַּבְּהֵמָה אֶלָּא מַה שֶּׁיֵּשׁ לוֹ פַּרְסָה:

ח. אֵין לְךָ בְּכָל בְּהֵמָה וְחַיָּה שֶׁבָּעוֹלָם שֶׁמֻּתָּר בַּאֲכִילָה חוּץ מֵעֲשֶׂרֶת הַמִּינִין הַמְנוּיִין בַּתּוֹרָה. שְׁלֹשָׁה מִינֵי בְּהֵמָה וְהֵם. שׁוֹר שֶׂה וְעֵז. וְשִׁבְעָה מִינֵי חַיָּה. אַיָּל וּצְבִי וְיַחְמוּר וְאַקּוֹ וְדִישֹׁן וּתְאוֹ וָזָמֶר. הֵם וּמִינֵיהֶן כְּגוֹן שׁוֹר הַבָּר וְהַמְּרִיא שֶׁהֵן מִמִּין הַשּׁוֹר. וְכָל הָעֲשָׂרָה מִינִין וּמִינֵיהֶם מַעֲלֶה גֵּרָה וּמַפְרִיס פַּרְסָה. לְפִיכָךְ מִי שֶׁהוּא מַכִּירָן אֵינוֹ צָרִיךְ לִבְדֹּק לֹא בַּפֶּה וְלֹא בָּרַגְלַיִם:

ט. אַף עַל פִּי שֶׁכֻּלָּן מֻתָּרִין בַּאֲכִילָה צְרִיכִין אָנוּ לְהַבְדִּיל בֵּין בְּהֵמָה טְהוֹרָה וְחַיָּה טְהוֹרָה. שֶׁהַחַיָּה חֶלְבָּהּ מֻתָּר וְדָמָהּ טָעוּן כִּסּוּי וְהַבְּהֵמָה הַטְּהוֹרָה חֶלְבָּהּ בְּכָרֵת וְאֵין דָּמָהּ טָעוּן כִּסּוּי:

י. וְסִימָנֵי חַיָּה מִפִּי הַשְּׁמוּעָה הֵן. כָּל מִין שֶׁהוּא מַפְרִיס פַּרְסָה וּמַעֲלֶה גֵּרָה וְיֵשׁ לוֹ קַרְנַיִם מְפֻצָּלוֹת כְּגוֹן הָאַיָּל הֲרֵי זֶה חַיָּה טְהוֹרָה בְּוַדַּאי. וְכָל שֶׁאֵין קַרְנָיו מְפֻצָּלוֹת אִם הָיוּ קַרְנָיו כְּרוּכוֹת כְּקַרְנֵי הַשּׁוֹר וַחֲרוּקוֹת כְּקַרְנֵי הָעֵז וְיִהְיֶה הֶחָרֵק מֻבְלָע בָּהֶן וַהֲדוּרוֹת כְּקַרְנֵי הַצְּבִי הֲרֵי זוֹ חַיָּה טְהוֹרָה. וּבִלְבַד שֶׁיִּהְיֶה בַּקַּרְנַיִם שְׁלֹשָׁה סִימָנִין אֵלּוּ כְּרוּכוֹת חֲרוּקוֹת וַהֲדוּרוֹת:

יא. בַּמֶּה דְּבָרִים אֲמוּרִים בְּמִין שֶׁאֵינוֹ מַכִּירוֹ אֲבָל שִׁבְעָה מִינֵי חַיָּה הָאֲמוּרִין בַּתּוֹרָה אִם הָיָה מַכִּיר אוֹתָן אֲפִלּוּ לֹא מָצָא לוֹ קַרְנַיִם הֲרֵי זֶה אוֹכֵל חֶלְבּוֹ וְחַיָּב לְכַסּוֹת דָּמוֹ:

יב. שׁוֹר הַבָּר מִין בְּהֵמָה הוּא וְהַקֶּרֶשׁ אַף עַל פִּי שֶׁאֵין לוֹ אֶלָּא קֶרֶן אַחַת הֲרֵי הוּא חַיָּה. וְכָל שֶׁיִּסְתַּפֵּק לְךָ אִם הוּא מִין חַיָּה אוֹ מִין בְּהֵמָה חֶלְבּוֹ אָסוּר וְאֵין לוֹקִין עָלָיו וּמְכַסִּין אֶת דָּמוֹ:

יג. כִּלְאַיִם הַבָּא מִבְּהֵמָה טְהוֹרָה עִם חַיָּה טְהוֹרָה הוּא הַנִּקְרָא כְּוִי. חֶלְבּוֹ אָסוּר וְאֵין לוֹקִין עָלָיו וּמְכַסִּין אֶת דָּמוֹ. וְאֵין מִין טָמֵא מִתְעַבֵּר מִמִּין טָהוֹר כְּלָל:

יד. סִימָנֵי עוֹף טָהוֹר לֹא נִתְפָּרֵשׁ מִן הַתּוֹרָה. אֶלָּא מָנָה מִנְיַן טְמֵאִים בִּלְבַד וּשְׁאָר מִינֵי הָעוֹף מֻתָּרִין. וְהַמִּינִין הָאֲסוּרִין אַרְבָּעָה וְעֶשְׂרִים הֵן. וְאֵלּוּ הֵן. א) נֶשֶׁר . ב) פֶּרֶס. ג) עָזְנִיָּה. ד) דָּאָה וְהִיא הָרָאָה הָאֲמוּרָה בְּמִשְׁנֵה תּוֹרָה. ה) אַיָּה וְהִיא הַדַּיָּה הָאֲמוּרָה בְּמִשְׁנֵה תּוֹרָה. ו) מִין הָאַיָּה שֶׁכֵּן כָּתוּב בָּהּ לְמִינָהּ מִכְּלַל שֶׁהוּא שְׁנֵי מִינִין. ז) עוֹרֵב . ח) זַרְזִיר שֶׁכֵּן נֶאֱמַר בְּעוֹרֵב לְמִינוֹ לְהָבִיא אֶת הַזַּרְזִיר. ט) יַעֲנָה. י) תַּחְמָס. יא) שַׁחַף. יב) נֵץ. יג) וְשַׂרְנְקָא וְהוּא מִין הַנֵּץ שֶׁכֵּן כָּתוּב בּוֹ לְמִינֵהוּ. יד) כּוֹס. טו) שָׁלָךְ. טז) יַנְשׁוּף. יז) תִּנְשֶׁמֶת. יח) קָאָת. יט) רָחָמָה. כ) חֲסִידָה. כא) הָאֲנָפָה. כב) מִין הָאֲנָפָה שֶׁכֵּן נֶאֱמַר בָּהּ לְמִינָהּ. כג) הַדּוּכִיפַת. כד) הָעֲטַלֵּף :

טו. כָּל מִי שֶׁהוּא בָּקִי בְּמִינִין אֵלּוּ וּבִשְׁמוֹתֵיהֶן הֲרֵי זֶה אוֹכֵל עוֹף שֶׁאֵינוֹ מֵהֶם וְאֵינוֹ צָרִיךְ בְּדִיקָה. וְעוֹף טָהוֹר נֶאֱכַל בְּמָסֹרֶת . וְהוּא שֶׁיִּהְיֶה דָּבָר פָּשׁוּט בְּאוֹתוֹ מָקוֹם שֶׁזֶּה עוֹף טָהוֹר. וְנֶאֱמָן צַיָּד לוֹמַר עוֹף זֶה הִתִּיר לִי רַבִּי הַצַּיָּד. וְהוּא שֶׁיֻּחְזַק אוֹתוֹ צַיָּד שֶׁהוּא בָּקִי בְּמִינִין אֵלּוּ וּבִשְׁמוֹתֵיהֶן:

טז. מִי שֶׁאֵינוֹ מַכִּירָן וְאֵינוֹ יוֹדֵעַ שְׁמוֹתֵיהֶן בּוֹדֵק בְּסִימָנִין אֵלּוּ שֶׁנָּתְנוּ חֲכָמִים. כָּל עוֹף שֶׁהוּא דּוֹרֵס וְאוֹכֵל בְּיָדוּעַ שֶׁהוּא מֵאֵלּוּ הַמִּינִין וְטָמֵא. וְשֶׁאֵינוֹ דּוֹרֵס וְאוֹכֵל אִם יֵשׁ בּוֹ אֶחָד מִשְּׁלֹשָׁה סִימָנִין אֵלּוּ הֲרֵי זֶה עוֹף טָהוֹר. וְאֵלּוּ הֵן. אֶצְבַּע יְתֵרָה. אוֹ זֶפֶק וְהִיא הַמֻּרְאָה. אוֹ שֶׁהָיָה קֻרְקְבָנוֹ נִקְלַף בְּיָד:

יז. לְפִי שֶׁאֵין בְּכָל אֵלּוּ הַמִּינִין הָאֲסוּרִין מִין שֶׁאֵינוֹ דּוֹרֵס וְיֵשׁ בּוֹ אֶחָד מִשְּׁלֹשָׁה סִימָנִין אֵלּוּ חוּץ מִפֶּרֶס וְעָזְנִיָּה וּפֶרֶס וְעָזְנִיָּה אֵינָן מְצוּיִין בְּיִשּׁוּב אֶלָּא בְּמִדְבָּרוֹת אִיֵּי הַיָּם הָרְחוֹקוֹת עַד מְאֹד שֶׁהֵן סוֹף הַיִּשּׁוּב:

יח. הָיָה הַקֻּרְקְבָן נִקְלָף בְּסַכִּין וְאֵינוֹ נִקְלָף בְּיָד וְאֵין בּוֹ סִימָן אַחֵר אַף עַל פִּי שֶׁאֵינוֹ דּוֹרֵס הֲרֵי זֶה סָפֵק. הָיָה חָזָק וְדָבֵק וְהִנִּיחוֹ בַּשֶּׁמֶשׁ וְנִתְרַפָּה וְנִקְלַף בְּיָד הֲרֵי זֶה מֻתָּר:

יט. אָמְרוּ הַגְּאוֹנִים שֶׁמָּסֹרֶת הִיא בִּידֵיהֶם שֶׁאֵין מוֹרִין לְהַתִּיר עוֹף הַבָּא בְּסִימָן אֶחָד אֶלָּא אִם הָיָה אוֹתוֹ סִימָן שֶׁיִּקָּלֵף קֻרְקְבָנוֹ בְּיָד. אֲבָל אִם אֵינוֹ נִקְלָף בְּיָד אַף עַל פִּי שֶׁיֵּשׁ לוֹ זֶפֶק אוֹ אֶצְבַּע יְתֵרָה מֵעוֹלָם לֹא הִתִּירוּהוּ:

כ. כָּל עוֹף שֶׁחוֹלֵק אֶת רַגְלָיו כְּשֶׁמּוֹתְחִין לוֹ חוּט שְׁתַּיִם לְכָאן וּשְׁתַּיִם לְכָאן. אוֹ שֶׁקּוֹלֵט מִן הָאֲוִיר וְאוֹכֵל בָּאֲוִיר. הֲרֵי זֶה דּוֹרֵס וְטָמֵא. וְכָל הַשּׁוֹכֵן עִם הַטְּמֵאִים וְנִדְמֶה לָהֶם הֲרֵי זֶה טָמֵא:

כא. וּמִינֵי חֲגָבִים שֶׁהִתִּירָה תּוֹרָה שְׁמוֹנָה. וְאֵלּוּ הֵן. א) חָגָב. ב) מִין חָגָב וְהוּא הָרַזְבָנִית. ג) חַרְגֹּל. ד) וּמִין חַרְגֹּל וְהוּא עַרְצוּבְיָא. ה) אַרְבֶּה. ו) וּמִין אַרְבֶּה וְהִיא צִפֹּרֶת כְּרָמִים. ז) סָלְעָם. ח) וּמִין סָלְעָם וְהִיא יוֹחֲנָא יְרוּשַׁלְמִית:

כב. מִי שֶׁהוּא בָּקִי בָּהֶן וּבִשְׁמוֹתֵיהֶן אוֹכֵל. וְהַצַּיָּד נֶאֱמָן עֲלֵיהֶן כְּעוֹף. וּמִי שֶׁאֵינוֹ בָּקִי בָּהֶן בּוֹדֵק בְּסִימָנִין. וּשְׁלֹשָׁה סִימָנִין יֵשׁ בָּהֶן. כָּל שֶׁיֵּשׁ לוֹ אַרְבַּע רַגְלַיִם. וְאַרְבַּע כְּנָפַיִם שֶׁחוֹפוֹת רֹב אֹרֶךְ גּוּפוֹ וְרֹב הֶקֵּף גּוּפוֹ. וְיֵשׁ לוֹ שְׁנֵי כְרָעַיִם לְנַתֵּר בָּהֶם הֲרֵי זֶה מִין טָהוֹר. וְאַף עַל פִּי שֶׁרֹאשׁוֹ אָרֹךְ וְיֵשׁ לוֹ זָנָב אִם הָיָה שְׁמוֹ חָגָב טָהוֹר:

כג. מִי שֶׁאֵין לוֹ עַכְשָׁו כְּנָפַיִם אוֹ כְּרָעַיִם אוֹ שֶׁאֵין לוֹ כְּנָפַיִם הַחוֹפִין אֶת רֻבּוֹ וְעָתִיד לְגַדֵּל אוֹתָן אַחַר זְמַן כְּשֶׁיַּגְדִּיל הֲרֵי זֶה מֻתָּר מֵעַתָּה:

כד. וּבְדָגִים שְׁנֵי סִימָנִין. סְנַפִּיר וְקַשְׂקֶשֶׂת. וּסְנַפִּיר הוּא שֶׁפּוֹרֵחַ בּוֹ. וְקַשְׂקֶשֶׂת הִיא הַדְּבוּקָה בְּכָל גּוּפוֹ. וְכָל שֶׁיֵּשׁ לוֹ קַשְׂקֶשֶׂת יֵשׁ לוֹ סְנַפִּיר. אֵין לוֹ עַכְשָׁו וּכְשֶׁיַּגְדִּיל יִהְיֶה לוֹ אוֹ שֶׁיֵּשׁ לוֹ קַשְׂקֶשֶׂת כְּשֶׁהוּא בַּיָּם וּכְשֶׁיַּעֲלֶה יַשִּׁיר קַשְׂקַשָּׂיו הֲרֵי זֶה מֻתָּר. וּמִי שֶׁאֵין לוֹ קַשְׂקַשִּׂים הַחוֹפִין אֶת כֻּלּוֹ מֻתָּר. אֲפִלּוּ אֵין בּוֹ אֶלָּא סְנַפִּיר אַחַת וְקַשְׂקֶשֶׂת אַחַת הֲרֵי זֶה מֻתָּר:

Perek 2

Measures

Reminder:
Pack on Weights and Measures

Not to eat non-kosher animals or beasts[5]

Includes animals which are missing some of the signs of *kashrus* e.g. camel, pig, rabbit and hare.

Measure to make one liable is a *kezayit* (olive size). Mosheh Misinai

Punishment for transgression is *malkot.* (And he also violates positive command.)

Not to eat non-kosher birds[6]

Measure to make one liable is a *kezayit*. Mosheh Misinai

Punishment for transgression is *malkot.* (And he also violates the positive command.)

Not to eat non-kosher fish[7]

Measure of non-*kosher* fish to make one liable is a *kezayit*. – Mosheh Misinai

Punishment for transgression is *malkot.* (And he also violates the positive command.)

Not to eat *sheretz haof* (winged creeping things) Includes non-kosher locusts.[8]

Examples are a fly, mosquito, hornet, bee etc.…

Measure for liability is a *kezayit*. – Mosheh Misinai

Punishment for violation is *malkot.*

Not to eat *sheretz haaretz* (creeping things of the earth)[9]

Examples are snakes, scorpions, beetles, centipedes etc.…

Measure for liability is a *kezayit*. Mosheh Misinai

Punishment for transgression is *malkot*.

There are 8 *sheratzim* mentioned in Torah which are included in this category.

I.e. Weasel, mouse, ferret, hedgehog, chameleon, lizard, snail and mole.

Also, not allowed to eat 8 mentioned *sheratzim* in Torah.

> **Reminder:**
> Pack on Impurity of Sheratzim

Measure for liability is an *adashah* (lentil) Mosheh Misinai.

This is same measure as for ritual impurity.

Not to eat *sheretz hamayim* (creeping things of the water)[12]

Examples are water worms, leeches, seals, dolphin, frogs etc. (Do not have characteristics of kosher or non-kosher fish.)

Measure for liability is a *kezayit*. Mosheh Misinai

Punishment for transgression is *malkot*.

Not to eat *romes haaretz* (creeping things not born from male and female).[10]

Worms which come into existence in garbage heaps and carcasses and not from union of male and female e.g. maggots.

Measure for liability is a *kezayit*. Mosheh Misinai

Punishment for transgression is *malkot*.

Not to eat worms which originate in fruit and food after they emerge onto the land[11]

These worms are born inside the fruit and as such if eaten with the fruit it is permissible, BUT it is usually questionable if worm came after fruit was formed, or if worm left and returned. Therefore, all fruit should be checked before eating.

Similar laws for worms inside fish or water.

Punishment for liability is *malkot*.

Measure for liability is a *kezayit*. Mosheh Misinai.

All the measures above relate to parts of a prohibited creature. If a whole forbidden creature is eaten, even if it is smaller than the size of a *chardal* (mustard seed), one is liable.

פרק ב׳

א. מִכְּלָל שֶׁנֶּאֱמַר (דברים יד ו) "וְכָל בְּהֵמָה מַפְרֶסֶת פַּרְסָה וְשֹׁסַעַת שֶׁסַע שְׁתֵּי פְרָסוֹת מַעֲלַת גֵּרָה" שׁוֹמֵעַ אֲנִי שֶׁכָּל שֶׁאֵינָהּ מַעֲלַת גֵּרָה וּמַפְרֶסֶת פַּרְסָה אֲסוּרָה. וְלָאו הַבָּא מִכְּלַל עֲשֵׂה עֲשֵׂה הוּא. וּבְגָמָל וּבַחֲזִיר וּבָאַרְנֶבֶת וּבְשָׁפָן נֶאֱמַר (ויקרא יא ד) (דברים יד ז) "אֶת זֶה לֹא תֹאכְלוּ מִמַּעֲלֵי הַגֵּרָה וּמִמַּפְרִיסֵי הַפַּרְסָה" וְגוֹ' הֲרֵי לָמַדְתָּ שֶׁהֵן בְּלֹא תַעֲשֶׂה וְאַף עַל פִּי שֶׁיֵּשׁ בָּהֶן סִימָן אֶחָד. וְכָל שֶׁכֵּן שְׁאָר בְּהֵמָה טְמֵאָה וְחַיָּה טְמֵאָה שֶׁאֵין בָּהּ סִימָן כְּלָל שֶׁאִסּוּר אֲכִילָתָם בְּלֹא תַעֲשֶׂה יֶתֶר עַל עֲשֵׂה הַבָּא מִכְּלַל אוֹתָהּ תֹּאכֵלוּ:

ב. לְפִיכָךְ כָּל הָאוֹכֵל מִבְּשַׂר בְּהֵמָה וְחַיָּה טְמֵאָה כְּזַיִת לוֹקֶה מִן הַתּוֹרָה. בֵּין שֶׁאָכַל מִן הַבָּשָׂר בֵּין שֶׁאָכַל מִן הַחֵלֶב. לֹא חִלֵּק הַכָּתוּב בִּטְמֵאִים בֵּין בְּשָׂרָם לְחֶלְבָּם:

ג. הָאָדָם אַף עַל פִּי שֶׁנֶּאֱמַר בּוֹ (בראשית ב ז) "וַיְהִי הָאָדָם לְנֶפֶשׁ חַיָּה" אֵינוֹ מִכְּלַל מִינֵי חַיָּה בַּעֲלַת פַּרְסָה לְפִיכָךְ אֵינוֹ בְּלֹא תַּעֲשֶׂה. וְהָאוֹכֵל מִבְּשַׂר הָאָדָם אוֹ מֵחֶלְבּוֹ בֵּין מִן הַחַי בֵּין מִן הַמֵּת אֵינוֹ לוֹקֶה. אֲבָל אָסוּר הוּא בַּעֲשֵׂה שֶׁהֲרֵי מָנָה הַכָּתוּב שִׁבְעַת מִינֵי חַיָּה וְאָמַר בָּהֶן (ויקרא יא ב) "זֹאת הַחַיָּה אֲשֶׁר תֹּאכְלוּ" הָא כָּל שֶׁהוּא חוּץ מֵהֶן לֹא תֹּאכְלוּ וְלָאו הַבָּא מִכְּלַל עֲשֵׂה עֲשֵׂה:

ד. הָאוֹכֵל כְּזַיִת מִבְּשַׂר עוֹף טָמֵא לוֹקֶה מִן הַתּוֹרָה שֶׁנֶּאֱמַר (ויקרא יא יג) "וְאֶת אֵלֶּה תְּשַׁקְּצוּ מִן הָעוֹף לֹא יֵאָכְלוּ". וַהֲרֵי עָבַר עַל עֲשֵׂה שֶׁנֶּאֱמַר (דברים יד יא) "כָּל צִפּוֹר טְהֹרָה תֹּאכֵלוּ" הָא טְמֵאָה לֹא תֹּאכְלוּ. וְכֵן הָאוֹכֵל כְּזַיִת מִדָּג טָמֵא לוֹקֶה שֶׁנֶּאֱמַר (ויקרא יא יא) "וְשֶׁקֶץ יִהְיוּ לָכֶם" (ויקרא יא יא) "מִבְּשָׂרָם לֹא תֹאכֵלוּ". וְעָבַר עַל עֲשֵׂה שֶׁנֶּאֱמַר (דברים יד ט) "כֹּל אֲשֶׁר לוֹ סְנַפִּיר וְקַשְׂקֶשֶׂת תֹּאכֵלוּ" מִכְּלַל שֶׁמִּי שֶׁאֵין לוֹ סְנַפִּיר וְקַשְׂקֶשֶׂת לֹא יֵאָכֵל. הָא לָמַדְתָּ שֶׁכָּל הָאוֹכֵל דָּג טָמֵא אוֹ בְּהֵמָה וְחַיָּה טְמֵאָה אוֹ עוֹף טָמֵא בִּטֵּל מִצְוַת עֲשֵׂה וְעָבַר עַל לֹא תַּעֲשֶׂה:

ה. חָגָב טָמֵא הֲרֵי הוּא בִּכְלַל שֶׁרֶץ הָעוֹף וְהָאוֹכֵל כְּזַיִת מִשֶּׁרֶץ הָעוֹף לוֹקֶה שֶׁנֶּאֱמַר (דברים יד יט) "כֹּל שֶׁרֶץ הָעוֹף טָמֵא הוּא לָכֶם לֹא יֵאָכֵלוּ". וְאֵי זֶהוּ שֶׁרֶץ הָעוֹף כְּגוֹן זְבוּב אוֹ יַתּוּשׁ וְצִרְעָה וּדְבוֹרָה וְכַיּוֹצֵא בָּהֶן:

ו. הָאוֹכֵל כְּזַיִת מִשֶּׁרֶץ הָאָרֶץ לוֹקֶה שֶׁנֶּאֱמַר (ויקרא יא מא) "וְכָל הַשֶּׁרֶץ הַשֹּׁרֵץ עַל הָאָרֶץ שֶׁקֶץ הוּא לֹא יֵאָכֵל". וְאֵי זֶהוּ שֶׁרֶץ הָאָרֶץ כְּגוֹן נְחָשִׁים וְעַקְרַבִּים וְחִפּוּשִׁית וְנַדָּל וְכַיּוֹצֵא בָּהֶן:

ז. וּשְׁמוֹנָה שְׁרָצִים הָאֲמוּרִים בַּתּוֹרָה שֶׁהֵן (ויקרא יא כט) "הַחֹלֶד וְהָעַכְבָּר וְהַצָּב" (ויקרא יא ל) "וְהָאֲנָקָה וְהַכֹּחַ וְהַלְּטָאָה וְהַחֹמֶט וְהַתִּנְשָׁמֶת" הָאוֹכֵל מִבְּשָׂרָם כַּעֲדָשָׁה לוֹקֶה. שִׁעוּר אֲכִילָתָן כְּשִׁעוּר טֻמְאָתָן. וְכֻלָּם מִצְטָרְפִין זֶה עִם זֶה בְּכַעֲדָשָׁה:

ח. בַּמֶּה דְּבָרִים אֲמוּרִים בְּשֶׁאָכַל מֵהֶן אַחַר מִיתָתָן. אֲבָל הַחוֹתֵךְ אֵיבָר מִן הַחַי מִן אֶחָד מֵהֶן וַאֲכָלוֹ אֵינוֹ לוֹקֶה עָלָיו עַד שֶׁיִּהְיֶה בּוֹ כְּזַיִת בָּשָׂר. וְכֻלָּן מִצְטָרְפִין לִכְזַיִת. אָכַל אֵיבָר שָׁלֵם מִן הַשֶּׁרֶץ אַחַר שֶׁמֵּת אֵינוֹ לוֹקֶה עַד שֶׁיִּהְיֶה בּוֹ כַּעֲדָשָׁה:

ט. דַּם שְׁמוֹנָה שְׁרָצִים וּבְשָׂרָן מִצְטָרֵף לְכַעֲדָשָׁה וְהוּא שֶׁיִּהְיֶה הַדָּם מְחֻבָּר לַבָּשָׂר. וְכֵן דַּם הַנָּחָשׁ מִצְטָרֵף לִבְשָׂרוֹ לִכְזַיִת וְלוֹקֶה עָלָיו לְפִי שֶׁאֵין בְּשָׂרוֹ חָלוּק מִדָּמוֹ. וְאַף עַל פִּי שֶׁאֵינוֹ מְטַמֵּא. וְכֵן כָּל כַּיּוֹצֵא בּוֹ מִשְּׁאָר שְׁרָצִים שֶׁאֵינָן מְטַמְּאִין:

י. דַּם שְׁרָצִים שֶׁפֵּרַשׁ וּכְנָסוֹ וַאֲכָלוֹ לוֹקֶה עָלָיו בִּכְזַיִת. וְהוּא שֶׁיַּתְרוּ בּוֹ מִשּׁוּם אוֹכֵל שֶׁרֶץ. אֲבָל אִם הִתְרוּ בּוֹ מִשּׁוּם אוֹכֵל דָּם פָּטוּר. שֶׁאֵין חַיָּבִין אֶלָּא עַל דַּם בְּהֵמָה חַיָּה וָעוֹף:

יא. כָּל הַשִּׁעוּרִין וּמַחְלְקוֹתָם הֲלָכָה לְמֹשֶׁה מִסִּינַי:

יב. הָאוֹכֵל כְּזַיִת מִשֶּׁרֶץ הַמַּיִם לוֹקֶה מִן הַתּוֹרָה שֶׁנֶּאֱמַר (ויקרא יא מג) "אַל תְּשַׁקְּצוּ אֶת נַפְשֹׁתֵיכֶם בְּכָל הַשֶּׁרֶץ הַשֹּׁרֵץ וְלֹא תִטַּמְּאוּ בָּהֶם". הֲרֵי כָּלַל בְּלָאו זֶה שֶׁרֶץ הָאָרֶץ וְשֶׁרֶץ הָעוֹף וְשֶׁרֶץ הַמַּיִם. אֵי זֶהוּ שֶׁרֶץ הַמַּיִם אֵלּוּ הַבְּרִיּוֹת הַקְּטַנּוֹת כְּמוֹ הַתּוֹלָעִים וְהָעֲלוּקָה שֶׁבַּמַּיִם וְהַבְּרִיּוֹת הַגְּדוֹלוֹת בְּיוֹתֵר שֶׁהֵן חַיּוֹת הַיָּם. כְּלָלוֹ שֶׁל דָּבָר כָּל שֶׁאֵינוֹ בְּצוּרַת הַדָּגִים לֹא דָּג טָמֵא וְלֹא דָּג טָהוֹר כְּגוֹן כֶּלֶב הַמַּיִם וְהַדַּלְפוֹן וְהַצְּפַרְדֵּעַ וְכַיּוֹצֵא בָּהֶן:

יג. אֵלּוּ הַמִּינִין שֶׁנִּבְרָאִין בָּאַשְׁפּוֹת וּבְגוּפֵי הַנְּבֵלוֹת כְּגוֹן רִמָּה וְתוֹלַעַת וְכַיּוֹצֵא בָּהֶן שֶׁאֵינָן נִבְרָאִין מִזָּכָר וּנְקֵבָה אֶלָּא מִן הַגְּלָלִים שֶׁהִסְרִיחוּ וְכַיּוֹצֵא בָּהֶן הֵן הַנִּקְרָאִין רוֹמֵשׂ עַל הָאָרֶץ. וְהָאוֹכֵל מֵהֶן כְּזַיִת לוֹקֶה שֶׁנֶּאֱמַר (ויקרא יא מד) "וְלֹא תְטַמְּאוּ אֶת נַפְשֹׁתֵיכֶם בְּכָל הַשֶּׁרֶץ הָרֹמֵשׂ עַל הָאָרֶץ" וְאַף עַל פִּי שֶׁאֵין פָּרִין וְרָבִין. אֲבָל (ויקרא יא מא מב) "הַשֶּׁרֶץ הַשּׁוֹרֵץ עַל הָאָרֶץ" הוּא שֶׁפָּרֶה וְרָבֶה מִזָּכָר וּנְקֵבָה:

יד. אֵלּוּ הַמִּינִין הַנִּבְרָאִין בְּפֵרוֹת וּבְמַאֲכָלוֹת אִם פֵּרְשׁוּ וְיָצְאוּ לָאָרֶץ אַף עַל פִּי שֶׁחָזְרוּ לְתוֹךְ הָאֹכֶל מִי שֶׁאֲכַל מֵהֶן כְּזַיִת לוֹקֶה שֶׁנֶּאֱמַר (ויקרא יא מב) "לְכָל הַשֶּׁרֶץ הַשֹּׁרֵץ עַל הָאָרֶץ" לֶאֱסֹר אֵלּוּ שֶׁפֵּרְשׁוּ לָאָרֶץ. אֲבָל אִם לֹא פֵּרְשׁוּ מֻתָּר לֶאֱכֹל הַפְּרִי וְהַתּוֹלַעַת שֶׁבְּתוֹכוֹ:

טו. בַּמֶּה דְּבָרִים אֲמוּרִים שֶׁהִתְלִיעַ הָאֹכֶל אַחַר שֶׁנֶּעֱקַר מִן הָאָרֶץ. אֲבָל אִם הִתְלִיעַ וְהוּא מְחֻבָּר. אוֹתָהּ הַתּוֹלַעַת אֲסוּרָה כְּאִלּוּ פֵּרְשָׁה לָאָרֶץ שֶׁעַל הָאָרֶץ נִבְרֵאת וְלוֹקִין עָלֶיהָ. וְאִם סָפֵק אֲסוּרָה. לְפִיכָךְ כָּל מִינֵי פֵּרוֹת שֶׁדַּרְכָּן לְהַתְלִיעַ כְּשֶׁהֵן מְחֻבָּרִין לֹא יֹאכַל עַד שֶׁיִּבְדֹּק הַפְּרִי מִתּוֹכוֹ שֶׁמָּא יֵשׁ בּוֹ תּוֹלַעַת. וְאִם שָׁהָה הַפְּרִי אַחַר שֶׁנֶּעֱקַר שְׁנֵים עָשָׂר חֹדֶשׁ אוֹכֵל בְּלֹא בְּדִיקָה שֶׁאֵין תּוֹלַעַת שֶׁבּוֹ מִתְקַיֶּמֶת שְׁנֵים עָשָׂר חֹדֶשׁ:

טז. פֵּרְשׁוּ לָאֲוִיר וְלֹא נָגְעוּ לָאָרֶץ. אוֹ שֶׁפֵּרְשׁוּ מִקְצָתָן לָאָרֶץ. אוֹ שֶׁפֵּרְשׁוּ אַחַר שֶׁמֵּתוּ. אוֹ שֶׁנִּמְצֵאת תּוֹלַעַת עַל הַגַּרְעִינָה מִבִּפְנִים. אוֹ שֶׁיָּצְאוּ מִתּוֹךְ הָאֹכֶל לְתוֹךְ אֹכֶל אַחֵר. כָּל אֵלּוּ אֲסוּרִין מִסָּפֵק וְאֵין לוֹקִין עֲלֵיהֶן:

יז. תּוֹלַעַת הַנִּמְצֵאת בִּמְעֵי הַדָּגִים וּבַמֹּחַ שֶׁבְּרֹאשׁ הַבְּהֵמָה

224 SEFER KEDUSHAH

וְהַנִּמְצֵאת בַּבָּשָׂר אֲסוּרָה. אֲבָל דָּג מָלִיחַ שֶׁהִתְלִיעַ הֲרֵי הַתּוֹלַעַת שֶׁבּוֹ מֻתֶּרֶת. שֶׁהֵן כְּפֵרוֹת שֶׁהִתְלִיעוּ אַחַר שֶׁנֶּעֶקְרוּ מִן הָאָרֶץ שֶׁמֻּתָּר לְאָכְלָן כֻּלָּן כְּאַחַת בַּתּוֹלַעַת שֶׁבְּתוֹכָן. וְכֵן הַמַּיִם שֶׁבַּכֵּלִים שֶׁהִשְׁרִיצוּ הֲרֵי אוֹתָן שְׁרָצִים מֻתָּר לִשְׁתּוֹתָן עִם הַמַּיִם שֶׁנֶּאֱמַר (ויקרא יא ט) "וְכָל אֲשֶׁר לוֹ סְנַפִּיר וְקַשְׂקֶשֶׂת בַּמַּיִם בַּיַּמִּים וּבַנְּחָלִים אֹתָם תֹּאכֵלוּ". כְּלוֹמַר בַּמַּיִם וּבַיַּמִּים וּבַנְּחָלִים הוּא שֶׁאַתָּה אוֹכֵל אֶת שֶׁיֵּשׁ לוֹ וְאֵין אַתָּה אוֹכֵל אֶת שֶׁאֵין לוֹ. אֲבָל בְּכֵלִים בֵּין שֶׁיֵּשׁ לוֹ בֵּין שֶׁאֵין לוֹ מֻתָּר:

יח. שֶׁרֶץ הַמַּיִם הַנִּבְרָא בְּבוֹרוֹת וּבְשִׁיחִין וּבִמְעָרוֹת הוֹאִיל וְאֵינָן מַיִם נוֹבְעִין וַהֲרֵי הֵן עֲצוּרִים הֲרֵי הֵן כְּמַיִם שֶׁבְּכֵלִים וּמֻתָּר. וְשׁוֹחֶה וְשׁוֹתֶה וְאֵינוֹ נִמְנָע וְאַף עַל פִּי שֶׁבּוֹלֵעַ בִּשְׁעַת שְׁתִיָּה מֵאוֹתָן הַשְּׁרָצִים הַדַּקִּים:

יט. בַּמֶּה דְּבָרִים אֲמוּרִים שֶׁלֹּא פָּרְשׁוּ מִמְּקוֹם בְּרִיָּתָן. אֲבָל אִם פֵּרַשׁ הַשֶּׁרֶץ אַף עַל פִּי שֶׁחָזַר לְתוֹךְ הַכְּלִי אוֹ לְתוֹךְ הַבּוֹר אָסוּר. פָּרַשׁ לְדָפְנֵי הֶחָבִית וְחָזַר וְנָפַל לְתוֹךְ הַמַּיִם אוֹ לְתוֹךְ הַשֵּׁכָר מֻתָּר. וְכֵן אִם פָּרַשׁ לְדָפְנֵי הַבּוֹר אוֹ הַמְּעָרָה וְחָזַר לַמַּיִם מֻתָּר:

כ. הַמְסַנֵּן אֶת הַיַּיִן אוֹ אֶת הַחֹמֶץ אוֹ אֶת הַשֵּׁכָר וְאָכַל אֶת הַיַּבְחוּשִׁים אוֹ אֶת הַיַּתּוּשִׁין וְהַתּוֹלָעוֹת שֶׁסִּנֵּן לוֹקֶה מִשּׁוּם שֶׁרֶץ הַמַּיִם אוֹ מִשּׁוּם שֶׁרֶץ הָעוֹף (וְשֶׁרֶץ הַמַּיִם) אֲפִלּוּ חָזַר לַכְּלִי אַחֵר שֶׁסִּנְּנָן שֶׁהֲרֵי פָּרְשׁוּ מִמְּקוֹם בְּרִיָּתָן. אֲבָל אִם לֹא סִנְּנָן שׁוֹתֶה וְאֵינוֹ נִמְנָע כְּמוֹ שֶׁפֵּרַשְׁנוּ:

כא. זֶה שֶׁאָמַרְנוּ בְּפֶרֶק זֶה הָאוֹכֵל כְּזַיִת. כְּשֶׁאָכַל כְּזַיִת מִבְּרִיָּה גְּדוֹלָה אוֹ שֶׁצֵּרֵף מְעַט מִבְּרִיָּה זוֹ וּמְעַט מִבְּרִיָּה זוֹ שֶׁבְּמִינָהּ עַד שֶׁיֹּאכַל כְּזַיִת. אֲבָל הָאוֹכֵל בְּרִיָּה טְמֵאָה בִּפְנֵי עַצְמָהּ כֻּלָּהּ הֲרֵי זֶה לוֹקֶה מִן הַתּוֹרָה. וַאֲפִלּוּ הָיְתָה פְּחוּתָה מִן הַחַרְדָּל. בֵּין שֶׁאֲכָלָהּ מֵתָה בֵּין שֶׁאֲכָלָהּ חַיָּה. וַאֲפִלּוּ סָרְחָה הַבְּרִיָּה וְנִשְׁתַּנֵּית צוּרָתָהּ הוֹאִיל וַאֲכָלָהּ כֻּלָּהּ לוֹקֶה:

כב. נְמָלָה שֶׁחֲסֵרָה אֲפִלּוּ אַחַת מֵרַגְלֶיהָ אֵינוֹ לוֹקֶה עָלֶיהָ אֶלָּא בִּכְזַיִת. לְפִיכָךְ הָאוֹכֵל זְבוּב שָׁלֵם אוֹ יַתּוּשׁ שָׁלֵם בֵּין חַי וּבֵין מֵת לוֹקֶה מִשּׁוּם שֶׁרֶץ הָעוֹף:

כג. הֲרֵי שֶׁהָיְתָה הַבְּרִיָּה מִשֶּׁרֶץ הָעוֹף וּמִשֶּׁרֶץ הַמַּיִם וּמִשֶּׁרֶץ הָאָרֶץ כְּגוֹן שֶׁהָיוּ לָהּ כְּנָפַיִם וְהִיא מְהַלֶּכֶת עַל הָאָרֶץ כִּשְׁאָר שְׁרָצִים וְהָיְתָה רָבָה בַּמַּיִם וַאֲכָלָהּ לוֹקֶה שָׁלֹשׁ מַלְקִיּוֹת. וְאִם הָיְתָה יֶתֶר עַל זֶה מִן הַמִּינִין שֶׁנִּבְרְאוּ בְּפֵרוֹת לוֹקֶה עָלֶיהָ אַרְבַּע מַלְקִיּוֹת. וְאִם הָיְתָה מִן הַמִּינִין שֶׁפָּרִין וְרָבִין לוֹקֶה חָמֵשׁ. וְאִם הָיְתָה מִכְּלַל עוֹף טָמֵא יֶתֶר עַל הֱיוֹתָהּ מִשֶּׁרֶץ הָעוֹף לוֹקֶה עָלֶיהָ שֵׁשׁ מַלְקִיּוֹת. מִשּׁוּם עוֹף טָמֵא. וּמִשּׁוּם שֶׁרֶץ הָעוֹף. וּמִשּׁוּם שֶׁרֶץ הָאָרֶץ. וּמִשּׁוּם שֶׁרֶץ הַמַּיִם. וּמִשּׁוּם רוֹמֵשׂ עַל הָאָרֶץ. וּמִשּׁוּם תּוֹלַעַת הַפֵּרוֹת. בֵּין שֶׁאֲכָלָהּ כֻּלָּהּ בֵּין שֶׁאָכַל מִמֶּנָּה כְּזַיִת. לְפִיכָךְ הָאוֹכֵל נְמָלָה הַפּוֹרַחַת הַגְּדֵלָה בַּמַּיִם לוֹקֶה חָמֵשׁ מַלְקִיּוֹת:

כד. רִסֵּק נְמָלִים וְהֵבִיא אַחַת שְׁלֵמָה וְצֵרְפָהּ לְאֵלּוּ שֶׁנִּתְרַסְּקוּ וְנַעֲשָׂה הַכֹּל כְּזַיִת וַאֲכָלוֹ לוֹקֶה שֵׁשׁ מַלְקִיּוֹת. חָמֵשׁ מִשּׁוּם הַנְּמָלָה הָאַחַת וְאַחַת מִשּׁוּם כְּזַיִת מִנִּבְלַת הַטְּמֵאִים:

Perek 3

Products of forbidden species of animals e.g. milk and eggs.

The products of non-kosher animals are also forbidden by Scriptural Law but punishment is not *malkot*. It is like eating ½ the measure of a forbidden item. The punishment is *makat mardut* (whip).

E.g. milk and eggs of non-kosher animal.

However, honey is allowed because it is just a collection from flowers in its mouth.

Another exception is milk from a human being.

Cheese – non-kosher milk does not solidify. I.e. it does not form cheese. (And one should therefore be allowed to eat cheese made by gentiles.)

However, *Derabanan* all cheese made by gentiles are forbidden.

Butter – similarly, non-kosher milk does not form butter etc.

SIGNS OF *KOSHER* AND NON-*KOSHER* EGGS.

A *kosher* egg is:

- Pointed on one side and rounded on the other
- White is on the outside and yoke on inside
- Still must enquire which species it comes from because not all eggs with these signs are kosher

Fish eggs – same as fowl eggs

פרק ג׳

א. כָּל מַאֲכָל הַיּוֹצֵא מִמִּין מִן הַמִּינִין הָאֲסוּרִין שֶׁלּוֹקִין עַל אֲכִילָתָן הֲרֵי אוֹתוֹ הַמַּאֲכָל אָסוּר בַּאֲכִילָה מִן הַתּוֹרָה. כְּגוֹן חֲלֵב בְּהֵמָה וְחַיָּה הַטְּמֵאִים וּבֵיצֵי עוֹף וְדָג הַטְּמֵאִים שֶׁנֶּאֱמַר (ויקרא יא טז) (דברים יד טו) "וְאֵת בַּת הַיַּעֲנָה" זוֹ בֵּיצָתָהּ. וְהוּא הַדִּין לְכָל הָאָסוּר כְּיַעֲנָה וּלְכָל הַדְּבָרִים הַדּוֹמִין לְבֵיצָה:

ב. חֲלֵב הָאָדָם מֻתָּר בַּאֲכִילָה אַף עַל פִּי שֶׁבְּשַׂר הָאָדָם אָסוּר בַּאֲכִילָה. וּכְבָר בֵּאַרְנוּ שֶׁהוּא בַּעֲשֵׂה:

ג. דְּבַשׁ דְּבוֹרִים וּדְבַשׁ צְרָעִים מֻתָּר מִפְּנֵי שֶׁאֵינוֹ מִתַּמְצִית גּוּפָן אֶלָּא כּוֹנְסִין אוֹתוֹ מִן הָעֲשָׂבִים בְּתוֹךְ פִּיהֶן וּמְקִיאִין אוֹתוֹ בַּכַּוֶּרֶת כְּדֵי שֶׁיִּמְצְאוּ אוֹתוֹ לֶאֱכֹל מִמֶּנּוּ בִּימוֹת הַגְּשָׁמִים:

ד. אַף עַל פִּי שֶׁחֲלֵב אָדָם מֻתָּר אָסְרוּ חֲכָמִים לְגָדוֹל לִינֹק אוֹתוֹ מִן הַשָּׁדַיִם אֶלָּא חוֹלֶבֶת אִשָּׁה לְתוֹךְ הַכְּלִי וְשׁוֹתֶה. וְגָדוֹל שֶׁיָּנַק מִן הַשָּׁד כְּיוֹנֵק שֶׁרֶץ וּמַכִּין אוֹתוֹ מַכַּת מַרְדּוּת:

ה. יוֹנֵק תִּינוֹק וְהוֹלֵךְ אֲפִלּוּ אַרְבַּע אוֹ חָמֵשׁ שָׁנִים. וְאִם גְּמָלוּהוּ וּפָרַשׁ שְׁלֹשָׁה יָמִים אוֹ יֶתֶר מֵחֲמַת בֻּרְיוֹ לֹא מֵחֲמַת חָלְיוֹ אֵינוֹ חוֹזֵר וְיוֹנֵק. וְהוּא שֶׁגְּמָלוּהוּ אַחַר כ״ד חֹדֶשׁ. אֲבָל בְּתוֹךְ זְמַן זֶה אֲפִלּוּ גְּמָלוּהוּ חֹדֶשׁ אוֹ שְׁנַיִם מֻתָּר לַחֲזֹר וְלִינֹק עַד סוֹף כ״ד חֹדֶשׁ:

ו. אַף עַל פִּי שֶׁחֲלֵב בְּהֵמָה טְמֵאָה וּבֵיצֵי עוֹף טָמֵא אֲסוּרִין מִן הַתּוֹרָה אֵין לוֹקִין עֲלֵיהֶם שֶׁנֶּאֱמַר (ויקרא יא ח) (דברים יד ח) "מִבְּשָׂרָם לֹא תֹאכֵלוּ" עַל הַבָּשָׂר הוּא לוֹקֶה וְאֵינוֹ לוֹקֶה. עַל הַבֵּיצָה וְעַל הֶחָלָב. וַהֲרֵי הָאוֹכֵל אוֹתָן כְּאוֹכֵל חֲצִי שִׁעוּר שֶׁהוּא אָסוּר מִן הַתּוֹרָה וְאֵינוֹ לוֹקֶה אֲבָל מַכִּין אוֹתוֹ מַכַּת מַרְדּוּת:

ז. יֵרָאֶה לִי שֶׁהָאוֹכֵל בֵּיצֵי דָּגִים טְמֵאִים הַנִּמְצָאִים בִּמְעֵיהֶם כְּאוֹכֵל קִרְבֵי דָּגִים טְמֵאִים וְלוֹקֶה מִן הַתּוֹרָה. וְכֵן בֵּיצֵי הָעוֹף הַטָּמֵא הַתְּלוּיוֹת בְּאֶשְׁכּוֹל שֶׁעֲדַיִן לֹא פָּרְשׁוּ וְנִגְמְרוּ. הָאוֹכֵל אוֹתָן לוֹקֶה כְּאוֹכֵל בְּנֵי מֵעַיִם שֶׁלָּהֶן:

ח. בֵּיצַת עוֹף טָמֵא שֶׁהִתְחִיל הָאֶפְרוֹחַ לְהִתְרַקֵּם בָּהּ וַאֲכָלוֹ לוֹקֶה מִשּׁוּם אוֹכֵל שֶׁרֶץ הָעוֹף. אֲבָל בֵּיצַת הָעוֹף טָהוֹר שֶׁהִתְחִיל הָאֶפְרוֹחַ לְהִתְרַקֵּם בָּהּ וַאֲכָלָהּ מַכִּין אוֹתוֹ מַכַּת מַרְדּוּת:

ט. נִמְצָא עָלֶיהָ קֹרֶט דָּם. אִם עַל הַחֶלְבּוֹן זוֹרֵק אֶת הַדָּם וְאוֹכֵל אֶת הַשְּׁאָר. וְאִם עַל הַחֶלְמוֹן אֲסוּרָה כֻּלָּהּ. בֵּיצָה הַמּוּזֶרֶת הַנֶּפֶשׁ הַיָּפָה תֹּאכְלֶנָּה:

י. אֶפְרוֹחַ שֶׁנּוֹלַד אַף עַל פִּי שֶׁלֹּא נִתְפַּתְּחוּ עֵינָיו מֻתָּר לְאָכְלוֹ. בְּהֵמָה טְהוֹרָה שֶׁנִּטְרְפָה חֲלָבָהּ אָסוּר כַּחֲלֵב בְּהֵמָה טְמֵאָה. וְכֵן בֵּיצַת עוֹף טָהוֹר שֶׁנִּטְרַף כְּבֵיצַת עוֹף טָמֵא וְאָסוּר:

יא. אֶפְרוֹחַ שֶׁנּוֹלַד מִבֵּיצַת טְרֵפָה מֻתָּר שֶׁאֵין מִינוֹ טָמֵא. הָיָה הָעוֹף סְפֵק טְרֵפָה כָּל הַבֵּיצִים שֶׁתֵּלֵד בַּעֲרֵמָה רִאשׁוֹנָה מַשְׁהִין אוֹתָן. אִם טָעֲנָה עֲרֵמָה שְׁנִיָּה וְהִתְחִילָה לֵילֵד הֻתְּרוּ הָרִאשׁוֹנוֹת שֶׁאִם הָיְתָה טְרֵפָה לֹא הָיְתָה יוֹלֶדֶת עוֹד. וְאִם לֹא יָלְדָה הֲרֵי הֵן אֲסוּרוֹת:

יב. חֲלֵב בְּהֵמָה טְמֵאָה אֵינוֹ נִקְפֶּה וְעוֹמֵד כַּחֲלֵב הַטְּהוֹרָה. וְאִם נִתְעָרֵב חֲלֵב טְמֵאָה בַּחֲלֵב בְּהֵמָה טְהוֹרָה כְּשֶׁתַּעֲמִיד אוֹתוֹ יַעֲמוֹד חֲלֵב הַטְּהוֹרָה וְיֵצֵא חֲלֵב הַטְּמְאָה עִם הַקּוֹס שֶׁל גְּבִינָה:

יג. וּמִפְּנֵי זֶה יִתֵּן הַדִּין שֶׁכָּל חָלָב הַנִּמְצָא בְּיַד עַכּוּ״ם אָסוּר שֶׁמָּא עֵרֵב בּוֹ חֲלֵב בְּהֵמָה טְמֵאָה. וּגְבִינַת הָעַכּוּ״ם מֻתֶּרֶת שֶׁאֵין חֲלֵב בְּהֵמָה טְמֵאָה מִתְגַּבֵּן. אֲבָל בִּימֵי חַכְמֵי מִשְׁנָה גָּזְרוּ עַל גְּבִינַת הָעַכּוּ״ם וַאֲסָרוּם מִפְּנֵי שֶׁמַּעֲמִידִין אוֹתָהּ בְּעוֹר קֵבָה שֶׁל שְׁחִיטָתָן שֶׁהִיא נְבֵלָה. וְאִם תֹּאמַר וַהֲלֹא עוֹר הַקֵּבָה דָּבָר קָטָן הוּא עַד מְאֹד בֶּחָלָב שֶׁעָמַד בּוֹ וְלָמָּה לֹא יִבָּטֵל בְּמִעוּטוֹ. מִפְּנֵי שֶׁהוּא הַמַּעֲמִיד הַגְּבִינָה. וְהוֹאִיל וְדָבָר הָאָסוּר הוּא שֶׁהֶעֱמִיד הֲרֵי הַכֹּל אָסוּר כְּמוֹ שֶׁיִּתְבָּאֵר:

יד. גְּבִינָה שֶׁמַּעֲמִידִין אוֹתָהּ הָעַכּוּ״ם בַּעֲשָׂבִים אוֹ בְּמֵי פֵּרוֹת כְּגוֹן שְׂרַף הַתְּאֵנִים וַהֲרֵי הֵן נִכָּרִין בַּגְּבִינָה הוֹרוּ מִקְּצָת הַגְּאוֹנִים שֶׁהִיא אֲסוּרָה. שֶׁכְּבָר גָּזְרוּ עַל כָּל גְּבִינַת הָעַכּוּ״ם בֵּין שֶׁהֶעֱמִידוּהָ בְּדָבָר אָסוּר בֵּין שֶׁהֶעֱמִידוּהָ בְּדָבָר הַמֻּתָּר גְּזֵרָה מִשּׁוּם שֶׁמַּעֲמִידִין אוֹתָהּ בְּדָבָר הָאָסוּר:

טו. הָאוֹכֵל גְּבִינַת הָעַכּוּ"ם אוֹ חָלָב שֶׁחֲלָבוֹ עַכּוּ"ם וְאֵין יִשְׂרָאֵל רוֹאֵהוּ מַכִּין אוֹתוֹ מַכַּת מַרְדּוּת. הַחֶמְאָה שֶׁל עַכּוּ"ם מִקְצָת הַגְּאוֹנִים הִתִּירוּהָ שֶׁהֲרֵי לֹא גָּזְרוּ עַל הַחֶמְאָה וַחֲלֵב הַטְּמֵאָה אֵינוֹ עוֹמֵד. וּמִקְצָת הַגְּאוֹנִים אֲסָרוּהָ מִפְּנֵי צַחְצוּחֵי חָלָב שֶׁיִּשָּׁאֵר בָּהּ. שֶׁהֲרֵי הַקּוֹם שֶׁבַּחֶמְאָה אֵינוֹ מְעֹרָב עִם הַחֶמְאָה כְּדֵי שֶׁיִּבָּטֵל בְּמִעוּטוֹ. וְכָל חָלָב שֶׁלָּהֶן חוֹשְׁשִׁין לוֹ שֶׁמָּא עֵרְבוּ בּוֹ חֲלֵב בְּהֵמָה טְמֵאָה:

טז. יֵרָאֶה לִי שֶׁאִם לָקַח חֶמְאָה מִן הָעַכּוּ"ם וּבִשְּׁלָהּ עַד שֶׁהָלְכוּ לָהֶן צַחְצוּחֵי חָלָב הֲרֵי זוֹ מֻתֶּרֶת. שֶׁאִם תֹּאמַר נִתְעָרְבוּ עִמָּן וְנִתְבַּשְּׁלוּ כֻּלָּן בָּטְלוּ בְּמִעוּטָם. אֲבָל הַחֶמְאָה שֶׁבִּשְּׁלוּ אוֹתָהּ עַכּוּ"ם אֲסוּרָה מִשּׁוּם גִּעוּלֵי עַכּוּ"ם כְּמוֹ שֶׁיִּתְבָּאֵר:

יז. יִשְׂרָאֵל שֶׁיָּשַׁב בְּצַד הָעֵדֶר שֶׁל נָכְרִי וּבָא הַנָּכְרִי וְהֵבִיא לוֹ חָלָב מִן הָעֵדֶר אַף עַל פִּי שֶׁיֵּשׁ בָּעֵדֶר בְּהֵמָה טְמֵאָה הֲרֵי זוֹ מֻתָּר. וְאַף עַל פִּי שֶׁלֹּא רָאָה אוֹתוֹ חוֹלֵב. וְהוּא שֶׁיָּכוֹל לִרְאוֹתוֹ כְּשֶׁהוּא חוֹלֵב כְּשֶׁיַּעֲמֹד. שֶׁהַנָּכְרִי מִתְיָרֵא לַחֲלֹב מִן הַטְּמֵאָה שֶׁמָּא יַעֲמֹד וְיִרְאֶה אוֹתוֹ:

יח. בֵּיצָה שֶׁשְּׁנֵי רָאשֶׁיהָ כַּדִּין אוֹ שֶׁשְּׁנֵי רָאשֶׁיהָ חַדִּין. אוֹ שֶׁהָיָה חֶלְמוֹן מִבַּחוּץ וְחֶלְבּוֹן מִבִּפְנִים בְּיָדוּעַ שֶׁהוּא בֵּיצַת עוֹף טָמֵא. רֹאשָׁהּ אֶחָד כַּד וְרֹאשָׁהּ אֶחָד חַד וְחֶלְבּוֹן מִבַּחוּץ וְחֶלְמוֹן מִבִּפְנִים. אֶפְשָׁר שֶׁהִיא בֵּיצַת עוֹף טָמֵא וְאֶפְשָׁר שֶׁהִיא בֵּיצַת עוֹף טָהוֹר. לְפִיכָךְ שׁוֹאֵל לַצַּיָּד יִשְׂרָאֵל שֶׁמּוֹכְרָהּ. אִם אָמַר לוֹ שֶׁל עוֹף פְּלוֹנִי הוּא וְעוֹף טָהוֹר הוּא סוֹמֵךְ עָלָיו. וְאִם אָמַר שֶׁל עוֹף טָהוֹר וְלֹא אָמַר לוֹ שְׁמוֹ אֵינוֹ סוֹמֵךְ עָלָיו:

יט. לְפִיכָךְ אֵין לוֹקְחִים בֵּיצִים מִן הָעַכּוּ"ם אֶלָּא אִם הָיָה מַכִּיר אוֹתָן וְיֵשׁ לוֹ בָּהֶן טְבִיעוּת עַיִן שֶׁהֵן בֵּיצֵי עוֹף פְּלוֹנִי הַטָּהוֹר. וְאֵין חוֹשְׁשִׁין לָהֶן שֶׁמָּא הֵן בֵּיצֵי טְרֵפָה אוֹ בֵּיצֵי נְבֵלָה. וְאֵין לוֹקְחִין מִן הָעַכּוּ"ם בֵּיצָה טְרוּפָה כְּלָל:

כ. בֵּיצֵי דָּגִים סִימָנֵיהֶם כְּסִימָנֵי בֵּיצֵי הָעוֹף. אִם הָיוּ שְׁנֵי רָאשֶׁיהָ כַּדִּין אוֹ חַדִּין טְמֵאָה. אֶחָד כַּד וְאֶחָד חַד שׁוֹאֵל לְיִשְׂרְאֵלִי הַמּוֹכֵר. אִם אָמַר לוֹ אֲנִי מְלַחְתִּים וְהוֹצֵאתִים מִדָּג טָהוֹר אוֹכֵל עַל פִּיו. וְאִם אָמַר לוֹ טְהוֹרִין הֵם אֵינוֹ נֶאֱמָן אֶלָּא אִם כֵּן הָיָה אָדָם שֶׁהֻחְזַק בְּכַשְׁרוּת:

כא. וְכֵן אֵין לוֹקְחִין גְּבִינָה וַחֲתִיכַת דָּג שֶׁאֵין בָּהּ סִימָן אֶלָּא מִיִּשְׂרְאֵלִי שֶׁהֻחְזַק בְּכַשְׁרוּת. אֲבָל בְּאֶרֶץ יִשְׂרָאֵל כְּשֶׁהָיְתָה רֻבָּהּ יִשְׂרָאֵל לוֹקְחִין מִכָּל יִשְׂרְאֵלִי שֶׁבָּהּ. וְהֶחָלָב לוֹקְחִין אוֹתוֹ מִכָּל יִשְׂרָאֵל מִכָּל מָקוֹם:

כב. הַכּוֹבֵשׁ דָּגִים טְמֵאִים צִירָן אָסוּר. אֲבָל צִיר חֲגָבִים טְמֵאִים מֻתָּר מִפְּנֵי שֶׁאֵין בָּהֶם לַחְלוּחִית. לְפִיכָךְ אֵין לוֹקְחִין צִיר מִן הָעַכּוּ"ם אֶלָּא אִם כֵּן הָיָה בּוֹ דָּג טָהוֹר מְשׁוֹטֵט בּוֹ אֲפִלּוּ דָּג אֶחָד:

כג. עַכּוּ"ם שֶׁהֵבִיא עֲרֵבָה מְלֵאָה חָבִיּוֹת פְּתוּחוֹת שֶׁל צִיר וְדָג אֶחָד טָהוֹר בְּאַחַת מֵהֶם כֻּלָּן מֻתָּרוֹת. הָיוּ סְתוּמוֹת פָּתַח אַחַת וְנִמְצָא בָּהּ דָּג טָהוֹר שְׁנִיָּה וְנִמְצָא בָּהּ טָהוֹר כֻּלָּן מֻתָּרוֹת. וְהוּא שֶׁיִּהְיֶה רֹאשׁוֹ שֶׁל דָּג וּשְׁדֵרוֹ קַיָּם כְּדֵי שֶׁיְּהֵא נִכָּר שֶׁהוּא דָּג טָהוֹר. לְפִיכָךְ אֵין לוֹקְחִין דָּגִים מְרוּצָּצִין מְלוּחִין מִן הָעַכּוּ"ם וְהֵם הַנִּקְרָאִים טָרִית טְרוּפָה. וְאִם הָיָה רֹאשׁ הַדָּג וּשְׁדֵרוֹ נִכָּר אַף עַל פִּי שֶׁהוּא מְרוּצָּץ מֻתָּר לִקַּח אוֹתוֹ מִן הָעַכּוּ"ם:

כד. עַכּוּ"ם שֶׁהֵבִיא גָּרָב שֶׁל חֲתִיכוֹת דָּג שֶׁחִתּוּכָן שָׁוֶה וְהֵן נִכָּרִין שֶׁכֻּלָּן מִדָּג אֶחָד וּמָצָא בַּחֲתִיכָה אַחַת מֵהֶן קַשְׂקַשִּׂין הֲרֵי כֻּלָּן מֻתָּרוֹת:

Perek 4

Nevelah, Trefah and *Shor Haniskal*

Not to eat *nevelah*[13]

Animals, (domesticated or wild beasts) or fowl which died without slaughter, or were not slaughtered properly, are called *nevelah*.

Non-kosher animals are forbidden anyway, and so the law of *nevelah* does not apply. The stillborn foetus of a kosher animal is regarded a *nevelah*.

Measure of eating for liability is a *kezayit*.

Punishment for transgression is *malkot*.

HILCHOT MAACHALOT ASSUROT · PEREK 4 227

Reminder:
Pack on Impurity of *Nevelah*

Not to eat *trefah*[14]

Trefah refers to an animal which was mortally wounded but did not die. (I.e. kosher domesticated or wild animal or a kosher fowl)

Liability comes from eating a *kezayit*.

Punishment for transgression is *malkot.*

A sick animal is not regarded as *trefah.* When an animal is slaughtered, it usually gives a convulsive movement. The convulsion takes place at the end of the *shechitah*. The measure of the convulsion varies for different animals. Once the correct convulsion takes place, the animal is permitted for eating even it was very sick. If not, it would be regarded as a *nevelah*. A healthy animal does not need to give a convulsive movement to be kosher.

Not to eat *shor haniskal* (an ox which has been stoned)[15]

The ox becomes forbidden from the time that sentence has been passed. Even if one slaughtered it in an acceptable manner after sentencing, the meat would be forbidden for eating.

Liability occurs after eating a *kezayit*.

Punishment is *malkot.*

פרק ד׳

א. הָאוֹכֵל כְּזַיִת מִבְּשַׂר בְּהֵמָה שֶׁמֵּתָה אוֹ חַיָּה שֶׁמֵּתָה אוֹ עוֹף שֶׁמֵּת לוֹקֶה שֶׁנֶּאֱמַר (דברים יד כא) ״לֹא תֹאכְלוּ כָל נְבֵלָה״. וְכָל שֶׁלֹּא נִשְׁחֲטָה כָּרָאוּי הֲרֵי זוֹ מֵתָה. וּבְהִלְכוֹת הַשְּׁחִיטָה יִתְבָּאֵר הַשְּׁחִיטָה שֶׁהִיא כָּרָאוּי וְשֶׁאֵינָהּ כָּרָאוּי:

ב. אֵין אָסוּר מִשּׁוּם נְבֵלָה אֶלָּא מִינִים טְהוֹרִים בִּלְבַד מִפְּנֵי שֶׁהֵן רְאוּיִין לִשְׁחִיטָה וְאִם נִשְׁחֲטוּ שְׁחִיטָה כְּשֵׁרָה יִהְיוּ מֻתָּרִין בַּאֲכִילָה. אֲבָל מִינִין טְמֵאִין שֶׁאֵין שְׁחִיטָה מוֹעֶלֶת בָּהֶן בֵּין שֶׁנִּשְׁחֲטָה כָּרָאוּי בֵּין שֶׁמֵּתָה כְּדַרְכָּהּ בֵּין שֶׁחָתַךְ בָּשָׂר מִן הַחַי מִמֶּנָּה וַאֲכָלוֹ אֵינוֹ לוֹקֶה מִשּׁוּם נְבֵלָה וּטְרֵפָה אֶלָּא מִשּׁוּם אוֹכֵל בְּשַׂר טְמֵאָה:

ג. הָאוֹכֵל עוֹף טָהוֹר חַי כָּל שֶׁהוּא לוֹקֶה מִשּׁוּם אוֹכֵל נְבֵלָה וְאַף עַל פִּי שֶׁאֵין בּוֹ כְּזַיִת הוֹאִיל וַאֲכָלוֹ כֻּלּוֹ. וְאִם אֲכָלוֹ אַחַר שֶׁמֵּת עַד שֶׁיִּהְיֶה בּוֹ כְּזַיִת. וְאַף עַל פִּי שֶׁאֵין בְּכֻלּוֹ בָּשָׂר כְּזַיִת הוֹאִיל וְיֵשׁ בְּכֻלּוֹ כְּזַיִת חַיָּב עָלָיו מִשּׁוּם נְבֵלָה:

ד. הָאוֹכֵל כְּזַיִת מִבְּשַׂר נֵפֶל בְּהֵמָה טְהוֹרָה לוֹקֶה מִשּׁוּם אוֹכֵל נְבֵלָה. וְאָסוּר לֶאֱכֹל מִן הַבְּהֵמָה שֶׁנּוֹלְדָה עַד לֵיל שְׁמִינִי שֶׁכָּל שֶׁלֹּא שָׁהָה שְׁמוֹנָה יָמִים בִּבְהֵמָה הֲרֵי זֶה כְּנֵפֶל. וְאֵין לוֹקִין עָלָיו. וְאִם נוֹדַע לוֹ שֶׁכָּלוּ לוֹ חֳדָשָׁיו בַּבֶּטֶן וְאַחַר כָּךְ נוֹלַד שֶׁהֵן תִּשְׁעָה חֳדָשִׁים לִבְהֵמָה גַּסָּה וַחֲמִשָּׁה לְדַקָּה הֲרֵי זֶה מֻתָּר בַּיּוֹם שֶׁנּוֹלַד:

ה. הַשִּׁלְיָא שֶׁיָּצָאת עִם הַוָּלָד אֲסוּרָה בַּאֲכִילָה וְהָאוֹכְלָהּ פָּטוּר שֶׁאֵינָהּ בָּשָׂר:

ו. הָאוֹכֵל כְּזַיִת מִבְּשַׂר בְּהֵמָה אוֹ חַיָּה אוֹ עוֹף טְהוֹרִים שֶׁנִּטְרְפוּ לוֹקֶה שֶׁנֶּאֱמַר (שמות כב ל) ״וּבָשָׂר בַּשָּׂדֶה טְרֵפָה לֹא תֹאכֵלוּ לַכֶּלֶב תַּשְׁלִכוּן אֹתוֹ״. טְרֵפָה הָאֲמוּרָה בַּתּוֹרָה זוֹ שֶׁטְּרָפָהּ אוֹתָהּ חַיַּת הַיַּעַר כְּגוֹן אֲרִי וְנָמֵר וְכַיּוֹצֵא בָּהֶן. וְכֵן עוֹף שֶׁטָּרַף אוֹתוֹ עוֹף הַדּוֹרֵס כְּגוֹן נֵץ וְכַיּוֹצֵא בּוֹ. וְאֵין אַתָּה יָכוֹל לוֹמַר שֶׁטְּרָפָהּ אוֹתָהּ וֶהֱמִיתָהּ אוֹתָהּ שֶׁאִם מֵתָה הֲרֵי הִיא נְבֵלָה. וּמַה לִּי מֵתָה מֵחֲמַת עַצְמָהּ אוֹ הִכָּה בְּסַיִף וֶהֱמִיתָהּ אוֹ שְׁבָרָהּ אֲרִי וֶהֱמִיתָהּ. הָא אֵינוֹ מְדַבֵּר אֶלָּא בְּשֶׁנִּטְרְפָה וְלֹא מֵתָה:

ז. וְאִם הַטְּרֵפָה שֶׁלֹּא מֵתָה אֲסוּרָה יָכוֹל אִם בָּא זְאֵב וְגָרַר הַגְּדִי בְּרַגְלוֹ אוֹ בִּזְנָבוֹ אוֹ בְּאָזְנוֹ וְרָדַף אָדָם וְהִצִּילוֹ מִפִּיו יִהְיֶה אָסוּר שֶׁהֲרֵי נִטְרַף תַּלְמוּד לוֹמַר (שמות כב ל) ״וּבָשָׂר בַּשָּׂדֶה טְרֵפָה״ וְגוֹ׳ (שמות כב ל) ״לַכֶּלֶב תַּשְׁלִיכוּן אֹתוֹ״. עַד שֶׁיַּעֲשֶׂה אוֹתָהּ בָּשָׂר הָרְאוּיָה לַכֶּלֶב. הָא לָמַדְתָּ שֶׁהַטְּרֵפָה

הָאֲמוּרָה בַּתּוֹרָה הִיא שֶׁטְּרָפָהּ אוֹתוֹ חַיַּת הַיַּעַר וְשָׁבְרָה אוֹתָהּ וְנָטָה לָמוּת וַעֲדַיִן לֹא מֵתָה. אַף עַל פִּי שֶׁקָּדַם וּשְׁחָטָהּ קֹדֶם שֶׁתָּמוּת הֲרֵי זוֹ אֲסוּרָה מִשּׁוּם טְרֵפָה הוֹאִיל וְאִי אֶפְשָׁר שֶׁתִּחְיֶה מִמַּכָּה זוֹ הַבָּאָה עָלֶיהָ:

ח. נִמְצֵאתָ לָמֵד שֶׁהַתּוֹרָה אָסְרָה הַמֵּתָה וְהִיא הַנְּבֵלָה. וְאָסְרָה הַנּוֹטָה לָמוּת מֵחֲמַת מַכּוֹתֶיהָ וְאַף עַל פִּי שֶׁעֲדַיִן לֹא מֵתָה וְהִיא הַטְּרֵפָה. וּכְשֵׁם שֶׁלֹּא תֵּחָלֵק בְּמִיתָה בֵּין מֵתָה מֵחֲמַת עַצְמָהּ בֵּין שֶׁנָּפְלָה וָמֵתָה בֵּין שֶׁחֲנָקָהּ עַד שֶׁמֵּתָה בֵּין שֶׁדְּרָסַתָּה חַיָּה וַהֲרָגַתָּה. כָּךְ לֹא תֵּחָלֵק בְּנוֹטָה לָמוּת בֵּין שֶׁטְּרָפַתָּה חַיָּה וּשְׁבָרַתָּה בֵּין שֶׁנָּפְלָה מִן הַגַּג וְנִשְׁתַּבְּרוּ רֹב צַלְעוֹתֶיהָ בֵּין שֶׁנָּפְלָה וְנִתְרַסְּקוּ אֵיבָרֶיהָ בֵּין שֶׁזָּרַק בָּהּ חֵץ וְנָקַב לִבָּהּ אוֹ רֵאָתָהּ בֵּין שֶׁבָּא לָהּ חֹלִי מֵחֲמַת עַצְמָהּ וְנָקַב לִבָּהּ אוֹ רֵאָתָהּ אוֹ שִׁבֵּר רֹב צַלְעוֹתֶיהָ וְכַיּוֹצֵא בָּהֶן. הוֹאִיל וְהִיא נוֹטָה לָמוּת מִכָּל מָקוֹם הֲרֵי זוֹ טְרֵפָה. בֵּין שֶׁהָיָה הַגּוֹרֵם בִּידֵי בָּשָׂר וָדָם בֵּין שֶׁהָיָה בִּידֵי שָׁמַיִם. אִם כֵּן לָמָּה נֶאֱמַר בַּתּוֹרָה (שמות כב ל) "טְרֵפָה". דִּבֵּר הַכָּתוּב בַּהֹוֶה. שֶׁאִם לֹא תֹּאמַר כֵּן לֹא תֵּאָסֵר אֶלָּא אוֹתָהּ שֶׁנִּטְרְפָה בַּשָּׂדֶה אֲבָל אִם נִטְרְפָה בֶּחָצֵר לֹא תֵּאָסֵר. הָא לָמַדְתָּ שֶׁאֵין הַכָּתוּב מְדַבֵּר אֶלָּא בַּהֹוֶה:

ט. וְעִנְיַן הַכָּתוּב שֶׁהַנּוֹטָה לָמוּת מֵחֲמַת מַכּוֹתֶיהָ וְאִי אֶפְשָׁר לָהּ לִחְיוֹת מֵחֲמַת מַכָּה זוֹ אֲסוּרָה. מִכָּאן אָמְרוּ חֲכָמִים זֶה הַכְּלָל כָּל שֶׁאֵין כָּמוֹהָ חַיָּה טְרֵפָה. וּבְהִלְכוֹת שְׁחִיטָה יִתְבָּאֵר אֵי זֶה חֹלִי עוֹשֶׂה אוֹתָהּ טְרֵפָה וְאֵי זֶה חֹלִי אֵין עוֹשֶׂה אוֹתָהּ טְרֵפָה:

י. וְכֵן הַחוֹתֵךְ בָּשָׂר מִן הַחַי מִן הַטְּהוֹרִים הֲרֵי אוֹתוֹ הַבָּשָׂר טְרֵפָה וְהָאוֹכֵל מִמֶּנּוּ כְּזַיִת לוֹקֶה מִשּׁוּם אוֹכֵל טְרֵפָה. שֶׁהֲרֵי בָּשָׂר זֶה מִבְּהֵמָה שֶׁלֹּא נִשְׁחֲטָה וְלֹא מֵתָה. מַה לִּי טְרָפָהּ אוֹתָהּ חַיָּה מַה לִּי חֲתָכָהּ בְּסַכִּין מַה לִּי בְּכֻלָּהּ מַה לִּי בְּמִקְצָתָהּ. הֲרֵי הוּא אוֹמֵר (שמות כב ל) "וּבָשָׂר בַּשָּׂדֶה טְרֵפָה לֹא תֹאכֵלוּ" כֵּיוָן שֶׁנַּעֲשֵׂית הַבְּהֵמָה בָּשָׂר בַּשָּׂדֶה הֲרֵי הִיא טְרֵפָה:

יא. בְּהֵמָה שֶׁהִיא חוֹלָה מֵחֲמַת שֶׁתָּשַׁשׁ כֹּחָהּ וְנָטְתָה לָמוּת הוֹאִיל וְלֹא אֵרְעָה מַכָּה בְּאֵיבָר מֵאֵיבָרֶיהָ הַמְּמִיתִים אוֹתָהּ הֲרֵי זוֹ מֻתֶּרֶת. שֶׁלֹּא אָסְרָה תּוֹרָה אֶלָּא כְּעֵין טְרֵפַת חַיַּת הַיַּעַר שֶׁהֲרֵי עָשָׂה בָּהּ מַכָּה הַמְּמִיתָה אוֹתָהּ:

יב. אַף עַל פִּי שֶׁהִיא מֻתֶּרֶת גְּדוֹלֵי הַחֲכָמִים לֹא הָיוּ אוֹכְלִין מִבְּהֵמָה שֶׁמְּמַהֲרִין וְשׁוֹחֲטִין אוֹתָהּ כְּדֵי שֶׁלֹּא תָּמוּת וְאַף עַל פִּי שֶׁפִּרְכְּסָה בְּסוֹף שְׁחִיטָה. וְדָבָר זֶה אֵין בּוֹ אִסּוּר אֶלָּא כָּל הָרוֹצֶה לְהַחֲמִיר עַל עַצְמוֹ בְּדָבָר זֶה הֲרֵי זֶה מְשֻׁבָּח:

יג. הַשּׁוֹחֵט בְּהֵמָה חַיָּה וְעוֹף וְלֹא יָצָא מֵהֶן דָּם הֲרֵי אֵלּוּ מֻתָּרִין וְאֵין אוֹמְרִין שֶׁמָּא מֵתִים הָיוּ. וְכֵן הַשּׁוֹחֵט אֶת הַבְּרִיאָה וְלֹא פִּרְכְּסָה הֲרֵי זוֹ מֻתֶּרֶת. אֲבָל הַמְסֻכֶּנֶת וְהִיא כָּל שֶׁמַּעֲמִידִין אוֹתָהּ וְאֵינָהּ עוֹמֶדֶת אַף עַל פִּי שֶׁהִיא אוֹכֶלֶת מַאֲכַל בְּרִיאוֹת אִם שְׁחָטָהּ וְלֹא פִּרְכְּסָה כְּלָל הֲרֵי זוֹ נְבֵלָה וְלוֹקִין עָלֶיהָ. וְאִם פִּרְכְּסָה הֲרֵי זוֹ מֻתֶּרֶת. וְצָרִיךְ שֶׁיִּהְיֶה הַפִּרְכּוּס בְּסוֹף הַשְּׁחִיטָה. אֲבָל בִּתְחִלָּתָהּ אֵינוֹ מוֹעִיל:

יד. כֵּיצַד הוּא הַפִּרְכּוּס בִּבְהֵמָה דַּקָּה וּבְחַיָּה גַּסָּה וְדַקָּה. בֵּין שֶׁפָּשְׁטָה יָדָהּ וְהֶחֱזִירָה אוֹ שֶׁפָּשְׁטָה רַגְלָהּ אַף עַל פִּי שֶׁלֹּא הֶחֱזִירָה אוֹ שֶׁכָּפְפָה רַגְלָהּ בִּלְבַד הֲרֵי זֶה פִּרְכּוּס וּמֻתָּר. אֲבָל אִם פָּשְׁטָה יָדָהּ וְלֹא הֶחֱזִירָתָהּ הֲרֵי זוֹ אֲסוּרָה שֶׁאֵין זוֹ אֶלָּא הוֹצָאַת נֶפֶשׁ בִּלְבַד. וּבִבְהֵמָה גַּסָּה אֶחָד הַיָּד וְאֶחָד הָרֶגֶל בֵּין שֶׁפָּשְׁטָה וְלֹא כָּפְפָה בֵּין כָּפְפָה וְלֹא פָּשְׁטָה הֲרֵי זוֹ פִּרְכּוּס וּמֻתֶּרֶת. וְאִם לֹא פָּשְׁטָה לֹא יָד וְלֹא רֶגֶל וְלֹא כָּפְפָה כְּלָל הֲרֵי זוֹ נְבֵלָה. וּבְעוֹף אֲפִלּוּ לֹא רִפְרֵף אֶלָּא בְּעֵינוֹ וְלֹא כִּשְׁכֵּשׁ אֶלָּא בִּזְנָבוֹ הֲרֵי זֶה פִּרְכּוּס:

טו. הַשּׁוֹחֵט אֶת הַמְסֻכֶּנֶת בַּלַּיְלָה וְלֹא יָדַע אִם פִּרְכְּסָה אוֹ לֹא פִּרְכְּסָה הֲרֵי זוֹ סְפֵק נְבֵלָה וַאֲסוּרָה:

טז. כָּל אִסּוּרִין שֶׁבַּתּוֹרָה אֵין מִצְטָרְפִין זֶה עִם זֶה חוּץ מֵאִסּוּרֵי נָזִיר כְּמוֹ שֶׁיִּתְבָּאֵר שָׁם. לְפִיכָךְ הַלּוֹקֵחַ מְעַט חֵלֶב וּמְעַט דָּם וּמְעַט בְּשַׂר בְּהֵמָה טְמֵאָה וּמְעַט בְּשַׂר נְבֵלָה וּמְעַט בְּשַׂר דָּג טָמֵא וּמְעַט בְּשַׂר עוֹף טָמֵא וְכַיּוֹצֵא בָּאֵלּוּ מִשְּׁאָר הָאִסּוּרִין וְצֵרֵף מִן הַכֹּל כְּזַיִת וַאֲכָלוֹ אֵינוֹ לוֹקֶה וְדִינוֹ כְּדִין אוֹכֵל חֲצִי שִׁעוּר:

יז. כָּל הַנְּבֵלוֹת מִצְטָרְפוֹת זוֹ עִם זוֹ. וּנְבֵלָה מִצְטָרֶפֶת עִם טְרֵפָה. וְכֵן כָּל בְּהֵמָה וְחַיָּה הַטְּמֵאִים מִצְטָרְפִין זֶה עִם זֶה. אֲבָל בְּשַׂר נְבֵלָה עִם בְּשַׂר בְּהֵמָה טְמֵאָה אֵין מִצְטָרְפִין. כֵּיצַד. הַלּוֹקֵחַ מִנִּבְלַת הַשּׁוֹר וְנִבְלַת הַצְּבִי וְנִבְלַת הַתַּרְנְגוֹל וְקִבֵּץ מִן הַכֹּל כְּזַיִת בָּשָׂר וַאֲכָלוֹ לוֹקֶה. וְכֵן אִם קִבֵּץ חֲצִי זַיִת מִנִּבְלַת בְּהֵמָה טְהוֹרָה וַחֲצִי זַיִת מִן הַטְּרֵפָה אוֹ חֲצִי זַיִת מִבְּשַׂר נְבֵלָה וַחֲצִי זַיִת מִבָּשָׂר מִן הַחַי מִן הַטְּהוֹרָה וַאֲכָלוֹ לוֹקֶה. וְכֵן בְּשַׂר הַגָּמָל וְהַחֲזִיר וְהָאַרְנֶבֶת שֶׁקִּבֵּץ מִכֻּלָּם כְּזַיִת וַאֲכָלוֹ לוֹקֶה. אֲבָל אִם צֵרֵף חֲצִי זַיִת מִנִּבְלַת הַשּׁוֹר וַחֲצִי זַיִת מִבְּשַׂר הַגָּמָל אֵינָן מִצְטָרְפִין. וְכֵן כָּל כַּיּוֹצֵא בָּזֶה. וְכֵן בְּהֵמָה טְמֵאָה וְעוֹף טָמֵא אוֹ דָּג טָמֵא אֵין בְּשַׂר שְׁנֵיהֶן מִצְטָרֵף. לְפִי שֶׁהֵן שְׁנֵי שֵׁמוֹת. שֶׁהֲרֵי כָּל אֶחָד מֵהֶן בְּלָאו בִּפְנֵי עַצְמוֹ כְּמוֹ שֶׁבֵּאַרְנוּ. אֲבָל כָּל הָעוֹפוֹת הַטְּמֵאִין מִצְטָרְפִין כְּמוֹ שֶׁמִּצְטָרְפִין כָּל בְּהֵמָה וְחַיָּה הַטְּמֵאִין. זֶה הַכְּלָל כָּל שֶׁאִסּוּרָן בְּלָאו אֶחָד מִצְטָרְפִין. בִּשְׁנֵי לָאוִין אֵין

מִצְטָרְפִין. חוּץ מִנְּבֵלָה וּטְרֵפָה הוֹאִיל וְהַטְּרֵפָה תְּחִלַּת נְבֵלָה הִיא:

יח. הָאוֹכֵל מִנְּבֵלָה וּטְרֵפָה אוֹ מִבְּהֵמָה וְחַיָּה הַטְּמֵאִים מִן הָעוֹר וּמִן הָעֲצָמוֹת וּמִן הַגִּידִים וּמִן הַקַּרְנַיִם וּמִן הַטְּלָפַיִם וּמִן הַצִּפָּרְנַיִם שֶׁל עוֹף מִמְּקוֹמוֹת שֶׁמִּבַּצֵּבֶץ מִשָּׁם הַדָּם כְּשֶׁיֵּחָתְכוּ וּמִן הַשִּׁלְיָא שֶׁלָּהֶן אַף עַל פִּי שֶׁהוּא אָסוּר הֲרֵי זֶה פָּטוּר מִפְּנֵי שֶׁאֵלּוּ אֵינָן רְאוּיִין לַאֲכִילָה וְאֵין מִצְטָרְפִין עִם הַבָּשָׂר לִכְזַיִת:

יט. קֵיבַת הַנְּבֵלָה וְקֵיבַת הַטְּמֵאָה מֻתֶּרֶת מִפְּנֵי שֶׁהִיא כִּשְׁאָר טִנּפֶת שֶׁבַּגּוּף. וּלְפִיכָךְ מֻתָּר לְהַעֲמִיד הַגְּבִינָה בְּקֵיבַת שְׁחִיטַת הָעַכּוּ"ם וּבְקֵיבַת בְּהֵמָה וְחַיָּה טְמֵאָה. אֲבָל עוֹר הַקֵּבָה הֲרֵי הוּא כִּשְׁאָר הַמֵּעַיִם וְאָסוּר:

כ. עוֹר הַבָּא כְּנֶגֶד פָּנָיו שֶׁל חֲמוֹר מֻתָּר בַּאֲכִילָה מִפְּנֵי שֶׁהוּא כְּמוֹ הַפֶּרֶשׁ וּמֵי רַגְלַיִם שֶׁהֵן מֻתָּרִין. יֵשׁ עוֹרוֹת שֶׁהֵן כְּבָשָׂר וְהָאוֹכֵל מֵהֶן כְּזַיִת כְּאוֹכֵל מִן הַבָּשָׂר. וְהוּא כְּשֶׁיֹּאכַל אוֹתָן כְּשֶׁהֵן רַכִּים:

כא. וְאֵלּוּ שֶׁעוֹרוֹתֵיהֶן כִּבְשָׂרָן. עוֹר הָאָדָם וְעוֹר הַחֲזִיר שֶׁל יִשּׁוּב וְעוֹר חֲטוֹטֶרֶת שֶׁל גָּמָל שֶׁלֹּא טָעֲנוּ עָלָיו מַשָּׂא מֵעוֹלָם וְלֹא הִגִּיעַ לְמַשָּׂא שֶׁעֲדַיִן הִיא רַכָּה וְעוֹר בֵּית הַבֹּשֶׁת וְעוֹר שֶׁתַּחַת הָאַלְיָה וְעוֹר הַשָּׁלִיל וְעוֹר הָאֲנָקָה וְהַכֹּחַ וְהַלְּטָאָה וְהַחֹמֶט. כָּל אֵלּוּ הָעוֹרוֹת כְּשֶׁהֵן רַכּוֹת הֲרֵי הֵן כְּבָשָׂר לְכָל דָּבָר בֵּין לְאִסּוּר אֲכִילָה בֵּין לְטֻמְאָה:

כב. נֶאֱמַר בְּשׁוֹר הַנִּסְקָל (שמות כא כח) "וְלֹא יֵאָכֵל אֶת בְּשָׂרוֹ". וְהֵיאַךְ הָיָה אֶפְשָׁר לְאָכְלוֹ אַחַר שֶׁנִּסְקַל וַהֲרֵי הוּא נְבֵלָה. אֶלָּא לֹא בָּא הַכָּתוּב אֶלָּא לְהוֹדִיעֲךָ שֶׁכֵּיוָן שֶׁנִּגְמַר דִּינוֹ לִסְקִילָה נֶאֱסַר וְנַעֲשָׂה כִּבְהֵמָה טְמֵאָה. וְאִם קָדַם וּשְׁחָטוֹ שְׁחִיטָה כְּשֵׁרָה הֲרֵי זֶה אָסוּר בַּהֲנָיָה. וְאִם אָכַל מִבְּשָׂרוֹ כְּזַיִת לוֹקֶה. וְכֵן כְּשֶׁיִּסָּקֵל לֹא יִמָּכֵר וְלֹא יִתְּנֶנּוּ לִכְלָבִים וְלֹא לְעַכּוּ"ם לְכָךְ נֶאֱמַר לֹא יֵאָכֵל אֶת בְּשָׂרוֹ. וּפֶרֶשׁ שֶׁל שׁוֹר הַנִּסְקָל מֻתָּר בַּהֲנָאָה. נוֹדַע שֶׁהוּא פָּטוּר מִסְּקִילָה אַחַר שֶׁנִּגְמַר דִּינוֹ כְּגוֹן שֶׁהוּזַּמּוּ הָעֵדִים יֵצֵא וְיִרְעֶה בָּעֵדֶר. וְאִם נוֹדַע אַחַר שֶׁנִּסְקַל הֲרֵי זֶה מֻתָּר בַּהֲנָיָה:

Perek 5

Ever min Hachai.

Not to eat a limb cut from a living animal[16].

This prohibition applies to *kosher* animals, kosher beast and fowl.

The term limb applies for example to a hand (flesh, sinews plus bones) or organ without bones e.g. tongue, kidney etc.…

The removal of flesh alone from a living animal (i.e. without its bone) is regarded as *trefah* and not *ever min hachai*.

Liability occurs from eating a *kezayit*.

Punishment is *malkot*. (If animal becomes *trefah* when limb is pulled off, liability is double i.e. for *ever min hachai* and *trefah*. – because it happens at same time)

A foetus is regarded as part of its mother. If one finds a foetus after mother is slaughtered, this foetus does not need slaughter (even if it may live). If it steps on the ground it would require slaughter. – *Derabanan*.

If it protrudes its head out of the womb and returned it before its mother was slaughtered, it is considered born and would need ritual slaughter.

פרק ה'

א. מִפִּי הַשְּׁמוּעָה לָמְדוּ שֶׁזֶּה שֶׁנֶּאֱמַר בַּתּוֹרָה (דברים יב כג) "לֹא תֹאכַל הַנֶּפֶשׁ עִם הַבָּשָׂר" לֶאֱסֹר אֵיבָר שֶׁנֶּחְתַּךְ מִן הַחַי. וְעַל אֵיבָר מִן הַחַי הוּא אוֹמֵר לְנֹחַ (בראשית ט ד) "אַךְ בָּשָׂר בְּנַפְשׁוֹ דָמוֹ לֹא תֹאכֵלוּ". וְאִסּוּר אֵיבָר מִן הַחַי נוֹהֵג בִּבְהֵמָה חַיָּה וְעוֹף בִּטְהוֹרִים אֲבָל לֹא בִּטְמֵאִים:

ב. אֶחָד אֵיבָר שֶׁיֵּשׁ בּוֹ בָּשָׂר וְגִידִים וַעֲצָמוֹת כְּגוֹן הַיָּד וְהָרֶגֶל.

וְאֶחָד אֵיבָר שֶׁאֵין בּוֹ עֶצֶם כְּגוֹן הַלָּשׁוֹן וְהַבֵּיצִים וְהַטְּחוֹל וְהַכְּלָיוֹת וְחֵלֶב וְכַיּוֹצֵא בָּהֶן. אֶלָּא שֶׁהָאֵיבָר שֶׁאֵין בּוֹ עֶצֶם בֵּין שֶׁחָתַךְ כֻּלּוֹ בֵּין שֶׁחָתַךְ מִקְצָתוֹ הֲרֵי זֶה אָסוּר מִשּׁוּם אֵיבָר מִן הַחַי. וְהָאֵיבָר שֶׁיֵּשׁ בּוֹ עֶצֶם אֵינוֹ חַיָּב עָלָיו מִשּׁוּם אֵיבָר מִן הַחַי עַד שֶׁיִּפְרֹשׁ כִּבְרִיָּתוֹ בָּשָׂר וְגִידִים וַעֲצָמוֹת. אֲבָל אִם פָּרַשׁ מִן הַחַי הַבָּשָׂר בִּלְבַד חַיָּב עָלָיו מִשּׁוּם טְרֵפָה כְּמוֹ שֶׁבֵּאַרְנוּ לֹא מִשּׁוּם אֵיבָר מִן הַחַי:

ג. הָאוֹכֵל מֵאֵיבָר מִן הַחַי כְּזַיִת לוֹקֶה וַאֲפִלּוּ אָכַל אֵיבָר שָׁלֵם אִם יֵשׁ בּוֹ כְּזַיִת חַיָּב פָּחוֹת מִכְּזַיִת פָּטוּר. חָתַךְ מִן הָאֵיבָר כִּבְרִיָּתוֹ בָּשָׂר וְגִידִים וַעֲצָמוֹת כְּזַיִת וַאֲכָלוֹ לוֹקֶה אַף עַל פִּי שֶׁאֵין בּוֹ בָּשָׂר אֶלָּא כָּל שֶׁהוּא. אֲבָל אִם הִפְרִיד הָאֵיבָר אַחַר שֶׁתְּלָשׁוֹ מִן הַחַי וְהִפְרִיד הַבָּשָׂר מִן הַגִּידִים וּמִן הָעֲצָמוֹת אֵינוֹ לוֹקֶה עַד שֶׁיֹּאכַל כְּזַיִת מִן הַבָּשָׂר לְבַדּוֹ. וְאֵין הָעֲצָמוֹת וְהַגִּידִים מִצְטָרְפִין בּוֹ לִכְזַיִת מֵאַחַר שֶׁשִּׁנָּה בִּרְיָתוֹ:

ד. חִלְּקוֹ לְאֵיבָר זֶה וַאֲכָלוֹ מְעַט מְעַט. אִם יֵשׁ בְּמַה שֶּׁאָכַל כְּזַיִת בָּשָׂר חַיָּב וְאִם לָאו פָּטוּר. לָקַח כְּזַיִת מִן הָאֵיבָר כִּבְרִיָּתוֹ בָּשָׂר וְגִידִים וַעֲצָמוֹת וַאֲכָלוֹ אַף עַל פִּי שֶׁנֶּחְלַק בְּפִיו בִּפְנִים קֹדֶם שֶׁיִּבְלָעֶנּוּ חַיָּב:

ה. תָּלַשׁ אֵיבָר מִן הַחַי וְנִטְרְפָה בִּנְטִילָתוֹ וַאֲכָלוֹ חַיָּב שְׁתַּיִם. מִשּׁוּם אֵיבָר מִן הַחַי וּמִשּׁוּם טְרֵפָה שֶׁהֲרֵי שְׁנֵי הָאִסּוּרִין בָּאִין כְּאַחַת. וְכֵן הַתּוֹלֵשׁ חֵלֶב מִן הַחַי וַאֲכָלוֹ לוֹקֶה שְׁתַּיִם. מִשּׁוּם אֵיבָר מִן הַחַי וּמִשּׁוּם חֵלֶב. תָּלַשׁ חֵלֶב מִן הַטְּרֵפָה וַאֲכָלוֹ לוֹקֶה שָׁלֹשׁ:

ו. בָּשָׂר הַמְדֻלְדָּל בִּבְהֵמָה וְאֵיבָר הַמְדֻלְדָּל בָּהּ אִם אֵינוֹ יָכוֹל לַחֲזֹר וְלִחְיוֹת אַף עַל פִּי שֶׁלֹּא פָּרַשׁ אֶלָּא אַחַר שֶׁנִּשְׁחֲטָה אָסוּר וְאֵין לוֹקִין עָלָיו. וְאִם מֵתָה הַבְּהֵמָה רוֹאִין אוֹתוֹ כְּאִלּוּ נָפַל מֵחַיִּים. לְפִיכָךְ לוֹקִין עָלָיו מִשּׁוּם אֵיבָר מִן הַחַי. אֲבָל הַיָּכוֹל לַחֲזֹר וְלִחְיוֹת אִם נִשְׁחֲטָה הַבְּהֵמָה הֲרֵי זֶה מֻתָּר:

ז. שָׁמַט אֵיבָר אוֹ מְעָכוֹ אוֹ דָּכוֹ כְּגוֹן הַבֵּיצִים שֶׁמָּעַךְ אוֹתָן אוֹ נִתְּקָן הֲרֵי זֶה אֵינוֹ אָסוּר מִן הַתּוֹרָה שֶׁהֲרֵי יֵשׁ בּוֹ מִקְצָת חַיִּים. וּלְפִיכָךְ אֵין מַסְרִיחַ. וְאַף עַל פִּי כֵן אָסוּר לְאָכְלוֹ מִמִּנְהָג שֶׁנָּהֲגוּ כָּל יִשְׂרָאֵל מִקֶּדֶם שֶׁהֲרֵי הוּא דּוֹמֶה לְאֵיבָר מִן הַחַי:

ח. עֶצֶם שֶׁנִּשְׁבַּר אִם הָיָה הַבָּשָׂר אוֹ הָעוֹר חוֹפֶה רֹב עָבְיוֹ שֶׁל עֶצֶם הַנִּשְׁבָּר וְרֹב הֶקֵּף הַשֶּׁבֶר הֲרֵי זֶה מֻתָּר. וְאִם יָצָא הָעֶצֶם לַחוּץ הֲרֵי הָאֵיבָר אָסוּר. וּכְשֶׁיִּשְׁחֹט הַבְּהֵמָה אוֹ הָעוֹף יַחְתֹּךְ מִמְּקוֹם הַשֶּׁבֶר וְיַשְׁלִיכוֹ וְהַשְּׁאָר מֻתָּר. נִשְׁבַּר הָעֶצֶם וְהַבָּשָׂר חוֹפֶה אֶת רֻבּוֹ אֲבָל הָיָה אוֹתוֹ בָּשָׂר מְרֻסָּס אוֹ נִתְאַכֵּל כְּבָשָׂר שֶׁהָרוֹפֵא גּוֹרְדוֹ. אוֹ שֶׁהָיָה מִתְלַקֵּט הָרֹב מִמְּקוֹמוֹת הַרְבֵּה. אוֹ שֶׁהָיָה הַבָּשָׂר שֶׁעָלָיו נְקָבִים נְקָבִים. אוֹ שֶׁנִּסְדַּק הַבָּשָׂר. אוֹ שֶׁנִּקְדַּר כְּמִין טַבַּעַת. אוֹ שֶׁנִּגְרַר הַבָּשָׂר מִלְמַעְלָה עַד שֶׁלֹּא נִשְׁאַר מִן הַבָּשָׂר אֶלָּא כִּקְלִיפָּה. אוֹ שֶׁנִּתְאַכֵּל הַבָּשָׂר מִלְּמַטָּה מֵעַל הָעֶצֶם שֶׁנִּשְׁבַּר עַד שֶׁנִּמְצָא הַבָּשָׂר הַחוֹפֶה אֵינוֹ נוֹגֵעַ בָּעֶצֶם. בְּכָל אֵלּוּ מוֹרִין לְאִסּוּר עַד שֶׁיִּתְרַפֵּא הַבָּשָׂר. וְאִם אָכַל מִכָּל אֵלּוּ מַכִּין אוֹתוֹ מַכַּת מַרְדּוּת:

ט. הַמּוֹשִׁיט יָדוֹ לִמְעֵי הַבְּהֵמָה וְחָתַךְ מִן הַטְּחוֹל וּמִן הַכְּלָיוֹת וְכַיּוֹצֵא בָּהֶן וְהִנִּיחַ הַחֲתִיכוֹת בְּתוֹךְ מֵעֶיהָ וְאַחַר כָּךְ שְׁחָטָהּ. הֲרֵי אוֹתָן הַחֲתִיכוֹת אֲסוּרוֹת מִשּׁוּם אֵיבָר מִן הַחַי. וְאַף עַל פִּי שֶׁהוּא בְּתוֹךְ מֵעֶיהָ. אֲבָל אִם חָתַךְ מִן הָעֻבָּר שֶׁבְּמֵעֶיהָ וְלֹא הוֹצִיאוֹ וְאַחַר כָּךְ שְׁחָטָהּ הֲרֵי חֲתִיכַת הָעֻבָּר אוֹ אֵיבָרוֹ מֻתָּר הוֹאִיל וְלֹא יָצָא. עֻבָּר שֶׁהוֹצִיא יָדוֹ אוֹ רַגְלוֹ נֶאֱסַר אוֹתוֹ אֵיבָר לְעוֹלָם בֵּין שֶׁחֲתָכוֹ קֹדֶם שֶׁתִּשָּׁחֵט אִמּוֹ בֵּין שֶׁחֲתָכוֹ אַחַר שֶׁנִּשְׁחֲטָה אִמּוֹ. וַאֲפִלּוּ הֶחֱזִיר אוֹתוֹ אֵיבָר לִמְעֵי אִמּוֹ וְאַחַר כָּךְ נִשְׁחַט אוֹ נוֹלַד הַוָּלָד וְחָיָה כַּמָּה שָׁנִים הֲרֵי אוֹתוֹ הָאֵיבָר אָסוּר מִשּׁוּם טְרֵפָה. שֶׁכָּל בָּשָׂר שֶׁיָּצָא חוּץ לִמְחִצָּתוֹ נֶאֱסַר כְּבָשָׂר שֶׁפָּרַשׁ מִן הַחַי שֶׁנֶּאֱמַר (שמות כב ל) "וּבָשָׂר בַּשָּׂדֶה טְרֵפָה" כֵּיוָן שֶׁיָּצָא לְמָקוֹם שֶׁהוּא לוֹ כְּשָׂדֶה נַעֲשָׂה טְרֵפָה כְּמוֹ שֶׁבֵּאַרְנוּ:

י. הוֹצִיא מִקְצָת הָאֵיבָר וְנִשְׁאַר מִקְצָתוֹ בִּפְנִים אֲפִלּוּ לֹא נִשְׁאַר אֶלָּא מִעוּטוֹ הַיּוֹצֵא אָסוּר וְשֶׁבִּפְנִים מֻתָּר. וְאִם חָתַךְ הַיּוֹצֵא מִן הָאֵיבָר אַחַר שֶׁהֶחְזִירוֹ וְנִשְׁחֲטָה. אוֹתוֹ שֶׁיָּצָא בִּלְבַד אָסוּר וּשְׁאָר הָאֵיבָר מֻתָּר. וְאִם לֹא הֶחְזִירוֹ וַחֲתָכוֹ וְהוּא בַּחוּץ. בֵּין שֶׁחֲתָכוֹ קֹדֶם שְׁחִיטָה אוֹ אַחַר שְׁחִיטָה. מְקוֹם הַחֲתָךְ אָסוּר. וְהוּא הַמָּקוֹם שֶׁנֶּגֶד הָאֲוִיר. אַחַר שֶׁיַּחְתֵּךְ הַיּוֹצֵא חוֹזֵר וְחוֹתֵךְ מְקוֹם הַחֲתָךְ:

יא. כָּל אֵיבָר עֻבָּר שֶׁיָּצָא וַחֲתָכוֹ קֹדֶם שְׁחִיטָה וְהוּא בַּחוּץ הֲרֵי זֶה אֵיבָר מִן הַחַי וְלוֹקִין עָלָיו. וַאֲפִלּוּ מֵת הָעֻבָּר קֹדֶם שְׁחִיטָה. וְאִם נֶחְתַּךְ אַחַר שְׁחִיטָה הָאוֹכְלוֹ אֵינוֹ לוֹקֶה וַאֲפִלּוּ מֵת. וְאִם מֵתָה הַבְּהֵמָה וְאַחַר כָּךְ חֲתָכוֹ הָאוֹכְלוֹ לוֹקֶה מִשּׁוּם אֵיבָר מִן הַחַי:

יב. עֻבָּר שֶׁהוֹצִיא אֵיבָר וְנֶאֱסַר הָאֵיבָר וְאַחַר כָּךְ נוֹלַד וַהֲרֵי הִיא נְקֵבָה. הֶחָלָב שֶׁלָּהּ אָסוּר לִשְׁתּוֹתוֹ מִסָּפֵק. הוֹאִיל וְהוּא בָּא מִכְּלַל הָאֵיבָרִין וְיֵשׁ בָּהּ אֵיבָר אֶחָד אָסוּר. וַהֲרֵי זֶה כַּחֲלֵב טְרֵפָה שֶׁנִּתְעָרֵב בַּחֲלֵב טְהוֹרָה:

יג. הַשּׁוֹחֵט בְּהֵמָה מְעֻבֶּרֶת וּמָצָא בָּהּ שָׁלִיל בֵּין חַי בֵּין מֵת הֲרֵי זֶה מֻתָּר בַּאֲכִילָה. וַאֲפִלּוּ שִׁלְיָא מֻתֶּרֶת בַּאֲכִילָה. וְשִׁלְיָא שֶׁיָּצָאת מִקְצָתָהּ וְשָׁחַט אֶת הַבְּהֵמָה. אִם הָיְתָה שִׁלְיָא זוֹ קְשׁוּרָה בַּוָּלָד מַה שֶּׁיָּצָא מִמֶּנָּה אָסוּר וְהַשְּׁאָר מֻתָּר. וְאִם לֹא הָיְתָה קְשׁוּרָה בּוֹ כֻּלָּהּ אֲסוּרָה. שֶׁמָּא שִׁלְיָא

זוֹ שֶׁיָּצָאת מִקְצָתָהּ הָלַךְ לוֹ וָלָד שֶׁהָיָה בָּהּ וְוָלָד זֶה שֶׁנִּמְצָא בַּבֶּטֶן הָלְכָה שִׁלְיָא שֶׁלּוֹ. וְאֵין צָרִיךְ לוֹמַר שֶׁאִם לֹא נִמְצָא בַּבֶּטֶן וָלָד כְּלָל שֶׁהַשִּׁלְיָא כֻּלָּהּ אֲסוּרָה:

יד. מָצָא בָּהּ עֻבָּר חַי אַף עַל פִּי שֶׁהוּא בֶּן תִּשְׁעָה חֳדָשִׁים גְּמוּרִין וְאֶפְשָׁר שֶׁיִּחְיֶה אֵינוֹ צָרִיךְ שְׁחִיטָה אֶלָּא שְׁחִיטַת אִמּוֹ מְטַהַרְתּוֹ. וְאִם הִפְרִיס עַל גַּבֵּי קַרְקַע צָרִיךְ שְׁחִיטָה:

טו. קָרַע אֶת הַבְּהֵמָה אוֹ שָׁחַט בְּהֵמָה טְרֵפָה וּמָצָא בָּהּ בֶּן תִּשְׁעָה חַי צָרִיךְ שְׁחִיטָה לְהַתִּירוֹ וְאֵין שְׁחִיטַת אִמּוֹ מוֹעֶלֶת לוֹ. וְאִם לֹא גָּמְרוּ לוֹ חֳדָשָׁיו אַף עַל פִּי שֶׁהוּא חַי בִּמְעֵי הַטְּרֵפָה הֲרֵי זֶה אָסוּר מִפְּנֵי שֶׁהוּא כְּאֵבֶר מֵאִמּוֹ. כָּל עֻבָּר שֶׁהוֹצִיא רֹאשׁוֹ וְהֶחְזִירוֹ וְאַחַר כָּךְ שָׁחַט אֶת אִמּוֹ אֵין שְׁחִיטַת אִמּוֹ מוֹעֶלֶת לוֹ וַהֲרֵי הוּא כְּיָלוּד וְצָרִיךְ שְׁחִיטָה:

Perek 6

Blood

Not to consume blood[17]

The blood referred to is from all domesticated animals, wild beasts and fowl, whether *kosher* or non-*kosher.*

Does not apply to blood of fish, locust etc.

Derabanan, blood which emerged from a human body is forbidden to consume.

Liability measure is a *kezayit*.

Punishment for deliberate transgression is *karet.*

Reminder:
Pack on Punishment for *Sefer Kedushah*

There are **2** categories of blood

- Blood within which the soul expires
  - Initial blood when slaughtered or killed
  - Blood collected in heart
  - Let blood which flows forcefully from body
- Remaining blood thereafter
  - Slower flowing blood
  - Blood in limbs, spleen kidneys etc.
  - Blood in liver

Punishment for partaking of blood of first category is *karet.*

Punishment for partaking of blood of second category is *malkot* – lashes.

How to *kasher* the meat with washing and salting to remove remaining blood completely.

Liver needs a special procedure to remove blood.

Can be cast into vinegar or boiling water, or singed with fire, or roasted.

Because blood could be absorbed into the slaughtering knife, it is forbidden to cut hot meat with it.

Similarly, with vessels used.

פרק ו'

א. הָאוֹכֵל כְּזַיִת מִן הַדָּם בְּמֵזִיד חַיָּב כָּרֵת בְּשׁוֹגֵג מֵבִיא חַטָּאת קְבוּעָה. וְדָבָר מְפֹרָשׁ בַּתּוֹרָה שֶׁאֵינוֹ חַיָּב אֶלָּא עַל דַּם בְּהֵמָה חַיָּה וְעוֹף בִּלְבַד בֵּין טְמֵאִין בֵּין טְהוֹרִין שֶׁנֶּאֱמַר (ויקרא ז כו) "וְכָל דָּם לֹא תֹאכְלוּ בְּכֹל מוֹשְׁבֹתֵיכֶם לָעוֹף וְלַבְּהֵמָה". וְחַיָּה בִּכְלַל בְּהֵמָה שֶׁנֶּאֱמַר (דברים יד ד) "זֹאת הַבְּהֵמָה אֲשֶׁר תֹּאכֵלוּ שׁוֹר" וְגוֹ' (דברים יד ה) "אַיָּל וּצְבִי" וְגוֹ'. אֲבָל דַּם דָּגִים וַחֲגָבִים וּשְׁקָצִים וּרְמָשִׂים וְדַם הָאָדָם אֵין חַיָּבִין עָלָיו מִשּׁוּם דָּם. לְפִיכָךְ דַּם דָּגִים וַחֲגָבִים טְהוֹרִים מֻתָּר לְאָכְלוֹ וַאֲפִלּוּ כְּנָסוֹ בִּכְלִי וְשָׁתָהוּ מֻתָּר. וְדַם חֲגָבִים וְדָגִים טְמֵאִים אָסוּר מִשּׁוּם שֶׁהוּא תַּמְצִית גּוּפָן כַּחֲלֵב בְּהֵמָה טְמֵאָה. וְדַם שְׁקָצִים כִּבְשָׂרָן כְּמוֹ שֶׁבֵּאַרְנוּ:

ב. דַּם הָאָדָם אָסוּר מִדִּבְרֵי סוֹפְרִים אִם פֵּרַשׁ. וּמַכִּין עָלָיו מַכַּת מַרְדּוּת. אֲבָל דַּם הַשִּׁנַּיִם בּוֹלְעוֹ וְאֵינוֹ נִמְנָע. הֲרֵי שֶׁנָּשַׁךְ בְּפַת וּמָצָא עָלֶיהָ דָּם גּוֹרֵד אֶת הַדָּם וְאַחַר כָּךְ אוֹכֵל שֶׁהֲרֵי פֵּרַשׁ:

ג. אֵין חַיָּבִין כָּרֵת אֶלָּא עַל דַּם הַיּוֹצֵא בִּשְׁעַת שְׁחִיטָה וּנְחִירָה אוֹ הַתָּזַת הָרֹאשׁ כָּל זְמַן שֶׁיֵּשׁ בּוֹ אַדְמוּמִית. וְעַל הַדָּם הַכָּנוּס בְּתוֹךְ הַלֵּב. וְעַל דַּם הַקָּזָה כָּל זְמַן שֶׁהוּא מְקַלֵּחַ וְיוֹצֵא. אֲבָל הַדָּם הַשּׁוֹתֵת בִּתְחִלַּת הַקָּזָה קֹדֶם שֶׁיַּתְחִיל לְקַלֵּחַ וְדַם הַשּׁוֹתֵת בְּסוֹף הַקָּזָה כְּשֶׁיַּתְחִיל הַדָּם לִפְסֹק אֵין חַיָּבִין עָלָיו וַהֲרֵי הוּא כְּדַם הָאֵיבָרִים. שֶׁדַּם הַקִּלּוּחַ הוּא הַדָּם שֶׁהַנֶּפֶשׁ יוֹצְאָה בּוֹ:

ד. דַּם הַתַּמְצִית וְדַם הָאֵיבָרִין כְּגוֹן דַּם הַטְּחוֹל וְדַם הַכְּלָיוֹת וְדַם בֵּיצִים וְדַם הַמִּתְכַּנֵּס לַלֵּב בִּשְׁעַת שְׁחִיטָה וְדַם הַנִּמְצָא בַּכָּבֵד אֵין חַיָּבִין עָלָיו כָּרֵת. אֲבָל הָאוֹכֵל מִמֶּנּוּ כְּזַיִת לוֹקֶה שֶׁנֶּאֱמַר (ויקרא ג יז) (ויקרא ז כו) "וְכָל דָּם לֹא תֹאכֵלוּ". וּבְחִיּוּב כָּרֵת הוּא אוֹמֵר (ויקרא יז יא) "כִּי נֶפֶשׁ הַבָּשָׂר בַּדָּם הִיא" אֵינוֹ חַיָּב כָּרֵת אֶלָּא עַל הַדָּם שֶׁהַנֶּפֶשׁ יוֹצְאָה בּוֹ:

ה. הַשָּׁלִיל הַנִּמְצָא בִּמְעֵי הַבְּהֵמָה הֲרֵי דָּמוֹ כְּדַם הַיָּלוּד. לְפִיכָךְ הַדָּם הַנִּמְצָא כָּנוּס בְּתוֹךְ לִבּוֹ חַיָּבִין עָלָיו כָּרֵת אֲבָל שְׁאָר דָּמוֹ הֲרֵי הוּא כְּדַם הָאֵיבָרִין:

ו. הַלֵּב בֵּין לִצְלִי בֵּין לִקְדֵרָה קוֹרְעוֹ וּמוֹצִיא אֶת דָּמוֹ וְאַחַר כָּךְ מוֹלְחוֹ. וְאִם בִּשֵּׁל הַלֵּב וְלֹא קְרָעוֹ קוֹרְעוֹ אַחַר שֶׁבִּשְּׁלוֹ וּמֻתָּר. וְאִם לֹא קְרָעוֹ וַאֲכָלוֹ אֵינוֹ חַיָּב עָלָיו כָּרֵת. בַּמֶּה דְּבָרִים אֲמוּרִים בְּלֵב הָעוֹף שֶׁאֵין בּוֹ כְּזַיִת דָּם. אֲבָל אִם הָיָה לֵב בְּהֵמָה חַיָּב כָּרֵת שֶׁהֲרֵי יֵשׁ בּוֹ כְּזַיִת מִדָּם שֶׁבְּתוֹךְ הַלֵּב שֶׁחַיָּבִין עָלָיו כָּרֵת:

ז. הַכָּבֵד אִם חֲתָכָהּ וְהִשְׁלִיכָהּ לְתוֹךְ הַחֹמֶץ אוֹ לְתוֹךְ מַיִם רוֹתְחִין עַד שֶׁתִּתְלַבֵּן הֲרֵי זוֹ מֻתֶּרֶת לְבַשֵּׁל אוֹתָהּ אַחַר כֵּן. וּכְבָר נָהֲגוּ כָּל יִשְׂרָאֵל לְהַבְהֲבָהּ עַל הָאוּר וְאַחַר כָּךְ מְבַשְּׁלִין אוֹתָהּ בֵּין שֶׁבִּשְּׁלָהּ לְבַדָּהּ בֵּין שֶׁבִּשְּׁלָהּ עִם בָּשָׂר אַחֵר. וְכֵן מִנְהָג פָּשׁוּט שֶׁאֵין מְבַשְּׁלִין הַמֹּחַ שֶׁל רֹאשׁ וְלֹא קוֹלִין אוֹתוֹ עַד שֶׁמְּהַבְהֲבִין אוֹתוֹ בָּאוּר:

ח. הַכָּבֵד שֶׁבִּשְּׁלָהּ וְלֹא הִבְהֲבָהּ עַל הָאוּר וְלֹא חֲלָטָהּ בְּחֹמֶץ אוֹ בְּרוֹתְחִין הֲרֵי הַקְּדֵרָה כֻּלָּהּ אֲסוּרָה הַכָּבֵד וְכָל שֶׁנִּתְבַּשֵּׁל עִמָּהּ. וּמֻתָּר לִצְלוֹת כָּבֵד עִם הַבָּשָׂר בְּשַׁפּוּד אֶחָד וְהוּא שֶׁתִּהְיֶה הַכָּבֵד לְמַטָּה. וְאִם עָבַר וּצְלָאָהּ לְמַעְלָה מִבָּשָׂר הֲרֵי זֶה אוֹכְלוֹ:

ט. הַטְּחוֹל מֻתָּר לְבַשְּׁלוֹ אֲפִלּוּ עִם הַבָּשָׂר שֶׁאֵינוֹ דָּם אֶלָּא בָּשָׂר הַדּוֹמֶה לְדָם. הַשּׁוֹבֵר מַפְרֶקֶת בְּהֵמָה קֹדֶם שֶׁתֵּצֵא נַפְשָׁהּ הֲרֵי הַדָּם נִבְלָע בָּאֵיבָרִים וְאָסוּר לֶאֱכֹל מִמֶּנָּה בָּשָׂר חַי וַאֲפִלּוּ חֲלָטוֹ. אֶלָּא כֵּיצַד יַעֲשֶׂה. יַחְתֹּךְ הַחֲתִיכָה וְיִמְלַח יָפֶה יָפֶה וְאַחַר כָּךְ יְבַשֵּׁל אוֹ יִצְלֶה. וּכְבָר בֵּאַרְנוּ שֶׁהַשּׁוֹחֵט בְּהֵמָה חַיָּה וְעוֹף וְלֹא יָצָא מֵהֶן דָּם שֶׁהֵן מֻתָּרִין:

י. אֵין הַבָּשָׂר יוֹצֵא מִידֵי דָּמוֹ אֶלָּא אִם כֵּן מוֹלְחוֹ יָפֶה יָפֶה וּמְדִיחוֹ יָפֶה יָפֶה. כֵּיצַד עוֹשֶׂה. מֵדִיחַ הַבָּשָׂר תְּחִלָּה וְאַחַר כָּךְ מוֹלְחוֹ יָפֶה יָפֶה וּמַנִּיחוֹ בְּמִלְחוֹ כְּדֵי הִלּוּךְ מִיל. וְאַחַר כָּךְ מְדִיחוֹ יָפֶה יָפֶה עַד שֶׁיֵּצְאוּ הַמַּיִם זַכִּים וּמַשְׁלִיכוֹ מִיָּד לְתוֹךְ מַיִם רוֹתְחִין אֲבָל לֹא לְפוֹשְׁרִין כְּדֵי שֶׁיִּתְלַבֵּן מִיָּד וְלֹא יֵצֵא דָּם:

יא. כְּשֶׁמּוֹלְחִין הַבָּשָׂר אֵין מוֹלְחִין אוֹתוֹ אֶלָּא בִּכְלִי מְנֻקָּב. וְאֵין מוֹלְחִין אֶלָּא בְּמֶלַח עָבֶה כְּחוֹל הַגַּס. שֶׁהַמֶּלַח דַּק כְּקֶמַח יִבָּלַע בַּבָּשָׂר וְלֹא יוֹצִיא דָּם. וְצָרִיךְ לְנַפֵּץ הַבָּשָׂר מִן הַמֶּלַח וְאַחַר כָּךְ יְדִיחֶנּוּ:

יב. כָּל הַדְּבָרִים הָאֵלּוּ לְבָשָׂר שֶׁצָּרִיךְ לְבַשְּׁלוֹ אֲבָל לִצְלִי מוֹלֵחַ וְצוֹלֶה מִיָּד. וְהָרוֹצֶה לֶאֱכֹל בָּשָׂר חַי מוֹלְחוֹ יָפֶה יָפֶה וּמְדִיחוֹ יָפֶה יָפֶה וְאַחַר כָּךְ יֹאכַל. וְאִם חֲלָטוֹ בְּחֹמֶץ מֻתָּר לְאָכְלוֹ כְּשֶׁהוּא חַי. וּמֻתָּר לִשְׁתּוֹת הַחֹמֶץ שֶׁחֲלָטוֹ בּוֹ שֶׁאֵין הַחֹמֶץ מוֹצִיא הַדָּם:

יג. חֹמֶץ שֶׁחָלַט בּוֹ בָּשָׂר לֹא יַחֲלֹט בּוֹ פַּעַם שְׁנִיָּה. וַחֲתִיכָה שֶׁהֶאֱדִימָה בְּתוֹךְ הַחֹמֶץ הִיא וְהַחֹמֶץ אֲסוּרִין עַד שֶׁיִּמְלַח אוֹתָהּ יָפֶה יָפֶה וְיִצְלֶה. בָּשָׂר שֶׁהֶאְדִּים וְכֵן בֵּיצֵי בְּהֵמָה וְחַיָּה בִּקְלִיפָּה שֶׁעֲלֵיהֶן. וְכֵן הָעֹרֶף שֶׁבּוֹ הַמִּזְרָקִים שֶׁהֵן מְלֵאִים דָּם. אִם חֲתָכָן וּמְלָחָן כְּדַת מֻתָּר לְבַשְּׁלָן. וְאִם לֹא חֲתָכָן וּצְלָאָן בְּשַׁפּוּד וְצָלָה הָעֹרֶף וּפִיו לְמַטָּה אוֹ שֶׁצְּלָאָן כֻּלָּן עַל הַגֶּחָלִים הֲרֵי אֵלּוּ מֻתָּרִין:

יד. רֹאשׁ הַבְּהֵמָה שֶׁצְּלָהוּ בְּתַנּוּר אוֹ בְּכִבְשָׁן אִם תְּלָהוּ וּבֵית שְׁחִיטָתוֹ לְמַטָּה מֻתָּר שֶׁהַדָּם יוֹצֵא וְשׁוֹתֵת. וְאִם הָיָה בֵּית הַשְּׁחִיטָה מִן הַצַּד מֹחוֹ אָסוּר. שֶׁהַדָּם מִתְקַבֵּץ לְתוֹכוֹ. וּשְׁאָר הַבָּשָׂר שֶׁעַל הָעֲצָמוֹת מִבַּחוּץ מֻתָּר. הִנִּיחַ חָטְמוֹ לְמַטָּה אִם הִנִּיחַ בּוֹ גֶּמִי אוֹ קָנֶה כְּדֵי שֶׁיִּשָּׁאֵר פָּתוּחַ וְיֵצֵא דָּמוֹ דֶּרֶךְ חָטְמוֹ מֻתָּר וְאִם לָאו מֹחוֹ אָסוּר:

טו. אֵין מַנִּיחִין כְּלִי תַּחַת הַצָּלִי לְקַבֵּל מֵימָיו עַד שֶׁתִּכְלֶה כָּל מַרְאֶה אַדְמוּמִית שֶׁבּוֹ. וְכֵיצַד עוֹשִׂין. מַשְׁלִיכִין לְתוֹךְ הַכְּלִי מְעַט מֶלַח וּמַנִּיחַ הַכְּלִי עַד שֶׁיִּצָּלֶה וְלוֹקֵחַ הַשַּׁמְנוּנִית שֶׁל מַעְלָה וְהַמַּיִם שֶׁל מַטָּה שֶׁתַּחַת הַשַּׁמְנוּנִית אֲסוּרָה:

טז. פַּת שֶׁחָתַךְ עָלֶיהָ בָּשָׂר צָלִי מֻתָּר לְאָכְלָהּ שֶׁאֵינָהּ אֶלָּא שַׁמְנוּנִית [א. ב] דָּגִים וְעוֹפוֹת שֶׁמְּלָחָן זֶה עִם זֶה אֲפִלּוּ בִּכְלִי מְנֻקָּב הַדָּגִים אֲסוּרִין שֶׁהַדָּג רָפֶה וּבוֹלֵעַ דָּם הַיּוֹצֵא מִן הָעוֹף. וְאֵין צָרִיךְ לוֹמַר אִם מָלַח דָּג עִם בְּשַׂר בְּהֵמָה אוֹ חַיָּה:

יז. עוֹפוֹת שֶׁהִנִּיחָן שְׁלֵמִים וּמִלֵּא חֲלָלָן בָּשָׂר וּבֵיצִים וּבִשְּׁלָן אֲסוּרוֹת שֶׁהֲרֵי דָּם יוֹצֵא לְתוֹכָן וְאַף עַל פִּי שֶׁמְּלָחָן יָפֶה יָפֶה. וַאֲפִלּוּ הָיָה הַבָּשָׂר שֶׁבְּתוֹכָן שָׁלוּק אוֹ צָלוּי. וְאִם צְלָאָן הֲרֵי אֵלּוּ מֻתָּרוֹת אַף עַל פִּי שֶׁהַבָּשָׂר שֶׁבְּתוֹכָן חַי וַאֲפִלּוּ פִּיהֶן לְמַעְלָה:

יח. בְּנֵי מֵעַיִם שֶׁמִּלְּאָן עַל דֶּרֶךְ זוֹ בְּבָשָׂר צָלוּי אוֹ שָׁלוּק אוֹ שֶׁמִּלְּאָן בְּבֵיצִים וּשְׁלָקָן אוֹ קְלָאָן הֲרֵי אֵלּוּ מֻתָּרִין שֶׁאֵין מַחֲזִיקִין דָּם בִּבְנֵי מֵעַיִם. וְכֵן הוֹרוּ הַגְּאוֹנִים:

יט. עוֹפוֹת שֶׁטְּפָלָן בְּבָצֵק וּצְלָאָן בֵּין שְׁלֵמִים בֵּין מְחֻתָּכִין אִם טְפָלָן בְּסֹלֶת גַּסָּה אֲפִלּוּ הִסְמִיקָה הַטְּפֵלָה אוֹכֵל אֶת הַטְּפֵלָה מִפְּנֵי שֶׁסֹּלֶת גַּסָּה מִתְפָּרֶדֶת וְיוֹצֵא הַדָּם. וְאִם טְפָלָן בְּקֶמַח חִטִּים שֶׁלָּתְתָן אִם הָיְתָה הַטְּפֵלָה לְבָנָה כְּמוֹ הַכֶּסֶף מֻתָּר לֶאֱכֹל מִמֶּנָּה וְאִם לָאו אֲסוּרָה. טְפָלָן בִּשְׁאָר קְמָחִין אִם הֶאְדִּימוּ אֲסוּרִין וְאִם לֹא הֶאְדִּימוּ מֻתָּרִין:

כ. סַכִּין שֶׁשָּׁחַט בָּהּ אָסוּר לַחְתֹּךְ בָּהּ רוֹתֵחַ עַד שֶׁיְּלַבֵּן הַסַּכִּין בָּאוּר אוֹ יַשְׁחִיזֶנָּה בְּמַשְׁחֶזֶת אוֹ יִנְעָצֶנָּה בְּקַרְקַע קָשָׁה עֶשֶׂר פְּעָמִים. וְאִם חָתַךְ בָּהּ רוֹתֵחַ מֻתָּר. וְכֵן אֵינוֹ חוֹתֵךְ בָּהּ צוֹנֵן וְכַיּוֹצֵא בּוֹ מִדְּבָרִים הַחֲרִיפִים לְכַתְּחִלָּה. וְאִם הֵדִיחַ הַסַּכִּין אוֹ שֶׁקִּנְּחָהּ בִּכְלִי מֻתָּר לַחְתֹּךְ בּוֹ צוֹנֵן וְכַיּוֹצֵא בּוֹ אֲבָל לֹא רוֹתֵחַ:

כא. קְעָרָה שֶׁמָּלַח בָּהּ בָּשָׂר אֲפִלּוּ הָיְתָה שׁוּעָה בַּאֲבָר אָסוּר לֶאֱכֹל בָּהּ רוֹתֵחַ לְעוֹלָם שֶׁכְּבָר נִבְלַע הַדָּם בַּחֲרָסֶיהָ:

Perek 7

Fat

Not to eat forbidden fat[18]

Including forbidden veins and membranes.

The fat referred to is the forbidden fat of only the 3 species of *kosher* domesticated animals. It does not matter how the animal died, the fat is prohibited.

Measure for liability is a *kezayit*.

Punishment is *karet*, for deliberate transgression.

3 types of forbidden fats:

- Fat on digestive organs i.e. 4 *stomachs* of animal
- Fat on both kidneys
- Fat on flanks

Reminder:
Pack on *Korbanot* Basics

There are **5** *chutin* (strands or veins) considered as fat or blood (found on flanks).

- **3** on right flank (each split into 2)

- **2** on left flank (each split into 3)

Strands of spleen and kidneys forbidden.

Krumot (membranes) of

• Spleen • Kidney • Above flank	Prohibited

There are many areas with blood vessels which are forbidden and they must be cut open and salted.

One should not use same knife that was used to cut these fats, to cut meat.

Nor to use same container of forbidden fat, for meats i.e. butcher should have

- **3** knives (slaughtering, cutting the meat, cutting fat)
- **2** bowls (one to wash meat, one to wash fat)

פרק ז׳

א. הָאוֹכֵל כְּזַיִת חֵלֶב בְּמֵזִיד חַיָּב כָּרֵת. בְּשׁוֹגֵג מֵבִיא חַטָּאת קְבוּעָה. וּבְפֵרוּשׁ אָמְרָה תּוֹרָה שֶׁאֵינוֹ חַיָּב אֶלָּא עַל שְׁלֹשָׁה מִינֵי בְּהֵמָה טְהוֹרָה בִּלְבַד שֶׁנֶּאֱמַר (ויקרא ז כג) ״כָּל חֵלֶב שׁוֹר וְכֶשֶׂב וָעֵז לֹא תֹאכֵלוּ״ בֵּין שֶׁאָכַל מֵחֵלֶב שְׁחוּטָה בֵּין שֶׁאָכַל מֵחֵלֶב נְבֵלָה וּטְרֵפָה שֶׁלָּהֶן. אֲבָל שְׁאָר בְּהֵמָה וְחַיָּה בֵּין טְמֵאָה בֵּין טְהוֹרָה חֶלְבָּהּ כִּבְשָׂרָהּ. וְכֵן נֵפֶל שֶׁל שְׁלֹשָׁה מִינֵי בְּהֵמָה טְהוֹרָה חֶלְבּוֹ כִּבְשָׂרוֹ וְהָאוֹכֵל מֵחֶלְבּוֹ כְּזַיִת לוֹקֶה מִשּׁוּם אוֹכֵל נְבֵלָה:

ב. הָאוֹכֵל מֵחֵלֶב נְבֵלָה וּטְרֵפָה חַיָּב מִשּׁוּם אוֹכֵל חֵלֶב וּמִשּׁוּם אוֹכֵל נְבֵלָה וּטְרֵפָה מִתּוֹךְ שֶׁנּוֹסָף הָאִסּוּר בִּבְשָׂרָהּ שֶׁהָיָה מֻתָּר נוֹסָף עַל הַחֵלֶב וּלְפִיכָךְ לוֹקֶה שְׁתַּיִם:

ג. הַשּׁוֹחֵט בְּהֵמָה וּמָצָא בָּהּ שָׁלִיל כָּל חֶלְבּוֹ מֻתָּר וַאֲפִלּוּ מְצָאוֹ חַי מִפְּנֵי שֶׁהוּא כְּאֵיבָר מִמֶּנָּה. וְאִם שָׁלְמוּ לוֹ חֳדָשָׁיו וּמְצָאוֹ חַי אַף עַל פִּי שֶׁלֹּא הִפְרִיס עַל הַקַּרְקַע וְאֵינוֹ צָרִיךְ שְׁחִיטָה חֶלְבּוֹ אָסוּר וְחַיָּבִין עָלָיו כָּרֵת. וּמוֹצִיאִין מִמֶּנּוּ כָּל הַחוּטִין וְהַקְּרוּמוֹת הָאֲסוּרִין כִּשְׁאָר הַבְּהֵמוֹת:

ד. הוֹשִׁיט יָדוֹ לִמְעֵי בְּהֵמָה וְחָתַךְ מֵחֵלֶב הָעֻבָּר שֶׁכָּלוּ לוֹ חֳדָשָׁיו וְהוֹצִיאוֹ הֲרֵי זֶה חַיָּב עָלָיו כְּאִלּוּ חֲתָכוֹ מֵחֵלֶב הָאֵם עַצְמָהּ. שֶׁהֶחֳדָשִׁים הֵן הַגּוֹרְמִין לְאִסּוּר הַחֵלֶב:

ה. שְׁלֹשָׁה חֲלָבִים הֵן שֶׁחַיָּבִין עֲלֵיהֶן כָּרֵת. חֵלֶב שֶׁעַל הַקֶּרֶב וְשֶׁעַל שְׁתֵּי הַכְּלָיוֹת וְשֶׁעַל הַכְּסָלִים. אֲבָל הָאַלְיָה מֻתֶּרֶת בַּאֲכִילָה. לֹא נִקְרֵאת חֵלֶב אֶלָּא לְעִנְיַן קָרְבָּן בִּלְבַד כְּמוֹ שֶׁנִּקְרְאוּ חֲלָבִים כְּלָיוֹת וְיוֹתֶרֶת הַכָּבֵד לְעִנְיַן קָרְבָּן. כְּמוֹ שֶׁאַתָּה אוֹמֵר (בראשית מה יח) ״חֵלֶב הָאָרֶץ״ וְ(דברים לב יד) ״חֵלֶב כִּלְיוֹת חִטָּה״ שֶׁהוּא טוּבָם. וּלְפִי שֶׁמְּרִימִין דְּבָרִים אֵלּוּ מִן הַקָּרְבָּן לִשְׂרֵפָה לַשֵּׁם נִקְרְאוּ חֵלֶב. שֶׁאֵין שֵׁם דָּבָר טוֹב אֶלָּא הַמּוּרָם לַשֵּׁם. וּלְכָךְ נֶאֱמַר בִּתְרוּמַת מַעֲשֵׂר (במדבר יח ל לב) ״בַּהֲרִימְכֶם אֶת חֶלְבּוֹ מִמֶּנּוּ״:

ו. חֵלֶב שֶׁעַל הַמְּסֵס וְשֶׁעַל בֵּית הַכּוֹסוֹת הוּא הַחֵלֶב שֶׁעַל הַקֶּרֶב. וְחֵלֶב שֶׁבְּעִקְּרֵי הַיְרֵכוֹת מִבִּפְנִים חַיָּבִין עָלָיו כָּרֵת וְהוּא הַחֵלֶב שֶׁעַל הַכְּסָלִים. וְיֵשׁ שָׁם חֵלֶב עַל הַקֵּבָה עָקֹם כְּמוֹ קֶשֶׁת וְהוּא הָאָסוּר וְחוּט מָשׁוּךְ כְּמוֹ יֶתֶר וְהוּא מֻתָּר. חוּטִין שֶׁבַּחֵלֶב אֲסוּרִין וְאֵין חַיָּבִין עֲלֵיהֶן כָּרֵת:

ז. חֵלֶב שֶׁהַבָּשָׂר חוֹפֶה אוֹתוֹ מֻתָּר. שֶׁעַל הַכְּסָלִים אָסַר הַכָּתוּב לֹא שֶׁבְּתוֹךְ הַכְּסָלִים. וְכֵן חֵלֶב שֶׁעַל הַכְּלָיוֹת נֶאֱסַר וְלֹא שֶׁבְּתוֹךְ הַכְּלָיוֹת. וְאַף עַל פִּי כֵן נוֹטֵל אָדָם לֹבֶן שֶׁבְּתוֹךְ הַכּוּלְיָא וְאַחַר כָּךְ אוֹכֵל אוֹתָהּ וְאֵינוֹ צָרִיךְ לְחַטֵּט אַחֲרָיו:

ח. יֵשׁ כְּמוֹ שְׁתֵּי פְּתִילוֹת שֶׁל חֵלֶב בְּעִקְּרֵי הַמָּתְנַיִם סָמוּךְ לְרֹאשׁ הַיָּרֵךְ. כְּשֶׁהַבְּהֵמָה חַיָּה חֵלֶב זֶה נִרְאֶה בַּמֵּעַיִם. וּכְשֶׁתָּמוּת יִדְבַּק בָּשָׂר בְּבָשָׂר וְיִתְכַּסֶּה חֵלֶב זֶה וְאֵינוֹ נִרְאֶה עַד שֶׁיִּתְפָּרֵק הַבָּשָׂר מִן הַבָּשָׂר. וְאַף עַל פִּי כֵן הֲרֵי זֶה אָסוּר. שֶׁאֵין זֶה חֵלֶב שֶׁהַבָּשָׂר חוֹפֶה אוֹתוֹ. וְכָל מָקוֹם שֶׁתִּמְצָא בּוֹ הַחֵלֶב תַּחַת הַבָּשָׂר וְהַבָּשָׂר מַקִּיף אוֹתוֹ מִכָּל סְבִיבָיו וְלֹא יֵרָאֶה עַד שֶׁיִּקָּרַע הַבָּשָׂר הֲרֵי זֶה מֻתָּר:

ט. חֵלֶב הַלֵּב וְחֵלֶב הַמֵּעַיִם וְהֵן הַדַּקִּין הַמְלֻפָּפִין כֻּלָּן מֻתָּרִין וַהֲרֵי הֵם כְּשֻׁמָּן שֶׁהוּא מֻתָּר. חוּץ מֵרֹאשׁ הַמְּעִי שֶׁסָּמוּךְ לַקֵּבָה שֶׁהוּא תְּחִלַּת בְּנֵי מֵעַיִם שֶׁצָּרִיךְ לִגְרֹד הַחֵלֶב שֶׁעָלָיו וְזֶהוּ חֵלֶב שֶׁעַל הַדַּקִּין שֶׁאָסוּר. וְיֵשׁ מִן הַגְּאוֹנִים שֶׁאוֹמֵר

שֶׁרֹאשׁ הַמְּעִי שֶׁצָּרִיךְ לְגָרְדוֹ הוּא הַמְּעִי שֶׁיֵּצֵא בּוֹ הָרְעִי שֶׁהוּא סוֹף הַמֵּעַיִם:

י. יֵשׁ בְּגוּף הַבְּהֵמָה חוּטִין וּקְרוּמוֹת שֶׁהֵן אֲסוּרִין. מֵהֶם מִשּׁוּם חֵלֶב וּמֵהֶן מִשּׁוּם דָּם. וְכָל חוּט אוֹ קְרוּם שֶׁאָסוּר מִשּׁוּם (ויקרא ג יז) (ויקרא ז כו) "כָּל דָּם לֹא תֹאכֵלוּ" צָרִיךְ לְנָטְלוֹ וְאַחַר כָּךְ יִמְלַח וִיבַשֵּׁל הַבָּשָׂר כְּמוֹ שֶׁאָמַרְנוּ. וְאִם חֲתָכוֹ וּמְלָחוֹ אֵינוֹ צָרִיךְ לְנָטְלוֹ. וְכֵן לְצָלִי (אֵינוֹ צָרִיךְ לְנָטְלוֹ). וְכָל חוּט אוֹ קְרוּם שֶׁהוּא אָסוּר מִשּׁוּם כָּל חֵלֶב בֵּין לְצָלִי בֵּין לְבִשּׁוּל צָרִיךְ לְנָטְלוֹ מִן הַבְּהֵמָה:

יא. חֲמִשָּׁה חוּטִין יֵשׁ בַּכְּסָלִים. שְׁלֹשָׁה מִן הַיָּמִין וּשְׁנַיִם מִן הַשְּׂמֹאל. הַשְּׁלֹשָׁה שֶׁמִּן הַיָּמִין מִתְפַּצֵּל כָּל אֶחָד מֵהֶם לִשְׁנַיִם שְׁנַיִם. וְהַשְּׁנַיִם שֶׁמִּן הַשְּׂמֹאל מִתְפַּצְּלִין לִשְׁלֹשָׁה שְׁלֹשָׁה. וְכֻלָּן מִשּׁוּם חֵלֶב. וְחוּטֵי הַטְּחוֹל וְחוּטֵי הַכְּלָיוֹת מִשּׁוּם חֵלֶב. וְכֵן קְרוּם שֶׁעַל הַטְּחוֹל וּקְרוּם שֶׁעַל הַכְּסָלִים וּקְרוּם שֶׁעַל הַכְּלָיוֹת אֲסוּרִין מִשּׁוּם חֵלֶב. וּקְרוּם שֶׁעַל דַּד הַטְּחוֹל חַיָּבִין עָלָיו כָּרֵת. וּשְׁאָר הַקְּרוּם אָסוּר וְאֵין חַיָּבִין עָלָיו:

יב. וּשְׁנֵי קְרוּמוֹת יֵשׁ לַכּוּלְיָא. הָעֶלְיוֹן חַיָּבִין עָלָיו כָּרֵת כַּחֵלֶב שֶׁעַל הַכּוּלְיָא. וְהַתַּחְתּוֹן הֲרֵי הוּא כִּשְׁאָר קְרוּמוֹת. וְחוּטִין שֶׁבָּהֶן אֲסוּרִין וְאֵין בָּהֶן כָּרֵת:

יג. חוּטֵי הַלֵּב וְחוּטֵי הַיָּד וְחוּטֵי הָעֹקֶץ וְחוּטֵי הַלְּחִי הַתַּחְתּוֹן שֶׁבְּצַד הַלָּשׁוֹן מִיכָּן וּמִיכָּן. וְכֵן הַחוּטִין הַדַּקִּין שֶׁהֵן בְּתוֹךְ חֵלֶב הַדַּקִּין כְּמוֹ בֵּית עַכָּבִישׁ מְסֻבָּכִין זֶה בָּזֶה. וּקְרוּם שֶׁעַל הַמֹּחַ שֶׁבַּקָּדְקֹד. וּקְרוּם שֶׁעַל הַבֵּיצִים. הַכֹּל אֲסוּרִין מִשּׁוּם דָּם:

יד. בֵּיצֵי גְּדִי אוֹ טָלֶה שֶׁלֹּא הִשְׁלִים שְׁלֹשִׁים יוֹם מֻתָּר לְבַשְּׁלָן בְּלֹא קְלִיפָה. לְאַחַר שְׁלֹשִׁים יוֹם אִם נִרְאָה בָּהֶן חוּטִין דַּקִּין אֲדֻמִּים בְּיָדוּעַ שֶׁהָלַךְ בָּהֶם הַדָּם וְלֹא יְבַשֵּׁל עַד שֶׁיִּקְלֹף אוֹ עַד שֶׁיַּחְתֵּךְ וְיִמָּלַח כְּמוֹ שֶׁבֵּאַרְנוּ. וְאִם עֲדַיִן לֹא נִרְאוּ בָּהֶן חוּטִין הָאֲדֻמִּים מֻתָּרִין:

טו. וְכָל בְּנֵי מֵעַיִם שֶׁהַמַּאֲכָל סוֹבֵב בְּחָלְלָן אֵין מַחֲזִיקִין בָּהֶן דָּם:

טז. יֵרָאֶה לִי שֶׁכָּל אֵלּוּ הַחוּטִין וְהַקְּרוּמוֹת אִסּוּרָן מִדִּבְרֵי סוֹפְרִים וְאִם תֹּאמַר שֶׁהֵן אֲסוּרִין מִן הַתּוֹרָה בִּכְלַל (ויקרא ג יז) "כָּל חֵלֶב וְכָל דָּם" אֵין לוֹקִין עֲלֵיהֶן אֶלָּא מַכַּת מַרְדּוּת וְיִהְיוּ כַּחֲצִי שִׁעוּר שֶׁהוּא אָסוּר מִן הַתּוֹרָה וְאֵין לוֹקִין עָלָיו:

יז. אֵין מוֹלְחִין חֲלָבִים עִם הַבָּשָׂר וְלֹא מְדִיחִין חֲלָבִים עִם בָּשָׂר. וְסַכִּין שֶׁחָתַךְ בָּהּ חֲלָבִים לֹא יַחְתֹּךְ בָּהּ בָּשָׂר. וּכְלִי שֶׁהֵדִיחַ בּוֹ חֲלָבִים לֹא יָדִיחַ בּוֹ בָּשָׂר. לְפִיכָךְ צָרִיךְ הַטַּבָּח לְהַתְקִין שָׁלֹשׁ סַכִּינִין. אַחַת שֶׁשּׁוֹחֵט בָּהּ. וְאַחַת שֶׁמְּחַתֵּךְ בָּהּ בָּשָׂר. וְאַחַת שֶׁמְּחַתֵּךְ בָּהּ חֲלָבִים:

יח. וְאִם דֶּרֶךְ אוֹתוֹ מָקוֹם שֶׁיָּדִיחַ הַטַּבָּח הַבָּשָׂר בַּחֲנוּת. צָרִיךְ לְהַתְקִין לוֹ שְׁנֵי כֵּלִים שֶׁל מַיִם אֶחָד שֶׁמֵּדִיחַ בּוֹ בָּשָׂר וְאֶחָד שֶׁמֵּדִיחַ בּוֹ חֲלָבִים:

יט. וְאָסוּר לַטַּבָּח לִפְרֹשׂ חֵלֶב הַכְּסָלִים עַל הַבָּשָׂר כְּדֵי לְנָאוֹתוֹ. שֶׁהַקְּרוּם שֶׁעַל הַחֵלֶב דַּק וְיִתְמַעֵךְ בְּיַד הַטַּבָּח וְיָזוּב הַחֵלֶב וְיִבָּלַע בַּבָּשָׂר. וְכָל הַדְּבָרִים הָאֵלּוּ אָסוּר לַעֲשׂוֹתָן. וְאִם נַעֲשׂוּ לֹא נֶאֱסַר הַבָּשָׂר. וְאֵין מַכִּין אֶת הָעוֹשֶׂה אֶלָּא מְלַמְּדִין אוֹתוֹ שֶׁלֹּא יַעֲשֶׂה:

כ. וְכֵן אֵין מוֹלְחִין אֶת הַבָּשָׂר קֹדֶם שֶׁיָּסִיר מִמֶּנּוּ אֶת הַקְּרוּמוֹת וְאֶת הַחוּטִין הָאֲסוּרִין. וְאִם מָלַח מְסִירָם אַחַר שֶׁנִּמְלְחוּ. וַאֲפִלּוּ הָיָה בָּהֶן גִּיד הַנָּשֶׁה מְסִירוֹ אַחַר שֶׁנִּמְלַח וּמְבַשֵּׁל:

כא. וְטַבָּח שֶׁדַּרְכּוֹ לְנַקּוֹת הַבָּשָׂר וְנִמְצָא אַחֲרָיו חוּט אוֹ קְרוּם מְלַמְּדִין אוֹתוֹ וּמַזְהִירִין אוֹתוֹ שֶׁלֹּא יְזַלְזֵל בְּאִסּוּרִין. אֲבָל אִם נִמְצָא אַחֲרָיו חֵלֶב אִם הָיָה כִּשְׂעוֹרָה מַעֲבִירִין אוֹתוֹ. וְאִם נִמְצָא אַחֲרָיו כַּזַּיִת חֵלֶב אֲפִלּוּ בִּמְקוֹמוֹת הַרְבֵּה מַכִּין אוֹתוֹ מַכַּת מַרְדּוּת וּמַעֲבִירִין אוֹתוֹ. מִפְּנֵי שֶׁהַטַּבָּח נֶאֱמָן עַל הַחֵלֶב:

Perek 8

Gid Hanasheh

Not to eat *Gid Hanasheh*[19]

Gid Hanasheh is the large nerve (sciatic) running down the back of the animal's hind leg.

There are **2** *gidim*

- The inner one next to bone on the socket is forbidden *Deoraita*. Punishment is *malkot* (lashes).

- The remainder of the inner one and the entire outer one is forbidden *Derabanan*. Punishment is *makat mardut* (stripes).

Also, the fat around *gid* is forbidden *Derabanan*.

If he ate some of the *gid* on the socket, **the measure for liability would be a *kezayit*.** However, if he ate the entire *gid* on the socket, he would be liable even if it was less than an olive in size, as it would be considered a self-contained entity.

The *gid* on the right leg and that on the left are 2 separate prohibitions.

The *gid* of animals prohibited are *kosher* domesticated and *kosher* wild beasts (even *nevelot* and *trefot*). – Applies also to a foetus and consecrated animals.

Gid hanasheh does not apply to fowl because they do not have a ball and socket hip joint.

It is permitted to derive benefit from *gid hanasheh*. One is only not allowed to eat it.

Principle – Wherever in Torah it states, 'do not eat', this also includes that we cannot benefit, unless:

- A verse specifically states otherwise
- The *Rabanan* allow or *Mipi Hakabalah* (as with *gid hanasheh* and other areas).

Principle: - Except for *chelev*, whenever a forbidden substance is prohibited *Deoraita* it is forbidden to do business with it. If the prohibition is *Derabanan*, it is permitted to do business with it.

Doing business means making it one's livelihood rather than just a one off temporary benefit.

A butcher who is relied upon, and it is then discovered that he sold meat which was in some way not kosher, he must return all the money he earned, and be removed from his position. He is placed under a ban.

פרק ח׳

א. גִּיד הַנָּשֶׁה נוֹהֵג בִּבְהֵמָה וְחַיָּה הַטְּהוֹרִין וַאֲפִלּוּ בִּנְבֵלוֹת וּטְרֵפוֹת שֶׁלָּהֶן. וְנוֹהֵג בְּשָׁלִיל וּבְמֻקְדָּשִׁין בֵּין קָדָשִׁים הַנֶּאֱכָלִים בֵּין קָדָשִׁים שֶׁאֵינָן נֶאֱכָלִין. וְנוֹהֵג בְּיָרֵךְ שֶׁל יָמִין וּבְיָרֵךְ שֶׁל שְׂמֹאל. וְאֵין אָסוּר מִן הַתּוֹרָה אֶלָּא שֶׁעַל כַּף הַיָּרֵךְ בִּלְבַד שֶׁנֶּאֱמַר (בראשית לב לג) "אֲשֶׁר עַל כַּף הַיָּרֵךְ". אֲבָל שְׁאָר הַגִּיד שֶׁלְּמַעְלָה מִן הַכַּף וְשֶׁלְּמַטָּה עַד סוֹפוֹ וְכֵן חֵלֶב שֶׁעַל הַגִּיד אֵינוֹ אָסוּר אֶלָּא מִדִּבְרֵי סוֹפְרִים. וּשְׁנֵי גִּידִין הֵן. הַפְּנִימִי הַסָּמוּךְ לָעֶצֶם אָסוּר מִן הַתּוֹרָה. וְהָעֶלְיוֹן כֻּלּוֹ אָסוּר מִדִּבְרֵיהֶם:

ב. הָאוֹכֵל מִגִּיד הַנָּשֶׁה הַפְּנִימִי מִמָּקוֹם שֶׁעַל הַכַּף לוֹקֶה. וְאִם אָכַל מֵחֶלְבּוֹ אוֹ מִשְּׁאָר הַגִּיד הַפְּנִימִי אוֹ מִכָּל הַחִיצוֹן מַכִּין אוֹתוֹ מַכַּת מַרְדּוּת. וְכַמָּה שִׁעוּר אֲכִילָה. כְּזַיִת. וְאִם אָכַל הַגִּיד שֶׁעַל הַכַּף כֻּלּוֹ אַף עַל פִּי שֶׁאֵין בּוֹ כְּזַיִת לוֹקֶה מִפְּנֵי שֶׁהוּא כִּבְרִיָּה בִּפְנֵי עַצְמָהּ:

ג. אָכַל כְּזַיִת מִגִּיד שֶׁל יָמִין וּכְזַיִת מִגִּיד שֶׁל שְׂמֹאל. אוֹ שֶׁאָכַל שְׁנֵי גִּידִים כֻּלָּן. אַף עַל פִּי שֶׁאֵין בָּהֶן כְּזַיִת לוֹקֶה שְׁמוֹנִים. (וְכֵן הוּא לוֹקֶה עַל כָּל גִּיד וְגִיד):

ד. הָעוֹף אֵין בּוֹ מִשּׁוּם גִּיד הַנָּשֶׁה מִפְּנֵי שֶׁאֵין לוֹ כַּף יָרֵךְ אֶלָּא יְרֵכוֹ אָרֹךְ. וְאִם נִמְצָא עוֹף שֶׁיְּרֵכוֹ כְּיֶרֶךְ הַבְּהֵמָה שֶׁיֵּשׁ לוֹ כַּף גִּיד הַנָּשֶׁה שֶׁלּוֹ אָסוּר וְאֵין לוֹקִין עָלָיו. וְכֵן בְּהֵמָה שֶׁכַּף יְרֵכָהּ אָרֹךְ כְּשֶׁל עוֹף גִּיד הַנָּשֶׁה שֶׁלָּהּ אָסוּר וְאֵין לוֹקִין עָלָיו:

ה. הָאוֹכֵל גִּיד הַנָּשֶׁה מִבְּהֵמָה וְחַיָּה הַטְּמֵאִים פָּטוּר לְפִי שֶׁאֵינוֹ נוֹהֵג בִּטְמֵאָה אֶלָּא בִּבְהֵמָה שֶׁכֻּלָּהּ מֻתֶּרֶת. וְאֵינוֹ כְּאוֹכֵל מִשְּׁאָר גּוּפָהּ שֶׁאֵין הַגִּידִים מִכְּלַל הַבָּשָׂר כְּמוֹ שֶׁבֵּאַרְנוּ. וְאִם אָכַל מֵחֵלֶב שֶׁעַל הַגִּיד הֲרֵי זֶה כְּאוֹכֵל מִבְּשָׂרָהּ:

ו. הָאוֹכֵל גִּיד הַנָּשֶׁה שֶׁל נְבֵלָה אוֹ שֶׁל טְרֵפָה אוֹ שֶׁל עוֹלָה

חַיָּב שְׁתַּיִם. מִתּוֹךְ שֶׁנִּכְלָל בְּאִסּוּר שְׁאָר גּוּפָהּ שֶׁהָיָה מֻתָּר נִכְלָל גַּם הַגִּיד וְנוֹסָף עָלָיו אִסּוּר אַחֵר:

ז. הַנּוֹטֵל גִּיד הַנָּשֶׁה צָרִיךְ לְחַטֵּט אַחֲרָיו עַד שֶׁלֹּא יַשְׁאִיר מִמֶּנּוּ כְּלוּם. וְנֶאֱמָן הַטַּבָּח עַל גִּיד הַנָּשֶׁה כְּשֵׁם שֶׁנֶּאֱמָן עַל הַחֵלֶב. וְאֵין לוֹקְחִין בָּשָׂר מִכָּל טַבָּח אֶלָּא אִם הָיָה אָדָם כָּשֵׁר וּמֻחְזָק בְּכַשְׁרוּת הוּא שֶׁשּׁוֹחֵט לְעַצְמוֹ וּמוֹכֵר וְנֶאֱמָן:

ח. בַּמֶּה דְּבָרִים אֲמוּרִים בְּחוּצָה לָאָרֶץ. אֲבָל בְּאֶרֶץ יִשְׂרָאֵל בִּזְמַן שֶׁכֻּלָּהּ לְיִשְׂרָאֵל לוֹקְחִין מִכָּל אָדָם:

ט. טַבָּח הַנֶּאֱמָן לִמְכֹּר בָּשָׂר וְנִמְצָא בְּשַׂר נְבֵלָה אוֹ בְּשַׂר טְרֵפָה יוֹצֵא מִתַּחַת יָדוֹ. מַחֲזִיר אֶת הַדָּמִים לַבְּעָלִים וּמְשַׁמְּתִין אוֹתוֹ וּמַעֲבִירִין אוֹתוֹ. וְאֵין לוֹ תַּקָּנָה לְעוֹלָם לִקַּח מִמֶּנּוּ בָּשָׂר עַד שֶׁיֵּלֵךְ לְמָקוֹם שֶׁאֵין מַכִּירִין אוֹתוֹ וְיַחֲזִיר אֲבֵדָה בְּדָבָר חָשׁוּב אוֹ יִשְׁחֹט לְעַצְמוֹ וְיוֹצִיא טְרֵפָה לְעַצְמוֹ בְּמָמוֹן חָשׁוּב שֶׁוַּדַּאי עָשָׂה תְּשׁוּבָה בְּלֹא הַעֲרָמָה:

י. הַלּוֹקֵחַ בָּשָׂר וְשָׁלְחוֹ בְּיַד אֶחָד מֵעַמֵּי הָאָרֶץ הֲרֵי זֶה נֶאֱמָן עָלָיו. וְאַף עַל פִּי שֶׁאֵינוֹ מֻחְזָק בְּכַשְׁרוּת אֵין חוֹשְׁשִׁין לוֹ שֶׁמָּא יַחֲלִיף. וַאֲפִלּוּ עַבְדֵי יִשְׂרָאֵל וְאַמְהוֹתֵיהֶן נֶאֱמָנִין בְּדָבָר זֶה. אֲבָל לֹא עַכּוּ"ם שֶׁמָּא יַחֲלִיף:

יא. עֶשֶׂר חֲנֻיּוֹת תֵּשַׁע מוֹכְרוֹת בְּשַׂר שְׁחוּטָה וְאַחַת מוֹכֶרֶת נְבֵלוֹת וְלָקַח בָּשָׂר מֵאַחַת מֵהֶן וְאֵינוֹ יוֹדֵעַ מֵאֵיזֶה מֵהֶן לָקַח הֲרֵי זֶה אָסוּר שֶׁכָּל קָבוּעַ כְּמֶחֱצָה עַל מֶחֱצָה דָּמִי. אֲבָל בָּשָׂר הַנִּמְצָא מֻשְׁלָךְ בַּשּׁוּק הַלֵּךְ אַחַר הָרֹב דְּכָל דְּפָרִישׁ מֵרֻבָּא פָּרִישׁ. אִם הָיוּ רֹב הַמּוֹכְרִים עַכּוּ"ם אָסוּר. וְאִם הָיוּ רֹב הַמּוֹכְרִים יִשְׂרָאֵל מֻתָּר:

יב. וְכֵן בָּשָׂר הַנִּמְצָא בְּיַד עַכּוּ"ם וְאֵינוֹ יָדוּעַ מִמִּי לָקַח אִם הָיוּ מוֹכְרֵי הַבָּשָׂר יִשְׂרָאֵל מֻתָּר. זֶה הוּא דִּין תּוֹרָה. וּכְבָר אָסְרוּ חֲכָמִים כָּל הַבָּשָׂר הַנִּמְצָא בֵּין בַּשּׁוּק בֵּין בְּיַד עַכּוּ"ם אַף עַל פִּי שֶׁכָּל הַשּׁוֹחֲטִין וְכָל הַמּוֹכְרִין יִשְׂרָאֵל. וְלֹא עוֹד אֶלָּא הַלּוֹקֵחַ בָּשָׂר וְהִנִּיחוֹ בְּבֵיתוֹ וְנֶעֱלַם מִן הָעַיִן אָסוּר אֶלָּא אִם כֵּן הָיָה לוֹ בּוֹ סִימָן אוֹ שֶׁהָיָה לוֹ בּוֹ טְבִיעַת עַיִן וְהוּא מַכִּירוֹ וַדַּאי שֶׁהוּא זֶה אוֹ שֶׁהָיָה צָרוּר וְחָתוּם:

יג. תָּלָה כְּלִי מָלֵא חֲתִיכוֹת בָּשָׂר וְנִשְׁבַּר הַכְּלִי וְנָפְלוּ הַחֲתִיכוֹת לָאָרֶץ וּבָא וּמָצָא חֲתִיכוֹת וְאֵין לוֹ בָּהֶן סִימָן וְלֹא טְבִיעַת עַיִן הֲרֵי זֶה אָסוּר שֶׁיֵּשׁ לוֹמַר אוֹתוֹ בָּשָׂר שֶׁהָיָה בַּכְּלִי גְּרָרַתּוּ חַיָּה אוֹ שֶׁרֶץ וְזֶה בָּשָׂר אַחֵר הוּא:

יד. גִּיד הַנָּשֶׁה מֻתָּר בַּהֲנָאָה. לְפִיכָךְ מֻתָּר לְאָדָם לִשְׁלֹחַ לְעַכּוּ"ם יָרֵךְ שֶׁגִּיד הַנָּשֶׁה בְּתוֹכָהּ. וְנוֹתֵן לוֹ הַיָּרֵךְ שְׁלֵמָה בִּפְנֵי יִשְׂרָאֵל. וְאֵין חוֹשְׁשִׁין שֶׁמָּא יֹאכַל מִמֶּנָּה יִשְׂרָאֵל זֶה קֹדֶם שֶׁיִּנָּטֵל הַגִּיד שֶׁהֲרֵי מְקוֹמוֹ נִכָּר. לְפִיכָךְ אִם הָיְתָה הַיָּרֵךְ חֲתוּכָה לֹא יִתְּנֶנָּה לְעַכּוּ"ם בִּפְנֵי יִשְׂרָאֵל עַד שֶׁיִּטֹּל הַגִּיד שֶׁמָּא יֹאכַל מִמֶּנָּה יִשְׂרָאֵל:

טו. כָּל מָקוֹם שֶׁנֶּאֱמַר בַּתּוֹרָה לֹא תֹאכַל לֹא תֹאכְלוּ לֹא יֹאכְלוּ לֹא יֵאָכֵל אֶחָד אִסּוּר אֲכִילָה וְאֶחָד אִסּוּר הֲנָאָה בְּמַשְׁמָע עַד שֶׁיִּפְרֹט לְךָ הַכָּתוּב כְּדֶרֶךְ שֶׁפֵּרֵט לְךָ בִּנְבֵלָה שֶׁנֶּאֱמַר (דברים יד כא) "לַגֵּר אֲשֶׁר בִּשְׁעָרֶיךָ תִּתְּנֶנָּה וַאֲכָלָהּ" וְכַחֵלֶב שֶׁנֶּאֱמַר בּוֹ (ויקרא ז כד) "יֵעָשֶׂה לְכָל מְלָאכָה". אוֹ עַד שֶׁיִּתְפָּרֵשׁ בַּתּוֹרָה שֶׁבְּעַל פֶּה שֶׁהוּא מֻתָּר בַּהֲנָאָה. כְּגוֹן שְׁקָצִים וּרְמָשִׂים וְדָם וְאֵיבָר מִן הַחַי וְגִיד הַנָּשֶׁה. שֶׁכָּל אֵלּוּ מֻתָּרִין בַּהֲנָאָה מִפִּי הַקַּבָּלָה אַף עַל פִּי שֶׁהֵן אֲסוּרִין בַּאֲכִילָה:

טז. כָּל מַאֲכָל שֶׁהוּא אָסוּר בַּהֲנָאָה אִם נֶהֱנָה וְלֹא אָכַל כְּגוֹן שֶׁמָּכַר אוֹ נָתַן לְעַכּוּ"ם אוֹ לִכְלָבִים אֵינוֹ לוֹקֶה. וּמַכִּין אוֹתוֹ מַכַּת מַרְדּוּת וְהַדָּמִים מֻתָּרִין. וְכָל דָּבָר שֶׁאָסוּר בַּאֲכִילָה וּמֻתָּר בַּהֲנָאָה אַף עַל פִּי שֶׁהוּא מֻתָּר בַּהֲנָאָה אָסוּר לַעֲשׂוֹת בּוֹ סְחוֹרָה וּלְכַוֵּן מְלַאכְתּוֹ בִּדְבָרִים אֲסוּרִים חוּץ מִן הַחֵלֶב שֶׁהֲרֵי נֶאֱמַר בּוֹ (ויקרא ז כד) "יֵעָשֶׂה לְכָל מְלָאכָה". לְפִיכָךְ אֵין עוֹשִׂין סְחוֹרָה לֹא בִּנְבֵלוֹת וְלֹא בִּטְרֵפוֹת וְלֹא בִּשְׁקָצִים וְלֹא בִּרְמָשִׂים:

יז. הַצַּיָּד שֶׁנִּזְדַּמְּנוּ לוֹ חַיָּה אוֹ עוֹף וְדָג טְמֵאִים וְצָדָן אוֹ שֶׁנִּצּוֹדוּ לוֹ טְמֵאִים וּטְהוֹרִים מֻתָּר לְמָכְרָן. אֲבָל לֹא יְכַוֵּן מְלַאכְתּוֹ לִטְמֵאִים. וּמֻתָּר לַעֲשׂוֹת סְחוֹרָה בְּחָלָב שֶׁחֲלָבוֹ עַכּוּ"ם וְאֵין יִשְׂרָאֵל רוֹאֵהוּ וּבִגְבִינוֹת הָעַכּוּ"ם וְכַיּוֹצֵא בָּהֶן:

יח. זֶה הַכְּלָל כָּל שֶׁאִסּוּרוֹ מִן הַתּוֹרָה אָסוּר לַעֲשׂוֹת בּוֹ סְחוֹרָה וְכָל שֶׁאִסּוּרוֹ מִדִּבְרֵיהֶם מֻתָּר לַעֲשׂוֹת בּוֹ סְחוֹרָה בֵּין בִּסְפֵקוֹ בֵּין בְּוַדָּאוֹ:

Perek 9

Mixing meat and milk.

- Not to eat milk and meat together[20]
- Not to cook meat and milk together[21]

Measure for liability is a *kezayit*.

Punishment for transgression is *malkot*.

Torah only mentioned not to cook meat and milk together. We derive not to eat them together, how much more so.

Torah refers only to the meat and milk of *kosher* domesticated animals.

The *Rabanan* forbade all combinations of meat and milk.

Fish in milk is permitted.

If one eats meat, one should wait **6 hours** before having dairy products. The rules are more lenient for eating meat after dairy products.

Comparison of Forbidden Foods from Live Beings (tick ✓ means prohibition exists)

	Kosher domesticated	Kosher wild animals	Non-kosher animals	Kosher fowl	Non-kosher fowl	Died without slaughter	Foetus	Fish Locusts
Nevelah	✓	✓	✗	✓	✗	✓	✓ (stillborn kosher)	
Trefah	✓ mortally wounded	✓ mortally wounded	✗	✓ mortally wounded	✗			
Shor (ox) *Haniskal*	✓							
Ever min hachai (limb cut off from a living animal)	✓	✓	✗	✓	✗			
Blood consumption	✓	✓	✓	✓	✓	✓	✓	✗
Fat consumption	✓					✓ only kosher domesticated	✓ only when fully formed	
Gid Hanasheh sciatic nerve	✓	✓		✗ Does not have ball and socket hip	✗	✓ only kosher animals	✓	
Cooking or eating a mixture of milk and meat	✓	📖 ✗ (but may not eat Derabanan)	✗	📖 ✗ (but may not eat Derabanan)	✗		✓ liable	allowed

Slaughtering a mother and its young on one day	✓								
Not to take a mother with its young. And to send away the mother (when taking the young)				✓ (but non-domesticated)					
To cover blood of *shechitah* (with earth)		✓							

פרק ט׳

א. בָּשָׂר בְּחָלָב אָסוּר לְבַשְּׁלוֹ וְאָסוּר לְאָכְלוֹ מִן הַתּוֹרָה. וְאָסוּר בַּהֲנָאָה. וְקוֹבְרִין אוֹתוֹ. וְאֶפְרוֹ אָסוּר כְּאֵפֶר כָּל הַנִּקְבָּרִין. וּמִי שֶׁיְּבַשֵּׁל מִשְּׁנֵיהֶם כְּזַיִת כְּאֶחָד לוֹקֶה שֶׁנֶּאֱמַר (שמות כג יט) (שמות לד כו) (דברים יד כא) "לֹא תְבַשֵּׁל גְּדִי בַּחֲלֵב אִמּוֹ". וְכֵן הָאוֹכֵל כְּזַיִת מִשְּׁנֵיהֶם מֵהַבָּשָׂר וְהֶחָלָב שֶׁנִּתְבַּשְּׁלוּ כְּאֶחָד לוֹקֶה וְאַף עַל פִּי שֶׁלֹּא בִּשֵּׁל:

ב. לֹא שָׁתַק הַכָּתוּב מִלֶּאֱסֹר הָאֲכִילָה אֶלָּא מִפְּנֵי שֶׁאָסַר הַבִּשּׁוּל כְּלוֹמַר וַאֲפִלּוּ בִּשּׁוּלוֹ אָסוּר וְאֵין צָרִיךְ לוֹמַר אֲכִילָתוֹ. כְּמוֹ שֶׁשָּׁתַק מִלֶּאֱסֹר הַבַּת מֵאַחַר שֶׁאָסַר בַּת הַבַּת:

ג. אֵין אָסוּר מִן הַתּוֹרָה אֶלָּא בְּשַׂר בְּהֵמָה טְהוֹרָה בַּחֲלֵב בְּהֵמָה טְהוֹרָה שֶׁנֶּאֱמַר (שמות כג יט) (שמות לד כו) (דברים יד כא) "לֹא תְבַשֵּׁל גְּדִי בַּחֲלֵב אִמּוֹ". וּגְדִי הוּא כּוֹלֵל וְלַד הַשּׁוֹר וְלַד הַשֶּׂה וְלַד הָעֵז עַד שֶׁיִּפְרֹט וְיֹאמַר גְּדִי עִזִּים וְלֹא נֶאֱמַר גְּדִי בַּחֲלֵב אִמּוֹ אֶלָּא שֶׁדִּבֵּר הַכָּתוּב בַּהוֹוֶה. אֲבָל בְּשַׂר בְּהֵמָה טְהוֹרָה (שֶׁבִּשְּׁלוֹ) בַּחֲלֵב בְּהֵמָה טְמֵאָה. אוֹ בְּשַׂר בְּהֵמָה טְמֵאָה (שֶׁבִּשְּׁלוֹ) בַּחֲלֵב בְּהֵמָה טְהוֹרָה מֻתָּר לְבַשֵּׁל וּמֻתֶּרֶת בַּהֲנָיָה וְאֵין חַיָּבִין עַל אֲכִילָתוֹ מִשּׁוּם בָּשָׂר בְּחָלָב:

ד. וְכֵן בְּשַׂר חַיָּה וְעוֹף בֵּין בַּחֲלֵב חַיָּה בֵּין בַּחֲלֵב בְּהֵמָה אֵינוֹ אָסוּר בַּאֲכִילָה מִן הַתּוֹרָה לְפִיכָךְ מֻתָּר לְבַשְּׁלוֹ וּמֻתָּר בַּהֲנָיָה. וְאָסוּר בַּאֲכִילָה מִדִּבְרֵי סוֹפְרִים כְּדֵי שֶׁלֹּא יִפְשְׁעוּ הָעָם וְיָבוֹאוּ לִידֵי אִסּוּר בָּשָׂר בְּחָלָב שֶׁל תּוֹרָה וְיֹאכְלוּ בְּשַׂר בְּהֵמָה טְהוֹרָה בַּחֲלֵב בְּהֵמָה טְהוֹרָה. שֶׁהֲרֵי אֵין מַשְׁמַע הַכָּתוּב אֶלָּא גְּדִי בַּחֲלֵב אִמּוֹ מַמָּשׁ. לְפִיכָךְ אָסְרוּ כָּל בָּשָׂר בְּחָלָב:

ה. דָּגִים וַחֲגָבִים מֻתָּר לְאָכְלָן בְּחָלָב. וְהַשּׁוֹחֵט עוֹף וְנִמְצָא בּוֹ בֵּיצִים גְּמוּרוֹת מֻתָּר לְאָכְלָן בְּחָלָב:

ו. הַמְעַשֵּׁן וְהַמְבַשֵּׁל בְּחַמֵּי טְבֶרְיָא וְכַיּוֹצֵא בָּהֶן אֵין לוֹקִין עָלָיו. וְכֵן הַמְבַשֵּׁל בָּשָׂר בְּמֵי חָלָב אוֹ בַּחֲלֵב מֵתָה אוֹ בַּחֲלֵב זָכָר אוֹ שֶׁבִּשֵּׁל דָּם בְּחָלָב פָּטוּר וְאֵינוֹ לוֹקֶה עַל אֲכִילָתוֹ מִשּׁוּם בָּשָׂר בְּחָלָב. אֲבָל הַמְבַשֵּׁל בְּשַׂר מֵתָה אוֹ חֵלֶב וְכַיּוֹצֵא בָּהֶן בְּחָלָב לוֹקֶה עַל בִּשּׁוּלוֹ וְאֵינוֹ לוֹקֶה עַל אֲכִילָתוֹ מִשּׁוּם בָּשָׂר בְּחָלָב. שֶׁאֵין אִסּוּר בָּשָׂר בְּחָלָב חָל עַל אִסּוּר נְבֵלָה אוֹ אִסּוּר חֵלֶב. שֶׁאֵין כָּאן לֹא אִסּוּר כּוֹלֵל וְלֹא אִסּוּר מוֹסִיף וְלֹא אִסּוּר בַּת אַחַת:

ז. הַמְבַשֵּׁל שָׁלִיל בְּחָלָב חַיָּב וְכֵן הָאוֹכְלוֹ. אֲבָל הַמְבַשֵּׁל שִׁלְיָא אוֹ עוֹר וְגִידִין וַעֲצָמוֹת וְעִקְּרֵי קַרְנַיִם וּטְלָפַיִם הָרַכִּים בְּחָלָב פָּטוּר. וְכֵן הָאוֹכְלָן פָּטוּר:

ח. בָּשָׂר שֶׁנָּפַל לְתוֹךְ הֶחָלָב אוֹ חָלָב שֶׁנָּפַל לְתוֹךְ הַבָּשָׂר וְנִתְבַּשֵּׁל עִמּוֹ שִׁעוּרוֹ בְּנוֹתֵן טַעַם. כֵּיצַד. חֲתִיכָה שֶׁל בָּשָׂר שֶׁנָּפְלָה לִקְדֵרָה רוֹתַחַת שֶׁל חָלָב. טוֹעֵם הַנָּכְרִי אֶת הַקְּדֵרָה. אִם אָמַר שֶׁיֵּשׁ בָּהּ טַעַם בָּשָׂר אֲסוּרָה. וְאִם לָאו מֻתֶּרֶת. וְאוֹתָהּ חֲתִיכָה אֲסוּרָה. בַּמֶּה דְּבָרִים אֲמוּרִים שֶׁקָּדַם וְהוֹצִיא אֶת הַחֲתִיכָה קֹדֶם שֶׁתִּפְלֹט חָלָב שֶׁבָּלְעָה. אֲבָל אִם לֹא סִלֵּק מְשַׁעֲרִים אוֹתָהּ בְּשִׁשִּׁים מִפְּנֵי שֶׁהֶחָלָב שֶׁנִּבְלַע בָּהּ וְנֶאֱסַר יָצָא וְנִתְעָרֵב עִם שְׁאָר הֶחָלָב:

ט. נָפַל חָלָב לְתוֹךְ קְדֵרָה שֶׁל בָּשָׂר טוֹעֲמִין אֶת הַחֲתִיכָה שֶׁנָּפַל עָלֶיהָ חָלָב. אִם אֵין בָּהּ טַעַם חָלָב הַכֹּל מֻתָּר. וְאִם יֵשׁ בַּחֲתִיכָה טַעַם חָלָב אַף עַל פִּי שֶׁאִם תִּסָּחֵט הַחֲתִיכָה לֹא יִשָּׁאֵר בָּהּ טַעַם. הוֹאִיל וְיֵשׁ בָּהּ עַתָּה טַעַם חָלָב נֶאֶסְרָה אוֹתָהּ חֲתִיכָה. וּמְשַׁעֲרִין בְּכֻלָּהּ אִם הָיָה בְּכָל שֶׁיֵּשׁ בַּקְּדֵרָה מִן הַחֲתִיכוֹת וְהַיָּרָק וְהַמָּרָק וְהַתַּבְלִין כְּדֵי שֶׁתִּהְיֶה חֲתִיכָה זוֹ אֶחָד מִשִּׁשִּׁים מִן הַכֹּל הַחֲתִיכָה אֲסוּרָה וְהַשְּׁאָר מֻתָּר:

י. בַּמֶּה דְּבָרִים אֲמוּרִים בְּשֶׁלֹּא נִעֵר אֶת הַקְּדֵרָה בִּתְחִלָּה כְּשֶׁנָּפַל הֶחָלָב אֶלָּא לְבַסּוֹף וְלֹא כִּסָּה. אֲבָל אִם נִעֵר מִתְּחִלָּה וְעַד סוֹף אוֹ שֶׁכִּסָּה מִשְּׁעַת נְפִילָה עַד סוֹף הֲרֵי זֶה בְּנוֹתֵן טַעַם. וְכֵן אִם נָפַל חָלָב לְתוֹךְ הַמָּרָק אוֹ לְכָל הַחֲתִיכוֹת וְלֹא נוֹדַע לְאֵי זֶה חֲתִיכָה נָפַל. נוֹעֵר אֶת הַקְּדֵרָה כֻּלָּהּ עַד שֶׁתָּשׁוּב וְיִתְעָרֵב הַכֹּל. אִם יֵשׁ בַּקְּדֵרָה כֻּלָּהּ טַעַם חָלָב אֲסוּרָה וְאִם לָאו מֻתֶּרֶת. אִם לֹא נִמְצָא נָכְרִי שֶׁיִּטְעֹם וְנִסְמֹךְ עָלָיו מְשַׁעֲרִים בְּשִׁשִּׁים בֵּין בָּשָׂר לְתוֹךְ חָלָב בֵּין חָלָב לְתוֹךְ בָּשָׂר אֶחָד מִשִּׁשִּׁים מֻתָּר פָּחוֹת מִשִּׁשִּׁים אָסוּר:

יא. קְדֵרָה שֶׁבִּשֵּׁל בָּהּ בָּשָׂר לֹא יְבַשֵּׁל בָּהּ חָלָב. וְאִם בִּשֵּׁל בְּנוֹתֵן טַעַם:

יב. הַכְּחָל אָסוּר מִדִּבְרֵי סוֹפְרִים. שֶׁאֵין בָּשָׂר שֶׁנִּתְבַּשֵּׁל בְּחָלָב שְׁחוּטָה אָסוּר מִן הַתּוֹרָה כְּמוֹ שֶׁבֵּאַרְנוּ. לְפִיכָךְ אִם קְרָעוֹ וּמֵרֵק הֶחָלָב שֶׁבּוֹ מֻתָּר לִצְלוֹתוֹ וּלְאָכְלוֹ. וְאִם קְרָעוֹ שְׁתִי וָעֵרֶב וְטָחוֹ בַּכֹּתֶל עַד שֶׁלֹּא נִשְׁאַר בּוֹ לַחְלוּחִית חָלָב מֻתָּר לְבַשְּׁלוֹ עִם הַבָּשָׂר. וּכְחָל שֶׁלֹּא קְרָעוֹ בֵּין שֶׁל קְטַנָּה שֶׁלֹּא הֵינִיקָה בֵּין שֶׁל גְּדוֹלָה אָסוּר לְבַשְּׁלוֹ. וְאִם עָבַר וּבִשְּׁלוֹ בִּפְנֵי עַצְמוֹ מֻתָּר לְאָכְלוֹ. וְאִם בִּשְּׁלוֹ עִם בָּשָׂר אַחֵר מְשַׁעֲרִין אוֹתוֹ בְּשִׁשִּׁים וּכְחָל מִן הַמִּנְיָן:

יג. כֵּיצַד. אִם הָיָה הַכֹּל עִם הַכְּחָל כְּמוֹ שִׁשִּׁים בַּכְּחָל הַכְּחָל אָסוּר וְהַשְּׁאָר מֻתָּר. וְאִם הָיָה בְּפָחוֹת מִשִּׁשִּׁים הַכֹּל אָסוּר. בֵּין כָּךְ וּבֵין כָּךְ אִם נָפַל לִקְדֵרָה אַחֶרֶת אוֹסֵר אוֹתָהּ וּמְשַׁעֲרִין בּוֹ בְּשִׁשִּׁים כְּבָרִאשׁוֹנָה. שֶׁהַכְּחָל עַצְמוֹ שֶׁנִּתְבַּשֵּׁל נַעֲשָׂה כַּחֲתִיכָה הָאֲסוּרָה וְאֵין מְשַׁעֲרִין בּוֹ אֶלָּא כְּמוֹת שֶׁהוּא בְּעֵת שֶׁנִּתְבַּשֵּׁל לֹא כְּמוֹת שֶׁהָיָה בְּשָׁעָה שֶׁנָּפַל:

יד. אֵין צוֹלִין אֶת הַכְּחָל שֶׁחֲתָכוֹ [לְמַעְלָה] מִן הַבָּשָׂר בְּשִׁפּוּד. וְאִם צְלָהוּ הַכֹּל מֻתָּר:

טו. קֵבָה שֶׁבִּשְּׁלָהּ בֶּחָלָב שֶׁבָּהּ מֻתֶּרֶת שֶׁאֵינוֹ חָלָב אֶלָּא הֲרֵי הוּא כְּטִנֹּפֶת שֶׁהֲרֵי יִשְׁתַּנֶּה בַּמֵּעַיִם:

טז. אָסוּר לְהַעֲמִיד הַגְּבִינָה בְּעוֹר הַקֵּבָה שֶׁל שְׁחוּטָה. וְאִם הֶעֱמִיד טוֹעֵם אֶת הַגְּבִינָה אִם יֵשׁ בָּהּ טַעַם בָּשָׂר אֲסוּרָה וְאִם לָאו מֻתֶּרֶת. מִפְּנֵי שֶׁהַמַּעֲמִיד דָּבָר הַמֻּתָּר הוּא. שֶׁקֵּיבַת שְׁחוּטָה הִיא. וְאֵין כָּאן אֶלָּא אִסּוּר בָּשָׂר בְּחָלָב שֶׁשִּׁעוּרוֹ בְּנוֹתֵן טַעַם . אֲבָל הַמַּעֲמִיד בְּעוֹר קֵיבַת נְבֵלָה וּטְרֵפָה וּבְהֵמָה טְמֵאָה הוֹאִיל וְהַמַּעֲמִיד דָּבָר הָאָסוּר בִּפְנֵי עַצְמוֹ נֶאֶסְרָה הַגְּבִינָה מִשּׁוּם נְבֵלָה לֹא מִשּׁוּם בָּשָׂר בְּחָלָב. וּמִפְּנֵי חֲשַׁשׁ זֶה אָסְרוּ גְּבִינַת עכּו"ם כְּמוֹ שֶׁבֵּאַרְנוּ:

יז. הַבָּשָׂר לְבַדּוֹ מֻתָּר וְהֶחָלָב לְבַדּוֹ מֻתָּר וּבְהִתְעָרֵב שְׁנֵיהֶן עַל יְדֵי בִּשּׁוּל יֶאֶסְרוּ שְׁנֵיהֶם. בַּמֶּה דְּבָרִים אֲמוּרִים שֶׁנִּתְבַּשְּׁלוּ שְׁנֵיהֶם כְּאֶחָד אוֹ שֶׁנָּפַל חַם לְתוֹךְ חַם אוֹ צוֹנֵן לְתוֹךְ חַם. אֲבָל אִם נָפַל אֶחָד מִשְּׁנֵיהֶם וְהוּא חַם לְתוֹךְ הַשֵּׁנִי וְהוּא צוֹנֵן קוֹלֵף הַבָּשָׂר כֻּלּוֹ שֶׁנָּגַע בּוֹ הֶחָלָב וְאוֹכֵל הַשְּׁאָר. וְאִם נָפַל צוֹנֵן לְתוֹךְ צוֹנֵן מֵדִיחַ הַחֲתִיכָה וְאוֹכְלָהּ. לְפִיכָךְ מֻתָּר לִצְרֹר בָּשָׂר וּגְבִינָה בְּמִטְפַּחַת אַחַת וְהוּא שֶׁלֹּא יִגְּעוּ זֶה בָּזֶה. וְאִם נָגְעוּ מֵדִיחַ הַבָּשָׂר וּמֵדִיחַ הַגְּבִינָה וְאוֹכֵל:

יח. מָלִיחַ שֶׁאֵינוֹ נֶאֱכָל מֵחֲמַת מִלְחוֹ הֲרֵי הוּא כְּרוֹתֵחַ. וְאִם נֶאֱכָל כְּמוֹת שֶׁהוּא כְּמוֹ הַכּוֹתָח אֵינוֹ כְּרוֹתֵחַ:

יט. עוֹף שָׁחוּט שֶׁנָּפַל לְחָלָב אוֹ לְכוּתָח שֶׁיֵּשׁ בּוֹ חָלָב. אִם חַי הוּא מְדִיחוֹ וּמֻתָּר. וְאִם צָלִי קוֹלְפוֹ. וְאִם הָיוּ בּוֹ פְּלָחִים פְּלָחִים אוֹ שֶׁהָיָה מְתֻבָּל בְּתַבְלִין וְנָפַל לְחָלָב אוֹ לְכוּתָח הֲרֵי זֶה אָסוּר:

כ. אָסוּר לְהַעֲלוֹת הָעוֹף עִם הַגְּבִינָה עַל הַשֻּׁלְחָן שֶׁהוּא אוֹכֵל עָלָיו גְּזֵרָה מִשּׁוּם הֶרְגֵּל עֲבֵרָה שֶׁמָּא יֹאכַל זֶה עִם זֶה. אַף עַל פִּי שֶׁהָעוֹף בְּחָלָב אָסוּר מִדִּבְרֵי סוֹפְרִים:

כא. שְׁנֵי אַכְסְנָאִין שֶׁאֵינָם מַכִּירִין זֶה אֶת זֶה אוֹכְלִין עַל שֻׁלְחָן אֶחָד זֶה בָּשָׂר בְּהֵמָה וְזֶה גְּבִינָה מִפְּנֵי שֶׁאֵין זֶה גַּס לִבּוֹ בָּזֶה כְּדֵי שֶׁיֹּאכַל עִמּוֹ:

כב. אֵין לָשִׁין הָעִסָּה בְּחָלָב וְאִם לָשׁ כָּל הַפַּת אֲסוּרָה מִפְּנֵי הֶרְגֵּל עֲבֵרָה. שֶׁמָּא יֹאכַל בָּהּ בָּשָׂר. וְאֵין טָשִׁין אֶת הַתַּנּוּר בְּאַלְיָה. וְאִם טָשׁ כָּל הַפַּת אֲסוּרָה עַד שֶׁיַּסִּיק אֶת הַתַּנּוּר שֶׁמָּא יֹאכַל בָּהּ חָלָב. וְאִם שִׁנָּה בְּצוּרַת הַפַּת עַד שֶׁתִּהְיֶה נִכֶּרֶת כְּדֵי שֶׁלֹּא יֹאכַל בָּהּ לֹא בָּשָׂר וְלֹא חָלָב הֲרֵי זֶה מֻתָּר:

כג. פַּת שֶׁאֲפָאָהּ עִם הַצָּלִי וְדָגִים שֶׁצְּלָאָן עִם הַבָּשָׂר אָסוּר לְאָכְלָן בְּחָלָב. קְעָרָה שֶׁאָכְלוּ בָּהּ בָּשָׂר וּבִשְּׁלוּ בָּהּ דָּגִים אוֹתָן הַדָּגִים מֻתָּר לְאָכְלָן בְּכוּתָח:

כד. סַכִּין שֶׁחָתַךְ בָּהּ בָּשָׂר צָלִי וְחָזַר וְחָתַךְ בָּהּ צְנוֹן וְכַיּוֹצֵא בּוֹ מִדְּבָרִים חֲרִיפִין אָסוּר לְאָכְלָן בְּכוּתָח. אֲבָל אִם חָתַךְ בָּהּ בָּשָׂר וְחָזַר וְחָתַךְ בָּהּ קִישּׁוּת אוֹ אֲבַטִּיחַ גּוֹרֵד מְקוֹם הַחֲתָךְ וְאוֹכֵל הַשְּׁאָר בְּחָלָב:

כה. אֵין מַנִּיחִין כַּד שֶׁל מֶלַח בְּצַד כַּד שֶׁל כָּמָךְ מִפְּנֵי שֶׁשּׁוֹאֵב מִמֶּנּוּ וְנִמְצָא מְבַשֵּׁל הַבָּשָׂר בְּמֶלַח זֶה שֶׁיֵּשׁ בּוֹ טַעַם הֶחָלָב. אֲבָל מַנִּיחַ כַּד הַחֹמֶץ בְּצַד כַּד הַכָּמָךְ שֶׁאֵין הַחֹמֶץ שׁוֹאֵב מִמֶּנּוּ:

כו. מִי שֶׁאָכַל גְּבִינָה אוֹ חָלָב תְּחִלָּה מֻתָּר לֶאֱכֹל אַחֲרָיו בָּשָׂר מִיָּד. וְצָרִיךְ שֶׁיָּדִיחַ יָדָיו וִיקַנֵּחַ פִּיו בֵּין הַגְּבִינָה וּבֵין הַבָּשָׂר. וּבַמֶּה מְקַנֵּחַ פִּיו בְּפַת אוֹ בְּפֵרוֹת שֶׁלּוֹעֲסָן וּבוֹלְעָן אוֹ פּוֹלְטָן. וּבַכֹּל מְקַנְּחִין אֶת הַפֶּה חוּץ מִתְּמָרִים אוֹ קֶמַח אוֹ יְרָקוֹת שֶׁאֵין אֵלּוּ מְקַנְּחִין יָפֶה:

כז. בַּמֶּה דְּבָרִים אֲמוּרִים בִּבְשַׂר בְּהֵמָה אוֹ חַיָּה. אֲבָל אִם אָכַל בְּשַׂר עוֹף אַחַר שֶׁאָכַל הַגְּבִינָה אוֹ הֶחָלָב אֵינוֹ צָרִיךְ לֹא קִנּוּחַ הַפֶּה וְלֹא נְטִילַת יָדַיִם:

כח. מִי שֶׁאָכַל בָּשָׂר בַּתְּחִלָּה בֵּין בְּשַׂר בְּהֵמָה בֵּין בְּשַׂר עוֹף לֹא יֹאכַל אַחֲרָיו חָלָב עַד שֶׁיִּהְיֶה בֵּינֵיהֶן כְּדֵי שִׁעוּר סְעֻדָּה אַחֶרֶת וְהוּא כְּמוֹ שֵׁשׁ שָׁעוֹת מִפְּנֵי הַבָּשָׂר שֶׁל בֵּין הַשִּׁנַּיִם שֶׁאֵינוֹ סָר בְּקִנּוּחַ:

Perek 10

MAKE ONESELF HOLY IN MUNDANE MATTERS – FOOD (FROM THE EARTH)

Reminder:
Pack on Food

New harvest of bread not to be eaten until *omer* was offered[22].

Chadash. It is forbidden to partake of the **5** species of grain (wheat, barley, rye, oats and spelt) before the *omer* was offered on the 16th *Nissan* (*Pesach*).

Nowadays in places where *Yom Tov* is kept for two days, *chadash* is forbidden on entire day of 17th *Nissan*.

Grain that took root before the *omer* is permitted after *omer*.

Grain that took root after the *omer* is forbidden until the *omer* of the following year.

Measure for liability is a *kezayit*.

Punishment for transgression is *malkot*.

New harvest of *kali* (roasted grain) not to be eaten until *omer* was offered[23].

It is forbidden to partake of roasted grain (*kali*).

Measure for liability is a *kezayit*.

Punishment for transgression is *malkot*.

New harvest of *carmel* (fresh grain) not to be eaten until *omer* was offered[24].

It is forbidden to partake of fresh *kernels* (*carmel*).

Measure for liability is a *kezayit*.

Punishment for transgression is *malkot*.

Not to eat mixed species of the vineyard[26]

It is forbidden to sow a species of grain or a type of vegetable together with vine.

Measure of liability for eating is a *kezayit* (whether from the vine or the other species or combination).

Not to eat *orlah* (fruit of first three years)[25]

It is forbidden to partake of a fruit tree (or benefit) for 3 years after it was planted. Only in *Eretz Yisrael*.

Measure of liability for eating *orlah* is a *kezayit*.

Punishment for transgression is *malkot*.

The **4th year** produce must be redeemed before it can be eaten. This is known as *neta revai*.

In *Eretz Yisrael* it is forbidden to eat of this produce until it is redeemed through a small procedure.

Not to eat *tevel* (untithed produce).[27]

Any produce from which one is obligated to separate tithes and *trumah*, is called *tevel*. It is forbidden to partake of *tevel* until tithes have been removed.

Measure for liability is a ***kezayit***.

Eating *tevel* where *trumah gedolah* and *trumat* maaser have not been separated, results in punishment of *mitah bidei Shamayim*.

Reminder:
Pack on Punishment for *Sefer Kedushah*

If *trumah gedolah* and *trumat maaser* have been separated but the other tithes have not, punishment is *malkot*.

Reminder:
Order of *Tzedakah* Allocations of Crops through 7-year cycle.
Ref: *Sefer Zeraim, Hilchot Matanot Aniim*, Chapter 6.
Summary of Separations 1
Ref: *Sefer Zeraim*

There are other foods which are prohibited i.e.

Trumah and *Maaser* – *Sefer Zeraim, Hilchot Trumot*, Chapters 1, 2, 3

Bikurim – *Sefer Zeraim, Hilchot Bikurim*, Chapter 2

Challah – *Sefer Zeraim, Hilchot Bikurim*, Chapter 5

Maaser sheni – *Sefer Zeraim, Hilchot Maaser sheni*, Chapter 1

Pigul – *Sefer Avodah, Hilchot Pesulei Hamikdash*, Chapter 18

Notar – *Sefer Avodah, Hilchot Pesulei Hamikdash*, Chapter 19

Tamei – *Sefer Avodah, Hilchot Pesulei Hamikdash*, Chapter 18

Chametz on *Pesach* – *Sefer Zemanim, Hilchot Chametz Umatzah*, Chapter 1, 5

Food on fast days – *Sefer Zemanim, Hilchot Shvitat Asor*, Chapter 1, 2

פרק י׳

א. כָּל אִסּוּרִין שֶׁאָמַרְנוּ הֵן בְּמִינֵי נֶפֶשׁ חַיָּה. וְיֵשׁ אִסּוּרִין אֲחֵרִים שֶׁל תּוֹרָה בְּזֶרַע הָאָרֶץ וְהֵן הֶחָדָשׁ וְכִלְאֵי הַכֶּרֶם וְהַטֶּבֶל וְהָעָרְלָה:

ב. הֶחָדָשׁ כֵּיצַד. כָּל אֶחָד מֵחֲמִשָּׁה מִינֵי תְּבוּאָה בִּלְבַד אָסוּר לֶאֱכֹל מֵהֶחָדָשׁ שֶׁלּוֹ קֹדֶם שֶׁיִּקָּרֵב הָעֹמֶר בְּט״ז בְּנִיסָן שֶׁנֶּאֱמַר (ויקרא כג יד) ״וְלֶחֶם וְקָלִי וְכַרְמֶל לֹא תֹאכְלוּ״. וְכָל הָאוֹכֵל כְּזַיִת חָדָשׁ קֹדֶם הַקְרָבַת הָעֹמֶר לוֹקֶה מִן הַתּוֹרָה בְּכָל מָקוֹם וּבְכָל זְמַן בֵּין בָּאָרֶץ בֵּין בְּחוּצָה לָאָרֶץ בֵּין בִּפְנֵי הַבַּיִת בֵּין שֶׁלֹּא בִּפְנֵי הַבַּיִת. אֶלָּא שֶׁבִּזְמַן שֶׁיֵּשׁ מִקְדָּשׁ מִשֶּׁיִּקָּרֵב הָעֹמֶר הֻתַּר הֶחָדָשׁ בִּירוּשָׁלַיִם. וְהַמְּקוֹמוֹת הָרְחוֹקִין מֻתָּרִין אַחַר חֲצוֹת שֶׁאֵין בֵּית דִּין מִתְעַצְּלִין בּוֹ עַד

אַחַר חֲצוֹת. וּבִזְמַן שֶׁאֵין בֵּית הַמִּקְדָּשׁ כָּל הַיּוֹם כֻּלּוֹ אָסוּר מִן הַתּוֹרָה. וּבַזְּמַן הַזֶּה בִּמְקוֹמוֹת שֶׁעוֹשִׂין שְׁנֵי יָמִים טוֹבִים הֶחָדָשׁ אָסוּר כָּל יוֹם י"ז בְּנִיסָן עַד לָעֶרֶב מִדִּבְרֵי סוֹפְרִים:

ג. הָאוֹכֵל לֶחֶם וְקָלִי וְכַרְמֶל כְּזַיִת מִכָּל אֶחָד וְאֶחָד לוֹקֶה שָׁלֹשׁ מַלְקִיּוֹת שֶׁנֶּאֱמַר (ויקרא כג יד) "וְלֶחֶם וְקָלִי וְכַרְמֶל לֹא תֹאכְלוּ". מִפִּי הַשְּׁמוּעָה לָמְדוּ שֶׁשְּׁלָשְׁתָּן בְּלָאוִין חֲלוּקִין זֶה מִזֶּה:

ד. כָּל תְּבוּאָה שֶׁהִשְׁרִישָׁה קֹדֶם הַקְרָבַת הָעֹמֶר אַף עַל פִּי שֶׁלֹּא נִגְמְרָה אֶלָּא אַחַר שֶׁקָּרַב מֻתֶּרֶת בַּאֲכִילָה מִשֶּׁקָּרַב הָעֹמֶר. וּתְבוּאָה שֶׁהִשְׁרִישָׁה אַחַר שֶׁקָּרַב הָעֹמֶר אַף עַל פִּי שֶׁהָיְתָה זְרוּעָה קֹדֶם שֶׁקָּרַב הָעֹמֶר הֲרֵי זוֹ אֲסוּרָה עַד שֶׁיִּקְרַב הָעֹמֶר שֶׁל שָׁנָה הַבָּאָה. וְדִין זֶה בְּכָל מָקוֹם וּבְכָל זְמַן מִן הַתּוֹרָה:

ה. תְּבוּאָה שֶׁהִשְׁרִישָׁה אַחַר הָעֹמֶר וּקְצָרָהּ וְזָרַע מִן הַחִטִּים בַּקַּרְקַע. וְאַחַר כָּךְ קָרַב הָעֹמֶר הַבָּא וַעֲדַיִן הַחִטִּים בַּקַּרְקַע. הֲרֵי אֵלּוּ סָפֵק אִם הִתִּירָן הָעֹמֶר כְּאִלּוּ הָיוּ מֻנָּחִין בְּכַד. אוֹ לֹא יַתִּיר אוֹתָן מִפְּנֵי שֶׁבָּטְלוּ בַּקַּרְקַע. לְפִיכָךְ אִם לִקֵּט מֵהֶם וְאָכַל אֵינוֹ לוֹקֶה. וּמַכִּין אוֹתוֹ מַכַּת מַרְדּוּת. וְכֵן שִׁבֹּלֶת שֶׁהֵבִיאָה שְׁלִישׁ מִלִּפְנֵי הָעֹמֶר וַעֲקָרָהּ וּשְׁתָלָהּ אַחַר שֶׁקָּרַב הָעֹמֶר וְהוֹסִיפָה הֲרֵי זוֹ סָפֵק אִם תִּהְיֶה אֲסוּרָה מִפְּנֵי הַתּוֹסֶפֶת עַד שֶׁיָּבוֹא הָעֹמֶר הַבָּא אוֹ לֹא תִּהְיֶה אֲסוּרָה שֶׁהֲרֵי הִשְׁרִישָׁה קֹדֶם הָעֹמֶר:

ו. כִּלְאֵי הַכֶּרֶם כֵּיצַד. מִין מִמִּינֵי תְּבוּאָה אוֹ מִינֵי יְרָקוֹת שֶׁנִּזְרְעוּ עִם הַגֶּפֶן. בֵּין שֶׁזָּרַע יִשְׂרָאֵל בֵּין שֶׁזָּרַע נָכְרִי. בֵּין שֶׁעָלוּ מֵאֲלֵיהֶן. בֵּין שֶׁנָּטַע הַגֶּפֶן בְּתוֹךְ הַיָּרָק. שְׁנֵיהֶם אֲסוּרִין בַּאֲכִילָה וּבַהֲנָיָה שֶׁנֶּאֱמַר (דברים כב ט) "פֶּן תִּקְדַּשׁ הַמְלֵאָה הַזֶּרַע אֲשֶׁר תִּזְרָע וּתְבוּאַת הַכָּרֶם". כְּלוֹמַר פֶּן תִּתְרַחֵק וְתֵאָסֵר שְׁנֵיהֶם:

ז. וְהָאוֹכֵל כְּזַיִת מִכִּלְאֵי הַכֶּרֶם בֵּין מִן הַיָּרָק בֵּין מִן הָעֲנָבִים לוֹקֶה מִן הַתּוֹרָה. וּשְׁנֵיהֶם מִצְטָרְפִין זֶה עִם זֶה:

ח. בַּמֶּה דְּבָרִים אֲמוּרִים שֶׁנִּזְרְעוּ בְּאֶרֶץ יִשְׂרָאֵל. אֲבָל בְּחוּצָה לָאָרֶץ כִּלְאֵי הַכֶּרֶם מִדִּבְרֵי סוֹפְרִים. וּבְהִלְכוֹת כִּלְאַיִם יִתְבָּאֵר אֵי זֶה מִין אָסוּר בְּכִלְאֵי הַכֶּרֶם וְאֵי זֶה מִין אֵינוֹ אָסוּר וְהֵיאַךְ יֵאָסֵר וּמָתַי יֵאָסֵר וְאֵי זֶה דָּבָר מְקַדֵּשׁ וְאֵי זֶה אֵינוֹ מְקַדֵּשׁ:

ט. הָעָרְלָה כֵּיצַד. כָּל הַנּוֹטֵעַ אִילַן מַאֲכָל כָּל פֵּרוֹת שֶׁעוֹשֶׂה אוֹתוֹ אִילָן שָׁלֹשׁ שָׁנִים מִשֶּׁנָּטַע הֲרֵי הֵן אֲסוּרִין בַּאֲכִילָה וּבַהֲנָאָה שֶׁנֶּאֱמַר (ויקרא יט כג) "שָׁלֹשׁ שָׁנִים יִהְיֶה לָכֶם עֲרֵלִים לֹא יֵאָכֵל". וְכָל הָאוֹכֵל מֵהֶם כְּזַיִת לוֹקֶה מִן הַתּוֹרָה:

י. בַּמֶּה דְּבָרִים אֲמוּרִים בְּנוֹטֵעַ בְּאֶרֶץ יִשְׂרָאֵל שֶׁנֶּאֱמַר (ויקרא יט כג) "כִּי תָבֹאוּ אֶל הָאָרֶץ" וְגוֹ'. אֲבָל אִסּוּר עָרְלָה בְּחוּצָה לָאָרֶץ הֲלָכָה לְמֹשֶׁה מִסִּינַי שֶׁוַּדַּאי הָעָרְלָה בְּחוּצָה לָאָרֶץ אֲסוּרָה וּסְפֵקָהּ מֻתָּר. וּבְהִלְכוֹת מַעֲשֵׂר שֵׁנִי יִתְבָּאֵר דְּבָרִים הָאֲסוּרִין מִשּׁוּם עָרְלָה וּדְבָרִים הַמֻּתָּרִין:

יא. סְפֵק עָרְלָה וְכִלְאֵי הַכֶּרֶם בְּאֶרֶץ יִשְׂרָאֵל אָסוּר. בְּסוּרְיָא וְהִיא אֲרָצוֹת שֶׁכָּבַשׁ דָּוִד מֻתָּר. כֵּיצַד. הָיָה כֶּרֶם וְעָרְלָה וַעֲנָבִים נִמְכָּרוֹת חוּצָה לוֹ. הָיָה יָרָק זָרוּעַ בְּתוֹכוֹ וְיָרָק נִמְכָּר חוּצָה לוֹ. שֶׁמָּא מִמֶּנּוּ הוּא זֶה שֶׁמָּא מֵאַחֵר. בְּסוּרְיָא מֻתָּר. וּבְחוּץ לָאָרֶץ אֲפִלּוּ רָאָה הָעֲנָבִים יוֹצְאוֹת מִכֶּרֶם עָרְלָה אוֹ יָרָק יוֹצֵא מִן הַכֶּרֶם לוֹקֵחַ מֵהֶן. וְהוּא שֶׁלֹּא יִרְאֶה אוֹתוֹ בּוֹצֵר מִן הָעָרְלָה אוֹ לוֹקֵט הַיָּרָק בְּיָדוֹ:

יב. כֶּרֶם שֶׁהוּא סְפֵק עָרְלָה אוֹ סְפֵק כִּלְאַיִם בְּאֶרֶץ יִשְׂרָאֵל אָסוּר וּבְסוּרְיָא מֻתָּר. וְאֵין צָרִיךְ לוֹמַר בְּחוּצָה לָאָרֶץ:

יג. חָבִית יַיִן הַנִּמְצֵאת טְמוּנָה בְּפַרְדֵּס שֶׁל עָרְלָה אֲסוּרָה בִּשְׁתִיָּה וּמֻתֶּרֶת בַּהֲנָיָה שֶׁאֵין הַגַּנָּב גּוֹנֵב מִמָּקוֹם וְטוֹמֵן בּוֹ. אֲבָל עֲנָבִים הַנִּמְצָאִין טְמוּנִים שָׁם אֲסוּרִים שֶׁמָּא מִשָּׁם נִלְקְטוּ וְהִצְנִיעָן שָׁם:

יד. נָכְרִי וְיִשְׂרָאֵל שֶׁהָיוּ שֻׁתָּפִין בִּנְטִיעָה אִם הִתְנוּ מִתְּחִלַּת הַשֻּׁתָּפוּת שֶׁיִּהְיֶה הַנָּכְרִי אוֹכֵל שְׁנֵי עָרְלָה וְיִשְׂרָאֵל אוֹכֵל שָׁלֹשׁ שָׁנִים מִשְּׁנֵי הֶתֵּר כְּנֶגֶד שְׁנֵי הָעָרְלָה הֲרֵי זֶה מֻתָּר. וְאִם לֹא הִתְנוּ מִתְּחִלָּה אָסוּר וּבִלְבַד שֶׁלֹּא יָבֹאוּ לְחֶשְׁבּוֹן. כֵּיצַד. כְּגוֹן שֶׁיַּחְשֹׁב כַּמָּה פֵּרוֹת אָכַל הַנָּכְרִי בִּשְׁנֵי עָרְלָה עַד שֶׁיֹּאכַל יִשְׂרָאֵל כְּנֶגֶד אוֹתָן הַפֵּרוֹת. אִם הִתְנוּ כָּזֶה אָסוּר שֶׁהֲרֵי זֶה כְּמַחֲלִיף פֵּרוֹת עָרְלָה:

טו. יֵרָאֶה לִי שֶׁאֵין דִּין נֶטַע רְבָעִי נוֹהֵג בְּחוּצָה לָאָרֶץ אֶלָּא אוֹכֵל פֵּרוֹת שָׁנָה רְבִיעִית בְּלֹא פִּדְיוֹן כְּלָל שֶׁלֹּא אָמְרוּ אֶלָּא הָעָרְלָה. וְקַל וָחֹמֶר הַדְּבָרִים וּמַה סוּרְיָא שֶׁהִיא חַיֶּבֶת בְּמַעַשְׂרוֹת וּבִשְׁבִיעִית מִדִּבְרֵיהֶם אֵינָהּ חַיֶּבֶת בְּנֶטַע רְבָעִי כְּמוֹ שֶׁיִּתְבָּאֵר בְּהִלְכוֹת מַעֲשֵׂר שֵׁנִי. חוּצָה לָאָרֶץ לֹא כָּל שֶׁכֵּן שֶׁלֹּא יִהְיֶה נֶטַע רְבָעִי נוֹהֵג בָּהּ. אֲבָל בְּאֶרֶץ יִשְׂרָאֵל נוֹהֵג בָּהּ בֵּין בִּפְנֵי הַבַּיִת בֵּין שֶׁלֹּא בִּפְנֵי הַבַּיִת. וְהוֹרוּ מִקְצָת גְּאוֹנִים שֶׁכֶּרֶם רְבָעִי לְבַדּוֹ פּוֹדִין אוֹתוֹ בְּחוּצָה לָאָרֶץ וְאַחַר כָּךְ יִהְיֶה מֻתָּר בַּאֲכִילָה. וְאֵין לְדָבָר זֶה עִקָּר:

טז. פֵּרוֹת שָׁנָה רְבִיעִית כֻּלָּהּ אָסוּר לֶאֱכֹל מֵהֶן בְּאֶרֶץ יִשְׂרָאֵל עַד שֶׁיִּפָּדוּ. וּבְהִלְכוֹת מַעֲשֵׂר שֵׁנִי יִתְבָּאֵר מִשְׁפְּטֵי פִּדְיוֹנָן וְדִין אֲכִילָתָן וּמֵאֵימָתַי מוֹנִין לְעָרְלָה וְלִרְבָעִי:

יז. כֵּיצַד פּוֹדִין פֵּרוֹת נֶטַע רְבָעִי בַּזְּמַן הַזֶּה. אַחַר שֶׁאוֹסֵף אוֹתָן מְבָרֵךְ. בָּרוּךְ אַתָּה ה' אֱלֹהֵינוּ מֶלֶךְ הָעוֹלָם אֲשֶׁר

קִדַּשָׁנוּ בְּמִצְוֹתָיו וְצִוָּנוּ עַל פִּדְיוֹן נֶטַע רְבָעִי. וְאַחַר כָּךְ פּוֹדֶה אֶת כֻּלָּן וַאֲפִלּוּ בִּפְרוּטָה אַחַת וְאוֹמֵר הֲרֵי אֵלּוּ פְּדוּיִין בִּפְרוּטָה זוֹ וּמַשְׁלִיךְ אוֹתָהּ פְּרוּטָה לְיָם הַמֶּלַח אוֹ מְחַלְּלָן עַל שָׁוֶה פְּרוּטָה מִפֵּרוֹת אֲחֵרוֹת. וְאוֹמֵר הֲרֵי כָּל הַפֵּרוֹת הָאֵלּוּ מְחֻלָּלִין עַל חִטִּים אֵלּוּ אוֹ עַל שְׂעוֹרִים אֵלּוּ וְכַיּוֹצֵא בָּהֶן. וְשׂוֹרֵף אוֹתָן כְּדֵי שֶׁלֹּא יִהְיוּ תַּקָּלָה לַאֲחֵרִים. וְאוֹכֵל כָּל הַפֵּרוֹת:

יח. הוֹרוּ מִקְצָת הַגְּאוֹנִים שֶׁאַף עַל פִּי שֶׁפָּדָה פֵּרוֹת שָׁנָה רְבִיעִית אוֹ חִלְּלָן אָסוּר לְאָכְלָן עַד שֶׁתִּכָּנֵס שָׁנָה חֲמִישִׁית. וְדָבָר זֶה אֵין לוֹ עִקָּר. וְיֵרָאֶה לִי שֶׁזּוּ שִׁגְגַת הוֹרָאָה וְהַטַּעַם לְפִי שֶׁכָּתוּב (ויקרא יט כה) "וּבַשָּׁנָה הַחֲמִישִׁת תֹּאכְלוּ אֶת פִּרְיוֹ" וְאֵין עִנְיַן הַכָּתוּב אֶלָּא שֶׁבַּשָּׁנָה הַחֲמִישִׁית תֹּאכְלוּ פִּרְיוֹ בְּלֹא פִּדְיוֹן כְּכָל חֻלִּין שֶׁבָּעוֹלָם. וְאֵין רָאוּי לָחוּשׁ לְהוֹרָאָה זוֹ:

יט. הַטֶּבֶל כֵּיצַד. כָּל אֹכֶל שֶׁהוּא חַיָּב לְהַפְרִישׁ מִמֶּנּוּ תְּרוּמָה וּמַעַשְׂרוֹת קֹדֶם שֶׁיַּפְרִישׁ מִמֶּנּוּ נִקְרָא טֶבֶל וְאָסוּר לֶאֱכֹל מִמֶּנּוּ שֶׁנֶּאֱמַר (ויקרא כב טו) "וְלֹא יְחַלְּלוּ אֶת קָדְשֵׁי בְּנֵי יִשְׂרָאֵל אֵת אֲשֶׁר יָרִימוּ לַה'". כְּלוֹמַר לֹא יִנְהֲגוּ בָּהֶן מִנְהַג חֻלִּין וַעֲדַיִן קָדָשִׁים שֶׁעֲתִידִין לְהִתָּרֵם לֹא הוּרְמוּ. וְהָאוֹכֵל כְּזַיִת מִן הַטֶּבֶל קֹדֶם שֶׁיַּפְרִישׁ מִמֶּנּוּ תְּרוּמָה גְּדוֹלָה וּתְרוּמַת מַעֲשֵׂר חַיָּב מִיתָה בִּידֵי שָׁמַיִם שֶׁנֶּאֱמַר וְלֹא יְחַלְּלוּ אֶת קָדְשֵׁי בְּנֵי יִשְׂרָאֵל וְגוֹ' וְהִשִּׂיאוּ אוֹתָם עֲוֹן אַשְׁמָה:

כ. אֲבָל הָאוֹכֵל מִדָּבָר שֶׁנִּטְּלָה מִמֶּנּוּ תְּרוּמָה גְּדוֹלָה וּתְרוּמַת מַעֲשֵׂר וַעֲדַיִן לֹא הִפְרִישׁ מִמֶּנּוּ מַעַשְׂרוֹת וַאֲפִלּוּ לֹא נִשְׁאַר בּוֹ אֶלָּא מַעֲשַׂר עָנִי הֲרֵי זֶה לוֹקֶה מִשּׁוּם אוֹכֵל טֶבֶל. וְאֵין בּוֹ מִיתָה שֶׁאֵין עֲוֹן מִיתָה אֶלָּא בִּתְרוּמָה גְּדוֹלָה וּתְרוּמַת מַעֲשֵׂר:

כא. אַזְהָרָה לָאוֹכֵל טֶבֶל שֶׁלֹּא הוּרְמוּ מִמֶּנּוּ מַעַשְׂרוֹת בִּכְלָל שֶׁנֶּאֱמַר (דברים יב יז) "לֹא תוּכַל לֶאֱכֹל בִּשְׁעָרֶיךָ מַעְשַׂר דְּגָנְךָ" וְגוֹ'. וּבְהִלְכוֹת תְּרוּמוֹת וּמַעַשְׂרוֹת יִתְבָּאֵר אֵיזֶה דָּבָר חַיָּב בִּתְרוּמָה וּבְמַעַשְׂרוֹת וְאֵי זֶה דָּבָר פָּטוּר. וְאֵי זֶה דָּבָר הוּא חַיָּב מִן הַתּוֹרָה וְאֵי זֶהוּ הַחַיָּב מִדִּבְרֵי סוֹפְרִים. וְהָאוֹכֵל כְּזַיִת מִטֶּבֶל שֶׁל דִּבְרֵיהֶם אוֹ מִכִּלְאֵי הַכֶּרֶם וְעָרְלָה שֶׁל חוּצָה לָאָרֶץ מַכִּין אוֹתוֹ מַכַּת מַרְדּוּת:

כב. הַטֶּבֶל וְהֶחָדָשׁ וְהַהֶקְדֵּשׁ וּסְפִיחֵי שְׁבִיעִית וְהַכִּלְאַיִם וְהָעָרְלָה מַשְׁקִין הַיּוֹצְאִין מִפֵּרוֹתֵיהֶן אֲסוּרִים כְּמוֹתָן וְאֵין לוֹקִין עֲלֵיהֶן. חוּץ מִיֵּין וְשֶׁמֶן שֶׁל עָרְלָה וְיַיִן שֶׁל כִּלְאֵי הַכֶּרֶם שֶׁלּוֹקִין עֲלֵיהֶן כְּדֶרֶךְ שֶׁלּוֹקִין עַל הַזֵּיתִים וְעַל הָעֲנָבִים שֶׁלָּהֶן:

כג. וְיֵשׁ בַּקָּדָשִׁים אִסּוּרִין אֲחֵרִים בְּמַאֲכָלוֹת וְכֻלָּן שֶׁל תּוֹרָה הֵן. כְּגוֹן אִסּוּרִין שֶׁיֵּשׁ בַּאֲכִילַת תְּרוּמוֹת וּבִכּוּרִים וְחַלָּה וּמַעֲשֵׂר שֵׁנִי. וְאִסּוּרִין שֶׁיֵּשׁ בְּקָדְשֵׁי מִזְבֵּחַ כְּגוֹן פִּגּוּל וְנוֹתָר וְטָמֵא. וְכָל אֶחָד מֵהֶן יִתְבָּאֵר בִּמְקוֹמוֹ:

כד. וְשִׁעוּר כָּל אֲכִילָה מֵהֶן כְּזַיִת בֵּין לְמַלְקוֹת בֵּין לְכָרֵת. וּכְבָר בֵּאַרְנוּ אִסּוּר חָמֵץ בְּפֶסַח וְדִינָיו בְּהִלְכוֹת חָמֵץ וּמַצָּה. אֲבָל אִסּוּר אֲכִילָה בְּיוֹם הַכִּפּוּרִים אִסּוּר מִין בִּפְנֵי עַצְמוֹ. וְכֵן אִסּוּר יוֹצֵא מִגֶּפֶן עַל הַנָּזִיר אֵינוֹ שָׁוֶה בַּכֹּל. וּלְפִיכָךְ יִתְבָּאֵר אִסּוּר כָּל אֶחָד מֵהֶן וְשִׁעוּרוֹ וְדִינָיו בִּמְקוֹמוֹ הָרָאוּי לוֹ:

Perek 11

Wine

Yayin Nesech

📕 Not to drink *yayin nesech* (wine used for idol worship)[28]

Measure for liability is *kol shehu* (the tiniest amount).

Punishment for transgression is *malkot*.

Similarly, this would apply to consumption of any other item offered to an idol (e.g. food, water etc.).

When we are not sure whether wine was used for idol worship it is called *stam yeynam*.

📖 This Gentile wine is still forbidden – *Derabanan*.

The *Rabanim* were referring to wine that was fit for an offering.

📖 But boiled wine (*yayin mevushal*) they allowed.

The definition of wine starts as soon as grapes are crushed and the juice begins to flow. Precautions for *stam yeynam* must be observed in the following circumstances.

- Wine owned by a Gentile
- Jewish wine touched by a Gentile
- Wine vinegar belonging to a Gentile
- Grape seeds and peels belonging to a Gentile
- Wine vessels belonging to a Gentile
- Winepress and its utensils which a Gentile had used
- Wine filter used by a Gentile

פרק י״א

א. יַיִן שֶׁנִּתְנַסֵּךְ לְעַכּוּ״ם אָסוּר בַּהֲנָיָה. וְהַשּׁוֹתֶה מִמֶּנּוּ כָּל שֶׁהוּא לוֹקֶה מִן הַתּוֹרָה. וְכֵן הָאוֹכֵל כָּל שֶׁהוּא מִתִּקְרֹבֶת עַכּוּ״ם מִבָּשָׂר אוֹ מִפֵּרוֹת אֲפִלּוּ מַיִם וּמֶלַח הָאוֹכֵל מֵהֶן כָּל שֶׁהוּא לוֹקֶה שֶׁנֶּאֱמַר (דברים לב לח) ״אֲשֶׁר חֵלֶב זְבָחֵימוֹ יֹאכֵלוּ יִשְׁתּוּ יֵין נְסִיכָם יָקוּמוּ״ וְגוֹ׳:

ב. יַיִן שֶׁנִּתְנַסֵּךְ לָהּ כְּזֶבַח שֶׁקָּרֵב לָהּ וְכֵיוָן שֶׁאִסּוּר זֶה מִשּׁוּם עַכּוּ״ם הוּא אֵין לוֹ שִׁעוּר שֶׁנֶּאֱמַר בַּעֲבוֹדַת כּוֹכָבִים וּמַזָּלוֹת (דברים יג יח) ״וְלֹא יִדְבַּק בְּיָדְךָ מְאוּמָה מִן הַחֵרֶם״:

ג. יֵין הָעַכּוּ״ם שֶׁאֵין אָנוּ יוֹדְעִין אִם נִתְנַסֵּךְ אוֹ לֹא נִתְנַסֵּךְ וְהוּא הַנִּקְרָא סְתַם יֵינָם אָסוּר בַּהֲנָאָה כְּמוֹ יַיִן שֶׁנִּתְנַסֵּךְ. וְדָבָר זֶה מִגְּזֵרוֹת סוֹפְרִים הוּא. וְהַשּׁוֹתֶה מִסְּתַם יֵינָם רְבִיעִית מַכִּין אוֹתוֹ מַכַּת מַרְדּוּת:

ד. וְכָל יַיִן שֶׁיִּגַּע בּוֹ הָעַכּוּ״ם הֲרֵי זֶה אָסוּר שֶׁמָּא נִסֵּךְ אוֹתוֹ שֶׁמַּחְשֶׁבֶת הָעַכּוּ״ם לַעֲבוֹדַת כּוֹכָבִים. הָא לָמַדְתָּ שֶׁיֵּין יִשְׂרָאֵל שֶׁנָּגַע בּוֹ הָעַכּוּ״ם דִּינוֹ כִּסְתַם יֵינָם שֶׁהוּא אָסוּר בַּהֲנָיָה:

ה. עַכּוּ״ם שֶׁנָּגַע בְּיַיִן שֶׁלֹּא בְּכַוָּנָה וְכֵן תִּינוֹק עַכּוּ״ם שֶׁנָּגַע בְּיַיִן אָסוּר בִּשְׁתִיָּה וּמֻתָּר בַּהֲנָיָה. הַלּוֹקֵחַ עֲבָדִים מִן הָעַכּוּ״ם וּמָלוּ וְטָבְלוּ מִיָּד אֵין מְנַסְּכִין וְיַיִן שֶׁנָּגְעוּ בּוֹ מֻתָּר בִּשְׁתִיָּה וְאַף עַל פִּי שֶׁעֲדַיִן לֹא נָהֲגוּ בְּדָתֵי יִשְׂרָאֵל וְלֹא פָּסְקָה עַכּוּ״ם מִפִּיהֶם:

ו. בְּנֵי הַשְּׁפָחוֹת הָעַכּוּ״ם שֶׁנּוֹלְדוּ בִּרְשׁוּת יִשְׂרָאֵל וּמָלוּ וַעֲדַיִן לֹא טָבְלוּ הַגְּדוֹלִים אוֹסְרִין הַיַּיִן כְּשֶׁיִּגְּעוּ בּוֹ וְהַקְּטַנִּים אֵינָן אוֹסְרִין:

ז. גֵּר תּוֹשָׁב וְהוּא שֶׁקִּבֵּל עָלָיו שֶׁבַע מִצְוֹת כְּמוֹ שֶׁבֵּאַרְנוּ יֵינוֹ אָסוּר בִּשְׁתִיָּה וּמֻתָּר בַּהֲנָיָה. וּמְיַחֲדִין אֶצְלוֹ יַיִן וְאֵין מַפְקִידִין אֶצְלוֹ יַיִן. וְכֵן כָּל עַכּוּ״ם שֶׁאֵינוֹ עוֹבֵד עַכּוּ״ם כְּגוֹן אֵלּוּ הַיִּשְׁמְעֵאלִים יֵינָן אָסוּר בִּשְׁתִיָּה וּמֻתָּר בַּהֲנָיָה. וְכֵן הוֹרוּ כָּל הַגְּאוֹנִים. אֲבָל אוֹתָם הָעוֹבְדִים עַכּוּ״ם סְתַם יֵינָם אָסוּר בַּהֲנָיָה:

ח. כָּל מָקוֹם שֶׁנֶּאֱמַר בְּעִנְיָן זֶה שֶׁהַיַּיִן אָסוּר אִם הָיָה עַכּוּ״ם שֶׁנֶּאֱסַר הַיַּיִן בִּגְלָלוֹ עוֹבֵד עַכּוּ״ם הֲרֵי הוּא אָסוּר בַּהֲנָיָה. וְאִם אֵינוֹ עוֹבֵד עַכּוּ״ם הֲרֵי הוּא אָסוּר בִּשְׁתִיָּה בִּלְבַד. וְכָל מָקוֹם שֶׁנֶּאֱמַר עַכּוּ״ם סְתָם הֲרֵי זֶה עוֹבֵד עַכּוּ״ם:

ט. אֵין מִתְנַסֵּךְ לְעַכּוּ״ם אֶלָּא יַיִן שֶׁרָאוּי לְהַקְרִיב עַל גַּבֵּי הַמִּזְבֵּחַ וּמִפְּנֵי זֶה כְּשֶׁגָּזְרוּ עַל סְתַם יֵינָם וְגָזְרוּ עַל כָּל יַיִן שֶׁיִּגַּע בּוֹ שֶׁיִּהְיֶה אָסוּר בַּהֲנָיָה לֹא גָּזְרוּ אֶלָּא עַל הַיַּיִן הָרָאוּי לְהִתְנַסֵּךְ. לְפִיכָךְ יַיִן מְבֻשָּׁל שֶׁל יִשְׂרָאֵל שֶׁנָּגַע בּוֹ הָעַכּוּ״ם אֵינוֹ אָסוּר וּמֻתָּר לִשְׁתּוֹת עִם הָעַכּוּ״ם בְּכוֹס אֶחָד. אֲבָל יַיִן מָזוּג וְיַיִן שֶׁהִתְחִיל לְהַחֲמִיץ וְאֶפְשָׁר שֶׁיִּשְׁתֶּה אִם נָגַע בּוֹ נֶאֱסַר:

י. הוֹרוּ גְּאוֹנֵי הַמַּעֲרָב שֶׁאִם נִתְעָרֵב בְּיֵין יִשְׂרָאֵל מְעַט דְּבַשׁ אוֹ מְעַט שְׂאוֹר הוֹאִיל וְאֵינוֹ רָאוּי לַמִּזְבֵּחַ הֲרֵי הוּא כִּמְבֻשָּׁל אוֹ כְּשֵׁכָר וְאֵינוֹ מִתְנַסֵּךְ וּמֻתָּר לִשְׁתּוֹתוֹ עִם הָעַכּוּ״ם:

יא. מֵאֵימָתַי יֵאָסֵר יֵין הָעַכּוּ״ם מִשֶּׁיִּדְרֹךְ וְיִמָּשֵׁךְ הַיַּיִן אַף עַל פִּי שֶׁלֹּא יָרַד לַבּוֹר אֶלָּא עֲדַיִן הוּא בַּגַּת הֲרֵי זֶה אָסוּר. לְפִיכָךְ אֵין דּוֹרְכִין עִם הָעַכּוּ״ם בַּגַּת שֶׁמָּא יִגַּע בְּיָדוֹ וִינַסֵּךְ. וַאֲפִלּוּ הָיָה כָּפוּת. וְאֵין לוֹקְחִין מִמֶּנּוּ גַּת דְּרוּכָה וְאַף עַל פִּי שֶׁעֲדַיִן הַיַּיִן מְעֹרָב עִם הַחַרְצַנִּים וְהַזַּגִּין וְלֹא יָרַד לַבּוֹר:

יב. עַכּוּ״ם שֶׁדָּרַךְ הַיַּיִן וְלֹא נָגַע בּוֹ וַהֲרֵי יִשְׂרָאֵל עוֹמֵד עַל גַּבָּיו וְיִשְׂרָאֵל הוּא שֶׁכְּנָסוֹ בֶּחָבִית הֲרֵי זֶה אָסוּר בִּשְׁתִיָּה:

יג. הַחֹמֶץ שֶׁל עַכּוּ״ם אָסוּר בַּהֲנָיָה מִפְּנֵי שֶׁנַּעֲשָׂה יֵין נֶסֶךְ קֹדֶם שֶׁיַּחְמִיץ. עַכּוּ״ם שֶׁהָיָה דּוֹרֵס עֲנָבִים בֶּחָבִית אַף עַל פִּי שֶׁהַיַּיִן צָף עַל גַּבֵּי יָדָיו אֵין חוֹשְׁשִׁין מִשּׁוּם יֵין נֶסֶךְ. הָיָה אוֹכֵל מִן הַסַּלִּים וְהוֹתִיר כִּסְאָה וְכִסָּאתַיִם וּזְרָקָן בַּגַּת אַף עַל פִּי שֶׁהַיַּיִן מִגִּתּוֹ עַל הָעֲנָבִים אֵין עוֹשֶׂה יֵין נֶסֶךְ:

יד. הַחַרְצַנִּים וְהַזַּגִּין שֶׁל עַכּוּ"ם אֲסוּרִים כָּל י"ב חֹדֶשׁ. וּלְאַחַר י"ב חֹדֶשׁ כְּבָר יָבְשׁוּ וְלֹא נִשְׁאֲרָה בָּהֶן לַחְלוּחִית וּמֻתָּרִין בַּאֲכִילָה. וְכֵן שְׁמָרִים שֶׁל יַיִן שֶׁיָּבְשׁוּ לְאַחַר שְׁנֵים עָשָׂר חֹדֶשׁ מֻתָּרִין שֶׁהֲרֵי לֹא נִשְׁאַר בָּהֶן רֵיחַ יַיִן וַהֲרֵי הֵן כֶּעָפָר וְכַאֲדָמָה:

טו. נֹאדוֹת הָעַכּוּ"ם וְקַנְקַנֵּיהֶן שֶׁהִכְנִיסוּ בָּהֶן הָעַכּוּ"ם יֵינָם אָסוּר לִתֵּן לְתוֹכָן יַיִן עַד שֶׁיְּיַשְּׁנָן שְׁנֵים עָשָׂר חֹדֶשׁ אוֹ עַד שֶׁיַּחֲזִירָן לָאוּר עַד שֶׁיִּתְרַפֶּה הַזֶּפֶת שֶׁעֲלֵיהֶן אוֹ שֶׁיַּחֲמוּ אוֹ עַד שֶׁיִּתֵּן לְתוֹכָן מַיִם שְׁלֹשָׁה יָמִים מֵעֵת לְעֵת וּמְעָרֶה הַמַּיִם וּמַחֲלִיף מַיִם אֲחֵרִים כָּל מֵעֵת לְעֵת שָׁלֹשׁ פְּעָמִים בִּשְׁלֹשֶׁת הַיָּמִים. בֵּין שֶׁהָיוּ הַכֵּלִים שֶׁלָּהֶן בֵּין שֶׁהָיוּ שֶׁל יִשְׂרָאֵל וְשָׁאֲלוּ אוֹתָן וְהִכְנִיסוּ בָּהֶן יֵינָם. וְאִם נָתַן לְתוֹכָם יַיִן קֹדֶם שֶׁיְּטַהֵר אוֹתָן הֲרֵי זֶה אָסוּר בִּשְׁתִיָּה:

טז. וּמֻתָּר לִתֵּן לְתוֹכָן שֵׁכָר אוֹ צִיר אוֹ מוּרְיָס מִיָּד וְאֵין צָרִיךְ לִכְלוּם. וּמֻתָּר לִתֵּן הַיַּיִן לְתוֹכָן אַחַר שֶׁנּוֹתֵן הַצִּיר אוֹ הַמּוּרְיָס שֶׁהַמֶּלַח שׂוֹרְפָן:

יז. הַלּוֹקֵחַ כֵּלִים חֲדָשִׁים שֶׁאֵינָם מְזֻפָּתִים מִן הָעַכּוּ"ם נוֹתֵן לְתוֹכָן יַיִן מִיָּד וְאֵינוֹ חוֹשֵׁשׁ שֶׁמָּא נָתְנוּ בָּהֶן יֵין נֶסֶךְ. וְאִם הָיוּ מְזֻפָּתִין מְדִיחָן וְאַף עַל פִּי שֶׁהֵן חֲדָשִׁים. וְכֵן כְּלִי שֶׁנָּתְנוּ בּוֹ יֵין נֶסֶךְ וְאֵין מַכְנִיסוֹ לְקִיּוּם כְּגוֹן כְּלִי שֶׁחוֹשֵׁף בּוֹ אוֹ הַמַּשְׁפֵּךְ וְכַיּוֹצֵא בָּהּ מְשַׁכְשְׁכוֹ בְּמַיִם וְדַיּוֹ:

יח. וְכֵן כּוֹס שֶׁל חֶרֶס שֶׁשָּׁתָה בּוֹ הָעַכּוּ"ם אָסוּר לִשְׁתּוֹת בּוֹ. הֱדִיחוֹ פַּעַם רִאשׁוֹנָה וּשְׁנִיָּה וּשְׁלִישִׁית מֻתָּר שֶׁכְּבָר הָלְכוּ צִחְצוּחֵי הַיַּיִן שֶׁבּוֹ. וְהוּא שֶׁהָיָה מְצֻפֶּה בַּאֲבָר כְּדֶרֶךְ שֶׁהַיּוֹצְרִין עוֹשִׂין אוֹ שֶׁהָיָה מְזֻפָּת. אֲבָל שֶׁל חֶרֶס צָרִיךְ הֲדָחָה:

יט. כְּלֵי חֶרֶס הַשּׁוּעִים בַּאֲבָר שֶׁנִּשְׁתַּמְּשׁוּ בָּהֶן בְּיֵין נֶסֶךְ אִם הָיוּ לְבָנִים אוֹ אֲדֻמִּים אוֹ שְׁחוֹרִים מֻתָּרִין. וְאִם הָיוּ יְרֻקִּין אֲסוּרִין מִפְּנֵי שֶׁהֵן בּוֹלְעִים. וְאִם יֵשׁ בָּהֶם מָקוֹם מְגֻלֶּה שֶׁל חֶרֶס בֵּין לְבָנִים בֵּין יְרֻקִּים אֲסוּרִים מִפְּנֵי שֶׁהֵם בּוֹלְעִין. וְיֵרָאֶה לִי שֶׁאֵין הַדָּבָר אֶלָּא בְּשֶׁכְּנָסוּ בָּהֶם לְקִיּוּם. אֲבָל לֹא כְּנָסוּ בָּהֶם לְקִיּוּם מְדִיחָן וּמֻתָּרִין וַאֲפִלּוּ הֵם שֶׁל חֶרֶס:

כ. גַּת שֶׁל אֶבֶן וְשֶׁל עֵץ שֶׁדָּרַךְ בָּהֶן הָעַכּוּ"ם אוֹ גַּת שֶׁל אֶבֶן שֶׁזִּפְּתָהּ הָעַכּוּ"ם אַף עַל פִּי שֶׁלֹּא דָּרַךְ בָּהּ מְדִיחָן בְּמַיִם וּבְאֵפֶר אַרְבַּע פְּעָמִים וְדוֹרֵךְ בָּהֶן. וְאִם הָיְתָה בָּהֶם לַחְלוּחִית מַקְדִּים הָאֵפֶר לַמַּיִם. וְאִם לָאו מַקְדִּים הַמַּיִם:

כא. גַּת שֶׁל אֶבֶן מְזֻפֶּפֶת שֶׁדָּרַךְ בָּהּ הָעַכּוּ"ם. אוֹ גַּת שֶׁל עֵץ זְפוּתָה אַף עַל פִּי שֶׁלֹּא דָּרַךְ בָּהּ צָרִיךְ לִקְלֹף אֶת הַזֶּפֶת. וְאִם יְשָׁנָהּ שְׁנֵים עָשָׂר חֹדֶשׁ אוֹ נָתַן בָּהּ מַיִם שְׁלֹשָׁה יָמִים מֵעֵת לְעֵת אֵינוֹ צָרִיךְ לִקְלֹף. לֹא תִּהְיֶה הַגַּת חֲמוּרָה יֶתֶר מִן הַקַּנְקַנִּים. לֹא נֶאֱמַר יִקְלֹף אֶלָּא לְהַתִּירָהּ מִיָּד:

כב. גַּת שֶׁל חֶרֶס אַף עַל פִּי שֶׁקָּלַף אֶת הַזֶּפֶת אָסוּר לִדְרֹךְ בָּהּ מִיָּד עַד שֶׁיָּחֵם אוֹתָהּ בָּאֵשׁ עַד שֶׁיִּרָפֶּה הַזֶּפֶת. וְאִם יְשָׁנָהּ שְׁנֵים עָשָׂר חֹדֶשׁ אוֹ נָתַן בָּהּ מַיִם שְׁלֹשָׁה יָמִים מֻתֶּרֶת כְּמוֹ שֶׁבֵּאַרְנוּ:

כג. מְשַׁמֶּרֶת שֶׁל יַיִן שֶׁל עַכּוּ"ם אִם הָיְתָה שֶׁל שֵׂעָר מְדִיחָהּ וּמְשַׁמֵּר בָּהּ. וְאִם הָיְתָה שֶׁל צֶמֶר מְדִיחָהּ בְּמַיִם וּבְאֵפֶר אַרְבַּע פְּעָמִים וּמְדִיחָהּ עַד שֶׁתִּנָּגֵב וּמְשַׁמֵּר בָּהּ. וְאִם הָיְתָה שֶׁל שֵׁשׁ מְיַשְּׁנָהּ י"ב חֹדֶשׁ. וְאִם יֵשׁ בָּהֶן קְשָׁרִים מַתִּירָן. וְכֵן כְּלֵי חֵלֶף וְהוּצִים וְכַיּוֹצֵא בָּהֶן מִכְפִּיפוֹת שֶׁדּוֹרְכִין בָּהֶן יַיִן אִם הָיוּ תְּפוּרִין בַּחֲבָלִים מְדִיחָן. וְאִם הָיוּ אֲחוּזוֹת זוֹ בְּסִבּוּךְ קָשֶׁה מְדִיחָן בְּאֵפֶר וּבְמַיִם אַרְבַּע פְּעָמִים וּמְנַגְּבָן וּמִשְׁתַּמֵּשׁ בָּהֶן. וְאִם הָיוּ תְּפוּרוֹת בְּפִשְׁתָּן מְיַשְּׁנָן שְׁנֵים עָשָׂר חֹדֶשׁ. וְאִם יֵשׁ בָּהֶן קְשָׁרִים מַתִּירָן:

כד. כְּלֵי הַגַּת שֶׁדָּרַךְ בָּהֶן הָעַכּוּ"ם יֵין נֶסֶךְ כֵּיצַד מְטַהֲרִין אוֹתָן כְּדֵי שֶׁיִּדְרֹךְ בָּהֶן הַיִּשְׂרָאֵל. הַדַּפִּין וְהָעֲדָשִׁים וְהַלּוּלָבִין מְדִיחָן. הָעֲקָלִין. שֶׁל נְסָרִין וְשֶׁל בִּצְבּוּץ מְנַגְּבָן. שֶׁל שִׁיפָה וְשֶׁל גֶּמִי מְיַשְּׁנָן שְׁנֵים עָשָׂר חֹדֶשׁ. וְאִם רָצָה לְטַהֲרָן מִיָּד מַגְעִילָן בְּרוֹתְחִין אוֹ חוֹלְטָן בְּמֵי זֵיתִים אוֹ מַנִּיחָן תַּחַת צִנּוֹר שֶׁמֵּימָיו מְקַלְּחִין אוֹ בְּמַעְיָן שֶׁמֵּימָיו רוֹדְפִין שְׁתֵּים עֶשְׂרֵה שָׁעוֹת וְאַחַר כָּךְ יִתְּרוּ:

כה. בִּזְמַן שֶׁהָיְתָה אֶרֶץ יִשְׂרָאֵל כֻּלָּהּ לְיִשְׂרָאֵל הָיוּ לוֹקְחִין הַיַּיִן מִכָּל אָדָם מִיִּשְׂרָאֵל וְאֵין חוֹשְׁשִׁין לוֹ. וּבְחוּצָה לָאָרֶץ לֹא הָיוּ לוֹקְחִין אֶלָּא מֵאָדָם שֶׁהֻחְזַק בְּכַשְׁרוּת. וּבַזְּמַן הַזֶּה אֵין לוֹקְחִין יַיִן בְּכָל מָקוֹם אֶלָּא מֵאָדָם שֶׁהֻחְזַק בְּכַשְׁרוּת. וְכֵן הַבָּשָׂר וְהַגְּבִינָה וַחֲתִיכַת דָּג שֶׁאֵין בָּהּ סִימָן כְּמוֹ שֶׁבֵּאַרְנוּ:

כו. הַמִּתְאָרֵחַ אֵצֶל בַּעַל הַבַּיִת בְּכָל מָקוֹם וּבְכָל זְמַן וְהֵבִיא לוֹ יַיִן אוֹ בָּשָׂר אוֹ גְּבִינָה וַחֲתִיכַת דָּג הֲרֵי זֶה מֻתָּר וְאֵינוֹ צָרִיךְ לִשְׁאֹל עָלָיו אַף עַל פִּי שֶׁאֵינוֹ מַכִּירוֹ אֶלָּא יוֹדֵעַ שֶׁהוּא יְהוּדִי בִּלְבַד. וְאִם הֻחְזַק שֶׁאֵינוֹ כָּשֵׁר וְלֹא מְדַקְדֵּק בִּדְבָרִים אֵלּוּ אָסוּר לְהִתְאָרֵחַ אֶצְלוֹ. וְאִם עָבַר וְנִתְאָרֵחַ אֶצְלוֹ אֵינוֹ אוֹכֵל בָּשָׂר וְלֹא שׁוֹתֶה יַיִן עַל פִּיו עַד שֶׁיָּעִיד לוֹ אָדָם כָּשֵׁר עֲלֵיהֶם

Perek 12

Wine continued

Wine touched by a gentile.

If wine was open and gentile lifted it up i.e. touched it and poured it out with his power, wine becomes forbidden. Shaking also makes wine forbidden.

פרק י"ב

א. כֵּיצַד הִיא הַנְּגִיעָה שֶׁאוֹסֵר בָּהּ הָעַכּוּ"ם הַיַּיִן. הוּא שֶׁיִּגַּע בַּיַּיִן עַצְמוֹ בֵּין בְּיָדוֹ בֵּין בִּשְׁאָר אֵיבָרָיו שֶׁדַּרְכָּן לְנַסֵּךְ בָּהֶן וִישַׁכְשֵׁךְ. אֲבָל אִם פָּשַׁט יָדוֹ לְחָבִית וְתָפְסוּ אֶת יָדוֹ קֹדֶם שֶׁיּוֹצִיאָהּ וְלֹא יְנִידָהּ וּפָתְחוּ הֶחָבִית מִלְּמַטָּה עַד שֶׁיָּצָא הַיַּיִן וְיָרַד לְמַטָּה מִיָּדוֹ לֹא נֶאֱסַר הַיַּיִן. וְכֵן אִם אָחַז כְּלִי פָּתוּחַ שֶׁל יַיִן וְשִׁכְשְׁכוֹ אַף עַל פִּי שֶׁלֹּא הִגְבִּיהַּ הַכְּלִי וְלֹא נָגַע בַּיַּיִן נֶאֱסַר הַיַּיִן:

ב. נָטַל כְּלִי שֶׁל יַיִן וְהִגְבִּיהוֹ וְיָצַק הַיַּיִן אַף עַל פִּי שֶׁלֹּא שִׁכְשֵׁךְ נֶאֱסַר שֶׁהֲרֵי בָּא הַיַּיִן מִכֹּחוֹ. הִגְבִּיהַּ וְלֹא שִׁכְשֵׁךְ וְלֹא נָגַע מֻתָּר:

ג. עַכּוּ"ם שֶׁהָיָה אוֹחֵז הַכְּלִי בַּקַּרְקַע וְיִשְׂרָאֵל יָצַק לְתוֹכוֹ יַיִן הַיַּיִן מֻתָּר. וְאִם נִדְנֵד הָעַכּוּ"ם הַכְּלִי נֶאֱסַר הַיַּיִן:

ד. כְּלִי סָתוּם מֻתָּר לְטַלְטְלוֹ הָעַכּוּ"ם מִמָּקוֹם לְמָקוֹם וְאַף עַל פִּי שֶׁהַיַּיִן מִתְנַדְנֵד שֶׁאֵין זֶה דֶּרֶךְ הַנִּסּוּךְ. הֶעֱבִיר נוֹד שֶׁל יַיִן מִמָּקוֹם לְמָקוֹם וְהוּא אוֹחֵז פִּי הַנּוֹד בְּיָדוֹ. בֵּין שֶׁהָיָה הַנּוֹד מָלֵא אוֹ חָסֵר מֻתָּר. וְאַף עַל פִּי שֶׁהַיַּיִן מִתְנַדְנֵד. הֶעֱבִיר כְּלִי חֶרֶס פָּתוּחַ מָלֵא יַיִן אָסוּר שֶׁמָּא נָגַע בּוֹ. וְאִם הָיָה חָסֵר מֻתָּר אֶלָּא אִם כֵּן שִׁכְשְׁכוֹ:

ה. עַכּוּ"ם שֶׁנָּגַע בְּיַיִן וְלֹא נִתְכַּוֵּן לָזֶה הֲרֵי הַיַּיִן מֻתָּר בַּהֲנָיָה בִּלְבַד. כֵּיצַד. כְּגוֹן שֶׁנָּפַל עַל נוֹד שֶׁל יַיִן אוֹ שֶׁהוֹשִׁיט יָדוֹ לְחָבִית עַל מְנָת שֶׁהִיא שֶׁמֶן וְנִמְצֵאת יַיִן:

ו. בָּא הַיַּיִן מִכֹּחוֹ שֶׁל עַכּוּ"ם בְּלֹא כַּוָּנָה הוֹאִיל וְלֹא נָגַע בַּיַּיִן הֲרֵי זֶה מֻתָּר בִּשְׁתִיָּה. כֵּיצַד. כְּגוֹן שֶׁהִגְבִּיהַּ כְּלִי שֶׁל יַיִן וְיָצַק לִכְלִי אַחֵר וְהוּא מְדַמֶּה שֶׁהוּא שֵׁכָר אוֹ שֶׁמֶן הֲרֵי זֶה מֻתָּר:

ז. נִכְנַס הָעַכּוּ"ם לְבַיִת אוֹ לַחֲנוּת לְבַקֵּשׁ יַיִן וּפָשַׁט יָדוֹ כְּשֶׁהוּא מְחַפֵּשׂ וְנָגַע בַּיַּיִן אָסוּר שֶׁהֲרֵי לְיַיִן נִתְכַּוֵּן וְאֵין זֶה נוֹגֵעַ בְּלֹא כַּוָּנָה:

ח. חָבִית שֶׁנִּסְדְּקָה לְאָרְכָּהּ וְקָדַם הָעַכּוּ"ם וְחִבְּקָהּ כְּדֵי שֶׁלֹּא יִתְפָּרְדוּ הַחֲרָסִים הֲרֵי זֶה מֻתָּר בַּהֲנָיָה. אֲבָל אִם נִסְדְּקָה לְרָחְבָּהּ וְתָפַס בַּסֶּדֶק הָעֶלְיוֹן כְּדֵי שֶׁלֹּא יִפֹּל הֲרֵי זֶה מֻתָּר בִּשְׁתִיָּה שֶׁהֲרֵי אֵין הַיַּיִן עַל כֹּחוֹ שֶׁל עַכּוּ"ם:

ט. עַכּוּ"ם שֶׁנָּפַל לְבוֹר שֶׁל יַיִן וְהֶעֱלוּהוּ מִשָּׁם מֵת. אוֹ שֶׁמָּדַד הַבּוֹר שֶׁיֵּשׁ בּוֹ הַיַּיִן בְּקָנֶה. אוֹ שֶׁהִתִּיז אֶת הַזְּבוּב וְהַצִּרְעָה מֵעָלָיו בְּקָנֶה. אוֹ שֶׁהָיָה מְטַפֵּחַ עַל פִּי הֶחָבִית הָרוֹתַחַת כְּדֵי שֶׁתָּנוּחַ הָרְתִיחָה. אוֹ שֶׁנָּטַל חָבִית וּזְרָקָהּ בַּחֲמָתוֹ לַבּוֹר. הֲרֵי זֶה מֻתָּר בַּהֲנָיָה בִּלְבַד. וְאִם עָלָה הָעַכּוּ"ם חַי הַיַּיִן אָסוּר בַּהֲנָיָה:

י. חָבִית שֶׁהָיָה נֶקֶב בְּצִדָּהּ וְנִשְׁמַט הַפְּקָק מִן הַנֶּקֶב וְהִנִּיחַ הָעַכּוּ"ם אֶצְבָּעוֹ בִּמְקוֹם הַנֶּקֶב כְּדֵי שֶׁלֹּא יֵצֵא הַיַּיִן כָּל הַיַּיִן שֶׁמֵּרֹאשׁ הֶחָבִית עַד הַנֶּקֶב אָסוּר. וְשֶׁתַּחַת הַנֶּקֶב מֻתָּר בִּשְׁתִיָּה:

יא. מֵינֶקֶת כְּפוּפָה שֶׁעוֹשִׂין אוֹתָהּ מִמַּתֶּכֶת אוֹ מִזְּכוּכִית וְכַיּוֹצֵא בָּהֶם. שֶׁהִנִּיחַ רֹאשָׁהּ לְתוֹךְ הַיַּיִן שֶׁבֶּחָבִית וְהָרֹאשׁ הָאַחֵר חוּץ לֶחָבִית וּמָצַץ הַיַּיִן וְהִתְחִיל הַיַּיִן לֵירֵד כְּדֶרֶךְ שֶׁעוֹשִׂין תָּמִיד. וּבָא הָעַכּוּ"ם וְהִנִּיחַ אֶצְבָּעוֹ עַל פִּי הַמֵּינֶקֶת וּמָנַע הַיַּיִן מִלֵּירֵד נֶאֱסַר כָּל הַיַּיִן שֶׁבֶּחָבִית. שֶׁהַכֹּל הָיָה יוֹצֵא וְנִגְרָר לוּלֵי יָדוֹ וְנִמְצָא הַכֹּל כְּבָא מִכֹּחוֹ:

יב. הַמְעָרֶה יַיִן לְתוֹךְ כְּלִי שֶׁיֵּשׁ בּוֹ יַיִן עַכּוּ"ם נֶאֱסַר כָּל הַיַּיִן שֶׁבַּכְּלִי הָעֶלְיוֹן. שֶׁהֲרֵי הָעַמּוּד הַנִּצֹּק מְחַבֵּר בֵּין הַיַּיִן שֶׁבַּכְּלִי הָעֶלְיוֹן וּבֵין הַיַּיִן שֶׁבַּכְּלִי הַתַּחְתּוֹן. לְפִיכָךְ הַמּוֹדֵד לְעַכּוּ"ם לְתוֹךְ כְּלִי שֶׁבְּיָדוֹ יְנַפֵּץ נְפִיצָה אוֹ יִזְרֹק זְרִיקָה כְּדֵי שֶׁלֹּא יִהְיֶה נִצֹּק חִבּוּר וְיֵאָסֵר עָלָיו מַה שֶּׁיִּשָּׁאֵר בַּכְּלִי הָעֶלְיוֹן:

יג. מַשְׁפֵּךְ שֶׁמָּדַד בּוֹ לְעַכּוּ"ם אִם יֵשׁ בִּקְצֵה הַמַּשְׁפֵּךְ עֲכָבַת יַיִן לֹא יִמְדֹּד בּוֹ לְיִשְׂרָאֵל עַד שֶׁיְּדִיחֶנּוּ וִינַגֵּב. וְאִם לֹא הֵדִיחַ הֲרֵי זֶה אָסוּר:

יד. כְּלִי שֶׁיֵּשׁ לוֹ כְּמִין שְׁנֵי חֲטָמִין יוֹצְאִין מִמֶּנּוּ כְּמוֹ הַכֵּלִים שֶׁנּוֹטְלִין בָּהֶם לַיָּדַיִם שֶׁהָיָה מָלֵא יַיִן בְּיַד יִשְׂרָאֵל וְהָיָה יִשְׂרָאֵל מוֹצֵץ וְשׁוֹתֶה מֵחֹטֶם זֶה וְהָעַכּוּ"ם מוֹצֵץ וְשׁוֹתֶה מִן הַחֹטֶם הַשֵּׁנִי הֲרֵי זֶה מֻתָּר. וְהוּא שֶׁיַּקְדִּים הַיִּשְׂרְאֵלִי וְיִפְסֹק וַעֲדַיִן הָעַכּוּ"ם שׁוֹתֶה. שֶׁמִּשֶּׁיִּפְסֹק הָעַכּוּ"ם יַחֲזֹר הַיַּיִן שֶׁיִּשָּׁאֵר בַּחֹטֶם לַכְּלִי וְיֵאָסֵר כָּל מַה שֶּׁיִּשָּׁאֵר בּוֹ שֶׁהֲרֵי בָּא הַיַּיִן מִכֹּחוֹ:

טו. עַכּוּ"ם שֶׁמָּצַץ הַיַּיִן מִן הֶחָבִית בְּמֵינֶקֶת אָסַר כָּל הַיַּיִן שֶׁבָּהּ. שֶׁכְּשֶׁיִּפָּסֵק יַחֲזֹר הַיַּיִן שֶׁעָלָה בַּמֵּינֶקֶת בִּמְצִיצָתוֹ וְיִפֹּל לֶחָבִית וְיֵאָסֵר הַכֹּל:

טז. עַכּוּ"ם שֶׁהָיָה מַעֲבִיר עִם יִשְׂרָאֵל כַּדֵּי יַיִן מִמָּקוֹם לְמָקוֹם וְהוּא הוֹלֵךְ אַחֲרֵיהֶן לְשָׁמְרָן אֲפִלּוּ הִפְלִיגוּ מִמֶּנּוּ כְּדֵי מִיל הֲרֵי אֵלּוּ מֻתָּרוֹת. שֶׁאֵימָתוֹ עֲלֵיהֶן וְאוֹמֵר עַתָּה יֵצֵא לְפָנֵינוּ וְיִרְאֶה אוֹתָנוּ. וְאִם אָמַר לָהֶם לְכוּ וַאֲנִי אָבוֹא אַחֲרֵיכֶם אִם נִתְעַלְּמוּ מֵעֵינָיו כְּדֵי שֶׁיִּפְתְּחוּ פִּי הַכַּד וְיַחְזְרוּ וְיָגִיפוּ אוֹתָהּ וְתִיגוֹב הֲרֵי הַיַּיִן כֻּלּוֹ אָסוּר בִּשְׁתִיָּה. אִם פָּחוֹת מִכֵּן מֻתָּר:

יז. וְכֵן הַמֵּנִיחַ עַכּוּ"ם בַּחֲנוּתוֹ אַף עַל פִּי שֶׁהוּא יוֹצֵא וְנִכְנָס כָּל הַיּוֹם כֻּלּוֹ הַיַּיִן מֻתָּר. וְאִם מוֹדִיעוֹ שֶׁהוּא מַפְלִיג וְשָׁהָה כְּדֵי שֶׁיִּפְתַּח וְיָגֹף וְתִיגוֹב הַיַּיִן אָסוּר בִּשְׁתִיָּה. וְכֵן הַמֵּנִיחַ יֵינוֹ בִּקְרוֹן אוֹ בִּסְפִינָה עִם הָעַכּוּ"ם וְנִכְנַס לָעִיר לַעֲשׂוֹת צְרָכָיו הַיַּיִן מֻתָּר. וְאִם הוֹדִיעָן שֶׁהוּא מַפְלִיג וְשָׁהָה כְּדֵי שֶׁיִּפְתַּח וְיָגֹף וְתִיגוֹב הַיַּיִן אָסוּר בִּשְׁתִיָּה. וְכָל הַדְּבָרִים הָאֵלּוּ בְּחָבִיּוֹת סְתוּמוֹת. אֲבָל בִּפְתוּחוֹת אֲפִלּוּ לֹא שָׁהָה מֵאַחַר שֶׁהוֹדִיעָן שֶׁהוּא מַפְלִיג הַיַּיִן אָסוּר:

יח. יִשְׂרָאֵל שֶׁהָיָה אוֹכֵל עִם הָעַכּוּ"ם וְהִנִּיחַ יַיִן פָּתוּחַ עַל הַשֻּׁלְחָן וְיַיִן פָּתוּחַ עַל הַדֻּלְפְּקִי וְיָצָא. שֶׁעַל הַשֻּׁלְחָן אָסוּר וְשֶׁעַל הַדֻּלְפְּקִי מֻתָּר. וְאִם אָמַר לוֹ מְזֹג וּשְׁתֵה כָּל הַיַּיִן הַפָּתוּחַ שֶׁבַּבַּיִת אָסוּר:

יט. הָיָה שׁוֹתֶה עִם הָעַכּוּ"ם וְשָׁמַע קוֹל תְּפִלָּה בְּבֵית הַכְּנֶסֶת וְיָצָא אַף הַיַּיִן הַפָּתוּחַ מֻתָּר. שֶׁהַנָּכְרִי אוֹמֵר עַתָּה יִזְכֹּר הַיַּיִן וְיָבוֹא בִּמְהֵרָה וְיִמְצָא אוֹתִי נוֹגֵעַ בְּיֵינוֹ וּלְפִי זֶה אֵינוֹ זָז מִמְּקוֹמוֹ וְאֵין נֶאֱסַר אֶלָּא מַה שֶּׁלְּפָנָיו בִּלְבַד:

כ. עַכּוּ"ם וְיִשְׂרָאֵל שֶׁהָיוּ דָּרִין בְּחָצֵר אַחַת וְיָצְאוּ שְׁנֵיהֶם בְּבֶהָלָה לִרְאוֹת חָתָן אוֹ הֶסְפֵּד. וְחָזַר הָעַכּוּ"ם וְסָגַר הַפֶּתַח וְאַחַר כָּךְ יִשְׂרָאֵל הֲרֵי הַיַּיִן הַפָּתוּחַ שֶׁבְּבֵית יִשְׂרָאֵל בְּהֶתֵּרוֹ. שֶׁלֹּא סָגַר הָעַכּוּ"ם אֶלָּא עַל דַּעַת שֶׁכְּבָר נִכְנַס הַיִּשְׂרְאֵלִי לְבֵיתוֹ וְלֹא נִשְׁאַר אָדָם בַּחוּץ וְכִמְדֻמֶּה לוֹ שֶׁהוּא קְדָמוֹ:

כא. יַיִן שֶׁל יִשְׂרָאֵל וְשֶׁל עַכּוּ"ם בְּבַיִת אֶחָד וְהָיוּ חָבִיּוֹת פְּתוּחוֹת וְנִכְנַס הָעַכּוּ"ם לַבַּיִת וְנָעַל הַדֶּלֶת בַּעֲדוֹ נֶאֱסַר כָּל הַיַּיִן. וְאִם יֵשׁ חַלּוֹן בַּדֶּלֶת שֶׁמִּסְתַּכֵּל מִמֶּנּוּ הָעוֹמֵד אֲחוֹרֵי הַפֶּתַח וְרוֹאֶה כְּנֶגְדּוֹ כָּל הֶחָבִיּוֹת שֶׁכְּנֶגֶד הַחַלּוֹן מֻתָּרוֹת. וְשֶׁמִּן הַצְּדָדִין אֲסוּרוֹת שֶׁהֲרֵי מְפַחֵד מִן הָרוֹאֶה אוֹתוֹ:

כב. וְכֵן אִם שָׁאַג אֲרִי וְכַיּוֹצֵא בּוֹ וּבָרַח הָעַכּוּ"ם וְנֶחְבָּא בֵּין הֶחָבִיּוֹת הַפְּתוּחוֹת הַיַּיִן מֻתָּר שֶׁהוּא אוֹמֵר שֶׁמָּא יִשְׂרָאֵל אַחֵר נֶחְבָּא כָּאן וְהוּא רוֹאֶה אוֹתִי כְּשֶׁאֶגַּע:

כג. אוֹצָר שֶׁל יַיִן שֶׁהָיוּ חָבִיּוֹתָיו פְּתוּחוֹת וְיֵשׁ לְעַכּוּ"ם חָבִיּוֹת אֲחֵרוֹת בְּאוֹתוֹ הַפֻּנְדָּק. וְנִמְצָא הָעַכּוּ"ם עוֹמֵד בֵּין חָבִיּוֹת יִשְׂרָאֵל הַפְּתוּחוֹת. אִם נִבְהַל כְּשֶׁנִּמְצָא וְנִתְפַּשׂ עָלָיו כְּגַנָּב הַיַּיִן מֻתָּר בִּשְׁתִיָּה שֶׁמִּפַּחְדּוֹ וְיִרְאָתוֹ אֵין לוֹ פְּנַאי לְנַסֵּךְ. וְאִם לֹא נִתְפַּשׂ כְּגַנָּב אֶלָּא הֲרֵי הוּא בּוֹטֵחַ שָׁם הַיַּיִן אָסוּר. וְתִינוֹק הַנִּמְצָא בֵּין הֶחָבִיּוֹת בֵּין כָּךְ וּבֵין כָּךְ כָּל הַיַּיִן מֻתָּר:

כד. גְּדוּד שֶׁנִּכְנַס לַמְּדִינָה דֶּרֶךְ שָׁלוֹם כָּל הֶחָבִיּוֹת הַפְּתוּחוֹת שֶׁבַּחֲנֻיּוֹת אֲסוּרוֹת וּסְתוּמוֹת מֻתָּרוֹת. וּבִשְׁעַת מִלְחָמָה אִם פָּשַׁט הַגְּדוּד בַּמְּדִינָה וְעָבַר אֵלּוּ וְאֵלּוּ מֻתָּרוֹת שֶׁאֵין פְּנַאי לְנַסֵּךְ:

כה. עַכּוּ"ם שֶׁנִּמְצָא עוֹמֵד בְּצַד הַבּוֹר שֶׁל יַיִן אִם יֵשׁ לוֹ מִלְוֶה עַל אוֹתוֹ הַיַּיִן הֲרֵי זֶה אָסוּר מִפְּנֵי שֶׁלִּבּוֹ גַּס בּוֹ שׁוֹלֵחַ יָדוֹ וּמְנַסֵּךְ. וְאִם אֵין לוֹ עָלָיו מִלְוֶה הַיַּיִן מֻתָּר בִּשְׁתִיָּה:

כו. זוֹנָה עַכּוּ"ם בִּמְסִבָּה שֶׁל יִשְׂרָאֵל הַיַּיִן מֻתָּר שֶׁאֵימָתָן עָלֶיהָ וְלֹא תִּגַּע. אֲבָל זוֹנָה יִשְׂרְאֵלִית בִּמְסִבַּת עַכּוּ"ם יֵינָהּ שֶׁלְּפָנֶיהָ בְּכֵלֶיהָ אָסוּר מִפְּנֵי שֶׁהֵן נוֹגְעִין בּוֹ שֶׁלֹּא מִדַּעְתָּהּ:

כז. עַכּוּ"ם הַנִּמְצָא בְּבֵית הַגַּת אִם יֵשׁ שָׁם לַחְלוּחִית יַיִן כְּדֵי לִבְלֹל הַכַּף עַד שֶׁתִּבְלֹל הַכַּף לְכַף שְׁנִיָּה צָרִיךְ לְהָדִיחַ כָּל בֵּית הַגַּת וְיִנַּגֵּב. וְאִם לָאו מֵדִיחַ בִּלְבַד וְזוֹ הַרְחָקָה יְתֵרָה:

כח. חָבִית שֶׁצָּפָה בַּנָּהָר אִם נִמְצֵאת כְּנֶגֶד עִיר שֶׁרֻבָּהּ יִשְׂרָאֵל מֻתֶּרֶת בַּהֲנָיָה. כְּנֶגֶד עִיר שֶׁרֻבָּהּ עַכּוּ"ם אֲסוּרָה:

כט. מָקוֹם שֶׁהָיוּ רֹב מוֹכְרֵי הַיַּיִן בּוֹ יִשְׂרְאֵלִים וְנִמְצְאוּ בּוֹ כֵּלִים גְּדוֹלִים מְלֵאִים יַיִן וְהֵם כֵּלִים שֶׁדֶּרֶךְ הַמּוֹכְרִין לְבַדָּם לִכְנֹס בָּהֶם הַיַּיִן הֲרֵי אֵלּוּ מֻתָּרִין בַּהֲנָיָה. חָבִית שֶׁפְּתָחוּהָ גַּנָּבִים אִם רֹב גַּנָּבֵי הָעִיר יִשְׂרָאֵל הַיַּיִן מֻתָּר בִּשְׁתִיָּה וְאִם לָאו אָסוּר:

Perek 13

Wine continued.

Business dealings.

It is permitted for a Jew to entrust his wine to a gentile for safe-keeping, as long as the container is closed with a double seal.

(Double seal is also needed for meat and fish where *kashrut* signs are not visible.)

For *yayin mevushal* (boiled) two seals not needed. The same applies with other foods where the prohibition would only be *Derabanan*.

Except for *chelev*, it is forbidden to do business with a substance prohibited by Scripture. Gentile wine (*stam yeynam*) is a *Derabanan*.

However, the *Rabanim* were strict with this wine and forbade doing business with it.

Money earned from it is forbidden.

פרק י״ג

א. הַלּוֹקֵחַ בַּיִת אוֹ שֶׁשָּׂכַר בַּיִת בַּחֲצֵרוֹ שֶׁל עַכּוּ״ם וּמִלְאָהוּ יַיִן אִם הָיָה הַיִּשְׂרְאֵלִי דָּר בְּאוֹתָהּ חָצֵר אַף עַל פִּי שֶׁהַפֶּתַח פָּתוּחַ הַיַּיִן מֻתָּר. מִפְּנֵי שֶׁהָעַכּוּ״ם מְפַחֵד תָּמִיד וְאוֹמֵר עַתָּה יִכָּנֵס לְבֵיתוֹ פִּתְאֹם וְיִמְצָא אוֹתִי בְּתוֹךְ בֵּיתוֹ. וְאִם הָיָה דָּר בְּחָצֵר אַחֶרֶת לֹא יֵצֵא עַד שֶׁיִּסְגֹּר הַבַּיִת וְיִהְיֶה הַמַּפְתֵּחַ וְהַחוֹתָם בְּיָדוֹ. וְאֵינוֹ חוֹשֵׁשׁ שֶׁמָּא יְזַיֵּף הָעַכּוּ״ם מַפְתֵּחַ הַבַּיִת:

ב. יָצָא וְלֹא סָגַר הַפֶּתַח אוֹ שֶׁסָּגַר וְהִנִּיחַ הַמַּפְתֵּחַ בְּיַד עַכּוּ״ם הֲרֵי הַיַּיִן אָסוּר בִּשְׁתִיָּה. שֶׁמָּא נִכְנַס הָעַכּוּ״ם וְנִסֵּךְ. שֶׁהֲרֵי אֵין הַיִּשְׂרְאֵלִי שָׁם. וְאִם אָמַר לוֹ אֱחֹז לִי מַפְתֵּחַ זֶה עַד שֶׁאָבוֹא הַיַּיִן מֻתָּר שֶׁלֹּא מָסַר לוֹ שְׁמִירַת הַבַּיִת אֶלָּא שְׁמִירַת הַמַּפְתֵּחַ:

ג. עַכּוּ״ם שֶׁשָּׂכַר יִשְׂרָאֵל לִדְרֹךְ לוֹ יֵינוֹ בְּטָהֳרָה כְּדֵי שֶׁיִּהְיֶה מֻתָּר לְיִשְׂרָאֵל וְיִקָּחוּהוּ מִמֶּנּוּ וְהָיָה הַיַּיִן בְּבֵיתוֹ שֶׁל עַכּוּ״ם. אִם הָיָה יִשְׂרָאֵל זֶה שֶׁשּׁוֹמֵר הַיַּיִן דָּר בְּאוֹתָהּ חָצֵר הַיַּיִן מֻתָּר. וְאַף עַל פִּי שֶׁהַפֶּתַח פָּתוּחַ וְהַשּׁוֹמֵר נִכְנָס וְיוֹצֵא. וְאִם הָיָה הַשּׁוֹמֵר דָּר בְּחָצֵר אַחֶרֶת הַיַּיִן אָסוּר. וְאַף עַל פִּי שֶׁהַמַּפְתֵּחַ וְהַחוֹתָם בְּיַד יִשְׂרָאֵל. שֶׁכֵּיוָן שֶׁהַיַּיִן שֶׁל עַכּוּ״ם וּבִרְשׁוּתוֹ אֵינוֹ מְפַחֵד לְזַיֵּף וּלְהִכָּנֵס לַבַּיִת וְיֹאמַר וִיהִי מָה אִם יֵדְעוּ בּוֹ לֹא יִקְחוּ מִמֶּנִּי:

ד. אֲפִלּוּ כָּתַב הָעַכּוּ״ם לְיִשְׂרָאֵל שֶׁנִּתְקַבֵּל מִמֶּנּוּ הַמָּעוֹת לִמְכֹּר לוֹ בָּהֶן יַיִן הוֹאִיל וְאֵין הַיִּשְׂרְאֵלִי יָכוֹל לְהוֹצִיאוֹ מֵרְשׁוּת הָעַכּוּ״ם עַד שֶׁיִּתֵּן לוֹ הַמָּעוֹת הֲרֵי הוּא שֶׁל עַכּוּ״ם וְאָסוּר. אֶלָּא אִם הָיָה הַשּׁוֹמֵר דָּר שָׁם בֶּחָצֵר. וְאֵין הַשּׁוֹמֵר צָרִיךְ לִהְיוֹת יוֹשֵׁב וּמְשַׁמֵּר תָּמִיד אֶלָּא נִכְנָס וְיוֹצֵא כְּמוֹ שֶׁבֵּאַרְנוּ. בֵּין בִּרְשׁוּת בַּעַל הַיַּיִן בֵּין בִּרְשׁוּת עַכּוּ״ם אַחֵר:

ה. הָיָה יַיִן זֶה הַטָּהוֹר שֶׁל עַכּוּ״ם מֻנָּח בִּרְשׁוּת הָרַבִּים אוֹ בְּבַיִת הַפָּתוּחַ לִרְשׁוּת הָרַבִּים וְיִשְׂרָאֵל הוֹלְכִים וְשָׁבִים מֻתָּר. שֶׁעֲדַיִן לֹא נִכְנַס בִּרְשׁוּת הָעַכּוּ״ם:

ו. וְאַשְׁפָּה וְחַלּוֹן וְדֶקֶל אַף עַל פִּי שֶׁאֵין בּוֹ פֵּרוֹת הֲרֵי אֵלּוּ כִּרְשׁוּת הָרַבִּים. וְחָבִית יַיִן שָׁם וְעַכּוּ״ם הַנִּמְצָא שָׁם אֵינוֹ אוֹסְרָהּ. וּבַיִת הַפָּתוּחַ לְשָׁם הֲרֵי הוּא כְּפָתוּחַ לִרְשׁוּת הָרַבִּים:

ז. חָצֵר הַחֲלוּקָה בְּמַסִּיפִים וְעַכּוּ״ם בְּצַד זֶה וְיִשְׂרָאֵל בְּצַד אַחֵר. וְכֵן שְׁנֵי גַּגִּין שֶׁהָיָה גַּג יִשְׂרָאֵל לְמַעְלָה וְגַג הָעַכּוּ״ם לְמַטָּה. אוֹ שֶׁהָיוּ זֶה בְּצַד זֶה וְיֵשׁ בֵּינֵיהֶן מַסִּיפִים. אַף עַל פִּי שֶׁיַּד הָעַכּוּ״ם מַגַּעַת לְחֵלֶק יִשְׂרָאֵל אֵינוֹ חוֹשֵׁשׁ מִשּׁוּם יֵין נֶסֶךְ וְלֹא מִשּׁוּם טָהֳרוֹת:

ח. מֻתָּר לְיִשְׂרָאֵל לְהַפְקִיד יֵינוֹ בִּכְלִי סָתוּם בְּיַד עַכּוּ״ם וְהוּא שֶׁיִּהְיֶה לוֹ בּוֹ שְׁנֵי סִימָנִין. וְזֶה הוּא הַנִּקְרָא חוֹתָם בְּתוֹךְ חוֹתָם. כֵּיצַד. סָתַם הֶחָבִית בִּכְלִי שֶׁאֵינוֹ מְהֻדָּק כְּדֶרֶךְ שֶׁסּוֹתְמִין כָּל אָדָם וְטָח בְּטִיט הֲרֵי זֶה חוֹתָם אֶחָד. הָיָה כְּלִי מְהֻדָּק וְטָח עָלָיו מִלְמַעְלָה הֲרֵי זֶה חוֹתָם בְּתוֹךְ חוֹתָם. וְכֵן אִם צָר פִּי הַנּוֹד הֲרֵי זֶה חוֹתָם אֶחָד. הָפַךְ פִּי הַנּוֹד לְתוֹכוֹ וְצָר עָלָיו הֲרֵי זֶה חוֹתָם בְּתוֹךְ חוֹתָם. וְכֵן כָּל שִׁנּוּי שֶׁמְּשַׁנֶּה מִדְּבָרִים שֶׁאֵין דֶּרֶךְ כָּל אָדָם הֲרֵי הֵן כְּחוֹתָם אֶחָד וְהַטִּיחָה אוֹ הַקְּשִׁירָה חוֹתָם שֵׁנִי:

ט. וְאִם הִפְקִיד בְּיַד עַכּוּ״ם בְּחוֹתָם אֶחָד הֲרֵי זֶה אָסוּר בִּשְׁתִיָּה וּמֻתָּר בַּהֲנָיָה וְהוּא שֶׁיְּיַחֵד לוֹ קֶרֶן זָוִית:

י. יַיִן מְבֻשָּׁל וְהַשֵּׁכָר אוֹ יַיִן שֶׁעֵרְבוּ עִם דְּבָרִים אֲחֵרִים כְּגוֹן

דְּבַשׁ וְשֶׁמֶן וְכֵן הַחֹמֶץ וְהַגְּבִינָה וְהֶחָלָב וְכָל שֶׁאִסּוּרוֹ מִדִּבְרֵי סוֹפְרִים שֶׁהִפְקִידוֹ בְּיַד עַכּוּ"ם אֵינוֹ צָרִיךְ שְׁנֵי חוֹתָמוֹת אֶלָּא חוֹתָם אֶחָד בִּלְבַד דַּיּוֹ. אֲבָל הַיַּיִן וְהַבָּשָׂר וַחֲתִיכַת דָּג שֶׁאֵין בָּהּ סִימָן שֶׁהִפְקִידָן בְּיַד עַכּוּ"ם צְרִיכִין שְׁנֵי חוֹתָמוֹת:

יא. יֵרָאֶה לִי שֶׁכָּל מָקוֹם שֶׁאָמַרְנוּ בְּעִנְיָן זֶה בְּיַיִן שֶׁלָּנוּ שֶׁהוּא אָסוּר בִּשְׁתִיָּה וּמֻתָּר בַּהֲנָיָה מִפְּנֵי צַד נְגִיעָה שֶׁנָּגַע בּוֹ הָעַכּוּ"ם כְּשֶׁהָיָה הָעַכּוּ"ם עוֹבֵד עַכּוּ"ם. אֲבָל אִם הָיָה אִסּוּרוֹ בִּגְלַל עַכּוּ"ם שֶׁאֵינוֹ עוֹבֵד עַכּוּ"ם כְּגוֹן יִשְׁמְעֵאלִי שֶׁנָּגַע בְּיַיִן שֶׁלָּנוּ שֶׁלֹּא בְּכַוָּנָה אוֹ שֶׁטִּפֵּחַ עַל פִּי הֶחָבִית הֲרֵי זֶה מֻתָּר בִּשְׁתִיָּה. וְכֵן כָּל כַּיּוֹצֵא בָּזֶה:

יב. אֲבָל הַמַּפְקִיד יַיִן בְּיַד גֵּר תּוֹשָׁב אוֹ שֶׁשְּׁלָחוֹ עִמּוֹ וְהִפְלִיג אוֹ שֶׁהֵנִיחַ בֵּיתוֹ פָּתוּחַ בַּחֲצַר גֵּר תּוֹשָׁב הֲרֵי זֶה אָסוּר בִּשְׁתִיָּה. שֶׁכָּל חֲשָׁשׁ שֶׁל חִלּוּף וְזִיּוּף יֵרָאֶה לִי שֶׁכָּל הָעַכּוּ"ם שָׁוִים בּוֹ הוֹאִיל וְנַעֲשָׂה הַיַּיִן בִּרְשׁוּתָן נֶאֱסַר בִּשְׁתִיָּה עַל כָּל פָּנִים:

יג. יֵשׁ דְּבָרִים שֶׁאֵין בָּהֶם אִסּוּר נִסּוּךְ כְּלָל וְאָסְרוּ אוֹתָם חֲכָמִים כְּדֵי לְהַרְחִיק מִן הַנִּסּוּךְ. וְאֵלּוּ הֵן. לֹא יִמְזֹג הָעַכּוּ"ם הַמַּיִם לְתוֹךְ הַיַּיִן שֶׁבְּיַד יִשְׂרָאֵל שֶׁמָּא יָבוֹא לִצֹּק הַיַּיִן לְתוֹךְ הַמַּיִם. וְלֹא יוֹלִיךְ הָעַכּוּ"ם עֲנָבִים לַגַּת שֶׁמָּא יָבוֹא לִדְרֹךְ אוֹ לִגַּע. וְלֹא יְסַיֵּעַ לְיִשְׂרָאֵל בְּשָׁעָה שֶׁמֵּרִיק מִכְּלִי לִכְלִי שֶׁמָּא יַנִּיחַ הַכְּלִי בְּיַד הָעַכּוּ"ם וְנִמְצָא הַיַּיִן בָּא מִכֹּחוֹ. וְאִם סִיֵּעַ אוֹ מָזַג הַמַּיִם אוֹ הֵבִיא עֲנָבִים מֻתָּר:

יד. וְכֵן מֻתָּר שֶׁיָּרִיחַ הָעַכּוּ"ם בְּחָבִית שֶׁל יַיִן שֶׁלָּנוּ. וּמֻתָּר לְיִשְׂרָאֵל לַהֲרִיחַ בְּחָבִית שֶׁל יַיִן נֶסֶךְ וְאֵין בָּזֶה שֵׁם אִסּוּר שֶׁאֵין הָרֵיחַ כְּלוּם לְפִי שֶׁאֵין בּוֹ מַמָּשׁ:

טו. כְּבָר בֵּאַרְנוּ שֶׁכָּל דָּבָר שֶׁהוּא אָסוּר בַּהֲנָיָה אִם עָבַר וּמְכָרוֹ דָּמָיו מֻתָּרִין חוּץ מֵעַכּוּ"ם וּמְשַׁמְּשֶׁיהָ וְתִקְרֹבֶת שֶׁלָּהּ וְיַיִן שֶׁנִּתְנַסֵּךְ לָהּ. וְהֶחְמִירוּ חֲכָמִים בִּסְתַם יֵינָם לִהְיוֹת דָּמָיו אֲסוּרִין כִּדְמֵי יַיִן שֶׁנִּתְנַסֵּךְ לְעַכּוּ"ם. לְפִיכָךְ עַכּוּ"ם שֶׁשָּׂכַר אֶת יִשְׂרָאֵל לַעֲשׂוֹת עִמּוֹ בְּיַיִן שְׂכָרוֹ אָסוּר:

טז. וְכֵן הַשּׂוֹכֵר אֶת הַחֲמוֹר לְהָבִיא עָלָיו יַיִן אוֹ שֶׁשָּׂכַר סְפִינָה לְהָבִיא בָּהּ יַיִן שְׂכָרָן אָסוּר. אִם מָעוֹת נָתְנוּ לוֹ יוֹלִיכֵן לְיָם הַמֶּלַח. וְאִם נָתְנוּ לוֹ בִּשְׂכָרוֹ כְּסוּת אוֹ כֵּלִים אוֹ פֵּרוֹת הֲרֵי זֶה יִשְׂרֹף אוֹתָן וְיִקְבֹּר הָאֵפֶר כְּדֵי שֶׁלֹּא לֵהָנוֹת בּוֹ:

יז. שָׂכַר לָעַכּוּ"ם חֲמוֹר לִרְכֹּב עָלָיו וְהִנִּיחַ עָלָיו לוֹגִין שֶׁל יַיִן שְׂכָרוֹ מֻתָּר. שְׂכָרוֹ לְשַׁבֵּר כַּדֵּי יַיִן נֶסֶךְ שְׂכָרוֹ מֻתָּר וְתָבוֹא עָלָיו בְּרָכָה מִפְּנֵי שֶׁמְּמַעֵט בְּתִפְלָה:

יח. הַשּׂוֹכֵר אֶת הַפּוֹעֵל וְאָמַר לוֹ הַעֲבֵר לִי מֵאָה חָבִיּוֹת שֶׁל שֵׁכָר בְּמֵאָה פְּרוּטוֹת וְנִמְצָא אַחַת מֵהֶן יַיִן שְׂכָרוֹ כֻּלּוֹ אָסוּר:

יט. אָמַר לוֹ הַעֲבֵר לִי חָבִית בִּפְרוּטָה חָבִית בִּפְרוּטָה וְהֶעֱבִיר וְנִמְצָא בֵּינֵיהֶן חָבִיּוֹת שֶׁל יַיִן. שְׂכַר חָבִיּוֹת שֶׁל יַיִן אָסוּר וּשְׁאָר שְׂכָרוֹ מֻתָּר:

כ. אֻמְּנֵי יִשְׂרָאֵל שֶׁשָּׁלַח לָהֶם עַכּוּ"ם חָבִית שֶׁל יַיִן בִּשְׂכָרָן מֻתָּר שֶׁיֹּאמְרוּ לוֹ תֵּן לָנוּ אֶת דָּמֶיהָ. וְאִם מִשֶּׁנִּכְנְסָה לִרְשׁוּתָן אָסוּר:

כא. יִשְׂרָאֵל שֶׁהָיָה נוֹשֶׁה בְּעַכּוּ"ם מָנֶה. הָלַךְ הָעַכּוּ"ם וּמָכַר עֲבוֹדָה זָרָה וְיַיִן נֶסֶךְ וְהֵבִיא לוֹ דְּמֵיהֶן הֲרֵי זֶה מֻתָּר. וְאִם אָמַר לוֹ קֹדֶם שֶׁיִּמְכֹּר הַמְתֵּן לִי עַד שֶׁאֶמְכֹּר עֲבוֹדָה זָרָה אוֹ יַיִן נֶסֶךְ שֶׁיֵּשׁ לִי וְאָבִיא לְךָ. אַף עַל פִּי שֶׁהוּא סְתַם יֵינוֹ. וּמָכַר וְהֵבִיא לוֹ הֲרֵי זֶה אָסוּר. מִפְּנֵי שֶׁהַיִּשְׂרְאֵלִי רוֹצֶה בְּקִיּוּמוֹ כְּדֵי שֶׁיִּפְרַע מִמֶּנּוּ חוֹבוֹ:

כב. וְכֵן גֵּר וְעַכּוּ"ם שֶׁהָיוּ שֻׁתָּפִין וּבָאוּ לַחֲלֹק. אֵין הַגֵּר יָכוֹל לוֹמַר לָעַכּוּ"ם טֹל אַתָּה עֲבוֹדָה זָרָה וַאֲנִי מָעוֹת. אַתָּה יַיִן וַאֲנִי פֵּרוֹת שֶׁהֲרֵי רוֹצֶה בְּקִיּוּמָן כְּדֵי שֶׁיִּטֹּל כְּנֶגְדָּן. אֲבָל גֵּר וְעַכּוּ"ם שֶׁיָּרְשׁוּ אֶת אֲבִיהֶן עַכּוּ"ם יָכוֹל לוֹמַר לוֹ טֹל אַתָּה עֲבוֹדָה זָרָה וַאֲנִי מָעוֹת. אַתָּה יַיִן וַאֲנִי שֶׁמֶן. קַל הוּא שֶׁהֵקֵלּוּ בִּירֻשַּׁת הַגֵּר כְּדֵי שֶׁלֹּא יַחֲזֹר לְסוּרוֹ. וְאִם מִשֶּׁבָּאוּ לִרְשׁוּת הַגֵּר אָסוּר:

כג. יִשְׂרָאֵל שֶׁמָּכַר יֵינוֹ לְעַכּוּ"ם פָּסַק עַד שֶׁלֹּא מָדַד לוֹ דָּמָיו מֻתָּרִין. שֶׁמִּשֶּׁפָּסַק סָמְכָה דַּעְתּוֹ וּמִשֶּׁמָּשַׁךְ קָנָה וְיַיִן נֶסֶךְ אֵינוֹ נַעֲשֶׂה עַד שֶׁיִּגַּע בּוֹ. נִמְצָא בִּשְׁעַת מְכִירָה הָיָה מֻתָּר. מָדַד לוֹ עַד שֶׁלֹּא פָּסַק הַדָּמִים דָּמָיו אֲסוּרִין. שֶׁהֲרֵי לֹא סָמְכָה דַּעְתּוֹ אַף עַל פִּי שֶׁמָּשַׁךְ וְנִמְצָא כְּשֶׁנָּגַע עֲדַיִן לֹא סָמְכָה דַּעְתּוֹ לִקַּח וְנֶאֱסַר הַיַּיִן בִּנְגִיעָתוֹ וַהֲרֵי זֶה כְּמוֹכֵר סְתַם יֵינָם:

כד. בַּמֶּה דְּבָרִים אֲמוּרִים בְּשֶׁמָּדַד הַיִּשְׂרְאֵלִי לְכֵלָיו. אֲבָל אִם מָדַד לִכְלֵי הָעַכּוּ"ם אוֹ לִכְלֵי יִשְׂרָאֵל שֶׁבְּיַד הָעַכּוּ"ם צָרִיךְ לִקַּח אֶת הַדָּמִים וְאַחַר כָּךְ יִמְדֹּד. וְאִם מָדַד וְלֹא לָקַח דָּמִים אַף עַל פִּי שֶׁפָּסַק דָּמָיו אֲסוּרִים שֶׁמִּשֶּׁיַּגִּיעַ לַכְּלִי נֶאֱסַר כִּסְתָם יֵינָם:

כה. הַנּוֹתֵן דִּינָר לְחֶנְוָנִי עַכּוּ"ם וְאָמַר לְפוֹעֲלוֹ הָעַכּוּ"ם לֵךְ וּשְׁתֵה וֶאֱכֹל מִן הַחֶנְוָנִי וַאֲנִי מְחַשֵּׁב לוֹ הֲרֵי זֶה חוֹשֵׁשׁ שֶׁמָּא יִשְׁתֶּה יַיִן. שֶׁזֶּה כְּמִי שֶׁקָּנָה לוֹ יַיִן נֶסֶךְ וְהִשְׁקָהוּ. וּכְנֶגֶד זֶה בִּשְׁבִיעִית אָסוּר כְּגוֹן שֶׁנָּתַן דִּינָר לְחֶנְוָנִי יִשְׂרָאֵל עַם הָאָרֶץ וְאָמַר לְפוֹעֲלוֹ הַיִּשְׂרְאֵלִי לֵךְ וֶאֱכֹל וַאֲנִי מְחַשֵּׁב לוֹ. וְאִם אָכַל הַפּוֹעֵל דָּבָר שֶׁאֵינוֹ מְעֻשָּׂר אָסוּר:

כו. אֲבָל אִם אָמַר לָהֶם אִכְלוּ וּשְׁתוּ בְּדִינָר זֶה. אוֹ שֶׁאָמַר לָהֶם אִכְלוּ וּשְׁתוּ עָלַי מִן הַחֶנְוָנִי וַאֲנִי פּוֹרֵעַ אַף עַל פִּי שֶׁנִּשְׁתַּעְבֵּד הוֹאִיל וְלֹא נִתְיַחֵד שִׁעְבּוּדוֹ הֲרֵי זֶה מֻתָּר וְאֵינוֹ חוֹשֵׁשׁ לֹא מִשּׁוּם יֵין נֶסֶךְ וְלֹא מִשּׁוּם שְׁבִיעִית וְלֹא מִשּׁוּם מַעֲשֵׂר:

כז. מֶלֶךְ שֶׁהָיָה מְחַלֵּק יֵינוֹ לָעָם וְלוֹקֵחַ מֵהֶן דָּמָיו כְּפִי מַה שֶּׁיִּרְצֶה. אַל יֹאמַר אָדָם לְעַכּוּ"ם הֵא לְךָ מָאתַיִם זוּז וְהִכָּנֵס תַּחְתַּי בְּאוֹצַר הַמֶּלֶךְ כְּדֵי שֶׁיִּקַּח עַכּוּ"ם הַיַּיִן שֶׁכָּתְבוּ בְּשֵׁם יִשְׂרָאֵל וְיִתֵּן הָעַכּוּ"ם הַדָּמִים לַמֶּלֶךְ. אֲבָל אוֹמֵר לוֹ הֵא לְךָ מָאתַיִם זוּז וּמַלְּטֵנִי מִן הָאוֹצָר:

כח. עַכּוּ"ם שֶׁנָּגַע בְּיֵינוֹ שֶׁל יִשְׂרָאֵל לְאָנְסוֹ מֻתָּר לִמְכֹּר אוֹתוֹ יַיִן לְאוֹתוֹ הָעַכּוּ"ם שֶׁאֲסָרוֹ לְבַדּוֹ. שֶׁכֵּיוָן שֶׁנִּתְכַּוֵּן זֶה הָעַכּוּ"ם לְהַזִּיקוֹ וְלֶאֱסֹר יֵינוֹ הֲרֵי זֶה כְּמוֹ שֶׁשְּׁבָרוֹ אוֹ שְׂרָפוֹ שֶׁחַיָּב לְשַׁלֵּם. וְנִמְצְאוּ הַדָּמִים שֶׁלּוֹקֵחַ מִמֶּנּוּ דְּמֵי הַהֶזֵּק וְלֹא דְּמֵי הַמְּכִירָה:

Perek 14

Measures

The measure of forbidden foods is the bulk of **a medium sized olive**. – *Mosheh Misinai*. Similarly, all other measurements are *Mosheh Misinai*.

Other elements connected to the *kezayit* of prohibited foods.

- Can combinations add up?
- Time taken to eat

Kedei achilat pras – time taken to eat a half a loaf of bread, this being the size **of 3 eggs**.

- Time taken to drink
- Whether one derives satisfaction
- Whether the forbidden item is needed to save one's life

פרק י"ד

א. כָּל אִסּוּרֵי מַאֲכָלוֹת שֶׁבַּתּוֹרָה שִׁעוּרָן בִּכְזַיִת בֵּינוֹנִי בֵּין לְמַלְקוֹת בֵּין לְכָרֵת בֵּין לְמִיתָה בִּידֵי שָׁמַיִם. וּכְבָר בֵּאַרְנוּ שֶׁכָּל הַמְחֻיָּב כָּרֵת אוֹ מִיתָה בִּידֵי שָׁמַיִם עַל מַאֲכָל לוֹקֶה:

ב. וְשִׁעוּר זֶה עִם כָּל הַשִּׁעוּרִין הֲלָכָה לְמשֶׁה מִסִּינַי הֵם. וְאָסוּר מִן הַתּוֹרָה לֶאֱכֹל כָּל שֶׁהוּא מִדָּבָר הָאָסוּר. אֲבָל אֵינוֹ לוֹקֶה אֶלָּא עַל כְּזַיִת. וְאִם אָכַל כָּל שֶׁהוּא פָּחוֹת מִכַּשִּׁעוּר מַכִּין אוֹתוֹ מַכַּת מַרְדּוּת:

ג. כְּזַיִת שֶׁאָמַרְנוּ חוּץ מִשֶּׁל בֵּין הַשִּׁנַּיִם. אֲבָל מַה שֶּׁל בֵּין הַחֲנִיכַיִם מִצְטָרֵף לְמַה שֶּׁבָּלַע שֶׁהֲרֵי נֶהֱנָה גְּרוֹנוֹ מִכְּזַיִת. אֲפִלּוּ אָכַל כַּחֲצִי זַיִת וֶהֱקִיאוֹ וְחָזַר וְאָכַל אוֹתוֹ חֲצִי זַיִת עַצְמוֹ שֶׁהֱקִיא חַיָּב. שֶׁאֵין הַחִיּוּב אֶלָּא עַל הֲנָאַת הַגָּרוֹן בִּכְזַיִת מִדָּבָר הָאָסוּר:

ד. כְּזַיִת חֵלֶב אוֹ נְבֵלָה אוֹ פִּגּוּל אוֹ נוֹתָר וְכַיּוֹצֵא בָּהֶן שֶׁהִנִּיחוֹ בַּחַמָּה וְנִתְמַעֵט. הָאוֹכְלוֹ פָּטוּר. חָזַר וְהִנִּיחוֹ בַּגְּשָׁמִים וְנִתְפַּח חַיָּבִין עָלָיו כָּרֵת אוֹ מַלְקוֹת. הָיָה פָּחוֹת מִכְּזַיִת מִבַּתְּחִלָּה וְנִתְפַּח וְעָמַד עַל כְּזַיִת אָסוּר וְאֵין לוֹקִין עָלָיו:

ה. כְּבָר בֵּאַרְנוּ שֶׁכָּל אִסּוּרִין שֶׁבַּתּוֹרָה אֵין מִצְטָרְפִין זֶה עִם זֶה לִכְזַיִת. חוּץ מִבְּשַׂר נְבֵלָה עִם בְּשַׂר טְרֵפָה וְאִסּוּרֵי נָזִיר שֶׁיִּתְבָּאֲרוּ בִּמְקוֹמָן. וַחֲמֵשֶׁת מִינֵי תְּבוּאָה וּקְמָחִין שֶׁלָּהֶן וְהַבְּצֵקוֹת שֶׁלָּהֶן הַכֹּל מִצְטָרְפִים לִכְזַיִת בֵּין לְאִסּוּר חָמֵץ בְּפֶסַח. בֵּין לְאִסּוּר חָדָשׁ מִלִּפְנֵי הָעֹמֶר. בֵּין לְאִסּוּרֵי מַעֲשֵׂר שֵׁנִי וּתְרוּמוֹת:

ו. יֵרָאֶה לִי שֶׁכָּל הַחַיָּב בִּתְרוּמָה וּמַעַשְׂרוֹת מִצְטָרֵף לִכְזַיִת בְּטֶבֶל מִפְּנֵי שֶׁהוּא שֵׁם אֶחָד. הָא לְמַה זֶּה דּוֹמֶה לְנִבְלַת הַשּׁוֹר וְנִבְלַת הַשֶּׂה וְנִבְלַת הַצְּבִי שֶׁהֵן מִצְטָרְפִין לִכְזַיִת כְּמוֹ שֶׁבֵּאַרְנוּ:

ז. הָאוֹכֵל אֲכִילָה גְּדוֹלָה מִדָּבָר אָסוּר אֵין מְחַיְּבִין אוֹתוֹ מַלְקוֹת אוֹ כָּרֵת עַל כָּל כְּזַיִת וּכְזַיִת אֶלָּא חִיּוּב אֶחָד לְכָל הָאֲכִילָה. וְאִם הָיוּ הָעֵדִים מַתְרִים בּוֹ בִּשְׁעַת אֲכִילָה עַל כָּל כְּזַיִת וּכְזַיִת חַיָּב עַל כָּל הַתְרָאָה וְהַתְרָאָה וְאַף עַל פִּי שֶׁהִיא אֲכִילָה אַחַת וְלֹא הִפְסִיק:

ח. הָאוֹכֵל כִּשְׂעוֹרָה אוֹ כְּחַרְדָּל מֵאֶחָד מִכָּל מַאֲכָלוֹת

הָאֲסוּרִים וְשָׁהָה מְעַט וְחָזַר וְאָכַל כְּחַרְדָּל. וְכֵן עַד שֶׁהִשְׁלִים כְּזַיִת. בֵּין בְּשׁוֹגֵג בֵּין בְּמֵזִיד. אִם שָׁהָה מִתְּחִלָּה וְעַד סוֹף כְּדֵי אֲכִילַת שָׁלֹשׁ בֵּיצִים יִצְטָרֵף הַכֹּל וַהֲרֵי הוּא חַיָּב כָּרֵת אוֹ מַלְקוֹת אוֹ קָרְבָּן כְּמוֹ שֶׁאָכַל כְּזַיִת בְּבַת אַחַת. וְאִם שָׁהָה יֶתֶר מִזֶּה מִתְּחִלָּה וְעַד סוֹף אַף עַל פִּי שֶׁלֹּא שָׁהָה בֵּינֵיהֶן אֶלָּא אָכַל כְּחַרְדָּל אַחַר כְּחַרְדָּל הוֹאִיל וְלֹא הִשְׁלִים כְּזַיִת אֶלָּא בְּיֶתֶר מִכְּדֵי אֲכִילַת פְּרָס אֵינָן מִצְטָרְפִין וּפָטוּר:

ט. וְכֵן הַשּׁוֹתֶה רְבִיעִית שֶׁל סְתָם יֵינָם מְעַט מְעַט. אוֹ שֶׁהִמְחָה אֶת הֶחָמֵץ בְּפֶסַח אוֹ אֶת הַחֵלֶב וּגְמָעוֹ מְעַט מְעַט. אוֹ שֶׁשָּׁתָה מִן הַדָּם מְעַט מְעַט. אִם שָׁהָה מִתְּחִלָּה וְעַד סוֹף כְּדֵי שְׁתִיַּת רְבִיעִית מִצְטָרְפִין. וְאִם לָאו אֵין מִצְטָרְפִין:

י. כָּל הָאֳכָלִין הָאֲסוּרִין אֵינוֹ חַיָּב עֲלֵיהֶם עַד שֶׁיֹּאכַל אוֹתָן דֶּרֶךְ הֲנָאָה חוּץ מִבָּשָׂר בְּחָלָב וְכִלְאֵי הַכֶּרֶם לְפִי שֶׁלֹּא נֶאֱמַר בָּהֶן אֲכִילָה אֶלָּא הוֹצִיא אִסּוּר אֲכִילָתָן בְּלָשׁוֹן אַחֶרֶת בִּלְשׁוֹן בִּשּׁוּל וּבִלְשׁוֹן הַקֹּדֶשׁ לֶאֱסוֹר אוֹתָן וַאֲפִלּוּ שֶׁלֹּא כְּדֶרֶךְ הֲנָיָה:

יא. כֵּיצַד. הֲרֵי שֶׁהִמְחָה אֶת הַחֵלֶב וּגְמָעוֹ כְּשֶׁהוּא חַם עַד שֶׁנִּכְוָה גְּרוֹנוֹ מִמֶּנּוּ אוֹ שֶׁאָכַל חֵלֶב חַי. אוֹ שֶׁעֵרֵב דְּבָרִים מָרִים כְּגוֹן רֹאשׁ וְלַעֲנָה לְתוֹךְ יֵין נֶסֶךְ אוֹ לְתוֹךְ קְדֵרָה שֶׁל נְבֵלָה וַאֲכָלָן כְּשֶׁהֵן מָרִין. אוֹ שֶׁאָכַל אֹכֶל הָאָסוּר אַחַר שֶׁהִסְרִיחַ וְהִבְאִישׁ וּבָטַל מֵאֹכֶל אָדָם הֲרֵי זֶה פָּטוּר. וְאִם עֵרֵב דָּבָר מַר בְּתוֹךְ קְדֵרָה שֶׁל בָּשָׂר בְּחָלָב אוֹ בְּיֵין כִּלְאֵי הַכֶּרֶם וַאֲכָלוֹ חַיָּב:

יב. הָאוֹכֵל מַאֲכָל מִמַּאֲכָלוֹת הָאֲסוּרוֹת דֶּרֶךְ שְׂחוֹק אוֹ כְּמִתְעַסֵּק. אַף עַל פִּי שֶׁלֹּא נִתְכַּוֵּן לְגוּף הָאֲכִילָה. הוֹאִיל וְנֶהֱנָה חַיָּב כְּמִי שֶׁמִּתְכַּוֵּן לְעַצְמָהּ שֶׁל אֲכִילָה. וַהֲנָיָה הַבָּאָה לוֹ לְאָדָם בְּעַל כָּרְחוֹ בְּאִסּוּר מִכָּל הָאִסּוּרִין אִם נִתְכַּוֵּן אָסוּר וְאִם לֹא נִתְכַּוֵּן מֻתָּר:

יג. הָאוֹכֵל מַאֲכָל אָסוּר לְתֵאָבוֹן אוֹ מִפְּנֵי הָרָעָב חַיָּב. וְאִם הָיָה תּוֹעֶה בַּמִּדְבָּר וְאֵין לוֹ מַה יֹּאכַל אֶלָּא דְּבַר אִסּוּר הֲרֵי זֶה מֻתָּר מִפְּנֵי סַכָּנַת נְפָשׁוֹת:

יד. עֻבָּרָה שֶׁהֵרִיחָה מַאֲכָל אָסוּר כְּגוֹן בְּשַׂר קֹדֶשׁ אוֹ בְּשַׂר חֲזִיר. מַאֲכִילִין אוֹתָהּ מִן הַמָּרָק. אִם נִתְיַשְּׁבָה דַּעְתָּהּ מוּטָב. וְאִם לָאו מַאֲכִילִין אוֹתָהּ פָּחוֹת מִכַּשִּׁעוּר. וְאִם לֹא נִתְיַשְּׁבָה דַּעְתָּהּ מַאֲכִילִין אוֹתָהּ עַד שֶׁתִּתְיַשֵּׁב דַּעְתָּהּ:

טו. וְכֵן הַחוֹלֶה שֶׁהֵרִיחַ דָּבָר שֶׁיֵּשׁ בּוֹ חָמֵץ וְכַיּוֹצֵא בּוֹ מִדְּבָרִים שֶׁמְּעַרְעֲרִין אֶת הַנֶּפֶשׁ דִּינוֹ כְּעֻבָּרָה:

טז. מִי שֶׁאֲחָזוֹ בֻּלְמוּס מַאֲכִילִין אוֹתוֹ דְּבָרִים הָאֲסוּרִים מִיָּד עַד שֶׁיֵּאוֹרוּ עֵינָיו. וְאֵין מְחַזְּרִין עַל דָּבָר הַמֻּתָּר אֶלָּא מְמַהֲרִין בַּנִּמְצָא. וּמַאֲכִילִין אוֹתוֹ הַקַּל הַקַּל תְּחִלָּה. אִם הֵאִירוּ עֵינָיו דַּיּוֹ. וְאִם לָאו מַאֲכִילִין אוֹתוֹ הֶחָמוּר:

יז. כֵּיצַד. הָיוּ לְפָנֵינוּ טֶבֶל וּנְבֵלָה מַאֲכִילִין אוֹתוֹ נְבֵלָה תְּחִלָּה שֶׁהַטֶּבֶל בְּמִיתָה. נְבֵלָה וּסְפִיחֵי שְׁבִיעִית מַאֲכִילִין אוֹתוֹ סְפִיחֵי שְׁבִיעִית שֶׁאֲסוּרִין מִדִּבְרֵי סוֹפְרִים כְּמוֹ שֶׁיִּתְבָּאֵר בְּהִלְכוֹת שְׁמִטָּה. טֶבֶל וּשְׁבִיעִית מַאֲכִילִין אוֹתוֹ שְׁבִיעִית. טֶבֶל וּתְרוּמָה אִם אִי אֶפְשָׁר לְתַקֵּן הַטֶּבֶל מַאֲכִילִין אוֹתוֹ טֶבֶל שֶׁאֵינוֹ קָדוֹשׁ כִּתְרוּמָה. וְכֵן כָּל כַּיּוֹצֵא בָּזֶה:

יח. כְּבָר בֵּאַרְנוּ שֶׁאֵין אִסּוּר חָל עַל אִסּוּר אֶלָּא אִם הָיוּ שְׁנֵי הָאִסּוּרִין בָּאִין כְּאַחַת אוֹ שֶׁהָיָה אִסּוּר מוֹסִיף אוֹ אִסּוּר כּוֹלֵל. לְפִיכָךְ יֵשׁ אוֹכֵל כְּזַיִת אֶחָד וְלוֹקֶה עָלָיו חָמֵשׁ מַלְקִיּוֹת. וְהוּא שֶׁהִתְרוּ בּוֹ בַּחֲמִשָּׁה אִסּוּרִין שֶׁנִּתְקַבְּצוּ בּוֹ. כֵּיצַד. כְּגוֹן טָמֵא שֶׁאָכַל כְּזַיִת חֵלֶב שֶׁנּוֹתַר מִן הַמֻּקְדָּשִׁים בְּיוֹם הַכִּפּוּרִים לוֹקֶה מִשּׁוּם אוֹכֵל חֵלֶב. וּמִשּׁוּם אוֹכֵל נוֹתָר. וּמִשּׁוּם אוֹכֵל בְּיוֹם הַכִּפּוּרִים. וּמִשּׁוּם טָמֵא שֶׁאָכַל קֹדֶשׁ. וּמִשּׁוּם שֶׁנֶּהֱנָה מִן הַקֹּדֶשׁ וּמָעַל:

יט. וְלָמָּה חָל כָּאן אִסּוּר עַל אִסּוּר. שֶׁבְּהֵמָה זוֹ הָיָה חֶלְבָּהּ אָסוּר בַּאֲכִילָה וּמֻתָּר בַּהֲנָיָה. הִקְדִּישָׁהּ נֶאֱסַר חֶלְבָּהּ בַּהֲנָיָה וּמִתּוֹךְ שֶׁנּוֹסַף בּוֹ אִסּוּר הֲנָיָה נוֹסַף עָלָיו אִסּוּר קָדָשִׁים. וַעֲדַיִן הָיָה חֵלֶב זֶה מֻתָּר לְגָבוֹהַּ וְאָסוּר לְהֶדְיוֹט. נַעֲשָׂה נוֹתָר מִתּוֹךְ שֶׁנּוֹסַף בּוֹ אִסּוּר לְגָבוֹהַּ נֶאֱסַר לְהֶדְיוֹט. וְהָאוֹכֵל הַזֶּה הָיָה מֻתָּר בִּבְשַׂר הַבְּהֵמָה וְאָסוּר בְּחֶלְבָּהּ. נִטְמָא נֶאֱסַר אַף בִּבְשָׂרָהּ נוֹסַף לוֹ אִסּוּר עַל הַחֵלֶב. בָּא יוֹם הַכִּפּוּרִים כָּלַל כָּל הָאֳכָלִין. וּמִתּוֹךְ שֶׁנֶּאֱסַר אַף בְּחֻלִּין נוֹסַף אִסּוּרוֹ בְּחֵלֶב זֶה. וְכֵן כָּל כַּיּוֹצֵא בָּזֶה:

Perek 15

Measures continued.

Mixtures of forbidden plus permitted foods.

Factors to consider.

- Can forbidden flavour be tasted – This only applies when the mixture is of different types.
- Does forbidden flavour improve or detract from taste of mixture.
- Who must do the tasting.
- Measure of forbidden substance – This applies when forbidden and permitted substances are of the same type.

I.e. FLAVOUR: When a forbidden substance of 1 type becomes mixed with a permitted substance of another type, if it gives its taste to the mixture, the mixture becomes forbidden. However, its prohibition is Biblical only if its concentration is at least **1 kezayit** of forbidden substance **per 3 betzah** of permitted substance.

If it does not give its taste to the mixture, the mixture remains permitted.

NUMERICAL MAJORITY

If the forbidden substance is of the same type as the permitted, and therefore flavours will be the same, then the forbidden substance would have to be nullified by majority of the permitted substance. I.e. if there is **2x** permitted substance according to Scripture this would be permitted.

 However, *Derabanan* the mixture is forbidden until the forbidden substance becomes nullified to a tiny proportion.

Depending on substance nullification takes place at   **1 in 60** i.e. mixture = **61**
  1 in 100 i.e. mixture = **101**
  1 in 200 i.e. mixture = **201**

Rabanan sometimes went more lenient i.e.

  1 in 60 (here mixture = **60**)

Some substances do not get nullified at all i.e.

- *Yayin nesech* (because of the severity of idol worship)
- *Tevel* – untithed produce (because it can still be corrected)

Chametz also prohibits a mixture with the tiniest amount, because it will be allowed after Pesach.

Similarly *chadash* (New grain in relation to *Omer*).

The measure of **60** was derived from the ram brought as Offering by the *Nazir*. The foreleg given to the Priest was ¹⁄₆₀ of the ram and it was cooked together with the rest of ram and the rest of the ram does not become prohibited.

The measure of **100** is related to *trumah* where ¹⁄₁₀₀ caused sanctification.

For *orlah* and mixed species, the measure was doubled to **200** because here it is not only forbidden to eat, but also benefit is forbidden.

פרק ט״ו

א. דָּבָר אָסוּר שֶׁנִּתְעָרֵב בְּדָבָר מֻתָּר מִין בְּשֶׁאֵינוֹ מִינוֹ בְּנוֹתֵן טַעַם. וּמִין בְּמִינוֹ שֶׁאִי אֶפְשָׁר לַעֲמֹד עַל טַעֲמוֹ יִבָּטֵל בְּרֹב:

ב. כֵּיצַד. חֵלֶב הַכְּלָיוֹת שֶׁנָּפַל לְתוֹךְ הַגְּרִיסִין וְנִמּוֹחַ הַכֹּל. טוֹעֲמִין אֶת הַגְּרִיסִין. אִם לֹא נִמְצָא בָּהֶן טַעַם חֵלֶב הֲרֵי אֵלּוּ מֻתָּרִין. וְאִם נִמְצָא בָּהֶם טַעַם חֵלֶב וְהָיָה בָּהֶן מַמָּשׁוֹ הֲרֵי אֵלּוּ אֲסוּרִין מִן הַתּוֹרָה. נִמְצָא בָּהֶן טַעֲמוֹ וְלֹא הָיָה בָּהֶן מַמָּשׁוֹ הֲרֵי אֵלּוּ אֲסוּרִין מִדִּבְרֵי סוֹפְרִים:

ג. כֵּיצַד הוּא מַמָּשׁוֹ. כְּגוֹן שֶׁהָיָה מִן הַחֵלֶב כְּזַיִת בְּכָל שָׁלֹשׁ בֵּיצִים מִן הַתַּעֲרֹבֶת. אִם אָכַל מִן הַגְּרִיסִין הָאֵלּוּ כְּשָׁלֹשׁ בֵּיצִים הוֹאִיל וְיֵשׁ בָּהֶן כְּזַיִת מִן הַחֵלֶב לוֹקֶה שֶׁהֲרֵי טַעַם הָאִסּוּר וּמַמָּשׁוֹ קַיָּם. אֲבָל פָּחוֹת מִשָּׁלֹשׁ בֵּיצִים מַכִּין אוֹתוֹ מַכַּת מַרְדּוּת מִדִּבְרֵיהֶם. וְכֵן אִם לֹא הָיָה בַּתַּעֲרֹבֶת כְּזַיִת בְּכָל שָׁלֹשׁ בֵּיצִים אַף עַל פִּי שֶׁיֵּשׁ בָּהֶן טַעַם חֵלֶב וְאָכַל כָּל הַקְּדֵרָה אֵינוֹ לוֹקֶה אֶלָּא מַכַּת מַרְדּוּת:

ד. נָפַל חֵלֶב כְּלָיוֹת לְחֵלֶב הָאַלְיָה וְנִמּוֹחַ הַכֹּל. אִם הָיָה חֵלֶב הָאַלְיָה כִּשְׁנַיִם בְּחֵלֶב הַכְּלָיוֹת הֲרֵי הַכֹּל מֻתָּר מִן הַתּוֹרָה. אֲפִלּוּ חֲתִיכַת נְבֵלָה שֶׁנִּתְעָרְבָה בִּשְׁתֵּי חֲתִיכוֹת שֶׁל שְׁחוּטָה הַכֹּל מֻתָּר מִן הַתּוֹרָה. אֲבָל מִדִּבְרֵי סוֹפְרִים הַכֹּל אָסוּר עַד שֶׁיְּאַבֵּד דָּבָר הָאָסוּר מֵעֹצֶם מִעוּטוֹ וְלֹא יִהְיֶה דָּבָר חָשׁוּב שֶׁעֵינוֹ עוֹמֶדֶת כְּמוֹ שֶׁיִּתְבָּאֵר:

ה. וּבְכַמָּה יִתְעָרֵב דָּבָר הָאָסוּר וְיֵאָבֵד בְּעֹצֶם מִעוּטוֹ. כַּשִּׁעוּר שֶׁנָּתְנוּ בּוֹ חֲכָמִים. יֵשׁ דָּבָר שֶׁשִּׁעוּרוֹ בְּשִׁשִּׁים. וְיֵשׁ שֶׁשִּׁעוּרוֹ בְּמֵאָה. וְיֵשׁ שֶׁשִּׁעוּרוֹ בְּמָאתַיִם:

ו. נִמְצֵאתָ לָמֵד שֶׁכָּל אִסּוּרִין שֶׁבַּתּוֹרָה. בֵּין אִסּוּרֵי מַלְקוֹת. בֵּין אִסּוּרֵי כָּרֵת. בֵּין אִסּוּרֵי הֲנָיָה. שֶׁנִּתְעָרְבוּ בְּמַאֲכָל הַמֻּתָּר מִין בְּשֶׁאֵינוֹ מִינוֹ בְּנוֹתֵן טַעַם. מִין בְּמִינוֹ שֶׁאִי אֶפְשָׁר לַעֲמֹד עַל הַטַּעַם שִׁעוּרוֹ בְּשִׁשִּׁים אוֹ בְּמֵאָה אוֹ בְּמָאתַיִם. חוּץ מִיֵּין נֶסֶךְ מִפְּנֵי חֻמְרַת עֲבוֹדָה זָרָה. וְחוּץ מִטֶּבֶל שֶׁהֲרֵי אֶפְשָׁר לְתַקְּנוֹ. וּמִפְּנֵי זֶה אוֹסְרִין בְּמִינָן בְּכָל שֶׁהֵן. וְשֶׁלֹּא בְּמִינָן בְּנוֹתֵן טַעַם כִּשְׁאָר כָּל הָאִסּוּרִין:

ז. כֵּיצַד. טִפַּת יֵין נֶסֶךְ שֶׁנָּפְלוּ עָלֶיהָ כַּמָּה חָבִיּוֹת שֶׁל יַיִן הַכֹּל אָסוּר כְּמוֹ שֶׁיִּתְבָּאֵר. וְכֵן כּוֹס שֶׁל יֵין טֶבֶל שֶׁנִּתְעָרֵב בְּחָבִית הַכֹּל טֶבֶל עַד שֶׁיַּפְרִישׁ תְּרוּמוֹת וּמַעַשְׂרוֹת הָרְאוּיִין לְתַעֲרֹבֶת כְּמוֹ שֶׁיִּתְבָּאֵר בִּמְקוֹמוֹ:

ח. פֵּרוֹת שְׁבִיעִית אַף עַל פִּי שֶׁאִם נִתְעָרְבוּ בְּמִינָן בְּכָל שֶׁהוּא וְשֶׁלֹּא בְּמִינָן בְּנוֹתֵן טַעַם אֵינָן בִּכְלָל אִסּוּרֵי תּוֹרָה שֶׁאֵין אוֹתָהּ הַתַּעֲרֹבֶת אֲסוּרָה. אֶלָּא חַיָּב לֶאֱכֹל כָּל הַתַּעֲרֹבֶת בִּקְדֻשַּׁת שְׁבִיעִית כְּמוֹ שֶׁיִּתְבָּאֵר בִּמְקוֹמוֹ:

ט. חָמֵץ בְּפֶסַח אַף עַל פִּי שֶׁהוּא מֵאִסּוּרֵי תּוֹרָה אֵינוֹ בִּכְלָלוֹת אֵלּוּ. לְפִי שֶׁאֵין הַתַּעֲרֹבֶת אֲסוּרָה לְעוֹלָם שֶׁהֲרֵי לְאַחַר הַפֶּסַח תִּהְיֶה כָּל הַתַּעֲרֹבֶת מֻתֶּרֶת כְּמוֹ שֶׁבֵּאַרְנוּ. לְפִיכָךְ אוֹסֵר בְּכָל שֶׁהוּא בֵּין בְּמִינוֹ בֵּין שֶׁלֹּא בְּמִינוֹ:

י. וְהוּא הַדִּין לִתְבוּאָה חֲדָשָׁה שֶׁנִּתְעָרְבָה בִּישָׁנָה מִלִּפְנֵי הָעֹמֶר אוֹסֶרֶת בְּכָל שֶׁהוּא. שֶׁהֲרֵי יֵשׁ לָהּ מַתִּירִין שֶׁלְּאַחַר הָעֹמֶר יֻתַּר הַכֹּל. וְכֵן כָּל דָּבָר שֶׁיֵּשׁ לוֹ מַתִּירִין וַאֲפִלּוּ הָיָה אִסּוּרוֹ מִדִּבְרֵיהֶם כְּגוֹן אִסּוּר מֻקְצֶה וְנוֹלָד בְּיוֹם טוֹב לֹא נָתְנוּ בּוֹ חֲכָמִים שִׁעוּר אֶלָּא אֲפִלּוּ אֶחָד בְּכַמָּה אֲלָפִים אֵינוֹ בָּטֵל. שֶׁהֲרֵי יֵשׁ דֶּרֶךְ שֶׁיֻּתַּר בָּהּ כְּגוֹן הֶקְדֵּשׁ וּמַעֲשֵׂר שֵׁנִי וְכַיּוֹצֵא בָּהֶן:

יא. אֲבָל הָעָרְלָה וְכִלְאֵי הַכֶּרֶם וְחֵלֶב וְדָם וְכַיּוֹצֵא בָּהֶן וְכֵן תְּרוּמוֹת נָתְנוּ חֲכָמִים בָּהֶן שִׁעוּר שֶׁאֵין בָּהֶן דֶּרֶךְ הֶתֵּר לְכָל אָדָם:

יב. יֵרָאֶה לִי שֶׁאֲפִלּוּ דָּבָר שֶׁיֵּשׁ לוֹ מַתִּירִין אִם נִתְעָרֵב בְּשֶׁאֵינוֹ מִינוֹ וְלֹא נָתַן טַעַם מֻתָּר. לֹא יִהְיֶה זֶה שֶׁיֵּשׁ לוֹ מַתִּירִין חָמוּר מִטֶּבֶל שֶׁהֲרֵי אֶפְשָׁר לְתַקְּנוֹ וְאַף עַל פִּי כֵן שֶׁלֹּא בְּמִינוֹ בְּנוֹתֵן טַעַם כְּמוֹ שֶׁבֵּאַרְנוּ. וְאַל תִּתְמַהּ עַל חָמֵץ בְּפֶסַח שֶׁהַתּוֹרָה אָמְרָה (שמות יב כ) ״כָּל מַחְמֶצֶת לֹא תֹאכֵלוּ״ לְפִיכָךְ הֶחְמִירוּ בּוֹ כְּמוֹ שֶׁבֵּאַרְנוּ:

יג. וְאֵלּוּ הֵן הַשִּׁעוּרִין שֶׁנָּתְנוּ חֲכָמִים. הַתְּרוּמָה וּתְרוּמַת מַעֲשֵׂר וְהַחַלָּה וְהַבִּכּוּרִים עוֹלִין בְּאֶחָד וּמֵאָה וְצָרִיךְ לְהָרִים וּמִצְטָרְפִין זֶה עִם זֶה. וְכֵן פְּרוּסָה שֶׁל לֶחֶם הַפָּנִים לְתוֹךְ פְּרוּסוֹת שֶׁל חֻלִּין עוֹלִין בְּאֶחָד וּמֵאָה. כֵּיצַד. סְאָה קֶמַח מֵאֶחָד מֵאֵלּוּ. אוֹ סְאָה מִכֻּלָּם שֶׁנָּפְלָה לְמֵאָה סְאָה קֶמַח שֶׁל חֻלִּין וְנִתְעָרֵב הַכֹּל. מֵרִים מִן הַכֹּל סְאָה אַחַת כְּנֶגֶד סְאָה שֶׁנָּפְלָה וְהַשְּׁאָר מֻתָּר לְכָל אָדָם. נָפְלָה לְפָחוֹת מִמֵּאָה נַעֲשָׂה הַכֹּל מְדֻמָּע:

יד. הָעָרְלָה וְכִלְאֵי הַכֶּרֶם עוֹלִין בְּאֶחָד וּמָאתַיִם וּמִצְטָרְפִין זֶה עִם זֶה וְאֵינוֹ צָרִיךְ לְהָרִים. כֵּיצַד. רְבִיעִית שֶׁל יֵין עָרְלָה אוֹ כִלְאֵי הַכֶּרֶם אוֹ שֶׁהָיְתָה הָרְבִיעִית מִצְטָרֶפֶת מִשְּׁנֵיהֶם שֶׁנָּפְלָה לְתוֹךְ מָאתַיִם רְבִיעִיּוֹת שֶׁל יַיִן הַכֹּל מֻתָּר וְאֵינוֹ צָרִיךְ לְהָרִים כְּלוּם. נָפְלָה לְפָחוֹת מִמָּאתַיִם הַכֹּל אָסוּר בַּהֲנָיָה:

טו. וְלָמָּה צָרִיךְ לְהָרִים הַתְּרוּמָה וְלֹא יָרִים עָרְלָה וְכִלְאֵי הַכֶּרֶם. שֶׁהַתְּרוּמָה מָמוֹן כֹּהֲנִים. לְפִיכָךְ כָּל תְּרוּמָה שֶׁאֵין הַכֹּהֲנִים מַקְפִּידִין עָלֶיהָ כְּגוֹן תְּרוּמַת הַכְּלִיסִין וְהַחֲרוּבִין וּשְׂעוֹרִין שֶׁבֶּאֱדוֹם אֵינוֹ צָרִיךְ לְהָרִים:

טז. וְלָמָּה כָּפְלוּ שִׁעוּר עָרְלָה וְכִלְאֵי הַכֶּרֶם מִפְּנֵי שֶׁהֵן אֲסוּרִין

בַּהֲנָיָה. וְלָמָּה סָמְכוּ עַל שִׁעוּר מֵאָה בִּתְרוּמוֹת שֶׁהֲרֵי תְּרוּמַת מַעֲשֵׂר אֶחָד מִמֵּאָה וּמְקַדֵּשׁ הַכֹּל שֶׁנֶּאֱמַר (במדבר יח כט) "אֶת מִקְדְּשׁוֹ מִמֶּנּוּ" אָמְרוּ חֲכָמִים דָּבָר שֶׁאַתָּה מֵרִים מִמֶּנּוּ אִם חָזַר לְתוֹכוֹ מְקַדְּשׁוֹ:

יז. שְׁאָר אִסּוּרִין שֶׁבַּתּוֹרָה כֻּלָּן כְּגוֹן בְּשַׂר שְׁקָצִים וּרְמָשִׂים וְחֵלֶב וְדָם וְכַיּוֹצֵא בָּהֶן שִׁעוּרָן בְּשִׁשִּׁים. כֵּיצַד. כְּזַיִת חֵלֶב כְּלָיוֹת שֶׁנָּפַל לְתוֹךְ שִׁשִּׁים כְּזַיִת מֵחֵלֶב הָאַלְיָה הַכֹּל מֻתָּר. נָפַל לְפָחוֹת מִשִּׁשִּׁים הַכֹּל אָסוּר. וְכֵן אִם נָפַל כִּשְׂעוֹרָה חֵלֶב צָרִיךְ שֶׁיִּהְיֶה שָׁם כְּמוֹ שִׁשִּׁים שְׂעוֹרָה. וְכֵן בִּשְׁאָר אִסּוּרִין. וְכֵן שֻׁמָּן שֶׁל גִּיד הַנָּשֶׁה שֶׁנָּפַל לִקְדֵרָה שֶׁל בָּשָׂר מְשַׁעֲרִין אוֹתוֹ בְּשִׁשִּׁים. וְאֵין שֻׁמַּן הַגִּיד מִן הַמִּנְיָן. וְאַף עַל פִּי שֶׁשֻּׁמַּן גִּיד הַנָּשֶׁה מִדִּבְרֵיהֶם כְּמוֹ שֶׁבֵּאַרְנוּ. הוֹאִיל וְגִיד הַנָּשֶׁה בְּרִיָּה בִּפְנֵי עַצְמָהּ הֶחְמִירוּ בּוֹ בְּאִסּוּרֵי תּוֹרָה. וְהַגִּיד עַצְמוֹ אֵין מְשַׁעֲרִין בּוֹ וְאֵינוֹ אוֹסֵר שֶׁאֵין בַּגִּידִים בְּנוֹתֵן טַעַם:

יח. אֲבָל כְּחָל שֶׁנִּתְבַּשֵּׁל עִם הַבָּשָׂר בְּשִׁשִּׁים וּכְחָל מִן הַמִּנְיָן. הוֹאִיל וְהַכְּחָל מִדִּבְרֵיהֶם כְּמוֹ שֶׁבֵּאַרְנוּ הֵקֵלּוּ בְּשִׁעוּרוֹ:

יט. בֵּיצָה שֶׁנִּמְצָא בָּהּ אֶפְרוֹחַ שֶׁנִּשְׁלְקָה עִם בֵּיצִים הַמֻּתָּרוֹת אִם הָיְתָה עִם שִׁשִּׁים וְאַחַת וְהִיא הֲרֵי הֵן מֻתָּרוֹת. הָיְתָה עִם שִׁשִּׁים בִּלְבַד נֶאֶסְרוּ הַכֹּל מִפְּנֵי שֶׁהִיא בְּרִיָּה בִּפְנֵי עַצְמָהּ עָשׂוּ הֶכֵּר בָּהּ וְהוֹסִיפוּ בְּשִׁעוּרָהּ:

כ. אֲבָל בֵּיצַת עוֹף טָמֵא שֶׁנִּשְׁלְקָה עִם בֵּיצֵי עוֹף טָהוֹר לֹא אָסְרָה אוֹתָם. וְאִם טָרַף אֵלּוּ עִם אֵלּוּ. אוֹ שֶׁנִּתְעָרְבָה בֵּיצַת עוֹף טָמֵא אוֹ בֵּיצַת טְרֵפָה עִם בֵּיצִים אֲחֵרוֹת שִׁעוּרָן בְּשִׁשִּׁים:

כא. וּמִנַּיִן סָמְכוּ חֲכָמִים עַל שִׁעוּר שִׁשִּׁים. שֶׁהֲרֵי הַמּוּרָם מֵאֵיל נָזִיר וְהִיא הַזְּרוֹעַ אֶחָד מִשִּׁשִּׁים מִשְּׁאָר הָאַיִל וְהִיא מִתְבַּשֶּׁלֶת עִמּוֹ וְאֵינָהּ אוֹסֶרֶת אוֹתוֹ שֶׁנֶּאֱמַר (במדבר ו יט) "וְלָקַח הַכֹּהֵן אֶת הַזְּרֹעַ בְּשֵׁלָה מִן הָאַיִל":

כב. מִין בְּמִינוֹ וְדָבָר אַחֵר שֶׁנִּתְעָרְבוּ כְּגוֹן קְדֵרָה שֶׁהָיָה בָּהּ חֵלֶב אַלְיָה וּגְרִיסִין וְנָפַל לְתוֹכָהּ חֵלֶב הַכְּלָיוֹת וְנִמְחָה הַכֹּל וְנַעֲשָׂה גּוּף אֶחָד. רוֹאִין אֶת חֵלֶב הָאַלְיָה וְאֶת הַגְּרִיסִין כְּאִלּוּ הֵן גּוּף אֶחָד וּמְשַׁעֲרִין חֵלֶב הַכְּלָיוֹת כִּגְרִיסִין וּכְאַלְיָה. אִם הָיָה אֶחָד מִשִּׁשִּׁים מֻתָּר. שֶׁהֲרֵי אִי אֶפְשָׁר כָּאן לַעֲמֹד עַל הַטַּעַם:

כג. וְהוּא הַדִּין לִתְרוּמוֹת שֶׁנִּתְעָרְבוּ לְשַׁעֲרָן בְּמֵאָה. וְכִלְאֵי הַכֶּרֶם אוֹ עָרְלָה לְשַׁעֵר אוֹתָן בְּמָאתַיִם:

כד. כְּשֶׁמְּשַׁעֲרִין בְּכָל הָאִסּוּרִין בֵּין בְּשִׁשִּׁים בֵּין בְּמֵאָה בֵּין בְּמָאתַיִם. מְשַׁעֲרִין בַּמָּרָק וּבַתַּבְלִין וּבְכָל שֶׁיֵּשׁ בַּקְּדֵרָה וּבְמַה שֶּׁבָּלְעָה קְדֵרָה מֵאַחַר שֶׁנָּפַל הָאִסּוּר לְפִי אֹמֶד הַדַּעַת. שֶׁהֲרֵי אִי אֶפְשָׁר לַעֲמֹד עַל מַה שֶּׁבָּלְעָה בְּצִמְצוּם:

כה. אָסוּר לְבַטֵּל אִסּוּרִין שֶׁל תּוֹרָה לְכַתְּחִלָּה. וְאִם בִּטֵּל הֲרֵי זֶה מֻתָּר. וְאַף עַל פִּי כֵן קָנְסוּ אוֹתוֹ חֲכָמִים וְאָסְרוּ הַכֹּל. וְיֵרָאֶה לִי שֶׁכֵּיוָן שֶׁהוּא קְנָס אֵין אוֹסְרִין תַּעֲרֹבֶת זוֹ אֶלָּא עַל זֶה הָעוֹבֵר שֶׁבִּטֵּל הָאִסּוּר. אֲבָל לַאֲחֵרִים הַכֹּל מֻתָּר:

כו. כֵּיצַד. הֲרֵי שֶׁנָּפְלָה סְאָה שֶׁל עָרְלָה לְתוֹךְ מֵאָה סְאָה שֶׁהֲרֵי נֶאֱסַר הַכֹּל. לֹא יָבִיא מֵאָה סְאָה אֲחֵרוֹת וִיצָרֵף כְּדֵי שֶׁתַּעֲלֶה בְּאֶחָד וּמָאתַיִם. וְאִם עָבַר וְעָשָׂה כֵּן הַכֹּל מֻתָּר. אֲבָל בְּאִסּוּר שֶׁל דִּבְרֵיהֶם מְבַטְּלִין הָאִסּוּר לְכַתְּחִלָּה:

כז. כֵּיצַד. חָלָב שֶׁנָּפַל לִקְדֵרָה שֶׁיֵּשׁ בָּהּ בְּשַׂר עוֹף וְנָתַן טַעַם בַּקְּדֵרָה מַרְבֶּה עָלָיו בְּשַׂר עוֹף אַחֵר עַד שֶׁיִּבָּטֵל הַטַּעַם. וְכֵן כָּל כַּיּוֹצֵא בָּזֶה:

כח. כְּבָר בֵּאַרְנוּ שֶׁאִם נָתַן דָּבָר הָאָסוּר טַעְמוֹ בְּדָבָר הַמֻּתָּר נֶאֱסַר הַכֹּל. בַּמֶּה דְּבָרִים אֲמוּרִים בְּשֶׁהִשְׁבִּיחוֹ. אֲבָל אִם פָּגַם זֶה הָאָסוּר לַמֻּתָּר וְהִפְסִיד טַעֲמוֹ הֲרֵי זֶה מֻתָּר. וְהוּא שֶׁיִּהְיֶה פּוֹגֵם מִתְּחִלָּה וְעַד סוֹף. אֲבָל אִם פָּגַם בַּתְּחִלָּה וְסוֹפוֹ לְהַשְׁבִּיחַ. אוֹ הִשְׁבִּיחַ בַּתְּחִלָּה אַף עַל פִּי שֶׁסּוֹפוֹ לִפְגֹּם הֲרֵי זֶה אָסוּר:

כט. וּמִי יִטְעֹם אֶת הַתַּעֲרֹבֶת. אִם הָיָה הַמְעֹרָב תְּרוּמוֹת עִם הַחֻלִּין טוֹעֵם אוֹתָן הַכֹּהֵן. אִם הָיָה טַעַם הַתְּרוּמָה נִכָּר הַכֹּל מְדֻמָּע. וּבְהִלְכוֹת תְּרוּמוֹת יִתְבָּאֵר דִּין הַמְדֻמָּע:

ל. וְאִם הָיָה בָּשָׂר בְּחָלָב אוֹ יֵין נֶסֶךְ וְיֵין עָרְלָה וְכִלְאֵי הַכֶּרֶם שֶׁנָּפְלוּ לִדְבַשׁ. אוֹ בְּשַׂר שְׁקָצִים וּרְמָשִׂים שֶׁנִּתְבַּשֵּׁל עִם הַיָּרָק וְכַיּוֹצֵא בָּהֶן. טוֹעֵם אוֹתָן הָעַכּוּ"ם וְסוֹמְכִין עַל פִּיו. אִם אָמַר אֵין בּוֹ טַעַם אוֹ שֶׁאָמַר יֵשׁ בּוֹ טַעַם וּמְטֻעָם רַע הוּא וַהֲרֵי פְּגָמוֹ הַכֹּל מֻתָּר. וְהוּא שֶׁלֹּא יִהְיֶה סוֹפוֹ לְהַשְׁבִּיחַ כְּמוֹ שֶׁבֵּאַרְנוּ. וְאִם אֵין שָׁם עַכּוּ"ם לִטְעֹם מְשַׁעֲרִין אוֹתוֹ בְּשִׁעוּרוֹ בְּשִׁשִּׁים אוֹ בְּמֵאָה אוֹ בְּמָאתַיִם:

לא. עַכְבָּר שֶׁנָּפַל לְשֵׁכָר אוֹ לְחֹמֶץ מְשַׁעֲרִין אוֹתוֹ בְּשִׁשִּׁים. שֶׁאָנוּ חוֹשְׁשִׁין שֶׁמָּא טַעֲמוֹ בַּשֵּׁכָר וּבַחֹמֶץ מַשְׁבִּיחַ. אֲבָל אִם נָפַל לְיַיִן אוֹ לְשֶׁמֶן אוֹ לִדְבַשׁ מֻתָּר וַאֲפִלּוּ נָתַן טַעַם מִפְּנֵי שֶׁטַּעֲמוֹ פּוֹגֵם. שֶׁכָּל אֵלּוּ צְרִיכִין לִהְיוֹתָן מְבֻשָּׂמִים וְזֶה מַסְרִיחָן וּמַפְסִיד טַעֲמָן:

לב. גְּדִי שֶׁצְּלָאוֹ בְּחֶלְבּוֹ אָסוּר לֶאֱכֹל אֲפִלּוּ מִקְצֵה אָזְנוֹ. שֶׁהַחֵלֶב נִבְלָע בְּאֵיבָרָיו וְהוּא מַשְׁבִּיחוֹ וְנוֹתֵן בּוֹ טַעַם. לְפִיכָךְ אִם הָיָה כָּחוּשׁ וְלֹא הָיָה בּוֹ חֵלֶב כְּלָיוֹת וְלֹא חֵלֶב קֶרֶב אֶלָּא מְעַט כְּאֶחָד מִשִּׁשִּׁים קוֹלֵף וְאוֹכֵל עַד שֶׁמַּגִּיעַ לַחֵלֶב. וְכֵן יָרֵךְ שֶׁצְּלָאָהּ בְּגִיד הַנָּשֶׁה שֶׁבָּהּ קוֹלֵף וְאוֹכֵל עַד

שֶׁהוּא מַגִּיעַ לַגִּיד וּמַשְׁלִיכוֹ. וְכֵן בְּהֵמָה שֶׁצְּלָאָהּ שְׁלֵמָה וְלֹא הֵסִיר לֹא חוּטִין וְלֹא קְרוּמוֹת הָאֲסוּרוֹת קוֹלֵף וְאוֹכֵל. וְכֵיוָן שֶׁיַּגִּיעַ לְדָבָר אָסוּר חוֹתְכוֹ וּמַשְׁלִיכוֹ שֶׁאֵין בַּגִּידִים בְּנוֹתֵן טַעַם כְּדֵי לְשַׁעֵר בָּהֶן:

לג. אֵין צוֹלִין בְּשַׂר שְׁחוּטָה עִם בְּשַׂר נְבֵלָה אוֹ בְּהֵמָה טְמֵאָה בְּתַנּוּר אֶחָד. וְאַף עַל פִּי שֶׁאֵין נוֹגְעִין זֶה בָּזֶה. וְאִם צְלָאָן הֲרֵי זֶה מֻתָּר. וַאֲפִלּוּ הָיְתָה הָאֲסוּרָה שְׁמֵנָה הַרְבֵּה וְהַמֻּתֶּרֶת רָזָה שֶׁהָרֵיחַ אֵינוֹ אוֹסֵר. וְאֵינוֹ אוֹסֵר אֶלָּא טַעֲמוֹ שֶׁל אִסּוּר:

לד. בְּשַׂר נְבֵלָה מָלִיחַ שֶׁנִּבְלַל עִמּוֹ בְּשַׂר שְׁחוּטָה הֲרֵי זֶה נֶאֱסַר. מִפְּנֵי שֶׁתַּמְצִית הַנְּבֵלָה נִבְלַעַת בְּגוּף בְּשַׂר הַשְּׁחוּטָה וְאִי אֶפְשָׁר לַעֲמֹד כָּאן לֹא עַל הַטַּעַם וְלֹא עַל הַשִּׁעוּר. וְכֵן בְּשַׂר דָּג טָמֵא מָלִיחַ שֶׁנִּבְלַל עִמּוֹ דָּג תָּפֵל טָהוֹר נֶאֱסַר מִפְּנֵי צִירוֹ. אֲבָל אִם הָיָה הַמָּלִיחַ טָהוֹר וְהַתָּפֵל דָּג טָמֵא לֹא נֶאֱסַר הַמָּלִיחַ [אַף עַל פִּי] שֶׁהַתָּפֵל בּוֹלֵעַ מִן הַמָּלִיחַ [אֵינוֹ בּוֹלֵעַ כָּל כָּךְ שֶׁיַּחְזֹר וְיִפְלֹט]. דָּג טָמֵא שֶׁכְּבָשׁוֹ עִם דָּג טָהוֹר הַכֹּל אָסוּר אֶלָּא אִם כֵּן הָיָה הַטָּמֵא אֶחָד מִמָּאתַיִם מִן הַטָּהוֹר:

Perek 16

Mixtures continued.

Mixtures of forbidden foods with permitted foods where even a small amount renders the whole prohibited.

These substances are

- Leavening agents e.g. yeast
- Spices
- Important entity which remains discrete 7
  - Nuts from *Perach*
  - Loaves baked by a private person etc.

Similarly, all living animals are significant.

Similarly, even the tiniest amount of *yayin nesech* (wine used for idol worship), will cause permitted wine to become prohibited from drinking and benefit.

Stam yeynam (ordinary gentile wine) in the tiniest amount, will cause Jewish wine to be forbidden to drink, but one could benefit from the wine by selling it.

If *yayin nesech* falls on closed grapes, grapes could be washed and they are then permitted.

פרק ט״ז

א. כָּל הַשִּׁעוּרִים הָאֵלּוּ שֶׁנָּתְנוּ חֲכָמִים לְדָבָר הָאָסוּר שֶׁנִּתְעָרֵב בְּמִינוֹ הַמֻּתָּר בְּשֶׁלֹּא הָיָה הַדָּבָר הָאָסוּר מְחַמֵּץ אוֹ מְתַבֵּל. אוֹ דָּבָר חָשׁוּב שֶׁהוּא עוֹמֵד כְּמוֹת שֶׁהוּא וְלֹא נִתְעָרֵב וְנִדְמָע בְּדָבָר הַמֻּתָּר. אֲבָל אִם הָיָה מְחַמֵּץ אוֹ מְתַבֵּל אוֹ דָּבָר חָשׁוּב אוֹסֵר בְּכָל שֶׁהוּא:

ב. כֵּיצַד. שְׂאוֹר שֶׁל חִטִּין שֶׁל תְּרוּמָה שֶׁנָּפַל לְתוֹךְ עִסַּת חִטִּין שֶׁל חֻלִּין וְיֵשׁ בּוֹ כְּדֵי לְחַמֵּץ הֲרֵי הָעִסָּה כֻּלָּהּ מְדֻמָּע. וְכֵן תַּבְלִין שֶׁל תְּרוּמָה שֶׁנָּפְלוּ לִקְדֵרַת חֻלִּין וְיֵשׁ בָּהֶן כְּדֵי לְתַבֵּל וְהֵן מִמִּין הַחֻלִּין הַכֹּל מְדֻמָּע. וְאַף עַל פִּי שֶׁהַשְּׂאוֹר אוֹ הַתַּבְלִין אֶחָד מֵאֶלֶף. וְכֵן שְׂאוֹר שֶׁל כִּלְאֵי הַכֶּרֶם לְתוֹךְ הָעִסָּה אוֹ תַּבְלִין שֶׁל עָרְלָה לְתוֹךְ הַקְּדֵרָה הַכֹּל אָסוּר בַּהֲנָיָה:

ג. דָּבָר חָשׁוּב שֶׁהוּא אוֹסֵר בְּמִינוֹ בְּכָל שֶׁהוּא שִׁבְעָה דְּבָרִים וְאֵלּוּ הֵן. אֱגוֹזֵי פֶּרֶךְ. וְרִמּוֹנֵי בָּדָן. וְחָבִיּוֹת סְתוּמוֹת. וַחֲלַפּוֹת תְּרָדִין. וְקִלְחֵי כְּרוּב. וּדְלַעַת יְוָנִית. וְכִכָּרוֹת שֶׁל בַּעַל הַבַּיִת:

ד. כֵּיצַד. רִמּוֹן אֶחָד מֵרִמּוֹנֵי בָּדָן שֶׁהָיָה עָרְלָה וְנִתְעָרֵב

בְּכַמָּה אֲלָפִים רִמּוֹנִים הַכֹּל אָסוּר בַּהֲנָיָה. וְכֵן חָבִית סְתוּמָה שֶׁל יֵין עָרְלָה אוֹ שֶׁל כִּלְאֵי הַכֶּרֶם שֶׁנִּתְעָרְבָה בְּכַמָּה אֲלָפִים חָבִיּוֹת סְתוּמוֹת הַכֹּל אֲסוּרִים בַּהֲנָיָה. וְכֵן שְׁאָר הַשִּׁבְעָה דְּבָרִים:

ה. וְכֵן חֲתִיכָה שֶׁל נְבֵלָה אוֹ שֶׁל בְּשַׂר בְּהֵמָה אוֹ חַיָּה אוֹ עוֹף אוֹ דָּג הַטְּמֵאִין שֶׁנִּתְעָרְבָה בְּכַמָּה אֲלָפִים חֲתִיכוֹת הַכֹּל אָסוּר עַד שֶׁיַּגְבִּיהַ אוֹתָהּ חֲתִיכָה. וְאַחַר כָּךְ יְשַׁעֵר הַשְּׁאָר בְּשִׁשִּׁים. שֶׁאִם לֹא הִגְבִּיהָהּ הֲרֵי הַדָּבָר הָאָסוּר עוֹמֵד וְלֹא נִשְׁתַּנָּה וְהַחֲתִיכָה חֲשׁוּבָה אֶצְלוֹ שֶׁהֲרֵי מִתְכַּבֵּד בָּהּ לִפְנֵי הָאוֹרְחִין:

ו. וְהוּא הַדִּין בַּחֲתִיכָה שֶׁל בָּשָׂר בְּחָלָב אוֹ שֶׁל חֻלִּין שֶׁנִּשְׁחֲטוּ בָּעֲזָרָה שֶׁהֲרֵי הֵן אֲסוּרִים מִדִּבְרֵיהֶן בַּהֲנָיָה כְּמוֹ שֶׁיִּתְבָּאֵר בְּהִלְכוֹת שְׁחִיטָה אוֹסְרִין בְּכָל שֶׁהֵן עַד שֶׁיַּגְבִּיהַּ אוֹתָן. וְכֵן גִּיד הַנָּשֶׁה שֶׁנִּתְבַּשֵּׁל עִם הַגִּידִין אוֹ עִם הַבָּשָׂר בִּזְמַן שֶׁמַּכִּירוֹ מַגְבִּיהוֹ וְהַשְּׁאָר מֻתָּר שֶׁאֵין בַּגִּידִים בְּנוֹתֵן טַעַם. וְאִם אֵינוֹ מַכִּירוֹ הַכֹּל אָסוּר מִפְּנֵי שֶׁהוּא בְּרִיָּה בִּפְנֵי עַצְמוֹ הֲרֵי הוּא חָשׁוּב וְאוֹסֵר בְּכָל שֶׁהוּא:

ז. וְכֵן כָּל בַּעֲלֵי חַיִּים חֲשׁוּבִין הֵן וְאֵינָם בְּטֵלִין. לְפִיכָךְ שׁוֹר הַנִּסְקָל שֶׁנִּתְעָרֵב בְּאֶלֶף שְׁוָרִים וְעֶגְלָה עֲרוּפָה בְּאֶלֶף עֲגָלוֹת. אוֹ צִפּוֹר מְצֹרָע הַשְּׁחוּטָה בְּאֶלֶף צִפֳּרִים אוֹ פֶּטֶר חֲמוֹר בְּאֶלֶף חֲמוֹרִים כֻּלָּן אֲסוּרִין בַּהֲנָיָה. אֲבָל שְׁאָר הַדְּבָרִים אַף עַל פִּי שֶׁדַּרְכָּן לִמָּנוֹת הֲרֵי אֵלּוּ עוֹלִין בְּשִׁעוּרָן:

ח. כֵּיצַד. אֲגֻדָּה שֶׁל יָרָק מִכִּלְאֵי הַכֶּרֶם שֶׁנִּתְעָרְבָה בְּמָאתַיִם אֲגֻדּוֹת. אוֹ אֶתְרוֹג שֶׁל עָרְלָה שֶׁנִּתְעָרֵב בְּמָאתַיִם אֶתְרוֹגִים. הַכֹּל מֻתָּר. וְכֵן כָּל כַּיּוֹצֵא בָּזֶה:

ט. יֵרָאֶה לִי שֶׁכָּל דָּבָר שֶׁהוּא חָשׁוּב אֵצֶל בְּנֵי מָקוֹם מִן הַמְּקוֹמוֹת. כְּגוֹן אֱגוֹזֵי פֶּרֶךְ וְרִמּוֹנֵי בְּדָן בְּאֶרֶץ יִשְׂרָאֵל בְּאוֹתָן הַזְּמַנִּים. שֶׁהוּא אוֹסֵר בְּכָל שֶׁהוּא לְפִי חֲשִׁיבוּתוֹ בְּאוֹתוֹ מָקוֹם וּבְאוֹתוֹ זְמַן. וְלֹא הֻזְכְּרוּ אֵלּוּ אֶלָּא לְפִי שֶׁהֵן אוֹסְרִין כָּל שֶׁהֵן בְּכָל מָקוֹם. וְהוּא הַדִּין לְכָל כַּיּוֹצֵא בָּהֶן בִּשְׁאָר מְקוֹמוֹת. וְדָבָר בָּרוּר הוּא שֶׁכָּל אִסּוּרִין הָאֵלּוּ מִדִּבְרֵיהֶם:

י. נָפַל רִמּוֹן אֶחָד מִן הַתַּעֲרֹבֶת הַזֹּאת לִשְׁנֵי רִמּוֹנִים אֲחֵרִים מֵרִמּוֹנֵי בַּדָּן. וְנָפַל מִן הַשְּׁלֹשָׁה רִמּוֹן אֶחָד לְרִמּוֹנִים אֲחֵרִים. הֲרֵי אֵלּוּ הָאֲחֵרִים מֻתָּרִין שֶׁהֲרֵי הָרִמּוֹן שֶׁל תַּעֲרֹבֶת הָרִאשׁוֹנָה בָּטֵל בְּרֹב. וְאִם נָפַל מִן הַתַּעֲרֹבֶת הָרִאשׁוֹנָה רִמּוֹן לְאֶלֶף כֻּלָּן אֲסוּרִין. לֹא נֶאֱמַר בָּטֵל בְּרֹב אֶלָּא לְהַתִּיר סְפֵק סְפֵקָן שֶׁאִם יִפֹּל מִן הַתַּעֲרֹבֶת הַשְּׁנִיָּה לְמָקוֹם אַחֵר אֵינוֹ אוֹסֵר. וְכֵן כָּל כַּיּוֹצֵא בָּזֶה:

יא. נִתְפַּצְּעוּ אֱגוֹזִים אֵלּוּ שֶׁנֶּאֶסְרוּ כֻּלָּן מִפְּנֵי אֱגוֹז עָרְלָה שֶׁבֵּינֵיהֶן אוֹ נִתְפָּרְדוּ הָרִמּוֹנִים וְנִתְפַּתְּחוּ הֶחָבִיּוֹת וְנִתְחַתְּכוּ הַדְּלוּעִין וְנִתְפָּרְסוּ הַכִּכָּרוֹת אַחַר שֶׁנֶּאֶסְרוּ הֲרֵי אֵלּוּ יַעֲלוּ בְּאֶחָד וּמָאתַיִם. וְהוּא הַדִּין לַחֲתִיכַת נְבֵלָה שֶׁנִּדּוֹכָה בְּכָל הַחֲתִיכוֹת וְנַעֲשָׂה הַכֹּל כְּמוֹת שֶׁהִיא עוֹלֶה בְּשִׁשִּׁים:

יב. וְאָסוּר לְפַצֵּעַ הָאֱגוֹזִים וּלְפָרֵד הָרִמּוֹנִים וְלִפְתֹּחַ הֶחָבִיּוֹת אַחַר שֶׁנֶּאֶסְרוּ כְּדֵי שֶׁיַּעֲלוּ בְּאֶחָד וּמָאתַיִם שֶׁאֵין מְבַטְּלִין אִסּוּר לְכַתְּחִלָּה. וְאִם עָשָׂה כֵּן קוֹנְסִין אוֹתוֹ וְאוֹסְרִין עָלָיו כְּמוֹ שֶׁבֵּאַרְנוּ:

יג. שְׂאוֹר שֶׁל כִּלְאֵי הַכֶּרֶם וְשֶׁל תְּרוּמָה שֶׁנָּפְלוּ לְתוֹךְ הָעִסָּה לֹא בָּזֶה כְּדֵי לְחַמֵּץ וְלֹא בָּזֶה כְּדֵי לְחַמֵּץ וּבִשְׁנֵיהֶם כְּשֶׁיִּצְטָרְפוּ יֵשׁ בָּהֶם כְּדֵי לְחַמֵּץ. אוֹתָהּ עִסָּה אֲסוּרָה לְיִשְׂרָאֵל וּמֻתֶּרֶת לַכֹּהֲנִים. וְכֵן תַּבְלִין שֶׁל תְּרוּמָה וְשֶׁל כִּלְאֵי הַכֶּרֶם שֶׁנָּפְלוּ לְתוֹךְ הַקְּדֵרָה. וְלֹא בְּאֶחָד מֵהֶן כְּדֵי לְתַבֵּל וּבִשְׁנֵיהֶם כְּדֵי לְתַבֵּל. אוֹתָהּ קְדֵרָה אֲסוּרָה לְיִשְׂרָאֵל שֶׁהֲרֵי דָּבָר הָאָסוּר לָהֶם תִּבְּלָה. וּמֻתֶּרֶת לַכֹּהֲנִים:

יד. תַּבְלִין שֶׁהֵם שְׁנַיִם אוֹ שְׁלֹשָׁה שֵׁמוֹת מִמִּין אֶחָד אוֹ שְׁלֹשָׁה מִינִין מִשֵּׁם אֶחָד מִצְטָרְפִין לְתַבֵּל וְלֶאֱסֹר וְכֵן לְחַמֵּץ. כֵּיצַד. שְׂאוֹר שֶׁל חִטִּין וּשְׂאוֹר שֶׁל שְׂעוֹרִים הוֹאִיל וְשֵׁם שְׂאוֹר אֶחָד הוּא אֵינָן כְּמִין וְשֶׁאֵינוֹ מִינוֹ. אֶלָּא הֲרֵי הֵן כְּמִין אֶחָד וּמִצְטָרֵף לְשַׁעֵר בָּהֶן כְּדֵי לְחַמֵּץ בְּעִסָּה שֶׁל חִטִּין אִם הָיָה טַעַם שְׁנֵיהֶם טַעַם חִטִּין. אוֹ כְּדֵי לְחַמֵּץ בְּעִסָּה שֶׁל שְׂעוֹרִין אִם הָיָה טַעַם שְׁנֵיהֶם טַעַם שְׂעוֹרִים:

טו. שְׁלֹשָׁה שֵׁמוֹת מִמִּין אֶחָד כֵּיצַד. כְּגוֹן כַּרְפַּס שֶׁל נְהָרוֹת וְכַרְפַּס שֶׁל אֲפָר וְכַרְפַּס שֶׁל גִּנָּה אַף עַל פִּי שֶׁכָּל אֶחָד מֵהֶן שֵׁם בִּפְנֵי עַצְמוֹ הוֹאִיל וְהֵם מִין אֶחָד מִצְטָרְפִין לְתַבֵּל:

טז. עִסָּה מְחֻמֶּצֶת שֶׁנָּפַל לְתוֹכָהּ שְׂאוֹר שֶׁל תְּרוּמָה אוֹ שְׂאוֹר שֶׁל כִּלְאֵי הַכֶּרֶם. וְכֵן קְדֵרָה מְתֻבֶּלֶת שֶׁנָּפְלוּ לְתוֹכָהּ תַּבְלִין שֶׁל תְּרוּמָה אוֹ שֶׁל עָרְלָה וְשֶׁל כִּלְאֵי הַכֶּרֶם. אִם יֵשׁ בַּשְּׂאוֹר כְּדֵי לְחַמֵּץ אִלּוּ הָיְתָה הָעִסָּה מַצָּה. וּבַתַּבְלִין כְּדֵי לְתַבֵּל הַקְּדֵרָה אִלּוּ הָיְתָה תְּפֵלָה הֲרֵי הַכֹּל אָסוּר. וְאִם אֵין בָּהֶם כְּדֵי לְתַבֵּל וּלְחַמֵּץ יַעֲלוּ בְּשִׁעוּרָן. תְּרוּמָה בְּאֶחָד וּמֵאָה וְעָרְלָה וְכִלְאֵי הַכֶּרֶם בְּאֶחָד וּמָאתַיִם:

יז. הַתְּרוּמָה מַעֲלָה אֶת הָעָרְלָה וְאֶת כִּלְאֵי הַכֶּרֶם. כֵּיצַד. סְאָה תְּרוּמָה שֶׁנָּפְלָה לְתִשְׁעָה וְתִשְׁעִים חֻלִּין וְאַחַר כָּךְ נָפַל לְכָל חֲצִי סְאָה שֶׁל עָרְלָה אוֹ שֶׁל כִּלְאֵי הַכֶּרֶם אֵין כָּאן אִסּוּר עָרְלָה וְלֹא אִסּוּר כִּלְאֵי הַכֶּרֶם. שֶׁהֲרֵי עָלָה בְּאֶחָד וּמָאתַיִם. וְאַף עַל פִּי שֶׁמִּקְצָת הַמָּאתַיִם תְּרוּמָה:

יח. וְכֵן הָעָרְלָה וְכִלְאֵי הַכֶּרֶם מַעֲלִין אֶת הַתְּרוּמָה. כֵּיצַד. מֵאָה סְאָה שֶׁל עָרְלָה אוֹ שֶׁל כִּלְאֵי הַכֶּרֶם שֶׁנָּפְלוּ לְתוֹךְ

עֶשְׂרִים אֶלֶף שֶׁל חֻלִּין נַעֲשֵׂית כָּל הַתַּעֲרֹבֶת עֶשְׂרִים אֶלֶף וּמֵאָה. וְאַחַר כָּךְ נָפַל לְכָל מֵאָה סְאָה סְאָה שֶׁל תְּרוּמָה הֲרֵי הַכֹּל מֻתָּר וְתַעֲלֶה הַתְּרוּמָה בְּאֶחָד וּמֵאָה. וְאַף עַל פִּי שֶׁמִּקְצָת הַמֵּאָה הַמַּעֲלִין אוֹתָהּ עָרְלָה אוֹ כִּלְאֵי הַכֶּרֶם:

יט. וְכֵן הָעָרְלָה מַעֲלָה אֶת כִּלְאֵי הַכֶּרֶם. וְכִלְאֵי הַכֶּרֶם אֶת הָעָרְלָה. וְכִלְאֵי הַכֶּרֶם אֶת כִּלְאֵי הַכֶּרֶם. וְהָעָרְלָה אֶת הָעָרְלָה. כֵּיצַד. מָאתַיִם סְאָה שֶׁל עָרְלָה אוֹ שֶׁל כִּלְאֵי הַכֶּרֶם שֶׁנָּפְלוּ לְאַרְבָּעִים אֶלֶף חֻלִּין. וְאַחַר כָּךְ נָפַל לְכָל מָאתַיִם סְאָה וּסְאָה שֶׁל עָרְלָה אוֹ שֶׁל כִּלְאֵי הַכֶּרֶם הַכֹּל מֻתָּר. שֶׁכֵּיוָן שֶׁבָּטֵל הָאִסּוּר שֶׁנָּפַל תְּחִלָּה נַעֲשָׂה הַכֹּל כְּחֻלִּין הַמֻּתָּרִין:

כ. בֶּגֶד שֶׁצְּבָעוֹ בִּקְלִפֵּי עָרְלָה יִשָּׂרֵף. נִתְעָרֵב בַּאֲחֵרִים יַעֲלֶה בְּאֶחָד וּמָאתַיִם. וְכֵן תַּבְשִׁיל שֶׁבִּשְּׁלוֹ בִּקְלִפֵּי עָרְלָה וּפַת שֶׁאֲפָאָהּ בִּקְלִפֵּי עָרְלָה אוֹ בְּכִלְאֵי הַכֶּרֶם יִשָּׂרֵף הַתַּבְשִׁיל וְהַפַּת. שֶׁהֲרֵי הֲנָיָתוֹ נִכֶּרֶת בָּהֶן. נִתְעָרְבוּ בַּאֲחֵרִים יַעֲלוּ בְּאֶחָד וּמָאתַיִם:

כא. וְכֵן בֶּגֶד שֶׁאָרַג בּוֹ מְלֹא הַסִּיט שֶׁצְּבָעוֹ בְּעָרְלָה וְאֵין יָדוּעַ אֵי זֶה הוּא יַעֲלֶה בְּאֶחָד וּמָאתַיִם. נִתְעָרְבוּ סַמָּנֵי עָרְלָה בְּסַמָּנֵי הֶתֵּר יַעֲלוּ בְּאֶחָד וּמָאתַיִם. מֵי צֶבַע בְּמֵי צֶבַע יִבָּטֵל בְּרֹב:

כב. תַּנּוּר שֶׁהִסִּיקוֹ בִּקְלִפֵּי עָרְלָה וּבְכִלְאֵי הַכֶּרֶם בֵּין חָדָשׁ בֵּין יָשָׁן יוּצַן. וְאַחַר כָּךְ יָחֵם אוֹתוֹ בַּעֲצֵי הֶתֵּר. וְאִם בִּשֵּׁל בּוֹ קֹדֶם שֶׁיּוּצַן בֵּין פַּת בֵּין תַּבְשִׁיל הֲרֵי זֶה אָסוּר בַּהֲנָיָה. יֵשׁ שֶׁבַח עֲצֵי אִסּוּר בְּפַת אוֹ בְּתַבְשִׁיל. גָּרַף אֶת כָּל הָאֵשׁ וְאַחַר כָּךְ בִּשֵּׁל אוֹ אָפָה בְּחֻמּוֹ שֶׁל תַּנּוּר הֲרֵי זֶה מֻתָּר שֶׁהֲרֵי עֲצֵי אִסּוּר הָלְכוּ לָהֶן:

כג. קְעָרוֹת וְכוֹסוֹת וּקְדֵרוֹת וּצְלוֹחִיּוֹת שֶׁבִּשְּׁלָן הַיּוֹצֵר בִּקְלִפֵּי עָרְלָה הֲרֵי אֵלּוּ אֲסוּרִין בַּהֲנָאָה. שֶׁהֲרֵי דָּבָר הָאָסוּר בַּהֲנָאָה עָשָׂה אוֹתָן חָדָשׁ:

כד. פַּת שֶׁבִּשְּׁלָהּ עַל גַּבֵּי גֶּחָלִים שֶׁל עֲצֵי עָרְלָה מֻתֶּרֶת. כֵּיוָן שֶׁנַּעֲשׂוּ גֶּחָלִים הָלַךְ אִסּוּרָן אַף עַל פִּי שֶׁהֵן בּוֹעֲרוֹת. קְדֵרָה שֶׁבִּשֵּׁל אוֹתָהּ בִּקְלִפֵּי עָרְלָה אוֹ בְּכִלְאֵי הַכֶּרֶם וּבַעֲצֵי הֶתֵּר הֲרֵי הַתַּבְשִׁיל אָסוּר. וְאַף עַל פִּי שֶׁזֶּה וָזֶה גּוֹרֵם. שֶׁבְּשָׁעָה שֶׁנִּתְבַּשְּׁלָה מֵחֲמַת עֲצֵי אִסּוּר עֲדַיִן לֹא בָּאוּ עֲצֵי הַהֶתֵּר וְנִמְצָא מִקְצָת הַבִּשּׁוּל בַּעֲצֵי הֶתֵּר וּמִקְצָתוֹ בְּאִסּוּר:

כה. נְטִיעָה שֶׁל עָרְלָה שֶׁנִּתְעָרְבָה בִּנְטִיעוֹת. וְכֵן עֲרוּגָה שֶׁל כִּלְאֵי הַכֶּרֶם בַּעֲרוּגוֹת. הֲרֵי זֶה לוֹקֵט לְכַתְּחִלָּה מִן הַכֹּל. וְאִם הָיְתָה נְטִיעָה בְּמָאתַיִם נְטִיעוֹת וַעֲרוּגָה בְּמָאתַיִם עֲרוּגוֹת הֲרֵי כָּל הַנִּלְקָט מֻתָּר. וְאִם הָיוּ בְּפָחוֹת מִזֶּה כָּל הַנִּלְקָט אָסוּר. וְלָמָּה הִתִּירוּ לוֹ לִלְקֹט לְכַתְּחִלָּה וְהָיָה מִן הַדִּין שֶׁאוֹסְרִין לוֹ הַכֹּל עַד שֶׁיִּטְרַח וְיוֹצִיא הַנְּטִיעָה וְהָעֲרוּגָה הָאֲסוּרָה. שֶׁהַדָּבָר חֲזָקָה שֶׁאֵין אָדָם אוֹסֵר כַּרְמוֹ בִּנְטִיעָה אַחַת וְאִלּוּ הָיָה יוֹדְעָהּ הָיָה מוֹצִיאָהּ:

כו. הַמַּעֲמִיד גְּבִינָה בִּשְׂרַף פַּגֵּי עָרְלָה. אוֹ בְּקֵיבַת תִּקְרֹבֶת עַכּוּ"ם. אוֹ בְּחֹמֶץ יֵין שֶׁל עַכּוּ"ם. הֲרֵי זוֹ אֲסוּרָה בַּהֲנָיָה אַף עַל פִּי שֶׁהוּא מִין בְּשֶׁאֵינוֹ מִינוֹ וְאַף עַל פִּי שֶׁהוּא כָּל שֶׁהוּא. שֶׁהֲרֵי הַדָּבָר הָאָסוּר הוּא הַנִּכָּר וְהוּא שֶׁעָשָׂה אוֹתָהּ גְּבִינָה:

כז. הָעָרְלָה וְכִלְאֵי הַכֶּרֶם דִּין הַפֵּרוֹת שֶׁלָּהֶן שֶׁיִּשָּׂרְפוּ. וְהַמַּשְׁקִין שֶׁלָּהֶן יִקָּבְרוּ מִפְּנֵי שֶׁאִי אֶפְשָׁר לִשְׂרֹף הַמַּשְׁקִין:

כח. יַיִן שֶׁנִּתְנַסֵּךְ לְעַכּוּ"ם שֶׁנִּתְעָרֵב עִם הַיַּיִן הַכֹּל אָסוּר בַּהֲנָיָה בְּכָל שֶׁהוּא כְּמוֹ שֶׁאָמַרְנוּ. בַּמֶּה דְּבָרִים אֲמוּרִים כְּשֶׁהוּרַק הַיַּיִן הַמֻּתָּר עַל טִפָּה שֶׁל יֵין נֶסֶךְ. אֲבָל אִם עֵרָה יֵין נֶסֶךְ מִצִּלְצוּל קָטָן לְתוֹךְ הַבּוֹר שֶׁל יַיִן. אֲפִלּוּ עֵרָה כָּל הַיּוֹם כֻּלּוֹ רִאשׁוֹן רִאשׁוֹן בָּטֵל. עֵרָה מִן הֶחָבִית בֵּין שֶׁעֵרָה מִן הַמֻּתָּר לָאָסוּר אוֹ מִן הָאָסוּר לַמֻּתָּר הַכֹּל אָסוּר מִפְּנֵי שֶׁהָעַמּוּד הַיּוֹרֵד מִפִּי הֶחָבִית גָּדוֹל:

כט. נִתְעָרֵב סְתָם יֵינָם בְּיַיִן הֲרֵי זֶה אָסוּר בְּכָל שֶׁהוּא בִּשְׁתִיָּה וְיִמָּכֵר כֻּלּוֹ לְעַכּוּ"ם. וְלוֹקֵחַ דְּמֵי הַיַּיִן הָאָסוּר שֶׁבּוֹ וּמַשְׁלִיכוֹ לְיָם הַמֶּלַח וְיֵהָנֶה בִּשְׁאָר הַמָּעוֹת. וְכֵן אִם נִתְעָרְבָה חָבִית שֶׁל יֵין נֶסֶךְ בֵּין הֶחָבִיּוֹת הַכֹּל אֲסוּרִין בִּשְׁתִיָּה וּמֻתָּרִין בַּהֲנָיָה. וְיוֹלִיךְ דְּמֵי אוֹתָהּ חָבִית לְיָם הַמֶּלַח כְּשֶׁיִּמְכֹּר הַכֹּל לְעַכּוּ"ם. וְכֵן בְּחָבִית שֶׁל סְתָם יֵינָם:

ל. מַיִם שֶׁנִּתְעָרְבוּ בְּיַיִן אוֹ יַיִן בְּמַיִם בְּנוֹתֵן טַעַם מִפְּנֵי שֶׁהֵן מִין בְּשֶׁאֵינוֹ מִינוֹ. בַּמֶּה דְּבָרִים אֲמוּרִים בְּשֶׁנָּפַל הַמַּשְׁקֶה הַמֻּתָּר לְתוֹךְ הַמַּשְׁקֶה הָאָסוּר. אֲבָל אִם נָפַל הַמַּשְׁקֶה הָאָסוּר לְתוֹךְ הַמַּשְׁקֶה הַמֻּתָּר רִאשׁוֹן רִאשׁוֹן בָּטֵל. וְהוּא שֶׁיּוּרַק מִצִּלְצוּל קָטָן שֶׁהָיָה מֵרִיק וְיוֹרֵד מְעַט מְעַט. וְהֵיאַךְ יִהְיוּ הַמַּיִם אֲסוּרִים כְּגוֹן שֶׁהָיוּ נֶעֱבָדִין אוֹ תִּקְרֹבֶת עַכּוּ"ם:

לא. בּוֹר שֶׁל יַיִן שֶׁנָּפַל לְתוֹכוֹ קִיתוֹן שֶׁל מַיִם תְּחִלָּה וְאַחַר כָּךְ נָפַל לְתוֹכוֹ יֵין נֶסֶךְ. רוֹאִים אֶת יֵין הַהֶתֵּר כְּאִלּוּ אֵינוֹ וְהַמַּיִם שֶׁנָּפְלוּ מְשַׁעֲרִין בָּהֶן עִם יֵין נֶסֶךְ. אִם רְאוּיִין לְבַטֵּל טַעַם אוֹתוֹ יֵין נֶסֶךְ הֲרֵי הַמַּיִם רַבִּין עָלָיו וּמְבַטְּלִין אוֹתוֹ וְיִהְיֶה הַכֹּל מֻתָּר:

לב. יֵין נֶסֶךְ שֶׁנָּפַל עַל הָעֲנָבִים יְדִיחֵם וְהֵן מֻתָּרוֹת בַּאֲכִילָה. וְאִם הָיוּ מְבֻקָּעוֹת בֵּין שֶׁהָיָה הַיַּיִן יָשָׁן בֵּין שֶׁהָיָה חָדָשׁ אִם נוֹתֵן טַעַם בָּעֲנָבִים הֲרֵי אֵלּוּ אֲסוּרוֹת בַּהֲנָיָה. וְאִם לָאו הֲרֵי אֵלּוּ מֻתָּרוֹת בַּאֲכִילָה:

לג. נָפַל עַל גַּבֵּי תְּאֵנִים הֲרֵי אֵלּוּ מֻתָּרוֹת מִפְּנֵי שֶׁהַיַּיִן פּוֹגֵם בְּטַעַם הַתְּאֵנִים:

HILCHOT MAACHALOT ASSUROT · PEREK 17 259

לד. יַיִן נֶסֶךְ שֶׁנָּפַל עַל הַחִטִּים הֲרֵי אֵלּוּ אֲסוּרוֹת בַּאֲכִילָה וּמֻתָּרוֹת בַּהֲנָיָה. וְלֹא יִמְכְּרֵם לְעַכּוּ"ם שֶׁמָּא יַחֲזֹר וְיִמְכְּרֵם לְיִשְׂרָאֵל. אֶלָּא כֵּיצַד עוֹשֶׂה. טוֹחֵן אוֹתָן וְעוֹשֶׂה מֵהֶן פַּת וּמוֹכְרָהּ לְעַכּוּ"ם שֶׁלֹּא בִּפְנֵי יִשְׂרָאֵל כְּדֵי שֶׁלֹּא יִקְחוּ אוֹתָהּ יִשְׂרָאֵל מִן הָעַכּוּ"ם שֶׁהֲרֵי פַּת עַכּוּ"ם אֲסוּרָה כְּמוֹ שֶׁיִּתְבָּאֵר. וְלָמָּה אֵין בּוֹדְקִין אֶת הַחִטִּים בְּנוֹתֵן טַעַם מִפְּנֵי שֶׁהֵן שׁוֹאֲבוֹת וְהַיַּיִן נִבְלָע בָּהֶן:

לה. יַיִן נֶסֶךְ שֶׁהֶחְמִיץ וְנָפַל לְתוֹךְ חֹמֶץ שֵׁכָר אוֹסֵר בְּכָל שֶׁהוּא מִפְּנֵי שֶׁהוּא בְּמִינוֹ שֶׁשְּׁנֵיהֶן חֹמֶץ הֵן. וְיַיִן שֶׁנִּתְעָרֵב עִם הַחֹמֶץ בֵּין שֶׁנָּפַל חֹמֶץ לַיַּיִן בֵּין שֶׁנָּפַל יַיִן לַחֹמֶץ מְשַׁעֲרִין אוֹתוֹ בְּנוֹתֵן טַעַם:

Perek 17

Kelim (vessels) of Gentiles

MAKE ONESELF HOLY – OTHER RELATED MATTERS REGARDING FOOD

- *Kashrut* of vessels
  - Earthenware – one cannot *kasher* earthenware
  - Metals – new vessels should be taken to *mikveh* before use. If old and were used for hot non-kosher foods, should be *kashered* by *hagalah* and then immersed in the *mikveh.*

Hagalah means placing the items in boiling water.

If vessels had been exposed to fire, then must be *kashered* by burning to a white heat.

  - Glass
  - Wood
  - Stone
  - Knife – Knife of a Gentile must be exposed to fire until white hot or stoned down completely.
- *Derabanan* restrictions to prevent socialising and intermarriage with Gentiles.
  - Forbidden to sit and drink alcohol with Gentiles
  - Forbidden to eat from Gentile bread and cooked dishes
  - *Pat akum* (bread baked by Gentiles)
  - *Bishul akum* (cooking of Gentiles)
- Education of children regarding *kashrut*
- Not to eat disgusting items e.g. rotten item etc.
- Not to eat with dirty hands
- To develop good excretion habits

פרק י"ז

א. קְדֵרָה שֶׁל חֶרֶס שֶׁנִּתְבַּשֵּׁל בָּהּ בְּשַׂר נְבֵלָה אוֹ בְּשַׂר שְׁקָצִים וּרְמָשִׂים לֹא יְבַשֵּׁל בָּהּ בְּשַׂר שְׁחוּטָה בְּאוֹתוֹ הַיּוֹם. וְאִם בִּשֵּׁל בָּהּ מִין בָּשָׂר הַתַּבְשִׁיל אָסוּר. בִּשֵּׁל בָּהּ מִין אַחֵר בְּנוֹתֵן טַעַם:

ב. וְלֹא אָסְרָה תּוֹרָה אֶלָּא קְדֵרָה בַּת יוֹמָהּ בִּלְבַד הוֹאִיל וַעֲדַיִן לֹא נִפְגַּם הַשֻּׁמָּן שֶׁנִּבְלָע בַּקְּדֵרָה. וּמִדִּבְרֵי סוֹפְרִים לֹא יְבַשֵּׁל בָּהּ לְעוֹלָם. לְפִיכָךְ אֵין לוֹקְחִין כְּלֵי חֶרֶס יְשָׁנִים מִן הָעַכּוּ"ם שֶׁנִּשְׁתַּמְּשׁוּ בָּהֶן בְּחַמִּין כְּגוֹן קְדֵרוֹת וּקְעָרוֹת לְעוֹלָם. וַאֲפִלּוּ הָיוּ שׁוֹעִין בַּאֲבָר. וְאִם לָקַח וּבִשֵּׁל בָּהֶן מִיּוֹם שֵׁנִי וָהָלְאָה הַתַּבְשִׁיל מֻתָּר:

ג. הַלּוֹקֵחַ כְּלֵי תַּשְׁמִישׁ סְעֻדָּה מִן הָעַכּוּ"ם מִכְּלֵי מַתָּכוֹת וּכְלֵי זְכוּכִית. דְּבָרִים שֶׁלֹּא נִשְׁתַּמֵּשׁ בָּהֶן כָּל עִקָּר מַטְבִּילָן

בְּמֵי מִקְוֶה וְאַחַר כָּךְ יִהְיוּ מֻתָּרִין לֶאֱכֹל בָּהֶן וְלִשְׁתּוֹת. וּדְבָרִים שֶׁנִּשְׁתַּמֵּשׁ בָּהֶן עַל יְדֵי צוֹנֵן כְּגוֹן כּוֹסוֹת וּצְלוֹחִיּוֹת וְקִיתוֹנִיּוֹת מְדִיחָן וּמַטְבִּילָן וַהֲרֵי הֵן מֻתָּרוֹת. וּדְבָרִים שֶׁנִּשְׁתַּמֵּשׁ בָּהֶן עַל יְדֵי חַמִּין כְּגוֹן יוֹרוֹת וְקֻמְקְמוּסִין וּמְחַמְּמֵי חַמִּין מַגְעִילָן וּמַטְבִּילָן וַהֲרֵי הֵן מֻתָּרִין. וּדְבָרִים שֶׁנִּשְׁתַּמֵּשׁ בָּהֶן עַל יְדֵי הָאוּר כְּגוֹן שִׁפּוּדִין וְאַסְכְּלָאוֹת מְלַבְּנָן בָּאוּר עַד שֶׁתִּנָּשֵׁר קְלִפָּתָן וּמַטְבִּילָן וַהֲרֵי הֵן מֻתָּרִין:

ד. כֵּיצַד מַגְעִילָן. נוֹתֵן יוֹרָה קְטַנָּה לְתוֹךְ יוֹרָה גְּדוֹלָה וּמְמַלֵּא עָלֶיהָ מַיִם עַד שֶׁיָּצוּפוּ עַל הַקְּטַנָּה וּמַרְתִּיחָהּ יָפֶה יָפֶה. וְאִם הָיְתָה יוֹרָה גְּדוֹלָה מַקִּיף עַל שְׂפָתָהּ בָּצֵק אוֹ טִיט וּמְמַלֵּא מַיִם עַד שֶׁיָּצוּפוּ הַמַּיִם עַל שְׂפָתָהּ וּמַרְתִּיחַ. וְכֻלָּן שֶׁנִּשְׁתַּמֵּשׁ בָּהֶן עַד שֶׁלֹּא הִרְתִּיחַ אוֹ עַד שֶׁלֹּא הֵדִיחַ וְעַד שֶׁלֹּא הִלְבִּין וְעַד שֶׁלֹּא הִטְבִּיל מֻתָּר. שֶׁכָּל הַשֻּׁמָּן שֶׁבָּהֶן נוֹתֵן טַעַם לִפְגָם הוּא כְּמוֹ שֶׁבֵּאַרְנוּ:

ה. טְבִילָה זוֹ שֶׁמַּטְבִּילִין כְּלֵי הַסְּעֻדָּה הַנִּלְקָחִים מִן הָעַכּוּ"ם וְאַחַר כָּךְ יֻתְּרוּ לַאֲכִילָה וּשְׁתִיָּה אֵינָן לְעִנְיַן טֻמְאָה וְטָהֳרָה אֶלָּא מִדִּבְרֵי סוֹפְרִים. וְרֶמֶז לָהּ (במדבר לא כג) "כָּל דָּבָר אֲשֶׁר יָבֹא בָאֵשׁ תַּעֲבִירוּ בָאֵשׁ וְטָהֵר" וּמִפִּי הַשְּׁמוּעָה לָמְדוּ שֶׁאֵינוֹ מְדַבֵּר אֶלָּא בְּטָהֳרָתָן מִידֵי גִּעוּלֵי עַכּוּ"ם לֹא מִידֵי טֻמְאָה. שֶׁאֵין לְךָ טֻמְאָה עוֹלָה עַל יְדֵי הָאֵשׁ וְכָל הַטְּמֵאִים בִּטְבִילָה עוֹלִין מִטֻּמְאָתָן. וְטֻמְאַת מֵת בְּהַזָּאָה וּטְבִילָה וְאֵין שָׁם אֵשׁ כְּלָל. אֶלָּא לְעִנְיַן גִּעוּלֵי עַכּוּ"ם. וְכֵיוָן שֶׁכָּתוּב וְטָהֵר אָמְרוּ חֲכָמִים הוֹסִיף לוֹ טָהֳרָה אַחַר עֲבִירָתוֹ בָּאֵשׁ לְהַתִּירוֹ מִגִּעוּלֵי עַכּוּ"ם:

ו. לֹא חִיְּבוּ בִּטְבִילָה זוֹ אֶלָּא כְּלֵי מַתָּכוֹת שֶׁל סְעֻדָּה הַנִּלְקָחִין מִן הָעַכּוּ"ם. אֲבָל הַשּׁוֹאֵל מִן הָעַכּוּ"ם. אוֹ שֶׁמִּשְׁכֵּן הָעַכּוּ"ם אֶצְלוֹ כְּלֵי מַתָּכוֹת. מֵדִיחַ אוֹ מַרְתִּיחַ אוֹ מְלַבֵּן וְאֵינוֹ צָרִיךְ לְהַטְבִּיל. וְכֵן אִם לָקַח כְּלֵי עֵץ אוֹ כְּלֵי אֲבָנִים מֵדִיחַ אוֹ מַרְתִּיחַ וְאֵינוֹ צָרִיךְ לְהַטְבִּיל. וְכֵן כְּלֵי חֲרָשִׁים אֵינוֹ צָרִיךְ לְהַטְבִּיל. אֲבָל הַשּׁוּעִין בַּאֲבָר הֲרֵי הֵן כִּכְלֵי מַתָּכוֹת וּצְרִיכִין טְבִילָה:

ז. הַלּוֹקֵחַ סַכִּין מִן הָעַכּוּ"ם מְלַבְּנָהּ בָּאֵשׁ אוֹ מַשְׁחִיזָהּ בְּרֵחַיִם שֶׁלָּהּ. וְאִם הָיְתָה סַכִּין יָפָה שֶׁאֵין בָּהּ פְּגִימוֹת דַּי לוֹ אִם נְעָצָהּ בְּקַרְקַע קָשָׁה עֶשֶׂר פְּעָמִים וְאוֹכֵל בָּהּ צוֹנֵן. וְאִם הָיוּ בָהּ פְּגִימוֹת אוֹ שֶׁהָיְתָה יָפָה וְרָצָה לֶאֱכֹל בָּהּ חַמִּין אוֹ לִשְׁחֹט בָּהּ מְלַבְּנָהּ אוֹ מַשְׁחִיזָהּ כֻּלָּהּ. שָׁחַט בָּהּ קֹדֶם שֶׁיַּתְקִינֶהָ מֵדִיחַ מְקוֹם הַשְּׁחִיטָה. וְאִם קָלַף הֲרֵי זֶה מְשֻׁבָּח:

ח. סַכִּין שֶׁשָּׁחַט בָּהּ טְרֵפָה לֹא יִשְׁחֹט בָּהּ עַד שֶׁיְּדִיחֶהָ אֲפִלּוּ בְּצוֹנֵן אוֹ מְקַנְּחָהּ בִּבְלָיוֹת שֶׁל בְּגָדִים:

ט. וְיֵשׁ שָׁם דְּבָרִים אֲחֵרִים אָסְרוּ אוֹתָן חֲכָמִים וְאַף עַל פִּי שֶׁאֵין לְאִסּוּרָן עִקָּר מִן הַתּוֹרָה גָּזְרוּ עֲלֵיהֶן כְּדֵי לְהִתְרַחֵק מִן הָעַכּוּ"ם עַד שֶׁלֹּא יִתְעָרְבוּ בָּהֶן יִשְׂרָאֵל וְיָבוֹאוּ לִידֵי חַתְנוּת. וְאֵלּוּ הֵן. אָסְרוּ לִשְׁתּוֹת עִמָּהֶן וַאֲפִלּוּ בְּמָקוֹם שֶׁאֵין לָחוּשׁ לְיֵין נֶסֶךְ. וְאָסְרוּ לֶאֱכֹל פִּתָּן אוֹ בִּשּׁוּלֵיהֶן וַאֲפִלּוּ בְּמָקוֹם שֶׁאֵין לָחוּשׁ לְגִעוּלֵיהֶן:

י. כֵּיצַד. לֹא יִשְׁתֶּה אָדָם בִּמְסִבָּה שֶׁל עַכּוּ"ם. וְאַף עַל פִּי שֶׁהוּא יַיִן מְבֻשָּׁל שֶׁאֵינוֹ נֶאֱסָר. אוֹ שֶׁהָיָה שׁוֹתֶה מִכֵּלָיו לְבַדּוֹ. וְאִם הָיָה רֹב הַמְּסִבָּה יִשְׂרָאֵל מֻתָּר. וְאֵין שׁוֹתִין שֵׁכָר שֶׁלָּהֶן שֶׁעוֹשִׂין מִן הַתְּמָרִים וְהַתְּאֵנִים וְכַיּוֹצֵא בָּהֶן. וְאֵינוֹ אָסוּר אֶלָּא בִּמְקוֹם מְכִירָתוֹ. אֲבָל אִם הֵבִיא הַשֵּׁכָר לְבֵיתוֹ וְשָׁתָהוּ שָׁם מֻתָּר שֶׁעִקַּר הַגְּזֵרָה שֶׁמָּא יִסְעֹד אֶצְלוֹ:

יא. יֵין תַּפּוּחִים וְיֵין רִמּוֹנִים וְכַיּוֹצֵא בָּהֶן מֻתָּר לִשְׁתּוֹתָן בְּכָל מָקוֹם. דָּבָר שֶׁאֵינוֹ מָצוּי לֹא גָּזְרוּ עָלָיו. יֵין צִמּוּקִים הֲרֵי הוּא כְּיַיִן וּמִתְנַסֵּךְ:

יב. אַף עַל פִּי שֶׁאָסְרוּ פַּת עַכּוּ"ם. יֵשׁ מְקוֹמוֹת שֶׁמְּקִלִּין בַּדָּבָר וְלוֹקְחִין פַּת הַנַּחְתּוֹם הָעַכּוּ"ם בְּמָקוֹם שֶׁאֵין שָׁם נַחְתּוֹם יִשְׂרָאֵל וּבַשָּׂדֶה מִפְּנֵי שֶׁהוּא שְׁעַת הַדְּחָק. אֲבָל פַּת בַּעֲלֵי בָתִּים אֵין שָׁם מִי שֶׁמּוֹרֶה בָּהּ לְהָקֵל שֶׁעִקַּר הַגְּזֵרָה מִשּׁוּם חַתְנוּת וְאִם יֹאכַל פַּת בַּעֲלֵי בָתִּים יָבוֹא לִסְעֹד אֶצְלָן:

יג. הִדְלִיק הָעַכּוּ"ם אֶת הַתַּנּוּר וְאָפָה בּוֹ יִשְׂרָאֵל. אוֹ שֶׁהִדְלִיק יִשְׂרָאֵל וְאָפָה עַכּוּ"ם. אוֹ שֶׁהִדְלִיק הָעַכּוּ"ם וְאָפָה הָעַכּוּ"ם וּבָא יִשְׂרָאֵל וְנִעֵר הָאֵשׁ מְעַט אוֹ כִּבְּשׁוֹ לָאֵשׁ הוֹאִיל וְנִשְׁתַּתֵּף בִּמְלֶאכֶת הַפַּת הֲרֵי זוֹ מֻתֶּרֶת. וַאֲפִלּוּ לֹא זָרַק אֶלָּא עֵץ לְתוֹךְ הַתַּנּוּר הִתִּיר כָּל הַפַּת שֶׁבּוֹ. שֶׁאֵין הַדָּבָר אֶלָּא לִהְיוֹת הֶכֵּר שֶׁהַפַּת שֶׁלָּהֶן אֲסוּרָה:

יד. עַכּוּ"ם שֶׁבִּשֵּׁל לָנוּ יַיִן אוֹ חָלָב אוֹ דְּבַשׁ אוֹ פְּרִישִׁין וְכַיּוֹצֵא בְּאֵלּוּ (מִכָּל) דָּבָר הַנֶּאֱכָל כְּמוֹת שֶׁהוּא חַי הֲרֵי אֵלּוּ מֻתָּרִין. וְלֹא גָּזְרוּ אֶלָּא עַל דָּבָר שֶׁאֵינוֹ נֶאֱכָל כְּמוֹת שֶׁהוּא חַי. כְּגוֹן בָּשָׂר וְדָג תָּפֵל וּבֵיצָה וִירָקוֹת. אִם בִּשְּׁלָן הָעַכּוּ"ם מִתְּחִלָּה וְעַד סוֹף וְלֹא נִשְׁתַּתֵּף יִשְׂרָאֵל עִמּוֹ בְּבִשּׁוּלָן הֲרֵי אֵלּוּ אֲסוּרִין מִשּׁוּם בִּשּׁוּלֵי עַכּוּ"ם:

טו. בַּמֶּה דְּבָרִים אֲמוּרִים בְּדָבָר שֶׁהוּא עוֹלֶה עַל שֻׁלְחַן מְלָכִים לֶאֱכֹל בּוֹ אֶת הַפַּת. כְּגוֹן בָּשָׂר וּבֵיצִים וְדָגִים וְכַיּוֹצֵא בָּהֶם. אֲבָל דָּבָר שֶׁאֵינוֹ עוֹלֶה עַל שֻׁלְחַן מְלָכִים לֶאֱכֹל בּוֹ אֶת הַפַּת כְּגוֹן תֻּרְמוּסִין שֶׁשְּׁלָקוּ אוֹתָן עַכּוּ"ם אַף עַל פִּי שֶׁאֵינָן נֶאֱכָלִין חַיִּין הֲרֵי אֵלּוּ מֻתָּרִין. וְכֵן כָּל כַּיּוֹצֵא בָּהֶן. שֶׁעִקַּר הַגְּזֵרָה מִשּׁוּם חַתְנוּת שֶׁלֹּא יְזַמְּנוֹ הָעַכּוּ"ם אֶצְלוֹ בִּסְעֻדָּה. וְדָבָר שֶׁאֵינוֹ עוֹלֶה עַל שֻׁלְחַן מְלָכִים לֶאֱכֹל בּוֹ אֶת הַפַּת אֵין אָדָם מְזַמֵּן אֶת חֲבֵרוֹ עָלָיו:

טז. וְדָגִים קְטַנִּים שֶׁמְּלָחָן יִשְׂרָאֵל אוֹ עַכּוּ"ם הֲרֵי הֵן כְּמוֹ

שֶׁנִּתְבַּשְּׁלוּ מִקְצָת בִּשּׁוּל. וְאִם צְלָאָן עַכּוּ"ם אַחַר כֵּן מֻתָּרִין. וְכָל שֶׁבִּשְּׁלוֹ יִשְׂרָאֵל מְעַט בִּשּׁוּלוֹ בֵּין בַּתְּחִלָּה בֵּין בַּסּוֹף מֻתָּר. לְפִיכָךְ אִם הִנִּיחַ הָעַכּוּ"ם בָּשָׂר אוֹ קְדֵרָה עַל גַּבֵּי הָאֵשׁ וְהָפַךְ יִשְׂרָאֵל בַּבָּשָׂר וְהֵגִיס בַּקְּדֵרָה אוֹ שֶׁהִנִּיחַ יִשְׂרָאֵל וְגָמַר הָעַכּוּ"ם הֲרֵי זֶה מֻתָּר:

יז. דָּג שֶׁמְּלָחוֹ עַכּוּ"ם וּפֵרוֹת שֶׁעִשְּׁנָן עַד שֶׁהִכְשִׁירָן לַאֲכִילָה הֲרֵי אֵלּוּ מֻתָּרִין. מָלִיחַ אֵינוֹ כְּרוֹתֵחַ בִּגְזֵרָה זוֹ וְהַמְעֻשָּׁן אֵינוֹ כִּמְבֻשָּׁל. וְכֵן קְלָיוֹת שֶׁל עַכּוּ"ם מֻתָּרִין וְלֹא גָּזְרוּ עֲלֵיהֶם שֶׁאֵין אָדָם מְזַמֵּן חֲבֵרוֹ עַל הַקְּלָיוֹת:

יח. פּוֹלִין וַאֲפוּנִין וַעֲדָשִׁים וְכַיּוֹצֵא בָּהֶן שֶׁשּׁוֹלְקִין אוֹתָן הָעַכּוּ"ם וּמוֹכְרִין אוֹתָן אֲסוּרִין מִשּׁוּם בִּשּׁוּלֵי עַכּוּ"ם בְּמָקוֹם שֶׁעוֹלִין עַל שֻׁלְחַן מְלָכִים מִשּׁוּם פַּרְפֶּרֶת. וּמִשּׁוּם גִּעוּלֵי עַכּוּ"ם בְּכָל מָקוֹם שֶׁמָּא יְבַשְּׁלוּ אוֹתָן עִם הַבָּשָׂר אוֹ בִּקְדֵרָה שֶׁבִּשְּׁלוּ בָּהּ בָּשָׂר. וְכֵן הַסֻּפְגָּנִין שֶׁקּוֹלִין אוֹתָן הָעַכּוּ"ם בְּשֶׁמֶן אֲסוּרִין אַף מִשּׁוּם גִּעוּלֵי עַכּוּ"ם:

יט. עַכּוּ"ם שֶׁבִּשֵּׁל וְלֹא נִתְכַּוֵּן לְבִשּׁוּל הֲרֵי זֶה מֻתָּר. כֵּיצַד. עַכּוּ"ם שֶׁהִצִּית אוּר בַּאֲגַם כְּדֵי לְהַעֲבִיר הֶחָצִיר וְנִתְבַּשְּׁלוּ בָּהּ חֲגָבִים הֲרֵי אֵלּוּ מֻתָּרִין. וַאֲפִלּוּ בְּמָקוֹם שֶׁהֵן עוֹלִין עַל שֻׁלְחַן מְלָכִים מִשּׁוּם פַּרְפֶּרֶת. וְכֵן אִם חָרַךְ הָרֹאשׁ לְהַעֲבִיר הַשֵּׂעָר מֻתָּר לֶאֱכֹל מִן הַדִּלְדּוּלִין וּמִן רֹאשׁ אָזְנַיִם שֶׁנִּצְלוּ בִּשְׁעַת חֲרִיכָה:

כ. תְּמָרִים שֶׁשְּׁלָקוּ אוֹתָן עַכּוּ"ם אִם הָיוּ מְתוּקִין מִתְּחִלָּתָן הֲרֵי אֵלּוּ מֻתָּרִין. וְאִם הָיוּ מָרִין וּמְתַקְּנִין הַבִּשּׁוּל הֲרֵי אֵלּוּ אֲסוּרִין. הָיוּ בֵּינוֹנִיִּים הֲרֵי אֵלּוּ אֲסוּרִין:

כא. קָלִי שֶׁל עֲדָשִׁים שֶׁלְּשׁוּ בֵּין בְּמַיִם בֵּין בְּחֹמֶץ הֲרֵי זֶה אָסוּר. אֲבָל קָלִי שֶׁל חִטִּים וּשְׂעוֹרִים שֶׁלָּשִׁין אוֹתָן בְּמַיִם הֲרֵי זֶה מֻתָּר:

כב. שֶׁמֶן שֶׁל עַכּוּ"ם מֻתָּר. וּמִי שֶׁאוֹסְרוֹ הֲרֵי זֶה עוֹמֵד בְּחֵטְא גָּדוֹל. מִפְּנֵי שֶׁמַּמְרֶה עַל פִּי בֵּית דִּין שֶׁהִתִּירוּהוּ. וַאֲפִלּוּ נִתְבַּשֵּׁל הַשֶּׁמֶן הֲרֵי זֶה מֻתָּר. וְאֵינוֹ נֶאֱסָר לֹא מִפְּנֵי בִּשּׁוּלֵי עַכּוּ"ם מִפְּנֵי שֶׁנֶּאֱכָל כְּמוֹת שֶׁהוּא חַי. וְלֹא מִפְּנֵי גִּעוּלֵי עַכּוּ"ם מִפְּנֵי שֶׁהַבָּשָׂר פּוֹגֵם אֶת הַשֶּׁמֶן וּמַסְרִיחוֹ:

כג. וְכֵן דְּבַשׁ שֶׁל עַכּוּ"ם שֶׁנִּתְבַּשֵּׁל וְעָשׂוּ מִמֶּנּוּ מִינֵי מְתִיקָה מֻתָּר מִטַּעַם זֶה:

כד. כּוֹסְפָן שֶׁל עַכּוּ"ם שֶׁהוּחַמּוּ חַמִּין בֵּין בְּיוֹרָה גְּדוֹלָה בֵּין בְּיוֹרָה קְטַנָּה מֻתָּר מִפְּנֵי שֶׁנּוֹתֵן טַעַם לִפְגָם הוּא. וְכֵן כְּבָשִׁין שֶׁאֵין דַּרְכָּן לָתֵת לְתוֹכָן חֹמֶץ אוֹ יַיִן אוֹ זֵיתִים הַכְּבוּשִׁין וַחֲגָבִים הַכְּבוּשִׁין שֶׁבָּאִין מִן הָאוֹצָר מֻתָּרִין. אֲבָל חֲגָבִים וּכְבָשִׁים שֶׁמְּזַלְּפִין עֲלֵיהֶן יַיִן אֲסוּרִין. וְכֵן אִם הָיוּ מְזַלְּפִין עֲלֵיהֶן חֹמֶץ וַאֲפִלּוּ חֹמֶץ שֵׁכָר אֲסוּרִין:

כה. וּמִפְּנֵי מָה אָסְרוּ חֹמֶץ שֵׁכָר שֶׁל עַכּוּ"ם מִפְּנֵי שֶׁמַּשְׁלִיכִין לְתוֹכוֹ שִׁמְרֵי יַיִן. לְפִיכָךְ הַנִּלְקָח מִן הָאוֹצָר מֻתָּר:

כו. הַמּוּרְיָס בְּמָקוֹם שֶׁדַּרְכָּן לָתֵת לְתוֹכוֹ יַיִן אָסוּר. וְאִם הָיָה הַיַּיִן יָקָר מִן הַמּוּרְיָס מֻתָּר. וְכָזֶה מוֹרִין בְּכָל דָּבָר שֶׁחוֹשְׁשִׁין לוֹ שֶׁמָּא עֵרְבוּ בּוֹ הָעַכּוּ"ם דָּבָר אָסוּר. שֶׁאֵין אָדָם מְעָרֵב דָּבָר הַיָּקָר בְּזוֹל שֶׁהֲרֵי מַפְסִיד. אֲבָל מְעָרֵב הַזּוֹל בְּיָקָר כְּדֵי לְהִשְׂתַּכֵּר:

כז. קָטָן שֶׁאָכַל אֶחָד מִמַּאֲכָלוֹת אֲסוּרוֹת. אוֹ שֶׁעָשָׂה מְלָאכָה בְּשַׁבָּת. אֵין בֵּית דִּין מְצֻוִּין עָלָיו לְהַפְרִישׁוֹ לְפִי שֶׁאֵינוֹ בֶּן דַּעַת. בַּמֶּה דְּבָרִים אֲמוּרִים בְּשֶׁעָשָׂה מֵעַצְמוֹ. אֲבָל לְהַאֲכִילוֹ בְּיָדַיִם אָסוּר וַאֲפִלּוּ דְּבָרִים שֶׁאִסּוּרָן מִדִּבְרֵי סוֹפְרִים. וְכֵן אָסוּר לְהַרְגִּילוֹ בְּחִלּוּל שַׁבָּת וּמוֹעֵד וַאֲפִלּוּ בִּדְבָרִים שֶׁהֵן מִשּׁוּם שְׁבוּת:

כח. אַף עַל פִּי שֶׁאֵין בֵּית דִּין מְצֻוִּין לְהַפְרִישׁ אֶת הַקָּטָן. מִצְוָה עַל אָבִיו לִגְעֹר בּוֹ וּלְהַפְרִישׁוֹ כְּדֵי לְחַנְּכוֹ בִּקְדֻשָּׁה. שֶׁנֶּאֱמַר (משלי כב ו) "חֲנֹךְ לַנַּעַר עַל פִּי דַרְכּוֹ" וְגוֹ':

כט. אָסְרוּ חֲכָמִים מַאֲכָלוֹת וּמַשְׁקִין שֶׁנֶּפֶשׁ רֹב בְּנֵי אָדָם קָהָה מֵהֶן כְּגוֹן מַאֲכָלוֹת וּמַשְׁקִין שֶׁנִּתְעָרֵב בָּהֶן קִיא אוֹ צוֹאָה וְלֵחָה סְרוּחָה וְכַיּוֹצֵא בָּהֶן. וְכֵן אָסְרוּ חֲכָמִים לֶאֱכֹל וְלִשְׁתּוֹת בְּכֵלִים הַצּוֹאִים שֶׁנַּפְשׁוֹ שֶׁל אָדָם מִתְאוֹנֶנֶת מֵהֶם. כְּגוֹן כְּלֵי בֵּית הַכִּסֵּא וּכְלֵי זְכוּכִית שֶׁל סַפָּרִין שֶׁגּוֹרְעִין בָּהֶם אֶת הַדָּם וְכַיּוֹצֵא בָּהֶן:

ל. וְכֵן אָסְרוּ לֶאֱכֹל בְּיָדַיִם מְסֹאָבוֹת מְזֻהָמוֹת. וְעַל גַּבֵּי כֵּלִים מְלֻכְלָכִים. שֶׁכָּל דְּבָרִים אֵלּוּ בִּכְלַל (ויקרא יא מג) "אַל תְּשַׁקְּצוּ אֶת נַפְשֹׁתֵיכֶם". וְהָאוֹכֵל מַאֲכָלוֹת אֵלּוּ מַכִּין אוֹתוֹ מַכַּת מַרְדּוּת:

לא. וְכֵן אָסוּר לְאָדָם שֶׁיְּשַׁהֶה אֶת נְקָבָיו כְּלָל בֵּין גְּדוֹלִים בֵּין קְטַנִּים. וְכָל הַמְשַׁהֶה נְקָבָיו הֲרֵי זֶה בִּכְלַל מְשַׁקֵּץ נַפְשׁוֹ. יֶתֶר עַל חֳלָאִים רָעִים שֶׁיָּבִיא עַל עַצְמוֹ וְיִתְחַיֵּב בְּנַפְשׁוֹ. אֶלָּא רָאוּי לוֹ לְהַרְגִּיל עַצְמוֹ בְּעִתִּים מְזֻמָּנִים כְּדֵי שֶׁלֹּא יִתְרַחֵק בִּפְנֵי בְּנֵי אָדָם וְלֹא יְשַׁקֵּץ נַפְשׁוֹ:

לב. וְכָל הַנִּזְהָר בִּדְבָרִים אֵלּוּ מֵבִיא קְדֻשָּׁה וְטָהֳרָה יְתֵרָה לְנַפְשׁוֹ. וּמְמָרֵק נַפְשׁוֹ לְשֵׁם הַקָּדוֹשׁ בָּרוּךְ הוּא שֶׁנֶּאֱמַר (ויקרא יא מד) "וְהִתְקַדִּשְׁתֶּם וִהְיִיתֶם קְדֹשִׁים כִּי קָדוֹשׁ אָנִי":

Additional, Useful Features of Interest for Studying Rambam's Mishneh Torah

Scan QR code onto your mobile device to link to our website.
https://rambampress.com/

הלכות שחיטה
Hilchot Shechitah
THE LAWS OF RITUAL SLAUGHTER

They consist of five *mitzvot*:	יש בכללן ה׳ מצות
Three positive commandments and two negative commandments	ג׳ מצות עשה וב׳ מצות ל״ת
They are:	וזהו פרטן:
1. To slaughter an animal, and then to eat it	א. לשחוט ואח״כ יאכל
2. Not to slaughter an animal and its offspring on the same day	ב. שלא לשחוט אותו ואת בנו ביום אחד
3. To cover the blood of slaughtered beasts and fowl	ג. לכסות דם חיה ועוף
4. Not to take a mother bird together with its young	ד. שלא ליקח האם על הבנים
5. To send away the mother when taking her with her young	ה. לשלח האם אם לקחה על הבנים

HOLINESS IN RELATION TO FOOD FROM ANIMALS AND FOWL CONTINUED – HOW TO SLAUGHTER

Perek 1

Introduction.

To eat meat of a domestic animal, beast or bird, one must first slaughter[1]

Applies to domesticated animals, beasts (e.g. deer) and fowl.

Fish and locusts do not need *shechitah* (slaughtering).

Before *shechting*, a *brachah* is recited.

After *shechitah*, one must wait for death throes to cease.

The following factors (8) need attention regarding *shechitah* and are derived from Oral Law:

1. The place on animal where *shechitah* is performed
2. Measure of *shechitah*
3. With what do we slaughter
4. When
5. Venue of slaughter
6. How
7. Disqualifying factors
8. Who can slaughter

1) PLACE

Neck

- Gullet   Between throat and digestive system

• Wind Pipe Between the cap over top *ring* of windpipe and the lung

Should slaughter in centre of neck.

2) MEASURE

The one cut must sever both the gullet and windpipe more than halfway.

These signs must be checked.

3) INSTRUMENTS OF SLAUGHTER

Anything with a sharp and smooth edge. (E.g. knife, flint stone etc.)

A knife should be checked on 3 sides i.e. tip plus both sides to make sure there are no blemishes. If there is even the slightest nick, *shechitah* will be unacceptable. Checking should also take place after *shechitah.*

One should not rely on oneself to do the checking, but should bring it to the Rav.

4) TIME

Day and night acceptable. As long as one can see what one is doing.

פרק א׳

א. מִצְוַת עֲשֵׂה שֶׁיִּשְׁחֹט מִי שֶׁיִּרְצֶה לֶאֱכֹל בְּשַׂר בְּהֵמָה חַיָּה וְעוֹף וְאַחַר כָּךְ יֹאכַל שֶׁנֶּאֱמַר (דברים יב כא) ״וְזָבַחְתָּ מִבְּקָרְךָ וּמִצֹּאנְךָ״. וְנֶאֱמַר בִּבְכוֹר בַּעַל מוּם (דברים יב כב) ״אַךְ כַּאֲשֶׁר יֵאָכֵל אֶת הַצְּבִי וְאֶת הָאַיָּל״. הָא לָמַדְתָּ שֶׁחַיָּה כִּבְהֵמָה לְעִנְיַן שְׁחִיטָה. וּבְעוֹף הוּא אוֹמֵר (ויקרא יז יג) ״אֲשֶׁר יָצוּד צֵיד חַיָּה אוֹ עוֹף״ וְגוֹ׳ (ויקרא יז יג) ״וְשָׁפַךְ אֶת דָּמוֹ״ מְלַמֵּד שֶׁשְּׁפִיכַת דַּם הָעוֹף כִּשְׁפִיכַת דַּם הַחַיָּה:

ב. וְהִלְכוֹת שְׁחִיטָה בִּכְלָן אַחַת הֵן. לְפִיכָךְ הַשּׁוֹחֵט בְּהֵמָה אוֹ חַיָּה אוֹ עוֹף מְבָרֵךְ תְּחִלָּה אֲשֶׁר קִדְּשָׁנוּ בְּמִצְוֹתָיו וְצִוָּנוּ עַל הַשְּׁחִיטָה. וְאִם לֹא בֵּרֵךְ בֵּין בְּשׁוֹגֵג בֵּין בְּמֵזִיד הַבָּשָׂר מֻתָּר. וְאָסוּר לֶאֱכֹל מִן הַשְּׁחוּטָה כָּל זְמַן שֶׁהִיא מְפַרְכֶּסֶת. וְהָאוֹכֵל מִמֶּנָּה קֹדֶם שֶׁתֵּצֵא נַפְשָׁהּ עוֹבֵר בְּלֹא תַעֲשֶׂה. וַהֲרֵי הוּא בִּכְלַל (ויקרא יט כו) ״לֹא תֹאכְלוּ עַל הַדָּם״ וְאֵינוֹ לוֹקֶה. וּמֻתָּר לַחְתֹּךְ מִמֶּנָּה אַחַר שְׁחִיטָה קֹדֶם שֶׁתֵּצֵא נַפְשָׁהּ וּמוֹלְחוֹ יָפֶה יָפֶה וּמְדִיחוֹ יָפֶה יָפֶה וּמַנִּיחוֹ עַד שֶׁתָּמוּת וְאַחַר כָּךְ יֹאכְלֶנּוּ:

ג. דָּגִים וַחֲגָבִים אֵינָן צְרִיכִים שְׁחִיטָה אֶלָּא אֲסִיפָתָן הִיא הַמַּתֶּרֶת אוֹתָן. הֲרֵי הוּא אוֹמֵר (במדבר יא כב) ״הֲצֹאן וּבָקָר יִשָּׁחֵט לָהֶם וּמָצָא לָהֶם אִם אֶת כָּל דְּגֵי הַיָּם יֵאָסֵף לָהֶם״, אֲסֵפַת דָּגִים כִּשְׁחִיטַת בָּקָר וָצֹאן. וּבַחֲגָבִים נֶאֱמַר (ישעיה לג ד) ״אֹסֶף הֶחָסִיל״, בַּאֲסִיפָה לְבַדָּהּ. לְפִיכָךְ אִם מֵתוּ מֵאֲלֵיהֶן בְּתוֹךְ הַמַּיִם מֻתָּרִין. וּמֻתָּר לְאָכְלָן חַיִּים:

ד. זְבִיחָה זוֹ הָאֲמוּרָה בַּתּוֹרָה סְתָם צָרִיךְ לְפָרֵשׁ אוֹתָהּ וְלֵידַע בְּאֵי זֶה מָקוֹם מִן הַבְּהֵמָה שׁוֹחֲטִין. וְכַמָּה שִׁעוּר הַשְּׁחִיטָה. וּבְאֵי זֶה דָּבָר שׁוֹחֲטִין. וּמָתַי שׁוֹחֲטִין. וְהֵיכָן שׁוֹחֲטִין. וְכֵיצַד שׁוֹחֲטִין. וּמַה הֵן הַדְּבָרִים הַמַּפְסִידִין אֶת הַשְּׁחִיטָה. וּמִי הוּא הַשּׁוֹחֵט. וְעַל כָּל הַדְּבָרִים הָאֵלּוּ צִוָּנוּ בַּתּוֹרָה וְאָמַר (דברים יב כא) ״וְזָבַחְתָּ מִבְּקָרְךָ״ וְגוֹ׳ (דברים יב כא) ״כַּאֲשֶׁר צִוִּיתִךָ וְאָכַלְתָּ בִּשְׁעָרֶיךָ״ וְגוֹ׳ שֶׁכָּל הַדְּבָרִים הָאֵלּוּ עַל פֶּה צִוָּה בָּהֶן כִּשְׁאָר תּוֹרָה שֶׁבְּעַל פֶּה שֶׁהִיא הַנִּקְרֵאת (שמות כד יב) ״מִצְוָה״ כְּמוֹ שֶׁבֵּאַרְנוּ בִּתְחִלַּת חִבּוּר זֶה:

ה. מְקוֹם הַשְּׁחִיטָה מִן הַחַי הוּא הַצַּוָּאר. וְכָל הַצַּוָּאר כָּשֵׁר לִשְׁחִיטָה. כֵּיצַד. בַּוֵּשֶׁט מִתְּחִלַּת הַמָּקוֹם שֶׁכְּשֶׁחוֹתְכִין אוֹתוֹ מִתְכַּוֵּץ עַד מָקוֹם שֶׁיַּשְׂעִיר וְיַתְחִיל לִהְיוֹת פְּרָצִין פְּרָצִין כְּכֶרֶס. זֶה הוּא מְקוֹם הַשְּׁחִיטָה בַּוֵּשֶׁט:

ו. שָׁחַט לְמַעְלָה מִמָּקוֹם זֶה וְהוּא הַנִּקְרָא תַּרְבַּץ הַוֵּשֶׁט אוֹ לְמַטָּה מִמָּקוֹם זֶה וְהוּא מִתְּחִלַּת בְּנֵי מֵעַיִם שְׁחִיטָתוֹ פְּסוּלָה. וְשִׁעוּר תַּרְבַּץ הַוֵּשֶׁט שֶׁאֵינוֹ רָאוּי לִשְׁחִיטָה לְמַעְלָה בִּבְהֵמָה וְחַיָּה כְּדֵי שֶׁיֹּאחַז בִּשְׁתֵּי אֶצְבְּעוֹתָיו וּבְעוֹף הַכֹּל לְפִי גָּדְלוֹ וְקָטְנוֹ. וּלְמַטָּה עַד הַזֶּפֶק:

ז. וְאֵי זֶה הוּא מְקוֹם שְׁחִיטָה בַּקָּנֶה. מִשִּׁפּוּי כּוֹבַע וּלְמַטָּה עַד רֹאשׁ כְּנַף הָרֵאָה כְּשֶׁתִּמְשֹׁךְ הַבְּהֵמָה צַוָּארָהּ לִרְעוֹת. זֶה הוּא מְקוֹם הַשְּׁחִיטָה בַּקָּנֶה. וְכָל שֶׁכְּנֶגֶד הַמָּקוֹם הַזֶּה מִבַּחוּץ נִקְרָא צַוָּאר:

ח. אָנְסָה הַבְּהֵמָה עַצְמָהּ וּמָשְׁכָה צַוָּארָהּ הַרְבֵּה אוֹ שֶׁאִנֵּס הַשּׁוֹחֵט אֶת הַסִּימָנִין וּמְשָׁכָן לְמַעְלָה וְשָׁחַט בִּמְקוֹם שְׁחִיטָה בַּצַּוָּאר וְנִמְצֵאת הַשְּׁחִיטָה בַּקָּנֶה אוֹ בַּוֵּשֶׁט שֶׁלֹּא בִּמְקוֹם שְׁחִיטָה הֲרֵי זֶה סְפֵק נְבֵלָה:

ט. וְצָרִיךְ הַשּׁוֹחֵט שֶׁיִּשְׁחֹט בְּאֶמְצַע הַצַּוָּאר. וְאִם שָׁחַט מִן הַצְּדָדִין שְׁחִיטָתוֹ כְּשֵׁרָה. וְכַמָּה הוּא שִׁעוּר הַשְּׁחִיטָה. שְׁנֵי הַסִּימָנִין שֶׁהֵן הַקָּנֶה וְהַוֵּשֶׁט הַשְּׁחִיטָה הַמְעֻלָּה שֶׁיֵּחָתְכוּ שְׁנֵיהֶן בֵּין בִּבְהֵמָה בֵּין בְּעוֹף. וְלָזֶה יִתְכַּוֵּן הַשּׁוֹחֵט. וְאִם שָׁחַט רֹב אֶחָד מֵהֶן בְּעוֹף וְרֹב הַשְּׁנַיִם בִּבְהֵמָה וּבְחַיָּה שְׁחִיטָתוֹ כְּשֵׁרָה:

י. שָׁחַט הָאֶחָד כֻּלּוֹ וְחֶצְיָהּ הַשֵּׁנִי בִּבְהֵמָה שְׁחִיטָתוֹ פְּסוּלָה. רֻבּוֹ שֶׁל זֶה וְרֻבּוֹ שֶׁל זֶה אַף עַל פִּי שֶׁלֹּא שָׁחַט מִכָּל אֶחָד מֵהֶן אֶלָּא יֶתֶר עַל חֶצְיוֹ כְּחוּט הַשַּׂעֲרָה הֲרֵי זוֹ כְּשֵׁרָה. כֵּיוָן שֶׁשָּׁחַט יֶתֶר עַל חֶצְיוֹ כָּל שֶׁהוּא רֻבּוֹ הוּא:

יא. שָׁחַט חֶצְיוֹ שֶׁל זֶה וְחֶצְיוֹ שֶׁל זֶה אֲפִלּוּ בְּעוֹף שְׁחִיטָתוֹ פְּסוּלָה. קָנֶה שֶׁהָיָה חֶצְיוֹ פָּסוּק וְשָׁחַט עַל מָקוֹם הֶחָתוּךְ מְעַט וְהִשְׁלִימוֹ לְרֹב בֵּין שֶׁהִתְחִיל לִשְׁחֹט בְּמָקוֹם הַשָּׁלֵם וּפָגַע בַּחֲתָךְ בֵּין שֶׁהִכְנִיס אֶת הַסַּכִּין בַּחֲתָךְ וְהִשְׁלִימוֹ לְרֹב שְׁחִיטָתוֹ כְּשֵׁרָה:

יב. כָּל הַשּׁוֹחֵט צָרִיךְ לִבְדֹּק הַסִּימָנִין לְאַחַר שְׁחִיטָה. וְאִם לֹא בָּדַק וְנֶחְתַּךְ הָרֹאשׁ קֹדֶם שֶׁיִּבָּדֵק הֲרֵי זוֹ נְבֵלָה. וַאֲפִלּוּ הָיָה הַשּׁוֹחֵט זָרִיז וּמָהִיר:

יג. כָּל בְּהֵמָה בְּחַיֶּיהָ בְּחֶזְקַת אִסּוּר עוֹמֶדֶת עַד שֶׁיִּוָּדַע בְּוַדַּאי שֶׁנִּשְׁחֲטָה שְׁחִיטָה כְּשֵׁרָה:

יד. וּבְאֵי זֶה דָּבָר שׁוֹחֲטִין. בְּכָל דָּבָר בֵּין בְּסַכִּין שֶׁל מַתֶּכֶת בֵּין בְּצוּר אוֹ בִּזְכוּכִית אוֹ בִּקְרוּמִית שֶׁל קְנֵה הָאֲגַם וְכַיּוֹצֵא בָּהֶן מִדְּבָרִים הַחוֹתְכִין. וְהוּא שֶׁיִּהְיֶה פִּיהָ חַד וְלֹא יִהְיֶה בָּהּ פְּגָם. אֲבָל אִם הָיָה כְּמוֹ תֶּלֶם בְּחִדּוֹ שֶׁל דָּבָר שֶׁשּׁוֹחֲטִין בּוֹ וַאֲפִלּוּ הָיָה הַתֶּלֶם קָטָן בְּיוֹתֵר שְׁחִיטָתוֹ פְּסוּלָה:

טו. הָיָה הַתֶּלֶם הַזֶּה מֵרוּחַ אַחַת לֹא יִשְׁחֹט בָּהּ. וְאִם שָׁחַט דֶּרֶךְ הָרוּחַ שֶׁאֵין הַפְּגִימָה נִכֶּרֶת בָּהּ שְׁחִיטָתוֹ כְּשֵׁרָה:

טז. כֵּיצַד. סַכִּין שֶׁתִּבָּדֵק בְּהוֹלָכָה וְלֹא תַּרְגִּישׁ שֶׁיֵּשׁ בָּהּ פְּגָם וּכְשֶׁתַּחֲזִיר אוֹתָהּ בַּהֲבָאָה תַּרְגִּישׁ שֶׁיֵּשׁ בָּהּ פְּגָם. אִם שָׁחַט בָּהּ דֶּרֶךְ הוֹלָכָה וְלֹא הֵבִיא שְׁחִיטָתוֹ כְּשֵׁרָה. וְאִם הֵבִיא שְׁחִיטָתוֹ פְּסוּלָה:

יז. סַכִּין שֶׁהִיא עוֹלָה וְיוֹרֶדֶת כְּנָחָשׁ וְאֵין בָּהּ פְּגָם שׁוֹחֲטִין בָּהּ לְכַתְּחִלָּה. וְסַכִּין שֶׁפִּיהָ חָלָק וְאֵינָהּ חַדָּה הוֹאִיל וְאֵין בָּהּ פְּגָם שׁוֹחֲטִין בָּהּ. וְאַף עַל פִּי שֶׁהוֹלִיךְ וְהֵבִיא בָּהּ כָּל הַיּוֹם עַד שֶׁשְּׁחָטָהּ שְׁחִיטָתוֹ כְּשֵׁרָה:

יח. סַכִּין חַדָּה שֶׁהֻשְׁחֲזָה וַהֲרֵי אֵינָהּ חֲלָקָה אֶלָּא מַגַּעְתָּהּ כְּמַגָּע רֹאשׁ הַשִּׁבֹּלֶת שֶׁהוּא מִסְתַּבֵּךְ בְּאֶצְבַּע. הוֹאִיל וְאֵין בָּהּ פְּגָם שׁוֹחֲטִין בָּהּ:

יט. הַתּוֹלֵשׁ קָנֶה אוֹ שֵׁן אוֹ שֶׁקָּצַץ צוּר אוֹ צִפֹּרֶן וַהֲרֵי הֵן חַדִּין וְאֵין בָּהֶן פְּגָם שׁוֹחֲטִין בָּהֶן. וְאִם נְעָצָן בַּקַּרְקַע לֹא יִשְׁחֹט בָּהֶן כְּשֶׁהֵן נְעוּצִין. וְאִם שָׁחַט שְׁחִיטָתוֹ כְּשֵׁרָה:

כ. שָׁחַט בָּהֶן כְּשֶׁהֵן מְחֻבָּרִין מִתְּחִלַּת בְּרִיָּתָן קֹדֶם שֶׁיֵּעָקֵר אוֹתָן שְׁחִיטָתוֹ פְּסוּלָה. וְאַף עַל פִּי שֶׁאֵין בָּהֶם פְּגָם:

כא. לָקַח לְחִי בְּהֵמָה שֶׁיֵּשׁ בּוֹ שִׁנַּיִם חַדּוֹת וְשָׁחַט בָּהֶן שְׁחִיטָתוֹ פְּסוּלָה. מִפְּנֵי שֶׁהֵן כְּמַגָּל. אֲבָל בְּשֵׁן אַחַת הַקְּבוּעָה בַּלֶּחִי שׁוֹחֵט בָּהּ לְכַתְּחִלָּה וְאַף עַל פִּי שֶׁהִיא קְבוּעָה בּוֹ:

כב. לִבֵּן הַסַּכִּין בָּאוּר וְשָׁחַט בָּהּ שְׁחִיטָתוֹ כְּשֵׁרָה. סַכִּין שֶׁצִּדָּהּ אֶחָד מַגָּל וְצִדָּהּ הַשֵּׁנִי יָפֶה לֹא יִשְׁחֹט בַּצַּד הַיָּפֶה לְכַתְּחִלָּה גְּזֵרָה שֶׁמָּא יִשְׁחֹט בַּצַּד הָאַחֵר. וְאִם שָׁחַט הוֹאִיל וּבַצַּד הַיָּפֶה שָׁחַט שְׁחִיטָתוֹ כְּשֵׁרָה:

כג. הַשּׁוֹחֵט צָרִיךְ שֶׁיִּבְדֹּק הַסַּכִּין בְּחֻדָּהּ וּמִצַּד זֶה וּמִצַּד זֶה. וְכֵיצַד בּוֹדְקָהּ. מוֹלִיכָהּ וּמְבִיאָהּ עַל בְּשַׂר אֶצְבָּעוֹ וּמוֹלִיכָהּ וּמְבִיאָהּ עַל צִפָּרְנוֹ מִשָּׁלֹשׁ רוּחוֹתֶיהָ שֶׁהֵן פִּיהָ וּשְׁנֵי צְדָדָיו כְּדֵי שֶׁלֹּא יִהְיֶה בָּהּ פְּגָם כְּלָל וְאַחַר כָּךְ יִשְׁחֹט בָּהּ:

כד. וְצָרִיךְ לִבְדֹּק כֵּן אַחַר הַשְּׁחִיטָה שֶׁאִם מָצָא בָּהּ פְּגָם אַחַר הַשְּׁחִיטָה הֲרֵי זוֹ סְפֵק נְבֵלָה שֶׁמָּא בָּעוֹר נִפְגְּמָה וּכְשֶׁשָּׁחַט הַסִּימָנִים בְּסַכִּין פְּגוּמָה שָׁחַט. לְפִיכָךְ הַשּׁוֹחֵט בְּהֵמוֹת רַבּוֹת אוֹ עוֹפוֹת רַבִּים צָרִיךְ לִבְדֹּק בֵּין כָּל אַחַת וְאַחַת. שֶׁאִם לֹא בָּדַק וּבָדַק בָּאַחֲרוֹנָה וְנִמְצֵאת סַכִּין פְּגוּמָה הֲרֵי הַכֹּל סְפֵק נְבֵלוֹת וַאֲפִלּוּ הָרִאשׁוֹנָה:

כה. בָּדַק הַסַּכִּין וְשָׁחַט בָּהּ וְלֹא בְּדָקָהּ אַחַר שְׁחִיטָה וְשָׁבַר בָּהּ עֶצֶם אוֹ עֵץ וְכַיּוֹצֵא בָּהֶן וְאַחַר כָּךְ בָּדַק וּמְצָאָהּ פְּגוּמָה שְׁחִיטָתוֹ כְּשֵׁרָה. שֶׁחֶזְקַת הַסַּכִּין שֶׁנִּפְגְּמָה בַּדָּבָר הַקָּשֶׁה שֶׁשָּׁבַר בָּהּ. וְכֵן אִם פָּשַׁע וְלֹא בָּדַק הַסַּכִּין אוֹ שֶׁאָבְדָה הַסַּכִּין עַד שֶׁלֹּא יִבְדֹּק שְׁחִיטָתוֹ כְּשֵׁרָה:

כו. כָּל טַבָּח שֶׁלֹּא בָּדַק הַסַּכִּין שֶׁלּוֹ שֶׁשּׁוֹחֵט בָּהּ לִפְנֵי חָכָם וְשָׁחַט בָּהּ לְעַצְמוֹ בּוֹדְקִין אוֹתָהּ. אִם נִמְצֵאת יָפָה וּבְדוּקָה מְנַדִּין אוֹתוֹ לְפִי שֶׁיִּסְמֹךְ עַל עַצְמוֹ פַּעַם אַחֶרֶת וְתִהְיֶה פְּגוּמָה וְיִשְׁחֹט בָּהּ. וְאִם נִמְצֵאת פְּגוּמָה מַעֲבִירִין אוֹתוֹ וּמְנַדִּין אוֹתוֹ וּמַכְרִיזִין עַל כָּל בָּשָׂר שֶׁשָּׁחַט שֶׁהוּא טְרֵפָה:

כז. כַּמָּה הוּא אֹרֶךְ הַסַּכִּין שֶׁשּׁוֹחֵט. כָּל שֶׁהוּא. וְהוּא שֶׁלֹּא יִהְיֶה דָּבָר דַּק שֶׁנּוֹקֵב וְאֵינוֹ שׁוֹחֵט כְּמוֹ רֹאשׁ הָאִזְמֵל הַקָּטָן וְכַיּוֹצֵא בּוֹ:

כח. וּמָתַי שׁוֹחֲטִין. בְּכָל זְמַן. בֵּין בַּיּוֹם בֵּין בַּלַּיְלָה. וְהוּא שֶׁתִּהְיֶה אֲבוּקָה עִמּוֹ כְּדֵי שֶׁיִּרְאֶה מַה יַּעֲשֶׂה. וְאִם שָׁחַט בָּאֲפֵלָה שְׁחִיטָתוֹ כְּשֵׁרָה:

כט. הַשּׁוֹחֵט בְּיוֹם הַכִּפּוּרִים אוֹ בְּשַׁבָּת בְּשׁוֹגֵג אַף עַל פִּי שֶׁאִלּוּ הָיָה מֵזִיד הָיָה מִתְחַיֵּב בְּנַפְשׁוֹ אוֹ מִתְחַיֵּב מַלְקוֹת עַל יוֹם הַכִּפּוּרִים שְׁחִיטָתוֹ כְּשֵׁרָה

Perek 2

Shechitah continued.

5) VENUE OF SLAUGHTER

Any place except Temple Courtyard.

6) HOW SLAUGHTERED

Action must be continuous back and forth action on an extended neck. Slaughterer (*shochet*) can go backwards and forwards, even many times as long as he doesn't interrupt by lifting the knife.

If one completes slaughter with one move forward or one move backwards, it is acceptable.

Man's power must be involved. His thoughts and intentions are also important.

פרק ב׳

א. בְּכָל מָקוֹם מֻתָּר לִשְׁחֹט חוּץ מִן הָעֲזָרָה. שֶׁאֵין שׁוֹחֲטִין בָּעֲזָרָה אֶלָּא קָדְשֵׁי מִזְבֵּחַ בִּלְבַד. אֲבָל הַחֻלִּין אָסוּר לְשָׁחֳטָן בָּעֲזָרָה בֵּין בְּהֵמָה בֵּין חַיָּה בֵּין עוֹף. וְכֵן הוּא אוֹמֵר בִּבְשַׂר תַּאֲוָה (דברים יב כא) "כִּי יִרְחַק מִמְּךָ הַמָּקוֹם אֲשֶׁר יִבְחַר ה'" וְגוֹ' (דברים יב כא) "וְזָבַחְתָּ מִבְּקָרְךָ וּמִצֹּאנְךָ" וְגוֹ' (דברים יב כא) "וְאָכַלְתָּ בִּשְׁעָרֶיךָ". הָא לָמַדְתָּ שֶׁאֵין שׁוֹחֲטִין בְּשַׂר תַּאֲוָה אֶלָּא חוּץ לַמָּקוֹם (דברים יב כא) "אֲשֶׁר בָּחַר ה'":

ב. וְזֶה שֶׁנִּשְׁחַט חוּץ לַמָּקוֹם הוּא שֶׁמֻּתָּר לְאָכְלוֹ בְּכָל הַשְּׁעָרִים. אֲבָל הַשּׁוֹחֵט חֻלִּין בָּעֲזָרָה אוֹתוֹ הַבָּשָׂר טָהוֹר וְאָסוּר בַּהֲנָיָה כְּבָשָׂר בְּחָלָב וְכַיּוֹצֵא בּוֹ. וְקוֹבְרִים אוֹתוֹ וְאֶפְרוֹ אָסוּר אֲפִלּוּ שָׁחַט לִרְפוּאָה אוֹ לַאֲכִילַת עַכּוּ"ם אוֹ לְהַאֲכִיל לִכְלָבִים. אֲבָל הַנּוֹחֵר בָּעֲזָרָה. וְהַמְעַקֵּר. וְעַכּוּ"ם שֶׁשָּׁחַט. וְהַשּׁוֹחֵט וְנִמְצָא טְרֵפָה. וְהַשּׁוֹחֵט בְּהֵמָה חַיָּה וְעוֹף הַטְּמֵאִים בָּעֲזָרָה. הֲרֵי אֵלּוּ כֻּלָּן מֻתָּרִין בַּהֲנָיָה:

ג. וְלֹא בְּהֵמָה וְחַיָּה בִּלְבַד אֶלָּא כָּל הַחֻלִּין אָסוּר לְהַכְנִיסָן לַעֲזָרָה. אֲפִלּוּ בְּשַׂר שְׁחוּטָה אוֹ פֵּרוֹת וּפַת. אִם עָבַר וְהִכְנִיסָן מֻתָּרִין בַּאֲכִילָה כְּשֶׁהָיוּ. וּדְבָרִים אֵלּוּ כֻּלָּן דִּבְרֵי קַבָּלָה הֵן. וְכָל הַשּׁוֹחֵט חֻלִּין בָּעֲזָרָה אוֹ הָאוֹכֵל כְּזַיִת מִבְּשַׂר חֻלִּין שֶׁנִּשְׁחֲטוּ בָּעֲזָרָה מַכִּין אוֹתוֹ מַכַּת מַרְדּוּת:

ד. הָאוֹמֵר בְּהֵמָה זוֹ שְׁלָמִים וּוְלָדָהּ חֻלִּין. אִם נִשְׁחֲטָה בָּעֲזָרָה וְלָדָהּ מֻתָּר בַּאֲכִילָה. לְפִי שֶׁאֵינוֹ יָכוֹל לִשְׁחֹט אוֹתוֹ בְּרִחוּק מָקוֹם:

ה. אֵין שׁוֹחֲטִין לְתוֹךְ יַמִּים וּנְהָרוֹת שֶׁמָּא יֹאמְרוּ עוֹבֵד מַיִם הוּא זֶה וְנִרְאֶה כְּמַקְרִיב לַמַּיִם. וְלֹא יִשְׁחֹט לִכְלִי מָלֵא מַיִם שֶׁמָּא יֹאמְרוּ לַצּוּרָה שֶׁתֵּרָאֶה בַּמַּיִם שָׁחַט. וְלֹא יִשְׁחֹט בְּתוֹךְ כֵּלִים וְלֹא לְתוֹךְ הַגֻּמָּא שֶׁכֵּן דֶּרֶךְ עוֹבְדֵי עַכּוּ"ם. וְאִם שָׁחַט שְׁחִיטָתוֹ כְּשֵׁרָה:

ו. שׁוֹחֲטִין לִכְלִי מַיִם עֲכוּרִין שֶׁאֵין הַצּוּרָה נִרְאֵית בָּהֶן. וְכֵן שׁוֹחֵט חוּץ לְגֻמָּא וְהַדָּם שׁוֹתֵת וְיוֹרֵד לַגֻּמָּא. וּבַשּׁוּק לֹא יַעֲשֶׂה כֵּן שֶׁמָּא יְחַקֶּה אֶת הַמִּינִים. וְאִם שָׁחַט לְגֻמָּא בַּשּׁוּק אָסוּר לֶאֱכֹל מִשְּׁחִיטָתוֹ עַד שֶׁיִּבְדְּקוּ אַחֲרָיו שֶׁמָּא מִין הוּא. וּמֻתָּר לִשְׁחֹט עַל דֹּפֶן הַסְּפִינָה וְהַדָּם שׁוֹתֵת עַל הַדֹּפֶן וְיוֹרֵד לַמַּיִם. וּמֻתָּר לִשְׁחֹט עַל גַּבֵּי הַכֵּלִים:

ז. כֵּיצַד שׁוֹחֲטִין. מוֹתֵחַ אֶת הַצַּוָּאר וּמוֹלִיךְ הַסַּכִּין וּמְבִיאָהּ עַד שֶׁשּׁוֹחֵט. בֵּין שֶׁהָיְתָה הַבְּהֵמָה רְבוּצָה בֵּין שֶׁהָיְתָה עוֹמֶדֶת וְאָחַז בְּעָרְפָּהּ וְהַסַּכִּין בְּיָדוֹ מִלְּמַטָּה וְשָׁחַט הֲרֵי זוֹ כְּשֵׁרָה:

ח. נָעַץ אֶת הַסַּכִּין בַּכֹּתֶל וְהֶעֱבִיר הַצַּוָּאר עָלֶיהָ עַד שֶׁנִּשְׁחַט שְׁחִיטָתוֹ כְּשֵׁרָה. וְהוּא שֶׁיִּהְיֶה צַוַּאר הַבְּהֵמָה לְמַטָּה וְסַכִּין לְמַעְלָה. שֶׁאִם הָיָה צַוַּאר בְּהֵמָה לְמַעְלָה מִן הַסַּכִּין שֶׁמָּא תֵּרֵד הַבְּהֵמָה בְּכֹבֶד גּוּפָהּ וְתֵחָתֵךְ בְּלֹא הוֹלָכָה וַהֲבָאָה וְאֵין זוֹ שְׁחִיטָה כְּמוֹ שֶׁיִּתְבָּאֵר. לְפִיכָךְ אִם הָיָה עוֹף בֵּין שֶׁהָיָה צַוָּארוֹ לְמַעְלָה מִן הַסַּכִּין הַנְּעוּצָה אוֹ לְמַטָּה מִמֶּנּוּ שְׁחִיטָתוֹ כְּשֵׁרָה:

ט. הַשּׁוֹחֵט וְהוֹלִיךְ אֶת הַסַּכִּין וְלֹא הֱבִיאָהּ אוֹ הֱבִיאָהּ וְלֹא הוֹלִיכָהּ וְשָׁחַט שְׁחִיטָתוֹ כְּשֵׁרָה. הוֹלִיךְ וְהֵבִיא עַד שֶׁחָתַךְ הָרֹאשׁ וְהִתִּיזוֹ שְׁחִיטָתוֹ כְּשֵׁרָה. הוֹלִיךְ וְלֹא הֵבִיא אוֹ הֵבִיא וְלֹא הוֹלִיךְ וְהִתִּיז אֶת הָרֹאשׁ בְּהוֹלָכָה בִּלְבַד אוֹ בַּהֲבָאָה בִּלְבַד. אִם יֵשׁ בַּסַּכִּין כִּמְלֹא שְׁנֵי צַוָּארִים מִצַּוָּארֵי הַנִּשְׁחָט שְׁחִיטָתוֹ כְּשֵׁרָה וְאִם לָאו שְׁחִיטָתוֹ פְּסוּלָה. שָׁחַט שְׁנֵי רָאשִׁים כְּאֶחָד שְׁחִיטָתוֹ כְּשֵׁרָה:

י. שְׁנַיִם שֶׁאָחֲזוּ בְּסַכִּין אֲפִלּוּ אֶחָד מִצַּד זֶה וְשֵׁנִי מִצַּד אַחֵר כְּנֶגְדּוֹ וְשָׁחֲטוּ שְׁחִיטָתָן כְּשֵׁרָה. וְכֵן שְׁנַיִם שֶׁאָחֲזוּ שְׁנֵי סַכִּינִין וְשָׁחֲטוּ כְּאֶחָד בִּשְׁנֵי מְקוֹמוֹת בַּצַּוָּאר שְׁחִיטָתָן כְּשֵׁרָה. וַאֲפִלּוּ שָׁחַט זֶה הַוֶּשֶׁט בִּלְבַד אוֹ רֻבּוֹ וְהַשֵּׁנִי שָׁחַט בְּמָקוֹם אַחֵר הַקָּנֶה אוֹ רֻבּוֹ הֲרֵי שְׁחִיטָה זוֹ כְּשֵׁרָה וְאַף עַל פִּי שֶׁאֵין הַשְּׁחִיטָה כֻּלָּהּ בְּמָקוֹם אֶחָד. וְכֵן שְׁחִיטָה הָעֲשׂוּיָה כְּקֻלְמוֹס וּשְׁחִיטָה הָעֲשׂוּיָה כְּמַסְרֵק כְּשֵׁרָה:

יא. אֵין שְׁחִיטַת הַחֻלִּין צְרִיכָה כַּוָּנָה אֶלָּא אֲפִלּוּ שָׁחַט כְּמִתְעַסֵּק אוֹ דֶּרֶךְ שְׂחוֹק אוֹ שֶׁזָּרַק סַכִּין לְנָעֳצָהּ בַּכֹּתֶל וְשָׁחֲטָה בַּהֲלִיכָתָהּ הוֹאִיל וְהַשְּׁחִיטָה כָּרָאוּי בִּמְקוֹמָהּ וְשִׁעוּרָהּ הֲרֵי זוֹ כְּשֵׁרָה:

יב. לְפִיכָךְ חֵרֵשׁ אוֹ שׁוֹטֶה אוֹ קָטָן אוֹ שִׁכּוֹר שֶׁנִּתְבַּלְבְּלָה דַּעְתּוֹ וּמִי שֶׁאֲחָזַתּוּ רוּחַ רָעָה שֶׁשָּׁחֲטוּ וַאֲחֵרִים רוֹאִין אוֹתָם שֶׁהַשְּׁחִיטָה כְּתִקְנָהּ הֲרֵי זוֹ כְּשֵׁרָה. אֲבָל סַכִּין שֶׁנָּפְלָה וְשָׁחֲטָה אַף עַל פִּי שֶׁשָּׁחֲטָה כְּדַרְכָּהּ הֲרֵי זוֹ פְּסוּלָה שֶׁנֶּאֱמַר (דברים יב כא) "וְזָבַחְתָּ" עַד שֶׁיִּהְיֶה הַזּוֹבֵחַ אָדָם וְאַף עַל פִּי שֶׁאֵינוֹ מִתְכַּוֵּן לִשְׁחִיטָה:

יג. גַּלְגַּל שֶׁל אֶבֶן אוֹ שֶׁל עֵץ שֶׁהָיְתָה הַסַּכִּין קְבוּעָה בּוֹ וְסִבֵּב אָדָם אֶת הַגַּלְגַּל וְשָׂם צַוַּאר הָעוֹף אוֹ הַבְּהֵמָה כְּנֶגְדּוֹ עַד שֶׁנִּשְׁחַט בִּסְבִיבַת הַגַּלְגַּל הֲרֵי זוֹ כְּשֵׁרָה. וְאִם הַמַּיִם הֵן הַמְסַבְּבִין אֶת הַגַּלְגַּל וְשָׂם אֶת הַצַּוָּאר כְּנֶגְדּוֹ בְּשָׁעָה שֶׁסִּבֵּב וְנִשְׁחַט הֲרֵי זוֹ פְּסוּלָה. וְאִם פָּטַר אָדָם אֶת הַמַּיִם עַד שֶׁבָּאוּ וְסִבְּבוּ אֶת הַגַּלְגַּל וְשָׁחַט בִּסְבִיבָתוֹ הֲרֵי זוֹ כְּשֵׁרָה שֶׁהֲרֵי מִכֹּחַ אָדָם בָּא. בַּמֶּה דְּבָרִים אֲמוּרִים בִּסְבִיבָה רִאשׁוֹנָה שֶׁהִיא מִכֹּחַ הָאָדָם אֲבָל מִסְּבִיבָה שְׁנִיָּה וּלְאַחֲרֶיהָ אֵינָהּ מִכֹּחַ הָאָדָם אֶלָּא מִכֹּחַ הַמַּיִם בְּהִלּוּכָן:

יד. הַשּׁוֹחֵט לְשֵׁם הָרִים לְשֵׁם גְּבָעוֹת לְשֵׁם יַמִּים לְשֵׁם נְהָרוֹת לְשֵׁם מִדְבָּרוֹת אַף עַל פִּי שֶׁלֹּא נִתְכַּוֵּן לְעָבְדָן אֶלָּא לִרְפוּאָה וְכַיּוֹצֵא בָּהּ מִדִּבְרֵי הַבַּאי שֶׁאוֹמְרִין הָעַכּוּ״ם הֲרֵי שְׁחִיטָתוֹ פְּסוּלָה. אֲבָל אִם שָׁחַט לְשֵׁם מַזַּל הַיָּם אוֹ מַזַּל הָהָר אוֹ לְכוֹכָבִים וּמַזָּלוֹת וְכַיּוֹצֵא בָּהֶן הֲרֵי זוֹ אֲסוּרָה בַּהֲנָאָה כְּכָל תִּקְרֹבֶת עַכּוּ״ם:

טו. הַשּׁוֹחֵט אֶת הַבְּהֵמָה לִזְרֹק דָּמָהּ לַעַכּוּ״ם אוֹ לְהַקְטִיר חֶלְבָּהּ לַעַכּוּ״ם הֲרֵי זוֹ אֲסוּרָה. שֶׁלְּמֵדִין מַחֲשָׁבָה בַּחוּץ בְּחֻלִּין מִמַּחְשֶׁבֶת הַקֳּדָשִׁים בִּפְנִים. שֶׁמַּחֲשָׁבָה כָּזוֹ פּוֹסֶלֶת בָּהֶן כְּמוֹ שֶׁיִּתְבָּאֵר בְּהִלְכוֹת פְּסוּלֵי הַמֻּקְדָּשִׁין:

טז. שְׁחָטָהּ וְאַחַר כָּךְ חָשַׁב לִזְרֹק דָּמָהּ לַעַכּוּ״ם אוֹ לְהַקְטִיר חֶלְבָּהּ לַעַכּוּ״ם הֲרֵי זוֹ אֲסוּרָה מִסָּפֵק. שֶׁמָּא סוֹפוֹ הוֹכִיחַ עַל תְּחִלָּתוֹ וּבְמַחֲשָׁבָה כָּזוֹ שָׁחַט:

יז. הַשּׁוֹחֵט לְשֵׁם קָדָשִׁים שֶׁמִּתְנַדְּבִין וְנִדָּרִים כְּמוֹתָן שְׁחִיטָתוֹ פְּסוּלָה שֶׁזֶּה כְּשׁוֹחֵט קָדָשִׁים בַּחוּץ. שָׁחַט לְשֵׁם קָדָשִׁים שֶׁאֵינָן בָּאִין בְּנֶדֶר וּנְדָבָה שְׁחִיטָתוֹ כְּשֵׁרָה:

יח. כֵּיצַד. הַשּׁוֹחֵט לְשֵׁם עוֹלָה לְשֵׁם שְׁלָמִים לְשֵׁם תּוֹדָה לְשֵׁם פֶּסַח שְׁחִיטָתוֹ פְּסוּלָה. הוֹאִיל וְהַפֶּסַח מַפְרִישׁ אוֹתוֹ בְּכָל הַשָּׁנָה בְּכָל עֵת שֶׁיִּרְצֶה הֲרֵי הוּא דּוֹמֶה לְדָבָר הַנִּדָּר וְהַנִּדָּב. שָׁחַט לְשֵׁם חַטָּאת לְשֵׁם אָשָׁם וַדַּאי לְשֵׁם אָשָׁם תָּלוּי לְשֵׁם בְּכוֹר לְשֵׁם מַעֲשֵׂר לְשֵׁם תְּמוּרָה שְׁחִיטָתוֹ כְּשֵׁרָה:

יט. הָיָה מְחֻיָּב חַטָּאת וְשָׁחַט וְאָמַר לְחַטָּאתִי שְׁחִיטָתוֹ פְּסוּלָה. הָיָה לוֹ קָרְבָּן בְּתוֹךְ בֵּיתוֹ וְשָׁחַט וְאָמַר לְשֵׁם תְּמוּרַת זִבְחִי שְׁחִיטָתוֹ פְּסוּלָה שֶׁהֲרֵי הֵמִיר בּוֹ:

כ. הָאִשָּׁה שֶׁשָּׁחֲטָה לְשֵׁם עוֹלַת יוֹלֶדֶת וְאָמְרָה זוֹ לְעוֹלָתִי שְׁחִיטָתָהּ כְּשֵׁרָה. שֶׁאֵין עוֹלַת יוֹלֶדֶת בָּאָה בְּנֶדֶר וּנְדָבָה וַהֲרֵי אֵינָהּ יוֹלֶדֶת שֶׁנִּתְחַיְּבָה בְּעוֹלָה. וְאֵין חוֹשְׁשִׁין לָהּ שֶׁמָּא הִפִּילָה. שֶׁכָּל הַמַּפֶּלֶת קוֹל יֵשׁ לָהּ. אֲבָל הַשּׁוֹחֵט לְשֵׁם עוֹלַת נָזִיר אַף עַל פִּי שֶׁאֵינוֹ נָזִיר שְׁחִיטָתוֹ פְּסוּלָה שֶׁעִקַּר הַנְּזִירוּת נֶדֶר מִן הַנְּדָרִים:

כא. שְׁנַיִם אוֹחֲזִין בְּסַכִּין וְשׁוֹחֲטִין. אֶחָד מִתְכַּוֵּן לְשֵׁם דָּבָר שֶׁהַשּׁוֹחֵט לוֹ שְׁחִיטָתוֹ אֲסוּרָה. וְהַשֵּׁנִי לֹא הָיְתָה לוֹ כַּוָּנָה כְּלָל וַאֲפִלּוּ נִתְכַּוֵּן לְשֵׁם דָּבָר הַמֻּתָּר לְהִתְכַּוֵּן לוֹ הֲרֵי זוֹ פְּסוּלָה. וְכֵן אִם שָׁחַט זֶה אַחַר זֶה וְהִתְכַּוֵּן הָאֶחָד מֵהֶן לְשֵׁם דָּבָר הַפָּסוּל פּוֹסֵל. בַּמֶּה דְּבָרִים אֲמוּרִים כְּשֶׁהָיָה לוֹ בָּהּ שֻׁתָּפוּת אֲבָל אִם אֵין לוֹ בָּהּ שֻׁתָּפוּת אֵינָהּ אֲסוּרָה. שֶׁאֵין אָדָם מִיִּשְׂרָאֵל אוֹסֵר דָּבָר שֶׁאֵינוֹ שֶׁלּוֹ שֶׁאֵין כַּוָּנָתוֹ אֶלָּא לְצַעֲרוֹ:

כב. יִשְׂרָאֵל שֶׁשָּׁחַט לְעַכּוּ״ם אַף עַל פִּי שֶׁהָעַכּוּ״ם מִתְכַּוֵּן לְכָל מַה שֶּׁיִּרְצֶה שְׁחִיטָתוֹ כְּשֵׁרָה. שֶׁאֵין חוֹשְׁשִׁין אֶלָּא לְמַחְשֶׁבֶת הַזּוֹבֵחַ לֹא לְמַחְשֶׁבֶת בַּעַל הַבְּהֵמָה. לְפִיכָךְ עַכּוּ״ם שֶׁשָּׁחַט לְיִשְׂרָאֵל אֲפִלּוּ הָיָה קָטָן שְׁחִיטָתוֹ נְבֵלָה כְּמוֹ שֶׁיִּתְבָּאֵר:

Perek 3

Shechitah continued

7) Disqualifying factors **(5)**

- *Shehiyah* (waited in middle of *shechitah*)
- *Derasah* (striking with the knife rather than back and forth motion)
- *Chaladah* (hiding of knife e.g. blade is placed in between the *simanim* and *shechts* from there – *chuldah* is a weasel who has a nature of hiding)
- *Hagramah* (Slaughtering in a place too high up – i.e. above cap over top ring of windpipe)
- *Ikur* (gullet and or windpipe displaced from their place before conclusion of *shechitah*)

The following make animal *nevelah*

- Thigh missing
- Backbone with its flesh broken
- Back ripped open
- Greater part of windpipe cut in place where slaughtered
- Gullet perforated in place for slaughtering

GULLET

There are **2** membranes. Both must be perforated to become *nevelah.*

- External is red
- Inner is white

WINDPIPE

Nevelah if

- Majority severed (in place for slaughtering)
- Hole present the size of **1** *issar*
- Complete vertical slit present

פרק ג׳

א. חֲמִשָּׁה דְּבָרִים מַפְסִידִין אֶת הַשְּׁחִיטָה. וְעִקַּר הִלְכוֹת שְׁחִיטָה לְהִזָּהֵר בְּכָל אַחַת מֵהֶן. וְאֵלּוּ הֵן. שְׁהִיָּה. דְּרָסָה. חֲלָדָה. הַגְרָמָה. וְעִקּוּר:

ב. שְׁהִיָּה כֵּיצַד. הֲרֵי שֶׁהִתְחִיל לִשְׁחֹט וְהִגְבִּיהַּ יָדוֹ קֹדֶם שֶׁיִּגְמֹר הַשְּׁחִיטָה וְשָׁהָה בֵּין בְּשׁוֹגֵג בֵּין בְּמֵזִיד בֵּין בְּאֹנֶס וְחָזַר הוּא אוֹ אַחֵר וְגָמַר אֶת הַשְּׁחִיטָה. אִם שָׁהָה כְּדֵי שֶׁיַּגְבִּיהַּ אֶת הַבְּהֵמָה וְיַרְבִּיצֶנָּה וְיִשְׁחֹט שְׁחִיטָתוֹ פְּסוּלָה. וְאִם שָׁהָה פָּחוֹת מִכְּדֵי זֶה שְׁחִיטָתוֹ כְּשֵׁרָה:

ג. הָיְתָה בְּהֵמָה דַּקָּה שִׁעוּר שְׁהִיָּתָהּ כְּדֵי שֶׁיַּגְבִּיהַּ בְּהֵמָה דַּקָּה וְיַרְבִּיצֶנָּה וְיִשְׁחֹט. וְאִם הָיְתָה גַּסָּה כְּדֵי שֶׁיַּגְבִּיהֶנָּה וְיַרְבִּיצֶנָּה וְיִשְׁחֹט. וּבְעוֹף כְּדֵי שֶׁיַּגְבִּיהַּ בְּהֵמָה דַּקָּה וְיַרְבִּיצֶנָּה וְיִשְׁחֹט:

ד. שָׁחַט מְעַט וְשָׁהָה מְעַט וְחָזַר וְשָׁחַט מְעַט וְשָׁהָה מְעַט עַד שֶׁגָּמַר הַשְּׁחִיטָה וְלֹא שָׁהָה בְּפַעַם אַחַת שִׁעוּר הַשְּׁהִיָּה אֲבָל כְּשֶׁתִּתְחַשֵּׁב כָּל זְמַן הַשְּׁהִיּוֹת יִצְטָרֵף מִכֻּלָּן שִׁעוּר שְׁהִיָּה הֲרֵי זוֹ סְפֵק נְבֵלָה. וְכֵן אִם שָׁהָה כְּדֵי שֶׁיַּגְבִּיהֶנָּה וְיַרְבִּיצֶנָּה וּכְדֵי שֶׁיִּשְׁחֹט כְּמוֹ מִעוּט הַסִּימָנִין בִּלְבַד לֹא כְּדֵי שֶׁיִּשְׁחֹט שְׁחִיטָה גְּמוּרָה הֲרֵי זוֹ סְפֵק נְבֵלָה:

ה. שָׁחַט רֹב אֶחָד בְּעוֹף אוֹ רֹב שְׁנַיִם בִּבְהֵמָה אַף עַל פִּי שֶׁשָּׁהָה חֲצִי הַיּוֹם וְחָזַר וְגָמַר חֲתִיכַת הַסִּימָנִין הֲרֵי זוֹ מֻתֶּרֶת. מֵאַחַר שֶׁנִּשְׁחַט בָּהּ כְּשִׁעוּר הֲרֵי זֶה כִּמְחַתֵּךְ בְּשַׂר הַשְּׁחוּטָה:

ו. שָׁחַט בַּקָּנֶה לְבַדּוֹ חֶצְיוֹ אוֹ מִעוּטוֹ וְשָׁהָה זְמַן מְרֻבֶּה הֲרֵי זֶה חוֹזֵר וְגוֹמֵר הַשְּׁחִיטָה וְאֵין בְּכָךְ כְּלוּם. אֲבָל אִם

שָׁחַט רֹב הַקָּנֶה אוֹ שֶׁנִּקַּב בַּוֵּשֶׁט כָּל שֶׁהוּא וְשָׁהָה כַּשִּׁעוּר בֵּין שֶׁחָזַר וְגָמַר הַשְּׁחִיטָה שֶׁהִתְחִיל בֵּין שֶׁשָּׁחַט שְׁחִיטָה גְּמוּרָה בְּמָקוֹם אַחֵר הֲרֵי זוֹ פְּסוּלָה. מִפְּנֵי שֶׁהַבְּהֵמָה אוֹ הָעוֹף שֶׁנִּפְסַק רֹב הַקָּנֶה שֶׁלָּהּ אוֹ שֶׁנִּקַּב הַוֵּשֶׁט בְּמַשֶּׁהוּ נְבֵלָה וְאֵין הַשְּׁחִיטָה מוֹעֶלֶת בָּהּ כְּמוֹ שֶׁיִּתְבָּאֵר:

ז. הִנֵּה נִתְבָּאֵר לְךָ שֶׁאֵין שְׁהִיָּה בַּקָּנֶה בָּעוֹף כְּלָל. שֶׁאִם שָׁחַט רֹב הַקָּנֶה וְשָׁהָה כְּבָר נִגְמְרָה שְׁחִיטָתוֹ כְּשֶׁחָזַר וְגָמַר מְחַתֵּךְ בָּשָׂר הוּא. וְאִם שָׁחַט בְּמִעוּט הַקָּנֶה וְשָׁהָה הֲרֵי זֶה חוֹזֵר וְשׁוֹחֵט כָּל זְמַן שֶׁיִּרְצֶה שֶׁאֵינָהּ נֶאֱסֶרֶת מִשּׁוּם נְבֵלָה עַד שֶׁיִּפָּסֵק רֹב הַקָּנֶה:

ח. שָׁחַט הָעוֹף וְשָׁהָה בּוֹ וְאֵינוֹ יוֹדֵעַ אִם נִקַּב הַוֵּשֶׁט אוֹ לֹא נִקַּב חוֹזֵר וְשׁוֹחֵט הַקָּנֶה לְבַדּוֹ בְּמָקוֹם אַחֵר וּמַנִּיחוֹ עַד שֶׁיָּמוּת וּבוֹדֵק הַוֵּשֶׁט מִבִּפְנִים. אִם לֹא נִמְצֵאת בּוֹ טִפַּת דָּם בְּיָדוּעַ שֶׁלֹּא נִקַּב וּכְשֵׁרָה:

ט. חֲלָדָה כֵּיצַד. כְּגוֹן שֶׁהִכְנִיס הַסַּכִּין בֵּין סִימָן לְסִימָן. בֵּין שֶׁפָּסַק הַסִּימָן הָעֶלְיוֹן לְמַעְלָה בֵּין שֶׁשָּׁחַט הַתַּחְתּוֹן לְמַטָּה שֶׁהוּא דֶּרֶךְ שְׁחִיטָה הֲרֵי זוֹ פְּסוּלָה:

י. הִכְנִיס אֶת הַסַּכִּין תַּחַת הָעוֹר וְשָׁחַט שְׁנֵי הַסִּימָנִים כְּדַרְכָּן. אוֹ שֶׁהֶחְלִיד אֶת הַסַּכִּין תַּחַת צֶמֶר מְסֻבָּךְ. אוֹ שֶׁפָּרַס מַטְלִית עַל הַסַּכִּין וְעַל הַצַּוָּאר וְשָׁחַט תַּחַת הַמַּטְלִית הוֹאִיל וְאֵין הַסַּכִּין גְּלוּיָה הֲרֵי זוֹ סְפֵק נְבֵלָה. וְכֵן אִם שָׁחַט מִעוּט הַסִּימָנִים בְּהַחְלָדָה וְגָמַר הַשְּׁחִיטָה שֶׁלֹּא בְּהַחְלָדָה הֲרֵי זוֹ סְפֵק נְבֵלָה:

יא. דְּרָסָה כֵּיצַד. כְּגוֹן שֶׁהִכָּה בְּסַכִּין עַל הַצַּוָּאר כְּדֶרֶךְ שֶׁמַּכִּין בְּסַיִף וְחָתַךְ הַסִּימָנִין בְּבַת אַחַת בְּלֹא הוֹלָכָה וְלֹא הוֹבָאָה. אוֹ שֶׁהִנִּיחַ הַסַּכִּין עַל הַצַּוָּאר וְדָחַק וְחָתַךְ לְמַטָּה כְּחוֹתֵךְ צְנוֹן אוֹ קִשּׁוּת עַד שֶׁחָתַךְ הַסִּימָנִין הֲרֵי זוֹ פְּסוּלָה:

יב. הַגְרָמָה כֵּיצַד. זֶה הַשּׁוֹחֵט בַּקָּנֶה לְמַעְלָה בְּמָקוֹם שֶׁאֵינוֹ רָאוּי לִשְׁחִיטָה. וּכְמוֹ שְׁנֵי חֻטִּים יֵשׁ בְּסוֹף הַקָּנֶה לְמַעְלָה בְּטַבַּעַת גְּדוֹלָה. שָׁחַט בְּתוֹךְ הַחֻטִּים אִם שִׁיֵּר מֵהֶן כָּל שֶׁהוּא לְמַעְלָה הֲרֵי זוֹ כְּשֵׁרָה. שֶׁהֲרֵי שָׁחַט מִשִּׁפּוּי כּוֹבַע וּלְמַטָּה. וְהוּא מִן הַמָּקוֹם הָרָאוּי לִשְׁחִיטָה. וְאִם לֹא שִׁיֵּר מֵהֶן כְּלוּם אֶלָּא שָׁחַט לְמַעְלָה מֵהֶן הֲרֵי זוֹ מֻגְרֶמֶת וּפְסוּלָה:

יג. שָׁחַט רֹב הָאֶחָד אוֹ רֹב הַשְּׁנַיִם וְהִשְׁלִים הַשְּׁחִיטָה בִּדְרָסָה אוֹ בְּהַגְרָמָה הֲרֵי זוֹ כְּשֵׁרָה שֶׁהֲרֵי נִשְׁחַט הַשִּׁעוּר כָּרָאוּי. הִגְרִים בַּתְּחִלָּה שְׁלִישׁ וְשָׁחַט שְׁנֵי שְׁלִישִׁים הֲרֵי זוֹ כְּשֵׁרָה. שָׁחַט שְׁלִישׁ וְהִגְרִים שְׁלִישׁ וְחָזַר וְשָׁחַט שְׁלִישׁ הָאַחֲרוֹן כְּשֵׁרָה. הִגְרִים שְׁלִישׁ וְשָׁחַט שְׁלִישׁ וְחָזַר וְהִגְרִים שְׁלִישׁ הָאַחֲרוֹן הֲרֵי זוֹ פְּסוּלָה. וְאִם דָּרַס אוֹ הֶחְלִיד בֵּין בַּשְּׁלִישׁ הָרִאשׁוֹן בֵּין בַּשְּׁלִישׁ הָאֶמְצָעִי הֲרֵי זוֹ פְּסוּלָה:

יד. עִקּוּר כֵּיצַד. כְּגוֹן שֶׁנֶּעֶקְרָה הַגַּרְגֶּרֶת וְהִיא הַקָּנֶה אוֹ הַוֵּשֶׁט וְנִשְׁמַט אֶחָד מֵהֶן אוֹ שְׁנֵיהֶן קֹדֶם גְּמַר שְׁחִיטָה. אֲבָל אִם שָׁחַט אֶחָד בָּעוֹף אוֹ רֻבּוֹ וְאַחַר כָּךְ נִשְׁמַט הַסִּימָן הַשֵּׁנִי שְׁחִיטָתוֹ כְּשֵׁרָה:

טו. נִשְׁמַט אֶחָד מֵהֶן וְאַחַר כָּךְ שָׁחַט אֶת הַשֵּׁנִי שְׁחִיטָתוֹ פְּסוּלָה. שָׁחַט אֶחָד מֵהֶן וְנִמְצָא הַשֵּׁנִי שָׁמוּט וְאֵין יָדוּעַ אִם קֹדֶם שְׁחִיטָה נִשְׁמַט אוֹ אַחַר שְׁחִיטָה הֲרֵי זוֹ סְפֵק נְבֵלָה:

טז. נִמְצָא הַסִּימָן הַשָּׁחוּט שָׁמוּט הֲרֵי זוֹ כְּשֵׁרָה. שֶׁוַּדַּאי אַחַר שְׁחִיטָה נֶעֱקַר. שֶׁאִלּוּ נֶעֱקַר קֹדֶם שְׁחִיטָה הָיָה מִתְדַּלְדֵּל וְלֹא נִשְׁחָט:

יז. בַּמֶּה דְּבָרִים אֲמוּרִים שֶׁלֹּא תָּפַס הַסִּימָנִין בְּיָדוֹ כְּשֶׁשָּׁחַט. אֲבָל אִם תְּפָסָן וְשָׁחַט אֶפְשָׁר שֶׁתִּשָּׁחֵט אַחַר הָעִקּוּר וּלְפִיכָךְ אִם נִמְצֵאת שְׁמוּטָה וּשְׁחוּטָה הֲרֵי זוֹ סְפֵק נְבֵלָה:

יח. כָּל מָקוֹם שֶׁאָמַרְנוּ בִּשְׁחִיטָה פְּסוּלָה הֲרֵי זוֹ נְבֵלָה. וְאִם אָכַל מִמֶּנָּה כְּזַיִת לוֹקֶה מִשּׁוּם אוֹכֵל נְבֵלָה שֶׁאֵין מוֹצִיא מִידֵי נְבֵלָה אֶלָּא שְׁחִיטָה כְּשֵׁרָה כַּאֲשֶׁר צִוָּה מֹשֶׁה רַבֵּנוּ עָלָיו הַשָּׁלוֹם כְּמוֹ שֶׁבֵּאַרְנוּ. וְכָל סָפֵק בִּשְׁחִיטָה הֲרֵי הוּא סְפֵק נְבֵלָה וְהָאוֹכֵל מִמֶּנָּה מַכִּין אוֹתוֹ מַכַּת מַרְדּוּת:

יט. בְּהֵמָה שֶׁנִּטַּל יָרֵךְ שֶׁלָּהּ וַחֲלָלָהּ עִמָּהּ עַד שֶׁתֵּרָאֶה חֲסֵרָה כְּשֶׁתִּרְבַּץ הֲרֵי זוֹ נְבֵלָה כְּמוֹ שֶׁנֶּחְתַּךְ חֶצְיָהּ וְנֶחְלְקָה לִשְׁנֵי גּוּפוֹת וְאֵין הַשְּׁחִיטָה מוֹעֶלֶת בָּהּ. וְכֵן אִם נִשְׁבְּרָה מִפְרֶקֶת וְרֹב בָּשָׂר עִמָּהּ אוֹ שֶׁנִּקְרְעָה מִגַּבָּהּ כְּדָג אוֹ שֶׁנִּפְסַק רֹב הַקָּנֶה אוֹ שֶׁנִּקַּב הַוֵּשֶׁט בְּכָל שֶׁהוּא בְּמָקוֹם הָרָאוּי לִשְׁחִיטָה הֲרֵי זוֹ נְבֵלָה מֵחַיִּים וְאֵין הַשְּׁחִיטָה מוֹעֶלֶת בָּהּ. וְאֶחָד הַבְּהֵמָה וְאֶחָד הָעוֹף בְּכָל הַדְּבָרִים הָאֵלֶּה:

כ. שְׁנֵי עוֹרוֹת יֵשׁ לוֹ לַוֵּשֶׁט. הַחִיצוֹן אָדֹם וְהַפְּנִימִי לָבָן. נִקַּב הָאֶחָד מֵהֶן בִּלְבַד כְּשֵׁרָה. נִקְבוּ שְׁנֵיהֶן בְּכָל שֶׁהוּא בְּמָקוֹם הָרָאוּי לִשְׁחִיטָה הֲרֵי זוֹ נְבֵלָה. וּבֵין שֶׁנִּשְׁחֲטָה בִּמְקוֹם הַנֶּקֶב בֵּין שֶׁנִּשְׁחֲטָה בְּמָקוֹם אַחֵר אֵין הַשְּׁחִיטָה מוֹעֶלֶת בָּהּ. נִקְבוּ שְׁנֵיהֶם זֶה שֶׁלֹּא כְּנֶגֶד זֶה נְבֵלָה:

כא. נִקַּב הַוֵּשֶׁט וְעָלָה בּוֹ קְרוּם וּסְתָמוֹ אֵין הַקְּרוּם כְּלוּם וַהֲרֵי הוּא נָקוּב כְּשֶׁהָיָה. נִמְצָא קוֹץ עוֹמֵד בַּוֵּשֶׁט הֲרֵי זוֹ סְפֵק נְבֵלָה שֶׁמָּא נִקַּב הַוֵּשֶׁט וְעָלָה קְרוּם בִּמְקוֹם הַנֶּקֶב וְאֵינוֹ נִרְאֶה. אֲבָל אִם נִמְצָא הַקּוֹץ לְאָרְכּוֹ בַּוֵּשֶׁט אֵין חוֹשְׁשִׁין לוֹ שֶׁרֹב הַבְּהֵמוֹת הַמִּדְבָּרִיּוֹת אוֹכְלוֹת הַקּוֹצִים תָּמִיד:

כב. וֵשֶׁט אֵין לוֹ בְּדִיקָה מִבַּחוּץ אֶלָּא מִבִּפְנִים. כֵּיצַד. הוֹפְכוֹ וּבוֹדֵק. אִם נִמְצָא עָלָיו טִפַּת דָּם בְּיָדוּעַ שֶׁהָיָה נָקוּב:

כג. גַּרְגֶּרֶת שֶׁנִּפְסַק רֹב חֲלָלָהּ בַּמָּקוֹם הָרָאוּי לִשְׁחִיטָה הֲרֵי זוֹ נְבֵלָה. וְכֵן אִם נִקְּבָה כְּאִסָּר. נִקְּבָה נְקָבִים קְטַנִּים אִם נְקָבִים שֶׁאֵין בָּהֶן חֶסְרוֹן הֵם מִצְטָרְפִין לְרֻבָּהּ וְאִם נְקָבִים שֶׁיֵּשׁ בָּהֶם

חֶסְרוֹן מִצְטָרְפִין לִכְאִיסָר. וְכֵן אִם נִטְּלָה מִמֶּנָּה רְצוּעָה מִצְטָרֶפֶת לִכְאִיסָר. וּבְעוֹף כָּל שֶׁאִלּוּ מְקַפֵּל הָרְצוּעָה אוֹ הַנְּקָבִים שֶׁיֵּשׁ בָּהֶן חֶסְרוֹן וּמַנִּיחָן עַל פִּי הַקָּנֶה אִם חוֹפֶה אֶת רֻבּוֹ נְבֵלָה וְאִם לָאו כְּשֵׁרָה:

כד. נִקְבָה הַגַּרְגֶּרֶת נֶקֶב מְפֻלָּשׁ מִשְּׁנֵי צְדָדֶיהָ כְּדֵי שֶׁיִּכָּנֵס אִיסָר לְרָחְבּוֹ נְבֵלָה. נִסְדְּקָה לְאָרְכָּהּ אֲפִלּוּ לֹא נִשְׁתַּיֵּר מִן הַמָּקוֹם הָרָאוּי בָּהּ לִשְׁחִיטָה אֶלָּא מַשֶּׁהוּ לְמַעְלָה וּמַשֶּׁהוּ לְמַטָּה כְּשֵׁרָה:

כה. גַּרְגֶּרֶת שֶׁנִּקְבָה וְאֵין יָדוּעַ אִם קֹדֶם שְׁחִיטָה נִקְבָה אוֹ אַחַר שְׁחִיטָה נִקְבָה. נוֹקְבִין אוֹתָהּ עַתָּה בְּמָקוֹם אַחֵר וּמְדַמִּין הַנֶּקֶב לְנֶקֶב אִם נִדְמֶה לוֹ מֻתֶּרֶת. וְאֵין מְדַמִּין אֶלָּא מֵחֻלְיָא גְּדוֹלָה לְחֻלְיָא גְּדוֹלָה אוֹ מִקְּטַנָּה לִקְטַנָּה. אֲבָל לֹא מִקְּטַנָּה לִגְדוֹלָה שֶׁכָּל הַקָּנֶה חֻלְיוֹת חֻלְיוֹת הוּא וּבֵין כָּל חֻלְיָא וְחֻלְיָא חֻלְיָא אַחַת קְטַנָּה מִשְּׁתֵּיהֶן וְרַכָּה

Perek 4

Shechitah continued.

8) WHO IS ALLOWED TO SHECHT

A Jewish *shochet* must slaughter many times in the presence of a wise man until he becomes an expert in slaughter i.e. a *mumcheh*. Otherwise slaughter may not be acceptable and animal would be regarded as *nevelah*.

Women and servants are acceptable to slaughter but a Gentile is not.

Also, people who do not have full understanding or not in control of their senses, are not allowed to slaughter.

פרק ד׳

א. יִשְׂרָאֵל שֶׁאֵינוֹ יוֹדֵעַ חֲמִשָּׁה דְּבָרִים שֶׁמַּפְסִידִין אֶת הַשְּׁחִיטָה וְכַיּוֹצֵא בָּהֶן מֵהִלְכוֹת שְׁחִיטָה שֶׁבֵּאַרְנוּ וְשָׁחַט בֵּינוֹ לְבֵין עַצְמוֹ אָסוּר לֶאֱכֹל מִשְּׁחִיטָתוֹ. לֹא הוּא וְלֹא אֲחֵרִים. וַהֲרֵי זוֹ קְרוֹבָה לִסְפֵק נְבֵלָה וְהָאוֹכֵל מִמֶּנָּה כְּזַיִת מַכִּין אוֹתוֹ מַכַּת מַרְדּוּת:

ב. וַאֲפִלּוּ שָׁחַט בְּפָנֵינוּ אַרְבַּע וְחָמֵשׁ פְּעָמִים שְׁחִיטָה כְּשֵׁרָה וַהֲרֵי שְׁחִיטָה זוֹ שֶׁשָּׁחַט בֵּינוֹ לְבֵין עַצְמוֹ שְׁחִיטָה נְכוֹנָה וּגְמוּרָה אָסוּר לֶאֱכֹל מִמֶּנָּה. הוֹאִיל וְאֵינוֹ יוֹדֵעַ דְּבָרִים הַמַּפְסִידִים אֶפְשָׁר שֶׁיַּפְסִיד הַשְּׁחִיטָה וְהוּא אֵינוֹ יוֹדֵעַ כְּגוֹן שֶׁיִּשְׁהֶה אוֹ יִדְרֹס אוֹ יִשְׁחֹט בְּסַכִּין פְּגוּמָה וְכַיּוֹצֵא בְּאֵלּוּ בְּלֹא כַּוָּנָתוֹ:

ג. יִשְׂרָאֵל שֶׁיּוֹדֵעַ הִלְכוֹת שְׁחִיטָה הֲרֵי זֶה לֹא יִשְׁחֹט בֵּינוֹ לְבֵין עַצְמוֹ לְכַתְּחִלָּה עַד שֶׁיִּשְׁחֹט בִּפְנֵי חָכָם פְּעָמִים רַבּוֹת עַד שֶׁיִּהְיֶה רָגִיל וְזָרִיז. וְאִם שָׁחַט תְּחִלָּה בֵּינוֹ לְבֵין עַצְמוֹ שְׁחִיטָתוֹ כְּשֵׁרָה:

ד. הַיּוֹדֵעַ הִלְכוֹת שְׁחִיטָה וְשָׁחַט בִּפְנֵי חָכָם עַד שֶׁנַּעֲשָׂה רָגִיל הוּא הַנִּקְרָא מֻמְחֶה. וְכָל הַמֻּמְחִין שׁוֹחֲטִין לְכַתְּחִלָּה בֵּינָן לְבֵין עַצְמָן. וַאֲפִלּוּ נָשִׁים וַעֲבָדִים אִם הָיוּ מֻמְחִין הֲרֵי אֵלּוּ שׁוֹחֲטִין לְכַתְּחִלָּה:

ה. חֵרֵשׁ שׁוֹטֶה וְקָטָן וְשִׁכּוֹר שֶׁנִּתְבַּלְבְּלָה דַּעְתּוֹ שֶׁשָּׁחֲטוּ שְׁחִיטָתָן פְּסוּלָה מִפְּנֵי שֶׁאֵין בָּהֶן דַּעַת שֶׁמָּא יְקַלְקְלוּ. לְפִיכָךְ אִם שָׁחֲטוּ בִּפְנֵי הַיּוֹדֵעַ וְרָאָה אוֹתָן שֶׁשָּׁחֲטוּ כַּהֹגֶן שְׁחִיטָתָן כְּשֵׁרָה:

ו. מִי שֶׁאֵינוֹ יָדוּעַ אֶצְלֵנוּ שֶׁשָּׁחַט בֵּינוֹ לְבֵין עַצְמוֹ שׁוֹאֲלִין אוֹתוֹ. אִם נִמְצָא יוֹדֵעַ עִקְּרֵי הִלְכוֹת שְׁחִיטָה שְׁחִיטָתוֹ כְּשֵׁרָה:

ז. הֲרֵי שֶׁרָאִינוּ יִשְׂרְאֵלִי מֵרָחוֹק שֶׁשָּׁחַט וְהָלַךְ לוֹ וְלֹא יָדַעְנוּ אִם יוֹדֵעַ אִם אֵינוֹ יוֹדֵעַ הֲרֵי זוֹ מֻתֶּרֶת. וְכֵן הָאוֹמֵר לִשְׁלוּחוֹ צֵא וּשְׁחֹט לִי וּמָצָא הַבְּהֵמָה שְׁחוּטָה וְאֵין יָדוּעַ

אִם שְׁלוּחוֹ שְׁחָטָהּ אוֹ אַחֵר הֲרֵי זוֹ מֻתֶּרֶת. שֶׁרֹב הַמְצוּיִין אֵצֶל שְׁחִיטָה מֻמְחִין הֵן:

ח. אָבַד לוֹ גְּדִי אוֹ תַּרְנְגוֹל וּמְצָאוֹ שָׁחוּט בַּבַּיִת מֻתָּר. שֶׁרֹב הַמְצוּיִין אֵצֶל שְׁחִיטָה מֻמְחִים הֵן. מְצָאוֹ בַּשּׁוּק אָסוּר שֶׁמָּא נִתְנַבֵּל וּלְפִיכָךְ הִשְׁלִיךְ. וְכֵן אִם מְצָאוֹ בָּאַשְׁפָּה שֶׁבַּבַּיִת אָסוּר:

ט. מֻמְחֶה שֶׁנִּשְׁתַּתֵּק וַהֲרֵי הוּא מֵבִין וְשׁוֹמֵעַ וְדַעְתּוֹ נְכוֹנָה הֲרֵי זֶה שׁוֹחֵט לְכַתְּחִלָּה. וְכֵן מִי שֶׁאֵינוֹ שׁוֹמֵעַ הֲרֵי זֶה שׁוֹחֵט:

י. הַסּוּמָא לֹא יִשְׁחֹט לְכַתְּחִלָּה אֶלָּא אִם כֵּן אֲחֵרִים רוֹאִים אוֹתוֹ וְאִם שָׁחַט שְׁחִיטָתוֹ כְּשֵׁרָה:

יא. עכּו"ם שֶׁשָּׁחַט אַף עַל פִּי שֶׁשָּׁחַט בִּפְנֵי יִשְׂרָאֵל בְּסַכִּין יָפָה וַאֲפִלּוּ הָיָה קָטָן שְׁחִיטָתוֹ נְבֵלָה וְלוֹקֶה עַל אֲכִילָתָהּ מִן הַתּוֹרָה. שֶׁנֶּאֱמַר (שמות לד טו) "וְקָרָא לְךָ וְאָכַלְתָּ מִזִּבְחוֹ". מֵאַחַר שֶׁהִזְהִיר שֶׁמָּא יֹאכַל מִזִּבְחוֹ אַתָּה לָמֵד שֶׁזִּבְחוֹ אָסוּר וְאֵינוֹ דּוֹמֶה לְיִשְׂרָאֵל שֶׁאֵינוֹ יוֹדֵעַ הִלְכוֹת שְׁחִיטָה:

יב. וְגָדֵר גָּדוֹל גָּדְרוּ בַּדָּבָר שֶׁאֲפִלּוּ עכּו"ם שֶׁאֵינוֹ עוֹבֵד עֲבוֹדָה זָרָה שְׁחִיטָתוֹ נְבֵלָה:

יג. הִתְחִיל הָעכּו"ם לִשְׁחֹט מִעוּט סִימָנִין וְגָמַר יִשְׂרָאֵל אוֹ הִתְחִיל יִשְׂרָאֵל וְגָמַר הָעכּו"ם פְּסוּלָה. יֶשְׁנָהּ לִשְׁחִיטָתוֹ מִתְּחִלָּה וְעַד סוֹף. אֲבָל אִם שָׁחַט הָעכּו"ם דָּבָר שֶׁאֵינוֹ עוֹשֶׂה אוֹתוֹ נְבֵלָה כְּגוֹן שֶׁשָּׁחַט חֲצִי הַגַּרְגֶּרֶת בִּלְבַד וְגָמַר יִשְׂרָאֵל הֲרֵי זוֹ כְּשֵׁרָה:

יד. יִשְׂרָאֵל מוּמָר לַעֲבֵרָה מִן הָעֲבֵרוֹת שֶׁהָיָה מֻמְחֶה הֲרֵי זֶה שׁוֹחֵט לְכַתְּחִלָּה. וְצָרִיךְ יִשְׂרָאֵל כָּשֵׁר לִבְדֹּק אֶת הַסַּכִּין וְאַחַר כָּךְ יִתְּנֶנָּה לְמוּמָר זֶה לִשְׁחֹט בָּהּ מִפְּנֵי שֶׁחֶזְקָתוֹ שֶׁאֵינוֹ טוֹרֵחַ לִבְדֹּק. וְאִם הָיָה מוּמָר לַעֲבוֹדָה זָרָה אוֹ מְחַלֵּל שַׁבָּת בְּפַרְהֶסְיָא אוֹ אֶפִּיקוֹרוֹס וְהוּא הַכּוֹפֵר בַּתּוֹרָה וּבְמשֶׁה רַבֵּנוּ כְּמוֹ שֶׁבֵּאַרְנוּ בְּהִלְכוֹת תְּשׁוּבָה הֲרֵי הוּא כְּעכּו"ם וּשְׁחִיטָתוֹ נְבֵלָה:

טו. מִי שֶׁהוּא פָּסוּל לְעֵדוּת בַּעֲבֵרָה מִן הָעֲבֵרוֹת שֶׁל תּוֹרָה הֲרֵי זֶה שׁוֹחֵט בֵּינוֹ לְבֵין עַצְמוֹ אִם הָיָה מֻמְחֶה. שֶׁאֵינוֹ מֵנִיחַ דָּבָר מֻתָּר וְאוֹכֵל דְּבַר אִסּוּר. שֶׁזּוֹ חֲזָקָה הִיא עַל כָּל יִשְׂרָאֵל וַאֲפִלּוּ הָרְשָׁעִים מֵהֶן:

טז. אֵלּוּ הַצְּדוֹקִין וְהַבַּיְתוֹסִין וְתַלְמִידֵיהֶן וְכָל הַטּוֹעִים אַחֲרֵיהֶן שֶׁאֵינָן מַאֲמִינִים בַּתּוֹרָה שֶׁבְּעַל פֶּה שְׁחִיטָתָן אֲסוּרָה. וְאִם שָׁחֲטוּ בְּפָנֵינוּ הֲרֵי זוֹ מֻתֶּרֶת. שֶׁאֵין אִסּוּר שְׁחִיטָתָן אֶלָּא שֶׁמָּא יְקַלְקְלוּ וְהֵם אֵינָן מַאֲמִינִין בְּתוֹרַת הַשְּׁחִיטָה לְפִיכָךְ אֵינָן נֶאֱמָנִין לוֹמַר לֹא קִלְקַלְנוּ:

יז. כְּשֶׁהָיוּ יִשְׂרָאֵל בַּמִּדְבָּר לֹא נִצְטַוּוּ בִּשְׁחִיטַת הַחֻלִּין אֶלָּא הָיוּ נוֹחֲרִין אוֹ שׁוֹחֲטִין וְאוֹכְלִין כִּשְׁאָר הָאֻמּוֹת. וְנִצְטַוּוּ בַּמִּדְבָּר שֶׁכָּל הָרוֹצֶה לִשְׁחֹט לֹא יִשְׁחֹט אֶלָּא שְׁלָמִים שֶׁנֶּאֱמַר (ויקרא יז ג) "אִישׁ אִישׁ מִבֵּית יִשְׂרָאֵל אֲשֶׁר יִשְׁחַט שׁוֹר" וְגוֹ' (ויקרא יז ד) "וְאֶל פֶּתַח אֹהֶל מוֹעֵד" וְגוֹ' (ויקרא יז ה) "לְמַעַן אֲשֶׁר יָבִיאוּ" וְגוֹ' (ויקרא יז ה) "וְזָבְחוּ זִבְחֵי שְׁלָמִים לַה'" וְגוֹ'. אֲבָל הָרוֹצֶה לִנְחֹר וְלֶאֱכֹל בַּמִּדְבָּר הָיָה נוֹחֵר:

יח. וּמִצְוָה זוֹ אֵינָהּ נוֹהֶגֶת לְדוֹרוֹת אֶלָּא בַּמִּדְבָּר בִּלְבַד בְּעֵת הֶתֵּר הַנְּחִירָה. וְנִצְטַוּוּ שָׁם שֶׁכְּשֶׁיִּכָּנְסוּ לָאָרֶץ תֵּאָסֵר הַנְּחִירָה וְלֹא יֹאכְלוּ חֻלִּין אֶלָּא בִּשְׁחִיטָה. וְיִשְׁחֲטוּ בְּכָל מָקוֹם לְעוֹלָם חוּץ לָעֲזָרָה שֶׁנֶּאֱמַר (דברים יב כ) "כִּי יַרְחִיב ה' אֱלֹהֶיךָ אֶת גְּבוּלְךָ" וְגוֹ' (דברים יב כא) "וְזָבַחְתָּ מִבְּקָרְךָ וּמִצֹּאנְךָ אֲשֶׁר נָתַן ה' אֱלֹהֶיךָ" וְגוֹ'. וְזוֹ הִיא הַמִּצְוָה הַנּוֹהֶגֶת לְדוֹרוֹת לִשְׁחֹט וְאַחַר כָּךְ יֶאֱכֹל:

Perek 5

Trefah

Trefah means torn apart and on the verge of death.

8 Categories of *trefah* – *Mosheh Misinai*

- *Derasah* – Clawing by beast or bird
- *Nekuvah* – Perforation of organ
- *Chaseirah* – Lacking organ
- *Netulah* – Removed
- *Pesukah* – Severed

- *Keruah* – Ripped apart
- *Nefulah* – One which fell
- *Shevurah* - Broken

DERASAH (CLAWING)

Derasah applies to the claws of the forelegs of animals and birds of prey.

Derasah is also referred to in Scripture and therefore the *Rabanim* were stricter with it than with the other categories of *trefah.*

These animals or birds strike their victims with their claws and perforate into the internal cavities.

After slaughter, entire inside of animal is forbidden i.e. the flesh above intestines turns red.

This means that the poison from the claws has penetrated. This poison is released when the claws are withdrawn.

Similarly with other organs.

פרק ה׳

א. כְּבָר בֵּאַרְנוּ בְּהִלְכוֹת אִסּוּרֵי מַאֲכָלוֹת שֶׁהַטְּרֵפָה הָאֲמוּרָה בַּתּוֹרָה הִיא הַנּוֹטָה לָמוּת. וְלֹא נֶאֱמַר (שמות כב ל) "טְרֵפָה" אֶלָּא שֶׁדִּבֵּר הַכָּתוּב בַּהֹוֶה כְּגוֹן שֶׁטְּרָפָהּ אֲרִי וְכַיּוֹצֵא בּוֹ וּשְׁבָרָהּ וַעֲדַיִן לֹא מֵתָה:

ב. וְיֵשׁ שָׁם חֳלָאִים אֲחֵרִים אִם יֶאֶרְעוּ לָהּ תֵּחָשֵׁב טְרֵפָה וְהֵן הֲלָכָה לְמשֶׁה מִסִּינַי. וּשְׁמוֹנָה מִינֵי טְרֵפוֹת נֶאֶמְרוּ לוֹ לְמשֶׁה בְּסִינַי וְאֵלּוּ הֵן. דְּרוּסָה. נְקוּבָה. חֲסֵרָה. נְטוּלָה. פְּסוּקָה. קְרוּעָה. נְפוּלָה. וּשְׁבוּרָה:

ג. אַף עַל פִּי שֶׁכֻּלָּן הֲלָכָה לְמשֶׁה מִסִּינַי הֵן. הוֹאִיל וְאֵין לְךָ בְּפֵרוּשׁ בַּתּוֹרָה אֶלָּא דְּרוּסָה הֶחְמִירוּ בָּהּ. וְכָל סָפֵק שֶׁיִּסְתַּפֵּק בִּדְרוּסָה אָסוּר. וּשְׁאָר שִׁבְעָה מִינֵי טְרֵפוֹת יֵשׁ בָּהֶן סְפֵקִין מֻתָּרִים כְּמוֹ שֶׁיִּתְבָּאֵר:

ד. הַדְּרוּסָה הוּא שֶׁיִּטְרֹף הָאֲרִי וְכַיּוֹצֵא בּוֹ הַבְּהֵמָה וְיִדְרֹס עָלֶיהָ בְּיָדוֹ. אוֹ יִדְרֹס הַנֵּץ וְהַנֶּשֶׁר וְכַיּוֹצֵא בָּהֶן עַל הָעוֹף. וְאֵין דְּרִיסָה בִּבְהֵמָה גַּסָּה וּבְחַיָּה גַּסָּה אֶלָּא לַאֲרִי בִּלְבַד. וּבִבְהֵמָה דַּקָּה מִן הַזְּאֵב וּלְמַעְלָה. וּבִגְדָיִים וּטְלָאִים אֲפִלּוּ חָתוּל וְשׁוּעָל וּנְמִיָּה וְכַיּוֹצֵא בָּהֶן יֵשׁ לָהֶן דְּרִיסָה וְכָל שֶׁכֵּן בְּעוֹפוֹת:

ה. וְהַנֵּץ יֵשׁ לוֹ דְּרִיסָה וַאֲפִלּוּ בְּעוֹף גָּדוֹל מִמֶּנּוּ. אֲבָל שְׁאָר עוֹפוֹת הַדּוֹרְסִים יֵשׁ לָהֶן דְּרִיסָה בְּעוֹף שֶׁכְּמוֹתָן. וְאֵין לָהֶן דְּרִיסָה בְּעוֹף שֶׁהוּא גָּדוֹל מֵהֶן:

ו. וְיֵשׁ לַחֻלְדָּה דְּרִיסָה בְּעוֹפוֹת. וְכֶלֶב אֵין לוֹ דְּרִיסָה כָּל עִקָּר לֹא בְּעוֹף וְלֹא בִּבְהֵמָה וְחַיָּה. וְהַנֵּץ יֵשׁ לוֹ דְּרִיסָה בִּגְדָיִים וּטְלָאִים וְהוּא שֶׁיִּקֹּב בְּצִפָּרְנָיו לְבֵית הֶחָלָל:

ז. אֵין דְּרִיסָה אֶלָּא בְּיַד הַטּוֹרֵף אֲבָל בְּרַגְלָיו אֵין חוֹשְׁשִׁין לָהּ. וְאֵין דְּרִיסָה אֶלָּא בְּצִפֹּרֶן אֲבָל בְּשֵׁן אֵין חוֹשְׁשִׁין לָהּ אֶלָּא אִם כֵּן נִקַּב עַד בֵּית הֶחָלָל בּוֹדְקִין שֶׁמָּא נִקַּב אֶחָד מִן הָאֵיבָרִים שֶׁנִּטְרֶפֶת בִּנְקִיבָתָן. וְאֵין דְּרִיסָה אֶלָּא בְּכַוָּנַת הַטּוֹרֵף. אֲבָל אִם נָפַל הַדּוֹרֵס וְנִשְׁתַּקְּעוּ צִפָּרְנָיו בַּנִּטְרָף אֵין זוֹ דְּרִיסָה. וְאֵין דְּרִיסָה אֶלָּא מֵחַיִּים. אֲבָל אִם דָּרַס וְנֶהֱרַג וַעֲדַיִן יָדוֹ בַּדְּרוּסָה וְלֹא שָׁמַט צִפָּרְנָיו מִמֶּנָּה אֶלָּא אַחַר מוֹתוֹ אֵין חוֹשְׁשִׁין לָהּ:

ח. וְכֵיצַד דִּין הַדְּרוּסָה. כָּל מָקוֹם שֶׁאָמַרְנוּ חוֹשְׁשִׁין לָהּ שׁוֹחֲטִין אֶת הַנִּטְרָף וּבוֹדְקִין כָּל הֶחָלָל שֶׁלּוֹ מִכַּף הַיָּרֵךְ עַד הַקָּדְקֹד. אִם נִמְצֵאת כֻּלָּהּ שְׁלֵמָה מִכָּל מִינֵי טְרֵפוֹת וְלֹא נִמְצָא בָּהּ רֹשֶׁם הַדְּרִיסָה הֲרֵי זוֹ מֻתֶּרֶת. וְאִם נִמְצָא בָּהּ רֹשֶׁם הַדְּרִיסָה הֲרֵי זוֹ טְרֵפָה וַאֲסוּרָה מִן הַתּוֹרָה:

ט. אֵי זֶה הוּא רֹשֶׁם הַדְּרִיסָה. שֶׁיַּאְדִּים הַבָּשָׂר כְּנֶגֶד בְּנֵי מֵעַיִם. וְאִם נִמּוֹק הַבָּשָׂר כְּנֶגֶד בְּנֵי מֵעַיִם עַד שֶׁנַּעֲשָׂה כְּבָשָׂר שֶׁהָרוֹפֵא גּוֹרְרוֹ מִן הַחַבּוּרָה רוֹאִין אוֹתוֹ הַבָּשָׂר כְּאִלּוּ חָסֵר וּטְרֵפָה:

י. וְאִם דָּרַס בַּסִּימָנִין מִשֶּׁיַּאֲדִימוּ טְרֵפָה וּדְרִיסָתָן בְּמַשֶּׁהוּ כֵּיוָן שֶׁהֶאְדִּים בָּהֶן כָּל שֶׁהוּא מֵחֲמַת דְּרִיסָה טְרֵפָה:

יא. סְפֵק דְּרוּסָה אֲסוּרָה עַד שֶׁתִּבָּדֵק כִּדְרוּסָה וַדָּאִית. כֵּיצַד. אֲרִי שֶׁנִּכְנַס לְבֵין שְׁוָרִים וְנִמְצָא צִפֹּרֶן בְּגַבּוֹ שֶׁל אֶחָד מֵהֶן חוֹשְׁשִׁין שֶׁמָּא אֲרִי דְּרָסוֹ. וְאֵין אוֹמְרִים שֶׁמָּא בַּכֹּתֶל נִתְחַכֵּךְ. וְכֵן שׁוּעָל אוֹ נְמִיָּה שֶׁנִּכְנַס לְבֵין הָעוֹפוֹת וְהוּא שׁוֹתֵק וְהֵן מְקַרְקְרִין חוֹשְׁשִׁין שֶׁמָּא דָּרַס. אֲבָל אִם הָיָה הוּא נוֹהֵם

וְהֵם מְקַרְקְרִין מִיִּרְאָתוֹ וּמִתְּמִיהָתוֹ הֵן מְקַרְקְרִין. וְכֵן אִם קָטַע רֹאשׁ אֶחָד מֵהֶן הִנֵּה נָח רָגְזוֹ. וְכֵן אִם שָׁתַק הוּא וְהֵם אֵין חוֹשְׁשִׁין שֶׁאִלּוּ הִזִּיק הָיוּ מְקַרְקְרִין:

יב. סָפֵק שֶׁנִּכְנַס לְכָאן טוֹרֵף אוֹ לֹא נִכְנַס. אוֹ שֶׁרָאִינוּ וְלֹא נוֹדַע אִם זֶה מִן הַטּוֹרְפִין אוֹ אֵינוֹ מִן הַטּוֹרְפִין אֵין חוֹשְׁשִׁין. וְכֵן עוֹף שֶׁנִּכְנַס לְבֵין הָעֵצִים אוֹ לְבֵין הַקָּנִים וְיָצָא וְרֹאשׁוֹ מְנַטֵּף דָּם אוֹ צַוָּארוֹ אֵין חוֹשְׁשִׁין לוֹ שֶׁמָּא נִטְרַף אֶלָּא אוֹמְרִים שֶׁמָּא בָּעֵצִים נִזַּק:

Perek 6

Trefah continued

NEKUVAH (PERFORATED)

There are 11 organs which if perforated through to inner cavity, cause the animal to be *trefah:*

- Gullet entrance
- Brain membrane
- Heart and its large arteries
- Gall bladder
- Arteries of liver
- Maw – *kevah* (one of 4 stomachs of kosher domesticated animals)
- Stomach – *keres* (one of 4 stomachs of kosher domesticated animals)
- Abdomen – *meses* (one of 4 stomachs of kosher domesticated animals)
- Gut – *bet hakosot* (one of 4 stomachs of kosher domesticated animals)
- Intestines

In the digestive tract perforation could also come about internally from say swallowing a needle.

- Lung and Bronchi

Besides perforation, animal is also *trefah* if one of these organs is missing or if 2 are present.

פרק ו׳

א. נְקוּבָה כֵּיצַד. אַחַד עָשָׂר אֵיבָרִים הֵן שֶׁאִם נִקַּב אֶחָד מֵהֶן לַחֲלָלוֹ בְּמַשֶּׁהוּ טְרֵפָה. וְאֵלּוּ הֵן. תַּרְבַּץ הַוֵּשֶׁט. וּקְרוּם שֶׁל מֹחַ הָרֹאשׁ. וְהַלֵּב עִם הַקָּנֶה שֶׁלּוֹ. וְהַמָּרָה. וּקְנֵה הַכָּבֵד. וְהַקֵּבָה. וְהַכֶּרֶס. וְהֶמְסֵס. וּבֵית הַכּוֹסוֹת. וְהַדַּקִּין. וְהָרֵאָה עִם הַקָּנֶה שֶׁלָּהּ:

ב. תַּרְבַּץ הַוֵּשֶׁט כְּבָר בֵּאַרְנוּ שִׁעוּרוֹ וְשֶׁהוּא הַמָּקוֹם מִן הַוֵּשֶׁט שֶׁאֵינוֹ רָאוּי לִשְׁחִיטָה לְמַעְלָה מִן הַוֵּשֶׁט. אִם נִקַּב לַחֲלָלוֹ בְּמַה שֶּׁהוּא טְרֵפָה:

ג. שְׁנֵי קְרוּמוֹת יֵשׁ לַמֹּחַ שֶׁבָּרֹאשׁ. אִם נִקַּב הָעֶלְיוֹן הַסָּמוּךְ לָעֶצֶם בִּלְבַד הֲרֵי זוֹ מֻתֶּרֶת. וְאִם נִקַּב הַתַּחְתּוֹן הַסָּמוּךְ לַמֹּחַ טְרֵפָה. וּמִשֶּׁיַּתְחִיל הַמֹּחַ לְהִמָּשֵׁךְ לַשִּׁדְרָה וְהוּא מִחוּץ לַפּוֹלִין שֶׁהֵן תְּחִלַּת הָעֹרֶף יִהְיֶה לִקְרוּמוֹ דִּין אַחֵר. וְאִם נִקַּב חוּץ לַפּוֹלִין מֻתָּר:

ד. הַמֹּחַ עַצְמוֹ שֶׁנִּקַּב אוֹ נִתְמַעֵךְ וְהַקְּרוּם קַיָּם כְּשֵׁרָה. וְאִם נִשְׁפַּךְ כַּמַּיִם אוֹ נָמֵס כַּדּוֹנַג טְרֵפָה:

ה. הַלֵּב שֶׁנִּקַּב לְבֵית חֲלָלוֹ. בֵּין לֶחָלָל גָּדוֹל שֶׁבִּשְׂמֹאל בֵּין לֶחָלָל קָטָן שֶׁבְּיָמִין טְרֵפָה. אֲבָל אִם נִקַּב בְּשַׂר הַלֵּב וְלֹא הִגִּיעַ לַחֲלָלוֹ מֻתָּר. וּקְנֵה הַלֵּב וְהוּא הַמִּזְרָק הַגָּדוֹל שֶׁיּוֹצֵא מִמֶּנּוּ לָרֵאָה הֲרֵי הוּא כַּלֵּב וְאִם נִקַּב לַחֲלָלוֹ בְּמַשֶּׁהוּ טְרֵפָה:

ו. מָרָה שֶׁנִּקְּבָה וְכָבֵד סוֹתְמָהּ מֻתֶּרֶת. וְאִם לֹא נִסְתַּם הַנֶּקֶב אַף עַל פִּי שֶׁהוּא סָמוּךְ לַכָּבֵד טְרֵפָה:

ז. נְזִיָּה שֶׁנִּמְצֵאת בַּמָּרָה אִם הָיְתָה כְּמוֹ גַּרְעִינָה שֶׁל תְּמָרָה שֶׁאֵין רֹאשָׁהּ חַד מֻתֶּרֶת. וְאִם רֹאשָׁהּ חַד כְּגַרְעִינַת הַזַּיִת אֲסוּרָה. שֶׁהֲרֵי נִקְּבָה אוֹתָהּ כְּשֶׁנִּכְנְסָה. וְזֶה שֶׁלֹּא יֵרָאֶה הַנֶּקֶב מִפְּנֵי שֶׁהֻגְלַד פִּי הַמַּכָּה:

ח. קְנֵי הַכָּבֵד וְהֵן הַמִּזְרְקִין שֶׁבּוֹ שֶׁבָּהֶן הַדָּם מִתְבַּשֵּׁל. אִם נִקַּב אֶחָד מֵהֶן בְּמַשֶּׁהוּ טְרֵפָה. לְפִיכָךְ מַחַט שֶׁנִּמְצֵאת בְּתוֹךְ הַכָּבֵד אִם הָיְתָה מַחַט גְּדוֹלָה וְהָיָה הַקָּצֶה הַחַד שֶׁלָּהּ לְפָנִים בְּיָדוּעַ שֶׁנִּקְּבָה כְּשֶׁנִּכְנְסָה. וְאִם הָיָה הָרֹאשׁ הֶעָגֹל לְפָנִים אוֹמְרִין דֶּרֶךְ סִמְפּוֹנוֹת הָלְכָה וּמֻתֶּרֶת:

ט. הָיְתָה מַחַט קְטַנָּה הֲרֵי זוֹ טְרֵפָה מִפְּנֵי שֶׁשְּׁנֵי רָאשֶׁיהָ חַדִּין וַדַּאי נִקְּבָה. וְאִם נִמְצֵאת בַּסִּמְפּוֹן הַגָּדוֹל שֶׁבַּכָּבֵד וְהוּא הַקָּנֶה הָרָחָב שֶׁבְּאֶמְצַע שֶׁבּוֹ נִכְנָס הַמַּאֲכָל לַכָּבֵד הֲרֵי זוֹ מֻתֶּרֶת. וּבְשַׂר כָּבֵד שֶׁהִתְלִיעַ מֻתֶּרֶת:

י. קֵבָה שֶׁנִּקְּבָה וְחֵלֶב טָהוֹר סוֹתֵם אֶת הַנֶּקֶב מֻתֶּרֶת. וְכֵן כָּל נֶקֶב שֶׁהַבָּשָׂר אוֹ הַחֵלֶב הַמֻּתָּר בַּאֲכִילָה סוֹתֵם אוֹתוֹ הֲרֵי זֶה מֻתָּר. חוּץ מֵחֵלֶב הַלֵּב וְהַקְּרוּם שֶׁעַל הַלֵּב כֻּלּוֹ. וְהַמְּחִצָּה שֶׁבְּאֶמְצַע הַבֶּטֶן הַמַּבְדֶּלֶת בֵּין אֵיבְרֵי הַמַּאֲכָל וְאֵיבְרֵי הַנְּשִׁימָה. וְהִיא שֶׁקּוֹרְעִין אוֹתָהּ וְאַחַר כָּךְ תֵּרָאֶה הָרֵאָה. וְהִיא הַנִּקְרֵאת טַרְפַּשׁ הַכָּבֵד. וְהַמָּקוֹם הַלָּבָן שֶׁבְּאֶמְצָעָהּ. וְחֵלֶב הַמְּעִי הָאַחֲרוֹן שֶׁבְּאֵיבָרִים אֵלּוּ. אֵין מְגִנִּין לְפִי שֶׁהֵן קָשִׁין. וְנֶקֶב שֶׁנִּסְתַּם בְּאֶחָד מֵהֶן אֵינוֹ כְּסָתוּם. וְחֵלֶב חַיָּה שֶׁכְּנֶגְדּוֹ בִּבְהֵמָה אָסוּר אֵינוֹ סוֹתֵם אַף עַל פִּי שֶׁהוּא מֻתָּר בַּאֲכִילָה:

יא. כֶּרֶס שֶׁנִּקַּב טְרֵפָה. וְאֵין לוֹ דָּבָר שֶׁיִּסְתֹּם אוֹתוֹ. שֶׁהֲרֵי הַחֵלֶב שֶׁעָלָיו אָסוּר. וְכֵן הֶמְסֵס וּבֵית הַכּוֹסוֹת שֶׁנִּקַּב אֶחָד מֵהֶן לַחוּץ טְרֵפָה. וְאִם נִקַּב אֶחָד מֵהֶן לְתוֹךְ חֲלַל חֲבֵרוֹ מֻתֶּרֶת:

יב. מַחַט שֶׁנִּמְצֵאת בְּעֳבִי בֵּית הַכּוֹסוֹת מִצַּד אֶחָד כְּשֵׁרָה. וְאִם נִקְּבָה נֶקֶב מְפֻלָּשׁ לְתוֹךְ חֲלַל בֵּית הַכּוֹסוֹת וְנִמְצֵאת טִפַּת דָּם בִּמְקוֹם הַנֶּקֶב טְרֵפָה שֶׁוַּדַּאי קֹדֶם שְׁחִיטָה נִקַּב. אֲבָל אִם אֵין דָּם בִּמְקוֹם הַנֶּקֶב הֲרֵי זֶה מֻתָּר שֶׁוַּדַּאי אַחַר שְׁחִיטָה דָּחֲקָה הַמַּחַט וְנִקְּבָה:

יג. בְּהֵמָה שֶׁהִלְעִיטָהּ דָּבָר שֶׁנּוֹקֵב בְּנֵי מֵעֶיהָ כְּגוֹן קֹרֶט שֶׁל חִלְתִּית וְכַיּוֹצֵא בּוֹ טְרֵפָה שֶׁוַּדַּאי נוֹקֵב. וְאִם הָיָה סָפֵק נוֹקֵב סָפֵק אֵינוֹ נוֹקֵב תִּבָּדֵק. כָּל אֶחָד מִן בְּנֵי הַמֵּעַיִם שֶׁפְּסֹלֶת הַמַּאֲכָל סוֹבֶבֶת בָּהֶן וְהֵן הַנִּקְרָאִים דַּקִּין שֶׁנִּקַּב טְרֵפָה. וְיֵשׁ מֵהֶן מְלֻפָּפִין וּמֻקָּפִין זוֹ לְפָנִים מִזּוֹ בְּעִגּוּל כְּמוֹ נָחָשׁ שֶׁנִּכְרָךְ וְאֵלּוּ הֵן הַנִּקְרָאִים הַדְּרָא דְּכַנְתָּא. אִם נִקַּב אֶחָד מֵהֶן לַחֲבֵרוֹ כְּשֵׁרָה. שֶׁהֲרֵי חֲבֵרוֹ מֵגֵן עָלָיו:

יד. וּמֵעַיִם שֶׁנִּקְּבוּ וְלֵחָה סוֹתַמְתָּן טְרֵפָה שֶׁאֵין זוֹ סְתִימָה עוֹמֶדֶת. בְּנֵי מֵעַיִם שֶׁבָּא זְאֵב אוֹ כֶּלֶב וְכַיּוֹצֵא בָּהֶן וּנְטָלָן וַהֲרֵי הֵן נְקוּבִין אַחַר שֶׁהִנִּיחָן תּוֹלִין בּוֹ וּמֻתֶּרֶת וְאֵין אוֹמְרִין שֶׁמָּא בִּמְקוֹם נֶקֶב נִקַּב. נִמְצְאוּ נְקוּבִין וְלֹא נוֹדַע אִם קֹדֶם שְׁחִיטָה נִקְּבוּ אִם אַחַר שְׁחִיטָה נוֹקְבִין בָּהֶן נֶקֶב אַחֵר וּמְדַמִּין לוֹ. אִם הָיָה הַנֶּקֶב הָרִאשׁוֹן כְּמוֹתוֹ כְּשֵׁרָה. וְאִם הָיָה בֵּינֵיהֶן שִׁנּוּי קֹדֶם שְׁחִיטָה נִקַּב וּטְרֵפָה. וְאִם מִשְׁמְשׁוּ הַיָּדַיִם בְּנֶקֶב הַסָּפֵק כָּךְ צָרִיךְ לְמַשְׁמֵשׁ בַּנֶּקֶב שֶׁמְּדַמִּין לוֹ וְאַחַר כָּךְ עוֹרְכִין זֶה לָזֶה:

טו. בְּנֵי מֵעַיִם שֶׁיָּצְאוּ לַחוּץ וְלֹא נִקְּבוּ מֻתֶּרֶת. וְאִם נִתְהַפְּכוּ אַף עַל פִּי שֶׁלֹּא נִקְּבוּ טְרֵפָה. שֶׁאִי אֶפְשָׁר שֶׁיַּחְזְרוּ כְּמוֹת שֶׁהָיוּ אַחַר שֶׁנֶּהֶפְכוּ וְאֵינָהּ חַיָּה:

טז. הַמְּעִי הָאַחֲרוֹן שֶׁהוּא שָׁוֶה וְאֵין בּוֹ עִקּוּם וְהוּא שֶׁהָרְעִי יוֹצֵא בּוֹ מִן הָעֶרְוָה וְהוּא דָּבוּק בֵּין עִקְּרֵי הַיְרֵכַיִם הוּא הַנִּקְרָא חַלְחֹלֶת. אִם נִקַּב בְּמַשֶּׁהוּ טְרֵפָה כִּשְׁאָר הַמֵּעַיִם. בַּמֶּה דְּבָרִים אֲמוּרִים שֶׁנִּקַּב לַחֲלַל הַבֶּטֶן. אֲבָל אִם נִקַּב בַּמָּקוֹם הַדָּבוּק בַּיְרֵכַיִם מֻתֶּרֶת. וַאֲפִלּוּ נִטַּל מִמֶּנּוּ מְקוֹם הַדֶּבֶק כֻּלּוֹ מֻתֶּרֶת. וְהוּא שֶׁיִּשְׁתַּיֵּר מֵאָרְכּוֹ בַּשּׁוֹר כְּמוֹ אַרְבַּע אֶצְבָּעוֹת:

יז. הָעוֹף אֵין לוֹ כֶּרֶס וְלֹא הֶמְסֵס וְלֹא בֵּית הַכּוֹסוֹת. אֲבָל יֵשׁ לוֹ כְּנֶגְדָּן זֶפֶק וְקֻרְקְבָן. וְכָל הַטְּרֵפוֹת שָׁווֹת הֵן בִּבְהֵמָה חַיָּה וָעוֹף. וְזֶפֶק שֶׁנִּקַּב גַּגּוֹ בְּמַשֶּׁהוּ טְרֵפָה. וְאֵי זֶהוּ גַּגּוֹ שֶׁל זֶפֶק זֶה שֶׁיִּמָּתַח עִם הַוֵּשֶׁט כְּשֶׁיַּאֲרִיךְ הָעוֹף צַוָּארוֹ. אֲבָל שְׁאָר הַזֶּפֶק שֶׁנִּקַּב מֻתָּר:

יח. שְׁנֵי כִּיסִין יֵשׁ בַּקֻּרְקְבָן. הַחִיצוֹן אָדֹם כְּמוֹ בָּשָׂר. וְהַפְּנִימִי לָבָן כְּמוֹ עוֹר. נִקַּב זֶה בְּלֹא זֶה מֻתֶּרֶת עַד שֶׁיִּנָּקְבוּ שְׁנֵיהֶן בְּמַשֶּׁהוּ. וְאִם נִקְּבוּ שְׁנֵיהֶן זֶה שֶׁלֹּא כְּנֶגֶד זֶה מֻתָּר:

יט. הַטְּחוֹל אֵינוֹ מִן הָאֵיבָרִין שֶׁנְּקִיבָתָן בְּמַשֶּׁהוּ וּלְפִיכָךְ לֹא מָנוּ אוֹתוֹ חֲכָמִים בִּכְלָלָן אֶלָּא יֵשׁ לַנֶּקֶב שֶׁלּוֹ שִׁעוּר שֶׁאֵינוֹ שָׁוֶה בְּכֻלּוֹ. כֵּיצַד. הַטְּחוֹל רֹאשׁוֹ הָאֶחָד עָבֶה וְהַשֵּׁנִי דַּק כִּבְרִיַּת הַלָּשׁוֹן. אִם נִקַּב בְּרֹאשׁ הֶעָבֶה נֶקֶב מְפֻלָּשׁ טְרֵפָה. וְאִם נִקַּב נֶקֶב שֶׁאֵינוֹ מְפֻלָּשׁ אִם נִשְׁאָר תַּחְתָּיו כְּעֳבִי דִּינָר שֶׁל זָהָב מֻתָּר. פָּחוֹת מִכָּאן הֲרֵי הוּא כִּמְפֻלָּשׁ וּטְרֵפָה. אֲבָל אִם נִקַּב הַדַּק כְּשֵׁרָה:

כ. כָּל אֵיבָר שֶׁאָמְרוּ חֲכָמִים בּוֹ שֶׁאִם נִקַּב בְּמַשֶּׁהוּ טְרֵפָה כָּךְ אִם נִטַּל כֻּלּוֹ טְרֵפָה. בֵּין שֶׁנִּטַּל בְּחֹלִי אוֹ בַּיָּד בֵּין שֶׁנִּבְרָא חָסֵר. וְכֵן אִם נִבְרָא בִּשְׁנֵי אֵיבָרִים מֵאוֹתוֹ אֵיבָר טְרֵפָה שֶׁכָּל הַיָּתֵר כְּנָטוּל הוּא חָשׁוּב. כֵּיצַד. נִטַּל אֶחָד מִן הַמֵּעַיִם אוֹ הַמָּרָה וְכַיּוֹצֵא בָּהֶן בֵּין בְּעוֹף בֵּין בִּבְהֵמָה טְרֵפָה. וְכֵן אִם נִמְצָא בָּהֶן שְׁתֵּי מָרָרוֹת אוֹ שְׁנֵי מֵעַיִם טְרֵפָה. וְכֵן כָּל כַּיּוֹצֵא בָּהֶן. אֲבָל אִם נִטַּל הַטְּחוֹל אוֹ שֶׁנִּמְצְאוּ שְׁנַיִם מֻתֶּרֶת שֶׁאֵינוֹ בִּכְלַל הַמְּנוּיִין:

כא. הַמְּעִי הַיָּתֵר שֶׁתִּטָּרֵף בּוֹ הַבְּהֵמָה הוּא הַיָּתֵר מִתְּחִלָּתוֹ

וְעַד סוֹפוֹ עַד שֶׁנִּמְצְאוּ שְׁנֵי מֵעַיִם זֶה בְּצַד זֶה מִתְּחִלָּה וְעַד סוֹף כִּמְעֵי הָעוֹף אוֹ שֶׁהָיָה הַמְּעִי יוֹצֵא כְּעָנָף מִן הַבַּד וַהֲרֵי הוּא מְבַדֵּל בֵּין בְּעוֹף בֵּין בִּבְהֵמָה. אֲבָל אִם חָזַר וְנִתְעָרֵב עִם הַמְּעִי וְנַעֲשָׂה אֶחָד מִשְּׁנֵי רָאשָׁיו וַהֲרֵי שְׁנֵיהֶם מְבֻדָּלִין בָּאֶמְצַע הֲרֵי זוֹ מֻתֶּרֶת וְאֵין כָּאן יָתֵר:

Perek 7

Trefah continued.

Perforation continued.

PERFORATION OF LUNG.

Whenever a lung is placed in lukewarm water and is inflated, and the water does not bubble, this means that there is no perforation.

However other factors could make lung *trefah*. E.g. if it degenerates i.e. bronchioles degenerate.

There are **5** forbidden colours for lung – forbidden colour is equivalent to a perforation.

There are **4** permitted colours.

פרק ז׳

א. שְׁנֵי קְרוּמוֹת יֵשׁ עַל הָרֵאָה. אִם נִקַּב זֶה בְּלֹא זֶה מֻתֶּרֶת. וְאִם נִקְבוּ שְׁנֵיהֶן טְרֵפָה. אֲפִלּוּ נִגְלַד הַקְּרוּם הָעֶלְיוֹן כֻּלּוֹ וְהָלַךְ לוֹ מֻתֶּרֶת. וְהַקָּנֶה שֶׁנִּקַּב מִן הֶחָזֶה וּלְמַטָּה בְּמַשֶּׁהוּ טְרֵפָה. וְהוּא הַמָּקוֹם שֶׁאֵינוֹ רָאוּי לִשְׁחִיטָה בַּקָּנֶה לְמַטָּה:

ב. הִתְחִיל בִּשְׁחִיטָה וְשָׁחַט כָּל הַקָּנֶה וְאַחַר כָּךְ נִקְּבָה הָרֵאָה וְאַחַר כָּךְ גָּמַר הַשְּׁחִיטָה הֲרֵי זוֹ טְרֵפָה הוֹאִיל וְנִקְּבָה קֹדֶם גְּמַר שְׁחִיטָה. וְכֵן כָּל כַּיּוֹצֵא בָּזֶה:

ג. אֶחָד מִסִּמְפּוֹנֵי רֵאָה שֶׁנִּקַּב אֲפִלּוּ נִקַּב לַחֲבֵרוֹ טְרֵפָה. וְרֵאָה שֶׁנִּקְּבָה וְעָלָה קְרוּם בַּמַּכָּה וְנִסְתַּם הַנֶּקֶב אֵינוֹ כְּלוּם. נִקְּבָה הָאוּם שֶׁל רֵאָה אַף עַל פִּי שֶׁדֹּפֶן סוֹתַמְתָּהּ טְרֵפָה. וְאִם נִקְּבָה בִּמְקוֹם חִתּוּךְ הָאֳנוֹת שֶׁלָּהּ וְהוּא הַמָּקוֹם שֶׁרוֹבֶצֶת עָלָיו כְּשֵׁרָה:

ד. בַּמֶּה דְּבָרִים אֲמוּרִים כְּשֶׁסָּתַם מְקוֹם הַנֶּקֶב שֶׁבָּאֳנוֹת בָּשָׂר. אֲבָל אִם נִסְמַךְ הַנֶּקֶב לָעֶצֶם אֵינוֹ מֵגֵן. וְאִם הָיָה נֶקֶב הָאֳנוֹת דָּבוּק בָּעֶצֶם וּבַבָּשָׂר מֻתֶּרֶת:

ה. הָאוּם שֶׁל רֵאָה שֶׁנִּמְצֵאת סְמוּכָה לַדֹּפֶן. בֵּין שֶׁהֶעֱלַת צְמָחִים בֵּין שֶׁלֹּא הֶעֱלַת חוֹשְׁשִׁין לָהּ שֶׁמָּא נִקְּבָה. וְכֵיצַד עוֹשִׂין בָּהּ. מְפָרְקִין אוֹתָהּ מִן הַדֹּפֶן וְנִזְהָרִין בָּהּ שֶׁלֹּא תִּנָּקֵב. אִם נִמְצֵאת נְקוּבָה וְנִמְצָא בַּדֹּפֶן מַכָּה בִּמְקוֹם הַנֶּקֶב תּוֹלִין בַּמַּכָּה וְאוֹמְרִים אַחַר שְׁחִיטָה נִקְּבָה כְּשֶׁנִּפְרְקָה מִן הַמַּכָּה. וְאִם אֵין מַכָּה בַּדֹּפֶן בְּיָדוּעַ שֶׁנֶּקֶב זֶה בָּרֵאָה הָיָה קֹדֶם הַשְּׁחִיטָה וּטְרֵפָה:

ו. הָרֵאָה שֶׁנִּמְצָא בָּהּ מָקוֹם אָטוּם כָּל שֶׁהוּא שֶׁאֵין הָרוּחַ נִכְנֶסֶת בּוֹ וְאֵינוֹ נִתְפָּח הֲרֵי זוֹ כִּנְקוּבָה וּטְרֵפָה. וְכֵיצַד בּוֹדְקִין אוֹתוֹ. קוֹרְעִין הַמָּקוֹם שֶׁלֹּא נִתְפַּח בִּשְׁעַת נְפִיחָה. אִם נִמְצֵאת בּוֹ לֵחָה מֻתֶּרֶת שֶׁמֵּחֲמַת הַלֵּחָה לֹא נִכְנְסָה שָׁם הָרוּחַ. וְאִם לֹא נִמְצֵאת בּוֹ לֵחָה נוֹתְנִין עָלָיו מְעַט רֹק אוֹ תֶּבֶן אוֹ כָּנָף וְכַיּוֹצֵא בָּהֶן וְנוֹפְחִין אוֹתָהּ אִם נִתְנַדְנֵד כְּשֵׁרָה וְאִם לָאו טְרֵפָה שֶׁאֵין הָרוּחַ נִכְנֶסֶת לְשָׁם:

ז. רֵאָה שֶׁתִּשָּׁמַע בָּהּ הֲבָרָה כְּשֶׁנּוֹפְחִין אוֹתָהּ אִם נִכָּר הַמָּקוֹם שֶׁמִּמֶּנּוּ תִּשָּׁמַע הַהֲבָרָה מוֹשִׁיבִין עָלָיו רֹק אוֹ תֶּבֶן וְכַיּוֹצֵא בּוֹ. אִם נִתְנַדְנֵד בְּיָדוּעַ שֶׁהִיא נְקוּבָה וּטְרֵפָה. וְאִם לֹא נִכַּר הַמָּקוֹם מוֹשִׁיבִין אוֹתָהּ בְּמַיִם פּוֹשְׁרִין וְנוֹפְחִין אוֹתָהּ. אִם בִּקְבֵּק הַמַּיִם טְרֵפָה. וְאִם לָאו בְּיָדוּעַ שֶׁקְּרוּם הַתַּחְתּוֹן בִּלְבַד נִקַּב וְהָרוּחַ תִּנְהַג בֵּין שְׁנֵי הַקְּרוּמוֹת וּמִפְּנֵי זֶה יִשָּׁמַע בָּהּ קוֹל דְּמָמָה בִּשְׁעַת נְפִיחָה:

ח. זֶה עִקָּר גָּדוֹל יִהְיֶה בְּיָדְךָ שֶׁכָּל רֵאָה שֶׁנּוֹפְחִין אוֹתָהּ בְּפוֹשְׁרִין וְלֹא יְבַקְבֵּק הַמַּיִם הֲרֵי הִיא שְׁלֵמָה מִכָּל נֶקֶב:

ט. רֵאָה שֶׁנִּשְׁפְּכָה כְּקִיתוֹן וּקְרוּם הָעֶלְיוֹן שֶׁלָּהּ קַיָּם שָׁלֵם בְּלֹא נֶקֶב. אִם הַסִּמְפּוֹנוֹת עוֹמְדִים בִּמְקוֹמָם וְלֹא נִמּוֹחוּ כְּשֵׁרָה. וְאִם נִמּוֹחַ אֲפִלּוּ סִמְפּוֹן אֶחָד טְרֵפָה. כֵּיצַד עוֹשִׂין. נוֹקְבִין אוֹתָהּ וְשׁוֹפְכִין אוֹתָהּ בִּכְלִי שֶׁהוּא שׁוֹעַ כַּאֲבָר וְכַיּוֹצֵא בּוֹ. אִם נִרְאָה בָּהּ חוּטִין לְבָנִין בְּיָדוּעַ שֶׁנִּמּוֹקוּ הַסִּמְפּוֹנוֹת וּטְרֵפָה. וְאִם לָאו בְּשַׂר הָרֵאָה בִּלְבַד הוּא שֶׁנִּמּוֹק וּכְשֵׁרָה:

י. רֵאָה שֶׁנִּמְצְאוּ בָּהּ אֲבַעְבּוּעוֹת אִם הָיוּ מְלֵאִים רוּחַ אוֹ מַיִם

זַכִּים אוֹ לֵחָה הַנִּמְשֶׁכֶת כִּדְבַשׁ וְכַיּוֹצֵא בּוֹ אוֹ לֵחָה יְבֵשָׁה וְקָשָׁה אֲפִלּוּ כְּאֶבֶן הֲרֵי זוֹ מֻתֶּרֶת. וְאִם נִמְצֵאת בָּהֶן לֵחָה סְרוּחָה אוֹ מַיִם סְרוּחִין אוֹ עֲכוּרִין הֲרֵי זוֹ טְרֵפָה. וּכְשֶׁמּוֹצִיא הַלֵּחָה וּבוֹדֵק אוֹתָהּ צָרִיךְ לִבְדֹּק הַסִּמְפּוֹן שֶׁתַּחְתֶּיהָ. אִם נִמְצָא נָקוּב טְרֵפָה:

יא. רֵאָה שֶׁנִּמְצְאוּ בָּהּ שְׁתֵּי אֲבַעְבּוּעוֹת סְמוּכוֹת זוֹ לָזוֹ טְרֵפָה. שֶׁהַדָּבָר קָרוֹב הַרְבֵּה שֶׁיֵּשׁ נֶקֶב בֵּינֵיהֶן וְאֵין לָהֶן דֶּרֶךְ בְּדִיקָה. הָיְתָה אַחַת וְנִרְאֶה כִּשְׁתַּיִם נוֹקְבִין הָאַחַת. אִם שָׁפְכָה לָהּ הָאַחֶרֶת אַחַת הִיא וּמֻתֶּרֶת וְאִם לָאו טְרֵפָה:

יב. הָרֵאָה שֶׁנִּתְמַסְמְסָה טְרֵפָה. כֵּיצַד. כְּגוֹן שֶׁנִּמְצֵאת שְׁלֵמָה וּכְשֶׁתּוֹלִין אוֹתָהּ תֵּחָתֵךְ וְתִפֹּל חֲתִיכוֹת חֲתִיכוֹת. רֵאָה שֶׁנִּמְצֵאת נְקוּבָה בְּמָקוֹם שֶׁיַּד הַטַּבָּח מְמַשְׁמֵשׁ מֻתֶּרֶת וְתוֹלִין בְּיָדוֹ וְאוֹמְרִין מִיַּד הַטַּבָּח נִקְבָה אַחַר הַשְּׁחִיטָה. נִמְצָא הַנֶּקֶב בְּמָקוֹם אַחֵר וְאֵין יָדוּעַ אִם קֹדֶם שְׁחִיטָה אוֹ אַחַר שְׁחִיטָה נוֹקְבִין בָּהּ נֶקֶב אַחֵר וּמְדַמִּין כְּשֵׁם שֶׁעוֹשִׂים בִּבְנֵי מֵעַיִם:

יג. וְאֵין מְדַמִּין מַרְאָה שֶׁל בְּהֵמָה דַּקָּה לְרֵאָה שֶׁל בְּהֵמָה גַּסָּה אֶלָּא מִדַּקָּה לְדַקָּה וּמִגַּסָּה לְגַסָּה. נִמְצָא הַנֶּקֶב בְּאֶחָד מִן הָאֲבַעְבּוּעוֹת הֲרֵי זוֹ טְרֵפָה וְאֵין אוֹמְרִין נָקוּב אֲבַעְבּוּעַ אַחֵר וְנַעֲרַךְ שֶׁאֵין הַדָּבָר נִכָּר:

יד. מַחַט שֶׁנִּמְצֵאת בָּרֵאָה נוֹפְחִין אוֹתָהּ. אִם לֹא יָצָא מִמֶּנָּה רוּחַ בְּיָדוּעַ שֶׁזֹּאת הַמַּחַט דֶּרֶךְ סִמְפּוֹנוֹת נִכְנְסָה וְלֹא נִקְבָה. וְאִם נִתְחַתְּכָה הָרֵאָה קֹדֶם נְפִיחָה וְנִמְצֵאת בָּהּ הַמַּחַט הֲרֵי זוֹ אֲסוּרָה שֶׁהַדָּבָר קָרוֹב שֶׁנִּקְבָה כְּשֶׁנִּכְנְסָה:

טו. תּוֹלַעַת שֶׁהָיְתָה בָּרֵאָה וְנִקְבָה וְיָצְאָה וַהֲרֵי הָרֵאָה נְקוּבָה בְּתוֹלַעַת הֲרֵי זוֹ מֻתֶּרֶת. חֶזְקָתָהּ שֶׁאַחַר שְׁחִיטָה תִּקּוֹב וְתֵצֵא. יֵשׁ שָׁם מַרְאוֹת שֶׁאִם נִשְׁתַּנָּה מַרְאֵה הָאֵיבָר לְאוֹתוֹ הַמַּרְאֶה הָרַע הֲרֵי הוּא כְּנָקוּב שֶׁאוֹתוֹ הַבָּשָׂר שֶׁנִּשְׁתַּנּוּ מַרְאָיו לְמַרְאֶה זֶה כְּמֵת הוּא חָשׁוּב וּכְאִלּוּ הוּא הַבָּשָׂר שֶׁנֶּהְפַּךְ עֵינוֹ אֵינוֹ מָצוּי. וְכֵן הוּא אוֹמֵר (ויקרא יג י) ״וּמִחְיַת בָּשָׂר חַי בַּשְׂאֵת״ (ויקרא יג יד) ״וּבְיוֹם הֵרָאוֹת בּוֹ בָּשָׂר חַי״ מִכְּלָל שֶׁשְּׁאָר הַבָּשָׂר שֶׁנִּשְׁתַּנָּה אֵינוֹ חַי:

טז. רֵאָה שֶׁנִּשְׁתַּנּוּ מַרְאֶיהָ. בֵּין מַרְאֶה כֻּלָּהּ בֵּין מַרְאֵה מִקְצָתָהּ. אִם נִשְׁתַּנֵּית לְמַרְאֶה הַמֻּתָּר אֲפִלּוּ נִשְׁתַּנֵּית כֻּלָּהּ מֻתֶּרֶת. וְאִם נִשְׁתַּנָּה לְמַרְאֶה הָאָסוּר אֲפִלּוּ כָּל שֶׁהוּא טְרֵפָה. שֶׁהַמַּרְאֶה הָאָסוּר כְּנֶקֶב הוּא חָשׁוּב כְּמוֹ שֶׁבֵּאַרְנוּ:

יז. וְחָמֵשׁ מַרְאוֹת אֲסוּרוֹת יֵשׁ בָּרֵאָה וְאֵלּוּ הֵן. שְׁחוֹרָה כִּדְיוֹ. אוֹ יְרֻקָּה כְּעֵין כְּשׁוּת. אוֹ כְּעֵין חֶלְמוֹן בֵּיצָה. אוֹ כְּעֵין חֲרִיעַ. אוֹ כְּמַרְאֵה הַבָּשָׂר. וַחֲרִיעַ הוּא הַצֶּבַע שֶׁצּוֹבְעִים בּוֹ הַבְּגָדִים וְהוּא דּוֹמֶה לִשְׂעָרוֹת אֲדֻמּוֹת מְעַט וְנוֹטוֹת לְיָרְקָה:

יח. נִמְצֵאת כְּעֵין חֲרָיוֹת שֶׁל דֶּקֶל אוֹסְרִין אוֹתָהּ מִסָּפֵק שֶׁזֶּה קָרוֹב לְמַרְאֶה הָאָסוּר. וְכָל הַמַּרְאוֹת הָאֵלּוּ אֵין אוֹסְרִין בָּהֶם עַד שֶׁנּוֹפְחִים אוֹתָהּ וּמְמָרֵס בָּהּ בְּיָדוֹ. אִם נִשְׁתַּנֵּית לְמַרְאֶה הַמֻּתָּר מֻתֶּרֶת. וְאִם עָמְדָה בְּעֵינָהּ אֲסוּרָה:

יט. אַרְבַּע מַרְאוֹת מֻתָּרוֹת יֵשׁ בָּהּ וְאֵלּוּ הֵן. שְׁחוֹרָה כְּכָחוֹל. אוֹ יְרֻקָּה כְּחָצִיר. אוֹ אֲדֻמָּה. אוֹ כְּמַרְאֵה הַכָּבֵד. וַאֲפִלּוּ הָיְתָה הָרֵאָה כֻּלָּהּ טְלָאִים טְלָאִים נְקֻדּוֹת נְקֻדּוֹת מֵאַרְבַּע מַרְאוֹת אֵלּוּ הֲרֵי זוֹ מֻתֶּרֶת:

כ. עוֹף שֶׁנָּפַל לָאוּר וְהוֹרִיק לִבּוֹ אוֹ כְּבֵדוֹ אוֹ קֻרְקְבָנוֹ אוֹ שֶׁהֶאְדִּימוּ הַמֵּעַיִם שֶׁלּוֹ בְּכָל שֶׁהוּא הֲרֵי זוֹ טְרֵפָה. שֶׁכָּל הַיְרֻקִּים שֶׁהֶאְדִּימוּ אוֹ הָאֲדֻמִּים שֶׁהוֹרִיקוּ מֵחֲמַת הָאוּר בָּעוֹף הֲרֵי הֵן כְּמִי שֶׁנִּטְּלוּ וּטְרֵפָה. וְהוּא שֶׁיַּעַמְדוּ בְּמַרְאֶה זֶה אַחַר שֶׁשָּׁלְקוּ אוֹתָן מְעַט וּמְמָרְסִין בָּהֶן:

כא. כָּל עוֹף שֶׁנִּמְצֵאת הַכָּבֵד שֶׁלּוֹ כְּמַרְאֵה בְּנֵי מֵעַיִם. אוֹ שֶׁנִּשְׁתַּנּוּ שְׁאָר בְּנֵי מֵעַיִם וְעָמְדוּ בְּשִׁנּוּיָן אַחַר שְׁלִיקָה וּמְרִיסָה כְּמוֹ שֶׁבֵּאַרְנוּ. בְּיָדוּעַ שֶׁנָּפַל לָאוּר וְנֶחְמְרוּ בְּנֵי מֵעָיו וּטְרֵפָה. וְלֹא עוֹד אֶלָּא בְּנֵי מֵעַיִם שֶׁל עוֹף שֶׁלֹּא נִמְצָא בָּהֶם שִׁנּוּי וּכְשֶׁנִּשְׁלְקוּ נִשְׁתַּנּוּ וְהֶאְדִּימוּ הַיְרֻקִּים וְהוֹרִיקוּ הָאֲדֻמִּים. בְּיָדוּעַ שֶׁנָּפַל לָאוּר וְנֶחְמְרוּ בְּנֵי מֵעָיו וּטְרֵפָה. וְכֵן הַוֶּשֶׁט שֶׁנִּמְצָא הָעוֹר הַחִיצוֹן שֶׁלּוֹ לָבָן וְהַפְּנִימִי אָדֹם בֵּין בָּעוֹף בֵּין בִּבְהֵמָה הֲרֵי הוּא כְּאִלּוּ אֵינוֹ וּטְרֵפָה:

Perek 8

Trefah continued.

CHASEIRAH (LACKING)

There are **2** organs which make animal *trefah* if it is lacking the proper number.

- Lungs (see normal anatomy)

The lung has **5** lobes. When viewing the face of the lungs upside down, there are **3** on the right and **2** on the left.

If lung shrivelled from fright, it depends if fright was natural causes or from man. If from natural causes it is permitted. If from man, animal is *trefah.*

This can be tested by placing lung in water for a day. If it returns to its normal size it means it had been frightened from natural causes.

- Feet (see normal anatomy)

The term 'lacking' includes extra organs i.e. in case of lung if there are lobes missing, or if there are extra lobes, animal is *trefah.*

Similarly, with the feet it could be lacking or extra but it also depends whether hind legs or forelegs, and which part of leg is missing.

NETULAH (REMOVED)

3 limbs or organs if removed make animal *trefah:*

- Juncture of sinews. See anatomy
- Liver
- Upper jaw bone

However, if these organs were lacking at birth, then it is permitted.

פרק ח׳

א. חֲסֵרָה כֵּיצַד. שְׁנֵי אֵיבָרִים הֵן שֶׁאִם חָסֵר מִמִּנְיָנָם טְרֵפָה. וְאֵלּוּ הֵן. הָרֵאָה וְהָרַגְלַיִם. וְחָמֵשׁ אֻנּוֹת יֵשׁ לָרֵאָה כְּשֶׁיִּתְלֶה אוֹתָהּ אָדָם בְּיָדוֹ וּפְנֵי רֵאָה כְּנֶגֶד פָּנָיו. שָׁלֹשׁ מִן הַיָּמִין. וּשְׁתַּיִם מִן הַשְּׂמֹאל. וּבְצַד יָמִין מִמֶּנָּה כְּמוֹ אֹזֶן קְטַנָּה וְאֵינָהּ בְּצַד הָאֻנּוֹת וְיֵשׁ לָהּ כְּמוֹ כִּיס בִּפְנֵי עַצְמָהּ וְהִיא בְּתוֹךְ הַכִּיס. וְאֹזֶן זוֹ קְטַנָּה הִיא הַנִּקְרָא וַרְדָּא מִפְּנֵי שֶׁהִיא דּוֹמָה לְוֶרֶד וְאֵינָהּ מִן הַמִּנְיָן. לְפִיכָךְ אִם לֹא נִמְצֵאת הַוַּרְדָּא מֻתֶּרֶת. שֶׁכָּךְ הִיא דַּרְכָּהּ יֵשׁ בְּהֵמוֹת תִּמָּצֵא בָּהֶם וְיֵשׁ בְּהֵמוֹת לֹא תִּמָּצֵא בָּהֶם. וְאִם נִמְצֵאת נְקוּבָה אַף עַל פִּי שֶׁהַכִּיס שֶׁלָּהּ סוֹתֵם אֶת הַנֶּקֶב הֲרֵי זוֹ טְרֵפָה:

ב. חָסֵר מִנְיַן הָאֻנּוֹת וְנִמְצֵאת אַחַת מִן הַשְּׂמֹאל אוֹ שְׁתַּיִם מִן הַיָּמִין טְרֵפָה. וְאִם נִמְצְאוּ שְׁתַּיִם בְּיָמִין וְזֹאת הַוַּרְדָּא הֲרֵי זוֹ מֻתֶּרֶת:

ג. נִתְחַלְּפוּ הָאֻנּוֹת וְנִמְצְאוּ שָׁלֹשׁ מִן שְׂמֹאל וּשְׁתַּיִם מִן הַיָּמִין בְּלֹא וֶרֶד. אוֹ שֶׁהָיָה הַוֶּרֶד עִם הַשָּׁלֹשׁ בְּצַד שְׂמֹאל. הֲרֵי זוֹ טְרֵפָה שֶׁהִיא חֲסֵרָה מִצַּד הַיָּמִין:

ד. נִתּוֹסְפוּ הָאֻנּוֹת בְּמִנְיָנָם אִם הָיְתָה הָאֹזֶן הַיְתֵרָה בְּצַד הָאֻנּוֹת אוֹ מִלִּפְנֵי הָרֵאָה שֶׁהוּא לְעֻמַּת הַלֵּב מֻתֶּרֶת. וְאִם הָיְתָה עַל גַּבָּהּ שֶׁהוּא לְעֻמַּת הַצְּלָעוֹת הֲרֵי זוֹ טְרֵפָה שֶׁהַיָּתֵר כְּחָסֵר. וְהוּא שֶׁתִּהְיֶה כְּמוֹ עָלֶה שֶׁל הֲדַס. אֲבָל פָּחוֹת מִזֶּה אֵינָהּ אֹזֶן וּמֻתֶּרֶת:

ה. אֹזֶן שֶׁנִּמְצֵאת דְּבוּקָה בַּחֲבֶרְתָּהּ הַסְּמוּכָה לָהּ מֻתֶּרֶת. וְאִם נִסְמְכוּ שֶׁלֹּא עַל הַסֵּדֶר כְּגוֹן שֶׁנִּסְמְכָה רִאשׁוֹנָה לַשְּׁלִישִׁית טְרֵפָה:

ו. נִמְצְאוּ שְׁתֵּי הָאֻנּוֹת כְּאֻנָּה אַחַת וְאֵינָן נִרְאוֹת כִּשְׁתַּיִם דְּבוּקוֹת אִם הָיָה בֵּינֵיהֶן כְּמוֹ עֲלֵה הַהֲדַס בֵּין בְּעִקָּרָן בֵּין בְּאֶמְצָעָן בֵּין בְּסוֹפָן כְּדֵי שֶׁיִּכָּר שֶׁהֵן שְׁתַּיִם דְּבוּקוֹת מֻתֶּרֶת וְאִם לָאו הֲרֵי זוֹ חֲסֵרָה וּטְרֵפָה:

ז. נִמְצֵאת כֻּלָּהּ שְׁתֵּי עֲרוּגוֹת וְאֵין לָהּ חִתּוּךְ אֻזְנַיִם טְרֵפָה. וְכֵן אִם חָסֵר גּוּף הָרֵאָה אַף עַל פִּי שֶׁלֹּא נִקְּבָה הֲרֵי זוֹ כְּמִי שֶׁחָסֵר מִנְיַן הָאֻנּוֹת וּטְרֵפָה. לְפִיכָךְ אִם נִמְצָא מִמֶּנָּה מְקוֹם יָבֵשׁ עַד שֶׁיִּפָּרֵךְ בְּצִפֹּרֶן הֲרֵי זוֹ כְּחָסֵר וּטְרֵפָה וַאֲפִלּוּ הָיָה כָּל שֶׁהוּא:

ח. רֵאָה שֶׁנִּמְצֵאת נְפוּחָה כְּמוֹ עִקַּר חֲרָיוֹת שֶׁל דֶּקֶל אוֹסְרִין אוֹתָהּ מִסָּפֵק. שֶׁזּוֹ תּוֹסֶפֶת מִשְׁנָה בְּגוּפָהּ וְשֶׁמָּא הַתּוֹסֶפֶת בְּגוּף כְּחִסָּרוֹן כְּמוֹ שֶׁאָמַר בְּמִנְיָן:

ט. הַבְּהֵמָה שֶׁפָּחֲדָה וְיָרְאָה עַד שֶׁצָּמְקָה הָרֵאָה שֶׁלָּהּ וְקָרְבָה לִהְיוֹת יְבֵשָׁה. אִם פָּחֲדָה בִּידֵי שָׁמַיִם כְּגוֹן שֶׁשָּׁמְעָה קוֹל רַעַם אוֹ רָאֲתָה זִקִּים וְכַיּוֹצֵא בָּזֶה מֻתֶּרֶת. וְאִם פָּחֲדָה בִּידֵי אָדָם כְּגוֹן שֶׁשָּׁחֲטוּ לְפָנֶיהָ בְּהֵמָה אַחֶרֶת וְכַיּוֹצֵא בָּזֶה הֲרֵי זוֹ כַּחֲסֵרָה וּטְרֵפָה:

י. כֵּיצַד בּוֹדְקִין אוֹתָהּ. מוֹשִׁיבִין אֶת הָרֵאָה בְּמַיִם מֵעֵת לְעֵת. וְאִם הָיָה זְמַן הַקֹּר מוֹשִׁיבִין אוֹתָהּ בְּמַיִם פּוֹשְׁרִין וּבִכְלִי שֶׁאֵין הַמַּיִם מִתְמַצִּין מִגַּבּוֹ וְנוֹזְלִים כְּדֵי שֶׁלֹּא יֵצְאוּ בִּמְהֵרָה. וְאִם הָיָה זְמַן הַחֹם מוֹשִׁיבִין אוֹתָהּ בְּמַיִם צוֹנֵן בִּכְלִי שֶׁהַמַּיִם מִתְמַצִּין מִגַּבּוֹ כְּדֵי שֶׁיִּשָּׁאֲרוּ קָרִים. אִם חָזְרָה לִבְרִיָּתָהּ הֲרֵי זוֹ בִּידֵי שָׁמַיִם וּמֻתֶּרֶת. וְאִם לֹא חָזְרָה בִּידֵי אָדָם הִיא וּטְרֵפָה:

יא. בְּהֵמָה שֶׁהָיְתָה חֲסֵרָה רֶגֶל בִּתְחִלַּת בְּרִיָּתָהּ טְרֵפָה. וְכֵן אִם הָיְתָה יְתֵרָה רֶגֶל. שֶׁכָּל הַיָּתֵר כְּחָסֵר הוּא. אֲבָל אִם הָיוּ לָהּ שָׁלֹשׁ יָדַיִם אוֹ יָד אַחַת מֻתֶּרֶת. לְפִיכָךְ אִם נֶחְתַּךְ הַיָּד שֶׁלָּהּ מֻתֶּרֶת. נֶחְתַּךְ הָרֶגֶל מִן הָאַרְכֻּבָּה וּלְמַעְלָה טְרֵפָה. מִן הָאַרְכֻּבָּה וּלְמַטָּה מֻתֶּרֶת. בְּאֵי זוֹ אַרְכֻּבָּה אָמְרוּ בָּאַרְכֻּבָּה שֶׁהוּא סוֹף הַיָּרֵךְ הַסָּמוּךְ לַגּוּף:

יב. נִשְׁבַּר הָעֶצֶם לְמַעְלָה מִן הָאַרְכֻּבָּה אִם יָצָא כֻּלּוֹ אוֹ רֻבּוֹ לַחוּץ הֲרֵי זֶה כְּמָה שֶׁנֶּחְתַּךְ וְנָפַל וּטְרֵפָה. וְאִם הָיָה הַבָּשָׂר אוֹ הָעוֹר חוֹפֶה רֹב עָבְיוֹ וְרֹב הֶקֵּפוֹ שֶׁל עֶצֶם שֶׁנִּשְׁבַּר הֲרֵי זוֹ מֻתֶּרֶת וַאֲפִלּוּ נָפַל מִקְצָת הָעֶצֶם שֶׁנִּשְׁבַּר וְהָלַךְ לוֹ. וְגִידִים הָרַכִּים אֵינָן חֲשׁוּבִין כְּבָשָׂר:

יג. צֹמֶת הַגִּידִין הֵן בִּבְהֵמָה וּבְחַיָּה לְמַעְלָה מִן הֶעָקֵב בְּמָקוֹם שֶׁתּוֹלִין בּוֹ הַטַּבָּחִים הַבְּהֵמָה. וְהֵן שְׁלֹשָׁה גִּידִין לְבָנִים. אֶחָד עָבֶה וּשְׁנַיִם דַּקִּים. וּמִמָּקוֹם שֶׁיַּתְחִיל וְהֵן קָשִׁים וּלְבָנִים עַד שֶׁיָּסוּר הַלֹּבֶן מֵהֶן וְיַתְחִילוּ לְהִתְאַדֵּם וּלְהִתְרַכֵּךְ הוּא צֹמֶת הַגִּידִים. וְהוּא כְּאֹרֶךְ שֵׁשׁ עֶשְׂרֵה אֶצְבָּעוֹת בַּשּׁוֹר:

יד. וּמִנְיַן גִּידִים אֵלּוּ בָּעוֹף שִׁשָּׁה עָשָׂר גִּידִין. תְּחִלָּתָן מִן הָעֶצֶם שֶׁל מַטָּה מֵאֶצְבַּע יְתֵרָה עַד סוֹף הָרֶגֶל שֶׁהוּא עָשׂוּי קַשְׂקַשִּׂים קַשְׂקַשִּׂים:

טו. בְּהֵמָה שֶׁנֶּחְתְּכוּ רַגְלֶיהָ בִּמְקוֹם צֹמֶת הַגִּידִין טְרֵפָה. וְאַל תִּתְמַהּ וְתֹאמַר כֵּיצַד תַּחְתֶּיךָ לְמַעְלָה מִצֹּמֶת הַגִּידִים וְהִיא מֻתֶּרֶת עַד שֶׁתַּחְתֶּךָ לְמַעְלָה מִן הָאַרְכֻּבָּה הָעֶלְיוֹנָה כְּמוֹ שֶׁבֵּאַרְנוּ וְאִם נֶחְתַּךְ לְמַטָּה מִצֹּמֶת הַגִּידִים אֲסוּרָה. שֶׁבִּטְרֵפוֹת תַּחְתֶּךָ מִכָּאן וְתִחְיֶה וּמִכָּאן וְתָמוּת. וְלֹא נֶאֶסְרָה בְּהֵמָה זוֹ מִפְּנֵי שֶׁהִיא חֲתוּכַת רֶגֶל מִמָּקוֹם זֶה אֶלָּא מִפְּנֵי שֶׁנֶּחְתְּכוּ הַגִּידִין שֶׁחֲתִיכָתָן מִכְּלַל הַטְּרֵפוֹת כְּמוֹ שֶׁיִּתְבָּאֵר:

טז. נְטוּלָה כֵּיצַד. שְׁלֹשָׁה אֵיבָרִים הֵן שֶׁאִם נִטְּלוּ טְרֵפָה וְאַף עַל פִּי שֶׁאֵין בָּהֶן דִּין נֶקֶב וְלֹא דִּין חֶסְרוֹן. וְאֵלּוּ הֵן. צֹמֶת הַגִּידִים. וְהַכָּבֵד. וּלְחִי הָעֶלְיוֹן:

יז. וּכְבָר בֵּאַרְנוּ שֶׁהַבְּהֵמָה שֶׁנֶּחְתַּךְ רַגְלָהּ וְכֵן הָעוֹף בִּמְקוֹם צֹמֶת הַגִּידִים לֹא נַעֲשׂוּ טְרֵפָה אֶלָּא מִפְּנֵי שֶׁנֶּחְתְּכוּ הַגִּידִין. לְפִיכָךְ אִם נֶחְתְּכוּ הַגִּידִים לְבַדָּם וְהָרֶגֶל קַיֶּמֶת טְרֵפָה שֶׁהֲרֵי נִטְּלָה צֹמֶת הַגִּידִים:

יח. נֶחְתַּךְ בִּבְהֵמָה הָאֶחָד הֶעָבֶה לְבַדּוֹ מֻתֶּרֶת. שֶׁהֲרֵי נִשְׁאֲרוּ שְׁנַיִם. נֶחְתְּכוּ הַשְּׁנַיִם הַדַּקִּין מֻתֶּרֶת שֶׁהֲרֵי הָאֶחָד הֶעָבֶה גָּדוֹל שְׁנֵיהֶן וַהֲרֵי לֹא נִטַּל כָּל הַצֹּמֶת אֶלָּא מִעוּטָהּ. נֶחְתַּךְ רֻבּוֹ שֶׁל כָּל אֶחָד מֵהֶן טְרֵפָה. וְאֵין צָרִיךְ לוֹמַר שֶׁנֶּחְתְּכוּ כֻּלָּן אוֹ נִטְּלוּ כֻּלָּן:

יט. וּבָעוֹף אֲפִלּוּ נֶחְתַּךְ רֻבּוֹ שֶׁל (כָּל) אֶחָד מִן הַשִּׁשָּׁה עָשָׂר טְרֵפָה:

כ. וְעוֹף שֶׁנִּשְׁתַּבְּרוּ אֲגַפָּיו מֻתָּר כִּבְהֵמָה שֶׁנֶּחְתְּכוּ יָדֶיהָ:

כא. כָּבֵד שֶׁנִּטְּלָה כֻּלָּהּ טְרֵפָה. וְאִם נִשְׁתַּיֵּר מִמֶּנָּה כְּזַיִת בִּמְקוֹם שֶׁהִיא תְּלוּיָה בּוֹ וּכְזַיִת בִּמְקוֹם מָרָה הֲרֵי זוֹ מֻתֶּרֶת. נִדַּלְדְּלָה הַכָּבֵד וַהֲרֵי הִיא מֻעֲרָה בַּטַּרְפַּשׁ שֶׁלָּהּ מֻתֶּרֶת. נִטַּל מִמֶּנָּה מָקוֹם שֶׁהִיא תְּלוּיָה בּוֹ וּמְקוֹם הַמָּרָה וְאַף עַל פִּי שֶׁהַשְּׁאָר קַיָּם כְּמוֹ שֶׁהוּא טְרֵפָה:

כב. נִשְׁאַר בָּהּ כְּזַיִת בִּמְקוֹם מָרָה וּכְזַיִת בְּמָקוֹם שֶׁהִיא תְּלוּיָה בּוֹ כְּשֵׁרָה. אֲבָל הָיָה מְפֻזָּר מְעַט בְּכָאן וּמְעַט בְּכָאן אוֹ שֶׁהָיָה מְרֻדָּד אוֹ שֶׁהָיָה אָרֹךְ כִּרְצוּעָה הֲרֵי זוֹ סָפֵק וְיֵרָאֶה לִי שֶׁהִיא אֲסוּרָה:

כג. לְחִי הָעֶלְיוֹן שֶׁנִּטַּל טְרֵפָה. אֲבָל אִם נִטַּל הַתַּחְתּוֹן כְּגוֹן שֶׁנִּגְמְמוּ עַד מְקוֹם הַסִּימָנִין וְלֹא נֶעֶקְרוּ הֲרֵי זוֹ מֻתֶּרֶת:

כד. כָּל אֵיבָר שֶׁנֶּאֱמַר בּוֹ שֶׁאִם הָיָה חָסֵר טְרֵפָה כָּךְ אִם נִטַּל טְרֵפָה. אֲבָל אֵיבָר שֶׁנֶּאֱמַר בּוֹ אִם נִטַּל טְרֵפָה אֵינָהּ נֶאֱסֶרֶת אֶלָּא אִם נֶחְתַּךְ אוֹתוֹ אֵיבָר. אֲבָל אִם נִבְרֵאת חֲסֵרָה אוֹתוֹ אֵיבָר הֲרֵי זוֹ מֻתֶּרֶת. שֶׁאִם לֹא תֹּאמַר כֵּן נִמְצֵאת הַחֲסֵרָה וְהַנְּטוּלָה אַחַת. וְכָל אֵיבָר שֶׁנֶּאֱמַר בּוֹ שֶׁאִם נִטַּל מֻתֶּרֶת קַל וָחֹמֶר אִם חָסֵר מִתְּחִלַּת בְּרִיָּתָהּ וְלֹא נִבְרָא שֶׁהִיא מֻתֶּרֶת:

כה. בְּהֵמָה שֶׁנִּטְּלָה הָאֵם שֶׁלָּהּ וְהוּא בֵּית הָרֶחֶם אוֹ שֶׁנִּטְּלוּ הַכְּלָיוֹת הֲרֵי זוֹ מֻתֶּרֶת. לְפִיכָךְ אִם נִבְרֵאת בְּכוּלְיָא אַחַת אוֹ בְּשָׁלֹשׁ כְּלָיוֹת מֻתֶּרֶת. וְכֵן אִם נִקְּבָה הַכּוּלְיָא מֻתֶּרֶת:

כו. אַף עַל פִּי שֶׁהַכּוּלְיָא שֶׁנִּטְּלָה אוֹ חֲסֵרָה מֻתֶּרֶת אִם נִמְצֵאת קְטַנָּה בְּיוֹתֵר. וְהַקְּטַנָּה בְּדָקָה עַד כִּפּוּל וּבְגַסָּה עַד כְּעֵנָב. טְרֵפָה. וְכֵן אִם לָקְתָה הַכּוּלְיָא וְהוּא שֶׁיֵּעָשֶׂה בְּשָׂרָהּ כִּבְשַׂר הַמֵּת שֶׁהִבְאִישׁ אַחַר יָמִים שֶׁאִם תֶּאֱחֹז בְּמִקְצָתוֹ יִתְמַסְמֵס וְיִפֹּל וְהִגִּיעַ חֳלִי זֶה עַד הַלָּבָן שֶׁבְּתוֹךְ הַכּוּלְיָא הֲרֵי זוֹ טְרֵפָה. וְכֵן אִם נִמְצֵאת בַּכּוּלְיָא לֵחָה אַף עַל פִּי שֶׁאֵינָהּ סְרוּחָה אוֹ שֶׁנִּמְצָא בָּהּ מַיִם עֲכוּרִין אוֹ סְרוּחִים הֲרֵי זוֹ טְרֵפָה. אֲבָל אִם נִמְצְאוּ בָּהּ מַיִם זַכִּים הֲרֵי זוֹ מֻתֶּרֶת:

Perek 9

Trefah continued.

Pesukah. (Severed) Membrane of spinal cord. *Keruah* (torn) – Belly. *Nefulah* (one that fell) – causing shattering of organs.

PESUKAH (SEVERED)

This refers to the membrane around the spinal cord.

Also, if the spinal cord pours out like water, it is *trefah.*

KERUAH (RIPPED APART)

This refers to flesh covering the belly. If it is ripped open, it is *trefah.*

Measure of tear must be a *tefach* (handbreadth) or the greater part of its length.

When skin is removed completely this is called *geludah*, and it is *trefah.*

NEFULAH (ONE THAT FELL)

If an animal falls from a high place at least 10 *tefach* high (or it was struck) to the extent that its organs (within inner cavity) became crushed, the animal is *trefah.*

If after the fall, the animal walks, we do not suspect it has become *trefah.* If it just stands, we suspect that it may be *trefah.*

If 'we do harbour suspicion' we can slaughter but animal must be checked. (Entire internal cavity from head to hind thigh.)

If animal did not get up after fall, one must wait an entire day before slaughter because the signs of crushed organs would not be visible before this.

פרק ט׳

א. פְּסוּקָה כֵּיצַד. חוּט הַשִּׁדְרָה שֶׁנִּפְסַק הָעוֹר הַחוֹפֶה אֶת הַמֹּחַ טְרֵפָה. וּבִלְבַד שֶׁיִּפָּסֵק רֹב הֶקֵּפוֹ. אֲבָל אִם נִסְדַּק הָעוֹר לְאָרְכּוֹ אוֹ נִקַּב מֻתֶּרֶת. וְכֵן אִם נִשְׁבְּרָה הַשִּׁדְרָה וְלֹא נִפְסַק הַחוּט שֶׁלָּהּ אוֹ שֶׁנִּתְמַעֵךְ הַמֹּחַ שֶׁבְּתוֹךְ הַחוּט וְנִתְנַדְנֵד הוֹאִיל וְעוֹרוֹ קַיָּם הֲרֵי זוֹ מֻתֶּרֶת:

ב. הֻמְרַךְ הַמֹּחַ וְנִשְׁפַּךְ כַּמַּיִם אוֹ כְּדוֹנַג שֶׁנָּמֵס עַד שֶׁיִּמָּצֵא הַחוּט כְּשֶׁמַּעֲמִידוֹ אֵינוֹ עוֹמֵד הֲרֵי זוֹ טְרֵפָה. וְאִם אֵינוֹ יָכוֹל לַעֲמֹד מִפְּנֵי כָּבְדּוֹ הֲרֵי זוֹ סָפֵק:

ג. עַד הֵיכָן חוּט הַשִּׁדְרָה. תְּחִלָּתוֹ מִבַּחוּץ לַפּוֹלִין שֶׁבִּתְחִלַּת הָעֹרֶף עַד סוֹף פָּרָשָׁה שְׁנִיָּה שֶׁלֹּא יִשָּׁאֵר אַחֲרֶיהָ אֶלָּא פָּרָשָׁה שְׁלִישִׁית הַסְּמוּכָה לִתְחִלַּת הָאַלְיָה:

ד. וְשָׁלֹשׁ פָּרָשִׁיּוֹת הֵן וְאֵלּוּ הֵן. שְׁלֹשָׁה עֲצָמוֹת דְּבוּקִין זֶה בָּזֶה לְמַטָּה מֵחֻלְיוֹת שֶׁל שִׁדְרָה. וְחוּט הַשִּׁדְרָה בָּעוֹף עַד בֵּין אֲגַפַּיִם. אֲבָל לְמַטָּה מִמְּקוֹמוֹת אֵלּוּ אֵין מַשְׁגִּיחִין עַל הַחוּט הַנִּמְשָׁךְ לְשָׁם בֵּין שֶׁנִּפְסַק עוֹרוֹ בֵּין שֶׁנִּמְרַךְ הַמֹּחַ:

ה. קְרוּעָה כֵּיצַד. בָּשָׂר הַחוֹפֶה אֶת רֹב הַכֶּרֶס וְהוּא הַמָּקוֹם מִן הַבֶּטֶן שֶׁאִם יִקָּרַע יֵצֵא הַכֶּרֶס אִם נִקְרַע בָּשָׂר זֶה טְרֵפָה. אַף עַל פִּי שֶׁלֹּא הִגִּיעַ הַקֶּרַע לַכֶּרֶס עַד שֶׁנִּרְאֵית. אֶלָּא כֵּיוָן

שֶׁנִּקְרַע רֹב עֳבִי הַבָּשָׂר הַזֶּה אוֹ נִטַּל טְרֵפָה. וְכַמָּה שִׁעוּר הַקֶּרַע בְּאָרְכּוֹ אֹרֶךְ טֶפַח. וְאִם הָיְתָה בְּהֵמָה קְטַנָּה וְנִקְרַע רֹב אֹרֶךְ הַבָּשָׂר הַחוֹפֶה אֶת הַכֶּרֶס אַף עַל פִּי שֶׁאֵין בְּאֹרֶךְ הַקֶּרַע טֶפַח טְרֵפָה הוֹאִיל וְנִקְרַע רֻבָּהּ:

ו. נִקְדַּר הַבָּשָׂר הַזֶּה בְּעִגּוּל אוֹ בְּאֹרֶךְ אִם הָיָה יָתֵר מִכְּסֶלַע וְהוּא כְּדֵי שֶׁיִּכָּנֵס בּוֹ שָׁלֹשׁ גַּרְעִינֵי תְמָרָה זוֹ בְּצַד זוֹ בִּדְחַק הֲרֵי זוֹ טְרֵפָה. שֶׁאִם יִמָּתַח קֶרַע זֶה יַעֲמֹד עַל טֶפַח:

ז. בְּהֵמָה שֶׁנִּפְשַׁט הָעוֹר שֶׁעָלֶיהָ כֻּלּוֹ בֵּין שֶׁנִּקְרַע בַּיָּד אוֹ בְּחֹלִי וְנִמְצָא בָּשָׂר בְּלֹא עוֹר הֲרֵי זוֹ טְרֵפָה. וְזוֹ הִיא שֶׁנִּקְרֵאת גְּלוּדָה. וְאִם נִשְׁאַר מִן הָעוֹר רֹחַב סֶלַע עַל פְּנֵי כָּל הַשִּׁדְרָה וְרֹחַב סֶלַע עַל הַטַּבּוּר וְרֹחַב סֶלַע עַל רָאשֵׁי אֵיבָרֶיהָ הֲרֵי זוֹ מֻתֶּרֶת. וְאִם נִטַּל כְּרֹחַב סֶלַע מֵעַל כָּל פְּנֵי הַשִּׁדְרָה אוֹ מֵעַל הַטַּבּוּר אוֹ מֵעַל רָאשֵׁי אֵיבָרֶיהָ וּשְׁאָר כָּל הָעוֹר קַיָּם הֲרֵי זוֹ סָפֵק. וְיֵרָאֶה לִי שֶׁמַּתִּירִין אוֹתָהּ:

ח. נְפוּלָה כֵּיצַד. הֲרֵי שֶׁנָּפְלָה הַבְּהֵמָה מִמָּקוֹם גָּבוֹהַּ שֶׁגָּבְהוֹ עֲשָׂרָה טְפָחִים אוֹ יֶתֶר וְנִתְרַסֵּק אֵבֶר מֵאֵיבָרֶיהָ הֲרֵי זוֹ טְרֵפָה. וְכֵיצַד הוּא הָרִסּוּק. שֶׁיִּתְרוֹצֵץ הָאֵבָר וְיֶחֱלֶה מֵחֲמַת הַנְּפִילָה עַד שֶׁתִּפָּסֵד צוּרָתוֹ וְתָאֳרוֹ. אַף עַל פִּי שֶׁלֹּא נִקַּב וְלֹא נִסְדַּק וְלֹא נִשְׁבַּר הֲרֵי זוֹ טְרֵפָה. וְכֵן אִם הִכָּה אוֹתָהּ בְּאֶבֶן אוֹ בְּמַטֶּה וְרִצֵּץ אֵבָר מֵאֵיבָרֶיהָ טְרֵפָה. בְּאֵי זֶה אֵיבָרִים אָמְרוּ בְּאֵיבָרִים שֶׁבַּחֲלַל הַגּוּף:

ט. בְּהֵמָה שֶׁנָּפְלָה מִן הַגַּג אִם הָלְכָה אֵין חוֹשְׁשִׁין לָהּ. וְאִם עָמְדָה וְלֹא הָלְכָה חוֹשְׁשִׁין לָהּ. קָפְצָה מֵחֲמַת עַצְמָהּ אֵין חוֹשְׁשִׁין לָהּ. הִנִּיחָהּ לְמַעְלָה וּמְצָאָהּ לְמַטָּה אֵין חוֹשְׁשִׁין לָהּ שֶׁמָּא נָפְלָה:

י. זְכָרִים הַמְנַגְּחִין זֶה אֶת זֶה אֵין חוֹשְׁשִׁין לָהֶן. נָפְלוּ לָאָרֶץ חוֹשְׁשִׁין לָהֶן. וְכֵן בְּהֵמָה שֶׁהָיְתָה מְגָרֶרֶת רַגְלֶיהָ אֵין חוֹשְׁשִׁין לָהּ שֶׁמָּא נִתְרַסְּקוּ אֵיבָרֶיהָ אוֹ שֶׁמָּא נִפְסַק הַחוּט שֶׁל שִׁדְרָה:

יא. גַּנָּבִים שֶׁגּוֹנְבִין הַטְּלָאִים וּמַשְׁלִיכִין אוֹתָן לַאֲחוֹרֵי הַדִּיר אֵין חוֹשְׁשִׁין לָהֶן מִשּׁוּם רִסּוּק אֵיבָרִים. מִפְּנֵי שֶׁאֵין מַשְׁלִיכִין אוֹתָן אֶלָּא בְּכַוָּנָה שֶׁלֹּא יִשְׁתַּבְּרוּ. וְאִם הֶחֱזִירוּם וְהִשְׁלִיכוּם לַדִּיר מֵחֲמַת יִרְאָה חוֹשְׁשִׁין לָהֶן. מֵחֲמַת תְּשׁוּבָה אֵין חוֹשְׁשִׁין לָהֶן. מִפְּנֵי שֶׁמִּתְכַּוֵּן לְהַחֲזִירָם שְׁלֵמִים וְיִזָּהֵרוּ בְּהַשְׁלָכָתָן:

יב. שׁוֹר שֶׁהִרְבִּיצוּהוּ לִשְׁחִיטָה אַף עַל פִּי שֶׁנָּפַל נְפִילָה גְּדוֹלָה שֶׁיֵּשׁ לָהּ קוֹל בְּעֵת שֶׁמַּפִּילִין אוֹתוֹ אֵין חוֹשְׁשִׁין לוֹ מִפְּנֵי שֶׁנּוֹעֵץ צִפָּרְנָיו וּמִתְחַזֵּק עַד שֶׁמַּגִּיעַ לָאָרֶץ:

יג. הִכָּה הַבְּהֵמָה עַל רֹאשָׁהּ וְהָלְכָה לָהּ הַמַּכָּה כְּלַפֵּי זְנָבָהּ אוֹ עַל זְנָבָהּ וְהָלְכָה לָהּ כְּלַפֵּי רֹאשָׁהּ וַאֲפִלּוּ הִכָּה אוֹתָהּ בְּמַטֶּה עַל כָּל הַשִּׁדְרָה אֵין חוֹשְׁשִׁין לָהּ. וְאִם יֵשׁ בְּמַטֶּה חֻלְיוֹת חֻלְיוֹת חוֹשְׁשִׁין לָהּ. וְאִם הִגִּיעַ רֹאשׁ הַמַּטֶּה לְמִקְצָת הַשִּׁדְרָה חוֹשְׁשִׁין לָהּ. וְכֵן אִם הִכָּה לְרֹחַב הַשִּׁדְרָה חוֹשְׁשִׁין לָהּ:

יד. עוֹף שֶׁנֶּחְבַּט עַל דָּבָר קָשֶׁה כְּגוֹן כְּרִי שֶׁל חִטִּים אוֹ קֻפָּה שֶׁל שְׁקֵדִים וְכַיּוֹצֵא בָּהֶן חוֹשְׁשִׁין לְרִסּוּק אֵיבָרִים. וְאִם נֶחְבַּט עַל דָּבָר רַךְ כְּגוֹן כְּסוּת כְּפוּלָה וְהַתֶּבֶן וְהָאֵפֶר וְכַיּוֹצֵא בָּהֶן אֵין חוֹשְׁשִׁין לוֹ:

טו. נִדְבְּקוּ כְּנָפָיו בְּדֶבֶק בִּשְׁעַת צִידָה וְנִתְחַבֵּט. אִם בְּכָנָף אַחַת נֶאֱחַז אֵין חוֹשְׁשִׁין לוֹ. וְאִם נֶאֱחַז בִּשְׁתֵּי כְּנָפָיו וְנִתְחַבֵּט בְּגוּפוֹ חוֹשְׁשִׁין לוֹ:

טז. נֶחְבַּט עַל פְּנֵי הַמַּיִם אִם שָׁט מְלֹא קוֹמָתוֹ מִמַּטָּה לְמַעְלָה לְעֻמַּת הַמַּיִם אֵין חוֹשְׁשִׁין לוֹ. אֲבָל אִם שָׁט מִמַּעְלָה לְמַטָּה עִם הִלּוּךְ הַמַּיִם חוֹשְׁשִׁין לוֹ שֶׁמָּא הַמַּיִם הֵם הַמּוֹלִיכִין אוֹתוֹ. וְאִם קָדַם לְתֶבֶן אוֹ קַשׁ שֶׁמְּהַלְּכִין עַל גַּבֵּי הַמַּיִם הֲרֵי זוֹ שָׁט מֵחֲמַת עַצְמוֹ וְאֵין חוֹשְׁשִׁין לוֹ:

יז. כָּל מָקוֹם שֶׁאָמַרְנוּ אֵין חוֹשְׁשִׁין לָהּ מֻתָּר לִשְׁחֹט מִיָּד. וְאֵינוֹ צָרִיךְ לִבְדֹּק שֶׁמָּא נִתְרַסֵּק אֵבָר. וְכָל מָקוֹם שֶׁאָמַרְנוּ חוֹשְׁשִׁין לָהּ אִם שְׁחָטָהּ צָרִיךְ לִבְדֹּק כְּנֶגֶד כָּל הֶחָלָל כֻּלּוֹ מִקָּדְקֹד הָרֹאשׁ עַד הַיָּרֵךְ. אִם מָצָא בָּהּ טְרֵפָה מִן הַטְּרֵפוֹת שֶׁמָּנִינוּ אוֹ שֶׁנִּתְרַסֵּק אֵבָר מִן הָאֵיבָרִים שֶׁבִּפְנִים וְנִפְסְדָה צוּרָתוֹ הֲרֵי זוֹ טְרֵפָה. אֲפִלּוּ נִתְרַסֵּק אֵבָר מִן הָאֵיבָרִים שֶׁאִם נִטְּלוּ כְּשֵׁרָה כְּגוֹן טְחוֹל וּכְלָיוֹת הֲרֵי זוֹ טְרֵפָה חוּץ מִבֵּית הָרֶחֶם שֶׁאִם נִתְרַסֵּק הֲרֵי זוֹ מֻתֶּרֶת:

יח. וְהַסִּימָנִין אֵינָן צְרִיכִין בְּדִיקָה בְּכָאן שֶׁאֵין הַנְּפִילָה מְמַעֶכֶת אוֹתָן:

יט. נָפְלָה מִן הַגַּג וְלֹא עָמְדָה אָסוּר לִשְׁחֹט אוֹתָהּ עַד שֶׁתִּשְׁהֵא מֵעֵת לְעֵת. וְאִם שָׁחַט בְּתוֹךְ זְמַן זֶה הֲרֵי זוֹ טְרֵפָה. וּכְשֶׁשּׁוֹחֵט אוֹתָהּ אַחַר מֵעֵת לְעֵת צְרִיכָה בְּדִיקָה כְּמוֹ שֶׁבֵּאַרְנוּ :

כ. וְכֵן מִי שֶׁדָּרַס בְּרַגְלוֹ עַל הָעוֹף אוֹ שֶׁדְּרָסַתּוּ בְּהֵמָה אוֹ שֶׁטְּרָפוֹ לַכֹּתֶל וַהֲרֵי הוּא מְפַרְכֵּס מַשְׁהִין אוֹתוֹ מֵעֵת לְעֵת וְאַחַר כָּךְ שׁוֹחֲטִין אוֹתוֹ וּבוֹדְקִין אוֹתוֹ כַּדֶּרֶךְ שֶׁבֵּאַרְנוּ:

כא. סִימָנִים שֶׁנִּדַּלְדְּלוּ רֻבָּן טְרֵפָה וַאֲפִלּוּ שֶׁלֹּא מֵחֲמַת נְפִילָה. וְכֵן אִם נִתְקַפְּלוּ שֶׁהֲרֵי אֵינָן רְאוּיִין לִשְׁחִיטָה. אֲבָל אִם נִתְפָּרֵק רֹב תַּרְבַּץ הַוֵּשֶׁט מִן הַלֶּחִי הֲרֵי זוֹ מֻתֶּרֶת שֶׁאֵין הַתַּרְבַּץ רָאוּי לִשְׁחִיטָה כְּמוֹ שֶׁבֵּאַרְנוּ

Perek 10

Trefah continued

SHEVURAH (FRACTURED) – ribs, thigh, skull.

RIBS

There are **11** main ribs on either side.

To be *trefah*, the majority of the ribs need to be broken.

However, if even **1** rib together with vertebra is uprooted, animal is *trefah.*

THIGH

With thigh, if ball dislocated from socket and sinews around joint have degenerated, then *trefah.*

If sinews can regenerate, animal is not *trefah.*

SKULL

When portion of skull removed, **size of** *sela*, then *trefah*, even if membranes intact. Also, if skull is crushed.

For *behemah* and *chayah* there are **70** conditions which could make them *trefah.*

For a fowl, these mostly are same as animal except:

- Kidneys, spleen and lobes of lung are different in a bird.
- **2** additional conditions in a bird
  - Internal organs of bird change colour when exposed to fire.
  - Water fowl whose skull was perforated (It is *trefah* even though membrane has not been perforated because membrane is very soft.)

פרק י׳

א. שְׁבוּרָה כֵּיצַד הוּא שֶׁנִּשְׁתַּבְּרוּ רֹב צַלְעוֹתֶיהָ. וְצַלְעוֹת הַבְּהֵמָה הֵן אַחַת עֶשְׂרֵה מִיכָּן וְאַחַת עֶשְׂרֵה מִיכָּן. נִשְׁתַּבְּרוּ שֵׁשׁ מִיכָּן וְשֵׁשׁ מִכָּאן אוֹ אַחַת עֶשְׂרֵה מִכָּאן וְאַחַת מִכָּאן טְרֵפָה. וְהוּא שֶׁנִּשְׁבְּרוּ מֵחֶצְיָן שֶׁל מוּל הַשִּׁדְרָה:

ב. נִשְׁבְּרוּ שֵׁשׁ מִכָּאן וְשֵׁשׁ מִכָּאן אִם הָיוּ צְלָעוֹת גְּדוֹלוֹת שֶׁיֵּשׁ בָּהֶן מֹחַ טְרֵפָה. וְאִם לָאו אַף עַל פִּי שֶׁהֵן רֹב וְאַף עַל פִּי שֶׁנִּשְׁבְּרוּ כְּלַפֵּי הַשִּׁדְרָה מֻתֶּרֶת. וְכֵן אִם נֶעֶקְרוּ רֹב צַלְעוֹתֶיהָ טְרֵפָה. וְאִם נֶעֶקְרָה אֲפִלּוּ צֶלַע אַחַת וַחֲצִי חֻלְיָתָהּ עִמָּהּ שֶׁהַצֶּלַע תְּקוּעָה בָּהּ הֲרֵי זוֹ טְרֵפָה. וְכֵן אִם נֶעֶקְרָה מִן הַשִּׁדְרָה חֻלְיָא אַחַת אֲפִלּוּ הָיְתָה מִן הַחֻלְיוֹת שֶׁלְּמַטָּה מִן הַכְּסָלִים שֶׁאֵין בָּהֶן צְלָעוֹת הֲרֵי זוֹ טְרֵפָה:

ג. בְּהֵמָה שֶׁנִּשְׁמַט הַיָּרֵךְ שֶׁלָּהּ מֵעִקָּרוֹ וְיָצָא מִן הַכַּף שֶׁלּוֹ אִם נִתְאַכְּלוּ נִיבָיו וְהֵן הַיִּתֵדוֹת שֶׁבְּעֶצֶם הַכַּף שֶׁיּוֹצֵאת עַל הָעֶצֶם הַזָּכָר וְאוֹחֶזֶת אוֹתוֹ הֲרֵי זוֹ טְרֵפָה. וְאִם לֹא נִתְאַכְּלוּ מֻתֶּרֶת:

ד. וְכֵן בָּעוֹף אִם נִשְׁמַט יְרֵכוֹ טְרֵפָה. נִשְׁמַט כְּנָפוֹ מֵעִקָּרוֹ חוֹשְׁשִׁין שֶׁמָּא נִקְּבָה הָרֵאָה שֶׁלּוֹ וּלְפִיכָךְ בּוֹדְקִין אוֹתָהּ וְאַחַר כָּךְ יֵאָכֵל. וּבְהֵמָה שֶׁנִּשְׁמְטָה יָדָהּ מֵעִקָּרָהּ מֻתֶּרֶת וְאֵין חוֹשְׁשִׁין לָהּ:

ה. גֻּלְגֹּלֶת בְּהֵמָה אוֹ חַיָּה שֶׁנִּטַּל מִמֶּנָּה כְּסֶלַע אַף עַל פִּי שֶׁלֹּא נִקַּב הַקְּרוּם טְרֵפָה. וְאִם נִקְּבוּ נְקָבִים שֶׁיֵּשׁ בָּהֶן חֶסְרוֹן כֻּלָּן מִצְטָרְפִין לִכְסֶלַע:

ו. וְכֵן גֻּלְגֹּלֶת שֶׁנֶּחְבַּס רֹב גָּבְהָהּ וְרֹב הֶקֵּפָהּ טְרֵפָה. אַף עַל פִּי שֶׁהַקְּרוּם שָׁלֵם וְלֹא חָסֵר מִמֶּנָּה כְּלוּם. נֶחְבַּס רֹב גָּבְהָהּ וַהֲרֵי רֹב הֶקֵּפָהּ קַיָּם אוֹ שֶׁנֶּחְבַּס רֹב הֶקֵּפָהּ וַהֲרֵי רֹב גָּבְהָהּ קַיָּם הֲרֵי זוֹ סְפֵק טְרֵפָה. וְיֵרָאֶה לִי שֶׁאוֹסְרִין אוֹתָהּ:

ז. עוֹף שֶׁל מַיִם כְּגוֹן אֲוָזִים אִם נִקַּב עֶצֶם גֻּלְגָּלְתּוֹ אַף עַל פִּי שֶׁלֹּא נִקַּב קְרוּם שֶׁל מֹחַ טְרֵפָה מִפְּנֵי שֶׁקְּרוּמוֹ רַךְ. עוֹף הַיַּבָּשָׁה שֶׁהִכַּתּוּ חֻלְדָּה עַל רֹאשׁוֹ אוֹ שֶׁנִּגַּף בְּאֶבֶן אוֹ בְּעֵץ

מַנִּיחַ יָדוֹ בְּצַד הַנֶּקֶב וְנוֹעֵץ אוֹ מַכְנִיס יָדוֹ לְתוֹךְ פִּיו וְדוֹחֵק לְמַעְלָה. אִם יָצָא הַמֹּחַ מִן הַנֶּקֶב בְּיָדוּעַ שֶׁנִּקַּב הַקְּרוּם וּטְרֵפָה. וְאִם לָאו מֻתָּר:

ח. בְּהֵמָה שֶׁאֲחָזָהּ דָּם אוֹ שֶׁהָיְתָה מְעֻשֶּׁנֶת אוֹ מְצֻנֶּנֶת אוֹ שֶׁאָכְלָה סַם שֶׁהוֹרֵג הַבְּהֵמָה אוֹ שֶׁתָּתָה מַיִם הָרָעִים הֲרֵי זוֹ מֻתֶּרֶת. אָכְלָה סַם שֶׁהוֹרֵג אֶת הָאָדָם אוֹ שֶׁנְּשָׁכָהּ נָחָשׁ וְכַיּוֹצֵא בּוֹ מֻתֶּרֶת מִשּׁוּם טְרֵפָה וַאֲסוּרָה מִפְּנֵי סַכָּנַת נְפָשׁוֹת:

ט. נִמְצְאוּ כָּל הַטְּרֵפוֹת הַמְּנוּיוֹת כְּשֶׁיְּפֹרָטוּ וְאֶפְשָׁר שֶׁיִּמָּצְאוּ בִּבְהֵמָה וְחַיָּה שִׁבְעִים. וְאֵלּוּ הֵן עַל הַסֵּדֶר שֶׁנִּתְבָּאֲרוּ בְּחִבּוּר זֶה. א) דְּרוּסָה. ב) נִקַּב תַּרְבַּץ הַוֵּשֶׁט. ג) נִקַּב קְרוּם שֶׁל מֹחַ. ד) נִתְמַסְמֵס הַמֹּחַ עַצְמוֹ. ה) נִקַּב הַלֵּב עַצְמוֹ לְבֵית חֲלָלוֹ. ו) נִקַּב קְנֵה הַלֵּב. ז) נִקְּבָה הַמָּרָה. ח) נִקְּבוּ קְנֵי הַכָּבֵד. ט) נִקְּבָה הַקֵּבָה. י) נִקַּב הַכֶּרֶס. יא) נִקַּב הֶמְסֵס. יב) נִקַּב בֵּית הַכּוֹסוֹת. יג) נִקְּבוּ מֵעֶיהָ. יד) יָצְאוּ הַמֵּעַיִם לַחוּץ וְנֶהֶפְכוּ. טו) נִקַּב הַטְּחוֹל בְּעָבְיוֹ. טז) חֲסֵרָה הַמָּרָה. יז) נִמְצְאוּ שְׁתֵּי מָרָרוֹת. יח) חֲסֵרָה הַקֵּבָה. יט) נִמְצְאוּ שְׁתֵּי קֵבוֹת. כ) חָסֵר הַכֶּרֶס. כא) נִמְצְאוּ שְׁנֵי כְּרֵסִים. כב) חָסֵר הֶמְסֵס. כג) נִמְצְאוּ שְׁנֵי מְסָסִים. כד) חָסֵר בֵּית הַכּוֹסוֹת. כה) נִמְצְאוּ שְׁנֵי בָּתֵּי הַכּוֹסוֹת. כו) חָסֵר אֶחָד מִן הַמֵּעַיִם. כז) נִמְצְאוּ שְׁנֵי מֵעַיִם. כח) נִקְּבָה הָרֵאָה. כט) נִקַּב הַקָּנֶה לְמַטָּה בְּמָקוֹם שֶׁאֵינוֹ רָאוּי לִשְׁחִיטָה. ל) נִקַּב סִמְפּוֹן מִסִּמְפּוֹנֵי רֵאָה אֲפִלּוּ לַחֲבֵרוֹ. לא) נֶאֱטַם מָקוֹם מִן הָרֵאָה. לב) נִמֹּק סִמְפּוֹן מִסִּמְפּוֹנֵי הָרֵאָה. לג) נִמְצְאָה לֵחָה סְרוּחָה בָּרֵאָה. לד) נִמְצְאוּ בָּהּ מַיִם סְרוּחִים. לה) נִמְצְאוּ בָּהּ מַיִם עֲכוּרִין אַף עַל פִּי שֶׁלֹּא הִסְרִיחוּ. לו) נִתְמַסְמְסָה הָרֵאָה. לז) נִשְׁתַּנּוּ מַרְאֶיהָ. לח) נֶהֱפַךְ הַוֵּשֶׁט בְּמַרְאָיו. לט) חֲסֵרָה הָרֵאָה מִמִּנְיַן הָאֻנּוֹת. מ) נִתְחַלְּפוּ הָאֻנּוֹת. מא) הוֹתִירוּ הָאֻנּוֹת מִגַּבָּהּ. מב) נִסְרְכָה אֻנָּה לְאֻנָּה שֶׁלֹּא כְּסִדְרָן. מג) נִמְצְאָה הָרֵאָה בְּלֹא חִתּוּךְ אָזְנַיִם. מד) חָסֵר מִקְצָת הָרֵאָה. מה) יָבֵשׁ מִקְצָת גּוּפָהּ. מו) נִמְצְאָה הָרֵאָה נְפוּחָה וְעוֹמֶדֶת. מז) צָמְקָה הָרֵאָה מִפַּחַד אָדָם. מח) חָסֵר הָרֶגֶל בֵּין מִתְּחִלַּת בְּרִיָּתוֹ בֵּין שֶׁנֶּחְתַּךְ. מט) אוֹ שֶׁהָיְתָה יְתֵרָה רֶגֶל. נ) נִטְּלָה צֹמֶת הַגִּידִים. נא) נִטְּלָה הַכָּבֵד. נב) נִטַּל לֶחִי הָעֶלְיוֹן. נג) כּוּלְיָא שֶׁהִקְטִינָה בְּיוֹתֵר. נד) כּוּלְיָא שֶׁלָּקְתָה. נה) כּוּלְיָא שֶׁנִּמְצֵאת בָּהּ לֵחָה. נו) כּוּלְיָא שֶׁנִּמְצְאוּ בָּהּ מַיִם עֲכוּרִין אַף עַל פִּי שֶׁאֵינָן סְרוּחִין. נז) כּוּלְיָא שֶׁנִּמְצְאוּ בָּהּ מַיִם סְרוּחִין. נח) נִפְסַק חוּט הַשִּׁדְרָה. נט) נִמְרַךְ מֹחַ חוּט הַשִּׁדְרָה וְנִתְמַסְמֵס. ס) נִקְרַע רֹב הַבָּשָׂר הַחוֹפֶה אֶת הַכֶּרֶס. סא) נִגְלַד הָעוֹר שֶׁעָלֶיהָ. סב) נִתְרַסְּקוּ אֵיבָרֶיהָ מִנְּפִילָה. סג) נִדַּלְדְּלוּ הַסִּימָנִין. סד) נִשְׁתַּבְּרוּ רֹב צַלְעוֹתֶיהָ. סה) נֶעֶקְרוּ רֹב צַלְעוֹתֶיהָ. סו) נֶעֶקְרָה צֶלַע אַחַת בְּחֻלְיָתָהּ. סז) נֶעֶקְרָה חֻלְיָה אַחַת. סח) נִשְׁמַט הַיָּרֵךְ מֵעִקָּרוֹ. סט) חֲסֵרָה הַגֻּלְגֹּלֶת כְּסֶלַע. ע) נֶחְבַּס רֹב הַגֻּלְגֹּלֶת וְנִתְרוֹצֵץ:

י. אֵלּוּ הַשִּׁבְעִים חֳלָיִים שֶׁאוֹסְרִין אֶת הַבְּהֵמָה וְאֶת הַחַיָּה מִשּׁוּם טְרֵפָה כְּבָר נִתְבָּאֵר כָּל אֶחָד מֵהֶן וּמִשְׁפָּטָיו. וְכָל שֶׁאֶפְשָׁר מֵהֶן שֶׁיִּמָּצֵא בָּעוֹף בָּאֵיבָרִין הַמְּצוּיִין לָעוֹף וְלַבְּהֵמָה דִּינוֹ בִּבְהֵמָה וּבְעוֹף אֶחָד הוּא. חוּץ מִטְּרֵפוֹת שֶׁבְּכוּלְיָא וְשֶׁבַּטְּחוֹל וְשֶׁבְּאֻנּוֹת הָרֵאָה. מִפְּנֵי שֶׁהָעוֹף אֵין לוֹ חִתּוּךְ אֻנּוֹת כִּבְהֵמָה. וְאִם יִמָּצֵא אֵין לוֹ מִנְיָן יָדוּעַ. וּטְחוֹל הָעוֹף עָגֹל כְּמוֹ עֵנָב וְאֵינוֹ כִּטְחוֹל בְּהֵמָה. וּטְרֵפוֹת שֶׁבַּכּוּלְיָא וְשֶׁבַּטְּחוֹל לֹא מָנוּ אוֹתָן בִּבְהֵמָה כְּדֵי שֶׁיִּהְיֶה כְּנֶגְדָּן בָּעוֹף וּלְפִיכָךְ לֹא נָתְנוּ לְכוּלְיָא שֶׁהִקְטִינָה שִׁעוּר בָּעוֹף. וְכֵן כָּל כַּיּוֹצֵא בָּזֶה:

יא. וּשְׁתֵּי טְרֵפוֹת יֵשׁ בָּעוֹף יֶתֶר עַל הַבְּהֵמָה וְאַף עַל פִּי שֶׁיֵּשׁ לָהּ אוֹתָן הָאֵיבָרִים. וְאֵלּוּ הֵן. עוֹף שֶׁנִּשְׁתַּנּוּ מַרְאֵה בְּנֵי מֵעָיו מֵחֲמַת הָאוּר. וְעוֹף הַמַּיִם שֶׁנִּקַּב עֶצֶם רֹאשׁוֹ:

יב. וְאֵין לְהוֹסִיף עַל טְרֵפוֹת אֵלּוּ כְּלָל. שֶׁכָּל שֶׁאֵרַע לִבְהֵמָה אוֹ לְחַיָּה אוֹ לְעוֹף חוּץ מֵאֵלּוּ שֶׁמָּנוּ חַכְמֵי דּוֹרוֹת הָרִאשׁוֹנִים וְהִסְכִּימוּ עֲלֵיהֶן בְּבָתֵּי דִּינֵי יִשְׂרָאֵל אֶפְשָׁר שֶׁתִּחְיֶה. וַאֲפִלּוּ נוֹדַע לָנוּ מִדֶּרֶךְ הָרְפוּאָה שֶׁאֵין סוֹפָהּ לִחְיוֹת:

יג. וְכֵן אֵלּוּ שֶׁמָּנוּ וְאָמְרוּ שֶׁהֵן טְרֵפָה אַף עַל פִּי שֶׁיֵּרָאֶה בְּדַרְכֵי הָרְפוּאָה שֶׁבְּיָדֵינוּ שֶׁמִּקְצָתָן אֵינָן מְמִיתִין וְאֶפְשָׁר שֶׁתִּחְיֶה מֵהֶן אֵין לְךָ אֶלָּא מַה שֶּׁמָּנוּ חֲכָמִים שֶׁנֶּאֱמַר (דברים יז יא) "עַל פִּי הַתּוֹרָה אֲשֶׁר יוֹרוּךָ":

יד. כָּל טַבָּח שֶׁהוּא יוֹדֵעַ הַטְּרֵפוֹת הָאֵלּוּ וַהֲרֵי הוּא בְּחֶזְקַת כַּשְׁרוּת מֻתָּר לוֹ לִשְׁחֹט וְלִבְדֹּק לְעַצְמוֹ וְלִמְכֹּר וְאֵין בָּזֶה חֲשָׁשׁ. שֶׁעֵד אֶחָד נֶאֱמָן בְּאִסּוּרִין בֵּין יֵשׁ לוֹ הֲנָיָה בְּעֵדוּתוֹ בֵּין אֵין לוֹ הֲנָיָה בְּעֵדוּתוֹ. וּכְבָר בֵּאַרְנוּ שֶׁאֵין לוֹקְחִין בָּשָׂר מִטַּבָּח שֶׁשּׁוֹחֵט וּבוֹדֵק לְעַצְמוֹ בְּחוּצָה לָאָרֶץ אוֹ בְּאֶרֶץ יִשְׂרָאֵל בַּזְּמַן הַזֶּה. אֶלָּא אִם כֵּן הָיָה מֻמְחֶה. וְאִם יָצָאת טְרֵפָה מִתַּחַת יָדוֹ מְנַדִּין אוֹתוֹ וּמַעֲבִירִין אוֹתוֹ וְאֵינוֹ חוֹזֵר לְכַשְׁרוּתוֹ עַד שֶׁיֵּלֵךְ לְמָקוֹם שֶׁאֵין מַכִּירִים אוֹתוֹ וְיַחֲזִיר אֲבֵדָה בְּדָבָר חָשׁוּב אוֹ יוֹצִיא טְרֵפָה לְעַצְמוֹ בְּדָבָר חָשׁוּב:

Perek 11

Trefah continued.

Doubtful cases of *trefah.*

In case of doubt when we are not sure if the animal is *trefah,* the following principle applies:

If it was a male and remained alive for **12 months**, then it means animal is intact.

If it was a female, it is kosher if it gives birth or if it remained alive for **12 months.**

After *shechting* an animal, beast, or fowl, we can presume that they are healthy, unless something arouses our suspicion. We then inspect only that which is suspicious.

The custom among the Jewish People is that after slaughtering an animal, the diaphragm is opened to inspect the lung in its place. If strands are found which would indicate a perforation, animal is *trefah.*

פרק י״א

א. כָּל בְּהֵמָה אוֹ עוֹף שֶׁנּוֹלַד בָּהֶן סְפֵק טְרֵפוֹת מִטְּרֵפוֹת אֵלּוּ. כְּגוֹן בְּהֵמָה שֶׁנָּפְלָה וְלֹא הָלְכָה. אוֹ שֶׁנִּדְרְסָה בִּידֵי חַיָּה וְאֵין יָדוּעַ אִם הֶאֱדִים בָּשָׂר כְּנֶגֶד בְּנֵי מֵעַיִם אוֹ לֹא הֶאֱדִים. אוֹ שֶׁנֶּחְבְּסָה גֻּלְגָּלְתָּהּ וְאֵין יָדוּעַ אִם רֻבָּהּ אוֹ מִעוּטָהּ וְכַיּוֹצֵא בִּדְבָרִים אֵלּוּ. אִם הָיָה זָכָר וְשָׁהָה שְׁנֵים עָשָׂר חֹדֶשׁ הֲרֵי זוֹ בְּחֶזְקַת שְׁלֵמָה כִּשְׁאָר כָּל הַבְּהֵמוֹת. וְאִם הָיְתָה נְקֵבָה עַד שֶׁתֵּלֵד. וּבְעוֹף בְּזָכָר שְׁנֵים עָשָׂר חֹדֶשׁ. וּבִנְקֵבָה עַד שֶׁתֵּלֵד כָּל הַבֵּיצִים שֶׁל טְעִינָה הָרִאשׁוֹנָה וְתִטְעֹן טְעִינָה שְׁנִיָּה וְתֵלֵד:

ב. וְאָסוּר לִמְכֹּר סְפֵק טְרֵפָה זוֹ לְנָכְרִי בְּתוֹךְ זְמַן זֶה שֶׁמָּא יִמְכְּרֶנָּה לְיִשְׂרָאֵל:

ג. כָּל בְּהֵמָה חַיָּה וְעוֹף בְּחֶזְקַת בְּרִיאִים הֵם וְאֵין חוֹשְׁשִׁין לָהֶם שֶׁמָּא יֵשׁ בָּהֶן טְרֵפָה. לְפִיכָךְ כְּשֶׁיִּשְׁחֲטוּ שְׁחִיטָה כְּשֵׁרָה אֵינָן צְרִיכִין בְּדִיקָה שֶׁמָּא יֵשׁ בָּהֶן אַחַת מִן הַטְּרֵפוֹת. אֶלָּא הֲרֵי הֵן בְּחֶזְקַת הֶתֵּר עַד שֶׁיִּוָּלֵד לָהֶן דָּבָר שֶׁחוֹשְׁשִׁין לוֹ וְאַחַר כָּךְ בּוֹדְקִין עַל אוֹתוֹ דָּבָר בִּלְבַד:

ד. כֵּיצַד. כְּגוֹן שֶׁנִּשְׁמַט הַגַּף שֶׁל עוֹף בּוֹדְקִין אֶת הָרֵאָה שֶׁמָּא נִקְּבָה. נָפְלָה הַבְּהֵמָה בּוֹדְקִין אוֹתָהּ שֶׁמָּא נִתְרַסְּקוּ אֵיבָרֶיהָ. נִתְרַצֵּץ עֶצֶם הָרֹאשׁ בּוֹדְקִין קְרוּם שֶׁל מֹחַ שֶׁמָּא נִקַּב. הִכָּה אוֹתָהּ קוֹץ אוֹ נִזְרַק בָּהּ חֵץ אוֹ רֹמַח וְכַיּוֹצֵא בָּהֶן וְנִכְנַס לַחֲלָלָהּ חוֹשְׁשִׁין לָהּ וּצְרִיכָה בְּדִיקָה כְּנֶגֶד כָּל הֶחָלָל שֶׁמָּא נִקַּב אֶחָד מִן הָאֵיבָרִין שֶׁתִּטָּרֵף בִּנְקִיבָתָן. וְכֵן כָּל כַּיּוֹצֵא בָּזֶה:

ה. לְפִיכָךְ רֵאָה שֶׁהֶעֶלְתָה צְמָחִין אוֹ שֶׁנִּמְצְאוּ סִרְכוֹת כְּמוֹ חוּטִין תְּלוּיִין מִמֶּנָּה וְלַדֹּפֶן אוֹ לַלֵּב אוֹ לְטַרְפַּשׁ הַכָּבֵד חוֹשְׁשִׁין לָהּ שֶׁמָּא נִקְּבָה וּצְרִיכָה בְּדִיקָה. וְכֵן אִם נִמְצָא בָּהּ אֲבַעְבּוּעַ מָלֵא לֵחָה חוֹשְׁשִׁין שֶׁמָּא נִקַּב סִמְפּוֹן שֶׁתַּחְתָּיו וּצְרִיכָה בְּדִיקָה:

ו. מִן הַדִּין הָיָה עַל דֶּרֶךְ זוֹ שֶׁאִם נִמְצֵאת הָרֵאָה תְּלוּיָה בְּסִרְכוֹת כְּמוֹ חוּטִין. אִם הָיוּ מִן הָאוּם שֶׁל רֵאָה וְלַדֹּפֶן אוֹ שֶׁהָיוּ לַלֵּב אוֹ לְטַרְפַּשׁ הַכָּבֵד שֶׁחוֹתְכִים אֶת הַסִּרְכָא וּמוֹצִיאִין אֶת הָרֵאָה וְנוֹפְחִין אוֹתָהּ בְּפוֹשְׁרִין. אִם נִמְצֵאת נְקוּבָה טְרֵפָה. וְאִם לֹא נִתְבַּעְבֵּעַ הַמַּיִם הֲרֵי הִיא שְׁלֵמָה מִכָּל נֶקֶב וּמֻתֶּרֶת וְסִרְכָא זוֹ לֹא הָיְתָה בִּמְקוֹם נֶקֶב אוֹ שֶׁמָּא נִקַּב קְרוּם הָעֶלְיוֹן בִּלְבַד. וּמֵעוֹלָם לֹא רָאִינוּ מִי שֶׁהוֹרָה כָּךְ וְלֹא שָׁמַעְנוּ מָקוֹם שֶׁעוֹשִׂין בּוֹ כָּךְ:

ז. וְאַף עַל פִּי שֶׁאֵלּוּ הֵן הַדְּבָרִים הַנִּרְאִין מִדִּבְרֵי חַכְמֵי הַגְּמָרָא. הַמִּנְהָג הַפָּשׁוּט בְּיִשְׂרָאֵל כָּךְ הוּא. כְּשֶׁשּׁוֹחֲטִין אֶת הַבְּהֵמָה אוֹ אֶת הַחַיָּה קוֹרְעִין אֶת הַטַּרְפַּשׁ שֶׁל כָּבֵד וּבוֹדְקִין אֶת הָרֵאָה בִּמְקוֹמָהּ. אִם לֹא נִמְצְאָה תְּלוּיָה בְּסִרְכָא. אוֹ שֶׁנִּמְצְאָה סִרְכָא בֵּין אֹזֶן מֵאָזְנֵי הָרֵאָה וְלַבָּשָׂר שֶׁבִּמְקוֹם רְבִיצָתָהּ בֵּין בָּשָׂר שֶׁבֵּין הַצְּלָעוֹת בֵּין בָּשָׂר שֶׁבֶּחָזֶה. אוֹ שֶׁנִּמְצְאָה סִרְכָא מֵאֹזֶן לְאֹזֶן עַל הַסֵּדֶר אוֹ מִן הָאוּם לָאֹזֶן הַסְּמוּכָה לָהּ. הֲרֵי אֵלּוּ מַתִּירִין אוֹתָהּ:

ח. וְאִם נִמְצָא חוּט יוֹצֵא מִן הָאוּם שֶׁל רֵאָה לְאֵיזֶה מָקוֹם שֶׁיִּמָּשֵׁךְ וַאֲפִלּוּ הָיָה כְּחוּט הַשַּׂעֲרָה אוֹסְרִין אוֹתָהּ:

ט. וְכֵן אִם הָיָה מִן הָרֵאָה חוּט מָשׁוּךְ לַלֵּב אוֹ לְטַרְפַּשׁ הַכָּבֵד אוֹ לְכִיס הַלֵּב אוֹ לַוַּרְדָּא. בֵּין שֶׁהָיָה הַחוּט מִן הָאוּם שֶׁל רֵאָה בֵּין שֶׁהָיָה מִן הָאֹזֶן וַאֲפִלּוּ הָיָה כְּחוּט הַשַּׂעֲרָה אוֹסְרִין אוֹתָהּ. וְכֵן וַרְדָּא שֶׁנִּמְצֵאת דְּבוּקָה בְּכִיסָהּ אוֹ חוּט יוֹצֵא מִמֶּנָּה לְכִיסָהּ אוֹסְרִין אוֹתָהּ. וְחוּט הַיּוֹצֵא מֵאֹזֶן לְאֹזֶן שֶׁלֹּא עַל הַסֵּדֶר אוֹסְרִין אוֹתָהּ:

י. יֵשׁ מְקוֹמוֹת שֶׁמִּנְהֲגָן אִם מָצְאוּ סִרְכָא מִן הָאֹזֶן לַבָּשָׂר וְלָעֶצֶם שֶׁבַּצְּלָעוֹת וְהַסִּרְכָא דְּבוּקָה בִּשְׁתֵּיהֶן אוֹסְרִין אוֹתָהּ. וְאַבָּא מָרִי מִן הָאוֹסְרִין וַאֲנִי מִן הַמַּתִּירִין. וּמְעוּט מְקוֹמוֹת מַתִּירִין אֲפִלּוּ נִדְבָּקָה בָּעֶצֶם לְבַדּוֹ וַאֲנִי אוֹסֵר:

יא. וְיֵשׁ מְקוֹמוֹת שֶׁנּוֹפְחִין הָרֵאָה שֶׁמָּא יֵשׁ בָּהּ נֶקֶב. וְרֹב הַמְּקוֹמוֹת אֵין נוֹפְחִין שֶׁהֲרֵי לֹא נוֹלַד דָּבָר שֶׁגּוֹרֵם לַחֲשָׁשׁ. וּמֵעוֹלָם לֹא נָפַחְנוּ רֵאָה בִּסְפָרַד וּבַמַּעֲרָב אֶלָּא אִם נוֹלַד לָנוּ דָּבָר שֶׁחוֹשְׁשִׁים לוֹ:

יב. וּדְבָרִים הָאֵלּוּ כֻּלָּן אֵינָן עַל פִּי הַדִּין אֶלָּא עַל פִּי הַמִּנְהָג כְּמוֹ שֶׁבֵּאַרְנוּ. וּמֵעוֹלָם לֹא שָׁמַעְנוּ בְּמִי שֶׁבָּדַק עוֹף אֶלָּא אִם נוֹלַד לוֹ חֲשָׁשׁ:

יג. מִי שֶׁשָּׁחַט אֶת הַבְּהֵמָה וְקָרַע אֶת הַבֶּטֶן. וְקֹדֶם שֶׁיִּבְדֹּק אֶת הָרֵאָה בָּא כֶּלֶב אוֹ עַכּוּ"ם וְנָטַל אֶת הָרֵאָה וְהָלַךְ לוֹ. הֲרֵי זוֹ מֻתֶּרֶת. וְאֵין אוֹמְרִים שֶׁמָּא נְקוּבָה הָיְתָה אוֹ שֶׁמָּא דְּבוּקָה הָיְתָה. שֶׁאֵין מַחֲזִיקִין אִסּוּר. אֶלָּא הֲרֵי זוֹ בְּחֶזְקַת הֶתֵּר עַד שֶׁיִּוָּדַע בַּמֶּה נִטְרְפָה. וּכְשֵׁם שֶׁאֵין חוֹשְׁשִׁין לִקְרוּם מֹחַ וְלַשִּׁדְרָה וְכַיּוֹצֵא בָּהֶן כָּךְ לֹא נָחוּשׁ לָרֵאָה שֶׁאָבְדָה. וְאֵין בָּזֶה מִנְהָג שֶׁדָּבָר שֶׁאֵינוֹ מָצוּי אֵין בּוֹ מִנְהָג:

יד. בָּא הָעַכּוּ"ם אוֹ הַיִּשְׂרָאֵל וְהוֹצִיא הָרֵאָה קֹדֶם שֶׁתִּבָּדֵק וַהֲרֵי הִיא קַיֶּמֶת נוֹפְחִין אוֹתָהּ וְאַף עַל פִּי שֶׁאֵין אָנוּ יוֹדְעִין אִם הָיוּ שָׁם צְמָחִין אוֹ לֹא הָיוּ. מִפְּנֵי פִּשּׁוּט הַמִּנְהָג:

טו. יֵשׁ מְקוֹמוֹת שֶׁאִם נִמְצְאוּ סְרָכוֹת מְדֻלְדָּלוֹת מִן הָרֵאָה אַף עַל פִּי שֶׁאֵינָן דְּבוּקוֹת לֹא לַדֹּפֶן וְלֹא לְמָקוֹם אַחֵר אוֹסְרִין אוֹתָהּ. וְדָבָר זֶה הֶפְסֵד גָּדוֹל הוּא וְאִבּוּד מָמוֹן לְיִשְׂרָאֵל. וּמֵעוֹלָם לֹא נָהֲגוּ זֶה לֹא בְּצָרְפַת וְלֹא בִּסְפָרַד וְלֹא נִשְׁמַע זֶה בַּמַּעֲרָב. וְאֵין רָאוּי לִנְהֹג בְּמִנְהָג זֶה. אֶלָּא נוֹפְחִין אוֹתָהּ בִּלְבַד. אִם נִמְצֵאת שְׁלֵמָה מִן הַנֶּקֶב הֲרֵי זוֹ מֻתֶּרֶת:

Perek 12

Not to *shecht* a mother and its young on one day[2]

This prohibition applies only to a *behemah* (kosher domesticated animal).

Punishment is *malkot,* but meat can be eaten.

It is permitted to slaughter a pregnant animal, as the foetus is considered as a limb of the mother.

The prohibition applies to the mother and her offspring, and there is a doubt whether this applies to the father also.

The term 'in one day' refers to the situation of day starting at night i.e. if he slaughtered the mother on Wednesday night, he could then slaughter the second animal Thursday night.

There are **4** times a year that sellers of animals need to inform the purchasers that the mother or young was sold to someone else that day:

- *Erev Shemini Atzeret*
- *Erev Pesach* (before the first day)
- *Erev Shavuot*
- *Erev Rosh Hashanah*

These are all times of greatest celebration.

פרק י״ב

א. הַשּׁוֹחֵט אוֹתוֹ וְאֶת בְּנוֹ בְּיוֹם אֶחָד הַבָּשָׂר מֻתָּר בַּאֲכִילָה וְהַשּׁוֹחֵט לוֹקֶה שֶׁנֶּאֱמַר (ויקרא כב כח) "אֹתוֹ וְאֶת בְּנוֹ לֹא תִשְׁחֲטוּ בְּיוֹם אֶחָד". וְאֵינוֹ לוֹקֶה אֶלָּא עַל שְׁחִיטַת הָאַחֲרוֹן. לְפִיכָךְ אִם שָׁחַט אֶחָד מִשְּׁנֵיהֶן וּבָא חֲבֵרוֹ וְשָׁחַט אֶת הַשֵּׁנִי חֲבֵרוֹ לוֹקֶה:

ב. אִסּוּר אוֹתוֹ וְאֶת בְּנוֹ נוֹהֵג בְּכָל זְמַן וּבְכָל מָקוֹם. בְּחֻלִּין וּבְמֻקְדָּשִׁין. בֵּין קָדָשִׁים הַנֶּאֱכָלִין בֵּין קָדָשִׁים שֶׁאֵינָן נֶאֱכָלִין. לְפִיכָךְ הָרִאשׁוֹן שֶׁשָּׁחַט בָּעֲזָרָה וְהַשֵּׁנִי בַּחוּץ. אוֹ הָרִאשׁוֹן בַּחוּץ וְהַשֵּׁנִי בָּעֲזָרָה. בֵּין שֶׁהָיוּ שְׁנֵיהֶן חֻלִּין אוֹ שְׁנֵיהֶן קָדָשִׁים. בֵּין שֶׁהָיָה אֶחָד מֵהֶן חֻלִּין וְאֶחָד קָדָשִׁים. זֶה שֶׁשָּׁחַט אַחֲרוֹן לוֹקֶה מִשּׁוּם אוֹתוֹ וְאֶת בְּנוֹ:

ג. אֵין אִסּוּר אוֹתוֹ וְאֶת בְּנוֹ נוֹהֵג אֶלָּא בִּשְׁחִיטָה בִּלְבַד שֶׁנֶּאֱמַר (ויקרא כב כח) "לֹא תִשְׁחֲטוּ" בִּשְׁחִיטַת שְׁנֵיהֶן הוּא הָאִסּוּר. אֲבָל אִם נָחַר הָרִאשׁוֹן אוֹ נִתְנַבֵּל בְּיָדוֹ מֻתָּר לִשְׁחֹט. וְכֵן אִם שָׁחַט הָרִאשׁוֹן וְנָחַר הַשֵּׁנִי אוֹ נִתְנַבֵּל בְּיָדוֹ פָּטוּר:

ד. חֵרֵשׁ שׁוֹטֶה וְקָטָן שֶׁשָּׁחֲטוּ בֵּינָם לְבֵין עַצְמָן אֶת הָרִאשׁוֹן מֻתָּר לִשְׁחֹט שֵׁנִי אַחֲרֵיהֶם. לְפִי שֶׁאֵין שְׁחִיטָתָן שְׁחִיטָה (כְּלָל):

ה. הַשּׁוֹחֵט אֶת הָרִאשׁוֹן וַהֲרֵי הוּא סְפֵק נְבֵלָה אָסוּר לִשְׁחֹט הַשֵּׁנִי. וְאִם שְׁחָטוֹ אֵינוֹ לוֹקֶה:

ו. שְׁחִיטָה שֶׁאֵינָהּ רְאוּיָה לַאֲכִילָה שְׁמָהּ שְׁחִיטָה. לְפִיכָךְ הָרִאשׁוֹן שֶׁשָּׁחַט חֻלִּין בָּעֲזָרָה אוֹ טְרֵפָה אוֹ שׁוֹר הַנִּסְקָל וְעֶגְלָה עֲרוּפָה וּפָרָה אֲדֻמָּה אוֹ שֶׁשָּׁחַט לְעַכּוּ"ם וּבָא הָאַחֲרוֹן וְשָׁחַט אֶת הַשֵּׁנִי לוֹקֶה. וְכֵן אִם שָׁחַט הָרִאשׁוֹן אֶת הָאֶחָד וּבָא הָאַחֲרוֹן וְשָׁחַט אֶת הַשֵּׁנִי וַהֲרֵי הוּא חֻלִּין בָּעֲזָרָה אוֹ שׁוֹר הַנִּסְקָל אוֹ עֶגְלָה עֲרוּפָה וּפָרָה אֲדֻמָּה הֲרֵי זֶה לוֹקֶה:

ז. שְׁחָטוֹ לְעַכּוּ"ם פָּטוּר מִשּׁוּם אוֹתוֹ וְאֶת בְּנוֹ שֶׁהֲרֵי נִתְחַיֵּב בְּנַפְשׁוֹ. וְאִם הִתְרוּ בּוֹ מִשּׁוּם אוֹתוֹ וְאֶת בְּנוֹ וְלֹא הִתְרוּ בּוֹ מִשּׁוּם עַכּוּ"ם לוֹקֶה:

ח. אֵין אִסּוּר אוֹתוֹ וְאֶת בְּנוֹ נוֹהֵג אֶלָּא בִּבְהֵמָה טְהוֹרָה בִּלְבַד שֶׁנֶּאֱמַר (ויקרא כב כח) "וְשׁוֹר אוֹ שֶׂה אֹתוֹ וְאֶת בְּנוֹ לֹא תִשְׁחֲטוּ בְּיוֹם אֶחָד". וְנוֹהֵג בְּכִלְאַיִם. כֵּיצַד. צְבִי שֶׁבָּא עַל הָעֵז וְשָׁחַט הָעֵז וְאֶת בְּנָהּ לוֹקֶה. אֲבָל הָעֵז שֶׁבָּא עַל הַצְּבִיָּה אָסוּר לִשְׁחֹט אוֹתָהּ וְאֶת בְּנָהּ. וְאִם שָׁחַט אֵינוֹ לוֹקֶה. פָּרָה וּבְנָהּ אָסְרָה תּוֹרָה לֹא צְבִיָּה וּבְנָהּ:

ט. הָיְתָה בַּת הַצְּבִיָּה הַזֹּאת נְקֵבָה וְיָלְדָה בֵּן וְשָׁחַט אֶת הַנְּקֵבָה בַּת הַצְּבִיָּה וְאֶת בְּנָהּ לוֹקֶה. וְכֵן כִּלְאַיִם הַבָּא מִמִּין כֶּבֶשׂ וּמִמִּין עֵז בֵּין מִכֶּבֶשׂ עִם הָעֵז בֵּין מֵעֵז עִם הַכִּבְשָׂה לוֹקֶה מִשּׁוּם אוֹתוֹ וְאֶת בְּנוֹ:

י. מֻתָּר לִשְׁחֹט אֶת הַמְעֻבֶּרֶת. עֻבָּר יֶרֶךְ אִמּוֹ הוּא. וְאִם יָצָא הָעֻבָּר חַי אַחַר שְׁחִיטָה וְהִפְרִיס עַל גַּבֵּי קַרְקַע אֵין שׁוֹחֲטִין אוֹתוֹ בְּיוֹם אֶחָד. וְאִם שָׁחַט אֵינוֹ לוֹקֶה:

יא. אִסּוּר אוֹתוֹ וְאֶת בְּנוֹ נוֹהֵג בִּנְקֵבוֹת שֶׁזֶּה [ ] בְּנָהּ וַדַּאי. וְאִם נוֹדַע וַדַּאי שֶׁזֶּה הוּא אָבִיו אֵין שׁוֹחֲטִין שְׁנֵיהֶן בְּיוֹם אֶחָד. וְאִם שָׁחַט אֵינוֹ לוֹקֶה. שֶׁהַדָּבָר סָפֵק אִם נוֹהֵג בִּזְכָרִים אוֹ אֵינוֹ נוֹהֵג:

יב. הַשּׁוֹחֵט אֶת הַפָּרָה וְאַחַר כָּךְ שָׁחַט שְׁנֵי בָּנֶיהָ לוֹקֶה שְׁתֵּי מַלְקִיּוֹת. שָׁחַט אֶת בָּנֶיהָ וְאַחַר כָּךְ שָׁחַט הִיא לוֹקֶה אַחַת. שְׁחָטָהּ וְאֶת בִּתָּהּ וְאֶת בֶּן בִּתָּהּ לוֹקֶה שְׁתַּיִם. שְׁחָטָהּ וְאֶת בֶּן בִּתָּהּ וְאַחַר כָּךְ שָׁחַט אֶת הַבַּת לוֹקֶה אַחַת בֵּין הוּא בֵּין אַחֵר:

יג. שְׁנַיִם שֶׁלָּקְחוּ שְׁתֵּי בְּהֵמוֹת זֶה הָאֵם וְזֶה הַבַּת וּבָאוּ לְדִין. זֶה שֶׁלָּקַח רִאשׁוֹן יִשְׁחֹט רִאשׁוֹן וְהַשֵּׁנִי יַמְתִּין לְמָחָר. וְאִם קָדַם הַשֵּׁנִי וְשָׁחַט זָכָה וְיַמְתִּין הָרִאשׁוֹן עַד לְמָחָר:

יד. בְּאַרְבָּעָה פְּרָקִים בְּשָׁנָה הַמּוֹכֵר בְּהֵמָה לַחֲבֵרוֹ צָרִיךְ לְהוֹדִיעוֹ וְלוֹמַר לוֹ כְּבָר מָכַרְתִּי אִמָּהּ אוֹ בִּתָּהּ לְאַחֵר לִשְׁחֹט כְּדֵי שֶׁיַּמְתִּין זֶה הָאַחֲרוֹן וְלֹא יִשְׁחֹט עַד לְמָחָר. וְאֵלּוּ הֵן. עֶרֶב יוֹם טוֹב הָאַחֲרוֹן שֶׁל חַג. וְעֶרֶב יוֹם טוֹב הָרִאשׁוֹן שֶׁל פֶּסַח. וְעֶרֶב עֲצֶרֶת. וְעֶרֶב רֹאשׁ הַשָּׁנָה:

טו. בַּמֶּה דְּבָרִים אֲמוּרִים כְּשֶׁרָאָה זֶה שֶׁלָּקַח בָּאַחֲרוֹנָה נֶחְפָּז לִקְנוֹת וְהָיָה בְּסוֹף הַיּוֹם שֶׁחֶזְקָתוֹ שֶׁהוּא שׁוֹחֵט עַתָּה. אֲבָל אִם הָיָה רֶוַח בַּיּוֹם אֵינוֹ צָרִיךְ לְהוֹדִיעוֹ שֶׁמָּא לֹא יִשְׁחֹט אֶלָּא לְמָחָר:

טז. וְהַמּוֹכֵר אֶת הָאֵם לֶחָתָן וְהַבַּת לַכַּלָּה צָרִיךְ לְהוֹדִיעָן. שֶׁוַּדַּאי בְּיוֹם אֶחָד שׁוֹחֲטִין. וְכֵן כָּל כַּיּוֹצֵא בָּזֶה:

יז. יוֹם אֶחָד הָאָמוּר בְּאֹתוֹ וְאֶת בְּנוֹ הַיּוֹם הוֹלֵךְ אַחַר הַלַּיְלָה. כֵּיצַד. הֲרֵי שֶׁשָּׁחַט רִאשׁוֹן בִּתְחִלַּת לֵיל רְבִיעִי לֹא יִשְׁחֹט הַשֵּׁנִי עַד תְּחִלַּת לֵיל חֲמִישִׁי. וְכֵן אִם שָׁחַט הָרִאשׁוֹן בְּסוֹף יוֹם רְבִיעִי קֹדֶם בֵּין הַשְּׁמָשׁוֹת שׁוֹחֵט הַשֵּׁנִי בִּתְחִלַּת לֵיל חֲמִישִׁי. שָׁחַט רִאשׁוֹן בֵּין הַשְּׁמָשׁוֹת שֶׁל לֵיל חֲמִישִׁי לֹא יִשְׁחֹט הַשֵּׁנִי עַד לֵיל שִׁשִּׁי. וְאִם שָׁחַט בְּיוֹם חֲמִישִׁי אֵינוֹ לוֹקֶה

Perek 13

Not to take a mother with its young[4], To send away the mother.[5]

Applies only to a kosher bird, which is not prepared (e.g. wild fowl in a forest).

He himself must send away the mother. He must hold her by the wings and then let her fly away.

If the male bird is sitting on the young, one is not obligated to send him away.

It is a cruel act to take away the young in front of the mother.

Punishment is *malkot.*

פרק י״ג

א. הַלּוֹקֵחַ אֵם עַל הַבָּנִים וּשְׁחָטָהּ. הַבָּשָׂר מֻתָּר בַּאֲכִילָה וְלוֹקֶה עַל שְׁחִיטַת הָאֵם שֶׁנֶּאֱמַר (דברים כב ו) "לֹא תִקַּח הָאֵם עַל הַבָּנִים". וְכֵן אִם מֵתָה קֹדֶם שֶׁיְּשַׁלְּחֶנָּה לוֹקֶה. וְאִם שְׁלָחָהּ אַחַר שֶׁלְּקָחָהּ פָּטוּר:

ב. וְכֵן כָּל מִצְוַת לֹא תַעֲשֶׂה שֶׁנִּתְּקָהּ לַעֲשֵׂה חַיָּב לְקַיֵּם עֲשֵׂה שֶׁבָּהּ. וְאִם לֹא קִיְּמוֹ לוֹקֶה:

ג. בָּא אֶחָד וְחָטַף הָאֵם מִיָּדוֹ וְשִׁלְּחָהּ אוֹ שֶׁבָּרְחָה מִתַּחַת יָדוֹ שֶׁלֹּא מִדַּעְתּוֹ לוֹקֶה שֶׁנֶּאֱמַר (דברים כב ז) "שַׁלֵּחַ תְּשַׁלַּח" עַד שֶׁיְּשַׁלֵּחַ מֵעַצְמוֹ וַהֲרֵי לֹא קִיֵּם עֲשֵׂה שֶׁבָּהּ:

ד. נָטַל אֵם עַל הַבָּנִים וְקִצֵּץ אֲגַפֶּיהָ כְּדֵי שֶׁלֹּא תָּעוּף וְשִׁלְּחָהּ מַכִּין אוֹתוֹ מַכַּת מַרְדּוּת. וּמַשְׁהֶה אוֹתָהּ אֶצְלוֹ עַד שֶׁיִּגְדְּלוּ כְּנָפֶיהָ וּמְשַׁלְּחָהּ. וְאִם מֵתָה קֹדֶם לָזֶה אוֹ בָּרְחָה וְאָבְדָה לוֹקֶה שֶׁהֲרֵי לֹא קִיֵּם עֲשֵׂה שֶׁבָּהּ:

ה. וְכֵיצַד מְשַׁלֵּחַ הָאֵם. אוֹחֵז בִּכְנָפֶיהָ וּמַפְרִיחָהּ. שְׁלָחָהּ וְחָזְרָה וְשִׁלְּחָהּ וְחָזְרָה אֲפִלּוּ אַרְבַּע וְחָמֵשׁ פְּעָמִים חַיָּב לְשַׁלֵּחַ שֶׁנֶּאֱמַר (דברים כב ז) "שַׁלֵּחַ תְּשַׁלַּח":

ו. הָאוֹמֵר הֲרֵינִי נוֹטֵל אֶת הָאֵם וּמְשַׁלֵּחַ אֶת הַבָּנִים חַיָּב לְשַׁלֵּחַ אֶת הָאֵם שֶׁנֶּאֱמַר (דברים כב ז) "שַׁלֵּחַ תְּשַׁלַּח אֶת הָאֵם":

ז. לָקַח אֶת הַבָּנִים וְהֶחֱזִירָן לַקֵּן וְאַחַר כָּךְ חָזְרָה הָאֵם עֲלֵיהֶן פָּטוּר מִלְּשַׁלֵּחַ. שִׁלַּח אֶת הָאֵם וְחָזַר וְצָד אוֹתָהּ הֲרֵי זֶה מֻתָּר. לֹא אָסְרָה תּוֹרָה אֶלָּא לָצוּד אוֹתָהּ וְהִיא אֵינָהּ יְכוֹלָה לִפְרֹחַ בִּשְׁבִיל הַבָּנִים שֶׁהִיא מְרַחֶפֶת עֲלֵיהֶן שֶׁלֹּא יִלָּקְחוּ שֶׁנֶּאֱמַר (דברים כב ו) "וְהָאֵם רֹבֶצֶת עַל הָאֶפְרֹחִים". אֲבָל אִם הוֹצִיאָהּ מִתַּחַת יָדוֹ וְחָזַר וְצָד אוֹתָהּ מֻתָּר:

ח. שִׁלּוּחַ הָאֵם אֵינוֹ נוֹהֵג אֶלָּא בְּעוֹף טָהוֹר שֶׁאֵינוֹ מְזֻמָּן כְּגוֹן יוֹנֵי שׁוֹבָךְ וַעֲלִיָּה וְעוֹפוֹת שֶׁקִּנְּנוּ בַּפַּרְדֵּס שֶׁנֶּאֱמַר (דברים כב ו) "כִּי יִקָּרֵא". אֲבָל הַמְזֻמָּן כְּגוֹן אֲוָזִין וְתַרְנְגוֹלִין וְיוֹנִים שֶׁקִּנְּנוּ בַּבַּיִת אֵינוֹ חַיָּב לְשַׁלֵּחַ:

ט. הָיוּ הָאֶפְרוֹחִין מַפְרִיחִין שֶׁאֵינָן צְרִיכִין לְאִמָּן אוֹ בֵּיצִים מוּזָרוֹת אֵינוֹ חַיָּב לְשַׁלֵּחַ. הָיוּ אֶפְרוֹחִין טְרֵפוֹת הֲרֵי אֵלּוּ כְּבֵיצִים מוּזָרוֹת וּפָטוּר מִלְּשַׁלֵּחַ:

י. זָכָר שֶׁמְּצָאוֹ רוֹבֵץ עַל הַקֵּן פָּטוּר מִלְּשַׁלֵּחַ. עוֹף טָמֵא רוֹבֵץ עַל בֵּיצֵי עוֹף טָהוֹר אוֹ עוֹף טָהוֹר רוֹבֵץ עַל בֵּיצֵי עוֹף טָמֵא פָּטוּר מִלְּשַׁלֵּחַ:

יא. הָיְתָה רוֹבֶצֶת עַל בֵּיצִים שֶׁאֵינָן מִינָהּ וְהֵן טְהוֹרִין הֲרֵי זֶה מְשַׁלֵּחַ. וְאִם לֹא שִׁלַּח אֵינוֹ לוֹקֶה. הָיְתָה הָאֵם טְרֵפָה חַיָּב לְשַׁלְּחָהּ:

יב. שָׁחַט מִקְצָת סִימָנִין בְּתוֹךְ הַקֵּן קֹדֶם שֶׁיִּקָּחֶנָּה חַיָּב לְשַׁלֵּחַ וְאִם לֹא שִׁלַּח אֵינוֹ לוֹקֶה:

יג. הָיְתָה מְעוֹפֶפֶת. אִם כְּנָפֶיהָ נוֹגְעוֹת בַּקֵּן חַיָּב לְשַׁלֵּחַ. וְאִם לָאו פָּטוּר מִלְּשַׁלֵּחַ. הָיְתָה מַטְלִית אוֹ כְּנָפַיִם חוֹצְצוֹת בֵּין כְּנָפֶיהָ וּבֵין הַקֵּן הֲרֵי זֶה מְשַׁלֵּחַ. וְאִם לֹא שִׁלַּח אֵינוֹ לוֹקֶה:

יד. הָיוּ שְׁנֵי סִדְרֵי בֵּיצִים וּכְנָפֶיהָ נוֹגְעוֹת בַּסֵּדֶר הָעֶלְיוֹן. אוֹ שֶׁהָיְתָה רוֹבֶצֶת עַל בֵּיצִים מוּזָרוֹת וְתַחְתֵּיהֶן בֵּיצִים יָפוֹת. אוֹ שֶׁהָיְתָה אֵם עַל גַּבֵּי אֵם. אוֹ שֶׁהָיָה הַזָּכָר עַל הַקֵּן וְהָאֵם עַל הַזָּכָר. הֲרֵי זֶה לֹא יִקַּח. וְאִם לָקַח יְשַׁלֵּחַ וְאִם לֹא שִׁלַּח אֵינוֹ לוֹקֶה:

טו. הָיְתָה יוֹשֶׁבֶת בֵּין הָאֶפְרוֹחִים אוֹ בֵּין הַבֵּיצִים וְאֵינָהּ נוֹגַעַת בָּהֶן פָּטוּר מִלְּשַׁלֵּחַ. וְכֵן אִם הָיְתָה בְּצַד הַקֵּן וּכְנָפֶיהָ נוֹגְעוֹת בַּקֵּן מִצִּדּוֹ פָּטוּר מִלְּשַׁלֵּחַ:

טז. הָיְתָה עַל שְׁנֵי בַּדֵּי אִילָן וְהַקֵּן בֵּינֵיהֶן רוֹאִין כָּל שֶׁאִלּוּ יִנָּטְלוּ הַבַּדִּין תִּפֹּל עַל הַקֵּן חַיָּב לְשַׁלֵּחַ:

יז. הָיְתָה רוֹבֶצֶת עַל אֶפְרוֹחַ אֶחָד אוֹ עַל בֵּיצָה אַחַת חַיָּב

לְשַׁלֵּחַ. הַמּוֹצֵא קֵן עַל פְּנֵי הַמַּיִם אוֹ עַל גַּבֵּי בַּעֲלֵי חַיִּים חַיָּב לְשַׁלֵּחַ. לֹא נֶאֱמַר (דברים כב ו) "אֶפְרוֹחִים אוֹ בֵיצִים" וְלֹא נֶאֱמַר (דברים כב ו) "בְּכָל עֵץ אוֹ עַל הָאָרֶץ" אֶלָּא שֶׁדִּבֵּר הַכָּתוּב בַּהוֹוֶה:

יח. אָסוּר לִזְכּוֹת בַּבֵּיצִים כָּל זְמַן שֶׁהָאֵם רוֹבֶצֶת עֲלֵיהֶן. לְפִיכָךְ אֲפִלּוּ הָיְתָה רוֹבֶצֶת עַל הַבֵּיצִים אוֹ עַל הָאֶפְרוֹחִים בַּעֲלִיָּתוֹ וְשׁוֹבָכוֹ אֵינָן מְזֻמָּנִין. וְלֹא קָנָה לוֹ חֲצֵרוֹ. כְּשֵׁם שֶׁאֵינוֹ יָכוֹל לִזְכּוֹת בָּהֶן לַאֲחֵרִים כָּךְ לֹא תִּזְכֶּה לוֹ חֲצֵרוֹ בָּהֶן. וּלְפִיכָךְ חַיָּב לְשַׁלֵּחַ:

יט. אָסוּר לִטֹּל אֵם עַל הַבָּנִים וַאֲפִלּוּ לְטַהֵר בָּהֶן אֶת הַמְּצֹרָע שֶׁהִיא מִצְוָה. וְאִם לָקַח חַיָּב לְשַׁלֵּחַ. וְאִם לֹא שִׁלֵּחַ לוֹקֶה. שֶׁאֵין עֲשֵׂה דּוֹחֶה לֹא תַעֲשֶׂה וַעֲשֵׂה. (וַעֲשֵׂה) וְלֹא עֲשֵׂה דּוֹחֶה עֲשֵׂה:

כ. הַמַּקְדִּישׁ עוֹף לְבֶדֶק הַבַּיִת וּפָרַח מִיָּדוֹ וַהֲרֵי הוּא מַכִּירוֹ וּמְצָאוֹ רוֹבֵץ עַל הָאֶפְרוֹחִים אוֹ עַל הַבֵּיצִים לוֹקֵחַ הַכֹּל וּמְבִיאָן לִידֵי גִּזְבָּר. שֶׁאֵין שִׁלּוּחַ הָאֵם נוֹהֵג בְּמֻקְדָּשִׁין שֶׁנֶּאֱמַר (דברים כב ז) "וְאֶת הַבָּנִים תִּקַּח לָךְ" וְאֵלּוּ אֵינָן שֶׁלְּךָ:

כא. עוֹף שֶׁהָרַג אֶת הַנֶּפֶשׁ פָּטוּר מִלְּשַׁלֵּחַ מִפְּנֵי שֶׁהוּא מִצְוָה לַהֲבִיאוֹ לְבֵית דִּין לָדוּן אוֹתוֹ:

Perek 14

Covering blood

To cover over the blood of *shechitah* of a clean beast or bird[3]

Applies to the kosher *chayah* (wild beast) or fowl that had kosher *shechitah.*

A blessing must be recited.

The one who slaughters must place earth below, then slaughter, pouring the blood onto the earth. Afterwards he covers it with earth.

When he covers the blood, he should not use his feet but should use his hands or a utensil. This is because one should not treat a *mitzvah* with disdain.

As it states in Psalms 'Your words are a lamp to my feet and a light for my ways'.

פרק י"ד

א. מִצְוַת עֲשֵׂה לְכַסּוֹת דַּם שְׁחִיטַת חַיָּה טְהוֹרָה אוֹ עוֹף טָהוֹר שֶׁנֶּאֱמַר (ויקרא יז יג) "אֲשֶׁר יָצוּד צֵיד חַיָּה אוֹ עוֹף אֲשֶׁר יֵאָכֵל וְשָׁפַךְ אֶת דָּמוֹ וְכִסָּהוּ בֶּעָפָר". לְפִיכָךְ חַיָּב לְבָרֵךְ קֹדֶם שֶׁיְּכַסֶּה בָּרוּךְ אַתָּה ה' אֱלֹקֵינוּ מֶלֶךְ הָעוֹלָם אֲשֶׁר קִדְּשָׁנוּ בְּמִצְוֹתָיו וְצִוָּנוּ עַל כִּסּוּי הַדָּם:

ב. כִּסּוּי הַדָּם נוֹהֵג בִּמְזֻמָּן וּבְשֶׁאֵינוֹ מְזֻמָּן. לֹא נֶאֱמַר (ויקרא יז יג) "אֲשֶׁר יָצוּד" אֶלָּא בַּהוֹוֶה. וְנוֹהֵג בְּחֻלִּין וְלֹא בְּמֻקְדָּשִׁין. בֵּין קָדְשֵׁי הַמִּזְבֵּחַ בֵּין קָדְשֵׁי בֶּדֶק הַבַּיִת. וְאִם עָבַר וּשְׁחָטָן אֵינוֹ חַיָּב לְכַסּוֹת אֶת דָּמָן:

ג. שָׁחַט חַיָּה וְעוֹף וְאַחַר כָּךְ הִקְדִּישָׁן אוֹ הִקְדִּישׁ אֶת הַדָּם חַיָּב לְכַסּוֹת:

ד. כִּלְאַיִם הַבָּא מִבְּהֵמָה וְחַיָּה וְכֵן בְּרִיָּה שֶׁהִיא סָפֵק בְּהֵמָה אוֹ חַיָּה צָרִיךְ לְכַסּוֹת וְאֵינוֹ מְבָרֵךְ. הַשּׁוֹחֵט לְחוֹלֶה בְּשַׁבָּת חַיָּב לְכַסּוֹת לְאַחַר שַׁבָּת. וְכֵן הַשּׁוֹחֵט סָפֵק אוֹ כִּלְאַיִם בְּיוֹם טוֹב מְכַסֶּה דָּמוֹ לְאַחַר יוֹם טוֹב:

ה. הַשּׁוֹחֵט עוֹפוֹת וּמִינֵי חַיָּה בְּמָקוֹם אֶחָד מְבָרֵךְ בְּרָכָה אַחַת לְכֻלָּן וְכִסּוּי אֶחָד לְכֻלָּן:

ו. דָּם שֶׁנִּתְעָרֵב בַּמַּיִם אִם יֵשׁ בּוֹ מַרְאֵה דָּם חַיָּב לְכַסּוֹת וְאִם לָאו פָּטוּר. נִתְעָרֵב בְּיַיִן אוֹ בְּדַם בְּהֵמָה רוֹאִין אוֹתָן כְּאִלּוּ הֵם מַיִם. אִם אֶפְשָׁר שֶׁיֵּרָאֶה מַרְאֵה הַדָּם שֶׁחַיָּב לְכַסּוֹתוֹ כְּשִׁעוּר זֶה אִלּוּ הָיָה מַיִם חַיָּב לְכַסּוֹת הַכֹּל וְאִם לָאו פָּטוּר:

ז. כִּסָּהוּ וְנִתְגַּלָּה אֵינוֹ חַיָּב לְכַסּוֹתוֹ פַּעַם אַחֶרֶת. כִּסַּתְהוּ הָרוּחַ אֵינוֹ חַיָּב לְכַסּוֹת. חָזַר וְנִתְגַּלָּה אַחַר שֶׁכִּסַּתְהוּ הָרוּחַ חַיָּב לְכַסּוֹת:

ח. דַּם הַנִּתָּז וְשֶׁעַל הַסַּכִּין אִם אֵין שָׁם דָּם אֶלָּא הוּא חַיָּב לְכַסּוֹת:

ט. שָׁחַט וְנִבְלַע הַדָּם בַּקַּרְקַע אִם רִשּׁוּמוֹ נִכָּר חַיָּב לְכַסּוֹת. וְאִם לָאו הֲרֵי זֶה כְּמִי שֶׁכִּסַּתְהוּ הָרוּחַ וּפָטוּר מִלְּכַסּוֹת:

י. אֵין חַיָּב בְּכִסּוּי אֶלָּא דַּם שְׁחִיטָה הָרְאוּיָה לַאֲכִילָה שֶׁנֶּאֱמַר (ויקרא יז יג) "אֲשֶׁר יֵאָכֵל". לְפִיכָךְ הַשּׁוֹחֵט וְנִמְצֵאת טְרֵפָה.

אוֹ הַשּׁוֹחֵט חֻלִּין בַּעֲזָרָה. אוֹ הַשּׁוֹחֵט חַיָּה וְעוֹף שֶׁנִּגְמַר דִּינָן לִסְקִילָה וְהַשּׁוֹחֵט וְנִתְנַבְּלָה בְּיָדוֹ פָּטוּר מִלְּכַסּוֹת. וְכֵן חֵרֵשׁ שׁוֹטֶה וְקָטָן שֶׁשָּׁחֲטוּ בֵּינָן לְבֵין עַצְמָן פְּטוּרִין מִלְּכַסּוֹת דַּם שְׁחִיטָתָן:

יא. בַּמֶּה מְכַסִּין בְּסִיד וּבְגַפְסִית בְּזֶבֶל דַּק וּבְחוֹל דַּק שֶׁאֵין הַיּוֹצֵר צָרִיךְ לְכָתְשׁוֹ וּבִשְׁחִיקַת אֲבָנִים וַחֲרָשִׁים וּבִנְעֹרֶת שֶׁל פִּשְׁתָּן דַּקָּה וּבִנְסֹרֶת חֲרָשִׁים דַּקָּה וּבִלְבֵנָה וְחַרְסִית וּמְגוּפָה שֶׁכְּתָשָׁהּ שֶׁכָּל אֵלּוּ מִין עָפָר הֵן. אֲבָל אִם כָּפָה עָלָיו כְּלִי אוֹ כִּסָּהוּ בַּאֲבָנִים אֵין זֶה כִּסּוּי שֶׁנֶּאֱמַר (ויקרא יז יג) "בֶּעָפָר":

יב. לְפִיכָךְ אֵין מְכַסִּים בְּזֶבֶל גַּס וְחוֹל גַּס וְקֶמַח וְסֻבִּין וּמוּרְסָן וּשְׁחִיקַת כְּלֵי מַתָּכוֹת לְפִי שֶׁאֵין אֵלּוּ מִין עָפָר. חוּץ מִשְּׁחִיקַת הַזָּהָב בִּלְבַד שֶׁמְּכַסִּין בָּהֶם מִפְּנֵי שֶׁנִּקְרָא עָפָר שֶׁנֶּאֱמַר (איוב כח ו) "וְעַפְרֹת זָהָב לוֹ" וְאוֹמֵר (דברים ט כא) "עַד אֲשֶׁר דַּק לְעָפָר":

יג. מְכַסִּין בְּשָׁחוֹר וְהוּא פִּיחַ הַכִּבְשָׁן וּבְכוֹחַל וּבְנִקְרַת פְּסִילִים וּבְאֵפֶר בֵּין אֵפֶר עֵצִים בֵּין אֵפֶר בְּגָדִים אֲפִלּוּ אֵפֶר בָּשָׂר שֶׁנִּשְׂרַף שֶׁהֲרֵי כָּתוּב (במדבר יט יז) "מֵעֲפַר שְׂרֵפַת הַחַטָּאת". וּמֻתָּר לְכַסּוֹת בַּעֲפַר עִיר הַנִּדַּחַת:

יד. הַשּׁוֹחֵט צָרִיךְ לִתֵּן עָפָר לְמַטָּה וְאַחַר כָּךְ יִשְׁחֹט בּוֹ וְאַחַר כָּךְ יְכַסֶּה בְּעָפָר אֲבָל לֹא יִשְׁחֹט בִּכְלִי וִיכַסֶּה בְּעָפָר:

טו. וּמִי שֶׁשָּׁחַט הוּא יְכַסֶּה שֶׁנֶּאֱמַר (ויקרא יז יג) "וְכִסָּהוּ בֶּעָפָר". וְאִם לֹא כִּסָּהוּ וְרָאָהוּ אַחֵר חַיָּב לְכַסּוֹת שֶׁזּוֹ מִצְוָה בִּפְנֵי עַצְמָהּ וְאֵינָהּ תְּלוּיָה בַּשּׁוֹחֵט לְבַד:

טז. וּכְשֶׁמְּכַסֶּה לֹא יְכַסֶּה בְּרַגְלוֹ אֶלָּא בְּיָדוֹ אוֹ בְּסַכִּין אוֹ בִּכְלִי כְּדֵי שֶׁלֹּא יִנְהֹג בּוֹ מִנְהַג בִּזָּיוֹן וְיִהְיוּ מִצְוֹת בְּזוּיוֹת עָלָיו. שֶׁאֵין הַכָּבוֹד לְעַצְמָן שֶׁל מִצְוֹת אֶלָּא לְמִי שֶׁצִּוָּה בָּהֶן בָּרוּךְ הוּא וְהִצִּילָנוּ מִלְּמַשֵּׁשׁ בַּחשֶׁךְ וְעָרַךְ אוֹתָנוּ נֵר לְיַשֵּׁר הַמְעֻקָּשִׁים וְאוֹר לְהוֹרוֹת נְתִיבוֹת הַיֹּשֶׁר. וְכֵן הוּא אוֹמֵר (תהלים קיט קה) "נֵר לְרַגְלִי דְבָרֶךָ וְאוֹר לִנְתִיבָתִי":

נמצאו כל המצות הנכללות בספר זה שבעים. ח' מהן מצות עשה, וס"ב לא תעשה.

Thus, this book contains a total of 70 mitzvot: eight positive commandments and 62 negative commandments.

Additional, Useful Features of Interest for Studying Rambam's Mishneh Torah
Scan QR code onto your mobile device to link to our website.
https://rambampress.com/

CPSIA information can be obtained
at www.ICGtesting.com
Printed in the USA
BVHW010751210819
556011BV00029B/81/P